KB056245

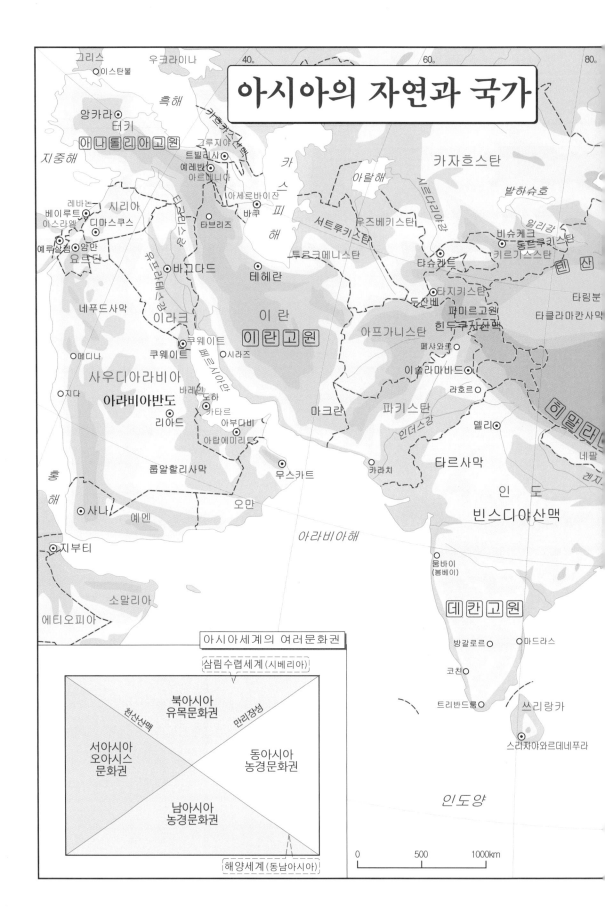

아시아의 자연과 국가

그리스
○이스탄불 우크라이나
흑해
앙카라○
터키
아나톨리아고원
지중해
카프카스산맥
트빌리시○ 그루지야
예레반○
아르메니아
아세르바이잔
바쿠
카스피해
레바논 시리아
베이루트
이스라엘 디마스쿠스
예루살렘○ 암만
요르단
타브리즈
티그리스강
바그다드
테헤란
유프라테스강
이란
이란고원
네푸드사막
이라크
쿠웨이트
쿠웨이트
페르시아만
메디나 시라즈
사우디아라비아
지다
아라비아반도 바레인
도하
리야드 카타르
아부다비
아랍에미리트
롭알할리사막
오만
홍해
사나○
예멘 무스카트
아라비아해
지부티○
소말리아
에티오피아

아랄해
카자흐스탄
시르다리야강
발하슈호
일리강
우즈베키스탄
서트루키스탄
비슈케크○
동투르키스탄
투르크메니스탄 키르기스스탄
타슈켄트
타지키스탄 톈산
두산베
파미르고원 타림분
힌두쿠시산맥 타클라마칸사막
아프가니스탄
페샤와르○
이슬라마바드○
라호르○
마크란
파키스탄
인더스강
델리○
히말라야
네팔
타르사막
카라치
인도 겐지스강
빈스디야산맥
데칸고원
뭄바이
(봄베이)
방갈로르○ 마드라스
코친○
트리반드룸○ 쓰리랑카
스리자야와르데네푸라

아시아세계의 여러문화권

삼림 수렵세계(시베리아)

천산산맥
북아시아
유목문화권
만리장성

서아시아
오아시스
문화권

동아시아
농경문화권

남아시아
농경문화권

해양세계(동남아시아)

인도양

0   500   1000km

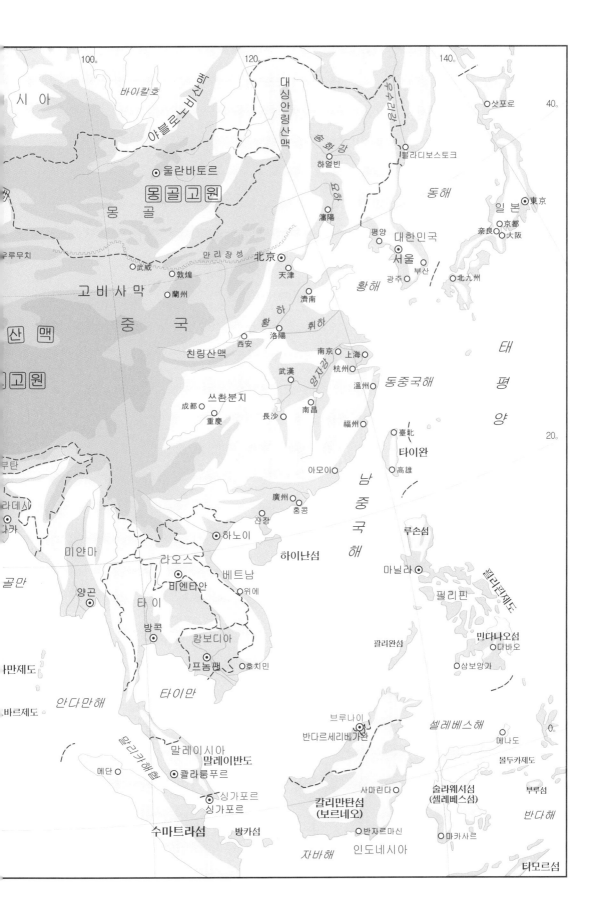

제4판

동양사개론

신 채 식 지음

三 英 社

은대(殷代)의 청동기(靑銅器)(B.C. 1200년경)

은대의 청동기는 중국문명이 성취한 장엄함과 우아함을 잘 갖추고 있다.
인류문명은 석기시대에서 청동기시대에 들어오면서 문명발전의 기반을 마련하게 되었다.
중국 은대 청동기의 삼족(三足)은 하늘(天)과 땅(地) 그리고 인간의 조화를 상징한 것이다.

신석기시대(新石器時代) 앙소(仰韶)문화의 채색인형도기

아름다운 인형의 얼굴 모양과 균형잡힌 채색토기가 조화를 이루고 있는 앙소문명의 걸작품이다.
감숙성 진안대지만출토(甘肅省秦安大地灣出土), 현재 감숙성박물관 소장.

진시황제 무덤 앞의 병용(兵埇)

진시황제(秦始皇帝)의 분묘는 서안(西安)의 서쪽 여산(驪山)에 있으며 여산능이라 한다. 진시황제는 B.C 210년 50세를 일기로 사망하였다. 시황제 무덤 앞 1220m 떨어진 곳에 위치한 병용은 1974년 3월, 이 부근에서 샘을 파던 농부에 의해 발견되었다. 현재조사에 의하면 4개의 거대한 갱이 있고 실물보다 큰 수천명의 병사가 시황제의 무덤을 지키기 위해 병법의 군오에 의해 배열되어 있다. 서 있는 병용은 높이가 2m로 얼굴모습은 엄숙하며 한사람 한사람이 각기 다른 표정을 하고 있다. 중국고대사 연구에 귀중한 자료가 되고 지금도 수많은 관광객이 이곳을 찾고 있다.

진시황제 무덤 앞의 사마(駟馬) 청동전차

시황제의 무덤 앞 병용갱에서 출토된 사마청동채색전차는 황제를 불멸의 영혼이 생활하는 곳으로 모셔 가기 위해 제작된 것으로 연구되고 있다. 네필의 말이 끄는 멋진 사마 전차는 주대(周代) 이래 전쟁에서 널리 사용된 전차부대이다.

후한시대 호족의 대저택

1979년 호북성 운몽출토, 호북성박물관 소장. 호족의 대저택의 일부를 축소한 도자기로 제작된 아름다운 도루(陶樓)

만리장성(萬里長城)

만리장성은 북방흉노족의 남침을 막기 위해 춘추전국시대부터 부분적으로 쌓아 오던 것을 진시황제가 중국을 통일하면서 완성하였다. 약 6700km에 이른다. 현재의 만리장성은 명대(明代)에 몽골족의 남침을 막기 위해 수축한 것이 대부분이다.

한혈마(汗血馬)

서역의 대원(大宛·펠가나)의 명마로 하루에 천리를 달린다고 하여 천리마라고도 한다.
달릴 때 목덜미에서 붉은 피땀을 흘림으로 한혈마의 이름이 붙었다.

흉노제국을 세운 묵특선우(冒頓單于)
(재위 B.C 209~174 B.C)

묵특은 부친이 동생을 후계자로 삼으려 하자 부친을 암살하고 재위에 올라 흉노제국을 건설하고 한(漢)을 공략하였다.

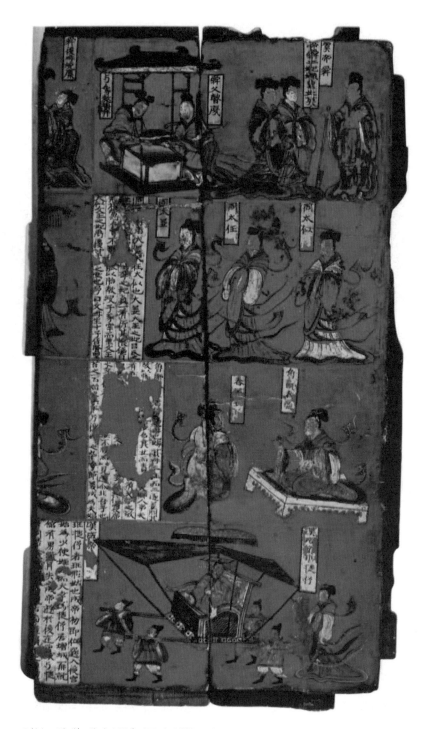

남북조시대(5세기 북위)귀족의 생활 모습

옷칠을 한 나무 병풍 속의 정교하고도 활기넘치는 그림에서 남북조시대, 특히 5세기 북위의 상류층 남녀의 복장과 행차모습이 잘 표현되고 있다.

당삼채(唐三彩)의 미인도기(美人陶器)

당대에서는 녹색, 갈색, 황색의 물감을 배합하여 제작된 당삼채도자기가 유행하였다. 특히 미인 (美人)을 모델로 많이 사용하였다. 이 미인도기는 당대 미인의 대표적 모습을 잘 표현하고 있다. 당대미인(唐代美人)은 서방(西方)문물의 영향으로 짙은 화장과 얼굴 몸매가 풍만한 것이 특징이다.

황제와 수행원들

「13인의 황제들」이라는 제목이 붙은 두루마리로 된 이 그림은 유명한 황제들과 수행원들을 특징있는 장면으로 묘사하고 있다. 선으로 처리한 풍성한 화풍은 7세기 당나라에서 유행하던 화법이다. 당 초기 궁정화가의 작품으로 알려져 있다.

당대(唐代)의 여인상

「머리에 꽃을 단 여인」이라는 제목의 이 두루마리 그림은 당대의 여인의 화려한 의상, 아름다운 용모와 머리모양이 특히 돋보인다.

당나라에 온 외국사신

세계제국을 건설한 唐의 수도 장안(長安)에는 각
국의 사신이 조공을 위해 입조하였다.
오른쪽부터 신라, 비잔틴제국 사신. 왼쪽은 접대
하는 당의 관리(장회(章懷)태자 묘의 벽화)

당대(唐代)의 위그루인

9세기 중엽에 동터키스탄의 위그루인 모습.
중국문화의 영향으로 중국풍의 의관을 하고
있다.
(동투루판 베센그리크 불교석굴사원 벽화)

남당(南唐)의 귀족 야연회(夜宴會)

10세기 초기의 강남지방의 남당에서는 평화가 계속
되고 귀족문화가 발달하였다.
저녁만찬을 앞에 두고 아름다운 여성의 琵琶(비파)
소리에 귀를 기울이는 풍요한 귀족의 생활모습 고굉
중(顧宏中)의 그림

송대 사대부(宋代 士大夫)의 꿈

송대 이후 사대부는 정치와 문화를 담당하는
지배계층이 되었다.
그들은 유교의 경전을 공부하고 시문(詩文)을
익혀 과거(科擧)에 합격하여 관료가 되는 것이
평생의 꿈이었다.

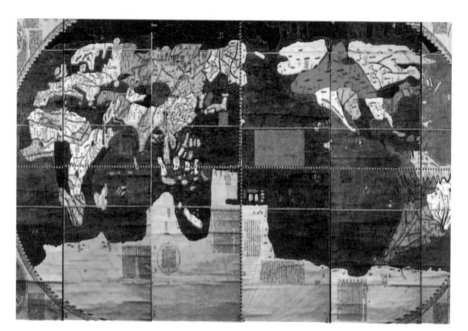

곤여만국전도(坤與萬國全圖)

마테오릿치가 1602년에 간행한 중국최초의 과학적 세계지도. 이 지도를 통하여 지금까지 천하 (天下)는 사방(四方)이라고 생각하던 중국인의 세계관을 크게 바꾸어 놓았다.

마테오릿치(좌)와 서광계(徐光啓)

마테오릿치는 중국관복을 입고 오른손 에 부채 왼손에 십자가를 들고 있다.

원명원(円明園)

청의 건륭황제가 카스티리오네에게 맡겨 베르사이유 궁전을 모방하여 세운 바로크식궁전 모습의 건축양식 이다. 1901년 연합군(영·불·독)의 북경침입때 약탈 당하고 불타버렸다.

변발(辮髮)의 강요

청(淸)은 중국을 정복한 후 한인(漢人)의 청조족에 복종 표시로 변발을 강제하였다. 만주족의 머리풍습에는 머리 앞부분을 삭발하고 중앙에 있는 머리는 뒤로 따서 내리는 변발을 하였다. 처음 한인은 변발에 반항하였으나 두발을 깎지 않으면 목숨을 빼앗는다는 강압에 결국 굴복하였다.

이화원(頤和園)의 전각

북경교외에 있는 청말(淸末)의 별궁, 명대(明代)에는 호산원(好山園)이라 하였다. 청의 건융황제가 대대적으로 개축(1750)하고 청말에 이화원으로 개명하였다. 서태후(西太后)가 즐겨 찾은 곳. 이 건물은 이화원 안의 20여 동(棟)의 건축물중 가장 아름다운 전각이다.

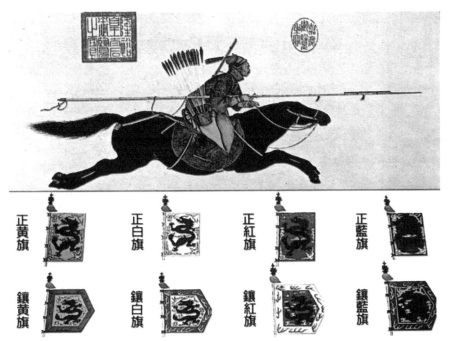

팔기병(八旗兵)(위쪽)과 팔기(아랫쪽)

만주팔기는 태조 누루하치가 제정한 군사조직이다. 깃발의 색채와 모양에 따라 8군단으로 나누어진다. 정황, 정백, 정홍, 정람 4기, 그리고 양황, 양백, 양홍, 양람의 4기 등으로 구분하였다. 양황, 양백, 양홍, 양람의 4기는 정황깃발과 구분하기 위해 깃발의 테두리에 황, 백, 홍, 람의 색깔을 두른 천을 묶었다. 팔기병을 기인(旗人)이라 하며 청조의 지배층으로 한인(漢人)을 지배하였다.

자금성(紫禁城) 건청궁(乾淸宮)의 황제옥좌

청(淸)의 옹정황제는 주로 이곳에서 정무를 처리하였다. 옹정제는 태자밀건법(太子密建法: 황위 계승자를 비밀로 세운 법)을 제정하고 다음 황위계승자의 이름을 상자에 밀봉하여 옥좌 위에 걸려있는 정대광명(正大光明)의 액자 뒤에 보관하였다.

자금성(紫禁城) 안의 건청궁(乾淸宮)

건청궁은 명대(明代)에는 황제의 침전이었다. 청(淸)나라 제5대 황제 옹정제 때부터 중요한 정무를 여기서 처리하였다. 청대(淸代)황제 전제정치의 중심궁전이다.

제4판에 부쳐서

이번에 다시 『동양사개론』의 새 개정판인 제4판을 내게 되었다.

돌이켜 보면 1993년에 이 책의 초판을 간행한 이후 독자들의 호응에 힘입어 초판은 18쇄로 마감하고 2006년에 개정판을 간행하였다. 개정판에서는 판형을 국판에서 크라운판으로 바꾸고 활자체도 보다 선명한 명조체로 하였다. 특히 그간의 한중관계의 활발한 교류와 우리 학계의 의욕적인 연구성과를 과감하게 주(註)에 반영하여 학계의 길잡이 노릇을 할 수 있었던 것을 기쁘게 생각한다. 개정판이 여전히 독자들의 격려에 힘입어 학술서적으로는 드물게 많은 부수를 올릴 수 있게 된 것을 본인은 무엇보다 고맙게 생각하고 있다.

이번에 개정판을 다시 보완하여 제4판을 내게 된 데는 몇 가지 이유가 있다. 그것은 우리 사회의 한자교육 부족으로 개정판에 있는 한자를 한글화하는 일이 독자를 위해 시급하다고 판단하였기 때문이다. 이와 함께 『동양사개론』의 문장과 내용을 보다 쉽게 풀어야 한다는 독자들의 요구도 있어 새 개정판을 간행하기에 이르렀다.

특히 제4판에는 다음과 같은 점에 주의를 기울였다.

1) 한자를 모두 한글로 바꾸었다. 다만 동양사의 학문적 성격상 불가피하게 사용해야 하는 인명, 지명, 국명, 사건명 등은 한글로 표기하고 (　) 속에 한자로 토를 달았다.

2) 어려운 문체를 과감하게 쉬운 문장으로 바꾸었다.

3) 우리 학계에 발표된 논문은 가급적이면 주에 실었으나, 2000년 이후에 폭발적으로 증가한 발표 논문을 더 이상 주로 처리하기에는 어려움이 있어 이를 생략하였다. 여기에는 우리 사회가 아날로그 시대에서 디지털 시대로 접어들면서 비약적으로 발전하고 있는 전자기술로 학술논문에 대한 검색이 주제만으로도 편리하게 찾을 수 있기 때문에 생략해도 큰 불편은 없으리라 생각되었기 때문이다.

4) 일본의 역사를 약간 보완하였다. 동아시아 문화권으로 들어온 일본 사회의 특수한 부분을 동아시아 문화권에 초점을 맞추어 개략적으로 살펴보았다.

5) 1970년대에는 동양사의 근대화 논쟁이 학계의 중요 관심사가 되었고, 시대구분문제가 연구의 중요한 문제의식으로 부각되었다. 그리하여 이전의 개정판에서는 중국의 아편전쟁(1840)을 중국역사의 전환점으로 부각시켜 제5편의 출발점으로 잡았다. 그러나 동아시아 세계의 비약적인 발전으로 동아시아의 근대화 논쟁은 연구의 중심주제에서 빛을 잃게 되면서 20세기 동아시아 세계의 발전이 세계의 주목을 끌게 되었다. 확실히 20세기는 동아시아의 세기라고 해도 손색이 없을 정도로 과거에 경험하지 못한 엄청난 역사 발전이 이루어지고 있다. 이를 반영하여 제4판에서는 20세기가 동아시아의 격변의 세기라는 점을 부각시키고, 20세기의 동아시아 역사전개에 초점을 맞추어 제5편을 과감하게 「20세기 격변하는 동아시아세계」로 편을 바꾸었다.

6) 책의 모양을 더욱 예쁘게 만들기 위해 활자체를 최신형으로 바꾸고 자형도 작은 것으로 축소하였다.

이번에 제작된 제4판의 새로운 개정판을 출간하는 일은 저자에게도 힘든 작업이지만, 출판사로서도 여러 가지 어려움이 수반되는 일이다. 그럼에도 불구하고 삼영사의 뜻깊은 결정에 감사를 표한다. 특히 고덕환 사장님의 경영을 이어받은 신임 고성익 사장님의 적극적인 회사 경영을 기쁘게 생각한다. 그리고 새 개정판을 위하여 꼼꼼하고 정확한 교정작업과 활자선정과 책 디자인에 이르기까지 수고를 아끼지 않은 편집장 임진숙 님의 노력으로 이 책이 더욱 돋보이게 되었음을 고맙게 생각합니다.

이 책이 독자 여러분의 관심과 격려 속에서 여기까지 오게 된 것을 다시 한번 감사드립니다. 앞으로도 여러분의 비판과 가르침으로 좋은 책이 될 수 있도록 노력하겠습니다.

2018년 6월
인창 서재에서

신 채 식 적음

개정판을 내면서

　이번에 본서 『東洋史槪論』의 개정판을 내게 되었다. 이 책이 처음 발행된 것이 1993년이므로 초판을 출간한 이래 벌써 13년이 지났다.

　다행히 이 책이 출간된 지 10수년이 지난 지금 학술서적으로서는 보기 드문 판매부수를 기록하여 18刷(쇄)에 이르고 있다는 사실이 필자인 본인으로서는 대단히 고무적이 아닐 수 없다. 본서가 이렇게 꾸준히 독자들의 관심을 끌고 매년 줄지 않고 판매되고 있는 것은 동양사가 한국의 역사와 불가분의 관계에 있고 동아시아 역사에 대한 관심이 그만큼 높고 대학의 교육에 있어서도 東洋의 역사를 알아야 한국사를 더 잘 이해하게 된다고 하는데 중요한 원인이 있다고 생각된다.

　그 위에 본서가 출간될 당시의 韓中관계는 국교가 열리기는 하였으나 민간의 왕래는 그다지 활발하지 못하였다. 현재와 같은 사회, 경제, 문화적 교류가 촉진되리라고는 미처 예상하지 못하였다. 본서가 꾸준히 서점가에서 판매되고 있는 것은 이와 같은 한중관계(韓中關係)의 긴밀성과도 관계가 깊은 것으로 생각된다.

　이리하여 출판사 쪽에서 몇 년 전부터 본서의 개정판을 출간하자는 권고가 있었고 본인도 이에 대한 준비작업을 추진하여 왔으나 쉽사리 손을 대지 못하고 미루어 왔다. 그러나 더 이상 미룰 수는 없다고 판단하여 이제 개정증보판을 내놓게 되었다.

　본서의 개정에는 다음과 같은 사실에 특히 주안점을 두고 개정작업을 진행하였다.

　1) 이 책의 출간 당시부터 최근(2000)까지의 동양사학계에서 발표된 저서와 논문을 취합하여 본서에 들어갈 내용과 註의 보완에 힘을 기울였다. 이 일은 단시일에 할 수 없는 방대한 작업량이기 때문에 많은 시간을 여기에 할애하였다.

　2) 본서는 중국의 근대 및 현대사 부분을 좀더 보완하였다. 그것은 중화인민공화국의 발전에 따르는 한국사회의 중국에 대한 관심이 높아졌을 뿐 아니라 오늘의 중국을 이해하는데 있어서는 중국의 근현대사 부분을 보완해야 한다고 판단되었기 때문이다. 이를 위해 종래 4부로 나누어져 있던 본서의 체제를 5편으로 재편성하였고 근대사부분을 보충하기 위해 동아시아 역사상 한 시대의 획을 긋는 아편전쟁 이후를 근대사로 묶어 제5편으로 개편하여 그 내용을 보충하였다.

3) 동양사의 특성상 한자(漢字)의 사용은 불가피하다. 그러나 독자의 편의를 위해 한자를 대폭 줄이고 불가피한 한자는 ( ) 속에 한글로 토를 달아 읽기 쉽도록 하였다. 이와 같은 작업을 진행하다 보니 본서의 지면이 대폭 늘어나게 되어 책의 규격도 전보다 키우게 되었다.

4) 동양사가 중국사를 중심으로 서술하는 것은 어쩔 수 없는 일이지만 이번의 개정판에서는 중국의 역사를 중심으로 서술하되 그것이 주변에 파급되어 동아시아문화권을 형성하는데 어떠한 작용을 하게 되었는가에 초점을 맞추어 동아시아 역사가 될 수 있도록 보완하였다. 이리하여 종래의 내용은 가급적 그대로 두고 다만 동아시아의 역사를 거시적으로 살필 수 있는데 역점을 두었다.

5) 各篇의 상호연관을 위해 각 편의 앞머리에 연표와 개관을 두어 通史로써의 전체적 파악이 쉽게 될 수 있도록 하였다. 아울러 한·중교류의 다양화에 의하여 중국의 자료를 예전보다는 쉽게 얻을 수 있어서 사진과 도표 그리고 지도를 보충하였다.

본서의 개정작업을 위하여 많은 분들의 도움을 받았다.

관동대학의 박노준 교수와 김국진 선생의 치밀한 誤字수정과 潤文(윤문) 작업은 이 책을 한층 돋보이게 하였다.

특히 본서의 개정에 慶星大의 金俊權 교수의 조력과 도움을 받았다. 千餘項目에 달하는 東洋史學界의 저서와 논문의 선별과 註의 기입작업으로 개정작업이 순조롭게 진행될 수 있었다.

도서의 개정은 저자와 출판사에 적지 않은 부담을 주는 것이 사실이다. 그럼에도 불구하고 본서의 개정을 적극적으로 밀어준 三英社의 고덕환 사장의 격려와 협력에 감사를 드린다. 아울러 개정판을 내는데 三英社 편집부의 활자 선별과 제책 및 디자인에 이르기까지 세심한 배려가 이 책을 더욱 돋보이게 만들었다. 여기에 고마움을 표한다.

2006년 8월
九里의 仁昌서재에서

申 採 湜 씀

머 리 말

필자는 오래전부터 동양사개론을 쓰려고 이에 대한 구상을 하여 왔다. 이 책을 써나가는 과정에서 여러 가지 생각을 가지고 있었는데, 이를 정리하여 머리글로 대신하고자 한다.

1) 이 책을 쓰게 된 동기

필자가 대학에서 동양사를 강의한지도 어언 20여년이 지났다. 그 동안 필자는 중국의 宋代史를 주로 공부하였지만 늘 東아시아역사의 전반적인 발전에 대해서 깊은 관심을 가져왔다.

그런데 최근 우리 나라 동양사학계는 많은 연구자의 노력에 의하여 큰 발전을 이룩하였고, 이에 따라 학적 수준도 상당한 위치에 올라와 있다. 그러나 이러한 우리 학계의 연구성과를 정리하여 이를 통사로 서술한 개론서가 없고, 다만 외국 학자에 의해 쓰여진 이 방면의 책들이 번역되어 동양사의 개론이나 입문서로 이용되고 있는 실정이다. 외국학자에 의해 집필된 개론서가 안고 있는 문제점은 한국 학자들의 연구성과가 반영되지 못하고, 그 위에 외국의 학문성과를 중심으로 하여 서술하고 있기 때문에 동양사의 발전단계나 시대구분문제를 비롯하여 여러 곳에서 학문적 이견이 노정되고 있다.

일반적으로 개론서는 학계의 학문적 수준을 갈음하는 저울대와 같은 역할을 한다고 볼 때 우리 나라 동양사학계의 연구성과를 정리한 동양사개론의 필요성이 강조된지는 오래된 일이다. 필자는 이에 우리 나라 동양사학계의 연구업적을 담고, 동아시아의 역사발전을 새로운 시각에서 조명할 수 있는 동양사개론을 만들어 보고자 이 책을 쓰기 시작하였다.

다음으로 필자가 대학에서 동양사개론을 강의할 때 마다 짧은 강의 시간 속에서 동양사에 등장하는 수많은 인명이나, 국명, 사건명을 일일이 판서를 하면서 강의를 끌고 나가는 일이 무리라고 생각되어 왔고, 한 학기의 강의를 마칠 때는 항상 강의 분량이나 내용에 대해 自愧心을 느끼는 일이 한두번이 아니었다. 그래서 학생들이 읽고 동양사를 이해하는데 도움이 될 뿐만 아니라 강의하는 교수에게도 한국동양사학계의 연구업적과 관련시켜가면서 참고할 수 있는 개론서가 있어야 하겠다고 생각하였다.

이와 아울러 한·중수교 이후 중국대륙은 물론 동아시아지역에 대한 일반인들의 시야가 확대되면서, 이 지역에 대한 관심이 증가되어 왔고, 따라서 일반인의 교양을 위해서도 동양사개론의 필요성이 제고되고 있다.

2) 이 책의 내용과 범위

이 책은 전체가 4부 11장으로 구성되어 있다. 동양사의 시대구분이 아직 정리되지 않은 현실을 감안할 때 통사의 일반적 시대구분방법[고대, 중세, 근세, 현대]을 지양하고 동양사의 발전단계를 시대성격이나 사회발전의 유형에 따라 다음과 같이 4부로 나누어 서술하였다.

제1부에서는 동아시아 문명의 시작과 고대국가의 형성과정을 집중적으로 다루었다.

제2부는 고대제국의 발전과 동아시아문화권의 형성에 초점을 놓고 다루었다.

제3부는 중국 사대부서민사회의 형성과 북아시아 정복왕조의 발전과정을 하나로 엮었다.

제4부에서는 동아시아의 변혁과 혁명을 중심 주제로 하였다.

위와 같은 구성에 의해 이 책을 서술하였으나, 그 내용은 중국사를 중심으로 한 동아시아의 역사에 그 범위를 한정시켰다. 그것은 현재의 우리나라 동양사학계의 연구범위가 대체로 중국사 중심으로 이루어져 있기 때문에, 여기에서도 이러한 학계의 연구범위를 벗어날 수는 없다. 다만 이 책에서는 다음과 같은 내용에 대해 특히 주의를 기울이였다.

먼저 우리 나라 동양사학계의 연구가들이 가지고 있는 문제의식을 중심내용으로 하였고, 여기에 해당하는 연구논문이나 저서는 각주로 정리하였으며, 그 범위는 한국학자들의 논문과 저서로 한정하였다. 다만 외국학자의 것은 우리말로 번역된 것을 참고로 하였다.

다음으로 각 장의 중심주제는 그 시대의 정치적 변천에서 시작하여 그것이 사회·경제에 파급된 영향을 서로 관련시키면서 각 시대의 사회적 성격과 경제발전의 특징을 집중적으로 추구하였다. 이에 따라 각 장의 정치적 사건이 단순한 사건으로 고립됨이 없이 그 시대의 사회·경제체제와 결부되면서 시대성격을 형성, 발전해간 점에 깊은 관심을 갖고 이 책에 반영코자 하였다. 이와 같은 정치·사회의 전개를 배경으로 그 시대의 문화적 특징이 형성된다고 생각되므로 이를 서로 연관시키면서 각 시대의 문화성격을 추구하려 하였다. 또한 동서문화의 교류가 시대의 변천에 따라 어떻게 전개되어 나갔는가에 대해서도 파악하려 노력하였다.

이와 함께 통사서술에서 필수적인 전후시대의 관련성을 찾으면서 동양사회 내부의 자율적 역사발전이라는 시각에서 전후시대의 상호관련성을 염두에 두고 서술하였다. 그러므로 각 시대의 역사현상의 구체적 사실과 함께 그 사실이 갖는 통사적 전개내용과 변천과정을 집중적으로 규명하고자 하였다.

3) 감사의 말씀

이 책이 나오기까지 참으로 많은 분들의 도움을 받았다. 그들의 이름을 일일이 밝히지는 않겠지만 '80년대 중반에 집필계약을 한 후 출간되기 까지 오랜기간을 기다려 주었을 뿐만 아니라 이 책이 나오도록 격려와 독촉을 아끼지 않은 삼영사의 고덕환, 조양희 사장님의 배려에 깊은 감사를 드린다.

필자는 이 책을 쓰던 도중 '90년 11월에 대장암이라는 진단에 의해 대수술을 받았다. 그 후 건강을 회복하여 이를 완성하게 된 것은 필자로서는 그 위의 기쁨이 아닐 수 없고, 본인의 건강을 위해 애써주신 분들께 고마움을 느낀다. 또한 이 책의 초고에서부터 완성되기까지 맞춤법을 비롯하여 전체의 문형에 이르기까지 반복하여 내용수정과 정리에 힘을 기울여 주신 김국진 선생의 노고에 다시 한번 감사를 드린다.

끝으로 이 책을 써나가면서 필자는 본인의 학문적 능력의 한계를 극명하게 느꼈음을 솔직히 고백한다. 다만 이 책으로 해서 한국의 동양사학계에 조그마한 학문적 보탬이 되었으면 하는 바람이 간절하다. 앞으로 더 충실한 내용이 될 수 있도록 동학제현의 비판과 가르침을 바라마지 않는다.

1993년 8월
묵동 서재에서

申 採 湜 씀

차   례

제1편 동아시아문명과 고대국가의 발전

제 1 장 동아시아의 선사문화

제2장 동아시아 고대국가의 성립

제3장 동아시아 고대사회의 변혁과 제자백가의 출현

제 2 편 고대제국과 동아시아 문화권의 형성

제 4 장 진(秦)·한(漢)의 통일제국

제5장 위(魏) · 진(晉) · 남북조시대의 전개와 호한(胡漢)체제의 성립

제 6 장　수(隋)·당(唐)제국과 동아시아 문화권의 발전

제3편 동아시아의 사대부사회와 정복왕조의 등장

제7장 송대 사대부 서민사회의 발전

제 8 장 북아시아의 유목국가와 정복왕조

▌ 제4편 동아시아세계의 새로운 전개와 明·淸시대의 발전 ▌

제9장 명대(明代) 동아시아의 새로운 전개

제10 장 청제국과 동아시아 사회의 변화

제11장 유럽열강의 아시아 침략

제12장 중국의 근대화운동

제5편   20세기 동아시아 세계의 격변

제13장 중화민국의 발전과 중국공산당의 등장

제14장 중국공산당과 국민당정부

제15장 중화인민공화국의 성립과 발전

책 마무리에-東洋의 장래: 20세기의 동양과 21세기의 동아시아

책 머리에: 동양사의 이해를 위한 제언

Ⅰ. 동양사의 성격과 구조

동양사(東洋史)의 역사무대는 東아시아를 가리키며 東아시아는 중국을 비롯하여 한국, 일본, 몽골, 만주, 티베트고원, 월남 등 여러 지역을 포함한다. 이 지역은 아시아에서 인도를 중심으로 한 남아시아세계와 이슬람권의 서아시아세계와 구분하여 東아시아세계라고 한다.

이와 같은 동아시아 세계가 성립되어 문화적 특성을 갖출 수 있게 된 것은 이 지역에 흩어져 있는 여러 나라들이 상호 밀접한 관련을 가지고 역사를 창조하며 주변의 이웃나라와 정치, 경제, 문화적 관계를 맺고 내려오면서 하나의 문화권을 형성한데서 비롯된다. 東아시아세계의 형성과정과 문화적 성격형성에 주목되는 역사적 사실은 먼저 중국 대륙으로부터 정치군사적 파도가 주변국에 밀려오고 그에 수반하여 문화적 파장이 뒤를 따른다는 것이다. 특히 한국역사의 전개과정에서는 이러한 일이 더욱 확실하였다.

그러면 이와 같은 동아시아세계는 어떤 성격과 구조를 가지고 있는가에 대하여 살펴보자.

먼저 들 수 있는 것은 동아시아세계는 황하문명(黃河文明)의 발생과 발전을 기반으로 하여 형성되었다는 사실이다. 황하의 중유역(中流域)에서 일어난 중국문명은 점차 그 영역을 확대하여 전 중국으로 퍼져 나갔다. 이 황하문명의 발전과정에 수반하여 이 문명은 다시 중국 주변의 여러 나라에 전파되었으며, 이 과정에서 중국문명을 중심으로 하는 동아시아문화권이 형성되었다. 이와 같은 동아시아 문화권의 형성과정에는 중국 이웃에 있는 여러 민족국가가 각기 지니고 있는 독자적 문명의 토대 위에 다시 황하문명을 받아들여 자율적으로 민족문화의 성장발전을 이루어 나아갔다는 역사적 특성을 가지고 있다.

다음으로 東아시아 문화권은 문화적 공통성과 특수성을 지니고 있다는 사실을 들 수 있다. 그것은 한자(漢字)를 문명의 전달매개체로 삼고 유교(儒敎)와 불교(佛敎) 그리고 율령제(律令制)를 공통의 분모(分母)로 삼고 있다는 점이다. 문자

(文字)는 인류가 문화활동을 하는 근간이 되는 매체로써 문자의 유무(有無)는 역사시대와 先史시대를 구분하는 분수령이 된다는 사실을 우리는 잘 알고 있다. 한자는 중국에서 만들어지고 사용되었을 뿐만 아니라 중국과 언어를 달리하고 문자사용을 알지 못하는 주변 여러 나라에 전파되어 東아시아세계가 서로의 문화전달을 가능케 한 문명전파 수단의 역할을 하였다.

인류문명의 발달에 문자의 역할이 중요하다는 것은 이미 알고 있다. 동아시아세계에 있어서도 문자를 갖지 못한 각 지역에서 한자를 수용하느냐 못하느냐에 따라 각국의 민족문화가 조화롭게 발전하고, 나아가 동아시아 문화권의 일원으로 높은 문화수준을 창조, 유지하고 문화민족으로 나아갈 수 있느냐 그렇지 못하느냐의 관건이 되었다. 다행이 우리 민족은 東아시아세계에서 다른 민족에 앞서 한자를 수용하여 이를 민족문화발전에 접목시켰을 뿐 아니라 이웃 日本에 전파함으로써 日本으로 하여금 동아시아 문화권에 진입할 수 있도록 도와주었다.

그리하여 유교·불교·율령제도는 이 한자를 전달수단으로 하여 동아시아세계에 확대되고 공통의 문명요소로 확고한 위치를 정립하게 되었다. 유교는 춘추시대의 孔子의 가르침에서 비롯되어 한대(漢代)에 이르러 국교화(國敎化)되었고 이후 중국 왕조의 정치이념으로 확립되었으며 주변 여러 민족, 특히 한국, 일본에 전파되어 국가의 정치사상, 사회의 윤리사상으로 정착되었다. 불교는 인도에서 시작되어 중앙아시아를 거쳐 중국에 전파되어 중국화하였고 다시 한국과 일본, 베트남으로 전파되어 이 지역의 문화발달에 영향을 미치게 되었다. 또한 불교는 종교로서 뿐만 아니라 건축, 조각, 그림 등 불교미술발전에도 많은 영향을 주었다. 끝으로 율령제는 황제를 정점으로 국가를 운영하는 정치체제로써 한국, 일본, 베트남에서 채용되어 東아시아세계에 공통된 정치체제가 되었다.

흔히들 서구(西歐)문명을 물질적 또는 기술적(실질적)인 것으로 성격지운다. 이에 비해 동아시아의 문화적 성격은 율령제를 제외하면 유교, 불교, 한자 등이 모두 정신적인 문화요소의 성격이 강하다고 보고 이에 따라 동양문화를 정신주의적인 것으로 파악하기도 한다.

그런데 여기에서 간과해서는 안되는 것은 동아시아문화의 4대 문화요소(한자, 유교, 불교, 율령제)가 각국에 전파 수용되면서 각국의 민족적 고유문화에 접목되는 과정에서 각 민족의 고유문화와 융화될 때 원형 그대로가 아니라 변용(變容)

되었다는 사실이다. 예를 들면 한국, 일본, 베트남은 4대문명의 요소를 원형 그대로 받아들인 것이 아니라 자국문화(自國文化)에 맞추어 변형시켜 수용하였으며 이러한 변용·수용이 이 지역의 독자적 민족문화를 유지하고 발전시킬 수 있는 힘이 된 것이다. 여기에서 동아시아문화권의 문화적 공통성과 함께 문화의 다양성, 특수성의 구조적 특성을 찾아볼 수 있다.

Ⅱ. 동양사의 범위

18세기 이후 유럽 열강이 동양에 진출할 때에 동양 사람들은 이를 서양이라 하였다. 이 서양(西洋)에 대칭되는 지역을 동양(東洋)이라고 호칭하면서 일반화되었다. 그러나 중국에서는 동양이란 용어는 이미 송말(宋末)·원초(元初)에 사용되었는데, 동양이란 말은 지리적 지식의 확대에 따라 변화하였다.[1] 明나라 때에는 동양에 대한 구체적인 범위가 제시되었으니, 지리적으로 남중국해(南中國海)의 루손섬으로부터 올라오는 항로의 연안 여러 나라를 동양이라 하였다. 이에 비하여 인도차이나 반도의 서쪽지역으로부터 그 항로에 연해 있는 여러 나라를 서양이라 하기도 하였다.

역사적으로 볼 때 동양세계는 넓은 범위의 동양과 좁은 범위의 동양으로 구분한다. 넓은 범위의 동양은 중국의 황하문명 지대, 인도의 인더스문명 지대 그리고 서아시아의 티그리스·유프라테스 강 유역의 메소포타미아문명 지대를 포괄하는 아시아[2]전역을 말하며 좁은 범위의 동양은 중국의 황하문명을 중심으로 하는 동아시아세계를 의미한다.

이 책에서 취급하고자 하는 동양은 넓은 뜻의 동양이 아니라 황하문명권을

---

1) 송대(宋代)의 인도양 항해기록인 『영외대답(嶺外代答)』과 元代의 『도이지략(島夷志略)』에는 동양(東洋)은 자바섬과 필리핀 방면을, 서양은 남인도 방면을 지칭하였다. 명대에 들어와서 정화(鄭和)에 의한 7차의 대항해에 의해 중국인의 항해범위가 아프리카 동쪽 해안까지 확대되면서 서양의 호칭은 인도양 일대를 포함하였다. 明末에 장섭(張燮)이 편찬한 『東西洋考』에서의 동양은 중국항구를 떠난 배가 대만, 필리핀, 말라카섬을 지나가면서 이 섬을 경계로 동쪽을 동양, 서쪽을 서양이라 하였다.

2) 아시아란 용어는 본래 서양고대의 아시리아어「해가 뜬다」라는 의미의 아수(assu)에서 유래하는데 아시리아인은 유라시아대륙의 동반부의 우랄산맥 동쪽을 지칭하였다. 또 오리엔트(동방)라는 말은 라틴어의 (해가) 떠오르다 (oriri)에서 파생한 명사 東方(oriens), 해가 뜨는 땅(orienten)에서 유래하며 로마인은 이탈리아반도의 동방(東方)을 오리엔스라 하였다. 지리적으로 중근동(中近東, middle east)지역을 가리킨다.

출발점으로 하는 동아시아세계를 말하며, 여기에서는 구체적으로 중국과 몽골, 만주 그리고 한반도, 일본 및 월남의 일부를 포함하게 된다.

그런데 아시아세계는 고대문명의 3대 발상지가 있고 이들 3대 문명의 발상지대는 문명의 교류를 통하여 서로 밀접한 관련을 갖게 된다. 그러나 이러한 문명의 교류는 고대세계에 있어서는 그리 빈번하게 이루어지지 못하였다. 황하문명을 기반으로 하는 좁은 의미의 동아시아 문명세계는 일찍부터 서로 관계를 가지면서 동아시아문화권을 형성하였다. 이러한 동아시아 문명의 전개과정에서 중요한 요소로 작용한 것이 한자를 비롯한 유교와 불교 그리고 율령제체이다.

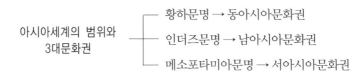

아시아세계의 범위와
3대문화권
- 황하문명 → 동아시아문화권
- 인더즈문명 → 남아시아문화권
- 메소포타미아문명 → 서아시아문화권

여기에서 다루고자 하는 동양사의 중요한 역사 전개과정은 각 지역의 독자적인 민족문화와 이러한 민족문화를 바탕으로 하면서도 동아시아 문화권의 기본 요소가 상호 교류를 통하여 역사발전에 어떤 작용을 하면서 東아시아세계를 형성·발전시켜 나갔느냐에 초점을 놓았다.

Ⅲ. 동양사(東洋史)의 시대구분

역사를 기록의 유무에 따라 선사시대와 역사시대로 구분하는 것은 우리가 잘 알고 있는 일이다. 그런데 역사시대를 다시 고대, 중세, 근세, 현대로 4구분하는 구분법이 일반화된 시대구분 방법이다.[3] 시대를 구분한다는 것은 역사를 보는 시각(역사관)을 어떻게 설정하느냐의 문제이다.

역사를 어떤 시각으로 볼 것인가에 따라 시대구분 방법도 달라진다. 후한의 반고(班固)는 『漢書(한서)』를 지어 중국의 역사를 왕조별로 끊는 단대사(斷代史)로 시대구분을 하여 청말(清末)까지 2천년 동안 유지되어 왔다.

다른 한편 역사 발전의 원동력을 생산성에 두고 그 시대에 살고 있는 인간이

---

3) 이러한 4구분방법 이외에 학자에 따라 5구분법(고대, 중세, 근세, 근대, 현대)으로 시대 구분을 하기도 한다.

누리는 자유의 확대를 역사발전으로 보면서 "누가 생산을 담당하였고 인민이
누리는 자유(自由)가 어떻게 확대되어 나갔느냐"라는 사실에 초점을 맞추어 시
대구분을 가름하기도 한다.

최근까지의 시대구분의 주류는 사회발전의 기본요소인 생산을 담당한 계층을
중심으로 설정한 고대노예제사회, 중세봉건사회, 근세자본주의사회의 3구분법
이 일반화되어 왔다[마르크스, 『경제학비판』 서장(1859)]. 이것은 유럽 사회를 기준
으로 한 것이다. 즉, 그리스·로마시대를 고대노예제사회로 보고, 서양 중세를
봉건제 농노사회 그리고 문예부흥 이후를 근세자본주의사회로 규정하였다. 이
러한 유럽사 중심적 시대구분방법을 동양사회에 일률적으로 적용하는 것은 문
제가 있다. 특히 유럽 역사가들은 제국주의 열강의 아시아 침략과정에서 동양
사회를 발전성이 없는 정체된 역사로 단정하였다. 그리하여 "아시아적 정체성"
이론을 제시하면서 아시아세계는 유럽과 같은 생산의 자율성과 자유의 발전이
없는 정체된 사회라고 단정지어 부정적 시각으로 보았다. 이러한 이론은 제국
주의 열강의 아시아 침략을 미화하는 식민지 사관으로 정립되었다.

그러나 중국, 일본학자들은 이와 같은 유럽 학자에 의한 동양사회의 정체성
이론을 극복하고 동아시아세계에도 고대, 중세, 근세사회로의 자율적 발전과정이
존재하였다는 사실을 입증하기 위해 유물사관을 가지고 동양사의 시대구분을
마련하였다.

먼저 중국에서는 곽말약(郭沫若)이 『中國古代社會史研究』(1930 간행)에서 마르
크스 유물사관을 중국고대사회에 적용하여 殷代 이전을 원시공동체사회, 서주
(西周)시대를 노예제사회, 춘추시대 이후를 봉건사회로 구분하였다. 특히 그는
유가(儒家)에서 주장하는 봉건(封建)을 마르크스 사관의 봉건과는 다르다는 것을
분명히 하면서 유가들이 주장해 온 서주시대의 봉건제를 부정하고 西周시대를
생산관계에서 볼 때 노예제사회로 규정하였다.

이에 대해 여진우(呂振羽)는 「殷周시대의 중국사회」(1936)를 발표하여 곽말약
의 주장을 비판하고 갑골문(甲骨文)을 자료로 이용하여 은대는 이미 아시아적
생산양식을 바탕으로 한 노예제사회이고, 서주시대는 주왕실과 제후와의 관계
에서 볼 때 정치적으로 봉건사회이며 서주시대의 경작조직은 제후(諸侯)의 농노
(農奴)인 농민을 직접 생산자로 규정하였다.

1940년대는 여진우의 설을 찬성하는 학자가 많았다. 이에 곽말약은 자기주장

을 비판한 『奴隷制時代(노예제시대)』(1952)에서 고대(古代) 노예제사회를 춘추시대 말기까지로 내려잡았다. 후외로(侯外盧)는 『中國古代社會』(1949)에서 郭의 주장을 계승하였으나 중국의 노예제는 아시아적인 생산양식에서 나타난 특수한 노예제라는 여진우의 주장을 받아들였다. 한편 범문란(范文瀾)은 『中國通史簡編(중국통사간편)』(1949)을 저술하여 殷代를 노예제사회로 西周 이후를 중세봉건제 시대로 구분하였다. 이렇게 볼 때 중국의 중세봉건사회는 서주시대부터 아편전쟁 (1840)까지 약 2500년이 계속된다. 이에 일부학자는 봉건사회를 전기와 후기로 나누고 그 분기점을 당말 5대(907-950)로 잡고 있다.

이와는 달리 동서업(童書業), 상월(尙鉞) 등은 후한말(後漢末, 220년)까지를 고대노예제사회라고 주장하고 있다.

이후 중국의 근대사 논쟁은 시대구분의 중요한 주제가 되었는데 일반적으로 중국의 근대사는 아편전쟁(1840)에서 5・4운동(1919)까지로 잡고 5・4운동 이후를 중국현대사로 구분하고 있다.

일본학계에서도 동아시아의 역사를 자율적인 발전으로 보고 유럽학자들에 의한 "아시아 정체성이론"에 맞서 아시아의 자율적 역사발전단계론을 가지고 시대구분론을 내세웠다. 현재 일본학계의 대표적 시대구분론은 동경대학을 중심으로 한 東大學派(歷硏學派)와 이와 달리 京都대학을 중심으로 한 京都학파의 시대구분론이 있다.

동경대학의 시대구분론의 출발은 고대 동아시아세계를 서로 밀접한 관련이 있는 전체로 파악한 마에다 나오노리(前田直典)의 논문 「東아시아 世界에 있어서 古代의 終末(종말)」(1948)에서 비롯된다. 그는 고대 동아시아 각국(중국, 한국, 일본)의 역사는 서로 떼어서 생각할 수 없는 관계를 가지고 발전하였다고 보고 이에 따라 중국, 한국, 일본의 고대의 종말을 10세기부터 13세기에 이르는 시기로 설정하였다.

이러한 마에다(前田)의 이론을 바탕으로 동경대학파는 唐末까지를 중국의 고대로 잡았다. 이 이론은 마르크스 유물사관을 바탕으로 하여 중국사를 세계사적 역사발전으로 파악한 것이었다. 이러한 동경대학파의 당말 이전 고대설에 대하여 경도대학을 중심으로 한 非마르크스주의적 시대구분론이 있다.

경도학파(京都學派)는 후한말(後漢末)까지를 고대, 당말(唐末)까지를 중세로 파악하고 송대(宋代) 이후를 근세라 주장하였다. 송대근세설(宋代近世說)은 나이토우

고난(內藤湖南)에 의한 『槪括的唐宋時代觀(개괄적당송시대관)』(1921)에서 제시되었는데 중국의 고대를 後漢의 중기까지로 잡고 중세를 5胡16國시대로부터 당의 중기까지, 그리고 송대(宋代) 이후를 근세로 구분한 것이다. 각 시대의 전환기에 앞서 과도기가 있고 이 과도기를 거쳐 새로운 시대가 전개된다고 하였는데 古代에서 중세로 넘어오는 과도기는 후한의 중기로부터 서진(西晉)시대까지로 잡고 이를 제1과도기라 하였고, 唐末에서 五代까지를 제2과도기로 설정하고 있다.

나이토우(內藤)의 이러한 시대구분기준에 의하면 정치적으로는 중세를 귀족정치시대, 송 이후에는 황제전제정치시대로 파악하였다. 또 중국과 외민족(外民族)과의 관계를 고대사회에서는 중국문화가 형성되어 그것이 외민족에게 전파되어 발전하면서 동양사회가 형성되었다고 보았고 중세에 들어오면 외민족이 민족적인 자각을 하여 그 세력이 역으로 중국으로 침투해 들어왔다고 보았다. 나이토우의 시대구분론은 많은 비판과 문제제기를 거치면서 그의 제자들에 계승되고 「唐宋變革論(당송변혁론)」으로 발전하면서 일본학계 특히 경도학파(京都學派)의 역사이론으로 정착되었다.[4]

그러나 이상과 같은 여러 가지 시대구분론이 제기되고 있으나 아직도 설득력을 가진 정설(定說)은 마련되지 않고 있다.

위와 같은 시대구분과는 달리 영국 옥스퍼드대학의 마크 엘빈(Mark Elvin) 교수는 전근대적 경제활동에 있어서 고도의 생산수준을 유지한 중국이 근대적 산업혁명으로 발전하지 못하고 낙후되는 시기를 14세기로 잡고 있다. 그 원인을 그의 지론인 '고도균형이론(高度均衡理論)'으로 설명하였다. 그리하여 14세기를 중국사의 커다란 전환점으로 구획하고 있는데 이는 세계사의 발전법칙과는 다른 시대구분법이다.

미국의 사회학자 볼프람 에브하르트(Wofram Everhardt)는 그의 사회학적 방법을 시대구분에 적용하여 주대(周代)를 정복에 의한 봉건제도의 확립기라 하였고, 주대의 봉건시대를 이은 한대(漢代) 이후를 지배층의 사회적 성격에 초점을 맞추어 사인(士人, gentry)사회로 구분하였다.

---

4) 민두기 편 『중국사에 있어서 시대구분론』, 창작과비평사, 1984.

IV. 동양사에 있어서 남·북(南·北)의 대립

중국을 찾는 많은 관광객이 반드시 가는 곳이 있다. 그곳은 만리장성이다. 만리장성은 남쪽의 농경민족인 한민족이 서북쪽에서 쳐들어오는 북방 유목민족의 침입을 막기 위해 쌓아 놓은 만 리가 훨씬 넘는 거대한 역사유적이다.

동아시아의 역사는 남·북 민족의 끊임없는 투쟁의 역사이다. 그러한 역사전개는 남북의 대립을 주축으로 하였고 중국의 힘이 강하여 북방민족이 남으로 내려오지 못할 때에는 그 파장이 동서로 쏠리기도 하였다.

고대로부터 만리장성을 경계로 하여 東아시아 역사무대에서 남북민족의 각축전을 보면, 진·한시대의 한족(漢族)과 흉노족, 위진남북조시대의 5호(흉노·선비·저·갈·강)의 화북진출과 한족의 강남이동, 그리고 수·당시대의 돌궐과 위그루족의 활약을 볼 수 있다. 이와 같은 6세기 말까지의 남북의 대결은 북방민족의 공세에 대항하여 한족이 수세에 몰리면서도 팽팽한 대결국면을 유지해 내려왔다. 그런데 6세기 말 수나라의 중국 통일(589)과 이어 당의 건국(618)과 재통일은 지금까지 수세에 놓여 있던 남북의 관계가 일변하였음을 알 수 있다. 그것은 수양제와 당태종에 의한 적극적인 대북방정책에서 비롯되었다. 북방의 돌궐족을 제압하기 위해 수·당제국은 돌궐과 연합하여 수·당을 위협하던 고구려원정에 나서게 되었다. 수·당의 고구려원정은 돌궐족을 제압하기 위한 한족의 국력을 총동원한 군사행동이었으나 수나라는 이 원정의 실패로 건국한지 불과 30여 년만에 멸망하였고 당 태종은 수나라의 전철을 밟지 않기 위하여 고구려원정을 접을 수밖에 없었다.

비록 당 태종의 고구려원정은 성공하지 못하였으나 그의 아들 고종시대에는 백제와 고구려를 멸함으로써 고구려와 돌궐의 연합을 완전히 차단하였고 북방민족에 대한 적극적인 공세를 취할 수 있게 되었다. 이리하여 당은 광대한 동북방의 정복지에 6도호부를 설치하고 기미(羈縻)정책으로 북방민족을 복속시켰다.

그러나 당의 기미정책은 지금까지 동아시아의 선진문화에 접촉할 수 없던 북방의 유목민족에게는 민족적으로 발전할 수 있는 좋은 기회를 제공하여 주었다. 그 위에 한족의 지배 하에 있던 북방민족은 차츰 민족적인 자각의식이 싹트면서 여러 부족으로 흩어져 싸우던 부족사회가 강력한 지도자의 출현을 계기로 민족을 기반으로 한 정복왕조로 발전할 수 있는 힘을 갖게 되었다.

당나라가 멸망하는 10세기 초(907)를 시작으로 東아시아세계에는 큰 변화가 일어났다. 특히 남북관계에서 지금까지 볼 수 없던 변화가 나타나고 있으니 당나라의 지배 하에 있던 북방민족 가운데 요하강 근방에 있던 거란족은 야율아보기(耶律阿保幾)의 지도하에 민족적 단결을 이루어 역사상 처음으로 요(遼)를 건국하였다.

이 당시 중국은 당나라가 망하고 5대의 분열이 계속되고 있었다. 5대를 통일한 宋은 문치주의 정책으로 군사력은 약하여 북방민족에 맞설 수 없는 상황에 놓여 있었다. 이리하여 거란은 만주의 발해를 멸하고 남으로 고려를 침공하고 宋을 위협하여 한족(漢族)을 압박하였다.

거란에 이어 만주의 여진족은 아구타(阿骨打)가 여진부족을 통일하고 금(金)나라를 세워 중국본토의 절반을 차지하면서 한족을 강남으로 몰아내었다. 이때 남송(南宋)은 金과 굴욕적인 화의를 맺고 중국영토의 절반을 金에게 내어주었다.

거란족의 요(遼)나라와 여진(女眞)족의 金나라는 만리장성의 동북 지방인 만주에서 발전한 국가로 이로 인하여 지금까지 한족(漢族)이 대비하고 있던 만리장성의 방어선이 동북쪽으로 이동하게 되었다. 이러한 방어선의 변화가 원점으로 다시 환원된 것은 13세기에 나타난 몽골족의 진출 이후이다. 징기스칸의 몽골부족통일 이후 역사상 처음으로 한족은 북방의 유목민에게 전 중국을 내어 주고, 그 후 몽골족의 지배 하에 들어가면서 동아시아세계를 주도하는 화·이(華·夷)의 위치가 역전되었다. 뿐만 아니라 몽골제국이 유럽으로 진출하고 서아시아지역을 석권하면서 사한국(四汗國)을 수립하였다. 그리하여 동아시아세계가 서아시아와 유럽을 제패하는 세계역사의 큰 변화를 가져오게 되었다.

명(明)나라에 이어 만주족에 의한 淸의 중국지배는 만리장성을 두고 고대로부터 내려오던 남북의 대립이 북방의 몽골계가 아닌 동북지방의 통구스계통인 만주족에 의한 승리로 끝맺게 된다. 몽골지배를 극복한 明은 북로남왜(北虜南倭)의 외환에 시달리고 있었으므로 북로(몽골)에 대한 방비는 강화하였으나 동쪽의 만주에 대해서는 별다른 대책을 마련하지 못하였다.

만주족은 흥안령산맥의 동쪽 만주평원에 흩어져 생활하였는데 그들의 거주지는 삼림지대로 수렵생활을 하였다. 따라서 유목민에 비해 정착성이 강하여 차츰 농경기술을 익히게 되면서 유목민보다는 높은 생활수준을 유지할 수 있었다. 淸의 중국지배는 그 이전의 북방민족의 한인(漢人)지배보다 차원이 높다. 그들보다 문화가 높은 한인을 복속시키기 위하여 한인을 외관상 만주인으로 만들기 위해 변발호복(辮髮胡服)을 강요하여 성공하였다. 또한 한인의 문화적 우월성에 대한 대비책으로 문화적 강압책([문자의 옥(文字의 獄)]과 회유책으로 만한병용(滿漢倂用) 정책을 취하여 한인을 회유하였다. 이러한 고도의 문화정책을 취하면서 300년 가까이 한인을 통치하였음에도 불구하고 종래에는 한인에 동화(同化)되어 만주족은 동아시아의 역사무대에서 사라졌다.

이렇게 한인과 북방민족의 대립은 오랜 기간 동안 계속되었고, 청(淸)제국의 멸망으로 한인의 높은 문화적 동화력은 결국 북방민족의 존립을 불가능하게 하였다. 이와 같이 동아시아의 남북민족(南北民族) 대립은 유럽史의 그것과 비교할 때 그 성격에 큰 차이를 찾을 수 있다.

Ⅴ. 동(東)아시아 역사의 전개와 한국

동아시아 문화권에서 한국처럼 이 지역의 정치와 문화에 밀접한 관계를 가진 나라는 없다. 일본은 섬나라이기 때문에 근대 이전에는 한국을 통하여 대륙문화와 접촉할 수 있었으므로 대륙의 역사전개와는 거리가 먼 위치에 있었다. 만주와 몽골지역도 그들의 기본생활이 유목생활 수준에 있었기 때문에 중국대륙의 문화적 영향은 소원할 수밖에 없었다.

중국의 역사전개가 한반도에 결정적인 작용을 하는 실예를 두 나라의 관계에서 살펴볼 수 있다. 중국대륙에 통일제국이 출현하면 그것은 바로 한반도의 위기로 작용하는 것이 韓中관계의 실상이다. 한제국(漢帝國)의 출현이 한사군(漢四郡) 시대를 열었고, 수·당(隋·唐)의 통일제국이 백제, 고구려의 멸망이라는 비극을 가져왔다. 정복왕조 요·금·원·청(遼·金·元·淸)의 등장으로 한반도는 그들의 침략을 받았다.

대륙으로부터의 침략의 바람이 잠잠해지자 이번에는 바다 건너 섬나라 일본이 한국을 쳐들어 왔다. 전국시대를 통일한 도요토미 히데요시(豊臣秀吉)의 임진왜란(1592년)과 20세기 들어와 메이지유신(明治維新)으로 군사강국이 된 일본의 한국강점이다.

여기에서 간과해서는 안되는 역사적 사실이 있다. 그것은 한민족(韓民族)의 불행이 결코 한국만의 불행으로 끝나는 것이 아니고 동아시아세계가 함께 불행의 대가를 치루었다는 사실이다. 수나라의 고구려 원정은 수나라의 멸망을 가져왔고 거란·여진·몽골의 고려 침입은 동아시아세계에 엄청난 수난을 안겨 주었다. 만주족(여진족)의 두 번의 조선침입은 한(漢)민족이 만주족의 지배를 받는 청조(淸朝)의 출현을 가져다 주었다.

일본의 한국강점의 결과가 인류역사상 처음으로 원폭 투하로 원자폭탄의 무서운 피해를 일본은 겪었다.

한국의 평화는 동아시아의 평화에 직결되지만 반대로 한반도의 수난은 동아시아세계의 재난이라는 등식을 잊어서는 안될 것이다.

이렇게 한반도는 한(漢)민족의 통일제국(漢·隋·唐)과 북방민족(정복왕조)의 침입을 받으면서도 東아시아문화권(文化圈)의 일원으로 고유문화를 보존하고 내려왔는데 이것은 우리 민족의 저력으로 평가된다. 東아시아세계에서 고대의 한제국(漢帝國)과 자웅(雌雄)을 다투던 흉노족, 남북조시대 화북에 진출한 5호(선비, 흉노, 저, 갈, 강), 그리고 정복왕조를 세운 거란, 여진, 몽골, 만주족은 지금은 모두 동아시아의 역사무대에서 사라졌다. 단 몽골은 2백여만 명이 남아 있을 뿐이다. 더구나 몽골의 원나라와 만주의 청나라는 전 중국을 정복하고 한인(漢人) 위에 군림하면서 東아시아세계의 패자의 위치를 확보하였으나 문화적으로 한인(漢人)에 동화되어 민족자체가 자멸하였다.

이에 비하면 우리 민족은 東아시아 역사전개의 전면에서 대륙으로 부터 몰아치는 정치군사적 압력에 시달려 오면서도 동아시아 문화권의 문화적 요소를 소화하여 민족문화발전에 융화시킴으로써 민족문화의 보존능력과 외래문화의 수용능력의 우수성을 입증하였다.

일찍이 토인비는 그의 『역사의 연구』에서 인류문명의 발전을 설명하여 도전(挑戰)에 대한 응전(應戰)이 문명발전의 원동력이라고 간파하였다. 중국의 북방 정복왕조를 건설한 거란, 여진, 몽골, 만주족은 한문화의 도전에 적절한 응전을 하지 못하였기 때문에 전멸한 반면, 우리는 한문화의 도전을 슬기롭게 응전하여 민족문화를 보존할 수 있게 된 것이고 이러한 저력은 미래에도 그대로 계속될 것이다.

제 1 편
동아시아문명과 고대국가의 발전

북경원인(北京原人)의 복원도
1927년에 북경근처 주구점(周口店)에서
화석이 발견되었고 약 50만년 전의 구석
기인으로 추정되는 북경원인을 복원한
것이다.

제 1 장 동아시아의 선사문화
제 2 장 동아시아 고대국가의 성립
제 3 장 동아시아 고대사회의 변혁과 제자백가의 출현

시대\문명	구석기시대			중석기시대		신석기시대
중요 문명	전기구석기시대 →	중기구석기시대 →	후기구석기시대	사원유적	영정유적	황하문명 앙소문화 용산문화 → 은 → 주 / 양자강유역문명 굴가령·청련강 양저·하모도
연대	170만년 전	20만년 전	4~5만년 전	2~1만년 전		B.C. 5000년~B.C. 2500년

제 1 편 개 관

동아시아 세계에 언제쯤 인류가 출현하였는지 확실치 않다. 현재까지 고고학적 연구에 의하면 약 170만년 전쯤 동아시아에 인류가 나타난 것으로 보고 있다. 이에 따라 동아시아의 선사시대를 구석기시대, 중석기시대, 신석기시대로 구분한다. 구석기시대를 다시 전기·중기·후기로 나누고 구석기시대가 끝나고 곧 바로 신석기시대로 들어가는 지역도 있고, 구석기시대와 신석기시대의 중간에 중석기시대가 존재하는 지역도 있다.

신석기시대에 들어와서 인류는 역사시대로 접어든다. 동아시아의 역사시대는 황하문명에서 시작되고 있는데, 대표적인 황하문명의 유적으로는 앙소문화, 용산문화를 꼽을 수 있고, 이것이 은(殷)나라로 이어져 갑골(甲骨)문자가 출현하면서 역사시대로 발전하였다.

황하문명과 거의 때를 같이하여 양자강 하류지역에도 신석기 문명이 나타나고 있다. 양자강 하류의 청연강(靑蓮崗)과 양저(良渚), 굴가령(屈家嶺), 호숙(湖熟)문화는 이 지역의 대표적인 유적으로 황하문명과는 다른 문화 성격을 갖추고 있다. 그러나 이 문화는 문자가 없었기 때문에 황하문명처럼 역사시대로 이어 나가지 못하였다.

황하문명을 기반으로 발전한 중국의 역사는 전설적인 하(夏)에 이어 은대(殷代)에 이르러 고도의 청동기문명과 갑골문자를 창안하였다. 은나라에 이어 주대(周代)에는 가족제도를 기반으로 봉건제도가 발달하였다. 주나라는 호경(鎬京)을 도읍으로 하는 서주(西周)시대와 낙양(洛陽)을 도읍으로 하는 동주(東周)시대로 구분하는데, 동주시대를 춘추·전국시대라고도 한다. 춘추·전국시대(B.C.770~B.C.221)는 정치적으로 혼란하였으나 철기의 보급으로 농업생산이 발전하고 제자백가(諸子百家)가 출현하여 중국 고전문명의 꽃을 피우게 되었다. 이 시기까지 동아시아세계는 아직 형성되지 못하였으나 동아시아문화의 기본골격은 마련되었다.

제 1 장
동아시아의 선사문화

제 1 절 구석기문화의 출현

I. 인류의 기원과 선사문화

1. 인류의 기원과 동아시아의 선사인류

인간은 언제 이 지구상에 나타났으며, 그 기원은 어디서 출발하였는가에 대한 해답은 아직도 풀지 못한 채 역사의 오랜 숙제로 내려오고 있다. 이와 같은 의문은 동양의 역사에도 그대로 적용된다.

1960년대 이후 고생인류학자들의 새로운 발견과 연구로 최초의 인류가 이 지구상에 생존한 시기는 5백만 년 혹은 7백만 년 전으로까지 올라가고 있다. 5백만 년 전으로 추정되는 인류는 아프리카의 동부지역에서 발견된 남방의 원숭이(Australo pithecus)라고 하는 학명으로 알려진 최초의 인류로 원숭이와 아주 비슷하다. 이를 인간의 기원으로 보는 것은 두 발로 서서 걸어 다녔다(직립보행)는 사실에 근거를 두고 있다.

이와는 별도로 동부아프리카에서 2백만 년 전경에 손재주를 가진 인류(Homo habilis)가 생존했던 사실이 밝혀졌다(1972). 이들은 두 발로 서서 걸었고, 두뇌의 용량도 현생인류의 절반 정도에 가까우며 도구를 사용하여 사냥을 하였으므로, 이들을 최초의 인류라고 추정하는 학자가 많다.

동아시아의 선사인류는 종래에는 50만 년 전의 북경원인, 자바인을 최초의 동아시아 인류로 단정하였으나, 최근에는 이보다 훨씬 오래된 인류가 발견되고 있다. 즉, 1965년에 운남성에서 발굴된 원모인(元謀人)은 지금으로부터 170만 년

전[1]의 인류로 추정하고 있고, 산서성(山西省) 예현(芮縣)의 서후도(西侯度) 마을에서 발견된 서후도 유적도 이와 비슷한 연대로 추정하여 중국의 구석기 전기인류로 보고 있다. 이들에 이어 직립인(Homo erectus)에 해당되는 인류가 북경원인(北京原人)과 자바인으로 40~50만 년 전으로 추정된다.

지금으로부터 20만 년 전 홍적세의 중기가 끝날 무렵에 지혜로운 인간, 즉 현생인류와 유사한 구석기시대 중기에 해당되는 인류가 출현하였다. 그들은 유럽에서는 네안데르탈인으로 대표되고, 중국에서도 이 네안데르탈인 단계가 여러 곳에서 발견되는데, 그 대표적인 유적지가 주구점(周口店) 제15지점, 섬서성의 대려(大荔)와 정촌(丁村) 유적 등이다.[2] 이들은 지금으로부터 약 4만 년 전, 마지막 빙하기의 징후가 나타날 무렵에 갑자기 사라졌다. 그 후 빙하기가 사라지자 프랑스의 크로마뇽인으로 대표되는 진정한 현생인류[現生人類(매우 지혜로운 인간, Homo Sapiens Sapiens)]가 4만 년 전부터 1만 년 전에 걸쳐 나타났다. 이즈음 중국에서도 유강인(柳江人), 오르도스인, 주구점의 산정동인(山頂洞人) 등이 출현하였는데 이 단계를 현생인류로 보고 있다. 이들은 두뇌 크기나 외모가 현생인류와 거의 비슷하다.

이렇게 볼 때에 중국을 비롯한 동아시아의 구석기시대 인류는 세계 다른 지역 인류의 진화과정과 비슷한 발전단계를 거치고 있음을 확인할 수 있다.

2. 동아시아 인종의 분포

근래 고고학연구의 괄목할 만한 발전에도 불구하고 아직도 확답을 찾지 못하고 있는 문제가 있다. 하나는 인류의 기원에 대한 문제이고, 다른 하나는 구석기시대 인류와 신석기시대 현생인류간의 연속성의 문제이다.

지구에는 네 차례에 걸친 빙하기와 간빙기가 있었다. 따라서 지구를 내습한 빙하시대의 인류는 거의 전멸할 수밖에 없어 빙하시대 이후에 나타난 신석기시대의 현생인류는 고생인류와 직접관계가 없는 것으로 보았다. 그러나 최근의

---

1) 최무장, 『중국의 考古學』, 민음사, 1989, 60쪽 및 74쪽에 의하면 원모원인은 방사성 탄소연대측정결과 절대연대로 170만년 전, 서후도 문화유적은 180만년 전으로 추정하고 있다.
　　이성규, 「中國文明의 起源과 形成」『講座中國史』 I (서울대학교 동양사학과연구실 편), 지식산업사, 1989, 28쪽에서는 이들을 170만년 전으로 보았다.
2) 김원룡, 「中國舊石器時代 유적유물의 新發見」『歷史學報』 25, 1964.

고고학적 연구결과는 구석기시대의 인류가 빙하시대를 극복하고 다시 신석기시대의 현생인류로 이어져 내려온 것으로 추정하는 이론이 상당히 유력해지고 있다.

이러한 가설을 전제로 할 때 동아시아의 구석기시대 인류는 우리의 직접적인 조상으로 파악할 수도 있다. 그것은 남전원인과 북경원인이 몽골인종의 특징에 아주 가까운 신체적 특색을 갖추고 있기 때문이다. 즉, 몽골인종의 비교적 짧은 팔과 다리는 체온 보존을 용이하게 하였을 것이고, 두텁고 좁은 눈꺼풀은 강렬한 햇빛으로부터 눈을 보호해 주었을 것이다. 이러한 몽골인종의 신체적 특징은 동북아시아의 한랭한 자연환경에서 비롯되었다. 몽골인종의 다른 신체적 특징은 검은색의 직모와 평평하고 광대뼈가 튀어 나온 얼굴, 검은 눈동자를 들 수 있다.

현재 동아시아의 인류를 분류하는 방법으로는 종족보다 언어에 의한 구분이 더욱 명확한데, 언어에 의한 구분으로 다음과 같은 세 가지가 있다.

첫째는, 동아시아의 언어 가운데 가장 규모가 큰 차이나(혹은 차이나 티베트)어족이다. 차이나어족은 동아시아의 중심부에 견고한 주거지역을 확보하고 중국본토는 물론 티베트, 태국, 라오스 및 미얀마의 대부분과 월남까지 포괄하고 있다.

둘째는, 우랄·알타이어족을 꼽을 수 있는데, 이들 종족은 유목과 기마생활을 하면서 각지를 이동하며 생활하였다. 우랄·알타이어족은 터키어, 몽골어, 퉁그스어군으로 나누어지고, 한국어와 일본어는 전형적인 알타이어와 구조적으로 매우 가깝다.

셋째는, 오스트로네시아어족으로서 말레이시아, 인도네시아, 필리핀 및 대만 원주민 언어가 여기에 속한다.

Ⅱ. 동아시아 구석기문화의 발전

1. 중국의 전기 구석기시대 문화유적

인류의 역사는 기록의 유무에 따라서 선사시대(先史時代)와 역사시대(歷史時代)로 나눈다. 선사시대는 다시 구석기시대, 중석기시대, 신석기시대로 구분하고, 구석기시대는 다시 전기와 중기, 후기로 나눈다.

중국의 구석기시대 전기에 해당하는 인류를 고고학적으로 원인(猿人)이라 하며,

중기 구석기 인류를 고인(古人), 후기 구석기 인류를 신인(新人)이라 부른다. 지금까지 발견된 전기 구석기 유적에 의하면 원인은 중국 각지에 널리 퍼져 있다.[3]

이러한 구석기시대의 전기인류 가운데서도 가장 오래된 인류가 170만 년 전으로 추정하는 운남성 상나방촌에서 발견된 원모원인(元謀猿人)과 비슷한 시기의 산서성 예현(芮縣)의 서후도 마을에서 발견된 서후도(西侯度) 유적이다. 이들에 이어 나타난 구석기시대의 전기인류가 유명한 남전원인(藍田猿人)과 북경원인(北京原人)이다.[4][5]

남전원인은 북경원인이나 자바의 직립원인보다는 두개골의 형태가 원시적이며, 뇌의 용량도 적고 두개골이 납작하다. 이들은 타제석기로 동물을 사냥한 흔적이 보인다.

북경원인의 화석은 1927년에 스웨덴의 고고학자 앤더슨(J. G. Anderson)이 처음 발견했고, 그 후 배문중(裵文中)이 다시 두개골을 발견함으로써 북경인으로 유명해졌다. 이들 인류의 화석은 1949년 이후 남녀노소의 것이 40개 이상 발견되었는데, 뇌의 용량이 원모원인이나 남전원인에 비하면 상당히 커졌다.

이러한 북경원인의 두개골은 현대인에 미치지 못하나 손과 다리의 발달은 괄목할 만하다. 이들은 손으로 석기와 골기로 된 집개나 주먹도끼 등의 도구를 만들었고, 그것을 이용하여 짐승을 사냥하고 식물을 채집하였으며, 직립보행을 자유롭게 하면서 다리가 뒤따라 발달하였던 것으로 추정된다.

2. 중기 구석기시대의 유적

구석기시대의 전기인류[원인(猿人)]는 약 20만 년 전에 이르러 중기에 접어드는데 중기인을 고인(古人)이라고도 한다. 이들은 중국 전역에 걸쳐있고, 대표적인 고인으로 마파인(馬壩人), 장양인(長陽人), 정촌인(丁村人) 등을 꼽을 수 있다. 중기 구석기시대 문화는 전기 구석기문화를 계승하였고, 특히 북경원인의 문화를

---

3) 최무장, 『중국의 考古學』, 62쪽에 의하면 전기 구석기시대 유적지로, 화북지방에는 西侯度, 藍田, 匼河, 周口店, 金牛山, 廟后山, 東谷坨과 화남지방에는 원모인(元謀人), 관음동(觀音洞) 등의 유적지를 들고 있다.
4) 최무장, 『위의 책』, 제3장에서 賈蘭坡・王建의 『西侯度』(문물출판사, 1978)를 인용하여 서후도 유적은 약 180만 년 전, 즉 전기홍적세의 구석기문화라고 보고 있다.
5) 최무장, 『위의 책』, 제4장 「華北의 中期舊石器時代 문화」에서 중기구석기시대는 일반적으로 10만 년 전에서 4만 년(B.C. 3만5천 년)까지로 보고 있다. 그러나 전기구석기시대가 끝나는 주구점 제15지점의 하한이 약 20만년 전이라는 것을 고려하면 중기구석기시대의 상한은 약 20만 년 전으로 추정하였다.

〈표 1-1〉 중국 구석기시대 인류

시대구분 및 출현 연대	인류	발견지	발견 연대
전기 구석기 (원인(猿人)·원인(原人)) 약 170만 년 전 " 약 60만 년 전 약 40~50만 년 전	원모원인(元謀猿人) 서후도인(西候度人) 남전원인(藍田猿人) 북경원인(北京原人)	운남성 원모현 상나방촌 산서성 예현 서후도마을 섬서성 남전현 북경시 주구점 제1지점	1965 1961, 1962 1963, 1964 1927, 1937, 1949
중기 구석기(古人) 약 20만 년 전	마파인(馬壩人) 장양인(長陽人) 정촌인(丁村人)	광동성 마파향 호북성 조가언 산서성 양분현 정촌	1958 1956 1954
후기 구석기(新人) 약 4~5만 년 전	유강인(柳江人) 자양인(資陽人) 기린산인(麒麟山人) 오르도스인 하투인(河奪人) 산정동인(山頂洞人)	광서성 유강현 사천성 자양형 광서성 기린산 오르도스 지역 오르도스 지역 북경 주구점 산정동	1958 1951 1956 1923, 1924 1956, 1964 1933, 1934

그대로 이어받은 흔적이 뚜렷하며, 유럽의 네안데르탈인 단계에 근접하고 있는 유적이 많다. 이러한 중기 구석기인은 신체가 원인보다 많이 발달되었다.

마파인의 두개골은 원인에 비해 얇아졌고 이마는 넓어졌다. 장양인의 턱뼈는 원인처럼 앞으로 튀어나오지 않았고, 정촌인의 치아는 현대의 몽골인종에 가까워져 있다. 중기 구석기인이 사용한 도구에는 석기·골기 이외에 목기가 있으며, 다양한 용도에 따라 여러 가지 유형의 도구를 제작하고 있다. 이들은 수렵과 채집 이외에 어로를 하면서 경제활동이 향상되어 수렵의 의의가 크게 증가하였다. 특히 중기 구석기시대인은 잡혼상태를 벗어나 혈연혼인의 단계로 들어서고 혈연가정을 구성한 듯하다.

3. 중국의 후기 구석기시대 문화

중국의 후기 구석기시대는 약 4~5만 년 전부터 1만 년 전까지로 잡고 있으며, 이 시기의 인류를 신인(新人)이라 하는데, 대표적 신인은 유강인(柳江人), 오르도스인, 산정동인(山頂洞人)이 있다. 이때 빙하기가 끝나면서 지구는 점차 따뜻하여졌다.

구석기시대의 유적 분포지

후기 구석기시대의 신인은 원인이나 고인이 지니고 있던 원시성을 벗어나 현대인에 매우 근접해 있고, 두뇌용량도 1300~1500CC로 현대인에 가까우며 얼굴도 현대인의 모습을 하고 있다.[6] 이들이 사용한 도구의 수량과 종류도 크게 증가하였다. 특히 원인과 고인에서 볼 수 없는 돌화살촉[석촉(石鏃)], 골침(骨針)이 있다. 돌화살촉의 등장은 수렵생활의 획기적 발전을 의미하고, 골침은 동물 가죽을 재료로 한 원시적인 의류생활의 가능성을 뜻하는 것으로, 나체시대에서 의류생활로 접어들었음을 알 수 있다. 또 고인은 불을 자연 상태로 보전하였으나 신인은 나무나 돌의 마찰로 불을 일으키고 있다.

그러나 신인의 경제생활은 기술상의 진보에도 불구하고 여전히 고인과 같이 수렵·채집·어로생활이 중심이었다. 부녀자의 힘으로 가능한 채집경제가 남자의 수렵경제보다 비교적 안정성이 높고 믿을 만한 생활근거가 되었다. 그러므로 부녀자의 채집경제활동은 씨족의 생존에 중요한 역할을 하였으며, 당시의 사회를 모계사회로 보는 근거가 여기에 있다. 이때의 가족생활은 고인의 혈연혼인(동일 씨족혼)이 사라지고 다른 씨족과의 족외(族外)혼인이 시작된 듯하다.

Ⅲ. 중국의 중석기(中石器)시대

1. 중석기문화의 성격

중석기시대란 구석기시대에서 신석기시대로 넘어가는 중간(과도기) 단계를 말한다. 구석기시대가 끝나면 곧바로 신석기시대로 들어가는 지역도 있고 그렇지 않고 중석기시대를 거치는 경우도 있다. 중석기시대는 지질학적으로 홍적세 말기에서 충적세 초기에 걸친 시기로 대체로 1만 년 전의 시대이다.[7]

중국의 중석기시대는 구석기시대의 채집경제(수렵문화)와 신석기시대의 농경문화와는 성격을 달리하는 단계이다. 특히 이들이 사용한 도구는 구석기시대의 타제석기에서 신석기시대의 마제석기로 가는 과도기에 위치한 세석기시대이다. 석기의 제작방법이 타제이기는 하나 구석기시대의 거칠고 투박한 타제석기보다는

---

6) 최무장, 「中國後期 舊石器時代의 小(細)石器와 中石器時代 文化關係」『建國大人文科學論集』 17, 1985.

7) 지금으로부터 1만 년 전 빙하기가 끝나고 기후 변동에 따라 신석기시대로 접어드는 과도기인 중석기시대(Mesolithic Age)가 나타났는데, 이때에 인류는 동굴 대신 해변, 하천, 호숫가에서 떼를 지어 생활하기 시작하였다.

훨씬 정교하면서도 모양이 작은 세석기(細石器)와 박편석기(剝片石器)가 주류를 이루고 있다. 따라서 중석기문화는 수렵문화이고, 농경은 아직 시작되지 않은 것으로 보고 있다.

그런데 중국의 중석기문화에 대해서는 아직도 해결되지 않은 문제점이 몇 가지 있다. 그 중 가장 중요한 것은 중석기문화가 다음에 오는 신석기시대의 황하문명과 어떤 관련이 있는가라는 문제이다. 이에 대해서는 황하문명과 직접적인 관계가 없다는 관점과, 이와는 반대로 황하문명을 만든 신석기시대인이 가까운 조상이 중석기시대의 수렵인이라고 보는 견해이다. 따라서 중국의 중석기시대에 대한 연구가 보다 진전되어 이들 중석기시대의 수렵인이 신석기시대의 농경인으로 발전된 과정이 밝혀진다면 구석기시대인과 신석기시대인의 상호관계도 확실하여지리라 생각된다.

2. 중석기시대의 유적

중국에서 중석기시대의 존재가 문제로 제기된 것은 1930년대이다. 중석기시대 유적은 구석기시대와는 달리 전국적인 범위를 갖지 못하고 다만 황하유역의 몇 곳에서 대표적으로 나타나고 있다. 이곳의 특징은 고기잡이·사냥 생활을 주로 하였고, 연장으로는 타제석기를 위주로 간접타법으로 만든 전형적 세석기가 유행하였으며, 극소량의 마제석기도 있었으나 토기는 아직 제작되지 않았다. 이러한 황하유역의 중석기유적으로는 사원(沙苑)과 영정(靈井)의 문화유적을 대표로 들고 있다.

사원문화의 유적은 섬서성 조읍(朝邑), 대려(大荔) 부근에 있는 사원이라는 모래언덕지대의 15개소에서 발견되었다. 이곳에서 발견된 3천점이 넘는 석기는 여러 종류의 세석기와 대형의 박편석기로 분류된다. 이 사원문화가 신석기시대의 세석기유적과 다른 점은 토기와 마제석기가 거의 없다는 점과 그 대신 원시적인 형태를 벗어나지 못한 박편석기가 다수 포함되어 있다는 사실이다. 이와 함께 상당히 발달된 모양의 석촉이 나타나고 있다.

한편 하남성 허창(許昌)의 영정문화유적은 1965년에 발견되었는데, 이때 땅속에서 1500여 점의 석기가 발굴되었다. 이들 석기는 세석기·석편석기·역석석기로 분류되는데, 역시 세석기가 가장 많다. 석기의 제작방법은 직접타법(석편석기)과 간접타법(세석기)이 주가 되고 있다. 이 영정유적의 연대는 동물화석,

석기 등에 의하면 후기구석기의 마지막 시기에서 중석기시대로 넘어오는 과도 기이다.[8]

이들 중석기 문화유적 이외에 광서지역과 흑룡강 하얼빈, 내몽골, 산서성 포현, 황하상류, 강소성 대현장(大賢莊) 세석기유적 등 중석기유적으로 보이는 석기들이 출토되고 있다. 그러나 이들 동북지역과 내몽골, 신강 등 북방 초원지대는 세석기의 중요한 분포지구이기는 하나 이를 중석기유적으로 보기에는 아직 많은 문제점이 있다. 특히 중석기시대의 세석기문화는 발굴된 유적이 적기 때문에 중석기시대의 문화를 대표할 수 있는 뚜렷한 유적의 특징을 제시하는데 어려움이 있다.

제 2 절   동아시아 신석기시대의 황하문명

I. 신석기문명의 다원성

1. 황토와 황하문명

중국문명은 신석기시대에 들어와 황하유역에서 시작되었다. 그런데 왜 중국의 문명이 남방의 온화한 양자강유역에서 일어나지 않고 화북의 추운 황하유역에서 발생하였는가. 이러한 의문을 풀기 위해서는 신석기시대의 농경문화발생을 가능하게 만든 화북평원의 황토지대와 황하를 생각하지 않을 수 없다.

신석기시대의 양자강유역은 고온다습지대로 삼림이 무성하여 이를 석기로 개간하고 농사를 짓는다는 것은 거의 불가능한 일이었다. 역사적으로 양자강유역이 본격적으로 개발되기 시작한 것은 철기가 도입된 기원전 6세기경의 춘추·전국시대에 들어와서이다. 이에 비하면 황하유역은 농경에 적합한 여러 조건을 갖추고 있다. 특히 황하유역의 황토(黃土)[9]의 토양은 공기가 잘 통하여 배수가

---

8) 최무장, 『中國의 考古學』, 271쪽 주 101에서 周國興의 논문 「河南許昌靈井的 石器時代遺存」『考古』 2, 1974를 인용하고 있다.
9) 황토지대는, 수백만년 전부터 서북방의 사막에서 불어온 황사가 쌓여서 형성된 초생황토

용이하여 용수량이 많다. 황토의 성분은 다량의 규산, 아르미나, 석회분을 함유하고 있기 때문에 특별한 비료를 가하지 않아도 농작물이 성장할 수가 있다. 그 위에 철기가 아직 나타나지 않은 신석기시대에는 땅을 깊이 가는 것이 불가능하였으나 황토는 단순한 석기로도 경작이 가능하였다. 이러한 황토지대는 신석기시대의 중국인들에게 농경의 혜택을 가져다주기에 충분하였다.

대체로 인류의 문명이 대하(大河)유역에서 발생하였다고 하지만 황하문명의 발생은 나일강이나 메소포타미아 지역과는 그 사정이 달라 신석기시대에 황하유역지대가 직접 관개농업에 이용된 것은 아니다. 나일강이나 메소포타미아지방은 홍수기에 상류에서 흘러 내려온 비료성분이 하류에 쌓여 농작물의 성장에 좋은 조건을 제공하여 주었다.

그러나 중국의 화북지방은 여름의 우기에 접어들면 연간 강우량의 절반이 집중적으로 쏟아져 홍수의 위험이 대단히 많았다. 실제로 황하는 2년에 한번 꼴로 범람하였다. 그러므로 황하문명의 발생조건은 나일강유역이나 메소포타미아와는 그 조건이 전혀 다르다. 황하문명이 일어난 곳은 황하의 본류유역이 아니고 홍수의 위험이 덜한 황하의 지류에 연한 언덕이나 지류가 평지로 흘러들어가는 선상지대(扇狀地帶)로 이곳에서 농경이 시작되었다. 그리하여 석기나 목기를 사용하는 신석기시대의 초기농경 단계에서 견고한 공동체로서의 취락이 형성되었고, 이러한 취락을 중심으로 신석기시대의 앙소문화와 용산문화의 유물을 남긴 초기 황하문명 담당자의 문명생활이 시작된 것이다.

2. 신석기문명의 새로운 발굴

종래 중국의 신석기문화는 앙소(仰韶)문화[10]로 대표되고, 여기에서 다시 용산(龍山)문화가 발전된 것으로 해석하여 왔다. 그리고 이 용산문화는 다시 은(殷)대의 역사시대로 이어지는 것으로 보았다. 이리하여 황하문명(黃河文明)은 앙소·용산문화로 대표된다고 해석하였다.

와 그 후 황하의 범람으로 퇴적된 재생(再生)황토로 형성되었다. 황토의 분포는 화북지방을 중심으로 산서·섬서·감숙·화남지방에 이르며, 그 넓이는 약 132만 4천km^{2}이다. 퇴적의 두께는 100~200m나 되며, 평균 20~30m이다.

황하는 전 7세기말부터 현재까지 약 1600회의 범람으로 26번의 커다란 하류변화가 있었다.

10) 앙소문화의 연대는 B.C. 5000~3000년경으로 추정하고 있고, 용산문화는 B.C. 2500 ~1500년경으로 보고 있다.

　그러나 1950년대 이후 중국의 고고연구 결과 앙소·용산문화에 대한 내용이 크게 수정되고 있다. 즉, 종래 주장되어 오던 앙소문화가 곧 채도(彩陶)문화이고, 용산문화가 흑도(黑陶)문화라는 등식은 옳지 않다는 것이고, 또한 앙소문화나 용산문화와는 성격이 다른 별도의 신석기문화가 중국의 각 지역에서 독자적으로 형성되었다는 것이다. 따라서 중국의 신석기시대 문화는 앙소문화 지역보다 그 범위가 훨씬 넓고 문화내용 또한 다양하다는 사실이다.[11]

　화북지방에서 일어난 신석기시대 최고의 농경문화를 앙소문화라고 주장한 사람은 스웨덴의 고고학자인 앤더슨이다. 그는 1921년 하남성의 앙소촌 부근에서 다수의 마제석기와 채색토기를 발견하고, 이를 신석기시대의 앙소문화라 하였다. 특히 이곳에서 붉은색을 비롯한 흑색, 백색의 채색토기가 많이 출토되었고, 그것이 서아시아의 채도와 유사한 점이 있었으므로 앙소문화를 채도문화라 하였다.

　1949년 중화인민공화국이 성립되면서 대대적으로 추진된 고고학적 발굴조사에 의하여 종래의 학설이 크게 수정되었다.[12] 중국의 신석기문화를 대표하는 것은 결코 앙소문화와 용산문화로 일원화(一元化)할 수 없으며, 전 중국에 걸쳐 각 지역마다 신석기문화가 독자적으로 발달하였고, 그 수준도 황하유역의 신석기문화에 비해 결코 떨어지지 않는 것으로 연구되고 있다. 이리하여 신석기문화의 다원적발전론(多元的發展論)이 제기되고 있다. 특히 종래 구석기문명과 신석기문명을 별개로 취급하여 양자간에는 연속성이 없다는 주장과는 달리 최근의 연구결과에 의하여 중국학자들은 이들 두 문화간의 연속성을 확인하려 노력하고 있고 상당한 성과를 거두고 있다.

　앙소문화를 포함한 초기 신석기문명의 특징은 마제석기, 토기의 사용과 채집경제에서 생산경제로의 발전을 들 수 있다. 주식으로서의 곡식은 화북지방에서

---

11) 손병헌, 「中國의 仰韶文化」『大東文化研究』 14, 1981.
12) 1950년대 이후의 고고발굴 조사에 의하여 중국의 신석기문화 단계는 B.C. 6~5 천 년 사이로 잡고 있다. 그 예로 중원지역의 초기 신석기문화는 화북의 자산(磁山), 하남의 배이강(裵李崗)문화로서 이는 앙소문화의 선행(先行)문화로 알려지고 있다. 그러나 이보다 앞서 B.C. 8~9000 년경으로 추정되는 신석기문화로는 광동, 광서, 강서의 초기 신석기문화와 감숙 대지만(大地灣) 1기문화(B.C. 7,300~7,800년경), 양자강하류의 하모도(河姆渡)문화와 마가빈(馬家浜)문화(B.C. 5000 년경), 내몽골 오한기(敖漢旗) 홍륭유적지, 산동등현 북신(北辛)유적지 등이 그 좋은 예이다.
　이성규, 「新石器文化의 多元性과 그 遺産」『講座 中國史』(서울대학교 동양사학과연구실 편), 지식산업사, 1989, 28~31쪽 참조(이하 『講座 中國史』로 생략).

는 조와 기장, 강남에서는 쌀이 재배되었고, 가축으로 돼지·개를 사육하였다. 또 사슴을 수렵하고, 어망과 낚시로 고기를 낚았으며, 야생과일과 조개류를 채집하였다.

농업생산을 위한 도구로는 돌로 된 호미·가래·삽·쟁기가 사용되었고, 수확용으로 돌칼·돌낫을 곡식 가공용으로 돌맷돌·돌절구, 돌절구공이·돌방망이 등이 사용되었다. 농사짓는 방법으로는 들에 불을 놓아 경작하는 화경농법(火耕農法)을 이용하였으며, 아직 가축은 농사에 이용하지 못했다. 옷감을 만든 도구는 돌과 흙으로 만든 물레와 비슷한 방추차(紡錘車)를 사용하였고, 골침이 발견되는 것으로 보아 마(麻)나 짐승의 가죽 등을 꿰매어 입었다는 것을 알 수 있다.

살림집은 평지식(平地式)도 있으나 원형과 방형(方形)으로 된 움집이 많다. 당시의 사회구조를 이해하는데 중요한 것이 매장방식이다.[13] 이에 의하면 거의 예외 없이 여성중심의 매장법을 보이고 있다. 즉, 여성이 남성보다 부장품도 많고, 특히 생산용구가 여성묘지에 많이 부장되어 있는 것으로 보아 여성의 사회적 지위가 남성보다 높았다는 사실을 알 수 있다. 이 시대는 여성이 생산의 주도권을 장악하고 있었으므로 아직 부계(父系)사회가 형성되지 않은 모계사회임이 확실시된다.[14]

3. 신석기후기의 용산문화(龍山文化)

신석기시대 후기의 대표적인 문화로 용산문화[15]를 들 수 있다. 앙소문화를 채도로 단순화 하지 않는 것과 마찬가지로 용산문화 또한 흑도문화로 획일시하는 것은 옳지 못하다. 그것은 흑도가 용산문화의 중요 요소임에는 틀림없으나,

---

13) 앙소문화의 대표적인 유적지로 유명한 西安 半坡村의 반포유적에서 약 250구, 섬서성 보학현(寶鶴縣)의 북수령(北首嶺) 유적에서 약 400구의 시체가 발굴되어 매장방식에 의한 사회구조가 자세히 알려지고 있다.

14) 중국학자들은 모계씨족사회가 부계씨족사회로 넘어가는 시기를 B.C. 3000년경으로 보고 있다. 이후 대우혼(對偶婚)에서 일부일처제(一夫一妻制)로 진행되고 다시 일부다처제로 발전하였다고 보았다. 이와 병행하여 부계가족중심의 사유제발생과 계급분화란 발전단계로 나누고 있다(『講座 中國史』 I, 38쪽 주 77 참조).

15) 용산문화는 1930~31년에 산동성(山東省) 역성현 용산진의 성자애(城子崖) 유적이 발견되어 그 지명을 따서 용산문화라고 부르게 되었다. 1931년에 하남성 안양현의 후강(後岡) 유적에서 앙소문화·용산문화·은문화로 쌓여진 3기층으로 된 유적층을 조사하여 1층은 앙소문화, 2층은 용산문화, 3층은 은문화로 분류되어 이에 따라 앙소 → 용산 → 은문화라는 문화발전단계를 설정하게 되었다.

이외에도 용산문화에는 다양한 요소가 복합되어 있음이 최근 연구결과로 확인
되고 있기 때문이다.

용산문화는 최근 하남성 삼문협의 발굴조사에 의하여 그 문화의 유형을 묘저
구(廟底溝) 제2기문화, 후강(後岡) 제2기문화, 객성장(客省莊) 제2기문화(제1기 문
화층은 앙소문화층으로 분류하고 있다), 전형적인 용산문화 등의 4개 유형으로 분
류하고 있다. 묘저구 2기문화는 기원 전 2300년경에 발생하여 동방으로 확대
전파되면서 후강 2기 · 객성장 2기문화를 발전시켰고, 산동성(山東省)지역의 전
형적인 용산문화에서 그 절정을 이루었다. 전형적 용산문화(흔히 말하는 흑도문
화)는 산동지방을 중심으로 북으로는 요동반도, 남으로는 강소성 북부에까지 폭
넓게 분포되어 있으며, 지역에 따라서는 그 시대가 은 · 주시대까지 내려오고 있다.

묘저구 유적의 발굴로 용산문화는 앙소문화를 받아들여 이로부터 발전된 것
이 분명해졌다. 특히 묘저구 유적은 상 · 하 2층으로 구성되어 있고, 하층은 앙
소문화층, 상층은 묘저구 제2기문화층(초기 용산문화층)이라 하여 앙소문화에서
용산문화로 진입하는 초기 용산문화로 확인되고 있다.

용산문화의 내용을 보면 농기구는 돌로 된 호미 · 가래 이외에 짐승의 뼈로 만
든 호미와 목재로 된 호미를 사용하였다. 또 구멍이 두개가 있는 반월형(半月形)
의 돌칼, 가늘고 긴 석부(돌도끼) 등 앙소시대보다는 발달된 농기구가 사용되고
있다. 이로 볼 때 농업기술이 훨씬 발달하였으며 경지면적의 확대를 생각할 수
있다. 또 앙소시대보다도 가축의 종류가 다양해져서 돼지와 개 · 소 · 말 · 양 · 닭
등의 뼈가 출토되고 있어 가축사육도 향상되었고, 수렵에도 호랑이 · 사슴 · 늑
대 · 이리 등의 맹수를 사냥한 흔적이 뚜렷하여 사냥기술도 발전하였음을 살필
수 있다.

토기에는 회색승문(灰色繩文) 이외에 흑도가 다수 발견되고 있어서 종래 용산
문화를 흑도문화로 간주하게 되는 계기가 되었다. 주거는 여전히 견혈식(堅穴
式)이나, 앙소시대보다 소형가옥이 보급되고 있는 점으로 보아 이는 남녀합장과
함께 이미 일부일처제(一夫一妻制)가 일반화되었음이 입증된다. 묘의 크기와 부
장품이 일정하지 않은 것으로 보아 빈부의 차가 생기고, 사유재산제가 나타난
것을 알 수 있다. 또 농업생산이 증가하면서 남성의 사회적 지위가 향상되어
모계(母系)사회에서 부계(父系)사회로 넘어가는 과도기로 추정되며, 정신생활 면
에서도 짐승의 뼈를 구어 점을 치는 것이 시작되었는데, 이는 은대(殷代)의 점

복(占卜)과 관계가 있다.

4. 양자강유역의 신석기문명

황하문명이 시작되는 시기와 좀 떨어져 양자강유역을 중심으로 하는 화중(華中)지방에도 별도의 문화권이 형성되어 독자적 문화가 발달하고 있다. 신석기시대의 화중문화는 복잡한 요소가 있어서 황하문명처럼 계통을 분류하는 것은 어렵다.[16] 그러나 대체로 양자강·한수(漢水)지구의 굴가령(屈家嶺)문화, 양자강·회수지구의 청련강(靑蓮岡)문화, 절강성북부와 강소성남부의 양저(良渚)문화, 양자강 하류지구의 호숙(湖熟)문화 등 4개 지구[17]로 구분하고 있다.

이 가운데서도 기원 전 5천년 경까지 소급되는 양자강하류 호숙문화를 대표하는 하모도(河姆渡)문화 유적에서 이 지역의 독자적 문화성격을 엿볼 수 있다. 즉, 하모도인은 골기·목기·석기·토기를 사용하였고, 골기 중에 땅을 일구는 뼈보습(骨耜)이 대량으로 출토되고 있다. 이것으로써 강남지역은 화경(火耕)농법을 벗어나 수전(水田)경작방법이 발달하여 수도작(水稻作)이 시작되었음을 입증하고 있다. 가옥도 앙소문화에서는 반지하의 수혈식인데 반해 하모도에서는 난간식 건축양식을 사용하여 목조건축 기술을 보여 주고 있다. 양자강유역의 신석기문화는 그 시기가 황하 중류의 앙소문화보다 앞서기 때문에 양자강유역을 무대로 신석기문화가 독자적으로 발전되고 있었음을 알 수 있다.

앙소·용산문화가 은대(殷代)문화로 계승·발전된 것과 같이 양자강유역의 화중문화는 춘추전국시대의 초와 오·월 문화의 기초가 되었다.

최근 중국 고고학계의 이와 같은 의욕적인 연구결과에 따라 지금까지 신석기문화가 앙소·용산문화로 일원화되었다는 이론을 바꿔 지역별 문화권의 설정을 통하여 문화의 다원성으로 그 성격이 변화되고 있다. 이에 따라 앙소·용산문화를 중심으로 한 중원중심적(中原中心的) 황하문명기원론은 비판되고 있다.

---

16) 방선주, 「江淮下流地域의 先史諸文化−韓國의 南方文化傳說과 關聯하여−」『史叢』 15·16 합집(金俊燁敎授華甲紀念論叢), 1971.
17) 4개 문화지역의 명칭은 발굴된 유적지명을 딴 것이다. 즉, 호북성 경산현(京山縣) 굴가령, 강소성 휘안현(淮安縣) 청연강, 절강성 항현(杭縣) 양저진, 강소성 강녕현(江寧縣) 호숙진이 그것이다.

Ⅱ. 하(夏)왕조의 전설과 실존의 문제

1. 夏왕조의 전설에 나타난 몇 가지 문제

인류의 역사는 전설이나 설화로 시작되는 것이 보통이다. 사마천의 『史記』[18] 에 의하면 중국역사는 삼황오제(三皇五帝)[19]에서 시작되었고, 그것은 다시 하 (夏)·은(殷)·주(周) 3대의 역사로 이어진다고 기록하고 있다. 그런데 은(殷)대에 관해서는 갑골문(甲骨文)의 연구결과 그 역사적 실체가 밝혀졌으나, 하왕조에 대해서는 아직도 전설적인 시대로 다룰 뿐, 역사시대로 인정하지 않고 있다.[20]

황하의 치수(治水)전설로 유명한 우(禹)임금을 시조로 하는 하왕조에 관해서는 삼황오제와는 달리 『史記(사기)』 이외에도 중국고대의 기록에 많이 나타나 있 다. 특히 갑골문의 발견으로 은왕조의 존재가 분명해진 현재에 있어서는 고고 학적 연구의 진행에 따라 하왕조의 실체도 밝혀질 가능성은 충분히 있고, 최근 의 연구에 의하여 하왕조의 왕궁 터라고 주장하는 학자도 있다.

그런데 『史記』에는 하왕조의 수도를 산서성(山西省) 안읍(安邑)이라고 단정하 고 있다.[21] 이 지방은 예부터 소금이 풍부하게 생산되고 그 근방에서는 채도를 포함하여 무수한 신석기시대의 유물이 발견되고 있기 때문에 원시적인 부족국 가의 존재가능성은 충분하다. 요(堯)·순(舜)·우(禹)임금 전설에 나타나는 지배 영역은 황하의 중·하류지역이다. 최근의 고고발굴조사에서도 이 지역에서 통 일된 국가는 아니지만 초기단계의 원시적인 국가의 존재가 인정되고 있다. 그 것은 이 지방이 황하의 범람으로 자주 대홍수가 일어났는데, 이를 우임금의 치 수전설로 잘 통치하였다는 것으로 알 수 있다.

특히 우 임금은 아들 계(啓)에게 왕위를 물려주었는데, 이는 종래의 선양(禪 讓)에 의한 왕위교체가 왕위세습으로 전환되었음을 의미한다. 이를 고고학적으 로 풀어보면 신석기시대 후기의 모계사회가 끝나고 부계사회로 접어드는 과정

---

18) 사마천(司馬遷)은 『史記』 卷1, 오제본기(五帝本紀)에서 5제[황제(黃帝)·전욱(顓頊)·제 곡(帝嚳)·요(堯)·순(舜)]에 대해 자세히 기록하고 있다. 『史記』 2, 하본기에서는 순임금 으로부터 양위받은 우(禹)임금이 중국사상 최초의 하왕조를 열었다고 기술하고 있다.

19) 금종우, 「夏禹의 政治原理와 政治的 責任觀에 관한 一考察」『慶北大論文集』 7, 1963.

20) 김상기, 「太昊傳說의 由來에 對하여」『李相伯博士回甲紀念論叢』, 1964.

21) 『史記』 卷1에 의하면 요(堯)임금의 도읍지는 산서성 평양(山西省 平陽), 순(舜)임금의 도 읍지는 산서성의 포판(蒲坂) 그리고 하왕조(夏王朝)의 시조인 우(禹)임금의 수도도 역시 산서성 안읍 근처에 있었다고 하였다.

으로 해석할 수 있으며, 고대사회의 발전단계와도 부합되는 것이다.[22] 특히 『史記(사기)』의 하본기(夏本紀)와 은본기(殷本紀)는 그 내용서술형식이 아주 비슷하다. 이것은 실제로 존재한 역사적 사실을 근거로 하고 그 위에 시조에 대한 수식적이며 과장적 교훈을 추가하여 살을 붙인 것으로 해석할 수 있다. 따라서 은허의 발굴에 따라 은대의 존재가 실증되었기 때문에 하왕조의 역사적 사실도 밝혀질 가능성은 높다.

2. 신석기시대의 유적발굴과 하(夏)왕조의 실체

제2차 세계대전 이후 중국 고대사연구의 중요한 쟁점의 하나는 하왕조의 실체를 고고학적 발굴에 의해 규명하려는 노력이다. 그 결과 신석기시대의 유적조사로 하남성 일대를 중심으로 중국문명의 초기단계가 확인되었다.

그러나 이 문명을 만들어낸 주인공이 누구인가에 대해서는 아직 이렇다 할 결론을 얻지 못하고 있다. 앙소문화와 용산문화가 계통을 달리하는 화북 신석기문화의 양대 계열로 인식되면서 하(夏)민족 또는 하족(夏族)집단을 화북 신석기문화 및 초기문명을 발전시킨 주인공의 일파로 보는 주장이 제기되었다. 즉, 용산문화를 배경으로 상[商(殷)]왕조를 건설한 것이 동이(東夷)집단이라면 앙소문화를 배경으로 하왕조를 건설하고, 다시 商(殷)을 멸하고 주(周)를 세운 것이 하족집단이라는 것이다.

이리하여 하(夏)의 수도를 고고학의 발굴에 따라 산서성의 남부에 가까운 하남성 언사현(偃師縣) 이리두(二里頭)유적지로 보려는 견해가 제기되었다. 1959년 이래 하왕조의 실체를 찾기 위하여 언사현 이리두유적의 발굴이 진행되어 이곳을 한 때 하왕조유적지로 단정하기도 하였다. 근년에는 이리두유적의 중앙부에서 이리두 후기에 속하는 거대한 건물터가 발견되어 이를 이리두궁전 혹은 종묘로 보고 이곳을 하왕조의 수도라고 주장하였다.[23]

이와는 별도로 하왕조의 궁터로 보이는 또 다른 유적지가 발굴되었는데, 하남성 등봉현(登封縣) 왕성강(王城崗)에서 발굴된 두개의 옛 성터가 그것이다. 이곳의 연대도 기원 전 2100년까지 소급되는 신석기시대 후기의 유적일 뿐만 아니라 등봉현의 숭산(崇山)일대가 하왕조 초기의 전승과 밀접한 관계가 있기 때

---

22) 윤내현, 「中國에 있어서 무리사회의 展開」『東洋學』11, 1981.
23) 심재훈, 「二里頭·偃師商城·鄭州商城과 夏·商의 관계」『東洋史學研究』29, 1989.

문에 우 임금의 도읍지인 양성(陽城)으로 보려는 학자가 많다.

　1963년 이래 수차에 걸쳐 발굴조사된 산서성 남부일대에서 발견된 용산문화의 도사(陶寺)유적은 하문화의 탐색에 또 다른 문제를 제기하였다. 즉, 전설상 하나라의 옛 도읍터로 알려진 이 지역에 집중적으로 분포되어 있는 도사유적은 연대가 하왕조와 일치하고 있다. 특히 도사유적지에서 출토된 그림이 있는 접시, 즉 채회반(彩繪盤)에 그려진 반용(蟠龍)은 하족의 토템이 용이라는 것을 상기할 때 도사유적지의 주인공은 하족이 틀림없다는 주장을 하게 되었다.

　한편 이와 병행하여 산서성 일대에 널리 분포되어 있는 대표적 유적지로 하현(夏縣)의 동하풍(東下馮)유적이 발굴됨에 따라 하왕조의 근거지에 새로운 수정이 가해지고 있다. 즉, 하왕조는 산서성 남부에서 하대의 초·중기에 걸쳐 도사유적과 동하풍 유적을 발전시킨 후 그 후기에 이르러 하남성으로 이동하여 하남 이리두 문화를 만들어 냈다는 것이다. 이렇게 볼 때 하왕조의 실체에 대해서는 아직 확정적인 결정론이 없다. 다만 한 가지 분명한 사실은 중국의 신석기시대 유적 가운데에는 상(商)문화와 동일한 유적과 그렇지 못한 유적이 구분되어 이 비상(非商)문화계통을 일단 하문화의 유적으로 볼 수 있지 않겠는가 하는 사실이다.[24)]

　다시 말해서 기원 전 2000~1800년경을 전후한 시기의 유적 중 산서남부(山西南部)와 하남중·서부(河南中·西部)를 중심으로 번영한 초기문명단계의 신석기문화 가운데 은(殷) 또는 상(商) 문화가 아닌 하문화를 찾아볼 수 있지 않을까 하는 주장이다. 이 비선상(非先商: 殷)문화를 중국고대의 하왕조와 연계시키는 일은 결코 무리한 논리의 비약은 아닌 것이다. 다만 은대의 유적이 갑골문의 발굴과 그 연구에 의하여 과학적으로 입증되고 있듯이, 하문화에 대해서도 그 어떤 결정적인 단서[문자, 왕궁, 왕묘, 기타]가 발견되지 않는 한 유적만으로 하문화를 단정한다는 것은 모험일 수밖에 없다. 그러나 이것이 비선상문화인 것이 명백하고 하족의 전승을 달리할만한 제3의 문화가 확인되지 않는 상황에서는 하문화라고 보는 것이 무방하지 않을까라는 주장이 지배적이다.

---

24) 이성규, 「夏王朝 實體의 탐색」『講座 中國史』Ⅰ, 55쪽 참조.
　복기대, 「夏家店下層文化의 주거지에 관한 몇 가지 문제」『先史와 古代』18, 한국고대학회, 2003.

제 2 장

동아시아 고대국가의 성립

제 1 절 동아시아 최초의 국가: 은(殷)=상(商)의
사회와 문화

I. 殷=商나라의 국가조직과 정치

1. 은나라의 건국과 국가형태

은(상)나라에 대한 역사적 사실은 『史記(사기)』의 은본기(殷本紀)에 자세히 기록되어 있는데, 전설적인 이야기로 시작되고 있다.[1] 이러한 전설적인 은의 역사가 과학적으로 증명된 것은 은나라 후기 도읍지인 은허(殷墟)의 유적지에서 다량의 갑골문자(甲骨文字)[2]가 출토되고 이를 연구한 결과에 의해서 확실해졌다. 현재 약 5200자를 수집하였고 그 가운데 1800자를 해독하였다.

은허 유적지에 대한 조사는 1927~37년 중국국립중앙연구원에 의해 15회의 발굴이 진행되었고, 1950년대 이후에도 중국과학원이 발굴을 계속하였다. 그 결과 소둔촌(小屯村)에서 궁전터와 주거지가 많이 발견되었다. 북쪽의 후가장(侯

---

1) 은(殷)나라의 국가명칭은 은(殷)과 상(商) 두 가지가 있다. 갑골문에는 은이라 하지 않고 상이라 하였다. 사마천의 『史記』 은본기(殷本紀)에서 은을 국가명칭으로 사용하고 있으므로 이후 역사에서는 은을 정식 국가명칭으로 사용하였다. 현재 중국에서는 대부분 은보다는 상을 국명으로 사용한다. 학자에 따라서는 은상(殷商)이라고도 칭한다.
   윤내현, 「商族의 始祖說話檢討」『檀國大學術論叢』 2, 1978.
2) 은허는 은나라 후기의 도읍 유적이다. 하남성 안양시 소둔(小屯)마을이 강물에 휩쓸려 노출되면서 귀갑수골(龜甲獸骨)이 출토 되었다. 왕의영(王懿榮)이 표면에 새겨진 문자를 발견하였는데, 나진옥(羅振玉), 왕국유(王國維) 등이 이를 해독, 정리하였다. 이 연구결과 『史記』의 은본기와 거의 일치된다는 사실이 확인되었다.

家莊)에서는 거대한 능묘군(陵墓群)이 발견되었고, 이곳이 은왕조 중흥의 왕인 19대 반경(盤庚) 이후 도읍이었다고 하는 사실이 명확하게 밝혀졌다. 이로써 은대중기의 도읍 유적지 정주(鄭州) 이리강(二里岡) 유적과 휘현(輝縣)의 유적 그리고 용산문화와 연계되는 은나라 초기의 도읍인 하남성 언사현(偃師縣) 이리두(二里頭) 은허(殷墟) 등이 발굴되면서 殷의 역사도 더욱 명확하게 되고 은대 초기, 중기, 후기의 도읍지가 확인되었다.

은나라는 중기 이후 주(周)에게 멸망할 때까지 은허를 도읍으로 정하고 사회와 정치면에 상당한 발전이 있었음을 살필 수 있다.

그러나 은허로 천도하기 이전의 은(殷)민족의 생활상과 원주지에 대해서는 유적의 조사에서 상당부분이 밝혀지고 있으나 의문점 또한 적지 않다. 다만 흑도문화와 관련이 깊은 것으로 보아 이들은 산동방면에서 흑도문화를 이루고 반농반목생활(半農半牧生活)을 하다가 소둔촌(小屯村) 부근으로 침입하여 이곳의 원주민을 정복하고 은나라를 발전시켜 나간 것으로 추정된다.[3] 특히 殷은 19대왕 반경(盤庚) 이후 은허에 도읍터를 정하면서 보다 강력한 왕권을 구축한 것으로 확인되고 있다.[4]

은의 국가조직에 대해서는 은(殷)·서주(西周)시대를 공통으로 묶어서 도시국가 혹은 읍제국가(邑制國家)의 성격으로 파악하고 있다. 도시국가설을 주장하는 학자들은 세계사의 고대국가 발전단계가 은·주 국가형태에서도 그대로 적용된다고 보았다. 즉, 국가의 발전유형은 씨족사회 → 도시국가 → 영토국가 → 통일제국으로 발전한다는 세계사의 발전법칙이 중국고대사에도 그대로 적용되는 것으로 본 것이다. 따라서 은대 후기에서 춘추(春秋)시대까지를 도시국가시대로 보고 있다.[5] 그 후 전국시대는 영토국가시대와 진(秦)·한(漢)시대를 통일제국

---

3) 윤내현, 「殷族의 東北方起源說에 對한 檢討」『檀國大學術論集』1, 1976.
4) 갑골문자에는 은허를 상읍(商邑)이라 하였다. 殷이란 국명은 周에서 사용되었고, 殷代에는 國都인 商을 그대로 국명으로 썼기 때문에 갑골문에도 商이라고 하였다.
   김득수, 「甲骨文研究 體制·內容을 中心으로」『中國人文科學』8, 1989.
   양동숙, 「西周甲骨文의 考察」『中國語文學』17, 1990.
   ____, 「甲骨文으로 본 商代의 氣像」『中國文學研究』26, 한국중문학회, 2003.
   연호택, 「古代 金文과 甲骨文上 의 人名에 나타나는 天下의 意味 研究」『人文學研究』6, 관동대, 2003.
   이의활, 「『甲骨文合集』의 狩獵에 관한 主要卜辭 考釋」『中國語文學』41, 2003.
5) 전설에 의하면 중국고대에는 만국(萬國)이 있었고, 은초(殷初)에 3천국, 주초(周初)에 1800국이 분립되었다고 한다. 국의 규모를 보면 호구(戶口)는 3천호(인구 약 15,000명), 성곽의 둘레는 약 900m이다. 따라서 국은 아주 작은 단위로 여기서 말하는 국은 은·주

의 단계로 보았다. 이는 서양 그리스·로마의 도시국가(Polis)나 제국의 발전형태
와 유사성을 지니고 있다는 역사발전이론을 적용한 것이다.

이에 대해 읍제국가론을 내세우는 학자들은 국가의 발전형태보다도 은·주
사회의 기본단위로서의 사회구조에 초점을 두고 있다. 즉, 춘추·전국시대는 씨
족제적(氏族制的)인 읍공동체(邑共同體)가 해체되는 시기이며, 따라서 춘추 이전의
은·주 시대를 읍제국가체제(邑制國家體制)로 보았다. 그것은 은대(殷代)의 邑은
혈연관계로 결합된 씨족공동체이고 읍의 유형은 은(殷) 임금이 사는 大邑(王都:
왕도)과 이 大邑에 종속되어 있는 씨족의 족읍(族邑)이 있고, 그 아래 다시 족읍에
종속된 小邑(屬邑: 속읍)이 종속적으로 구성되어 있다고 보았다.

읍제국가는 속읍(屬邑) → 족읍(族邑) → 대읍(大邑)의 3층 구조를 형성하면서
서로 종속관계로 결합되어 있다는 것이다. 이러한 읍과 읍간 결합관계의 가장
중심을 이루는 것은 씨족의 제사를 모시는 일과 이민족의 침입이나 정벌을 위
한 씨족공동의 군사행동이었다. 따라서 국(國)이나 읍은 은·주시대 국가구조의
기본이라 할 수 있다. 많은 小邑(屬邑)을 종속시키고 있는 족읍이 읍제국가 혹은
도시국가의 기본단위이며, 다수의 읍제국가는 대읍으로 은왕조에 종속된다고
볼 수 있다. 이 읍은 다시 서주시대에서 춘추시대로 내려오면서 국(國)·도(都)·
비(鄙)라고도 하며, 국은 도를, 도는 비를 종속하면서 중층적 지배관계를 성립
시키고 있다. 이때 국의 지배층을 인(人)이라 하고 피지배층을 민(民)이라고 하
여 국의 구성원간의 계층적인 구별을 분명히 하고 있다.

이 밖에 읍에 속하지 않고 산림지대나 소택지역에 거주하면서 수렵생활을 하
는 이민족을 이방(夷方)·읍방(邑方)·토방(土方)이라 하였고, 이들과 은의 국가
와는 자주 충돌을 일으켰다.

2. 은대의 정치형태와 군사력

은대는 아직 인간의 지혜가 발달하지 못하였기 때문에 점복(卜占)으로 신(神)
의 뜻을 묻고 이에 따라 정치를 행하는 신정(神政)정치가 행하여졌다. 이는 『禮
記(예기)』에 은나라 사람은 신을 존중하며 백성을 다스림에 있어 귀신을 먼저

시대의 읍에 해당한다.
심재훈, 「中國古代國家의 形成의 普遍性과 特殊性」『史學志』 22, 단국대학교, 1989.
김정열, 「殷周支配構造의 一面 -圖象에 나타난 殷·周 국가의 氏族支配-」『金文經敎授停
年退任論叢』, 1996

섬기고 예(禮)를 후에 하였다는 기록과, 『尙書(상서)』에도 은왕이 그 정령(政令)을 행하는 데는 모두 귀신의 뜻을 빌어 결정하였다는 서술에서 알 수 있다. 특히 은허에서 출토된 갑골문자와 복사(卜辭)에서 살필 수 있듯이[6] 왕이 국가의 대사를 결정하는데는 반드시 신에게 점으로 물어 보았다.

이러한 신정정치에 나타난 은나라의 왕은 정치와 종교의 주재자로 왕은 제사와 정치를 관리하였다. 그리고 국가의 중요 대사를 점복에 의하였고 신의 뜻을 점으로 판단하였다. 점은 정인(貞人) 또는 복인(卜人)에 의해 행하여지지만[7] 점에 나타난 점괘를 판단하여 신의 뜻을 해석하여 판단하는 것은 오직 왕 한 사람뿐이었다. 이런 의미에서 은나라의 왕은 신의 세계와 인간세계를 매개하는 유일한 매개자이다. 특히 왕은 죽은 후에도 조상신의 열좌에 올라 현세의 인간을 주재한다고 생각하였다.

은나라도 초기에는 지방의 방백(方伯)이었으나 그 세력이 커져감에 따라 방백의 장으로서 중원에 군림하는 왕이 되었다.[8] 은나라의 전 국토에는 많은 읍이 있었는데, 이곳에는 귀족과 평민이 함께 거주하였고, 지방의 봉군(封君)은 후(侯)·백(伯)의 두 종류가 있었다. 따라서 은왕은 전 국토를 직접 통치한 것이 아니라 후·백을 통하여 간접으로 읍제[邑制(都市)]국가를 통치하였으며, 이들 읍제(도시)국가는 은에 대하여 부역과 병역의 의무를 부담하였다. 그 대신 은왕은 이들에게 청동제의 무기를 하사하였고, 외적의 침입으로부터 보호하였다. 따라서 은왕조는 다수의 읍제(도시)국가 가운데 중앙정부와 같은 성격을 지니고 있다.

은왕세계표(殷王世系表)에서 볼 수 있듯이 은대의 왕위계승은 초·중기까지에는 형제상속이었으나 후기에 비로소 부자상속이 정착되었다.[9] 이는 초·중기에는 은왕의 권한이 강하지 못하다가 후기에 와서 왕권이 강화되었음을 의미하는 것이다. 또한 은대에는 아직 왕의 시호(諡号)제도가 나타나지 않았으며 왕명을 간지(干支)로 표시하고 있다.

6) 조좌호, 「卜辭를 通해서 본 中國의 古代國家」『東國史學』3, 1955.
7) 점치는 방법으로는 거북의 등[귀갑(龜甲)]과 짐승의 뼈[수골(獸骨)]를 이용하였다. 즉, 갑골에 점치는 내용을 문자(甲骨文字)로 새기고 밑에서 열을 가하여 갈라지는 현상에 따라 신의 뜻을 점치는 미신적인 방법이었다.
8)『尙書(상서)』의 주고편(酒誥篇)에 보면 은대에는 내복(內服: 은왕의 직할지인 왕기)과 외복(지방의 방백의 영토)으로 구분되어 있다.
9) 김상기, 「古代中國의 末子相續制에 關하여」『歷史學報』2, 1952.

은의 왕권과 밀접한 관련을 지니고 있는 것은 군사력으로써 은왕은 상당히 강한 군사력을 유지하였다. 갑골문(甲骨文)에 의하면 한번 출병할 때에 적게는 5천명, 많을 경우 1만3천명의 병사가 동원되었고, 보병과 함께 마차가 이끄는 전차부대가 출동하였다. 전차 위에는 청동제 병기를 갖춘 전사가 있고 왕이 전쟁을 직접 지휘하였다. 군사동원은 대체로 국내의 반란진압이나 대외정벌이 대부분이었다. 은대에는 대외정벌이 매우 빈번하였고 사로잡힌 전쟁포로는 노예로 삼거나 살해되었는데, 이때 살해된 포로의 수가 때로는 수천 명에 이르렀다는 것으로 보아 전쟁의 잔혹성을 알 수 있다.

3. 은나라의 멸망

은나라는 시조 성탕(成湯)이 나라를 세운후 다섯 차례나 도읍을 옮겨 다녔다. 천도의 원인은 황하의 범람과 이민족의 침입이 원인으로 추정되고 있다. 은의 마지막 도읍지는 19대 반경(盤庚)이 천도한 안양현 소둔촌(安養縣 小屯村)으로 이곳이 갑골문자가 다수 발견된 은허(殷墟)이다.

은의 멸망원인은 여러 가지로 파악된다.

우선 왕족을 비롯한 지배계층의 부패와 타락이다. 흔히 주지육림(酒池肉林)으로 그들의 부패상을 표현하고 있다. 다음으로 이와 같은 지배계급의 타락은 노예계급의 반항이 그치지 않았고 노예의 도망으로 생산성이 급격히 저하되었다. 또 주변 소국(小國)들도 은나라로부터 이탈하였다. 여기에 결정적 멸망의 원인은 은의 마지막 임금인 주왕(紂王)의 잦은 전쟁과 폭정을 꼽는다 이리하여 국력이 급격히 저하되어 서쪽으로부터 주(周)나라 무왕(武王)의 침입을 받아 목야(牧野)의 전투에서 패하고 은나라는 멸망하였다(B.C. 1122).

Ⅱ. 은(殷)나라의 사회와 경제

1. 계급분화와 취락구조의 발전

은대의 사회는 이미 계급의 분화현상이 뚜렷하고, 혈연관계로 맺어진 씨족공동체가 형성되고 있었다.

은대의 사회계급은 지배계층과 피지배계층이 있다.

지배계층은 국왕을 최고정점으로 하여 왕족(王族)이 있고, 그 아래에는 여러 계층의 귀족이 있었다. 국왕이 직접 통치하는 왕기(王畿)에는 백관(百官)이 정무를 처리하였고, 왕기 이외의 지방에는 제후(侯·伯·甸)를 분봉하여 지방행정을 담당케 하였다. 갑골문에는 은대의 다양한 관직명이 보이고 있는데, 특히 주목되는 것은 제사를 관장하는 관직과 전쟁과 관계 깊은 무사직명(武士職名)이 많다는 사실이다. 이는 은대의 관직이 국가의 대사인 제사와 군사직을 중심으로 발달하였음을 의미하는 것이다.

피지배계급으로는 일반 서민이 있었고, 그 아래 정복전쟁에 의하여 포로가 된 많은 노예가 있었다. 이들 노예가 농업과 수공업에 종사하면서 생산활동을 주도하였다. 즉, 은대의 사회는 이들 노예노동을 기반으로 유지되어 나갔으며, 이로 인하여 은대를 고대 노예제사회로[10] 규정하게 되었다.

2. 생산경제의 발달

은대의 경제생활은 초·중기에는 농업과 목축업을 공동으로 하면서 생활하였으나, 후기에 접어들면서 농업이 주업으로 발전하였다. 은대는 청동기시대로 철제농기구는 없고 석기와 목기를 주로 사용하였기 때문에 생산성은 그다지 높지 않았다. 다만 은허에서 출토되는 농기구 가운데 반달형으로 된 구멍 없는 돌낫과 돌도끼가 많은데, 이는 농산물의 수확용 연장으로 농업생산성이 그 이전시대보다 획기적으로 발전되었을 것으로 보여진다. 또 갑골문에는 소와 농기구를 연관시키고 있는 문자가 보이는데, 이것으로 우경(牛耕)의 가능성을 생각할 수 있다.[11]

그러나 은대는 씨족공동체 사회이기 때문에 농업이 아직 개별 농가를 중심으로 운영되지 못하고 씨족이 함께 경작하는 집단농경방식이었다. 중국에서 개별소농층의 형성은 씨족공동체가 붕괴되는 춘추 말·전국 초에 이르러 시작되었다.

농작물로는 기장, 밀, 조, 쌀을 재배하였다. 갑골문에 양잠을 나타내는 뽕나무 상(桑)자와 비단 백(帛), 비단 사(絲)자가 있는 것으로 보아 은대에 이미 누에

---

10) 노예를 지칭하는 용어도 노(奴)·비(婢)·첩(嬖)·융(戎)·집(執)·원(爰) 등 다양한데, 이는 은대에 노예의 종류가 많았음을 의미한다. 노예는 귀족이 소유하며, 생산에 종사하고, 주인이 사망하면 함께 순장되는 경우가 많고, 가축과 같이 제물로 바쳐지기도 하였다.
윤내현, 「商王國의 國家構造와 社會性格」『史學誌』16, 1982.
서경호, 「古代中國의 人殉과 人犧의 初步的 檢討」『中國人文科學』5, 1986.
11) 윤내현, 「殷文化의 經濟的 기반에 대하여」『史學志』10, 1976.

를 쳐서 비단을 짜는 양잠술이 발달하였음을 알 수 있다. 그리고 귀족사회에 음주풍습이 널리 유행하고 제사에 술이 사용된 것으로 보아 양조기술 또한 발달된 것 같다.

농업과 함께 목축업도 향상되었으니 가축으로는 개, 소, 닭, 양, 돼지, 말 등이 사육되었다. 특히 은대에는 국왕을 비롯하여 상류귀족층이 대규모의 수렵을 자주 행하였다. 복사(卜辭)에 보면 수렵을 나갈 때에 점을 친 내용이 많이 보이는데, 갑골문에 있는 전(田)자는 사냥을 하는 구획을 의미하는 것으로 은대의 수렵활동은 국가적인 큰 행사이고, 사냥품은 식용 이외에 제물 또는 점(占)치는 재료인 복골(卜骨)로 사용되었다.

은대는 특히 수공업이 발달하였다. 현재까지 전해 내려오는 청동제품을 비롯한 귀금속제품의 정교함은 은대 청동문화의 특색을 잘 나타내 주고 있다. 청동기와 함께 토기도 대량으로 생산되었는데, 이미 채도와 흑도의 전통을 이어받아 회색·백색 등 다양한 채색도자기가 뛰어난 기술자에 의해 제작되었다. 이밖에도 귀금속과 함께 많은 공예품이 생산되었는데, 공예품의 재료로는 상아, 보석, 옥, 대리석, 골기 등을 사용하고 있다. 은대의 이러한 우수 수공업품은 전문적인 기술자[공인(工人)]에 의해서 제작되었는데, 이들 기술자는 공인계층을 형성하고 주로 관부에 예속되어 있었다.

Ⅲ. 은나라의 문화

1. 갑골문자와 은인(殷人)의 정신세계

은나라 사람들이 남겨 놓은 문화유산 가운데 가장 뛰어난 것은 그들이 사용한 문자, 이른바 갑골문자(甲骨文字)이다. 갑골문자는 짐승의 뼈나 거북의 등에 점칠 내용을 새겨 점을 친 것이다. 갑골문자는 22대 무정(武丁)시대부터 은의 말기까지 발달한 문자로 주대의 고문자(古文字)와 진대(秦代)의 문자통일로 이어져 한대(漢代)에 와서 한자(漢字)로 완성되었다.

현재까지 해독된 갑골문자는 약 1800여자로 문자의 형성과 발달과정에서 볼 때 한자의 구성원칙이 갑골문에 이미 완비되고 있다.[12] 이는 갑골문자가 장기

---

12) 공재석, 「甲骨文과 殷文化略論」『東亞文化』10, 1971.

간의 발전을 거쳐 이룩되었다는 것을 의미하며, 자체(字體)상으로 볼 때에도 한 자체와 비슷한 글자가 많고 서체도 조화를 갖춘 예술성을 지니고 있다. 갑골문자의 해독에 의하여 특히 은인의 정신문화를 이해하는데 큰 도움이 된다.

은나라 사람의 정신세계를 지배한 것은 우주를 주제하는 천신(天神) 또는 상제(上帝)인데, 이들은 천신을 천상(天上)의 최고 통치자로 보았다. 그리하여 상제는 인간에게 복과 화를 내릴 수 있는 절대자이기 때문에 그의 뜻을 묻는 것이 바로 갑골문에 나타나고 있는 점복(占卜)이다.[13] 이렇게 볼 때에 은인의 정신세계를 지배하는 종교관이나 자연관은 아직 원시상태를 벗어나지 못하고 있다. 점복방법은 짐승(주로 소)의 뼈와 거북등에 점 칠 내용을 적어놓고[복사(卜辭)] 불에 구우면 갑골이 파열되어 무늬가 나타나는데, 그것을 조(兆)라 하며 조의 형상으로 길흉을 판단하였다.

갑골문에 새겨져 있는 복사는 점칠 내용을 자세히 기록한 것이다. 점은 조상

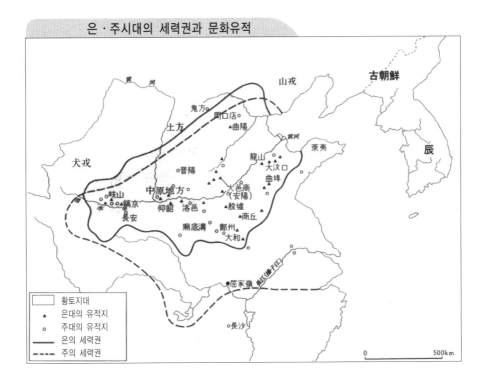

은·주시대의 세력권과 문화유적

13) 윤내현, 「甲骨文을 通해 본 殷王朝의 崇神思想과 王權變遷」『史學志』9, 1975.
  김득수, 「甲骨文研究 占法·體裁·內容을 中心으로」『中國人文科學』8, 1989.

제사와 자연의 변화현상, 수확, 정벌, 왕비간택 등 국가대사로부터 질병, 사냥 그 밖의 일상생활을 광범위하게 신에게 점을 쳐 물어보고 있다.

은나라 사람들은 천신과 함께 조상신을 숭배하였다. 조상제사도 천신에 못지 않게 엄숙하게 거행되었고 의식도 매우 복잡하였다. 이는 조상신을 숭배함으로써 귀신의 힘을 빌려 인간의 문제를 해결하고자 하는 중요한 목적이 있었다.

2. 천문과 역법(曆法)의 발달

갑골문에는 은대의 천문·역법에 대해서도 많이 기록하고 있다. 즉, 은인은 일식과 월식을 예측하였고 별을 주기적으로 관찰하여 상당한 천문지식을 지니고 있었으며, 농업생산의 필요에 의하여 비교적 완비된 역법을 사용하였다. 이들은 1년을 12개월로 나누어 큰달(大月)은 30일로 하고 작은달(小月)은 29일로 하였으며, 윤년에는 1개월을 더하였다. 무정(武丁)시대의 복사 중에 13월이 있는데, 이로써 윤달이 연말에 놓여졌음을 알 수 있다. 그러나 은나라 후기인 24대 조갑(祖甲) 때부터 역법을 바꿔 윤달을 연말에 두지 않고 연중으로 옮겼다.

그리고 날짜 기록을 위해 이미 간지(干支)를 사용하고 있었다. 즉, 은의 간지는 10간(干), 12지(支)[14]로 짜여져 있고, 갑자(甲子)에서 계해(癸亥)에 이르기까지 60일을 1주(一週)로 하는 60진법(進法)을 채용하고 있었다. 이는 이후 동양의 역법에 커다란 영향을 주었다.

3. 은대 청동기문화의 발전

은대는 청동기문화가 고도로 발달한 시대이다. 은인의 정신세계는 원시성을 탈피하지 못하고 있는 반면에 그들의 물질문명은 놀랄 정도로 발달되어 있었다. 그 대표적인 것이 청동기문화로서 중국에 청동기문화의 시작은 은대 초기에서 비롯되고 있다.[15] 청동기 제련과 청동기 제작기술을 통해 은대의 높은 과학기술 수준을 알 수 있다. 청동기는 무기와 제사그릇, 식기 및 장식품에 주로 이용되었고, 거기에는 여러 종류의 동물문양이 새겨져 있는데, 그 수법이 매우

---

14) 10간은 甲·乙·丙·丁·戊·己·庚·辛·壬·癸이고, 12지는 子·丑·寅·卯·辰·巳·午·未·申·酉·戌·亥다. 이는 현재 사용하고 있는 간지와 같고, 특히 12지에 동물로 그 날짜를 표기하는 것이 이미 은대에 시작되었다.

15) 김병준, 「殷周時期 川西平原의 靑銅文明의 형성과 발전 −古代 地域文明형성에 대한 一摸索−」『古代中國의 理解』, 지식산업사, 1994.

정교하고 세련되어 서방세계의 청동제품 기술에 훨씬 앞서 있다. 청동기의 제작기술이 최고도로 발달한 시기는 왕권이 강화된 은대 후기이다. 은의 멸망 후 주대에도 청동기는 널리 제작되었으나 기술상으로 은대에 미치지 못하였다. 공예품은 청동기에 한정되지 않고 옥돌, 뼈, 상아, 귀금속 조각에도 정교한 문양이 새겨져 있다. 은대의 장식품으로는 특히 옥으로 된 장신구가 많고 새, 물고기 모양의 아름다운 형상이 조각되어 있다.

은대의 청동기에는 북방적인 문화의 영향이 짙고, 10간·12지에서는 서아시아적인 문화영향을 찾을 수 있다. 뿐만 아니라 은대유적지에서 출토된 유물에서는 의외로 은대의 교역권이 서·북방은 물론이고 남방권까지 확대되어 있음을 알 수 있다.

그런데 이러한 은대 문화를 창출해 낸 은나라 사람들의 정신세계는 원시성을 벗어나지 못하였다. 반면 그들이 이룩하여 놓은 물질문화는 당시 세계사에서는 유례를 찾기 어려울 정도의 높은 수준을 발휘하고 있으니 그 대표적인 예가 청동기문화이다. 은인(殷人)의 정신세계가 아직 원시성을 벗어나지 못한 주된 원인은 천신(天神)과 조상신을 깊게 신봉한 나머지 주술적(점치는) 정신세계에서 벗어나지 못한데 있다. 그러나 그들의 물질세계가 높은 수준에 도달하고 있는 것은 귀족사회의 높은 물질생활로 청동기를 비롯한 사치스러운 물질생활을 일상화한데 원인이 있다. 이것이 은대 문화가 갖는 독특한 이중성이라 하겠다.

제 2 절   서주(西周)시대

Ⅰ. 서주사(西周史)의 성격과 은·주(殷·周)혁명

1. 서주의 건국과 은·주혁명

주나라가 서쪽 호경(鎬京)에 도읍을 하였던 시대를 서주(B.C. 1046~770)라 하고, 동쪽 낙양(洛陽)으로 천도한 시대를 동주(B.C. 770~221)라 한다. 동주시대를 다시 춘추시대(B.C. 770~403)와 전국시대(B.C. 403~221)로 나눈다.

그런데 주의 건국에 대한 전설을 보면 시조는 후직(后稷)으로 그는 농사짓는 법과 삼베기술을 나라 안에 전파하여, 후세에 농업의 신으로 숭배되고 있다.[16]

주족(周族)이 일어난 지역은 위수분지이고 후직으로부터 12대를 지난 고공단보(古公亶父) 때에 기산(岐山) 기슭의 주원(周原: 섬서성 기산현)으로 천도하였다. 주나라 역사시대는 이때부터 시작된다. 주족은 오랑캐의 풍속을 버리고 성곽과 궁실을 축조하고 화하(華夏)의 풍속과 씨족공동체를 만들었다.[17]

고공단보에 이어 계력(季歷)이 왕위를 계승하였고 그의 왕비는 은나라에서 출가한 태임(太任)이었다. 그런데 계력이 은왕에 의해 살해되자 계력과 태임 사이에서 태어난 문왕[文王: 창(昌)]이 즉위하여 풍(豊: 西安)으로 도읍을 옮겼는데, 이때가 은나라 말기에 해당한다.

문왕[서백(西伯)]은 안으로는 선정(善政)을 행하였으므로 많은 제후가 복속하였으며, 밖으로는 주변의 여러 오랑캐를 토벌하여 그 영토를 넓혀 나갔다. 문왕의 재위 50년간은 주나라 발전의 기반이 마련된 시기이다. 특히 도읍지를 풍으로 옮긴 것은 이곳을 중원진출의 기반으로 삼고자 하였기 때문이다. 문왕이 죽자 그 아들 무왕(武王)은 은나라 마지막 왕인 주왕(紂王)의 포악함을 듣고 마침내 서방의 제후를 규합하여 목야(牧野)에서 은왕을 죽이고 은을 멸하였다. 이것이 유명한 은·주혁명[18]으로 6백여 년간 계속된 은왕조는 주에 병합되었다(B.C. 1122년경).[19]

그런데 은·주혁명에 대한 역사적 평가도 그 해석상에서 상반되는 견해가 있다. 즉, 은·주의 왕권교체는 주대의 봉건제도, 종법제도의 성립을 가능케 한

---

16) 방선주, 「詩 '生民'新釋-周祖卵生論-」『史學研究』 8, 1960.
17) 홍순창, 「漢民族의 大地 및 穀物崇拜에 관한 硏究-古代 中國人의 宗敎思想에 관한 硏究 (1)」『東洋文化』 1, 1960.
18) 혁명(革命)은 본래 천자(天子)가 덕(德)을 잃으면 하늘의 명(天命)이 다 되었기 때문에 이를 바꾼다는 뜻으로 사용되었다. 은나라 탕왕이 하(夏)의 마지막 걸(桀)왕을 토벌한 것이나, 주나라 무왕(武王)이 은의 주왕(紂王)을 토벌한 것이 대표적인 예로 꼽는다. 후대의 왕조(王朝)교체는 이러한 혁명이론을 바탕으로 하면서도 우(禹)임금이 순(舜)임금에게 왕위를 물려준 예를 가지고 선양혁명이라 하였다. 그러나 선양의 역사는 전한을 찬탈한 왕망의 신(新)과 삼국시대 위나라 조비(文帝)에서 나타나고 있다.
 김상기, 「五百年 王子興 說에 對하여」『東亞論叢』 3 (石堂 鄭在煥博士頌壽記念特輯), 1966.
19) 최근 중국 학계에서는 주나라가 은을 멸망한 연대를 B.C. 1122년 이외에 1127년, 1018년, 1046년, 1023년 등 다양한 연대를 내세우고 있다. 대체로 은에서 주나라로의 왕로교차는 기원전 11세기 후반으로 보는 것이 일반적이다.

사회·경제·문화적인 혁명이라고 그 의의를 혁명성에다 두려는 견해가 있다. 이에 반해 서주시대의 봉건제·종법제·읍제국가체제는 이미 은말(殷末)에 발생하였으므로 서주는 단지 은말의 체제를 계승한 것에 불과하다는 입장에서 은·주혁명의 의의를 높이 보지 않으려는 견해도 있다.

문왕의 아들 무왕(武王)은 수도를 다시 호경으로 옮겨 왕성을 강화하고 은에 복속했던 각지의 제후를 정복하여 은의 옛 땅을 장악하였다. 은왕의 아들 무경(武庚)을 은나라의 제후로 봉하고 그 밖에 일족과 공신을 각지에 분봉하니 유명한 주초(周初)의 봉건제도가 성립되었다.

은을 멸한 무왕이 얼마 후에 사망하자 주왕조는 위기를 맞게 되었다. 이를 수습한 이가 무왕의 동생 주공[周公: 단(旦)]으로 그는 어린 조카 성왕(成王)을 보좌하여 7년간의 섭정으로 주나라의 국가기반을 구축한 후 조카인 성왕에게 권력을 내어주었다. 그러나 무왕의 다른 동생 관숙(管叔)과 채숙(蔡叔)은 주공이 왕위를 찬탈하려는 음모를 계획한다고 중상하고, 또 은나라 왕족들도 이 틈을 이용하여 부흥을 꾀하였다. 즉, 은왕의 아들이었던 무경(武庚)은 은의 유민을 규합하고 관숙과 채숙과 연합하여 대규모의 반란을 일으켰는데, 이것이 삼감(三監)의 난이다. 주공은 2회의 동방원정으로 3년만에 어렵게 난을 평정하고 이후 동도(東都), 낙읍(洛邑)을 건설하여 동방통치의 중심지로 하였다. 그리하여 서방의 수도 호경은 종주(宗周)라 하였고, 낙읍(낙양)을 성주(成周)라 하였고, 은의 유민을 동방에서 성주부근으로 대거 이주시켜 주왕실에 복속시켰다.

서주는 성왕(成王)에 이어 강왕(康王)과 소왕(昭王), 목왕(穆王) 때에 더욱 번영하였다.

2. 중국사에 있어서 서주(西周)의 위치

서주시대를 연구하는 후세의 역사가나 정치인의 시각은 참으로 다양하다.

먼저 서주시대를 중국역사상 가장 이상적인 시대로 높이 보고 있다. 특히 봉건제도가 완성되어 중국의 정치적 이상을 구현한 왕조로 서주를 미화시키고 있다. 이러한 관점은 공자 이래의 유교주의자들이 지니고 있는 서주사(西周史)에 대한 과대평가로서 고문헌에 나타나 있는 모든 사실을 무비판적으로 믿는 이른바 고신파(古信派)의 주장이다. 그 결과 서주사회의 봉건제도나 주공(周公)에 대해서 사실보다 훨씬 높게 평가되고 있다. 따라서 서주가 끝나고 동주시대로 접어든 춘추·전국시대에 대해서는 이를 객관적으로 평가하려 들지 않고, 서주의 이상시대를 파괴한 암흑시대로 부정적인 평가를 내리고 있다.

이에 반해 서주사를 비롯한 중국고대의 역사적 사실을 비판적으로 보려는 의고파(疑古派)가 있다. 이들은 서주는 물론이고 그 이전의 역사기록에 대해서도 의심하는 시각을 지니고 있고 서주시대를 유가주의자에 의하여 만들어진 가상적인 시대로 부정하려 하고 있다.[20] 이에 대한 근거로서 최근에 발굴된 유적에서 은대 및 그 이전의 유물이 대량으로 나타나고 있는데 반해, 서주시대의 유적은 동기명(銅器銘)이나 청동명문 등의 사소한 유물을 제외하고는 왕궁터나 왕묘가 거의 발견되지 않고 있다는 사실을 내세우고 있다.[21]

이러한 서주사에 대한 대립적인 시각에도 불구하고 역대 중국사에서 차지하는 서주의 위치는 매우 중요하다. 그것은 중국 역사상 국가의 창업이나 새로운 개혁을 추진할 때에 항상 그 모델을 서주에서 구하고 있다는 사실에서 알 수 있다.[22]

역대왕조가 서주를 이상적인 시대로 삼는 데는 그럴만한 이유가 있다. 우선 서주가 발전한 근거지인 황하중류의 위수(渭水)분지는 근대에 이르기까지 그 지정학적 중요성이 매우 높은 곳이다. 왜냐하면 주나라가 위수분지를 기반으로 발전하여 동방의 은나라를 멸한 것과 같이, 전국시대의 진(秦)나라도 똑같이 이곳에서 발전하여 6국을 통일했으며 한(漢)·초(楚)의 싸움에서 한나라 유방이 승리한 중요한 요인도, 항우가 이곳 관중(關中)을 버리고 남방의 초나라 땅으로 내려간데 반해 유방은 이곳을 근거지로 삼았기 때문으로 본다.

농업경제면에서도 위수분지는 비옥한 농업입지조건을 가지고 있으며, 군사적

---

20) 의고파(疑古派)의 등장은 1920년대 신문화(新文化)운동이 전개되면서부터다. 그 대표자는 고힐강(顧頡剛)으로 그는 고전(古典)에 나오는 삼황오제를 사실로 보지 않고 신화로 취급하였다. 그는 삼황오제는 춘추·전국시대의 제자백가들에 의해 꾸며진 전설이라고 고증하여 유교의 복고적 권위에 타격을 가하였다.

21) 심재훈, 「戎生編鍾과 晉姜鼎 銘文 및 그 歷史的 意義」 『東洋史學研究』 87, 2004.

_____, 「『周書』의 "戎殷"과 西周 金文의 戎」 『東洋史學研究』 92, 2005.

최근 고고발굴에 의하여 고공단부(古公亶父)가 천도하여 성곽궁실을 조영했다는 기산(岐山)의 기슭 주원에서 그 당시의 건축지로 추정되는 두 곳(기산현 봉추천, 부풍현 소진천)이 발굴되어 서주 초기의 궁터로 추정하는 학자도 있다.

22) 국명을 주(周)라고 한 왕조는 북주(北周), 후주(後周) 그리고 측천무후(則天武后)의 무주(武周)가 있고, 왕망의 창업 이상도 서주에서 찾고 있다. 각 왕조가 창업할 때 내세우는 혁명론도 서주가 은을 멸한 은주혁명을 모범으로 하고 있다. 시호(諡號)제도와 봉건체제, 종법질서와 가족제도 등도 주의 제도를 채용한 것이다.

으로도 위수분지는 천연의 요새지이다. 뿐만 아니라 동서 문명의 교류상에 있
어서도 위수분지는 서방문화가 중국에 들어오는 입구에 해당하며, 자연히 문명
의 선진지대로 각광을 받았던 곳이다. 특히 분열시대를 재통일한 중국역대의
통일왕조 가운데 진(秦)·전한(前漢)·수(隋)·당(唐)이 위수분지를 수도로 하여
통일의 대업을 완성하였으므로 위수분지의 지정학적 중요성이 역사적으로 실증
되고 있다.[23]

이와 같은 위수분지의 지정학적 이점을 활용하여 발전한 주나라의 역사적 평
가는 중국 최초로 봉건제도를 비롯한 여러 가지 제도와 문물을 정비하였다는
문화성격에서 비롯되고 있다. 따라서 중국사의 전개를 선도한 것이 서주라고
보는 시각은 상당히 설득력이 있다.

3. 서주(西周) 초기의 주변민족

중국의 고전에 의하면 은·주시대의 주변민족에 대한 역사적 사실이 비교적
자세히 기록되어 있다. 주가 은을 멸망시킬 당시에 황하의 하류 산동지방과 회
수지역의 광활한 지역에는 동이(東夷), 회이(淮夷)로 불리는 민족들이 분포되어
있었다.[24] 그들의 일부는 부족국가를 형성하고 농업에 종사하면서 은나라의 선
진문화를 받아들여 문명시대로 진입한 민족도 있었다. 그러나 대부분의 부락은
아직 씨족사회의 단계를 벗어나지 못하는 원시생활을 하고 있었다. 그런데 지
금까지 은나라의 영향 하에 있던 이들이 은·주의 왕권교체라는 정치적 변혁을
맞이하면서 정치·군사적으로 큰 충격을 받게 되었다. 특히 주공(周公)의 동방
원정 당시에 이들의 완강한 저항을 많이 받았으나 주는 3년간의 동방원정을 통
하여 결국 이들을 복속시키는데 성공하였다. 주는 이 지역에 제(齊)·노(魯) 등
의 봉건국가를 세우고 동이와 회이를 지배 하에 두었으나 이들의 반항은 그 후
에도 계속되었다.

한편 회수(淮水)와 양자강 중류 연안에는 초인(楚人)으로 일컬어지는 또 다른
민족이 분포되어 있었다. 초(楚)의 역사는 상당히 오래되어 은대 초기부터 은대
문화의 영향을 받았었고 또 초의 영역인 하남의 남부지방에서 서주시대의 유적이

---

23) 서주의 수도 호경(鎬京)을 비롯하여 진(秦)의 함양(咸陽), 전한(前漢)의 장안(長安), 수(隋)
   의 대흥(大興), 당의 수도 장안은 모두 위수분지의 관중지역으로 현재의 서안부근이다.
24) 김상기, 「東夷와 淮夷·西戎에 對하여」『東方學志』 1·2, 1954·1955.

출토되고 있는 것을 보아 일찍부터 주나라와도 문화적 교섭을 가지고 있었음을 알 수 있다.

이 밖에 주의 서북방에도 유목부락이 분포되어 있었는데, 그 중에 견융(犬戎), 엄윤(儼允)이 가장 강대하였다. 이들 북방민족은 은대에 이미 위수유역으로 진출을 시도하였고 주대에 와서도 침입하였으나 주나라 중기까지는 이를 물리쳐 큰 승리를 거두면서 북방민족을 제압하였다.

Ⅱ. 서주(西周)시대의 봉건체제와 사회구조

1. 통치체제로서의 봉건제도

서주의 봉건제도는 무왕(武王)이 은을 멸하고 그 땅에 은의 왕자 무경(武庚)을 제후로 봉하고, 다시 전국 각지로 확대 실시하면서 정치제도로 발전하였다. 그런데 周의 봉건제도는 유교에서 숭상하는 유덕자(有德者: 周公)에 의하여 기틀이 마련되었다는 것이 일반적인 견해이고, 봉건의 목적도 혈연관계를 중심으로 하여 새로 정복한 광대한 국토를 일족과 공신에게 분봉해 줌으로써 왕실의 울타리로 삼으려 한 것이 종래 유가적인 봉건론이다.[25]

그러나 최근 연구에 의하면 봉건제도는 이미 은대에 실시되었고 주초에 들어와서 각지에 봉건을 확대 실시하였다. 이것은 주왕실이 새로 정복한 영토에 왕실의 일족(一族)과 믿을 수 있는 공신을 제후로 봉하여 은·주 교체의 정치·사회적 혼란을 수습하려는데 그 정치적 목적이 있었음이 밝혀지고 있다. 이와 함께 종래 은왕조에 종속되었던 유력한 邑의 지배자를 새로 서주의 지배 하에 복속시키려는 사회적 의미도 강하게 내포되고 있었다.

봉건영토 가운데 주왕실이 지배하는 직할지를 왕기(王畿)라 하고, 제후에게 봉건된 땅을 國이라 하였다. 한편 제후도 그가 지배하는 봉토를 다시 공읍(公邑)과 채읍(采邑)으로 구분하여 가신(家臣)집단인 경(卿)·대부(大夫)에게 하사하

---

25) 민두기, 「中國의 傳統的政治像 封建郡縣論議를 중심으로」『中國近代史研究 紳社層의 思想과 行動』, 일조각, 1973.
　　　박선희, 「周의 封建과 郡縣의 出現」『人文科學硏究』(상명대 인문과학연구소) 5, 1996.
　　　최재용, 「論西周王畿」『慶州史學』 17, 1998.
　　　＿＿＿, 『中國古代史硏究』, 마당출판사, 1998.
　　　심재훈, 「商末 周初 山西省의 세력판도를 통해 본 晉國 봉건의 새로운 이해」『東洋史學研究』 66, 1999.

였다. 주(周)왕실이 봉건한 읍(邑)을 국(國)이라 하고, 제후가 분봉한 읍을 도(都)[26]라 하였다. 이리하여 분봉된 봉토는 위로 왕기로부터 아래로는 都에 이르기까지 피라미드와 같은 구조를 갖게 되었다.

이와 같은 봉건체제를 유지하는 정신적 결합의 원천이 혈연적 유대관념이다. 이 혈연적 유대를 나타내는 것이 종적(宗的) 관념이고, 주실(周室)을 종주(宗周)라 하고, 國을 종국(宗國), 종읍(宗邑)이라 한 것은 모두 혈연관계에서 유래한 것이다. 그 밖에 종묘(宗廟), 종족(宗族) 등은 모두 이 종적 관념에 기본을 둔 것으로 이를 규범화한 것이 다름 아닌 종법(宗法)[27]이다.

종법은 부계씨족제와 적장자상속제(嫡長子相續制)의 성립으로 종가(宗家: 大宗)와 분가(分家: 小宗)의 신분질서를 형성하면서 이후 동양사회의 씨족 내지 가족질서의 기반으로 발전되어 나갔다. 서주시대의 정치질서로서의 봉건제도와 이를 뒷받침하는 종법은 왕위계승 면에서 확실하게 입증되고 있다. 따라서 종법은 서주의 국가지배체제의 기본질서라 하겠다. 그런데 주대의 봉건제도는 기본적으로 혈연관계가 사회적 신분질서를 규정하는 가장 중심적인 요소가 되었다. 그러므로 토지를 매개로 보호와 봉사의 계약관계 위에 성립된 서양 중세의 봉건제도와는 그 성격이 근본적으로 다르다.

서주시대의 봉건제도가 정치제도상의 중요한 개념으로 발전하게 된 것은 진시황제가 법가적 군현제를 전국적으로 시행함에 따라 이 군현제에 대한 반대적 정치개념으로 부각되면서부터이다. 그러나 진의 법가주의적 통일정책이 진왕조의 단명을 초래한 요인이라고 비판한 한대의 유가주의자들은 군현체제보다는 주대의 봉건체제가 국가의 통치이념으로서 이상적인 제도라고 정당화시켰다.

2. 봉건체제와 읍제(邑制)국가의 구조

은·주시대 사회의 기본단위를 읍이라는 마을(취락)이라 한다면 은·주혁명이

---

26) 읍(邑)에는 여러 종류가 있다. 국(國)과 도(都)가 없는 邑을 비(鄙)라 하고 그 위치에 따라 동·서·남·북비라 불렀다. 이러한 國과 都·鄙는 춘추·전국시대에 이르러 제후의 영토가 확대됨에 따라 자연히 國은 제후가 지배하는 국가의 영토를 뜻하게 되고 都는 수도를, 鄙는 변경을 나타내는 용어로 변하였다.

27) 이춘식, 「西周 宗法封建制의 起源問題」『東洋史學研究』26, 1987.
정광호, 「古代宗法制의 社會史的 意義」『仁荷大論文集』7, 1981.
문지성, 「周代宗法制度의 施行範圍에 관한 考察」『大田大論集』17, 1992.
김정열, 「燕侯封建考 −西周封建의 한 사례−」『崇實史學』10, 1997.

읍의 구조를 근본적으로 바꾼 것은 아니다. 그러나 은왕조가 지배하고 있던 읍을 은을 정복한 주왕조의 체제 속에 재편성하기 위해서는 새로운 지배조직이 필요하였고, 이 목적을 위해 실시된 것이 바로 봉건제도이다. 이러한 시각에서 은·주사회를 이해할 때에 봉건제도와 읍제국가는 서로 밀접한 관련이 있다.

제후를 봉건한 周 초에는 두 가지 유형의 읍이 있다. 하나는 은대로부터 내려오던 옛 읍이고, 다른 하나는 새로 마련한 신읍(新邑)이다. 옛 읍에 제후가 봉건되는 경우에는 그곳에 살고 있던 옛 거주자는 새로 봉건된 제후의 지배 하에 들어가게 된다. 신읍의 경우에도 봉건된 제후의 지배 하에 새 읍이 들어가게 되어 은의 옛 씨족이 피지배자가 되었다. 이리하여 周의 지배계층인 제후(諸侯)·경(卿)·대부(大夫)와 피지배계층인 구씨족(舊氏族)이 읍내(邑內)에서 공존하게 되었다. 따라서 지배자인 주인(周人)과 피지배자인 은민(殷民)의 관계를 나타내주는 것은 읍민(邑民)의 호칭에서 찾아볼 수 있다.

즉, 지배계층은 인(人)이라고 부른데 반해 정복민은 민(民)이라 부른 것이 그것이다. 주 초에 국인(國人) 또는 읍의 명칭을 따서 노인(魯人), 정인(鄭人), 송인(宋人) 등 인이라고 호칭된 자는 지배계층인데 반해 읍민(邑民), 노민(魯民), 정민(鄭民), 송민(宋民) 등 민으로 불린 자는 피지배계층을 가리킨 말이다. 따라서 지배계층인 주인(周人)은 제후를 우두머리로 하여 周의 정치·군사·제사·외교 등을 장악하고 민(民)과 전(田)을 지배하였다. 그러므로 민은 땅을 경작하는 직접생산자이며 토지와 민은 지배계층인 국인의 소유가 되었다.

그러므로 읍의 토지와 백성은 모두 지배계층인 국인의 소유이고 이 국인은 다시 국왕의 백성이라는 왕토(王土)·왕신사상(王臣思想)으로 인식되었다.

3. 주나라시대, 관제의 특징

주대의 관제를 보면 천자(天子) 아래 조정의 행정은 경사요의 장관인 태보(太保)와 태사(太師)가 천자의 고문과 행정을 수행하고, 천자가 어릴 경우에는 지도자역을 맡았다.[28] 관직은 요(寮)라는 조직을 중심으로 성립되고 있다. 경사요(卿事寮)·대사요(大史寮)·공족요(公族寮) 등의 관서가 그것이다. 경사요에는 장관

---

28) 주의 관직에 대해서는 『周禮(주례)』, 『禮記(예기)』, 『尙書(상서)』 등에 자세히 기술되어 있으나, 그 내용이 서로 다르다. 이 책들은 전국시대 이후에 위작된 부분이 많기 때문에 사실 전부를 그대로 믿기는 어렵다.

아래 사도(司徒)가 토지와 부역을 관장하고 사마(司馬)는 군사(軍事)를, 사공(司空)은 토목공사를, 사록(司祿)은 호적과 봉록(俸祿)을, 사구(司寇)는 형벌을 각각 분담하였다. 대사요에는 태재(太宰), 태종(太宗), 태축(太祝) 등 주로 문관과 신관(神官)이 문서와 황실사무, 제사직을 관장하였고, 그 밑에 많은 속관이 있었다. 공족요는 주로 왕족과 귀족에 대한 업무를 장악하였다. 관리로는 대부분 귀족이 임명되었는데, 이들은 채읍(采邑)으로 봉록을 받았으며 관직도 세습되었다.

은나라의 관직이 주로 제사와 군정을 관장한데 반해 주대의 관직은 매우 다양하였다. 이는 국가의 규모가 확대됨에 따라 정치기구가 복잡해지고 커졌음을 나타내 주는 것이다. 특히 봉건체제의 성립과 함께 주왕실의 지방제후 통제를 위한 제도적 장치가 관제에 뚜렷이 나타나고 있다. 주왕조가 지방의 제후를 통제하는데 종법제도에 의한 혈연의식과 천명사상(天命思想)을 바탕으로 한 전국토의 왕토사상을 이용하고 있다. 이와 함께 국가를 효율적으로 다스리고 제후를 힘으로 제압하기 위한 방안으로 주대의 정치제도와 군사력이 이를 강력하게 뒷받침하고 있다. 특히 주는 은의 옛 땅을 효과적으로 통치하기 위해 낙읍(洛邑: 洛陽)에 성주(成周)를 건설하고 주의 본거지 호경(鎬京)을 종주(宗周)라 하여 양경체제(兩京體制)로써 통치하였다.

이 밖에 제후를 통솔하고 주왕실의 권위를 지방에 떨치기 위한 방법으로 조공제도를 실시하였다. 조공은 지방에 있는 제후가 특정한 시기에 수도에 올라와서 천자를 배알하고 자기 고장에서 생산되는 토산물을 예물로 증정하는 것이었다. 조공을 통해 천자는 제후와 상견함은 물론이고 중앙과 지방간의 군신관계를 확인하는 의식으로써 그 중요성을 갖게 되었다.[29]

4. 서주시대의 군사제도

군사방면에서 지방의 제후를 무력으로 통제하기 위해서는 천자의 강력한 직속군단이 필요하였다. 이를 위하여 종주6사(宗周6師), 성주8사(成周8師)가 편성되었다.[30] 종주6사는 주왕실의 주력부대로 주인(周人)만으로 조직되어 있는데,

---

29) 전해종, 「朝貢關係 研究」『韓中關係史研究』, 일조각, 1970.
    이춘식, 「朝貢의 起源과 그 意味−先秦時代를 中心으로−」『中國學報』 10, 1969.
30) 박건주, 「周의 中央兵團과 鄕遂制度試論」『全南史學』 6, 1992.
    최재용, 「西周 軍制의 特性과 그 性格에 대한 一考察 −西周 屯兵說에 대한 批判을 中心으로−」『慶北史學 − 金燁博士停年紀念史學論叢』 21, 1988.

이는 주의 수도 호경을 방어하기 위해 서방(西方)에 주둔하고 있어서 서6사라고
도 하였다. 성주8사는 낙양을 건설한 후 은의 유민을 선발하여 8사로 편성하였
다. 장수에 주족(周族)을 임명하여 성주(낙양)를 방비케 하였으며 지방의 제후를
제압하고 동남이(東南夷)정벌의 주력부대로 활약하였기 때문에 성주8사 혹은 은
8사라고 하였다. 이들 군단은 중앙과 지방제후의 여러 분족(分族)과 긴밀한 관
계를 갖고 천자의 강력한 정치·군사적 세력을 형성하였다. 이때 군대의 통수
는 태사(太師)가 맡았으며, 군사 지휘권을 행사하였다. 서주의 총병력은 14만 명
정도로 추정되는데 고대국가로는 상당히 많은 수의 군사력이다.

　은·주시대의 전투는 사마(駟馬)라고 하여 4마리의 말이 나란히 달리며 끄는
전차를 탄 귀족들 끼리의 전투이다. 각국의 병력도 병사의 수로 우열을 가리는
것이 아니고 사마의 수에 의하여 결정되었다. 경(卿), 대부(大夫) 등 귀족들은
제후와 국왕으로부터 채읍(采邑)을 받는 대가로 '부백승(賦百乘)'이란 말처럼 사
마 전차를 중심으로 한 병력 제공의 부역의무가 있었다. 전차 주위에는 전투에
임하는 귀족을 중심으로 오른쪽에는 사수(射手), 왼쪽에는 어수(御手)가 있고,
사마에는 10명 정도의 보병이 전차 곁을 호위하였다. 주나라의 무왕이 은나라
의 주왕(紂王)을 격파한 목야(牧野)전투에서는 무왕은 전차 350대를 동원하였다
고 하는데 이를 미루어 볼 때 주나라가 이 전투에 동원한 총병력은 대략 4000명
정도로 파악된다.

　이러한 전투방식은 춘추시대 중기까지 지속되었으나 　전국시대가 되면 군제
의 대변혁이 일어났다. 전국시대에는 북방민족의 영향을 받아 기사(騎射: 말을
타고 달리면서 활을 쏘는) 전투방식이 출현하였다. 이에 따라 기병이 전차를 대
신해서 기동부대의 중심이 되고 보병은 전투력의 중심이 되었다.

5. 서주 봉건사회의 계급구조

　서주의 봉건사회는 혈연관계를 토대로 한 종법제도(宗法制度)의 기반 위에 성
립되었기 때문에 사회계층은 엄격하게 지배계층과 피지배계층으로 구분되어 있
었다. 뿐만 아니라 그들의 사회적 지위도 본인능력에 의해서 결정되는 것이 아
니라 세습에 의해 신분질서(身分秩序)가 확정되었다.

　최고지배계층은 천자를 비롯한 주왕실이다. 『詩經(시경)』에 "하늘 아래 왕토
아닌 땅이 없고 사해(四海) 안에 왕의 신하 아닌 사람이 없다"고 한 바와 같이

국토와 인민은 형식상 모두 천자의 소유였다. 다만 천자가 직접 지배하는 땅은 왕기(王畿)에 한하고 그 나머지는 제후에게 나누어 분봉하였다.

지방의 제후는 신하로서 천자(天子)를 받들고 조공과 군사적 의무가 있다. 그러나 시대가 지남에 따라 혈연관계가 소원해지면서 자연히 왕과 제후의 관계도 점차 멀어지게 되었다. 한편 제후는 그 계층구조가 매우 복잡하였다.[31] 제후는 자신의 봉토를 다시 그의 신하인 경(卿)·대부(大夫)에게 나누어 주고, 자기는 국의 중심지에 도성(都城)을 설치하여 지방정부를 조직하고 관료와 군대를 유지하고 있었다. 제후 아래에 대부가 있고 대부는 제후국 안에 있는 작은 봉국(封國)이다. 주대의 경과 대부를 사족(士族)이라고 하였으며 국인(國人)이라고도 불렀다. 그러므로 경과 대부는 같은 계층이기는 하나 경의 정치적 지위는 대부보다 높다. 대부의 가족은 씨(氏)로 구분하는데 씨는 관직이나 봉지의 명칭을 따서 사용하였으며, 이때부터 주대의 씨족제도가 시작되었다.

대부를 계승한 가문을 씨실(氏室), 제후를 공실(公室), 천자를 왕실(王室)이라 한 것은 가문의 사회적 지위를 구분하기 위한 것이었다. 대부는 명목상 제후의 신하이기는 하였으나 실제로는 작은 독립국가의 지위를 지니고 있었다. 그리하여 서주 말기에서 동주시대에 접어들면 국가의 대권은 강력한 대부에 의해 좌우되고 군주(君主)의 폐립을 마음대로 할 정도가 되었다. 유명한 노(魯)의 3환(桓), 진(晋)의 6경(卿), 제(齊)의 전씨(田氏) 등이 모두 대부출신이었다.

이 밖에 지배계층의 하위계급으로 사(士)가 있다. 이들은 처음에는 무사를 의미하였으며 귀족으로부터 봉록을 받는 직업군인으로 전장에서는 전투의 주력을 담당하였다. 사는 특수한 교양교육과 훈련을 받았고 이러한 교육을 6예(藝)라 하였으니 활쏘기[사(射)]와 말타기[어(御)] 등 무술훈련 이외에 예의(禮), 음악(樂), 서(書), 수(數) 등 종합적인 교양교육이 그것이다. 그러므로 사는 단순한 무인이라기보다는 품위를 지니고 있는 인격이 높은 교양인이고 무예에 능한 군자이다.

피지배계층으로는 서민과 노예가 있다. 서민은 평민으로 상인과 공인(工人)을 제외하면 대부분이 농민이다. 농민은 토지경작권을 자손에게 전할 수는 있으나 양도하거나 매매할 수는 없었다. 농민은 귀족의 사유토지를 경작하였다. 『孟子

---

[31] 제후의 작위는 공·후·백·자·남(公·侯·伯·子·男)의 5등작으로 나누어져 있고, 공·후는 사방 100리, 백은 70리, 자·남은 50리의 봉토를 받았다고 한다.

(맹자)』의 정전법(井田法)[32)]에 나오는 공전(公田)과 사전(私田)은 토지의 소유권과 함께 경작권을 가지고 구분한 것이다. 서민은 사유재산권과 거주의 자유권이 있었으나 국가에 대한 무거운 조세 부담과 요역(徭役) 그리고 전장에 나가야 할 의무가 부과되어 있었다.

노예는 대부분이 전쟁포로와 범죄자들이었다. 주 초에 은의 멸망과 주공(周公)의 동방원정 그리고 동남이(東南夷)의 정벌에서 많은 노예가 생기게 되었을 뿐만 아니라 서주시대에 자주 일어난 각 지방의 반란을 진압하는 과정에서도 노예가 다수 생겨나게 되었다. 이 밖에 인민이 노예로 팔려 나가는 경우도 적지 아니하였다. 노예는 대부분 귀족을 위해 가내노동과 경작을 담당하였는데 큰 세력가는 1만 명 이상의 노예를 소유하였다고 한다.

그러나 서주시대의 노예제에 대해서는 논란이 많다. 실제로 전국의 노예가 얼마나 되는지, 농업생산에 그들이 어느 정도의 임무를 담당하였는지 불분명한 점이 많기 때문이다. 따라서 서주사회의 노예제문제는 서주사회 성격론과 결부되면서 활발한 시대구분논쟁[33)]이 전개되었다.

6. 주대의 성씨제도(姓氏制度)와 혼인풍습

혈연관계를 중요시하는 봉건적 종법사회에 있어서는 혈연을 명확히 구분하는 일이 무엇보다 중요하였다. 이를 위한 성씨제도는 이미 은대부터 나타나고 있다.[34)]

성(姓)은 가장 큰 본류이다. 주나라 왕족의 성은 희(姬)이고, 제(齊)나라 군주 일족의 성은 강(姜)씨였다. 성은 혼인 때 필요한 표시이며 주대부터 같은 성은

---

32) 정재각, 「井田制度의 新展開-郭沫若·徐仲舒·李劍農三氏의 問題提起에 관하여-」『史叢』 1, 1955.
33) 민두기, 「中國史時代區分論의 社會的 背景과 그 意義 및 展望」『中國史時代區分論』, 창작과 비평사, 1984.
　1940년대 이후 서주사회의 성격논쟁은 중국 고대사의 시기구분론의 초점이 되었고 1949년 중화민국이 성립된 이후 더욱 가열되었다. 서주 사회성격에 관해서는 노예제 사회설과 봉건제 사회설의 두 갈래가 있다. 노예사회론자는 노예제사회의 특징으로 노동노예제, 가정노예제, 국유노예제, 종족(宗族)노예제 등의 견해를 제시하고 있다.
　임감천·전인융·이조덕 공저(최덕경·이상규 옮김), 『中國古代社會性格論議』, 백산문화사, 1989, 82~83쪽 참조.
34) 후한의 응소가 편찬한 『풍속통 성씨편』에는 중국고대의 성씨 500종을 기록하고 있다. 송나라 정초는 12세기 중국의 성씨는 1,100여 종이 있다고 하였고 청나라 장주의 연구에 의하면 청대까지 5,129개의 성이 있다고 하였다. 최근 중국의 국세조사에서는 중국의 성은 대략 6천 정도라 한다.

혼인하지 않는[동성불혼(同姓不婚)] 풍습 때문에 그 성은 매우 중요하게 취급되었다. 중국 고대의 왕족이나 귀족의 성 가운데에는 여(女)변이 들어 있는 성이 많다. 예컨대 은나라는 사(姒), 주나라는 희(姬), 제나라는 강(姜) 등으로 이것은 중국 고대사회가 모계씨족사회이기 때문이라고 주장하는 학자도 있다.

서주시대의 씨족(氏族)사회에서는 씨는 귀족만이 가지고 있었으며 성은 평민도 지니고 있었다. 귀족집단의 명칭을 씨라고 하며 씨는 귀족의 거주지에 따라서 이름을 붙인 경우가 가장 많다. 周를 비롯하여 노(魯)·진(晉)·위(衛)·제(齊) 등은 국가의 이름이 그대로 군주의 씨가 되었다. 또 이들 공실(公室)에서 분가한 집안에서는 그들의 시조와 공실관계를 씨로 하는 경우가 있는데, 맹손(孟孫), 숙손(叔孫) 등이 그 예이다. 이 밖에 사마(司馬), 사(史), 복(卜) 등의 권위 있는 씨는 세습적 직업을 씨로 한 것이다. 이름은 부친이 지어준 것이며 실명(實名)을 부르는 것을 피하는 풍습이 있어 실명 대신 자(字)를 사용한다.

성씨제도와 밀접한 관계를 갖는 것이 혼인제도이다. 주대의 종법제도는 이미 적장자 상속제도와 함께 적자(嫡子)와 서자(庶子)의 구별을 뚜렷이 하고 있고 사회전반에 남존여비사상이 깊게 뿌리를 내리고 있었다. 당시의 귀족은 일반적으로 다처(多妻)의 관습이 있었고, 종법질서를 유지하기 위해 동성불혼의 원칙을 준수하였다. 그러나 여자는 종법지위가 없고 재산상의 상속권이 없었다. 따라서 출가한 여자는 자신의 지위를 유지하기 위해서 상속권을 행사할 수 있는 아들을 출산하는 일이 매우 중요하였다. 여자가 출가하여 아들을 출산하지 못하는 것은 씨족사회 내의 모든 권한을 상실함을 의미하는 것이다. 이러한 남존여비의 관습은 이후의 동아시아 유교주의사회에 그대로 계승되면서 동양사회의 전통적 관습이 되었다.

한편 귀족사회의 결혼풍습 가운데 특이한 것이 제잉제(娣媵制)이다. 이는 왕후나 제후 혹은 대부의 아내로 출가하는 여자는 그 여동생 또는 조카딸을 데리고 시집가서 함께 그 남편의 부인이 되는 특수한 결혼풍습이다. 여동생이 아직 혼인적령에 이르지 못하면 적령이 될 때까지 본가에 머물러 있다가 후에 출가하기도 하고, 자매(姉妹)가 많을 경우에 일부만 데려가기도 하였다. 이렇게 동반하여 출가하는 동서 혹은 조카의 지위는 서첩(庶妾)보다 높고 그들이 낳은 자녀는 적부인(嫡夫人)의 자녀로 편입되었다.

서민의 혼인은 일부일처를 원칙으로 하였고, 부모의 명령과 중매인에 의해 결혼이 정해지기 때문에 본인의 의사는 별로 존중되지 못하였다. 그러나 주대에 유행하던 애정(愛情)의 시가(詩歌)를 보면 남녀간의 교제는 자유로운 면도 있었던 것 같다.

Ⅲ. 서주(西周)시대의 경제생활

1. 토지제도와 농업생산의 발전

서주시대의 토지소유형태나 농업생산의 구조에 대해서 확실하게 알 수 있는 자료는 드물다. 서주의 토지제도로 유명한 『孟子(맹자)』의 정전제(井田制)만 하더라도 그 실제 여부에 대해 아직도 논쟁이 계속되고 있다. 다만 정전제는 맹자 개인의 이상론만은 아니고 춘추시대 이전의 촌락사회의 토지분급과 수취관계를 반영한 것으로 보려는 견해가 우세하다.[35]

『孟子(맹자)』의 정전제에 의하면 9백무(百畝)의 땅을 우물 정(井)자 형으로 9등분하여 8가구에 각기 백무씩 대여하고, 중앙의 백무는 공전(公田)으로 공동 경작하여 여기에서 수확되는 것을 조세로 납부하였다고 되어 있다. 그런데 서주시대의 읍의 토지는 읍민의 자급을 위한 경지(耕地: 私田)와 공납분(公納分)을 공동 생산하는 경지[공전(公田)]로 구분되고 있으며, 공전에서 생산된 수확을 조세로 납부하는 것을 조법(助法)이라 한 사실은 정전법(井田法)과 유사성이 있다.

대체로 서주시대의 토지소유형태나 읍 내부의 구조와 농민의 생산활동에 대해서는 『詩經(시경)』이 중요한 자료가 되고 있다.[36] 이에 의하면 서주시대 초기의 농민은 씨족공동체적 생활을 하면서 씨족장의 지휘감독 아래 농업생산에 종사하였고 동시에 씨족장을 통하여 전토(田土)에 대한 공납(公納)과 노역(勞役)의 의무를 집단적으로 수행하고 있었다.

그런데 서주시대 후기에 접어들면 읍 내부의 사회구조가 달라지고 있다. 즉,

---

35) 이성규, 『中國古代帝國成立史硏究』, 일조각, 1983, 72~79쪽 開阡陌의 意味 참조.
　　　, 「井田制硏究의 諸問題」『東洋史學硏究』 21, 1985.
　　정재각, 「井田의 新展開-郭沫若·徐仲舒·李劍農 三氏의 問題提起에 對하여-」『史叢』 1, 1955.
36) 『詩經(시경)』 칠월시의 성립연대에 관해서는 춘추말 또는 그 이후로 보는 견해도 있지만 곽말약(郭沫若), 『詩經』에서 묘사되고 있는 사회상은 주처 이래의 것으로 보고 있다(이성규, 위의 책, 34쪽, 주 66 참조).

서주 후기의 동기명문(銅器銘文)에 의하면 일부 읍이 종래의 단일 영주지배에서 복수 내지는 다수 영주의 지배체제로 바뀌고 있다.[37] 이는 서주사회의 커다란 변혁을 의미한다. 왜냐하면 읍의 토지소유형태가 단일영주체제에서 복수 내지 다수영주의 지배체제로 바뀌어 나가는 과정에서 농민의 토지점유에도 큰 변화를 가져왔기 때문이다. 다시 말하면 종래 단일영주의 지배 하에서 공동체단위로 공납(貢納)의 의무를 지고 있던 읍의 내부는 변질되면서 역민(力民), 유전(有田)의 민과 무전(無田)의 민으로 양분되었고, 유전민(有田民) 사이에도 토지점유의 불균형이 심각하게 나타나게 되었다.

한편 서주의 농업생산기술도 상당한 발전을 보였다. 농경지는 지역에 따라 경지정리가 완성된 땅을 무(畝)·견(畎)이라 하였고, 이러한 농경지는 배수시설과 관개에 편리하게 이용되었다. 농사에는 경작시기가 중요시되고 제초작업을 위한 호미의 사용이 보편화 되었다. 특히 춘경(春耕)이 중시되었고 토양을 판별하여 파종하는 퇴비사용법이 나타나고 있다. 중요작물로는 기장 종류로 직(稷)이 있고, 쌀(禾)·벼(稻)·밀·보리·콩(荏)·조(粱)·차조[순(荀)] 등 다양한 종류가 있었다. 특히 임숙(荏菽)은 새로 개발된 콩의 일종이며, 고량은 조의 품종을 개발한 것이고, 벼는 화북지방에서 일부 재배되었다. 생산도구와 곡식품종의 개발, 생산기술의 발전으로 서주의 농업생산은 많은 향상을 가져왔다.

2. 수공업생산의 발달

서주시대의 수공업생산은 그 종류가 다양하고 분업화되어 백공(百工)이라고 불릴 정도가 되었다. 생산품으로 청동기, 토기, 피혁제품, 옥기(玉器), 골기(骨器), 방직(紡織) 등이 있었다. 수공업은 대부분이 관에서 장악하는 관부수공업(官府手工業)이 중심을 이루었다. 따라서 공인(工人)과 상인은 대체로 관부에 예속되어 있어서 공·상인은 관에서 밥을 먹는다(工商食官)라는 말과 같이 사적(私的) 생산체제는 아직 발달하지 못하였다.

서주는 은왕조를 멸망시키기 이전부터 청동생산기술을 보유하고 청동제 무기와 제사 그릇을 생산하였다. 은을 병합한 후에는 은나라의 발달된 수공업기술과 자원을 차지하고 숙련공을 노예나 포로로 사역하였기 때문에 청동기제조업은 급속도로 성장하여 갔다. 성왕과 강왕시대 이후의 청동 수공업제품에서 나타나

---

37) 이성규, 『앞의 책』, 34~40쪽, 서주후기의 토지경제 참조.

고 있는 특징은 주기(酒器)가 감소된 반면에 종(鐘)과 박(鎛)같은 악기와 창·칼 등의 무기 이 밖에 식기류(食器類)가 다수 생산되고 있다는 점이다. 이는 의식 (儀式)을 중요시하는 주나라 봉건제도의 발전과 밀접한 관련이 있다. 이와 아울러 그릇의 모양도 은대의 화려한 형식에 비하여 단순화되었으며, 가볍고 날렵하며 소박하고 실용적인 특색을 보이고 있다. 이는 은대의 청동기가 특수귀족층을 위한 정예품을 생산한 데 반해 주대는 대량생산으로 전환된 것을 의미한다.

서주 청동기의 또 하나의 특색은 명문(銘文)에 새겨진 글자 수가 증가한 것이다. 은대 청동기의 글자 수는 많아야 수십 자에 불과하였다. 그러나 서주, 특히 중·후기가 되면 명문의 글자 수가 점차 늘어나 선왕(宣王) 때의 모공정(毛公鼎)은 총 497자로 거의 장편의 문헌에 가깝다.

청동기 명문의 내용은 제사(祭祀)의 의식, 정벌, 계약 등과 관련되어 사료로서의 가치가 높다. 예컨대 대우정(大盂鼎)의 명문에는 강왕이 귀족에게 1천여 명의 노예를 하사한 기록이 보인다. 또 효왕 때의 홀정(曶鼎)에는 말 한 필과 비단실(絲) 1속을 가지고 노예 5명과 교환할 수 있다는 내용이 있어서 서주 노예제연구의 중요한 자료가 되고 있다. 또 섬서성 기산의 동가촌에서 발견된 조전(租田)과 토지교환이 새겨져 있는 비위사기(簋衛四器)와 산씨반(散氏盤)에는 노예주 사이의 토지교환내용이 기록되어 있다. 섬서성 장백촌에서 발견된 장반(墻盤)에는 284자의 명문이 있는데, 그 내용은 문왕(文王)에서 공왕(共王)에 이르는 7대의 공덕을 칭송하고 아울러 미씨(微氏) 가문과 주나라 천자와의 긴밀한 관계를 기술하여, 그 일족이 정치·경제적으로 누리는 이익을 과시한 것으로 주왕조와 지방귀족 사이의 상호 의존관계를 연구하는데 새로운 자료가 되고 있다.

토기의 제조기술도 발달하였으니 각처에서 발견되고 있는 서주시대의 토기로는 광택이 나는 경도(硬陶)가 은대보다 발달하였다. 이 밖에도 푸른 유약을 칠한 유도(釉陶)도 나타나고 있는데 재질이 강하고 흡수성이 약한 특징으로 볼 때 자기의 수준에 거의 접근했다고 볼 수 있다.

기와의 발명과 사용은 서주 건축기술에 있어 커다란 진보였다. 서주의 초·중기에도 소량의 승문(繩紋)기와가 출토되고 있다. 서주시대 후기에 이르면 천자와 귀족의 궁실에 기와를 사용하게 됨에 따라 넓은기와[판와(板瓦)]와 둥근기와[통와(筒瓦)]가 발달하였는데, 이는 중국의 건축사상 중요한 의미를 갖는다. 상인은 백공(百工)처럼 대부분 귀족이나 국가에 예속되어 있었다. 교환의 매개로 패(貝) 혹은 일정 중량의 동(銅)을 사용하였고, 이 밖에 옥기도 교환의 매체로 이용되었다.

IV. 서주(西周)의 쇠망

서주의 지배체제는 씨족제를 기반으로 하여 정치적으로는 봉건제도와 사회적으로는 종법질서 위에 발전되어 나갔다. 그러나 서주시대 중기 이후(B.C. 841)에 내외의 모순이 격화되면서 서주는 쇠퇴하게 되었다.

대내적 문제 가운데 가장 심각한 것은 봉건체제가 붕괴되는 문제가 생긴 것이다. 즉, 9대 이왕(夷王) 때에 이르러 지방의 제후가 주왕실에 대하여 조공(朝貢)을 하지 않았을 뿐만 아니라 서로 공벌을 일삼았다. 그러나 주왕실로서는 이미 이를 제재할 힘이 없었고 제후들이 궁정의 조회(朝會)에 나왔을 때 주왕은 종전처럼 앉아서 제후를 맞이하지 못하고 왕좌에서 내려서서 제후를 맞이해야 할 정도가 되었다.

이러한 민족간의 분쟁이 격화되었다. 즉, 소왕(昭王)의 남방정벌과 목왕(穆王)의 서방정벌은 서북·남방민족의 침입을 물리치기 위한 대외원정이었으나 큰 효과를 거두지 못하였고, 서북방의 융적(戎狄)의 침략은 위수 중하류를 향해 계속되면서 전국이 장기간에 걸친 전란에 빠지게 되었다.

내외의 문제는 다음 여왕(厲王) 때에 더욱 심각하여졌다. 특히 여왕의 포악한 정치와 남방 초나라에 대한 빈번한 원정으로 국력이 고갈되자 농민을 착취하고 영주가 소유하던 산림천택(山林川澤)의 이권을 빼앗아 왕실소유로 하였다. 이에 귀족과 소영주까지 왕실에 반감을 갖게 되자 마침내 수도 호경(鎬京)에서 국인의 반란이 일어났다(B.C. 841).

이 반란으로 여왕은 산서성으로 도망하고 조정은 국왕없이 제후의 공동관리로 넘어갔는데, 이를 공화정(共和政)이라 한다. 공화행정은 14년간 계속되었고, 여왕이 피난지에서 죽자 제후들은 그 아들을 옹립하니 이가 선왕(宣王)이다. 선왕은 재위 47년간에 안으로 정치를 바로잡고 밖으로 이적을 물리쳐 국력을 중흥시켰다. 그러나 선왕 때도 빈번한 대외원정으로 농촌은 극도로 피폐하고 많은 소영주와 하급귀족도 대영주의 착취를 받아 지배계층간의 갈등이 심화하였다.

선왕의 뒤를 이어 그 아들 유왕(幽王)이 즉위하고 2년만에 관중(關中)에 대지

진이 발생하였다. 이 와중에 유왕의 실정이 거듭되고 신후(申后)와 태자 의구(宜臼)를 폐한 후 애첩인 포사(褒姒)를 왕후로 삼아[38] 그 아들[백복(伯服)]을 태자로 하였다. 이에 대해 신후는 불만을 품고 B.C. 771년 정(鄭)나라와 연합하여 북방의 이민족인 견융(犬戎)을 끌어들여 호경을 공격하고 유왕을 살해하였다. 이때 주의 제후들이 의구를 옹립하니 이가 평왕(平王)이다.

그러나 평왕도 견융의 공격을 평정하지 못하고, 또 수도 호경이 파괴되어 낙읍(洛邑: 洛陽)으로 천도하게 되었다. 이때 서주는 멸망하고(B.C. 770) 동주(東周)시대가 시작되었으며, 동주시대를 춘추·전국시대(B.C. 770 B.C. 221)라고도 한다.

---

38) 중국의 역사에는 왕조의 멸망과 여화(女禍)를 서로 밀접하게 관련지어 서술하고 있다. 즉, 하(夏)의 마지막 걸왕(桀王)과 말희(妹嬉), 은나라 마지막 왕 주왕(紂王)과 달기(妲己), 그리고 서주의 유왕과 포사의 일화 등은 국가의 멸망과 美人[경국(傾國)의 美]을 연계시킴으로써 제왕의 도덕적 자숙을 교훈적으로 강조하고 있다.

제 3 장

동아시아 고대사회의 변혁과 제자백가의 출현

제 1 절 춘추(春秋)·전국(戰國)시대의 정치적 변천

I. 춘추·전국시대의 성격

1. 춘추·전국시대의 시대구분문제

서주(西周)는 기원 전 770년에 이르러 수도를 서방의 호경(鎬京)에서 동쪽의 낙읍(낙양)으로 옮겼다. 그 이전 시대를 서주라 하고, 서주 이후 秦이 6국을 통일할 때(B.C. 221)까지를 동주시대라고 한다. 그리고 동주시대를 다시 춘추와 전국시대로 구분한다. 춘추(春秋)란 말은 공자(孔子)가 편찬하였다고 하는 魯나라의 연대기인『春秋』에서 유래하고 전국시대의 명칭도 그 시대의 사실을 적은『戰國策(전국책)』에서 비롯되었다.

그런데 춘추시대는 대체로 주의 동천(東遷)에서부터 시작하는 것이 일반적이다. 그러나 춘추시대의 종말과 전국시대의 시작에 대해서는 의견이 분분하다.[1] 대체로 전국시대의 시작은 晉이 韓·魏·趙의 3국으로 분열되어 주왕실이 이를 공인하는 기원 전 403년을 춘추시대가 끝나고 전국시대가 시작되는 시기로 잡는 것이 일반적이다.

이와 같이 춘추·전국시대의 시대구분이 다양한 것은 이 시대의 정치적 변동이 극심하고 사회적 변혁이 다양하였기 때문이다.[2]

---

1) 공자의 저술로 전하는『春秋』에서는 춘추시대를 노(魯)의 은공(隱公)원년(B.C. 722)부터 애공(哀公) 14년(B.C. 481)까지라 하고, 사마천(司馬遷)은『史記』의 6국연표에서 춘추 전국시대의 분기점을 주원왕 원년(B.C. 475)으로 하였다. 사마광은『資治通鑑(자치통감)』에서 춘추의 종말을 주나라 위열왕 23년(B.C. 403)으로 잡고 있다.
2) 민두기 편,『中國史時代區分論』, 창작과 비평사, 1984.

2. 춘추·전국시대의 역사적 성격

춘추시대와 전국시대는 역사적 전개와 시대상황이 확연히 다르다. 따라서 두 시대가 갖는 역사적 성격도 독특한 면을 지니고 있다.

종래 춘추·전국시대는 공자의 『春秋(춘추)』에 근거를 둔 유교적 역사관으로 인해 이 시대를 부정적으로 평가하였다. 정치적으로 이 시대가 어지러운 난세임에는 틀림없으나 사회와 경제, 문화면에서는 고대사회를 재편성하고 진(秦)·한(漢)의 통일제국을 형성하기 위한 거대한 변혁의 격동기라 하겠다. 따라서 이 시대의 성격은 결코 유가적 역사관에 의한 부정적인 시각보다는 정치적인 변화와 함께 사회·경제·문화적으로 커다란 발전이 이룩된 시대로 파악되어야 한다.

우선 정치면에서 춘추시대는 아직도 周代의 봉건질서가 유지되고 있었다. 비록 주왕실은 쇠퇴하였으나 낙양을 중심으로 한 동주체제하에서 지방의 제후들은 존왕양이(尊王攘夷), 즉 주왕실을 받들고 오랑캐(이민족)를 물리친다고 하는 대의명분을 내세우고 패권을 다투었다. 각국의 정치는 경·대부 등 귀족의 수중에 있었으며, 비록 대부(大夫)의 세력이 강하기는 하였으나 제후(諸侯)를 넘어뜨리지는 않고 있었다.

그러나 전국시대에 들어서면 봉건제도가 붕괴되고 주왕실은 낙양 근처만을 차지하는 조그마한 소국으로 전락하였다. 주나라가 소국으로 축소됨에 따라 지방의 제후국 가운데 강력한 실력을 지닌 경·대부들이 제후국[공실(公室)]의 지위를 찬탈하는 하극상 사태가 발생하고, 제후국도 강국이 약소국을 병합하는 이른바 약육강식의 살벌한 세태가 되었다. 이때 신흥강국(전국7웅)은 새로 정벌한 영토에 봉건제 대신 중앙집권적 군현제도를 실시하였다. 이에 따라 군주의 권력은 크게 강화된 반면 귀족세력은 약화되면서 주대의 봉건질서가 가부장적 군신관계로 변모하였다. 특히 춘추시대 중기 이후로 종래 읍제(도시)국가의 구조가 해체되고 그 대신 전국시대의 영역 또는 영토 국가 형태로 발전되어 나갔다. 이에 따라 전국시대에는 봉건국가체제가 해체되고 이에 대신하여 왕권이 강화되는 중앙집권적 관료국가체제로 변천되어 나갔다.

다음 사회적으로는 주대의 씨족공동체가 춘추시대 중기부터 붕괴됨에 따라 전국시대에 들어와서 가문보다 개인의 실력이 우선하는 실력주의 시대가 출현하였다. 이리하여 지식계층의 활약이 돋보이고 평민계층의 지위상승이 이루어지면서 이른바 포의장상(布衣將相: 평민의 장군·재상)이 속출하였다. 특히 귀족세력의 몰락으로 춘추시대에 귀족이 소유하고 있던 토지가 전국시대에는 평민에게로 넘어가고 부세(賦稅)도 춘추시대에는 귀족의 경제적 기반이었으나 전국시대에는 국왕에게 돌아가게 되었다.

또한 민족적으로도 춘추시대까지는 아직 중국민족을 상징하는 통일된 한족(漢族)의 범위가 정착되지 못하였다. 은나라가 주(周)민족을 오랑캐로 보고 周가 주변민족을 동이(東夷), 회이(淮夷), 서융(西戎) 등으로 부르면서 야만시한 것은 아직 중국민족의 통일성이 형성되지 못한 증거라 하겠다.[3] 춘추의 5패(五霸) 중에서도 중원(中原)에 위치한 齊·晋·宋은 중원의 문화민족으로써 하(夏)를 자칭하고 변방의 秦·楚·燕·越 등을 오랑캐로 야만시하였다. 그러나 전국시대에 접어들면서 오랑캐인 융적(戎狄)은 모두 제하국(諸夏國)으로 통일되어 민족의 구성이 화(華: 夏)로 단일화되었다. 뿐만 아니라 변방의 楚·秦·燕·越 등도 점차적으로 중원(中原)의 중화(中華: 夏)문화를 받아들여 동화되면서 한족의 민족적 통일이 추진되어 중국 민족으로 발전되어 나갔다. 따라서 춘추시대 이전의 각 지방의 다양한 언어와 풍습이 전국시대의 격변을 통해 중국으로 여과되어 들어오게 되었다.[4]

이와 같은 민족과 문화상의 동화통일(同化統一)로 인하여 춘추·전국시대에는 각국의 정치와 사회에 커다란 변화를 일으키고 그것은 다시 학술사상에서도 중국적인 제자백가사상(諸子百家思想)의 발전을 가져 왔다.

춘추·전국시대는 주대의 봉건질서와 읍제(도시)국가체제를 근본적으로 바꾸어 놓았으며, 이러한 변화는 다음에 오는 진·한의 통일제국을 수립하는 기반을 구축하였다는 점에서 이 시대의 역사적 성격을 높게 평가할 수 있다.

II. 춘추(春秋)시대의 국(國)의 구조와 변천

1. 國의 구조와 영역범위

춘추시대에는 주대의 봉건제도에 의하여 지방에 분봉된 무수한 國이 있었

---

3) 김상기, 「東夷와 淮夷·西戎에 對하여」『東方學志』 1·2, 1954·1955.
　　홍순창, 「春秋時代 異民族考 -『左氏春秋』를 중심으로-」『東洋文化』 4, 1965.
4) 홍순창, 「'春秋' 國名考」『大丘大學大學院紀要』 2, 1960.
　　＿＿＿, 「'左氏春秋' 國名考」『史學研究』 15, 1963.
　　박봉주, 「郭店楚簡의 君臣論과 그 楚國史的 意味」『東洋史學研究』 78, 2002.

다.[5] 이러한 국의 구조를 파악하는 일은 이 시대의 정치는 물론이고 사회와 경제, 문화를 이해하는 중요한 열쇠가 된다.

중국 고대의 은대에서 서주 그리고 춘추시대까지 중국사회를 구성하는 기본 단위는 읍 혹은 성읍(城邑)으로 불리는 취락형태이다. 이러한 취락은 간단한 방어시설을 갖추고 있는 소규모의 취락부터 성벽으로 둘러싸인 도시형태로 발달한 대취락과 제후의 왕도(王都)에 이르기까지 다양하다. 인민의 거주지역은 대부분이 읍이라고 하는 취락형태였다.

춘추시대의 국은 이러한 읍이 사회·경제의 발전으로 그 규모가 큰 대취락의 성격을 지니고 있다. 국은 내성과 외성에 둘러싸여 있고, 외성 밖으로 광대한 들판이 있다. 들판 가운데 비(鄙)라고 하는 무수한 소읍이 있어 국이 이를 지배하고 있었다. 이 국의 형태에 대해서 중국 및 일본학계에서는 이를 도시국가, 읍제국가, 성읍국가 등으로 그 성격을 규정하고 있다.[6]

국의 내부구조는 중앙의 언덕에 영주(제후)의 궁전과 종묘, 국의 중요한 시설물이 있고, 내성이 이를 감싸고 있다. 내성 밖에 외성이 있는데, 이를 곽(郭)이라 하였다. 이 내성과 외성 중간지대의 넓은 공간에 일반민이 거주하는 취락과 전지(田地)가 있고, 이를 향(鄕)이라 하였다. 춘추시대의 국은 대체로 중앙의 내성(內城)과 그 밖에 있는 외성(外城)까지의 지역을 포함하며, 이곳에 사는 사람은 통틀어 국인이라 하며 지배계급이었다.

이와 같은 국을 둘러싼 성곽 밖의 교외에는 넓은 교(郊)와 야(野)가 있다. 광활한 들판 여기저기에 점점이 흩어져 있는 작은 취락이 비읍(鄙邑)이다. 이곳에

---

5) 춘추 초기에는 약 800여개의 소국(小國)이 있었다고 하며, 후기에는 400여국, 전국시대에 120여국으로 점차 축소되었다고 한다. 이는 강대국이 소국을 점차 병합하였기 때문이며, 춘추5패와 전국7웅은 대표적인 강대국이다.

6) 도시국가론자(都市國家論者)는 세계사의 보편적 법칙에 따라 國의 형태가 서양고대 도시 국가의 성격과 일치하는 것으로 보았다. 즉, 춘추시대의 國을 그리스의 도시국가(polis)에 비교하고 있다. 구릉지대의 내성(內城)이 폴리스의 아크로폴리스 언덕이며 시장과 사교장인 市구역이 바로 아고라 광장에 해당한다고 보았다. 폴리스의 중심부에 신전과 귀족의 거주지가 있는데 폴리스의 시민은 군사적 방어와 수호신 숭배로 결합된 시민공동체로 이는 중국의 조상신과 사직(社稷: 토지 곡물신)을 모시는 것과 비슷하다고 하였다.
　　이에 대해 읍간의 누층적 지배관계를 중시하는 입장을 내세운 읍제국가론자는 읍(邑)의 사회구조적인 면을 강조하고 있다. 이 밖에 역읍국가, 성방국가도 제시되고 있다(이성구, 「春秋戰國時代의 國家와 社會」『講座中國史』, 94쪽 참조).
　　한국사에서도 원시사회의 국가 성격을 君長국가(변태섭), 城邑국가(이기백·천관우), 部族국가(김철준), 君長社會(김정배) 등 다양한 이론이 있다(변태섭, 『韓國史通論』, 삼영사, 1993, 3판, 49쪽 참조).

사는 사람을 야인(野人) 또는 비인(鄙人)이라 하여 국인과 구분하였다. 들판 끝에는 산림, 계곡, 하천 등 자연경계에 의하여 타국과의 국경이 설정되고 있으나, 춘추 초기에는 아직 영토의식이 뚜렷하지 않았기 때문에 국과 국 사이의 야는 어느 국에도 소속되지 않고 공백지대(空白地帶)로 방치되어 있었다.[7] 이러한 공백지대에는 사람이 거주하지 않는 황무지가 대부분이다. 이 지역이 후세에 분쟁의 대상이 되었는데, 그 까닭은 邑을 이탈한 소농민들이 이곳을 개간하여 집단적인 취락을 형성하면서 시작된다. 그 시기는 철제농기구의 도입으로 농업생산의 변혁이 이루어지는 춘추 말기부터이다.

2. 國의 신분질서와 국인(國人)의 성격

국의 구성원 중 최고신분은 공(公: 諸侯)이라고 하는 국군(國君)이다. 공 아래의 신분은 경(卿)·대부(大夫)이고, 이 밖에 국의 기반을 이루는 하위지배층으로 사(士)가 있고 그 아래에 인민이 있다.

제후(公)는 국을 지배하나 정치적·군사적 권한은 아직 강하지 못하였다. 다만 공은 국 구성원 전체의 정신적 지주이자 대표자로서 공동체 수장(首長)의 성격이 강하다. 공이 갖는 이러한 특성은 국이 군사와 제사를 집단적으로 공유하는 융사공동체(戎祀共同體)였다는 사실과 부합한다. 다시 말하면 종교(제사)와 정치·군사의 세 가지 요소가 불가분의 긴밀한 관계에 놓여 있었던 춘추시대에 있어서 특히 제사가 갖는 의미는 중요하다. 제사는 조상신을 받드는 중요한 행사로 제사를 통해서 씨족공동체의 단결을 굳히고 정치적·사회적 힘을 발휘하였다. 이 제사를 통해서 종법질서가 유지되었다. 따라서 제후의 권위는 국의 운명을 좌우하는 최고신인 천(天)과 조상신을 제사할 수 있는 유일한 존재이고, 바로 이 점에서 춘추시대 전기에 있어서 국의 권력구조에 대한 성격을 엿볼 수 있다.[8]

경·대부는 국의 권력집단을 구성하는 지배계층이지만 이들은 제후로부터 분배받은 비(鄙)의 채읍(采邑)을 경제적 기반으로 하여 일족을 거느리고 병단(兵團)

---

7) 이성규, 『中國古代帝國成立史研究 秦國齊民支配體制의 形成』,일조각, 1984, 40~46쪽, 「春秋時代의 盜와 新 聚落」 참조.
   두정승 지음·장인성 옮김, 「野城과 山城 城垣의 발전을 통하여 中國古代國家의 특질을 논함」『百濟 研究』 19, 충남대, 1988.
   심재훈, 「中國古代國家形成의 보편성과 특수성」『史學志』 22, 단국대, 1989.
8) 민후기, 「西周 國의 差等的 族聯合 - 金文을 중심으로 한 西周 內爵의 탐색」『東洋史學研究』 91, 2005.

을 구성하며 제후에 소속되어 전쟁에 참여할 의무를 부과받고 있다. 한편 경·대부는 봉읍(封邑) 중의 일부를 본읍으로 하여 독자적 기반을 구축해 나갔는데, 이러한 본읍이 서주 중기에서부터 춘추 초기에 나타난 都이다.

사(士)는 국의 기반을 이루었으나 계층적으로는 하위권력집단이며, 특히 이들을 국인이라 하였다. 그런데 국인으로서의 사는 그 조상이 경·대부였으나 시대의 흐름에 따라 분족과 인구증가로 공·경과 혈연관계가 멀어지면서 하위지배층으로 전락한 계층이다. 국인(國人)인 사(士)는 전지(田地)를 소유하며 이를 경제기반으로 하여 영주의 성격을 갖는 경우도 있고, 직접 농업생산에 종사하기도 하고, 경·대부의 관리가 되기도 하는 등 그 임무는 다양하다. 다만 사는 모두가 전쟁에 참가하는 무사로서의 공통점을 갖고 있다. 그러나 사인층은 강제징집에 의해 전투에 나가는 것이 아니라 자의에 의한 것이기 때문에 무사로서의 강한 자부심을 갖고 전쟁에 나간다. 국인이 참정권을 행사하는 공민적(公民的) 위치에 설 수 있었던 것도 그들이 씨족집단으로서의 국의 기반을 이루는 구성요원이며 아울러 무사로서 국의 군대를 이루는 중요한 핵심이기 때문이다.[9]

그런데 국을 지배하는 위와 같은 신분질서(천자 → 제후 → 경·대부·사)를 결합하는 지배의 원리는 바로 작(爵)이라고 할 수 있다. 그것은 신(神)의 권위 앞에 선서된 것으로 그 의식을 예(禮)라 하였다. 신분질서는 예라는 의식을 통하여 이루어졌으며, 예가 미치는 신분은 사까지이고 일반서민은 예의 밖에 놓여 있었다. 그리하여 "형벌은 사에게 가해서는 안 되고 예는 일반민에게 이르지 못한다"는 말이 생기게 되었다. 국에는 이와 같은 지배계층 아래 농·공·상민이 있고, 그 아래 천민으로서 노비가 있었다.

3. 國의 해체와 군현제(郡縣制)의 출현

춘추시대 중기 이후 각국에서 일어난 정치변혁의 결과 이상과 같은 국의 신분질서에 중대한 변화가 일어났고, 그에 따라 권력구조의 재편성이 진행되면서 씨족제가 해체되었다.

주왕실의 쇠퇴에 따라 생긴 새로운 질서형태가 바로 패자(霸者)를 구심점으로

---

9) 국인(國人)은 씨족질서에 예속되어 있기 때문에 씨족장의 의견에 절대적으로 복종하는 비자유민족(非自由民的) 존재이다. 따라서 국인의 정치적 주장은 서양고대 그리스 시민의 자유권과는 거리가 멀다.

하는 맹(盟) 또는 회맹적(會盟的) 국제질서이다.[10] 회맹적 국제질서는 각국간의
혈연적 연대의식과 공동문화의식 그리고 동일조상을 제사지낸다는 주술적 종교
관을 기반으로 하고 있다. 따라서 각국이 실력경쟁을 해 나가는데 있어서 대국
이 소국을 병합하는 경우에도 소국이 신성하게 모시는 종묘와 사직은 그대로
보존하여 주는 복속방식을 취하고 있다. 이는 주대 이래의 씨족질서를 그대로
유지하면서 대국이 소국을 복속시키는 방법이다. 즉, 대국도 처음부터 소국을
무력으로 병합하여 소국의 엄청난 저항을 불러일으키기보다는 맹을 통하고 대
외적으로 존왕양이(尊王攘夷)의 대의명분을 내세워 소국을 복속시키는 방법을
취한 것이다. 따라서 齊·晉·楚 등과 같은 대국 사이에 끼어 있는 중원의 宋·
衛·魯·陳·蔡 등의 소국은 자국의 존립을 위해 대국과 결맹이 불가피하였다.
결맹의 조건으로 맹주(盟主: 霸者)인 대국에게 병력 제공을 부(賦)로 감당하면서
과중한 부담을 짊어지게 되었다.

그러나 춘추 중기를 전후하여 秦·楚·晉 등 주변 강대국은 종래의 회맹방법
(會盟方法)에 의한 복속의 지배방식을 버리고 소국을 완전히 멸망시킨 후 그곳
에 현(縣)을 설치하여 직접 통치하는 멸국치현(滅國置縣)[11]의 새로운 지배방식을
취하였다. 소국을 멸하여 그 지배자를 제거하고 종묘와 사직을 완전히 파괴하
여 소국을 대국의 현으로 재편성하는 멸국치현방식은 씨족적 전통을 존중하는
중원의 여러 소국에서 대단한 공포를 불러오게 되니 각국은 다투어 국력 강화
와 군비의 충실을 위한 체제개혁을 꾀하지 않을 수 없었다.

이러한 상황은 종래의 씨족적인 봉건질서로서는 더 이상 자신의 지위를 지탱
하기 어려운 공족(公族: 제후)으로 하여금 시대적 변화에 따라 씨족공동체의 대
표자적 위치에서 탈피하여 권력이 집중되는 가부장적 군주로의 변신을 꾀하게
하였다.[12] 읍제국가(도시국가)의 지배형태가 군현제적 중앙집권국가로 변화하게
되는 시대적 배경은 이와 같은 사회변혁에서 시작된 것이다.[13]

10) 김일출, 「春秋會盟論考」『歷史學研究』1, 1949.
11) 『史記(사기)』진본기(秦本紀)에 의하면 진나라 무공(武公) 10년(B.C. 688년)에 정복지에
　　먼저 현(縣)을 설치하였다고 기록하고 있다. 그러나 『春秋左傳(춘추좌전)』에는 이러한 진
　　의 현 설치기록이 전혀 보이지 않는 반면 초와 晉에서 현을 설치한 기사가 집중적으로 나
　　타난다. 따라서 최초의 현 설치에 대해서는 이 두 기록을 다 같이 인용한다.
　　김병준, 『中國古代地域文化와 郡縣支配－四川地域의 巴蜀文化를 중심으로』, 일조각, 1997.
12) 김병준, 「成周時代 川西 平原의 蜀周와 秦의 郡縣支配」『人文學研究』(한림대), 2·3 합집,
　　1996.
13) 이춘식, 「郡縣的 縣發生에 對한 一考察 法術思想을 中心으로」『史叢』10, 1965.

4. 춘추5패(春秋五霸)와 영역(領域)국가

춘추시대의 사회적 변혁과 국가의 발전은 종래의 소국 중심의 읍제국가(도시국가)형태에서 대국 형태의 영역(영토)국가로 탈바꿈하는데서 나타나고 있다. 춘추5패[14]가 소국을 병합하여 영역국가로 변신한 대표적인 경우이다.

그런데 춘추시대의 이들 5패의 소국 병합과정을 보면 황하를 중심으로 하는 중원지역과 양자강 중하류를 중심으로 하는 강남지역권으로 양분된다. 중원지역을 대표하는 나라가 齊와 晉이고, 강남의 강대국이 楚이다. 춘추 초기에는 황하유역의 국가간에 영토확장이 진행되면서 같은 현상이 진행되었고 동시에 양자강유역에서도 소국병합이 추진되었다.[15]

춘추시대에 패업을 이룬 첫 번째 국가는 제나라의 환공(桓公)이며, 그 다음이 晉의 문공(文公)이다. 제나라는 중원의 동쪽 산동반도(山東半島)에 위치하고 있으며, 땅은 비옥하고 바다에 연해 있어 해물과 소금의 이익이 풍부하였다. 제나라 환공이 즉위하고(B.C. 685) 뛰어난 정치가 관중(管仲)을 재상에 임명하면서 정치·경제·군사 등 여러 방면에 걸친 개혁을 단행하여 부국강병을 달성하였다.[16]

정치·경제면에서는 4민(사·농·공·상)의 주거지를 구분하고 호수(戶數)에 따라 마을을 재편성하였다. 특히 경제개혁으로 정전(井田)의 경계를 없애고 토질에 따라 토지의 등급을 매겨 합리적인 세금징수를 단행하였다. 또 소금과 철공업을 발전시키고 화폐를 주조하였으며 물가를 조절하는 등 상공업을 일으켰다.

행정과 군사력의 효율성을 높이기 위해 군사·행정의 조직을 통합하였다. 즉, 전국을 모두 21향(鄕)으로 나누고 상·공민이 거주하는 6향을 제외한 사·농민의 15향을 가지고 3군(軍)을 조직하여 평화시에는 농사를 짓게 하고 전쟁이 일어나면 전투에 나가도록 하는 병농일치체제를 수립하였다. 이리하여 제나라의 국력은 강해지고 환공은 이러한 국력을 배경으로 대외적으로 이웃 나라의 제후들과 회맹을 통하여 패자로서의 지위를 굳히게 되었다. 또한 존왕양이(尊王攘夷)의

유덕조, 「春秋左傳의 君務論研究 藏哀伯諫日條의 一分析」『忠南史學』 4, 1989.

14) 춘추5패는 제환공(齊桓公), 진문공(晉文公), 초장왕(楚莊王), 송양공(宋襄公), 진목공(秦穆公)을 말한다. 그러나 송양공은 그 세력이 곧 사라져 패업을 이루지 못하였고 진목공은 서북쪽에 치우쳐 있어서 춘추시대가 끝날 때까지 중원으로 내려오지 못하였기 때문에 이들을 빼고 吳王 합려(闔閭)와 越王 구천(句踐)을 넣기도 한다.

15) 홍순창, 「春秋時代 異民族考-左氏春秋를 中心으로-」『東洋文化』 4, 1965.
이성란, 「先秦文獻의 族名, 地名에 보이는 '不'字 小考」『中國語文學』 25, 2003.

16) 김용흥, 「戰國時代의 齊國의 統治에 關한 研究」『曉星女大研究論文集』 45, 1992.

명분을 내세워 서북방의 이민족을 격파하였으며, 남방에서 진출해 올라오는 초나라의 세력을 저지하였다. 이리하여 산동의 대부분과 하남(河南)의 동남부를 통일하여 이 지역의 민족적 차별인 동이(東夷)·화하(華夏)의 구별을 없애고 중원지방에서의 한민족의 통일을 촉진하는 계기를 마련하였다.

제나라는 환공의 사후에 그의 여러 아들들 사이에 왕위쟁탈이 벌어져 내란으로 번지면서 패자의 지위를 상실하였고, 이 틈을 이용하여 宋의 양공(襄公)이 맹주가 되려 하였다. 그러나 송은 초나라와의 전쟁에서 참패하여 도리어 초가 중원의 패자를 칭하고 황화유역의 수많은 소국가를 병합하였다. 이러한 중원의 위기상황을 극복하고 제나라에 이어 패자가 된 것이 晉의 문공(文公)이었다.

춘추 초기에 晉은 항상 융적의 침입에 시달리고 종실귀족간의 분쟁으로 국력을 떨치지 못하였다. 그러나 문공이 즉위하면서(B.C. 636) 농업과 상업을 장려하고 제나라 환공의 대의명분을 본받아 존왕양이의 기치를 내세워 국가발전을 이룩하였다.

춘추시대의 패자들이 대부분 존왕양이를 내세운 것은, 무력만으로 약소국을 따르게 하고 대외전쟁을 수행하기는 어렵기 때문에 자연히 약소국을 참여시키기 위한 명분으로 주왕실을 받들고, 씨족질서(혈연공동체)를 보호한다는 대의명분을 존왕양이에서 찾게 된 것이다. 따라서 晋도 중원의 패업을 달성하기 위해서 중원의 소국과 연합하여 강성해지는 초의 세력을 꺾어야 했다. 그리하여 齊·秦과 연합하고 서북방의 융적과 화친을 꾀하면서 소국을 달래기 위하여 다시 존왕양이를 내세워 마침내 초와 싸워 이를 물리칠 수가 있었다(B.C. 632). 이후 진은 30여개 소국을 병합하고 국토를 크게 확대하였으므로 제나라 환공의 위세를 능가할 정도였다.

춘추시대의 秦은 목공(穆公)시대로부터 국력이 발전하였으나 晋에게 눌리어 겨우 서북방의 패자가 되었다.[17]

한편 남방의 초나라는 목왕(穆王)과 장왕(莊王) 때에 더욱 강성하였다. 특히 장왕은 낙읍근방에까지 쳐들어가서 주왕실의 국보이며 왕권의 상징인 솥(鼎: 정)의 크기를 묻고 그것을 빼앗으려는 오만함을 보였다. 이어 중원의 각국을 정벌함으로써 중원의 패자로 군림하게 되었다. 장왕이 병합한 소국은 26개국에 이르고 광대한 영토로 패자가 되는데 성공하였다.[18]

이 밖에 강남의 양자강 하류에서는 吳와 越의 세력다툼이 치열하였다. 춘추 중엽에 晋이 초와 패권을 다툴 때 吳와 연합하였으므로 오나라도 진의 도움을 받아 강대하여졌고, 마침내 오왕 합려(闔閭)는 오자서(伍子胥)[19]와 손무(孫武)를 기용하여 국력을 배양한 후 초의 수도까지 쳐들어갔다(B.C. 506). 楚는 秦의 원병의 도움으로 오군을 국경 밖으로 몰아내기는 하였으나, 이 전쟁의 타격으로 패자의 지위를 상실하였다.

오의 이웃에 있던 월나라는 오·초의 전쟁을 이용하여 초와 동맹하고 오를 무찔렀으나, 이때 오왕 합려는 전사하였다(B.C. 496). 오왕 부차(夫差)는 아버지(합려)의 원수를 갚기 위하여 월과 싸워 이를 격파하고 월왕 구천(句踐)을 포위하니 월은 오나라의 속국이 될 것을 맹서했고 오왕 부차가 이를 받아들였다. 오나라는 월나라에 대한 승리로 자만하여 중원의 齊·晋과 전쟁을 일으켜 이를 격파하기는 하였으나 해마다 되풀이된 전쟁으로 백성은 피폐하고 경제는 위축

---

17) 이유성, 「戰國 秦의 鄕村支配政策에 대한 考察」『中國學報』 33, 1993.
18) 윤재석, 「『包山楚簡』에 반영된 戰國期 楚國의 土地所有 形態」『大丘史學』 54, 1997.
19) 이장우, 「史記 伍子胥列傳의 構成」『東洋學』 2, 1972.
　　이명화, 「吳立國과 靑銅文化」『梨花史學研究』 22, 1995.
　　_____, 「春秋時代 吳國의 靑銅器文化 − 中原文化와의 관계를 중심으로 −」『震檀學報』 84, 1997.

되었다. 월왕 구천은 오나라에 대한 패배의 치욕을 씻기 위해 와신상담(臥薪嘗膽)하면서 10년간 국력을 길러 마침내 다시 吳를 멸망시켰다(B.C. 473). 이리하여 월왕 구천은 양자강과 회수하류를 지배하는 강대국이 되었다.

Ⅲ. 전국(戰國)시대 정치와 사회의 변혁

1. 영역(영토)국가의 발전과 군현체제의 확대

전국시대는 일반적으로 기원 전 5세기 말(B.C. 403)을 출발점으로 한다. 그것은 춘추시대의 대국인 晉에서 신하인 한(韓)·위(魏)·조(趙) 3씨(氏)가 반란을 일으켜 晉을 멸망시키고 이들 3씨가 각기 한·위·조 3국을 세우면서 새로운 정치변혁의 시대가 시작된 데 기인한다.

춘추시대에는 아직 존왕양이의 대의명분이 정치사회를 지배하여 왔고, 이에 따라 주대의 정치질서인 예(禮)가 어느 정도 존중되었다. 그러나 晉의 멸망을 계기로 시작되는 전국시대의 정치풍토는 신하가 주군을 죽이고 강대국이 약소국을 정벌하는 약육강식의 살벌한 경쟁시대로 접어들게 되었다. 이리하여 종래의 읍제(도시)국가 형태는 더 이상 존립할 수 없게 되면서 영역(영토)국가[20]로 변천되어 나갔다. 이에 따라 춘추시대 170여국은 전국시대 초기에는 20여개국만 남게 되었으며, 국가의 발전에 따라 제후의 지배권이 확대되면서 국가간의 전토(田土)와 인민을 쟁취하기 위한 끊임없는 멸국병국(滅國倂國) 현상이 반복되었다. 이러한 시대적 배경에서 전국시대의 이른바 전국 7웅(秦·楚·燕·齊·韓·魏·趙)의 각축전이 벌어졌다.

그런데 이와 같은 전국시대의 정치·사회적 변혁은 이 시대에 돌연히 나타난 것은 아니고 이미 춘추시대 중기 이래 시작된 군현제적 전제지배체제에서 그 배경을 찾을 수 있다.

즉, 대국이 소국을 병합하여 그 땅에 현을 설치하거나, 경·대부의 도읍(都邑)을 몰수하는 경우도 있고, 국내의 소도(小都)나 향읍(鄕邑)을 현으로 바꾸는

---

20) 전국시대의 국가개념에 대해서도 이를 영토국가(領土國家) 혹은 영역국가(領域國家)로 그 성격을 구분하고 있는데, 은·주시대의 국가를 도시국가(都市國家)로 규정한 학자는 영토국가론을 주장하고, 이에 대해 읍제국가(邑制國家)를 내세운 학자는 영역국가라고 주장하여 각각 국가의 성격을 달리하고 있다.

경우 등 여러 방법이 있었다. 이에 대해 郡은 주로 변방지역에 설치된 것이고, 郡의 면적은 현보다 컸으나 인구가 적었기 때문에 정치적 중요성은 현보다 낮았다. 그러나 전국시대에는 변방의 개발로 군의 중요성이 커지면서 넓은 군을 분할하여 현을 설치하게 되면서, 행정상으로 군 아래 현을 두게 되었다.

전국시대의 군현제 출현은 동시에 왕(군주)을 정점으로 하는 관료지배체제를 탄생시켰고, 영역국가 내의 토지와 인민을 국왕이 직접 지배하면서 중앙집권적 전제군주체제가 출현하기에 이르렀다.[21] 이에 따라 춘추시대의 국에서 흔히 볼 수 있던 공(公: 제후)과 경·대부 사이의 회맹(會盟)과 반맹(叛盟)의 관계가 사라지고 주군(主君)과 가신(家臣)의 주종관계가 새로운 정치질서로 등장하였다.

전국시대의 이와 같은 군·신관계는 가부장적 관료체제로 정비되어 신하는 군주의 수족(手足)과 같이 움직이게 되면서 중국 관료제의 원형(原型)으로 정착되기 시작하였다. 그리하여 신하는 지방의 縣에 파견되어 주군의 명을 대행하는 관료로서 현을 통치하였다. 뿐만 아니라 현의 상부기구로 郡이 설치되고 현 아래 鄕을 두게 되었다. 따라서 殷·周·春秋시대 이래 지방조직의 기본단위이던 읍은 군현체제로 흡수되면서 해체되어 갔다. 이리하여 은·주시대의 읍제국가체제는 군현체제로 바뀌고 씨족제적 봉건체제도 중앙집권적 관료체제로 변화되는 정치질서의 재편성이 단행되었다.[22] 따라서 제후는 종래의 후(侯)·군(君)의 칭호를 버리고 왕호를 사용하게 되었다. 魏의 혜왕(惠王, B.C. 345)에 이어 제나라 위왕이 칭왕(稱王)을 하였으며(B.C. 334), 이어 秦과 韓·趙·燕에서도 왕호(王號)를 칭하였다.[23]

중앙관료기구는 행정수반으로 승상[상국(相國)] 또는 재상이 있어 백관(百官)의 장이 되었다. 승상 아래에는 사관(史官)으로서, 감찰을 맡은 어사(御史), 토지와 백성을 관장하는 사도(司徒), 토목사업을 맡은 사공(司空), 형법을 관장한 사구(司寇 혹은 廷尉), 수공업을 맡은 공사(工師), 재정업무를 맡은 소부(少府) 등이 설치되었다. 이로 인하여 국가권력의 신장과 왕권 강화에 따라 군사를 장악하

---

21) 정하현, 「戰國時期에 있어서 君主 官僚집단 形成의 實態와 官僚像의 변화」『歷史教育』 42, 1987.
_____, 「戰國時代官制의 研究 各國의 郡縣官制를 中心으로」『公州大學論文集』 29, 1990.
22) 이성구, 「戰國時代 官僚論의 展開」『東洋史學研究』 25, 1987.
23) 이성규, 『中國古代의 呪術的思惟와 帝王統治』, 일조각, 1997.
이성규, 「戰國時代 統一論의 形成과 背景」『東洋史學研究』 8·9합집, 1975.

는 장군의 지위가 상승되었다. 특히 전국시대에는 징병제가 실시되었고 각국이 다투어 전쟁을 치르면서 문무관직을 분리시키는 것이 필요하였다.[24] 장군직이 처음 설치된 것은 晉이 멸한 韓·魏·趙에서 비롯되었고 이어 秦에서도 실시하였다. 다만 초나라에서는 장군이 없고 주국(桂國) 또는 상주국(上桂國)을 두었으며, 장군 아래에는 위(尉) 혹은 국위(國尉)가 있었다. 진이 6국을 통일한 후에 태위(太尉)가 군사권을 장악한 것은 이와 같은 국위를 계승한 것이다.

지방의 郡에는 국방과 행정을 담당하는 군수(郡守 또는 太守)가 있고, 그 아래 군사업무를 맡는 위(尉)와 감찰업무를 맡는 어사를 두었으며, 현에는 현령과 현승이 있고, 현 아래 향·리(鄕·里)를 두었다. 이와 같은 중앙집권적 행정제도는 그대로 秦에 계승되어 나갔다.

2. 전국시대 각국의 변법

춘추 말·전국 초에 씨족제를 기반으로 한 읍제(도시)국가는 해체되고 영역(영토)국가로 통합되어 나가면서 춘추5패, 전국7웅이 등장하였다. 이들 영역국가는 국토의 확대와 사회·경제의 변혁으로 더 이상 종래의 읍제국가적 통치방식으로는 방대한 국토와 인민을 다스려 나갈 수 없음을 알게 되었다. 그 위에 약육강식의 치열한 전쟁 속에서 국가를 보존하려면 필연적으로 부국강병을 목표로 하는 변법을 단행하지 않을 수 없었고 변법을 추진하기 위해서는 유능한 인재등용이 필수적이었다. 변법의 목표는 부국강병을 목표로 한 봉건제의 타파와 군사체제의 강화에 있었고, 이와 같은 개혁을 추진한 세력은 법가주의자이었다. 부국강병을 실현하기 위한 구체적인 방법으로 구 귀족세력의 일소, 법가주의적 중앙집권체제 및 제민지배체제(齊民支配體制)의 확립에 중점을 두었다. 전국7웅 중에서 가장 먼저 변법을 실시한 나라는 魏이다.

위나라에서 변법이 먼저 추진된 것은 동으로 宋·趙와 국경을 맞대고 있으며, 서북으로 강한 秦이, 남으로 楚·韓이 위협하는 지리적 조건 때문에 부국강병은 당면과제가 아닐 수 없었다. 위나라 문후(文侯)는 전국시대 법가의 시조로

---

24) 최재용, 「中國古代 內史의 性格變化에 대한 一考察(1) 先秦時代를 中心으로」『慶州史學』 10, 1991.
민후기, 「戰國 秦의 爵制 연구 - 爵制에서 官僚制로의 이행을 중심으로 -」『東洋史學研究』 69, 2002.
_____, 「春秋 爵制의 성격과 변화 - 族에서 國으로-」『中國古代史研究』, 2004.

일컬어지는 이회를 등용하여 변법을 추진하였다. 이회(李悝)는 정치면에서 구귀족세력을 배제하기 위해 그들의 봉록을 몰수하고 신상필벌을 내세워 능력주의에 의한 유능한 인재등용방침을 추진하였다. 이와 함께 토지를 효과적으로 이용하고 생산력을 최대로 발휘하기 위해 이른바 진지력(盡地力)을 채용하여 농업생산력을 증가시켰다. 물가안정을 위한 평조법(平糶法)을 시행하였고, 각국의 법률을 참조하여 새로운 법전을 편찬함으로써 형정(刑政)의 체제를 정비하였다. 이와 함께 서문표(西門豹)에 의한 관개사업으로 황무지의 개간이 확대되고 농지의 생산성이 크게 신장되었다. 또 오기(吳起)와 낙양(樂羊)을 장군으로 기용하여 영토를 확대하는 등 부국강병책을 적극적으로 추진하였기 때문에 협소한 영토에도 불구하고 전국 초기에 최강국의 지위를 누릴 수가 있었다.

위나라에 이어 조나라에서도 재상인 공중연(公仲連)의 주도하에 정치개혁이 추진되었다(B.C. 403).

한편 강남의 楚에서는 도왕(悼王) 때 魏에서 축출된 오기(吳起)를 맞이하여 개혁을 추진하였다(B.C. 390). 오기의 변법은 군주권의 강화와 세습귀족세력의 억제에 초점을 두었다. 그리하여 분봉(分封)된 귀족은 3대에 한하고 종실의 세습특권을 삭제하였다. 이와 함께 구귀족 세력을 변방으로 이주시켜 강변정책(强邊政策)을 취하고 유능한 인재등용에 힘을 기울였다. 오기의 변법으로 강해진 초는 남으로 越을 평정하고 북으로 陳·蔡를 합병하였으며, 한·위·조의 3晉을 물리치고 서쪽으로 秦을 정벌하니 제후들이 초나라의 강성함을 두려워할 정도로 발전하였다. 그러나 도왕이 죽자(B.C. 381) 구귀족세력에 의해 오기가 처형되고 변법은 중단되었다. 이로 인하여 전국시대의 최강국이던 초나라가 천하를 통일하지 못하고 오히려 진에 멸망되었다.

韓에서는 소후(昭侯)가 신불해(申不害)를 재상으로 기용하여(B.C. 351) 변법을 추진하였다. 그는 효율적인 관료제도의 운영을 추진하여 군주독재체제를 확립하고 강력한 군사력을 길렀으므로 신불해가 재직한 15년간에는 타국의 침략을 받지 않을 정도로 국력이 강화되었다.

齊에서도 위왕(威王)이 즉위하여(B.C. 357) 추기(鄒忌)를 재상에 임명하면서 개혁을 추진하였다. 인재를 널리 등용하고, 언론을 개방하였고, 법률을 공정히 집행해서 문화 창달에 힘을 쏟아 정치는 물론 문화면에서도 전국시대의 선진국이 되었다.

3. 상앙(商鞅)의 변법과 진(秦)의 발전

효공 이전의 진나라는 그 위치가 서북방에 치우쳐서 중원문화권과는 떨어져 있었기 때문에 자연히 후진성을 면치 못하였다. 그러나 이러한 진의 문화적 후진성은 법가적 부국강병주의 정책을 밀어부치는 데는 오히려 도움이 되었다. 진은 주나라가 동천할 때에 공을 세워 제후로 인정받았고, 그 후 목공(穆公)은 서북부 일대를 지배 하에 두면서 일시적으로 중원 각국과 실력을 겨룰 정도로 발전하였다.

그러나 목공 이후에는 국력이 침체하여 후진국 취급을 당하였으나, 효공 때 상앙의 등용으로 변법을 실시함으로써 일약 강국으로 발전하게 되었다. 효공(孝公) 때 상앙(商鞅)[25]이 실시한 변법의 내용은 철저하고 효과가 커서 진이 6국을 통일하는 기반을 이루었다는 점에서 역사적 의의는 크다.

상앙의 변법은 두 차례에 걸쳐 시행되었다. 제1차 변법(B.C. 359)이 씨족공동체적 혈연성의 파괴, 다시 말하면 주대의 종법질서를 부정하는데 있다고 한다면 제2차 변법(B.C. 350)은 군주권의 강화와 중앙집권체제의 확립에 있었다.

먼저 1차변법의 내용을 보면, 호적(戶籍)을 작성하고 마을의 5가구나 10가구를 단위로 십오제(什五制)와 연좌제를 만들어 서로 감시하도록 하였다. 그것은 중국 고대의 상부상조의 향리공동체적 질서의식을 없애고 향리공동체의 질서를 국가통제 하에 재편성하였다.[26] 다음에는 분가정책으로 같은 집(戶)에 성년남자 두 사람의 동거를 금함으로써 소가족제를 강력히 추진하였다. 또 군공(軍功)에 따라 작위를 수여하는 군공수작제를 실시하여 전공(戰功)에 따라서 평민도 작위를 얻을 수 있는 반면에 귀족이라도 전공이 없으면 작위를 몰수하였다.

---

25) 상앙(商鞅)은 위나라 귀족출신으로 성이 공손씨(公孫氏)이었으므로 공손앙이라고도 한다. 秦에서 관리가 된 후 상(商: 섬서성)에 봉해졌기 때문에 상앙이라 하였다. 위나라에서 법률을 배우고 이회의 개혁을 연구한 후 효공(孝公)의 구현령(求賢令)으로 진에 오게 되었다.
　　이성구, 「變法과 齊民支配」『講座中國史』Ⅰ, 133~150쪽 참조.
26) 김 엽, 「商鞅의 什伍連坐制 硏究」『大丘史學』9, 1975.
　　_____, 「中國의 連坐制度 硏究 秦漢唐間 官吏의 職務上連坐制」『慶北史學』2, 1980.
　　임중혁, 「雲夢秦簡의 貲罰에 대하여」『東洋史學硏究』24, 1986.
　　윤재석, 「秦代 '什伍'에 대하여」『慶北史學』10, 1987.
　　최창대, 「睡虎地 秦墓竹簡의 贖罪와 坐罪」『釜山工大論文集』31, 1989.
　　최덕경, 「雲夢睡處地 竹簡에 나타난 戰國秦의 竊盜行爲; 그 社會·經濟的 의미를 중심으로」『慶尙史學』7·8합집, 1992.

모든 백성은 작위에 따라 전택(田宅)이나 의복 등 계층의 차별을 두었고, 국가의 공로자로 우대하였다. 여기에 상앙의 변법에 대해 구귀족이 반발한 원인이 있었다. 그리고 중농억상정책으로 농업과 양잠업을 장려한 대신 상업을 말업(末業)이라 하여 이에 종사하거나 본업(농업)을 태만히 하면 노비로 삼기도 하였다. 이러한 상앙의 제1차 변법은 국가권력이 지방의 향리에까지 침투되면서 그 효과도 컸으며, 국력은 크게 향상되어 부국강병의 실효를 거두었다. 이에 따라 수도를 함양(咸陽)으로 옮기고 보다 적극적이면서 강력한 2차변법을 단행하였다.

2차변법은 분가정책(分家政策)을 더욱 강화하여 성년이 된 부자·형제의 동거를 금하고 각각 독립된 호(戶)를 갖도록 하였다. 또 종래의 작은 도시와 향읍 등의 같은 마을을 병합하여 현으로 만들고 그곳에 관리(현령과 현승)를 파견하여 다스림으로써 군현제적 지배체제를 확립하였다. 이와 함께 부세(賦稅)와 토지제도를 개혁하여 국가가 직접 인민지배를 강화하여 나갔다.

이와 같은 상앙의 변법으로 서북방에 치우쳐 있던 진은 6국을 능가하는 경제적 발전과 강력한 군사력을 보유하게 되었고, 이로부터 주변국에 대한 침략전쟁을 효과적으로 수행하여 마침내 중국 역사상 최초의 통일제국을 이룩하게 되었다. 그러나 상앙은 효공이 죽은 후 귀족세력의 반발로 비극적으로 삶을 마감하였다.

4. 변법과 제민지배체제(齊民支配體制)의 확립

전국시대 각국에서 단행된 변법은 옛 전통과 관습을 타파하고 새로운 사회질서와 국가체제를 확립하기 위한 노력이었다. 다시 말하면 씨족공동체와 봉건제가 해체되고 군현제와 관료제로 전환되는 변혁기에 적응하기 위한 자구책(自救策)이라 하겠다. 그런데 이와 같은 변혁에 적응하기 위한 가장 효과적인 지배체제가 제민지배(齊民支配)이다.[27] 제민지배체제는 종래의 씨족제에 의한 읍제(도

---

27) 이성규, 『中國 古代帝國成立史硏究-秦國齊民支配體制의 形成-』, 일조각, 1987, 10쪽 참조.
　　제민제(齊民制)에 대해 일본학자(木村正雄)는 중국 고대의 기본적인 생산관계는 노예제의 특수형태로 제민제로 구성된다고 보았다. 인민이 국가라는 생산체에 편입되어 국가의 노동력으로 예속되는 생산관계로서 인민은 출생지에 속박되어(編戶之民), 거주의 자유가 박탈되고(本籍地主義), 세역(稅役)은 머리수에 따라 부과당하면서 국가권력에 예속된 존재로 본 것이다.
　　이에 대해 이성규 교수는 신자료를 이용하여 齊의 뜻이 계급개념보다는 균분적(均分的)이고 평등적 의미로 재해석하여 상앙 이후 진의 토지제도는 토지국유제에 입각한 수전제도(授田制度)로 보고, 이 체제에 의해 창출된 것이 편호제민(編戶齊民)

시)국가체제가 해체된 후 국가가 직접 인민을 효과적으로 지배하기 위한 새로운 지배체제이다. 다시 말하면 씨족공동체와 읍제(도시)국가가 해체된 후의 사회적 변혁을 해결하기 위하여 소농민에게 균등한 토지점유와 안정된 농업생산체제를 보장하면서 이들을 새로운 호적제(戶籍制)로 편성하여 국가가 직접 제민으로 지배하려는 것이다.

국가의 인민지배는 국내체제를 안정시키고 군주권을 강화하는데 절대로 필요한 조처이고 동시에 경전(耕田)의 민(民)을 최대한으로 확보하여 열국간의 군사적 경쟁에서 우위를 차지하려는 인민지배의 재편성체제라 하겠다. 그러므로 변법에 의한 구귀족세력의 일소, 관료체제의 확립, 제민지배의 실현이란 세 가지 공통목표를 추진하면서도 결국 변법의 성공여부를 가름하는 최대의 관건이자 궁극적인 지향점은 제민지배체제의 확립에 두고 있다. 따라서 당시 각국이 추진한 변법의 내용도 그 초점을 제민지배에 두고 있음은 지극히 당연한 일이라 하겠다. 왜냐하면 소가족을 단위로 하는 인민(人民)을 국가가 효과적으로 지배하느냐 못하느냐가 부국강병의 첩경이기 때문이다.

일반적으로 국가의 제민지배방법에는 두 가지가 있다. 하나는 국가가 제민을 국력의 기반으로 인식하여 이를 보호 육성하는 방향이고, 다른 하나는 제민을 부국강병의 원천으로 파악하여 보호보다는 제민의 의무 쪽을 강요하여 철저하게 수탈하는 방향이다. 秦이 6국을 통일한 원인을 상앙(商鞅)의 변법에서 찾을 때, 상앙의 변법은 6국 가운데서도 제민의 의무를 가장 치밀하고 엄격하게 확립하였고 그것이 군현제적 중앙집권체제와 긴밀하게 연계되어 있음을 파악할 수 있다.

국가에 의한 수전(授田)과 이것을 기초로 한 각종 의무의 부과가 제민지배의 구체적인 내용이며, 이러한 국가와 제민관계를 보다 효과적으로 다스리는 제도가 리→향→현→군으로 조직된 군현체제이고, 이 체제를 유지하는 수단이 바로 엄격한 법령(法令)이다. 따라서 제민지배질서를 위반하거나 방해하는 일체의 행위가 법령으로 금지·처벌된 것은 너무나 당연하다. 국가가 제민의 의무를 보다 강력하게 확보하기 위해 제민의 모든 생활을 철저하게 통제한 것은 제민지배의 특색이라 하겠다.

의 소농경영형태(小農經營形態)이며 이것이 바로 진나라 지배체제 기초라고 보았다[이성구, 「春秋戰國時代의 國家와 社會」『講座 中國史』Ⅰ, 135쪽 주 98 참조.].

제민의 국가에 대한 의무는 농업생산과 관련된 전조(田租)·추세(芻稅)·고세(稾稅)의 납부와 노동력에 상응하는 요역(徭役)·병역(兵役)의 징발 및 노동력과 재산의 정도에 따른 호부(戶賦)로 구분된다.

전국시대의 각국에서는 무리한 조세수입의 증대가 제민의 재생산활동을 파괴한다는 것을 자각하였던만큼 전조의 고액정책을 강행할 수는 없었다. 그러므로 전국 초 위나라 문후 때에 10분의 1 전조가 시행되었던 것도 이러한 배경에 연유하며, 따라서 전국시대의 전조는 10분의 1이 일반화되었던 것으로 생각된다.[28]

이 밖에 요역과 병역에 대해서 보면 제민의 국가에 대한 병역의무가 특히 중요시 되었다. 그것은 씨족제가 붕괴되면서 국왕은 군단(軍團)이 필요하게 되었고, 이를 위해 처음에는 옛 씨족 가운데 유능한 남자를 선발하여 강제로 상비군으로 충당하였다. 이와 같은 군제의 변화에 따라 읍제국가시대에 군역을 제공한다는 뜻으로 사용되어 오던 부역(賦役)의 의미도 변화되어 상비군의 유지에 필요한 식량이나 마필, 병기 등을 부담한다는 의미로 변화하였다.

춘추시대에는 전쟁에 참가하는 병력도 보통 수천 명에 불과하였다. 그러나 전국시대에는 국가의 영역이 확대되고 전쟁 규모도 엄청나게 커졌으며, 전술도 종래의 차전(車戰)에서 기마전·보병전으로 바뀌고 방어와 침략을 위해 병사도 수만 명에서 수십만 명으로 증가되었다. 이러한 병력의 급격한 증가는 옛 지배계층만으로 병력을 충원할 수 없게 되자, 국민개병(國民皆兵)에 의한 징병제도가 실시되었다. 이에 따라 군과 현은 징병의 지역단위가 되고 징병대상은 15세에서 60세의 농민이 되었다. 이와 함께 각국에는 상비군제도를 수립하였고, 이들은 선발을 거쳐 특수한 대접을 받고 왕의 직접 지휘 하에 들게 되었다. 그러므로 군사력은 곧바로 전제군주 권력의 핵심이 되었다.

---

28) 이성규, 『앞의 책』 103쪽, 「國家의 齊民支配, 農業稅」 참조.

제2절 춘추·전국시대의 경제발전과 사회변혁

Ⅰ. 철기의 사용과 산업생산의 확대

1. 철기의 전국적 보급

중국에 철기가 사용되기 시작한 것이 언제인지는 정확히 알 수 없으나[29] 대체로 기원 전 8·7세기경으로 추정하고 있다.[30]

그런데 철기의 전국적인 보급에 대해서는 두 가지 설이 있다. 하나는 전국시대에 철기의 용도가 확대되어 농업·수공업의 공구는 모두 철을 이용하였을 뿐만 아니라 철로 만든 병기(兵器)도 존재하였다는 주장이다. 따라서 대규모의 야철고풍로(冶鐵鼓風爐)와 야주생철(冶鑄生鐵) 기술이 발명되어 철기의 사용은 전국적인 규모로 확대되었다는 것이다.[31] 이와는 반대로 전국시대의 철기 보급은 일반화되지 않았고 또 기술도 그리 발달하지 못하였다는 주장이 있다.[32] 그런데 최근의 고고학적 연구결과에 의하면 전국시대 후기에 들어와서 철제기구의 전국적인 보급이 거의 움직일 수 없는 사실로 입증되고 있다.[33]

철제농기구의 출현은 종래 목기로 된 쟁기와 보습의 구조에 커다란 변화를 가져왔다. 쟁기의 앞부분인 보습에 철기가 부착되면서 농업생산에 혁명적 변화를 가져오게 되었고, 쟁기와 보습이 합쳐져 사(耜)로 통합되었다.[34] 또한 전국시대

---

29) 인류역사상 철기의 발상지는 서아시아지역으로 기원전 3천년경에 철을 사용하였다. 처음에 운석(隕石)에서 채취한 자연철인 운철(隕鐵)을 채취하여 연철(鍊鐵)과 경철(硬鐵)을 만들었다. 서아시아 고대 제국을 건설한 힛타이트 제국(기원전 15-13세기)은 철을 무기로 이용하였고 힛타이트 제국의 멸망 후 흉노족이 철기를 중국에 전파한 것으로 보고 있다.

30) 철기사용에 대한 기록은 『春秋左氏傳(춘추좌씨전)』 소공 29년(B.C. 513)에 晉에서 철을 녹여 형정(刑鼎: 솥에 형법조문을 세긴 것)을 제작하였다고 되어 있다. 따라서 이미 철의 제련기술이 상당수준에 도달하여 주철(鑄鐵)·연철(鍊鐵)·단철(鍛鐵)의 제철 단계에 이르고 있었을 것으로 추정되고 있다.

방선주, 「鄭國刑鼎考」『史叢』 7, 1962.

31) 이남계, 「中國 鐵使用開始期의 諸問題-殷西周時代 鐵의 問題-」『歷史學報』 125, 1990.

32) 임감천·전인융·이조덕 지음, 최경덕·이상규 옮김, 「철기의 광범위한 사용여부」『中國古代社會性格論議』, 백산출판사, 146쪽 참조.

33) 최덕경, 「戰國時代 鐵製手農具에 대한 一考察」『東亞大考古歷史學誌』 5, 1980.

이상규, 「戰國 西漢時期의 鐵農具와 農業經營-고고학적 출토자료를 중심으로-」『建大史學』 7, 1989.

34) 『周礼(주례)』 고공기(考工記)에 의하면 몸체의 앞 부분에서 손잡이까지의 자루[柄]는 완만

중기에는 철기의 유형도 매우 다양해지고 형태도 실용적으로 다듬어졌을 뿐 아니라 가공기술이나 열처리수준도 상당히 높아졌음을 알 수 있다.

철기는 농업생산력을 획기적으로 발전시켜 전국시대 농업혁명의 원동력이 되었다.[35]

2. 전국시대 농업혁명

철제농기구의 전국적인 보급과 함께 우경(牛耕)의 도입 또한 농업생산을 한층 발전시켰다. 우경이 중국에서 시작된 연대는 확실하지 않으나 소를 농사에 이용하기 위해서는 소의 코를 뚫어 고삐를 매야 하는데, 소의 고삐는 이미 춘추시대 청동제기의 장식에 나타나고 있다. 갑골문에서 우경 비슷한 문자가 보이고 있기는 하나 우경이 문헌상에 나타난 것은 전국시대에서 비롯된다.

소가 경지를 갈게 되면서 뇌사(耒耜)는 다시 소가 끄는 우경구(牛耕具)인 쟁기[여(犁)]로 발전됨에 따라 종래 인력에 의해 쟁기를 끄는 우경(耦耕)의 경작법은 사라지게 되었다. 이 당시의 여(犁)는 개인용 뇌(耒)와 사(耜)에 나무로 된 원(轅)을 붙여 소가 끄는 형태로 바꾸었다. 인력 대신에 우력(牛力)으로 농지를 개간함에 따라 개척되지 않은 황토지대의 광활한 평원을 경지로 확대시키고 농업생산력을 높이게 되었다. 뿐만 아니라 소의 유무에 따라 농업경영규모가 달라지면서 사유재산의 확대와 계급분화가 시작되었다. 이와 같이 인력을 대신하여 우력을 사용한 것도 전국시대 농업혁명을 가능케 한 원동력이 되었다.

이와 함께 전국시대의 각국은 끊임없는 전쟁에서 살아남기 위해 부국강병정책을 실시하였고, 이를 위해 대대적인 관개수리사업을 추진한 것도 전국시대 농업혁명의 중요한 요인으로 작용하였다. 즉, 위나라 문후(文侯) 때에 서문표(西門豹)가 완공한 12거(渠)와 혜왕 때의 수리사업 그리고 秦의 이빙(李冰)에 의한 성도(成都)평원 관개공사, 수공 정국(水工 鄭國)[36]이 황하의 지류인 경수(涇水)를 끌어들여 3백여 리의 정국거(鄭國渠)를 열어 4만여 경을 관개하여 진의 부강을 촉진하게 된 것 등은 그 좋은 예이다. 이상과 같은 여러 요인으로 전국 농업혁

하게 휘어져 있었는데, 전국시대에 철제 진사(縉耜)로 바뀌면서 하루에 1명이 10무의 농토 경작을 할 수 있게 되었다.

35) 민성기, 「呂氏春秋 農法의 新考察—任地篇 八寸里의 性格을 중심으로—」『釜山大論文集』 9, 1968.

36) 정국은 한나라가 진나라에 파견한 간첩이다. 토목공사에 의한 진의 피폐를 노려 정국거를 추진하였으나 도리어 진나라의 부강을 가져오는 결과가 되었다.

명이 가능하였고 그 결과 종래의 농업생산량에 비해 거의 3·4배의 수확량을 올리게 되었다.

전국시대 농업혁명은 농업생산성뿐만 아니라 전국토의 농경지화가 추진되었다는 점에서도 농업의 혁명적인 발전시대라고 하겠다. 그것은 전국7웅의 끊임없는 영토확장으로 지금까지 무주(無主)로 방치되었던 각국간의 공백지대(空白地帶)가 적극적으로 개발되어 농경지로 바뀌게 되었고, 종래 강유역의 충적평야에 국한되었던 농경지에서 드넓은 황토평원으로 경지가 확대되어 나갔다. 이리하여 씨족공동체적 토지공유의 규제에서 벗어나 토지의 사유화(私有化)가 촉진되었고, 토지의 사유화로 씨족은 분해되고 토지의 소유와 경작은 씨족의 규제로부터 해방된 소가족 단위로 진행되었다. 특히 전국시대의 농경지확대로 인해 더 이상 씨족을 단위로 하는 토지경영방법으로는 대평원의 농토경작을 감당할 수 없게 되었다. 이리하여 가부장적 소가족제가 새로이 정착되고 가족 수는 5~6명을 기본단위로 하고 있다.

중국의 국토를 농업생산면에서 살펴볼 때 회수(淮水)를 경계로 하여 그 북쪽의 화북육전(華北陸田) 농업지대(소맥지대)와 그 남쪽의 강회수도작(江淮水稻作)지대로 양분할 수 있다. 이 양 지대 가운데 화북육전지대의 농업은 중국문명발생의 기반이 되었고, 전국시대의 농업혁명을 거쳐 기원 전 2세기의 진·한 시대까지 중국농업을 대표하는 선진농업지대였다. 이에 비해 회수 이남의 강회수도작 농업은 처음에는 화북농업에 비하여 생산력이 떨어졌으나 서기 1세기부터 점차 생산력이 증가되어 3세기 이후에는 화북농업과 거의 맞설 수 있는 농업생산지대로 발전하였다. 이러한 경제적 추세를 반영한 것이 삼국의 분립(220년)이고, 이어 4세기에서 6세기에 걸친 남북조의 대립도 그 연장이라 하겠다. 이와 같은 형세는 수 당시대에도 계속되었으며, 화북에 수도를 둔 수·당왕조는 대운하의 개통으로 강남 수전(水田)농업에 그들의 경제적 기반을 구하지 않을 수 없었던 것은 강회(江淮)지방의 경제적 중요성을 반증한 것이다.

화북 육전(陸田)농업지대와 강회수도작 농업지대의 균형은 당대(唐代)까지는 대등한 상태를 유지하고 내려왔으나, 그 균형이 무너지고 강남이 화북을 압도하게 된 것은 10세기의 宋代부터이다.

3. 상·공업의 발달

춘추 말기에서 전국시대 초기에 걸쳐 농업생산과 함께 상업과 수공업 면에서도 큰 발전을 이룩하였다.

춘추시대 이전까지는 상업이나 공업은 각종 직업씨족(職業氏族) 집단에 의해 왕실 혹은 종가(宗家)에 예속되어 공동노작으로 추진되었다. 그러나 전국시대에 와서 공동노작의 해체에 따라 이들 직업씨족도 해체되었다. 그리하여 자유 상공업자 또는 독립 상공업자로 발전한 사영인(私營人)과 국가가 경영주체인 관영으로 양분되면서 각기 독자적인 방향으로 나아갔다. 전국시대에 상공업이 발달하게 된 배경에는 이상과 같은 씨족제의 해체가 중요한 원인이 되고 있다. 이와 함께 상권(商圈)은 도시국가의 해체와 함께 영토(영역)국가의 출현으로 인하여 전국적인 규모로 확대되어 나갔으며 농업생산의 비약적인 발전으로 생긴 잉여생산품의 축적은 바로 농산물을 상품으로 전환시켜 상업발전의 중요한 계기가 되었다.

중국에서 농업을 본업(本業)으로 상업을 말업(末業)이라고 생각하여 농업을 중시하고 상업을 천시하는 사상적 경향이 나타난 것은 전국시대 법가주의에서 비롯된다. 그 논리적 근거는 농업은 사회의 부(富)를 본원적으로 창조하는데 비해 상공업은 무용한 사치품만 생산하므로 부의 창조에 기여하지 못하고 상업자는 본업이 창조한 부를 축내기만 하는 유식자(遊食者)에 불과하므로 말업자가 많으면 많을수록 그 사회는 빈곤을 면치 못한다는 주장이다. 이에 따라 전국시대 각국에서 추진한 변법에는 대체로 상업을 억압하는 억상정책(抑商政策)을 취하고 있다.[37] 이러한 주장은 법가주의자가 가장 철저하나 그 밖의 제자백가들도 대체로 상업을 말업으로 경시한 것은 공통적이었다.

4. 전국시대 상인계층의 신분상승

전국시대에는 이미 농업에 비해 상업이 부를 축적하는데 보다 효과적인 업종임을 많은 사람들이 인식하고 있었다.[38] 이는 전국 말의 대상인 여불위(呂不韋)의

---

37) 이성규, 「官營産業의 背景-抑商策과 그 限界」『中國古代帝國成立史研究』, 일조각, 131쪽 참조.
    _____, 「戰國時代 私富抑制의 理念과 實際」『震檀學報』 50, 1980.
   이성구, 「中國古代의 市의 槪念과 機能」『東洋史學研究』 36, 1991.
38) 『史記』 卷129 화식열전(貨殖列傳)에 "무릇 가난을 면하고 부(富)를 얻는 데는 농업이 공

아버지가 농사의 이득은 십배(十倍)나 상업의 이윤은 백배(百倍)라고 한 것을 보아 상업을 통한 부의 축적욕구가 사회에 널리 팽배하고 있었음을 알 수 있다. 전국시대의 상품을 그 공급원으로 분류하면 농가의 잉여생산물, 수공업제품, 전조(田租)와 부세(賦稅)에서 전환된 상품, 외국수입상품 등이다. 이를 다시 소비자를 중심으로 나누어 보면 곡물, 의류, 소금, 그릇 등 모든 계층의 생활필수품이다. 지배층의 사치생활을 충족시키기 위한 고급상품으로는 고가의 생활필수품을 비롯하여 여러 가지 특산품, 농업생산에 필요한 원료나 공구 등을 꼽을 수 있다.

중요한 수공업으로 야금(冶金), 목공예, 칠공예·옥기·도기·피혁·염색·제염·방직 등이 있었으며, 야금은 주로 야철(冶鐵)과 야동(冶銅)이 있었다. 야철은 철기에 대한 수요가 급증함에 따라 급속히 발달하였으며, 광맥을 통해 철광을 개발하였다. 고대의 철광지는 특히 楚·韓·秦에 많이 분포되고 있었으며, 최근에 발굴된 유적지에 의하면 철의 굴착기술이 상당히 발달하였음을 알 수 있다. 서주 말기 이래 숙철(熟鐵)을 제련하는 기술이 장기간에 걸쳐 발달하였고, 전국시대에는 숙철에 탄소성분을 넣어 강철을 생산하는 기술과 광산에서 캐낸 생철(生鐵)을 야주(冶鑄)하는 기술이 나타나면서 우수한 병기(兵器)가 생산되었다.

철과 함께 생활필수품인 소금과 방직업도 중요한 산업으로 대두되었으니, 이러한 산업은 다수의 노예와 가난한 농민을 사역하여 대규모로 운영되었다. 부호들은 대부분이 염(塩)·철(鐵)로 거금을 모았는데,[39] 이와 같은 경향은 전국시대에서 진·한 시대에까지 그대로 계속되었다. 전국시대 상공업의 발달은 자연히 상공인의 사회적 지위를 상승시켰다. 상공업자는 철제기구, 칠기, 도자기, 금은세공품, 피혁제품 등 다양한 업종에 종사하였다. 따라서 전국시대에 철을 생산하였던 야철업자(冶鐵業者), 식생활에 필수적이었던 제염업자(製鹽業者), 비단을 생산하는 방직업자(紡織業者)들은 수백의 노예와 빈민 및 형도들을 사역하여 대규모의 민영수공업을 경영하였는데, 그 부는 왕자(王者)와 비교되었다. 이

업보다 못하고 공업은 상업보다 못하다."(夫用貧求富 農不如工, 工不如商)고 하였다.

39) 『史記(사기)』 화식열전(貨殖列傳)에 의하면 의돈(猗頓)은 산서염지(山西塩池)의 소금으로 부자가 되었고, 한단(邯鄲)지방의 곽종(郭縱)은 야철(冶鐵)로 큰 부자가 되어 왕자와 부를 겨룰 정도였다. 촉지방 탁씨(卓氏)의 조상도 야철로 큰 재산을 모아 노예 수천인을 사역하였다고 한다.
     이성규, 「秦의 山林9澤開發의 構造 縣廷嗇夫組織과 都官의 分析을 중심으로」『東洋史學硏究』29, 1989.

들은 대도시에서 호민층(豪民層)을 형성하였으며 상공업에 의해 축적된 재산을 다시 토지에 투자하여 농민의 토지를 겸병함으로써 부농지주와 더불어 전국시대 각국의 경제를 담당하였던 지주계층으로 변모하기도 하였다.

5. 도시의 발달과 화폐경제의 출현

상공업의 발달은 상업도시와 화폐경제를 발전시키는 계기를 마련하였다. 춘추시대의 행정도시인 국읍(國邑)은 상공업의 중심지가 되면서 경제적 도시로 탈바꿈하였다. 이 가운데서도 제나라의 임치(臨淄), 조나라의 한단(邯鄲), 위의 대량(大梁), 초의 영(郢), 동주의 수도 낙읍, 秦의 함양(咸陽) 등은 경제의 중심지로 번영하였다. 도시의 상인들은 상업 재능을 유감없이 발휘하여 시장 내의 상업은 물론이고 원거리교역에까지 그 범위를 확대하여 나갔다.[40]

상공업의 진흥은 자연히 교환수단으로서의 화폐경제를 발달시키게 되었다. 최근 발굴된 유적지 조사에 의하면 춘추·전국시대에는 각국에서 화폐가 주조되어 널리 유통되고 있었음을 알 수 있다. 특히 각국의 수도에는 필요할 경우에 언제라도 화폐를 주조·공급할 수 있는 시설을 갖추고 있었다. 이는 각국이 상품경제의 발달에 따라 화폐를 적극적으로 주조하려한 것이다.

춘추·전국시대의 화폐는 지역과 시대에 따라 다양한 형태를 지니고 있다. 화폐의 형태는 실용물을 모방하여 제작한 것으로 패형(貝型), 포형(布型: 鏟), 도형(刀型), 환형(環型) 등이 있다. 화폐의 재료는 楚에서 극히 소량으로 사용된 금, 은을 제외하면 청동이 대부분이었다. 초나라에서 주로 사용된 의비전(蟻鼻錢)은 조개껍질(貝殼)을 모방한 동패(銅貝)에서 유래된 것이다. 포전(布錢)은 그 형태가 농기구의 일종인 산(鏟: 대패)과 박(鎛: 호미)에서 유래한 것이 확실하며, 이 화폐는 춘추시대의 周·鄭·晋·衛·宋지역에서 사용되었다. 도전(刀錢)은 燕·齊지역에서 사용된 것으로 실용공구인 소도(小刀)를 모방한 것이다. 이는 연·제지역의 수공업생산에 공업공구인 칼이 생활필수품화 되면서 이를 모방한 도전이 유행한 것으로 보는 견해와 함께 어렵생활과 관계가 있는 것으로도 보고 있다. 秦에서는 원전(圓錢)이 주로 사용되었고, 이는 금속화폐의 가장 일반적인 형태에 해당한다. 중국과는 달리 서양이나 오리엔트지역의 화폐가 대체로 금·은 등의 귀금속으로 주조된데 반해 춘추·전국시대의 화폐가 청동을 소재로 한 것은

---

40) 이성구, 「中國古代의 市의 槪念과 機能」 『東洋史學研究』 36, 1991.

서주시대나 춘추·전국시대에 철은 악금(惡金), 동은 미금(美金)으로 취급되면서 철보다 동이 귀하게 인식되고 또한 화폐주조가 용이하였기 때문이다.[41]

Ⅱ. 신분질서의 구조적 변화

1. 새로운 지배계층의 등장

은·주시대의 읍제국가(도시국가)가 춘추 말·전국시대의 영역(영토)국가로 발전하면서 주대(周代)의 신분질서도 구조적인 변화를 가져오게 되었다. 이 가운데서도 사계층(士階層)의 신분상승이 가장 주목된다.

사계층은 주대 이래 지배계급에 속하기는 하지만 경·대부 아래에 위치한 하위지배층이다. 이들은 서주시대에는 빛을 보지 못하다가 춘추·전국시대의 정치사회적 변혁기를 맞아 실력을 기반으로 국인(國人)으로서 역사의 전면에 등장하고 정치와 문화계를 주름잡게 되었다. 공자도 새로운 시대의 담당자로 가장 기대를 할 수 있는 계층을 사계층이라 하였다.[42]

사(士)가 사회적으로 활약을 하기 시작한 것은 춘추시대 말기부터이다. 이들의 출신성분은 국인출신, 공족이나 귀족 밑에서 일하던 都와 邑의 인민 그리고 몰락한 구귀족의 자손, 농민과 상공인출신 등 다양하다. 이러한 사는 서주시대에는 무사의 신분을 지니고 있었고 전쟁을 통하여 제후 및 귀족과 밀접히 연관되어 있었다. 그런데 지방제후의 세력이 점차 커감에 따라 행정의 조직화가 진행되면서 공권(公權)을 대표하는 군주 주변에 귀족의 신하로서 따르게 되었다.

전국시대에 영토국가의 출현과 함께 군현제적 관료제가 발달하고 군신관계가 확립되자 관료제적 군신관계의 새 질서가 나타나면서 사의 활동무대도 급속도로 확대되었다. 사는 이제 국가의 새로운 체제에 맞추어 시대가 요청하는 대로 자신의 진로를 개척해 나가게 되었다.

---

41) 이성규, 「戰國時代 貨幣政策의 理論과 實際」『震檀學報』 55, 1983.
　　최덕경, 「戰國·秦漢時代 度量衡制의 政治史的 의미와 그 變遷」『釜大史學』 23, 1999.
42) 이성규, 「士人의 學과 그 論理」『講座 中國史』, 189쪽, 주 79에 의하면 사인(士人)의 개념은 시대에 따라 상이하지만 지식을 배경으로 지배층의 일원으로 자처하며 정치에 참여하거나 참여를 요구하는 사람, 즉 지식인, 관료 및 관료예비군을 의미하는 것이라 하였다. 도시국가(읍제국가)의 하위지배계급은 무사계급인 사족(士族)으로, 이들을 국인(國人)이라 하였다. 읍제(도시)국가의 상층 세습귀족집단이 대부(大夫)이고 대부 위에 있는 유력한 자가 경(卿)이었다. 이와는 반대로 사족 가운데 하층 무사가 사인층이었다.

따라서 사의 궁극적인 목표는 관료로 입신출세하고 군주를 도와 치국평천하(治國平天下)를 완성하는 일이었다.[43]

2. 영역(영토)국가와 사(士)의 큰 활약

읍제(도시)국가가 영역(영토)국가로 발전한 전국시대에 각국의 중앙집권적 관료제의 형성과정에서 사의 역할은 참으로 큰 것이었다.

먼저 전국시대 각국의 군주와 귀족은 안으로는 군주권의 강화와 부국강병, 밖으로는 각국과의 전쟁을 승리로 이끌기 위해 인재의 초빙을 적극적으로 추진하고 많은 사를 자기 휘하에 거느리면서 위세를 떨쳤다. 이에 따라 사는 춘추말기에서 전국시대에 걸친 영역국가의 확대에 따른 각국에서의 상비군 설치와 군대의 용병화(傭兵化)에 맞추어 일정한 조국을 갖지 않고 각국을 돌아다니면서 자기를 알아주는 주인을 찾아나서는 풍습이 유행하게 되었다. 군주는 그의 신하를 선택하였고 사 역시 그 주인을 택하여 거취를 정하는 시대가 되었다. 이러한 사회변화에 따라 교묘히 사의 인기를 얻는 자가 가문[家]을 일으켜 왕위를 찬탈하는 경우도 출현하게 되었다. 晉을 삼분한 韓·魏·趙가 그 대표적인 예이고, 여기에 사를 거느린 전국시대의 새로운 사회형세가 나타나고 있다.

魏의 문후(文候)는 특히 현자(賢者)를 예우하고 사를 우대하였기 때문에 수도 안읍(安邑)에 많은 현사(賢士)가 모여 들었다. 이때 모여든 현사들 가운데 자하(子夏)·전자방(田子方)·단간목(段干木)·적황(翟璜)·이회(李悝, 李克)·서문표(西門豹)·오기(吳起)와 같은 명망 높은 선비가 문후의 정치를 보필하였는데, 이는 전국시대 양사(養士)의 선구라 하겠다.

제나라에서는 위왕(威王)·의왕(宜王)·민왕(湣王)·양왕(襄王)의 오랜 통치기간에 직하(稷下)에 학당(學堂)[44]이 번영하고 신도(愼到)·전병(田騈)·윤문(尹文)·추연(鄒衍)·순경(筍卿) 등의 뛰어난 선비(사인)가 활약하였다. 전국시대의 이른바 4君子(齊의 맹상군, 魏의 신릉군, 趙의 평원군, 楚의 춘신군)와 후에 秦의 재상이 된 여불위(呂不韋) 등 부유한 귀족들로 또한 사인(食客) 수천 명을 거느리고 있

---

43) 사인계층(士人階層)은 매우 다양하였으니 학식을 갖춘 사인층을 문학·유세지사(遊說之士), 용력과 무협에 출중한 자를 무협지사로 구분하였다(이춘식, 『中國古代史의 展開』, 예문출판사, 1986, 165쪽 참조).
44) 제나라의 직문(稷門) 밖에 학당이 있었으므로 이곳의 이름을 따서 그 명칭이 생기게 되었는데, 이곳은 학문의 중심지가 되었다.

었다. 그 위에 유능한 사는 군주의 스승이 되기도 하고 고급관료로 출세하여 이들의 주변에 다시 사의 집단이 형성되었다. 그 예로 공자는 제자가 3천명이었고 이 가운데 수제자는 72명이었으며, 묵자(墨子) 밑에는 임협집단(任俠集團)의 활약이 있었고, 맹자는 종자(從者) 수백인을 거느리고 천하를 유세할 정도가 되었다. 그런데 이들 사의 대부분은 이록(利祿)을 구하여 모여들었기 때문에 군주나 귀족의 앞잡이가 되어 세상 사람들의 빈축을 사기도 하였다.

그러나 춘추·전국시대의 사인계층 모두 관리로 나아가려 한 것은 아니다. 이들 가운데는 세상을 개탄하고 현실을 도피한 은사(隱士)나 도사(道士)가 있는가 하면, 전쟁과 사회개혁에는 참여하였으나 정치나 관직에는 나아가지 않은 묵가적(墨家的) 사인도 있었다. 또 정치에 관여하였으나 현실과 거리가 먼 이상주의 정치로 각국의 제후로부터 냉대를 받고 교육에 전념한 유가적(儒家的) 사인층(士人層)도 있었다. 특히 유가적 사인층은 예악(禮樂)·인의(仁義)·충신(忠信)을 사의 도덕적 임무로 강조하고 군주에게 현사(賢士)·능사(能士)의 중용(重用)을 권하고 周代의 봉건질서를 재건하여 귀족정치에 새로운 활력을 불어넣으려 하였다.

그러나 묵가나 도가·법가는 그들의 입장에서 유가적 귀족주의를 부정하고 예교주의(禮敎主義)에 대해 철저히 반격을 가하면서 사인의 취할 바 행동을 다른데서 구하려 하였다.

이들 가운데 정치적으로 활약이 컸던 계층은 법가주의자이다. 이들은 가혹한 법령을 가지고 국정에 참여하고 부국강병의 뚜렷한 목표를 내세우면서 귀족계층이나 부유층을 혹독하게 취급하고 각국에 변법운동(變法運動)의 회오리바람을 일으켰다. 그러나 법가는 귀족계층과의 충돌이 불가피하였다. 그리하여 법가주의자였던 오기(吳起)·상앙(商鞅)·이사(李斯) 등은 그들의 배경이던 군주의 사망으로 귀족세력에 의해 살해되는 비극을 맞이하게 된 것이다.

3. 자작농민의 성장과 가(家)의 성립

춘추·전국시대 신분질서의 재편성 가운데 또 하나의 주목되는 현상은 종래의 씨족제 신분체제가 무너지면서 가(家: 소가족제도)를 중심으로 하는 가정이 발전하였다는 사실이다.

중국의 가족제도는 주대 종법제도의 형성과 함께 발달하였으나 그것은 혈연적 씨족공동체를 기반으로 한 것이기 때문에 가(家)의 독립적 성장은 아니다. 그러나 춘추·전국시대의 정치적·사회적 변혁으로 씨족사회가 붕괴되고 토지의 사유화가 촉진되면서 가족을 기반으로 한 소가족제가 출현하였다. 가(家)는 씨족제에서 독립되어 가부장권을 중심으로 한 소농민층을 형성하기에 이르렀다. 이들 자작소농민층은 대부분 5~6명의 가족으로 구성되어 있는데, 이들은 대체로 백무(百畝) 내외의 토지를 경작하였으나 생활은 풍족하지 못하였다.[45] 농민들은 토지세로 곡물 이외에 포백(布帛)·마사(麻絲) 등의 물품을 공납하고 또 요역으로 축성(築城)·치수사업(治水事業)·도로정비 등의 토목공사에 동원되었다. 그리고 각국에서 국민개병제가 실시됨에 따라 병졸로서 병역의무를 지게 되었다.

　이렇게 자작소농민이 세금을 부담하고 군인으로 징발되면서 전국시대 각국은 여러 가지 호적[정적(正籍)·정적(定籍)·부적(符籍)]을 만들어 각 농가의 남녀인구·노동력·가축수·재산정도를 자세히 기재하여 과세(課稅)와 부역(賦役)의 기준으로 삼았다. 또 秦에서는 리(里)에 십오제(什伍制)를 편성하여 농민의 일상생활과 생산활동에 대한 연대책임을 부과하였는데, 이것은 농민들의 생산력증가와 함께 농민에 대한 국가의 감시와 통제를 강화한 것이었다.

　한편 이와 같은 소가족 중심의 자작농민층 내부에 있어서도 또 다른 신분변화가 진행되었다. 그것은 전국시대에 황무지의 개간, 우경의 보급과 철제농기구의 사용 등으로 그 혜택을 입은 자와 그렇지 못한 자 간의 빈부의 격차가 나타나게 된 것이다. 그리하여 소농민층에서 대지주로 신분상승을 하는 자도 있고, 그와 반대로 자작경지를 상실한 무전(無田)의 농민으로 전락하는 경우도 나타나게 되었다.

---

45) 이회(李悝)의 주장에 의하면 100무(畝)의 토지에서 나오는 수확량을 150석(石) 정도로 잡고 있다. 이 가운데 15석은 지대(地代)로 국가에 납부하고 나머지 135석 중 90석이 5명 가족의 1년 식량이며, 나머지 45석은 잡비로 충당하였으므로 그들의 생활은 전혀 여유가 없다. 윤재석, 「秦簡『日書』에 나타난 "室"의 構造와 性格－戰國期 秦의 家族類型고찰을 위한 시론－」『東洋史學研究』 44, 1993.
　　＿＿＿, 「商鞅의 家族 改革論 분석을 통하여 본 戰國期 秦國의 家族類型」『慶北史學』19, 1996.
　　＿＿＿, 「春秋戰國期의 家系繼承과 後子制」『慶北史學－金燁博士停年紀念史學論叢』 21, 1998.

제 3 절 제자백가의 출현과 동양사상의 확립

Ⅰ. 제자백가(諸子百家)의 역사적 성격

1. 제자백가출현의 사회적 배경

춘추 말에서 전국시대에 걸쳐 독창적인 사상을 지닌 많은 학자들이 출현하였다. 이들을 일컬어 제자백가[46]라 한다. 제자백가가 나타나기 이전의 고대 중국에는 사상가라 할 수 있는 인물은 거의 없고 개인의 저서도 별로 없었다. 정치적 혼란과 사회적 변혁이 휘몰아치는 춘추·전국시대에 새로운 사상을 창조하고 문화적 업적을 이룩하여 동양사상의 기반을 마련하게 되는 제자백가가 출현하게 된 사회적 배경은 다양하다.

먼저 사상의 자유와 지식의 확대를 들 수가 있다. 주대의 봉건체제하에서는 세습적 신분질서가 고정되고, 이때의 사상의 관심은 하늘(天)이나 조상숭배가 중심이었다. 뿐만 아니라 사상과 학문은 국가가 관장하고 있었으므로 극히 일부의 귀족계층만이 학문의 혜택을 누릴 수 있었다. 그러므로 개인의 자유로운 사상활동이나 지식의 보급은 존재할 수 없었다.

그러나 춘추·전국시대에 이르러 주대의 봉건질서가 붕괴되면서 지금까지 관부(官府)나 귀족이 독점하고 있던 학문과 지식은 일반서민에게까지 확대되어 나갔다. 이에 따라 일반민은 자신의 능력에 따라 지식을 습득하게 되고, 그러한 지식을 이용하여 신분상승을 실현하려는 강력한 사회적 욕구가 문화 창조의 의지로 나타나게 되었다.

다음으로 학자의 우대를 꼽을 수 있다. 즉, 전국시대 영토국가의 출현과 각국 간의 경쟁은 자연히 부국강병을 추진하게 되었고, 이에 따라 능력 있는 학자를 우대하는 풍조가 팽배하게 되었다. 이때 학자들은 부국강병(富國强兵)의 뜻을 품고 각국을 주유(周遊)하면서 군주로부터 우대를 받아 포의(布衣)의 신분에서 하루아침에 재상으로 발탁되는 일이 드물지 않았다. 그 대표적인 예가 위나라

---

46) 제자(諸子)란 여러 스승님이란 뜻이다. 중국인은 위인의 이름을 함부로 부르지 않는 풍습이 周代에서부터 시작되었으므로 공자(孔子), 맹자(孟子) 등 성(姓) 다음에 자(子)를 붙여 스승으로 존칭하였다. 백가(百家)는 일가를 이룬 여러 저술가를 의미한다.
侯外盧 엮음·양재혁 옮김, 『中國哲學史』(上), 일월서각, 1988.

의 문후(文侯)와 제나라의 선왕(宣王)에서 찾을 수 있다. 위나라의 문후는 공자의 수제자 자하(子夏)를 노나라에서 맞이하여 우대하고 훌륭한 학자를 초청하여 학문과 사상을 일으켜 위나라를 중국문화의 중심으로 만들어 문화적 통치자로 명성을 떨쳤다. 제나라의 선왕(宣王)은 위문후(魏文侯)보다도 더 적극적으로 문화정책을 추진하였으니 이른바 직하(稷下)의 학사가 그들이다.

제나라 수도 임치(臨淄)성의 직문(稷門) 부근에 문화구역을 설정하고 고문대옥(高門大屋)의 으리으리한 저택을 세워 놓고 널리 천하의 학자와 사상가를 각국에서 초빙하였다. 이때 초빙된 학자들은 수천에 이르며, 그 중 유명한 학자만도 76명을[47) 헤아렸는데, 이들은 모두 고급관료에 맞먹는 봉록을 받고 자유로운 학문을 토론하였다. 이 문화구역이 바로 직문의 근처에 있었기 때문에 여기에 초빙된 학자들을 직하의 학사(學士)라 하였다. 이리하여 제나라의 직하가 위나라에 대신하여 전국시대 중기로부터 문화의 중심이 되었다. 이들 학자들은 자유로운 직하의 분위기 속에서 각 학파들이 서로 밀접한 교류를 가지면서 사상과 학문을 토론하여 제자백가의 독창적인 사상가로 성장하게 되었다.

또한 각국의 분립이 사상의 다양화에 크게 기여하고 있다. 중국 역사상 정치적 통일시대는 강력한 국가권력이 사상과 학문을 통제하기 때문에 다양한 사상 발달이 이룩되지 못하였다. 그러나 각국이 분립된 춘추·전국시대에는 각파의 학설이 용인될 뿐만 아니라 사실상 이것을 하나로 통일한다는 것은 불가능한 일이었다. 그리하여 춘추·전국시대의 정치적 혼란이 도리어 사상의 자유를 누리며 누구나 자신의 사상을 자유로이 발표할 수 있는 사회분위기가 마련되어 여러 가지 사상이 나타날 수 있었다.

이와 함께 도시(읍제)국가에서 영토(영역)국가로의 영토적 확대는 각 제후국의 정치적 독립과 변방국가들의 중앙문화와의 접촉이 활발해지면서 사상과 학문전파가 빠르게 촉진되었다. 이에 따라 은·주지역의 중앙문화가 전 중국으로 확대되어 문화의 전국적인 발전을 가져온 것도 제자백가 출현의 중요한 원인으로 작용하였다.

---

47) 이 가운데 맹자(孟子), 송연(宋鈃), 신도(愼到), 순자(荀子), 환연(環淵), 음양가(陰陽家)인 추연(鄒衍) 등 유명한 학자가 있었다.

2. 제자백가사상의 성격

제자백가의 사상과 학문은 각파에 따라 그 성격이 다채롭고 독창적인 면을 지니고 있으나 공통적인 성격도 적지 않다.

먼저 제자백가는 학단(學團: 학문적인 집단)을 중심으로 사상과 학문이 이루어졌다는 특색을 찾을 수가 있다.[48] 은·주시대에는 주로 국가가 학문을 지배하였기 때문에 지식은 극히 일부분의 귀족계층의 전유물이 되었다. 따라서 학문은 극히 폐쇄적이며 6예(藝)로 알려지고 있는 예(禮)·악(樂)·사(射)·어(御)·서(書)·수(數)가 필수과목으로 교육되어 씨족사회의 지배계층을 위한 교양적 지식의 중심을 이루고 있었다.

그러나 춘추·전국시대에는 주대의 귀족교육은 해체되고 새로운 지식을 얻기 위하여 훌륭한 스승을 찾아 모여드는 학생이 나타나게 되었다. 여기에 사적인 제자(諸子: 여러 스승)의 가르침을 받는 학생의 학문적인 집단이 구성되었다. 제나라 직하에 성립된 학원 그리고 공자가 3천명의 제자를 거느리며 교육한 일, 맹자가 수백인의 제자와 함께 천하를 주유하였다는 사실 등에서 제자백가의 사학적(私學的) 학단(學團)이 잘 입증되고 있다.

다음으로 제자백가의 사상과 학문이 이와 같은 사학적 학단의 성격을 띠게 된 것은 춘추·전국시대 학문의 전달방법과도 깊은 관계가 있다. 즉, 이 당시에는 아직 종이가 발명되지 않아서 책이 보급되지 못하였으므로 독서를 통한 개인적인 학문연구가 거의 불가능하였다. 또 문자도 통일되지 아니하여 문자의 지방적 차이성으로 독서에 의한 개별적인 지식의 획득이 곤란하였다. 그러므로 스승의 말씀(語)에 대하여 제자의 질문(論)형식으로 지식의 습득과 전달이 이루어졌고 이러한 강의방법의 대표가 바로 공자(스승)와 그 제자 사이의 질문[논(論)]과 답[어(語)]의 강의내용인 『論語(논어)』라 하겠다.

스승과 제자의 관계도 스승의 절대적 권위가 확립되면서 객관적인 학문의 비판보다는 스승의 학설을 무조건 순종하는 도제적(徒弟的) 학풍이 학단을 지배하였다. 스승의 절대적 권위에 의하여 진리가 결정되는 도제적 학풍은 제자백가에서 뿐만 아니라 이후에도 계속되면서, 중국사회에 객관적인 학문의 발전을 저해하는 결과를 가져오게 되었다. 또한 제자백가는 학문과 정치의 일치라는

---

48) 이성원, 「古代 中國의 樂의 起源과 그 변화 –사회통합성 이해를 중심으로–」『東洋史學硏究』94, 2006.

성격을 지니고 있다.

　공자(孔子)나 맹자(孟子)를 비롯한 사상가들이 자신의 이상을 실현하기 위하여 현군을 찾아서 주유천하(周遊天下)한 것은 학문과 정치의 일치를 의미하는 것으로, 제자백가사상의 내용이 정치와 윤리문제에 집중되어 있는 치자(治者)의 학문이 된 것도 이를 반영한 것이다.

　제자백가의 학파를 분류하여 각파의 장단점을 논한 사마천(司馬遷)이 『史記(사기)』에서 유(儒), 묵(墨), 명(名), 병(兵), 법(法), 도(道), 음양가(陰陽家)는 좋은 정치를 구현하려고 노력한 점은 같다. 그러나 다만 그 방법과 강조점이 서로 다를 뿐이다[49]라고 지적한 것은 제자백가의 학문적 성격을 바로 본 것이다.

　또한 제자백가의 사상에서 인간중심주의와 합리주의를 찾을 수 있다. 제정일치의 은나라시대나 경천사상(敬天思想)과 천명사상(天命思想)으로 정치의 종교화가 이루어진 서주시대에 비하면 확실히 제자백가의 사상에서 인간과 사회문제에 대해서 관심이 집중되고 있음을 알 수 있다. 따라서 인간이 자신의 운명을 좌우하는 귀신이나 하늘의 존재를 부정한 것은 춘추·전국의 어지러운 세태가 인간의 지혜를 발달시키면서 창의적 활동을 증가시켜주었기 때문이다. 그리하여 이 시대로부터 중국인의 사상적 관심은 주로 인간의 윤리문제, 정치문제 등 현실문제가 중심과제가 되었고, 여기에서 동아시아 사상의 틀이 마련되었다. 이는 같은 아시아세계에 있는 인도나 오리엔트사회에서 신(神)과 내세에 관심을 두고 있는 것과는 대조적이다.

　그러나 제자백가사상에서 보이고 있는 인간의 발견은 서양 고대의 사상가들이 추구한 인간중심주의 사상이나 인간행복의 추구로 나아가지 못하고 인간윤리만을 강조하는 미숙한 상태에 머물고 말았다. 여기에 제자백가사상의 인문주의적 성격의 한계성이 있다. 이는 서양의 인문주의사상(人文主義思想)과의 근본적인 차이점이라 하겠고 아울러 동양사상의 특성은 이미 제자백가사상과 함께 시작되었다고 볼 수 있다.

3. 동양역사에서 제자백가의 위치

　제자백가는 중국사상사에서는 물론이고 동양사상에 있어서도 중요한 위치를 차지한다. 그것은 동양사상의 뿌리는 중국의 제자백가에서 찾아야 하기 때문이

---

49) 『史記』 卷 120, 태사공자서(太史公自序).

다. 중국사상사의 시대구분에서 秦을 분기점으로 하여 선진(先秦)시대인 춘추·전국시대를 특히 중요시하는 원인이 이 시기에 제자백가에 의한 사상적 기본틀이 마련되었기 때문이다.

한대(漢代) 이후 중국의 사상내용은 불교사상을 제외하면 대부분이 제자백가사상의 재해석으로 일관하고 있다. 전한시대에 유학이 관학으로 정착된 후 발달한 훈고학이나 당대의 『五經正義(오경정의)』에 의한 유학사상의 획일적인 해석과 송대 이후의 성리학과 명대의 양명학, 청대의 고증학 등도 모두 그 학문적 근거는 춘추·전국시대의 유학에 두고 있고, 여기에서 발전하여 한국을 비롯한 동아시아 각국의 문화에도 큰 영향을 끼치고 있다.

뿐만 아니라 노장사상에서 발전한 도교와, 음양오행사상에 의한 이원론적 자연관과 인간에 대한 음양오행적 인식론도 다같이 제자백가사상에 근거하여 발전되고 있음을 감안할 때에 제자백가의 사상적 의미는 동아시아 문화상에서 매우 중요함을 인식할 수 있다.

그러나 이러한 사적인 학문연구풍토는 한대(漢代) 이후 학문의 어용화가 교육을 주도하게 되면서 이후의 중국 역사에서는 다시 찾아볼 수 없게 되었다. 특히 통일제국이 출현하면 국가에 의한 학문과 사상의 통제가 추진되고 이로 인하여 유학만이 관학으로 공인되고 국가의 보호를 받는 어용학문이 되었다.

또한 제자백가의 사상은 관점이 서로 다르고 자파의 학설을 뚜렷이 내세우고 있으나 인간의 내세(來世)문제에 관심은 아주 희박하였고 이 점은 이후의 중국사상에 그대로 반영되고 있다. 예를 들면 제자백가의 사상 속에는 내세에 대한 관심이나 기대가 거의 없다 혼란한 현실세계를 뛰어넘어 사후(死後)의 내세에서 위안을 구하지 않았다. 동아시아세계에서 종교사상이 일어나지 않고 종교가 발전하지 못한 중요한 원인도 여기에 있다. 유교에는 내세관(來世觀)이 없기 때문에 유교를 종교로 보지 않는다.

Ⅱ. 제자백가사상의 내용

1. 제자백가의 학파와 출신지역

제자백가의 사상 속에는 추상적인 면과 아주 구체적인 현실문제가 함께 공존하고 있다. 따라서 이들의 학문과 사상은 그 성격에 따라서 여러 학파로 분류[50]되며 그 출신지역도 다양하다. 춘추·전국시대의 각국은 역사적 전통과 사회·경제적 발전에 따른 지역의 차이와 특색을 지니고 있기 때문에 각 학파의 분포도 이러한 지역적 특색에 따라 발전되었다. 유가(儒家)와 묵가(墨家)는 서주문화의 전통이 강한 노나라에서 시작되었는데, 그 중 유가의 전파지역은 같은 서주문화 지역인 晉·衛·齊로 확산되어 갔고, 이에 반해 묵가는 서주문화권과는 거리가 먼 변방의 楚·秦으로 발전되어 나갔다. 도가는 본래 남방의 楚·陳·宋에 기원을 두고 있으나 진으로부터 제나라로 유입되었다.[51] 또한 초나라 사람들은 원시적인 무속신앙(巫俗信仰)을 믿었고 제나라에서는 토속적인 방사(方士)가 유행하여 후에 음양가(陰陽家)가 제나라에서 나오는 계기가 되었다. 그리고 법가는 주로 한·위·조에서 발전하였다.

2. 유가(儒家)의 성립과 발전

제자백가의 사상 가운데 중국은 물론이고 동아시아 문화에 가장 큰 영향을 준 것은 유가이다. 유가는 춘추시대의 공자(孔子, B.C. 551~479)에 의하여 창시되었고, 전국시대의 맹자(孟子)와 순자(荀子)가 사상적 체계를 정립하였다. 그러나 진의 시황제에 의해 한때 심한 탄압을 받았으나 한의 무제 때 관학으로 인정되면서 동양사상의 주류로 발전하게 되었다.

공자사상의 중심은 인(仁)이며 인의 가장 순수한 상태가 효(孝)와 제(悌)이다. 따라서 효제를 인간행위의 가장 중요한 덕목으로 꼽고 있다. 공자는 주대의 씨족사회가 붕괴된 후 소가족제도가 발달하는 춘추·전국시대의 사회변혁 속에서 가부장권을 기반으로 한 가족질서를 가장 중요하게 생각하였기 때문이다. 그리하여 효를 바탕으로 수신제가(修身齊家)를 이룬 후에 나아가 치국평천하(治國平天下)를 완성하는 것이 바로 군자(君子)의 도리라 하였다. 공자의 사상은 『論語』에 잘 쓰여 있다. 공자의 이상은 군자를 키우는데 두고 있다.[52] 군자는 교양이

---

50) 사마천(司馬遷)은 『史記』(太史公自序)에서 육가(六家)를 ① 유가, ② 도덕가(도가), ③ 음양가, ④ 묵가, ⑤ 명가, ⑥ 법가로 분류하고 있다. 반고(班固)는 『漢書』 예문지(藝文志)에서 제자백가를 9가로 나누고 있는데 ① 유가, ② 도가, ③ 음양가, ④ 법가, ⑤ 명가, ⑥ 묵가, ⑦ 종횡가, ⑧ 잡가, ⑨ 농가가 그것이다. 여기에 소설가를 추가한다면 10가로 분류할 수 있다고 하였다.

51) 제자백가의 지역분류방법으로 도가(道家)를 남파(南派), 유가(儒家)·묵가(墨家)·법가(法家)를 북파(北派)로 구분하고, 다시 법가는 주문화(周文化), 유가·묵가는 은문화, 도가는 비중원(非中原)문화를 계승하여 이를 발전시켰다고 주장하는 설도 있다.
이성규, 「東洋學問의 體系와 그 理念」『現代의 學問 體系』(소광희 외 공저), 1994.

있고 고귀한 인격자를 말하며, 군자가 갖추어야 할 덕목으로 정직성과 정의감, 군주에 대한 충성심 그리고 무엇보다 중요한 어진 마음(仁)을 강조하고 있다.

공자는 군자의 교육으로 특히 예·악(禮·樂)을 강조하고 예악을 인간교육의 중심으로 삼았다. 인간의 내적인 덕과 외적인 예절을 균형 있게 갖추는 중용(中庸)은 유가사상의 행동원리가 되었고, 이와 같은 중도(中道)를 추구하는 타협정신은 이후 중국문화의 사상적 기반으로 정착되어 나갔다.

공자의 유가사상은 맹자와 순자에 계승되어 유가학파로 발전되었다. 그런데 이들은 다 같이 공자의 사상적 영향을 받고 있으나 그들의 주장은 상반되는 점이 많고 후세의 학문에 미친 영향 또한 다르다. 그들의 학문계통을 보면 맹자는 공자의 직계제자인 증삼(曾參)과 자사(子思)의 계통이고, 순자는 예(禮)를 특히 강조한 자하(子夏)의 계통에서 나왔다.[53]

맹자는 인간의 본성을 선(善)하다고 하는 성선론(性善論)을 내세우고 그 증거로 사람의 마음속에는 남의 불행을 측은하게 여기는 측은지심(惻隱之心)이 있고 이를 인의 발단이라 하였다. 또 수치심에서 의(義)가, 사양하는 마음에서 예가 그리고 시비(是非)를 가릴 줄 아는 마음에서 지(智)가 나온다고 주장하였으니 이른바 사단설(四端說)이다. 이 사단설을 바탕으로 다시 오륜(五倫)을 설명하였다. 즉, 부자 사이에는 친(親)이 있어야 하며, 군신은 의(義)가, 부부(夫婦)는 구별(別)이, 장유(長幼)는 순서(序)가, 붕우(朋友)는 믿음(信)이 가장 중요하다고 하였다. 정치론에 있어서도 정치는 의에 의해서 다스려져야지 이익에 이끌려서는 안된다고 하였다.

그리하여 덕치주의(德治主義)를 바탕으로 한 왕도(王道)정치를 제창하였다. 이는 힘으로 다스리는 법가의 패도(霸道)정치와 대립되는 정치철학으로 제왕은 덕

---

52) 『論語(논어)』에서 공자(孔子)는 인간의 유형을 성인(聖人)과 현인(賢人), 군자(君子)와 소인(小人)의 4등으로 구분하고 있다. 성인은 선천적으로 천성(天性)을 타고났기 때문에 후천적인 교육으로는 이룩할 수 없다고 보았다. 공자는 정치와 교육의 목표는 소인을 군자로 끌어 올리는 일이라 생각하였다. 한대(漢代)의 반고(班固)는 『論語』의 이러한 분류방법을 이용하여 『漢書(한서)』의 고금인표(古今人表)에서 인간유형을 9등으로 분류하였다. 삼국시대 위나라에서 진군(陳群)이 9품관인법(九品官人法)을 실시할 때(220) 이 인물분류방법이 이용되었다.

53) 이춘식, 「孟子·荀子의 政治思想 比較硏究—人性論을 中心으로—」『檀國大學術論叢』 14, 1990.
　　이승률, 「郭店楚簡 『唐虞之道』의 '尊賢'思想과 先秦儒家의 尙賢論」『東洋史學硏究』 78, 2002.

(德)의 유무에 의하여 천명이 따른다고 보았다. 그리하여 덕이 없는 악덕군주는 신하들이 몰아내는 것이 바로 혁명(革命)이며, 이는 민심이 천심을 따라서 행하는 일이라고 하여 후세 왕조교체에 있어서의 선양(禪讓)의 이론적 근거가 되었다.

같은 유학자이면서도 순자는 여러 면에서 맹자에 대하여 비판을 가하였다.[54] 그는 맹자의 성선설에 반대하여 성악설(性惡說)을 주장하였다. 인간의 본성이 악한 증거로 사람은 태어나면서부터 욕망을 지니고 있고 그 욕망이 채워지지 못하면 끊임없이 갈구하고, 이러한 욕구 때문에 사회혼란이 끊이지 않는다고 하였다. 인간의 성악은 근본적으로 치유되지 못하며 다만 예의를 가지고 욕망을 억제할 뿐이라고 강조하였다. 특히 공자나 맹자의 효제제일주의에 비판을 가하여 효제는 소행(小行)이라고 낮추고 이보다 의(義)에 좇아서 군주를 섬기는 충의(忠義)가 더 큰 행동(大行)이라 하였다. 이는 공자 이래의 효제일주의에서 탈피하여 충의(忠義)를 보다 중요한 도덕적 가치로 내세운 것이다. 이는 유가사상의 커다란 변화를 의미하며 순자의 성악설과 충의론(忠義論)은 법가사상의 이론적 근거를 제공하였다.

그런데 이상과 같은 유가사상은 중국의 전통사상을 함축시켜 이를 체계적으로 정리하여 유교경전으로 성립시킨데 큰 장점을 지니고 있다. 유교의 경전에는 5경(經)과 4서(書)가 있다.[55]

5경은 『詩經(시경)』, 『書經(서경)』, 『易經(역경)』, 『禮記(예기)』, 『春秋(춘추)』를 말한다. 『詩經』은 기원 전 10세기부터 7세기까지 만들어진 300여 편의 시로 이루어져 있다. 그 내용은 정치적 사건을 읊은 시와 의례적 송가(頌歌)와 남녀의 사랑을 노래한 애정시 등 다양하다. 그러나 시경은 단순한 민요라기보다는 리듬과 운율을 다듬어 인위적으로 정리된 문학작품이다. 중국의 고대세계에 이미 이와 같이 시가 발달한 것을 보면 중국문화에서 시(詩)는 매우 중요한 요소가 되고 있음을 알 수 있다. 『書經』(尙書)은 주초(周初) 이래의 왕의 담화내용과 역사적 문서이다. 한대에서부터 금문상서(今文尙書)와 고문상서(古文尙書)로 나뉘어 있는데, 고문상서는 상당부분이 위작이라 하여 그 진위를 둘러싸고 시비가

---

54) 홍순창, 「荀卿考」『嶺南大論文集』 1, 1967.

55) 당대까지는 5경이 중시되었으나 송대 이후 주자학의 발달로 4서를 더 중요시하였다. 유교의 경전을 모두 13경이라 하는데 13경은 시·서·역경(詩·書·易經)과 춘추(春秋)의 3전(곡양전(穀梁傳), 공양전(公羊傳), 좌씨전(左氏傳)) 그리고 3례[주례(周札)·의찰(儀札)·예기(禮記)]와 논어(論語), 맹자(孟子), 효경(孝經), 이아(爾雅)이다. 『十三經注疏(십삼경주소)』가 유교경전의 해석을 총망라한 것이다.

끊이지 않고 있다. 『易經』(周易)은 주나라 이후에 만들어진 점을 치는 내용이다. 8괘(卦)와 64괘를 중심으로 정리되고 있으며,[56] 은대에 신에 문의하여 점치던 것을 주대에 와서는 8괘를 이용하여 점술이 만들어진 것이다. 『禮記(예기)』는 의식과 의례에 관한 주대의 자료들을 모아서 한대에 이를 편찬한 것이다. 『春秋(춘추)』는 노나라의 역사를 간단하게 편년체로 서술한 것이다. 이 책은 간결하고 사실적이지만 인간행위의 기본을 의리에 두고 역사를 서술하였기 때문에 객관적 사실과 거리가 있다. 또 공자 자신이 이 책을 편찬하였다는 전승은 믿기 어려운 것이다.

4서는 『論語(논어)』, 『孟子(맹자)』, 『大學(대학)』, 『中庸(중용)』인데 『대학』, 『중용』은 『禮記』 가운데의 대학편과 중용편을 독립시킨 것이다. 『論語』는 공자와 그 제자 사이의 문답집으로 제자의 질문에 대해 공자가 자세히 답한 것을 공자 사후에 제자들이 정리한 것으로 공자사상이 가장 정확히 담겨져 있다. 『孟子』는 맹자의 어록을 정리한 것이다.

3. 도가(道家)의 무위자연(無爲自然)주의

도가는 유가와 함께 중국사상의 2대 주류를 이루고 있으면서도 서로 상반되는 점이 많다. 특히 도가를 창시하였다는 노자(老子)는 춘추시대의 어지러운 세태가 인간의 끊임없는 욕망에서 비롯된다고 생각하여 무위자연주의를 내걸고 현실을 외면한 은둔과 도피의 철학을 주장하였다.[57]

도가사상은 유교의 인위적 도덕윤리를 신랄하게 비판하고 전제군주의 절대권에 대한 일반백성의 저항을 포함시키고 있다. 도가사상가의 관심은 자연의 도리에 따르는 것을 강조하고 개인의 독립성을 옹호하고 있다. 노자의 도가사상은 전국시대의 장자(莊子)에 의하여 발전되었다. 장자는 송나라 사람으로 이름은 주(周)이다. 그는 세상의 모든 사물을 상대적이라고 주장하여 절대적 진리를 부정하였다. 장자는 재미있는 우화를 구사하여 진리의 상대성을 논하고 있다.[58]

---

56) 홍순창, 「易學의 歷史的 展開」 『大邱大學論文集』 6, 1966.
57) 노자(老子)의 성은 이(李)이고 이름은 담(聃)이다. 그의 생존에 대해서는 의문점이 많다. 도가의 사상은 노자가 지었다고 하는 『道德經(도덕경)』과 전국시대의 장자가 지은 『莊子(장자)』라는 책에서 살필 수 있고, 이 밖에 『列子(열자)』도 참고가 된다.
58) 장자의 제물론(齊物論)은 상대주의에서 출발하여 허무주의 숙명론, 불가지론(不可知論)으로 발전하였고 소극적 염세주의를 특징으로 하고 있다. 즉, 장자는 인간의 죽음에 대해서는 고통스러운 이 세상을 끝맺는 것으로 찬미하면서도 자살행위는 인위적이라 하여 반대하

그런데 제자백가의 사상 가운데 도가만은 현실성을 부정하고 자연주의적 특색을 지니고 있어서 다른 사상과 그 성격이 판이하게 다르다. 이 때문에 도가 사상은 본래 중국사상이 아니라 인도의 요가로부터 영향을 받았다고 주장하는 학자도 있다.

그러나 도가의 주장은 인간의 생활을 자연에 순응시키려는 자연관과 만물의 생성에 대한 숭배, 자연과 인간의 중개자로서의 군주의 역할 등에 관하여 초기 중국인의 관심을 철학적으로 표현한 것이다.

4. 인간평등을 제창한 묵가(墨家)

묵가를 제창한 묵자(墨子)는 이름이 적(翟)이며 송나라의 미천한 출신이다. 그는 일찍이 유가학설을 배웠으나 유가의 형식주의와 불평등성에 반대하여 묵가학파를 창시하였는데, 전국 초기에 세력이 강성하여 유가의 강력한 경쟁상대가 되었다. 특히 묵자는 생산활동과 절약을 강조하고 있다.[59]

특히 묵가학파의 유가비판은 철저하였다. 공자는 어리석은 군주라도 신하가 이를 잘 보필하면 정치도 잘 된다고 하였으나, 묵자는 왕위세습을 반대하고 훌륭한 인물에게 왕위를 물려주어야 된다고 하였다. 유가의 가족제도 및 인간 상호간의 특수한 관계를 중시한 차등적인 사랑(仁)에 반대하고 인간은 자신을 사랑하듯 다른 사람을 겸애(兼愛: 평등애)로 사랑해야 사회의 평화가 온다고 하였다. 유가가 내세관을 부정한데 대해 묵자는 귀신의 존재를 인정하고 귀신에 대한 제사가 현세에 축복을 가져다 줄 것으로 믿었고, 도덕적인 하느님(天)이 상벌을 인간에게 준다고 주장하고 있다.

묵자의 사상에는 권위주의적 경향이 강하고 추종자에게 복종을 요구하여 엄격한 훈련을 통해 교단을 강화해 나갔다. 그러나 절대적인 겸애설과 공리주의, 지나친 금욕주의 등으로 점차 신망을 잃게 되었다. 이는 중국인들의 현실주의적이며 합리적인 중용주의적(中庸主義的) 성격이 결국 비현실적인 묵가의 겸애사상보다는 평범하면서도 현실적인 유가의 차등애(差等愛)를 선택한 것이다.

였다.
59) 묵가사상은 『墨子(묵자)』에 실려 있다. 중요내용은 상현(尙賢, 현인정치), 상동(尙同, 만민평등), 겸애(兼愛, 인류사랑), 비공(非攻, 전쟁반대) 등의 적극적인 학설을 제창하였다. 이성규, 「秦國의 法治와 墨家」『東方學志』 41, 1984.

5. 자연철학으로서의 음양5행(陰陽五行)사상

중국 최초의 자연철학은 주역(周易)에 나타나 있는 음양사상에서 비롯되고 있다.[60] 선(善)과 악(惡)이 끊임없이 서로 싸우는 인도사상이나 고대 지중해 세계와는 달리 중국인의 자연관은 음·양의 이원으로 구분하고 있다. 예컨대 남자와 여자, 낮과 밤, 해와 달, 여름과 겨울 등에서 교묘히 이를 부회(附會)하고 있다. 그러나 이와 같은 피상적인 음양의 논리는 이후 합리적인 자연과학적 탐구의 정신을 말살시키고 중국인으로 하여금 자연현상에 대한 객관적 진리탐구를 포기하게 만들었다.

음양가의 또 다른 기초개념은 자연현상이 5行(木·金·火·水·土)의 다양한 배합과 연속적인 순환(상극과 상생설)에 의해 변화 발전된다고 보았다. 5행설을 주장한 사람은 기원 전 4세기 말의 제나라 학자 추연(鄒衍)이다. 그는 5행설을 가지고 제왕의 운명을 가름하고 그것에 의하여 왕조교체의 원리와 인간의 길흉화복을 설명하였다.

음양설과 5행설은 각각 별도로 시작되었으나 한대부터 합쳐져 음양오행설로 발전되었다. 그리하여 이 사상은 중국은 물론이고 동양인의 자연관을 고정시켜 합리적 사고를 말살하여 모든 자연현상과 인간운명을 음양과 오행의 순환으로 결정하고 있다. 우리나라의 도참사상이나 육갑(六甲), 사주(四柱), 궁합(宮合) 등도 모두 음양오행사상의 영향에 의한 것이다.[61]

〈五行의 배열[여씨춘추(呂氏春秋) 십이월기(十二月紀)]〉

五 行	木	火	土	金	水
季節(절)	춘(春)	하(夏)	중앙(中央)	추(秋)	동(冬)
日辰(진)	갑을(甲乙)	병정(丙丁)	무기(戊己)	경신(庚辛)	임계(壬癸)
五色(색)	청(靑)	적(赤)	황(黃)	백(白)	흑(黑)
五音(음)	어(角)	징(徵)	궁(宮)	상(商)	우(羽)
五數(수)	팔(八)	칠(七)	오(五)	구(九)	육(六)
五味(미)	산(酸)	고(苦)	감(甘)	신(辛)	함(鹹)
五臟(장)	간(肝)	심(心)	비(脾)	폐(肺)	신(腎)

---

60) 홍순창, 「易學의 歷史的 展開 － 歷代의 역경학－」『大邱大學論文集』6, 1966.
　　　　, 「中國의 天馬思想」『東洋史學研究』12·13합집, 1978.
　　정애란, 「先秦時代 婦女의 宗教生活-巫俗信仰을 中心으로-」『中國史研究』25, 2003.
61) 이성구, 「呂氏春秋十二月紀의 性格」『馬山史學』4, 1991.

6. 이기주의를 주장한 양자(楊子)

양자(朱)의 사상 속에서는 묵자와 맹자를 비난하고 있고 맹자 또한 그의 이기론을 배척하였다. 양주는 머리카락 하나로 천하를 이롭게 한다해도 결코 이를 희생할 필요가 없다고 극단적인 이기(利己)를 주장하고 있다. 양주가 이와 같이 극단적인 이기를 내세운 것은 유가의 인의(仁義)·예악(禮樂)과 묵가의 겸애설 등이 인간의 본능을 무시한 비인간적인 주장으로 파악하였기 때문에, 인간 본래의 순수성을 유지하기 위해서는 자기를 귀하게 여기고 자기를 충실히 하여야 비로소 외부로부터의 유혹에 빠지지 않는다고 보았기 때문이다.

양자의 지지자로 자화자(子華子)와 첨하(詹何)가 있다. 이들은 특히 인간의 생명의 존엄을 강조하면서 생명자체를 충실하게 하기를 주장하고 있다. 양자의 이기주의는 묵가의 겸애사상과 더불어 유가 특히 맹자학파로부터 맹렬한 비판을 받았다.

7. 부국강병을 제창한 법가사상

법가사상은 춘추·전국시대의 전환기적 사회변혁에 가장 잘 부합되는 사상이다. 그리고 이를 실시할 경우 효과가 바로 나타나기 때문에 각국의 군주로부터 환영을 받았다. 춘추·전국시대에 법가사상이 발전한 지역은 주로 제나라와 韓·魏·趙 三晋지역이다. 그런데 제나라에서 발전한 법가사상은 주로 경제적 발전을 위한 부국정책에 그 목표[62]를 두고 있는데 반해 한·위·조나라에서는 법가사상이 중앙집권적 왕권의 강화와 강병정책에 초점을 맞추면서 기존의 사상을 철저히 비판하고 있는 점이 특색이라 하겠다.

제나라 법가학파의 정치사상은 그 중심이 경제에 있었다. 『管子(관자)』에 보면 군주는 백성을 위해 경제적인 부강을 추구해야 한다. 이를 위해서는 중농정책(重農政策)을 실시하여야 하고 또 검약한 생활과 물품의 원활한 수송으로 궁핍을 제거해야 한다고 주장하고 있다. 또 백성의 도덕심도 경제에 바탕을 두고 있으므로, 의식(衣食)을 만족해야 예의를 차린다고 하였다.

전국시대에 들어와 위나라에서 먼저 변법을 시행하여 부강한 나라가 되었다.

---

62) 제나라의 법가사상(法家思想)에 관한 저서로는 관중(管仲)의 『管子』와 안영의 『晏子』가 있다. 그러나 이 책은 춘추시대의 관중과 안영의 저서라기보다는 전국시대의 학자들에 의해 편찬된 것으로 다만 관중과 안영의 부국주의(富國主義) 경제사상이 많이 여기에 실려 있다. 정일동, 「戰國時代 法家 一考」 『中國學報』 18, 1988.

법가주의자들이 3진(韓·魏·趙)에 많은 것은 3국의 왕권강화와 밀접한 관계가 있었기 때문이다. 3진의 법가사상은 3파로 나누어지는데 법치주의, 술치주의, 세치주의(勢治主義)이며, 이는 한비자(韓非子)에 의하여 집대성되었다.

법치주의(法治主義)를 내세운 자는 이회(李悝), 상앙(商鞅) 등이다.[63] 이들은 법률을 제정하여 이를 근본으로 삼고, 엄한 형벌과 큰 상을 수단으로 하여 엄격히 백성을 통제하고 군권을 강화하며 부국강병책을 추진하였다. 이회는 위나라 문후를 섬겨 변법을 추진하였고 상앙은 진나라 효공을 도와 2차에 걸친 개혁을 단행하여 진의 통일기반을 마련하였다.

술치주의(術治主義)는 권모술수를 이용한 일종의 통치기술이다. 신하를 통솔하고 충신과 간신을 구분하여 상·벌을 가하고 임금을 두렵게 여김으로써 잘못을 저지르지 못하게 하였다. 이를 제창한 인물은 신불해(申不害)이며 그는 한나라의 재상으로 발탁되어 한나라 발전에 큰 공을 남겼다.

세치주의(勢治主義)를 내세운 대표자는 조나라 출신 신도(愼到)이다. 신도는 군주의 절대적 세력(권위)이 곧 군주권력의 원천임을 강조하고 있다. 신하가 군주에 복종하는 것은 군주의 세력이지 군주의 덕행이나 재능 때문이 아님을 주장하였다.

전국시대의 이상과 같은 법가주의 사상을 종합하고 이를 사상적으로 체계화한 인물이 한비자(韓非子)이다. 한비자는 한나라의 공자(公子)로 진시황제 때 재상이 된 이사(李斯)와 함께 순자(荀子)의 제자로서 성악설을 가지고 사상의 기반을 삼았다. 한비자는 유가의 덕치주의나 예교주의를 배척하고 법치주의를 내세우고 있다. 법치의 기본은 엄형주의(嚴刑主義)와 철저한 신상필벌을 원칙으로 하였다. 군왕에게 가장 중요한 것은 부강한 나라이고 이를 위해서는 강한 군대[强兵]가 필요하고 부국을 위한 농업생산의 발전을 내세워 상업과 공업을 말업(末業)으로 억압하였다.

한비자는 법치(法治)의 운영방법으로 술치(術治)와 세치(勢治)를 함께 사용해야 함을 강조하였다. 즉, 백성을 통치하기 위해서는 법이 필요하고 관리를 부리기 위해서는 술(術)이 필수적이기 때문에 법과 술 그리고 세는 제왕이 나라를 다스리는 기본이라고 하였다. 이러한 한비자의 사상은 진시황제가 격찬하였으며 시

---

63) 이회(李悝)는 『李子(이자)』 32편을 지었다고 하나 전하지 않고 다만 상앙의 『商君書(상군서)』 24편에 그의 법가사상의 일부가 실려 있다.

황제는 그를 얻기 위해 한나라를 무력으로 핍박하여 한비자를 진으로 보내도록 하였다. 그러나 진에 온 한비자는 말더듬이였기 때문에 진시황제와 제대로 소통이 이루어지지 않아서 동문(同門)인 이사의 무고로 옥에 갇혀 자살하였다.

8. 궤변학파 명가(名家)와 강병주의 병가(兵家)

제자백가의 사상 가운데에는 우주만물과 인간문제에 대해 광범한 주제를 다루고 있는 학파가 있는가 하면 이와는 대조적으로 가장 현실적인 문제를 다룬 학파도 있는데, 그 가운데 논리를 구사한 명가와 군사문제를 다룬 병가 그리고 외교술을 내세운 종횡가(縱橫家)를 꼽을 수 있다.

명가는 심오한 사상을 주제로 하지는 않았으나 논리를 주제로 명(名: 언어와 사물의 개념)과 사실(實)을 중요시 하였다.

본래 중국의 언어는 한 단어 한 단어가 끊어지는 고립어로 구성되어 있어서 어형(語型)의 변화가 없고 문법적인 기능은 오직 문장 속에 놓여진 단어의 위치, 즉 어순(語順)에 의해서 결정된다. 단어에는 고정된 품사가 없기 때문에 어순에 따라 품사도 무원칙하게 변한다. 따라서 언어구사에는 융통성과 직감에 의하는 요소가 많고 그에 따라 논리적인 엄밀성이 크게 부족하다. 이 때문에 중국에서는 일찍부터 논리적 표현이 서투르고 철학의 기반이 되는 논리학이 발달하지 않고 있다. 그런데 전국시대에는 사회적 격변과 특히 국가간의 외교, 제자백가의 사상논쟁 등이 격화되었기 때문에 논리학이 발달하고 있다.

명가(名家) 중에 가장 유명한 이는 혜시(惠施)와 공손용(公孫龍)을 꼽을 수 있다. 혜시는 장자와 같이 송나라 출신이고 재능이 인정되어 위나라 혜왕의 재상이 되었으나 후에는 초나라로 추방되기도 하였다. 그의 정치적 주장은 전쟁을 반대하는 평화주의 경향이 강하였으므로 그를 묵가계통의 사상가라고 보는 견해가 있다.

혜시의 논제는 『장자』 천하 편에 소개되고 있는 소위 「歷物十事(역물십사)」이다. 즉, 모든 사물에 대한 객관적 진리를 부정하고 오직 인간의 주관성에 의해 진리가 결정된다는 것이다. 예를 들면 하늘과 땅은 같은 높이에 있고 산과 연못도 같은 높이라는 것이다. 큰 주류(主類)의 개념에서 파악하면 모든 현상은 같은 것이나 작은 종(種)의 개념에서 볼 때에 각각 다르다[소동이(小同異)]. 그러므로 만물은 근본적으로 완전히 똑같을 수 있으나 동시에 개물(個物)로 볼 때에는 각각 다르다[대동이(大同異)]. 그러나 이 「역물십사」에는 명제만 실려 있을 뿐 사실의 구체적인 논증이 없다.

다음, 백마(白馬)는 말이 아니다는 주장으로 유명한 공손룡은 조나라 출신으로 각지를 유세하였고 연나라 소왕과 조나라 혜문왕에게 전쟁을 포기할 것을 역설한 것으로 보아 혜시와 같이 평화주의자이다. 그의 저서인 『公孫龍子(공손용자)』에 의하면 일반적으로는 백마는 말이다라고 하지만 이것은 올바르지 않다는 주장이다. 올바른 것은 백마는 말의 일종이다라고 해야 한다. 왜냐하면 백마라고 하는 개념의 범위는 좁고, 말이라는 범위는 넓기 때문이라는 것이다. 좁은 개념과 넓은 개념을 똑같이 놓는 것은 분명히 잘못이고 이것을 백마비마(白馬非馬)라는 표현으로 주장하였기 때문에 궤변가의 대표자가 되었다.

병법의 저자로 알려진 손무(孫武)는 전설적인 장군으로 손자(孫子)라 하며 그의 책은 『孫子兵法(손자병법)』이라고 한다. 이 책은 전면전쟁을 분석적으로 취급하고 있는데, 전 세계의 군사학교에서 교재로 사용할 정도로 그 내용이 훌륭하다. 즉, 전쟁을 위해 국가 조직, 지형 판별, 다양한 공격과 방어전술, 병참업무, 심리전과 첩자이용방법 등 전반적인 군사문제를 세밀하게 논하고 있을 뿐만 아니라 이를 인간처세술에 이용할 수 있게 설명하고 있다.

Ⅲ. 제자백가 이외의 학술

1. 사학(史學)과 문학(文學)

제자백가사상 이외에 춘추·전국시대의 학술로는 사학과 문학, 예술이 있다. 먼저 역사학에는 『左傳(좌전)』과 『國語(국어)』를 들 수 있다. 『左傳』은 좌구명(左丘明)이 편찬하였다고 전해오기는 하나 분명하지 않다.[64] 좌전에서는 춘추·전국시대의 시대적 격변상황을 긍정적으로 평가하면서 춘추시대의 정치적인 혼란이 새 시대를 여는 과도기라고 평가하고 있으므로 진보적인 역사관에서 저술되었음을 알 수 있다. 『國語』도 춘추시대 각국의 역사를 기록한 일종의 지방사이다. 주로 귀족의 생활과 여론을 기록하고 있다.

이 밖에 『世本(세본)』이 있는데 제왕, 제후, 대부(大夫)의 족적(族的) 세계(世

---

64) 홍순창, 「『左傳』에 引用된 詩-國風을 중심으로-」『大邱大論文集』 3, 1963.

系)나 거주지를 밝히고 있다. 후에 사마천이 『史記』를 편찬할 때에 『世本』을 많이 이용하였다고 한다. 위나라의 역사를 편년체로 기록한 『竹書紀年(죽서기 년)』도 유명하다. 『戰國策(전국책)』은 전국시대에 각 지방 유세객들의 책략과 연 설을 모아 놓은 책으로 최근에 전한시대의 비단에 적어 놓은 내용물이 출토되 어 『戰國縱橫家書(전국종횡가서)』로 알려지고 있다.

다음 문학과 예술 면에서 볼 때에 맹자·장자·순자·한비자는 사상가일 뿐 만 아니라 문장에서도 일가를 이루고 있다. 맹자의 글은 변론체에 뛰어나고, 장 자의 문장은 우화와 상상력이 풍부하며, 순자의 문체는 논리에 투철하고, 한비 자의 문장은 바람이 몰아치는 듯 힘이 있어 각기 특색이 있었다.

중국인의 예술적 우수성은 특히 시문(詩文)에 잘 나타나 있는데, 이는 이미 고대의 시에서 그 소질을 보여주고 있다. 시가(詩歌)는 『詩經』과 함께 『楚辭(초사)』 가 유명하며, 이는 중국문학의 원천이 되고 있다. 『초사』의 주요 작자는 굴원 (屈原), 송옥(宋玉) 등으로 굴원의 이소(離騷)가 가장 유명하다.[65] 중국인은 이미 춘추·전국시대 이전부터 시가를 좋아하고 이를 잘 전하여 왔다.

2. 과학기술

춘추·전국시대에는 서로 다른 세 가지 역법(曆法)이 있었다. 동지를 포함한 11월을 정월로 하는 주정(周正)과 1월을 정월로 하는 은정(殷正), 2월을 정월로 하는 하정(夏正)이 그것이다. 이 가운데 하정이 사계절과 기후의 변화에 잘 부 합되어 농업생산에 편리하였으므로 전국시대에 널리 이용되었다.

역법과 함께 전국시대에는 천문학도 발달하여 유명한 점성가가 나왔다. 齊의 감덕(甘德), 楚의 당매(唐昧), 趙의 윤고(尹皐), 魏의 석신(石申)이 대표적 점성가 이다. 감덕은 『天文星占(천문성점)』 8권을, 석신은 『天文』 8권을 지었다고 하는 데, 황도 부근 120개 항성의 위치와 북극의 각도 등을 정밀하게 기록하였고, 목성·화성·금성·토성·수성 등 5개 행성의 운행규율을 관찰하였다. 역대 천 문학자들이 사용한 별의 이름은 이들 두 사람이 제정한 것이 많고 그들이 측정 한 항성의 기록은 세계에서 가장 오래된 항성표(恒星表)이다.

수학은 토지를 측량하고 조세를 계산하며 상업을 경영하는 데 필요하고 과학의 기초를 이루기 때문에 일찍부터 발달하였다. 당시 이미 분수와 면적과 부피 계

---

65) 홍순창, 「屈原과 離騷賦」 『東洋文化』 6·7합집, 1968.

산을 정밀하게 하고 있다.

묵가가 『墨經(묵경)』에서 기하학·역학·광학에 대해 밝히고 있는데, 그 내용이 상당한 수준에 이르고 있다. 햇빛으로 불을 얻는 청동거울, 시간을 재는 기구인 적루(滴漏), 자석을 이용하여 제작한 최초의 나침반인 지남침(指南針) 등은 모두 중요한 발명품으로서 세계문화에도 큰 공헌을 하였다.

전국시대의 유명한 의학서적으로 『黃帝內經(황제내경)』이 있는데, 여기에는 「素問(소문)」·「靈樞(영추)」 각 9권이 포함되어 있다. 『소문』은 주로 진맥과 병의 원인에 대해 기록하고 있고, 『영추』는 경락(經絡)·침구법에 대해 설명하고 있다. 『황제내경』은 중국의학의 이론적 기초를 완성하였으며, 현존하는 중국 초기의 의학문헌이다. 전국시대의 뛰어난 의사로는 편작(扁鵲)을 들 수 있는데, 제나라 출신이다. 그는 보고, 듣고, 묻고, 진맥하는 네 가지 방법을 잘 활용해 질병을 진단하였고, 내과를 비롯한 인체의 각 부분에 정통하였다. 그는 의술이 매우 뛰어나 기사회생시키는 일이 많고 각종 난치병을 치료하였다고 한다. 후에 진나라의 태의령(太醫令)인 이일(李醯)의 질투를 받아 암살되었다.

제 2 편
고대제국과 동아시아 문화권의 형성

진시황제(秦始皇帝, B.C.259~B.C.210)상 (북경역사박물관소장)
진시황제는 중국최초로 통일제국을 완성하고, 황제전제통치
체제를 확립하였다.
지방순행도중 사구(沙丘)에서 50세로 돌연 사망하였다.

제 2 편의 연표

연대\지역	221	100	B.C./A.D.	100	200	300	400	500	600	700	800	900
북아시아	흉노				선비		유연	고차	돌궐/서돌궐/동돌궐	돌궐	위구르	
중국	진(秦)	전한		신	후한	위·촉·오 / 서진(西晉)	(5호16국) / 동진	북위 / 송 제 양	동위·서위·북제·북주 / 진 · 수	당		
한국		고조선		부족국가 삼한 / (한사군)	고구려 백제 신라					발해 / 신라		
일본	야요이 시대				(소국분립) 고분문화		야마토시대			나라시대 헤이안시대		

제 2 편 개 관

춘추전국시대(B.C.770-B.C.221)의 오랜 분열을 수습하여 중국 역사상 최초의 통일 제국을 완성한 이는 진(秦)의 시황제(始皇帝)이다. 진나라는 법가주의에 의한 군현제도를 채택하여 황제에 의한 전제 군주제를 수립하였는데 이는 다음에 오는 전한(前漢, B.C.206 -A.D.8)·후한(後漢, 25-220)에 계승되어 동아시아세계의 통치체제로 완성되었다. 그러나 진의 과격한 법치주의적 통일제국은 통일한 지 15년만에 농민의 반란으로 망하고, 漢에 의해 통일의 대업은 완성되었다.

한대에는 유교주의(儒敎主義) 정치체제를 완비하였다. 특히 漢의 무제(武帝)는 동서문물의 교류와 한자와 유교를 기반으로 하는 동아시아 문화권(文化圈)의 기초를 마련하였다. 한에 이어 왕망이 신(新)을 세웠으나 곧 후한에 망하였다. 후한시대에는 호족(豪族)의 발달로 가문(家門)을 중요시하였고 유교주의가 한층 발전하였다.

후한 이후 중국사회는 3국(위·촉·오)으로 분열되었으나 서진(西晉)에 의해 잠시 통일되었다. 그러나 5호의 남침으로 서진은 망하고 그 일족은 강남으로 내려가 동진을 세워 강남개발에 힘을 기울였고, 그 후 송·제·양·진으로 이어졌으니 이를 6조시대라 한다.

한편 화북에 진출한 5호는 16국으로 분립되었다가 선비(鮮卑)족의 북위(北魏)에 의해 통합되었고, 북위는 다시 동서로 분열된 후 북제·북주로 이어져 나갔다. 이 시대를 통틀어 위진남북조시대라 하며 귀족문화가 발달하였다.

위·진·남북조 370여년 간의 분열시대를 수습하고 중국을 다시 통일한 것이 수 (581-618)이다. 그러나 수는 고구려원정에 실패하여 망하고 唐(618-907)의 대제국이 발전하였다. 당은 율령제를 기반으로 동아시아문화권을 완성하고 위·진·남북조 이래 북방민족(5호)의 남침으로 수세에 몰려있던 한민족의 자존심을 회복하고 정복지에 6도호부를 설치하여 국제적이며 귀족적인 성당(盛唐)문화를 마련하였다.

그러나 당은 8세기 중반에 일어난 安·史의 대란으로 군벌(절도사)의 횡포가 이어지면서 10세기 초에 멸망하고 5대의 분열시대로 접어들게 되었다.

제 4 장

진(秦)·한(漢)의 통일제국

제 1 절 진의 통일과 황제지배체제

I. 최초의 통일제국 진(秦)

1. 진나라의 6국(6國) 통일 배경

진의 시황제(始皇帝)[1]는 춘추·전국시대 5백여 년의 분열시대를 끝맺고 중국 최초의 통일제국을 완성하였다(B.C. 221).

秦이 전국 7웅(雄) 가운데 문명이 가장 뒤떨어지고 사회경제적 환경도 결코 좋은 형편이 아닌데도 문화와 경제의 선진국을 제치고 통일을 달성할 수 있었던 원인은 여러 면에서 찾을 수 있다. 진이 통일을 달성하게 된 것은 먼저 전국시대의 사회·경제적 배경에서 찾을 수 있다.

종래, 진의 통일에 대해서는 지나치게 상앙(商鞅)의 변법과 시황제의 역할을 강조한 나머지 전국시대에 형성된 통일론의 배경을 소홀히 다룬 면이 없지 않다.[2] 물론 통일의 주체가 된 것은 秦임에 틀림이 없으나, 전국시대의 사회적 배경에서 볼 때 통일의 절실함은 정치·경제·문화 등 여러 면에서 이미 형성

---

1) 진시황제의 부친에 관해서는 두 가지 설이 있다. 장양왕과 여불위설이다. 『사기』권6「秦 始皇帝本紀」에 "시황제는 장양왕(莊襄王)의 아들이다"라 하고 있다. 그러나 『사기』여불 위전에는 진시황제 부친 장양왕이 조나라에 인질로 있을 때 조나라 거상 여불위(呂不韋) 가 자기의 여자[애첩]를 장양왕에게 바쳤는데 이때 여불위의 애첩은 이미 임신하여 장양왕 에게 보내졌기 때문에 시황제는 장양왕의 아들이 아니라 여불위의 자식이란 설도 있다.
2) 이성규, 「戰國時代 統一論의 形成과 그背景」『東洋史學研究』 8·9합집, 1975.
　　정석원, 「秦六國統一의 思想的 背景」『정신문화연구』 36, 1989.

되어 왔다. 그것은 전국시대의 극심한 전쟁의 참상을 종식시키기 위한 방안으로 평화에 대한 염원과 비공(非攻)의 논리가 맹자·묵자 등 제자백가의 사상 속에 짙게 나타나고 있음에서 엿볼 수 있다. 특히 전국시대의 경제적 발전으로 각국은 그들의 통치영역을 초월한 경제적 상호 의존관계가 더욱 긴밀해지면서 경제적 통일욕구가 강하게 나타났다. 그럼에도 불구하고 현실의 경제환경은 여전히 7국(전국7웅)이 국경에 초소를 설치하고 인위적인 관세의 장벽을 만들어 경제활동을 어렵게 하였다. 또 각국의 화폐와 도량형의 불일치도 여러 가지 불편을 가중시키니 경제적 통일을 더욱 열망하게 되었다.

이와 함께 전국시대의 각국은 그들의 통치영역을 초월하여 하민족(夏民族: 중화민족)이란 동류의식을 지니고 있었다. 그것은 보편적인 역사전통과 문화를 공유하고 있고, 특히 문자·언어·공동조상을 바탕으로 한 화하(華夏) 또는 중화의식이며, 아울러 변방의 여러 이민족을 만이융적(蠻夷戎狄)으로 낮추어 보기 시작한 중화주의(中華主義)이다. 이러한 화이(華夷) 관념이 어느 시대로부터 형성되었는지 확인할 수는 없으나, 전국시대에는 이미 성숙한 형태로 존재하였다.[3] 이와 함께 전국시대에 들어와서 서북지방의 북방민족, 특히 흉노족(匈奴族)의 침입으로 한민족은 끊임없는 시달림을 겪게 되면서 중원의 한민족은 이에 대항할 수 있는 강력한 통일정부의 출현을 열망하게 되었다.

이러한 전국시대 통일 기운을 배경으로 진의 통일 달성이 가능하였다.

통일의 직접 원인으로는 상앙[4]의 변법실시와 진의 부국강병정책을 빼놓을 수 없다. 2차에 걸친 상앙의 변법으로 서북쪽에 치우쳐 있던 후진국 秦이 일약 전국의 강자로 부상할 수 있었고, 그 후 이러한 정책을 계속 추진한 것이 통일의 직접원인이 되었다. 특히 상앙이 마련한 능력주의적 신분질서에 따라 국가는 재산과 권력의 재분배를 실현할 수 있었고, 인민의 직접 지배가 용이해졌다. 이 과정에서 토지(土地)·부세(賦稅)·요역(徭役)의 분배와 함께 능력에 따른 인민

---

3) 김한규, 『古代中國的 世界秩序硏究』, 일조각, 1982.
　이성규, 「諸夏意識」『中國古代帝國形成史硏究 秦國齊民支配體制의 形成』, 일조각, 1984.
　화이(華夷)사상은 일종의 민족주의적 관념이다. 이민족에 대한 漢민족의 자기우월적인 정신주의 논리이고 자연법적 세계질서의 구성원리로써 이 관념은 이미 전국시대에 성숙된 것이다. 하(夏)와 화(華)의 관계도 하가 주체이며, 화는 하를 미화하는 수식에서 비롯되었으나 하와 화는 동일시되었다.
4) 상앙은 본명이 공손앙(公孫鞅)으로 위나라의 왕실에서 태어나 위앙이라고도 한다. 상이란 성은 후에 상(商)이란 곳에 제후로 봉읍된 지명을 딴 것이다.

의 신분상승이 계속되었다. 따라서 생산력은 크게 증가될 수 있었으며, 가문을 중시하던 봉건적 계급사회에서 탈피하여 활기 넘치는 인민의 능력주의 사회가 마련되었던 것이다.[5] 그리하여 병사는 용감하고 백성은 생산에 전력하면서 국가적 부력과 사회적 발전을 이룩하여 6국통일을 달성할 수 있었다.

이와 함께 진(秦)의 국가적 위치의 지정학적 요소도 결코 무시할 수 없다. 진의 중심지대인 관중(關中)지방은 사방이 요새화된 천혜의 요충지로 다른 6국에 비해 국가를 방어하는 면에서 대단히 유리하였다. 관중지방의 이러한 지정학적 이점은 진나라 이후 한(漢)·수(隋)·당(唐)의 통일제국이 모두 이곳을 기반으로 출현하고 있다는 사실을 감안할 때 관중지방을 기반으로 한 秦의 천하통일은 지정학적 이점을 충분히 이용하였다고 하겠다. 특히 진이 선진문명지대가 아닌 서북지방의 후진지역에 위치하였다는 점은 법가주의를 과감히 추진하여 부국강병을 이룩할 수 있는 요인이 되었고 그것이 바로 통일과 직결되고 있음도 결코 무시할 수 없는 배경이었다.

2. 시황제(始皇帝)의 통일정책

천하를 통일한 시황제의 통일정책은 그 기본방향을 법가주의 바탕 위에 황제를 정점으로 중앙집권적 황제지배체제를 완성하는 데 있었다.[6]

시황제는 우선 자신의 권위를 확립하기 위하여 종래 사용하던 왕(王)의 칭호를 버리고 통일제국의 천자(天子)에 맞는 황제(皇帝)[7]의 칭호를 사용하여 천하(天下: 진의 통일제국)를 지배하는 유일 절대자라고 하는 강한 자부심을 내세웠다. 즉, 시황제는 스스로를 짐(朕)이라 하고 황제의 명령을 제(制)와 조(詔)라 하여 그 권위를 더욱 높이었다. 또 왕의 업적에 따라 신하가 논의하여 정하는 시호(諡號)제도를 불경하다고 폐지하고, 그 대신 세제(世制)를 택하였고 황제의 상징으로 옥새제를 마련하였다. 이와 같은 황제지배체제를 전국 방방곡곡에 침투시키고 강력한 중앙집권체제를 구축하기 위해 주나라 이래의 봉건제를 버리고 관

5) 이성규, 「秦의 身分秩序構造」『東洋史學研究』 23, 1986.
6) 정하현, 「皇帝支配體制의 成立과 展開」『講座 中國史』Ⅰ. 지식산업사, 1989, 205~246쪽 참조.
7) 황(皇)은 태양처럼 빛난다는 뜻이고 제(帝)는 천제(天帝), 즉 자연계와 인간계를 지배하는 최고신을 말한다. 그 위에 시황제는 자기의 덕(德)은 3황(三皇)을 겸하고(德兼三皇) 공(功)은 5제(五帝)보다 크다(功過五帝)고 자부하여 황제 칭호를 사용하였다.

진의 통일제국

리를 파견하여 다스리는 군현제(郡縣制)[8]를 채택하였다. 군현제는 진시황제가 처음으로 실시한 정치체제는 아니다. 주의 봉건제도와 종법질서가 해체됨에 따라 춘추 말기에서 전국 초기에 이미 군현적인 지배체제가 각국에서 부분적으로 나타나고 있었고 시황제는 이를 전국에 확대하여 완성한 것이다. 그는 전국을 36郡(후에 42군)으로 나누고 군 아래에 현을 두고, 장관인 군수(郡守)·현령(縣令)을 중앙에서 파견하여 통치하였다.[9] 이들 지방관의 임명권은 황제가 장악하

---

8) 6국을 통일한 진시황제는 신하들로 하여금 군현제(郡縣制)와 봉건제(封建制)의 장단점을 의논케 하였다. 승상(丞相)인 왕관(王綰)은 封建論을 주장하였으나, 정위(廷尉) 이사(李斯)는 춘추·전국의 혼란이 봉건제에 그 원인이 있음을 들어 군현제를 내세우자 결국 시황제가 군현제를 채택하였다.

　　황영미,「秦始皇帝時代의 封建論爭」『史學志』18, 단국대, 1984.

　　박선희,「秦始皇의 天下統一과 李斯의 郡縣制 주장」『祥明史學』5, 1997.

9) 이성규,「秦의 地方行政組織과 그 性格 縣의 組織과 그 機能을 中心으로」『東洋史學硏究』31, 1989.

고 있었으므로 관료들은 황제의 수족처럼 명령을 따르게 되었다.

전국을 통치하는 중앙정부의 행정기구를 보면 행정을 담당하는 승상(丞相), 감찰을 맡는 어사대부(御史大夫), 군사 및 사법을 장악하는 태위(太尉)의 3공을 두었다. 이 밖에 정무분담기관으로 승상 아래 9경(卿)이 있다. 진의 중앙과 지방의 관료조직은 최종적으로 황제를 정점으로 하였기 때문에 황제의 명령은 곧 법령으로서, 중앙행정기구에는 물론이고 지방의 말단에까지 법령이 시달되는 전제주의적 중앙집권체제가 처음으로 확립되었다.[10]

이와 같은 황제지배체제의 확립과 병행하여 시황제는 경제·사회·문화적인 통일정책도 추진하였다.

경제적으로 각국에서 각기 사용하던 도량형과 화폐, 차궤(車軌: 마차궤도)를 통일하여 경제활동을 원활하게 하였으며, 문자의 통일도 이룩하였다.[11]

사회적으로도 지방에 뿌리를 깊이 내리고 있던 구귀족이나 부호 등 12만호를 郡이나 수도 함양(咸陽)으로 이사시켜(徙民: 사민) 지방세력을 약화시켰다. 그러나 시황제의 이와 같은 냉혹한 법가주의적 통일정책은 필연적으로 법가를 제외한 제자백가의 반대에 부딪치게 되었고, 그 중에서도 유가의 반대는 가장 강하였다. 이에 대해 시황제는 이사(李斯)의 건의로 학문과 사상탄압을 단행하였으니, 이것이 악명 높은 분서갱유(焚書坑儒)[12]이다. 시황제의 이러한 학문과 사상의 탄압정책은 황제의 권위에 대한 그 어떤 비판도 용납하지 않는다는 절대성을 구현하고 아울러 통일제국의 이상을 법가주의적 엄형주의(嚴刑主義)로 완성하겠다는 강한 의지가 담겨진 것이다. 분서갱유는 후세에 사상탄압의 대명사가 되어 시황제를 폭군의 원형으로 낙인찍게 만든 중요한 원인이 되었다.

시황제는 자신의 권위를 과시할 목적으로 수도 함양(咸陽)에 장엄한 아방궁(阿房宮)[13]과 죽은 후에 묻힐 거대한 여산능(驪山陵)을 조영하였고, 자주 지방을

---

10) 김선주, 「秦始皇의 法令統一에 대하여」『梨大史苑』22·23합집, 1989.
11) 정하현, 「秦帝國을 前後한 時期의 文字改革에 대하여」『公州師大論文集(社會科學편)』20, 1982.
12) B.C. 213년에 농업, 점도(占卜) 역경, 의약책을 제외한 서적을 불태웠고[분서(焚書)], 진을 비방하면 사형에 처하고 이듬해에 유생 460여명을 생매장[갱유(坑儒)]하였다.
13) 『史記』卷7, 「項羽本記(항우본기)」에 의하면 아방궁은 정치를 집행하는 정전(正殿)으로 1만 명이 앉을 수 있는 대강당이 있었으며, 이것은 연간 70만 명을 동원하여 건설한 궁전으로 후에 항우에 의하여 소실될 때 100일간 불탔다고 한다.
   1974년 3월에 진시황제의 여산능 외벽에서 약 1km 지점에 거대한 병마용갱(兵馬俑坑)이 발견되어 세상을 놀라게 하였다. 여산능은 시황제 사후의 궁전으로 병용은 궁전을 지키는

순행(巡幸)하면서 그의 위엄을 직접 옛 6국민(六國民)에게 과시하기도 하였다.[14] 이와 함께 시황제는 중앙집권체제를 유지하기 위해 대규모의 도로공사를 단행하고 전국적인 교통망을 구축하였다. 수도함양을 중심으로 남북동서로 확트인 도로건설에 힘을 쏟았다.

안으로 통일사업을 수행하는 한편 밖으로도 적극적으로 대외경략을 추진하였다. 이 당시 서북지방에 있던 흉노는 그 세력이 강하여 이웃에 있던 동호(東胡)·월지(月氏)와 대립하면서 자주 중국의 북변을 침입하였다. 그리하여 흉노와 인접하고 있던 秦·趙·燕 등의 각국에서는 장성(長城)을 쌓아 방비하였다. 시황제는 천하통일 후에 장군 몽염(蒙恬)으로 하여금 흉노를 북으로 몰아내었고(B.C. 215) 종래의 장성을 수축 연결하여 이른바 만리장성[15]을 완성하였다. 한편 중국의 남방에는 민월(閩越), 남월(南越)이 있었는데, 시황제는 이를 평정하여 (B.C. 218~214) 남해(南海)·계림(桂林)·상(象)의 3군을 설치하고 이곳으로 한인 50만 명을 강제로 이주시켰으며, 복건(福建)을 정복하여 민중군(閩中郡)을 두었다. 秦은 중국역사상 처음으로 통일제국을 완성하였을 뿐만 아니라 북은 만주·몽골에서 남은 인도지나반도에 달하는 대영토를 확보하였기 때문에 秦의 국명은 멀리 서방에 전파되어 지나(支那: China)[16]라고 알려지게 되었다.

3. 秦의 통일과 황제통치의 정형(定型)

진의 통일제국은 불과 15년간(B.C. 221~206)이었으며 시황제가 사망하자 곧 와해되기 시작하였다.[17] 그러나 통일의 역사적 의의는 매우 중요하며 시황제의 통치 스타일은 이후 역대의 통일제국 전제군주에게 답습되어 통치의 정형(定型)으로 계승되었다.

진의 통일이 갖는 역사적 의의는 중국 역사상 최초의 통일제국의 출현이란

군사집단이다. 아방궁이 생전의 궁전이라면 여산능은 사후의 궁전이다.

14) 정하현, 「秦始皇의 巡行에 대한 一檢討 封禪과 祭禮를 中心으로」『邊太燮博士華甲紀念史學論叢』, 삼영사, 1985.

15) 만리장성은 요하 부근의 임조(臨洮)에서 서쪽 양평(襄平)까지 6,700km가 되므로 실제는 만 오천리가 넘는다. 현재의 장성은 明代에 다시 쌓은 부분이 있고 진대의 장성보다 남으로 백여리 들어온 곳도 있다.

16) 명말·청초에 중국에 왔던 예수교 선교사 마르티니는 China는 "시황제가 세운 秦(Tsin)의 국명에서 유래한다."는 설을 정당하다 하였다. 인도에서는 Cinasthana(지나인이 사는 곳)라 하였고 이것이 음역되어 진단(震旦), 진단(眞旦), 지나(支那)가 되었다.

17) 정하현, 「秦二世政權의 政治史的 理解」『明知史學』, 창간호, 1983.

사실이다. 은·주시대의 씨족공동체를 기반으로 한 읍제(도시)국가는 전국시대의 영토(영역)국가로 발전하고 다시 진에 의해서 중국 최초의 통일제국으로 완성되었다는 역사성을 들 수 있다.

또 진의 통일은 황제지배체제의 확립을 만들었다. 황제체제는 진의 시황제에서 시작되어 청(淸)나라가 망할 때까지(1912) 2천여 년간 계속되고 한번도 중단된 일이 없다. 이처럼 황제지배체제가 장기간 계속된 예는 중국의 역사 이외에는 세계사의 어디서도 그 예를 찾아볼 수 없다.

이와 함께 황제지배체제의 근간이 되는 군현제의 완성도 중요한 역사적 의미를 갖는다. 진이 주(周)대의 봉건제도를 버리고 관료제를 기본으로 하는 군현제를 채택하여 중앙집권적 전제군주체제를 확립한 것은 국가통치방법의 커다란 발전이라고 하겠다. 왜냐하면 혈연을 기반으로 한 씨족적 봉건체제는 지방분권적인 성격으로 인하여 제국통치는 말할 것도 없고 조그마한 도시국가의 통치도 사실상 힘든 제도이기 때문이다. 황제체제가 2천여 년 간이나 지속될 수 있었던 중요한 원인도 바로 군현제적 관료지배체제가 뒷받침한데서 비롯된다.

그리고 秦의 통일제국의 영역도 중요한 역사적 의미를 갖는다. 그것은 통일을 완성한 진의 국토는 만리장성을 경계로 하는 농경지대를 확보함으로써 중국 영토의 고정화를 이룩한 점과 중국의 영토는 이후 분열과 통일시대가 엇갈리는 과정에서 국경선의 확대와 축소는 있었으나 대체로 진의 통일영역이 유지되어 나갔다는 점에서 그 의미를 찾을 수 있다.

진의 통일이 갖는 이러한 역사적 의의와 함께 시황제가 이룩하여 놓은 통치체제는 이후 중국 역대 왕조에서 중앙집권적 황제체제의 중요한 틀(定型)이 되었다. 종래 시황제에 대한 평가는 폭군의 대명사처럼 부정적 시각이 있는가 하면 분열시대를 끝맺고 통일을 완성한 절대군주로의 긍정적 평가도 있다. 그런데 시황제에 대한 부정적인 평가는 한대(漢代) 이후 유가주의자에 의해서 마련된 비판이지만 시황제를 철저히 비판한 이들 유가주의 통치자들도 시황제가 마련한 통일제국의 통치체제를 그대로 계승하여 중앙행정제도를 비롯하여 군현제도와 대외원정, 호화로운 궁정의 조영, 토목사업, 왕위계승 등에서 답습하고 있다.

Ⅱ. 황제지배체제의 구조적 특성

1. 황제지배체제의 사상적 배경

시황제의 천하통일에 가장 큰 사상적 영향을 준 것은 법가이고, 특히 한비자(韓非子)의 사상은 절대적이었다. 시황제가 『韓非子』를 읽고 그를 만나 정치를 논하기를 갈망하고 그를 얻기 위해 한나라를 정벌시켰다는 것은 유명한 사실이다. 천하를 통일한 후 역시 법가주의자 이사(李斯)를 중용(重用)한 것도 시황제와 법가와의 긴밀한 관련을 의미하는 것이다.

법가는 군주권의 절대화를 주장하고 이를 위해 법(法)과 술(術)을 분리시켰다. 법은 군주의 명령이고 술은 이 명령을 수행하기 위한 수단이다. 즉, 법(法)은 황제의 명에 따라 백관(百官)과 인민의 행위를 규제하고 그 규제내용에 의하여 인민이나 관료에 대한 상벌을 규정한 것이다. 술은 황제의 법을 집행하는 것이고 이를 위해 적임자를 뽑아 관리로 임명하는 관료제도이다. 이러한 법과 술을 효과적으로 운영하기 위해서는 군주가 절대적인 권위를 가져야 하며, 황제권은 천(天)으로부터 위임받았기 때문에 아무도 이를 제약할 수 없다는 것이다. 천하의 통일은 이러한 절대자인 군주(황제)에 의해서만 이룩할 수 있다는 사상이다.[18]

법가주의적 황제지배체제의 이와 같은 사상적 논리가 전국적으로 민간사회에 받아들여지기 위해서는 황제관(皇帝觀)에 대한 민간사회의 이념적 뒷받침이 있어야 한다. 진·한 시대에 황제지배체제를 뒷받침한 이념적 지주는 민간사회에 뿌리 깊게 전해오던 신비주의와 춘추 이래 유교이념에 근거를 두고 있던 가부장적인 군주관(君主觀)이다. 진의 통일과정에서 황제체제와 유가는 분서갱유를 통하여 정반대적 입장에서 서로 반목하였다. 그러나 한대에 와서 유학이 관학으로 채택되면서 황제지배체제를 옹호하는 사상적인 기반을 마련하게 된 것은 이와 같은 가부장적 군주관에 이념적인 근거를 둔 것이다. 즉, 국가에 있어서의 황제권과, 가정에서의 가부장권은 충과 효를 덕목(德目)으로 하면서 서로 보완하는 이념으로 발전한 것이다.

---

18) 이성규, 「秦帝國의 舊六國統治와 그 限界」『閔錫泓博士華甲紀念史學論叢』, 삼영사, 1985.
　　　　, 「中國古代 皇帝權의 性格」『東亞史上의 王權』, 東洋史學會편, 한울 아카데미, 1993.
　　임중혁, 「前漢의 法治와 法家官僚」『中國學報』 25, 1985.
　　김석우, 「前漢 元帝代 災異論과 儒敎政治」『東洋史學研究』 87, 2004.

2. 황제권력과 옥새의 권위

진시황 이전에는 아직 옥새제도가 나타나지 아니하고 군주의 권위는 종묘(宗廟)의 제기(祭器)나 청동제의 솥(鼎)으로 표현하기도 하였다. 이 옥새제도는 진시황제에 의하여 시작되어[19] 이후 한대에 가서 그 제도적인 완성을 이루어 운영되었다.

옥새(玉璽)는 황제의 절대적 권위를 상징하는 것이다. 황제의 조제(詔制)가 법적으로 효력을 발휘하기 위해서는 옥새로 이를 날인해야 한다. 특히 황제의 왕위계승을 합법화하는데 있어서도 선제(先帝)의 영전이나 고묘(高廟: 태조의 묘)에서 옥새를 인수하여야만 황제위를 계승하는 정통성을 인정받고 황제의 권위를 발휘할 수 있게 된다.

그런데 황제의 옥새는 그 인문(印文)에 의하여 여섯 종류로 구분되는데, 이를 황제6새(皇帝六璽)[20]라고 하며, 이들 6새의 용도는 각기 달랐다. 秦代의 내용은 불분명하였으나, 한대의 예를 보면 황제행새(皇帝行璽)는 일반서무에 사용되고, 황제지새(皇帝之璽)는 제후왕에게 글을 보낼 경우, 황제신새(皇帝信璽)는 발병(發兵) 및 대신을 부를 때, 천자행새(天子行璽)는 외국에게 황제의 명을 내리는 경우, 천자지새(天子之璽)는 천지신을 제사할 경우 등에 사용되었으며, 천자신새(天子信璽)는 그 사용처가 확실하지 않다.

이렇게 볼 때에 황제와 천자가 새겨진 옥새의 용도가 각기 다르다. 황제가 들어간 3새는 국내정치에 사용된 것으로 왕후 이하의 신하에 대해서 절대자인 황제로서 군림함을 의미하는 것이다. 이에 대해 천자가 새겨진 3새는 만이(蠻夷) 및 제사(祭祀)를 위해 사용된 것이며, 국내정치를 위해서 사용되지 않았다. 따라서 천자는 만이와 천지신에 대하여 군림한다는 뜻이 내포되어 있음을 살필 수 있다. 수·당시대에는 천자가 들어간 옥새 대신 수명새(受命璽) 또는 수명보(受命寶)가 새로 제작되었는데, 그것은 봉선(封禪) 및 제사에 사용하였다.

---

19) 진대의 옥새제도에 대해서는 『史記』卷6, 진시황본기(秦始皇本紀)에 '영자영제(令子嬰齋), 당묘현수옥새(當廟見受玉璽)'란 기사가 있고, 시황제 사망시 중차부령(中車府令) 조고(趙高)가 말자(符璽)의 일을 관장하는 지위에 있으면서 황제의 유서를 위조하여 장남 부소(扶蘇) 대신 말자(末子) 호해(胡亥)를 제위에 오르게 하였다는 기록이 있다.

20) 한대의 옥새제도에 관해서는 후한시대 위굉(衛宏)의 『한구의』(漢舊儀), 응소(應邵)의 『한관의』(漢官儀)에 기록하고 있다. 옥새의 글씨 내용은 ① 황제행새, ② 황제지새, ③ 황제신새, ④ 천자행새, ⑤ 천자지새 ⑥ 천자신새의 여섯 종류가 있다. 이 밖에 전국지새(傳國之璽)가 있다.

이처럼 황제6새의 제도에서 보면, 한의 황제는 황제로서의 기능과 천자로서의 기능을 구분하고 있었다. 즉, 황제는 국내정치상에서 군주로서의 지위와 권위를 나타낸 것이고, 천자는 주변국가에 대한 중국 황제(천자)의 권위를 나타냄과 동시에 군주로서 천지신을 제사할 경우의 권위를 나타내는 것이다. 중국의 옥새는 대권(大權)을 계승하는 황제의 정통성과 함께 천명(天命)을 받드는 천자의 권위와 정치의 수장(首長)으로서 황제의 절대권을 상징하는 것이다.

3. 황제지배체제하의 중앙 및 지방관제

황제를 최고 정점으로 하는 진의 중앙관제를 보면 정무를 담당한 승상(丞相)이 재상의 역할을 맡고, 감찰임무를 맡은 어사대부(御史大夫)와 군사업무를 관장한 태위(太尉)가 있어 정치·감찰·군사의 3권이 분립되었다. 이를 3공(公)이라 하며, 직제상으로 볼 때에 승상은 황제를 보좌하며 백관을 총괄하는 최고수반이고, 어사대부와 태위는 승상을 도와 정무를 수행하도록 되어 있었다. 그런데 이들 관직은 진에서 처음 생긴 것은 아니다.

승상은 주대 이래 제후를 초빙하거나 향연을 베풀 때 예(禮)를 맡아보는 관직이다. 봉건시대에 국제간의 내왕에서 예절을 중요시하였기 때문에 상(相)은 비록 관직은 높지 아니하였으나 군주의 측근 중에 신임을 받는 신하가 임명되었다.

〈 진 · 한 관제의 비교 〉

		진의 중앙관제	한의 중앙관제	지방관제	
중 앙	3공(公)	승상(丞相: 행정) 태위(太尉: 군사) 어사대부(御史大夫: 감찰)	대사도(大司徒) 대사마(大司馬) 대사공(大司空)	군(郡)	수(守: 행정) 군위(郡尉: 군사) 감(監: 감찰)
	9경(卿)	봉상(奉常: 예의제사) 낭중령(郎中令: 궁전경비) 위위(衛尉: 궁문경비) 태복(太僕: 말·가마) 정위(廷尉: 사법형옥) 전객(典客: 빈객접대) 종정(宗正: 황족사무) 치속내사(治粟內史: 국가재정) 소부(少府: 황실재정)	태상(太常) 광록훈(光祿勳) 위위(衛尉) 태복(太僕) 정위[廷尉(大理)] 대홍로(大鴻臚) 종정(宗正) 대사농(大司農) 소부(少府)	현(縣)	령(令: 행정) 현위(縣尉: 군사) 승(丞: 감찰) 한대에는 군·현의 위에 주(州)를 설치하여 장관인 자사(刺史)를 두어 군·현을 감독하였다.

이 상은 춘추시대로부터 군주를 도와 국정을 맡게 되면서 국무(國務)를 총리하는 관직으로 발전하게 되었다. 또 전국시대에는 귀족세력이 몰락하면서 상의 지위는 더욱 높아져 최고행정의 수반이 되었다. 이런 승상의 관직은 이미 위·조·연나라에도 설치되고 있었다.

어사는 주대에 군주의 근신(近臣)으로 사건을 기록하는 기록관이었으나 전국시대에 들어와 백관(百官)을 감찰하는 군주의 눈과 귀의 역할을 맡게 되면서 감찰직으로 발전한 것이다. 진시황제 이전에 대부(大夫)가 직접 어사(御史)를 감찰하였는데, 시황제가 천하를 통일하면서 어사대부로 합쳐져 중앙정부의 최고관직으로 막강한 감찰권을 행사하기에 이르렀다. 그에 속한 중요한 관직으로 어사승(御史丞), 어사중승(御史中丞)과 시어사(侍御史)가 있고, 특히 황제의 옥새를 관장하는 부절령(符節令), 영부새랑(領符璽郎)도 여기에 소속하였다.

태위도 전국시대의 병무(兵務)를 담당한 무관직인 위(尉)에서 비롯된다. 위는 군주의 시위(侍衛)를 맡는 말직이었으나 항상 군주 측근에 있었기 때문에 군주의 신임이 커지면서 국가의 중요한 군무(軍務)를 맡게 되었다. 시황제도 태위에게 전국의 병사(兵事)를 장악하도록 하였다.

3공(公) 아래 9경(卿)이 설치되어 중요한 국무를 분담하였다. 9경의 업무 가운데 대부분 황실 및 황제와 관련된 관직이 차지하고 있음을 볼 때, 진의 국가조직은 그 성격이 황제체제를 유지하고 황제권을 강화하기 위한 관료조직으로 짜여 있음을 알 수가 있다.

지방 관제를 보면 진은 효공(孝公) 이후 대외원정으로 정복한 영토에 군(郡)과 현(縣)을 설치함으로써 군현제도가 시작되었고, 시황제도 이를 계승하여 전국에 36군을 설치하였다. 중국의 영토와 지방행정체계는 대체로 진대에 윤곽이 잡혀 청대에까지 계속되어 내려왔다. 郡도 중앙과 같이 행정·감찰·군사를 분립시켰다. 중앙에서 파견된 郡의 최고장관은 군수(郡守) 또는 태수(太守)가 행정을 맡고 군위(郡尉)가 병역 및 군사권을 장악하였다. 郡에 시어사(侍御史)를 파견하여 지방행정을 감찰하였다. 군의 아래에 縣을 두었고 장관에 현령(縣令) 또는 현장(縣長)이 있고 감찰관인 현승(縣丞)과 군무를 담당하는 현위(縣尉)가 있었다. 縣의 수는 대략 1,400 정도로 추산된다.

한편 황제 권력의 기본이 되고 있는 군사제도를 보면 효공 이래 징병제를 채택하고 있다. 국민의 과반수가 농경에 종사하였고, 나머지 반은 병역에 충원되었는데, 23세부터 군복무가 시작되었으나 필요에 따라 징병연령을 15세로 내리기도 하였다. 특히 전투력을 강화하기 위하여 전쟁에 공로가 있는 자에게 작위를 주는 전공수작제(戰功授爵制)를 채용하여 군사력을 강화하였다.

제2절　한(漢)제국과 황제지배체제의 발전

Ⅰ. 한의 재통일과 황제지배체제의 확립

1. 중국최초의 농민반란과 진(秦)의 멸망

진은 시황제의 사망(B.C. 210) 후 곧바로 각지에서 벌떼와 같이 일어난 농민반란으로 멸망하였다(B.C. 206). 중국 최초의 통일제국인 진나라가 이렇게 쉽게 멸망하게 된 뚜렷한 몇 가지 원인이 있다.

먼저 진시황제의 돌연한 사망과 어리석은 막내아들 호해(胡亥)의 황위 계승을 들 수 있다. 평소 시황제는 똑똑한 장남 부소(扶蘇)가 황제의 뜻을 거슬른다 하여 멀리하고 호해를 총애하였다. 시황제는 동방순행 중 하북성 사구(沙丘)에서 50세로 병사하였다(B.C. 210). 그는 임종 때 황위를 부소에게 넘길 것을 유언하였으나 환관 조고(趙高)와 승상 이사(李斯)가 공모하여 유언을 조작하여 어리석은 호혜를 황제로 추대한 것이 진나라 멸망의 원인이 되었다.

다음으로 진승(陳勝)·오광(吳廣)의 농민반란을 들 수 있다.[21] 진승과 오광은 농민반란을 일으킬 때(B.C. 209) '왕후 장상(王侯 將相)이 어찌 별종(別種)이 있을 수 있는가'라는 기치를 내걸었다. 이들의 농민봉기는 비록 실패로 끝났으나 그 역사적 의미는 크다. 먼저 이 난을 계기로 옛 6국의 귀족과 지방의 호족세력에 의한 반진운동(反秦運動)이 전국적으로 일어났으며, 더욱이 진승·오광의

---

21) 진승은 하남성의 가난한 농민출신이다. 그는 북방 경비를 위해 군사 900명을 인솔하고 북으로 가는 도중 큰비를 만나 도착날짜까지 목적지에 갈 수 없게 되었다. 진나라의 국법에는 도착날짜를 어기면 사형에 처하는 악법이 있어 친구 오광과 상의하여 역사상 최초의 농민반란을 일으켰다. 그는 국호를 장초(張楚)라 하고 반란을 시작했으나 6개월만에 실패하고 부하에게 살해되었다.

반란군은 모두 농민출신으로 강력한 전제국가인 진을 상대로 반란을 일으킨 중국 역사상 최초의 농민반란이 되었다.[22]

또한 진시황제의 절대 권력에 눌리어 숨을 죽이고 있던 옛 전국시대 6국의 구세력은 시황제의 사망과 함께 진의 절대권에 도전하는 세력으로 변신하였다. 더욱이 천하가 쉽사리 무정부상태의 혼란에 빠진 것은 군현제의 실시로 진을 옹호할 봉건세력이 없어졌기 때문이다. 특히 일반농민이 진에 대해 불만을 폭발시킨 중요한 원인은 춘추·전국시대의 오랜 전란의 고통 속에서 평화와 통일을 원하였고 진의 통일은 농민의 이러한 염원을 이룩해 주는 것으로 크게 환영을 받았다. 그러나 진의 가혹한 엄형주의정책(嚴刑主義政策)과 대토목사업, 외국정벌은 농민의 기대를 완전히 저버린 것이었다. 특히 농민에게 가장 큰 부담은 강제노동이었다. 천하를 통일한 진에서는 머나먼 북방의 만리장성을[23] 쌓으러 동원되었고, 수도 함양의 아방궁(阿房宮) 공사 그리고 흉노와 남월을 원정하러 고향을 떠나게 되었다.

더욱이 강제노동의 인적 자원을 확보하기 위해서 국가는 고의로 많은 죄인을 만들기 위해 혹심한 연좌제(連坐制)를 적용하고,[24] 일반민을 법에 저촉시키기 위해서는 가혹한 형벌을 조작할 수밖에 없었다. 예컨대 진의 강제동원령에는 농민이 국가가 정한 날짜에 지정된 장소에 도착하지 못하면 사형에 처하는 혹법이 있었는데, 중국 최초의 농민반란으로 일컬어지는 진승·오광의 반란이 시작된 것도 이러한 강제동원령의 모순이 원인이 되었다.

2. 漢의 건국과 고조(高祖)의 통치정책

진승에 의한 농민반란이 실패한 후 천하는 구귀족세력을 대표하는 초의 귀족 항우(項羽)와 신흥세력을 규합한 농민출신 유방(劉邦)의 양대 진영으로 갈라져 4

---

22) 중국 역대왕조의 농민반란은 전한 말의 적미의 난, 후한 말의 황건당의 난, 당대 안록산의 난과, 황소의 난, 원 말의 홍건적의 난, 명 말의 이자성(李自成)의 난, 청 말의 백련교도의 난, 태평천국운동 등이 있다.

23) 만리장성 건설에 동원된 인원은 수십만 명, 아방궁·여산묘 공사에 죄인 70만 명, 흉노정벌에 30만 명, 남방원정에 50만 명을 동원한 것으로 추정한다. 이 당시의 인구를 대략 2000만 명 정도로 보고 있는데, 이러한 대규모의 농민동원으로 농민이 감당할 노동력은 이미 한계를 넘고 있다.

24) 1975년 호북성 운몽현(雲夢縣)의 진묘(秦墓)에서 나온 다수의 죽간(竹簡)에 진의 법률[秦律]이 기록되어 있다. 이에 의하면 형벌은 일반민에게 가혹했고, 특히 연좌제를 적용하여 범법자는 3족(父·母·妻族) 및 같은 마을에까지 연루시켰다.
   임중혁, 「雲夢秦簡의 貲罰에 대하여」『東洋史學研究』 24, 1986.

년(B.C. 206~202)간 한(漢)·초전(楚戰)이 벌어졌다.

항우는 초나라 귀족가문의 출신으로 성격이 단순하면서도 자존심이 강하고 감정적이며 무인(武人)기질이 뛰어난 인물이다. 이에 대해 유방은 가난한 농민 출신으로 자유분방하고 권모술수에 능하며 자기감정 억제를 잘 하는 냉혹한 정치가형이다. 항우가 24세에 군사를 일으켰을 때 유방은 이미 36세의 장년에 접어든 시기였다.

이들 양자의 한·초전은 처음에는 무력에 뛰어난 항우세력이 압도적으로 우세하였다.[25] 그리하여 항우는 우세한 군사력으로 진의 수도 함양을 정복한 후 아방궁에 불을 지르고 진의 수도 함양을 파괴한 후 진을 멸망시켰다(B.C. 206). 또 진의 군현제 대신 봉건제를 취함으로써 시대의 대세에 역행하는 정책을 취하였다. 더욱이 지정학적으로 중요한 관중지방(關中地方)을 버리고 자기 고향인 강남으로 내려가 팽성(彭城)에 도읍을 하는 실수를 범하였다. 이 틈을 이용하여 유방은 관중을 장악하고 제후와 연합하여 초에 대항함으로써 마침내 최후의 승리를 거두게 되었다(B.C. 202).

이와 같은 한·초전에서 승리를 거둔 한(漢)[26]의 고조(高祖: 유방)는 진의 수도 근처인 관중의 장안(長安)에 도읍을 정하고 제위(帝位)에 올랐다(B.C. 202). 고조의 한제국 건국에 참여한 창업공신은 대체로 신분이 낮고 의협심이 강한 유협집단(遊俠集團)[27]의 성격을 지니고 있다. 평민출신의 유방과 유협집단의 성격이 강한 창업공신들이 한제국을 건설할 수 있었던 것은 이미 주나라 이래의

---

25) 『史記』 卷7, 「項羽本紀(항우본기)」에 의하면 유방과 항우가 진의 수도 함양에 진격하여 회합한 것이 유명한 홍문의 만남이다[홍문지회(鴻門之會)]. 이 당시 항우의 군사력은 역전의 용사 40만 명, 유방은 10만군으로 항우의 참모 범증은 유방을 없앨 것을 항우에 권하였으나 유방은 장량의 기지로 위험을 면하였다.
　　정하현, 「項羽와 項羽集團의 分析」『高柄翊先生回甲紀念論叢』, 한울, 1984.
　　박선희, 「劉邦의 出生과 太公의 敎訓」『史學志』 16, 단국대, 1982.
　　이용일, 「項羽의 18諸侯王 分封의 性格에 관하여」『中國史研究』 7, 1999.
26) 중국역대의 국명(國名)은 고대의 殷·周로부터 최후의 청나라에 이르기까지 한 글자로 된 것이 그 특색이다. 편의상 동·서·전·후 등의 위치나 시대를 넣은 경우도 있으나, 이는 후세에 붙여진 명칭에 불과하다. 漢이란 국명은 양자강의 큰 지류(支流)인 한수(漢水)에서 유래하였다.
27) 임중혁, 「漢帝國의 性格과 高祖의 功臣集團」『淑大史論』 18, 1996.
　　고조는 농민출신이고 소하(蕭何)는 패현의 서기, 조삼은 간수출신, 번쾌(樊噲)는 백정(白丁), 관영(綰嬰)은 의복행상인, 주발(周勃)은 장례식의 행도, 하후영(夏侯嬰)은 마부, 주창은 심부름꾼, 고조의 죽마고우 노관(盧綰)은 무뢰배이다. 이 중에 張良(子房)만이 명문출신이다.

가문을 중히 여기는 봉건질서가 완전히 무너지고 능력중심의 새로운 시대가 전개되고 있음을 의미한다.[28]

고조는 漢제국 통치체제로 봉건제와 군현제를 절충한 이른바 군국제(郡國制)를 취하였다.[29] 고조는 주나라의 봉건제를 춘추·전국의 오랜 분쟁의 원인으로 생각하였다. 반면에 진은 군현제를 취함으로써 고립되어 황제의 보호세력이 없어 쉽게 멸망한 것을 감안하여 한·초전에 공이 많은 공신을 제후왕으로 봉하였다. 이리하여 수도 장안으로부터 멀리 떨어진 지방에는 일족(一族)과 공신을 왕과 제후로 봉하는 봉건제를 취하고, 수도 근방의 경기지방에는 진의 군현제를 그대로 유지하였다.[30] 그러나 고조는 왕권이 안정되자 건국에 공이 많은 이성제후(한신, 팽월, 영모, 노관)를 모두 제거하고 유씨제후만을 남겼다.

사상적으로 고조는 유가를 비롯한 학자를 기피하였고 황로술(黃老術)을 좋아하였으나,[31] 점차 국가통치의 기틀을 유교주의 방향으로 잡게 되었으니 여기에는 유학자 육가(陸賈)의 공이 컸다.[32] 그리하여 예악(禮樂)을 존중하고 문화면에도 힘을 기울이게 되었다. 또한 육가로 하여금 『新語(신어)』를 짓게 하여 진의 멸망원인을 규명토록 하였고, 승상 소하(蕭何)에게는 진의 가혹한 형법을 개정케 하여 법률을 새로 제정하였다. 고조의 통치책은 관제나 통치조직에 있어 진의 제도를 대부분 계승하였기 때문에 법가주의적인 색채가 많이 있었다. 그러나 한편으로 유교의 예악을 받아들여 궁중의 의식과 예절을 제정함으로써 유가를 가지고 법가를 장식하는 법가적 유교주의 정치를 수립하여 진나라와는 다른 한의 통치기반을 마련하게 되었다.

---

28) 민두기, 「漢代의 任俠的 習俗에 대하여」『史學研究』 9, 1960.
29) 漢初에는 103의 군·국(郡·國)이 있었다. 이 가운데 중앙에서 직접 통치한 곳은 15郡뿐이고 나머지는 이성제후(異姓諸侯)와 동성제후(同姓諸侯)에게 나누어 주었다. 그러나 천하가 안정되자 고조는 이성제후를 제거하였고 동성제후는 다음 경제 때 吳·楚 등 7국의 난(B.C. 154)이 평정된 후 이들을 제압하여 군현제로 환원하였다.
30) 민두기, 「前漢의 京畿統治策」『東洋史學研究』 3, 1969.
____, 「中國의 傳統的 政治像 封建郡縣論議를 중심으로」『中國近代史研究』, 일조각, 1973.
31) 민성기, 「漢初黃老術의 一考察」『樂山 金廷漢先生頌壽紀念論集』, 1969.
32) 육가(陸賈)는 고조에게 천하통치의 기본을 유학의 경서(經書)에서 찾으라고 권하였다. 이에 대해 고조는 '내가 마상(馬上)에서 천하를 얻었는데 무슨 경서냐고 비웃으니 육가는 '마상에서 천하를 얻을 수는 있어도 마상에서 다스릴 수는 없다.'(天下可取馬上, 不治馬上)라는 유명한 충고를 하여 창업과 수성(守成)의 기틀을 마련하고 고조의 마음을 유교로 기울게 하였다(『漢書』 卷43 陸賈傳).

3. 漢나라의 중앙 및 지방행정조직

한의 중앙 및 지방관제는 대체로 진(秦)의 제도를 계승하였다.

중앙관제는 진의 3公[승상·태위·어사대부(丞相·太尉·御史大夫)]제를 계승하여 승상[33]이 정치를 총괄하고, 태위는 군사, 어사대부는 감찰을 장악하였다. 3공은 국가의 최고 정책결정기관으로 그 아래 정무를 분담한 9시(寺)가 있고 그 장관을 경(卿)이라 하였다.

3공은 거대한 정청(政廳)에서 정무를 관장하였으니 이곳을 부(府)라 하고 침식을 동시에 할 수 있는 관사(官舍)가 함께 있고 별도로 사택(私宅)이 있어 이를 제(第)라 하였다.

태위는 군사권을 장악하고 있었으나 실권은 점차 약화되었다.

어사대부는 한대에 그 권한이 상당히 강화되고 있다. 즉, 황제의 조서는 먼저 어사대부에게 내려지고 이것이 다시 승상에게 넘어갔고 승상도 상주(上奏)할 때에는 어사대부를 통하여 황제에게 그 뜻을 전달하였음을 볼 때에 황제가 어사대부를 이용하여 승상을 감시하고 견제한 것 같다. 이에 따라 한대의 어사대부는 대부분 황제의 신임이 두터운 인물[34]로 임명되었고 그 권한 또한 승상을 능가하기도 하였다.

한대의 9경은 그 명칭이 진나라와는 부분적으로 달라졌을 뿐 업무는 비슷하였다. 다만 진·한의 9경 가운데 5경, 즉 궁전을 경비하는 광록훈(光祿勳), 궁문(宮門)의 경비를 맡고 있는 위위(衛尉), 황제의 여마(輿馬)를 담당하는 태복(太僕), 황실사무를 맡는 종백(宗伯), 황실재정을 맡고 있는 소부(少府) 등은 모두 황제의 생활과 밀접한 관련을 지니고 있는 업무를 담당하는 부서이다.[35] 이는 황제를 정점으로 하는 황제지배체제가 한대의 중앙 관료조직상에 있어서도 더욱 강화되면서 잘 유지되고 있음을 의미한다.

漢은 처음에 지방조직으로 秦의 군현제와 周代의 봉건제를 병행한 군국제(郡

---

33) 김 엽, 「漢代 太子保傅制度」『慶北大論文集』 11, 1967.
   최재용, 「西漢 三輔의 成立과 그 機能」『慶北史學』 8, 1985.
        한대의 승상(丞相) 제도는 여러 번 바뀌었다. 즉, 고조 말년에 승상을 상국(相國)
        이라 고쳤고 혜제 때에 상국을 없애고 좌·우 승상을 두었다 문제(文帝) 때 이를
        없애고 다시 승상 1인을 두었고 전한 말 애제(哀帝) 때 대사도(大司徒)라 하였다.
34) 경제(景帝) 때 조착(晁錯), 무제(武帝) 때 장탕(張湯), 조우(趙禹) 등은 어사대부로 활약한
   인물이다.
35) 박건주, 「前漢의 少府에 대한 一考察」『成均館大論集』 10, 1986.

國制)를 채용하였다. 수도에서 가까운 근기지방(近畿地方)은 관리를 파견하는 군현제로 통치하고, 멀리 떨어져 있는 원거리지방은 일족과 공신을 제후로 봉건한 봉건제로 통치하였다. 그런데 한초의 봉건왕국은 지역이 광대하여 하나의 왕국이 여러 郡을 관할하였으므로 마치 중앙정부의 축소판과 같은 감을 주었다. 그러나 경제(景帝) 때 吳·楚 등 7국의 난(B.C. 154)을 계기로 봉건왕국의 승상을 상(相)으로 격하시켰고, 그 아래 있는 관리를 축소하여, 제후국의 권한을 크게 약화시켰다. 무제 때에 이르러서는 봉건왕국에 소속된 郡은 거의 없애고, 郡을 직접 중앙에서 통치하였으므로 제도상으로 볼 때에 봉건제는 사라지게 되었다.[36]

다만 郡의 태수는 황제의 입장에서 보면 일개 지방관에 불과하나 군민(郡民)의 입장에서 본다면 태수와 현령은 그 지위가 세습이 아닐 뿐 종래의 봉건영주와 별로 다를 바가 없다. 실제로 군의 태수는 군민의 생사권을 장악하였고 부하관속을 임명하였다. 또 관료후보자를 중앙에 추천하고, 군에 소속된 현의 장관(현령)을 체포하여 재판할 수도 있었다. 따라서 한대에는 태수와 그의 부하관료인 문하인(門下人) 사이에는 자연스럽게 주종관계가 성립되고 때로는 지방의 여론을 조작하면서 향민(鄕民)의 지지를 받아 지방통치를 마음대로 할 수 있었다.[37] 그리고 현령도 통치지역은 작지만 지방장관으로 흡사 봉건영주와 같이 백성 위에 군림하였다.[38] 진·한 시대에 군현제가 실시되고 봉건제도가 사라졌음에도 불구하고 이후의 중국사회를 봉건사회로 규정하는 것은 이와 같은 지방관과 郡·縣民 간의 인간적 의리를 바탕으로 하는 봉건적 신분관계가 형성되면서 지방통치의 기반을 마련하였기 때문이다.

진·한의 지방행정조직은 郡·縣의 2층 구조였다. 그런데 군의 통치범위가

---

36) 민성기, 「前漢의 徒民實邊에 대하여」『釜山大論文集』 11, 1970.
　　이성규, 「前漢列侯의 性格」『東亞文化』 14, 1977.
　　김　엽, 「中國古代의 地方統治와 鄕里社會」『大丘史學』 37, 1990.
　　　　　고조 말년의 郡國(王國) 수는 56이었고, 문·경제 때에는 10여국을 증설하였다. 무제의 태초 원년(B.C. 104)에 군국은 110이었고, 이 중 군이 89, 국이 21이었다. 평제 원시 2년(A.D. 2)에 군국이 103이고, 이 중에 군이 83, 국이 20이었다. 그러나 무제 이후 지방의 제후는 이름뿐이고 실권은 완전히 박탈되었다.
　　박건주, 「漢代 更繇制에 대한 一考察」『歷史學硏究』 13, 1994.
　　　　　, 「江陵張家山漢墓竹簡의 「奏讞書」에서 보이는 秦漢의 更繇制」『歷史學硏究』 14, 1996.
37) 임중혁, 「漢代의 文書行政」『中國學報』 29, 1989.
　　　　　, 「尹灣漢簡을 통해본 漢代의 지방행정제도」『歷史敎育』 64, 1997.
38) 『後漢書』 卷81에는 특히 이러한 인물을 의리가 두터운 자로 취급하여 새로 독행전(篤行傳)을 두었다.

너무 넓기 때문에 군과 중앙정부 사이에 주(州)라고 하는 새로운 행정단위가 신설되면서 점차 州·郡·縣의 3층 구조로 바뀌게 되었다.[39] 州는 무제(武帝) 때 처음으로 州에 자사(刺史)가 임명되면서 시작되었다. 전한시대의 州는 행정구분이라기보다는 郡·縣을 감독하기 위한 임시적인 감독관청[40]에 불과하였다. 무제는 전국을 13개의 감찰구역으로 나누고 각 구역마다 자사 1명을 파견하여 군국을 감찰하였다. 그 후 성제(成帝) 때(B.C. 8)에 자사를 주목(州牧)이라 하였다가 후한 대에는 주목을 다시 자사로 개칭하였다(A.D. 42). 이와 같은 과정에서 州의 역할은 점차로 감찰구역에서 행정구역으로 그 성격이 변화되면서 한대의 郡·縣의 2층 구조에서 州·郡·縣의 3층 구조[41]로 지방행정조직이 변화되었다.

한편 관료의 봉록제도를 보면 진·한 시대에는 종래의 작(爵)이나 봉록제도(俸祿制度)가 변화되었다. 진에서는 20등(等) 작제가 마련되고 한은 이를 계승하였다. 작제는 일종의 명예제도로 봉록이 없었기 때문에 한대에는 구체적인 봉록제로 관료의 등급을 정하였다. 즉, 3공은 질(秩) 만석(萬石)으로 특별예우를 하였고, 그 아래 최상급관료는 질 중이천석(中二千石), 그 다음이 이천석, 비이천석(比二千石)에서 천석·팔백석으로 차례로 내려와 백석까지로 차등을 두었다. 이는 연봉이므로 월급으로 환산하면, 1만석은 매월 봉미(俸米) 350곡(斛: 곡과 석은 같고 단위가 10두에 해당한다), 중이천석은 월속(月粟) 180곡으로 이 중의 약 반은 동전으로 환산해서 지급하였다. 백석(봉미 16곡) 이하의 하급관리는 두식(斗食)이라 하여 봉급을 두의 단위로 처리하였다.

이러한 질록제가 관품제(官品制)로 바뀐 것은 삼국시대의 위나라에서 9품관인법이 실시되면서 시작되었다.

4. 문제(文帝)·경제(景帝)의 안정화 정책

고조(高祖)에 의해서 한의 창업 기반이 마련되고 다음 문제와 경제때 수성(守成)의

---

39) 김경호, 「漢代 地方行政組織과 그 性格 — 鄕·亭·里를 中心으로—」『李公範敎授停年紀念論叢』, 1993.

40) 秦代에는 시어사(侍御史)가 郡을 감찰하였고, 한 초의 혜제(惠帝) 때는 어사, 문제(文帝) 때는 승상사(丞相史)가 각 군을 순찰하였다.

41) 남북조시대에는 주(州)의 영역이 축소되고 그 대신 군(郡)의 영역이 확대되면서 州와 郡의 범위가 비슷하였다. 북주 시대에는 州가 200, 郡이 500정도였으나 수대(隋代)에는 郡을 폐지하고 州가 직접 현(縣)을 관할하는 2층 구조로 환원되었다. 현재까지 州名이 많이 전해오는 것은 州가 교통·행정의 요지에 위치하여 도시로서의 기능이 계속되었기 때문이다.

기틀을 잡고 더욱 발전하게 되었다. 그러나 그 과정이 순탄하지는 않았다.

고조가 죽은 후(B.C. 195) 장자 혜제(惠帝)가 즉위하였으나 병약하여 정사를 돌볼 수 없게 되자 고조의 황후 여후(呂后)가 실권을 장악하여 여씨일족(呂氏一族)의 전횡이 시작되었다. 이리하여 한 왕조는 위기를 맞이하였으나 여후가 사망(B.C. 180)하자 한의 고관들과 장군들이 모의하여 여씨일족을 주살하고 새로 문제(B.C. 180~157)를 옹립하였다.[42]

문제는 인군(仁君)으로 안정과 검약을 실천하였다. 후세의 황제가 자신의 통치를 자랑하려 할 때 '나의 정치가 한의 문제만 한가.'라고 자문할 정도로 근검절약을 실천에 옮긴 명군이다. 특히 문제의 통치철학은 한 초에 유행하였던 황로사상의 영향을 받아[43] 무위자연(無爲自然)사상이 정치에 그대로 반영되고 있다. 이리하여 진의 시황제처럼 인위적인 무리한 정치를 피하고 민생(民生)을 안정시키며 순리에 따라 정치를 펴나갔기 때문에 진시황제 이래 혹독하게 시달려오던 백성들이 안정을 취할 수가 있었다. 특히 유교주의 정치가인 가의(賈誼)가 건의한 치안책(治安策)은 문제의 통치에 큰 영향을 주었다.[44] 경제정책면에서는 고조시대의 지조(地租)인 15분의 1세(稅)를 30분의 1로 감축하였고, 만년에는 토지세를 폐지하였다. 또한 백성의 요역을 경감하고 秦 이래의 악법인 연좌법과 신체에 고문을 가하는 육형(肉刑)을 폐지하였고, 언론의 자유를 보장하였다.

문제의 뒤를 이은 경제(B.C. 157~141)도 대체로 부친의 정책을 그대로 답습하였다. 이리하여 문제·경제 재위 40년간(B.C. 180~141)의 안정화 정책으로

42) 박선희, 「西漢 諸呂亂의 始末」『史學志』 20, 1986.
_____, 「漢 文·武時帝權變化에 대한 새로운 認識 呂陰侯家墓 출토자료 등을 근거로」 『史學志』 25, 1992.
43) 민성기, 「漢初黃老術의 一考察」『樂山金延漢先生頌壽紀念論文集』, 부산대, 1969.
정일동, 「初期黃老學派의 政治思想研究」『水原大論文集』 8, 1990.
임병덕, 「秦·漢 시기의 城旦春와 漢文帝의 刑法改革」『東洋史學研究』 66, 1999.
44) 김 엽, 「漢書食貨志(上) 賈誼·鼂錯·董仲舒 上言에 대한 考察 上言年代와 그 배경」『慶北大論文集』 8, 1964.
_____, 「賈誼의 禮敎論에 대하여」『金俊燁先生 華甲紀念中國學論叢』, 고대아세아연구소, 1983.
김한규, 「賈誼의 政治思想─漢帝國秩序確立의 思想史的 一課程─」『歷史學報』 63, 1974.
정일동, 「賈誼의 治安策一考」『韓國學論集』 2, 한양대, 1982.
_____, 「賈誼의 禮敎論에 대하여」『中國學論叢, 金俊燁敎授華甲紀念論文集』, 1983.
가의의 치안책은 중앙의 황제권을 강화하고 지방 제후의 세력을 약화시키는 강간약지책(强幹弱枝策), 대흉노강경책(對匈奴强硬策), 부호세력의 억제와 사치금지의 도덕책, 가혹한 진의 법률폐지, 군신(君臣) 간의 예의존중 등 유교주의 대책이다.

황폐한 농촌사회는 휴식을 취하면서 생산력을 증가시켜 국력이 회복되어 번영을 누리게 되었다. 이와 같은 문제·경제시대의 사회적 번영과 경제력의 회복은 다음에 오는 무제시대의 방대한 재정운영과 대외원정을 감행할 수 있었던 재정과 군사비 조달의 밑거름이 되었다.

5. 군국제(郡國制)의 모순과 오(吳)·초(楚) 7국의 난

한나라 초의 군국제는 그 자체에 모순을 안고 있었다. 그것은 한의 중앙정부는 중앙집권화 방향으로 나가려 한데 대해 지방의 제후왕은 지방분권화로 치닫고 있었기 때문이다. 한 초에 봉건된 이성제후왕(異姓諸侯王)은 고조 말년에 거의 제거되었으나, 그 대신 동성(同姓)제후의 세력은 더욱 강성해졌다. 지방의 제후왕은 마치 독립국과 같아서 제후국에 소속된 관리는 제후가 직접 임명하고, 여러 군에 이르는 광대한 봉지(封地)는 제후왕의 통치하에 있었다.[45]

그러나 조정에서는 제후왕을 감독하기 위해 태부(太傅)와 승상(丞相, 후에는 相)을 파견할 뿐으로 제후국은 중앙정부의 통제 하에 있지 못하였다. 특히 제후국의 전체면적은 대체로 국토의 3분의 2를 차지하고 있기 때문에 중앙정부가 군현제로 직접 지배하는 영역은 겨우 3분의 1에 불과하였다. 더욱이 문·경시대가 되자 동성(유씨)으로서의 혈연관계도 점차 멀어져서 제후왕은 한나라 중앙정부에 커다란 위협이 아닐 수 없었다. 따라서 문제 때 회남왕 유장(劉長)이 모반죄로 제거된 사건(B.C. 174)을 계기로 박사(博士)인 가의(賈誼)와 조조(鼂錯)가 중앙정부를 강화하고 지방세력을 약화시키는 강간약지정책(强幹弱枝政策)을 내세워 제후왕의 영지를 삭감할 것을 강력히 주장하였다.[46]

그러나 문제는 제후왕과의 대결을 피하였으나 경제는 조조의 의견을 받아들여 영지삭감정책을 밀어부쳤다. 이에 대항하여 오왕(吳王)을 비롯한 지방의 제후왕이 반란을 일으켰는데, 이것이 이른바 오·초 등 7국의 난이다(B.C. 154). 이 난에서 경제는 주아부(周亞父)를 장군으로 삼아 토벌에 나서는 한편 그들의

---

45) 정하현, 「漢初 功臣들의 政治的 行態에 대하여 君臣關係를 中心으로」『李元淳教授華甲紀念史學論叢』, 교학사, 1986.

_____, 「戰國末~漢初의 鄕村사회의 豪傑 - 國家權力과의 관계를 중심으로-」『古代中國의 理解 3』(서울대 동양사학연구실 편, 지식산업사), 1997.

46) 민두기, 「前漢의 陵邑徙民策-强幹弱枝策의 具體的 內容에 대한 試考-」『歷史學報』 9, 1957.

요구를 어느 정도 받아들여 조조를 사형에 처하였다. 그러나 7국은 연합하여 중앙정부에 대항하여 왔으나 주아부의 활약으로 겨우 평정되었다.

경제는 오·초 등 7국의 난을 평정한 후 적극적인 중앙집권화 정책을 펴 나갔다. 먼저 지방의 제후왕을 정치에서 완전히 배제시키고 지방의 정치는 중앙에서 파견된 관리가 맡게 됨으로써 봉건제는 크게 위축되었다. 이리하여 한초 이래로 제국질서에 위협세력으로 내려오던 제후세력이 제거됨으로써, 봉건제도에 의한 국가통치의 모순은 해소되었고[47] 다음 무제 때에 이르러 중앙집권체제가 확립되었다.

Ⅱ. 무제(武帝)에 의한 황제지배체제의 완성

1. 무제(武帝)와 황제지배체제

기원 전 141년에 16세의 소년으로 제위에 오른 무제는 54년간(B.C. 141~87)의 재위기간에 중국 역사상 그 어떤 황제도 하기 힘든 엄청난 업적을 남겼다. 무제는 황제의 절대권을 강화하기 위한 제도적 장치를 마련하였다. 무제는 먼저 황제를 상징하는 연호제(年號制)[48]를 처음으로 제정하였다(B.C. 140). 또 이와 함께 천자는 하늘의 뜻을 잘 살펴야 하기 때문에 천상(天象)의 변화를 관찰하기 위해 천문역법은 황제의 지배 하에 두어야 한다고 생각하였다. 그리하여 진나라의 역법을 고쳤다. 즉, 진에서는 10월이 그 해의 첫 달이었으나 무제 때에 와서 비로소 음력 정월(正月)을 세수(歲首)로 하였다(B.C. 104).

성년(成年)이 된 무제는 중앙집권화 정책을 의욕적으로 추진하기 시작하여 황제의 절대권에 위험한 존재인 지방의 제후왕을 억압하는 법률을 마련하였다. 즉, 제후왕이 죽으면 왕국의 토지를 여러 자제에게 나누어 주어 열후(列侯)가 되도록 하는 추은령(推恩令: B.C. 127)을 제정하였다. 또 매년 8월에 종묘제사에 쓸 황금을 진상토록 하여 황금의 양이 부족하거나 성분이 기준에 미달하면

---

47) 제후의 왕국은 겨우 20국, 열후국은 241국이 잔존하였다. 이에 비해 중앙에서 직접 통치하는 郡이 103개, 현은 1,314개로 크게 증가하였다.

48) 무제(武帝)가 처음 사용한 연호는 건원(建元)이다. 그는 재위 54년 동안에 10회의 개원(改元)을 하였다. 처음 6회는 6년마다 한번씩 바꾸었으니 건원에 이어 원광(元光)·원삭(元朔)·원수(元狩)·원정(元鼎)·원봉(元封)이고, 그 후부터는 4년에 한번씩 개원하였다. 태초(太初)·천한(天漢)·태시(太始)·정화(征和)·후원(後元)이 그것이다. 1황제 1연호제가 채택된 것은 명대 이후부터이다.

용서 없이 처벌하는 주금률(酎金律)[49]을 실시하였다. 그리고 백성이 함부로 제후왕과 군신관계를 맺는 것을 금한 좌관율(左官律), 제후왕이 백성에게 부담을 증가하지 못하도록 한 부익률(附益律) 등이 그것이다. 한편 중앙에서 파견된 관리가 제후왕의 죄를 알면서 보고하지 않으면 아당률(阿黨律)에 따라 처벌하였다. 특히 감찰제도를 더욱 강화하여 수도를 포함해 전국을 13곳의 감찰구로 나누어 중앙에서 자사(刺史)를 파견하여 지방관의 부정에 대한 감시와 황제의 명령을 효과적으로 관철하도록 하였다.

이러한 엄한 정책으로 지방의 제후왕은 물론 제후의 세력도 크게 약화되었다. 그 결과 제후왕은 지방에서 아무런 권한도 행사하지 못하고 명목상의 제후로 그 지위가 격하되어 다만 봉지의 조세만으로 생활하는 존재로 전락하게 되었다.[50]

지방의 제후세력을 억제하는데 성공한 무제는 중앙 행정기구도 황제의 전제군주 체제로 전환하였다. 즉, 진나라의 3공 중에서 국정을 총괄하는 승상의 권한을 축소하여 점차 황제로부터 소외시키고, 그 대신 황제의 수족과 같은 비서관인 상서(尙書)나 중서(中書)를 중용[51]하고 그들을 통해 황제의 절대권을 행사하였다. 이러한 무제의 중앙집권화 정책은 제도적으로 황제의 전제지배체제를 완성한 것이다. 이것은 진의 시황제가 다 이루지 못한 황제체제를 무제일대를 거치면서 황제를 정점으로 한 중앙집권체제가 제도적으로 확립되었다는 점에서 그 역사성이 높다고 할 수 있다.

사실 봉건제와 군현제는 중국의 통치체제의 2대원리로서 유가는 봉건제를, 법가는 군현제를 이상으로 내세워 왕도주의(王道主義)와 패도주의(霸道主義)로 서로 대립하였다. 周에서 실시된 봉건제는 지방분권화의 속성으로 춘추·전국시대의 혼란을 가져왔고, 진의 군현제는 그 획일주의적 중앙집권화로 쉽게 붕괴되었다. 항우가 봉건을 취한 것은 역사의 대세를 거역한 것이고 유방(고조)에 의한 한 초의 군국제는 다시 오·초 등 7국의 난을 겪었고 무제는 봉건제를 버리고 군현제로 환원한 것이다.

이렇게 볼 때 무제에 의한 군현제적 중앙집권체제의 실현은 방대한 통일제국

---

49) 이성규, 「前漢列侯의 性格」『東亞文化』14, 1977.
　　장인성, 「前漢 郡國廟 酎金을 통해본 皇帝의 性格에 관한 一考」『湖西史學』15, 1987.
50) 양원철, 「漢代 徙遷刑에 관한 硏究」『東亞論叢』9, 동아대, 1972.
　　이윤화, 「漢代의 爵減에 대하여」『釜山史學』1, 1977.
51) 이윤화, 「漢代尙書官制의 一考察」『歷史敎育論文』1, 경북대, 1980.

의 통치를 위해서는 당연한 귀결이라 하겠다. 무제가 법가적 군현제로 황제전 제체제를 강화하고 명분상으로는 유가적 덕치주의를 표방한 것은 무제의 뛰어 난 통치능력에서 나온 역사적 위업이라 하겠다.

2. 무제의 유교(儒敎)주의정책

중국의 황제지배체제는 무제가 유교를 관학으로 채택함으로써 사상적인 무장 을 하게 되었다. 시황제의 법가주의적 황제지배체제는 황제권강화(皇帝權强化)의 필연성을 강조하고 있으면서도 전제군주권의 강화와 황제, 관료, 인민의 삼각관 계를 합리적으로 연결하는 사상적인 장치(이론)를 구축하지 못하였다. 뿐만 아 니라 유가와의 갈등을 해결하기 위해 국가통치방법으로는 아주 미숙한 강압책 (분서갱유)을 취하였다는 점에서 법가주의 통치방법의 한계를 노출하고 말았다. 그리하여 한 초에는 유가·도가를 비롯한 제자백가의 사상이 아무런 통제를 받 지 않고 사상적으로 다양한 시대를 맞이하였다.

그런데 무제시대에 유가가 다른 학파를 누르고 중국사상계의 주류(主流)를 이 룩하게 된 원인은 여러 면에서 찾을 수 있다.

우선 제자백가의 여러 학파는 편협한 일가(一家)의 이론과 일파(一派)의 주장 을 고집하였으나 유가는 다양한 사상을 포용하고 있는 경전(經典)을 지니고 있 다는 장점을 꼽을 수 있다. 유교의 경전은 단순한 이론이나 주장이 아니며 거 기에는 고대로부터 내려오는 중국인의 사상철학이 담겨져 있고 인간윤리를 강 조한 장점을 가지고 있다.

다음으로 유가는 중용(中庸)의 원리를 바탕으로 하고 있다. 유가의 온건한 중 용주의와 인의예악(仁義禮樂)의 존중은 사회질서를 정비하고 인간윤리를 안정시 키는 데 큰 도움을 주는 것이다. 이렇게 볼 때에 황제의 입장에서 가정과 사회, 국가를 다스리는 수신제가치국평천하(修身齊家治國平天下)의 기본원리와 온건한 중용을 표방한 유가를 채택하게 된 것은 당연한 것이다.

이와 같은 여러 가지 요소를 배경으로 위대한 유학자 동중서(董仲舒)와 문화 주의 천자를 자칭하는 무제의 만남이 결국 유교를 관학으로 채택하게 하는 결 정적 요인이 된 것이다.

무제는 즉위 초에 현량(賢良)과 문학에 뛰어난 선비를 소집하여 정치와 학문을 함께 논하였는데, 이를 대책(對策)이라 하며[52] 이 대책을 마련한 동중서[53]는 유

교의 춘추학(春秋學)을 전공하고 음양오행설을 이용한 천인상응설(天人相應說)을
내세워 황제의 정치적 통치는 물론이고 인간윤리의 중심에 천인상응설을 갖다 놓
았다. 이는 중앙집권체제의 확립을 염원하던 무제를 만족시켰기 때문에 무제로 하
여금 유교를 관학으로 정하고 정치의 지도원리로 삼게 하는 계기가 된 것이다.

이에 따라 건원(建元) 5년(B.C. 136)에 수도인 장안(長安)에 5경[五經: 역·
서·시·예·춘추(易·書·詩·禮·春秋)]의 박사를 두고 5경을 전문으로 교육하
도록 하였다.[54] 5경을 공부한 학생 중 우수한 자를 선발하여 낭중(郎中: 관리후
보생)으로 발탁하였다. 또 지방의 군국에서도 효행·청렴한 청년을 천거하도록
하여 이를 중앙에서 선발하여 관리로 등용하는 효렴과(孝廉科)를 설치하였다
(B.C. 134). 그 후 B.C. 124년에는 오경박사 아래 50명의 관선학생(官選學生)
을 배치하여 국립대학격인 태학(太學)을 창설하였다. 그 후 태학은 더욱 발전하
여 학생수가 3천명을 헤아리고, 졸업생 가운데 우수한 자가 선발되어 관료로
진출하게 되어 유교적 교육을 받은 자가 국가의 관료직을 독점하게 되었다. 그
결과 유학을 배우고 유교적 교양을 익힌 자가 정치를 담당하였는데 유교주의의
왕도정치가 이후 근대에 이르기까지 계속되었고, 유교국가의 기초가 무제에 의
하여 성립되었다.

무제는 결국 현실적으로 법가적 황제지배체제에다 유가적 통치이념을 접목시
킴으로써 중국의 황제체제를 정치와 사상 면에서 완성시켰다. 따라서 무제가
국가를 통치하는 기본목표를 법가적 부국강병주의에 두고, 국가를 다스려 나가
는 유능한 인재의 등용기준을 유교적 교육을 받은 인재로 충원한 조처는, 제국
통치기술면에서 진시황제보다 한 단계 위라고 보겠다. 이후의 역대 왕조에서도
무제의 이와 같은 방침이 채택되면서 국가통치의 기본이념으로 발전되었다.

---

52) 김한규, 「西漢의 「求賢」과 文學之士」 『歷史學報』 75·76합집, 1977.
　　박선희, 「漢武帝時 儒家의 官界進出路問題에 대하여」 『淑大史論』 16·17합집, 1992.
53) 동중서는 그의 저서 『春秋繁露(춘추번로)』에서 천인상응설(天人相應說)과 함께 음양오행
　　(陰陽五行)을 내세워 인간행위와 역사적 사건과의 관계가 밀접한 것으로 설명하고 있다.
　　이는 후에 참위설[예언설]로 발전하여 왕망이 전한을 찬탈하는 사상적 근거가 되었다. 뿐
　　만 아니라 유교의 비과학적 신비주의 사상으로 이어져, 중국의 과학발전을 저해하는 원인
　　이 되기도 하였다.
　　김 엽, 「漢書食貨志上'의 賈誼·董仲舒의 上言에 대한 一考」 『慶北大論文集』 8, 1964.
　　임병덕, 「『春秋繁露』의 諸子思想」 『忠北史學』 3, 1990.
54) 김용홍, 「古代中國의 博士官에 關한 硏究」 『歷史敎育論集』 13·14 합집, 1990.

3. 무제(武帝)의 대외원정과 동서교통로의 개척

무제는 안으로 황제전제체제를 성공적으로 구축하자 밖으로 중국황제(천자)의 위엄을 알리고 주변국을 북속시키기 위해 적극적으로 대외원정에 나서게 되었다. 북으로는 흉노를 정벌하고 서쪽으로 동서교역로(비단길)를 개척하고 남으로 월남, 동으로 고조선을 복속시켜 시황제보다도 더 확대된 제국영토를 확보하였다.[55]

무제에 의해 진행된 최대의 대외원정은 흉노정벌이었다. 유목민의 활동은 중앙 아시아 무대에서는 선사시대부터 볼 수 있다. B.C 6~5세기에는 이란계 유목민 스키타이의 활동이 활발하였고, 강력한 국가를 건설하였다. B.C 3세기가 되면 몽골 초원에 알타이계의 언어로 말하는 유목민 흉노가 나타나서 중국주변에서 중앙아시아에 이르는 대국가를 건설하였다. 漢 초의 흉노는 묵특선우(冒頓單于)[56]의 통치 아래 정예군 30만 명을 거느리고 동호(東胡)를 복속하고, 북으로 혼유(渾庾)와 정령(丁零)을 물리쳤다. 서쪽으로 대월지(大月氏)를 몰아내고, 남으로 오르도스지방까지 진출하면서 한나라를 위협하였다. 이 위협을 막기 위하여 고조 때 흉노원정을 단행하였으나 실패하고(B.C. 200) 이후 한은 흉노와 화친하여 종실의 여자를 출가시키고 금·은·비단 등을 보내어 흉노의 환심을 사는 화친정책을 계속하였다. 그러나 통일제국을 건설한 무제로서는 이와 같은 화친정책은 중화황제의 위신과 황제의 자긍심을 손상시키는 것으로 생각하였다. 그리하여 적극적인 대외정벌을 단행하여 주변각국을 복속시켰는데 흉노원정에서 서막을 열었다. 무제의 흉노정벌은 수차례 단행되었다.

먼저 무제는 위청(衛靑)과 이광리(李廣利) 등을 파견하여 흉노정벌을 시작하고 (B.C. 129) 이어 수십만에 달하는 대규모의 원정대를 연속으로 보내어 대대적인 정벌[57]을 단행하였다.

---

55) 김경호, 「前漢時期 河西 徙民의 배경과 성격」『成大史林』 12·13합집, 1997.
    ____, 「漢代 邊郡支配의 普遍的 原理와 그 성격 - 이념적 측면을 중심으로-」『東洋史學研究』 91, 2005.
56) 선우란 왕(王: 君長)이란 뜻이고 묵특선우 때에 비로소 국가조직이 정비되고 세습제가 마련되었다. 즉, 흉노의 국가조직은 3부로 나뉘어져 중앙부는 단우정(單于庭), 동부지역은 좌현왕(左賢王), 서부지역은 우현왕(右賢王)이 통치하였다. 그 아래 천장(千長), 백장(百長), 십장(十長)의 우두머리가 있다.
57) 흉노정벌 중 규모가 큰 것은 다음과 같다. 즉, 제1차 시기는 B.C. 129년 이광리가 3만 명을 거느리고 원정하였다. B.C. 127년 장군 위청(衛靑)의 오르도스지방 정복 후 삭방(朔方), 5原 2郡 설치 그리고 B.C. 124년에 위청이 기병 3만명을 이끌고 흉노를 정벌한 일, B.C. 121년에 장군 곽거병(霍去病)이 두 차례 흉노를 정벌하여 무위(武威), 주천(酒泉)의 2군 설치 그 후 B.C. 119년에 위청, 곽거병을 다시 파견하여 흉노를 크게 유린한

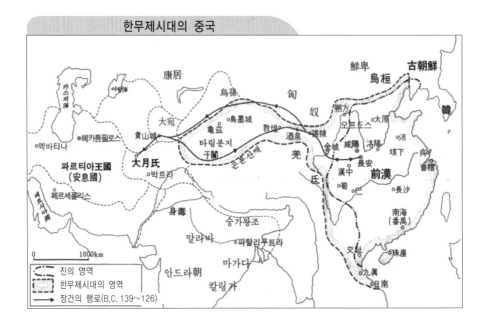

한무제시대의 중국

그런데 무제는 흉노에 대한 적극적인 군사행동에 앞서 흉노와 적대관계에 있는 서역 국가와의 동맹을 맺을 필요에서 장건(張騫)의 월지국(月氏國) 파견(B.C. 139~126)을 감행하였다. 이 당시의 월지국은 흉노에 의해 서부 감숙지방에서 축출되어 아프가니스탄 지방으로 이동하고 그 후 인도로 들어가 쿠샨왕국을 세웠다. 장건은 월지국에 도착하기에 앞서 흉노에게 붙잡혀 포로생활을 하다가 탈출하여 대원(大宛)을 거쳐 월지에 도착하였다. 그러나 장건의 군사동맹제의를 월지는 찬성하지 않았다. 그것은 흉노의 막강한 군사력을 월지가 잘 알고 있을 뿐 아니라 동아시아세계에서 진행되고 있는 한·흉노의 전쟁에 휩쓸려 들지 않으려 하였기 때문이다.

중국으로 돌아온 장건은 다시 중앙아시아의 이리하(河) 유역을 지배하고 있던 오손(烏孫)과 동맹을 맺기 위해 파견되었다(B.C. 115). 2차에 걸친 장건의 서역 파견은 비록 목적이 달성되지 못하였으나 그의 긴 여행이 갖는 역사적 의의는 크다. 즉, 중국과 서역간의 이른바 비단길[58](Silk Road)이 개통되었다는 점이다.

것 등이다. 그 후 B.C. 99년에 이능(李陵)이 5천명의 기병을 이끌고 정벌에 나섰다.
정하현, 「秦漢代 말(馬)의 이용과 需給 構造」『古代中國의 理解』(서울대 동양사학연구실 편, 지식산업사), 1994.
58) 실크로드는 독일의 지리학자 Licht Hofen이 사용한 말로 천산산맥을 중심으로 천산북로(天山北路)와 남로(南路)가 있다. 후한의 반초(班超)는 다시 서역과의 교통을 위해 새 길

이 길은 동서 문화의 중요한 교역로로 근세에 와서 해로(海路)가 열리기까지 널리 이용되었다. 이와 함께 서역에 대한 지식과 관심을 증대시켜 중국인의 세계관을 넓히는 결과를 가져오게 하였다.

무제의 정복전쟁은 남으로 복건(福建)·광동(廣東)지방과 남월(南越)을 정복하여 남해9군을 설치하고(B.C. 112) 남해(南海)무역의 기초를 열게 되었다. 또 월남북부까지 차지하여 이후 천년에 이르는 중국의 월남북부 정복이 시작되었다(B.C. 111년). 또한 동으로 위만조선(衛滿朝鮮)을 멸하고(B.C. 108) 그 곳에 한의 4군을 설치하여 한문화의 동방진출이 시작되었다.

4. 전한의 경제적 위기와 전매제도

한 무제에 의한 대제국 건설과 대토목 공사 그리고 끊임없이 계속된 대외원정이 가능하였던 것은 한초(漢初)의 문제(文帝)와 경제(景帝) 이래의 경제력 축적이 밑받침되었기 때문이다.

그러나 이러한 경제력도 장기간에 걸친 대규모 흉노정벌로 원수원년(元狩元年, B.C. 122)에 이르면 완전히 고갈되어 시급한 재원(財源) 확보를 위한 별도의 조처가 불가피하게 되었다. 이리하여 경제효과를 쉽게 거둘 수 있는 소금·철·술에 대한 전매제도와 균수법(均輸法)·평준법(平準法)에 의한 상업통제정책으로 국가수입을 올리는 정책을 시행하게 된 것이다. 소금과 철은 국민생활에 필수품이었으므로 국가경제의 동맥이었다. 그리하여 대상인 상홍양(桑弘羊)과 공근(孔僅)을 잇달아 재무관으로 임명하여 소금과 철의 국가 전매를 실시하고(B.C. 110) 술의 각고(権酤, 전매)를 추가하였다(B.C. 98). 이리하여 염철에 대한 전매제도는 한대의 경제정책 중에 가장 시비가 큰 문제[59]로 제기되었다.

평준법은 시기에 따라서 과잉공급에 의한 물가의 상승과 하락을 조절하기 위

을 여니 이 길을 북도(北道)라 하고 장건이 개척한 길은 중도(中道)라고 한다.

59) 민두기, 「鹽鐵論 그 背景과 思想에 대한 若干의 考察 (上)(下)」『歷史學報』10·11, 1958, 1959.
　　최창대, 「前漢代 鹽鐵論議와 賢良文學」『釜山工專論文集』22, 1982.
　　＿＿＿, 「孔僅戚陽의 上奏文과 塩鐵專賣」『釜山工專論文集』23, 1982.
　　조준구, 「前漢朝 鐵專賣와 생산형태에 대하여」『明知史學』4, 1992.
　　이수덕, 「漢代의 酒-律文과 政策을 중심으로-」『中國史研究』26, 2033.
　　　　B.C. 81년에 국가전매제도실시의 타당성을 토론하기 위하여 대규모적인 궁정회의가 개최되어 학자 간에 찬반논쟁이 활발히 전개되었는데 후에 반대의견을 정리하여 『鹽鐵論(염철론)』이 편찬되었다.

한 것이고, 균수법은 지역간의 물가조절을 위한 것으로 물자의 원활한 수송을 정부에서 맡아 한 것이다. 이 법의 시행으로 대상인의 상업 활동이 위축되는 대신에 일시적으로 국가의 수입은 증가하였다.

그러나 국가권력에 의한 상업통제는 상업활동을 위축시켰을 뿐만 아니라 생활필수품인 소금·철·술의 전매제 실시로 상품의 암거래를 조장하여 도리어 상인의 폭리를 가져오게 하였다.

이 밖에 무제의 경제정책으로 유명한 것은 화폐의 통일이다. 한 초에는 군국에서 마음대로 동전을 주조할 수 있었기 때문에 전국의 화폐가 일정하지 아니하여 불편함이 많았다. 무제는 화폐를 통일하기 위하여 여러 번 화폐를 주조하였으며, 특히 B.C. 113년에 동전주조권을 중앙에 회수하고 질이 좋은 오수전(五銖錢)을 만들어 전국에 유통시켰다. 오수전은 당대까지 중국화폐의 모범이 되었다.

그러나 무제의 경제정책 가운데 가장 잘못된 것은 형벌을 당하였을 때 이를 벌금으로 대체한 것, 헌금을 받고 작위를 매매한 일,[60] 부호들에게 가치 없는 녹피(鹿皮)를 떠맡기고 이를 담보로 헌금을 강요함으로써 통화의 가치를 떨어뜨린 것 등이다.

Ⅲ. 전한(前漢)의 정치적 갈등과 제국의 붕괴

1. 내조(內朝: 궁정안)와 외정(外廷: 궁정밖)의 정치적 대립

한나라 초기의 정치는 황제 아래 있는 3公(丞相·太尉·御史大夫)에 의해 운영되었다. 승상은 백관을 총괄하는 최고직이기 때문에 승상부(丞相府)는 황관(皇宮) 밖에 있던 최고행정기관이었다.

그러나 전제군주인 무제는 국정의 중심을 궁정 밖으로부터 황제가 있는 궁안으로 집중시켰다. 그리하여 내정(궁정안)에서 황제 측근에 있는 조신[朝臣: 상서·중서(尚書·中書)]과 좌우에서 시중을 드는 시중(侍中) 및 급사중(給事中)과 같이 긴밀히 정책을 결정하였다. 이렇게 내정에서 결정된 국가정책은 궁 밖의 승상부로 넘겨져 승상은 다만 정책을 집행하는 직위로 그 격이 떨어지게 되었

---

60) 민성기, 「漢代入粟受爵制」『釜山敎大學報』別冊, 1963.

다. 무제일대의 전제지배체제는 내정 중심으로 전개되었으니 여기에 궁정안에서의 내조 정치가 성립되었다.

이와 같은 내조정치는 무제와 같은 영민한 황제가 궁중을 장악하고 있을 때는 별로 문제가 없다. 그러나 황제가 용렬하거나 어릴 경우 궁중내부에 도사리고 있는 외척과 환관세력이 정치를 농단하는 것은 필연적이었으니 전·후한에 걸쳐 외척의 득세와 환관의 전횡은 이러한 내조(內朝) 정치의 모순에서 비롯된 것이다.

내조 정치가 극성하던 시기에 무제의 오랜 통치는 끝났다. 그는 임종 때 8세의 어린 소제(昭帝)를 신임하던 곽광(霍光), 김일제(金日磾), 상관걸(上官桀)에게 보좌하도록 부탁하고 70세를 일기로 사망하였다(B.C. 87). 이들은 무제시대와 같이 어린 소제를 보필하여 궁정 내에서 국정을 운영하였다.

이러한 내정정치에 대해 궁궐 밖에 있던 외조의 승상부와 어사대부는 강력히 반대의 입장을 취하였다. 특히 어사대부 상홍양(桑弘羊)은 무제시대에 소금·철·술의 전매제도를 입안 추진하여 국가재정을 회복하는데 공을 세운 인물로 무제사망 후 궁중내의 밀실정치에는 반대하였다. 이에 대해 내조의 실력자인 곽광은 상홍양의 경제 통제정책에 비판을 가하고, 그의 염·철주의 전매제도와 평준·균수법에 비판을 가하니 여기에 내·외조간의 정치적 충돌이 일어나게 되고, 이는 그 후에 유명한 염철논쟁(鹽鐵論爭)[61]으로 발전하였다(B.C. 83).

소제시대의 정치는 내조의 곽광이 주도하여 나갔다. 그는 무제의 유언을 정책의 기본방향으로 삼아 부세(賦稅)와 요역(徭役)을 경감하고 흉노와 화친으로 전쟁을 피하였다. 소제는 21세로 죽고 아들이 없자 민간에서 성장한 18세의 선제(宣帝)가 영입되어 제위에 올랐다. 선제의 즉위 초에는 곽광이 계속하여 정치를 주관하였으나, 그가 죽은 후에는 선제의 친정이 시작되면서 내조의 중추인 곽씨 세력을 제거하니 궁정내의 권신정치가 끝을 맺고 궁안(내조)과 궁밖(외조)의 정치적 갈등도 해소되었다.[62]

---

61) 김한규, 「漢代 中國的 世界秩序의 理論的 基礎에 대한 一考察『塩鐵論』에서 보이는 儒法論爭을 中心으로」『東亞研究』1, 서강대, 1982.
_____, 『古代 中國的 世界秩序 研究』, 일조각, 1981.
염철논쟁에서 현량·문학(賢良·文學)의 젊은 학자는 전매제도 폐지를 주장한데 반해 정부측은 염철전매제 계속 실시를 주장하였다. 현량·문학 등 젊은 학자를 정치적으로 돌보아 준 것은 내조(內朝)의 실력자 곽광(霍光)이었다.
62) 김한규, 「漢代 및 魏晉南北朝時代의 輔政」『歷史學報』137, 1993.

선제는 우선 정치의 중심을 외조로 옮겨 승상이 국정을 총괄하도록 하였다. 이리하여 무제 이래 격하되었던 승상의 지위를 회복하니 위상(魏相)과 병길(丙吉) 등의 명상(名相)이 나오게 되었다. 선제의 정치는 법가풍(法家風)이면서도 유가와도 친근하여 당시의 승상·어사대부인 채의(蔡義)·위현(韋賢)·소망지(蕭望之) 등은 모두 유가 출신이었다. 그러므로 선제시대의 정치는 너그럽지도 참혹하지도 않았다.

이와 같은 정치운영으로 선제시대에는 많은 인재가 배출되었다. 소·선제시대 38년간(B.C. 87~49)은 비록 내조·외조의 갈등과 권신 곽광의 전횡이 있기는 하였으나, 정치의 기본방향은 무제시대의 확대된 정치를 정리하고 재정을 긴축하면서 민생안정에 힘을 기울였으므로 정치·경제적으로 융성하였다. 특히 흉노가 내분을 일으켜 동서로 분열하여 동흉노 추장 호한야선우(呼韓耶單于)가 스스로 항복하여 오니(B.C. 51) 흉노와의 분쟁도 한숨 돌리게 되었다.

2. 외척세력의 등장과 정치의 문란

황제의 절대권이 그 기능을 상실하였을 때 궁정 안에서 변칙적 세력으로 등장하는 것이 외척과 환관이다. 외척세력은 황제의 모후(母后)를 중심으로 한 외가와 황후들을 중심으로 한 처가세력이다. 중국역사상 외척세력이 국정을 좌우하게 된 것은 한대에서 비롯되고 이후 끊임없이 정치상의 문제로 제기되었다.[63]

한의 고조는 평민출신으로 왕후 여씨(呂氏)의 내조를 받은 바가 많았다. 그리하여 한 제국이 성립되면서 여후의 세력이 커져 고조가 죽은 후 한때 여후(呂后)의 일족은 유씨를 능가할 정도가 되었다. 이후 이와 같은 풍조는 계속되면서 외척의 위세는 차차 강성하여졌다.

경제 때 외척으로 득세한 두영(竇嬰), 무제 때 전분(田蚡)과 곽광(霍光)은 황제의 신임이 두터웠다. 그 후 소제 때의 외척 상관(上官)씨, 선제 때 곽씨, 원제 이후의 왕씨가 득세하여 마침내 한을 찬탈하기에 이르렀다(A.D. 8).

그런데 황제는 외척의 이러한 전횡을 환관세력을 이용하여 억제하려 하였다. 중국의 정치는 황제권이 강화되면 궁정정치가 시작되고 여기에 황제의 총애를 받는 권신이 나타나고, 그 중에 환관도 황제의 총애를 받게 되면서 정치적으로

_____, 「漢代 및 魏晉南北朝時代의 輔政體制」『東洋史學研究』44, 1993.

63) 김 엽, 「前漢의 外戚 勢力基盤을 中心으로」『大丘史學』1, 1969.
　　방향숙, 「前漢의 外戚輔政과 王莽政權의 出現背景」『東洋史學研究』36, 1991.

큰 세력을 갖게 되었다. 환관의 세력은 이미 춘추시대에 있었고, 진나라는 환관 조고(趙高)의 전횡으로 멸망하였다.

그런데 환관이 집단을 형성하여 외척과 대신(大臣)을 상대로 정치투쟁을 시작한 것은 한대에서 비롯되고 이후 중국정치상에 환관의 폐해가 극심하게 나타나고 있다. 전한시대에 외척과 환관의 세력다툼에서는 대체로 외척세력이 승리하여 외척 왕망이 전한을 멸하고 신(新)을 세우지만 후한시대에는 외척과 유생이 모두 환관에게 참패하면서 정치는 환관이 장악하게 되었다. 그러나 한대에는 환관이 전횡을 하면서도 황제를 폐위하거나 죽이는 일은 없었으나 당대(唐代)에는 환관이 황제를 마음대로 폐립하였고 명나라 때도 환관에 의한 국정혼란이 극심하였다. 황제의 궁중생활을 둘러싼 외척과 환관집단의 갈등은 황제체제와 함께 존속되어 내려갔다.

제 3 절 후한(後漢)의 성립과 사회변화

Ⅰ. 왕망(王莽)에 의한 신(新)의 건국

1. 왕망정권의 역사적 성격

전한은 왕망에 의하여 찬탈되었고(서기 후 8년) 왕망의 신(新)정권은 불과 15년만에 멸망하고(23년) 후한으로 계승되었다.

전·후한 400여 년간의 역사에서 본다면 왕망정권 15년간은 아주 짧은 기간에 불과하나 왕망의 新정권이 갖는 역사적 의미는 매우 크다. 우선 왕망정권은 중국역사상 유일하게 외척세력에 의해 무력이 아닌 선양(禪讓)으로 왕조를 계승하였다는 사실이다. 이와 함께 왕망의 개혁이 중국의 역사에서는 아주 드물 정도로 혁명적이었다는 점이다.

왕망의 이와 같은 개혁은 그의 광적인 인간성에 기인하는 바가 많다. 왕망[64]의

---

64) 왕망(王莽)은 원제(元帝)의 부인으로 성제(成帝)의 생모(生母)인 왕태후(王太后)의 동생 왕

성격과 행동은 애제(哀帝) 시대(B.C. 7~1)를 전후하여 그 이전과 이후가 너무나 대조적으로 구분된다. 즉, 그 이전의 왕망은 유교적 교양을 갖춘 인격자로 일족의 신망을 받았으며, 입관 후에는 근엄·겸손하고 명사(名士)를 존중하는 군자로서 관료들 사이에 현자(賢者)로 평판이 높았다. 외척 왕씨(王氏)의 종친 간에서도 그를 주공(周公)에 비유할 만큼 성현(聖賢)으로 평가하였다. 그는 생각이 깊고 인사에 공정하였으며 재물에 대해 청렴하여 한(漢) 왕실을 안존시킨다는 뜻으로 안한공(安漢公)의 칭호가 주어졌다(A.D. 1).

그러나 애제시대를 고비로 그의 이중성은 점차 표면에 노출되어 괴벽함이 나타나기 시작하였다. 먼저 그는 공평무사를 내세워 그의 친자(親子)를 가혹하게 처벌하여 천륜을 어겼다.[65] 이어 평제(平帝)를 죽이고(A.D. 8) 두 살 된 선제의 현손(영)을 황태자로 세우고 자신은 가황제(假皇帝)가 되었다. 그리고 참위설을 이용하여 漢을 대신할 수 있는 것은 성인(聖人) 왕망이라는 여론을 조작하고 부명(符命)[66]으로 漢 왕조는 이제 그 수명이 다 되었으므로 자신이 진천자(眞天子)의 자리에 올라간다고 선언하고 전한을 멸망시켰다(A.D. 8). 왕망이 나라이름을 신(新)이라고 한 것은 그가 열후로 책봉된 곳이 하남성 신야(新野)의 신야후였기 때문에 이 지명을 가져온데 유래한다.

왕망에 대한 후대의 평가를 보면 유교주의 가면을 쓰고 전한을 찬탈한 사악한 정치가라는 부정적 시각이 있는가 하면 위대한 개혁자, 탁월한 정치가로 평가되기도 한다.[67] 왕망정권은 분명히 전한시대적 체제에서 후한 사회로 넘어가는 과도기적 변혁체제로 파악할 수 있다. 다시 말하면 전한의 전제군주에 의한

만(王曼)의 아들이다. 부친이 책봉되기 전에 일찍 죽었기 때문에 어려서는 가난하였으나 유학에 몰두하여 효성이 지극하고 근면 겸손하였으므로 왕태후의 깊은 신임을 얻어 출세하게 되었다.

65) 왕망은 네 아들[우·확·안·임(宇·獲·安·臨)]이 있었다. 병사(病死)한 왕안을 제외하고 모두 사소한 비행에 연루되어 자살시켰다. 이는 왕망이 자기 자식이라도 법을 어기면 처형한다는 엄정성을 과시한 횡포였다. 왕망의 부인은 이를 슬퍼하여 실명하였다(『二十二史劄記』 卷3 참조).

66) 왕망은 스스로를 순(舜)의 자손이라 하여 같은 순의 자손인 漢의 선양을 받을 자격이 있다고 하였다. 뿐만 아니라 '告安漢公 爲皇帝'[안한공(왕망)에 고하노니 황제가 되라]라는 가짜 부명(符命)을 돌에 새겨 이를 우물 속에 넣은 후에 건져 올리게 하여 이를 천명(天命)과 결부시키고 있다.

67) 호적(胡適)은 『中國哲學史』에서 왕망을 중국고대의 뛰어난 사회주의자로 평가하였고, 그의 경제정책을 국가사회주의라고 높이 인정하였다.
임중혁, 「王莽의 개혁과 평가」『東洋史學研究』 51, 1995.

제민적(齊民的) 지배체제 내지는 개별인신적 지배체제에서 후한의 호족공동체를 기초로 하는 호족사회적인 전제지배체제로 넘어가는 변혁정권으로 파악할 수도 있다는 것이다.

이런 시각에서 볼 때에 신(新)정권은 전한사회가 안고 있는 여러 가지 시대적 모순에 대한 왕망의 확고한 개혁의지와 2백년이나 계속된 전한왕조를 쉽게 찬탈할 수 있었던 그의 정치수단 그리고 왕망이 이상으로 한 『周禮(주례)』에 입각한 복고주의정치 등 혁신과 보수가 엇갈리는 모순으로 점철되고 있다. 왕망정권은 전한사회의 구조적 문제를 일시에 해결하려는 성급함이 있고 이로 인해서 쉽게 붕괴되었다.

2. 왕망의 혁명적 개혁의 실패

왕망은 열광적인 유교 신봉자로 황제가 되자 周의 제도인 주례(周禮)를 내세워 이상 국가를 세우고자 개혁을 단행하였다. 그러나 유교주의를 표방하면서도 그의 개혁에는 법가주의적인 성격이 강하게 내포되고 있다.

왕망의 정책 가운데 가장 특기할 것은 토지제도의 개혁이다. 그는 주나라의 정전제(井田制)는 秦에 의하여 파괴되어 토지겸병이 시작되고 빈민은 송곳하나 꽂을 땅도 갖지 못하고 우마(牛馬)와 같이 취급되어 노비로 팔려나갔다고 보았다. 그리하여 왕전제(王田制)를 실시하고, 노비 매매를 금하였다. 왕전제에서는 전국의 토지를 모두 국유로 하고 사사로이 매매하는 것을 금하고 한 집에 남자가 8명 이하일 경우에는 1井(900무)만을 소유하고 나머지는 친척이나 토지가 없는 사람에게 나누어 주도록 하였다. 왕망의 왕전제는 주대의 정전제를 모방한 것이다.

그러나 이러한 왕망의 토지개혁정책은 이미 대토지사유제와 노비소유제가 일반화되고 있던 당시의 시대상황에 정면으로 역행하는 것이다. 그럼에도 왕망은 토지와 노비의 매매를 금지하여 토지겸병과 농민의 노예화를 억제하려 하였다. 왕망의 이 정책은 지주·관료의 강력한 반대에 부딪쳐 3년만에 중단되었다.

왕망은 또 상업의 국가통제정책을 실시하였는데 오균(五均)과 육관(六筦)제도가 그것이다. 오균은 장안(長安)과 낙양(洛陽), 한단(邯鄲), 임치(臨淄), 완(宛), 성도(成都) 등 중요도시에 오균사시사(五均司市師)를 설치하고, 상공업의 관리, 세금징수, 물가통제 등을 국가가 직접 담당하도록 한 것이다. 육관(완)은 정부에서 소금·철·술·화폐주조 등의 사업을 독점경영하고, 한편으로 이름난 산택(山澤)에서는 생산세(生産稅)를 징수토록 하였다. 그런데 오균과 육관(완)을 집행하는 관리는 대상인 중에서 임용하였기 때문에, 그들은 이득만 취하고 이 제도의 정신을 살리지 못한 관계로 개혁은 실패하였다. 이 밖에 화폐개혁을 실시하였는데 전후 8년간 세 차례 단행되었고, 화폐의 질이 떨어져 실패하였으므로 경제혼란을 가져오게 되었다.

이 밖에 유교경전에 따라 대폭적인 관제의 개혁, 관명·지명 등의 명칭을 변경하여 새 왕조의 참신성을 높이려 하였으나 이는 도리어 행정의 혼란을 가중시키고 말았다.

왕망은 국내정치의 실패를 밖으로 돌리기 위해 유교적 중화사상을 내세우고 지금까지 한에 복속하여 왕의 지위를 부여받고 있던 주변 이민족의 군장(君長)을 모두 왕에서 후(侯)로 격하시켰다. 이에 대하여 주변의 여러 민족은 불만을 품고 중국으로부터 이탈하였다. 특히 선제 이래 우호관계를 유지하여 오던 흉노를 격분시켜 양국관계는 다시 악화되었다. 왕망은 국내의 실책을 만회하고 대외의 위신을 회복하기 위하여 30만 대군을 동원하여 흉노원정을 단행하였으나 성공하지 못하였다.

왕망의 개혁은 정치·경제·사회·문화 등 각 방면에 걸쳐 혁명적인 것이었다. 그러나 시대변화의 대세에 역행하고, 특히 전한정권의 찬탈자라고 하는 비정통성과 친족의 살해라는 비도덕성으로 인하여 개혁은 인민의 지지를 얻지 못하였다. 혁신정책이 안고 있는 위험부담은 왕망정권에서도 예외는 아니었고, 新은 단명으로 끝나고(A.D. 23) 후한에게 왕조를 넘길 수밖에 없었다.

3. 인구격감에 나타난 전·후한 왕조교체의 실상

전한에서 후한으로 넘어오는 2세기 전후의 약 100년 동안의 인구동태를 보면 이 시대 사회가 얼마나 격심한 변화를 겪으면서 전개되었다는 사실을 파악할 수가 있다.

전한말 평제의 원시 2년(서기 2년)의 전국의 인구는 5,959만 4,978명이다. 이러한 인구는 반세기가 지난 서기 57년(후한명제 중원 2년)에 2,100만 7,820명으로 거의 35%가 격감하고 있다. 이런 인구격감의 원인은 한발과 한재에 의한 농사의 흉작과 함께 왕망의 무리한 개혁정치와 대외원정 그리고 적미의 난을 비롯한 농민반란에 그 중요한 원인이 있다.

인구감소는 서기 75년(후한 명제 영평 18년)에 3,412만 5,021명으로 회복되고 다시 서기 88년(장제 장화 2년)에는 4,335만 6,367명으로 증가하고 다시 서기 105년(화제 원흥 원년)에는 5,325만 6,229명으로 전한말의 인구에 겨우 도달하였다. 이러한 인구회복에는 100년이란 시간이 소요되었다.

인구밀도상에서도 동쪽지방(청주, 서주, 충주, 기주)이 인구밀도가 높고 옛날 전한의 수도인 관중지역은 전한에서 후한으로 넘어오는 왕조 교차기의 대전환으로 극도로 황폐하였다.

특히 두드러지게 나타나는 인구격감현상은 전한의 원시 2년에 관중지방의 인구가 243만 6,360명에서 후한의 영화 5년(서기 140)에는 52만 3,869명으로 격감한 사실에 주목된다.

이와 비교하여 후한의 수도 낙양지방의 인구는 증가되어 전한말 강남 7군의 인구는 250만 명이었고, 후한 때에는 650만 명으로 증가하였다.

이상과 같은 인구의 격변은 당시의 사회적 혼란과 지역간의 인구이동 그리고 농촌사회의 혼란을 그대로 반영한 것으로 볼 수 있다.

Ⅱ. 후한(後漢)제국의 성립과 호족세력의 발전

1. 후한의 건국과 호족정권의 등장

왕망의 신정권이 붕괴된 후 광무제(光武帝: 劉秀)가 후한을 건국하기까지(서기 후 25년) 2년여 동안 각지에서 농민의 반란이 계속되었다. 이 가운데서도 산동(山東)지방에서 봉기한 적미(赤眉)의 난[68]과 호북성 신시(新市)에서 일어난 녹림(綠林)의 난이 가장 큰 세력이다. 이러한 농민반란이 진행되는 과정에서 각지의 호족과 지주들도 왕망정권 타도에 나서게 되었다.

호족세력 중에서는 남양(南陽)의 유수(劉秀)와 유인(劉寅) 형제가 이끄는 농민군이 강력하였다. 이들은 서기 23년에 유현(劉玄)을 임시황제로 세워 연호를 경시(更始)로 하고 완(宛)을 도읍으로 정하였다. 왕망은 이를 진압하기 위해 대군을

---

68) 적미의 난은 산동지방의 낭사(琅邪)에서 번숭(樊崇)을 우두머리로 한 농민반란이다. 이들은 눈썹을 붉게 칠하였기 때문에 적미군이라 하였다. 적색은 전한왕조를 상징하므로 적미군의 목표는 왕망을 타도하고 한을 부흥하는 반왕 부한(反王 復漢)에 두고 있다.

파견하였으나 곤양(昆陽)에서 유수에게 대패하여 치명적인 타격을 입었다.

그러나 경시제(更始帝: 유현)는 곤양의 승리 후 유수형제를 시기하고 특히 유능한 유인(劉寅: 유수의 형)을 두려워하여 죽이고 유수에게는 하북(河北) 평정을 명하여 밖으로 몰아냈다. 이와 함께 장안을 공격하기 위해 서정군(西征軍)을 파견하자 장안성 내의 민중도 이에 호응하니 왕망은 도망가다 살해되었다(서기 23년). 경시제는 장안으로 수도를 옮겼지만 그의 군대는 규율이 없고 부패하여 장안성 내에서 노략질과 살상을 자행하니 사회의 불안과 혼란이 극심하였다. 한편 적미군은 한 종실의 후예인 15세의 유분자(劉盆子)를 천자로 추대하고 관중으로 진격하여 경시제를 죽이고 정권을 탈취하였으나 그들 역시 질서가 없고 약탈을 자행하여 신망을 잃었다.

이때 유수는 하북일대를 평정하여 강력한 군사력을 갖게 되었고, 마침내 장수들에게 추대되어 낙양을 도읍으로 황제위에 오르니 이가 후한(後漢)69)의 광무제(光武帝)이다(서기 25년). 광무제는 우선 동방으로 철수하는 적미군을 선양(宣陽)에서 항복시켰고(서기 27년), 이후 10여년에 걸쳐 각 지방의 반란세력을 진압하여 천하평정을 완수하였다(36년). 광무제의 후한정권이 성공할 수 있었던 것은 여러 가지 원인이 있다.

먼저 광무제(유수)의 후한건국에는 그의 출신지 남양과 하북 지방 호족세력의 후원을 얻을 수 있었던 것이 큰 힘이 되었다.70) 전한의 고조(유방)가 평민출신이며 전한의 창업공신들이 대부분 미천한 계층인데 비해 후한의 창업자 유수가 호족출신이라는 점은 역사적으로 그 의미가 크다. 다시 말해 전한의 건국 당시에는 아직 호족세력이 등장하지 않았으나 200여년이 지나 후한시대에는 호족세력이 사회 전반에 막강한 힘을 가지고 있었다는 것을 의미한다. 그러므로 후한정권은 호족과 연계된 호족연합정권의 성격이 강하다. 후한의 건국과정에서 호족의 후원을 얻어 제국이 성립되었다는 점이 바로 후한정권과 호족과의 긴밀한 유대관계를 설명하고 있다.

---

69) 후한 이전의 전한을 서한(西漢)이라 하고 후한을 동한(東漢)이라고도 한다. 이는 전한의 수도가 서쪽의 장안에 있었고 후한의 수도가 동쪽의 낙양에 있었기 때문이다. 그러나 일반적으로는 후한으로 부른다.

70) 유수(劉秀)는 전한의 종실로 남양의 대지주이고 그의 외삼촌인 번굉(樊宏)도 호족이었다. 유수와 같이 기병한 등신(鄧晨)은 남양의 유명한 관료지주이며 이통(李通)도 부호이다. 이 밖에 전한의 관료출신자도 있었는데, 창성의 유식(劉植) 형제, 남양의 등우(鄧禹), 풍이(馮異), 요기(姚期), 진준(陳俊) 등이 그들이다.

이와는 대조적으로 왕망의 신정권이 반호족정책(反豪族政策)을 취한 결과 쉽게 붕괴되었다는 사실은 전한에서 신(新) 그리고 후한정권으로의 전개과정이 호족시대의 출현을 의미하는 시대적 변혁임을 알 수 있다.

또한 광무제가 신을 타도한 후 새 왕조를 건국하지 않고 한왕조를 부흥한 것도 전한제국의 유교적 복고주의에 부합되는 것이다. 후한은 호족의 협력으로 건국되었고, 이들 호족세력은 후한 2백년간 국가와 인민 사이에서 막강한 힘을 발휘하면서 지배세력으로 발전하였다.

후한건국당시 전한의 수도 장안을 국도로 하자는 의견이 강하였으나 광무제는 자신의 고향에 가까운 낙양을 수도로 정하였다.

2. 광무제(光武帝)의 통치정책

후한의 광무제가 당면한 시급한 일은 왕망에 의하여 파괴된 한왕조 체제의 재건과 함께 민생의 안정, 경제의 회복이었다. 그는 전한의 수도인 장안(관중지방)이 거듭되는 병란으로 피폐되자 자신의 근거지인 남양 부근의 낙양(洛陽)을 새로운 수도로 하여 정치문화의 중심지로 삼았다. 이와 함께 전한 무제 이후에 약화된 황제권의 강화를 목적으로 3공(公)의 권한을 약화시키고 상서대(尙書臺)의 기능을 강화하였다. 즉, 3공의 권한을 상서대로 옮겨 정치를 맡기고 3공은 다만 덕망 있는 대신에게 주어지는 명예직으로 하였다. 상서대의 장관을 상서령(尙書令), 차관을 상서복야(尙書僕射)라 하고 그 아래 실무를 담당하는 6曹[公, 吏, 民, 客, 중도관(中都官), 二千石]를 두었다. 이러한 개혁으로 3공은 명예직으로 바뀌면서 실권은 대각(臺閣)이 장악하게 되었다.

한편 광무제는 황제의 업무처리를 편리하게 보필하는 기관으로 중상시(中常侍), 소황문(小黃門), 중황문(中黃門) 등의 환관부를 신설하였다. 이는 환관의 정치관여를 초래하여 후한시대 환관이 발호하는 결과를 가져오게 하였다.

전한의 13주(州) 자사(刺史)제도를 계승하고 황제권강화를 위해 감찰제도를 확립하였다. 즉, 황제의 신임을 받는 사예교위(司隸校尉)를 두어 경기(京畿)를 비롯한 지방의 정무를 감찰토록 하였다. 이들의 권한은 막강하여 백관이 규찰대상이 되었고, 황제에게 직접 나아가 관리의 비행과 지방행정의 잘못을 직언할 수 있었다. 또한 자사의 감찰권도 확대하였다. 즉, 자사의 지방순찰을 통하여 지방에 대한 통제를 강화하였고, 사법권의 재심과 관리의 비행을 탄핵하고 우수한 지방관을 추천할 수 있도록 하였다.

민생의 안정을 위해서 징병제도를 폐지하여 병사를 고향으로 돌려보내 농경에 전념하도록 하였고, 토지의 정확한 점검을 통하여 조세를 공평히 함으로써 농민의 부담을 덜어 주었다. 다만 대토지사유제에 대해서는 전혀 손을 쓰지 않았고 노비의 해방령을 내리긴 하였어도 매매금지에는 이르지 못하였다. 이는 후한왕조의 호족적 성격이 경제정책에 그대로 반영된 것을 의미한다.

광무제는 호족을 회유하고 백성을 교화하기 위한 방법으로 유학을 장려하였다. 즉, 낙양에 태학을 세우고 오경박사(五經博士)를 두어 유교를 장려하고 절개(節介)와 효렴(孝廉)을 특히 중요시하여 인물등용의 기준으로 삼았다. 그 결과 유교적 교양을 지닌 인물이 대거 관리로 등용되었고, 이로 인해 후한시대에는 유교적 예교주의와 절의(節義)를 숭상하는 기풍이 사회전반에 풍미하였다.

〈 後漢代의 어린 황제와 외척 · 환관 세력 〉

황제	즉위 때 나이	사망 시 나이	외척	환관
4대 화제(和帝)	10	27	장제후(章帝后) 두씨(竇氏)의 兄 헌(憲)	정중(鄭衆)
5대 상제(殤帝)	幼	2		
6대 안제(安帝)	13	32	화제후(和帝后) 등씨(鄧氏)의 兄 질(質)	강경(江京) · 이윤(李閏)
7대 소제(少帝)	幼	(재위 8개월)	안제후(安帝后) 염씨(閻氏)의 兄 현(顯)	
8대 순제(順帝)	11	30	황후양씨(皇后梁氏)의 父 상(商), 兄 익(冀)	손정(孫程) · 왕강(王康) 등 19명
9대 충제(沖帝)		23		
10대 질제(質帝)	8	9	순제후(順帝后) 양씨(梁氏)의 兄 익(冀)	단초(單超) · 서황(徐璜) · 구원(具瑗) 등 5명
11대 환제(桓帝)	15	35		
12대 영제(靈帝)	14	(재위 6개월)	환제후(桓帝后) 등씨(鄧氏)의 父 무(武)	장의(張讓) · 조절(曹節) · 왕보(王甫)
13대 소제(少帝)	14	(재위 6개월)		
14대 헌제(獻帝)	9	54		

후한시대의 관리 등용에는 군의 태수가 큰 힘을 지니고 있었다. 태수는 중앙에서 파견되어 임지에 부임하면 자기의 속관을 개편하고 하부의 현령을 임명하게 된다. 이때 군내의 유능한 인재를 발탁하여 속관으로 임명하기도 하고 중앙에 추천하여 관리로 진출시키기도 하였다. 따라서 한대의 태수는 봉건영주와 같은 권력을 지니게 되었으며, 속관들의 태수에 대한 태도는 마치 군신관계와 같았다. 특히 태수의 추천에 의해 관계에 진출한 유학자는 평생토록 신의를 버

리지 못하고 충성을 바치게 되었다. 한편 태수가 되기 위해서는 유교적 교양을 쌓아야 하고 스승을 받들고 오랜 기간 학업에 전력해야 하는데, 평민의 경제능력으로는 감당하기 어려워 자연히 호족의 자제가 태수가 되어 출세를 하게 되었다.

광무제 이후 이와 같은 호족세력의 성장과 관계진출로 종래의 단순한 지주적 성격을 지니고 있던 지방호족은 점차 관료적 호족으로 그 성격이 변모하면서 중앙정계에 진출하게 되었다. 또한 진·전한 이래 중요시되었던 관중지방(장안 부근)이 그 중요성을 상실하고 후한의 수도가 된 낙양지방이 새로운 정치·문화의 중심지로 각광을 받게 되었다.

3. 외척과 환관세력의 재등장

후한은 광무제에 이어 명제(明帝)와 장제(章帝) 시대에 이르는 30여 년간 (57~88)에 정치적 기강이 확립되고 사회가 안정되면서 전성기를 맞이하였다. 명·장제는 광무제의 통치방침을 계승하여 유학을 존중하고 관대한 정치를 펴 나갔다. 명제는 특히 외척세력을 도태시키는데 힘을 기울였다. 일찍이 광무제는 외척을 무마하기 위해 관리로 많이 등용시켰으나, 명제는 전한이 외척에게 망한 것을 교훈삼아 이를 배제하였다. 또 전한 이래. 사회 전반에 유행하던 참위설을 척결하는데도 노력을 기울였다. 명·장제는 다같이 유학의 장려에 힘을 쏟아 황제 자신이 태학에 나아가 경학(經學)을 배우고 공자(孔子)의 묘에 친히 제사를 올리기도 하였다. 그 결과 유학이 발달하였으며, 이에 따라 전국에 사학(私學)이 융성하고 유교경전에 대한 연구도 활발하였다.

그러나 후한사회의 어두운 그림자는 호족세력의 출현과 외척 환관의 전횡에서 나타났다. 호족의 대토지사유로 인하여 빈부의 격차가 심화되면서 사회의 안정이 파괴되고 이들이 중앙정계의 외척·환관세력과 결탁되면서 후한사회를 어지럽혀 나갔다. 후한대의 외척세력은 특히 어린 황제의 등극과 밀접한 관계가 있다.

화제(和帝) 이후에는 태후인 두씨(寶氏) 일족이 전횡을 하다가 다음 상제(殤帝)·안제(安帝) 때는 외척 등(鄧)씨가 세력을 부렸다. 이러한 외척득세의 와중에서 환관세력이 나타나 황제계승 음모에 가담하면서 황제와 권신을 등에 업고 외척에 대항하였다. 당시의 상황을 보면, 안제가 죽자 환관이 모의하여 순제(順帝)를 옹립하였다. 순제는 양(梁)씨를 황후로 맞아들이자 그의 형제인 외척 양상

(梁商)과 양기(梁冀)가 전횡을 하였다. 특히 양기는 순제 사후 제위에 오른 충제(沖帝)가 1년만에 요절하자 질제(質帝)를 세웠으나 뜻이 맞지 않아 이를 독살한 후 환제(桓帝)를 옹립하여 오랫동안 권세를 휘둘렀다. 그러나 환제가 성장하면서 환관과 모의하여 외척 양씨 일족을 주살하였다. 이렇게 되자 이번에는 외척 대신 환관의 세력이 커져서 그들의 횡포는 외척을 능가하여 황제도 이를 제어할 수 없을 지경에 이르렀다.

Ⅲ. 후한(後漢)제국의 붕괴

1. 청류(淸流)·탁류(濁流)의 대립과 당고(黨錮)의 금

외척과 환관의 전횡은 정치와 사회전반에 심각한 문제를 제기하였다. 호족 가운데는 중앙의 외척·환관세력과 결탁한 무리도 나타났고 이와는 반대로 유교적 교양을 지니고 명예와 예절을 숭상하는 관료와 지식인들은 환관의 전횡에 대항하고 이를 비판하였다.

유교적 교양을 지니고 있는 사인(士人)은 관리로 나가는 길 이외에 재야에서 정치를 비판하면서 소위 청의(淸議)를 조성하였다. 중앙의 태학은 청의의 중심이 되었는데, 후한시대 낙양의 태학생은 그 수가 3만 명일 때도 있고 이들과 재야의 지식인들은 환관의 부패정치와 정권독점을 비난하는 여론을 조성하였으니 이를 청의라 하고 그 일파를 청류(淸流)라 하였다. 이에 대해 환관과 그의 추종자는 탁류(濁流)라 하여 두 파가 대립하게 되었다. 태학생인 곽태(郭泰)와 가표(賈彪)가 주동이 되어 환관전횡을 비판하자 관료와 명사가 적극적으로 지지하고 나섰다. 이들 관료나 명사들은 청렴결백하고 강직한 사예교위(司隷校尉) 이응(李膺)과 태부(太傅)인 진번(陣蕃)을 받들고 적극적으로 정치세력을 펴나가면서 환관에 대항하였다. 이에 대해 환관은 황제를 움직여 이응과 태학생들이 붕당(朋黨)을 만들고 조정을 비방한다고 무고하여 투옥하고 그들을 당인(黨人)이라 하여 종신금고형을 내렸다(166). 이를 제1차 당고의 금이라 한다.

그 후 168년에 진번이 풀려나 다시 태부가 되고 대장군 두무(竇武)와 함께 집권하자, 이응과 금고된 명사들을 기용하고 몰래 환관을 주살할 것을 모의하였다. 그러나 모의가 누설되어 환관 조절(曹節) 등이 진번과 두무를 체포 살해하고 아울러 그 일당도 처형하였다. 이때 당인으로 사형을 당한 자가 백여 명이고 종신금고된 자도 6백여 명에 달하였다.

　두 차례에 걸친 당고사건으로 청류파 관료는 정계에서 완전히 자취를 감추게 되었다. 그러나 정부의 탄압에도 불구하고 청의운동은 재야에서 큰 세력으로 광범하게 퍼져 나갔으며[71] 다음에 오는 위·진·남북조시대의 귀족층은 이러한 청의집단(淸議集團)에서 배출되고 있다. 그러나 두 차례에 걸친 당고의 금은 후한사회의 청의파와 탁류파의 대결에서 탁류가 승리함으로써 사회정의가 크게 흔들리고, 정치기강도 해이해지면서 이후 황건군의 농민전쟁이 일어나는 배경이 되었다.

2. 황건군(黃巾軍)의 농민전쟁

　후한 중기 이후 중앙에서는 외척과 환관의 치열한 싸움으로 정치가 문란하고 지방에서는 호족에 의한 대토지사유화가 촉진되면서 농촌사회는 극도로 피폐하여졌다. 이렇게 농촌사회가 어지러워지고 있을 즈음 서역지방에서 들어온 불교가 서서히 그 세력을 뻗어 나갔다. 또 불교와 함께 들어온 서역의 점성술에 바탕을 둔 미신이 유행하여 중국 전래의 민간신앙과 결합하고, 다시 불교교단의 조직을 모방하여 불로장생(不老長生)의 종교적 결사를 만들게 되었다. 이들 교단은 교의면에서는 보잘 것이 없었지만 고난에 시달리는 하층 농민을 끌어들이는 힘은 강하였다. 특히 단원간의 상부상조정신은 불행한 처지에 있던 농민의 마음을 사로잡는데 충분하였다.

　본래 전한시대 지방조직의 기본단위는 향(鄕)이다. 향에는 그 지도자격인 삼로(三老) 색부(嗇夫)가 향민 중에서 천거되어 지방행정을 자치적으로 담당하였다. 이리하여 향인 상호간에는 서로 돕는 정신적 유대관계가 형성되어 재난을 극복하는데 큰 도움이 되었다. 그러나 후한대에는 호족세력의 대토지 사유화가 촉진되면서 향은 소수 호족의 사유지로 전락되고 향제(鄕制)는 붕괴되면서 농민은 의지할 조직을 잃게 되었다. 이리하여 재해와 한발이 일어나 흉년이 들면 농민은 향리를 떠나 타향을 유랑하면서 호족의 장원으로 들어가 예민(隸民)으로 전락하거나 혹은 노예가 되었다. 후한시대 농민의 비밀결사 조직이 특히 외척이 많이 살고 호족세력이 강한 청주(靑州), 남양(南陽), 여남(汝南) 등지에서 왕성하고, 농민반란이 청주(靑州)·서주(徐州)를 비롯하여 유주(幽州), 익주(益州)

---

71) 김병준, 「後漢法律家의 活動과 그 性格」『東洋史學硏究』 30, 1989.

등지에서 빈번하였던 것은 이 지역의 외척 및 호족세력의 발호와 농민착취와 밀접한 관계가 있다. 이리하여 영제의 중평원년(184)에 대규모의 농민반란이 일어나면서 전국적으로 황건당(黃巾黨)의 농민전쟁으로 확대되었다.

황건당은 반란에 참가한 농민들이 황색 두건을 썼기 때문에 붙여진 이름이다. 그 모체는 하북성 거록(鉅鹿)의 장각(張角)이 시작한 태평도(太平道)라는 신흥종교에서 출발하고 있다.[72] 장각은 스스로 황천(黃天)에서 보낸 신(神)의 사자라 자처하고 새로운 세상이 온다는 것을 예언하면서 부적과 생명수, 주술로써 병든 농민을 치료하고 구제하였기 때문에 가난과 질병에 시달리고 있던 농민의 마음을 사로잡기에 충분하였다. 태평도는 십여 년에 걸쳐 화북지방에서 양자강지방에 걸쳐 수십만의 신자를 얻게 되자 농민과 지식계층의 반정부성향을 이용하여 신도를 군사조직으로 개편하면서 농민운동세력이 되었다. 장각은 창천(蒼天: 한왕조)은 이미 끝났고 황천(황건군의 나라)이 일어나니 때는 갑자년(甲子年)이고 천하는 대길(大吉)이라 하여, 36명의 장군을 세우고 장군 1명당 1만 명의 병사를 거느리게 하여[73] 일제히 봉기하였다(184).

조정은 황건군의 반란에 놀라 당인(黨人)을 사면하고 각지에 의병을 모집하여 황건군 진압에 나섰다. 그런데 장각이 병사하면서 유능한 지도자를 잃게 되고, 그 위에 황건의 농민군은 본래 오합지졸이었으므로 조정의 정규군과 관료적 지방호족이 거느린 의용병에 의해 황건군의 주력부대는 패하였다. 그러나 각지의 농민군은 그 세력을 유지하였고 그 중에서도 한중(漢中)의 오두미교(五斗米敎)의 세력은 매우 컸다. 후한이 이를 진압하는데 20여 년이 소요됨에 따라 국위는 크게 추락하였다.

황건의 농민반란은 일단 수습되었으나 이 과정에서 지방 호족들의 군사력은 강화되었다. 그 위에 지방의 치안은 거의 군의 태수에 일임하는 형편이었고, 군(郡)의 감독기관으로 주자사(州刺史) 혹은 주목(州牧)을 임명하여 군사·재정권을 위임하게 되면서 지방에서 군웅이 할거하는 어지러운 난세가 되었다.

3. 후한 멸망의 사회사적 의미

전한은 외척세력에 멸망하였으나 후한은 황건의 농민반란으로 타격을 받고

---

72) 오상훈, 「後漢末 道敎形成에 關한 一試論」『震壇學報』49, 1980.
73) 後漢書 卷101, 皇甫嵩, 三國志 卷8, 張魯傳注

각지에서 일어난 호족세력(군웅)에게 멸망하였다(220). 후한은 호족의 도움으로 건국하였고 멸망 또한 호족세력에 의한 것이라는 사실이 후한시대 호족세력의 사회적 성격을 잘 나타내주고 있다.

황건의 난을 진압한 후 소제가 즉위하자(189년) 태후의 오빠인 대장군 하진(何進)이 실권을 장악하였다. 그는 환관의 전횡을 제거하기 위해 원소(袁紹)와 모의하여 동탁(董卓)으로 하여금 지방군을 이끌고 수도로 진격하도록 계획을 세웠다. 그러나 모의가 사전에 누설되어 환관이 하진을 살해하자 원소는 사태의 위급함을 알고 궁중에 쳐들어가 환관 2천여 명을 살해하였다. 이에 30여년에 걸친 환관의 전횡은 깨끗이 궤멸되었다. 그러나 원소의 요구로 수도로 진격하던 동탁은 낙양에 들어와 도리어 원소를 몰아내고 소제(少帝)를 폐하고 9살의 헌제를 옹립하고 권력을 장악한 후 포악한 정치를 하였다.

그런데 지금까지는 외척과 환관들이 궁중에서 황제를 등에 업고 전횡을 하였고, 황제도 이들을 이용하면서 정치세력을 유지할 수가 있었다. 그러나 이제 이 양대 세력이 제거되자 한제국의 황제체제는 그들을 지지해주는 세력을 잃고 더 이상 지탱할 수 없는 상태가 되었다. 이리하여 각지에 새로 등장한 군웅에 의하여 정권획득의 쟁탈전이 벌어지기 시작하였다.

처음 황건의 농민반란이 일어났을 때 지방의 호족은 종족(宗族)과 일당 그리고 소작인을 규합하여 자위수단으로 무장집단을 형성하였다. 한편 지방의 장관인 주목(州牧)과 자사(刺史), 군의 태수(太守)도 지방의 정치·군사권을 쥐고 무장집단을 규합하여 점차로 군웅화하였다. 이들은 본래가 호족출신으로서 지방관에 임명된 자들인데 그 대표적인 인물로는 원소(袁紹), 원술(袁術), 손견(孫堅), 유표(劉表), 조조(曹操) 등을 들 수 있다. 이들은 동탁의 횡포를 저지하기 위해 다시 원소를 맹주로 삼아 동탁토벌군을 일으켰다(190년). 사태가 불리함을 알고 동탁은 헌제를 데리고 자신의 본거지인 장안으로 피신하면서 유서 깊은 수도 낙양 시가에 불을 놓아 초토화시켰다. 장안으로 옮긴 동탁은 더욱 흉포해지자 왕윤(王允)과 여포(呂布)가 그를 살해하니(192) 천하는 군웅할거시대로 접어들었다.

이 중에 기주(冀州)의 원소와 낙양을 근거지로 한 조조의 세력이 가장 우세하였다. 원소는 대대로 내려오는 명문호족으로 한나라 관료세력을 배경으로 하였고 그의 군대는 북방의 유목민 기병과 혼합하여 강력하였다. 이에 대해 조조는 그 가문은 보잘 것이 없으나 황건적을 평정하면서 두각을 나타냈고 황건적의 농민군을 재편성하여 휘하의 정예군으로 조직하였다. 원소와 조조는 치열한 공방전을 전개하였으나 구세력을 대표하는 원소가 신흥세력의 조조에게 패하여 천하는 조조에게 유리하였다.

이때 후한의 헌제는 장안을 탈출하여 조조에게 오니 조조는 헌제를 끼고 천하에 호령할 수 있게 되었다. 조조가 이렇게 강성하게 된 원인은 오환(烏丸), 흉노 등 북방 유목민의 외인부대를 주축으로 막강한 군사력을 갖게 된 점과 둔전제(屯田制)를 실시하여 황무지개간과 유민(流民) 문제를 해결하여 사회 안정과 경제재건을 이룩할 수가 있었기 때문이다.

한편 강남에서는 손권(孫權), 촉지방에서는 유비(劉備)가 각각 세력을 떨치게 되니 천하는 삼분되면서 마침내 후한은 조조의 아들 조비(曹丕)에 의해 멸망하였다(220). 이리하여 천하는 魏·蜀·吳의 삼국으로 분립되어 삼국시대로 접어들게 되었다.

제 4 절 　 漢代(전한·후한)의 사회와 경제

I. 한대 사회구조와 생산력의 향상

1. 한대 농촌사회의 구조적 변화

한대의 지방행정구역은 군(郡) 아래 현(縣)이 있고, 그 아래 향(鄕)·리(里)로 편성되었다. 따라서 최하위의 행정구역은 리이며, 리는 대체로 백호(百戶)정도의 주민이 모여 사는 거주지역이다. 리는 한대에 처음 나타난 것은 아니다. 이미 춘추·전국시대에 농업기술의 발달과 치수관개사업의 확대로 새로운 농경지가 개발되고, 이곳에 농민이 모여 살게 되면서 리라는 취락이 생겨났다. 이 밖에 전국시대의 진(秦)은 타국을 정복하여 그곳의 원주민을 몰아낸 후 자국민을 이주시켜 새로운 마을을 형성하여 리를 만들기도 하였다.[74]

---

74) 김 엽, 「中國 古代의 地方統治와 鄕里社會」『大丘史學』 37, 1989.

이렇게 나타난 새로운 리에 모여든 농민은 대부분이 그들의 고향을 떠나온 사람들로 그들은 종래의 봉건적 씨족 결합이나 종가(宗家)에 의한 혈연의 구속을 벗어난 일종의 자유민이었다. 따라서 그들은 전통에 얽매이지 않고 신천지를 개척하러 모여든 개척농민으로 새로 형성된 리는 그들의 새로운 생활터전이었다. 진(秦)이 육국을 통일하게 되는 사회경제적 기반은 이러한 리민(里民)의 군사·부역동원이 효과적이었던 편호제민(編戶齊民)의 구조에서 찾을 수 있다.

漢도 종래의 이러한 리제(里制)[75]를 계승하고 호적제도에 따라 이들 리민을 재편성하였으니, 호적에 기록된 민호를 특히 편호제민이라 하였다. 한대 리의 주변은 원(垣: 담)이나 토벽으로 둘러쳐져 있고 리의 출입문으로 여문(閭門)이 있다. 리 안에 거주하는 각호는 단독 주택에서 살며 택에는 가족이 거주하는 몇 개의 방(房)이 있으며, 장(墻)이라는 울타리로 이웃집과 구획되었다. 가족의 수는 대체로 부모와 부부 그리고 자제를 포함하여 5·6인으로 구성되는 소가족제가 일반적이다. 이와 같은 리는 따로 떨어져 분산된 경우도 있고, 몇 개의 리가 한곳에 모여 향(鄕)을 구성하고, 다시 여러 개의 향이 한곳에 집합하여 현(縣)을 이루기도 하였다.

리민은 이성(異姓)이 상부상조하면서 취락을 이루어 생활하였고 리에서 공동생활의 정신적 중심은 토지신(土地神)을 제사지내는 사(社)[76]이다. 따라서 리의 주민은 리사(里社)의 제사를 중심으로 종교와 정신적으로 결합되었다.

그리고 리민의 사회적 질서를 규율하는 작제(爵制)가 중요한 작용을 하였다. 한대의 작제는 진대의 것을 계승한 것으로 작위는 20등급(等級)[77]으로 나누어

후한의 순제 영화5년(140)에 전국에는 군이 105, 그 아래 1180의 현이 있었다.

75) 漢代의 리는 후한 말에 이르러 붕괴되고 삼국시대 이후에는 촌(村) 혹은 오(塢)라는 새로운 취락형태가 발생하였다. 리제의 붕괴는 후한 말의 전란과 호족세력의 발전 그리고 호족의 향리지배가 중요한 요인이 되고 있다.

76) 박건주, 「中國古代의 書社와 邑」『全南史學』 2, 1988.
　　이경주, 「中國古代의 '社'에 관한 고찰」『慶熙史學』 16·17합집, 1990.
　　　　社는 토지신을 제사지내는 곳으로 국가에는 國社, 縣에는 縣社, 鄕에도 鄕社가 있었다. 이 社에 모여 제사를 올리고 종교적 결속을 공고히 하였다.

77) 양원철, 「漢代의 爵威에 대하여」『釜山史學』 1, 1977.
　　＿＿＿，「爵을 통해 본 漢代의 庶人身分考 醫와 商賈를 中心으로」『釜山史學』 7, 1983.
　　　　한대의 20등작은 1 公社, 2 上造, 3 잠뇨(簪褭), 4 불경(不更), 5 大夫, 6 官大夫, 7 公大夫, 8 공승(公乘), 9 五大夫, 10 좌서장(左庶長), 11 右庶長, 12 左更, 13 中更, 14 右更, 15 少上造, 16 大上造, 17 사거서장(駟車庶長), 18 大庶長, 19 관내후(關內侯), 20 철후(徹侯)이다. 1등급이 제일 아래이고 20등급이 제일 위이다.

져 있었다. 이 가운데 제1등 공사(公士)에서 제8등 공승(公乘)까지의 작위는 천민을 제외한 일반농민에게 빠짐없이 주어졌다. 작위는 황제가 일반민에게 주는 특전으로 국가의 경사[황제즉위, 개원(改元), 입후(立后), 입태자(立太子)] 때에 전국의 남자에게 빠짐없이 1등 혹은 2등의 작위를 주었다. 작위를 수여한 예는 전·후한 4백년간 약 200회에 이르고 있다. 이는 황제가 농촌사회의 인민을 작제를 통하여 개별인신적으로 지배하였음을 의미한다. 따라서 한대의 리민은 국가권력의 지배대상임과 동시에 국가권력의 기반이 되기도 하였다.

리(里)를 하부구조로 하여 그 윗 단위인 향(鄕)은 공동체의식과 자치적인 상호협조관계가 강하였다. 향에는 치안을 담당하는 유오(游徼), 조세를 징수하는 색부(嗇夫) 그리고 향민의 교화를 맡고 있는 삼노(三老)가 있어서 향의 행정을 자치적으로 처리하여 나갔다. 이 밖에 몇 개의 리를 묶어서 치안임무를 수행하기 위한 정(亭)이 있고 정에는 정장(亭長)을 두었는데, 이들 모두를 일컬어 향관(鄕官)이라 하였다. 향관은 향·리민의 추천을 받아 현과 군에서 임명하였으므로 반관반민(半官半民)의 성격을 갖고 있다. 그러므로 조세의 할당과 징수, 요역의 분담은 물론이고 사소한 시비와 법률소송 등 모두 군현의 상급관청에까지 올라가지 않고 향관의 책임 하에 처리되었다. 한대의 지방제도를 이상적인 자치조직이라고 하게 된 것은 이러한 향관의 성격에서 유래한 것이다.[78]

따라서 한제국은 독립된 자영농민을 국가가 직접 지배하고 이와 같은 향리사회를 기반으로 하여 성립되었으나 이는 은·주시대 사회의 기본단위가 되었던 읍(邑)과는 그 성격이 다르다. 그러나 전한의 후기에 이르러 자영농민의 몰락과 대토지사유제의 발달로 호족이 향리를 지배하게 되면서 상부상조하는 향리의 자치적 공동체는 붕괴되고, 그 대신 호족이 지배하는 호족사회로 변질되면서 사회구조가 달라져 갔다.

2. 농업생산력의 발전

한대 농업생산력의 발전에는 두 가지 요인이 있다. 하나는 한초(漢初) 이래

---

78) 김병준, 「後漢時代 里父老와 國家權力 「漢侍廷里父老僤買田約束石券」의 분석을 중심으로」
『東洋史學硏究』 35, 1991.
_____, 「漢代의 節目과 地方統治 - 伏日과 臘日을 중심으로-」『東洋史學硏究』 69, 2000.
이명화, 「漢代 '戸' 계승과 女性의 지위 -「張家山漢簡」을 중심으로-」『東洋史學硏究』 92,
2005.

평화의 정착으로 농촌사회가 안정되고 대대적인 개간사업으로 농경지가 확대됨에 따라 수리사업이 진행되면서 농업생산의 증가를 가져온 것이고,[79] 다른 하나는 농업기술의 발달이 농업생산력 증가에 큰 역할을 한 점이다.[80]

전국시대에 비하면 전한에서는 철기가 널리 사용되었고, 특히 철제농기구는 전국적으로 보급되었다. 전국시대의 쟁기와 가래, 괭이, 호미, 낫, 대패 등은 그대로 사용되고 있었는데, 이 중에서도 전한시대에는 쟁기가 발달했는데 그 종류와 형태가 다양하였고 땅을 깊이 갈 수 있어서 쟁기 제작기술이 상당히 높은 수준에 이르렀다. 이러한 쟁기의 발달로 한대에는 우경(牛耕)[81]이 널리 보급되었음을 알 수 있다.

이와 함께 화북지방에서는 땅을 갈아엎은 후에 종자를 뿌려 심는 만전법(縵田法)[82]이 일반적이었으나 무제 때 조과(趙過)가 창안한 대전법(代田法)[83]이 실시되면서 농업생산의 획기적 발달을 가져오게 되었다.

또 한대에는 대대적인 수리사업이 진행되었다. 무제 때에 위수를 끌어들여 장안에서 황하에 이르는 3백여리의 조거(漕渠)를 개통하여 토지 만여 경을 관개하였고, 백거(白渠)와 육보거(六輔渠), 용수거(龍首渠)의 개통으로 황무지를 옥토로 바꾸었다. 이러한 황하의 치수는 화북지방의 농업생산에 큰 진전을 가져왔다. 전한시대에는 황하가 여러 번 범람하여 피해가 컸으나, 무제 때에 대대적인 보수공사로 수해를 방지할 수 있었다.

---

79) 한나라의 초기(문제(文帝)·경제(景帝)) 60여년 간에는 도시와 향촌의 창고에 곡식이 가득 차고 정부의 중앙창고[太倉]에도 곡식이 넘쳐 더 이상 쌓을 곳이 없어서 길가에 쌓았으므로 부식할 정도로 식량이 남았다고 한다(『史記』 平準書).

80) 최덕경, 「秦漢時代 小農民의 畝當 生産量」『慶尙史學』 4·5합집, 1989.
_____, 『中國古代農業史硏究』, 백산서당, 1994.

81) 민성기, 「氾勝之書의 耕詮考-漢代詮의 性格-」『東洋史學硏究』 8·9합집, 1975.
최덕경, 「秦漢時代의 牛와 牛耕考」『東亞大考古歷史學志』 7, 1991.
한대의 농업생산을 알 수 있는 중요한 농업책으로는 『氾勝之書』, 『呂氏春秋』의 상농·임지(上農·任地) 편, 그리고 북위시대의 가사협(賈思勰)의 『齊民要術』 등이 있다. 이에 의하면 한대는 소가 쟁기를 끄는 우경(牛耕)은 二牛三人의 우려법, 二牛一人의 전경법(詮耕法) 등이 있었다.

82) 민성기, 「縵田法小考」『文理大學報』 7, 부산대, 1964.
_____, 「『呂氏春秋』農法의 新考察, 任地篇八寸社의 性格을 中心으로」『釜山大論文集』 9, 1968.

83) 주곡을 오곡(五穀)이라고도 하며 때로는 육곡·구곡이라고도 하였다. 직(稷)을 수수라고 주장한 학자도 있으나, 수수는 宋 이후에 들어와 화북 농업의 주곡이 되었고, 한대에는 아직 중요작물에 들지 못하였다.

한대 농산물 가운데 중요한 작물은 오곡(五穀)이 있다. 오곡은 직(稷), 서(黍), 맥(麥), 마(麻), 두(豆)이다. 이 가운데 직이 가장 중요한 작물이었다. 한대의 여름작물로 벼의 일종인 직[稷(禾)]과 콩, 겨울 작물로는 보리와 밀이 중요하였다.[84] 이와 같은 농업생산의 발달은 전한 말의 인구 통계와 농경지 개간면적에서도 잘 나타나고 있다.[85]

3. 상·공업의 발달과 도시의 번영

한대의 공업 가운데 큰 발전을 이룬 것이 제철공업이다. 한대는 광산에서 채굴한 생철(生鐵)로 물품을 주조하고 철을 녹여서 철기를 만드는 기술이 보편화되었다. 철물로는 괭이·가래·쟁기·솥·칼·낫 등 농기구류와 가재도구가 많고, 제철공업은 주로 호족과 대상인에 의하여 경영되었다. 제철과 함께 제동(製銅)공업도 발달하였다. 동은 주로 화폐 주조와 동경(銅鏡)을 비롯한 장신구에 많이 이용되었다.

한대는 생활수준이 향상됨에 따라 다양한 옷감의 수요가 나타나면서 방직업이 발달하였는데, 관영과 민영으로 구분된다. 관영방직업은 직공이 수천 명에 이르고 매년 막대한 경비를 들여 주로 금(錦)·수(綏)·기(綺)·사(紗) 등의 고급 비단을 생산하였고, 민간방직업은 주로 가정부업으로 마포·갈포·비단을 생산하였다. 중국의 비단(silk)이 서역과 유럽에까지 그 명성이 알려진 것은 이미 전한시대에서부터이다.[86]

수공업분야에서는 한국의 낙랑시대의 유물에서 볼 수 있는 바와 같이 칠기와 금·은세공품, 도자기공업이 번창하였고, 소금·양조업과 선박·수레제조업도 발달하였다. 수공업 중에서 관영수공업은 주로 병졸과 죄수·노비들을 생산에

---

84) 민성기, 「漢代麥作考-禾麥輪作成立期에 대하여-」『東洋史學硏究』 5, 1971.
　　박동헌, 「漢代 農家 副業生産의 成長과 그 性格- 前漢代 華北地方을 중심으로-」『東洋史學硏究』 41, 1992.
　　_____, 「湖北省 江陵縣 鳳凰山 10호 前漢代의 화물명세서와 그 物品 분석- 麻의 재배와 가공과정을 중심으로 하여-」『古代中國의 理解』(서울대 동양사학연구실 편, 지식산업사), 1994.
85) 전국의 호(戶)는 1천220여만 호, 인구 5천950여만 명, 개간된 농경지는 827만여경이다.
　　박흥수, 「前漢 및 唐의 戶口統計數에 대하여」『精神文化研究』 24, 1986.
86) 최덕경, 「畵像石에 나타나 漢代 華北人의 衣食住 生活相」『釜大史學』 21, 1997.
　　_____, 「衣食住를 통해 본 漢代 農民의 생활상 - 畵像石과 陶明器 등을 중심으로-」『釜山史學』 33, 1997.

투입하였고, 민영수공업은 유민·동복(童僕)·노비를 이용하였으므로 수공업의
규모도 거대하였다.

농업과 수공업의 발달은 자연히 상업의 신장과 함께 화폐경제와 도시의 발달
을 촉진하게 되었다. 전한 초기에는 중농억상(重農抑商) 정책으로 상업 및 상인
은 국가의 탄압을 받았으나 문제(文帝) 때 조조(鼂錯)의 상서(上書)[87]에서 볼 수
있듯이 억상정책은 별 효과를 거두지 못하였고 오히려 상업활동이 촉진되면서
상인의 세력은 크게 신장하였다.[88]

한대의 상품 가운데 중요한 것은 철제품(철기·동기·牛車·輜車), 식료품(소
금, 술, 장, 곡물, 육류), 의복류(비단, 모직물, 가죽제품, 갈포), 귀금속 그 밖에
그릇 등 그 품목이 다양하다. 이러한 상품은 국내의 교역은 물론이고 장건(張
騫)의 서역로(西域路) 개척 이후 대외무역을 통하여 금, 은, 비단, 동 등의 고가
품이 서역으로 수출되고, 외국의 옥(玉), 포도주, 명마(名馬), 모직물 등이 중국
에서 수입되었다.[89]

상공업의 발전은 자연히 도시가 발달하게 되었다. 한대의 도시는 춘추·전국시
대의 도시가 그대로 이어져 그 규모가 더욱 커졌다. 수도 장안[90]은 거대한 정
치·군사도시이며 동시에 상업도시로 번창하였고, 이 밖에도 낙양을 비롯하여
탁(涿)·계(薊)·한단(邯鄲)과 하남성의 온(溫) 지(軹), 형양(滎陽), 완(宛), 진(陳) 양적
(陽翟), 산동지방의 임치(臨淄)와 낭야(琅邪), 강남지방의 회계(會稽) 등이 유명하다.

---

87) 『漢書』 식화지(食貨志)에 조조의 상서 내용이 있다. 즉, "오늘날의 법률로 상인은 천시되
  고 있으나, 이들은 이미 부귀한 지위에 올라있고 농민은 존중되고는 있으나 오히려 빈천
  하다."고 하였다.
  이성규, 「中國 古代 商業의 性格에 관한 一試論」『中國古代史硏究』 12, 2004.
  최재용, 「漢初 關中地區官營冶鐵業의 存在에 대한 小試論」『慶州史學』 15, 1996.
  홍승현, 「奢侈論을 통해 본 前漢 士大夫들의 移風易俗」『中國史硏究』 24, 2033.
88) 최덕경, 「漢代行商의 身分과 活動에 關한 考察」『東義史學』 2, 1985.
  최창대, 「漢代市籍考」『釜山史學』 5, 1981.
89) 김재원, 「河南省陜州의 漢墓出土의 明器」『歷史學報』 5, 1953.
  _____, 「長沙의 前漢墓發掘에 대하여 馬王堆一號古墳」『震壇學報』 40, 1975
  최덕경, 「中國古代 織機의 類型과 발달과정」『慶北史學—金燁博士停年紀念 史學論叢』 21,
  1998.
90) 장안(長安)은 진의 수도 함양 부근에 건설된 도시이다. 현재 서안시(西安市)의 서북 약
  10km 지점에 위치한다. 도시건설은 고조 때에 궁정과 시가지가 조성되고 혜제 때에 성
  곽이 완성되었다. 성 둘레는 65리이고, 9개의 시장과 16개의 교량과 12대문이 있고, 12
  량의 수레가 지나갈 수 있는 대로가 있고, 외국인만의 거주지역도 있었다.

Ⅱ. 한대 조세제도의 구조적 특성

1. 국가재정과 황실재정의 분리

황제의 전제지배체제는 한대의 재정기구와 조세정책에서 그 성격이 뚜렷하게 나타나고 있다. 즉, 재정기구상에서 국가재정과 황실재정이 확연히 구분되어 있는데, 이는 황제의 전제지배체제를 재정면에서 뒷받침하기 위한 수단으로 생각된다.

국가재정이란 황제가 인민을 지배하고 국가를 운영하기 위해서 필요로 하는 공공재정을 말한다. 이에 대해 황실재정은 황제개인의 사생활을 위한 것으로 사적재정(私的財政)의 성격을 갖고 있다. 국가재정은 중앙의 9경 가운데 대사농 (大司農)에서 이를 관할하였고, 황실재정은 9경의 소부(少府)에서 담당하였다. 무제 때는 소부 이외에 수형도위(水衡都尉)도 황실재정업무를 맡았다.

2. 한대 조세제도의 내용

한대 조세제도의 또 하나의 특징은 춘추시대에 호(戸)를 대상으로 부과하던 것과는 달리 조세의 대상을 인구로 하고 있다는 사실이다. 이것은 조세제도가 황제의 인민지배형태와 매우 밀접한 관련성을 지니고 있음을 의미한다. 다시 말하면 한제국의 인민지배의 특징은 춘추전국시대의 호를 단위로 하던 때와는 달리 소농민에 대한 개별인신적 지배로 변화된 것으로 지배의 대상이 가(家, 戸)를 단위로 하지 않고 가족구성원을 개별적으로 상대하고 있음을 의미한다.

한대 조세제도의 내용을 보면 물품세인 조(租)와 인구세인 부(賦)로 양분되고, 이 밖에 노동세인 요역이 있다.

조(租)는 전국의 인민으로부터 징수하는 전조(田租)를 비롯하여 시조(市租: 상업세), 해조(海租: 어업세) 그 밖에 상공업수익세가 있다. 이 가운데 전조만이 대사농에서 관장하여 국가재정수입에 편입되고 나머지는 소부가 관리하면서 황실재정수입에 충당하였다.[91]

---

91) 한대의 전조(田租)는 그 세율이 시대에 따라 여러 번 달라졌다. 즉, 고조 때는 수확의 15분의 1이었다가 고조 후기에 10분의 1로 증가되었다. 혜제 때는(B.C. 159) 다시 15분의 1로 환원되고, 문제 때(B.C. 168) 30분의 1이었으나 그 다음 해는 전액이 감면되었다. 경제 때(B.C. 156) 다시 30분의 1이 되었고, 후한 초기에 10분의 1이었던 것은 A.D. 30년에 다시 30분의 1로 환원하였다. 그런데 토지가 적은 소농민에게는 전조보다는 오히려 잡세가 큰 부담이었으며, 전한 후기로부터 대토지사유제(大土地私有制)의 발달로 호족

다음 부(賦)는 인구세로서 성년남녀에 대한 산부(算賦: 미성년자에 대한 것은 구부(口賦)라 하였다), 한 사람당 1산(算, 120전)을 과세하고 상인과 노비는 2산(240전)을 징수하였으며 국가재정에 귀속하였다. 노비는 그 주인이 부담하였다. 그리고 요역에 대신하는 경부(更賦)가 있는데, 이는 15세 이상 56세까지의 남자를 매년 1개월간(30일) 요역의무에 동원하는데 요역 대신 돈으로 300전을 징수한 것이다.[92] 재산세에 해당하는 산자[算貲(資)]는 개인재산을 평가하여 1만전의 재산마다 1산(120전)을 징수하였다. 이 가운데 구부(口賦)만이 황실재정에 귀속되고 그 밖에는 모두 국가재정에 편입되었다. 다음 요역은 노동력을 제공하는 역역(力役)과 병역(兵役)이 있다.

역역은 15세 이상 56세 이하의 남자를 매년 1개월간 무료노동봉사에 강제로 동원하여 각종 토목사업과 지방관아의 잡역에 복무시켰는데 이를 경졸(更卒)이라 하였다. 한편 병역은 23세에 이른 남자 중에서 적임자를 차출하여 정졸(正卒)로 편입하였다. 이들은 출신지에 따라 보병(步兵: 材官), 기병(騎兵), 수병(水兵)으로 구분하고 1년간 훈련을 마친 후에 56세까지 예비군으로서 병역의무를 갖도록 하였다. 이 기간 중에 1년간은 수도의 경비와 변방수비병으로 차출되었다.

한대의 조세는 무제(武帝) 때를 고비로 하여 크게 달라지고 있다. 이는 무제의 대토목사업과 빈번한 대외원정으로 국가재정이 고갈되자 이를 보충하기 위하여 조세제도를 바꾼데 원인이 있다.

무제는 새로운 재원을 확보하기 위하여 여러 가지 잡세(雜稅)를 신설하고 소금·철의 전매제도와 평준법·균수법에 의한 상업의 국가통제를 실시한다. 특히 종래의 재산세를 강화하여 상인은 재산 2천전에 1산을 부과하고 수공업자는 4천전에 1산을 징수하였으니 이를 산민전(算緡錢)이라 한다. 무제 때의 이러한 추가된 재산세의 징수에는 상당히 강제성을 띠고 있었다. 그 예로 재산을 은닉하여 신고하지 않은 자는 1년간 변방수비에 강제동원하고 그 재산은 몰수하였다. 또 위법자를 고발할 경우 그 고발된 액수의 반을 고발자에게 보상금으로 주었는데, 이러한 법령을 고민령(告緡令)이라 하였다.[93]

에게 전조 혜택이 많이 돌아가게 되었다.

92) 민두기, 「前漢의 '貢賦'에 대한 一考 -獻費·國賦와 관련하여-」『歷史學報』 13, 1960.
　　　, 「漢代의 更賦에 對하여」『亞細亞學報1』(霞城李宣根博士華甲紀念論叢), 고려대아세아문제연구소, 1965.

93) B.C. 130년에 제정한 견지법(見知法)은 타인의 범법사실을 알고도 신고하지 않은 자는 범법자와 같은 죄로 처형하였으니 진대(秦代)의 혹법이 부활되고 혹독한 관리[혹리(酷吏)]

한편 한대는 국가재정에 못지않은 대규모의 황실재정이 독립적으로 운영되고 있었다. 이를 담당한 곳이 소부(少府)이다.[94] 소부에 들어오는 수입은 산림, 하천, 호해(湖海)를 비롯하여 자연물산에 과해진 조세와, 도시의 상인에게 부과된 시조(市租)가 기본이다. 이는 자연에서 나오는 모든 물산은 천자(天子)의 소유물이라고 하는 관념에서 황실수입으로 귀속시킨 것이다.

한편 무제의 원정(元鼎) 2년(B.C. 115)에 수형도위(水衡都尉)가 설치되면서 지금까지 소부에 소속되었던 화폐주조관청인 상림삼관(上林三官)을 수형도위에 예속시키고 상림삼관 만이 화폐를 주조할 수 있게 하였다. 연간 화폐주조액은 2억2천여만전에 이르고 화폐의 독점주조에서 얻어지는 수입은 막대한 것으로 이것이 모두 황실재정으로 귀속되었다. 이는 무제 때 소금·철에 대한 수입이 황실재정에서 국가재정으로 넘어간 재정적 공백을 채우기 위함이었다. 이렇게 얻어진 막대한 황실수입은 궁정에서 필요로 하는 음식·피복·기물(器物)·거마(車馬)·의약·연회비용 등으로 충당되었고 또 다수의 관인과 궁녀의 생활비로 지출되었다. 이 밖에 제후왕·열후·대관 등이 특별한 훈공이 있을 때 사은품 비용으로도 쓰이게 되었다.[95]

전한시대에 백성으로부터 거두어들이는 조세 수입은 연간 40여억으로 그 절반이 관리의 봉록으로 사용되고, 나머지 반(20억)이 금전(禁錢)이라 하여 저장되었다. 또 소부 소관인 자연물산과 상공업에 부과된 과세수입은 13억으로 궁정비용에 충당되었다.

전한시대의 국가재정과 황실재정의 뚜렷한 구분이 후한대에 가서는 크게 달라졌다. 즉, 후한의 광무제는 소부를 개혁하여 종래 소부에 들어오던 재정수입을 모두 대사농으로 귀속시키고, 수형도위를 폐지하여 주조권도 대사농(大司農)으로 이관하였다. 그 결과 소부는 단지 궁정 내의 잡무를 관리하는 말단기구로 전락하여 환관이 그 업무를 수행하였다. 이와는 반대로 대사농은 국가최고의

가 출현하게 되었다(『漢書』 酷吏傳).

94) 박건주, 「前漢의 小府에 대한 一考察」『成大論集』 10, 1986.

95) 전한 말 평제의 원시 2년(A.D. 2)의 전국 인구는 5959만 4978명이다[『漢書』 식화지]. 당시의 구부 납입자인 7~14세를 전인구의 5분의 1로 보았을 때, 매구(每口) 20전의 구부의 총계는 약 2억 4천만 전에 이른다. 이보다 무거운 무제 때의 3~4세의 미성년자는 23전을 납입하였는데 인구 5천 9백여만의 3분의 1을 구부 납세자로 계산하면 총액은 실로 3억 8천만 전에 달한다. 구부의 수입은 소부수입 가운데 가장 큰 몫인데, 이는 대부분 황실재정으로 사용되었다.

재무관청이 되었다. 이는 국가재정의 운영면에서 볼 때 커다란 발전이었다.

3. 화폐경제의 발달과 조세의 화폐납

한대의 조세제도상에서 특별히 주목되는 사실은 바로 조세의 화폐납(貨幣納)이다. 즉, 한대의 조세는 전조(田租)와 요역을 제외하면 모든 세목은 화폐로 납부되고, 화폐납입은 상공업자에 한하지 않고 일반 농민들에게까지 적용하고 있다. 농민은 전조·요역 이외의 인구세로서 산부·구부·경부와 재산세인 산자[算貲(資)]를 모두 화폐로 납부하였다.

이와 같이 조세의 대부분을 화폐로 납입한 예는 당나라 후기(8세기 중기)에 이르러 균전제가 붕괴되고 조·용·조(租·庸·調)가 양세법(兩稅法)으로 바뀌면서 일반화되었는데, 그 이전에는 한대에서만 볼 수 있는 특수한 현상이다. 이는 한대에 화폐경제가 사회각층에 광범하게 유통되었음을 의미하는데, 이렇게 화폐경제가 보급된 배경에는 농업생산력은 물론이고 수공업생산이 발달하여 상품유통이 크게 번성하였기 때문이다.

Ⅲ. 한대 사회계층과 호족의 대토지사유

1. 한대의 사회계층의 다변성

한대의 사회계층은 지배계층과 피지배계층으로 양분된다. 지배계층은 황족과 관료, 호족층이고 피지배계층은 평민·천민을 들 수 있다.

황족은 황제를 정점으로 종친과 외척으로 구성되었다. 특히 전한은 건국 초에 군국제의 실시로 유씨 일족을 제후왕이나 열후로 봉하였고, 후한의 광무제도 종친을 제후왕으로 봉하였다. 이리하여 전·후한은 다같이 건국 초에 종친과 건국에 공로가 큰 공신의 세력이 상당히 강하였다.

황족 다음의 지배계층은 관료이다. 한대의 관료는 지식과 교양 면에서 실력자들이고 중앙집권체제의 발전으로 그들은 중앙 및 지방의 정치 일선에서 세력을 발휘하게 되었다. 한대의 관리는 지위와 등급에 따라서 봉록을 받았으며, 봉록 이외에도 국가로부터 토지·노예·주택 등 많은 은전을 받았다. 따라서 관료는 자신의 관직을 이용하여 재산을 축적할 수 있었고, 이를 토지에 투자하여 대토지를 소유할 수 있었다. 관료는 자제의 출세에도 특전을 누리고 있었는데,

그 예로 태학의 입학과 임자(任子: 음서)제도에 의한 관직의 임용을 들 수가 있다. 이 밖에 법률적으로도 특권을 누리고 사면되기도 하였다.

호족은 전한시대에는 아직 지배계층으로 발전하지 못하였으나 후한 대에 이르면 지방의 유력자로 그 세력은 막강하였다.

피지배계층은 평민으로 사민(士民)·농민·상인·공인이 여기에 속하고 그 아래 천민계층인 노비가 있다. 사민은 평민의 범주에 있기는 하지만 출신 신분이 높고 대부분 관인 집안이나 부유층의 자제와 농민출신으로 구성되어 있다. 따라서 사민은 교육을 통해 학문과 교양을 갖추고 있어서 그들은 언제나 관인으로 진출할 수 있는 관료 예비집단과 같은 성격을 띠고 있었다.

한편 농민은 자작농과 소작농으로 구분되는데, 전한시대에는 자기 땅을 가지고 농사짓는 자작 소농민이 대부분이었다.[96] 자작농은 5명 내지 6명 가족으로 구성된 소농으로 이들 소농은 100무(畝) 내외의 경작지를 가지고 농업에 종사하였다. 100무 이하의 땅을 경작하는 농민은 빈농에 속하며, 전혀 땅을 갖지 못하고 부호의 땅이나 국가의 공전(公田, 官田)을 소작하는 소작농도 있었다.

인민의 절대 다수를 차지하는 것이 소농민인데, 이들은 국가의 노동력·병력의 근원이고 동시에 조세의 원천이었다. 따라서 소농민은 국가권력의 지배대상이며 동시에 국가권력의 기반이기도 하였다. 진·한 제국은 이들 소농민의 효과적인 관리를 위해 국가가 직접 편호제민(編戶齊民)으로 편성하였다. 리(里)를 중심으로 농업생산에 전념하는 소농민의 생활기반은 그들이 경작하는 토지의 생산물과 그 밖의 부업으로 얻어지는 재화로 충당되었다.[97]

한대의 토지는 공전(公田)과 사전(私田)으로 구분되는데, 소농민의 경작지는 대부분 사전이다. 한의 국가기반은 농업에 있었기 때문에 국가의 농업에 대한 적극적인 지원책으로 농민의 사회적 지위는 사민 다음으로 높았다. 농업에 힘

---

96) 김　엽, 「前漢王朝의 農民確保策」『慶北大論文集』 7, 1963.
　　송　진, 「漢代 通行證 制度와 商人의 移動」『東洋史學研究』 92, 2005.
97) 박동헌, 「漢代農家副業의 成長과 그 性格: 前漢代華北地方을 중심으로」『東洋史學研究』 41, 1992.
　　＿＿＿, 「中國 古代 家內 紡織經營의 성장과 그 의의 － 漢代의 小農家庭을 중심으로－」『古代中國의 理解 Ⅱ』(서울대 동양사학연구실 편, 지식산업사), 1995.
　　＿＿＿, 「江陵 鳳凰山 10號 前漢代의 簡牘類에 보이는 流通과 그 經略 분석」『東洋學研究』 2, 1996.
　　＿＿＿, 「漢代 民間 船舶의 形態와 附屬道具 － 江陵 鳳凰山 9호 前漢墓 출토 선박 관련 자료의 분석을 중심으로－」『震檀學報』 84, 1997.

을 쓰는 독농가를 역전(力田)이라 하여 요역의 면제, 토지 하사 등의 특전을 누리기도 하였다.

한대의 상인은 국가의 농본억상정책(農本抑商政策)에도 불구하고 사회적 신분은 꾸준히 상승되어 왔다. 중국인의 뛰어난 상업 활동은 이미 진한시대 이래 충분히 발휘되고 있다. 漢代의 상인은 국가의 차별대우, 혹독한 세금징수에도 불구하고 마치 불사조와도 같이 상업능력을 발휘하고 있다. 이들은 소규모의 행상인으로부터 제염, 제철, 광산채굴 그리고 비단, 곡물, 금·은·보화 등 다양한 물품을 대상으로 하였다. 대상(大商)은 막대한 부를 다시 토지에 투자하여 대토지를 사유(私有)하게 되었고, 그들의 생활은 귀족을 능가하기도 하였다.

공인(工人) 계층은 주로 수공업에 종사한 기술자를 말하는데, 사회적 신분은 농민보다 낮았다. 공인은 관영이나 민영의 수공업에 종사하였는데 한대의 정교한 수공업 제품은 이들에 의하여 생산된 것이다. 그들의 수입은 상인보다 떨어졌으나 농민에 비해 월등하게 좋았다.

한대의 노비(奴婢)는 관노비(官奴婢)와 사노비(私奴婢)로 구분된다. 관노비는 범죄자, 중범죄인의 가족을 적몰하여 노비로 삼는 경우, 사노비를 국가가 노비 주인으로부터 사들인 경우, 전쟁포로 등 그 출신이 다양하다.[98] 사노비는 소농민이 파산하여 노비가 된 경우가 대부분이다. 이 밖에 국가에서 관노비를 제후나 공신 관료에게 하사하여 사노비로 만들기도 하고 변경지대의 이민족을 약탈하여 사노비로 삼았다. 사노비는 소나 말처럼 시장에서 매매되었다. 노비의 가격은 1만, 2만전을 호가하여 상당히 높은 가격으로 거래되었는데, 이들은 주로 가사에 종사하였고 그 밖에 수공업과 상업에도 사역되었다. 한대의 노비는 전체인구에 비하여 극히 적은 숫자였으므로 농업생산에 있어서 노비의 역할은 대단한 것이 못되었다.

---

98) 조좌호, 「中國古代의 奴婢制度−秦漢時代를 중심으로−」『歷史學報』 7, 1954.
　　최덕경, 「隷身妾의 身分과 그 存在形態」『釜大史學』 10, 1986.
　　김명희, 「漢代 奴婢制와 良賤制의 比較研究」『論文集』 8-1, 湖南大, 1987.
　　임병덕, 「中國古代 奴婢와 刑徒」『忠北史學』 3, 1990.
　　이성규, 「秦漢의 형벌체계의 再檢討−雲夢秦簡과 「二年律令」의 司寇를 중심으로−」『東洋史學研究』 85, 2003.

2. 호족출현의 사회경제적 배경

전한의 무제시대는 정치 · 문화상에 있어서 뿐만 아니라 사회 · 경제면에서도 커다란 변혁기라 하겠다. 그것은 이때를 고비로 이후 대토지사유제가 사회전체로 확산되면서 지방의 부호세력이 호족으로 변모하기 시작하였기 때문이다.

전한도 건국 초기에는 秦과 같이 억상정책(抑商政策)으로 상인을 철저하게 억압하였다. 그러나 이러한 억상정책과는 달리 무제시대에는 내외의 상업환경이 크게 개선된 시대이다. 먼저 장건의 서역여행 이후 서방(西方)과의 교통이 열렸고 농업과 공업생산의 비약적인 발전을 배경으로 상인의 활동무대가 국내뿐만 아니라 외국에까지 미치고 규모 또한 확대되어 나갔다. 그 위에 무제 때 오수전(五銖錢)의 주조로 상업활동에 필요한 법정화폐의 신용도가 확립되면서 상업과 교역이 효과적으로 진행되었으며, 여기에서 얻어진 이익으로 상인과 부민은 일거에 큰 재산을 모을 수 있는 상업투기가 왕성하여졌다.

한편 무제 후기에는 지나친 외정으로 국가의 재정이 어려워지자 매관(賣官) · 매작(賣爵)의 길이 열리게 되면서 대상의 정계진출이 활발하여 상인계층의 신분이 향상되었다. 이리하여 무제 이후가 되면 상인의 상업활동은 정상적인 이윤추구보다는 일확천금을 노리는 투기적 상업폭리가 성행하였고, 이렇게 얻어진 막대한 이익은 안전한 토지에 재투자되어 전국적으로 토지투기가 성행하였다. 『漢書(한서)』 식화지(食貨志)에 "부자의 땅은 천 · 백(阡 · 陌)에 이르고 가난한 자는 송곳 하나 꽂을 땅도 없게 되었다(富者連仟佰, 貧者亡立錐之地)"는 말은 바로 한대의 사회적 모순을 그대로 지적한 것이다.

문제시대의 가의(賈誼)와 무제 때의 박사인 동중서(董仲舒)는 이러한 사회적 모순을 개혁하기 위해 대토지소유의 제한과 빈농의 구제를 역설하였으나 지주 · 관료의 반대로 실시되지 못하였다. 따라서 무제시대 후기로부터 빈번하게 일어나고 있는 농민의 반란[99]은 호족의 대토지사유에 의한 자작농민의 몰락이 가져온 농촌사회의 파탄을 그대로 반영한 것이다.

호족의 대토지사유방법에는 두 가지 유형이 있다. 하나는 이미 개발된 지역의 토지를 매입하여 점차 대토지를 소유하는 것이다. 이 경우 토지매입이 쉽지

---

99) 원봉 4년(B.C. 107)에 관동지방의 유민이 200만에 달하고 천한 2년(B.C. 99) 이후 지방의 농민반란이 계속되자 침명법(沉命法)을 제정하여 농민반란을 진압하지 못한 지방관에게 책임을 물어 사형에 처하도록 하였으나 효과가 없었다(『漢書(한서)』卷90, 혹리(酷吏) 함선전(咸宣傳) 및 『塩鐵論(염철론)』大論편).

않았으므로 호족은 권력과 결탁하거나 불법적인 강압수단으로 농민의 토지를 겸병하였는데 이를 겸병호족이라 하였다. 또 다른 방법은 황무지의 개간이나 변경지 개척을 통해 대토지를 소유하는 것이다. 이때에는 수많은 식객(食客)과 종인(從人), 유민을 투입하여 대대적인 개간사업을 추진하였다. 이러한 개간사업은 호족의 재력이 아니고서는 불가능한 일이므로 이를 개발호족(開發豪族)이라 하였다.

3. 자영농민의 몰락과 농촌사회의 변화

전제적 왕조체제하에서 사회의 중추적 세력은 자영농민(小農民)이며 국가정책의 기본도 농본(農本)에 두고 있다. 그러나 이러한 농본주의는 구호에 그치는 예가 많고 실제로 자작농민은 조세의 부담, 요역, 병역 등으로 파산하는 예가 흔히 되풀이되는 정치 사회현상이었다.

전한 초, 문제 때의 정치인 조조(鼂錯)가 설명한 농민의 생활상을 보면 자작소농 한 가족은 대체로 5명으로 이루어져 있고, 이 가운데 2명만이 노동력이 있다. 100무(畝)의 농지를 경작할 경우 곡식은 100석(石) 내외를 수확한다.[100] 이 중에서 조(租)와 식량으로 절반을 사용하면 약 절반(50석)이 남는데, 이 가운데 다시 인구세인 산부 120전, 구부 20전을 부담해야 하고, 이 밖에 요역에 나가는 대신 경부 300전을 또 물어야 한다. 그러므로 남은 곡식 50석을 가지고 이러한 세를 내고 나면 남는 것이 거의 없거나 부족한 형편이라 하였다. 여기에는 종자·가축사료·농기구·의복잡비와 경조사에 드는 비용은 전혀 계산되지 않은 것이었다. 다행히 부업이 있으면 그 수입으로 충당하나 부업을 갖지 못한 대부분의 자영농민(소농)은 구조적으로 이미 조세부담의 한계점에 와 있었다. 여기에 한재가 일어나 흉년이 들면 농민생활은 더욱 곤궁한 상태가 된다. 이러한 어려움은 무제시대에 이르면 조세의 증가와 빈번한 요역 동원으로 더욱 심각하여 파산자가 속출하게 되었다.

몰락한 농민은 유민이 되거나 지주의 대토지에 소작농[전객(佃客)]으로 전락하고 때로는 용공(傭工)이 된 자도 적지 않다. 용공은 농업노동을 하는 용경(傭耕)과 그 밖의 금·은 장식품, 하수(河水)의 토목공사, 왕릉축성 등의 노동에 투입되기도 하였다. 무제 때에 부호들은 야철(冶鐵), 소금생산에 유민(流民)을 모아

---

100) 최덕경, 「秦漢時代小農民의 畝當 生産量」『慶尙史學』 4·5합집, 1989.

노역을 시켰는데, 이들의 대부분은 종래 자영농이었으나 파산하여 유민이 된 계층이다. 특히 소제의 원시(元始) 4년(B.C. 83) 이후 계속된 흉년으로 식량이 고갈되면서 일반농민의 유민화가 가속화되었다.

4. 호족의 등장과 황제지배체제의 약화

한대 호족의 등장은 대토지사유제와 불가분의 관계를 갖는다. 호족에 의한 대토지사유는 이미 전국시대에 사유재산제와 토지의 자유매매가 인정되면서 진행되었던 것이 진·한대에 와서도 그대로 계속되었다. 무제시대 이후 호족의 대토지사유가 더욱 극심하여지자 이에 대한 대책이 빈번하게 제기되고 있다. 특히 동중서는 토지사유의 제한을 주장하고 있으나 실행되지 못하였다. 그 후 애제(哀帝, B.C. 7)때 한전법(限田法)이 발표되었으나 외척과 환관을 비롯한 부호의 반대로 시행되지 못하였다.

실제로 전한시대 호족의 대토지 사유의 구체적인 예로 호족인 영성(寧成)은 남양지방의 피전(陂田: 논)을 한번에 천여경(千餘頃)을 매입하여, 수천가의 빈민에게 소작시켜 수천만의 재산을 모았는데 이러한 토지겸병은 점차 일반화되었다.[101]

이러한 경향은 후한시대에 더욱 심화되었다. 후한을 건국한 광무제(유수)는 남양 제일의 호족이었다. 호족의 장원은 이미 국가의 경찰권이 미칠 수 없을 정도로 치외법권적인 위세를 가지고 있었다. 후한 초의 남양 호족 번중(樊重)은 풍부한 재력을 가지고 교묘히 노예를 사역하여 3백경의 토지를 개간하였다. 뿐만 아니라 가축사육, 양어의 자영으로 소금과 철 이외에는 외부로부터 필요한 물품을 들여오지 않아도 될 정도로 자급자족경제를 과시하였다. 그는 수백만전으로 고리대금업을 하면서 막대한 이익을 챙기고 그의 아들 번굉(樊宏)[102]의 시대에도 일족과 친속을 거느리고 방벽을 쌓아 외부의 침입을 자력으로 방어하는 무력을 과시하기도 하였다. 그리하여 남양지방에서는 향리의 저성(著姓) 남양의

---

101) 『史記』 卷 122, 酷吏列傳, 및 『漢書』 卷90, 寧成.
　　　임병덕, 「秦·漢 시기의 耐·完·髡·刑; 『漢書』 刑法志 "諸當完者, 完爲城旦舂"의 再考察」『忠北史學』 9, 1997.
　　　이성원, 「古代中國의 刑罰槪念과 肉刑 -'非 人化 觀念을 中心으로-」『東洋史學硏究』 67, 1999.
102) 『後漢書』 卷 32, 樊宏傳.
　　　후한대 지방 호족의 호칭은 다양하다. 호족 이외에 저성(著姓), 호종(豪宗), 호강(豪彊), 대호(大豪), 명족(名族), 대협(大俠) 등 다양한 호칭이 있다.

구성(旧姓)이라고 부르는 명족이다. 또 후한 선제 때의 소신신(召信臣)은 3만경의 거대한 농지를 개간하였다. 후한시대 호족의 대부분이 이와 같이 경제력(대토지)과 군사력(私兵)을 함께 보유하면서 그 세력기반을 확대하여 나갔다. 이리하여 부자는 더욱 부자가 되고[부익부(富益富)], 빈자는 더욱 가난하여[빈익빈(貧益貧)]지는 사회적 모순을 가져오게 되었다.

호족의 대토지는 그들의 직계가족이나 종족만으로 운영하기는 곤란하였기 때문에 몰락농민, 유랑민, 범죄자, 빈민 등을 흡수 동원하여 경작하였는데, 이들을 전객(佃客), 객호(客戶), 하호(下戶)라 하였다. 이들 가운데는 자기 땅을 약간 소유하고 호족의 토지를 빌리는 경우와 호족의 땅만을 소작[가작(假作)]하는 두 가지 경우가 있다. 소작료는 수확의 반을 지불하나 심할 경우 3분의 2까지 착취당하기도 하였다.

호족의 땅을 경작하는 하호들은 토지는 물론이고 농기구, 씨앗 등 일체를 호족으로부터 대여 받았으므로 그들은 소작지 주변에 집단적으로 거주하면서 호족의 감시를 받게 되었다. 따라서 하호의 생활은 호족의 통제를 받으면서 예속민화하였다. 그런데 호족의 인적구성은 혈연을 기반으로 하여 종족이 긴밀하게 친속관계를 이루고, 이러한 일족 이외에 객(客)과도 임협적(任俠的) 관계로 결합되었다. 특히 객은 재능이나 지식과 무력을 가지고 주가(主家)에 봉사하였다. 호족은 또 타 지역의 호족과 통혼하거나 사제관계, 경제적 이해관계로 긴밀한 유대를 형성하여 나갔다. 그 위에 중앙과 지방의 관료나 정치적 실권자(외척·환관)를 재물로 매수하여 사회적 기반을 더욱 강화하여 나갔다.

이러한 호족의 발전에 대해 국가권력이 가만히 방관한 것은 아니었다. 즉, 무제와 같은 절대 권력자나 왕망과 같은 개혁주의자가 호족세력에 대해 탄압을 가하기도 하였다. 그러나 황제권이 강할 때 호족은 그 세력이 위축되기도 하였으나 황제권이 외척·환관에 의해 농락되고 약화될 때는 호족은 이들과 결탁하여 그 세력을 키워나갔다. 따라서 왕망정권의 호족억압정책이 실패한 후 후한에 들어와서는 오히려 국가가 호족의 이익을 보호하는 정책을 취하여 서로 타협하게 되었다. 그러므로 후한정권은 호족과 타협한 호족연합정권의 성격이 강하다. 이로 인해 다음에 오는 위·진·남북조 시대에는 완전히 호족사회로 발전하면서 이들은 문벌귀족사회의 기반을 구축하게 되었다.

5. 한대 사회체제의 3층구조

전한대에는 농민을 국가권력(황제권)이 직접 지배하는 2층적 권력구조라고 할수 있다. 그러나 후한대에는 호족세력의 등장으로 황제와 인민 사이에 호족이 끼어들면서 국가는 농민·호족·국가권력이라는 3층구조로 변모하였다. 이에 따라 황제권은 전한시대보다 인민에 대한 지배력이 약화되고 그 대신 호족이 황제권을 잠식하면서 그 세력을 키워나갔다.

호족이 처음부터 국가 권력과 대립하는 존재는 아니었다. 그러나 후한의 중기 이후 정치가 부패하고 환관이 득세하면서 호족세력은 이들 부패관리와 환관과 결탁하면서 그 세력을 키워나갔다. 호족이 지방에서 세력화 하는데는 후한의 지방 행정조직도 한 몫을 하게 되었다. 즉, 후한의 지방행정은 군(郡)을 중심으로 운영되었는데 군의 장관인 태수(太守)는 군민을 등용하여 지방관으로 임용하고, 이들을 감독하였다. 이 과정에서 지방관에 임용된 자는 태수에 순종하고 또 지방관으로 발탁된 자는 대부분 그 지방의 유력자가 선발되었다. 이리하여 호족 가운데 유능한 인물이 관료로 발탁되어 중앙정계에 진출하게 되면서 호족의 관료화가 뚜렷하여졌다.

한편 중앙에 있는 관료도 지방에 대토지를 사유하게 되면서 호족화하였다. 이들은 중앙정계에서 지연과 학연(學緣) 등의 인맥을 중심으로 동류를 규합하고 인적 유대관계를 강화하였고, 대대로 관계진출을 도모하면서 관료집단을 형성하여 고관대작을 배출하는 명문세족(名門世族)이 나타나게 되었다. 명문세족의 자제는 부모의 재산은 물론 그의 사회적 지위까지 상속하여 권력과 부를 다 갖게 되면서 호족관료화(豪族官僚化)하였다.

이러한 후한사회의 계층변화는 위·진·남북조의 호족(귀족)사회를 여는 전단계적 사회변화이다. 따라서 대토지사유제와 호족의 농민지배에 의하여 농촌사회는 근본적으로 변모하였다. 즉, 자영농민을 기반으로 유지된 향리공동체(鄕里共同體)는 호족이라고 하는 거대한 지배계층의 출현으로 분해되면서 자영농민의 자율적 사회에서 호족에 의한 타율적 사회로 변화되어 갔다. 이리하여 호족의 등장으로 농민과 국가(황제)의 2층 지배형태가 농민·호족·국가(황제)라는 3층 지배형태로 변모하여 황제 권력이 약화되었다.

제5절 한대(漢代)문화의 발전과 동서문물의 교류

Ⅰ. 漢代 유교주의문화의 확립

1. 한대 유교주의문화의 성격과 동아시아 문화

한제국의 전·후 4백여 년에 걸친 통일제국은 이후 2천여 년 간 계속된 중국문화의 기반을 마련하였다는데 그 역사적 의의를 찾을 수 있다. 현재, 중국을 의미하는 명칭으로서 한자(漢字), 한민족(漢民族), 한문화(漢文化) 등 漢이란 명칭이 일반화되고 있는 것도 사실상 한대에 와서 중국문화의 터전이 마련되었음을 의미한다.

춘추·전국시대의 제자백가로 일컬어지는 사상과 학문의 꽃이 진시황제의 분서갱유에 의해 된서리를 맞았으나, 한대에 이르러 다시 부활되면서 유교적인 문화의 열매를 맺게 된 것이다.[103]

한 무제에 의한 유학의 관학화로 유교는 국가의 보호를 받으면서 국가통치의 기본이념이 되었다. 따라서 秦의 법가주의에서 한대의 유가주의로 정치사상이 바뀌어 유교국가의 성격이 확립되었다. 유학은 국가의 통치이념이 되었을 뿐만이 아니라 남성중심의 가정생활을 확립시키면서 남존여비의 사회상을 만들고 이에 따라 동양문화의 성격을 뚜렷하게 부각시키고 있다.[104] 뿐만 아니라 무제시대 이후 서역과의 활발한 교역의 결과 서방문물이 전래되면서 문화내용이 더욱 풍부하고 다양해졌다.

2. 한대 금문(今文)·고문(古文) 논쟁과 훈고학의 발달

한대에 유학의 관학화에 따라 학자와 관료가 일치하는 중국적 관료주의가 확립되었다. 한대 이후 유교적 교양을 갖춘 자만이 관인이 될 수 있고, 관료와 학자는 서로 뗄 수 없는 불가분의 관계를 갖게 되었다. 학문과 정치가 일치되면

---

103) 고병익, 「儒敎社會의 傳統」『東아시아의 傳統과 近代史』, 삼지원, 1984, 23쪽 참조.
　　 임중혁, 『漢律令의 정신과 儒家思想의 침투』상『법사학연구』17, 1996; (하) 同 18, 1997.
104) 김임자, 「古代中國 女性倫理觀－後漢書, 列女傳을 중심으로－」『梨大史苑』6, 1966.
　　 김용홍, 「秦·漢시대의 女性生活에 관한 研究」『女性問題研究』16, 효성여대, 1988.
　　 임용미, 「中國古代女子冠服制度研究 商(殷)代부터 秦까지」『同德女大論叢』15, 1985.

서 학자가 정치가이고 정치가가 곧 학자라는 정치·교육일치주의가 한대에서 비롯되었다. 특히 한대는 유학교육을 위해 경사(京師)에는 태학, 지방에는 군국학(郡國學)을 설치하고 오경(五經) 박사를 두어 유학교육을 전담케 하였다. 그 결과 공자를 숭배하고 경전을 읽는 풍조가 유행하고, 특히 후한시대에 들어와서는 유교 가운데서도 예교주의(禮敎主義)가 발달하게 되었다.[105] 그리하여 공경대부(公卿大夫) 가운데 문학에 뛰어나고 유교경전에 정통한 인사가 많이 나오게 됨에 따라 경술(經術)을 이해하고 있는 자만이 관리가 될 수 있었다. 후한시대에는 수도의 태학생(太學生) 수가 3만 명에 달하고 지방의 오경박사도 제자를 모아 교육하니 사방의 선비가 유명한 오경박사를 찾아 무리를 이루어 연구하는 학풍이 유행하였다.

그런데 한대의 경학(經學)은 전한시대의 금문경학(今文經學)과 후한시대의 고문경학(古文經學)으로 갈라지면서 학술논쟁으로 발전하였다. 금문경은 한대에 사용된 문자[106][금문(今文)]로 된 유교경전을 말한다. 이는 전국시대 이래로 사제(師第) 사이에서 구전(口傳)되어 오던 것을 한대의 문자로 필사(筆寫)한 경전이다. 이에 대해 고문경은 경제 때에 공자의 옛집 터에서 발견된 경전을 바탕으로 하여 춘추시대의 고문체(古文體: 예서)로 쓰인 고본경전(古本經典)이다. 전한시대에는 금문경(今文經)을 사용하였고, 문제 때의 경학박사나 무제 때의 오경박사를 모두 금문가(今文家)로 임명하였다. 이로 인해 금문경은 정부의 인가를 받아 널리 전파되었다. 그러나 고문경이 출현한 이후 고문경학자는 고문경의 오래됨을 내세워 금문학자와 학술상의 정통성을 다투어 쌍방에서 논쟁이 일어나게 되었다.[107] 고문경을 대표하는 학자는 전한 말기 경학의 대가이며 왕망정권에 적극 가담하였던 어용학자 유흠(劉歆)과 그 아들 유향(劉向)이다.

후한대에는 금문(今文)과 함께 고문(古文)의 장점도 인정되어 고문경이 비록 정부의 관학에서 채택되지는 못했으나 민간에서 널리 유행하게 되었다. 고문경은

---

105) 홍승현, 「後漢書'舊君'개념의 재등장과 魏晉時期 喪服禮 −禮學의 효용성을 중심으로−」 『東洋史學硏究』 94, 2006.
106) 중국의 문자는 은대의 갑골문자가 가장 오래된 것이며, 주대에는 청동기에 문자를 새겨 넣은 고문자[古文字(金石文)]가 있었고, 전국시대의 각국에서 이를 더욱 발전시켰다. 진의 시황제가 전서체(篆書體)로 문자를 통일하고 漢代에는 예서체(隷書體)가 되니 이를 금문이라 한다.
    공재석, 「漢字 起源問題의 理解」 『中國學論叢』(金後燁敎授華甲紀念論叢), 1983.
107) 박건주, 「『左傳』偽作說 문제에 대한 一考」 『中國古代史硏究』 13, 2004.

부분적으로 이를 숭상하는 학자에 의하여 가필된 부분이 있어 이를 의심하는 학자도 있다. 후한의 저명한 경학자로서는 가규(賈逵)·마융(馬融)·정현(鄭玄) 등이 있으며, 이들은 금·고문경(今·古文經) 모두에 능통했다. 특히 정현은 여러 학자의 견해를 독파하고 여러 설을 통합하여 한대의 훈고학(訓詁學)을 완성함으로써 금문·고문가의 지지를 얻게 되었다. 따라서 이를 정학(鄭學)이라 하였다.

이러한 유교경전에 대한 자구(字句) 해석에만 주력한 한대의 훈고학풍은 유교의 철학적 해석이나 사상으로서의 발달을 가져오지는 못하였다. 다만 유학을 실제정치에 이용하려는 경세학(經世學)으로서 육가(陸賈)의 『新語(신어)』, 가의(賈誼)의 『新書』, 동중서(董仲舒)의 『對策(대책)』 그리고 양웅(揚雄)의 『法語(법어)』와 환관(桓寬)의 『鹽鐵論(염철론)』이 유명하다. 후한대에 들어와서도 유학은 사상면에서 큰 발전을 이룩하였다. 즉, 유학자들의 저술활동으로 왕충(王充)의 『論衡(논형)』과 왕부(王符)의 『潛夫論(잠부론)』, 그리고 응소(應邵)의 『風俗通義(풍속통의)』, 중장통(仲長統)의 『昌言(창언)』은 사상적으로 후세에 많은 영향을 주었다.

3. 유교주의에 대한 비판

漢代에는 유학의 관학화로 유교는 국가권력의 보호 하에 발전하였다. 그러나 학문에 대한 국가권력의 비호는 학문의 어용화를 가져오게 되었다. 유학에 대한 비판은 용납되지 않았다. 이리하여 학문의 왕좌에 오른 유학교육의 주류는 단지 유교경전에 대한 자구(字句)의 오류를 고치거나 훈고(訓詁: 해석)에 집착하면서 경전의 고·금문 논쟁을 주로 하고, 유학사상의 근본적인 문제나 철학적 사고에 대해서는 처음부터 파고들지 못하였다. 전한시대에는 금문경학의 발달과 함께 동중서의 천인상응설에 의한 미신적인 참위(讖緯)설이 크게 발달하였다. 참(讖)은 일종의 종교적 예언이고, 위(緯)는 음양오행의 미신으로 경학을 해석한 것이다. 이러한 참위설은 왕망이 전한을 찬탈하는 과정에서 여러 번 이용되었다.

후한의 광무제 역시 참위설을 이용하여 그의 후한창립을 천명에 부합한 것으로 증명하려 하였다. 또 참위사상을 천하에 포고하여 국가권력으로 미신적 사상을 선전하기에 이르렀다. 그 후 장제 때에는 백호관(白虎觀)에서 경학의 틀린 부분을 토론하도록 하고 참위사상과 금문경을 결부시켜 『白虎通義(백호통의)』를 편찬함으로써 유학을 더 한층 신비주의적 미신사상으로 빠지게 하였다.

이러한 후한시대 유학사상의 미신적 신비주의에 비판을 가하고 과학적 유학사상을 제창한 학자가 나타났는데 그 대표적인 인물이 왕충(王充)이고 그의 사상을 정리한 것이 『論衡(논형)』 85편이다. 왕충은 동중서의 천인상응설에 반대하였다. 그는 자연만물은 모두 물질의 기(氣)에 의해 이루어지는 것으로 하늘(天)은 단지 기를 지니고 있는 자연계의 하나일 뿐 하늘에는 아무런 감각이나 의식이 없다고 주장하였다. 왕충은 하늘과 사람은 서로 상응(相應)하지 않는 별개의 존재로 天이 결코 인간의 선악(善惡)에 영향을 주지 못한다고 하였다. 이것은 황권천수설(皇權天授說)이나 천자유덕설(天子有德說) 그리고 참위사상을 근본적으로 부정한 합리적인 사상이다. 왕충은 또 신(神)의 존재를 부정하고 사람은 죽어서 결코 귀신이 되지 않는다고 하였다. 인간정신은 인체 내에 있는데 사람이 사망하면 인체도 썩어서 없어지므로 정신도 사라진다고 보았다.[108]

왕충은 또 공자와 맹자의 사상에 대해서도 비판을 서슴지 않았다. 즉, 「問孔」(문공)편에서는 인간 공자를 한대의 속유(俗儒)들이 지나치게 성인화, 신격화시켰다고 하여 성인화된 공자를 본래의 모습 그대로의 인간으로 회복시켜야 한다고 주장하였다. 「刺孟篇(자맹편)」에서도 맹자의 사상을 분석 비판하였다.

이러한 왕충의 유학사상과 공자·맹자에 대한 비판은 중국의 유학사상 발전에 참신한 학문적 기풍을 불러 일으켜 유학뿐만 아니라 학문 전반에 합리성을 불어 넣는 계기가 되었다. 왕충의 주장은 관학에서 받아들이지 않아 더 발전하지는 못하였다. 그러나 후한이 망하고 위·진·남북조의 유학비판과 청담사상 성립에 끼친 영향은 매우 크다.

4. 유교주의적 학교·선거제도

漢은 건국 초에 제자백가사상을 가르치기 위하여 태상시(太常寺)에 교수(博士)

---

108) 마이클 로이저 지음, 이성규 옮김, 『古代中國人의 生死觀』, 지식산업사, 1987.
　　이명화, 「王充의 災異說批判」『梨大史苑』 22·23합집, 1988.
　　김일권, 「兩漢代의 五行論的 世界觀에 따른 五郊 儀禮 考察」『中國史研究』 23, 2003.
　　＿＿＿, 「秦漢代의 郊祀制度와 國家祭天儀禮 變遷過程」『中國史研究』 24, 2003.
　　장인성, 「漢代人의 死後 世界觀」『中國學報』 36, 1996.
　　이문규, 「『論衡』에 나타난 王充의 自然觀」『한국과학사학회지』 15-2, 1993.
　　박영철, 「출토자료를 통해 본 중세중국의 死後世界와 罪의 관념」『東洋史學研究』 70, 2000.
　　＿＿＿, 「獬豸考 -中國에 있어서 神判의 向方-」『東洋史學研究』 61, 1998.

를 두었다. 문제 때 가의(賈誼)에 의하여 예악으로써 풍속을 교화하자는 주장이 받아들여져 유가사상이 학문적으로 두각을 나타내기 시작하였다.

한대의 유교 중심적 학교교육은 무제의 건원(建元) 5년(B.C. 136)에 오경박사를 설치하면서 시작되었다. 이는 유학이 관학의 위치에 서게 되는 계기가 되었다. 무제는 다시 원삭(元朔) 5년(B.C. 124)에 동중서·공손홍 등의 건의에 의하여 태학을 설치하고 50명의 제자(학생)를 선발하여 1년간 오경박사로부터 경술(經術)을 배우도록 하였다. 이리하여 유학은 경사(京師)의 태학을 중심으로 확고한 기반을 마련하게 되었다.

태학에서 경학교육을 받은 학생은 시험을 거쳐 1경에 합격하면 낭중(郎中)·문학(文學) 장고(掌故)에 임용되고, 특히 우수한 자는 낭관(郎官)으로 충원되었다. 또 지방의 하급관리로 있다가 태학에서 재교육을 받은 자는 대부분 중앙의 9경 혹은 지방 군태수의 속관으로 임용되기도 하여 한대의 관리가 점차 유교교육을 받은 태학출신자로 충원되어 나갔다.

후한대에 태학은 더욱 발전하였다. 후한 초의 광무제 때(서기 29년) 수도에 태학을 설치하여 박사 14명을 임명하였고 태학생도 증가시켰다. 이로 인해 안제 때에는 태학생이 3만 명으로 증가하여 유학천국이라 일컫게 되었다.

지방에도 군국학(君國學)이 있었다. 무제 때에는 전국에 이를 설치하면서 보편화되었다. 후한시대에는 군국학이 보급되었으나 중앙의 태학만큼 세력이 크지 못하였고, 사학(私學)도 규모는 작았으나 지방에서 자제교육을 담당하였다.

이러한 학교교육과 함께 한대에는 인재등용방법도 다양하였다. 한 초의 중요 관리는 처음에 개국공신이 차지하였고, 그 밖의 관리는 낭관[109]에서 선발하였다. 그런데 낭관의 입관(入官)은 우수한 인재등용방법은 아니었다.

한대의 관리 임용방법은 무제 이전까지는 고관의 자제를 임용하는 임자(任子)제도였다. 임자제도에 의하여 황제 측근에서 근시하는 낭관으로 임용된 후 일정기간이 지나면 상급관으로 승진하였다. 이 밖에 지방의 제후나 군의 태수가 인물을 추천하는데 이를 찰거(察擧)라 하였고 문제때부터 황제의 조(詔)에 의하였는데 이를 조거(詔擧)라 한다. 문제는 중앙의 고관으로 하여금 현량방정(賢良

---

109) 낭관은 관인이 되기 이전의 관인후보로 궁정수위를 맡았다. 낭관에 충원되는 인물은 부(父)의 은음(恩蔭)에 의한 임자와 재산납부[자선(貲選)]에 의하였다. 한 초에는 2천석 이상의 관리가 23년간 재임하면 아들 1명을 낭으로 임명할 수 있는 임자[음보제(蔭補制)]가 있고 부호가 재산을 납부해도 낭이 되었다.

方正)·직언(直言)·극간(極諫)을 할 수 있는 인재를 천거하도록 명하였다(B.C. 178). 문제는 다시 인재를 추천할 수 있는 범위를 중앙의 고관 이외에 지방의 후왕·공경·군수에까지 확대하였다(B.C. 165). 이렇게 추천된 자를 황제가 친히 책문(策問)하여 선발하였다.

무제가 즉위하자(B.C. 140) 또 다시 조서를 내려 중앙의 고관과 지방관으로 하여금 현량방정·직언·극간의 인재를 천거토록 하였다.

그러나 이상의 인재등용은 수시로 황제의 특명에 따라 현량한 자를 임시로 추천하여 선발하는 제도로, 정규적인 제도는 아니다. 한대의 찰거(察擧: 選擧)제도가 정식으로 제도화한 것은 무제의 원광(元光) 원년(B.C. 134)에 동중서의 건의에 의하여 군국에서 효자·염리(孝子·廉吏) 각 1명을 추천[110]하도록 한데서 비롯된다. 이를 향거리선제(鄕擧里選制)라 한다. 그런데 추천된 인물이 중앙에서 책문한 결과 적임자가 아니면 추천자를 문책하였으므로 처음에는 추천을 기피하였으나, 원삭(元朔) 원년(B.C. 128)에는 군국에서 반드시 효·염 각 1명을 추천하도록 하였다. 전한 말에는 효자·염리는 통합되었으나 추천인원은 2명이었고, 후한대에 가서도 이는 계속되었다.[111]

5. 한대 신선(神仙)사상으로 변모한 도가(道家)

유교가 현실생활과 밀접한 관계를 가지면서 왕조체제의 정치이념으로 발전한데 반해 도가는 그 본래의 성격상 무위자연적인 현실 도피적 성향을 가지고 지배체제에 비판적인 입장을 취하게 되었다.

전국시대 산동(山東)지방에서 유행하던 신선사상이 민간신앙과 장생술(長生術)을 융합하여 불로장생(不老長生)의 금단약(金丹藥)을 얻는다는 방술(方術)을 만들

---

110) 추천의 명목은 이 밖에도 현량문학(賢良文學), 현량방정(賢良方正), 현량방정능직언극간(賢良方正能直言極諫), 무재이등(茂材異等), 효제력전(孝悌力田) 등 다양하나 대체로 유교적 교양을 갖춘 인물이 그 대상이 되었다.
　　김 엽, 「漢代의 孝悌·力田에 대하여」『慶北大論文集』10, 1966.
　　한기종, 「漢代의 選擧에 관하여-孝廉科를 중심으로-」『史叢』12·13합집(金成植博士華甲紀念 論叢), 1968.
　　홍승현, 「選擧와 後漢 士大夫의 自律性-『後漢書』,『五行志』와 後漢末 批評的 著作의 檢討를 中心으로-」『東洋史學硏究』86, 2004.
111) 후한 화제 때는 인구비율에 따라 군국(郡國)의 인구 20만 명에 1명, 40만 명의 경우 2명, 20만 명이 못되면 2년에 1명, 10만 명이 못되는 곳은 3년에 1명을 추천하도록 고쳤다. 변방의 郡은 인구 10만 명 이상에 1명, 10만 명이 못되면 2년에 1명으로 정하였다.

었다. 이를 진의 시황제와 한 무제가 신봉하면서 그 세력이 신장되었다. 그 후 후한대에는 불교전래에 자극을 받아 신선사상은 다시 방술과 참위(讖緯)사상이 결합하여 종교교단이 되었는데, 이것이 장릉(張陵)이 일으킨 천사도(天師道) 또는 오두미교(五斗米敎)이다. 천사도는 다시 장각(張角)에 의하여 태평도(太平道)로 발전하여 화북지방으로 퍼져 나가서 도교의 기초가 되었다.

그런데 태평도를 주창한 거록(鉅鹿)인 장각은 신인(神人)으로부터 받았다고 하는『太平淸領書(태평청령서)』를 가지고 고통에 시달리는 농민을 선동하여 부적과 주문을 외우면 병을 고치는 신통력이 발휘된다고 하였다. 장각은 스스로를 대현양사(大賢良師)라 칭하고 제자를 전국에 파견하여 수십만의 신도를 얻게 되었다. 그는 전국의 신도를 36방(方)의 교구로 나누어 그 세력이 커지자 영제 때 (184) 반란을 일으켰다. 그의 신도는 대부분이 하층농민과 유민(流民)으로 장각을 신선으로 믿고 결속하였다.

이렇게 태평도가 발전할 무렵에 사천(四川)지방에서는 장릉(張陵)이 이끄는 도교의 다른 일파가 세력을 키워 종교교단을 형성하였다. 장릉은 병자로 하여금 교단의 별실에서 참회를 하도록 하고 그의 이름과 참회문을 적은 내용을 3신 [천·지·수신(天·地·水神)]에게 바쳐 신의 용서를 빌게 함으로써 병을 고칠 수 있다고 하였는데, 이를 삼관연서(三官年書)라 하였다. 또 교단은 그 유지비로 쌀 5두를 바치게 하였으므로 이를 오두미교라고도 하였다. 오두미교는 장릉의 아들 장형(張衡)과 손자인 장노(張魯) 등에게 계승되면서 발전하였으나 조조(曹操)의 원정을 받아 항복하였다(215). 조조는 장노를 진남장군(鎭南將軍)·만호후(萬戶侯)에 봉하였으므로 이 교단은 경제적으로도 안정되어 이후 천사도교(天師道敎)로 발전하였다.

이러한 종교운동은 후한 말에 도교를 중심으로 더욱 확산되었는데, 이는 지배층에 압박을 받고 있던 농민의 지지를 받아 황건(黃巾)의 농민반란을 일으키는 정신적 기둥이 되었다.

6. 불교(佛敎)의 전래와 종교계의 새바람

불교의 중국전파는 중국의 사상과 종교계에 새로운 바람을 불러 일으켰다. 불교가 중국에 전래된 동기는 한 무제 이후 서역로(西域路)의 개통으로 동서 문물의 교류가 활발히 전개되면서 비롯되었다. 사신과 상인의 왕래로 인도에서 서역지방에 전파된 불교는 자연히 중국으로 전래된 것이다.

불교 전래는 후한의 명제 영평(永平) 8년(67)으로 되어 있다. 즉, 명제가 꿈에 금불(金佛)을 보고 사신을 서역지방에 파견하여 중 가섭마등(迦葉摩騰)과 축법란 (竺法蘭)을 모시고와 낙양에 머물면서 사십이위경(四十二韋經)을 번역시키니 이때 를 불교전래의 시작으로 잡고 있다(『後漢書(후한서)』, 「明帝本紀(명제본기)」). 그 러나 『위략』의 「西域傳(서역전)」에는 이보다 60여 년 전인 전한말 애제의 원수 원년(B.C. 2)에 이미 불교가 전파되었다고 기록되어 있다.[112] 이는 한 무제 이후 서역과의 활발한 문화교류로 볼 때 전한 말에 이미 불교가 들어왔다는 『위략』의 기록은 충분히 믿을만 하다. 불교의 전파경로는 서역지방에서 수도 장안이나 낙 양으로 들어오고, 여기에서 왕후 귀족의 신봉을 받으면서 그 세력이 확대된 후 다시 양자강유역의 강남지방으로 전파되어 일반 서민사회로 널리 퍼져나가게 되 었다.

그러나 풍습과 습관을 달리하는 인도의 불교가 유학에 의해 통제되고 있던 한대의 사상계에 쉽게 받아들여지지는 못하였고 도교와 긴밀한 관계를 가지면 서 퍼져 나갔다. 불교는 처음에 상류사회[113]에서 신봉되었다. 이 당시의 불교는 노자의 무위자연사상과 비슷한 청허무위(淸虛無爲)한 것으로 이해되었다. 이 때 문에 중국에서는 석가와 노자를 함께 제사지냈으며, 노자(老子)가 오랑캐나라(西 域國)에 가서 부처가 되었다는 전설이 생길 정도로 노·불(老·佛)은 긴밀한 관 계를 맺고 있었다. 환제는 불교의 부도(浮圖)와 노자를 같이 섬기고 헌제 때의 대부호인 착융(窄融)은 3천명을 수용할 수 있는 부도(절)를 건립하고 금동불을 안치하니 이곳에서 불경을 공부하는 학생이 5천명이나 되었다고 한다.

2세기 중엽에는 안세고(安世高)와 지루가참(支累迦讖) 그 밖의 서역 중이 중국에 들어와서 서역말로 된 불경을 중국어로 번역하기 시작하였다. 불경의 중국어 번역은 불교발전에 대단히 중요한 의미를 갖는다. 안세고는 파르티아국의 태자로

---

112) 이 밖에도 불교의 전래를 진시황제(秦始皇帝) 33년(B.C. 214)까지 올리는 설과 기원 후 2세기 중기로 보는 주장도 있다. 아프가니스탄의 칸다하르(Kandahar)에서 아쇼카왕의 비문이 출토된 것과 이곳에 전한의 사신이 자주 내왕한 것을 보면 불교의 전래를 기원전 으로 보는 것이 유력하다. 長澤和俊 지음, 이재성 옮김, 『실크로드의 역사와 문화』, 239 쪽, 8장 주 ① ② ③ ④ 참조.

113) 초왕(楚王(英))은 황로학(黃老學)을 숭상하고 부처를 위해 재계제사(齋戒祭祀)하였다(『後 漢書』의 楚王英傳). 환제(桓帝)도 궁중에 황로(黃老)부처의 신당(祠堂)을 모셨다(『後漢書』 梁啓傳).

소승(小乘)불교 경전 34부 40권을 번역하였고, 대월지국(大月氏國) 출신 지루가참은 대승(大乘)불교 경전 10부 24권을 번역하였다. 이에 따라 한대에는 아직 대승·소승불교의 구별이 없이 다 같이 수용되었다. 다만 한대의 불교는 독립된 종교로서 불교의 참뜻을 중국 사람들이 이해한 것이 아니다. 다만 외래종교에 대한 호기심과 불교교단의 의식의 장엄함에 압도된 감이 없지 않다. 또 불교교의를 이해하는데도 도교와 연관시켜 해석하였기 때문에 한대 불교는 도교적 성격이 농후한 미신적 신앙의 범위를 벗어나지 못하였다.

불교가 본격적으로 발전하기 시작한 것은 위·진·남북조시대에 들어가서였다.

Ⅱ. 漢代의 학술과 과학기술

1. 한대문학의 새로운 내용

한대는 중국의 문학사에 있어서도 새로운 장을 여는 획기적인 시대이다. 한 이전의 중국 고대문체(古代文體)는 대체로 운문(韻文)과 산문(散文)으로 구분되며, 운문은 『詩經(시경)』이 대표적 작품으로 순수한 미적(美的)인 문학이라 하겠다. 산문은 『書經(서경)』, 『左傳(좌전)』, 제자백가의 서(書)로 대표된다.

그런데 한대의 문학은 이들 고대의 운문과 산문을 종합하여 새로운 문체로 발전시켰는데, 이것이 사부(辭賦)이다. 한대의 사부는 고부(古賦)라고도 하며, 한대에 널리 유행하였기 때문에 특히 한부(漢賦)라고도 한다. 이는 『詩經(시경)』과 『楚辭(초사)』의 영향을 받아 발달하게 되었다. 『詩經』은 본래 사언시(四言詩)로 되어 있으며, 시경에 이어 발달한 문체가 전국시대의 『楚辭』이다. 『楚辭』는 자수(字數)에 제한을 받지 않는 사부형식의 문체로서 대표적 작가로 굴원(屈原)이 있다. 한의 초기에 초사풍(楚辭風)의 문체가 유행하였으나 점차 긴 문장으로 변모하자 노래를 할 수 없게 되면서 부(賦)의 형식으로 바뀌어 한부로 발전하였다.

한부(漢賦)의 개조(開祖)는 가의(賈誼)이다. 그는 문제 시대의 정치가로 유명하였을 뿐만 아니라 한대의 문학사에도 새 장을 여는 자취를 남기었다. 그의 작품으로 현존하는 것은 「弔屈原賦(조굴원부)」와 「鵬鳥賦(복조부)」가 있다. 문장은 굴원의 작품에 비하여 간단하면서도 패기와 세련미가 있어 정감을 돋우어 주고 그 위에 철학적 내용을 담고 있어 사상성이 깊다. 이러한 내용은 굴원의 작품에서는 찾아 볼 수 없는 독창적인 것이다. 이후 한부는 통속체(通俗體)에서 문인체(文人體)로 발전하면서 시가(詩歌)만을 중히 여기게 되었다. 무제 때의 사마상여(司馬相如)에 이르러 문사(文辭)가 화려하고 작품내용이 뛰어나[114] 한대 사부의 최고봉을 이루게 되었다.

　전한시대의 이와 같은 사부를 대부(大賦)라고 하며, 왕망시대의 양웅(揚雄)과 후한의 반고(班固)도 대부의 대가로 알려지고 있다. 대부는 그 내용이 번잡하고 지나치게 섬세하다는 약점을 지니고 있다. 이에 대해 후한 이후 새로운 사부체(辭賦體)가 발달하였는데, 이를 소부(小賦)라고 한다. 소부는 대부처럼 번잡하거나 섬세하지 않고, 작품이 짧고 경전의 인용도 적었으며 문의(文意)가 분명하다는 특징을 지니고 있었다. 장형(張衡)의 「歸田賦(귀전부)」, 채옹(蔡邕)의 「述行賦(술행부)」, 조일(趙壹)의 「刺世嫉邪賦(자세질사부)」 등이 그 대표적인 작품이었다. 사부의 사상은 격조가 높지는 않았지만 구성이 치밀하며 음운이 뚜렷하고 어휘가 화려하였다. 따라서 사물의 내용 서술이 조각과 그림을 보는 것 같다는 평은 사부의 예술적인 특징을 잘 지적한 것이다. 한대의 사부(辭賦)는 남북조시대의 변려체(騈儷體)의 문체에 큰 영향을 주었다.

　한편 사부 이외의 문학으로 시가(詩歌)가 있다. 중국의 고대시가는 본래 노래를 부르기 위한 악장(樂章)이었으나 한대의 사부가 발달하면서 곡을 넣을 수 없게 되었다. 무제 때에 악부(樂府)를 설치하고 지방의 가요와 시가를 수집하면서 악부시(樂府詩)가 발달하게 되었다. 악부시는 궁중에서 곡을 붙여 노래한 가사인데, 이는 서로 다른 장단어구(長短語句)로 짜여져 있다.[115] 무제 때 악부와 함께 협률도위(協律都尉)가 가무와 악대를 관장하고 궁중과 귀족에게 악곡을 제공하였다. 악부시는 서민문학으로 한대 사회에서 널리 유행하게 되었고, 악부시의 영향을 받아 오언시(五言詩)도 후한대에는 발달하였다.

　이와 같은 사부나 시와는 별도로 한대에는 산문(散文)이 크게 발달하였다. 한대의 산문은 상서문이나 대책문(對策文)에서 뛰어난 작품이 많다. 산문체는 제자백가문에서 발전된 것으로 가의(賈誼)의 「治安策(치안책)」은 한대 산문의 독보적 위치를 형성하였다. 그 후 동중서와 사마천, 반고 등에 이르러 산문체는 문

---

114) 사마상여(司馬相如)의 작품으로 「子虛賦(자허부)」와 「上林賦(상림부)」, 「大人賦(대인부)」가 유명하다.
115) 『漢書』 예문지(藝文志)에 의하면 138수가 있었고 대표적인 작품으로 「戰城南(전성남)」, 「十五從軍行(십오종군행)」, 「所有思(소유사)」, 「東門行(동문행)」, 「孔雀東南飛(공작동남비)」 등이 있다.

체가 장중하고 유창하면서도 논리가 정연하여 중국문학사의 새로운 경지를 창출하고 후대의 문장에 많은 영향을 주었다.

2. 역사학의 발달

한대는 역사학에 있어서도 위대한 금자탑을 이룩한 시대이다. 전한 무제 때 사마천(司馬遷)에 의하여 『史記(사기)』가 편찬됨으로써 사학(史學)의 독창적인 길이 열리게 되었고, 후한의 반고(班固)가 『漢書(한서)』를 저술하여 학문적으로 사학(史學)이 확고 부동한 위치를 구축할 수 있었다. 『史記』와 『漢書』의 출현으로 종래의 교훈적인 역사가 과학적인 학문의 수준으로 발전하게 된 것이다. 고대의 역사문헌인 『尚書(상서)』와 『春秋(춘추)』는 한대에는 유교의 경전으로 존중되었다. 그러나 이러한 경(經)에서 사학(史學)을 독립시킨 것은 한대 역사가의 독창적 노력의 결과라 하겠다. 이리하여 경(經)과 사(史)는 한대부터 구분되기 시작하였으며, 사가 경과 나란히 독자적 위치를 확보할 수 있었던 것은 천재적 역사가 사마천과 반고에 가 있었기 때문에 비로소 가능하게 되었다.

『史記』의 저자 사마천은 섬서성 한성현 출신으로 그의 부친 사마담(司馬談)도 무제 때 태사령(太史令)에 임명되어 국가의 기록과 천문역법을 관장하였다. 사마천은 유학자인 동중서와 공안국(孔安國)으로부터 유가의 경전을 학습하고 청년시절에는 전국의 역사적 유적을 찾아 고사(故事)를 수집하면서 사가로서의 안목을 키워나갔다. 그는 부친의 사망 후 태사(太史)가 되어 국가의 귀중한 전적을 모두 읽을 수가 있었다. 이 당시 흉노토벌에 나간 장군 이릉(李陵)이 흉노에게 패하여 항복하자 무제는 극도로 노하여 이릉의 가족을 극형에 처할 것을 명하였다. 사마천은 이릉의 억울함을 변호하다 도리어 무제의 노여움을 사서 궁형(宮刑)을 당하였다(B.C. 99). 그러나 사마천은 인간으로서는 감당하기 어려운 고난을 극복하고 마침내 『史記』 130권을 완성하기에 이르렀다.

이렇게 완성된 『史記』를 한대에서는 『太史公書(태사공서)』라 하였고 위·진시대에 『史記』라고 하였다. 『史記』는 중국 고대로부터 전한 무제시대까지 3천년의 역사를 인물 중심으로 기술한 통사(通史)이다.[116] 『史記』에 의한 기전체(紀

---

116) 사마천은 역사를 움직이는 중심체를 인간으로 보았다. 인간 중에 가장 중요한 제왕의 일대기를 본기(本紀)로, 제후의 사적을 세가(世家)에, 신하의 활동을 열전(列傳)으로 분류하고, 이 밖에 연표(表)와 제도풍습을 서에 기록하는 기전체를 완성하였다.
고병익, 「中國歷代正史의 外國列傳」『大東文化研究』 2, 1966.

傳體)의 서술체제는 이후 중국 정사체(正史體)에 계승되면서 후에 나타난 연대중심의 편년체와 함께 역사서술의 기본이 되었다. 『史記』는 역사서로서의 과학성과 종합성에 있어서도 뛰어난 명저일 뿐만 아니라 사필(史筆)이 굳세고 내용전개의 극적인 생동감에서도 높은 문학적 가치를 지니고 있다.

반고(班固)의 『漢書(한서)』는 『史記』의 뒤를 이어 나타난 또 하나의 대작이다. 반고의 부친 반표(班彪)도 역사가로서 『史記』의 후편을 편찬하려 하였으나 완성하지 못하였다. 반고도 부친의 유업을 이어 20여년 만에 『한서』를 저술하게 되었다.[117]

『한서』는 『史記』의 紀傳體(기전체)를 답습하였으나 통사체(通史體)를 취하지 않고 하나의 왕조만을 잘라 기술하는 단대사체제(斷代史體制)를 택함으로써 이후 정사(正史)에서 단대사체제의 시초가 되었다. 또 『史記』의 서(書)를 고쳐 지(志)라 하였는데 한서의 10지는 가장 잘 된 부분이다. 그 내용은 관제를 비롯하여 형법(刑法), 식화(食貨), 천문(天文), 지리(地理), 교사(郊祀), 구혁(溝洫), 예(禮), 악(樂), 오행(五行), 예문(藝文)으로 나누어 각 부분의 특색을 체계적으로 기술하고 있다. 『한서』는 특히 문체가 중후하고 힘이 있으며 내용을 압축하여 서술하고 있으므로 한대의 산문체의 대표로 꼽히고 있다. 이 밖에 순열(筍悅)이 지은 『漢紀(한기)』는 한서를 축소하여 편년체로 편찬한 점에서 주목된다.

3. 제지법의 발명과 인쇄기술의 혁신

중국은 고대로부터 문자가 발달하였고 이에 따라 많은 기록을 남겼다. 그러나 문자를 기록하는 재료는 고대에서는 그다지 발전하지 못하였다. 서사(書寫)의 재료는 대나무나 나무를 깎아서 만든 죽간(竹簡)이나 목간(木簡), 비단을 주로 이용하였다. 나무로 된 간(簡)으로 책을 만든 것을 편(編)이라 하였고, 비단으로 책을 만든 것을 권(卷)이라 구분하였다. 그런데 간과 권은 무겁고 가격 또한 비

전해종, 「中國人의 歷史意識과 歷史敍述」『人文科學研究論輯』 8, 1975.
이한조, 「伯夷와 司馬遷―史記總序로서의 伯夷列傳―」『大東文化研究』 8, 1971.
최병수, 「司馬遷의 「成一家之言」에 관하여」『忠北史學』 4, 1991.
이성규, 「司馬遷의 時間觀念과 『史記』의 敍述」『東方學志』 70, 1991.
이명화, 「趙曄과 『吳越春秋』―漢代知識人의 歷史認識」『中國古代史研究』 2, 2004.
김성환, 「史記의 體制」『全州大論集』 23, 1994.
117) 반고는 『漢書』를 완성하지 못하고 화제 때 죽자 여동생 반소가 8표를 보충하고 마속(馬續)이 천문지(天文志)를 만들어 한서의 체제를 완비시켰다.

싸서 문자를 기록함에는 적합하지 못하였다. 제지법의 발명은 이러한 문화적 요구에 의해 출현한 것이다.

중국의 제지법은 후한의 환관인 채륜(蔡倫)에 의해 발명되었다(A.D. 105). 최근의 연구에 의하면, 이보다 앞서 전한말의 관리이던 혁제(赫蹏)가 잔사(殘絲)를 가지고 박소지(薄小紙)를 제작하였고 또 마(麻)종류의 섬유로 만든 파지가 발견되기도 하여 채륜의 제지법 발명 이전에 이미 초보적 단계의 종이가 만들어졌음을 증명하고 있다. 그리고 최근 고고학적 유물발굴에 의하면 채륜이전에 이미 종이가 사용되었음이 증명되어 채륜이 최초로 제지법을 발명했다는 주장은 수정되고 있다.

그러나 식물의 섬유로 종이를 만드는 기술이 보다 조직적이며 과학적으로 발명된 것은 후한 화제 때의 채륜에 의해서이다. 채륜은 그 이전의 제지기술의 경험을 토대로 나무껍질, 마포, 고기그물 등을 이용하여 종이를 만드는 법을 발명하였다. 이는 가격도 저렴하고 재료 또한 풍부하여 전국으로 제지기술이 확산되면서 마침내 채후지(蔡侯紙)라고 불리게 되었다.

한대의 제지술은 중국의 3대 발명의 하나로 이후 더욱 발전하여 목간이나 비단으로 대체되면서 널리 사용되었고, 당나라시대에는 중앙아시아를 거쳐 서양에 전파되어 인류의 문화발전에 큰 공헌을 하게 되었다.[118] 종이의 발명은 자연히 도서의 인쇄와 보급에도 큰 발전을 가져와 목판인쇄술이 발달하게 되었다.

4. 천문(天文)·역법(曆法)·수학(數學)

천명(天命)에 따라 천하를 다스린다는 천명사상에 바탕을 두고 있는 천자(황제)는 항상 하늘의 뜻을 살펴야 하기 때문에 천상(天象)을 관찰하게 되었다. 따라서 천문과 역법은 황제지배체제하에서 매우 중요한 사상과 학문으로서 발전하였다. 아울러 천상에 대한 연구는 농경생활에도 중요하기 때문에 이에 대한 연구와 농시(農時)의 추정은 직접적인 관련을 갖고 발전되어 왔다. 특히 전한의 무제는 천자(天子)의 절대권의 상징으로 천문과 역법을 중시하여 연호제의 채용과 함께 역법을 개정하였다.

중국에서는 천문과 역법을 맡아 오던 관리를 태사(太史) 혹은 천관(天官)이라

---

118) 후한의 제지기술, 당대의 목판인쇄, 송대의 교니(아교)의 활자와 화약, 나침반, 명대의 『天工開物(천공개물)』 등 중국에서는 옛날부터 여러 문명에 앞서 과학기술이 발달하였다.

하였다. 『史記』의 천관서(天官書)는 중국 고대로부터 전해오는 천문학의 지식을 체계적으로 정리한 것이다.

진과 한초에는 진나라의 전욱력[顓頊曆: 진력(秦曆)]을 사용하였다. 이 전욱력 은 1년의 첫 달을 10월로 정하고 있어서 달력이 정확하지 못하였다.[119] 무제 때 이를 개정하여 태초력(太初曆)을 만들어 비로소 1년의 시작을 정월(正月)로 정하고 종래 달력의 잘못된 점을 바로 잡았다(B.C. 104). 이 태초력은 이후 중국 역법의 모범이 되었다.[120]

역법의 발전과 함께 천체를 관찰하는 천문학도 발달하였다. 후한대의 위대한 발명가는 태사령 장형(張衡)이다. 그는 『靈憲(영헌)』이란 책을 써서 진·한 이래의 혼천설(渾天說)을 발전시켰다. 즉, 해·달·지구의 위치에 따라 일식과 월식이 발생한다는 것을 처음으로 과학적으로 규명하였다. 장형은 이와 함께 전한시대 의 천문학자 경수창(耿壽昌)의 혼천의(渾天儀)를 더욱 발전시켜 새로운 혼천의를 제작하였다. 이는 중국 고대 천문측량기술의 중요한 업적이며 후세의 천문종(天 文鍾)도 이 원칙에 의해 제조된 것이다. 이 밖에 장형은 미신적으로 믿어 오던 지진의 원리를 지동의(地動儀)라고 하는 지진측정기를 발명하여 지진의 근원지 와 진도를 측량하였다.

중국의 수학은 이미 주대에 육예(六藝)의 한 과목으로 중요시되었고 음양오행 설과 함께 발전되었다. 특히 한대에 이르러 역법과 천문학의 발달은 자연히 수 학의 발전을 촉진하는 계기가 되었다. 전한 초의 『周髀算經(주비산경)』은 현존 하는 최초의 수학책이다. 이는 진나라 이전의 수학을 총정리한 것인데, 그 내용

---

119) 전욱력은 사용연대가 너무 오래되었고 일월(日月)의 차를 수정할 수가 없어서 초하루 그 믐에 둥근달이 보이고 보름에 달이 일그러질 정도로 맞지 아니하였다(『漢書』 張湯傳). 최덕경, 「秦漢代『日書』에 나타난 民間의 生態認識과 環境保護」『中國史研究』 23, 2003.

120) 무제 때 사마천, 공손경, 매수 등이 신력(新曆)을 제작하였는데 태양년 1년을 $365\frac{385}{1539}$ 일까지, 그리고 음력은 $29\frac{43}{81}$ 까지 정확하게 계산해 낼 수 있었다.

이문규, 「漢代의 天體構造에 관한 논의―蓋天說과 渾天說을 중심으로―」『한국과학사학회 지』 18-1, 1996.

_____, 「古代 中國 '天文'解釋의 원리―『史記』「天官書」를 중심으로―」『東亞文化』 35, 1997.

최진묵, 「『春秋』의 時間敍述과 漢代『春秋』解釋法의 변화―時月日例를 중심으로―」『古 代中國의 理解』 3(서울대 동양사학연구실 편, 지식산업사), 1997.

_____, 「漢代 方士文化와 數術學의 盛行」『古代中國의 理解』 4(서울대 동양사학연구실 편), 1998.

에서 해의 고도를 구하는 방법으로 복잡한 분수(分數) 계산법과 제곱방법, 직각삼각형 이론을 구체적으로 설명하고 있다.

그 후 기원 전 1세기경에 저술된 『九章算術(구장산술)』은 한대의 가장 대표적인 수학책이다. 이 책의 내용은 9장으로 되어 있고, 토지의 넓이(田畝), 창고 부피, 토목공사, 세금, 곡식, 무역품에 대한 계산방법을 적고 있다. 이는 모두 실생활에 이용되는 응용문제로 문제의 해답 가운데는 분수, 비례계산법, 면적, 부피, 2차방정식과 연립 1차방정식의 해법을 사용하고 있다. 또 음수(陰數)의 개념과 음수·양수의 계산방법을 제시하고 있다. 『구장산술』은 말하자면 응용수학이며 중국 고대수학의 체계를 완성하였을 뿐만 아니라 후세수학에도 많은 영향을 주었다. 『주비산경』과 『구장산술』은 唐代의 과거시험 가운데 명산과(明算科)의 교본으로 사용되었다.

5. 의학과 약학의 발달

중국인은 고대로부터 불로장생(不老長生)에 대해 관심이 많았고 이를 얻는 방법으로 의학과 약학이 발달하게 되었다.

의학에서는 무제 때의 순자의(淳于意)가 의술로 이름을 날렸고 병리(病理)에 대한 원인과 치료방법을 자세히 처방하고 있다. 또 전한시대에 저술된 『黃帝內經(황제내경)』은 종래의 의학지식을 체계적으로 집대성한 의학서로서 병리현상과 치료방법을 서술하고 혈액순환과 침구(針灸)에 의한 과학적 치료를 문답식으로 기술하고 있다.

후한시대의 의학자로 장중경(張仲景)과 화타(華陀)가 특히 유명하였다. 장중경은 옛 의학서적과 여러 가지 처방을 수집하고 자신의 임상경험을 합해서 『傷寒雜病論(상한잡병론)』16권을 편찬하였다. 상한이란 이질·유행성감기, 콜레라 등 급성전염병을 말한 것으로 발병·병상 등을 판별하여 이를 치료하는 방법을 제시하고 있다. 장중경은 또한 『금궤요략』을 저술하였는데, 이는 각종 병에 대한 처방을 모아놓은 것으로 내과·외과·산부인과 등의 수백 가지 약방을 기록하고 있다.

장중경의 의학상 공헌으로 말미암아 후세인들은 그를 '의성(醫聖)'이라 불렀고,[121] 화타는 외과수술에 뛰어난 솜씨를 발휘하였는데, 특히 식물에서 채취한

---

121) 서양의학의 아버지를 히포크라테스라고 한다면 동양의학의 개조는 전국시대 편작(扁鵲)

진통제인 마비산(麻沸散: 모르핀)을 발명하여 외과수술에 이용하였다. 또 화타는 체육요법을 제창하여 호랑이, 사슴, 곰, 원숭이, 새 등 동물의 활동 및 자태를 모방하여 오금희(五禽戱)라는 보건체조를 창안하였다. 이것이 질병예방과 체질 증강에 기여한 바가 커 현재까지 그의 보건체조 방법이 전하여 오고 있다.

한대의 약학은 불로장생 사상에 근거한 단약(丹藥)과 선약(仙藥)의 채취를 위한 노력에서 발전이 계속되었다. 무제 때의 방사(方士)들은 종래와 같이 해안(海岸)에서 선약을 구하려는 미신적 노력을 계속하였다. 그런데 이와는 별도로 동철의 제련과 염색, 양조 등 수공업기술의 발전과정에서 단사(丹砂)로부터 단약과 금・은 등을 추출하려고 시도하였다. 후한의 위백음(魏伯陰)은 연단(煉丹)의 과학적인 이론을 체계화하여 『周易參同契(주이삼동계)』를 지었는데, 이는 중국 최고의 화학변화를 정리한 연단서적이다.

후한대의 『神農本草經(신농본초경)』은 약학서로 선진 이래의 약학지식을 망라하고 있다. 장사(長沙)에 있는 마왕퇴(馬王堆)의 한나라 분묘에서 출토된 의경방(醫經方)에 의하면 다양한 처방을 담은 약방문(藥方文)이 이미 한대에 널리 보급되어 한대의 의학이 상당한 수준에 있었음을 알 수 있다.

Ⅲ. 漢代 동아시아문화권의 확립과 동서문화의 교류

1. 漢제국과 동아시아 문화권의 성립

동아시아 세계에 漢제국이 출현하고 전・후한의 400여년에 걸친 통치과정에서 漢은 문화적으로 세 가지 중요한 역사적 공헌을 이룩하여 놓았다.

첫째는 황하문명에서 출발하여 은・주시대를 거쳐 발달한 고대문명을 정리하여 중국적인 漢문화를 완성시킨 것이다.

둘째로 이와 같은 중국적인 한문화를 중국사회에만 한정시킨 것이 아니라 이를 동아시아지역으로 확대시켜 동아시아 문화권을 형성하는 기반을 이룩하였다는 점을 들 수 있다.

셋째로 漢제국에 의한 동서교역로(실크로드)의 개척으로 동아시아세계와 서・

과 후한시대의 장중경(張仲景)을 꼽는다. 특히 장중경의 『상한잡병론』은 일반 인민을 위하여 저술되었고, 특히 다양한 병의 근원을 구체적으로 규명하고 있기 때문이다. 그의 저작은 지금까지 전래되어 중국 의학서의 기본이 되었다.

남아시아세계가 연결되면서 동서문화의 교류에 중요한 역할을 하게 되었다는 점이다.[122]

구체적으로 한제국은 동아시아 문화의 기본틀을 마련하였다. 동아시아 문화권의 기본요소를 한자문화와 유교주의문화 그리고 율령체제와 불교문화라고 할 때에 이들 문화요소는 대체로 漢제국의 통치과정에서 정비되어서 주변국가(한국·만주·몽골·티베트·일본·월남)로 전파됨으로써 동아시아 문화권이 형성되기 시작하였다.

이러한 동아시아 문화권의 네 가지 공통요소는 성립과정에서 한제국의 출현과 밀접한 관계가 있는데, 율령제를 제외하면 유교·한자·불교는 모두 종교 내지는 학술적인 정신문화에 속하며, 이 점이 동아시아 문화의 특징으로 부각되기도 한다.

이와 같은 정신문화가 주변국가에 전파되어 동아시아 문화권을 형성하기 위해서는 이를 전파해주는 정치·군사적 접촉수단을 필요로 하였다. 이러한 정치·군사적 작용을 시작한 것도 바로 漢제국이다. 따라서 여기에서 한제국과 동아시아 문화권 형성과의 깊은 관련성을 찾아볼 수 있겠다.

2. 동아시아세계의 형성과정

동아시아세계는 중국사의 전개와 함께 진행되기는 하였으나 중국역사의 초기부터 시작된 것은 아니고 중국사회가 어느 정도 발전을 이룬 단계에서 진행되어 漢제국의 지배체제가 완성되면서 정착되기 시작하였다.

그런데 문명의 발생과 전개에 있어서는 반드시 문명의 중심지대와 주변지대가 있게 마련이고 중심지대의 높은 문화가 주변지대로 전파되는 과정에서 하나의 문화권을 형성하게 되는 것은 문화발달의 일반적인 현상이기도 하다. 그러나 이 과정에서 중심문화지대가 주변의 낮은 문화지역을 문화적으로 흡수·동화하여 버리는 것은 결코 문화권의 성립이라 할 수 없다. 왜냐하면 하나의 문화권이 성립되기 위해서는 그 지역에서의 문화의 공통요소와 함께 각 지역이 자체적으로 가지고 있는 특수성(개별성)이 존재할 때에만 문화권의 성립이라고 말할 수

---

122) 전해종, 「東아시아 文化圈」『歷史와 文化』, 일조각, 1976, 140~143쪽 참조.
김한규, 「世界槪念의 分析을 통해서 본 漢代中國人의 世界觀」『古代中國的 世界秩序研究』, 일조각, 1982.

있기 때문이다. 그러므로 중심지대의 높은 문화가 주변지역의 낮은 문화를 자극하여 주변국가의 문화수준을 중심지역과 거의 비슷한 수준으로 끌어올려 문화의 동질화가 형성되어야 하고 그러기 위해서는 동아시아 문명의 중심지역인 중국의 사회와 문화가 어느 수준까지 발달하기를 기다려야만 가능하였다.[123]

황하 중류지역에서 발생한 중국문명은 은·주시대를 거치며 발전되었으나 이 시대에는 아직 동아시아 세계는 존재하지 않았다. 다만 은·주시대에 동아시아 세계의 형성과 관계가 되는 몇 가지 역사적 사실이 나타나고 있는데, 그것은 화이사상(華夷思想)과 봉건제이다.

화이사상은 이적(夷狄)과 중화(중국)를 구별하는 사상으로 중국을 천하의 중심이라 생각하고 그 주변에 문화가 낮은 동이(東夷)·서융(西戎)·남만(南蠻)·북적(北狄)이 거주한다는 사이사상(四夷思想)에서 시작되었다.

춘추·전국시대의 사회적 격변과 제자백가의 사상적 발전으로 중국주변의 민족도 처음으로 중국문화에 자극을 받아 정치·사회·문화적으로 발전을 시작하였다. 전국칠웅(戰國七雄) 가운데 하나인 연(燕)나라는 요동방면으로 그 세력을 확대하면서 한반도에 영향을 미치고 있다. 한반도의 북부에서 전국시대의 도전(刀錢)과 함께 철제 농기구가 출토되고 있는 것은 이를 증명하는 것이다.

또한 고대 일본에서도 수도작재배(水稻作栽培)가 시작되고 청동기와 함께 철기가 도입되면서 승문(繩文: 조오몬) 사회에서 미생(彌生: 야요이) 사회로 전환되고 있다. 그러나 이 시대는 아직 동아시아세계가 형성되지는 못하였다.

기원 전 221년에 秦의 중국통일은 동아시아세계의 형성에 새로운 전기를 마련하였는데, 그것은 황제체제에 의한 군현제적 중앙집권국가의 출현이다. 황제는 우주만물을 주재하는 상제(上帝)와 대등한 지위에 있는 지상(地上)의 절대자를 의미하는 것으로 여기에 중국적 천하관과 중화사상이 정치적으로 황제라고 하는 구심점으로 집결되어 그 힘을 발휘하기 시작하였다. 그러나 진은 통일된 지 15년 만에 망했으므로 다음의 漢에 의하여 동아시아 세계의 기초가 마련되기에 이르렀다.

한의 통일제국은 유교주의를 표방하고 있기 때문에 주변국가에 대해서도 왕이나 후(侯)의 작위를 수여하고 이를 통하여 정치적인 관계를 갖기 시작하였다. 조선의 위만왕(衛滿王)을 비롯하여 남월왕(南越王), 민월왕(閩越王), 동구왕(東甌王)

---

123) 전해종, 「東亞古代文化의 中心과 周邊에 대한 試論」『東洋史學硏究』 8·9합집, 1975.

후한시대의 동아시아

이 그 예로서 이는 동아시아세계 형성의 초기단계에 해당한다.

漢 무제에 의한 대외정복으로 조선과 남월·민월은 멸망하여 漢의 군현으로 편입되었다.[124] 그 밖에 서남이제국(西南夷諸國)과 서역 여러 나라 그리고 만주와 한반도지역에 고구려·부여·삼한 등이 왕호(王號)나 후호(侯號)를 받고 漢과의 관계를 유지하고 있었다.

일본에 대해서도 광무제 말기에 왜왕(倭王)으로 봉하는 금인(金印)이 사여되면서 조선의 낙랑군을 통한 간접적인 영향에서 직접적인 영향으로 바뀌기 시작하였다.

이와 같은 과정을 거쳐 한대에 동아시아세계가 성립되었으며 직접적인 배경

---

124) 유인선, 「漢의 베트남 征服」『베트남史』, 민음사, 1984.
_____, 「中越關係와 朝貢制度-假像과 實像-」『歷史學報』 114, 1987.
_____, 「前近代 베트남사회의 兩係的 성격과 여성의 지위」『歷史學報』 150, 1996.
무제는 중국남부와 월남지방을 정복하여(B.C. 113), 9郡(남해(南海), 창오(蒼梧), 울림(鬱林), 합포(合浦), 교지(交趾), 구진(九眞), 일남(日南), 주애(珠崖), 담이(儋耳))을 설치하였고 B.C. 108년에는 만주와 반도북부의 漢의 4郡[진번(眞番), 임둔(臨屯), 낙랑(樂浪), 현도(玄菟)]을 두었다.

으로 유교주의 통치체제를 꼽을 수 있다. 다시 말하면 전한 무제에 의한 유교의 관학화로 유교적 황제관이 덕치주의(德治主義)를 표방하게 되면서 지금까지의 화이사상(華夷思想)과 봉건사상(封建思想)이 이상화된 형태로 정치사상에 반영되었다. 이를 바탕으로 중국왕조와 주변 이민족국가와의 관계가 책봉체제(册封體制), 조공관계(朝貢關係)로 정착되면서 동아시아세계의 정치적인 구조가 형성되기에 이른 것이다.[125]

이와 다른 면에서도 漢 왕조의 출현이 동아시아 세계를 여는 또 다른 계기를 마련하였다. 즉, 漢 무제에 의한 동방정복이나 남방(南方) 지배는 이 지역의 주민에게 중국문화의 직접적인 영향을 주어 사회와 문화발달의 바탕을 마련하였다. 그러나 다른 한편에서는 이민족의 지배에 대한 강한 민족적 자각을 불러일으켜 정치적인 발전을 이룩하면서 고대국가의 출현을 가져오게 만들었다.

무제가 설치한 한사군(漢四郡)이 낙랑군을 제외하고는 곧 폐지되거나 다른 지역으로 옮겨갈 수밖에 없었던 것은 한민족(韓民族)의 끈질긴 저항이 있었기 때문이며, 이러한 현상은 월남의 교지군(交阯郡)에서 징측(徵側)(쯩·짝), 징이(徵二)(쯩·니) 두 자매(姉妹)의 반란에서도 나타난 것으로 이는 중국지배에 대한 베트남인의 최초의 대규모 저항운동이며, 이 지방의 정치·사회발전에 큰 몫을 한 것이다.[126]

일본은 한(漢)의 직접 지배는 받지 않았으나 기원 후 2세기에 왜(倭)의 소국분립(小國分立) 상태가 계속되고 왜국대란(倭國大亂)이 일어났다. 그 가운데서 야마다이국(邪馬台國)의 여왕 히미코(卑彌呼)의 세력이 컸는데, 이는 일본 고대의 정치사회적 발전을 의미하며 중국문화의 영향이 그 계기를 마련하여 준 것이다.

이리하여 漢제국의 등장과 함께 동아시아세계는 서서히 정치문화적인 공통성을 갖게 되면서 동아시아세계를 형성하여 나가게 되었다.

---

125) 전해종, 「漢代의 朝貢制度에 대한 一考察 史記·漢書를 통하여」『東洋史學研究』 6, 1979.
　　　김한규, 「漢代 中國的 世界秩序의 理論的 基礎에 대한 一試論─任鐵論에 보이는 儒法論爭을 中心 으로─」『東亞研究』 1, 서강대, 1982.
　　　＿＿＿, 「中國概念을 통해서 본 古代中國人들의 世界觀」『全海宗博士華甲紀念史學論叢』, 일조각, 1979.
　　　＿＿＿, 「漢代의 天下思想과 詢迴」『中國의 天下思想』, 민음사, 1988.
　　　＿＿＿, 「古代 韓國文化의 中國傳入과 그 影響」『震檀學報』 80, 1995.
　　　권오중, 「漢代 邊郡의 部都尉」『東洋史學研究』 88, 2004.
126) 유인선, 「中國支配에의 抵抗」『베트남史』, 민음사, 1984, 40쪽 참조.

3. 동서의 교역로와 오아시스 도시국가

아시아의 각 지역은 자연적인 장애로 지역간의 교통이 불편하여 서로 떨어져 고립되어 있었다. 그러나 문명세계로 접어들면서 지역간의 교통이 차츰 열리고 문화교류가 시작되었다. 그 교역로는 북방의 초원로(草原路, Step Route)와 남방의 비단길(Silk Route)이 있다.

북방아시아의 초원지대는 신석기시대 이래 유목민의 거주지로, 이들을 통하여 동서의 교통이 전개되었다. 그리스의 역사학자 헤로도토스에 의하면 기원전 7~6세기경으로부터 그리스인은 이미 흑해(黑海) 쪽 해안지대를 출발하여 우랄산맥의 중앙을 넘어 남시베리아를 거쳐 알타이방면에 이르는 '초원의 길'을 알고 있었다 한다. 당시 이 초원의 길을 지배하고 있던 것은 그리스인이 스키타이라 불렀던 이란계의 유목민이었다. 이들은 역사상 최초의 기마민족으로서 남러시아의 초원지대에 강력한 왕국을 세워 스키타이 문화라고 불리는 독특한 유목문화를 발전시켰다. 이 스키타이문화의 대표적 유물에는 마구(馬具)와 차구류(車具類)를 비롯하여 유목사회의 생활에 필요한 장식류가 포함되어 있다.

스키타이 문화는 초원로를 따라 기원 전 5~4세기경에 동방으로 전파되어 남시베리아로부터 몽골고원에 퍼져나가 유명한 스키토·시베리아 문화를 창출하였으며, 이 문화의 영향을 받아 동아시아에서는 최초의 기마민족인 흉노족(匈奴族)의 군사적 활약이 촉진되었다. 흉노가 청동제무기(靑銅製武器)로 무장한 용감한 기마민족이 되어 민첩한 기동력을 발휘하면서 남방의 한민족을 괴롭히게 된 것은 스키타이문화의 영향에서 비롯된 것이다.

이러한 스키토·시베리아 문화는 중국사회에도 영향을 주었는데, 이는 춘추말·전국시대의 철기문명의 발달과 함께 기마전술(騎馬戰術)과 전국식동기(戰國式銅器)의 장식품을 낳게 하였다. 이와 같이 고대 동서문화의 교류에 나섰던 유목민족은 주로 이 초원로를 이용하면서 활약을 하였다.

초원로의 남쪽 동터키스턴지방은 건조지대에 속하지만 타림강이 흘러내려 곳곳에 오아시스가 흩어져 있다. 이 오아시스 부근에는 예부터 아리아 계통의 민족이 생활하면서 도시국가를 세우고 동서의 중개무역을 통하여 동서문화교류에 큰 역할을 하였다. 이 길은 예부터 중국의 비단이 서방으로 수출되었기 때문에 비단길(Silk Road)이라고 하는데, 그리스인이나 로마인들은 비단(세레스: Seres)을 통하여 중국을 알게 되었으므로 중국을 세리케, 중국인을 세레스라 불렀다.

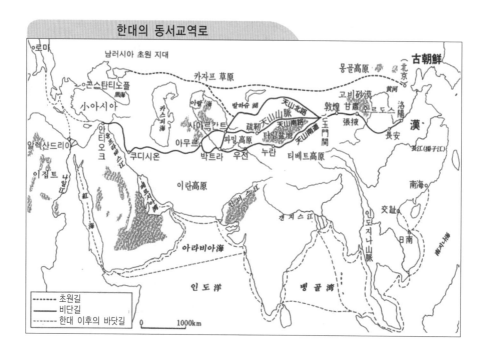

한대의 동서교역로

그리하여 이 동서세계를 연결하는 비단길은 전한의 무제 때에 장건(張騫)의 파견으로 중국과 서역과의 교통이 더욱 활발하게 이루어졌다.

또한 파미르고원의 서쪽 아무강, 시르강이 흐르는 지방에도 많은 오아시스국가가 발달하였고, 특히 사마르칸드지방은 내륙아시아의 중심적 위치를 차지하여 흉노에 쫓겨 간 월지(月氏)가 이 지방에 대월지국을 세웠다. 또 그 남쪽의 아무강을 건너 박트리아지방은 이란, 인도와 통하는 교통의 요지에 해당하므로 알렉산더대왕의 동방원정에 의하여 그리스세력이 이 방면으로 뻗쳐 그리스문화의 강한 영향을 받게 되었다. 그리고 1세기 중엽에는 쿠샨왕조가 일어나 불교의 전파와 문화교류에 커다란 역할을 하였다.

한대에는 흉노의 세력이 강대하여 천산산맥(天山山脈)의 북쪽은 통할 수가 없었으므로 타클라마칸사막의 남쪽과 북쪽에서 동서를 연결하는 두 개의 통로가 열려 남도·북도(南道·北道)라 하였다. 후에 천산의 북측 길을 천산북로(天山北路)라 하고 종래의 길을 천산남로(天山南路)라고 하였다. 이 비단길의 연변에 위치하고 있는 중앙(中央)아시아의 오아시스 도시국가는 파미르고원을 경계로 하여 그 동쪽의 타클라마칸사막을 중심으로 하는 동투르키스탄의 국가와 그 서쪽의 시르강과 아무강 유역을 중심으로 하는 서투르키스탄에 발달한 국가로 구분된다. 이들 동서양 지역에 발달한 오아시스는 천산산맥과 파미르고원에서 쌓인 눈이 녹아내리는 수원(水源)을 따라 발달한 오아시스 도시국가이다.

주민의 대부분은 인도·유럽어족에 속하며, 도시의 규모가 큰 것은 인구 10만 명의 구자국(龜慈國)을 비롯하여 천산북로에는 언기(焉耆: 카라샤르), 고묵(姑墨: 아크스), 소륵(疏勒: 카슈가르)이 있고, 천산남로에는 타미(打彌: 케마), 우전(于闐: 코단) 등이 있다. 이들 도시국가의 인구는 약 2만 명 정도이며 인구 천 명 정도의 아주 작은 도시국가도 있다. 이들 오아시스 국가의 경제는 농업·목축업과 함께 동서의 중계무역을 경제기반으로 하고 있다.

한편 서투르키스탄의 도시국가는 대상(隊商: 카라반)과 여행자에게 필요한 음료수를 공급하는 사막 속의 녹지대로 사마르칸트를 제외하면 동투르키스탄보다는 도시의 규모가 작다.

4. 한대 비단길(Silk Road)의 개통

한대의 동서교역은 주로 비단길을 이용하면서 전개되었는데, 이는 전한의 무제에 의한 대대적인 서방원정(西方遠征)과 후한 때 반초(班超)의 서방경략에서 비롯되었다.

전한 무제는 월지국과의 동맹을 위하여 장건(張騫)을 사자로 파견하였으나 동맹은 이루어지지 않고 장건에 의해 비단길이 열리게 되었다.

한 무제의 서역경영이 동서교섭사에 있어서 특기할 것은 하서사군(河西四郡)[127]의 설치(B.C. 121~119)와 이광리(李廣利)를 파견하여 파미르고원을 넘어 투르키스탄지방의 대완(大宛, Fergana)을 정벌하고(B.C. 104) 흉노를 몰아내 서역로를 제압한 일이다.

하서사군의 설치는[128] 전한의 제1차 서방진출이라고 볼 수 있고, 이에 따라 한은 비로소 실크로드의 길목을 확보하게 되었다. 하서지방은 중국과 서역을 잇는

---

127) 서역(西域)이란 한(漢)의 서방에 있는 여러 나라를 가리키는 명칭이다. 좁은 의미의 서역은 파미르(Pamir)고원의 동쪽 타림(Tarim)강 유역을 말하며, 넓은 의미의 서역은 파미르고원의 서쪽으로부터 소아시아 방면까지를 가리킨다. 한대의 소위 서역36국은 협의의 서역으로, 이는 오아시스의 도시국가이다.

128) 무제는 B.C. 121년에 곽거병(霍去病)으로 하여금 하서(河西)지방을 공략하게 하여 흉노의 혼사왕(渾邪王)이 항복하자 이곳에 무위군(武威郡), 주천군(酒泉郡)의 2郡을 설치하였다. 그 후 B.C. 111년에 장액군(張掖郡)과 돈황군(敦煌郡)을 증가시켜 하서의 4郡으로 하였다.

오아시스의 다리이며 동시에 고비사막 북쪽의 몽골고원의 유목민과 청해(靑海) 지방의 강족(羌族: 티베트인)을 이어주는 연결기지이기도 하였다. 이러한 의미에서 하서지방은 이른바 동서교통상의 십자로와 같은 요충지대이다. 하서지방을 장악한 무제는 이곳에 70만 명의 중국인을 강제로 이주시켜 살게 하였고 이 지역을 보호하기 위하여 만리장성의 서쪽 끝을 돈황(敦煌)에서 옥문관(玉門關)까지 확장하였다. 그 결과 중앙아시아의 심장부인 타림분지 부근의 오아시스 농경지역에 살고 있던 여러 부족이 한의 지배 하에 들어오게 되었다. 따라서 이들 오아시스지역의 도시국가들은 동방과 서방의 교역로상에 위치하면서 중요한 역참적 역할을 담당하였다.

한편 하서사군을 설치하여 동서교역로를 확보한 무제는 다시 오손(烏孫: 이리河 부근민족)과의 동맹을 위해 2차로 장건을 서역에 파견하였다. 장건은 정사(正使)로서 많은 부하를 데리고 오손에 갔으며 그의 부하는 다시 대완(大宛)·강거(康居)·월지(月氏)·대하(大夏) 등 여러 나라로 파견되었다. 그러나 오손을 하서지방(河西地方)으로 끌어 들이려던 정치·군사적 목표는 이번에도 성공하지는 못하였다. 그러나 오손이 한나라의 강성함을 알고 양국 사이에 제휴의 기운이 싹트고 파견된 한나라사절과 각국과의 국교가 열리면서 중국에서는 수백 명에 이르는 사절단이 많을 때는 매년 10여회, 적을 때는 5·6회씩 서아시아 각국으로 파견되었다.

이와 함께 무제는 총애하던 이씨(李氏)의 형인 이광리(李廣利)를 총사령관에 임명하여 2차에 걸친 대완 정벌을 감행하였다.[129] 한의 두 차례에 걸친 대완원정의 성공으로 파미르고원 서쪽의 여러 나라들은 한나라의 실력을 확실하게 알게 되었고, 타림분지의 오아시스 여러 나라도 모두 한무제의 명령에 복종하게 되었다.[130]

무제는 돈황에 주천도위(酒泉都尉)를 두고 둔전(屯田)을 설치하였다. 뿐만 아니라 사자교위(使者校尉)를 두어 외국으로 나가는 사자에게 식량과 말먹이를 공급하도록 하였다. 또 동서교역로의 길목에는 곳곳에 망루(望樓)와 정자(亭子)를 설치하여 교통 안전을 꾀하였다. 한나라의 사절은 끊임없이 파미르 서쪽의 여러 나라로 나아가는 한편 서방의 사신과 무역상도 속속 한으로 들어왔다. 그러

---

129) 무제는 2차원정 후 개선한 이광리(李廣利) 부대를 맞이하여 〈서극천마가(西極天馬歌) 『史記』卷 24,「樂書」〉를 지어 기쁜 심정을 표시하였다 한다.

130)『史記』大宛列傳.

므로 사자는 길에서 서로 마주칠 정도로 빈번히 오고 갔으며 사절단의 인원은 많으면 수백 명, 적은 것도 백여 명에 달하였다. 한 해에 수십 차례, 적을 때라 해도 5·6회씩 파견되었다.

한편 후한시대에 들어와 그 초기에는 서역과 중국의 내왕은 그다지 활발하지 못하였으나 반초(班超)의 서역정복(A.D. 91)으로 다시 활기를 띠게 되었다. 그는 타림분지를 평정하고 파미르고원을 넘어 쳐들어온 월지를 제압하였다. 반초는 안식국(安息國: 파르티아)을 중개로 하여 대진국(大秦國: 로마)과 직접 교역을 하기 위해 부하인 감영(甘英)을 서방으로 파견하였다(A.D. 97). 감영은 서쪽으로 조지(條支: 시리아)에 도착하여 지중해를 거쳐 로마에 가려고 하였으나 뜻을 이루지 못하였다고 한다. 그러나 감영이 도달한 안식(安息)·조지(條支)·서해지방의 사정이 처음으로 중국에 알려지게 되었다.

5. 한대 동서문물의 교류

한 무제에 의해 비단길이 열리기 이전에도 오아시스지대를 통하여 서방의 채도(彩陶)가 중국에 전파되었으며 은·주시대에 중국인이 애호하던 옥(玉)은 대부분 중앙아시아가 원산지로 곤륜(崑崙)의 옥이라고 하였다. 고대 페르시아제국의 발전이나 알렉산더대왕의 동방원정 등은 이미 동서문물의 교류에 큰 역할을 한 것이다. 인도(印度)에 와서 처음으로 중국의 비단을 알게 된 그리스인은 알렉산더대왕의 부장이었던 네아루고스였다고 한다. 춘추·전국시대 중국의 천문·역법·지리·신화·전설 가운데에 바빌론·인도·그리스 등의 영향이 나타나고 있는 것은 이미 한대 이전에 동서문화의 교류가 이루어졌다는 증거이다.

한대에 들어와서 비단길이 열리면서 동서문물의 교류가 더욱 활발하게 전개되었다.[131] 즉, 파르티아(安息國)왕의 사절이 한의 사신을 따라 중국에 와서 대조란(大鳥卵: 타조의 알)과 알렉산드리아의 선현인(善眩人: 마술사)을 바치자 무제는 매우 기뻐하였다고 한다. 이들 마술사는 탄도(呑刀: 칼을 삼키는 마술), 토화(吐火), 도인(屠人) 등 여러 가지 마술을 가지고 무제를 기쁘게 하였고, 무제 또한 외국사절을 환영할 때에 이들 마술사로 하여금 묘기를 연출토록 하였다. 특히 무제는 서방의 명마에 대해 관심이 많아 서방의 사절들은 말을 많이 바쳤다. 또 한대의 천문과 역법은 바빌로니아와 인도 등 서방의 영향을 많이 받았

---

131) 『史記』 大宛列傳, 『漢書』 西域傳에 문물교류내용이 자세히 기록되어 있다.

는데, 10월을 한해의 세수(歲首)로 하고(무제 때 정월로 고침) 9월과 10월 사이
에 윤달을 둔 것 등은 모두 바빌로니아의 역법에 영향을 받은 것이다.

　사절의 내왕에 따라 서방의 진기한 물품이 많이 들어 왔는데, 이 가운데 포
도·거여목 등은 별궁에서 재배하도록 하였다. 중국의 식물명(植物名) 가운데
호자(胡字)가 붙은 것은 대부분 이때 서역에서 전파된 것이다.[132] 또 서역의 음
악이 전래되었는데 장건이 가져왔다는 횡적(橫笛)의 악곡[樂曲: 대기악(大伎樂)]과
비파(琵琶)와 공후(箜篌)가 유명한데 비파는 페르시아의 악기이며 공후는 예부터
서아시아에서 사용되던 악기이다. 무제는 제사지낼 때 공후를 사용했다고 한다.

　서방과의 교통이 빈번해 짐에 따라 풍속도 많이 전해졌다. 접는 의자인 호상
(胡床), 다루기 편한 좌구(坐具)와 탑(榻: 걸상)이 일상생활에 사용되었다. 후한의
영제(靈帝)는 호복(胡服), 호장(胡帳), 호상(胡床), 호좌(胡坐), 호반(胡飯), 호공후
(胡空侯), 호적(胡笛), 호무(胡舞)를 좋아하였다고 하며 낙양에 사는 황족도 다
투어 이를 활용하였다.[133]

　이와 같은 문물의 교류는 물질문명에 한하지 않고 불교로 대표되는 정신문화도
대상(隊商)과 사신의 왕래에 따라 중국에 전파되었다. 불교가 중국에 들어 온
기록은 후한의 초기(A.D. 67)라고 하지만 서역과의 교역상황으로 보아 전한의
중기 이후 궁중과 귀족사회에서 이미 유행하였다는 이야기는 신빙성이 높다.

　서방과의 교역에서 한의 가장 중요한 수출품은 비단이다. 비단은 한대 이전
부터 세르(Ser) 또는 세레스(Seres)란 이름으로 서방세계에 널리 알려져 있었으
나 그리스와 로마의 귀족들은 세르가 무엇으로 만들어졌는지, 또 이 아름다운
직물을 만드는 나라 세리케(Serice)가 어느 곳에 있는지 알지 못하였다.[134] 그
것은 중국인과 직접 거래되지 않고 중앙아시아와 인도에서 페르시아인이 세운
파르티아왕국과 사산조 페르시아왕국의 중계로 비단이 그리스와 로마에 들어왔기
때문이다.

　당시 로마의 역사가 프톨레마이오스는 중국에 대해서 다음과 같이 전하고 있
다. 즉, 세레스인이 살고 있는 지역은 광대하고 인구가 많다. 주민은 유화하고

---

132) 참깨(胡麻), 오이(胡爪), 땅콩(胡豆), 마늘(胡蒜), 호도(胡桃), 완두콩(胡荳), 당근(胡蘿蔔)
　　등이다.
133) 『後漢書』 五行志.
134) 長澤 和俊 지음, 이재성 옮김, 「한의 서역경영과 동서교통」『실크로드의 역사와 문화』,
　　민족사, 1991, 66~67쪽 참조.

문명인이며 인접국과 충돌을 피한다. 생사(生絲)를 비롯하여 비단, 모피와 많은 철 등 토산물을 생산한다고 기록하였다. 유럽인이 세레스에 대한 실체를 계속 명확하게 알지 못한 이유는 비단의 중계무역을 안식국(安息國: 파르티아) 사람이 장악하고 있었기 때문이다.

제5장

위(魏) · 진(晉) · 남북조시대의 전개와 호한(胡漢)체제의 성립

제1절 三國의 분립과 진(晉: 西晉)의 통일

Ⅰ. 삼국의 건국과 晉(西晉)의 통일

1. 삼국의 분립

전한과 후한을 합하여 약 400여년간(B.C. 202~A.D. 220) 계속된 고대 통일 제국의 질서는 2세기 후반에 일어난 황건군의 농민봉기로 무너지기 시작했다. 그리하여 후한제국은 화북지방에서 건국한 조비(曹丕)의 魏(220~265)에게 나라를 빼앗겼고, 사천(四川)지방에서는 유비(劉備)가 蜀(221~264)을 세웠으며, 강남지방에서는 손권(孫權)이 吳(220~280)나라를 건국하니 천하는 3국으로 분립되었다.

3국 가운데 가장 우세한 나라는 魏이다. 위가 발전할 수 있었던 정치·경제적 배경은 후한제국의 기반을 그대로 계승하였다는 점과 경제적으로 조조(曹操)가 실시한 둔전책(屯田策)이 경제와 사회의 안정을 가져다주었기 때문이다. 후한 말 황건당의 농민반란 이후 계속된 전란으로 삼국시대에 들어와서 위나라 인구는 한대의 큰 군에도 못 미칠 정도로 격감하였다. 이와 같은 인구의 감소로 농경지가 황폐화되고 임자 없는 농지가 크게 증가하였다.

조조는 건안 원년(196)에 둔전책을 실시하여 국가경제를 재건하려 하였다. 즉, 임자 없는 농경지를 둔전으로 하고 유민을 모아 농지를 주어 둔전민(屯田

民)으로 삼았다. 둔전민은 둔전관(屯田官)의 호적에 편입되어 일반 민호(民戶)와 구분되었고, 중랑장(中郎將) 등의 농관(農官)으로 하여금 관우(官牛)와 씨앗 등을 나누어주고, 조세징수를 관리하도록 하였다. 조세징수의 비율은 관우를 빌려간 자는 수입의 6할을, 자기의 소를 가지고 경작한 자는 수확의 반을 국가에 납부하게 하였다. 이로써 유민(流民)문제를 해결함과 동시에 황무지를 개간함으로써 국가의 경제력을 재건하고 이를 바탕으로 군사력을 유지할 수 있는 이중효과를 달성하였다. 위가 후한을 계승할 수 있었던 경제적 기반을 둔전책의 성공에서 찾을 수 있다.

위나라의 실질적 건설자는 조조이다. 그러나 조조는 아직 후한을 그대로 두고 세력을 확장하였으나 그 아들 조비(曹丕)는 후한을 멸하고 魏를 건국하였는데, 이가 곧 위의 문제(文帝)이다. 그런데 조조가 4백여 년간 계속되어 온 漢 제국을 찬탈하는데는 주저되는 바가 있었다. 그것은 전·후한의 오랜 역사적 전통이 남아 있고, 특히 전한을 찬탈한 왕망의 신정권의 비극적 결과를 조조는 잘 알고 있었고, 그 위에 漢제국을 사상적으로 받치고 있던 유교주의에 의한 국가이념과 황제숭배정신이 민간사회에 깊이 뿌리를 내리고 있었기 때문이다.

그러나 조비는 한을 찬탈하는 방법으로 구세력의 저항이 적은 선양(禪讓)이란 교묘한 수단을 택하였다.[1] 즉, 무력에 의해 후한을 찬탈한 것이 아니라 형식상 후한의 헌제(獻帝)가 조비에게 황제위를 양도하고 조비도 이를 몇 번 사양하다가 제위를 물려받는 선양형식을 취한 것이다.[2] 이와 같은 선양혁명은 이후 중국역대 왕조교체에서 반복해서 사용되고 있다.

강남의 吳와 사천지방의 蜀도 지방세력을 기반으로 호족세력의 지지를 얻어 국가건설이 가능하였다. 삼국은 다같이 후한 말 이래의 인구 감소와 농지의 황폐화를 감안하여 사회안정과 특히 농촌사회의 부흥에 힘을 기울였다.

---

1) 전해종, 『東亞文化의 比較史的硏究』, 일조각, 1976, 3쪽, 「中國에 있어서의 王朝交替의 諸要因과 方法」 참조.
2) 최진묵, 「漢魏交替期 經世論의 形成과 그 展開 禮敎秩序에서 名法秩序로의 指向」『東洋史 學硏究』 37, 1991.

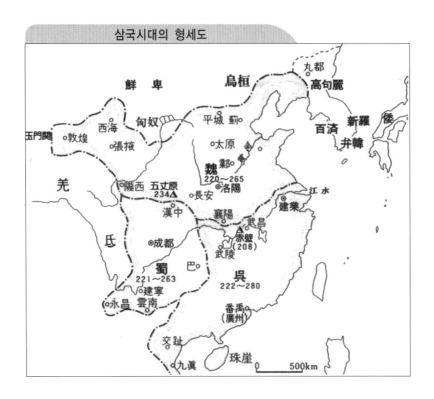

삼국시대의 형세도

2. 삼국의 형세와 위(魏)나라의 역사적 위치

삼국의 형세는 토지와 인구,[3] 경제력 등으로 비교할 때 위나라가 천하의 거의 절반을 차지하고, 오와 촉이 나머지 반을 차지한 형국이었다. 따라서 삼국 가운데 정통왕조를 가린다면 화북을 차지하고 후한을 계승하여 낙양(洛陽)에 도

---

[3] 삼국의 인구비교

국 명	시 대	호 수	인구수	출전(出典)
위(魏)	원제 경원4년 (서기 263년)	663,423호	4,432,881명	『통전』 식화7
촉(蜀)	후주 말년 (서기 263)	280,000호	1,082,000명	『삼국지』 후주기 및 『통전』
오(吳)	오 대제 적조5년 (서기 242년)	523,000호	2,400,000명	『통전』 식화7
서진(西晉)	무제 태강원년 (서기 280)	2,459,840호	16,163,863명	『진서』 지리지, 『통전』 식화7

위와 같은 호구통계는 후한시대, 환제영수(桓帝永壽) 3년(서기 157년)의 호 10,677,960, 인구 56,486,856명(『晉書』 地理)과 비교하면 격감하였음을 알 수 있다.

읍을 정한 魏를 정통왕조로 보는 것이 타당하다.[4] 따라서 삼국시대 약 50여년 간의 대세는 魏의 적극적인 공세에 대항하여 蜀과 吳나라가 연합하여 이를 방어하려는 형세였다. 이와 같은 형세를 외교적으로 교묘히 이용하여 천하의 대세를 유리하게 이끌어간 인물이 바로 蜀의 명신(名臣) 제갈량(諸葛亮: 孔明)이었다. 그는 유비에게 '천하삼분(天下三分)의 계(計)'를 건의하여 蜀·吳의 연합작전으로 3국의 현상을 유지하려 하였다.

이러한 천하대세는 삼국의 재통일과정에서 그대로 반영되고 있다. 즉, 위가 먼저 촉을 병합하였고(263) 이어 위나라를 찬탈한(265) 晉(서진)정권이 강남지방의 오나라를 합병하는(280) 과정에서 처음부터 끝까지 화북의 위나라가 공세의 주도권을 장악하고 있었던 사실에서도 알 수 있다. 이리하여 魏는 전쟁으로 황폐화된 황무지의 개간과 유민구제를 위한 둔전책, 새로운 인물등용을 위한 구품관인법(구품중정제), 병역제도를 전 국민에게 확대한 병호제(兵戶制) 등을 실시하여 부국강병의 기반조성을 꾀하여 나갔다.

삼국시대는 대내적으로 전란이 계속되었으나 대외적 발전은 현저하게 추진되었다. 즉, 촉의 운남(雲南)지방정복과 한중의 개발,[5] 오의 호남(湖南), 강서(江西), 복건(福建)방면의 개척을 꼽을 수 있고, 이에 따라 중국 역사상 강남지방이 비로소 개발되었다. 또한 吳는 대만과 해남도(海南島)를 공략하고 인도차이나 방면과도 통하여 남해 무역의 기반을 마련하였다.

한편, 魏는 그 세력을 동·북방면으로 뻗쳐 요하(遼河) 유역에 있던 동호의 후손인 오환(烏桓: 烏丸)을 격파하였으며, 당시 요동에 세력을 뻗고 있던 공손씨(公孫氏)가 오와 내통하여 위의 배후를 위협하므로 이를 공략하였다. 한편 한반도에는 삼국이 발전하기 시작하였는데 『三國志(삼국지)』의 위지 동이전(魏志 東夷傳)은 한반도의 사정을 잘 서술하고 있다.

---

4) 진수(陳壽, 233~297)는 『三國志』에서 위나라에만 帝王의 본기(本紀)를 두어 정통왕조로 서술하고 촉과 오의 왕은 신하로 취급하여 열전(列傳)으로 기술하고 있다. 그러나 진수의 이러한 역사관에 대해 후대의 역사가, 유지기(劉知幾, 『史通』), 朱熹(『通鑑綱目』)는 반대하고 있고 나관중은 『삼국지연의』에서 촉한을 정통왕조로 보고 조조를 간웅으로 혹평하였다. 특히 蜀을 세운 유비는 전한 경제의 후손이라고 하여 촉에 정통성을 부여하고 있는데, 이는 객관적인 역사서술이라고 볼 수 없다. 사마광은 『자치통감』에서 위를 실질적으로 한을 계승한 정통왕조라 하였다.
5) 허부문, 「蜀漢의 南夷經營」 『歷史學報』 99·100합집, 1983.

Ⅱ. 진(晉, 서진) 통일의 역사적 의미

1. 진(서진)의 짧은 통일

삼국의 분립은 반세기만에 막을 내리고 위에서 나온 晉(西晉: 265~316)에 의하여 잠시 통일되었다(280). 건국 초기의 위나라는 참신한 기풍과 숭무(崇武)의 정신이 넘쳐 있었다. 그러나 호족세력이 확대되고 그 위에 구품관인법(구품중정제)의 실시로 위나라 왕실은 물론 건국의 공신도 점차로 귀족화하였다. 이리하여 조정을 지탱하던 용감한 근위무사는 문약한 문관에게 밀려나고 왕실의 내분이 계속되었다.

이 틈을 이용하여 권신 사마의(司馬懿)가 정권을 장악한 후 호족세력의 지지를 기반으로 민심을 수습하는 한편 촉을 멸하고(263) 요동의 공손씨를 정벌하니 사마씨의 지위는 확고하게 되었다. 이리하여 그의 손자 사마염은 위로부터 선양(禪讓)의 방법으로 진(晉)을 건국하였는데, 이가 진(서진) 무제(武帝: 265)이다.

왕실의 약화현상은 촉·오 두 나라에서도 비슷하게 일어나고 있었다. 촉은 유비의 아들 유선(劉禪) 때 제갈량(공명)이 오와 연합하여 중원을 회복하려고 위와 싸웠으나 성공하지 못하였고 제갈량이 죽은 후 국력이 쇠하여 위에 병합되었다(263). 한편 고립된 오나라도 서진 무제의 침입으로 병합되니 삼국은 60여 년만에 서진에 의하여 다시 통일되었다(280).

그러나 진(서진)정권은 내외에 어려운 문제를 안고 출발하였다. 먼저 삼국을 통일하였으나 지방에 세력을 잡고 있던 호족세력을 완전히 장악하지 못하였다. 晉의 건국은 후한이 건국할 때에 호족의 지지를 받고 국가를 세운 형세와 매우 비슷하였다. 즉, 호족의 비호 아래 魏·晉 선양을 성공시켰기 때문에 이들 호족을 보호하는 정책을 취할 수밖에 없었다. 그리하여 후한 이후 지방에 세력을 가지고 있던 호족은 중앙정계에 진출하여 고위직을 독점하면서 귀족세력으로 발전하였다.[6] 또 무제는 통일을 달성하자 지나치게 자신감을 갖고 방종에 빠져 사회적으로 긴장감이 해이해졌다. 그리하여 상비군을 축소하여 주군(州郡)에 소속된 군대를 해산하고 대신 왕자들을 지방의 요지에 분봉하는 봉건제를 실시하여 그들에게 강력한 군사력을 주어 왕실의 울타리로 삼으려 하였다. 그러나 황

---

6) 최진묵, 「漢魏 交替期 經世論의 形成과 그 展開-禮敎秩序에서 明法秩序로의 指向-」『東洋史學硏究』37, 1991.

실강화를 목적으로 한 이와 같은 봉건제도는 오히려 왕자들의 세력을 강화시켜 서진멸망의 중요한 원인이 된 8왕(王)의 난(亂)을 가져오게 되었다.[7]

한편 무제는 삼국의 통일로 유민의 정착과 농민의 생활안정을 위하여 점전(占田)·과전(課田)의 내용을 보면 점전은 성년남자(16~60세) 1명에게 70무, 여자(부인)에게 30무, 합계 100무(1경)의 땅을 지급하였고, 이 100무를 단위로 호조(戶調)를 부담시켰다. 이 밖에 관인(官人)에게는 1품관에 50경, 9품관에 10경의 점전을 인정하고 있으며, 또 토지와 전객(佃客)의 소유상한을 정하고 있다. 이에 대해 과전은 강제로 남자 1명 50무, 여자 1명 20무를 경작토록 하고 일정량의 조세를 의무적으로 바치게 하였고, 과전제(課田制)[8]를 실시하여 사회 안정을 꾀하였다. 그러나 궁정을 비롯한 상류의 귀족사회는 사치와 향락적 퇴폐풍조가 만연하여 정치기강과 사회질서가 극도로 문란하였다.

특히 서진의 심각한 문제는 대외적으로 5胡의 발전과 화북진출이다. 그 위에 무제의 뒤를 이은 혜제(惠帝)는 콩과 보리를 구분하지 못할 정도의 암우한 숙맥이었다(숙맥불변: 菽麥不辨). 그리하여 황후 가씨(賈氏)의 농락과 야심 많은 신하의 선동에 따라 형제를 모두 죽이는 잔악함을 범하여 왕실의 권위는 완전히 실추되었다. 여기에 8왕의 난(291~306)이 일어나고 이어 5호 침입의 시작이 된 영가(永嘉)의 난[9](308~312)이 겹쳐 진(서진)은 통일된 지 36년만에 남흉노에게 멸망하였다(316). 이리하여 화북에는 5호의 16국이 난립하고 한민족은 강남으로 피난하여 오(吳)의 옛 도읍지인 건강(建康 또는 建業)에 東晋(317~420)을 수립하니 그 이전을 西晋시대라고 한다.

2. 서진 멸망이 중국역사에 미친 영향

중국 고대질서는 후한 말 황건당의 난 이후 무너지기 시작하여 무수한 농민 반란이 계속되면서 3국의 분립과 서진의 통일로 일단 숨을 돌리는 듯 하였다. 그러나 서진정권은 통일의 기반이 미처 마련되기도 전에 안으로는 8왕자의 난,

---

7) 8왕이란 지방에 분봉된 무제의 왕자들로 여남왕(량), 초왕(위), 조왕(윤), 제왕(경), 장사왕(예), 성도왕(전), 동해왕(월), 하간왕(옹)이다.

8) 민두기, 「西晋의 占課田制 硏究에 대하여」『歷史學報』15, 1961.

9) 5호 침입의 시작은 남흉노(南匈奴)의 추장 유연(劉淵)에 의한 영가의 난이다. 유연의 부친 표(豹)는 후한 말에 한나라의 유씨 성을 하사받았으나, 유연은 영가 2년(308)에 칭제(稱帝)하고 서진을 침략하여 난을 일으켰다. 그 후 310년에 유연이 죽고 유총이 계위하여 영가의 난은 더욱 확대되었다. 그리하여 건흥 4년(316)에 서진은 남흉노에게 멸망당하였다.

그리고 밖으로부터는 영가(永嘉)의 난으로 이어지면서 호한동거(胡漢同居)의 새로운 시대상을 출현시키게 되었다.

8왕자의 난이 중앙집권적 황제체제를 뒤흔들고 서진의 쇠망을 가져온 종실내분이라고 한다면 영가의 난은 한제국이 구축하여 놓은 중화주의질서(中華主義秩序)를 송두리째 무너뜨리고 중국역사상 처음으로 호한체제(胡漢體制)를 가져온 새로운 역사적 변화의 출발점이 된 것이다. 이러한 혼란 속에서 사상적으로는 한대의 유교주의를 대신하여 노장사상과 불교사상이 발전하기에 이르렀다. 진(서진)나라 몰락의 역사적 의미는 이러한 방향에서 찾아볼 수 있다.

위·진·남북조의 변칙적인 체제는 수당(隋唐)제국의 새로운 제국질서가 구축되기까지 300여년이나 계속되었다. 그러나 이와 같은 역사적 전개는 胡·漢 두 민족이 함께 겪어야 하는 민족적 시련이며 아울러 수·당제국의 새로운 질서를 창출해 내기 위한 역사적 진통이기도 하였다.

제2절 5호16국과 동진(東晉)

Ⅰ. 5호의 화북진출과 16국의 분립

1. 5호의 진출과 호한체제(胡漢體制)의 성립

진·한 이래 만리장성을 사이에 두고 북방의 유목민족과 남방의 한민족간의 남북대립은 끊임없이 계속되었다. 진·한 제국처럼 남방의 한민족이 강력한 통일제국을 건설하여 군사력이 강화되었을 경우 북방민족은 남방으로 진출하지 못하고 그 예봉은 동서로 방향을 돌렸다. 秦·漢시대에는 흉노족이 활약하였으나 위·진·남북조시대에는 흉노와 함께 새로이 5호의 각축이 전개되었다. 5호란 흉노(匈奴)를 비롯한 선비(鮮卑), 저(氐), 강(羌), 갈(羯) 등을 말한다.

이들 서북방민족은 후한 말 중국의 혼란과 삼국의 분립시대에 서서히 남하를 시작하였다. 오호는 4세기 초에 서진사회의 내분을 틈타 부족사회를 탈피하여 민족국가를 수립함과 아울러 일찍이 한민족이 경험하지 못한 호한체제(胡漢體制,

Sino Barbarian Synthesis)를 이룩하게 되었다.[10) 서진이 멸망한 것은 서기 316년이지만 호한체제가 시작된 것은 이보다 10여년 앞선 304년으로 이는 서진 혜제의 건무(建武) 원년인데 중국역사상 매우 주목되는 해이다. 그것은 남흉노의 추장 유연(劉淵)이 자립하여 한왕(漢王)을 칭하고 이어 영가의 난을 일으켰으며, 저족(氐族)의 이웅(李雄)이 성도를 점령하고 후에 성한(成漢)을 수립하여 5호16국시대(316~439)의 막이 오르는 시기였기 때문이다.[11)

[남북조시대의 왕조변천도]

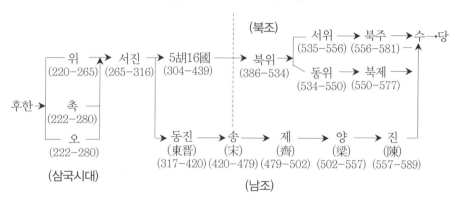

5호의 대이동은 4세기 초에 갑자기 일어난 현상은 아니다. 북방의 이민족문제는 이미 후한대에 중대한 정치·사회문제로 대두되었고 위·진 시대에 들어와서 더욱 심각해졌다. 후한 초기 흉노의 남북분열과 남흉노의 중국 복속에 따른 중국내지로의 이주는 종래 만리장성을 경계로 한 한제국과 새외(塞外) 민족 사이에 유지되고 있던 남북간의 민족적 위치를 바꾸어 놓았다. 그 결과 한은 흉노뿐만 아니라 그 지배 하에 있던 저·강(氐·羌) 두 민족도 직접 영내로 끌어들이게 되었다.

이와 함께 후한 정부는 여러 번 강족을 토벌하여 그 부락을 내지의 관중(關中)으로 이주시켰다. 저족도 전한 무제의 무위군 설치 이후 위수지역에서 파촉

10) 박한제, 『中國中世 胡漢體制硏究』, 일조각, 1988, 3쪽 서론 참조.
   김한규, 「南北朝時代의 中國的 世界秩序와 古代韓國의 幕府體制」『古代韓國의 政治와 社會』(歷史學會 編, 일조각), 1995.
11) 일반적으로 5호16국시대는 서진이 멸망하는 316년부터 북위가 북량을 평정하는 439년(태무제 태연 5년)까지 123년간을 말한다. 그러나 실제는 남흉노의 유연이 한을 건국한 때(304)로부터 시작된다고 주장하는 학자도 있다.

(巴蜀)지방으로 집단 이주하였다. 삼국시대에 들어와 위와 촉이 경쟁적으로 저족과 강족을 자기편으로 끌어들이기 위해 이들을 관중으로 이주시키는 정책을 취하였으므로 위·진 시대에는 저·강 양족의 부락이 관중일대에 널리 퍼져 있었다. 서진의 강통(江統)은 사융론(徙戎論)[12]에서 관중 백여만 호(戶) 가운데 거의 반이 5호의 융적(戎狄)이라 논하고, 이들을 그들의 원주지인 만리장성 밖으로 이주시켜 장래의 화근을 막아야 한다고 주장하고 있다.

갈(羯)족을 포함한 흉노도 이와 비슷한 실정이었다. 후한에 복속된 남흉노(南匈奴)는 처음에는 수만인에 불과하였으나 그 후 투항민이 늘어나 수십만에 달하였다. 이들도 원주지인 하서지방과 오르도스지역에서 남하하여 황하연안과 산서지방(山西地方) 내부 깊숙이 이주하고 위·진시대에는 분수(汾水)유역을 생활근거지로 삼게 되었다.

4세기 초 남흉노의 유연(劉淵)에 의해 시작되는 5호의 건국(304)은 지금까지 한족(漢族)의 굴레로부터 자립하려는 이민족의 독립을 의미한다. 이러한 현상은 종래 만리장성을 사이에 놓고 한민족과 북방민족이 벌이던 단순한 남북대립현상이 아니다. 5호의 여러 부락은 이미 중원으로 내려와 한족과의 잡거생활에 익숙하였고, 그들의 독립은 진 한대의 흉노국가와 같은 새외의 유목국가적인 성격은 아니다. 그들은 중원에 들어와서 한민족과 공존상태 속에서 이민족국가를 건설한 것이므로, 중국본토에 들어와서 5호가 국가의 주도권을 잡고 적극적으로 16국을 건국하기에 이른 것이다.

여기에서 5호16국시대가 갖는 중요한 의미를 찾을 수 있고 동시에 호한체제라는 중국사의 새로운 역사적 전개를 가져오게 되었다.

2. 화북지방의 5호16국시대

서기 304년 남흉노의 유연(劉淵)이 漢(후의 前趙)을 세운 때로부터 439년에 북위(北魏)가 화북지방을 통일하기까지 135년간을 5호16국시대라 한다.[13]

---

12) 위·진 시대에 5호의 남방이주를 경계하는 논의는 강통 이외에도 위나라 등애(鄧艾), 서진의 곽흠(郭欽) 등의 사융론(徙戎論)이 있었다. 당시의 지식인들 사이에서는 이미 5호의 남침을 예상하고 이를 경계해야 한다는 주장이 여러 번 있었으나 정부는 이를 묵살하였다.

13) 5호의 16국이라고 하나 사실은 5호가 세운 나라는 13국이며 나머지 3국(전량, 서량, 북연)은 한인이 세운 나라이다. 16국을 국명에 의하여 분류하면 2조(前趙, 後趙), 3진(前秦, 後秦, 西秦), 4연(前燕, 後燕, 南燕, 北燕), 5량(前涼, 後涼, 南涼, 北涼, 西涼) 그리고 성하(成夏)(漢)가 된다.

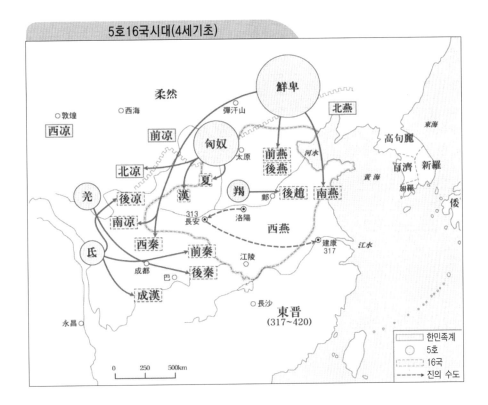

유목민족이면서도 국호
를 漢으로 정한 것은 그의 영토 안에 있는 흉노지배계층과 한화된 흉노인 그리
고 한족을 규합하여 안정된 통일제국을 수립하려는 야심이 있었기 때문이다.

한(漢)을 세운 유연은 선우(單于)를 배출한 명문 출신으로 서진에서 시작된 8
왕의 난을 기화로 흉노국가 부흥에 성공하였다. 유연이 유목민족이면서도 국호
를 漢으로 정한 것은 그의 영토 안에 있는 흉노지배계층과 한화된 흉노인 그리
고 한족을 규합하여 안정된 통일제국을 수립하려는 야심이 있었기 때문이다.

유연의 야심은 그 아들 유총(劉聰)에게 이어져 화북지역의 대부분을 그 세력
하에 두었다. 유총은 진(西晉)의 수도 낙양을 함락하여 회제(懷帝)를 사로잡고
이어 장안으로 달아나서 즉위한 민제(愍帝)를 포로로 하여 서진을 멸망시켰다
(316). 이때 진의 황족으로 강남의 양자강 유역을 지키고 있던 낭야왕 사마예
(司馬睿)가 신하에게 옹립되어 건강(建康: 南京)에서 황제에 오르니 이가 東晉
(317~420)의 원제(元帝)이다. 이로써 화북에는 5호의 16국이 분립되고, 강남에
는 동진정권이 수립되어 남북으로 대치하게 되었다.

강문호,「五胡前期 胡族君主稱號의 變化와 그 影響」『慶州史學』11, 1992.
박한제,「五胡 赫連夏國의 都城 統萬城의 選址와 그 構造-胡族國家의 都城經營方式-」
『東洋史學研究』69, 2000.

〈5호16국의 변천 〉

나라이름	건국자	종 족	국도(수도)	국가의 영역	존속기간
한(漢)(전조)	유 연	흉노	평양, 장안	산서, 섬서, 하남	304~329
성(한(成(漢))	이 웅	저	성도	사천, 운남, 귀주	304~374
후조(後趙)	석 륵	갈	양국	산서동, 섬서, 감숙, 강소, 안휘, 호북	319~351
전연(前燕)	모용황	선비	업	하북, 산동, 산서, 하남, 남만주, 조선	337~370
전량(前涼)	장 궤	한인	고장	감숙지방	313~376
전진(前秦)	부 견	저	장안	양자강이북	351~394
후연	모용수	선비	중산	하북, 산서, 남만주	384~409
후진	요 장	강	장안	섬서, 감숙, 하남, 산서	384~417
서진	걸복국인	선비	금성	감숙	385~431
후량	여 광	저	고장	감숙	386~403
남량	독발오고	선비	서평	감숙	397~414
북량	저거몽손	흉노	장액	감숙	397~439
남연	모용덕	선비	활태	산동, 하북남, 하남동	398~410
서량	이 고	한인	돈황	감숙	400~421
하(夏)	혁련발발	흉노	통만	섬서, 감숙	407~431
북연	풍 발	한인	용성	하북, 남만주	409~436

    화북지방에 세력을 떨치던 흉노의 漢은 건국 초의 야심적인 국가경영이 왕실 내분으로 와해되었다. 이 틈을 타서 갈족 출신의 장군 석륵(石勒)이 유총의 일족이 세운 전조(前趙)를 병합한 후 후조(後趙)를 세워 잠시 북중국을 통일하였다.

    한편 동북방에는 신흥 선비족의 탁발부(拓跋部)가 세력을 떨치면서 산서북부에 침입하여 국호를 대(代)라 하였다. 선비(鮮卑)의 모용부(慕容部)도 용성(龍成)에서 화북으로 들어와 燕(前燕)을 세웠고, 섬서지방에는 저족(氐族) 부씨(苻氏)가 강족(羌族)을 누르고 秦(前秦)을 건국하였다. 이 가운데 전연이 강성하여 후조를 멸하였고 북중국과 남만주까지 세력을 떨치면서[14] 전진과 동서로 대립하였다. 강남의 동진에서는 후조의 멸망 후 그 혼란을 이용하여 북벌군을 일으켰으나 성공하지 못하였다.

    전진의 부견(苻堅)은 한인의 명신 왕맹(王猛)의 보좌를 받아 국력을 떨쳤고,

---

14) 강문호, 「前燕의 宗室과 帝權」『東國史學』30, 1996.

연의 내분에 편승하여 이를 멸하고 선비족의 양을 병합한 후 대국을 정복하여 화북의 대부분을 통일하게 되자 서역 62개국이 전진에 와서 조공을 바칠 정도가 되었다. 그런데 전진왕 부견은 강남의 동진까지 병합하여, 남북통일의 대업을 이루고자 국력을 기울여 남방 정벌에 나갔으나 비수(淝水)의 싸움에서 동진군에게 참패하였다(383).[15]

부견은 이 전쟁에 패한 후 신하에게 살해되고 북중국은 다시 이민족의 분열로 할거가 재개되었다. 즉, 前燕을 건국한 모용씨의 일족 모용수(慕容垂)는 자립하여 燕[後燕]을 세우고, 하북(河北)에서 요동을 점령하였다.[16] 선비족의 대국(代國)은 北魏를 세웠으며, 흉노족의 요장(姚萇)은 장안(長安)으로 들어와 전진에 대신하여 後秦을 건국하였다. 이리하여 북중국은 북위, 후연, 후진 3국으로 분립되고, 다시 소국이 일어났으나 마침내 선비족의 北魏에 의하여 통일되었다(439).

Ⅱ. 동진(東晉)과 강남지방의 개발

1. 한민족(漢民族)의 강남이동과 동진정권의 성립

5호의 남침으로 晉(西晉)이 멸망하고 화북지방이 혼란에 빠지자 진의 왕족 사마예(司馬睿)가 오의 옛도읍지인 건강[建康: 건업(建業)]에서 東晉(317~420)을 건국하게 되는데 이가 곧 원제(元帝)이다.[17]

---

15) 박한제, 「前秦 苻堅政權의 性格 胡漢體制와 統一體制의 구축과정과 관련하여」『東亞文化』 23, 1985.
   비수의 전투에 동원된 군사력은 전진군은 보병 60만, 기병 27만 합하여 87만이다. 이에 대해 동진의 군사력은 8만 명과 유뢰지가 이끄는 정예 기병 5천 명에 불과하였다. 동진은 이 전쟁에 패하면 강남까지 오랑캐에게 정복당한다고 하는 위기의식을 가지고 필사적으로 싸웠으나 전진군은 5호 각 부족을 규합한 오합지졸로 사기면에서 떨어지고 지리에 어두워 참패하였다.
16) 지배선, 「北燕에 대하여(1)_高句麗 王族後裔 高雲과 그 在立時를 중심으로」『東方學志』 54·55·56 합집, 1987.
   _____, 「北燕에 대하여(Ⅲ)_馮弘 재위시와 對高句麗 관계를 중심으로」『東洋史學研究』 32, 1990.
   심재훈, 「北趙 晉侯墓地의 年代와 性格 試論」『中國史研究』 22, 2003.
17) 김민수, 「東晉政權의 成立課程 司馬睿(元帝)의 府僚를 中心으로」『東洋史研究(日本)』 48-2, 1989.
   東晉의 강남정권은 건업에 있던 안동장군도독사(安東將軍都督社)가 핵심이 되어 성립되었다. 사마예(元帝)는 서진 사마염의 증손이다 동진이 건국되자 북중국의 명족과 귀족들도 원제치하의 강남으로 피난하는 자가 속출하니 동진정권은 이들 화북민을 적극 포섭하고 그들을 보호하였다.

동진정권하의 지배계층은 두 계파로 구분된다.

하나는 북에서 난을 피하여 내려온 피난귀족[북래귀족(北來貴族)]이고, 다른 하나는 본래부터 강남에 있던 남방토착호족이다. 그러나 동진정권 자체가 피난 온 귀족에 의하여 탄생되었으므로 자연히 토착호족보다 피난귀족[18]을 우대하게 되었다. 피난귀족은 동진정권과 결탁하여 귀족관료의 지위를 차지하면서 사회경제적 이권을 갖고 거대한 장원을 소유하여 유민이나 빈민을 불러 모아 이를 경작시켰다. 그 위에 황무지를 개간하고 상점[저점(邸店)]을 열어 상업활동을 통하여 막대한 재산을 모으게 되었다. 그 대표적인 예로 조씨(刁氏) 일족을 들 수 있는데, 처음 조협(刁協)이 원제(元帝)를 따라 남으로 내려와서 상서령(尙書令)이 되고 경구(京口)에 정착하여 산택(山澤)을 소유하였으며, 그의 손자 조달시대(刁達時代)에는 토지가 만경(萬頃)에 이르고 노비 수천 명을 사유할 정도로 권력과 재산을 갖게 되었다.

그런데 같은 피난귀족이라 하여도 동진정권이 성립된 후에 늦게 내려온 북방귀족[만도귀족(晚渡貴族)]은 먼저 온 귀족[조도귀족(早渡貴族)]보다는 우대되지 못하고 무인(武人)으로 대접받는데 그쳤다.

원제가 피난 와서 동진을 건국할 당시 강남의 토착호족[19]들은 오랑캐(5胡)에게 정복되는 것보다는 같은 한민족의 동진정권을 환영하여, 동진 초기에는 적극적으로 협력하게 되었다. 그러나 원제의 동진이 안정되면서 토착호족은 점차 권력의 중심권에서 밀려나게 되었다. 북래귀족은 중앙정부의 요직을 독점하고 백적(白籍)이라는 호적을 만들어 황적(黃籍)의 호적을 가진 토착호족과 자신들을 구별하였다. 특히 건강의 조정에서는 북방의 언어를 사용하고, 남방의 오어(吳

박향관, 「東晋初·中期의 軍事的基礎」『朝鮮大傳統文化硏究』 2, 1992.

18) 피난귀족으로 동진정권 하에 세력을 떨친 명족(名族)으로 낭야(瑯邪)와 태원(太原)의 왕씨(王氏)를 비롯하여 순(筍)씨, 유(庾)씨, 조(刁)씨, 사(謝)씨, 요(郜)씨, 하(下)씨 등을 꼽을 수 있다.
김유철, 「中國史에서 隸屬民과 身分制」『노비 농노 노예-예속민의 비교사』(歷史學會편, 일조각), 1998.

19) 강남의 토착귀족으로 오군(吳郡)의 장(張)씨, 육(陸)씨, 고(顧)씨를 비롯하여 주(朱)씨, 심(沈)씨 등이 유명하다.
김유철, 「위진남북조시대 江南社會와 種族문제-蠻夷的 緣邊에서 中華的 江南社會로-」『중국의 江南社會와 韓中交涉』(集文堂), 1997.

語)는 방언으로 배척되었으므로 오어의 사투리가 있는 남방호족은 북에서 온 피난귀족으로부터 촌사람으로 경멸되었다. 이러한 동진의 차별에 대항하여 토착호족세력이 반란을 일으키기도 하였으나 성공하지는 못하였다.[20]

한편 동진의 건국 당시 군사력의 중심은 화북에서 내려온 서진의 군인들인데, 이들은 비수의 전쟁 때 큰 공을 세웠다. 비수(淝水)의 전쟁 승리 이후 점차 이들 북방군인이 전권을 장악함에 따라 장군 유뢰지(劉牢之)에 이어 유유(劉裕)가 실권을 잡았다. 그는 북으로 진격하여 남연(南燕)을 병합하고 한동안 낙양을 수복한 후 장안으로 쳐들어가 후진을 멸하는 데 큰 공을 세웠다. 이 전공으로 동진이 5호에게 빼앗긴 옛땅을 회복하려는 오랜 숙원을 이루는 듯 하였다. 그러나 일시적으로 승리는 하였으나 유유의 군사력은 5호의 막강한 무력을 상대할 수 없었을 뿐 아니라, 화북의 점령지를 유지하는 일조차 힘든 상태였다. 그 후 유유는 북으로부터 군사를 철수하여 동진의 공제를 폐하고 스스로 제위에 올라 宋(420~479)을 세우니 이가 송의 무제(武帝)이다.

2. 강남지방의 경제개발

동진이 건국할 당시에는 회수(淮水)가 중국의 북과 남을 가르는 경계이고, 동진이 건국한 양자강 유역 일대를 강남지방이라 하였다. 강남지방이 황하유역의 화북(華北: 中原)지방과 어느 정도 겨룰 수 있는 위치에 오게 된 것은 삼국이 대립하는 오나라에서 비롯되었고 동진시대에 들어와 한층 개발이 추진되었다.

중국 고대에 강남지방은 화북지방에 비해 개발이 떨어져 형양저여지(荊揚沮洳地: 형주 양주지방은 습지대)라고 하여 미개척지가 많아 변두리로 천시되었다. 이러한 강남에 후한 말부터 전란을 피하여 피난 내려오는 화북인이 크게 증가하여[21] 삼국의 오나라 때 개발이 시작되었고, 동진시대에는 본격적으로 경제적 발전이 추진되어 남조 각 왕조에서도 이를 이어 나갔다. 특히 강남지방은 좋은 기후조건과 비옥한 농경지를 바탕으로 농업생산이 발전하였다. 피난 온 화북민

---

20) 김민수, 「국가권력을 통하여 본 東晉末期史 -司馬道父子와 桓玄의 府僚를 中心으로-」『東洋史學硏究』 45, 1993.
21) 후한 말 황건적의 난(184)으로부터 서진 말 5호의 남침(317)까지의 약 130여년에 걸쳐 전란을 피해 화북에서 강남으로 이주한 인구는 화북인구의 8분의 1 이상으로 보고 있다. 남조의 송나라 때는 강남인구의 6분의 1은 화북에서 내려온 피난민으로 추정한다.
  홍정아, 「兩晉交替期의 '荊州'-荊·揚 對立構圖의 形成過程을 中心으로-」『東洋史學硏究』 93, 2005.

이 가져온 선진농업기술과 생산기술로 강남개발은 빠른 속도로 진척되었다.

종래, 강남지방의 농사법은 들판에 불을 지른 후 물을 대는 화경수누(火耕水耨)방법이 일반적이었으나, 화북인의 심경세작(深耕細作)법의 도입으로 땅을 깊이 가는 새로운 농법이 시행되면서 농업생산력이 발전되었다. 특히 강남지방은 수전(水田)에 알맞은 지리적 조건을 갖추고 있었다. 그리하여 광대한 지역에 수도작(水稻作)이 발달하여 쌀농사지대로 변화하게 되면서 화북의 밭농사에 못잖은 미곡생산지로 변모하였다. 또 강남지방은 땅은 넓고 노동력이 부족하였기 때문에 북에서 내려온 호족집단은 종족을 중심으로 영호(領戶)와 노비를 사역하여 개발을 추진했고, 이렇게 개발된 광대한 토지는 호족의 대사유지가 되었다.

한편 수공업도 발달하였는데, 양잠과 제사(製絲)는 가정에서 부녀자의 부업으로 발전하였다. 이 밖에 제철업, 제련업, 조선업, 요업, 제지업 등도 모두 현저한 진전을 보였다. 제철업으로는 양주(揚州), 건강(建康), 강릉(江陵) 등이 중요한 지역이었으며, 이 지역에는 모두 전문 관리의 감독을 받는 대규모의 제철소가 있었다. 제련기술면에서는 수력을 이용해 용광로에다 송풍하여 생철(生鐵)과 숙철(熟鐵)을 함께 녹여 제련시키는 기술이 보급되었다.

동과 합금으로 제작한 장식품이 보편화되는 등 당시의 금속공예기술이 상당한 수준에 올라 있었음을 보여준다. 그러나 남조의 중요한 수공업은 대부분 정부에서 경영하였으므로 관노비(官奴婢)나 죄수와 징발된 공호(工戶)를 중심으로 발달하였다.

이와 같은 농업·수공업의 향상은 자연히 상업의 발달을 가져와 건강(建康), 강릉(江陵), 성도(成都), 양양(襄陽), 장사(長沙), 남해(南海)와 같은 도시의 번영을 이룩하게 되었다. 특히 주강(珠江) 입구의 남해는 외국무역의 중심지로 남양 및 아랍 여러 나라를 상대로 무역과 교역이 활발히 이루어졌다. 따라서 강남경제의 이러한 발전은 동진 이래 지금까지 화북중심이었던 경제활동을 남북으로 분산시키고 남북간 생산력의 차이를 크게 근접시키게 되었다.

제3절 남·북조의 대립과 정치사회의 변화

Ⅰ. 남조의 정권교체와 그 역사적 성격

1. 송(宋)·제(齊)의 왕권교체

동진을 계승한 것은 宋(420~479)이다. 송의 건국자 유유(劉裕: 武帝)는 원래 동진의 부군장(府軍將)으로 가문은 보잘것이 없으나 군공이 뛰어나 황제에 오르게 되었다. 무제의 정권장악과 황제즉위과정에는 군사적으로 한문무인(寒門武人)의 세력이 중요한 역할을 하였다. 이들 한문세력(寒門勢力)은 동진말 부군(府軍)을 중심으로 성장하였는데, 당시 귀족들의 군사적 지배력이 상실되면서 군사적 실권을 장악한 무인들의 역할이 확대되고 그들의 정치적 권한이 증대되어 새로운 세력이 형성되기 시작하였다.[22] 송의 무제 자신도 한문무인이며 이후 남조 각 정권의 창립자는 대부분 이와 같은 문벌이 없는 하급 무인(武人)출신들이다. 이들 한문출신 창업자들의 황제권을 뒷받침하여 준 세력으로는 창업공신 집단과 종실(宗室: 親王)집단이었다.[23]

그런데 무제는 재위 3년만에 병사하고 그 아들[劉義符(유의부)]이 황위를 계승하였으나 곧 폐위되어 유유의 셋째 아들(유의륭)이 등극하니 이가 송의 문제(文帝)이다.

문제의 재위 30년간(424~453) 남조는 역사상 가장 사회가 안정되고 최대의 영토를 확보하는 등 황금기를 맞이하게 되었다. 특히 문제는 소농민을 보호하고 적극적으로 개간을 추진하였으며, 호적(戶籍)을 정리하고 세금부과를 위한 과호(課戶)를 증가시켜 국가의 조세와 병력의 기반을 확보하였다.

---

22) 東晉에서 宋으로의 왕권교체기에 나타난 정치세력에 대해서는 세 가지 서로 다른 견해가 있다. 첫째, 宋의 건국(유유정권)은 무인정권에서 귀족정권으로 변화하는 과정이라는 주장, 둘째 이에 반해 유유집단은 한문무인(寒門武人)적 성격이 강하고 이 때문에 宋의 건국은 한문무인이 득세하면서 오히려 귀족제가 쇠퇴하였다는 주장, 셋째로 宋初의 중앙정계는 유유의 출신성분과 같이 한문무인이 공신집단으로서 중앙정계를 장악하고 있을 뿐 사회 지배체제는 여전히 귀족체제가 연장되어 남조의 지배구조가 변화된 것은 아니라는 주장 등이 그것이다.
　　김유철, 「江夏王 義恭의 政治活動과 그 指向 南朝 親王의 政治的 活動과 理念에 대한 一例」『東洋史學研究』 34, 1990.
23) 김유철, 「宋齊時代 親王의 정치적 성격과 활동기반」『歷史學報』 126, 1990.
　　＿＿＿＿, 「中國南朝에서 軍主의 출현과 그 활동」『인문과학』 69·70 합집, 1993.

그러나 문제 말년에 남북조의 대립국면에 큰 변화를 가져오게 되었는데, 이는 북위의 태무제(太武帝)가 화북을 통일한 일이다. 북위는 이 여세를 몰아 60만의 대군을 동원하여 宋에 쳐들어 왔다(450). 송은 겨우 북위군을 물리치기는 하였으나 강회(江淮)지방의 피해는 엄청났고 호구(戶口)가 크게 감소되었다. 특히 문제의 사망 후 왕실의 내분과 지방장군의 반란이 반복되면서 10여 년 동안 여러 명의 황제가 교체되었다. 효무제(孝武帝) 때에는 제왕의 내분을 막기 위하여 상주(相州), 형주(荊州), 강주(江州)를 분할하여 서로 견제시킴으로써 진장(鎭將) 세력을 약화시키려 하였으나 송의 내분은 계속되었고 마침내 소도성(蕭道成)이 齊(479~502)를 건국하였다.

제나라 고조(소도성)도 미천한 한문(寒門)출신으로 송말의 내전에서 군공을 세워 중령군장군(中領軍將軍)으로 승진한 후 중앙군을 완전 장악하였다. 그는 송의 순제를 폐위시키고 자립하여 제나라를 세웠다. 송말의 폭정을 개혁하기 위하여 검소와 절약을 강조하고 호적을 정비하는 등 개혁을 추진하였으나 재위 4년만에 병사하였다. 다음 무제시대에는 다시 정치가 부패하고 왕권쟁탈전이 계속되어 8년 사이에 다섯 명의 황제가 교체되고 왕족간의 살상이 심하여 통치권의 문란이 극에 달하였다. 이 틈을 이용하여 북위는 다시 남침을 단행하여 회수 이남과 한수 이북지역을 점령하였다. 이와 같이 齊는 내외로 어려움을 겪게 되자 옹주자사 소연(蕭衍)의 쿠데타로 멸망하고 양(梁)나라가 뒤를 이었다(502).

2. 양(梁)에서 진(陳)으로의 정권교체

제나라 종실인 소연은 무력으로 梁(502~557)을 건국하니 이가 무제(武帝)이다. 무제는 정치개혁을 단행하여[24] 먼저 화북에서 이주한 귀족을 중심으로 백가보(百家譜)를 정하고 그들의 정치적 지위와 사회적 지위를 보장해 주었다. 또 유학을 장려하고 예악(禮樂)을 정비하였으며, 불교를 일으켜 수많은 사원을 짓고 승려를 이용하여 백성의 정신을 불교로 순화시키려 하였다. 또한 주·군·현을 증설하여 문무관리의 수를 증가시켜 문벌 귀족들로 하여금 쉽게 관리가 될 수 있도록 하였다. 그러나 이러한 정책으로 국가재정이 문란하게 되자 무제는 백성들로부터 무거운 조세를 징수하고, 가혹한 형법을 제정하였으므로 민심이 많이 돌아서게 되었다.

이즈음 후경(侯景)의 난이 일어났다. 후경은 원래 북조 동위(東魏)의 장군이었으나 동위의 통치자 고징(高澄)과의 불화로 그가 통치하고 있던 하남지역 13주를 가지고 梁에 항복하였다(547). 양의 무제는 후경을 환대하여 하남왕(河南王)으로 봉하였다. 그러나 교활한 후경은 양나라의 국정이 문란함을 알고 난을 일으켜 수도 건강을 함락시킨 후 양무제를 생포하여 굶어죽게 하고 스스로 황제위에 올랐다(549). 그러나 강릉을 방어하고 있던 상동왕(湘東王) 소역(蕭繹)은 대장 진패선(陳霸先)을 파견하여 후경을 물리치고 건강을 수복하였다. 후경은 북으로 달아나던 중에 부하에게 살해되고, 소역은 자립하여 양의 원제(元帝: 552~554)가 되었다. 양나라는 후경의 난으로 국토는 황폐하고 인구가 격감하여 성읍이 텅 비는 상태가 되었다.[25] 또 일부 문벌귀족들도 전란에 큰 피해를 입게 되면서 문벌귀족체제가 무너지게 되었다. 원제는 민심수습을 위해 수도를 서쪽의 강릉으로 천도하였다(552).

---

24) 김유철, 「梁武帝와 개혁관료-새로운 지배체제를 위하여-」『黃元九先生停年紀念論叢』 1995.
25) 남북조시대의 인구(『宋書』卷35~38, 州郡志 및 『南史』卷8, 梁 元帝紀 및 『北史』) 북위의 전성기와 남조(송)와의 인구가 다음 표와 같이 큰 차이를 나타내고 있다.

그런데 원제의 등극에 불만을 품고 있던 종실이며 옹주자사인 소찰(蘇察)은 서위에 항복한 후 서위의 병력을 이끌고 강릉을 공격하여 함락시키고 원제를 살해하였다(554). 소찰은 황제에 올랐으나 실제로 서위의 조종을 받는 괴뢰황제에 불과하였다. 강릉이 함락된 후 양의 장군 진패선과 왕승변(王僧辯)은 소역의 아들 소방지(蕭方智)를 황제에 옹립하니 이가 경제(敬帝)이다.

그러나 진패선이 정변을 일으켜 왕승변을 살해하고(555) 정권을 독점한 후 다시 경제를 폐위시키고 진나라를 열어 황제위에 오르니 이가 陳(557~589)의 무제이다.

진을 세운 진패선도 한문출신으로 그 조상이 북으로부터 피난 온 북래인(北來人)이다. 그는 군공(軍功)으로 점차 세력을 키워 나갔으며, 특히 후경토벌에 공을 세워 진을 건국하기에 이르렀다. 그러나 진이 건국할 당시의 남조는 정치와 사회가 어지러운 상태이고, 화북의 동위와 북제는 남조의 영토를 계속 침입하여 잠식하였다. 이리하여 진은 양자강 이남의 일부지역만을 겨우 보존하게 되었고, 남조 여러 왕조 가운데 가장 작은 국가로 전락하였다.

진의 무제는 재위 3년만에 죽고 이어 문제와 선제가 겨우 국가를 유지하여 나갔다. 그러나 마지막 황제인 후주(後主)는 정사를 돌보지 않고 사치와 환락에 빠져 마침내 북으로부터 수나라의 침공을 받아 멸망하고 隋에 병합되면서 중국은 남북조의 오랜 분열이 끝나고 통일되었다(589).

3. 남조정권의 성격

송의 무제(武帝: 劉裕)는 미천한 출신이었으나 무공으로 귀족의 신망을 얻고 그들의 추대를 받아 황제에 오를 수 있었다. 이러한 현상은 비단 송의 무제뿐만이 아니고 남조(송·제·양·진)의 창업과정에서 흔한 일이었다. 따라서 남조의 창업주는 한문(寒門)의 무인출신이 대부분이다. 즉, 제의 고조[소도성(蕭道成)]와 진의 무제[진패선(陳霸先)]가 대표적 경우이고, 梁의 무제[소연(蕭衍)]는 문인 출신으로 제나라의 황족이었으나 그의 즉위과정은 역시 귀족의 옹립에 의한

왕 조	연 대	호 수	인 구
남조(송)	464년	906,870호	4,685,501명
북조(북위)	5세기	5,000,000호	
북조(북제)	577년	3,032,528호	20,006,808명
북조(북주)	579년	3,590,000호	9,009,604명

것이었다.[26] 남조에서는 가문과 문벌을 중히 여기는 귀족의 세력이 우세하였으나 남조를 건국한 황제들은 대부분 미천한 무인출신이란 점이 남조 역대정권의 공통적인 특성이다.

이러한 남조 창업군주의 성격은 강남의 문벌·귀족사회와 밀접한 관계가 있다. 즉, 강남의 문벌귀족들은 강남의 안정을 보장하고 북조의 침략을 막을 수 있는 실력자, 즉 무인(武人)을 황제로 추대하고, 자신들은 조정에서 고위관직을 얻어 가문의 발전을 꾀하는데 만족하였다. 그러므로 귀족과의 이해관계가 일치되는 인물이면 누구라도 황제로 추대하였으므로 황제가 될 수 있는 조건은 반드시 가문(문벌)이 높아야 할 필요는 없었다. 남조에서는 황실보다 문벌이 더 좋은 귀족이 많이 나타나게 된 원인이 여기에 있다.

그리고 귀족의 추대를 받은 창업주는 자기를 지지해 준 귀족의 지위를 보장해 주고 그 대신 그들의 협조 하에 사회질서를 유지하려 하였다. 여기에 남조의 귀족사회가 자리를 잡고 황제와 문벌귀족간의 상호협력 관계가 형성되었다.

이와 함께 남조의 4왕조는 그 존립기간이 극히 짧다는 공통점을 지니고 있다. 즉, 宋은 60년간(420~479), 齊는 23년간(479~502), 梁은 55년간(502~557), 陳은 32년간(557~589) 존속되었는데, 이는 북조에 비하면 아주 단명한 왕조교체이다. 이와 같이 남조정권이 짧았던 것은 황제권이 강화되지 못한데 있고 황제권이 떨쳐지지 못한 것은 결국 남조의 문벌귀족세력이 황제권을 견제한데 중요한 원인이 있었다.

Ⅱ. 북위(北魏)의 화북통일과 호한(胡漢)체제의 갈등

1. 북위의 화북통일

전진(前秦)은 비수의 전쟁에서 강남의 동진에게 패하여(383) 붕괴되고 선비족의 북위(후위)가 화북을 재통일하였다(439). 이후 북위는 동위와 서위로 분열되고(534), 다시 동위는 북제로, 서위는 북주로 계승되어 나갔다. 수가 중국을 재통일하기까지 150년간(439~589) 화북에 건국한 북위 이하의 이들 5개 왕조를

---

26) 이윤화, 「南朝交替期의 貳臣에 대하여」『大丘史學』 20·21합집, 1982.
   김한규, 「魏晋南朝의 構造와 機能」『東亞研究』 10, 서강대, 1986.
   김용범, 「南朝의 士人에 대하여」『忠南史學』 8, 1996.

북조(北朝)라고 한다.

그런데 북위를 건국한 선비족의 탁발부(拓跋部)는 본래 흥안령 일대에 거주하고 있었으나 후한대에 남으로 이주하여 옛 흉노가 살던 곳으로 들어와 유목생활을 하였다. 이들은 서진 말에 탁발의로(拓跋猗盧)가 산서성의 북부에서 대국(代國)을 세웠으나 전진의 부견에게 멸망하였다.[27] 그 후 前秦이 붕괴되자 386년에 탁발규(拓跋珪)는 다시 대국을 부흥하여 대왕(代王)이라 칭하다가 나라이름을 위(魏)로 고치고 평성(平城)에 도읍을 정하니 이가 위의 태조 도무제(道武帝, 386~409)이다.[28] 무제는 군사와 정치적 수완을 겸비한 영웅적인 군주로서 중원지역 통치를 위해 한족 사대부와 귀족의 자제를 과감히 등용하여 국가체제를 중국식 율령체제로 정비하였다. 또 부락민을 수도 근방에 분토정거(分土定居)시키면서 부락민에 대한 족장의 지배권을 박탈하여 이들을 편호화(編戶化)하였다.

북위정권이 5호의 다른 나라와 근본적으로 다른 점은 바로 선비족 유목사회의 부족체제에서 과감히 탈피한데 있다. 그들은 북방의 유목사회에서 남방의 농경체제로 전환하였고, 이러한 북위의 정책은 효문제의 한화정책으로 그 절정에 달하였다. 특히 북위의 태조(道武帝)는 농업생산력 증가를 위해 둔전(屯田)을 실시하여 화북 농촌사회를 안정시켰다. 이로 인하여 북위의 국력은 크게 신장되었고 이는 북위가 화북지방을 통일하는 사회 경제적 기반이 되었다.

이후 북위는 탁발사(明元帝)와 탁발도(太武帝)에 이르기까지 발전을 계속하였다. 특히 태무제는 화북 변경을 자주 침략하던 유연(柔然)족을 물리쳐 변방을 안정시킨 후 서쪽으로 나아가 서진(西秦), 하(夏), 북연(北燕), 북량(北涼)을 차례로 병합하여 마침내 439년 화북 재통일에 성공하였다. 이때 남조를 연 宋이 북방으로 쳐들어왔지만 이를 물리치고 이후 남조에 대하여 북조가 군사적인 우위를

---

27) 지배선, 「鮮卑族의 초기단계 民族분열에 대하여」『白山學報』 23, 1977.
　　조영래, 「北魏初 領民酋長의 地域化의 「地域分部制」」『魏晋隋唐史研究』 10, 2003.
　　최진열, 「北魏의 種族政策-'부족해산'의 실상과 對'部落首領'정책을 중심으로」『魏晋隋唐史研究』 10, 2003.
28) 박한제, 「北魏政權과 胡漢體制 北魏社會의 變質과 관련하여」『震檀學報』 64, 1987.
　　강문호, 「北魏初期의 宗室과 帝權-五胡時期他胡族王朝와의 比較觀點에서-」『慶州史學』 15, 1996.
　　김영환, 「拓跋鮮卑의 傳說時期小論-『魏書』「序紀」의 분석을 중심으로-」『魏晋隋唐史研究』 2, 1996.
　　＿＿, 「拓跋鮮卑周圍의 西都考釋-西都의 時期別 變遷過程을 中心으로-」『魏晋隋唐史研究』 4, 1998.
　　지배선, 「吐谷渾와 北朝와의 交涉에 대하여」『歷史學報』 98, 1983.

지키면서 계속 남조를 공략하는 기반을 마련하였다.[29]

이렇듯 5胡 가운데서도 선비족이 화북지방을 통일할 수 있었던 배경은 유목사회의 부족제를 과감히 탈피하고 국민개병주의(國民皆兵主義)라고 할 수 있는 부병제(府兵制)를 실시하여 군사력을 강화한 점과, 정복지의 중국문화에 빨리 적응함으로써 한인의 협력을 쉽게 얻을 수 있었다는 점을 들 수 있다.

그런데 북위정권이 호한병립(胡漢倂立) 정책으로 중국문화를 적극 수용할 수는 있었으나, 문화수준이 낮은 선비족으로서는 문화적 우월성을 지니고 있는 한인을 통치하는 일이 쉽지 않고, 여기에서 일어나는 민족적 갈등이 적지 않았다. 따라서 북위가 무력으로 화북을 정복하였으면서도 결국 중국문화에 흡수·동화되어 선비족의 민족적 종말을 가져온 역사적 비극의 단서를 제공하였다.

2. 북위의 한화(漢化)정책과 호한(胡漢)체제의 갈등

북위의 한화정책은 태무제의 증손 효문제(孝文帝) 때 더욱 적극적으로 추진되었다. 효문제는 북방민족이 한민족을 효과적으로 통치하는 데에는 자신이 직접 중국의 천자(天子)가 되고 중국의 정치체제를 도입하는 것이 최상책이라고 생각하였다.[30]

효문제의 한화정책 중 중요한 내용을 보면 수도를 평성(平城)에서 낙양으로 옮기고 호·한간의 결혼을 적극 장려하였다. 또 호성(胡姓)을 한성(漢姓)으로 바꾸고, 호속(胡俗)과 호어(胡語)의 금지와 한어(漢語)의 강요 그리고 화이일원화(華夷一元化)를 위한 성족분정령(姓族分定令) 제정을 들 수가 있다. 효문제의 한화정책으로 선비족의 상류계층은 점차 한인호족과 혼거하면서 귀족화하였다. 토지를 겸병하고 한인 농민을 소작인으로 사역하기도 하였다.

그러나 효문제의 한화정책은 선비부족사회에 심각한 문제와 갈등을 불러일으켜 북위정권이 동서로 분열하는 중요한 원인이 되었다. 수도를 평성에서 낙양(洛陽)으로 옮긴 것은 선비부족의 근거지를 유목지대에서 농경사회로 옮겨 놓은 것이다.

그러나 수도를 옮겼다고 해서 선비족 모두가 화북으로 이주한 것은 아니고,

---

29) 박한제, 「北魏의 對外政策과 胡漢體制 統一체제 指向과 관련하여」『歷史學報』116, 1987.
　　이재성, 「初期 庫莫奚의 성장과 周邊諸族 특히 北魏와의 交易을 중심으로」『東洋史學硏究』28, 1988.
30) 박한제, 「胡漢體制의 確立과 그 構造」『中國中世胡漢體制硏究』, 일조각, 1988.
　　_____, 「北魏 洛陽社會와 胡漢體制 都城區劃과 住民分布를 중심으로」『秦東古典硏究』6, 1990.

선비부족의 대부분은 만리장성 연변에 남아서 효문제의 낙양정권과 거리가 생기게 되었다. 따라서 화북으로 이주한 선비족은 점차 귀족화하면서 관직을 독점하였다. 이리하여 낙양으로 옮겨와서 한화된 선비족과 그렇지 못한 북방의 선비족 사이에는 심각한 갈등이 생기고, 이러한 갈등은 다음 효명제 때에 6진 (鎭)의 반란으로 폭발하게 되었다(525).

북위는 6진의 반란이 일어나자 산서성 북부에 세력을 떨치던 선비족의 추장 이주영(爾朱榮)의 힘을 빌려 이를 진압하려 하였다. 이때 낙양에는 효명제의 모친 호태후(胡太后)가 정권을 장악하고 환관과 폐신(嬖臣)을 중용하여 정치가 문란하였다. 효명제가 성장하면서 호태후와 충돌이 생기자 태후는 효명제를 독살하고 유제(幼帝)를 옹립하였다. 이주영은 수도 낙양에 들어와 태후와 유제를 체포하여 황하에 수장하고 조정의 백관과 왕공(王公) 이하 2천여 명을 학살한 후 효장제(孝莊帝)를 세웠다.

6진의 반란과 함께 섬서방면에서도 만사추노(万俟醜奴)의 반란이 일어나자(528) 이주영은 부장 우문태(宇文泰)를 파견하여 이를 평정하였다. 우문태는 점차 장안을 중심으로 세력을 확대하여 나갔으며, 이주영의 부장 고환(高歡), 후경(侯景) 등도 막강한 군사력을 행사하게 되었다. 이에 효장제는 위협을 느껴 이주영을 궁중으로 유인하여 살해하였다. 그러자 이주영의 아들 이주조(爾朱兆)는 진양 (晋陽)에서 군사를 이끌고 들어와 효장제를 죽이고 조카 절민제(節閔帝)를 옹립하였다.

그러나 이주조의 세력은 그 후 고환에 의하여 타도되었다. 이주영 일족의 정권담당 기간은 4년(528~532)에 불과하였으나 북위의 정치와 사회에 끼친 영향은 컸으며, 이후의 북위 정권전개에는 그의 부하들의 역할 또한 컸다.

3. 북위의 동·서 분열과 한화정책의 모순

고환(高歡)은 처음에 6진의 반란에 가담하였으나 후에 이주영에게 항복한 선비출신 무인이다. 그는 이주조를 도와 지방의 반란을 평정한 후 6진의 난민을 규합하여 자신의 세력을 확대하여 나갔다. 그 후 이주씨(爾朱氏)를 토벌하고 낙양에 침입하여 절민제(節閔帝)를 폐위시키고 효무제를 옹립하였다(531). 고환은 이주씨의 근거지인 진양에 들어가 그 주변의 선비족을 징발하여 군대로 편성한 후 진양을 근거지로 천하에 호령하니 낙양의 효무제는 허수아비에 불과하였다.

이에 효무제는 장안에서 세력을 잡고 있던 우문태(宇文泰)를 끌어들여 고환을 제거하려다 뜻을 이루지 못하고 도리어 고환의 군사가 낙양에 쳐들어오니 장안으로 달아나 우문태에게 의지하게 되었다. 이때 고환은 효정제를 영입하여 업(鄴)에 도읍하니 이에 魏는 동위와 서위로 분열되었다(534).

한편 북조지역에 거주하고 있던 한인들도 5호16국의 지배 하에 오랜 전란을 극복하면서 살아남았기 때문에 그 이전의 문약한 한인은 결코 아니다. 따라서 북위정권의 한화정책은 도리어 북조사회의 한인들로 하여금 선비족의 무력에 대항할 수 있는 정신력과 무력을 길러주었고 이러한 정신력을 바탕으로 한인의 군사력강화는 다음에 오는 北周 → 隋 → 唐으로 이어지면서 중국통일의 원동력이 되었다.

4. 동위(東魏)와 북제(北齊)의 형세

동위의 고환(高歡)은 아들 고징(高澄)을 태자로 세워 업(鄴)에서 동위를 돕게 하고 스스로는 진양에 승상부(丞相府)[31]를 열어 군국 대사를 전단하였다. 고환이 죽고 고징이 동위의 실권을 장악하자 장군 후경(侯景)이 반란을 일으켰다. 동위는 후경을 교묘히 梁으로 몰아냈는데 양나라 무제는 후경의 야심을 알지 못하고 그의 항복을 순순히 받아들였다. 그러나 후경은 양의 군비가 허술한 것을 눈치채고 반란을 일으켜 무제를 살해하니 梁의 사회와 문화는 크게 파괴되었다.

한편, 동위의 고징(高澄)은 정제(靜帝)와 반목하였다. 정제는 문무를 겸비한 인물로 전에 고환은 정제를 극진히 받들었으나 그 아들 고징은 자신의 세력을 믿고 정제를 핍박하였다. 이에 정제는 궁중에서 탈출하여 거사하려다 사전에 발각되어 유폐되고 이에 가담한 황족 60여명은 처형되었다. 이때 고징은 동위를 찬탈하여 황제에 오르려 하였으나 부하에게 살해되고 동생 고양(高洋)이 정제로부터 양위를 받아 황제가 되니(550) 이가 북제의 문선제(文宣帝)이다.[32] 그는 즉위 초에는 정치에 열심이어서 명군(名君)으로 칭송되었으나 종실세력을 시기하면서 점차 흉포해져 왕족을 살해하고 선비족을 냉혹하게 대하였으며 동위의 종족 25가(家) 7백여 명을 학살하였다.[33]

---

31) 김한규, 「東魏 高氏의 霸府와 晉陽」『梨大史苑』 22·23합집, 1988.
　　　　, 『古代 東亞細亞 幕府體制 研究』 일조각, 1997.
32) 김영환, 「北齊鮮卑정권의 創建齊景考－『北齊書』「列傳의 人物을 中心으로－」『白山學報』 43, 1994.

문선제가 죽고 어린 태자가 즉위하니 문선제의 동생 상산왕(常山王: 演)은 선비의 장수와 결탁하여 양음을 살해한 후 유제(幼帝)를 몰아내고 스스로 즉위하니 이가 효소제(孝昭帝)이다. 그는 현명한 군주였으나 일찍 죽고 어리석은 동생 무성제(武成帝)가 즉위하여 선비족의 여러 대신과 장군 곡율광(斛律光)을 살해하여 황실세력을 약화시켰다.

한편 북제는 수도를 업(鄴)에 두었고 군사상의 중심지는 진양에 있었다. 이는 앞서 북위 효문제가 선비족의 군사적 근거지인 평성에서 한인의 본거지인 낙양으로 천도함으로써 군사와 정치가 양분되면서 고립된 전철을 밟지 않기 위한 조처였다. 그러나 북제도 정치적 중심지와 군사적 요지가 이분화되어 선비족의 지지를 상실함으로써 북제가 북주에게 통합되는 결과를 가져오게 되었다.

5. 북주가 화북을 재통일한 배경

서방의 장안에 수도를 둔 서위(西魏: 北周)의 정세도 동위(東魏: 北齊)와 같이 불안하였다. 우문태가 죽자 그 아들 우문각(宇文覺)은 서위의 공제를 폐하고 스스로 황제에 오르고 국호를 (北)周라 하였다(556). 처음 북주의 형세는 東魏에 비해 영토는 협소하고 인구도 훨씬 적고 그 위에 문화와 경제적인 면에서도 떨어지는 형편이었다.[34] 그러나 무제가 즉위하여 군사 경제면에서 북제를 압도하게 되었다.

그는 우문태에 의하여 실시된 부병제도(府兵制度)를 확대하여 북주의 군사력 강화에 주력함으로써 북제보다 우위에 서게 되었다.

부병제도는 국민개병(國民皆兵)의 원칙 하에 민족의 차별 없이 모든 국민에게 병역의 의무를 부과하였다. 또 병영(절충부)에 집결시켜 다 같이 군사훈련을 받게 하여 국가의식을 고취시켜 북주 내의 여러 민족의 융화단결을 촉진하게 되었다. 이와 함께 부병제에 의한 병농일치로 농민은 교대로 번상(番上)하여 군사

---

33) 위·진·남북조 시대에는 궁정 안에서 잔인한 살인이 자주 일어났다. 5호(胡)는 본래 武를 숭상하여 살인을 자행하였는데 이런 풍조는 서진 말(4세기 초)부터 중국에 들어왔다. 북위의 태무제, 북제의 황제들이 특히 심하였고 남조의 송나라에서도 골육상살은 끊이지 않았다.

34) 북제(北齊)의 후기(577년)에 호(戶)는 330만 2,528, 인구는 2천만 686명이었다. 북주(北周)의 호구는 북제보다 훨씬 적었다. 그것은 북주가 북제를 병합한 후의 화북전체의 호는 400만戶에 불과하였으므로 통일직전의 북조의 호는 100만호도 되지 못했다. 『魏書』卷 105, 地理志(資治通鑑卷 173).

교육을 받고 고향에 돌아가면 향병(鄕兵)이 되어 예비군을 형성하게 되었다. 이는 국가가 많은 군사비를 지출하지 않고서도 국민을 모두 군사화할 수 있는 효과를 가져 올 수가 있었다. 또 무제는 우문태 이래의 중농정책을 계속 추진하였다. 즉, 전쟁노비를 과감히 해방하여 일반농민으로 개편하여 농업에 종사하도록 하였고, 황무지의 개간, 수리시설의 확대로 농업생산력을 증대시켰다.

그 위에 서위·북주의 근거지인 장안은 진·전한의 수도로서 정치 군사상의 요충지여서 제국의 수도로 적합한 곳이었다. 그러나 후한이 낙양으로 도읍을 정한 이래 문명의 중심지대에서 소외되었다. 이것이 오히려 선비족으로 하여금 한화되지 않고 건전한 기풍을 유지할 수 있게 하였다. 서위의 영토는 동위나 강남지역처럼 비옥하지 않았으나 이것이 호족세력의 발전을 둔화시켜 호족의 대토지 사유화가 다른 지역처럼 진척되지 못한 원인이 되었다. 이 때문에 부(富)의 편재가 심화되지 않아 사회와 경제의 공평성이 유지되고, 이에 따라 균전 농민의 노동력이 존중되면서 물질보다는 건전한 인간정신이 앙양되는 사회 기풍을 유지할 수 있었다. 따라서 이 지역에서 북주가 화북을 통일했고 다시 전 중국을 통일하는 隋·唐제국이 출현할 수 있었던 정치·경제·군사적인 배경이 여기에 있었다.

북주에 비해 북제는 동방에 위치하고 토지도 넓고 자원이 풍부하였으나 정권이 선비귀족의 수중에 장악되어 왕실 내분이 계속되었고 이 과정에서 선비족과 한족 사이에는 극심한 갈등과 반목이 계속되면서 국력을 소모하였다.[35] 이것이 북제의 정치 사회적 불안으로 작용하여 결국은 서방의 북주에 병합되는 결과를 가져오게 되었고 북주의 무제는 북제를 정복하여 화북을 재통일할 수 있었다 (557).

---

35) 이계명, 「北周 官僚貴族의 一研究」『歷史學研究』8, 1978.
_____, 「西魏·北周의 勳族集團」『歷史學研究』9, 1979.

제4절 위(魏)·진(晉)·남북조시대의 사회와 경제

I. 호족사회에서 귀족사회로의 변천

1. 호족(豪族)사회의 구조적 특성

호족은 지방의 세력가를 말한다.[36] 중국역사상 호족이 나타난 것은 전국시대 후기 농업생산력의 발전과 함께 시작되었다. 그러나 진·한의 강력한 통일제국의 출현으로 호족은 국가권력에 눌려 세력을 펴지 못한 채 숨을 죽이고 있었다. 그러다가 전한 후기에 접어들어 국가권력이 쇠퇴해지자 호족은 대토지를 사유(私有)하면서 사회의 지배세력으로 발전하게 되었다. 이러한 호족세력을 억압하기 위하여 왕망의 신정권은 토지국유제를 취하였으나, 호족의 강력한 반발에 부딪쳐 쉽게 붕괴되었다.

호족의 협력으로 건국한 후한정권은 이들과 타협하는 정책을 취함으로써 이제 호족은 사회의 중요 계층으로 그 지위를 확보하게 되었다. 후한 말에서 삼국시대에 걸친 사회의 혼란으로 지방의 호족세력은 유민을 규합하여 자위수단을 강구하게 됨에 따라 그 세력은 더 한층 신장되어 갔다.

호족은 지방의 호민(豪民)으로 지주계층이 대부분이었으나, 이 밖에 상공업자, 관리로서 대토지소유자가 된 자도 있다. 특히 후한 말에 전란이 거듭되면서 도시의 피난민이 농촌으로 몰려들어 인구의 농촌유입이 촉진되자 호족은 이들 유민(流民)을 자신의 사유지에 끌어들여 장원(莊園)을 형성하였다.

호족사회의 내부구조는 다양한데, 대체로 3층 구조로 되어 있다. 즉, 호족사회의 상층부에 종족(宗族)이 있고 그 아래 영호(領戶, 領民)와 최하층의 노비로 구성되어 있다.

종족은 호족사회의 중심을 이룬다. 종족의 수는 일족만실(一族萬室)이라고 하듯이 그 집단은 대단히 크다. 이들 종족은 원칙적으로 각기 독자적인 토지를

---

36) 호족(豪族)이란 용어는 『漢書』 卷56, 왕공전(王龔傳)에 그를 세위호족(世爲豪族)이라 하여 (지방에서) 대대로 큰 재산을 가진 세력가란 뜻으로 사용하고 있다. 그런데 호족의 명칭은 시대에 따라 다르다. 즉, 호부(富富:『史記』 始皇帝本紀), 호민(豪民:『漢書』 食貨志), 호성(豪姓:『後漢書』 堂錮, 范廉傳), 호종(豪宗:『後漢書』 范廉傳), 호문(豪門:『晋書』 閭纘傳) 등 약간씩 다르다. 호족의 조건은 대토지사유자로 일족을 거느리고 지방에서 세력(무력)을 지니고 있어야 한다.

소유하고 있다. 따라서 호족의 토지가 수만 경에 달한다고 한 것은 종족이 소유하고 있는 전체 면적을 말하는 것이다. 종족간의 인적결합은 그들의 관·혼·상·제 등을 통하여 그 유대가 강화되며, 특히 외부로부터의 침입이나 천재지변의 재난을 당할 경우 종족의 단결력은 한층 더 강화된다.

영호는 그 구성요소가 다양한데, 일반적으로 객·전객·의식객·문생·고리·부곡(客·佃客·衣食客·門生·故吏·部曲) 등을 말한다.

객(客)은 전란이나 부역을 피하여 호족의 장원에 유입하기도 하고, 호족의 초청이나 압력에 굴복한 경우, 노비에서 해방된 자 등 여러 가지 형태가 있다. 객은 주객(主家)의 호적에 부기되어 신분적으로 예속신분이며, 때로는 국가가 공신에게 사여하는 경우도 있어 인격이 무시되는 농노적 성격이 강하였다. 객은 가족을 동반하는 것을 원칙으로 하였기 때문에 호(戶)를 단위로 한다. 삼국시대 이후 노(奴)와 객(客)을 합해 노객이라고 부르는 경우가 많기 때문에 객의 신분은 실제로 양민보다는 노비 쪽에 가깝다. 객은 호족의 가부장권에 예속되어 노비와 함께 호족의 권력을 뒷받침하고 지방에서의 호족의 무한한 권한행사를 가능하게 하였다.

문생(門生)도 본래는 사제관계를 의미하는 것이었으나 남북조시대에는 호족 밑에서 과역(課役)을 맡는 신분을 말한다. 예속성으로는 객과 같으나 호족과의 인간관계는 매우 밀접하여 때로는 문생의 죄에 호족이 연좌되는 경우가 있다.

고리(故吏)는 지방의 호족이나 관리가 전에 모시고 있던 상관(上官)이 퇴직한 후에도 옛날처럼 상·하 관계를 유지한데서 비롯된 것이다. 그리고 객과는 달리 호족과 동거하지는 않으나 호족이 관부와 접촉하는데 외곽세력으로 이용하였다.[37]

부곡(部曲)은 본래 군대명칭이었으나 남북조시대에는 군부(軍府)에 예속된 병호(兵戶)와 호족의 사병으로 전락한 두 종류로 구분되었다. 사병의 경우는 갈 곳 없는 유민이 호족의 사병으로 전락하였기 때문에 사천민(私賤民)의 성격을 지니고 있다. 다만 병사의 임무를 맡고 있어서 때로는 그 실력을 인정받을 수

---

[37] 이공범, 「南朝의 門生, 故吏」『成均館大學論文集』 4, 1959.
　　　, 「南朝貴族의 性格 琅邪王氏分析」『東洋史學研究』 14, 1979.
　　　, 「南朝貴族의 經濟基礎의 몇 가지 측면 山澤을 중심으로」『大東文化研究』 20, 1986.
　　신성곤, 「東晉시기 部曲·兵戶의 구성과 部曲主의 성격」『中國史研究』 24, 2003.
　　홍승현, 「'浮華'와 '素業'概念을 통해 본 南朝 士大夫들의 意識變化」『中國史學報』 47, 2003.

가 있었기 때문에 노비보다는 신분이 높았다.[38]

노비는 호족의 대토지(장원)의 경작에 투입되며 가내(家內)노비와 생산(生産)노비로 양분된다. 가내노비가 주로 호족의 가사와 잡역을 담당한데 비해 생산노비는 장원의 생산에 투입되었다. 이들 노비는 주인의 호적에 부기되고 독립적 신분으로 인정받지 못하며 매매의 대상이 되었다. 호족의 장원에서는 노예노동이 거의 절대적이었는데 "경작은 노(奴)에게 묻고 직조는 비(婢)에게 묻는다."[39]라는 말로 그 사실을 알 수 있다. 호족이 수천 명의 노비를 소유하고 있었던 예는 드물지 않으나 노비의 몸값이 비싸고 노비의 취득이 쉽지 않았으므로 모든 호족이 대량의 노비를 소유하였다고는 볼 수 없다.

2. 호족과 귀족계층의 성격 차이

위·진·남북조시대의 사회구조는 그 성격이 매우 다양하고 특히 지배계층은 호족 내지는 귀족세력으로 지칭된다. 그런데 호족과 귀족은 사회계층상 서로 밀접한 관계를 가지고 발전하였기 때문에 역사적으로 그 성격을 구분하는 것은 쉽지 않다. 호족은 사회적 세력이며 지방분권적인데 반해 귀족은 법률적 신분으로 관직(官職) 또는 관위(官位)와 관계가 깊고 중앙집권적 성향을 띠고 있다.

중국사회의 지배계층의 발전과정에서 호족과 귀족관계를 극명하게 구분하는 것은 어려우나 한대의 호족세력이 위·진·남북조에 들어 와서 문벌귀족화한 것은 틀림없다.[40] 그리고 이 시대에 호족세력이 귀족으로 변신하는 과정 또한 다양하다.

전한시대의 향리(鄕里)에는 부로(父老)라고 하는 유력자가 있고 인민은 자제(子弟)라고 하였다. 그들은 부로에 의하여 교화되면서 부로의 권위는 유지되었다.

---

38) 이공범, 「北朝의 部曲形成過程」『大東文化研究』 5, 1968.
　　김종완, 「北朝部曲考」『全州又石大論文集』 2, 1980.
　　신성곤, 「魏晉南北朝時期 部曲에 대한 再考察」『東洋史學研究』 40, 1992.
　　임병덕, 「魏晉南北朝의 良賤制」『歷史學報』 142, 1994.
　　전영섭, 「北朝時期 部曲·客女 신분의 출현과 신분질서의 변화」『中國史研究』 5, 1999.
　　　　　, 「北魏後期~隋代 신분제 지배의 변화양상」『釜大史學』 23, 1999.
39)『晋書』食貨志, 耕則問奴, 織則問婢.
40) 박한제, 「魏晉南朝 貴族制의 展開와 그 性格」『講座中國史』, 지식산업사, 1989, 7쪽, 주 ①에 의하면 귀족이란 용어는 정사류(正史類)나 당시의 사료에는 드물고 이 시대의 지배계층을 표현하는 말로는 고문·사족(高門·士族) 등 20여종이 있고 중국에서는 사족, 일본 및 구미에서는 귀족(Aristocrat)으로 통칭한다고 하였다.

이 부로 자제의 관계는 전한시대 향리사회의 공동체적 성격을 갖는 자치적 향촌조직이다. 한대의 향거리선(鄕擧里選)의 인재등용 방법은 이와 같은 공동체적 향리조직을 이용한 추천과 시험을 겸한 것이었다.

그러나 후한대에 들어오면 호족세력이 향리를 지배하면서 향리의 자치적 공동체질서가 무너지고 그 대신 호족이 향리의 여론(또는 世論)을 좌우하게 되었다. 후한시대에 관리로 추천된 지방의 자제가 호족의 직계자손이 대부분이라고 하는 것이 이를 증명하고 있다. 이와 같은 시대의 변화가 곧바로 호족의 관료화를 가져오지는 못하였다. 그것은 후한 시대에 호족의 관료화를 차단하는 강력한 세력이 중앙정계에 버티고 있기 때문인데 환관과 외척세력이 그들이다. 후한 말의 환관정치에 호족이 강력하게 저항하면서 호족의 명성은 더한층 높아지고 명사(名士)로 존칭되었으니 삼군(三君), 팔준(八俊), 팔현(八顯), 팔급(八及), 팔주(八廚)라는 칭호가 그것이다.

이와 함께 호족과 명사들 사이에서 자연히 인물평가와 정치논의가 활발히 전개되었으니 이를 청의(淸議)라 하였다. 청의는 향거리선의 추천을 위하여 향리에서 행하여지고 있던 인물평가 풍속이 호족사회 내부로 위치를 바꾼 것을 의미하며, 이는 위진남북조시대에 한대의 향리사회가 붕괴되는 과정을 그대로 반영하는 것이다.

후한 말 3국시대의 군웅 가운데는 지방에 웅거한 호족이 대부분이었으니 원소와 동탁, 유비, 손권 등은 모두 호족세력을 대표하는 인물들이다.

3. 9품관인법(九品官人法, 九品中正制)과 귀족사회의 형성

위·진 시대에 들어와서 호족이 귀족화하는데 결정적인 작용을 한 것이 관리선발제도인 구품관인법(구품중정제)이다. 이 법은 위(魏)가 건국하는 220년에 상서(尙書)인 진군(陳群)의 건의로 실시된 추천에 의한 관리선발제도이다.[41] 서기 220년은 조조의 아들 조비(曹丕)가 후한을 선양(禪讓)에 의하여 찬탈한 해로서 이 법을 실시한 동기는 후한시대의 관직등용이 외척이나 환관 등에 의해 극도로 문란하였기 때문에 이를 바로 잡으려는데 있었다. 그리하여 무능한 후한의 관리를 도태시키고 새 정부의 출범과 함께 지방에 숨어있는 유능한 인재를 추

---

41) 이공범, 「九品中正制度-魏晋時代를 중심으로」『史叢』 1, 1955.
   정경모, 「九品官人考-魏晋時代를 중심으로」『全南大學論文集』 12, 1966.

천에 의하여 선발하려는데 이 제도의 근본정신이 있었다.

구품관인법은 서기 220년부터 수나라 개황연간(581~600)에 폐지되고 과거제도를 바꿀 때까지 약 400년간 관리임용의 중심이 되어 위진남북조시대의 귀족제와 밀접한 관계를 갖고 발전하였다.

그 내용을 보면 각 州와 郡에 중정관(中正官)을 두고 그들로 하여금 지방의 청년(20세 전후)을 추천하도록 하였다. 중정관은 현지사정에 밝은 그 지역출신 고관이 임명된다. 각 지역의 중정관은 관할지역 내의 여론(향론)을 살펴 덕망이 있고 재주가 뛰어난 인물을 9품으로 분류하였는데, 이를 향품(鄕品)이라 하였다. 지방에서 추천된 향품에 따라 중앙에서는 관리로 임명하는 관품을 주었는데, 향품에서 4품을 내려 관품을 제수하는 것이 일반적이었다.[42]

이 법의 정신은 향론(鄕論)에 따라 덕망과 재주를 겸비한 인물을 추천으로 선발하려고 한 것이므로 그 취지는 훌륭하였다. 그러나 그 당시의 사회는 이미 호족세력이 지방의 여론을 좌우하고 있었기 때문에 자연히 호족의 자제가 상품(上品)에 추천되어 고위관직을 독점하는 결과를 가져오게 되었다.[43]

특히 위나라에서는 권신 사마의(司馬懿)가 중앙정권을 장악하면서(249) 군중정(郡中正)의 상부기구로 州에 대중정(大中正)을 설치하였기 때문에 군중정의 역할이 축소되었다. 그리고 중앙의 사도(司徒)가 州의 대중정을 마음대로 임명하고 거기에 군중정을 예속시킴으로써 구품관인법의 운영권을 중앙정부의 실권자가 장악하게 되었다.

호족은 보통 제2품으로 추천되었으므로 문지이품(門地二品)이란 말이 유행하게 되었고, 여기에 호족과 관품이 밀착되면서 가문을 중요시하는 문벌귀족이 탄생되었다. 상품에서 제외된 세력 없는 선비는 한문(寒門), 단문(單門)이라 하였다. 이리하여 "上品에는 寒門이 없고 下品에 세족(世族)이 없다"는 말이 유행하게 되었다. 사마염(司馬炎)이 魏를 멸하고 晋을 건국하는 시기(265)를 전후하여 문벌귀족 제도는 확립되었다.[44] 구품관인법은 진대(晋代)를 거쳐 남조와 북조에

---

42) 9품의 구분방법은 추천되는 사람을 上・中・下로 나누고 上을 다시 上・中・下, 즉 上(上中下), 中(上中下), 下(上中下)로 하였다는 설(胡三省의 『資治通鑑』注)과 그냥 숫자로 1품에서 9품으로 나누었다는 양설이 있으며 이를 향품(鄕品)이라 한다. 이러한 향품에서 4품을 내려서 관품을 주었다. 예를 들면 향품 2품은 관품 6품으로, 향품 4품은 관품 8품으로 배정한 것이다.
43) 이윤화, 「晋代의 官吏任用에 관한 一考察」『安東大論文集』 3, 1981.
44) 『晋書』 卷45 劉毅傳에, 上品無寒門, 下品無世族이라고 되어 있다.

서도 약간의 변화는 있었으나 그대로 존속되어 위・진・남북조 시대 귀족제도의 형성에 큰 작용을 하였다.

구품관인법(구품중정법)은 향촌에 뿌리를 두고 있는 호족이 그들의 가문(문벌)을 배경으로 하여 관직을 독점하게 되었음을 의미한다.[45] 따라서 구품관인법은 국가(왕조)가 관직을 주는 것이 아니고 국가는 다만 호족이 정한 향품에 따라 추천된 호족자제의 관품을 승인한 것에 불과하였다. 위・진・남북조시대에 종족이 구품관인법으로 관직독점과 귀족화를 촉진하면서 남북조시대에 줄기차게 발전할 수 있었던 사회적 배경이 여기에 있었다.

4. 관품제(官品制) 도입과 관료조직의 변화

구품관인법과 밀접한 관계를 갖는 위나라 초에 실시한 관품제이다. 한대까지는 관리의 고하(高下)를 정하는 관품은 없었다. 관료의 등급은 그들이 받는 봉록(양곡)의 고하에 따라 상하를 정하는 질석제(秩石制)였다.

예컨대 최고관료인 3공(公)은 질만석, 장군 이하 2천석 … 1천석으로 아래로 내려갈수록 질고가 줄어들어 최하 백석에 이른다.

그러나 구품관인법에 의해 새로 도입된 관료 재편성원리는 관품이다. 최고관직 1품에서 최하 9품으로 구분한 것은 중국관제상 커다란 변화이고 이후 중국 관료조직에 큰 영향을 주게 되었다.

II. 남북조 귀족사회의 발전과 호한체제(胡漢體制)

1. 남조의 귀족사회

4세기 초 5호의 화북진출은 중국천하의 정치와 사회질서를 근본적으로 재편성하는 결과를 가져왔다. 이러한 변화는 5호가 진출한 화북에서 더욱 심하였고, 강남으로 내려가 피난왕조를 수립한 동진과 그 이후의 남조정권에서도 진행되었다. 그런데 이 시대 사회질서의 재편성과정에서 나타난 가장 특징적인 현상은 남조와 북조에서 다같이 귀족사회가 발전하였다는 사실이다.

동진시대의 지배계층은 북으로부터 내려온 북방귀족층과 강남토착의 호족층

---

45) 최진묵, 「漢魏交替期 經世論의 形成과 그 展開 禮敎秩序에서 名法秩序로의 展開」『東洋史學硏究』 37, 1991.

으로 구분된다. 당시 화북지방이 5호의 수중에 들어가자 북방의 호족, 관료, 지식인 및 농민들은 일족의 유력자를 중심으로 집단을 형성하면서 강남으로 대거 이주하였다. 이들이 강남으로 내려올 때에는 일종의 피난민 집단으로서 그 세력은 보잘 것이 없었다. 그러나 이들은 화북지방의 선진문화를 소유하고 있는 선진지식계층이고 그 위에 북에서 남으로 내려오는 과정에서 피난민을 규합하여 무장을 하면서 점차 강력한 무력집단으로 변모하였다. 동진왕조는 이들을 기반으로 수립되었기 때문에 동진 치하에서는 북에서 내려온 북방귀족은 특권과 혜택을 누리고 중요한 관직을 독점하게 되었다. 그 위에 광대한 토지를 소유하고 산택(山澤)을 점유하면서 각지의 유민을 전객(佃客)과 노비로 사역하여 귀족세력으로 발전할 수 있었다.[46]

한편 강남지방에 세력을 가지고 있던 토착의 명족(名族)이나 호족은 동진의 피난정권에 대하여 별로 환영하지는 않았다. 그러나 화북이 이민족의 지배 하에 놓이자 어쩔 수 없이 협력할 수밖에 없었다. 또 화북에 들어온 5호의 강남 침입을 극도로 두려워하였기 때문에 5호 정권보다는 같은 한민족이 세운 동진정권에 협조하는 일은 불가피하였다. 따라서 동진정권하에서의 문벌귀족은 토착귀족과 피난귀족[북래귀족(北來貴族)]으로 나누어지고 같은 북래귀족 중에서도 먼저 내려온 자가 우대되었다. 이것이 관직과 가문의 차별로 연계되고 문벌의 상하가 구분되면서 육조귀족제의 특색이라 할 수 있는 귀족 내의 계층구분이 발생하게 되는 원인이 되었다. 그러나 동진정권 백여 년이 지나면서 북방인의 남방정착이 진행되고 남방의 토착귀족도 피난귀족에 대한 반감이 줄어들어 점차 관계(官界)에 진출하고 귀족화하였다.

남조 일대를 통하여 북방인의 토착귀족에 대한 정치적 우월감은 변함이 없었고, 토착귀족 또한 북방인에 대한 가문의 우월성을 버리지 않았다. 그리하여 남조에서는 북방귀족을 교성(僑姓)이라 하고 토착귀족을 오성(吳姓)이라 구분하였는데, 교성의 정치 사회적 지위는 오성을 능가하였다.[47] 이러한 귀족의 사회적

---

46) 이공범, 「南朝貴族의 經濟的 基盤의 一側面 山澤을 중심으로」『大東文化硏究』20, 1986.
   김민수, 「東晉·南朝의 조세제도」『東洋史學硏究』53, 1996.
   ____, 「魏晉南朝의 財政政策」『歷史學報』151, 1996.
   임병덕, 「南朝寒門에 대한 一考察」『湖西史學』14, 1986.
47) 이공범, 「南朝貴族의 性格-琅邪王氏分析」『東洋史學硏究』14, 1979.
   화북에서 내려와 남조사회에 정착하여 귀족가문을 이룩한 문벌귀족[교성(僑姓)]
   은 낭사(琅邪)의 왕씨(王氏), 진군(陳郡)의 사씨(謝氏)와 원씨(袁氏), 난능(蘭陵)의

지위나 명망은 각 귀족 가문의 관습과 지위 그리고 가문에 근거를 둔 오랜 전통 속에서 발전하여 사회가 공인한 것이기 때문에 황제라도 이를 마음대로 하지 못하였다.

이 시대 귀족제의 또 하나의 특색은 세족(世族)과 한문(寒門)의 엄격한 차별이다. 세족은 대대로 고관대작을 배출하고 지방에는 거대한 장원을 가지고 있는 명문거족(名門巨族)을 말한다. 이들 세족은 권문(權門)의 지위를 유지하기 위하여 한문(寒門)과는 결코 동석하지 않았고 통혼도 하지 않았다.[48] 한편 한문은 가문이 없고 문벌이 낮기 때문에 비록 고관에 올라갈 수는 있어도 사회적으로 세족과 동등한 대접을 받을 수는 없었다.

그런데 고관에 진출한 세족은 정사(政事)를 속된 일로 천시하였기 때문에 직접 정사를 처리하지 않고 하급속관에게 일임하고 자신은 단지 고관이란 허명(虛名)만을 과시하였으므로 여기에 문리정치(文吏政治)가 발달하게 된 것이다. 특히 세족의 관심사는 오직 문학과 예술 그리고 세속을 벗어난 고상한 청담(淸談)을 즐기는데 있었다. 이에 따라 남북조시대에 시문과 예술이 발달하고 청담이 유행하는 사회적 분위기가 널리 유행하게 되었다.

2. 북조의 귀족사회와 호한체제(胡漢體制)

5호16국의 난립시대에 화북에 그대로 남아 있던 한인 호족들은 일족과 친지 그리고 유민을 규합하여 성책을 쌓고 자위수단을 강구하거나 때로는 안전한 지역을 찾아 이주하기도 하였다. 화북지방의 한인귀족은 이러한 호족집단을 배경으로 하여 서서히 문벌 귀족화하였다.

그런데 화북의 문벌귀족은 남조와는 그 성격이 다르다. 그것은 5호의 16국이나 북조정권을 수립한 자가 북방의 호족(胡族)이기 때문에 한인선비들은 화이(華夷)사상을 바탕으로 이민족국가의 관리로 나가는 것을 극단적으로 기피하였다. 그러므로 5호16국시대나 북위 초기에 북조귀족제의 성립은 남조처럼 반드시 관위(官位)와 긴밀한 관계가 있는 것은 아니다. 5호16국을 통일한 북위의 사회구

소씨(蕭氏) 등을 들 수 있다. 강남의 토착귀족[吳姓]은 주씨(朱氏), 장씨(張氏), 고씨(顧氏), 육씨(陸氏)가 유명하다.

48) 양나라 무제는 북제에서 항복한 장군 후경(侯景)에게 최대의 대접을 하고 그의 요구를 들어 주었으나 강남의 명족(名族)인 왕·사씨(王·謝氏)와의 결혼요구는 왕·사씨의 반대에 부딪쳐 도저히 받아줄 수가 없었다.

조는 정복민인 선비족과 피정복민인 한족으로 양분된다. 선비족은 정치 군사권
을 장악하고 광대한 토지를 소유하면서 선비족의 특권귀족으로 변모해 갔다.
시대가 지나 북위가 화북을 통일하는 과정에서 선비족은 한인호족의 협력을 필
요로 하였으며 한인 농민을 사역하여 전란으로 황폐화한 화북지방의 농업생산
력을 향상시킬 수 있었다. 여기에 정복자로서의 선비족과 한인호족과의 긴밀한
관계가 성립되었다.

그런데 16국 및 북위정권하의 한인 호족은 남조의 귀족과는 근본적으로 다른
민족의식을 가지고 있었다. 그들은 5호의 전란을 화북에서 견디면서 스스로의
힘으로 이를 극복하였다고 하는 강한 자부심과 함께 전통적인 화이(華夷)사상을
바탕으로 강한 중화의식을 그대로 유지하고 있었다. 화북의 한인세족은 이민족
지배하의 어려운 처지에 있었기 때문에 동족에 대해서 깊은 정을 가지고 서로
도우면서 단결하였다. 특히 같은 성(姓)을 골육(骨肉)이라고 하여 대단히 중요시
하였다. 그러므로 화북세족의 종족조직은 점차 대가족화하여 많을 경우 수천
가구가 한 곳에 집단마을을 형성하여 생활하는 경우가 흔히 있었다.

북위정권은 이와 같은 한인세족을 화북 통일의 후원자로 이용하면서도 한인
의 우월성이나 선비족을 멸시하는 자세에 대해서는 정복자로서의 우월감을 가
지고 이를 용납하지 않았다. 따라서 북위정권하에서의 胡·漢의 귀족체제는 타
협과 갈등이 반복되면서 전개되었다. 북위 태무제의 태평진군(太平眞君) 11년
(450)에 일어난 소위 국사필화(國史筆禍)사건은 호한체제의 종족적 모순과 갈등
이 가져온 대표적인 충돌사건이다.[49] 이 사건의 발단이 된 최호(崔浩) 일족은
산동지방[청하(淸河)]의 문벌귀족으로 그 조상은 5호의 여러 정권에서 한인관료
의 확고한 지위를 유지하고 북위건국에 참여한 명족(名族)이다.

최호는 북위 초 3대(代)에 걸쳐 중용되었고, 태무제의 화북 통일은 최호의 계
책에 힘입은 바가 크다.[50] 태무제는 화북지역의 한인사족(漢人士族)을 대거 기
용하였고, 여기에는 최호가 추천한 자가 많았다. 북위조정은 이민족왕조의 성격
을 벗고 마치 한인관료 국가로 전환하는 듯한 모습을 보여주기까지 하였다.

그런데 최호는 이러한 조정 내의 한인귀족세력을 믿고 화이사상을 근거로 국

49) 박한제, 「胡漢關係의 展開와 漢人士族의 對應」『中國中世胡漢體制硏究』, 일조각, 1988,
    102~109쪽 참조.
50) 이성규, 「北朝前期 門閥貴族의 性格-淸河의 崔浩와 그 一門을 중심으로-」『東洋史學硏究』
    11, 1977.

사에 북위 조상들의 불명예스러운 사실을 기록하고 이를 비석에 새김으로써 선비귀족의 분노를 사게 되었다. 이리하여 태무제는 최호를 비롯한 최씨일족은 물론이고 그와 인척관계에 있던 범양(范陽)의 노씨(盧氏), 태원(太原)의 곽씨(郭氏), 하동(河東)의 유(柳)씨 등 화북의 명문귀족 128인을 주살하였다. 이는 한인 문벌귀족에 대한 선비족 군주권의 우위성을 입증한 사건이다. 이로써 북위정권 하에서는 세력 있는 문벌귀족이라 해도 군주권에 복종하지 않는 자는 용납하지 않는다는 군주권(국가권력)의 절대성을 확인하였다.

이 사건 이후 한인귀족들은 5호에 대한 모욕적인 태도를 바꾸지 않을 수 없었으며 또한 백여 년의 전란에 시달려 오던 화북지방에 평화를 가져온 북위정권을 이민족이라 해서 무조건 배척만 할 수는 없는 형편이었다. 북조의 귀족제는 효문제의 한화정책으로 크게 발전하였다.

3. 효문제(孝文帝)의 한화(漢化)정책과 북조(北朝)사회의 변화

북위의 일관된 한화정책은 효문제시대(471~499)에 그 절정에 달하였다.[51] 특히 사회 경제제도로서의 균전제(均田制)와 삼장제(三長制)는 북위사회는 물론 이후 서위와 북주 그리고 수·당으로 계승되면서 사회경제 전반에 커다란 영향을 미치고 있다.

효문제의 한화정책은 서기 493년에 실시된 부락 연합제사의 성격을 띤 서교제천(西郊祭天)의 폐지에 이어 호한통혼, 호성(胡姓)의 한성화(漢姓化), 호속(胡俗)·호어(胡語)의 금지와 한어(漢語)의 강제사용, 중국식관제의 채용, 성족분정정책(姓族分定政策) 등을 꼽을 수가 있다.

효문제의 한화정책의 기본정신은 정복자인 선비족이 부족문화에서 탈피하여 피정복자인 한민족문화로 전환하려는데 있다. 이는 문화의 발전단계상으로 볼 때 하류문화의 상류문화에로의 재편성을 의미하며, 후대의 정복국가 요·금·원·청에서도 그대로 적용되는 문화변형현상이라 하겠다. 또한 한화정책에는 북위로 하여금 선비족의 부족국가적 성격에서 탈피하여 漢·魏·晋의 뒤를 계승한 중화의 천자로 군림하려는 호한체제국가의 성격을 확연하게 내포하고 있

---

51) 효문제(孝文帝)의 재위기간(471~499)은 보통 3기로 나눈다. 처음 5년은 부왕(父王) 현문제가 태상황(太上皇)으로서 집정한 시기이고, 다음 14년간(476~490)은 풍(馮)태후의 섭정기이며, 마지막 9년만이 그의 친정시기이다.
　　박한제, 「孝文帝와 漢化政策」『講座中國史』, 91쪽 참조.

다.[52] 특히 이와 같은 호한체제는 효문제의 성족분정정책에서 뚜렷이 드러나고 있다.

성족분정은 선비부족과 한인귀족을 동격으로 그 위치를 설정하려는 것이다. 즉, 선비족의 옛부족 8성[목(穆)·릉(陵)·하(賀)·劉(유)·루(樓)·우(于)·혜(嵆)·위(尉)]은 북위건국에 큰 공훈이 있고 최고의 관작을 받은 유명부족이므로 그들을 한족의 명문귀족인 4성[최(崔), 노(盧), 정(鄭), 왕(王)]과 동격으로 취급하여 사회적 지위를 일치시키고 낮은 관직에는 임명하지 않는다는 것이다.

이와 함께 이들 8성 이외의 북족의 각 씨족은 부락대인(部落大人)의 후손 여부를 감안하고 또 북위 건국 이래의 관작을 참작해서 관작이 높은 것은 성으로, 낮은 것은 족으로 구분한다는 것이다. 8성은 대체로 그들의 조상이 유력한 부락대인이고 탁발규의 대국시대(代國時代) 이래로 제국건설과 황제옹립 등 부족시대의 지위와 제국시대의 훈공이 합쳐진 자들이 포함되어 있다.

이와 같은 효문제의 성족분정(姓族分定)정책은 국가권력을 가지고 선비족의 유목 부족사회를 중국적 문벌제도에 접목시켜 호한일원화를 꾀하려 한 것이다. 그러나 이 제도는 같은 선비족을 상층의 지배층과 하층민으로 분리시키는 결과를 가져와 선비족 자체의 분열과 약화를 초래하였다. 그 반면에 황제권을 강화시키는 큰 효과는 있었다. 이는 효문제 이전 도무제(道武帝) 등국 연간(386~396)에 선비부족을 해산하고 종래 부족장이 장악하던 부락민의 지배권을 박탈함으로써 황제권을 강화한 조처와 일맥상통한다.

효문제의 낙양천도(洛陽遷都) 역시 황제권의 강화와 밀접한 관계가 있다. 그것은 옛수도 평성은 부족세력의 근거지로서 선비부족세력이 황제권을 견제하기 때문에 황권강화를 위해서는 선비족의 반대를 뿌리치고 천도를 단행할 수밖에 없었다. 이렇게 볼 때 효문제의 한화정책은 5호16국 및 북위초의 호한차별체제에서 호한일원(胡漢一元)을 표방한 것이다. 즉, 호한일원체제를 가지고 새로운 제국질서를 구축하려 한 것이다. 이는 수·당 제국의 기미(羈縻)정책으로 이어져 동아시아 국제질서로 발전하였다.

---

52) 박한제, 「北魏 洛陽社會와 胡漢體制─都市區劃과 住民分布를 中心으로─」『泰東古典硏究』 6, 1990.

4. 귀족제의 후퇴와 중앙집권제의 출현

위·진·남북조의 귀족체제는 6세기에 이르러 점차 쇠퇴하게 되었고 후경(侯景)의 난(548)을 계기로 결정적으로 붕괴되기 시작하였다.

귀족제 붕괴의 원인은 북조에서 황제권 강화가 중요한 작용을 하고 있으나, 이에 못지않게 귀족사회 자체도 점차 모순성을 드러내고 있었다. 즉, 남북조 후기에 접어들면서 귀족은 퇴폐적 향락생활과 국가권력에 기생하는 생활태도로 사회전반의 신망을 잃게 되었다. 그리하여 문벌귀족은 학문적 능력과 경제력, 무엇보다도 국가를 경영하는 통치력을 상실하면서 치자(治者)의 자격에서 밀려나고 그에 따라 향당(鄕黨)의 신망을 잃게 되었다.[53] 이와는 반대로 위·진·남북조 이래 같은 사인(士人)이면서도 문벌세족에게 눌려 기를 펴지 못하던 한문(寒門) 출신은 개인능력을 바탕으로 국가권력과 협력하면서 그 세력을 키워 나가기 시작하였다.

南朝 4왕조(宋·齊·梁·陳)의 창업군주는 다 같이 문벌귀족이 아닌 한문출신의 무장(武將)이므로 국가경영에 유능한 한문출신의 인재를 발탁하여 정무를 맡기고 귀족관료를 소외시켜 나갔다. 이에 따라 종래의 귀족관료는 왕조에 기생하면서 다만 봉록을 받는 자(봉록수급자)로 전락한 반면 한문의 지지를 받는 황제권은 귀족세력을 떨쳐버리면서 중앙집권적 방향으로 나가게 되었다. 梁의 무제가 9품제를 18반제(班制)로 바꾸고 한문 세력을 발탁하기 위한 학교오관(學校五館)을 설치하여 개인의 능력에 따라서 인재를 뽑으려 한 것은 그 좋은 예이다.

한편 북조에 있어서도 율령(律令)을 기반으로 하는 체제 정비가 이루어지고 9품을 다시 정·종(正·從)과 상·하(上·下)로 세분하면서 관료의 구조를 유내(流內), 유외(流外)로 구분한 것은 문벌귀족의 가문을 관료체제로 전환시키려는 제도정비이다. 또 효문제에 의하여 성족분정정책이 단행된 것도 귀족문벌의 등급을 황제권이 개입하여 정리하였음을 뜻한다. 효문제가 정한 한인의 4성(崔, 盧, 鄭, 王)은 당말까지 산동 4성으로 활약하면서 당의 귀족문벌을 대표하게 된 것을 보면 수·당귀족제의 골격은 이미 북위에서 서서히 나타나기 시작하였다고 보아야 할 것이다. 북주에서는 현량(賢良)을 발탁하기 위해 실시한 현재중용정책(賢才重用政策)은 문벌의 관직독점을 억제하려는 것이다.

따라서 남북조 후기에 오면 지방분권적 귀족체제는 서서히 그 힘을 상실하게

---

53) 이공범, 「南朝 貴族沒洛에 대한 考察」『大東文化研究』8, 1971.

되고, 이에 대신하여 중앙집권적 황제체제가 그 힘을 발휘하기 시작하였다. 이러한 경향은 북조에서 더욱 뚜렷하였다. 북주가 화북을 통일한 것이나 북주에서 나온 수나라가 남북조를 통일하게 된 배경도 바로 이와 같은 귀족제의 붕괴과정에서 신속하게 황제권의 강화를 목표로 한 중앙집권적 부국강병주의가 北周→隋→唐 정권으로 이어지면서 강력히 추진되었기 때문이다.

Ⅲ. 남북조시대의 통치조직과 사회·경제구조

1. 위·진·남북조시대 관제의 특성

위진남북조시대의 관료조직에서 큰 변화를 가져온 것이 관품제(官品制)도입으로 관료조직체계가 보다 확실하게 구분되었다는 사실이다. 이와 아울러 위·진·남북조시대의 관제는 진한 시대의 3공(公)체제에서 수·당시대의 3성6부체제(三省六部體制)로 발전하는 과도기적 정치체제라는 특징을 가지고 있다.

진한시대의 중앙관제는 정치를 맡은 승상과 군사를 맡은 태위(太尉) 그리고 감찰기관으로 어사대부(御史大夫)의 3공이 중추기관이고 이와 병행하여 9경(卿)이 중요 실무를 행사하였다. 그러나 위·진·남북조시대에 들어오면 3성(省), 즉 상서(尙書), 중서(中書), 문하성(門下省)이 중요 행정기관이 되어 다음에 오는 수·당시대의 3성6부체제의 예비적 단계를 이루었다. 3성은 본래 한대의 9경 가운데 황실재정을 담당하고 있던 소부경(少府卿)의 말단 속관이었다. 그 후 전한 무제 때 천자의 독재를 위해 보조기관으로 상서가 실권을 갖고 국군(軍國)의 대사를 장악하게 되면서 3공(公)의 권한을 빼앗게 되었다.

위·진·남북조시대의 상서성은 이러한 한대의 상서성에서 발전된 것으로 그것이 소부경에서 완전히 독립된 것은 삼국시대 위나라에서 비롯되어 서진에 이어지고 다시 남조·수·당에 계속되었다.[54]

그런데 위나라에서 중서성이 설치되자 상서성의 권한이 점차 중서로 옮겨지고 상서성은 단순히 왕명이나 관청의 사무를 상신하는 행정사무기구로 변모하였다. 문하성도 한때 소부경의 속관인 시중(侍中)과 황문시랑(黃門侍郞)에서 기

---

54) 이윤화, 「晋代의 尙書官에 대하여」『大丘史學』 15·16합집, 1978.
　　____, 「晋代의 尙書省에 대하여」『大丘史學』 17, 1979.
　　김한규, 「漢代 및 南北朝時代의 輔政」『歷史學報』 137, 1993.

원하며 위·진 이래 독립기관으로 발전하였다. 위·진·남북조시대의 귀족들은 중앙의 요직인 상서성과 중서성의 고위직을 독점하고 고위관직의 인사권을 차지하였다. 특히 중서성의 장관인 영(令)과 그 아래의 사인(舍人)·시랑(侍郎)은 정책수립에 참여하고 문하성의 장관인 시중(侍中)은 황제의 조칙(詔勅)과 중요법령의 심사와 거부권[심사박정권(審査駁正權)]을 장악함으로써 황제독재체제를 억제하고 귀족체제를 구축하기에 이르렀다.

위·진·남북조의 관제 또다른 특성은 지방제도에서도 잘 나타나 있다. 위·진·남북조시대의 지방행정조직은 州·郡(國)·縣의 3층 구조로 구성되어 있다. 우선 州의 장관인 자사(刺史)의 권한이 강화되고 있음을 특징으로 지적할 수 있다. 본래 진·한시대의 郡·縣制의 2층 구조에서 州가 새로 나타나면서 州·郡·縣의 3층 구조로 바뀐 것은 무제시대에서 비롯된다. 그러나 한대의 州는 지방행정을 감찰하는 임시기구이고 州의 장관격인 자사(刺史)도 임시로 파견되는 임시직에 불과하였다. 그 후 후한(後漢)시대에 州가 상설기구화 되면서 지방행정조직의 상층행정기구로 고정되고 주의 자사는 지방장관이 되어 점차 그 권한이 확대되기 시작하였다.

위·진시대 이후 州의 자사(刺史)는 관내의 郡·縣을 지휘 감독하며 州의 민정은 물론이고 사법권도 행사하게 되었다. 뿐만 아니라 삼국시대와 서진 초에는 자사가 장군직을 겸하여 군사권도 행사하였다. 그러나 서진 무제가 삼국을 통일하면서(280) 주자사(州刺史)의 군사권을 빼앗고 그 대신 종실에게 분봉을 하는 봉건제를 실시하였다. 그러나 이 때문에 8왕의 난이 일어나자 다시 州의 자사에게 군사권을 부여하였으므로 동진·남조시대에 자사는 장군직을 겸하였다. 이와 같이 위·진·남북조에서는 州 자사가 민정과 군정을 장악하고 있었기 때문에 권력의 지방분권화가 더욱 심화되었다.

州 자사의 권한확대는 지방관의 인사권과도 밀접한 관계가 있다. 즉, 자사는 민정과 군정을 장악하면서 정치·군사권을 행사하기 위하여 장군부를 설치하고 다수의 부관(府官)을 두게 되었다. 그런데 부관은 중앙에서 임명하는 것이 아니라 필요한 인물을 자사가 중앙에 추천하면 중앙에서는 그대로 임명하였으므로 부관은 자사의 친인척으로 충원되어 많을 경우 한 州에 2천여 명이나 되었다. 이리하여 자사의 부관은 군의 태수와 현령까지 독점하고 군(郡)과 현(縣)의 속관도 마음대로 임명하게 되었다. 이렇듯 지방관의 임명권은 중앙을 떠나 자사가

마음대로 행사하게 되면서 황제권의 약화를 가져오고 그 대신 행정권의 지방분권화와 아울러 귀족세력의 발전에도 큰 작용을 하게 되었다.

2. 북위(北魏)의 통치조직

북위는 평성에서 낙양으로 수도를 옮기기 이전에도 이미 중국식 관제를 적극적으로 받아들였다. 낙양천도 이후에는 남조의 관제와 별 차이가 없을 정도로 중국 관제를 채용하였으나 다만 지방관제만은 선비족 고유의 부족제도를 유지하고 있었다.

일찍이 북위 도무제는 후연의 침입을 물리친 후(395) 항복한 문무장리(文武將吏) 수천 명 중에서 재능이 있는 자를 발탁하여 화북 평정의 중심세력으로 활용하였다. 이와 함께 도무제는 중앙에는 중국식 삼성을 설치하여 한인호족 최현백(崔玄伯: 崔浩의 부친)을 이부상서(吏部尚書)로 임명하고 문관의 인사권을 맡겼다. 그런데 북위정부는 문관과 무관의 인사제도를 이중체제로 나누어 무관은 선비족의 탁발(拓跋)부족을 기용하고, 문관은 한인을 주로 등용하였다.

지방행정은 선비족의 부족장을 중앙에 예속시키는 체제를 취하였다. 이는 선비족의 부족제를 기초로 한 것으로 중앙정부가 토지와 인민을 직접 지배하는 것이 아니고 인민(한인)만을 지배하고 토지는 한인으로 하여금 경작토록 하였다. 그러나 한인호족은 토지를 먼저 점유하고 토지를 통하여 인민을 토지에 예속시키는 방법을 취하였으므로 인민만을 지배한 북위왕조보다 토지·인민을 함께 지배한 한인호족세력의 사회 경계적인 힘은 막강하였다. 따라서 북위가 화북을 통일한 후에는 정부에서 직접 토지와 인민을 지배하는 정책으로 바뀌게 되면서 북위관료의 귀족화가 촉진되었다.[55]

3. 북위의 균전제(均田制)와 3장제(三長制)

균전제는 북위의 효문제 태화(太和) 9년(485)에 한인관료 이안세(李安世)의 건의에 따라 실시되었으며 수(隋)를 거쳐 당(唐)의 중기(780)에 중단되기까지 약 300여 년간 계속되어 온 대표적인 토지제도[56]이다.

---

55) 박한제, 「高允(390~487)의 理想과 그 行動 崔浩의 경우와 비교하여」『高柄翊先生回甲紀念史學論叢, 歷史와 人間의 對應』, 한울, 1984.
　　최진열, 「北魏의 地域支配方式과 그 性格」『東洋史學研究』 92, 2005.
56) 균전제가 300여년간 계속되었다는 설은 중국과 일본학계의 통설이다. 이에 대해 최근에

균전제도의 기본정신은 토지의 공유와 균분을 원칙으로 하고 있는데, 그 기원은 서주시대의 정전제(井田制)에까지 소급된다. 그후 한대의 한전제(限田制)와 3국의 위나라에서 실시된 둔전제, 서진의 점전(占田)·과전제(課田制) 등의 토지제도에 나타나고 있는 공유와 균분정신이 그대로 이어져 오면서 북위의 균전제로 완성되었다. 그런데 토지공유제의 균전제가 이민족 왕조인 북위시대에 성립된 것은 중국의 전통적인 왕토사상을 바탕으로 하고 그 위에 선비족사회에 내려오고 있던 토지공유사상이 가미된 것이다.[57]

균전제도의 내용을 보면 15세 이상의 남자(丁)에게 곡식을 심는 노전(露田) 40무(畝), 처에게는 20무를 지급하였다. 당시에는 황무지가 많으므로 이를 개간했을 때 2배의 노전을 지급하였으니 이를 배전(倍田)이라 하였다. 노비에게도 같은 면적의 노전이 지급되었고[58] 농우(農牛)를 소유한 자는 소 한 마리에 30무를 더 지급하였으나 네 마리까지만 인정하였다. 이 노전은 매매와 세습이 불가능하고 사망하거나 70세에 이르면 국가에 반납하였다.

이 밖에 정남(丁男)에게 상전(桑田) 20무를 주어 뽕나무를 심도록 하였고, 이는 자손에게 상속할 수 있게 하였다. 또 삼을 심는 마전(麻田) 10무와 부인이 있는 경우 5무가 더 지급되었다. 그리고 각 호(戶)는 원택지(園宅地)로 3명마다 1무, 노비는 5명마다 1무가 지급되었다. 관리도 관품의 고하에 따라 각기 일정량의 공전을 분배받아 재직시의 생활비용에 충당하였다. 그러나 공전은 세습이나 매

균전제는 제도로 입안만 되었을 뿐 실제로 실시된 것이 아니라는 부정론이 대두되고 있다. 또 이와는 별도로 균전제는 전국적으로 시행된 것은 아니고 일부지방에서만 부분적으로 시행되었다고 주장하는 학자도 있다. 그러나 아직은 균전제는 전국에 실시되었다는 긍정론이 주류를 이루고 있다.

57) 박한제, 「北魏 均田制의 成立과 胡漢體制」『東洋史學硏究』 24, 1986.
_____, 「北魏 均田制成立의 前提-征服君主의 資源確保策과 督課制-」『東亞文化』 37, 1999.
김택민, 「均田制下에서 田種의 性格과 受田의 意味 均朝均田制를 중심으로-」『歷史學報』 109, 1986.
_____, 「北魏 太和 이전의 胡族의 編制와 經濟的 基盤-均田制와 三長制의 理解를 위한 前提-」『歷史學報』 124, 1989.
58) 백윤목, 「北魏 均田制의 奴婢受田-'奴婢依良'을 중심으로-」『釜山史學』 14·15 합집, 1988.
_____, 「北魏 均田制下의 露田의 受田年齡에 대한 檢討」『역사와경계』, 2005.
김성한, 「西魏 均田制下의 麻田의 성격-計帳戶籍文書에 대한 분석을 통하여-」『東洋史學硏究』 55, 1996.
박한제, 「南北朝시대의 南北關係 交易과 交聘을 中心으로-」『韓國學論叢』 4, 1981.
김종완, 「南北朝時代의 朝貢制度」『震檀學報』 61, 1986.

매가 불가능하며 관직을 떠난 후에는 국가에 반납하였다.

이와 같은 균전제는 토지의 국유를 원칙으로 하고 무전농민(無田農民)에게 일정량의 토지를 지급하여 이를 기반으로 조세를 징수함으로써 국가경제를 안정시키고자 하였다. 그러나 노동력에 따라 토지가 지급되었기 때문에 노비와 농우(農牛)를 소유한 호족에게 더 많은 토지가 지급되는 모순을 지니고 있다. 이는 균전의 기본정신에 어긋나는 것이지만 호족의 기득권을 인정할 수밖에 없는 불가피한 조처였다.

균전제의 실시로 국가는 토지와 인민의 지배가 확립되었고 농민의 생활은 안정되었으며 개간된 토지도 매년 증가하여 화북지역의 경제발전에 기여한 바가 크다. 따라서 균전제는 선비족의 유목경제에서 중국적 농경사회로의 경제적 전환을 제도적으로 마련하였다는 데에 역사적 의의가 있다.

균전령의 반포와 함께 정부는 호적의 정리작업을 강화할 목적에서 3장제(三長制)를 실행하였다(486). 3장제의 내용은 5가구를 1린(隣)으로 하여 인장(隣長) 1명을 두었고, 5린을 1리(里)로 하여 이장 1명을 세우고, 5리를 1당(黨)으로 하여 당장 1명을 설치하였는데, 인장, 이장, 당장은 각기 인·이·당을 관할하였다. 이들의 직책은 호구의 누락을 조사하고, 균전령에 따르는 조세와 요역의 징발에 협조하는 일이다. 3장제가 확립된 후 정부는 새로운 세역제(稅役制)를 반포하였다. 그 내용을 보면 균전농민 가운데 부부는 매년 속(粟) 2석, 백(帛) 1필, 마(麻) 산지에서는 포(布) 1필을 납부하고, 정남(丁男)에게는 국가의 요역노동에 복역하도록 규정하였다. 3장제는 향촌에 대한 군주권의 지배를 강화하기 위한 것이었다.

4. 남북조시대의 군사제도의 특색

후한 말 삼국시대의 대란이 일어나자 지방의 호족은 자위수단으로 인민을 모집하여 장원의 사병으로 충원하였다. 특히 위나라의 조조는 호족지배하의 인민을 징발하기가 어렵게 되어 하는 수 없이 유민을 모으거나 양민을 동원하여 병호(兵戶)로 조직하니 이것이 유명한 조조의 병호제이다. 병사는 가족과 함께 병호에 편입시켜 세습신분화하였다. 그 결과 전한대의 병민일치제(兵民一致制)는 붕괴되고, 특히 남조에서는 병호의 신분이 크게 떨어져 양(梁)의 병호는 노예적 신분에 가까웠다.

남조의 상비군에는 병호 이외에 중앙과 지방의 고관이나 장군이 모집한 모병이 있었고, 이들 모병은 병호보다 훨씬 많았다. 모병은 처음에는 관병이었으나 황제권의 약화에 따라 그들을 모집한 고관이나 장군의 사병으로 편입되기 때문에 가족과 함께 고관이나 장군에게 예속당하는 예민(隷民)으로 전락하였다.[59]

북위는 화북지방을 정복하는 과정에서 군사적으로 중요한 지역에 군진(軍鎭)을 설치하고 군정을 실시하였다. 군진에는 선비족과 선비족 이외의 북방민족을 배치하여 군대의 근간으로 삼아 적지공략과 정복지 확보의 중임을 맡겼다.

북위는 수도 평성에 강대한 중앙군을 설치하고 선비족을 군병으로 충원하였다. 북위는 군진군과 중앙군이 군사력의 근간을 이루고 선비족의 성년남자는 모두 군인으로 충원되었기 때문에 북위의 군사력은 인원과 질적인 면에서 막강하였다. 효문제의 낙양천도 이후에도 선비족의 중앙군은 그대로 수도 낙양으로 이동하여 중앙군이 되었다. 특히 북위가 화북지방을 통일하면서 군진(軍鎭)이 州로 개편되고, 이에 따라 군진군은 주군(州軍)으로 개편되었으며, 이들은 진호(鎭戶) 또는 병호라 하여 영구적으로 병역의 의무를 지게 되었다.

중앙군과 군진의 병호는 북위 초기에는 사회적 지위가 상당히 높았으나 평화가 계속되고 선비사회의 한화정책이 진행됨에 따라 점차 천민화되었는데, 이러한 경향은 주군의 병호에 있어서도 비슷하였다.

이와 같이 병호의 천민화는 남북조에서 공통적인 경향이었고, 이에 대한 반발로 북조에서는 병호의 반란이 끊이지 않았다. 525년 이래의 군진의 대반란은 병호의 천민화에 반발하여 일어난 군부의 폭동이었으며 효문제의 한화정책에 대한 선비족 군부의 불만이 폭발된 것이기도 하였다.

북위가 동서로 분열된 후 동위의 지배자가 된 고환(高歡)은 군부의 불만을 해소하기 위한 적극적인 노력을 기울였다. 즉, 선비부족을 규합하고 북위에 반항한 군진병호의 유민을 자신의 친군으로 재편성하였으며, 다시 북위의 중앙근위병도 친위병으로 개편하는 등 병사의 사회적 신분을 향상시켰다. 특히 주군에도 병호 이외에 새로 토착민을 편입시키는 노력을 기울였다.

한편 서위의 우문태는 자신이 군진출신의 북방민족(北方民族)이긴 해도 선비

59) 이주현, 「六朝 軍府의 領兵과 指揮官」『忠北史學』 7, 1994.
_____, 「南朝의 行府州事」『吉玄益教授停年紀念史學論叢』, 1996.
_____, 「軍府體制로 본 魏晉南北朝史」『中國學報』 38, 1998.

족만으로 휘하의 강력한 중앙군을 유지하기 곤란하였으므로 선비족을 군부의 중심으로 하지 않았다. 그 대신 일반 민호를 부병(府兵)으로 징발하는 부병체제를 확립하였다. 이는 수당시대의 부병제로 발전하였을 뿐 아니라 서위의 군사력강화에도 중요한 작용을 하였다. 즉, 북주가 북제를 통합하고 나아가 수나라가 남조의 진을 통일하는 군사력으로 활약하게 되었다.

위·진·남북조의 군사제도상에서 주목되는 사실은 이 시대가 병란이 심하고 사회가 혼란하였으므로 군인의 사회적 신분이 상승되어야 할 것이나 오히려 그와 정반대의 현상으로 병호가 천민화되고 있다는 것이다. 이는 남조의 귀족사회 발전과 북조, 특히 북위의 한화정책이 병호의 사회적 신분을 저하시키는 중요한 원인으로 작용한 때문이다.

제 5 절   남북조시대의 동아시아 문화

I. 魏·晉·남북조문화의 성격

1. 위·진·남북조문화의 특성

위·진·남북조시대는 삼국의 분립(分立)과 서진의 짧은 통일 그리고 5호의 남침과 남북조의 분열 등, 그 이전의 한대나 이후의 수·당시대와는 시대성격이 전혀 다르다. 그러므로 이러한 시대상이 자연히 문화면에도 영향을 끼쳐 이 시대의 문화성격을 결정짓게 되었다. 특히 이때의 지배계층이 귀족이고 그들이 문화를 지배하였기 때문에 자연히 귀족문화가 발달하게 되었다.

문벌귀족은 자신들의 가문을 자랑하고 타인으로부터 존경을 받기 위해서는 유교·불교·도교를 비롯하여 경·사·문·화(經·史·文·畵) 등 다양한 학문과 교양을 익혀야 하였다. 남북조시대의 귀족들은 한대에 비하여 배워야 하는 학문의 폭이 훨씬 넓고 다양했다는 사실이 안지추(顔之推)가 편찬한 『顔氏家訓(안씨가훈)』에서도 잘 나타나 있다. 즉, 유학 이외의 글과 그림을 비롯한 산술,

의술, 역술, 궁술, 비파, 운동경기에 이르기까지 다양한 학문을 자제들이 습득하도록 가훈으로 강조하고 있다.

특히 아동의 한자교육을 위해 국왕이 직접 천자문(千字文)제작[60]을 명하였다.

남북조시대의 문화는 이와 같은 귀족의 교양과 취미가 문화 전반으로 확산되면서 귀족문화를 형성하게 된 것이 그 특색이라 하겠다. 그러나 같은 귀족문화라도 남북조의 문화내용은 지역에 따라서 차이가 있다. 즉, 남조에서 발달한 귀족문화는 한인을 중심으로 강남지방의 풍토에 영향을 받아 우아하고도 화려한 특색이 있다.[61] 이에 대해 북방지방에서 전개된 북조문화는 화북을 지배한 이민족이 스스로 한문화를 존중하고 그 위에 서역의 이색적인 문화를 받아들였으므로 문화내용이 참신하고 소박한 면을 가지고 있다.

남북조문화(南北朝文化)의 또 다른 특성은 서방문화의 유입으로, 한대에 성숙된 중국의 고유문화가 더욱 다양성을 지니게 되었다는 점이다. 한대의 유학이 퇴색하고 서역문화의 전파로 이국적인 요소가 문화전반에 넘치고 있음을 알 수 있다. 불교를 비롯하여 서방의 종교, 예술, 사상, 과학 등이 전래되었고, 중국의 문화도 또 서방으로 전파되면서 문화의 국제적 교류가 이루어져 문화내용이 다채로워졌다.

그러나 통일의 이상을 잃고 불안한 시대가 계속되면서 염세주의가 유행하고, 호족사회의 발전에 따라 유교에서 강조된 충성과 효도라고 하는 유교윤리가 퇴색하였다. 그 대신 인생의 근본을 사색하게 되면서 자연히 노장사상이 발달하고, 불교가 번창하여 개성의 자각이 크게 부각된 것도 이 시대 문화성격의 특색이라 하겠다.

인간이 개성을 자각하는 시대는 전통이 무너지는 전환기에 일어나기 쉽다. 한대의 획일적인 정치·도덕의 속박에서 해방되어 사상과 학문을 자유롭게 표현하고 이민족문화에 접하여 자신을 알게 되었던 것은 모두 중국인의 자아(自我) 발견을 촉진하게 하였다. 이리하여 개성의 발견은 자연히 인간중심주의 예술을 발달시켰고 육조 예술문화의 또 하나의 특색을 부각시켜 놓았다.

---

60) 양나라 무제는 문인관료인 주흥사(周興嗣)에게 명하여 천자문을 만들도록 하였다. 천자의 한자를 4자식 250구절로 아동이 배우기 편하게 운문체로 하였다. 천자문은 수·당시대를 거쳐 근세까지 아동의 한자학습 교과서로 널리 이용되었고 우리나라에도 삼국시대 이후 한자학습 교재로 애용되어 왔다.

61) 중국의 전통문화는 강남지방에서 계승 발전되었다고 하여 특히 이를 6조(吳, 東晋, 宋, 齊, 梁, 陳)문화로 강조하기도 한다.

2. 사상계의 새로운 바람

한대는 유가사상이 개인과 국가 그리고 사회전반을 지배하였다. 그러나 한제국의 붕괴는 사상적으로 유가사상의 퇴조와 함께 새로운 시대정신을 요구하게되었다. 더욱이 후한 이래 호족이란 새로운 지배세력의 출현으로 사회질서가재편성되는 시대상황에서 유교는 자연히 뒷전으로 밀려나게 되었다. 왜냐하면유교는 격변하는 위·진·남북조시대의 인간고뇌를 위로해 줄 생사의 초월적인세계나 내세(來世)에 대해서는 아무런 대안을 제시하지 못하고, 오로지 현실사회의 인간윤리만을 관심의 대상으로 하고 있기 때문이다. 따라서 내일을 예측하기 어려운 난세에서 지식인은 물론이고 일반대중도 사후의 문제를 깊이 생각하지 않을 수 없게 되었다. 지식인은 인간문제, 특히 생사(生死)에 대한 깊은 관심을 갖게 되었으며, 이러한 인간의 고뇌와 갈등을 해소하여 준 것이 바로 노장사상(老莊思想)과 불교이다. 남북조시대 불교와 도교발전의 시대적 배경은 여기에 있었다.

당시 사상계의 변화에서 주목되는 시기는 魏의 정시(正始)시대(240~248)로하안(何晏)·왕필(王弼)은 이 시대사상을 조직화한 대표자이다. 하안은 노장으로 『論語(논어)』를 해석하고, 왕필도 노장을 이용하여 『周易(주역)』을 해석하였으며, 두 사람 모두 『老子(노자)』에 주석을 붙였다. 이들을 중심으로 많은 논객(論客)이 활발히 담론을 하였으므로 이를 정시의 음(音)이라 한다. 위진시대의초기에는 개인주의와 노장적 은둔주의가 발달하였다. 그러나 점차 귀족사회가발전함에 따라 전제군주나 관료의 지배 간섭을 배격하는 고답적 세계관이 존중되면서 은둔주의보다는 장자(莊子)의 무정부주의 사상이 발전하였다. 청담사상의 유행과 죽림칠현(竹林七賢)[62]은 그 대표적인 예라 하겠다.

죽림칠현은 유교의 예교적(禮敎的) 형식주의에 대한 가차 없는 비판을 가하고노장사상에 대한 참신한 해석에 의해 이를 사상적으로 발전시켰다. 특히 완적(阮籍)은 『大人 先生傳(대인 선생전)』에서 예법을 존중하는 유생을 옷속의 이[슬(虱)]와 같이 미워하고 모친의 죽음을 맞이하여 태연히 술에 취하는 행동을 서슴없이 행하였는데, 이는 유교의 예교주의를 송두리째 부정하는 위진시대 선비

---

62) 죽림칠현은 阮籍, 嵇康, 山濤, 向秀, 阮咸, 劉伶, 王戎 등이다.
하원수, 「'孔門四科'에 대한 認識을 통해 본 士人의 自意識−魏晉南北朝~宋代를 중심으로−」
『東洋史學研究』 88, 2004.
홍승현, 「漢末魏初 士大夫社會와 浮萃」『中國古代史研究』 12, 2004.

의 광적인 태도가 아닐 수 없다. 특히 후한 말의 난세에서 고독한 인간존재의 자아인식을 출발점으로 하여 시간의 속박에서 벗어난 자연적 존재인 신선(神仙)을 동경하게 되었고 그 결과 일체의 유교적인 도덕가치를 부정하고 신비적인 자연세계를 추구하기에 이르렀다.[63]

그 후 서진의 원강시대(291~299)에 완적(阮籍)의 추종자로서 완섬(阮瞻), 왕징(王澄), 사곤(謝鯤) 등이 나타나 의복과 두건을 벗고 자유방임을 추구하면서 예의와 범절을 극도로 배격하였다. 그러나 이들은 기이한 행동과는 달리 사상적인 깊이는 별로 보잘 것이 없었다. 이에 대해 서진의 왕연(王衍)은 청담가(淸談家)를 규합하여 사상적인 발전을 꾀하였고, 배위(裵頠)는 「崇儒論(숭유론)」을 지어 노장사상가의 허무주의와 무절제한 행동자세를 공격하였다. 한편, 노장의 논리는 청담사상과 더불어 사상적인 깊이를 더하여 곽상(郭象)에 이르러 큰 발전을 이룩하였으며, 동진시대의 청담에는 불교사상이 깊은 영향을 주었다. 그러나 청담의 주체는 노장사상이었으나 남북조에서 隋·唐시대에 걸쳐 불교가 발전하면서 청담도 점차적으로 불교사상쪽으로 그 방향을 옮기게 되었다.

Ⅱ. 불교 및 도교의 발전과 동아시아문화의 교류

1. 남북조시대 불교가 발전한 원인

전한 말에서 후한 초에 서역에서 전래된 불교는 한대의 유학에 눌려 기를 펴지 못하였다. 불교가 중국 지식인의 관심을 끌고 사상적으로 연구되기 시작한 것은 불교전파 이후 400여년이 지난 4세기 초, 5호의 남침과 동진시대에 들어와서이다.

먼저 불교발전의 사상적인 배경을 보면 후한 이래 불안한 난세에 처하여 인간은 죽은 후의 내세를 생각하게 되었고, 이를 불교의 윤회삼생사상(輪廻三生思想)이 풀어 주었다. 이와 함께 이민족의 지배를 겪지 못한 한인에게 5호의 남침과 16국의 분립, 북위정권의 출현은 유교주의를 기반으로 한 중화의식을 크게 후퇴시켰다. 그 대신 그 자리를 불교적 세계관이 공백을 메워주게 되면서 중국인의 사고를 유교적 현실세계에서 불교적 내세로 마음을 돌리게 하였다.

---

63) 김인숙, 「魏晉時代 儒敎의 여성관」『史學志』 28, 1995.
    _____, 「魏晉士大夫와 음주풍조」『湖西史學』 23·24 합집, 1996.
    _____, 『중국 중세 사대부와 술 그리고 여자』, 서경출판사, 1998.

불교사상 가운데 특히 중국인에게 신선한 감동을 주었던 것은 중국사상에 없는 윤회삼생 및 응보사상을 바탕으로 한 죽은 후의 극락과 지옥관념이다. 이리하여 현실생활의 절망감에서 해방되고 죽음의 공포에서 벗어날 수 있었다. 뿐만 아니라 현생에서의 고난과 선악의 행동은 전생과 내세(來世)에 결정적 영향을 준다는 삼보(삼생)론[三報(三生)論]이 전란에 시달려 온 남북조 지식인의 마음을 사로잡기에 충분하였다.

다음으로, 불교발전의 원인을 현실적인 사회상과 관련시켜 생각할 수 있다.

불교의 주술적(呪術的) 기능과 호국불교적 성격은 국가의 보호를 받아 대사찰과 불상의 조영을 이룩하여 불교발전을 이루게 되었다. 즉, 불교의 주술적 기능은 국가의 통치자가 자신의 권력을 장엄하게 꾸미고 권력을 유지하기 위한 수단으로, 국가적 규모로 주술을 행하는 경우와 다른 한편으로는 불교가 민중에게 침투하기 위하여 민간신앙과 결합되는 두 가지 경우가 있다. 국가적 규모로 주술불교가 이용된 예는 5호16국시대의 북방국가에서는 물론, 동진·남조에서도 흔히 그 예를 찾을 수 있다. 국가의 장래에 대한 예언, 전쟁과 질병, 농사의 풍흉에 이르기까지 불교주술이 널리 이용되었다. 유명한 승려 불도징(佛圖澄)은 그 대표적 인물이다.

끝으로 국가의 지배자가 통치목적을 수행하기 위하여 불교의 주술적 기능을 이용하려 할 때 필연적으로 대사찰, 대석불을 조영하고 대법회(大法會)를 개최하였다. 또 이를 위해서는 국가의 지배자나 권력자의 보호와 지원은 필수적인 것이었다. 남북조시대의 불교가 호국사상을 기반으로 국가 불교적 성격을 갖고 발전하게 된 중요한 원인이 여기에 있었다. 이와 함께 중국을 정복한 5호, 특히 선비족은 외래종교인 불교에 대해 호감을 갖고 유교 대신 불교를 가지고 호국(護國)불교로 발전시킨 것도 불교발전의 원인이 되었다.

2. 남북조시대 불교의 발전단계

위·진·남북조시대의 불교는 시대적으로나 사상적으로 몇 번의 단계를 거치면서 발전하였다.

먼저 동진시대에는 노장사상을 가지고 불교를 이해하려 하였으니 이를 격의불교(格義佛敎)[64]라 한다. 즉, 불교발전의 초기단계인 동진시대에는 불교사상을

---

64) 격의(格義)의 격(格)은 불교의 뜻(義)을 헤아린다는 의미로 산스크리트어로 된 불교경전의

이해하기 위하여 반야경(般若經)에 나오는 공(空)의 개념을 노장사상의 무(無)로 해석하려는 격의불교가 유행한 것이다. 왕필(王弼)은 공자와 석가모니를 다같이 노장적인 무 내지 도의 체득자로 동일하게 규정하고 있다. 이리하여 노장(老莊) 사상을 주축으로 하여 석가모니와 주공·공자(周公·孔子)를 같은 범주에 놓고 성인(聖人)으로 해석하였다. 또한 잘 이해가 되지 않는 불교의 난해한 사상을 중국의 유가·도가사상과 접목시켜 유·불·도(儒·佛·道)의 삼교일치론을 가지고 이해하려 하였다. 이러한 노장사상가의 역할은 불교의 수용과 초기발전에 큰 공헌을 하게 되었다.

그러나 이와 같은 노장사상에 의한 불교해석으로는 불교의 참뜻을 파악하는데는 한계가 있다. 불교의 참뜻을 이해하려 시도한 최초의 인물은 삼국시대 위말(魏末)의 주사행(朱土行)이다. 그는 중국에 소개된 번역불경으로는 불교의 본뜻을 이해할 수 없음을 깨닫고 직접 서역의 우전(于闐)국에 들어가 불교연구를 하였고, 그의 제자들에 의해서 불교의 진의가 어느 정도 밝혀졌다. 제법개공(諸法皆空)의 이치를 설명한 반야경전(般若經典)은 주사행 및 그 제자의 노력에 의한 것이다. 한편 동진의 법현(法顯)도 불경을 구하기 위하여 천축국(天竺國)에 들어가고(399) 다시 인도에 유학한 후 바닷길로 중국에 돌아와(414) 유명한 『佛國記(불국기)』를 남겼다.

중국의 불교가 이와 같은 초기단계를 거쳐 제2단계로 접어든 것은, 불교사상을 본 뜻대로 이해하려는 노력이 이때에 전개되어 중국인이 직접 서역이나 인도에 가고 또 외래승려가 중국에 와서 활발한 포교활동을 한 시기이다. 특히 이때 중국 불교 발전에 큰 공헌을 한 사람은 도안(道安)과 구마라습(鳩摩羅什), 혜원(慧遠)이다. 도안은 전진왕 부견으로 하여금 불교를 신봉하는데 큰 역할을 하였다. 부견(符堅)은 불교에 대한 깊은 이해와 함께 화북 통일의 사상적인 기반을 불교에서 구하여 이를 보호 장려하였다. 도안은 서역의 승려 불도징(佛圖澄)의 제자이다. 부견은 도안의 건의를 받아들여 서역의 구차(龜玆)국에 있던 고승 구마라습[65]을 데려오기 위해 장군 여광(呂光)으로 하여금 구차를 정벌하도록 하

원어를 노장사상으로 이해한 것이다. 예컨대 불교의 공(空)은 노장의 무(無)로, 열반(涅槃)을 무위(無爲)로, 보살을 도(道)로, 진여(眞如)를 본무(本無)로 해석한 것이 그것이다.

이영석, 「東晉의 明帝·孝武帝와 佛敎」『慶北史學-金煒博士停年紀念 史學論叢』 21, 1998.

65) 구마라습은 구차에서 태어났으나 그의 부친은 인도인이다. 언어학에 뛰어난 재능을 지니고 인도, 구차(서역), 중국어를 자유롭게 구사하였다.

이영석, 「北魏의 華北統一에 따른 對佛政策 太武帝의 廢佛以前을 中心으로-」『慶北史學』

였다. 구차를 토벌한 여광은 구마라습을 데리고 귀국하였으나 부견은 남조의 동진정벌에 실패하고(비수의 전쟁, 383) 장안에서 반란이 일어나 피살되었기 때문에 만나지는 못하였다.

그러나 구마라습은 장안에 들어와서 불교발전에 큰 공을 세우게 되었다. 그의 업적 가운데 가장 주목되는 일은 지금까지 중국에 번역 소개된 불경은 대부분 소승불교에 속하는 것이었으나, 구마라습에 의하여 비로소 대승경전이 번역되기 시작하였다는 점이다. 이로써 종래 노장사상을 빌려 잘못 이해된 불경의 진의가 많이 고쳐지게 되었다. 노장사상으로 여과된 격의불교(格義佛教)가 아니라 불교원전을 직접 번역을 통하여 알게 되었으며, 대승불교의 발전을 가져오는 동기가 되었다. 혜원(慧遠)이 남방을 대표한데 대해 구마라습은 북방불교를 대표하였다. 중국의 불경번역사에서는 구마라습 이전에 번역된 불경을 고역경(古譯經)이라 하고, 구마라습이 번역한 경전을 구역경(舊譯經), 당나라 때 현장이 번역한 불경을 신역경(新譯經)이라고 한다.

구마라습이 북조불교를 대표한데 대해 남조에서는 혜원이 남방불교 발전에 큰 공헌을 하였다. 그는 처음에는 유학을 연구하고 노장사상에 심취하였으나 후에 도안의 제자가 되면서 불교에 귀의하였다. 그리하여 노산(盧山)에 은둔하여 불교사상연구로 불교발전에 획기적인 공을 쌓았다. 특히 그는 염불을 중시하여 염불교단을 열고 계율(戒律)과 선(禪)에 주력하면서 노산에 백련사(白蓮社)라는 종교교단을 결성하였다.

불교가 완전한 중국적 성격으로 발전한 것은 다음 수·당시대에 가서이며, 이를 중국불교발전의 제3단계로 보고 있다.

3. 국가 권력과 북조와 남조의 불교성격

북조불교는 이민족의 지배 하에서 발달하였고 특히 5호16국에서 호국불교가 나타나게 되었다. 그 후 불교가 국가권력과 밀접한 관계를 가지면서 국가불교

4, 1982.

_____, 「北魏 太武帝의 華北統一과 對佛政策」『大丘史學』 24, 1983.

_____, 「北魏 獻文, 孝武帝時代의 佛教政策」『慶北史學』 15, 1992.

_____, 「南北朝時代 佛教教團의 統制에 관한 研究-北朝의 僧官制를 中心으로-」『昌原大論文集』 10-1, 1988.

박영철, 「나라카(Naraka)에서 地獄으로-불교의 번역과 중국문명-」『歷史教育』 63, 1997.

_____, 「獬豸考-中國에 있어서 申判의 向方-」『東洋史學研究』 61, 1998.

로 더욱 발전한 것은 북위시대부터이다. 한편 국가권력이 비교적 취약한 남조
에서는 왕권에 대하여 불법의 독립성을 주장할 수가 있었다. 그런데 5호의 북
조가 불교를 국가발전의 목적에 이용한 것은 북위가 유명한 승려(불도징, 도안,
구마라습)들을 초빙하여 불교와 함께 정치에 참여시킨데 있다. 뿐만 아니라 선
비족은 중국의 유교 대신 이민족의 종교인 불교에 호감을 갖고 이를 쉽게 수용
한 것도 호국(국가)불교 사상과 관계가 깊다. 그러나 불교세력이 확대됨에 따라
유교·도교를 비롯한 전통사상과의 마찰도 불가피하여 국가로부터 심한 박해도
없지 않았으니, 북위 태무제와 북주 무제의 폐불사건이 그것이다.[66]

　태무제의 폐불사건은 한인 실력자이며 열렬한 도교신봉자인 재상 최호의 후
원을 받은 도사 구겸지(寇謙之)의 책략에 의한 것이었으나 국사필화사건으로 최
호가 처형되자(450) 불교는 다시 발전하게 되었다. 운강의 석굴사원유적은 국가
권력에 의한 불교보호를 단적으로 표시하는 거대한 유적이다. 그 후 효문제의
낙양 천도로 다시 용문(龍門)의 석굴사원이 조성되고 불교는 한층 발전하여 '승
니(僧尼) 2백만, 사찰(寺刹) 3만'이라는 기록과 같이 화려한 북조의 귀족불교시
대를 이룩하였다. 그러나 북주 무제는 불교의 발전으로 승려의 증가, 사원의 발전
등 불교의 폐단이 계속되자 다시 폐불(廢佛)을 단행하였으나(574), 무제의 사망
후 원상회복되었다.[67] 불교의 교리면에서는 6세기 전반에 새로운 종파가 나타
나고 유명한 담란(曇鸞)의 정토종(淨土宗)과 달마(達磨)에 의한 선종(禪宗)이 생겨
수당시대에 계승되면서 중국적 불교로 발전하게 되었다.

　북조에서는 귀족보다 국가권력이 불교발전에 앞장선 반면 남조는 국가권력(왕
권)과 귀족이 다 같이 불교의 보호와 발전에 힘을 기울여 남조불교의 귀족적 성
격이 한층 확연하게 나타나고 있다. 특히 宋·齊시대에 왕권의 보호 하에 발달
한 불교는 양나라 무제 때에 전성기를 맞이하였다.[68] 불교사상면에서도 남조시
대의 종파는 성실(誠實)·정토(淨土)·삼론(三論)·율(律)·선(禪)·천태종(天台宗)
의 여섯 종파가 있었고, 이 가운데 성실은 소승불교가 되었으나 나머지는 대승
불교로 발전하였다.

　남북조시대의 불교는 귀족사회뿐만 아니라 점차 민중사회에도 널리 퍼져나가

66) 중국 불교사에서는 북위 태무제(太武帝)의 폐불(446)을 비롯하여 북주의 무제(武帝, 574), 당 무종(唐 武宗)의 회창(會昌) 5년(845)의 폐불을 3무(武)의 법난이라 한다.
67) 이영석, 「北周의 佛敎復興政策에 관한 硏究-宰相楊堅을 중심으로-」『慶南史學』 3, 1985.
68) 이영석, 「南朝 貴族佛敎에 대하여-그 弊害를 中心으로-」『慶北史學』 3, 1981.

마을과 가정에서도 불교단체가 형성되고 불상을 만드는데 협력하였는데, 북조에서 의읍(義邑), 남조에서는 사(社)라 하였다. 여기에서는 불경의 서사(書寫)·독경(讀經)을 함께 하고 법회 등도 행하였다. 당시의 사찰은 특권이 인정되어 장원을 경영하고 승려는 세역(稅役)이 면제되었으므로 국가재정에 부담이 되고 사회문제화 되었다.

4. 도교의 성립과 발전

중국의 도교는 춘추전국시대 이래 발전한 노장사상과 신선설(神仙說) 그리고 한대에 나타난 오두미교(五斗米敎) 등 여러 계통이 혼합되어 성립된 것이다.

晋나라 때에는 도교를 천사도(天師道)라 하여 귀족들이 많이 믿었으며, 특히 동진의 명족인 왕씨는 대대로 천사도를 믿었다. 동진의 갈홍(葛洪)은 『抱朴子(포박자)』를 지어 도교발전의 사상적 기반을 마련하였다. 그는 종래의 신선사상과 노장사상을 종합하여 신선술·양생술의 이론을 정립하고 연단법(煉丹法)에 의한 불로장생의 구체적 방법을 제시하였다.

그런데 도교가 종교로 발전하게 된 것은 북위시대 구겸지(寇謙之)에 의해서이다. 그는 종래의 천사도를 개혁하고 태상노군(太上老君: 老子)으로부터 스스로 천사도의 지위와 함께 불로장생의 계시를 받았다고 주장하였다. 그는 예도(禮度: 계율)와 복식(服食: 복약법)·폐련(閉練: 명상법)을 강조하고 도교(道敎: 新天師道)를 창립하였다(415). 특히 구겸지는 당시의 재상이며 열렬한 도교신자인 최호의 후원을 받아 태무제로 하여금 도교를 믿게 하였다. 그리하여 평성에 천사도장을 설치하고 황제로 하여금 이곳에서 천사(天師)가 보냈다는 부적(符籍)을 인수하게 하였다. 이후 부적은 북위의 황제즉위식에 행하는 필수적인 의례가 되었는데, 이는 하늘의 태상노군(老子)으로부터 중국천하를 통치하라는 절대권을 하사받은 것을 뜻하여 그 의식의 정치적 의미는 대단히 큰 것이다. 또 이러한 과정을 통해 도교는 북위의 국교가 되어 폐불사건을 일으키기에 이르렀다.[69]

북위에서 도교가 국교로 발전한 것은 이민족(선비)출신의 북위정권이 한민족의 유교이념인 천명설(天命說)을 가지고 중국을 통치하기는 사실상 곤란하였으므로 도교적 천명을 빌어 중국통치의 정당성을 마련한 것이다. 이리하여 종래

---

69) 오상훈, 「李家道의 성립과 전개-漢·六朝시대 道敎 전개의 一樣相-」 『東洋史學研究』 23, 1986.
　　　, 「太上洞淵神呪經 -南北朝時代의 李弘信仰과 관련하여-」 『震檀學報』 63, 1987.
　　　, 「南北朝道敎의 민중적 전개- 南北朝시기 道·佛교류의 一端-」 『釜大史學』 12, 1988.

의 민중신앙에서 탈피하여 국가도교로 발전하고 불교와 세력을 다투게 되었다. 도교의 발전은 도사 장빈(張賓)으로 하여금 북주 무제의 국가통제정책에 편승하여 다시 폐불을 일으키게 하였다. 그러나 무제는 불·도 양교를 국가권력(王權)의 지배 하에 놓아두고 국가의 종교연구기관이라고 할 수 있는 통도관(通道觀)을 통하여 도교가 불교보다 우위에 서는 종교정책으로 도교를 보호하였다.

Ⅲ. 학문과 예술의 발달

1. 남북조 지식인의 다양한 교양

한대의 지식인은 주로 유가적 교양을 익혔으나 위·진·남북조시대에는 유가는 물론이고 도가와 불교사상에 대해서도 관심을 갖고 연구하였으므로 지식의 폭이 훨씬 넓어졌다. 학문도 현학(노장사상), 유학, 문학, 역사학을 4학이라 하여 이를 존중하였고, 사학(四學) 연구를 이상으로 여기게 되었다. 위·진·남북조시대 사인(士人)의 지식과 교양의 폭이 한대는 물론이고 그 이후의 어느 시대에 비해서도 넓고 다양하다는 사실은 특히 『顔氏家訓(안씨가훈)』에 잘 나타나 있다.[70]

이와 같은 시대상을 반영하여 한대에는 유학에 종속되어 있던 문학과 사학(史學)이 독립영역을 확보하면서 발달하게 되었다. 문학이 유학에서 독립되어 '문장은 경국(經國)의 대업'이라고 일컬어질 정도로 그 학문적 위치가 상승하였다. 사학도 한대까지는 유학의 경전(春秋經)에 포함되었으나 육조시대에는 독립되면서 4부 분류법[71]이 나타나 사부(史部)가 경부(經部)와 대등한 지위를 획득하였다.

---

70) 박한제, 「南北朝末 隋初의 過渡期的士大夫像-'顔之推'의 '顔氏家訓'을 중심으로-」『東亞文化』 16, 1979.
   안지추(顔之推)는 그의 가문에서 지키고 배워야 할 도리를 『顔氏家訓』에서 다음과 같이 그 항목을 열거하고 있다. 즉, ① 주지(主旨: 가훈의 서론), ② 교자(敎子: 자녀교육), ③ 형제(兄弟), ④ 재혼(再婚), ⑤ 치가(治家: 가정론), ⑥ 풍조(風操: 사대부예의), ⑦ 모현[慕賢: 양인달인론(良人達人論)], ⑧ 면학(勉學: 학문론), ⑨ 문장(文章), ⑩ 명실(名實: 명 성론), ⑪ 섭무(涉務: 실천론), ⑫ 성사(省事: 전심론), ⑬ 지족(止足: 경제론), ⑭ 계병(誡兵: 군자와 병사관계), ⑮ 양생(養生: 장수론), ⑯ 귀심(歸心: 불교론), ⑰서증[書證: 경사문자인물론(經史文字人物論)], 음사(音辭: 음운론), 잡예(雜藝: 예술운동론), 경제(經制) 등 다양하다.
71) 도서의 4분류법은 晋의 순욱(筍勗)이 갑을병정(甲乙丙丁)의 사분법(四分法)을 사용한데서 비롯되고 이후 경·사·자·집(經·史·子·集)으로 확정되어 중국학문의 4분류법이 되었다.

따라서 위·진·남북조에 와서는 한대 학문의 중심인 경학(經學)을 제치고 문·사(文·史)가 이와 대등한 지위를 획득하여 학문상의 큰 변화를 가져왔다.

종래 유학적 통념을 가지고 육조시대를 정신적으로 타락한 시대로 진단한 것은 일부 귀족계층의 퇴폐적인 생활면만을 지나치게 강조한 것으로, 이는 유교주의적인 육조관(六朝觀)으로 결코 이 시대를 올바르게 판단한 것은 아니다.

2. 문학, 역사학, 지리학의 발달

삼국시대 위나라 문학은 후한말의 문학을 계승하였고, 특히 조조일가(曹操一家)는 문학에 큰 재능을 발휘하였다. 조조는 뛰어난 시인이기도 하였으며 그의 아들 조비(曹丕: 文帝)는 『典論(전론)』에서 '문장은 경국(經國)의 대업이고 불후(不朽)의 성사(盛事)'라고 문학의 가치를 칭송하였다.

서진의 육기(陸機)와 좌사(左思)는 사부(辭賦)로 유명하였다. 육기의 『文賦(문부)』는 창작방법의 전문서로서 중국 문학이론의 발달에 상당한 공헌을 하였다. 좌사(左思)의 『三都賦(삼도부)』는 魏·蜀·吳 삼국의 수도를 묘사한 작품으로 문장력에 힘이 있어 당시의 문단을 압도하고 낙양의 지가(紙價)를 폭등시켰다는 유명한 일화가 있다. 죽림칠현(竹林七賢)의 문장도 자연주의에 입각하여 일가를 이루었으며, 동진의 도잠[陶潛: 연명(淵明)]은 자연주의 시인으로 그의 「歸去來辭(귀거래사)」는 격조 높은 시로 알려졌고, 사영운(謝靈運)의 「山居賦(산거부)」는 강남지방의 전원풍경을 찬미한 것이다. 문학평론으로는 양나라 소명태자(昭明太子)가 편찬한 『文選(문선)』이 유명하다. 그는 고대로부터 내려오는 훌륭한 문체를 39종으로 분류하여 화려하고도 깊은 사고를 담은 문체를 『문선』에 수록하여 평론의 근거로 삼았다. 『문선』은 唐代 이후에 애독되면서 사대부의 필독서가 되었다.

문학이 귀족사회의 취향을 맞추기 위해서는 문장이 화려하고 읽는데 운이 맞아야 한다. 이리하여 문체가 점차 수사주의(修辭主義) 쪽으로 나아갔고, 이러한 경향은 귀족사회가 성숙된 남조에서 가장 성하였다. 당시의 문학형식을 대표한 것은 변려체(騈儷體)이며 이러한 문장형식은 남조에서 완성되었다. 변려체는 대구(對句)로 문장을 장식하여 대부분 4자·6자로 이루어진 것으로 사육체(四六體)라고도 한다. 중국의 문장이 대체로 4자·6자의 문체로 구성된 것은 여기에 기인한다. 또한 변문(騈文)은 고사(故事)를 많이 인용하였기 때문에 역사학에 기여한 바가 크며 사학(史學)과 문학(文學)은 밀접한 관계를 갖고 발전하였다.

남조의 수사주의문학 속에는 정밀한 음운학(音韻學)이 포함되어 있다. 중국에 4성(平聲·上聲·去聲·入聲)이 나타난 것은 남조의 齊·梁 때이며 심약(沈約)에 의해 주창되었다. 4성은 중국에 불교가 발전하면서 인도 범어학(梵語學: 산스크리트학)의 영향을 받아 나타나게 된 것이다. 그리하여 남북조시대의 수사(修辭)에 있어서 운율미(韻律美)가 표현되고, 율시(律詩)·절구(絕句)가 발생하였다. 문학의 발달에 따라 문학이론을 체계화한 유협(劉勰)의 『文心雕龍(문심조룡)』은 가장 정확하고 치밀한 문학론으로 여기에서는 특히 문(文)의 정신과 수사의 근본을 논하였다.[72] 북조문학은 남조에 비해 소박한 면이 많고 특히 남북조 후기에는 남조의 문학이 북조로 들어가 유행하였으므로, 수·당대에도 남조의 문학이 계속해서 중국문학계에 우위를 갖게 되었다.

남북조시대에는 사학이 유교에서 벗어나 독자적인 학문으로 발달하여 유학과 대등한 위치에서 경·사(經·史)로 병칭되었다. 이와 함께 사관(史官)의 지위도 높아지고 귀족의 종학(宗學)과 보학(譜學)의 발달에 따라 사학이 중요시되면서 훌륭한 역사서가 나왔다.

대표적인 역사서로는 진수(陳壽)의 『三國志(삼국지)』, 사마표(司馬彪)의 『續漢書(속한서)』, 원굉(袁宏)의 『後漢記(후한기)』, 범엽(范曄)의 『後漢書(후한서)』, 심약(沈約)의 『宋書(송서)』 등이 유명하다. 어환(魚豢)의 『魏略(위략)』은 명저로 꼽히고, 유의경(劉義慶)이 편찬한 『世說新語(세세신어)』는 위·진시대 선비들의 일화를 모은 것으로 사료적 가치가 높다. 안지추(顔之推)의 『顔氏家訓(안씨가훈)』은 이 당시 유행하던 대표적인 문벌귀족의 가훈으로 거기에는 지식인의 학문세계와 사고방식, 관계의 기풍(氣風), 남조인과 북조인 기질의 차이점을 서술하고 있다. 지리학에 있어서는 양나라 종름(宗懍)이 편찬한 『荊楚歲時記(형초세시기)』가 유명한데 이는 양자강 유역의 연중행사와 풍속과 신앙 등을 전하고 있어 문화적으로 가치가 많은 사료이다. 『山海經(산해경)』은 괴이 소설과 비슷한 지리서로 이 시대의 인문·자연지리 연구에 중요한 자료를 제공하여 주고 있다. 곽박(郭璞)은 『산해경』에 주석을 가하여 귀족사회에서 널리 애독되었다. 북위시대 역도원(酈道元)의 『水經注(수경주)』는 방대한 자료를 동원하여 주석을 달아 놓았으므

---

72) 이윤화, 「「文心雕龍史傳」篇의 史學史的 考察」『歷史敎育論集』 13·14합집, 1990.
　　　　, 「范曄의 정치적 생애와 현실인식」『大丘史學』 50, 1995.

로 중국고대 역사지리연구의 중요한 사료로 이용되고 있다.73) 북위의 양현지(楊衒之)가 지은 『洛陽伽藍記(낙양가람기)』는 낙양의 불교풍습과 사원에 대한 자세한 기록을 담고 있다.

3. 그림과 글씨, 미술공예

불교의 발전과 귀족사회의 사치스러운 취미생활은 자연히 그림과 글씨 그리고 공예의 발달을 가져오게 되었다.

중국의 회화는 남북조시대에 큰 발전을 이루었는데 고개지(顧愷之)는 선구적 대가이다. 그는 인물화에 뛰어나 사람의 눈동자에 그림의 정신을 집중시키는 명화를 많이 그렸다. 인물화는 단순한 형태의 묘사가 아니며 신기(神氣)를 드러내는데 그림의 목표를 두었으며, 이는 이 시대 동양화의 특색이 되었다. 고개지가 남긴 초상화인 여사잠도(女史箴圖)가 특히 유명하며 그의 『畵論(화론)』은 화법을 논한 명저이기도 하다. 인물화와 함께 산수화도 발달하였는데, 특히 중국의 산수화는 이 시대에 이르러 그림의 중요한 위치를 점하게 되었다. 그것은 육조인이 산수를 즐기고 자연을 벗하는 생활 속에서 자연스럽게 산수화의 발달을 가져올 수 있게 되었다. 산수화의 대가로는 대규(戴逵)·대옹(戴顒)·종병(宗炳)·왕미(王微) 등이 유명하고, 그들은 명산(名山)에서 직접 그림을 그리고 화법에 있어서는 웅장하면서도 간결한 약필(略筆)을 사용하였다. 육조시대 그림에 대해서는 당나라 장언원(張彦遠)이 편찬한 『歷代名畵記(역대명화기)』에서 자세한 내용을 파악할 수 있다.

글씨는 동진의 왕희지(王羲之)가 그의 아들 헌지(獻之)와 함께 이름을 떨쳤다. 특히 왕희지는 한대 이래의 글씨의 정수를 흡수하여 서법예술의 새로운 경지를 독자적으로 개척함으로써 서성(書聖)이라 불려지고 많은 명필을 남겼다.

남북조시대 불교의 번영은 불교미술과 조각품의 발달을 가져오게 하였다. 운강(雲岡)과 용문(龍門)의 석굴에서 국가불교의 성격을 찾아볼 수 있다. 북위시대에 조영된 대동(大同)의 운강 석굴은 대소(大小) 10여만의 석불(石佛)이 산 전체의 바위에 조각되어 규모의 광대함과 내용의 정교함에서 단연 북조 불교미술의 총

---

73) 『水經(수경)』은 삼국시대의 지리책으로 역도원이 여기에 주석을 달아 『水經注(수경주)』 40권을 펴냈다. 그 안에 125개의 하천과 이 하천이 지나가는 지역의 인문지리, 역사적 사실, 인물고사, 가요전설을 상세히 보충하여 놓았다. 여기에 인용된 고서(古書)도 430여 종이나 되어 특히 사료적 가치가 높다.

화라 하겠다. 운강 불사의 원류는 간다라 미술양식과 인도의 아잔타 석굴의 영향을 깊이 받고 있다. 그런데 서방의 영향을 받기 전에 중국 본래의 전통, 특히 북위 탁발족(拓跋族)의 웅비하는 기상이 그 속에 담겨져 있으며, 그 위에 간다라 아잔타를 비롯한 중앙아시아의 요소가 가미되었다는 점이 특색이다. 북위가 수도를 낙양으로 옮긴 후 다시 낙양 근처의 용문에 불상(佛像)을 조영하였는데, 운강에 비하면 인도와 서방의 색채가 없어지고 중국 고유의 불상예술이 창안되었음을 볼 수 있다.

4. 자연과학의 발달

위·진·남북조시대에는 자연과학 방면에도 큰 발전을 이룩하였다. 그것은 한대에는 유교주의적 획일주의 학문이 발달한데 비해 이 시대에 와서는 학문이 다원성(多元性)을 갖게 되고, 특히 불교와 함께 서역문화가 유입되고, 귀족사회의 발전으로 다양한 취미생활과 불로장생을 염원하여 과학기술과 의학, 농학의 발달을 필요로 하였기 때문이다.

위·진시대에 유휘(劉徽)는 『九章算術(구장산술)』에 주를 달았으며, 아울러 『海圖算經(해도산경)』을 저술하였는데, 『구장산술』에서 원주율 3.14를 계산하였다. 송·제시대의 조휜지(祖暅之)는 더 정확한 수학의 업적을 남겼으니 그가 지은 『綴術(철술)』[74]에서 이 시대의 수학발전을 확실하게 알 수 있다. 그의 아들 조휜지(祖恒之)도 수학자로서 유휘가 해결할 수 없었던 구체적(球體積)을 계산하는 공식을 발견하였다.

천문역법에서는 동진의 우희(虞喜)가 춘분·추분점이 50년마다 적도(赤道)상에서 서쪽으로 1도씩 이동하며, 이것이 세차(歲差)되는 원인임을 밝혀냈다. 조충지(祖沖之)는 세차를 역법에 응용해서 대명력(大明曆)을 만들고 정확한 일수(日數)를 정하였다. 과학에서는 위나라 마균(馬鈞)이 비단을 짜는 능기(綾機)를 개선하여 그 효과를 높였고 조충지는 천리선(千里船)을 만들어 기계로 움직이는 배로 하루 백리를 항해하였다고 전한다.

한편 귀족사회의 발전으로 인간의 수명에 대한 관심이 높아지면서 의학이 발

---

74) 원주율은 3.1415926에서 3.1415927까지 찾아내어 그 정확도가 대단히 높다. 서기 1427년에 중앙아시아의 수학자 알 카시(Al·Kashi)가 비로소 조충지의 원주율보다 더 정확한 수치를 구해냈으나, 이것은 조충지 이후 거의 천년이 지난 일이다.

달하였다. 서진의 왕숙화는 이름난 의학자로 진한 이래 의사들이 맥을 본 경험을 집대성하여 『脈經(맥경)』을 지었다. 『맥경』은 맥의 형태를 24종으로 나누었고, 서로 다른 맥상(脈象)을 근거로 질병의 종류를 판단했다. 동진의 갈홍(葛洪)은 『肘後救卒方(주후구졸방)』을 저술했고, 양의 도홍경(陶弘景)이 이를 보충하여 『肘後百一方(주후백일방)』을 완성하였는데 이들 의학처방은 구하기 어려운 약은 쓰지 않았고, 간단하며 알기 쉽게 처방한 실용적 의학서이다. 도홍경의 『本草集注(본초집주)』는 7백여 종의 약초를 자세히 설명했으며, 한대의 『神農本草(신농본초)』보다 수록된 약초가 배나 많다.

남북간의 민족이동과 황폐해진 농경지개간의 필요에서 농업기술의 향상이 서서히 진행되었다. 북위 말기, 가사협(賈思勰)이 저술한 『齊民要術(제민요술)』[75]은 현존하는 유일한 농서로서 한대 『氾勝之書(범승지서)』이래 북방의 농업생산경험을 집대성했을 뿐 아니라, 당시 농촌생활상과 사회경제상을 잘 기록하고 있어서 학문적인 가치가 대단히 높다.

Ⅳ. 동서문물의 교류와 동아시아 문화권의 확대

1. 위·진·남북조시대의 서역문화

위·진·남북조시대에는 중국내부의 혼란으로 서역경영에 적극적일 수 없었으나 5호가 중국에 진출하여 불교를 비롯한 서방문화에 관심을 가지면서 동서문화의 교류가 계속적으로 전개되었다.

이 시대의 서역진출에 대해서는 晉의 태시연간(泰始年間, 265~274)의 문서가 천산남로의 누란지방에서 출토되고 있는 것으로 보아 서역과의 교통이 있었음을 알 수 있다. 5호의 16국 가운데 5涼(前涼, 後涼, 西涼, 南涼, 北涼)은 모두 서방에 위치하여 서역의 고창국(高昌國)과 긴밀한 관계를 갖고 중계무역을 통하여 큰 이익을 독점하고 있었다. 또 전진의 장군 여광(呂光)의 쿠차국정벌(382~383)과 북위의 장수 만도귀(萬度歸)의 서역 원정(445~448)으로 동서 문물이 교류되었다.

이 시대의 동서교섭에서 특기할 만한 일은 중국인에 의한 고창왕국의 건국이

---

75) 『제민요술』의 내용은 광범하여 곡물저장법, 채소, 과일재배법, 식수법, 가축사육법, 양어법(養魚法), 양조법 등을 포괄하고 있다. 가사협은 이 책의 서문에 "농경에서부터 육장(肉醬)에 이르기까지 생활에 보탬이 되는 것은 쓰지 않은 것이 없다."고 하였다.

다. 고창왕국은 한대 이래 서역으로 강제 이주시킨 한인 둔전병의 자손과 하서
(河西)사군에서 들어간 유민들이 합류하여 세운 나라이다. 고창국은 당나라에
멸망(640)될 때까지 약 3세기 동안 서역지방에서 뚜렷한 세력을 자랑하고 있었고,
특히 왕가(王家)인 국씨(麴氏)는 대대로 고창왕의 지위에 있으면서 타림분지의
유일한 한문화지대로 동서문화교류에 중요한 역할을 하였다.

북위의 태무제가 양주를 토벌할 때에 3만여호(万餘戶)의 이 지역 인민을 수도
평성으로 이주시켰는데, 이때 다수의 소그트상인이 섞여 들어와 상업활동과 함
께 동서문물의 교류에 중요한 역할을 담당하였다.

남북조시대에는 계속된 전쟁으로 서역지방에 대한 원정은 적극적으로 전개하지
못하였다. 따라서 이 지방의 오아시스 도시국가는 중국의 침입을 적게 당하여
전에 없던 번영을 누리며 동서문화의 교류에 중개자로 큰 몫을 하였다. 천산북
로의 고창, 구차, 남도(南道)의 우전(于闐) 등은 대표적인 나라로서 서방문화의
유입으로 찬란한 문화의 꽃을 피우게 되었다.

2. 서방문화의 전래

위·진·남북조시대에는 중국과 인도와의 활발한 교통에 의해 인도의 문물이
동아시아 세계로 많이 전파되었다. 그 가운데 특히 주목되는 것은 불교예술이
다. 이른바 간다라양식 또는 헬레니즘양식이라 불리는 그리스예술풍의 불교예
술이 실크로드를 따라서 동아시아에 전파되었는데, 실크로드의 남도(南道)와 북
도(北道)에서 그 양식은 조금씩 달리하고 있다.

즉, 간다라지방에서 직접 불교예술이 파급되었다고 하는 천산남로의 여러 오
아시스 도시국가에서는 불탑건축이 많은데 반해 인도북쪽 바미얀 방면에서 불
교예술이 전파된 천산북로(天山北路)의 여러 유적에서는 천연의 바위산에 동굴을
파서 그 속의 벽면에 불상과 불탑을 조각하고 그림을 그린 굴원(窟院) 양식이
많다. 쿠차, 카라샬, 투루판 등지에 있는 많은 굴원군(窟院群)은 그 대표적인 것
들이며, 중국의 돈황, 운강, 용문 등의 대석굴은 이러한 양식이 전래된 결과이
다. 인도의 간다라 불교예술은 중국뿐만 아니라 한반도에도 영향을 주고 다시 바
다를 건너서 고대 일본문화에도 영향을 끼쳤다.

이와 함께 불교에 섞여 중국으로 전래된 천문, 역법, 수학, 의학, 음운, 미술
등에서 인도문화의 전래를 볼 수 있다.

먼저 천문학(天文學)을 보면 이미 인도천문학의 전래에 대해서는 후한의 환제(桓帝) 때 안세고(安世高)가 『舍頭諫經(사두간경)』을 번역하여 인도의 점성적인 천문을 전한 것을 시작으로 『貞元釋經錄(정원석경록)』이 번역되고 있다. 그 후 남조의 宋에서 하승천(何承天)과 북주시대의 달마류지(達摩流支)가 각각 천문관측술을 전하였다. 『隋書(수서)』의 경적지(經籍志)에도 남북조시대에 들어온 『坡羅門天文經(브라만천문경)』 21권을 비롯하여 인도의 천문학불경이 실려 있어 인도천문학의 중국 전래를 알 수 있다. 이 밖에도 인도수학과 역법이 중국에 전파되었는데 『坡羅門算法(파라문산법)』 3권, 『坡羅門陰陽算曆(파라문음양산역)』 1권 등의 책이름이 『수서』 경적지에 실려 있다.

인도에서 온 중들은 포교상의 수단으로서 유능한 의학지식을 가지고 있었기 때문에 그들을 통하여 의약 및 약학지식도 풍부하게 전해졌다.

또 음운학 분야에서는 심약(沈約)이 지은 『四聲論(사성론)』이 인도음운학의 영향을 받은 것으로 그는 중국 음운학의 아버지가 되었다. 돈황에서 발견된 변문(變文: 俗文)의 기원은 산스크리트의 음운에 정통한 진사왕(陳思王) 조식(曹植)의 범패(梵唄)라고 한다. 회화와 조각, 건축 등에 인도의 영향이 강한 것은 석굴사원의 건축에서 찾아볼 수 있다. 일본 고대 나라(奈良)시대의 옛 절에서 그리스 및 아잔타와 동일한 모습이 나타나고 있는 것은 중국에 전파된 인도예술이 한반도를 거쳐 다시 일본으로 건너가서 일본 고대 불교예술로 나타난 문화유적이다.

3. 동아시아 불교문화권의 형성

위·진·남북조시대는 중국사회가 내부적으로 혼란이 계속되었으나 동아시아 문화의 발전이란 관점에서 보면 대단히 활력이 넘치는 시대이다. 종교 특히 불교의 교류를 통하여 한국·일본과의 교빙과 조공관계가 활발하게 전개되었다.[76] 동아시아 문화에서 불교의 영향은 너무나 크다. 불교가 중국에 들어와서 발전하기 시작한 것은 위·진·남북조시대이고 다시 동아시아 각국(한국, 일본, 월남)으로 전파되면서 각국의 문화 발전에 영향을 주고 나아가 동아시아 문화권의 기본요소로 발전하였다.

중국의 불교가 고구려에 전파된 것은 서기 372년(소수림왕 2년)으로 이때 전

---

76) 김종완, 「南北朝의 交聘關係」『東亞史의 비교연구』, 일조각, 1987.
　　____, 『中國南北朝史硏究-朝貢·交聘 관계를 중심으로-』, 일조각, 1995.

진왕 부견(苻堅)이 중 순도(順道)로 하여금 불상과 불경을 보낸 것이 시작이다.

백제에는 침류왕 원년(384)에 동진으로부터 호승(胡僧) 마라난타(摩羅難陀)가 들어와서 궁정내에 불법을 전하고 이듬해 불사(佛寺)를 한산(漢山)에다 건립한 것이 불교전파의 시작이었다. 여기에서 주목되는 것은 호승 마라난타 및 신라에 불교를 전한 묵호자(墨胡子)의 이름이다. 이들은 분명히 중국인은 아니고 『三國 史記(삼국사기)』의 기록에서 호승으로 표현한 것을 보면 서역인이나 인도 아리 안 계통의 이방인이었음이 틀림이 없다. 신라(新羅)에 불교가 처음 전파된 것은 5세기경 묵호자에 의해서라고 하나 그 후 140여년이 지난 법흥왕(法興王) 14년 (527)에 이차돈(異次頓)의 순교를 거쳐 비로소 불교가 공인되었다.

한편 일본에 불교가 전파된 것은 서기 552년 백제의 성왕[聖(明)王] 때 노리 사치계(怒利斯致契)가 불상과 불경 등을 전한 것이 처음이다. 중국문물의 일본전 파는 당대에 이르러 견당사(遣唐使)를 파견하여 직접 수입하기까지 주로 백제를 통하여 이루어졌다.

이렇게 볼 때에 불교는 종교적인 범위를 훨씬 벗어나서 불교를 통하여 승려 의 내왕이 빈번해지고 문물의 교류가 추진되면서 동아시아 세계의 문화교류에 중요한 작용을 하게 되었음을 알 수 있다.

제 6 장

수(隋)·당(唐)제국과 동아시아 문화권의 발전

제1절 수(隋)의 통일과 그 역사적 의미

I. 수의 건국과 남북조의 통일

1. 수의 남북조 통일

남북조로 분열되어 내려오던 중국사회에 통일의 기운이 일기 시작한 것은 남조보다 북조에서이다.

화북지방을 통일한 북위(北魏)가 다시 동·서로 분열된 후 북제·북주로 이어지면서 서로 치열한 경쟁을 벌였다. 이와 같은 현상은 북조사회 내부에서 군사적인 긴장을 고조시키면서 부국강병을 목표로 하여 군사력 강화와 경제적 발전에 경쟁적으로 힘을 쏟았기 때문이다.

북주의 무제(武帝)는 유학을 존중하고 형식에 치우친 불교와 미신화된 도교를 억압하면서 사회기강을 쇄신하였고, 풍습과 교육면에도 힘을 쏟아 유교주의에 입각한 군주권 강화와 국가 기강 확립에 노력하였다. 이것은 북주가 경제력이 우세한 동방의 북제를 정복하여(577) 화북지방을 통일하는데 성공한 정신적 기반이 되었다. 그러나 다음 선제 이후의 황제는 무능하고 또한 사치에 탐닉하면서 국정이 문란하여지니 민심은 북주의 총관 양견(楊堅)에게 옮아갔다.

양견은 중국 역사상 가장 쉽게 나라를 세웠는데, 그는 북주의 정제(靜帝)로부터 선양을 받아 隋(581~618)를 건국하였으니 이가 隋의 문제(文帝)이다.[1] 문제

---

1) 『二十二史箚記(차기)』卷15에 "역사상 천하를 쉽게 얻음이 수문제 같은 사람은 없다."라

는 남조의 陳을 정복하여 300여년에 걸친 중국의 분열시대를 끝내고 통일의 대업을 완성하였다(589).

북주를 계승한 隋가 남북조를 통일하게 된 배경을 여러 방향에서 찾아 볼 수 있다.

먼저 수나라가 일어난 관중(關中)지방의 지리적 조건을 들 수 있다.[2] 고대로부터 관중지방의 위수분지는 지정학적으로 그 중요성이 매우 크다. 서쪽과 동쪽으로 분열된 북주와 북제의 대립관계에서 서쪽의 북주(北周)는 경제력과 인구·영토 면에서 우세한 동쪽의 북제(北齊)를 정복할 수 있었던 원인은 관중의 지리적 이점을 잘 활용하였다는 점에 있다. 즉, 북주는 장안(長安)을 도읍으로 하여 지리적 요충지를 차지하였고, 이어 수나라도 또한 장안을 도읍으로 하여 발전의 기반을 마련한 것이다. 이렇게 볼 때 隋의 통일은 북주에 의한 화북 통일의 연장이라 할 수 있다.

다음으로 북주, 북제의 지역적 위치는 선비족의 한화(漢化)와도 밀접한 관계가 있다. 문화의 선진지대인 북제는 선비족의 한화가 일찍부터 촉진되면서 남조문화가 침투되었고 귀족의 세력이 강성하였다. 이에 반해 북주는 선비족의 고유한 군사력을 보존할 수 있었는데, 이것이 북주에서 隋로 이어지는 통일의 배경으로 작용한 것이다.

그리고 북주에서 수·당으로 계승되는 3왕조의 가계(家系)가 지닌 특별한 성격이다. 이들은 서로 밀접한 관련을 갖고 있으며, 이를 이른바 관롱(關隴)집단이라고 한다. 이들은 남조의 한인 귀족이나 북위의 낙양천도 이후의 선비족과는 그 계보가 전혀 다른 가계이다. 북위정권하에서 선비족의 화북진출과 특히 효문제(孝文帝)의 한화정책으로 북방민족의 강건한 군사집단이 귀족화함으로써 문약으로 흐른데 반해 관롱집단은 정치·군사적인 면에서 참신한 기풍을 유지하고 있었기 때문에 北周→隋→唐으로 이어지면서 통일의 주체세력이 될 수 있었다.

통일의 또 다른 배경은 역시 군사력과 경제력에서 찾을 수 있다. 분열시대의 대립왕조에서 통일세력이 나올 수 있는 것은 군사력을 배경으로 하고 그 뒤에

고 평가하였다.

2) 유원적, 「關中集團과 山東貴族」『講座中國史』Ⅱ, 229쪽 참조.
조익도, 『二十二史箚記』卷16, 「北周 隋 唐皆出自武川」조에서 北周·隋·唐 3왕조의 가계가 관롱지방의 무천 출신이라고 고증하고 있다.

서 경제력이 군사력을 뒷받침하는 부국강병이 이루어질 때 비로소 천하통일은 가능한 것이다. 서위(西魏)의 우문태(宇文泰)에 의하여 실시된 부병제(府兵制)와 균전제(均田制)가 북주에 계승되면서 강병과 부국의 원동력이 되었고, 수나라도 이를 계승하여[3] 남조의 陳을 병합하게 되었다(589).

끝으로 수의 통일에는 남조정권의 상황도 간과할 수 없다. 즉, 남조는 자연의 혜택을 충분히 이용하여 경제적 발전을 이루고 문화적으로도 북조에 앞서 있었다. 그러나 귀족사회가 발전함에 따라 왕권은 위축되고, 특히 군사력에서 항상 북조의 공세에 몰리면서 수세에 서게 되었다. 그 위에 귀족세력의 내분으로 중앙정계는 치열한 정권다툼에 휘말리게 되어 북조에 대한 이렇다할 대비책을 강구하지 못하였다. 실제로 수의 대군이 陳나라 수도 건강(建康)으로 접근할 때까지 이를 알지 못하고 왕과 귀족들이 환락에 빠져 있었을 정도로 남조의 무방비와 문약함은 隋의 통일을 간접적으로 도와준 결과가 되었다.

2. 문제(文帝)의 통일정책

남북조를 통일한 수나라 문제의 당면과제는 황제권 강화를 위한 중앙집권체제의 확립과 남북의 융합에 의한 민심수습,[4] 국가재정의 부흥이라 하겠다.

문제에 의한 중앙집권체제의 강화를 보면 율령(律令) 제정에 의한 관제 정비와 지방기구의 간소화를 들 수 있다. 중앙관제는 남북조의 관제를 계승하여 최고 행정기구로 3성6부(三省六部) 제도를 채택하였다. 3성(三省)은 내사성(內史省), 문하성(門下省), 상서성(尙書省)으로 당의 3성제도가 이미 수대에 마련되고 있음을 알 수 있다. 상서성 아래 정책의 집행기구로 6부[이, 호, 예, 병, 형, 공(吏, 戶, 禮, 兵, 刑, 工)]가 있어서 정무를 분담하였다.[5]

문제의 관제개혁에서 특히 주목되는 것은 지방행정 기구개편이다. 즉, 지방관제는 남북조의 지방분권체제를 버리고 중앙집권적인 방향으로 정비하였다. 종래 州·郡·縣의 3층 구조로 되어 있던 지방조직에서 郡을 폐지하여(583) 州·縣

---

3) 북주에서 수나라로의 왕조교체의 중심세력은 서위·북주 이래의 무천(武川) 군벌집단이다. 수나라가 쉽게 건국할 수 있었던 원인도 수문제(양견)가 무천 군벌집단을 장악하였기 때문이다.
4) 김용범, 「隋의 南朝出身 仕人에 관한 검토」『忠南大論文集』 3, 1988.
5) 김선욱, 「隋文帝의 專制化에 關한 硏究」『湖西史學』 7, 1979.
　이계명, 「隋 尙書省의 職能과 人的構成」『歷史學硏究』 11, 1983.

2층 구조로 개편하였다. 이에 따라 지금까지 군의 태수가 장악하고 있던 정치·군사권이 중앙으로 회수되었고, 또 州의 자사(刺史)가 도독(都督)을 겸하여 군사권까지 행사하던 것도 폐지시켰다. 그리하여 주의 장관인 자사가 누리던 행정·군사권을 분리시켜 일반 행정만을 담당하는 단일체제로 개편하였고, 州 자사의 군사권은 없어지고 주군(州軍)은 폐지되었다.

그러나 중앙에서 멀리 떨어져 있는 지방에는 여러 州의 병권을 총괄하는 총관부를 설치하고 그 장관인 총관(總管)에 황제의 자제를 임명하여 중앙정부의 통제 하에 두었다. 그러나 얼마 후 이 총관부마저 폐지하여 지방의 군사권을 모두 중앙으로 회수하였다(605). 이 밖에도 지방통제를 강화하기 위하여 순성(巡省), 순무(巡撫) 또는 풍속관찰이란 이름으로 중앙관을 파견하여 행정사무를 감독하였다. 아울러 지방관의 인사제도도 개혁하였다. 남북조시대는 지방관청에 배속된 소속관리는 대부분 그 지방귀족의 자제를 채용하였으나 隋는 종9품 이상의 지방관을 중앙의 이부(吏部)에서 임용하였다. 이렇게 지방관의 인사권을 중앙으로 회수함으로써 귀족들의 인사 청탁[벽소(辟召)]폐단이 없어지게 되었다. 또 호족의 관직독점에 이용되었던 구품관인법을 폐지하고(595) 그 대신 시험에 의한 인재등용을 목적으로 하는 선거(選擧 : 科擧)제도로[6] 바꾸었다.

한편 문제(文帝)는 국가재정을 부흥시키기 위하여 북주의 균전제를 정비하고 새로 조용조법(租庸調法)을[7] 반포하였다(583). 이에 따라 부역이 경감되고 농민들이 토지를 소유하면서 농업생산의 발전을 가져오게 되었다. 또 삼장제(三長制)의 정비와 호적정리도 추진하였다. 즉, 5가(家)를 1보(保)로 하여 보장(保長)을 배치하고, 다시 5보를 1리(里)로 하여 이장(里長)을, 4리를 1당(黨)으로 당장(黨長)을 두어 향리(鄕里)에 대한 국가의 통제를 강화하고 호구(戶口)와 부역을 감독하였다. 이러한 삼장제의 기초 위에 정부는 매년 정월에 이장과 당장으로 하여금 호구조사를[8] 철저히 실시토록 하였다.

---

6) 오금성, 「中國의 科擧制와 그 政治·社會的 機能」『科擧』, 歷史學會편, 일조각, 1981.
　하병체 지음, 조영록 외 옮김, 『中國科擧制度의 社會史的 硏究』, 동국대출판부, 1987. 수의 선거제도는 지방의 주·군에서 추천된 인사(人士 : 貢士)를 수도에서 과목에 따라 시험을 보았는데 수재·진사·명경과(秀才·進士·明經科)가 있었다. 선거는 당나라에서 과거라고 명칭이 바뀌고 唐·宋을 거쳐 淸末에 폐지될 때(1904)까지 관리선발시험으로 중요한 역할을 담당하였다.
7) 김택민, 「隋代의 租調役 徵收體制와 土地所有關係」『東洋史學硏究』 42, 1993.
　박근칠, 「隋代 '輸籍定樣' 考」『漢城史學』 17, 2003.
8) 수나라 초기의 화북 호구(戶口)를 보면 호가 360만이다. 그 후 진을 병합하여 인구 200

균전제와 밀접한 관계가 있는 부병제도를 개혁하여 부병(府兵)과 균전(均田)을 서로 결합시켜 병농일치를 완비하였다. 그 결과 많은 병력이 감축되고 국가의 군사비 부담이 감소되었다. 이와 같은 수 문제의 정치·경제·군사적 정책을 통하여 문제 통치 20여 년간(581~605)은 천하가 안정되고 경제가 크게 번영하였다.

3. 양제의 대운하공사

隋의 정치는 양제(煬帝, 604~618)에 의하여 커다란 변화를 가져오게 되었다. 수 양제가 대토목사업과 대외원정을 할 수 있었던 경제적 바탕은 부친 수 문제의 사회 안정책과 검소한 생활에서 쌓아올린 경제력에 힘입은 바가 크다.

양제의 토목사업 가운데 빼놓을 수 없는 것이 대운하의 개통이다. 그는 100만여 명을 징발하여 황하와 회수(淮水)를 연결하는 통제거(通濟渠)와 회수와 양자강을 잇는 한구(邗溝)를 완성하였다(605). 또 황하에서 북으로 탁군(涿郡 : 北京)에 이르는 영제거(永濟渠)를 완성하였고, 영제거 공사에는 여자들까지 징발하였다(608). 다시 양자강에서 남으로 항주(杭州)에 이르는 강남하(江南河)를 열어 남북을 잇는 대운하의 개통을 완성하였다(610). 또한 통제거와 황하의 교차점에서 다시 수로와 육로를 이용하여 낙양·장안으로의 교통로가 정비되었다. 이리하여 강남(江南)의 물자가 용이하게 북방으로 수송되어 양자강 하류지역의 쌀생산 지대와 장안·낙양 등의 소비도시가 직결되었다. 양제의 운하개통에 의하여 남북이 경제적으로 이어지면서 문제에 의하여 이룩된 정치적 통일이 명실공히 완성된 셈이다. 그런데 이와 같은 수의 운하가 사회·경제적인 교통수단으로 크게 활용된 것은 唐 이후의 일이다.

4. 양제의 고구려 원정과 수나라의 멸망

양제는 북변을 위협하는 돌궐(突厥)과 고구려를 응징하기 위해 대외원정을 단행하였다.[9] 위·진·남북조시대에 5호의 중원침입 이후 한민족은 북방민족에 대

만, 호수 50만호를 얻어 410만호가 되었다. 양제(煬帝)의 대업(大業) 5년(609)에 전국 인구는 4,900여만, 호수는 890여만으로 나타나 있다.
조강·진종의 지음, 윤정분 옮김, 『中國土地制度史』, 대광문화사, 1985. 125쪽, 「역대의 人口統計」 참조.
9) 양제 이전, 수문제 때(597) 처음 고구려 원정이 있었다. 문제는 수륙군 30만의 대군으로

해 수세적 저자세로 일관하여 왔다. 이러한 대북방관계는 양제에 의하여 적극적
공세로 전환되었다. 수의 건국 당시 북방에는 돌궐의 세력이 강성하였는데, 돌궐
은 알타이산맥의 남방을 근거지로 동서로 갈라져 발전하면서 큰 세력을 갖추고
있었다. 서돌궐은 이리하(河)지방에서 천산남로와 파미르 서쪽을 점령하고, 동돌
궐은 몽골지방을 차지하여 동으로는 만주와 한반도에까지 세력을 확대하였다.

수나라는 돌궐을 정벌하기 위한 방안으로 동서 양돌궐을 이간시켜 서로 싸우
게 만들었다. 그 결과 동돌궐이 隋와 화친을 맺자 서돌궐은 수나라와의 대결이
어렵게 되었다. 양제는 이 기회에 서역 여러 나라에 사자를 파견하여 돌궐세력
하에 있던 천산남로 연변의 고창(高昌) 이하 40여국을 隋에 복속시켰다. 중국과
서역지방과의 무역로가 열리고 서역상인, 특히 중앙아시아의 호상(胡商)이 계속
隋에 내왕하였다. 양제는 인도차이나 반도에도 세력을 뻗쳐 조공을 바치게 하
고 바다 건너 유구(琉球: 台灣)도 토벌하였다.

만주와 한반도 북부에는 고구려가 큰 세력을 형성하고 있었는데, 고구려는
隋의 위력에 맞서 돌궐, 말갈 등과 연합하여 隋에 대항하였으므로 隋는 고구려
정벌에 나섰다.[10] 608년 이후 양제는 3차에 걸친 고구려 원정을 단행하였으나
막대한 재력과 인력을 소모하고 실패하였다. 고구려 원정의 실패는 창업한지
얼마 되지 않은 수나라의 권위를 실추시키고 사회경제적 파탄을 초래하여 민심
이 이반되면서 각지에서 반란이 일어났다. 양제는 강도(江都)의 별궁에서 신하
에 의하여 살해되고, 수는 3대 38년만에 멸망하여(618) 통일제국의 대업은 다
음의 唐에 의해 완성되었다.

Ⅱ. 수(隋)나라 통일의 역사적 성격

1. 중국역사에서의 隋의 통일

隋의 통일제국은 불과 30여년만에 멸망하였으나 중국사에서 수나라의 위치는

처들어 갔으나 "십 중 팔구 명이 전사"하는 참담한 결과로 원정은 실패하였다.
10) 김선욱, 「隋代「遼東之役」의 廷議에 관한 검토」『忠南大論文集』 14-1, 1987.
608년의 원정군은 113만 3800명이였으나 고구려의 완강한 저항으로 실패하였다.
김선민, 「隋 煬帝의 軍制改革과 高句麗遠征」『東方學志』 119, 연세대학교 국학연구원,
2003.
박한제, 「七世紀 隋唐兩朝의 韓半島進出經緯에 대한 一考 隋唐初 皇帝의 政治性 確保와
關聯하여」『東洋史學研究』 43, 1993.

결코 과소평가할 수 없는 중요한 역사적 의미가 있다.

먼저 남북조의 오랜 분열시대를 재통일하였다는 점을 꼽을 수 있다. 후한이 멸망(220)한 후 삼국시대를 거쳐 남북조시대의 대립을 겪으면서 중국의 사회와 문화는 남과 북으로 갈라서는 분단의 조짐을 강하게 보여 왔다. 더욱이 화북지방에 진출한 5호의 북방민족에 의하여 중국의 문화는 변질되어 갔다. 이와 같은 남북의 분열이 360여년만에 수나라에 의하여 통일됨으로써(589) 다음에 오는 唐이 세계적 대제국을 건설하는 터전을 마련하여 주었다는데 수제국 통일의 의미를 찾을 수 있다. 이는 춘추전국시대를 통일한 秦이 단명으로 끝났으나 통일의 기반을 구축하여 漢으로 하여금 통일을 완성토록 한 것과 비슷한 성격을 지니고 있다.

다음으로 생각할 수 있는 역사적 의의는 수나라에 의한 중앙집권적 율령체제의 정비라 하겠다. 수의 율령체제는 당에 이어져 완성되었지만 중앙집권적 율령국가의 기반은 이미 수에 의해 마련되었다는 사실을 간과할 수 없다.

또한 수양제에 의한 대운하공사는 강남과 화북을 경제적으로 연결시켜주는 교통로로 중요한 역할을 하였을 뿐만 아니라 이후 중국의 사회와 경제적 통일을 위한 대동맥으로 큰 몫을 하게 되었다.

수나라 통일의 역사적 성격은 춘추전국시대를 통일한 진(秦)과 비교된다.

왕조가 단명으로 끝난 것을 비롯하여 통일의 대업을 다음 왕조에 물려준 점, 그리고 수성(守成)을 잘못하여 국가를 멸망시킨 점 등이 비교된다. 또한 관중지방을 근거로 나라를 세운 점도 진한, 수당은 그 성격이 비슷하다.

끝으로 양제에 대한 역사적 평가이다.

양제의 정치는 문제(文帝)의 치세를 계승한 것이었으나 크게 두드러진 실정은 대토목사업(운하사업)과 고구려원정이다. 양제에 대한 역사적 평가는 상당한 부분이 다시 평가를 받아야 한다.[11] 왜냐하면 중국사를 이해하는데, 특히 정사(正史)의 본기(本紀)나 열전(列傳)에 등장하는 인물평가방법이 지나치게 유교주의 역사관으로 획일화되어 있기 때문이다. 대체로 정사(正史)는 전왕조의 역사를 다음 왕조에서 편찬하기 때문에 편찬하는 과정에서 역사적 사실이 상당부분 왜곡된다. 특히 황제권이 역사편찬에 깊이 관여하기 시작하는 唐 태종 이후의 정사서(正史書)에서 왜곡이 심하다는 사실을 인식할 때 수양제에 대한 역사적 평

---

11) 김탁민, 「隋 煬帝의 勳官 폐지와 唐代의 勳官 濫授」『歷史學報』 149, 1996.

가는 객관적으로 검토되어야 한다.[12]

2. 북주·수·당(北周·隋·唐) 정권과 관롱집단

　북주에서 수·당으로 이어지는 3왕조는 그 명칭은 다르지만 국가창업의 중요
인물이나 그들의 지역 기반은 서로 밀접한 관계를 지니고 있다.

　수나라를 세운 양견(楊堅)이나 당을 건국한 이연(李淵)은 남북조시대에 세력을
지니고 있던 귀족(호족)집단도 아니고 그렇다고 화북지방의 정복자인 북방민족
(5胡)도 아니다. 이들은 관중지방을 중심으로 출신성분상 새로운 계층에 속하기
때문에 사가(史家)들은 이들을 일컬어 관롱집단(關隴集團)이라고 한다.

　북주·수·당의 개국공신층은 서위(西魏)의 우문태(宇文泰)가 실시한 관중본위
정책(關中本位政策)에 의해서 규합된 관롱집단 인물이다. 그 중심세력은 서위 이
래 융합된 호한(胡漢) 민족의 무력재지자(武力在地者)들이며, 황실 및 공신들까
지도 관롱집단의 핵심세력인 8주국(柱國 : 大臣) 및 그들의 후손들이다. 당은 이
들이 주축이 되어서 이연(李淵)을 옹립하여 창업한 국가이다.[13] 역사서에는 양
견은 홍농(弘農 : 河南省) 양씨(楊氏)라 하고 당을 세운 이연은 농서(隴西)[감숙성
(甘肅省)] 이씨(李氏)라 하여 다같이 한인으로 그 계보가 전해지고 있다. 그러나
이들의 조상에 대해서는 불분명한 점이 많고, 학자에 따라서도 이들의 조상을
선비족이라고 주장하는 이도 있다.[14]

　수의 양제와 당 고조 이연은 이종간이다. 뿐만 아니라 북주→수→당으로
이어지는 각 국가의 창업자는 매우 가까운 인척관계로 맺어져 있다. 이들의 출
신지역은 관롱(關隴)의 무천진(武川鎭)지방이다. 관롱은 중국의 서북변방인 섬서
성과 감숙성의 위수(渭水) 연변지역을 가리키며 그 중심지는 내몽골의 무천진이
다. 이 지역은 선비족의 본거지로 이곳에서 일어난 북주·수·당 정권의 건국
자는 직접 또는 간접적으로 선비족과 밀접한 관련을 갖는다.

---

12) 김탁민, 「隋·唐의 創業과 正統性」『魏晉隋唐史硏究』 3, 1997.
13) 유원적, 「唐初 支配層의 性格에 대한 學說史的 검토」『梨大史學硏究』 11·12합집, 1985 참조.
　　당 초기의 고위관료는 대부분 북주·수나라의 고관이다. 고조 때 3성 6부의 장·차관 48명
　　중 30명이 수나라 관료출신이다. 그 밖의 15명도 그들의 부(父)나 조(祖)가 북주·수의 관
　　직을 역임하고 있다. 이러한 경향은 다음 태종대(太宗代)에도 계속되어 태종의 핵심세력을
　　형성하고 있는 진왕부(秦王府)에서 나온 25공신과 재상 그리고 18학사의 출신성분은 대부
　　분 북조출신이다.
14) 김선욱, 「隋代의 士風에 관하여-『隋書』儒林傳을 중심으로-」『忠南史學』 7, 1996.

그런데 역사적으로 아직 해결되지 않고 있는 문제가 수·당정권의 민족성분의 문제이다.[15) 다시 말하면 우문씨의 북주는 선비족의 국가이고 양씨의 수나라는 한인왕조라고 구분하는 데는 사실상 문제가 있다. 왜냐하면 5호의 중국진출로 시작된 북방민족의 한민족화는 북위 효문제의 한화정책으로 절정을 이루었고 이후 백여 년에 걸친 선비왕조의 한화정책으로 선비족의 한인화는 상당히 추진 되었다. 특히 선비황실의 한인황후책봉으로 북위 이래 한인과의 혼혈왕자가 다 수를 차지하고 있었다. 이러한 북위, 북주를 계승한 수의 양씨(楊氏) 정권이나 당의 이씨(李氏) 정권은 모두 관롱집단으로서 그들의 혈통에도 분명히 선비족의 피가 흐르고 있음을 부정할 수 없다. 심지어 수나라 양견이나 당 고조 이연은 한인(漢人)의 혈통이 아니라 선비족이라는 주장을 하는 학자가 있다. 수·당 정 권초기의 골육상쟁이나 무질서한 근친혼인 그리고 선비풍의 생활풍습이 이들을 한인으로 보기 어렵다는 것이다.

이와 같은 북주·수·당 정권의 인맥과 지연관계 외에 역사적으로 볼 때 관롱지방 은 진·한 제국의 관중지역에 해당하며, 그들의 수도 장안 역시 진·한대의 함양(咸 陽)근방으로 장안(長安)과 거의 일치하고 있다. 중국사의 전개과정에서 볼 때에 수· 당제국은 진·한제국과 비슷한 성격을 지니면서 전개되고 있음을 살필 수 있다.

제 2 절 당(唐)제국의 건국과 발전

I. 唐제국의 성립

1. 당나라의 중국 재통일

唐을 건국한 고조(高祖) 이연(李淵)은 관롱집단(關隴集團)으로 알려진 새로운 세력이다. 그의 조부 이호(李虎)는 서위(西魏) 8주국(柱國)의[16) 한 사람이고 서위

---

15) 이계명, 「隋唐交替期의 江南諸集團에 관한 考察」『歷史學硏究』 7, 1977.
_____,『隋唐官僚制의 成立과 展開- 山東貴族과 山東官僚를 中心으로-』, 전남대학교출 판부, 1995.

의 개국공신으로 당국공(唐國公)에 책봉된 인물이다. 이연은 수 양제와는 이종 형제로 양제의 신임을 얻어 태원유수(太原留守)로 임명되었고(617), 돌궐을 방어 하고 농민반란을 진압하고 있었다. 그러나 농민의 반란이 각지로 확산되자 이 연은 수의 붕괴가 이미 돌이킬 수 없음을 깨닫고, 그의 아들(世民)과 더불어 수 에 반기를 들었다(617). 이들이 군사를 일으킨 곳은 북제의 군사적 중심지인 진 양(晉陽)이었고, 그의 세력기반을 마련한 곳은 관중(關中)의 장안이다. 이는 북 제의 군사적 기반과 북주·수의 정치적 터전을 배경으로 한 것이다. 唐의 건국 은 이와 같은 지정학적 조건을 기반으로 하여 창업에 성공한 것이다.[17]

처음 이연의 군사력은 3만이었으나 관중에 진입하였을 때는 10여만으로 증 가하여 장안을 함락할 수 있었다. 그는 양제의 손자를 황제로 추대한 후 강남에 내려가 있던 수 양제를 태상황(太上皇)으로 추존하였다. 이리하여 이연 자신은 대승상(大丞相)·당왕(唐王)의 직위에 올라 정치·군사상의 실권을 장악하였다. 그러나 수 양제가 강남의 강도(江都)에서 호위하던 금위군에게 살해되자 수를 멸하고 당을 건국하게 되었다(618).

2. 정관(貞觀)의 치세와 唐의 발전

수나라 말기에 각 곳에서 여러 반환세력 가운데 당고조(이연)가 당나라 건국에 성공할 수 있었던 원인은 첫째, 그의 가계가 서위 이래 권력의 중심부에 있었고, 둘째로 처음 군사를 일으킨 곳이 태원(太原)으로 거병후 곧바로 북주의 수도 장안 으로 진격하여 장안을 장악한 점. 셋째 돌궐의 기병 500명, 군마 2,000두의 강 력한 군사원조를 얻은데 그 원인이 있다.

고조에 이어 당제국의 기반을 더욱 공고히 한 것이 태종[太宗: 이세민(李世民)] 이다.[18] 그는 문무를 겸비한 인물로 신하의 올바른 충고를 수용하고 적재적소

---

16) 서위말(550)에 군대의 최고사령관으로 실권을 장악한 8명의 주국(柱國, 대신)을 말한다. 8명 가운데 북주의 문제가 된 우문태 이외에 당 고조의 조부인 이호(李虎)와 독고신(獨孤 信)이 유명하다. 특히 독고신의 세 딸은 모두 황후가 되었다. 즉, 북주 명제(明帝)의 황 후, 수 문제(양견)의 황후, 당 고조(이연)의 황후들은 모두 여형제간이다.

17) 618년에 설거(薛擧)·설인과(薛仁果) 부자의 세력을 격파하고 619년에 하서의 이궤(李軌) 로부터 항복을 받고 620년 산서북부의 유무주(劉武周)를 격퇴, 서북방의 군사적 위협을 제거하였다. 621년에 낙양을 거점으로 하고 있던 왕세충(王世充)을 공략하고 왕세충, 두 건덕(竇建德) 연합군을 격파하여 마침내 628년 전국을 통일하였다.

18) 고조(이연)는 처음 태자를 장남 건성(建成)으로 하였다. 그러나 세민(世民)이 당의 건국에 큰 공을 쌓았고 강력한 군사력을 유지하고 있었다. 626년에 세민은 군사정변(玄武門의

에 훌륭한 관료를 등용하였다. 그리하여 명재상 방현령(房玄令), 두여회(杜如晦), 명장 이정(李靖), 이적(李勣) 그리고 간관(諫官) 위징(魏徵), 왕규(王珪) 등의 보필을 받아 정관(貞觀)의 치세(治世, 626~649)로 일컬어지는 태평성세를 이룩하였다. 고조와 태종대의 중앙의 고위관료는 대부분 북주·수나라의 요직에 있던 유능한 인물이었다.

특히 태종은 신하들의 의견을 기탄없이 수용하였다. 태종이 신하에게 창업(創業: 건국)과 수성(守成: 발전) 중 어느 것이 더 어려운가를 묻자 방현령은 '국가의 창업은 생사가 달린 일이므로 더 어렵다'고 하였고, 위징은 수의 멸망 교훈을 들어 '창업도 어려우나 수성이 더욱 어렵다' 하였다. 태종은 위징의 수성지난론(守成至難論)을 옳다고 여기고 당나라 경영에 참조하였는데 후에 오긍(吳兢)이 편찬한 『貞觀政要(정관정요)』는 이와 같이 태종과 신하들 간의 국정운영에 대한 기탄없는 내용을 정리한 것으로 이후의 황제들이 애독하는 제왕학(帝王學)의 교과서가 되었다.

당나라는 태종과 그 아들 고종(高宗)시대에 안으로는 제도와 문물을 정비하여 율령국가체제를 확립하고 밖으로는 제국의 영토를 크게 확대하여 대당제국(大唐帝國)의 위업이 완성되었다.

3. 호한(胡漢)체제에서 중화(中華)체제로 전환

한족(漢族)과 북방 유목민족간의 남북관계는 전한 무제의 적극적인 대외경략으로 한족이 주도적인 위치에 서서 북방민족을 압도하였다. 그러나 후한 이후 위·진·남북조시대를 거치면서 양자의 관계는 역전되어 북방민족이 적극적인 공세를 취하고 한족은 항상 수세에 몰리면서 5호16국과 북조시대의 호한체제를 성립시켰다. 그러나 수의 양제에 의한 적극적인 대외경략으로 이와 같은 남북민족 관계는 다시 역전되어 한족이 다시 공세를 취하는 입장으로 바뀌게 되었다. 이에 따라 동아시아의 국제질서도 근본적으로 변화하였다. 대당제국의 건설과 함께 한민족이 우위에 서는 중화주의 국제질서로 재편성되면서 조공관계(朝貢關係)가 국제질서의 중심을 이루게 되었다.[19]

변)을 일으켜 형[건성(建成)]과 아우[원길(元吉)]을 살해하고 고조로 하여금 강제로 양위토록 하였다. 이후 당의 왕위계승은 무·위의 난을 겪고 당말의 환관세력에 의해 폐립이 반복되면서 계속 순탄하지 않았다.

김탁민, 「魏徵의 行迹과 그 평가」『黃元九先生停年紀念論叢 東아시아의 人間像』, 1995.

당제국의 대외발전은 태종에 의하여 적극적으로 추진되었다. 태종은 처음에 당의 건국을 도와준 돌궐(突厥)과 우호관계를 유지하였다. 그러나 돌궐의 무례한 자세와 당을 함부로 여겨 침략해 온 것을 기화로 적극적인 공세로 동돌궐을 격퇴시키고[20] 그 지배 하에 있던 서북지방의 유목민을 복속시켰다. 그리하여 태종은 서북방의 유목민으로부터 천가한(天可汗)의 칭호를 받게 되었다. 천가한은 돌궐어의 왕[君長]이란 뜻으로 당나라 황제는 중국의 한민족국가의 황제임과 동시에 북방의 유목부족까지 지배하는 군장으로 추앙된 것을 의미한다. 이는 위·진·남북조 이래 북방민족(5호)에게 끊임없이 시달려 오던 한민족으로서는 민족적 자존심을 회복하였을 뿐만 아니라 남북조시대의 호한체제에서 중화주의 체제로의 대전환을 의미하는 것이다. 태종의 적극적인 대외 공세는 마침내 서돌궐세력을 이용하여 동돌궐을 경략하는데 성공하여 이와 화친을 맺었으며, 다음 고종 때에는 이를 멸망시켰었다(657).

이리하여 위·진·남북조 이래의 5호 세력은 당대에는 자취를 감추었고 그에 대신한 돌궐세력도 당에 복속되니 한족국가(당제국)에 맞설 수 있는 북방 유목국가는 10세기 초에 요·금·원이 등장하기까지 나타나지 못하였다.[21] 당의 대외경략은 고종대에도 계속되어서 천산남로의 도시국가를 차례로 경략하여 파미르고원 동쪽의 광대한 지역을 지배하였다. 그리고 신라와 동맹하여[22] 백제를 멸하고(660), 이어 고구려의 내분을 이용하여 이를 정복하였다(668).

당은 초기 60년간에 그 세력이 최대로 발전하여 동으로는 한반도 북부, 서로는 중앙아시아,[23] 북으로는 시베리아 남부에서 남쪽의 인도차이나반도에 이르는 광대한 지역을 지배하게 되었다. 정복지의 이민족을 한지(漢地)로 이주시켜

19) 전해종, 「韓中朝貢關係考」『東洋史學研究』1, 1966.
20) 변인석, 「唐初 中國의 突厥에 대한 '稱臣事'의 檢討」『亞世亞學報』8, 1970.
    정기돈·김선욱, 「唐代 塞外民族에 관한 연구—突厥을 중심으로—」『忠南大人文科學論文集』 1-1호, 1974.
    김선민, 「唐太宗의 對外팽창정책」『黃元九先生停年紀念論叢』, 혜안, 1995.
21) 한대의 흉노는 무제의 원정으로 분열되고 일부는 서쪽으로 이동해서 훈족·슬라브족과 혼합되어 훈족이 되었다(4세기). 몽골에서는 흉노에 대체해서 몽골계 또는 투르크계라고 생각되는 선비족이 활약하고, 그 남하 후(3세기) 고차(高車)라고 불리는 투르크계, 계속해서 몽골계의 유연부가 대두, 대립하였다.
22) 변인석, 「唐 宿衛制度에서 본 羅唐關係—唐代 「外人宿衛」 研究—」『史叢』11, 1966.
23) 변인석, 「唐初의 種族的 開放性에 대한 序說—貞觀時代의 展開를 중심으로—」『白山學報』 10, 1971.
    _____, 「唐代 異族開放論의 序說的 考察」『大丘史學』15·16합집, 1978.

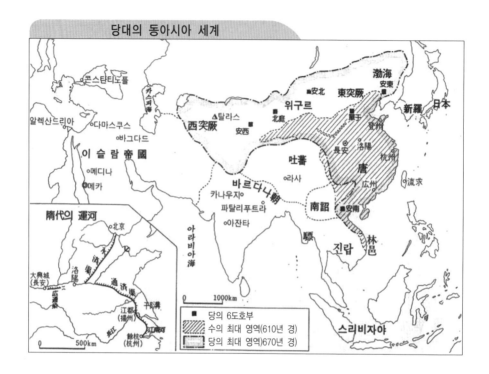

당대의 동아시아 세계

한화시켰으며,[24] 광대한 변방을 통치하기 위해 태종과 고종시대에 걸쳐 6도호부(都護府)를 설치하였다. 도호부의 장관 도호(都護)는 중앙에서 파견하였고 군정과 민정을 총괄하며 그 아래 정복지의 왕과 추장을 지방관으로 임명하여 어느 정도의 자치를 인정하는 기미정책(羈縻政策)을 취하였다.[25] 당의 이러한 발전은 제국 내의 교통은 물론 주변 여러 나라와의 교류를 촉진시켰다.[26] 마침 이때에는 서남아시아에 사라센제국이 출현하여 당나라와 국경을 접하면서 활발한 해상무역을 전개하였고 호인(胡人)이라 불리는 소그트 지방의 호상(胡商)도 다수 내왕하여 동서무역을 촉진하였다.

24) 김문경, 「唐代 外民의 內徙策, 특히 高句麗 遺民의 徙民策을 중심으로」『崇田大論文集(人文科學)』11, 1981.
　　　　, 『淸海鎭의 張保皐와 東아시아』, 향토문화진흥원, 1998.
　권덕영, 「在唐 新羅人의 綜合的 考察-9세기를 중심으로-」『역사와경계』47, 2003.
25) 김호동, 「唐의 詢迴支配와 北方遊牧民族의 對應」『歷史學報』137, 1993.
26) 변인석, 「唐代 外局使爭長의 硏究-『續日本書紀』所載의 古麻呂抗議에 대하여-」『亞世亞硏究所』10권 4호, 1967.
　김규호, 「唐代의 異民族系 軍將」『邊太燮博士華甲紀念史學論叢』, 삼영사, 1985.
　안태호, 「唐初의 異民族政策性格考」『慶北史學』13, 1990.
　최재영, 「唐 前期 長安內의 소그트人 對策」『서울대東洋史學科論集』23, 1999.

대당제국의 이러한 발전은 정치적인 면에서의 중화주의의 승리일 뿐 아니라 문화적인 면에서도 정복민의 중국동화(中國同化)에 의한[27] 동아시아 문화권의 완성이라는 중요한 역사적 의미를 지니게 되었다.

〈 당의 6도호부 〉

도호부명	치소(治所)와 설치연대	관할구역
안동(安東)	평양-668년 요동군고성(요녕성요양시)-676년 요동신성(요녕성 무순 부근)-676년	한반도 남만주 · 요동 남만주
안북(安北)	고단우태(오원방면)-647년 외몽골, 토라강 방면-663년	외몽골
단우(單于)	운중고성(내몽골 자치구)-663년	내몽골
북정(北庭)	정주(우르무치 부근)-702년	천산북로
안서(安西)	고창(투루판)-640년 구자-658년	천산남로 서파키스탄
안남(安南)	교주(하노이)-679년	월남북부

Ⅱ. 당제국의 사회변화와 안사(安史)의 난

1. 측천무후(則天武后)의 등장과 지배질서의 재편성

고종의 황후 무씨(武氏)는 중국역사상 유일한 여제(女帝)로[28] 그에 대한 역사적 평가는 참으로 다양하다. 본래 무후는 고종의 황후가 아니고 태종(太宗)의 후궁이었으나 후에 고종의 총애를 받아 고종의 황후인 왕황후(王皇后)를 몰아내고 그 자리를 차지한 정략적인 여걸이다. 이 과정에서 궁정내부는 왕황후파와 무후파로 갈라져 결국 무후파가 승리를 거둔 것이다.

왕황후 지지파는 서위의 우문태(宇文泰) 이래 문벌을 자랑하던 장손무기(長孫無忌) 등 개국공신집단(관롱집단)이고, 무후파는 이적(李勣), 허경종(許敬宗),

---

27) 변인석, 「唐代에 있어서 同化槪念」『嶺南史學』 10 · 11합집, 1981.
   김지숙, 「唐代 南郊祀의 皇帝 親祀와 그 정치적 효과」『中國古代史硏究』 12, 2004.
   김 호, 「唐 前期 황제의 朝會儀禮와 그 威儀」『東洋史學硏究』 87, 2004.
28) 손민좌, 「則天武后의 權力集中策」『慶北史學』 6, 1983.
   측천무후의 재위기간은 15년간(690~750)이나 실제로 정권을 장악한 것은 고종이 병든 660년 이후부터 45년간으로 당의 전반부의 거의 4분의 1에 해당된다.

이의부(李義府) 등 산동지방의 옛 북제(北帝)지역 출신이다. 그러므로 영휘(永徽) 6년(665)에 왕황후를 폐출하고 무후(武后)가 황후로 책봉된 것은 단순한 정치적 사건이 아니다. 그것은 서위 우문태 이후 北周·隋·唐으로 이어져 내려오면서 당의 창업에 참가하였던 개국공신집단의 몰락을 가져왔고, 이에 대신하여 산동 [옛 북제영역]의 새로운 관료가 무후정권을 담당하는 것을 의미한다.[29]

서기 690년에 측천무후는 정식으로 황제를 칭하고, 중국고대 주나라의 이상을 재현한다는 명분을 내세워 국호를 周라 고치고,[30] 당제국을 일시 찬탈하였다.

그는 당의 수도 장안 대신 동도(東都) 낙양을 신도(神都)라고 하여 정치·군사의 중심지로 삼고 구귀족을 숙청한 후 과거제도를 확대하여 신진관료를 대거 등용하여 국정을 쇄신하였다.[31]

무후시대에 생산력은 지속적으로 상승하였고, 사회질서도 안정되었으며, 강남지역에서 물자를 원활히 수송하여 국방을 충실히 하였기 때문에 내외가 안정되었다. 뿐만 아니라 『周禮(주례)』에 따라 관제를 개혁하였으며, 사상적으로도 도교 대신에 불교를 신봉하여 불교발전에도 큰 공헌을 하였다.

종래 무후와 위후(韋后)를 일컬어 당나라의 여화(女禍)라[32] 한 것은 무후가 당을 찬탈한 유교주의 역사관에 입각한 부정적인 평가이다. 여성이 황제위에 오른 것은 중국의 유교주의 사회에서는 상상할 수 없는 이변임에 틀림이 없다. 무후의 황제즉위는 5호16국시대 이래 여권(女權)이 강한 호한체제의 영향이 무후시대까지 계속되고 있었음을 의미하며, 호족적(胡族的)인 성격이 짙게 깔려 있다.

---

29) 임대희, 「唐 高宗 統治前期의 政治와 人物」『金文經敎授停年退任紀念동아시아연구논총』, 1996.
　　＿＿＿, 「則天武后 統治時期의 政治와 人物」『黃元九先生停年紀念論叢 東아시아의 人間像』, 1995.
30) 중국역사상 周란 국호를 사용한 나라는 武周 이외에 남북조의 北周(556~581), 5대의 後周(951~960), 元末 장사성(張士誠)이 난을 일으키고 잠시 周를 칭하는 등 4회이다. 대체로 단명으로 끝났으나 국가의 이상은 고대의 주나라를 복원하려 하였다.
31) 유원적, 「唐 武·韋后朝의 濫官에 대하여」『全海宗華甲紀念論叢』, 일조각, 1979.
　　임대희, 「恩賜實施를 통하여 본 唐代政治」『大丘史學』 40, 1990.
　　박근칠, 「唐 前期 戸籍檢括策의 財政的 성격−武周時期 逃戸對策과 관련하여−」, 『歷史學報』 157, 1998.
32) 조익(趙翼)은 『二十二史箚記(차기)』 卷19 「唐女禍(당여화)」조에서 唐은 특히 여자로 인해 화를 입은 왕조라 하였다. 그 예로 당고조(唐高祖: 이연)의 기병은 수양제의 후궁과 이연과의 관계를 알고 있던 이세민이 아버지를 협박한데서 시작되었고, 태종(太宗)이 동생(元吉)의 처를 총애하여 현무문(玄武門)의 변란이 일어났고, 무후·위후의 화(武后·韋后의 禍), 그리고 안사의 난도 현종이 양귀비(楊貴妃)를 총애하여 국정을 돌보지 않았기 때문이라고 하였다.

따라서 무후시대는 구귀족의 문벌사회에서 신진과거관료에 의한 능력주의사회로 넘어가는 혁신적 시대로 평가할 수 있다.[33]

2. 현종(玄宗)의 치세와 율령체제의 해체

무후가 죽은 후(705) 중종(中宗)이 다시 황위에 올랐으나 황후 위후(韋后)에게 독살되었다(위후의 난).[34] 이러한 황실내분을 수습하고 당제국의 번영을 새로 마련한 이가 현종(712~756)이다.

현종은 그 통치의 전반부인 개원(開元)시대(712~732)에는 의욕적으로 선정을 베풀고 명재상인 요숭(姚崇), 송경(宋璟), 장구령(張九齡)을 등용하여 활기 넘치는 국정을 펴나갔다.

정치적으로 문벌귀족 세력을 억제하고 인재를 널리 등용하였으며, 경제적으로 호구의 증가와 농업생산의 발전을 꾀하였다.

군사적으로도 훌륭한 장수를 선임하고 변경의 안정을 도모하니 사회전체가 번영을 누리어 역사상 개원의 치세(治世)로 일컬어지고 있다. 특히 현종의 개원·천보(天寶)시대의 사회·경제적 번영은 인구와 호수(戶數)에서 잘 나타나고 있다.[35] 이때 수도 장안은 인구 100만을 헤아리는[36] 국제도시로 발전하여 외국인의 내왕과 국제적인 문물교류가 활발히 추진되었다. 또 이 시대에는 학자와 예술가가 다수 배출되어 성당(盛唐)문화의 꽃을 피웠다.

---

33) 유원적, 「唐 武·韋朝의 濫官에 대하여」『全海宗博士華甲紀念史學論叢』, 1979.
    김지숙, 「唐 高宗期 南郊祀 主神의 變化와 政治」『魏晋隋唐史研究』 10, 2003.
34) 중종은 병약하였으므로 정사를 왕후에게 맡겼으나 결국 독살되었다. 위후(韋后)와 함께 중종의 딸인 안락공주, 무후의 딸 태평공주 등 여인 3명이 정권쟁탈전을 벌였다. 현종은 태평공주와 연합하여 위후와 안락공주를 살해하고 아버지(예종)를 잠시 황제에 올려놓았다가 다시 태평공주마저 살해하여 중궁(中宮)정치에 의한 내분을 종식시켰다.
35) 수양제 대업 2년(606)의 인구는 4,600여만, 唐 중종의 신용 1년(705)에는 3,700만, 현종의 천보 14년(755)에 5291만 명으로 증가하고 있다(『通典食貨志』, 天寶 14년). 호수도 천보 13년에 961만여호로 당의 초기 정관시대의 300만호의 거의 3배가 된다.
    조강·진종의 지음, 윤정분 옮김, 『中國土地制度史』, 대광문화사, 1985, 125쪽, 「역대의 인구 통계」 참조.
36) 실제로 장안성의 호적상의 인구는 8세기 중엽에 장안성 내의 일반인은 약 30여만이고 군인이 10여만 명, 승려 등 종교관계자가 약 3여만 명, 황족, 환관, 과거수험자, 외국인 등이 5여만 명이고, 이를 합하면 50여만 명이다. 여기에 호적에 올라있지 않은 미등록자 10여만 명, 그 밖의 유동인구를 합하면 장안의 총인구는 대략 70여만 명이다. 이 숫자는 당나라 후기까지 그대로 계속되었다.
    장안성 인구 100만이라고 하는 것은 시인의들의 찬사라 할 수 있다.

그러나 개원시대의 번영도 차츰 어두운 그림자가 드리우기 시작하였다. 즉, 당제국의 기반이 되고 있던 율령체제가 사회의 내부적 모순에 의하여 무너지면서 대당제국의 질서는 와해되어 나갔다. 율령체제의 붕괴는 먼저 균전제에서 비롯되었으니, 현종대의 폭발적 인구증가로 더 이상 농민에게 나누어 줄 토지가 없게 되면서 가속화되었다.

균전제도는 현종의 개원말 안사의 난 이후 붕괴되고 이에 따라 균전농민을 더 이상 부병(府兵)으로 징집하는 일이 어렵게 되자 부병제(府兵制)를 버리고 모병제로 전환하였다. 모병제(募兵制)는 직업군인 제도로서 병농일치의 부병제도와는 그 성격이 전혀 다른데, 이것은 중국 병제상(兵制上)의 커다란 변혁이 아닐 수 없다. 당의 모병에는 무력에 뛰어난 북방의 유목민이 다수 충원되었는데, 이들은 당말의 대변란의 화근이 되었다.

당은 광대한 영토를 수비하기 위하여 6도호부 대신 10절도사(節度使)[37]를 설치하고 용병의 모집과 훈련을 절도사에게 맡기었다. 이는 군사력의 강화를 가져오기는 하였으나, 이민족을 많이 기용하였기 때문에 외인부대의 성격을 띠게 되면서 무인의 횡포를 초래하였다. 이러한 군사제도의 변화는 안사의 대란과 당말 5대의 절도사(군벌)의 횡포를 가능하게 하였을 뿐만 아니라 북방민족이 활약하게 되는 정복왕조(征服王朝)의 출현을 가져왔다.

3. 안·사(安·史)의 난과 사회구조의 변화

현종은 천보(天寶)시대(742~755)에 접어들면서 장기간의 집권결과 정신적 해이함과 왕비(무혜비)가 죽자 점차 정치에 싫증을 느끼기 시작하였다. 현종은 본래 검소한 황제였고 명신을 가까이 하였으나, 천보시대에 와서 사치스러운 생활에 빠져 궁정에는 권신과 환관의 전횡으로 정치가 문란하여졌다.[38] 특히 양귀비(楊貴妃)를 총애하면서 정치는 양씨일족에 의하여 농단되었다.[39] 이와 함께

---

37) 절도사는 710년(예종의 경운원년)에 설치된 河西절도사에서 시작된다. 그 후 개원말 천보초(741~742)에 변경에 다음과 같은 10절도사가 설치되었다. ① 구자(安西), ② 정주(北庭), ③ 양주(河西), ④ 영주(朔方), ⑤ 태원(河東), ⑥ 유주(范陽), ⑦ 영주(平盧), ⑧ 선주(隴右), ⑨ 성도(劍南), ⑩ 광주(嶺南).

38) 현종은 정치를 이임보(李林甫)와 양귀비의 오빠 양국충(楊國忠), 환관 고력사(高力士)에게 일임하고 양귀비와 별궁에서 향연을 즐기었다. 처음 이임보가 정치를 농단하다 양국충의 세력이 커지면서 두 사람은 정적이 되었다. 천보시대의 정치는 李와 楊이 좌우하면서 혼란에 빠졌다.

사회전반에 응축되어 있던 여러 가지 모순이 터져 나오면서 마침내 안록산(安祿山)·사사명(史思明)의 대란이 일어났다(755).

안록산은 국적이 분명치 않은 잡호(雜胡) 출신으로 돌궐인 어머니와 호인(胡人) 부친 사이에서 태어난 혼혈아이다. 그는 거구로 재치가 뛰어나고 교활하며 여러 나라의 언어를 구사하면서 중계무역으로 경제적 기반을 마련한 후 유주(幽州) 절도사 휘하의 병사가 되었다. 안록산은 차츰 무공을 인정받게 되자 뇌물로 궁정내부와 통하면서 승진하여 평로(平盧), 범양(范陽), 하동(河東)의 3절도사를 겸하면서 동북(東北) 일대의 군정, 민정권을 장악하니, 그의 병력은 20만에 달하였다.

당시 조정에는 안록산과 잘 통하던 이임보(李林甫)가 사망하고 그 대신 그와 불화관계에 있던 무능한 양국충(楊國忠: 양귀비의 오빠)이 집권하게 되자 755년(천보 14)에 반란을 일으켰다. 그의 반란군은 돌궐의 기병을 중심으로 거란인 등을 포함한 유목민으로 조직된 정병 15만이다.[40] 그는 유주(幽州 : 北京)에서 하북(河北) 평야로 남하하여 낙양을 함락하고 스스로 대연황제(大燕皇帝)로 칭하였다(756). 낙양에 도읍을 정한 안록산은 포악하고 잔인하여 민심을 얻지 못하고 점차 교만하여졌다. 또 왕위계승을 둘러싸고 부자간에 불화가 생겨 아들 안경서(安慶緒)에게 살해되었다(757).

이에 앞서 조정에서는 장군 고선지(高仙芝)를 보내 동관(潼關)을 굳게 지켰으므로 반군의 장안진출은 일단 저지되었다.[41] 그러나 고선지 장군이 감군(監軍)

---

39) 양귀비의 본명은 옥환(玉環)이며 현종의 아들인 수왕(壽王)의 후궁이었다. 736년에 현종이 사랑하던 무혜비(武惠妃)를 잃고 실의에 빠져 있을 때 양귀비의 미모에 현혹되어 총애하게 되었다. 양귀비의 나이 22세이고 현종은 56세였다. 이러한 시아버지와 며느리의 불륜관계는 중국의 유교적 윤리관에서는 용납될 수 없으나 남북조 이래의 북방의 유목적인 호한체제(胡漢體制)의 유풍이 이 시대까지 지속된 것으로 보인다.

40) 변인석, 「安史亂의 前提—異民族 傭兵集團의 形成過程—」『大丘史學』 7·8(痴庵申奭鎬博士古稀紀念特輯), 1973.

_____, 「安史亂의 展開에 관한 몇 가지 問題」『全海宗博士華甲紀念史學論叢』, 일조각, 1979.

_____, 『安史亂의 新研究』, 형설출판사, 1984.

김규호, 「唐代 經濟界·文化界의 異民族 活動」『江原史學』 3, 1987.

김성희, 「在唐 異民族 留學生과 唐朝 文人들의 相互 認識—『全唐詩』所載 詩를 中心으로」『梨花史學研究』 25·26, 1999.

41) 『舊唐書』 卷104, 『新唐書』 卷135 고선지전(高仙芝傳)에 의하면 그는 본래 고구려 사람으로 20세에 안서사진(安西四鎭)의 장교가 된 후 무공을 쌓아 안서부도호가 되었다. 747년(천보 6년)에 보기(步騎) 1만명을 이끌고 파밀고원을 넘어 토번을 정복하여 대식국(大食國) 등 72國이 당에 복속하도록 하였다. 이 전공으로 안서도호(安西都護) 및 안서사진절

으로 파견된 환관 변령성(邊令誠)의 모함으로 진중(陣中)에서 현종의 명령으로 처형되자 마침내 수도 장안이 함락되었다(756). 수도를 빼앗긴 현종은 사천으로 피난하게 되고,[42] 황태자가 제위를 계승하여 숙종이 되었다.

한편 돌궐출신 사사명(史思明)은 정세가 불리해지자 한때 당에 항복하였다가 다시 반란을 일으켜(758) 당군을 격파한 후 안경서를 죽이고 황제를 자칭하였으나 그도 또한 부자간의 암투에 휘말려 그 아들 사조의(史朝義)에게 살해되니 반군의 세력은 크게 약화되었다. 이러한 대란 중에 조정에서는 현종과 숙종이 잇따라 사망하고 대종(代宗)이 즉위하여(763) 위구르[회흘(回紇)]족의 도움을 받아 낙양을 회복하고 반란을 진압하였다(763).

8년간 계속된 안·사의 대란은 당의 국가질서를 근본적으로 파괴하였다.

먼저 당의 율령체제가 붕괴되면서 균전제가 장원제로 바뀌었고, 이에 따라 부병제는 모병제로 전환되었다. 뿐만 아니라 군벌(軍閥 : 절도사)의 등장으로 당의 귀족체제가 몰락하면서 황제도 군벌세력과 환관에 의해서 폐립이 자행되었다.

또한 화북 전역이 대란에 휩싸인 결과 다수의 유민이 생기고 이들 유민은 고향을 떠나 각지를 떠돌면서 객호(客戶)가 되었다. 그 일부는 신흥지주(형세호)의 전호(佃戶)로 전락하거나 다른 일부는 절도사 휘하의 용병으로 들어갔다.

이와 함께 안·사의 대란으로 인구의 격감을 초래하였다.

안·사의 난 직전(755)의 인구가 5,291만 9,309명, 호수는 891만 4,709호였으나 동란 직후(764)의 인구는 1,692만 386명, 호수는 293만 3,135호로 거의 3분의 1의 격감을 나타내고 있다. 물론 여기에는 동란 직후의 인구파악이 어렵다는 점을 감안해도 호구의 격감은 부인하기 어렵다.

안·사의 난은 종래 중국사에 흔히 있던 오합지졸의 농민반란이 아니고 이민족이 주체가 되고 군벌이 가세한 조직적인 군사행동이다. 그러므로 이 난은 당 왕조의 사회체제뿐만 아니라 남북조시대 이래 발전되어온 사회지배체제인 귀족계층을 송두리째 붕괴시키고 당말오대(唐末五代)의 사회적 변혁을 거쳐 송대서

도사가 되었다. 750년에는 다시 서역을 원정하고 사라센군과 타라스호반에서 싸웠으나 패하였다(751). 이때 중국의 제지법이 서방으로 전파되었다. 안사의 난 때 토적원수부장(討賊元帥副將)으로 섬주에 주둔하고 있다가 낙양(洛陽)이 함락되자 동관(潼關)으로 후퇴하여 방비에 임했으나 감군으로 파견된 환관 변령성의 무고로 현종의 노여움을 사서 처형되었다.

42) 四川으로 피난 중에 마괴역(馬嵬驛)에서 양국충이 먼저 병사에게 살해되고 양귀비 또한 군사들의 압력에 못이겨 현종이 의사(縊死, 목매죽임)시켰다.

민사회(宋代庶民社會)를 여는 계기가 되었다. 뿐만 아니라 당제국의 붕괴는 동아시아의 국제질서에 큰 변화를 일으키고 정복왕조 출현을 가능케하였다.

Ⅲ. 절도사(節度使)의 등장과 당제국의 붕괴

1. 절도사(군벌)세력의 등장

안사의 난은 겨우 진압되었으나 이는 당의 군사력에 의한 완전한 평정은 아니었다. 당은 반란 잔존세력을 완전히 소멸시킬 군사력이 없었기 때문에 오히려 이들과 타협하는 소극적인 회유책을 쓰게 되었다. 즉, 항복한 장수 이회선(李懷仙)을 유주의 노룡(盧龍)절도사로, 전승사(田承嗣)는 위박(魏博)절도사, 이보신(李寶臣)은 성덕(成德)절도사에 임명함으로써 그들의 기세를 꺾지 못하였다. 이들이 당제국에 끝까지 대항한 세력은 하북3진(河北3鎭)이다.[43]

안사의 난 평정에 참가한 일반 장수들도 절도사로 승진시켜주니 종래 변방에만 설치된 절도사[번진(藩鎭)]가 내지에까지 확대되었다. 뿐만 아니라 절도사는 州의 관찰사를 겸하면서 군사는 물론 민정과 재정, 사법권을 마음대로 행사하게 되었는데, 이들은 마치 지방의 반독립국가와 같은 세력을 형성하였다.[44] 절도사의 군사기구는 사부(使府), 즉 막부(幕府)이다. 절도사 휘하의 주력군대는 아군(牙軍)이라는 정예군이다. 대부분의 절도사는 사부의 성안에 견고한 성벽을 쌓고 그곳에 막부를 설치하고 아군을 주둔시켜 막강한 군사력을 행사하였다.

절도사는 그 직위가 자손에게 세습되었다. 따라서 절도사의 사망 후에는 자손 중에 실력 있는 자가 마음대로 세습을 하였고 정부는 이를 추인할 뿐이었다. 이와 같은 절도사의 할거시대는 당말까지 계속되었고, 황소의 난(875~884) 이후에는 더욱 그 세력이 커져서 수도 장안(長安) 근방을 제외하고는 전 국토가 절도사의 세력 하에 놓이게 되었다. 절도사의 할거는 정치적으로 당제국의 중앙집권체제를 붕괴시키고 지방분권화가 촉진되었으며, 이로 인하여 당왕조의 국가질서는 근본적으로 무너지고 사회·경제적 피해 또한 심각하였다.

안사의 난 이후 당왕조가 그래도 140여 년간 지탱될 수 있었던 경제력은 다행히 대란의 피해지역이 화북에 집중되었고 강남지방은 피해를 모면하였기 때문이다.

---

43) 김선욱, 「唐代 藩鎭에 관한 硏究－鎭을 중심으로－」『忠南大論文集』11, 1972.
44) 김문경, 「唐代藩鎭의 한 硏究 高句麗遺民 李正己一家를 中心으로」『省谷論叢』6, 1975.

2. 환관의 전횡과 문생천자(門生天子)

안사의 난 이후 당의 정치질서는 안팎으로 어려움을 맞이하게 되었다. 지방에서는 절도사의 횡포가 심하고 조정과 궁정에서는 환관(宦官)의 전횡이 격화되고 조정대신들 사이에서는 당쟁이 치열하였다. 이러한 소용돌이 속에서 황제의 권위는 상실되었고 환관에 의한 황제의 폐립은 마치 아이들 장난처럼 자행됨으로써 이른바 문생천자(門生天子)란[45] 말이 유행하였다.

중국의 역사에는 秦·漢시대로부터 환관과 외척세력이 궁중 내부에서 실권을 잡고 중앙정치를 어지럽혔다. 환관의 전횡은 비단 唐에서만 있었던 일은 아니나[46] 특히 당의 후기에 그 피해가 심하였다.

당대 환관의 전횡은 황제의 제위계승문제와 관계가 깊다. 현종 이후의 황위계승 문제는 관료와 환관이 공모하여 황제를 옹립하였던 관계로 덕종(德宗)을 제외하고는 모든 황제가 환관세력에 의해 폐립되었다.[47] 이와 함께 환관은 중앙의 군사권을 장악하여 막강한 세력을 갖게 되었고, 황제의 명령을 각 부서에 전달하는 추밀사(樞密使)에 임명되면서 국가기밀에도 접근할 수가 있었다. 뿐만아니라 현종대에 부병제가 모병제로 바뀌면서 조정에 지방군을 감시하는 감군제도(監軍制度)가 생기게 되자 황제의 심복 환관이 감군을 맡게 되니 그 세력이 더욱 커지게 되었다.

당의 환관 전횡은 현종 때 고력사(高力士)에서 비롯된다. 그는 태평공주(太平公主)의 제거에 공을 세우고 현종의 총애와 신임을 받았고 간신 이임보(李林甫)와 결탁하여 국정을 어지럽혔으며, 안록산을 조정에 추천하여 후에 안사의 난을 유발하기에 이르렀다. 숙종이 피난지에서 제위에 오를 수 있었던 것은 환관 이보국(李輔國)의 도움이 컸으므로 그에게 금군(禁軍)지휘권과 정무를 맡기게 되니 전횡이 극심하였다. 이보국은 숙종이 죽은 다음 대종을 세우는데 중요한 역할을 하여 그 세력이 더욱 컸으나, 환관 정원진(程元振)과 알력이 생겨 살해되었다.

---

45) 황제는 환관의 문생(門生: 제자 또는 학생)이란 뜻이다. 소종을 옹립한 환관 양복공(楊復恭)은 소종이 환관을 싫어하자 황제가 우리와 같은 대원로(大元老, 國老)에게 거역하는 것은 은혜를 모르는 문생천자라고 말한 데서 유래한다. 『二十二 史箚記』 卷20.

46) 환관의 피해는 진시황제 때 조고(趙高), 후한시대의 십상시(十常侍), 명대 기충현(魏忠賢) 등의 전횡이 있다. 그러나 후한대 종이를 발명한 채륜, 明代南海 원정을 단행한 정화(鄭和)와 같은 뛰어난 인물도 있었다.

47) 당 후기 환관이 옹립한 황제는 12대 목종부터 경종·문종(826-840) 그리고 무종·선종·의종·희종·소종이며 환관에게 살해된 황제는 헌종·경종이다.

정원진의 전횡은 더 한층 흉악하였으나 토번(吐蕃)의 침입 때 독단으로 대종을 하남으로 몽진하도록 하여 그 책임을 지고 실각시켰다. 그 대신 어조은(魚朝恩)이 전횡을 하다가 궁중에서 교살되었다.

어조은이 죽은 후에는 환관의 금병(禁兵) 총수권을 폐지하게 되자 환관세력이 잠잠하였으나, 덕종대(德宗代)에 경원(涇原)지방의 반란을 계기로 중앙군의 지휘권이 다시 환관에게로 넘어가면서 세력이 커졌다. 덕종이 죽고 10대 순종(順宗)이 제위에 오르자(805) 혁신관료들이 환관이 지니고 있는 군사권을 탈취하려는 계획을 추진하였다. 그러나 기밀이 사전에 누설되어 환관의 반격을 받아 순종은 헌종에게 제위를 내주고 개혁파는 좌천되었다. 이를 역사상 영정혁신(永貞革新)이라 한다. 관료와 환관의 군정(軍政) 쟁탈전은 결국 환관의 승리로 끝나게 되었다.[48]

관료·환관의 싸움은 다음 문종의 평화(平和) 9년(835)에 다시 일어났다. 문종은 재상 이훈(李訓)·정주(鄭注) 등과 공모하여 대명궁(大明宮)의 후원 석류나무에 감로(甘露)가 내렸다고 속여 구사양(仇士良)을 비롯한 환관들을 이곳으로 유인하여 일망타진하려 하였다. 그러나 이번에도 사전에 탄로되어 조정 중신이 도리어 환관에게 살해되니 이를 감로의 변이라 한다.

이후 환관의 세력은 더욱 극성하여 고관은 머리를 조아리며 환관의 명령에 복종하고 황제도 환관이 마음대로 폐립하였다. 당왕조는 이들 환관세력을 제거하기 위해서는 어쩔 수 없이 절도사의 힘을 빌리지 않을 수 없게 되었다. 그리하여 절도사 주전충(朱全忠)을 궁중으로 불러들여 환관세력을 일망타진하였으나 도리어 당은 절도사에 의하여 멸망하였다(907).

3. 당쟁의 격화와 정치질서의 붕괴

중국의 정치현상 가운데 당쟁이 없는 시대는 거의 없었다.[49] 그것은 황제를 정점으로 관료 간에 이해가 서로 엇갈리면서 이를 타개하기 위한 방법으로 이해관계를 같이하는 집단이 단합하여 당파를 형성하였기 때문이다. 당나라의 당쟁도 그 뿌리가 깊고 오래 계속되면서 정치질서를 붕괴시켜 나갔다.

---

48) 하원수, 「唐 順宗代(805)執權勢力의 性格」『東亞文化』 25, 1987.

49) 전한시대의 염철론(塩鐵論)을 둘러싼 정치논쟁, 후한시대의 당고의 금으로 유명한 환관대 유생의 당쟁, 宋代의 신·구법당(新·舊法黨)의 치열한 당쟁, 명대 동림파(東林派)와 비(非)동림파의 당쟁 등이 유명하다.

목종 때 이덕유(李德裕)와 우승유(牛僧儒)가 정권을 잡으면서 이·우당(李·牛黨)의 당쟁이 시작되었다.[50] 이덕유와 그 일당인 정담(鄭覃)은 문벌귀족의 후손으로 모두 문음(門蔭: 任子)에 의해 관직에 나갔다. 이에 대해 우승유를 수령으로 한 우승유·이종민(李宗閔)·양사복(楊嗣復) 등은 모두 과거(科擧)의 진사(進士)출신 신진관료이다.[51] 이들은 목종의 장경초(長慶初, 821)에 인재등용방법을 놓고 첨예하게 대립하였다. 즉, 이당(李黨)은 과거시험의 진사과가 시문이 중심이기 때문에 등용되는 인물이 대체로 경박하다고 배척하였고, 이에 대해 우당은 관리 선발은 마땅히 시문(詩文)을 우선으로 해야 한다고 주장하였다. 목종 때는 이·우 양파의 대립이 팽팽히 맞선 각축시대였다.

다음 문종(文宗) 때 이덕유가 한림학사가 되어 언론을 장악하자 자기 부친[이길보(李吉甫)]의 실정을 비난한 이종민을 증오하여 배척하였다. 이에 이종민은 환관의 도움을 빌리고 우승유를 끌어들여 재상이 되면서 이덕유 일파를 축출하였다. 그러나 우승유가 서역경영의 실패로 실각하자 이덕유가 재상이 되고 이종민은 축출되었다. 이덕유도 곧 환관의 미움을 받아 사직하자, 다시 이종민이 재상이 되었다. 그 후 무종 때 또 다시 이덕유를 불러 재상에 임명하고 우승유·이종민이 추방되었으나 무종이 죽고 선종이 등극하면서 이덕유를 파면하여 지방으로 추방하였다.

이와 같은 우·이 양당의 당쟁은 일시적인 것이 아니라 문벌귀족 대 과거관료의 뿌리 깊은 반목이 표출된 것으로 두 세력간의 정치적 투쟁이었다. 당시의 관료들은 대부분 두 파로 갈라져 있었다. 또 이·우 당은 모두 환관과 결탁하고 환관의 지원 하에 당쟁을 계속하였기 때문에 정치질서는 극도로 문란하고 환관세력의 전횡을 조장하는 결과를 가져오게 되었다.

문종이 당쟁의 극심함을 개탄하여, 절도사를 제압하기는 어렵지 않으나 붕당을 없애기는 참으로 어렵다 할 정도로 당쟁의 뿌리는 깊고 심각하였다.

---

50) 정기돈, 「唐代 朋黨考-牛李黨 成立過程을 중심으로-」『忠南大人文科學論文集』 6, 1975.
51) 이덕유는 그 부친이 재상이었기 때문에 과거시험을 거치지 않고 부친의 임자(任子[蔭補])로 관계에 진출하여 문벌귀족을 대표하였다. 우승유는 실력으로 과거의 진사과에 합격하여 신진세력을 대표하여 이·우 양당의 당파싸움으로 전개되었다.
    하원수, 「牛僧孺와 李德裕의 對外認識上의 差異와 그 背景-'牛李黨爭'의 再檢討-」『魏晉隋唐史研究』 1, 1994.

4. 황소(黃巢)의 농민반란

唐은 9세기 중기부터 급속도로 몰락하게 되었고 황소의 난(874)은[52] 당왕조에게 치명적 타격을 주었다. 당말의 정세를 보면 조정에서는 환관의 전횡과 당쟁의 격화 그리고 지방에서의 절도사의 횡포로 농민은 더 이상 견딜 수 없는 곤궁한 상황에 놓이게 되었다.

황소의 난 이전에 이미 절동 지역에서 구보(裘甫)가 이끄는 농민반란이 일어났고(860), 이어 계림(桂林)에서 방훈(龐勛)을 수령으로 수군(水軍)들이 농민을 선동하여 반란을 일으켰다(868). 이 반란은 정부군에 의하여 진압되었지만 두 차례의 농민반란은 다음에 일어난 황소반란의 서막과 같았으나 정부에서는 농민에 대한 아무런 대책을 강구하지 않았다. 874년(희종) 건부(乾符) 원년에 시작하여 이후 10년간 당나라의 전 지역을 휩쓴 황소(黃巢)·왕선지(王仙芝)의 난은 정치와 사회경제적인 모순이 복합적으로 연계되어 발생한 농민반란이다.[53]

황소는 어려서부터 무예에 뛰어나고, 경사(經史)와 서예에 능하여 과거의 진사과에 여러 번 응시하였으나 번번이 낙방하였다. 그는 과거시험의 부정과 관료사회의 부패함을 몸소 체험한 후, 관계진출을 포기하고 소금[사염(私塩)]을 밀매하여 부자가 되었다.

황소는 왕선지와는 이웃 마을에 살면서 잘아는 사이이다. 이 무렵 화북지방에는 흉년이 들어 수확이 거의 불가능하였다. 그러나 탐관오리는 전과 다름없이 납세를 독촉하였으므로 왕선지가 하남성 장원(長垣)에서 먼저 반란을 일으키고, 황소도 이에 호응하여 산동성의 원구(冤句)에서 농민반란을 일으켰다(874). 왕선지는 중도에 관직을 주겠다는 조정의 유혹에 빠져 황소와 갈라섰다가 결국 전사하였다. 그러나 황소가 이끄는 농민군은 사천(四川)지방을 제외한 전 지역을 휩쓸고 마침내 동도 낙양을 함락하고(880) 이듬해 수도 장안에 진격하였다. 이때 희종은 성도(成都)로 달아나고 황소는 황제에 올라 국호를 대제(大齊)라 하고 금통(金統)이라 개원하였다.

그러나 장안에 진입한 황소군의 군기는 문란하고 전의는 떨어졌으며 지방에서는 관군과 절도사가 대항해 왔다. 희종은 사천을 근거로 관군과 절도사 세력

---

52) 김준권, 「唐末 黃巢集團의 構造에 관한 一考察」『慶星大大學院論文』, 1990.
53) 다나까 미치오·모리 마사오 지음, 『중국민중반란사』, 송정수 옮김, (혜안), 1978.
   신라의 학자 최치원(崔致遠)이 당의 지방관으로서 작성한 황소토벌 격문은 명문(名文)으로 알려지고 있다.

을 규합하고 돌궐의 사타(沙陀)출신 부장 이극용(李克用)의 병력을 빌어 반격에
나섰다. 그 위에 황소군의 장수 주온(朱溫, 朱全忠)이 황소를 배반하고 당군에 투
항하자 황소는 장안을 버리고 후퇴하다가 산동(山東)지방의 태산근처에서 자살
(884)함에 따라 10여 년간의 농민반란은 겨우 진압되었다.

황소의 난은 비록 실패하였으나 그 역사적 의의는 매우 크다.

먼저 난마와 같이 얽혀있던 당왕조의 중앙정치에 결정적 타격을 주었고 이와
함께 문벌귀족세력이 거의 제거되었다는 점이다.

또 지방에 할거하고 있던 절도사세력에도 큰 타격을 가하여 그 세력의 재편
성을 가져오게 되었다. 즉, 당을 멸망시킨 주전충(朱全忠)세력은 처음에 반란군
이었으나 정부에 투항하고 황소의 패잔병을 규합하여 하동(河東) 절도사로 제기
하였다. 사타(沙陀) 부족의 이극용(李克用)도 후에 후당(後唐)을 세우게 되는 기
반을 조성하였으니 여기에서 당의 절도사 세력은 양분되었다.

황소의 난은 10년간에 걸쳐 전국이 전란의 소용돌이 속에 휘말렸으므로 당제
국의 경제적 기반은 완전히 파괴되었다.

황소의 난 이후의 환관과 관료의 싸움은 더욱 극심하여 재상 최윤은 환관을
제거하기 위해 주전충의 병력을 궁중으로 끌어들여서 환관을 주살하니 이로써
환관세력은 소멸되었다(896). 주전충은 소종(昭宗)을 시해하고(903) 30여명의
고관을 황하에 수장시킨 후[54] 마침내 당의 애제(哀帝)로부터 왕위를 물려받아
후량(後梁)을 세웠다. 당은 20대 290년만에 멸망하고(907) 5대10국(5代10國)
시대가 시작되었다.

5. 당제국의 붕괴와 동아시아 국제질서의 변화

10세기 초(907), 당제국의 멸망은 5대10국이라는 새로운 무인(군벌)체제국가
를 여는 계기가 되었다. 이러한 변화는 중국의 역사에 국한되지 않고 동아시아
의 국제정세에도 새로운 변화를 가져오게 되었다.

중국과 동아시아 각국의 국제관계는 당제국의 개방주의와 적극적인 대외정책
으로 긴밀한 관계를 갖게 되면서 동아시아 문화를 확대하여 나갔다. 그러나 당의

---

54) 주전충의 고문인 이진(李振)이 당의 고관을 황하에 수장시킬 때 "이 무리들은 스스로를
청류라 뽐내었으니 그들의 시체를 황하에 던져 탁류로 만드는 게 좋다."고 건의하니 주전
충도 이에 동의하였다. 청류(淸流)란 진사과 출신자를 말하고 당이 망할 때까지 고급관료
인 진사과 출신자와 일반지식인의 대립상을 말한 것이다.

멸망으로 종래의 동아시아 국제질서가 재편되는 결과를 가져오게 된 것이다.

우선 한반도의 정세를 보면 신라가 한반도를 통일(668)한 이후 당과 밀접한 교류관계를 유지하여 오다가 10세기 초에 후삼국으로 분열되었고(901), 이어 10세기 초에 고려가 건국(918)하면서 신라는 멸망하게 되었다(935). 만주지방에서도 고려의 건국과 거의 비슷한 10세기 초(916)에 거란족이 요(遼)를 건국하게 되었다. 거란족은 당의 지배 하에서 민족적인 성장을 거쳐 당제국이 멸망하는 것을 계기로 역사상 처음으로 요(遼)의 정복왕조가 출현하게 되었다.

한편 일본에서도 10세기 중기부터 율령국가(律令國家)가 해체되면서 고대 귀족국가가 붕괴되고 무사가 새로운 지배계층으로 등장하는 사회적 변화가 일어났다.

이렇게 볼 때 10세기 초 당제국의 붕괴를 계기로 동아시아 세계는 새로운 역사가 전개되고 이를 바탕으로 국제질서가 재편성되면서 각 민족은 독자적인 문화의 기반 위에 민족국가를 건설하고 고유문화를 발전시켜 나갔다.

제 3 절 당대(唐代)의 사회와 경제

Ⅰ. 율령국가와 율령체제의 완성

1. 율령국가의 성격

황제를 정점으로 한 중앙집권적 지배체제는 이미 진(秦)에서 비롯되었고, 국가의 기본법으로서 율(律: 刑法)의 권위도 진·한 이후 명·청에까지 일관되고 있다. 그러나 수·당시대를 특히 율령국가체제로 규정하는 이유는 율령제도(律令制度)가 당에 이르러 전형적으로 완비되었기 때문이다. 당의 율령체제는 균전제(均田制), 부병제(府兵制), 조용조제(租庸調制) 등 여러 제도의 상호관련과 유기적 운영을 전제로 하여 성립되었고, 이와 같은 제도를 기초로 하여 국가권력의 지배기구로서 율령관제(律令官制)가 마련되었다. 율령체제는 수·당사회의 구조적 성격과도 밀접한 관계가 있으며, 수·당시대의 시대적 특성을 이해하는데 중요한 의미를 지니고 있다.

따라서 수·당의 사회적 변화를 파악하는데는 당의 율령체제 붕괴에 초점을 두어 안사의 난(8세기 중기) 이전시대와 이후의 시대성격을 확연히 구분하는 시대구분론[55])이 활발히 논의되고 있다. 또한 당의 율령체제의 전개과정과 붕괴는 당대 귀족사회의 변질과도 긴밀한 관계가 있다. 뿐만 아니라 당의 율령은 이후 중국은 물론이고 한국을 비롯한 일본, 월남, 만주, 몽골 등 동아시아 각국에 커다란 영향을 주어 동아시아 문화권의 공통요인으로 작용하였다는 점에서도 다른 시대와는 그 성격을 달리하고 있다.

2. 당(唐)의 율령내용

당의 율령은 건국 초인 무덕 7년(664)에 반포되고 그 후 여러 번의 개정[56])을 거쳐 현종의 개원 25년(737)에 율령격식(律令格式)으로 완비되었다. 당의 율령격식은 동양법제의 주축을 이루고 있는데, 율(律)은 형법이고 영(令)은 행정법·신분법·재산법을 포함한 일반법규이고, 격(格)은 임시법이고, 식(式)은 율령의 시행세칙이다.

현존하는 『唐律疏議(당률소의)』는 개원 25년에 개정된 개원율(開元律)의 해석서로 율소(律疏)라고도 하며,[57]) 당령(唐令)은 이듬해 편찬된 『唐六典(당육전)』에 많이 포함되어 있다. 정관령(貞觀令)에 있는 당령은 전체가 1590조로 되어 있고, 그 내용은 관품령(官品令)을 시작으로 군방(軍防)·의제(儀制)·공식(公式)·전(田)·부역(賦役)·관시(關市)·의질(醫疾)·옥관(獄官)·영선(營繕)·잡령(雜令)

---

55) 민두기 편, 『中國史의 時代區分論』, 창작과비평사, 1989.
　　일본 학계에서는 안사의 난을 기점으로 8세기 중기(755)까지를 고대로 설정한 동경대학 파가 있다. 이에 대해 후한대까지를 고대, 8세기 중기까지를 중세사회, 宋 이후를 근세로 시대 구분한 교토대학파가 있다. 중국대륙에서는 당말·오대를 전기 봉건제사회에서 후기 봉건제사회로 넘어가는 과도기로 설정하고 있다. 이들의 공통점은 다같이 8세기 중기 (755)를 중요한 전환기로 파악하였다.

56) 무덕 7년의 무덕율령이 제1차 편찬이고 이후 정관율령격식, 영휘율령격식, 무공율령격식, 신룡율령격식 등 여러 번 개편되었다.
　　이상열, 「中國의 禮典과 律·令·格·式, 法史的 考察」『曉星女大論文集』 44, 1992.

57) 『唐律(당률)』은 12편 500條로 구성되어 있고 편명내용은 다음과 같다. 즉, ① 명예(名例), ② 위금(衛禁), ③ 직제(職制), ④ 호혼(戶婚), ⑤ 구고(廐庫), ⑥ 단흥(擅興), ⑦ 도적(賦盜), ⑧ 투송(鬪訟), ⑨ 사위(詐僞), ⑩ 잡률(雜律), ⑧ 포망(捕亡), ⑨ 단옥(斷獄) 등이다.

등으로 되어 있다. 당률은 현재까지 전해 오나 영과 격·식은 거의 전해지지 않고 있다.

그러나 학자들에 의해 당령의 유문(遺文)이 수집 정리되어 대강 알 수 있고, 특히 스타인, 페리오 등이 돈황문서(敦煌文書)의 조사 발견으로 당대 율령격식의 중요한 내용이 밝혀지고 있다. 당의 율령제는 당이 건국되던 7세기 초부터 안사의 난으로 당의 사회가 크게 변화하는 8세기 중기까지 유지되었다. 뿐만 아니라 당의 율령국가 체제는 동아시아 각국에 전파되어 각국의 법제형성(法制形成)에 큰 영향을 주어 한국에서는 4세기 후기부터 고구려·신라·백제에서 율령이 제정되었고, 일본에서는 7세기 중기에 율령국가(律令國家)가 성립되었다.

Ⅱ. 唐제국의 지배체제

1. 당대 관제의 변천과 특성

진·한 이래의 중국관제는 당의 3성6부(三省六部)체제로 완성되었고, 이는 다시 宋 이후에 변천되면서 명·청의 관제로 발전되었다. 그런데 중국의 중앙관제는 그 변천과정에서 황제권(皇帝權)과 재상권(宰相權)이 서로 대립과 견제의 역학작용을 되풀이하면서 변천되었다. 이 과정에서 항상 황제권이 재상권을 제압하면서 발전하였다.

처음 진·한의 3공(丞相, 太尉, 御史大夫)제도는 한대에 와서 궁정 안에 있던 황제측근의 비서기관인 상서(尚書)에 눌려 그 기능을 점차 상실하였다.[58] 그 대신 상서가 세력을 갖게 되면서 국가의 중요기관으로 부상하였다. 그러나 상서의 권한이 비대해지자 황제는 자기 심복으로 이용할 수 있는 사적 비서기관을 다시 설치하게 되었는데, 이것이 삼국의 위나라에서 그 권한이 크게 신장된 중서(中書)와 문하(門下)이다.[59]

중서는 삼국시대 이후 한대의 상서를 제치고 다시 황제의 측근 비서관이 되

---

58) 상서(尚書)는 본래 소부(少府)에 속하여 있던 황제 개인의 비서로 그 장(長)이 상서령(尚書令)이었다. 무제(武帝) 때 그 권한이 커지고 이후 후한시대에 들어와 최고행정기관으로 발전하였다.
59) 중서성도 그 기원은 진·한시대의 소부(少府)에 소속된 속관이었으나 조조가 위왕에 봉해지면서 비서령을 설치하고, 다시 위가 건국되면서 중서령으로 개명하여 그 권한이 커지게 되었다.

어 황제의 조령(詔令)을 관장하였다. 특히 황제의 비밀조령은 상서를 경유하지 않고 직접 지방의 주군(州郡)과 국경의 장군에게 전달되었는데, 이는 唐代 추밀원(樞密院)과 같은 성격을 띠게 되었다. 중서는 남조의 양·진에서 중요한 기구로 발전하였다.

그리고 문하는 황제측근에서 황제의 그림자처럼 보필하는 자를 말한다. 시중(侍中), 산기상시(散騎常侍), 급사중(給事中)은 모두 문하에 소속되었고, 이들은 황제의 고문에 응하거나 간관(諫官)의 역할을 담당하였다. 이러한 문하는 남조 이후 특권적인 귀족계급이 세력을 잡게 되면서 문벌이 높은 귀족가문에서 임명되었다. 그러므로 다 같은 천자의 측근이라 하여도 상서·중서가 황제에 예속된 신하인데 비하여 문하는 가문을 배경으로 귀족적인 긍지를 갖고 황제에게 충고하는 자문역할을 하는 존재라 하겠다.[60]

2. 당대 3성6부(三省六部)체제의 구조적 성격

당의 3성은 국가정책[왕명(王命)]을 기안하는 중서성, 이를 심의하는 문하성, 정책을 실시하는 상서성을 말한다.[61] 문하성은 귀족적인 기관으로 귀족계급의 이익을 대표하였으며, 봉박(封駁)이라는 거부권이 있어서 중서에서 입안된 국가정책이 귀족의 이익과 어긋나는 경우에는 이를 거부하여 중서성에 되돌려 보내는 권한을 행사하였다. 이로써 당대 황제권은 귀족권에 의하여 상당히 제한되고 있음을 알 수 있다. 일단 문하성을 통과한 황제의 조칙은 상서성으로 넘어가 실시되었다. 상서성 아래 6부(吏·戶·禮·兵·刑·工)가 있고 6부장관인 상서(尙書)가 각기 정무를 분담하여 황제의 조칙을 실천에 옮겨 나갔다.[62]

그런데 당의 3성체제는 국정 운영상 몇 가지 문제를 안고 있다.

먼저 국가정책(王命)의 기안에 있어서 황제와 중서령만이 국무를 논의할 뿐 행정부처간에 긴밀한 연락통로가 없다는 점이다.[63] 당의 3성체제가 안사의 난 이후

---

60) 唐의 3성은 梁·陳과 북위의 5성(中書, 門下, 尙書, 內史, 秘書), 隋의 6성제도를 계승한 것이다. 6부도 북주의 제도를 이어 받은 것이다.

61) 중서성의 장관을 중서령이라 하고 문하성의 장관을 시중, 상서성의 장관을 상서령이라 하였다. 상서령과 문하시중이 재상의 역할을 담당하였다. 상서성의 장관[尙書令]은 보통 결원이 되는 경우가 많아서 차관인 좌우 복야(僕射)가 권한을 대행하였다.

62) 김규호, 「唐代 宰相制度의 硏究」『歷史敎育』20, 1976.

63) 당의 3성은 고종·중종·예종의 약 30여 년간 그 권한이 박탈되었다. 그것은 이때가 무후(武后)·우후(韋后)·안락공주(安樂公主)·태평공주(太平公主) 등이 국정을 전단하여 3

[당의 중요 행정기관]

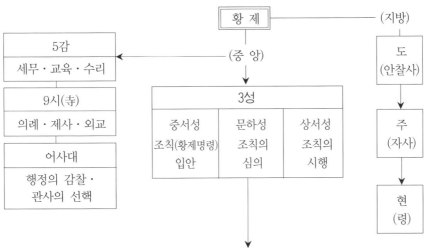

6부					
이부	호부	예부	병부	형부	공부
문관임명 인사	호적·재정· 경제관계	예의·문교· 외교관계	군사·무관의 인사관계	사법관계	토목·영선 관계

거의 행정력을 발휘하지 못하고 환관과 권신의 괴뢰와 같은 지위로 전락하면서 중서성과 문하성이 중서문하성(中書門下省)으로 통합되었는데, 이것이 중앙행정 조직상의 모순점에서 나타난 결과라 하겠다.

다음으로 3성제도는 운영상에서 문하성의 봉박권(거부권)으로 황제의 권한이 상당히 제한당하고 있다. 이는 당의 황제가 중국역사상 수난을 많이 겪게 되는 중요한 원인이 되었고, 이에 따라 당의 정치가 계속해서 불안정하게 전개된 것이다. 또한 상서성에 소속된 이부(吏部)가 관리의 인사권을 쥐고 있기 때문에 그 권한이 크고 문벌귀족이 이부상서에 임명되어, 그의 임무는 중서령이나 문하시중보다 행정·인사권에 강한 권한을 행사하게 되었으므로 귀족의 관직독점이 유리하였다.

그러나 당의 후기에는 3성제도상에서 황제 권력이 신장되는 방향으로 나가고 있었다.[64] 즉, 황제권을 제한하고 봉박권(거부권)을 쥐고 있던 문하성이 중서성

성장관은 단지 그녀들의 의사를 추종할 뿐이었기 때문이다.

64) 처음 재상은 문하성의 장관인 시중이 맡아 국정을 논의하였고 이를 정사당(政事堂)이라

에 흡수되었고, 중서성의 장관을 재상으로 하여 명칭을 동중서문하평장사(同中書門下平章事) 또는 동평장사(同平章事)로 격하시키고, 6부의 장관(상서)을 여기에 예속시켰다. 이는 황제에게 가까운 중서성이 문하, 상서 2성을 합병한 것으로서 황제는 귀족이 장악하고 있는 문하성의 거부권에서 벗어나 직접 조칙을 발동할 수 있게 된 것이다. 이는 귀족세력이 붕괴되는 사회적 현상이 제도상에 그대로 반영된 것이다.

중앙에는 3성 외에 특수기관으로 진한시대의 9경(卿)과 같은 9시(寺)가 있다. 즉, 제사와 예악을 담당한 태상시(太常寺), 향연을 주관하는 광록시(光祿寺), 궁중의 무기고와 의장행사를 맡는 위위시(衛尉寺), 황족업무를 맡은 종정시(宗正寺), 천자가 타는 가마를 담당한 태복시(太僕寺), 형옥의 대리시(大理寺), 외국 사신접대와 흉례(凶禮)를 맡은 홍려시(鴻臚寺), 관리의 봉록, 창고와 회계를 맡은 사농시(司農寺), 공부(貢賦)의 수입과 보관, 시장을 맡은 태부시(太府寺)를 말한다. 그 외에 국자감(학교의 행정담당), 소부감(少府監: 황제의 服制, 百官儀制), 장작감(將作監: 土木營繕), 도수감(都水監) 등 5감(監)과 어사대(御史台: 감찰기관)가 있었다.[65]

3. 지방관제의 확립

중국의 지방관제는 크게 주대의 봉건제도와 진의 군현제도로 나눌 수 있다. 한초에는 이 양제도를 절충하여 군국제도(郡國制度)를 시행하였으나 무제 이후 군현제도로 환원되었고, 주(州)가 새로 나타난 것이 하나의 특색이라 하겠다. 전한 후기에 지방을 10여개의 주로 나누고 주 아래 군(郡), 군 아래 현(縣)을 설치하는 3층제가[66] 되었다. 위·진·남북조시대에는 이러한 3층제가 계속되었으나, 수나라가 남북조를 통일하면서 군을 폐지하여 州·縣의 2층 구조로 바꾸었다.

하였다. 뒤에 정사당은 중서성으로 옮기고 이를 중서문하라고 개칭하였다.

65) 唐의 관원수는 시대에 따라 다르나 현종의 개원 25년(737)의 통계에 의하면 중앙관은 관인이 2,620명, 서리(吏人) 35,177명이고 지방의 관인은 16,185명, 吏人은 314,686명으로 되어 있다. 『通典』卷40.

66) 유원적, 「唐前半期都督府·州의 總數와 그 關係」『邊太燮博士華甲紀念史學論叢』, 삼영사, 1985.
진(秦)의 지방관제는 군·현(郡·縣)의 2층제였으나 한대에는 州·郡·縣의 3층제가 되었고 남북조시대에도 그대로 계속되었다. 다만 남북조시대에는 郡의 영역이 확대되어 州와 郡은 크기가 비슷하였고 북주에서는 200州, 500郡, 진(陳)에서도 400州, 100郡이라 하여 주·군의 구별은 무의미하였다. 수에서는 다시 郡을 없애고 주·현의 2층제로 환원하였으며 州를 郡으로 그 명칭을 바꾸기도 하였다.

당은 수대의 지방행정조직을 그대로 계승하였으나 州와 郡의 명칭은 여러 번 고쳤다.[67] 또 태종의 정관(貞觀) 원년(627)에 전국을 10도(현종 때 15도)로 나누었다. 10도는 실제적인 행정단위는 아니고 단지 순찰을 위해 구분한 것이다. 따라서 처음에는 지리적으로 구획한 것에 불과하였으나 측천무후시대(691)에 10도에 존무사(存撫使)를 두어 각 도의 정무를 그때그때 감찰하였다. 그 후 중종시대(706)에 10도 순찰사를 2명씩 두어 상설화하였으며, 현종 때(732) 비로소 각도에 채방처치사(採訪處置使)를 설치하여 도(道)의 행정업무를 관장하게 하였다.

한편, 지방의 요지에는 도독부(都督府)를 설치하여 여러 州를 감독하였다. 태종(太宗) 때에는 전국에 41개 도독부, 358개 州, 1537개 縣이 있었다. 도독부 이외에 2종류의 부(府)가 있었다. 하나는 당이 정복한 지역에 설치한 6도호부이며, 다른 하나는 경기(京畿)와 행재소에 설치한 府이다. 현종 때에 수도 장안에 경조부(京兆府), 동도(東都) 낙양에 하남부(河南府), 태원(太源)에는 태원부(太原府)를 두었다.

4. 부병(府兵)제도에서 모병(募兵)제도로의 변화

당의 군사제도는 8세기 중기, 즉 안사의 난(755)을 분기점으로 하여 그 이전의 부병제와 이후의 모병제로 양분된다. 부병(府兵)이란 군부(軍府)에 소속된 병(兵)이란 뜻으로 그 기원은 서위에서 시작되었다. 부병의 기원은 서위 우문태가 실시한 24군제(軍制)에서 찾는 것이 일반적이다. 그러나 부병이란 명칭은 이미 남북조시대에 민호(民戶)를 따로 구분하면서 사용하였다. 서위시대의 부병제는

---

67) 유원적, 「唐前期州縣官의 一考察 京外職傾向을 中心으로-」『木浦大論文集』5, 1982.
　　＿＿＿, 「唐前半期 都督府와 州의 統屬關係」『東洋史學研究』22, 1986.
　　＿＿＿, 「唐 武·韋后期 典型的 官僚로서의 李嶠論-그의 官途와 施政策을
　　　　　중심으로-」『裵鍾茂總長退任紀念史學論叢』, 1994.
　　김　호, 「唐 前期 中央官府와 皇帝 侍奉機構」『中國史研究』26, 2003.
　　김선민, 「唐代의 中央-地方 通信體系와 銅魚符」『中國史研究』25, 2003.
　　정병준, 「唐代 主要 州縣官의 選任方式의 變化-銓選에서 薦擧制로-」『魏晉隋唐史研究』
　　　　　4, 1998.
　　　　　당이 건국된 618년에 군을 없애고 주를 설치하였고 총관부를 두었다. 624년에 총
　　　　　관부를 도독부로 고쳤고, 742년에 다시 州를 郡이라 고치고 758년에 郡을 州로
　　　　　바꾸었다.
　　최재영, 「唐 前期 三府의 정책과 그 성격-唐朝의 京畿強化策과 관련하여」『東洋史學研究』
　　　　　77, 2002.

관중(關中)지방에 국한하였고 수나라에서는 이를 전국에 실시하였다. 당의 부병제는 태종의 정관 10년(636)에 완성되었으니 수도 장안에 12개의 위부(衛府)를 설치하고, 지방에는 630개의 절충부(折衝府)를 두었다.

부병은 위사(衛士)라고도 하여 호적(戶籍)이 있고 정남(丁男)이 많은 군부의 호에서 선발되었다. 부병은 균전령(均田令)에 따라 토지를 지급받고 평상시에는 농업에 종사하고 농한기에 집중적으로 훈련을 받으면서 윤번으로 수도의 방위에 충당되었는데, 이를 번상(番上)이라 한다. 부병은 전시에는 변방으로 출정하였고, 전쟁이 끝나면 다시 고향에 돌아와 농사를 지었는데 당의 부병은 60만 명을 헤아렸다. 그런데 부병은 출정시에 양식과 생활비용, 심지어 무기까지도 개인이 조달하였으므로 국가의 군사비는 줄어든 반면에 부병의 의무부담은 상당히 과중되었다.

이와 같은 부병제는 균전제의 기초 위에 성립되었다. 따라서 균전제가 붕괴되어 농민이 토지를 받지 못하게 되자 부병이 자담해야 할 의식(衣食)과 장비를 마련할 수 없게 됨에 따라 향촌을 버리고 도망하는 자가 많아 부병제는 무너지게 되었다. 따라서 균전제와 부병제는 거의 비슷한 시기에 막을 내렸다.[68] 즉, 균전제가 현종의 개원연간(712~742)인 8세기 초에 무너지고 잇달아 부병제도 천보 8년(749)에 군부의 기능을 중지함으로써 폐지되었다. 그 대신 절도사 체제 하에서[69] 모병제가 실시되었으며, 이 모병제도는 당말 5대를 거쳐 宋 이후에까지 계속되었다.

Ⅲ. 관인 양성을 위한 학교교육과 과거제도

1. 당대 학교교육제도의 발전

당의 학교교육과 과거제도는 서로 밀접한 관계가 있다. 중국인의 의식 속에는 학문의 목적이 관리가 되어 천하(天下)를 다스리는(治國平天下) 일에 있었다. 따라서 학자와 관인은 따로 분리되어 존재하는 것이 아니고 학자가 곧 관리이며 관리가 관직에서 물러나면 다시 고향에 돌아가 학문을 하는 것을 이상으로

---

68) 김선민, 「唐代府兵役의 성격에 관하여」『魏晋隋唐史研究』 2, 1996.
  김선민, 「唐開元·天寶朝 西北地域의 兵役制度變化」『歷史學報』 151, 1996.
69) 당에서 절도사가 처음 설치된 것은 710년(예종 경운 1년)에 하서절도사설치에서 시작된다. 그 후 현종의 천보 초기(742)에는 변경에 10절도사가 설치하여 모병제가 본격화되었다.

생각하였다. 이러한 관학일체사상(官學一體思想)은 한대의 유교주의에서 출발하고 있다.

그러므로 학교교육은 관인으로 나아가는 과거(科擧)시험 준비교육의 성격을 띠고 항상 과거제도에 예속되어 왔다. 따라서 순수학문이나 학문을 위한 객관적 진리탐구가 학교교육에는 존재하지 않았다. 동양사회에 전문적인 학자와 예술가가 배출되지 못한 원인이 여기에 있고, 또 이것이 서양사회와의 커다란 차이점이다.

당대 중앙의 관학으로는 이른바 6학2관(六學二館)이라 하여 국자학(國子學), 태학(太學), 사문학(四門學), 율학(律學), 서학(書學), 산학(算學)의 6학과 홍문관(弘文館), 숭문관(崇文館)의 2관이 있다.[70] 이 가운데 국자학, 태학, 사문학이 가장 중요시되었다.[71]

학교의 입학자격은 당의 귀족사회를 반영하여 엄격한 신분제한이 있었다. 즉, 당초에 국자학의 정원은 72명으로 3품관 이상의 귀족자손을 선발하여 입학시켰다. 태학의 정원은 140명으로 5품관 이상의 자손이 입학하였다. 사문학은 130명 정원으로 7품관 이상의 자손이 입학할 수 있다.[72] 6학의 교사(敎師)는 박사(博士), 조교(助敎), 직강(直講)이라 하였다. 홍문관(수문관)은 장서를 보관하는 기관이었으나 후에는 조정대신(朝廷大臣) 중에 학문에 뛰어난 자를 가려 홍문관과 학사(學士)를 겸하고 천자의 자문에 응하게 하였다. 현종의 개원 7년(719)에는 경관5품(京官5品) 이상의 귀족자제를 학생으로 선발하여 교육함으로써 학교로 발전하였다. 숭문관[崇文館: 숭현관(崇玄館)]은 동궁(東宮)에 속해 있었으나 고종 때부터 학사와 생도가 있었고 황족(皇族)과 재상의 자손만이 입학할 수 있었다.

교육내용을 보면 국자학·태학·사문학과 홍문·숭문관은 유교경전[經學]을 주로 하고, 서도(書道)를 배웠는데 서도교육은 과거시험에서 이를 중요시하였기 때문이다. 율학에서는 각 왕조의 법률내용과 격식법례(格式法例)를 연구하였다. 서학(書學)에서는 매일 한 폭씩 서예를 쓰고 그 밖에 시무론책(時務論策)을 익혔

---

70) 홍문관(본래는 수문관)은 당의 초기(621)에, 숭문관은 태종 때(639) 설치되었다. 현종 때 숭현관(崇玄館, 741)과 광문관(廣文館)도 설치(750)하여 황족과 귀족의 자제를 교육하였다.

71) 태학은 한대에서, 국자학은 서진에서 시작되었다. 그리고 사문학은 북위 효문제 때(495) 교육을 보급시키기 위해 수도 낙양의 사문에 학교를 설치하였으므로 사문학의 명칭이 생기게 되었다.

72) 태종대는 6학의 정원은 국자학생 300명, 태학생 500명, 사문학생 1300명으로 급증하고 있다.

으며 문학과 유교경전을 배웠다. 산학에서는 산학원리와 산식(算式)에 대한 연습을 중시하였고 숭현학(崇玄學)의 과목은 노자(老子)의 『道德經(도덕경)』과 『莊子(장자)』, 『列子(열자)』 등을 익혔다. 이들 기술학교의 수업연한은 대부분 9년이나 율학은 6년, 현학(玄學)은 3년이다. 매년 겨울에 시험을 치러 학생의 성적을 평가하였다. 졸업 후에 관리가 되고자 하는 자는 먼저 국자감에서 행하는 시험인 책시(策試)에 합격해야 한다. 책시 후 예부시험에 합격하면 관리가 되는 자격이 주어졌다.

당의 관학(官學)은 태종 때에 가장 발달하였다. 사방의 선비가 수도로 모였고, 고구려·신라·백제·일본과 서역 여러 나라에서도 유학생이 쇄도하였다. 6학 2관의 학생이 많을 때는 8천여 명이나 되었고 고종 때에 낙양을 동도(東都)로 하면서 이곳에도 6학을 설치하였다. 당의 학교교육은 측천무후시대의 남관정책(濫官政策)으로 쇠퇴하였으나, 그 후 현종 때에 다시 회복되어 양경(兩京)의 관학생(官學生)이 2천여 명에 이르렀다.

2. 관인양성을 위한 과거제도의 발달

중국역대의 관리선발방법은 대체로 두 가지가 있다. 하나는 추천에 의해서 뽑는 것이고, 다른 하나는 시험에 의하는 것이다.

위·진·남북조시대의 구품관인법(구품중정제)은 추천에 의한 선발방법이고, 수·당시대의 선거(과거제도)[73]는 시험에 의한 것이다. 한대(漢代)의 향거리선(鄕擧里選)은 추천과 시험을 병행한 것이다. 그런데 시험에 의한 관리 선발도 어떤 기준을 가지고 관리를 뽑느냐에 따라 시험과목이 달라질 수 있는데 한대처럼 덕행(德行: 孝廉)·현량방정(賢良方正)·무재과(茂才科)를 중시하는 경우와 당 이후처럼 유교사상 명경(明經)이나 문학(文學: 詩文) 그 밖의 전문지식(律·算·書)을 중시하는 경우가 있다. 당 이후의 과거시험은 덕행보다는 재능 쪽을 중시하여 관인을 선발하였다.

당대시험으로 관리가 되는 길은 세 가지가 있다. 지방의 인재를 중앙의 예부(禮部)에서 선발하는 향공(鄕貢)공거(貢擧)과, 관학 졸업생을 시험하여 관리로 등

---

73) 수대에는 구품관인법(九品官人法)을 폐지하고 시험에 의한 선거제를 실시하였다. 선거과목 중에 수재(秀才), 명경(明經), 진사과(進士科)는 문제(文帝)의 개황(開皇) 7년(587)에 실시되었고 제과(制科: 임시선발)는 598년에 실시되었다.
하병체 지음·조영록 외 옮김, 『中國科擧制度의 社會史的 硏究』, 동국대학교출판부, 1987.

용하는 생도(生徒), 그때그때 황제의 특명에 따라 인재를 선발하는 제과(制科)가 그것이다. 이른바 과거[74]라고 하는 것은 향공을 말하는 것이다. 시험은 1차로 예부에서 학과시험을 치르고 합격자는 다시 이부(吏部)에서 2차 면접시험을 보는 2층제이다. 이부의 면접은 신(身) · 언(言) · 서(書) · 판(判)으로 사람됨을 시험하였다.

그러나 당대는 귀족이 지배하고 있던 사회이기 때문에 면접시험에는 수험생의 출신가문이 당락을 좌우하였다. 그러므로 우수한 성적으로 예부시험을 통과하여도 이부시험(吏部試驗)에서 낙방하는 경우가 많았다. 따라서 당의 예부시험은 관리후보 자격시험과 같은 성격이다. 이에 비하여 다음에 오는 宋代는 지방에서 시험보는 해시(解試)와 중앙의 성시(省試), 마지막으로 황제 앞에 나가 시험보는 전시(殿試)의 3층 구조로 되어 있다. 당대의 과거시험이 관리후보 자격시험이었으나 송대의 과거시험은 관리선발 시험이었다.

당의 과거시험 과목에는 수재(秀才) · 진사(進士) · 명경(明經)이 주축을 이루고, 이 밖에 기술과목으로 명법(明法) · 명산(明算) · 명서(明書) 등이 있었다. 이 가운데 수재과목은 당의 초기에 폐지되고 시문(詩文)으로 시험 보는 진사과(進士科)와 유교경전의 명경과(明經科)가 주류를 이루게 되었다. 진사란 명칭은 사가진(士可進) 수작록(受爵祿: 선비는 관리로 나아가 작위와 봉록을 받는다)에서 나온 말이다. 응시자는 6학(六學)과 2관(二館)의 생도를 비롯하여 지방의 부(府)와 주(州)에서 일차시험에 합격한 향공진사(鄕貢進士)와 향공명경(鄕貢明經)이 수도에 와서 시험을 보았다. 중앙에 올라온 자가 대체로 3천여 명에 이르고, 이 중 급제자는 진사 수십 명에 명경 2 · 3백 명이었으므로 진사에 합격하는 것이 어려웠는데, 이러한 경향은 특히 측천무후시대에 현저하였다.[75]

---

74) 과거(科擧)란 과목에 따라 인재를 선거(選擧)한다는 뜻이다. 과거제가 처음 시작된 것은 수나라 문제 때 구품관인법(九品官人法, 中正制)을 폐지하고 선거제도를 실시한데서 비롯된다. 따라서 수대에는 선거, 당대에는 향공(鄕貢)이라 하였고 과거란 명칭이 사용된 것은 과거제도가 완비된 宋代부터이다.

75) 하원수, 「唐代明經科의 性格」『東洋史學硏究』 42, 1993.
_____, 「唐後半期 進士科와 士人들 간의 私的 紐帶」『東洋史學硏究』 56, 1996.
_____, 「唐前半期 科擧에서의 生徒와 鄕貢」『魏晉隋唐史硏究』 3, 1997.
_____, 「唐 前半期 進士科의 性格」『歷史學報』 158, 1998.
김원중, 「唐代 取士제도와 唐詩의 상호관련양상 검토-科擧制와 行卷을 중심으로-」『中國人文科學』 27, 2003.
정태업, 「唐代 科擧文化와 唐詩의 興盛」『중국어문학지』 13, 2003.

고종 초기까지에는 명경도 진사와 같이 존중되었고, 특히 명경과에는 문벌귀족의 자제가 다수 응시하여 명경출신 재상도 상당수에 이르렀다. 그러나 남북조이래 '귀족은 문학, 한인(寒人)은 경학(經學)'이라는 전통이 당대에도 계속되어 귀족은 시문에 열을 올렸다. 그리하여 경학은 빈사(貧士)의 주업(主業)이 되고 경학을 전문으로 하는 박사(교수)와 조교도 등급이 낮아 사인(士人)들로부터 경시되었다. 특히 측천무후의 영창(永昌)(689) 이후 진사과 합격자는 화선(華選)으로 꼽혀 응시자가 늘어나는 반면 명경은 급격히 쇠하여 갔다. 그리하여 당시 '명경을 30세에 급제하면 늦고, 진사를 50세에 급제하면 젊은 편'[76]이라는 속담과 같이 진사합격은 모든 선비의 꿈이요 선망이었다. 시부(詩賦)시험을 주로 하는 진사과는 박학(博學)을 바탕으로 창의력을 발휘해야 되었기 때문에 종합적인 학력평가로 인식되면서 더욱 각광받게 되었다.

Ⅳ. 唐代의 사회구조

1. 지배계층의 구조적 변화

당의 사회계급은 지배계층과 피지배계층으로 양분된다. 지배층은 왕공(王公), 귀족(貴族), 관인(官人) 등이며, 피지배계층은 농·상·공(農·商·工), 어업(漁業)에 종사하는 양민(良民)과 그 아래층의 천민이다.

그런데 당의 지배계층을 한 마디로 귀족계급이라 표현하고 있으나, 이들의 구조와 성격은 당의 초기, 측천무후시대, 안사의 난 이후가 각기 다르다. 당을 건국한 창업 공신들은 북주·수·당으로 이어지는 관롱집단으로 이들 개국공신파는 측천무후가 등장하기까지 사실상 국가 권력의 핵심세력이었다. 당초(唐初)의 귀족세력은 산동(山東)귀족, 관중(關中)귀족, 대북(代北)귀족, 강남(江南)귀족으로 병칭되었는데,[77] 이들 중 관중, 대북귀족은 당초 창업의 주축이었으나, 사회적으로 가장 존경받은 것은 산동귀족이었다.[78]

당 태종은 이러한 문벌에 대한 일반인의 존경심을 당 왕조 및 관인에 대한

---

76) 『文獻通考』 卷29, 擧士條에 三十老明經, 五十少進士라고 있다.
77) 유원적, 「唐前期에 있어서 官僚基盤의 擴大過程에 대하여」 『歷史敎育』 26, 1978.
78) 특히 산동귀족의 대표적 가문은 박능최씨(博陵崔氏), 범양노씨(范陽盧氏), 조군이씨(趙郡李氏), 영양정씨(榮陽鄭氏) 등을 4姓으로 꼽고 태원왕씨(太原王氏)를 넣어 5姓, 농서이씨(隴西李氏) 청하최씨(淸河崔氏)를 추가하여 7姓으로 꼽기도 한다.

존경으로 바꾸기 위하여 고사렴(高士廉) 등에게 명하여 『氏族志(씨족지)』를 편찬
케 하였다. 고사렴 등은 당시 사대부의 의견과 족보를 참조하여 산동의 박릉최
씨[최민간(崔民幹)]를 제1등 씨족(氏族)으로 하고,[79] 당을 건국한 농서(隴西) 이씨
(李氏)를 제3등으로 하여 『씨족지』를 편찬하였다. 이에 대하여 태종은 그 내용이
부당함을 지적하고 문벌귀족이 결코 국가(황제)를 초월할 수 없다고 반박하여
문벌우위에서 관위(官位)우위로 개편하도록 지시하여 새로 만든 것이 『貞觀氏族
志(정관씨족지)』이다. 이로써 남북조시대 이래 정치사회적 우위를 차지하고 있
던 문벌은 태종대에 들어와서 점차 관위에서 밀려나게 되었다.

당 초기의 이러한 지배계층은 측천무후시대를 분기점으로 구조적인 변화를
가져오게 되었다. 즉, 측천무후의 등장을 반대하였던 세력은 관롱(關隴)집단을
중심으로 한 개국공신 및 그들의 후예들이다. 따라서 이들은 무후(武后)에 의하여
철저히 숙청되고 그 대신 과거출신관료가 무후시대 이후에 지배계층으로 부상
하였다.[80] 이에 따라 무후시대를 고비로 남북조 이래의 구귀족과 당의 개국에
공을 세운 관롱집단은 거세되었고, 이후 안사(安史)의 난까지 과거출신귀족 관
료가 당의 지배계층으로 그 위세를 떨쳤다. 그러나 당의 후기에 전개된 환관과
군벌의 등장으로 중앙의 귀족 간에도 치열한 당쟁이 전개되었고 우(牛)·이(李)
의 당쟁은 바로 과거제에 의한 과거관료와 귀족간의 치열한 싸움이었다.

한편 8세기 중기 이후 안사의 난을 고비로 하여 군벌시대가 시작되면서 당의
귀족체제는 근본적으로 흔들려 무너지게 되었다. 그리하여 서민사회가 나타나
게 되면서 서민세력을 기반으로 한 신흥 형세호(形勢戶)집단이 등장하여 다음
송대의 사대부(士大夫)계층으로 발전하였다. 이와 같은 당대 귀족계층의 시대적
변천과 함께 귀족사회의 내부구조도 변모하고 있다.

당의 귀족사회는 율령체제의 완성과 중앙집권화에 따르는 관료조직의 확대에
따라 중앙 및 지방의 관료기구가 방대하여지고 그 수효도 크게 증가되었다.[81]

---

79) 무후·위후(武后·韋后)시대에 과거의 진사과에 합격하여 명망을 떨친 산동의 박릉 최씨
(崔氏) 가운데 최식(崔湜), 최액(崔液), 최척(崔滌), 최첩(崔睫)은 문벌뿐만 아니라 진사출
신 관인으로서도 실력을 얻은 인물들이다.
80) 당대의 과거제도는 무후시대로부터 그 중요성이 더하게 되었다. 당의 초기에는 개국공신
[관롱]집단과 남북조시대의 문벌귀족의 세력이 중앙정계를 장악하고 있었기 때문에 과거
출신 관료의 힘은 그다지 크지 않았다.
81) 『通典』卷40에 의하면 6세기 말(수의 개황시대)의 官人총수는 195,937명이었다. 그러나
당의 개원 25년(737)에는 368,668명으로 거의 배로 증가하고 있다. 이 가운데 경관(京
官: 內官)이 2,620명, 지방관[外官]이 16,185명이고 서리[胥吏: 잡직(雜職)] 349,863명

이에 중앙관(中央官: 京官)이나 지방관(地方官: 外官)은 그들의 생활근거지를 수도 장안이나 장안 부근의 관중지역으로 이주하였다. 종래의 지방 중심적 재지귀족(在地貴族)에서 벗어나 부재지주(不在地主)의 성격으로 변신하게 된 것이다. 관중지역에 생활근거지를 마련하여 중앙에 몰려온 귀족관료는 그 생활상이 남북조시대의 재지호족(在地豪族)의 성격과는 전혀 다른 도시 중심적 생활형태로 변모하기에 이르렀다. 향촌에는 귀족이 거주하지 않게 되면서 교양 있는 선비가 지방에서 자취를 감추게 되었다. 남북조시대에 지방을 중심으로 발전하여 오던 귀족세력은 당대에는 대부분 중앙으로 몰려들어 재지호족은 점차 사라지는 상태가 되었다.

2. 당대의 신분제도의 구조적 특징

중국사회의 신분질서는 전제주의 지배체제를 유지하기 위한 수단으로 백성을 양인과 천민(賤民)으로 양분된 신분제에서 그 특징을 찾을 수 있다.

양천제(良賤制)는 진·한시대에 성립되어 남북조시대의 복잡한 과정을 거쳐 당대에 이르러 완성되었고 동아시아 각국에도 영향을 주었다. 양천제를 가장 명확하게 규정하고 있는 것이 당률(唐律)이다. 당의 율령은 피지배계층으로서의 양민과 천민을 율령(법률)으로 엄격히 구속하고 있다. 이는 동양사회가 가지고 있는 전제주의적 황제 지배체제와 가부장적(家父長的) 가족제도의 권위를 율령에서 확연히 명시하고 있음을 보여주는 것이다. 예를 들면 국가권력이 양민을 가장 엄하게 규제하고 있는 조항이 당률에 보이는 10악(惡)[82]의 내용이다. 이 10악은 유교주의를 기반으로 하여 국가(황제)권력의 지배질서와 가부장적 가족질서와 인륜(人倫)적인 사회질서에 대한 어떤 도전이나 거역도 이를 범죄로 규정하고 있는 점이다.

그런데 국민의 대부분이 양민이라고 볼 때에 당률은 상당히 광범위하면서도 융통성이 많은 내용으로 양민을 구속하고 있다. 실제로 10악 중 제6항 이후의 조항은 지배계층 또는 연장자가 필요할 경우 언제나 양민 속박을 가능하게 만든

으로 나타나고 있다.
김탁민, 「唐初 戶口 編制의 弛緩」『歷史學報』141, 1994.
82) 10악은 ① 모반, ② 모대역(謀大逆, 종묘, 산릉, 궁궐훼손), ③ 모반(국가를 배반), ④ 악역(조·부·모, 외조부모, 백숙형제살해), ⑤ 부도(살해), ⑥ 대불경(국가의 신성한 물품 모독), ⑦ 불효, ⑧ 불목, ⑨ 불의(不義), ⑩ 내란(근친 상간) 등이다.

악법에 해당한다. 즉, 대불경(大不敬)은 국가가 신성시하는 물품(옥새)의 위조,
제도에 대한 저항을 규제하였고, 7항의 불효는 그 범위가 광범위하여 조부모·
부모를 고발하거나 모욕, 분가(分家), 별적(別籍), 재산분배, 불공양, 친상 후 3년
이내의 결혼 등을 규제한 것이다. 그리고 9항의 불의도 지방관 및 이졸(吏卒)이
중앙과 지방의 5품관 이상의 관장(官長)을 살해하거나 남편의 상을 당하고 슬픔
을 고하지 않는 일 등이다.

  이렇게 볼 때에 당의 율령제도는 황제권의 기반이 되는 양민을 국가의 주체
로 하면서도 그들이 지배계층으로 부상하는 것을 철저히 억제하고 있다. 이와
함께 지배계층으로서의 귀족 및 관인체제를 유지하려는 정신이 율령 속에 강하
게 작용하고 있다.[83] 이러한 당률의 영향을 받은 동아시아 각국도 대체로 이와
비슷한 율령체제의 성격이 그대로 전파되고 있다.

  다음으로 천민은 양민보다 한 단계 아래에 있고, 다시 관천(官賤)과 사천(私
賤)으로 갈라진다.

  관천민은 태상음성인(太常音聲人), 잡호(雜戶), 관호(官戶), 공호(工戶), 악호(樂
戶), 관노비(官奴婢)의 여섯 종으로 구성된다.[84] 태상음성인은 태상시의 악공으
로 국가적 의식에 음악 가무를 맡은 신분이다. 이들은 호적상으로나 균전제의
급전(給田)에 있어서나 양민과 같은 대우를 받는 특수한 천민층으로 수대의 악
호에서 유래한다. 잡호는 태상음성인과 거의 같은 대우를 받으나 양민과의 결
혼이 금지되는 면에서 명확한 신분차별을 보이고 있다. 관·공·악호는 비슷한
예속민으로 특히 호적이 양민과는 달리 각 관청에 예속되어 있고 토지의 분배
에도 차이가 있다. 관천민은 신분이 세습되며 면천되려면 제일 하층의 관노비
에서 관호로 상승하고 다시 잡호가 된 후 양민이 된다. 이들은 본질적으로 율
령을 위반한 범법자이거나 국가에 대한 중죄인의 가족을 관에서 몰수하여 자손

---

83) 박근칠, 「唐代 戶籍制의 運營원칙과 그 變化-戶籍類 出土文書의 분석을 중심으로-」『慶
      尙史學』1, 1996.
   _____, 「唐 前期 手實·計帳에 대한 再檢討」『魏晉隋唐史研究』, 1996.
   _____, 「唐 前期 戶等制 連用原則과 그 變容」『東亞文化』(서울대) 30, 1993.
   _____, 「唐代 戶等制와 收取制度」『魏晉隋唐史研究會會報』, 1994.
84) 김명희, 「唐律에 나타난 官賤民의 性格」『湖南大論文集』8, 1987.
   _____, 「唐代法令의 分析을 통한 賤民制度의 一考察」『省谷論叢』28, 1997.
   _____, 『中國 隋·唐史研究』, 國學資料院, 1998.
   하원수, 「雜戶身分의 變遷과 그 性格」『歷史學報』115, 1988.
   전영섭, 「唐代 庶人·百姓의 用例와 身分的 性格」『釜大史學』27, 2003.

대에까지 관천민으로 복역시키려 한 것이다.

사천민은 사가(私家)에 예속된 자로 부곡(部曲), 부곡처(部曲妻), 객녀(客女), 노비(私奴婢)의 4종이 있다. 양민이라도 부곡에게 출가하면 부곡처가 되고 객녀는 여부곡(女部曲)을 뜻하며 법제상의 위치나 대우는 부곡과 같다.[85] 부곡은 보통 노비의 위에 있는 상급[(사(私)]천민으로 이해되고 있으나, 양민과 같다는 주장과 양민과 천민의 중간에 위치한다는 설도 있다. 부곡은 공적(公的)으로는 노비처럼 매매의 대상은 아니나 예속된 주인이 바뀔 때에는 새 주인이 비용을 지불하고 이들을 지배한다. 노비는 재산과 같이 주인이 마음대로 처분할 수 있어서 우·마(牛·馬)처럼 매매·상속·증여의 대상이 되었다.

이러한 부곡이나 노비는 독립된 호적을 갖지 못하며 주인의 호적에 부기된다. 따라서 양민과 같이 세역(稅役)의 부담의무도 없고 균전은 지급되지 않았다. 노비는 그들의 역할에 따라 가내(家內)노비와 생산(生産)노비로 구분되며, 기인(妓人)과 같이 사가(私家)의 가무음곡(歌舞音曲)에 종사한 자도 있다. 노비의 수에 대해서도 대체로 당대에는 2백만 전후로 보는 견해가 있다. 당의 전성시대의 호구통계에 의하면 양민이 5천 수백만이므로[86] 양민에 비하면 천민은 그리 많은 숫자는 아니다. 한편, 일반농민이 노비를 소유하는 예는 극히 드물고 대부분의 노비는 귀족의 광대한 사유지, 즉 장원에 예속되어 있다. 노비의 가격은 보통 비단 5필에서 60필 정도이고 돈으로는 1만전에서 3만전으로 이것은 부농가의 1년간 곡물수확량에 해당되는 높은 값이다. 따라서 노비를 소유할 수 있는 계층은 특수귀족층에 한정되고 있다.

V. 당대의 토지제도와 조세제도

1. 당대 균전제(均田制)의 특성

중국의 경제구조는 농민의 토지소유 형태에 따라 균전제 실시 이전과 그 이후로 양분할 수가 있다. 균전제는 전근대적 농촌사회에서 농민이 어떤 생활형

---

85) 정병학, 「唐律令에 反映된 中國女性의 社會的 處遇」『亞細亞女性研究』 2, 1963
86) 중국의 전란과 인구감소는 밀접한 관계가 있다. 수양제의 대업 2년(606)의 인구는 4600만 명이었고 중종, 신룡 1년(705)의 인구는 3,700만 명으로 줄어들었다. 이는 수말·당초의 전란이 인구감소의 원인이 되었기 때문이다. 그 후 현종의 천보 12년(755)에는 5,291만 명으로 증가하였고 안사의 난 이후 다시 격감하고 있다(『通典』食貨志, 天寶14年條).

태를 유지하였는가를 이해하는데 필수불가결한 토지소유형태로 그 시대의 사회
경제체제를 이해하는 요체이다.

균전제가 처음 시행된 것은 북위(北魏) 태화(太和) 9년(485)이며, 이는 수 · 당
에 계승되어 건중원년(建中元年)(780)에 붕괴되기까지 약 300년간 시행되었다.
그런데 당의 균전제는 율령에 규정되어 있는 제도상의 내용이 그대로 전국적으
로 실시되었는지에 대해서는 의문이 많다. 그러나 제도상에 명문화(明文化)되어
있는 균전제가 공문법규(空文法規)라고 단정할 증거 또한 없다. 여기에 당의 균
전제의 제도상의 규정과 실시내용상에 대한 여러 가지 문제가 제기되는 것이다.[87]

당의 균전제는 서주 이래의 정전제(井田制)에서 보이는 균전사상(均田思想)에
그 사상적 근거를 두고 있다. 실제로 북위와 수 · 당의 각 왕조는 다 같이 분열
시대를 통일하면서 균전제를 시행하였다. 이 제도의 현실적 목적은 호족의 대
토지사유의 억제와 농민의 생활안정, 조용조(租庸調)에 의한 세수(稅收)확보 그
리고 토지를 받는 균전농민에게 부병(府兵)의 의무를 강요함으로써 군사문제까지

[북위 및 수 · 당의 균전제]

시대 (급전연령)	노전(露田, 口分田)			마전 (麻田)	상전(桑田, 永業田)	참 고	농민부담
북위(北魏) (15~69)	男	배전 (倍田)	40무 40무	10무 5무	20무 —	노비는 양민과 동등하게 지급 소 1마리에 30무 (네 마리에 한함)	1夫婦에 租…粟 2石 調…帛 1匹 (庸…不明)
	女	배전	20무 20무				
수(隋) (18~59)	男 女		80무 40무	— —	20무 —	노비와 · 耕牛는 토지지급 없음. 신분 · 관직에 따라 영업전 · 직분전(職分田) 지급.	丁男 1人 租…粟(속) 2石 1년에 20日 調…絹 2丈, 綿 3兩
당(唐) (18~59)	男		80무	—	20무	관인 영업전 있음. 여자 는 급전(給田) 대상에 따라 제외.	丁男 1人 조…粟 2石(120ℓ) 용…20日(중앙) 조…綾 · 絹 2丈(6m) 綿 3兩(110g) 雜徭…40日(지방)
	老男 과부		40무 30무				

87) 전해종, 「唐代均田考」『歷史學硏究』 1, 1949.
　　이계명, 「唐前期 均田制에 대한 一考察」『歷史學硏究』 5, 1974.
　　백윤목, 「唐代均田制硏究」『嶺南史學』 12, 1982.
　　____, 「唐代敦煌戶籍에 나타난 永業田優先의 一硏究」『富山史叢』 1, 부산산업대, 1985.

해결하려 한 것이다. 이렇게 볼 때에 균전제에서는 국가가 토지와 인민(人民)에 대한 절대적 지배권을 강화하려는 성격이 강하다. 따라서 당의 균전제와 조용조의 세제 부병제는 분리시킬 수 없는 삼각관계를 유지하면서 전개되었다.

2. 당대 균전제의 내용

당률에 규정하고 있는 균전제의 내용을 보면 수나라 이전과는 차이가 있다. 즉, 수나라는 부인(婦人)과 노비(奴婢)에 대해서는 급전(給田)이 없고 제왕(諸王) 이하 도독(都督)에 이르는 관인에게 100경(頃) 이하의 영업전(永業田)을 지급하고 또 화북(華北)에만 국한하지 않고 화중(華中)지방에까지 확대 실시하였다. 당은 건국 초에는 이러한 수제(隋制)를 계승하였으나 고조 무덕 7년(624)에 이를 개정하여 새로운 균전법을 공포하였는데 그 내용은 다음과 같다.

먼저 남자는 18세가 되면 구분전(口分田: 북위 露田) 80무(畝), 영업전(永業田: 북위 桑田) 20무를 지급받고, 60세가 되면 구분전의 반(40무)을 반납하고, 죽으면 나머지를 모두 반납한다. 여자는 원칙적으로 수전(受田)하지 않으나 과처첩(寡妻妾)만은 구분전 30무를 지급한다. 불구자, 병든 자는 구분전 40무를 받는다. 또 과처첩이거나 불구폐질자로서 호주(戸主)인 경우 구분전 20무를 더 받는다. 이 밖에 17세 이하의 남자로 호주인 경우 정남(丁男: 18세 혹은 23세 이상 59세까지의 남자)의 반을 받는다.

승려·도사(道士)는 구분전 30무, 니(尼)·여도사(女道士: 冠)는 구분전 20무를 받는다. 상인(商人)·공인(工人)은 농민의 반액의 땅을 받는다. 관천민 가운데 잡호는 농민과 같고 관호(官戸)는 반(半)을 받으며 관노비와 사천민은 급전하지 않는다.

다음 왕공(王公) 이하의 작위(爵位)소유자 및 직사관(職事官), 산관(散官), 훈관(勳官)에게는 지위에 따라 100경(頃)에서 60경까지의 영업전을 준다. 가족 3인에 1무의 원택지(園宅地)를 받는다. 그런데 토지는 넓고 인구가 적은 지방[관향(寬鄕)]과 그 반대로 인구는 많고 땅이 좁은 지방[협향(狹鄕)]에 따라서 급전(給田)이 가감된다.

이러한 균전(均田)은 원칙적으로 임의로 처분하지 못하나 예외규정이 있다. 즉, 일반 서민이 가난하여 초상을 치를 수 없을 때 땅을 처분할 수 있고, 왕공 고관의 영업전도 처분이 가능하였다. 또 협향에서 관향으로 이주할 때에도 처분이 가능하다.[88] 그런데 이상과 같은 균전령(均田令)의 내용과 실제로 균전법을 시행한 사실과는 상당한 차이가 있다. 즉, 돈황(敦煌)발견의 호적문서에 의하면 현종의 천보 6년(747)에 균전농민이 받아야 할 균전령상의 토지는 166무로 되어 있으나 실제로 지급된 땅은 58무로 3분의 1에 불과하였다.[89] 『通典(통전)』에도 법령상 수전액(受田額) 160무를 정하고는 있으나 실제로 70무만을 지급한 것으로 기록되고 있다. 이것으로 미루어 볼 때 균전령과 실제로 지급된 토지내용액수는 상당한 차이가 있음을 알 수가 있다.

3. 당대 균전제의 모순과 붕괴

균전제는 균전사상을 바탕으로 무전(無田)의 농민에게 토지를 지급하여 이들을 국가에 예속시키고자 한 것은 확실하다. 그러나 귀족대관(貴族大官)의 대토지소유를 근본적으로 부정한 것은 아니다. 북조 말기 이후 호족의 사병제(私兵制)가 붕괴되고 국민개병(國民皆兵)의 부병제가 정착되는 배경에는 경제적으로 균전제를 바탕으로 하고 있다. 그리하여 농민은 호족의 속박에서 벗어나 국가의 지배 하에 들어가는 공민의식(公民意識)을 자각하게 되었다. 수·당제국은 밖으로는 북방민족과 결별하면서 호한(胡漢)체제를 청산하였고, 안으로는 문벌귀족세력을 국가권력에 통합시킴으로써 통일의 대업을 완성할 수 있었다. 당제국 통일사업의 경제·군사적 기반은 균전제와 부병제의 실시에서 찾을 수 있다.

그런데 이러한 균전체제가 지속되기 위해서는 개간 가능한 무주(無主)의 황무지와 그 밖에 다량의 토지를 국가가 보유하여 새 정남(丁男)에게 급전(給田)이 계속되어야 한다. 그러나 오랜 평화에서 오는 인구증가와 관료귀족에 의한 미개간지의 점유, 사원전(寺院田)의 증가와 관전(官田)의 사유화(私有化)로 인하여 토지사유화가 촉진되었다. 뿐만 아니라 균전농민은 생활이 궁핍함에 따라 매매가 금지되어 있는 구분전·영업전을 매각하게 되면서 귀족이나 부호의 대토지 사유화가 더욱 촉진되었다.

---

88) 정병학, 「唐代 樂遷問題의 社會史的 考察」『歷史學報』 17·18 합집, 1962.
89) 김택민, 「8世紀初 唐代農民의 土地所有에 관한 연구―그 零細性을 중심으로―」『史叢』(고려대) 25, 1981.
_____, 「均田制下에서의 奴婢受田과 官人永業田」『金俊燁先生華甲紀念論叢』, 1984.
_____, 『中國土地經濟史研究』, 고려대학교출판부, 1998.
김성한, 「唐代 吐魯蕃 均田制下의 給田基準額」『東洋史學研究』 60, 1997.

현종의 천보연간(天寶年間: 741~755), 즉 8세기 중기에 균전제가 붕괴될 수밖에 없었던 원인은 이와 같은 당의 사회적 배경과 균전제의 모순에 원인하였으며 안사의 난을 계기로 완전히 무너졌다. 토지는 대부분 개인의 소유인 장원(莊園)과 정부가 소유한 관장(官莊)으로 변화되었다. 균전체제를 기반으로 하고 조용조제도와 부병제도가 서로 맞물려 율령체제를 유지하고 있던 당제국의 구조는 8세기 중기 이후 근본적인 변화를 가져오면서 무너지게 되었다.

4. 조(租)·용(庸)·조(調)에서 양세법(兩稅法)으로 전환

균전제에 의한 토지의 지급은 세(稅)와 역(役)의 부담을 전제로 한 것이다. 조·용·조 세제는 율령체제에 의한 당제국의 기본세법이며, 당제국의 경제적 기반이다. 세 이외에도 잡역, 색역(色役), 번역(番役), 잡임(雜任) 등 각종 요역이 있고 부병도 넓은 의미에서 일종의 역이라 하겠다.

조(租)는 토지세로서 곡물로 징수하였고 10분의 1조를 원칙으로 하였다. 당대의 조는 정남 1인에 대하여 속(栗) 2석(石)을 부과하였다. 조(調)는 지방의 특산물을 납부한 것으로 비단(絹·綾·紙) 가운데 2장[1장은 10척(尺)]과 면(綿) 3양[麻布로 바치면 2장4尺과 麻 3斤]이다. 용은 20일(윤년은 22일)의 역역(力役)을 말하는데 주로 장안과 낙양 근방의 국가적 토목사업에 사역하는 것이다. 이 밖에 호세(戶稅)와 지세(地稅)가 있다.

조·용·조가 정남(丁男)에 대한 과세인데 반하여, 호세는 호(戶)에 대한 일종의 재산세이다. 호세는 천하의 호를 재산에 의해 9등으로 나누어 호 등에 따라

[조(租)·용(庸)·조(調)세와 양세법]

	과세대상	과세기준과 내용	국가재정상태
租·庸·調 北魏~唐	丁男(個人) 본적지에 과함	一率定額 조(곡물) 용(노동) 조(포목)	조세 징수 후 세출결정 정남의 수에 의하여 자동적으로 세액결정
양세법(兩稅法) 780년부터 16세기 후반까지 실시됨	각호 현재의 거주지에 과함	등급(토지, 재산의 다과에 따라 　구별) 호세(戶稅: 錢納이 원칙) 지세(地稅: 곡물, 여름·가을 　2회로 분납) 상인은 상세(商稅)	세출결정 후 조세징수 국가에 필요한 세액을 징수가능

수세(收稅)하는 것으로 왕공 이하 일반민에 이르기까지 모두에게 부과하였다. 지세는 정관 2년(620)에 실시되었는데 흉년에 대비하여 구황(救荒)을 목적으로 경지의 넓이에 따라 1무에 2승(升)을 거두어들였다.

이상의 조·용·조 제도는 균전제가 유지되는 것을 전제로 한 것이다. 그러나 현종의 개원말경(741)에 균전제가 붕괴됨에 따라 그에 대신하여 양세법이 나타나게 되었다. 안사의 난(755)에서 양세법이 시행되는 780년[건중(建中) 원년(元年)]까지의 25년간은 당제국의 정치·사회·경제 각 분야에 걸쳐 커다란 위기시대이다.

이러한 위기를 경제적으로 극복하는데 중요한 작용을 한 것이 재상 양염(楊炎)에 의해 실시된 양세법이다.[90]

양세법은 조·용·조의 물납세와는 달리 자산에 의한 전납(錢納)을 원칙으로 하고 하(夏: 6月), 추(秋: 11月) 2기로 나누어 징세한데 그 특징이 있다. 이미 조·용·조 세제 하에서 호세와 지세가 있었고, 안사의 난 이후에는 이를 증액하여 중요한 세목으로 확대하였다. 양세법은 호(戶)·지(地)세를 기초로 그 밖의 잡세를 종합하여 단일화한 것이다. 그리고 조세의 부과대상으로는 주호(主戶)나 객호(客戶)를 불문하고 그들의 재산에 따라 호의 등급을 정하고 호등(戶等)에 따라 조세를 일률적으로 부과하여 전(錢)으로 납부토록 하였다.

조·용·조세가 빈부의 차를 인정하지 않고 조세를 먼저 징수한 후에 국가예산을 지출한데 반해 양세법은 빈부의 차를 인정하고 지출을 먼저 정한 후에 그에 맞추어 세금을 거두어들인 점에서 커다란 차이가 있다.

양세법은 당의 재정위기를 구제하였고 중국 세제상에 있어서 진일보한 세법이었다. 왜냐하면 조·용·조 대신 시행된 양세법이 당의 재정적 위기를 구제하였을 뿐만 아니라 보다 중요한 것은 양세법이 당에서만 끝나지 않고 송·원·명대까지 약간의 보완을 거치면서 계속되었다는 점이다. 그 밖에 사회·경제적 발전에 따른 금납주의(金納主義: 화폐 납부주의)와 선예산(先豫算) 후징세주의(後徵稅主義)를 택한 점은 현대적 세법에 상당히 접근하고 있다는 점에서 발전세법으로 볼 수 있다.

양세법의 시행으로 안사의 난 이후 당제국의 경제적 어려움이 많이 개선되었고, 그 결과 이후 150여년을 버틸 수가 있었다. 특히 강남의 미곡생산지가 전란에 휩싸이지 않아 이 지역에서 양세의 징수가 가능하였다.[91]

---

90) 김영제, 「唐宋時代의 兩稅와 沿徵」『東洋史學研究』 34, 1990.

5. 장원제의 발달과 지주(地主) 전호제(佃戶制)의 등장

唐代의 장원제도는[92] 균전제가 붕괴된 8세기 중기 이후에 발달하기 시작하였다. 당의 장원은 사유장원(私有莊園)과 관유장원(官有莊園)으로 구분되나 대부분 개인이 소유하는 사유장원이 차지하고 있다.

관유장원은 국가의 소유로 도시근처나 지방 각 곳에 산재하고 있으며 관노비(官奴婢)에 의하여 경작되거나 전호(佃戶)에 임대하였다. 또 공신(功臣)이나 사원(寺院), 도관(道觀: 도교사원)에 하사되거나 민간에 매각되기도 하였다. 사유장원은 왕공(王公), 고급관료, 부호, 군벌, 상인 등이 매수한 토지와 사원이나 도관이 소유한 토지도 사유장원이다. 특히 사원전(寺院田)은 무종의 불교탄압시(845)에 몰수된 것이 수천경에 이르고 해방된 노비가 15만 명이었다는 사실로 미루어 볼 때 이 시대의 사원전 규모가 방대하였음을 알 수 있다.

8세기 중기 이후 이와 같은 대토지 사유에 의한 사유장원이 발달함에 따라 새로운 토지경작 형태가 출현하는데, 이것이 지주·전호제(地主·佃戶制)이다. 지주는 장원의 소유자로, 도시에 거주하는 부재지주(不在地主)와 농촌에 거주하는 재향지주(在鄕地主)의 두 종류가 있다. 부재지주는 대체로 관료와 상인 등, 정치·경제적 실력을 지닌 대지주(大地主)이고 재향지주는 중·소지주와 향신이라는 부농층으로 이들이 농촌사회를 지배하였다. 그런데 8세기 중기에서 10세기 말에 걸치는 중국사회는 당말·오대·북송으로 이어지는 격변기로 이 시대에 장원을 지배하는 지주계층에도 변화가 일어나고 있다. 즉, 당대의 지주층은 귀족이 대부분이었으나 안사의 난 이후 당말·오대에는 군벌(절도사)이 등장하고 송대에는 당말 오대에 성장하여 온 형세호(形勢戶)가 지주계층으로 성장하였다.

장원의 발달에 따라 이를 경작하는 새로운 계층을 전호(佃戶)라 한다. 전호는 지주의 토지를 경작하며 조(租: 地代)를 납부하고 지주의 명령에 따라 사역을 부담하는 소작농민을 말하는데, 이들은 전객(佃客)·객호(客戶)·장객(莊客)·

---

91) 이 밖에 당왕조의 재정궁핍에 큰 도움을 준 것으로 劉晏에 의해 실시된 塩·鐵·茶의 전매수입과 물품교역시에 쌍방에서 징수하는 除陌錢 등을 들 수 있다.

92) 장원(莊園)은 본래 귀족이 소유하는 전원(田園)을 의미하며 그 기원은 한대까지 올라간다. 한대로부터 남북조시대에는 장원은 원(園)·별서(別墅)·별업(別業) 등으로 불려졌고, 별장(別莊)을 의미하며 전원이 부속해 있다. 장(莊)이라는 말이 주로 장원의 의미로 사용된 것은 당 이후로 별장의 의미가 강하였다. 당말 이후 송대에는 별장 보다는 전원을 의미하게 되었다. 송원시대에는 장원은 장 또는 장원이라 하였다.
정순모, 「唐末 陸龜蒙의 莊園과 鄕村生活」『東洋史學硏究』9, 2005.

조호(租戶)·부객(浮客) 등으로 불렸다. 전호의 출신성분은 가지각색이다. 그 대부분은 자작농민(自作農民: 균전농민)이고, 이 밖에 유민이나 노비에서 올라온 자도 있었다. 지주가 장원을 경영하는 데는 노비를 부리는 것보다 전호에 의한 소작경영이 훨씬 능률적이었다. 전호는 여러 형태로 세분되는데 자기의 소와 가옥을 가지고 있는 자, 지주로부터 가옥이나 소, 농기구까지 빌리는 자 등 다양하다. 이 가운데 후자는 지주에게 경제적인 면뿐만 아니라 신분상으로도 예속된다. 이러한 지주·전호제는 唐末(9세기경)에 이르러 전국적으로 확대되면서 농촌사회에 일반화되었다. 이후 5대(五代)를 거쳐 송대(宋代)에 더욱 발전하여 명·청시대에까지 계속되었다.

6. 산업생산의 발전과 화폐경제 및 금융업의 발달

唐 제국 3백여 년의 통일시대는 국내적으로 전란이 없지 않았으나 외부로부터의 큰 침입 없이 비교적 오랜 평화가 유지되었다. 그 위에 당의 개방주의 정책으로 외국과의 문물이 자유롭게 교역되면서 국내 산업도 활기를 띠게 되었다. 특히 남북을 연결하는 운하의 개통과 군사도로의 확충으로 교통수단이 정비되어 남북조시대에는 지역규모의 시장이던 것이 전국적인 광역시장으로 그 규모가 확장되어 갔다.

먼저 농업생산을 보면 종래 화중(華中)·강남(江南)지방이 주생산지이던 벼농사가 화북(華北)지방까지 확대되었고, 강남의 미곡 또한 농업기술의 발달[93]에 따라 생산량이 증가되었다. 경작지도 확대되어 보리와 콩, 밀의 생산량이 늘어나 농업이 발전하였다. 또한, 평화의 지속과 농업생산력의 발전은 인구의 증가를 가져와 이에 따른 수요의 증가로 비단·차·소금의 생산이 늘어났다.[94]

당대의 비단생산은 하북(河北)·산동(山東)·강소(江蘇)·절강(浙江)·사천(四川)지방으로 확대되었고, 목면(木綿)도 남방(南方)의 복건(福建) 이남에 전파되어 소규모이긴 하나 가내수공업으로 발전하였다. 또 소금·비단·차·쌀이 중요한 상품으로 유통되었으며 특히 벼가 개량되어 화북(華北)지역에까지 쌀 생산이 확

---

93) 농업기술의 발전은 농기구의 발달과 수리시설의 확충에서 뚜렷이 나타난다. 논밭을 자유로 갈 수 있는 곡원려(曲轅詷), 논에 물대기 편한 水車와 紡車가 이용되고 거(渠), 언(堰), 파(陂), 당(塘) 등, 제방을 쌓아 물을 가두는 관개시설이 발달하면서 이를 이용하여 수도작이 크게 확대되었다.
94) 김정희, 「唐代 後期 塩專賣制度下의 塩商」『東洋史學硏究』 37, 1991.

대되었고, 설탕의 생산기술도 발달하였다. 이는 태종이 인도에 사신을 보내 설탕 생산기술을 습득한데 원인이 있다. 당대에서는 음차(飲茶)의 풍습이 널리 퍼지면서 차가 사천·호북·절강지방에 재배되어 특산물로 등장하였고 강남지방의 풍부한 생산품이 화북의 소비지로 운반되었다. 이리하여 수양제가 건설한 운하는 남북을 잇는 대동맥의 역할을 수행하게 되었다. 한편 양자강유역과 절강(浙江)지방의 경제개발은 자연히 강서·광동·광서의 하천유역과 해안지대의 개발을 촉진시켰다. 이와 같은 당대의 국내적 평화와 산업의 발달은 자연적으로 인구의 증가도 가져오게 되었다.[95]

육조(六朝) 이래 계속되어 온 북방(北方)으로부터 강남으로의 인구이동은 8세기 중엽 안사의 난을 계기로 더욱 가속화하였다. 특히 양자강(揚子江) 이남의 강남지역은 물론이고 사천·복건·광동·강남지방에까지 인구이동이 확대되어 인구의 남북 비율은 唐代에 이르면 거의 비슷해지고 다음의 宋代에는 북방 35%, 남방 65%의 역전현상이 나타나게 되었다.

수공업은 귀족사회의 발전으로 수공업제품의 수요가 증대되면서 더욱 발달하였다. 장안에는 국가의 수요를 충당하기 위한 여러 가지 관영공장이 있고, 민간이 경영하는 염색, 제분, 정미, 직조공장이 설립되었다. 관영공장은 소부감(少府監)이나 장작감(將作監) 또는 군기감(軍器監)에서 관할하고, 관천민인 공호(工戶)를 사역하였는데, 이를 번장(番匠)이라 하였다. 이 밖에 명자장(明資匠) 또는 교아(巧兒)라고 하는 고용직공이 있고, 관노비나 죄수를 사역하기도 하였다.

지방의 주·부·현에도 염정(塩井), 금방(錦坊), 주전방(鑄錢坊) 등의 관영공장

---

95) 수·당대 호수·인구수(戶·口)의 변천 『通典』식화(食貨) 7 및 『구당서』, 『자치통감』

시 대	인구수	호 수	1호의 가구 비율
수양제 대업 5년(609)	46,019,056	8,907,546	5.1
당고조 무덕 2년 (619)		200여만	
태종 정관연간(627~649)		300만	
중종 신용 1년(705)	37,140,000	6,150,000	6.0
현종 개원 14년(726)	41,419,712	7,069,565	5.8
〃 22년(734)	46,285,161	8,018,710	5.7
현종 천보 1년(742)	48,909,800	8,525,763	5.7
〃 14년(755)	52,919,309	8,914,709	5.9
대종 광덕 2년(764)	16,990,386	1,933,174	
목종 장경 1년(821)	15,762,430	2,375,805	6.6
문종 개성 4년(839)		4,966,752	

이 있고, 민간공업도 발달하였다. 양주(楊州)에는 특히 조선(造船), 제사, 철물, 피혁, 동철(銅鐵)공장이 번성하고 성도에는 제지, 제사, 제염, 직물공업이 발달하였다. 귀족생활의 향상과 차의 전국적인 보급에 따라 도자기공업이 특히 발달하면서 채색도기인 당삼채(唐三彩)가 나타났고 칠기공업도 발달하였다. 상업발달은 필연적으로 화폐경제와 금융업의 발전을 수반하게 되었다.

당의 화폐로는 상류사회에서 금·은이 교환의 매체가 되었고, 일반 통화로는 동전(銅錢)이 사용되었다. 고조(高祖)는 종래의 오수전(五銖錢) 대신 개원통보(開元通寶)를 발행하였는데(621) 이는 당대에 가장 널리 유통된 화폐이다. 이 밖에 화폐로 고종시대의 건봉천보(乾封泉寶), 숙종대의 건원중보(乾元重寶), 대종시대의 대역원보(大歷元寶), 덕종시대의 건중통보(建中通寶)가 발행되었다.[96] 또 편환(便換)이란 일종의 어음제도가 있었다. 이는 상업목적으로 원거리를 여행하는 차상인(茶商人)이 현금을 지참하는 불편을 덜기 위하여 장안의 진주원(進奏院: 절도사의 출장소)과 부호에게 의뢰하여 편환을 발행받아 거래한 것으로 비전(飛錢)이라고도 하며 중국화폐제도상 지폐의 기원이 되었다.

당의 금융업은 신용을 기본으로 하여 활발히 발전하였다. 그 중 돈과 물품을 보관하는 궤방(櫃方)제도가 있는데, 이는 궤방에 전물(錢物)을 맡긴 상인이 타인에게 수표를 발행하여 수취인(受取人)이 이 수표를 제출하면 내어주는 제도이다. 또 오늘날의 전당포와 같이 물품을 맡기고 돈을 차용하는 기관도 나타났다. 금융업은 그 이익이 막대하여 상인은 물론, 귀족과 관리 등도 적극 참여하였다.

7. 도시의 발달과 대외무역의 확충

각 분야에 걸친 산업생산력의 증가는 자연히 상품교역을 촉진하면서 국내시장의 발달을 가져오게 되고, 이에 따라 상업도시가 번성하였다.

수도 장안(長安)과 동도 낙양(洛陽)은 대표적인 정치 상업도시로 번영하였다. 장안은[97] 당제국의 수도에 알맞게 웅대한 도시계획 아래 완벽하게 건설된 국제도시로서 당제국의 위력을 유감없이 과시하였고, 특히 신라·발해·일본 등 주변국가의 수도건설에 큰 영향을 주었다. 뿐만 아니라 장안은 중앙아시아 방면

---

96) 박근칠, 「唐後期 錢荒對策의 展開와 그 性格」『東洋史學研究』32, 1990.
97) 당의 수도 장안은 인구 100만 가까운 국제도시로 요리점인 기정(旗亭)과 주루(酒樓)가 번창하였다. 이곳에는 호희(胡姬)라는 이란계의 여성이 짙은 화장을 하고 유리잔에 포도주를 담아 사람들을 즐겁게 맞이하였다. 이백(李白)의 시 「少年行」(호희주사(胡姬酒肆)), 참조.

과의 무역의 중심지로서 8세기 중기의 개원 연간에 인구 100만명을 헤아리는 국제도시로 번영하였다. 즉, 페르시아, 아라비아 상인들이 진주·보석·옥기(玉器)를 가져와 판매하여 이익을 취하였고, 외국사신의 왕래도 활발하여 사신의 수행원과 유학생 등이 머물면서 문물교류가 활발히 이루어졌다. 양자강과 운하의 연변에도 큰 도시가 일어나고 강남에는 광주(廣州)·명주(明州) 또는 영파(寧波)·양주(揚州)가 무역항으로 번창하였다. 황소의 난 때 광주에서 피살된 외국인이 12만 명이나 되었다고 하는 사실로도 국제도시로서의 광주의 면모를 알 수 있다. 이 밖에 州·府·縣 소재지에도 시장이 설치되었다.[98]

북을 쳐서 정오에 개시(開市)하고 해지기 전에 문을 닫는 장안의 동시, 서시 그리고 낙양의 동·서·남시(東·西·南市)가 유명하다. 지방의 시장도 규모는 작으나 대부분 이러한 시장조직을 지니고 있었다. 시에는 같은 종류의 물품을 파는 고깃간, 금은방, 의복점, 마구(馬具)점, 약재상 등이 한곳에 모여 점포를 나란히 하고 있는데, 이들 동업점포를 행(行)이라 하고 그 관리자를 행두(行頭) 또는 행수(行首)라 하였다. 그 외에 대도시의 성곽 밖이나 지방 소도시의 상업지구에 정기적인 시장이 섰으니 이를 초시(草市)라 하였다.[99]

당대에는 대외무역이 발달하였는데 이는 당의 대외발전과 개방주의 정책으로 동서간의 교통이 열리면서 더욱 촉진되었다. 서역제국과의 무역은 이미 수양제가 배구(裵矩)를 보내어 무역재개를 꾀하였고 당도 안서도호부(安西都護府)와 도독부에 호시장(互市場)을 열어 무역을 관리토록 하였다. 교역물품은 주로 소·말·양·모피·보석·금·향료가 수입되고 비단·공예품·차가 수출되었다.

바다를 이용한 해로무역은 8세기 말 이후 아라비아 상인의 활동에 의하여 촉진되었다. 광주, 천주, 양주는 무역항으로 발달하였고, 이곳에 일종의 세관인 시박사(市舶司)를 두어 무역사무소를 관장하였다. 중국 상인의 해상활동은 5세기 후기에 이미 시작되었으니 가탐(賈耽)의 『皇華四達記(황화사달기)』에는 중국의 장크선(船)이 유프라테스강 입구에 도달하였다고 기록하고, 수백 명에서 수천 명을 태우는 중국의 거선(巨船)이 인도·중국간의 항로를 독점하고 있었다 한다. 이 당시의 아라비아 상인은 페르시아만 안에서만 항해할 수 있는 배를 이용하

---

98) 김정희, 「唐代의 市와 도시 상공업」『中國學報』 47, 2003.
　　최운봉·허일, 「中國 古船의 類型」『張保皐研究』 5, 장보고연구실, 2003.
99) 김정희, 「唐代 前期의 市制와 商人의 法的地位」『魏晉隋唐史研究』 3, 1997.
　　＿＿＿，「唐代 後期 商人對象 雜稅와 商稅」『歷史學報』 146, 1995.

였으므로 그들은 인도의 실론에서 중국의 거선으로 바꾸어 타고 중국에 내왕하였다. 이로 미루어 중국의 해상활동의 규모가 크다는 사실을 알 수 있다. 바다를 통한 수입품은 상아·소뿔·진주·목면·향료·약품이 있고, 수출품은 비단·공예품·도자기·동전 등이 있다. 당의 귀족들이 외국무역에 자본을 투자한 예도 적지 않았으며 그 이익 또한 막대한 것이었다.

제4절 당대 중화(中華)문화의 발전과 동아시아문화권의 완성

Ⅰ. 당(唐) 문화의 성격

먼저 당 문화는 중국적 중화문화(中華文化)의 완성이란 성격을 가지고 있다. 위·진·남북조시대의 오랜 분열을 수습하고 문화적으로도 통일을 이룩하여 중국적인 문화의 결실을 가져 온 때가 당대이다. 남북조의 호(胡)·한(漢)적 문화는 당 제국에 의하여 문화의 내용이 중화적인 성격으로 다시 정비되었다. 당나라는 정치적으로 북조를 계승하여 정치·군사·법률제도는 북조문화를 이어받았고 학문과 예술 면에서는 남조(강남)의 우수한 문화를 전폭적으로 수용하여 남북문화를 융합하여 중화문화를 완성하였다.

이와 함께 당문화의 담당층은 남북조 이래로 발전해온 귀족계층이기 때문에 문화의 성격 또한 귀족적이다.

다음으로 당문화의 성격은 국제성에서 찾을 수 있다. 당문화의 국제적 성격을 이룩하는 데는 당제국의 영토적 확대와 외국문화에 대한 과감한 개방이 크게 작용하였다.

제국의 영토확대는 백제와 고구려를 정복하고 북으로는 돌궐과 위구르를 지배하였다. 다시 서방으로 투루판 분지와 청해(靑海), 신강(新疆), 감숙(甘肅)방면과 남으로 월남(越南)까지를 정복한 후 6도호부(6都護府)를 설치하고 광대한 지역을

기미(羈縻)정책으로 통치하였다. 이러한 당나라의 영토확대와 개방정책으로 당에
온 외국인 가운데는 그들의 재능에 따라 당의 고위관직에 올라가는 자도 적지
않았다. 태종 때 우위대장군(右衛大將軍)에 임명된 동돌궐의 힐리가한(頡利可汗)을
비롯하여 5품 이상의 관직을 받은 자가 100여명에 이르렀다. 이렇게 외국인을
재능에 따라 관직을 부여한 예는 중국역사상 드문 일로서 당제국의 개방정책을
엿볼 수가 있다. 현종 때의 절도사 안록산(安祿山)은 이민족의 혼혈아이고, 사사
명(史思明)도 중앙아시아 출신이었다. 그 밖에 외국인으로 절도사, 도독(都督),
장군이 된 자도 많았다. 신라의 최치원(崔致遠)과 고선지(高仙芝) 장군 그리고
장보고의 활약 등도 당제국의 국제성·개방성과 밀접한 관계가 있다.

　　당문화의 귀족성과 국제성은 수도 장안의 규모나 풍물에서 잘 나타나고 있
다. 장안성(長安城)은 당제국의 귀족적인 위용을 국제적으로 과시하기 위하여
치밀하게 설계된 국제도시이다. 이곳에서는 동서 문화가 교차되면서 각국의 사
신과 유학생, 학자, 예술가, 승려와 상인이 선진국의 문화를 배우기 위하여 장
안성의 대로를 활보하였으니 장안은 마치 인종의 만국박람회장과 같은 풍경을
지니고 있었다. 이들 외국인은 다투어 당의 문화를 익히고 돌아가 자기 나라문
화발전에 큰 공헌을 하였다. 통일신라의 찬란한 문화를 비롯하여 해동성국(海東
盛國)을 자랑하는 발해(渤海)의 문화 그리고 나라(奈良), 헤이안시대(平安時代)의
일본문화 등은 당에 유학한 학자, 예술가와 정치인에 의해 창출된 바가 많다.
동아시아 문화권이 그 내용상에서 발전을 이루어 완성을 보게 된 것도 당문화
의 성격과 밀접한 관계가 있는 것이다.

II. 당대의 사상과 종교의 발전

1. 유교의 관학화와 사상계의 새 바람

　　중국적인 중화주의(中華主義) 문화 성격은 당대의 유학사상에서 잘 나타나고 있다.
　　한대에 발달한 유학은 위·진시대에 들어와서는 노장사상(老莊思想)의 영향으로
변질되었고, 다시 불교의 발전으로 사상과 학문의 왕좌적 위치에서 밀려났다.
뿐만 아니라 유교경전에 대한 해석도 구구하여 여러 파로 분열[100]되고 있었다.

---

100)　한대의 유학은 정현(鄭玄)이 완성하였고 그는 고문경(古文經)과 금문경(今文經)을 다같이
　　　중시하였다. 그러나 삼국시대 위의 왕숙(王肅)은 고문경을 존중하고 금문을 멀리하였으

　　唐은 제국통일의 완성과 함께 유교사상을 통일제국의 이념에 접목시킬 필요
에서 유교경전에 대한 해석을 통일하였다. 이리하여 당 태종은 공영달(孔穎達)
로 하여금 『五經正義(오경정의)』를 편찬하게 하였다.[101] 특히 과거시험의 명
경과(明經科)에서는 『오경정의』에 의한 해석만을 가지고 답을 써야 합격되기
때문에 유교의 통일적 해석이 완성을 보았다.[102]

　　그러나 당의 후기에는 획일화된 훈고학에 대해 비판이 대두되고 불교사상의
영향으로 사상계에도 새로운 바람이 일어나게 되었다. 당의 중기 이후 학문의
어용주의에 대하여 사상계의 새바람을 일으킨 학자로 한유(韓愈), 이고(李翶),
유종원(柳宗元)과 유우석(柳禹錫) 등이 있다. 이들의 공통적인 학문경향은 중국
적인 사상의 새로운 발전을 위하여 불교에 대한 철저한 비판과 아울러『五經正
義』와 같은 훈고학적 방법을 부정하면서 새로운 사상체계를 수립하였다.

　　한유는 불교와 도교의 폐해를 지적하고 새로운 유학체계를 세우고자 하였다.
그는『原道(원도)』에서 맹자 이후 유가의 전통이 단절되었다고 주장하고 유가를
부활시켜야 함을 강조하였고 또 『原姓(원성)』에서는 인간의 성(性: 品)은 출생
시에 생기며 인·의·예·지·신(仁·義·禮·智·信)의 다섯 가지로 구성되어 있
다고 논하였다. 그리고 성을 다시 상·중·하의 3품으로 구분하여 상품의 성은
선하며 학문에 나가면 더욱 밝아지고, 하품의 성은 악하며 중품은 상하로 움직
일 수 있다고 하였는데 이는 맹자와 순자의 성선설이나 성악설에서 진일보한
것이다.[103]

　　한유의 제자인 이고는『復性書(복성서)』를 지었고 또 한유와 함께 『論語筆解
(논어필해)』를 저술하였다. 그는 인간의 성은 성인(聖人)의 성과 차이가 없이 모
두 선하고 인성은 본래 깨끗하나 외물에 감응되어 정(情)이 나타나 비로소 선악
으로 나누어지게 된다고 하였다. 따라서 인간은 욕심을 없애고 고요한 마음의
자세를 갖게 되면 본래의 성선(性善)으로 복성(復性)할 수 있다고 주장하였다.

　　　므로 이후 고문경학이 官學으로 발전하였다. 그 후 古文家는 다시 여러 파로 갈라지고
　　　東晉 이후의 경학은 北派와 南派로 나누어졌다.
101) 태종은 정관 4년(630)에 안사고(顔師古)에게 명하여 五經에 대한 여러 해석을 연구시켰
　　　다. 안사고는 남조에서 북제에 건너온 안지추(顔之推)의 후손으로 당대의 유학은 남파
　　　(南派)가 존중되었다. 태종은 정관 12년(638)에 공영달에게 『五經正義(오경정의)』를 편
　　　찬케 하였다. 이에 남북조 이래 여러 파로 갈라져 해석이 구구하던 오경해석이 통일되었다.
102) 하원수, 「唐代 明經科의 性格」『東洋史學硏究』 42, 1993.
103) 김염자, 「唐代史官의 歷史意識 韓愈의 史論을 중심으로-」『歷史學報』 80, 1978.

이에 대하여 유종원은 『天說(천설)』에서 한유의 사상을 비판하였고, 음양이기(陰陽二氣)는 그 상태가 다양하고 천지(天地)·원기(原氣)·음양(陰陽)은 의지가 없기 때문에 인간행위에 대해 벌을 내릴 수 없다고 하였다. 유종원의 사상은 유물주의 경향과 함께 무신론의 정신을 지녔으며 역사의 발전은 성인의 의지가 아니라 세력(勢)이 좌우한다고 보았다. 따라서 유종원은 세를 통하여, 역사의 진화에 대한 답을 찾으려 노력하였다.

한편 유우석은 『天論(천론)』에서 유종원과 한유의 논쟁을 정리하고 천인(天人) 관계를 새로이 추구하고 있다. 즉, 그는 천은 만물을 생성케 하고 인간은 만물을 다스린다고 하여 천·인의 특징을 논하고, 인간의 길흉화복은 인간행위에 의해 결정되는 것으로 결코 하늘의 의지와는 무관하다고 하였는데, 이는 한대 동중서의 천인상응설(天人相應說)을 정면으로 부정한 것이다. 이들 당 후기 사상가들의 중화주의적 학문경향은 사상계에 새바람을 일으키고 다음에 오는 송대 성리학(性理學) 성립에 커다란 영향을 주게 되었다.

2. 당대 중국적 불교의 성립과 불교문화

한대에 중국에 들어 온 불교가 남북조시대의 발전을 거쳐 독자적인 종교 교단을 형성하면서 중국적 불교로 확립된 것은 당대에 와서이다.[104]

중국적 불교의 성립은 북위(北魏) 태무제(太武帝)와 북주의 무제가 단행한 혹독한 폐불사건(廢佛事件)과 깊은 관련을 갖는다. 그것은 남북조시대에 국가권력과 호족의 보호를 받으면서 발전한 불교는 외래종교란 성격 때문에 유교와 도교로부터 저항을 받게 된 것이다. 불교는 북위 지배층의 도교중심적 국수주의 정책으로 국가권력(황제권)에 의하여 대탄압을 받게 되자 불교계에서는 각성과 함께 새로운 혁신운동이 나타나기 시작하였다. 이리하여 남북조시대의 미신적 주술(呪術), 가람(伽藍)불교에서 벗어나 내면적으로 체제를 정비하면서 종파와 교단을 형성하게 되었다.

당시대의 중요한 불교종파에는 천태종(天台宗), 법상종(法相宗), 화엄종(華嚴宗), 정토종(淨土宗), 선종(禪宗), 밀종(密宗)[진언종(眞言宗)]이 있다. 불교의 중국적 성격형성은 수나라 때 천태대사(天台大師) 지의(智顗)가 나와서 천태종을 완성시킨 데서 시작된다. 천태종은 남북조시대에 여러 파로 갈라진 불교를 종합한 일

---

104) 김문경, 「山東佛敎의 性格」『崇實史學』 2, 1984.

종의 종합불교로, 불교경전 가운데 법화경(法華經)을 최고로 여기면서 그 밖의 경전은 모두 법화경의 보조경전으로 취급하여 불교계를 통합하였다. 지의는 북조의 선학(禪學)과 남조의 의학(義學)을 흡수하여 좌선(坐禪)과 관망의 종교이론과 경전공부를 위한 선정지혜쌍수(禪定智慧雙修)의 수양준칙을 내세웠다. 또 법화경을 받들었으므로 천태종을 일명 법화종이라고도 하였다.

천태종이 남방에서 발전한데 반해 북방에서는 새로 화엄종이 나타나 널리 유포되었다. 화엄종은 수나라 때 중국에 들어온 두순(杜順)이 시조가 되고 당의 지엄(智嚴)을 거쳐 측천무후 때 법장(法藏)에 의하여 완성되었다. 화엄경을 최고 경전으로 받들고 진심(眞心)을 모든 현상의 근본이라 하였다. 특히 화엄경은 불교계에 국한하지 않고 사회문화 전반에 걸쳐 많은 사료(史料)를 제공하여 당시의 사회문화현상을 연구하는데 도움을 주고 있다.[105]

수·당시대 불교종파 가운데 가장 중국적인 불교로 발전한 종파는 선종과 정토종이다.

선종(禪宗)은 깊은 사색과 좌선(坐禪)을 통하여 불교의 참된 경지인 해탈에 도달하고자 하였다. 그 유래는 양대(梁代)에 중국에 온 달마(達磨)의 선법(禪法)에서 비롯되며, 당나라 때 남·북파로 갈라져 북파는 신수(神秀), 남파는 혜능에 의하여 발전되었다. 혜능의 주장에 의하면 불성(佛性)은 곧 마음속에 있으니 마음 이외에는 본래 아무 것도 없는 것이다. 또 많은 재물을 부처님께 시주하지 않아도 스스로 깨닫고 성불(成佛)할 수 있다고 하였다. 선종은 심산유곡에서 좌선을 통한 깊은 명상에 의해 불교의 진리에 도달하려 하였다. 남종선(南宗禪 : 남파) 중에서 이른바 오가칠종(五家七宗)이 나와 유학과 시문에 큰 영향을 주면서 지식인 계층의 지지를 받았다. 이렇게 선종이 융성하게 되자 선원(禪院)의 행사규칙인 백장청규(百丈淸規)가 마련되어 불교계는 물론 일반 사회계층의 실천도덕으로 환영을 받게 되었다.

당대에는 인도에서 새로 전래된 종파로서 법상종[法相宗: 유식종(唯識宗)]과 밀종(密宗)이 있다. 법상종은 현장(玄奘)을 개조로 하고 『唯識經(유식경)』을 중심경전으로 하였으므로 유식론이라고도 한다. 현장은 629년[정관(貞觀) 3년]에 인도에 가서 17년간 각국을 순방하면서 불교를 연구하고 많은 경전을 가지고 돌아

---

105) 박노준, 「唐代 五臺山 信仰과 不空三藏侶」『嶺東文化』3, 1988.
  ____, 「羅·日 五臺山 信仰의 比較研究」『嶺東文化』4, 1999.

와(645) 태종의 특별한 보호 하에 불경을 번역하는데 진력하였다. 현장은 종래의 불경번역이 대의(大意)를 중시하고 문법(文法)을 소홀히 한 점에 착안하여 문법을 중시하니 여기에 불경번역은 새로운 국면을 맞이하게 되었다. 그가 번역한 경전은 구마라습(鳩摩羅什)의 구역(舊譯)에 비하여 신역경전(新譯經典)이라 구분하게 되었다.

현장 이후 의정(義淨)도 해로로 인도에 갔다가 돌아와 불교경전의 번역에 종사하였으므로 법상종은 장안에서 융성하였다. 밀종은 현종시대에 중국에 온 선무외(善無畏), 금강지(金剛智), 불공(不空) 등 이른바 개원(開元)의 3대승(大僧)에 의하여 전파되었는데, 동진시대에 전래된 잡교에 반하여 이를 순수 밀교라고 한다. 밀종은 『大日經(대일경)』을 받들고 진언비밀(眞言秘密)의 법을 배우는 기도종(祈禱宗)으로 특히 국가의 보호를 받았던 승려 불공(不空)에 의하여 널리 퍼져나갔다. 이러한 불교의 여러 종파는 당말 무종의 불교탄압으로 쇠퇴하였으나 선종(禪宗)만은 중국적인 불교로 발전하면서 중국 불교의 대종(大宗)이 되었다. 뿐만 아니라 선종은 침체된 유학에도 자극을 주어 송대 성리학(性理學, 朱子學) 발전의 원동력이 되었다.

중국에 전파된 불교는 당대에 몇 가지 중요한 역사적 사명을 완수하였다.

먼저 불교가 중국적인 종교로서 사회적 역할을 감당하기 위해서는 인도불교와는 그 성격이 달라지지 않을 수 없었다. 석가모니가 설법한 이성적(理性的)이며 철학적인 불교 교리를 내세관이 없는 중국인의 사상이나 국민성에 맞도록 변모시켰다. 즉, 불교는 통치자와 지배자의 특권적 지위를 위엄 있게 꾸며주고, 그들의 권위를 유지하기 위하여 신비적이며 주술적(呪術的)인 종교로 변모하였고, 이에 따라 큰 사찰과 불탑, 불상이 만들어졌다. 기도를 위하여 불경을 소리 내어 읽고 성대한 법회(法會)를 개최하였다. 이러한 행사가 국가적인 규모로 행하여짐에 따라 불교는 국가목적에 부합하는 호국불교로 변화하면서 정치와 종교가 서로 밀접한 관계를 갖게 되었다.[106]

이와 아울러 불경의 번역도 중국식으로 진행되었다. 중국에 전파된 불경은 다라니(陀羅尼)경을 제외하면 대부분 한자로 번역되었다. 이는 한자에 대한 우

---

106) 김명희, 「唐代의 儒·佛 統合 思想에 관한 一考察」『東洋史學研究』 54, 1998.
정순모, 「隋唐時期 寺院統制와 賜額」『東洋史學研究』 77, 2002.
서석제, 「唐代 盂蘭盆會의 전개와 불교의 儒·道 二敎 수용」『中國古代史研究』 2, 2004.

월감과 자부심을 지니고 있는 중국인의 중화의식의 발로라 하겠다. 그리하여 불교전래 이후 천여 년 간 역경사업은 계속되었고, 그 결과 세계의 번역사상 그 유례를 찾아 볼 수 없는 방대한 한역(漢譯) 대장경이 성립될 수 있었다. 이 과정에서 수만 자에 달하는 새로운 글자와 어휘를 창조하게 되었으므로 중국어의 어휘나 내용이 불경을 통하여 보다 다양해지고 풍부해졌다. 또 불교사상도 점차 중국의 전통문화 속에 새로운 문화요소로 발전하게 되었다. 따라서 당대의 시문 가운데에는 불교사상과 불교적 신비성이 깊이 담겨져 있고, 다음 宋代와 明代의 주자학(朱子學)과 양명학(陽明學)의 발전 및 도교(道教)의 전진교(全眞教) 성립에도 결정적인 영향을 주게 되었다. 중국역사상 외래사상(外來思想)이 중국인에게 준 영향이 불교처럼 크고 오랫동안 지속된 예는 없다.

당대 중국적 불교의 발전은 중국뿐만 아니라 동아시아 각국에도 커다란 영향을 주고 있다. 특히 석굴사원과 불상, 탑파의 건축으로 예술방면에 끼친 공헌도 지대하다. 중국과 한국, 일본에서 현존하는 중요한 유물과 유적 가운데 불교예술과 관계없는 것이 드물 정도로 불교는 동아시아 문화에 큰 자취를 남겼다.

당대에는 많은 승려들이 구법(求法)을 위하여 서역제국과 인도를 여행하고 그들이 지나간 지방과 국가에 대한 자세한 견문을 저술로 남겨 놓아 역사지리연구에 중요한 사료가 되고 있다.

이와 함께 불교는 중국의 과학발전에 많은 공헌을 하였다. 이 당시 세계적 수준을 자랑하던 아라비아의 이슬람과학이 서역을 거쳐 중국에 전래되었는데, 특히 천문학과 수학은 승려에 의하여 전파되었다. 종교와 천문학은 밀접한 관련이 있고 수학 또한 불가분의 관계가 있기 때문에 이들 과학은 불교를 통하여 중국에 수입되었다. 현종의 개원 연간에 만든 대연력(大衍曆)은 가장 정밀한 달력으로 승려 일행(一行)이 제작하였다. 천축국의 승려 용수대사(龍樹大師)는 안과의술에 뛰어났고 『醫論(의론)』이란 책을 지었다. 이 밖에 최면술과 안마법, 장생술 등이 천축국에서 들어오고, 많은 의학 서적이 승려에 의하여 번역되기도 하였다.

3. 국가권력에 의한 도교의 발전

도교는 교단의 성립과 교세확장 과정에서 철저히 당왕조의 국가권력과 밀착되면서 발전하였다. 후한 말의 오두미교(五斗米教)에서 시작한 미신적 도교사상은 북위왕권의 보호와 구겸지(寇謙之)에 의하여 도교로 성립되어 발전의 기틀을 마련하였다. 특히 태무제(太武帝)에 의한 폐불사건은 도교에 대한 신앙 때문에 불교를 탄압한 것이다. 그런데 당에 들어와서 도교는 다시 국가권력(왕권)의 보호를 받아 더욱 발전하게 되었다.

당의 왕실은 농서(隴西) 이씨(李氏)로 도교의 시조인 노자(老子: 李耳)와 같은 성(姓)이라는 점을 내세워 노자를 조상으로 받들고 왕실의 권위를 높일 목적에서 고조는 노자묘를 세우게 하였다. 태종은 노자를 석가모니보다 우위에 두었고, 고종은 노자에게 태상현황제(太上玄皇帝)의 존호를 올렸다. 그 후 측천무후 때에는 승려 회의(懷義)가 무주혁명(武周革命)을 정당화하기 위하여 불교를 국교로 하였다. 그러나 현종은 다시 도교를 부흥시켜 지방에 도교사원(道觀)을 건립하고 노자의『道德經(도덕경)』을 각 가정에 비치하도록 하였다.

또 숭문관에 도교의 학생을 두어 도덕경, 장자, 열자 등을 교육하였고, 과거시험에도 도교학과[도거(道擧)]를 두어 도사를 고관에 임용하였다. 이로 인하여 민간에는 도사(道士)·여관(女冠)에 뜻을 두는 사람이 늘어나 도교는 민중종교로서의 지위가 확고하게 되었다. 또 도교의 경전정리나 교의의 연구도 손사막(孫思邈)·두광정(杜光庭) 등 저명한 도사에 의해서 진전되었다.

그러나 도교는 국가의 보호 하에 정치적으로 세력을 떨쳤으나 불교와 자주 대립하였고 안사의 난 후에는 부진하였다. 그러나 무종(武宗)은 도교를 광신하여 폐불사건은[107]을 일으키니(845) 다시 도교세력이 신장되고 불교가 큰 타격을 입었다.

Ⅲ. 학문, 예술 및 과학의 발달

1. 역사학의 새로운 발전

당의 통일제국은 정치적 집권체제를 강화하고 사상, 언론을 통일하기 위하여 유교경전의 해석을 통일하는 한편 정사(正史) 편찬을 국가가 장악하였다. 수나라 문제는 개인에 의한 국사편찬과 인물 평가를 금지시켰고, 당의 태종은 사관(史館)을 설치하여 국가가 국사편찬을 담당하는 제도를 확립하였다. 이와 함께

107) 김문경,「唐武宗의 道敎信仰」『史學志』2, 1968.
_____,「唐武宗의 廢佛과 權力內部의 파벌적 대립」『崇田大論文集』3, 1972.

재상이 국사(國史)를 감수하는 감수국사(監修國史)제도가 생기고 황제의 특명에 따라 정사(正史)를 편찬하는 봉칙찬(奉勅撰)의 관찬정사(官撰正史)[108]가 나타나니 중국정사는 종래의 사찬서(私撰書)에서 관찬서로 바뀌게 되었다. 이에 따라 국가권력의 통제 하에 놓인 정사는 역사서로서의 창의성과 비판정신을 상실하면서 생동감을 잃고 문서화(文書化)되었다.

〈 중국의 正史[25史] 〉

책이름	권수	저자의 생존왕조	저 자
1. 사기(史記)	130	전한	사마천(司馬遷)
2. 전한서((前)漢書)	100	후한	반고(班固)
3. 후한서(後漢書)	120	남조 송	범엽(范曄)
4. 삼국지(三國志)	65	진	진수(陳壽)
5. 진서(晉書)	130	당	방현령(房玄令)
6. 송서(宋書)	100	양	심약(沈約)
7. 남제서(南齊書)	59	양	소자현(蕭子顯)
8. 양서(梁書)	56	당	요사렴(姚思廉)
9. 진서(陳書)	36	당	요사렴 등
10. 위서(魏書)	114	북제	위수(魏收)
11. 북제서(北齊書)	50	당	이백락(李百藥)
12. 주서(周書)	50	당	령고덕분(令狐德芬)
13. 수서(隋書)	85	당	위징(魏徵)
14. 남사(南史)	80	당	이연수(李延壽)
15. 북사(北史)	100	당	〃
16. 구당서(舊唐書)	200	후진	유구(劉昫)
17. 신당서((新)唐書)	225	송	구양수(歐陽修)
18. 구오대사(舊五代史)	150	송	설거정(薛居正)
19. 신오대사(新五代史)	75	송	구양수(歐陽修)
○20. 송사(宋史)	496	원	탈탈(脫脫)
○21. 요사(遼史)	116	원	〃
○22. 금사(金史)	135	원	〃
○23. 원사(元史)	210	명	송염(宋濂)
○24. 신원사(新元史)	257	민국	가소민(柯邵忞)
○25. 명사(明史)	332	청	장정옥(張廷玉)

* 25史에서 신원사(新元史)를 빼면 24史이고, 24史에서 『구당서』(舊唐書), 『구오대사』(舊五代史)를 빼면 22史이다. 다시 ○표를 제외하면 17史가 된다.

---

108) 태종의 정관시대에 편찬된 『官撰正史』는 요사렴(姚思廉)의 『梁書』, 『陳書』와 李百藥의 『北齊書』, 영호덕분(令狐德芬) 등의 『周書』, 방현령 등의 『晋書』와 위징(魏徵) 등의 『隋書』, 이연수(李延壽)의 『南史』와 『北史』 등 8史이다.

그러나 다행이도 천재적 역사가에 의해 새로운 체제의 사찬(私撰)역사서가 편찬되어 역사학을 발전시켰는데, 유지기(劉知幾)의 『史通(사통)』과 두우(杜佑)의 『通典(통전)』이 그 대표라 하겠다.

유지기의 『史通』은 중국역사상 처음으로 나타난 역사이론서이다. 그는 『史通』에서 당 이전의 역사서와 역사체제에 대하여 체계적인 평론을 가하고 각종 사서 체제의 우열을 지적하면서 역사서술에서의 관찬을 반대하고 사찬을 주장하였다. 유지기는 역사가가 갖추어야 할 기본재질을 재능(才), 지식(學), 의식(識)의 세 가지로 보았다. 특히 식(역사의식)의 역할을 중시하여 사가는 투철한 역사의식을 가지고 선악을 바르게 기록하여야 폭군과 간신이 사가(史家)의 행동을 두려워한다고 주장하였다. 특히 역사가의 임무는 직필(直筆)에 있으며, 객관적 사실을 존중하고 사실에 근거한 직서(直書)를 강조하였다.[109]

한편 당 중기에 두우(杜佑)가 편찬한 『通典』은 제도와 문물을 유형별로 분류 기술한 제도사이다.[110] 『通典』은 역사서술에서 종래의 정치사나 인물중심의 역사편찬을 탈피하여 제도와 문물을 깊이 있게 다루어 역사학의 새로운 소재를 제공하였고, 후세의 역사학 발전에 큰 영향을 주었다. 송대 정초(鄭樵)의 『通志(통지)』, 마단임(馬端臨)의 『文獻通考(문헌통고)』는 『통전』의 영향에 의한 것이다. 이 밖에 당대에는 백과사전과 같은 류서(類書)가 발달하였는데, 구양순(歐陽詢)의 『藝文類聚(예문유취)』, 우세남(虞世南)의 『北唐書鈔(북당서초)』, 서견(徐堅)의 『初學記(초학기)』, 백거이(白居易)의 『六帖(육첩)』 등은 유명한 4대류서로 꼽힌다.

당대에는 훈고학풍의 영향을 받아 역사학에서도 주석서가 발달하였다. 사마정(司馬貞)의 『史記索隱(사기색은)』, 장수절(張守節)의 『史記正義(사기정의)』, 안사고(顔師古)의 『漢書注(한서주)』, 장회태자(章懷太子)의 『後漢書注(후한서주)』가 특히 유명하다. 또 당제국의 국가발전과 영토확대에 따라 지방의 풍물과 지방의 역사가 중요시되면서 지방지가 많이 편찬되었다. 위왕이태(魏王李泰)의 『括地志(괄

---

109) 고병익, 「劉知幾의 『史通』 研究」『Oriens Extremus』 4-1, 1957, 함부르크.
_____, 「中國人의 歷史觀」『中國의 歷史認識(上)』 민두기 편, 창작과비평사, 1985.
전인영, 「劉知幾의 史學思想」『黃元九先生停年紀念論叢東아시아의人間像』, 1995.
110) 『通典』 200권은 고대로부터 현종 때까지의 제도사를 유형별로 분류하여 9부로 하였다. 즉, ① 식화(경제사), ② 선거(교육제도와 관리임용), ③ 직관(역대의 관제), ④ 예(풍속), ⑤ 악(음악), ⑥ 병(군사제도), ⑦ 형(법률), ⑧ 주군(지방제도), ⑨ 변방(주변국가) 등이다. 진광숭・김유철 옮김, 「通典의 歷史思想」『中國의 歷史認識(上)』 민두기 편, 창작과비평사, 1985.

지지)』, 이길보(李吉甫)의 『元和郡縣圖誌(원화군현도지)』, 육광미(陸廣微)의 『吳地記(오지기)』가 뛰어나다. 특히 가침(賈耽)은 지리학에 정통하여 『海內華夷圖(해내화이도)』와 『古今君國縣道四夷述(고금군국현도사이술)』 등을 편찬하였다.

지도는 주로 목판으로 찍은 군국분합도(郡國分合圖)가 많다. 이외에 불교의 구법을 위해 인도방면으로 여행한 현장(玄奘)의 『大唐西域記(대당서역기)』와 의정(義淨)의 『南海寄歸內法傳(남해기귀내법전)』 등의 여행기는 서역과 인도지방의 역사지리서로도 가치가 높다.

2. 중국인의 정신세계를 표현한 당시(唐詩)

당시(唐詩)는 이전의 고시(古詩)와 율시(律詩)를 종합하고 거기에 당의 국제적이며 귀족적인 문화성격을 시에 담아 정신문화의 정수(精髓)로 발전하였다. 당시는 중국인의 정신세계를 높은 예술성으로 승화시켜 중화주의적인 중국문학에 있어 금자탑의 자리를 차지하게 되었다.

당대에 시가 특히 발달한 원인은 육조 이래로 시부(詩賦)의 형식이 점차 성숙되고 특히 운율문(韻律文)의 영향이 시 발달의 바탕을 마련하였고, 과거의 진사과 시험에서 시부(詩賦)를 중요한 과목으로 채택하였기 때문이었다. 또 불교사상의 영향으로 형식미보다 시의 내용을 중요시한 점과 귀족적인 취미와 당제국의 발전으로 인한 활발한 문화교류를 통하여 당시의 소재가 다양하고 넓은 인생관과 세계관을 시에 담을 수 있었다는 점도 당시의 발달과 예술성을 더욱 높여주는 요인이 되었다.

당시는 그 발전단계에 따라 초당(初唐), 성당(盛唐), 중당(中唐), 만당(晚唐)의 네 시기[111]로 구분된다.

초당은 당시의 발전기반이 마련된 시기로 왕발(王勃), 노조린(盧照鄰), 양형(楊炯), 낙빈왕(駱賓王) 등 이른바 초당의 4걸이 청신한 시풍을 일으켰다. 이어서 진자앙(陳子昂), 장구령(張九齡)이 한(漢)·위(魏)시대의 시문을 부흥하고 齊와 梁代의 형식주의 시문을 배척하였으며, 현실생활을 반영하여 소박하고 건실한 시를 지었고, 이를 이어 받아 종지문(宗之問), 심전기(沈佺期)가 율시(律詩)를 대성시

---

111) 명나라 고병(高棅)은 『唐詩品彙(당시품휘)』의 서문에서 초당은 고조부터 예종까지(618~712), 성당은 현종에서 숙종까지(712~762), 중당은 대종에서 경종까지(762~826), 만당(晚唐)은 문종에서 애제까지(826~907)로 구분하고 있다.

컸다.

성당시대는 현종의 개원·천보시대(712~755)에 해당하는데 당문화의 전성기와도 맞물려 시의 황금시대를 이룩하였다. 시선(詩仙) 이백(李白), 시성(詩聖) 두보(杜甫)를 비롯하여 왕유(王維), 맹호연(孟浩然) 등의 활약이 뛰어났다. 특히 두보가 이백을 주일두(酒一斗)에 시백편(詩百篇)이라고 하였듯이 이백은 천재적이며 즉흥적인 시를 지었다. 이백은 안사의 난 때는 천하를 유랑하면서 넓은 세계관을 가지고 자연과 인간을 시제(詩題)로 한 호탕한 작품을 많이 지었는데, 특히 도교의 신선사상도 반영되어 있다.

두보는 이백보다 11년 아래로 서로 친교가 있었다. 이백의 분방함에 비하여 두보는 신중하였고, 깊은 사색과 인간의 번뇌를 시에 담았으며 시구(詩句)의 표현에도 고심하였다. 두보 역시 안사의 난을 겪으면서 전란에 시달리는 인간의 고뇌와 전쟁의 비애를 시로 표현하였다. 이백과 두보는 다같이 낭만주의와 현실주의적 시의 예술을 절정으로 끌어올려 중국 고전시의 양대파, 즉 낭만과 현실주의의 걸출한 대표자들이다. 왕유(王維)는 시인이며 화가로 '시 속에 그림이 있고 그림 속에 시가 있다'고 하여 시·화(詩·畵)에 뛰어났으며, 불교의 영향을 받아 산수(山水)의 자연을 그리는 남종화(南宗畵)를 개창하였다.

중당은 안사의 난 이후 약 60여 년간이다. 이때는 독자적인 당시(唐詩)가 발달한 시기로 백거이(白居易 : 樂天)·원진(元稹)이 나와 평이한 시로 대중을 사로잡았다. 특히 백거이의 장한가(長恨歌)는 귀족으로부터 일반평민에 이르기까지 널리 애창되었다. 한유(韓愈)와 유종원(柳宗元)은 시인이며 동시에 산문의 대가로 고문(古文)부흥운동을 전개하여 당송팔대가(唐宋八大家)로 알려지고 있다.

만당에 들어와서는 정치가 부패하고 사회풍조 또한 천박하여 시제(詩題)도 원기가 떨어져 대작(大作)이 별로 없다. 만당의 대표적 시인으로 온정균(溫庭筠), 이상은(李商隱), 두목(杜牧) 등이 즉흥시로 이름을 떨쳤다.

3. 소설의 유행과 고문부흥운동

당시(唐詩)는 귀족문학으로 발전하였기 때문에 일반대중의 취향과는 거리가 멀었다. 당대에는 사회경제의 발전과 외래문물의 유행에 따라 문학에 대한 관심이 높아져서 흥미위주의 소설[112]이 유행을 하였다.

---

112) 『漢書(한서)』의 예문지(藝文志)에는 선진(先秦)시대의 제자백가학파 중에 소설가가 있었

당대의 소설은 육조시대의 기괴소설 범위를 벗어나 전기소설(傳奇小說)로 발전하고 체제도 비로소 조직적으로 짜여져 독특한 창작문학이 되었다. 당대 소설은 전기(傳奇)와 변문(變文)의 두 종류로 나누어지는데, 중국의 문화에는 비단 소설만이 아니고 예술의 각 방면에 황당무계한 괴이성이 많이 담겨져 있다. 이는 중국인이 추구하는 심리적 욕망을 현실적인 사실에만 국한하지 않고 공상적인 초현실세계로 상상력을 확대하였기 때문이다.

전기소설의 대표작으로는 이공좌(李公佐)의 『南柯太守傳(남가태수전)』, 원진(元稹)의 『鶯鶯傳(앵앵전)』, 유거원(柳巨源)의 『紅線傳(홍선전)』, 장방(莊防)의 『霍小玉傳(곽소옥전)』 등이 있는데, 이들 소설은 모두 정선되고 우아한 언어를 사용하여 각 인물의 성격 표현을 잘 하고 있다.[113]

변문(變文)은 불교의 승려가 불교교리를 일반대중에게 포교하기 위해 구어체(口語體)로 쓴 문체를 말한다. 이는 중국 전통문학에 없던 문체로 불경이 대량으로 번역되고 불교가 유행함에 따라 인도에서 들어온 범패(梵唄)와 창도(唱導)에서 발전된 새로운 형식이다.

범패는 불교가사에다 민속곡을 접합하여 노래하고 찬양하는 것이고, 창도는 통속적인 속담을 이용하여 불교교리를 전파하는 것이다. 인도의 범패와 창도의 방법이 당의 중기 이후 속강(俗講)과 승강(僧講)으로 발전하였으니, 속강은 일반인을, 승강은 승려를 대상으로 하여 발전하였다. 속강의 화본(話本)을 변문(變文)이라 하는데 속강이 유행함에 따라 변문은 광범하게 사용되면서 불교경전은 물론이고 문학전반으로 퍼져 나가 승려에 국한되지 않고 일반대중에게까지 널리 유행하게 되었다. 이와 같이 변문은 당의 중기 이후 서민문학으로 발전하였는데, 이는 중국의 백화소설(白話小說)의 원류가 되었다.

한편 산문(散文)은 육조 이래의 운문(韻文)과 당시의 발전에 그 힘을 발휘하지 못하였다. 그러나 화려한 문체에만 치우치고 형식에 얽매여 내용이 없는 변문체에 대한 비판이 일기 시작하였다. 그리하여 唐代 중기에는 문장에 담겨진 내용을 중시하고 문학에 복고주의 사상이 강조되면서 수많은 문학가들이 고문(古文)을 제창하였다. 이러한 고문부흥운동은 고대의 산문(散文)으로 되돌아가자는

으나 그들의 작품은 거의 망실되었다. 그 후 三國시대를 거쳐 西晉과 남북조시대에 들어와서 소설은 다시 유행하기 시작하였다.
113) 전기(傳奇)소설은 조직적인 단편소설로 이를 다시 신괴류(神怪類), 염정(艶情)류, 호협(豪俠)류로 세분된다.

문장혁신(文章革新)운동이다. 고대의 경전과 한대의 문장 체제를 본받자는 것으로 남북조시대의 사륙변문체(四六騈文體)에서 산문체로의 전환운동이다. 이 운동의 핵심인물은 한유(韓愈)와 유종원(柳宗元)이었다. 한유는 나의 뜻은 '고도(古道)에 있으며 고문(古文)을 숭상한다'고 하였고, 유종원도 '문(文)이란 도(道)를 밝히는 것'이라고 주장하여 육조(六朝) 이래의 변문체의 형식주의 문체를 배척하였다.[114]

唐의 고문부흥운동(古文復興運動)은 진·한시대의 산문을 회복하고 현실생활을 문학에 반영하며 사상을 표현하는데 적합한 산문체를 만들자는 운동이다. 이러한 고문부흥운동은 중국의 문학사(文學史)에 새로운 경지를 열었고 산문의 발전에 획기적인 공헌을 하였다. 당의 고문운동이 열매를 맺은 것은 귀족사회가 막을 내리고 서민사회가 시작되는 북송시대에 와서이다. 당송팔대가(唐宋八大家)[115]는 바로 고문의 대가를 말하며 이들에 의하여 고문은 제자리를 확립하게 되었다.

4. 미술·공예·음악

唐의 미술·공예는 불교의 발달과 귀족사회의 번성으로 융성하였다.

그림은 불교의 영향으로 종교화와 인물화가 다같이 발달하였으나, 귀족사회의 발전과 더불어 점차 인물화 쪽으로 기울면서 불교·도교화는 뒤로 물러나게 되었다. 이리하여 관념적인 화법은 사실적인 기법으로 바뀌었다. 또 서역으로부터 불교와 함께 들어온 명암과 요철법이 그림에 반영되었다. 당 초기에는 염립본(閻立本), 염립덕 형제가 고개지의 화법을 발전시켜 인물화에 뛰어난 재능을 발휘하였다. 염립본의 〈歷代帝王圖(역대제왕도)〉와 〈步輦圖(보련도)〉는 필력이 강건하고 대담한 선의 처리로 인물의 성격을 잘 표현하고 있다.

당대의 그림은 오도현(吳道玄)과 같은 천재 화가에 의하여 마침내 새로운 화풍을 창안하였다. 성당시대의 오도현은 인물(人物)·산수(山水)·불도화(佛圖畵)에 뛰어나서 화성(畵聖)이라 칭송되었다. 특히 그의 그림은 형식과 사실에 구애받지 않고 요철법과 명암법을 구사하여 입체감이 넘치고 생기 있는 신품(神品)

---

114) 중국문학의 시대적 특성을 말할 때 한문(漢文: 한대산문), 남북운(南北韻: 남북조의 운문), 그리고 당시(唐詩: 당의 시문), 송사(宋詞: 송대의 가사), 원곡(元曲: 원의 희곡), 명청소설(明淸小說)이라고 분류한다.
115) 당의 한유(韓愈), 유종원(柳宗元)과 宋의 증공(曾鞏)·왕안석(王安石)·구양수(歐陽修)·소순(蘇洵)·소식(蘇軾)·소철(蘇轍)을 말한다.

을 남겼다. 그는 인물화에 천재성을 발휘하여 뛰어난 미인도와 선녀화를 제작하였다.

그는 산수화에도 혁명적인 새바람을 일으켰다. 이사훈(李思訓)은 화려한 금벽(金碧)에 산수를 잘 그렸는데, 그의 그림은 귀족적 기품이 농후하고 정밀한 묘사와 현란한 색채 그리고 사실적인 경치로 예술적 특색을 잘 나타내어 북종화(北宗畵)[116]의 시조가 되었다. 그의 아들 이소도(李昭道) 역시 산수화에 뛰어나서 부친의 화풍에 오묘함을 더하였다. 한편 오도현도 산수화에 큰 공헌을 하였는데, 그가 그린 기암괴석은 마치 실물을 그대로 옮겨 놓은 듯 생동감 넘치는 화법을 구사하였다.

특히 오도현은 지금까지의 세선(細線)화법을 탈피하여 굵고 가는 두 가지 선(線)을 자유롭게 구사하고 색채를 생략하면서 산수화에 혁명적인 새바람을 불러일으켰다. 오도현이 창안한 새로운 화법은 그 후 중국회화를 강하게 지배하였다. 오도현과 동시대의 산수화가로 시인이며 화가인 왕유(王維)가 있다. 그는 시중유화(詩中有畵)·화중유시(畵中有詩)라고 하여 그림과 시를 일치시켰다. 그도 선의 묘사에 특수한 재능을 발휘하였고 묵(墨)의 사용법에도 새로운 필법을 만들어 문인화(文人畵)[남종화(南宗畵)]의 시조가 되었다. 그가 쓴 『畵學秘訣(화학비결)』은 산수화의 작법에 대한 이론을 설명하고 있다.

이러한 인물·산수화 이외에 특수한 동물을 전문으로 그리는 전문화가가 나왔다. 즉, 화조화(花鳥畵)에는 변란(邊鸞)이 유명하고, 조패(曹覇)는 말을 잘 그렸으며, 한황(韓滉)은 소의 묘사에 뛰어났다. 당말의 장언원(張彦遠)은 『歷代名畵記(역대명화기)』를 지었다. 그는 무종의 폐불 때 국보적 벽화가 파손됨을 안타까이 여겨 이 책을 편찬하였는데, 이는 당대까지 전하여 오는 중국의 명화를 살펴보는 데 중요한 문헌이 되고 있다.

서도(書道)가 중국의 예술을 구성하게 된 것은 동양문화상에 특기할 일이다. 시·글씨·그림이 삼위일체가 되어 발달한 것은 육조시대부터이다. 먼저 글씨와 그림이 접근하였고 여기에 당의 왕유가 시를 가미하였다. 이들 시·글씨·

---

116) 북화(北畵)라고도 하며 남종화(南宗畵)와 대립되는 화풍이다. 명말의 文人화가 莫是龍의 『畵說(화설)』에 그 명칭이 보인다. 이사훈(李思訓)·이소도(李昭道) 부자를 북종화의 시조로, 남종화는 왕유(王維)를 시조로 하고 있다. 남종화는 元末의 4大家(황공망(黃公望), 오진(吳鎭), 탈찬(倪瓚), 왕몽(王夢))에 이르러 세선(細線)을 그림에 담는 남종산수화[南宗山水畵(文人畵)]가 완성된 데 반해 북종화는 강하며 정확한 외형의 묘사를 특징으로 하고 있다.

그림의 삼자가 완전히 일치한 것은 송대이다. 글씨는 한대 이래 발달하고, 예술로서 특수한 위치를 확보한 것은 동진의 왕희지(王羲之)부터이다. 그는 특히 행서(行書)에 뛰어났으며 그 아들 왕헌지(王獻之)가 부(父)의 서법(書法)을 계승하여 개성을 발휘하였다. 왕희지의 서풍(書風)은 진(陳)의 지영(智永)을 거쳐 수·당시대에 이어지면서 발전하였다. 당대는 남조와 북조의 서법이 조화를 이루면서 발달하였는데, 이는 통일제국에 어울리는 건실한 서풍(書風)이다.

당대에는 특히 과거시험에서 신·언·서·판(身·言·書·判)에 의한 개인의 필력(筆力)을 중시하였으므로 글씨가 더욱 발달하게 되었다. 구양순(歐陽詢), 우세남(虞世南), 저수량(褚遂良), 안진경(顔眞卿)은 글씨의 대가(大家)로 꼽히고 있다.[117] 특히 구양순의 서체(書體)는 힘이 있고 서법이 엄정하며 대표적인 작품으로 〈九成宮禮泉名(구성궁예천명)〉이 있다. 우세남의 필체는 강함과 유연함이 함께 서체에 표현되고 있으며 〈孔子廟堂碑(공자묘당비)〉가 유명하다. 저수량은 이들의 장점을 종합하였으며 예서체(隸書體)의 필법을 창안하였다. 성당시대의 안진경은 전서(篆書)와 예서를 조화시켜 해서(楷書)체를 발전시켜 서법에 큰 변화를 일으켰다. 당대에는 초서체도 큰 발전을 하였는데, 손과정(孫過庭), 장욱(張旭), 회소(懷素) 등은 이 방면의 대가들이다.

당나라의 귀족문화는 장식은 특히 공예품에 뛰어난 기술을 발휘하였다. 아름다운 염색비단과 칠기, 거울이 발달하고 당삼채(唐三彩)로 불리는 도자기는 예술적 가치도 높다. 특히 당대에는 음다(飮茶)의 풍습이 유행하여 차는 사교에 빼놓을 수 없는 필수품이 되었다. 육우(陸羽)가 『茶經(다경)』을 지어 차의 기원·산지·도구·다법 등에 관하여 해설하면서 다도(茶道)가 생기고 도기의 발달을 촉진시켰다. 당삼채는 당대의 도자기를 대표하고 귀족문화를 상징하고 있으며 칠기공예 기술도 상당히 발달하였다.

당의 건축기술은 수도 장안을 비롯한 낙양성의 거대한 관청건물에서 볼 수 있고, 특히 축성규모와 그 치밀함에서 뛰어남을 알 수 있다. 장안과 낙양의 도성은 그 설계의 웅장함과 규모의 과학성에서 도시설계상 세계적인 큰 도시이다. 또한 당대 사원의 건축도 아름답고 웅대하였다. 대자은사(大慈恩寺)는 당 고종의 모후(母后)인 장손황후(長孫皇后)를 추모하여 건립한 절로, 경내의 7층 대안탑은 서역지방의 영향을 받아 예술성이 뛰어났다. 사원의 목조 건축물로는

---

117) 정광호, 「唐代 顔法의 成立과 그 影響」 『中國學報』 21, 1980.

산서성 오대산(五臺山)의 남선사(南禪寺)와 불광사(佛光寺)가 유명한데, 이는 현재까지 온전하게 보존되고 있다.

이외에도 조주(趙州: 하북성 조현)의 안제호(安濟湖)도 유명한 건축물이다. 이는 수대의 조춘(趙春)이 설계 제작한 것으로 교각은 효수(洨水)의 양언덕을 이어 현존하는 공강식(空腔式) 석교로 예술적 가치가 높다. 이와 같은 공강식 교량은 서양의 교량건축과 비교할 때에 상당히 앞선 것으로 당대 교량건축 기술의 발달된 수준을 알 수 있다.

당대의 불교발전은 자연히 불상과 석굴사원의 조각예술에도 큰 발달을 이룩하였다. 특히 돈황의 막고굴(莫高窟)[118]은 당대 조각예술의 정수를 보여주고 있다. 동굴의 주된 조각은 불상이며 보살상과 천왕, 역사상(力土象)도 있다. 동굴의 사방 벽은 비화와 함께 당시의 고서를 내용으로 하는 그림으로 채워져 있다. 벽화의 거대한 화면과 복잡한 내용, 긴밀한 구성은 화가의 뛰어난 설계재능을 유감없이 발휘하였다. 그런데 당대의 공예품이나 미술문양에는 페르시아의 영향이 많이 나타나고 있다.

음악은 귀족사회의 의식이 성대히 거행되면서 발달하였다. 당대 음악의 종류는 궁정의례 때의 아악, 민간의 속악, 서역에서 전래된 호악(胡樂), 군대의 군악이 있다. 궁정의 아악 가운데 잔치 때 연주하는 연악(燕樂)이 중요시되었는데, 연악과 청악(淸樂)은 중국전통 음악이며, 호악은 5호16국시대에 양주(凉州) 일대에서 발달한 서량악(西涼樂)과 구차악(龜玆樂)을 융합한 것이다. 악기에는 한민족의 종(鍾), 경(磬), 생(笙), 소(簫), 남방의 법라(法螺: 貝)와 서역의 수공후(竪箜侯), 횡적(橫笛) 등 매우 다양하다.

음악의 연주방법은 악공이 앉아서 연주하는 좌부기(坐部伎)와 서서 연주하는 입부기(立部伎)로 나누어지고, 좌부기는 3명에서 12명이, 입부기는 60명에서 180명으로 구성된다. 현종 때 청악을 위주로 하고, 오랑캐들의 곡을 섞어서 새로운 소리를 연주한 법곡(法曲)이 특별히 중요시 되었다. 또 현종은 좌부기의 자제와 궁녀 수백 명을 선발하여 이원(梨園)에서 법곡을 가르쳤는데, 이를 이원제자라 하였다. 당대의 악곡으로 긴 것을 대곡(大曲), 짧은 것은 잡곡(雜曲)이라 불렀다. 오·칠언시(五·七言詩)는 모두 악곡의 가사로 쓰였고, 새로 나타난 사

---

118) 돈황 막고굴은 전체 480굴로 수대에 만들어진 것이 95, 당대의 것이 213개굴이 포함되어 있다.

(詞)는 악곡의 박자에 맞추어 만들어진 것이다. 대곡은 주로 무곡(舞曲)이며 곡마다 12대단(大段)으로 나뉘어져 복잡하였다. 수·당의 무용은 연무(軟舞)와 건무(健舞)로 나뉜다. 연무로는 조야체(鳥夜諦), 회파악(回波樂) 등이 있고, 건무로는 검기(劍器), 호선(胡旋), 호등(胡騰) 등이 있다.

당대에는 잡기(雜技)도 대단히 발달하여 궁정이나 도시에서 뿐 아니라, 잡기 예인들이 촌락을 돌며 공연하였다. 당대의 벽화 속에는 잡기의 공연하는 모습이 잘 묘사되어 있다.

5. 과학기술의 발달

수·당 시대의 과학기술은 천문, 역학, 의학, 조판인쇄 면에서 뛰어난 발달을 보이고 있다.

천문, 역학의 전문기구로 태사감(太史監)을 두어 천문의 계산과 의기(儀器) 제작을 담당하였다. 수나라의 과학자 경순(耿詢)은 수력으로 움직이는 혼천의(渾天儀)를 발명하여 천문을 정확히 측정하였다. 당 현종 때의 남궁열(南宮說)은 자오선 1도의 길이를 351리 80보로 관측하였는데, 이는 세계 과학사상 가장 정확한 실측숫자이다.

당대 역산가(曆算家)로 유명한 인물은 이순풍(李淳風), 승려 일행 등이 있다. 이순풍은 고종 때 황도혼의(黃道渾儀)를 제작하고 『法象志(법상지)』를 저술하여 혼의를 논평하였는데, 그의 견해는 매우 뛰어났다. 현종 때의 승려 일행은 『開元大衍曆經(개원대연역경)』을 저술하였는데, 그 이전 고종 때 편찬된 『麟德曆經(인덕역경)』의 오차를 수정하였다. 『대연역경』은 인도의 역법을 참고하여 만든 것으로 당대에 장기간 유행하였다.[119]

수·당시대에는 국가가 의학·약학을 중시하여 태의서(太醫署)와 상약국(尙藥局)을 설치하고 의박사, 침구사(針灸師) 등도 두었다. 국가에서 펴낸 『諸病源候論(제병원후론)』은 전체를 67문(門)으로 나누고 각종 질병의 발생원인에 대하여 매우 상세한 분석을 하였다. 침구학으로는 수·당시대에 견권(甄權)이 유명하였으며 그의 저서인 『脈經(맥경)』, 『針方(침방)』, 『明堂人形圖(명당인형도)』 등은 후세 침구학에 많은 영향을 주었다.

의·약학에는 손사막(孫思邈)의 업적이 두드러졌다. 그는 당 이전의 임상경험

---

119) 김정식, 「唐 玄宗朝 『禮記』「月令」의 改定과 그 性格」『東洋史學研究』 93, 2005.

과 의학이론을 종합해서 『千金方(천금방)』과 『千金翼方(천금익방)』을 저술하여 인체 내의 오장육부를 설명하였고 약초의 효능을 구분하였는데 후대인들은 그를 약(藥)의 왕(王)으로 존경하였다. 당 고종 때에는 국가가 『唐新本草(당신본초)』를 편찬하였다. 현존하는 가장 오래된 약전은 『神農本草(신농본초)』로 이 책에 실려 있는 약품명은 360여종이나 된다.

당대 귀족문화의 발달은 출판과 인쇄기술상에도 혁신을 가져왔다. 조판인쇄의 기원은 인장과 석각에서 비롯된다. 수대에 이미 불경을 조각한 목판이 있었다. 근년에 발견된 신강지방의 토욕구(吐峪溝)에서 고대의 종이가 나왔는데 위쪽에 隋 개황(開皇) 14년(597)의 연호가 인쇄되어 있어서 수대에 불경의 조판기술이 상당히 발달했던 것으로 확인되었다. 태종의 장손황후(長孫皇后)는 『女則(여칙)』을 편찬하였는데, 목판이 아닌 조판(組版)으로 인쇄된 것이 특히 주목되며, 당 후기에 이르러 조판인쇄기술은 사회적으로도 널리 성행하였다. 일상생활의 필요에 따라 불경, 달력, 음양서, 점서, 상택(相宅) 및 아동의 교육도서 등을 인쇄하였다. 현존하는 가장 오래된 조판인쇄물은 당나라 의종의 함흥 9년(868)에 인쇄한 『金剛經(금강경)』[120]이다.

인쇄기술의 발달은 문화의 전파와 보급에 큰 촉진제가 되었다. 뿐만 아니라 지금까지 귀족만이 독점하고 있던 문화의 대중화가 이루어졌으므로 조판인쇄의 발달 후 대중의 문화생활이 향상되고 주변 각국에도 영향을 주었다.

Ⅳ. 당대 동서문물의 교류

1. 당제국의 서역경영과 동서교통로

당제국의 서역경영은 먼저 수나라에서 시작되고 당나라에 계승되어 당의 6도호부 건설로 확대되었다. 수가 남북조를 통일할 무렵에 동서교역로(Silk Road)의 실권을 잡고 있던 민족은 토욕혼(吐浴渾)이었다. 북위시대에 토욕혼을 갔다 온 사신 송운(宋雲)은 토욕혼의 도움 없이는 서역여행이 무사할 수 없다고 할 정도로 이 지역에서 그들의 세력은 강하였다.

---

120) 금강경의 높이는 약 30분, 길이는 5척으로 7폭의 인쇄된 면으로 연결되어 있고 금강경 전면에 불상의 고사를 조각하였다. 영국의 스타인(Stein)이 돈황 천불동에서 가져가 현재 대영박물관에 소장되어 있다.

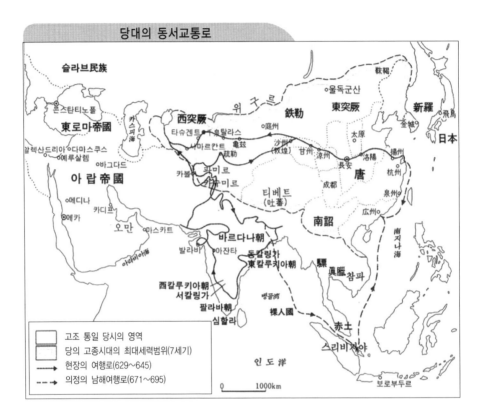

수의 양제는 토욕혼을 정벌하고(609) 이오(伊吾) 지방을 정복하여 수나라의 서역4군(西域4郡)과 이오군(伊吾郡)을 설치하였다. 중앙아시아의 타림분지에 중국의 본토와 같은 郡縣이 설치된 것은 동서무역로의 확보라는 의미에서 그 중요성이 크다. 수양제는 실크로드의 확보와 함께 배구(裵矩)를 서역지방으로 파견하여 서역제국의 상인들을 유치하였기 때문에 각국에서는 상인과 사절을 수나라에 많이 파견하여[121] 실크로드는 더욱 번창하였다.

수가 망한 후 서역경영은 당제국에 계승되었다. 당의 초기에는 하서4주(河西4州), 양주(涼州), 감주(甘州), 숙주(肅州), 과주(瓜州)를 설치하고 태종 때에는 동돌궐을 멸한 후(630) 이곳에 이주(伊州)를 설치하였다. 당대에도 실크로드의 중심지대인 하서회랑지대(河西回廊地帶)를 확보하기 위하여 다시 토욕혼을 정벌하였다(635). 이어 천산산맥(天山山脈)의 동부요충지대에 있던 고창국(高昌國)을 병

---

121) 『資治通鑑(자치통감)』 卷181, 대업 6년에 양제는 서역각국의 추장을 낙양에 오게 하여 큰 잔치로 이들을 환대하였다. 양제는 중국에 물자가 풍부함을 과시하기 위해 거리의 나무에 비단을 휘감았다는 유명한 일화가 있다.

합하여(640) 이곳에 서주(西州)를 두었고, 이어 천산산맥의 북쪽 오아시스지대
를 점령하여 정주(庭州)를 설치하였다. 이주·서주·정주 등의 3주는 그 후 오
랫동안 당나라 서역경영의 전진기지로 그 중요성을 더하였다.

한편 천산북로 지방의 소그티아 방면에는 서돌궐이 세력을 잡고 있었는데 당
나라가 이 지역으로 진출해 들어가자 서돌궐과의 충돌이 불가피하였다. 이것은
마치 한대(漢代)에 흉노와 각축전을 벌이던 한의 서역경영과 비슷한 양상이었다.

서돌궐은 서쪽으로 에프탈을 정복하여 사산조 페르시아와 국경을 접하였고
동으로는 몽골고원에 이르는 대판도를 형성하면서 구자(龜玆)북쪽 율드스에 수
도를 설치하여 실크로드의 실권을 잡고 있었다. 이들은 소그트인의 건의를 받
아들여 동로마의 유스티니아누스황제에게 사신을 파견하고(567) 동로마와 직접
교역을 통하여 사산조페르시아의 중간착취를 피하려 하였다.

당나라는 7세기 중엽에 서돌궐의 내분을 틈타 적극적인 서역경영에 나섰다.
고창정복의 여세를 몰아 언기(焉耆)와 구차(龜玆)를 복속시키고(648) 이어 소륵
(疏勒)과 우전(于闐) 등 타림분지의 도시국가를 평정한 후 구차에 안서도호부(安
西都護府)를, 언기에는 안서4진(安西4鎭)을 설치함으로써 서역경영의 전진기지로
삼았다. 이러한 당의 서역진출에 대항하여 서돌궐의 반격 또한 만만치 않았다.
그러나 장군 소정방(蘇定方)은 세 차례에 걸쳐 준가리아 지방으로 쳐들어갔으며
다시 부하장수 소사업(蕭嗣業)을 파견하여 서돌궐왕 아사나하로(阿史那賀魯)를
생포한 후 서돌궐을 멸망시키고(657) 동서교역로를 확보하는데 성공하였다.

당대에 확보된 동서무역로는 하서(河西)지방을 지나서 이주(伊州), 서주(西州),
구자(龜玆)로 나아가는 기본노선이다. 이 노선을 지나 다시 정주, 소륵, 우전을
향하는 3개의 지선[122]으로 이어지면서 동서문물이 역사상 드물게 활발히 교류되었다.

이상과 같은 실크로드의 무역로 이외에 당대에는 처음으로 티베트고원을 횡
단하여 중국과 인도간의 교통이 열리게 되었다. 즉, 당 태종이 인도로 파견한
왕현책(王玄策)은 이 당·인도교통로를 이용한 최초의 인물이다. 물론 이 교통
로는 실크로드나 바다를 이용하여 인도로 가는 해로(海路)에 비해 험난하지만
이 길을 이용하여 인도불교가 티베트에 전래되어 라마교가 성립되었다.

---

122) 황원구, 「東西文化의 交流 交通路와 그 周邊」『東洋史學研究』16, 1981.

2. 이슬람상인 및 서역상인의 활약

서아시아의 사라센제국은 동방의 당제국과 비슷한 시기에 출현하였고 이 양대 제국은 동서문물의 교류에 매우 중요한 역할을 하였다.[123]

唐과 이슬람(大食國)제국의 정식접촉은 고종 때에 이슬람제국의 3대 칼리프(후계자) 오르만이 사신을 파견하여 조공을 바친 데서 시작되었다(651). 이것은 사산조 페르시아를 물리친(642) 이슬람제국의 군대가 아무강(江) 유역에 진출하면서 당나라의 부강함을 알게 되었고, 칼리프정권이 동서무역에 관심을 갖게 되면서 당과 통상관계를 맺기 위하여 사신을 파견하였다.[124]

그러나 당과 아랍세계와의 교역은 처음부터 순조롭게 진행되지 못하였다. 이슬람제국의 중앙아시아 진출에 두려움을 느낀 이 지역의 도시국가들은 당나라에 사신을 보내어 구원을 요청하게 되었고, 이로 인해 당과 이슬람의 동서 양대 세력은 무력충돌을 하게 되었다. 그러나 현종이 등극하면서 적극적으로 서역경영을 추진하였다. 이리하여 신라인인 안서(安西)절도사 고선지(高仙芝) 장군을 파견하여 탈라스(Talas)강가에서 이슬람제국의 대군과 전투를 벌이게 되었다(751).[125] 이 전투에서 고선지 장군의 당군은 패하여 중앙아시아지역을 이슬람제국이 제패하는 계기가 되었다. 이때 당나라 군사의 포로 가운데 제지법(製紙法) 기술자가 있어서 제지법이 아랍세계에 전파되고 그 후 유럽으로 건너갔다. 탈라스전투 이후 당의 중앙아시아진출이 주춤하게 되니, 이 틈을 이용하여 이슬람교(回敎)를 신봉하는 대식국인(大食國人 : 사라센)의 활약이 활발하여졌다. 이들은 육로보다는 해로(海路)를 이용하여 당나라와의 교역을 추진하면서 해로가 동서문화교류의 중요한 무역로로 등장하였다.

한편 중앙아시아지방에서 돌궐세력이 후퇴하자 이에 대신하여 회흘(回紇 : 위그르)이 나타났다. 동서교섭사 연구에 중요한 자료를 제공해주고 있는 오르콘비문(碑文)은 돌궐 가한(可汗)의 공적비이다. 이와 같은 중앙아시아지방의 정치적

---

123) 이슬람세계는 마호메트시대(570경~632)로부터 8세기 중기까지(750)를 아랍제국시대라 하고 압바스왕조가 성립되는 750년 이후를 이슬람제국시대라 한다. 일반적으로는 이슬람 제국 또는 사라센제국이라 한다. 이슬람은 알라신에 대한 복종이란 뜻이고, 사라센이란 사막에 사는 사람이란 의미이다. 중국에서는 이슬람교를 회회교(回回敎)라 하고 아랍인을 대식국인(大食國人)이라 하였다.

124) 이희수, 「이슬람敎 中國轉入과 回族共同體의 形成」『민족과 문화』 5, 1997.

125) 이때 이슬람제국의 장군은 압바스왕조건설에 큰 공을 세운 아브무스틴(Abumustin)의 부장(部將) 지얀디븐샤리인(Ziyadibn Saylin)이었다.

변화과정에서 새로 활약한 민족이 소그트지방에서 활약한 이란계 소그트인이다.

일찍이 전한의 장건(張騫)이 한 무제에게 올린 보고서에도 중앙아시아 여러 종족의 뛰어난 상업술을 말하고 있다. 중국에서는 이들을 고호(賈胡), 상호(商胡)로 불렀다. 5호16국시대에서 감숙(甘肅)의 회랑지대(回廊地帶)가 동서무역으로 번영하였고 주로 소그트상인의 활약이 컸다.

남북조를 거쳐 수·당대에는 특히 소그트상인의 상업 활동의 전성기였다.[126] 이들은 동서의 중계무역을 독점적으로 장악하고 중국·인도·페르시아·아라비아와 동로마에까지 상권을 확대하고 도시국가를 건설하였다.[127] 타림분지에서 당과 소그트인이 직접 교섭하였기 때문에 7·8세기의 실크로드는 대단히 번영하였다. 소그트상인들은 융단, 유리, 악기, 약품, 향료 등 진귀한 서방물품을 낙타에 싣고 타클라마칸사막을 지나 당의 수도 장안으로 들어왔다. 장안 서북문인 개원문(開遠門)에는 소그트인의 카라반(隊商)이 몰려왔고, 당나라의 귀족들은 이들이 가져온 서방물품에 매료되어 화려한 이란의 문물이 중국인의 찬탄을 받으면서 보급되었다.

당나라 수도 장안은 인구 100만명을 헤아리는 거대한 국제도시로 영구 이주한 소그트인과 사산조 페르시아인이 많았으며 이들은 동서무역의 상업 활동뿐만 아니라 각자의 특기를 살려 당왕조에 벼슬하면서 이란 붐을 조성하였다.[128] 이들 이란계 소그트인을 당에서는 호인(胡人)이라 하였는데, 이들에 의하여 그 당시 발달하였던 이란문화가 중국에서 유행하게 되었다.

3. 동서문화의 활발한 교류

당대는 중국역사상 가장 활발하게 동서 문화가 교류된 시대이다. 이는 외형

---

126) 소그트인의 명칭은 중국에서는 율특(栗特), 강국(康國) 등으로 후한 이후 역대정사의 서역전에 보인다.

127) 『隋書』 서역전(西域傳)에 의하면 소그트의 여러 도시국가를 강국(康國, Samarkand), 안국(安國, Bukhara), 사국(史國, Kesh) 등의 이름으로 나타내고 있다. 또 『唐會要(강회요)』에 의하면 강국인(康國人)은 아이를 낳으면 꿀을 먹이고 손에는 아교를 쥐어주는데 이는 아이가 성장하여 감언(甘言)으로 상업을 잘하고 손에 돈이 붙을 것을 염원했기 때문이라 한다.

128) 장군 강염전(康艷典)을 비롯하여 안남도호(安南都護)와 홍려경(鴻臚卿, 외무관)이 된 강겸(康謙), 그리고 그림으로 유명한 화가 강살타(康薩陀) 등은 모두 소그트가 세운 강국인(康國人)이고 이 밖에 가수 미가영(米嘉榮), 비파의 명수 미화(米和), 조로아스터교의 사제 사회사(史懷思) 등도 소그트인이었다. 앞의 책, 『실크로드의 역사와 문화』, 113쪽 참조.

적인 문물의 교류만이 아니라 내용적으로도 서로 깊게 영향을 주고받으면서 새로운 문화를 창조하고 있다는 점에서 동서교섭사에 새로운 장을 연 시대이다.

이와 같이 동서문화가 활발히 교류될 수 있었던 이유는 수·당의 통일제국이 성립되어 6도호부가 설치되어 당의 지배영역이 서역으로 뻗어나가면서 동서교통상의 장애를 제거하여 실크로드가 원활하게 소통되었다는 점을 들 수 있다. 이와 함께 당의 개방정책은 외국인의 자유로운 내왕을 가능하게 하였으므로 각국의 사절을 비롯한 학자, 승려, 예술가와 상인 등 문화적 상류층이 대거 당나라로 몰려 왔다. 또한 당의 학자와 승려, 군인들도 서역으로 나아가 활발한 문화교류를 촉진하게 되었다. 특히 당대의 불교 발전과 서역지방에서 유행하던 외래종교(外來宗教)가 아무런 구애를 받지 않고 포교(布教)활동을 하였다. 이에 따라 종교적 의식에 수반되는 예술(종교미술·종교음악·종교풍습 등)활동으로 더욱 활발한 문화교류가 가능하였다. 당대의 동서문화교류는 때마침 서아시아지역을 통일한 이슬람제국의 출현과 동로마제국의 발전과도 맞물려 문화교류의 한몫을 하게 되었다.

당대의 외래문화 요소에는 학술적으로는 인도의 요소가 강하고 종교와 예술에서는 이란계통의 문화가 주류를 이루고 있다.

학술 면을 보면 인도의 음운학(音韻學)이 남북조 말경에 영향을 주어 중국의 음운학을 완성시켰고, 그 기초 위에 唐의 율시(律詩)가 성립되었다. 수·당시대에는 인도의 천문(天文)·역법(曆法)이 전해져, 고종 후기부터 현종시대에 걸쳐 중국의 천문·역법에 관계한 사람은 주로 인도인이었고 새로운 달력도 이에 기초하여 만들어졌다. 특히 현종 때(718경) 구담실달(瞿曇悉達)이 번역한『九曜日曆(구요일력)』[129]은 당대는 물론이고 그 이후 중국달력에 널리 참조되었다. 이『구요일력』은 점성술(占星術)과 함께 예언을 하는 예언적 성격의 달력이다. 이는 불경에서 점성술을 설명하고 있는『宿曜經(숙요경)』의 영향을 받고 있으며『숙요경』에는 칠요일(七曜日)의 명칭을 이란·페르시아·인도의 산스크리트어(語)로 설명하고 있다.

---

129)『九曜曆(구요력)』은 현종의 명을 받아 인도의 달력을 번역한 것으로(718)『大唐開元占經(대당개원점경)』속에 들어 있다. 구요란 인도의 산스크리트어의 혹성(惑星)을 뜻하며 일월오성(日月五星)과 계도(計都)를 합한 것이다.

4. 외래종교의 유행

당문화의 국제성과 개방주의는 종교면에도 유감없이 발휘되어 많은 외래종교가 제국 영내에 유행하였다. 즉, 페르시아의 조로아스터교(현교), 기독교의 일파인 경교(景敎), 페르시아의 마니(摩尼)교, 이슬람교(回敎) 등을 들 수 있다.

현교(祆敎)는 불을 숭배하였기 때문에 배화교(拜火敎)라 하며, 페르시아인 조로 아스터가 창건하여 페르시아와 중앙아시아에서 유행하였다. 현교의 원리로는 광명의 선신(善神)과 암흑의 악신(惡神)이 서로 투쟁하고, 불이 선신을 대표하기 때문에 불과 함께 일월성신(日月星辰)과 하늘을 숭배하였다. 현교는 5호16국시대에 중국에 전래되었고 당대에는 장안과 낙양을 비롯하여 각지에서 페르시아 및 중앙아시아 상인이 현사(祆寺)를 건립하였으며 당왕조도 현신을 제사하고 현교를 숭상하였다.

경교(景敎)는 기독교의 이단적인 일파로 시리아인 네스토리우스가 창시하였고, 페르시아에서 유행하였다. 기독교의 삼위일체설을 부정하여 성모(聖母)를 숭배하지 않아 이단으로 몰리게 되었다. 당의 태종 때(635) 경교의 전도사 아라본(阿羅本)이 페르시아로부터 장안에 와서 파사사(波斯寺)란 교회를 세워 포교가 시작되었다. 현종 때에 파사사를 대진사(大秦寺)라 하였다. 승려 경정(景淨)이 대진경교유행중국비(大秦景敎流行中國碑)를 세웠는데(781), 이 비석을 통하여 경교가 융성한 사실 및 동서 문물의 교류에 대한 내막도 알 수가 있다.[130]

마니교는 페르시아인 마니가 창시하였고, 명교(明敎)라고도 하며 중앙아시아와 지중해연안에서 유행하였다. 마니교의 교리는 우주를 명(明)과 암(暗)의 대립 현상으로 보고 명이 암을 물리쳐야 한다고 하였다. 측천무후 때(694)에 페르시아인이 마니교의 『二宗經(이종경)』을 중국에 전파하였다. 안사의 난 후 마니교의 승려[마니사(摩尼師)]와 회흘사자(回紇使者)가 함께 장안에 왔으며, 대종(代宗) 때에 마니교를 신봉하는 회흘인(回紇人: 위그루인)이 지방에 마니사를 세우는 것을 허가하였다. 요교와 경교는 후에 쇠퇴했으나 마니교는 여전히 강남지방에서 널리 유행했다.

이슬람교는 아랍인 마호메트가 창시했으며 당에서는 회교 또는 회회교(回回敎)라고도 하고, 주로 강남의 광주 등지에 아랍인이 머물면서 중국인에게 전파하였다. 두환(杜環)이 아라비아에 10여 년간 머물다가 귀국하여 저술한 『經行記

130) 이경규, 「景敎의 土着化에 대한 一考」『大丘史學』 70, 2003.

『경행기)』중에는 이슬람교의 종교상황이 기록되어 있는데, 이는 중국 최초의 이슬람에 대한 기록이다.

이와 같은 외래종교와 함께 서방의 예술과 풍습이 크게 유행하였다. 현종의 개원연간(712~741) 이래 태상(太常: 종묘의 의식)의 음악은 호곡(胡曲)을 사용하고 귀족의 식사는 호식(胡食)을 올리고 남녀가 다투어 호복(胡服)을 입었다고 한다.[131] 여성들의 화장술에도 호장(胡粧)이 유행하고 호음(胡音: 樂)과 호기(胡騎)가 장안과 낙양성에 유행하고 있음을 시문으로 노래하였다.[132]

당대의 외국음악은 십부악(十部樂)이라 하여 이 가운데 칠악(七樂)을 특히 서역칠조(西域七調)라고 하였으니 이는 서역음악을 말한다.[133] 음악과 함께 서역지방의 무용도 유행하였는데, 이를 호선무(胡旋舞)라 한다. 여자의 화장법에도 서역풍이 유행하였다. 머리형은 퇴계(堆髻)형이라 하여 머리카락을 높이 올려 땋고 입술은 검지 연지를 발라 검게 하고 볼에는 혈훈장(血暈粧)이라 하여 연지를 반원 또는 원으로 칠하였다. 눈가에도 짙은 남청색 화장을 하였다.

그림에는 당의 초기에 사마르칸트의 화가 강살타(康薩陀), 우전(于闐)의 위지을승(尉遲乙僧) 등이 유명하다. 특히 위지을승의 그림은 너무나 정묘하여 신품(神品)이라 칭하였는데 오도현(吳道玄)의 산수화에도 위지을승이 전파한 요철화(凹凸畵)의 영향을 볼 수 있다. 조각에는 당태종의 소릉(昭陵) 현무문(玄武門)에 새긴 여섯 필의 말이 사산조 페르시아의 왕후의 승마 때와 같은 의장(意匠)이다. 이 밖에 당초문(唐草文), 수렵문, 연주문(蓮珠文) 등이 용문의 석굴과 호병(胡甁), 칠기, 비단 등 공예품에 빈번하게 사용되었다.

한대 이래 서방에서 전파된 환인(幻人: 마술사)이 행한 기술(寄術: 마술)이 수·당시대에 더욱 왕성하였다. 탄도(呑刀: 칼삼키기), 왕환(王丸: 여러 개의 공을 공중에 굴림), 토화(吐火: 입에서 불을 토함), 도인(屠人: 배 가르기) 등의 묘기가

---

131) 『舊唐書』 輿服志.

132) 원진(元稹)이 지은 시, 『元氏長慶集(원씨장경집)』 卷24에 "호기(胡騎)가 연진(煙塵: 연기와 먼지)을 날리며 모취(毛毳), 성전(腥羶: 카펫트), 함(咸: 장안), 낙(洛: 낙양)에 가득 찼네 여인(女人)들은 호부(胡婦)가 되려고 호장(胡粧)을 배우고 기생은 호음을 권하고 호악을 즐긴다."고 읊고 있다. 앞의 『실크로드의 역사와 문화』, 112쪽, 제9장 꽃피는 장안 참조.

133) 중국의 제지법은 그 후 압바스왕조의 제5대 칼리프 하룬 알라시드(786~809)에 의해 바그다드에 제지공장이 세워졌고, 다시 이집트와 모로코를 거쳐 스페인을 경유하여 14세기에 프랑스에 전파되어 구텐베르크의 금속활자의 발명과 결합되면서 문예부흥의 원동력이 되었다.

대자은사(大慈恩寺)와 청룡사(靑龍寺) 등의 번화가에서 대중을 상대로 행하여졌
다. 그 밖의 놀이로는 각저(角觝: 씨름), 닭싸움, 무마(舞馬) 등이 있고, 특히 페
르시아에서 시작되었다고 하는 타구(打毬: 말 타고 치는 골프)는 당현종도 즐길
정도로 상류사회에서 유행하였다.

　당나라에 들어온 서방문화는 중국의 전통문화와 융화되어 국제적이며 귀족적
인 성당 문화의 꽃을 피웠고 이는 중국에만 머물지 않고 다시 동아시아 각국으
로 퍼져나가 신라·일본·발해·월남 등의 문화발전에 자극을 주면서 동아시아
문화권을 완성하였다.

　한편 서역문화의 유입과 함께 중국문화의 서역전파도 활발히 추진되었다. 중
국문화의 서역진출의 전진기지는 타림분지로 이 지역은 漢代 이래 중국인의 진
출로 문화전파가 진행되고 남북조시대에 중국의 식민국가로 번창한 고창국(高昌
國: 투루판) 주변에서는 중국의 의식주를 비롯하여 관혼상제의 풍습이 유행하였다.
당대 중국문화의 서방전파에서 문화상 큰 영향을 준 것은 제지법의 전파이다.
이는 고선지(高仙芝) 장군이 탈라스전투(751)에 패할 때 당의 많은 군인이 포로가
되었고, 이 가운데 제지기술자(製紙技術者)가 있어 이들이 사마르칸트로 보내져
아랍세계 최초의 제지공장이 세워졌고 사마르칸트의 종이가 명성을 떨치게 되
었다.

　종이 이외에도 비단과 도자기가 서아시아로 전해졌는데, 당삼채가 페르시아의 수
도사에서 출토되고 있다. 두환(杜環)이 쓴『經行記(경행기)』에 의하면 바그다드에는
중국의 비단직공과 금은세공기술자 등이 있었고 중국인 화가들도 활약하였다고
한다.[134]

V. 당대(唐代) 동아시아문화권의 완성

1. 동아시아 문화권의 완성 배경

한대에 형성되기 시작한 동아시아 문화권은 위·진·남북조의 혼란과 분열

---

134) 두환은『通典(통전)』을 지은 당나라 재상 두우(杜佑)의 조카로 탈라스강가의 전투에서
　　이슬람제국[大食國(대식국)]의 포로가 되었다가 해로(海路)를 거쳐 당에 돌아왔다(762).
　　『경행기』는 그의 여행기로 지금은 없어지고『통전』과 宋代의 지리서인『태평환우기』등
　　에 부분적으로 전해온다.

속에서도 발전되면서 마침내 당제국의 출현으로 완성을 보았다.[135]

먼저 당제국 시대에 동아시아 문화권이 완성될 수 있었던 배경은 정치·군사 면에서 당과 주변 각국간의 긴밀한 정치 문화적 유대관계가 촉진되면서 문화권 형성이 이룩되어 나갔다. 6세기 말(589)의 수나라의 중국통일과 이를 이은 당 제국의 출현은 동아시아의 국제질서에 결정적인 영향을 주었다. 그 내용을 보 면 수와 고구려의 관계(조공·책봉)가 원활하지 못하여 수나라의 3차에 걸친 고 구려원정이 실패로 끝나자 결국 수나라는 망하고 唐이 건국되었다. 백제와 고 구려는 신라와 동맹한 당의 침략에 의해 멸망하고, 한반도에는 신라의 통일국 가가 출현했으며, 만주에는 발해가 건국하여 당왕조와 친선관계를 유지하게 되 었다. 당제국의 영토적 확대와 6도호부의 설치로 일본을 제외한 아시아 각국이 직접 당나라와 정치·군사면에서 긴밀한 관계를 유지하였고, 기미(羈縻)정책이 나 책봉체제(冊封體制)에 의한 조공관계로 긴밀한 문화적 교류관계를 갖게 되 었다.[136]

특히 당나라의 개방주의 정책으로 당과 주변국간의 교류가 더욱 활발해지면 서 동아시아세계가 정치·문화면에서 교류가 촉진되어 8세기를 전후한 시기에 문화적 교류가 절정기를 맞이하게 되었다. 각국에서는 당문화의 자극을 받아 8·9세기를 전후하여 국어와 국학운동이 일어나 민족문화의 발전을 가져오게 되었다. 사실 통일신라의 찬란한 문화나 나라(奈良)·헤이안(平安)시대의 일본고 대문화와 발해의 문화는 다같이 자국문화의 기반 위에 성당문화를 적극적으로 받아들인 결과이다. 그러나 당왕조가 멸망하는 10세기 초(907)를 시작으로 동 아시아의 국제질서는 붕괴되고[137] 동아시아 문화권도 새로운 형태로 변형되어 나갔다.

---

135) 전해종, 「東아시아文化圈」『歷史와 文化』, 일조각, 1976, 140면에 의하면 東아시아의 문 화권이라고 할 때의 東아시아는 중국(대만 포함), 한국, 일본을 뜻하는 것이 보통이며 월 남을 포함시킬 수도 있다고 하였다.
고병익, 『東亞史의 傳統』, 일조각, 1976.
136) 김호동, 「唐의 詢迴支配와 北方遊牧民族의 對應」『歷史學報』 137, 1993.
137) 10세기 초, 당의 멸망(907)으로 동아시아의 국제질서에 새로운 변화를 가져왔다. 즉, 만 주에서는 거란족의 요가 일어나고(916) 이어 요는 발해를 멸하고(926) 최초의 정복왕조 로 발전하였다. 한반도에서는 후삼국의 분열(901)에 이어 고려의 건국(918)과 신라의 멸 망(935), 고려의 후삼국통일(936)이 완성되었다. 한편 일본도 고대율령체제(古代律令體 制)가 붕괴되고 중세 무사(武士)시대가 시작되었다.

2. 동아시아 문화권의 기본요소

동아시아 문화권을 형성하는데는 4가지 기본요소가 있다. 즉, 유교, 불교, 율령체제 그리고 한자가 그것이다.

유교는 한대(漢代)에 발달하였으나, 위·진·남북조시대에 와서 불교에 그 지위를 내어주는 듯 하였다. 그러나 남조(南朝)의 각 왕조는 물론이고 이민족(오호)의 북방왕조까지도 국가를 통치하는 지배원리로 유교주의를 취하게 되었다. 특히 북방왕조는 유교가 내세우고 있는 중화사상 또는 화이사상에 대해서는 엄격한 제재를 가하면서도 그들의 한화정책의 기본 틀을 유교주의에 두고 유교를 통치의 기본이념으로 받아들였다. 남북조를 통일한 수나라와 이를 계승한 당제국도 유교주의에 바탕을 둔 중앙집권적 황제지배체제를 지향하고 율령국가체제(律令國家體制)를 완성하였다.

특히 당제국은 위·진·남북조 이래 여러 파로 갈라진 유교경전에 대한 해석을 통일하였다. 태종의 명을 받아 공영달(孔穎達)이 편찬한 『五經正義(오경정의)』의 출현은 단순히 5경에 대한 통일된 해석이라는 학술적 차원만이 아니라, 남북조 이래 다양하게 전개된 동아시아의 문화가 유교주의로 다시 재정립되었음을 확인한 정치적 의미가 강하다. 이리하여 유학은 다시 국가권력과 결합되어 중국은 물론 동아시아 여러 나라의 유교문화형성에 많은 영향을 끼치면서 동아시아 문화권을 완성하게 되었다.

불교 또한 당대에 이르러 비로소 중국적인 불교로 정착되었다. 위·진·남북조시대는 불교가 발전하기는 하였으나 그것은 서역의 샤머니즘적인 주술불교의 유입에 불과할 뿐 중국적인 불교는 아니었다. 뿐만 아니라 불교사상에 대한 중국인의 이해도 노장사상으로 여겨진 격의불교(格義佛敎 또는 번역불교)의 단계에 머물러 있었다. 그러나 중국인의 불교사상에 대한 끈질긴 연구와 서역에서 들어온 고승(高僧)들에 의하여 불교의 진의가 파악되면서 점차 주술적 서역불교에서 벗어나 중국적 불교 교단을 형성하게 되었다. 북위 태무제(太武帝)와 북주 무제(武帝)에 의한 폐불사건으로 큰 타격을 입었으나, 이를 계기로 불교는 국가와 귀족의 보호에서 벗어나 자생적인 자립의 방향으로 나가고 당대 중국적 불교 발전의 기반을 마련하게 되면서, 동아시아 문화의 기본요소로 확고한 종교적 위치를 확보하였다.

율령체제 역시 당대에 들어와서 완성되었다. 중국의 율령은 어느 한 시대에 성립된 것이 아니고 진·한제국 이래 오랜 기간을 거쳐 형성된 것이며, 이는 결국 당에 의하여 율령국가의 지배체제를 완성하기에 이른 것이다. 이렇게 완성된 율령체제는 동아시아 각국으로 전파되어 각국의 율령국가 형성에 큰 영향을 주게 되었다. 즉, 고구려가 4세기에, 신라는 5세기부터 이를 받아들이고, 삼국통일(三國統一)(676)에 의해 율령국가체제를 완성시켰다. 일본은 7세기 중기의 대화개신(大化改新)에 의하여 당의 율령제를 본격적으로 받아들여 7세기 말에는 완비된 율령국가를 형성하였다. 8세기 초에 만주에서 건국한 발해도 당의 체제를 받아들여 율령국가를 이룩하였다.

한자는 언어가 서로 다른 아시아 각국에서 동아시아 문화권의 기본요소를 전파시키는 도구로 사용되었다. 그런데 이 한자는 동아시아 문화권의 기본요소(유교·불교·율령체제)와는 다른 몇 가지 특성을 지니고 있다. 즉, 한자(漢字)는 일반대중이 접근하기 어려운 귀족층의 문자라는 성격을 가지고 있다. 한자의 난해한 특성으로 인하여 어느 개인이나 민족도 한자의 완전한 이해는 거의 불가능하며, 경제적 여유를 가진 귀족층만이 평생 익혀야 겨우 시를 짓고 학문을 연구할 수 있을 정도가 되었다. 그러므로 일반대중은 좀처럼 한자문화에 접근하기 어렵고, 이로 인해 당대까지는 중국만이 아니라 각국이 모두 계층간의 심각한 문화의 차별성을 가지고 있었다.[138] 그런데 이렇게 어려운 한자가 동아시아 문화요소를 전달하는 매체가 되면서 각국은 필사적으로 한자를 익히는데 힘을 쏟고 마침내 한자를 소화하게 되어 동아시아 문화권완성에 결정적인 작용을 하게 되었다. 이와는 반대로 한자를 소화하지 못한 민족은 결국 민족과 함께 그들의 문화도 소멸된 사실을 알 수 있다.

이와 같은 한자는 문화의 전파수단이 되면서 동아시아의 국제적 문자로 그 위치를 확보하기에 이르렀고, 각국은 이를 변형하여 문화매개체로 활용하였다. 따라서 신라시대에 설총이 만들었다고 하는 이두(吏讀)와 일본에서 9세기경에 만든 가나(假名: 가다가나), 북방민족이 제작한 고유문자도 모두 당나라시대를 전후하여 한자의 어려움을 극복하고 자국의 언어를 쉽게 표기하기 위한 방편으로 한자를 변형하여 만든 것이다.

---

138) 고병익, 『東아시아의 傳統과 近代史』, 삼지원, 1984, 66쪽, 「漢字의 習得과 自國文化」 참조.
　　이용범, 「東아시아文化의 普遍性」『東아시아文化와 韓國文化』, 교문사, 1988, 43쪽 참조.

당대에 완성된 동아시아문화권은 당제국의 붕괴 이후 동아시아세계의 새로운 역사적 전개와 맞물려 새로운 국면으로 접어들었다. 10세기를 전후하여 새로 등장하는 이른바 정복왕조(遼·金·元·淸)의 대응자세에서 또 다른 문화적 특징을 가지고 있다.

즉, 이들 정복왕조는 군사력을 무기로 내세워 그들의 통치체제도 동아시아의 문화적 공통요소가 되는 율령체제를 소화하지 못하고 유목사회와 농경사회를 별도로 지배하기 위한 이중체제(二重體制)를 채택하였다. 이들이 가져간 불교도 중국적 불교가 아니라 주술적인 티베트 불교를 그대로 수용하고 있으며, 유교에 대한 인식은 유목사회의 전통 때문에 수용이 불가능한 상태였다. 특히 정복왕조에 의한 약 680여년의 통치기간 동안[139] 유교를 비롯하여 한자와 불교 등을 제대로 소화하지 못하였다. 이는 북방민족의 국수적인 반한적(反漢的) 문화자세와도 관계가 있다. 이들의 한자 수용자세도 한자문화에 대한 완전한 몰입이 아니면 철저한 배척으로 唐代까지 동아시아 문화권에 있던 한국·일본·월남 등의 뛰어난 한자 수용자세와는 상당한 차이가 있다. 어려운 한자를 제대로 수용하지 못한 이들 정복왕조가 국가의 멸망과 함께 그들 민족마저 동아시아의 역사무대에서 완전히 사라져버린 (몽골은 제외) 현상을 볼 때 이는 동아시아 문화권의 형성과정과 관계가 깊다는 사실을 인식할 수 있다.

정복왕조는 무력으로 동아시아세계를 지배하였으나 문화적으로는 도리어 동아시아문화에 정복(동화)되는 결과를 가져왔다. 여기에는 그들의 문화 변용(變容)능력의 부족이 중요한 원인이 된 것이다. 이와는 대조적으로 한국·일본·월남은 동아시아문화를 받아들여 이를 변용하여 그들의 고유문화에 접목시킴으로써 민족문화를 보존하고 동아시아세계의 일원으로 살아남을 수 있었다.

---

139) 요나라 110년(916~1125), 金의 120년(1115~1234), 원제국 162년(1206~1368), 청제국 296여 년(1616~1912)을 합하면 688년이 된다.

제 5 절 일본의 동아시아 문화권 진입

I. 동아 문화권에 들어오기 전의 일본

1. 외로운 섬 일본열도

섬나라 일본의 원시사회는 오랜 조몬(繩文)시대를 거치면서 이렇다 할 문명의 발전을 보지 못하였다. 조몬시대는 약 1만 3천년전부터 야요이(彌生)시대가 시작되는 기원전 3세기까지 거의 1만년에 걸쳐 계속된 시기이다. 조몬시대는 일본인의 직접조상이 외롭게 생활한 시대이다. 이 시기에 오래도록 문명의 발달이 이루어지지 못한 결정적인 원인은 섬나라의 고립성 때문에 선진 외래문화가 일본에 들어오지 못한 데 있다. 조몬시대란 이 시대 사람들이 사용한 토기의 표면에 새끼줄(繩)과 같은 빗살문양이 새겨져 있었기 때문에 토기의 이름을 따서 조몬시대라고 부르게 되었다. 이 조몬시대가 끝나고 기원전 3세기부터 기원후 3세기까지의 약 6백년간을 야요이(彌生)시대라 한다. 이때에 일본의 고대사회가 급속한 변화를 갖게 되면서 농경사회로 접어들기 시작한 시기이다. 야요이시대란 이 시대 사람들이 만든 토기가 최초로 발견된 지명을 따서 야요이문화라고 부른데서 유래한다.

야요이시대가 끝나는 3세기말부터 7세기까지의 약 400년을 고분시대라 하며 특히 고분시대 후기를 아스카(飛鳥)시대라 부른다. 이 시대의 문화중심이 야마도(大和)지방으로 현재의 기내지역(나라, 교토, 오사카지방)을 말한다.

2. 일본에 대한 중국측 자료

일본의 고대는 아직 문자가 없었기 때문에 역사적 기록은 없다. 다만 고고학적 연구에 의하여 이 시대의 모습을 찾아보게 된다. 그런데 중국의 역사서에는 일본에 대한 기록이 단편적으로 보이고 있다.

일본이 동아시아 문화권에 들어오기 이전의 중국측 자료는 일본의 야요이시대에 해당되는 서기전 1세기부터 서기후 3세기 전후까지이다.

『漢書(한서)』에는 일본열도에 왜인(倭人)이 백 여개의 소국으로 분립되어 정기적으로 낙랑군에 조공을 하였다고 기록하고 있다. 또 『後漢書(후한서)』에는 광무제 중원 2년(A.D. 5)에 조공해 온 왜의 노국왕(奴國王)에게 인수(印綬)를 주었다고 기록되어 있고 『三國志(삼국지)』 위지 왜인전에는 2세기 말경에 30여국의 작은 나라가 히미꼬(卑彌)라는 여왕을 옹립하여 연맹국가체제를 세웠고 239년에서 243년 사이에 위(魏)나라와 통교하였다. 이때 위의 명제(明帝)로부터 친위왜왕(親魏倭王)이라는 칭호를 받았다고 기록하고 있다.

그리고 서기 266년에 왜의 여왕이 진(晉)나라에도 조공하였다는 기록이 있다. 이 밖에 중국 문헌에 일본을 왜(倭)라고 표기하였는데 『晉書(진서)』, 『宋書(송서)』 등에는 왜(倭)에 5왕(五王)이 있었고 5왕 이름이 보인다.

Ⅱ. 일본의 동아시아 문화권 진입

1. 동아시아 문화권 진입 단계

일본이 동아시아 문화권에 들어오는데는 반드시 통과해야 하는 4개의 관문이 있다. 이른바 동아시아 문화권의 4대 기본요소인 한자(漢字), 유교(儒敎), 불교(佛敎), 율령제도(律令制度)의 관문이 그것이다. 이들 4대 요소를 일본의 고대 사회가 어떻게 수용하여 일본 고대 문화에 접목시켜 나갔는가를 살펴보는 것은 일본 고대사를 이해하는데 중요한 열쇠이다.

일본이 동아시아세계의 4대 문화요소를 받아들이는 데는 시기적으로 몇 단계를 거치고 있다.

제1단계는 가까운 한반도를 통해서 받아들이는 길이다. 여기에는 주로 백제계의 도래인과 학자가 일본에 건너가서 4대 문화요소를 일본인에게 가르쳐주는 방법이다.

제2단계는 일본이 어느 정도의 문화수준에 도달하면 견당사(遺唐使)를 당나라에 파견하여 직접 당 문화를 배워 일본에 돌아와서 전파하는 방법이다. 이 시기는 일본의 고대국가가 성립되는 나라(奈良) 헤이안(平安)시대에 해당한다.

제3단계는 이렇게 받아들인 선진문화를 가지고 일본사회 안에서 학자나 지식인이 일본에 맞게 이를 재구성하여 일본자신의 문화로 승화시킨 단계이다.

2. 한반도에서 건너간 도래인(渡來人)에 의한 동아시아 문화 전파

일본의 고분시대는 3세기 말에서 4세기 초에 시작되어 7세기까지의 약 400

년간 계속되었다. 이 시대를 아스카(飛鳥)시대라고 한다.

일본의 아스카문화는 한반도 이주자에 의해 형성되었으며 한반도의 백제계 이주자가 일본의 4~5세기 문명을 발전시키는데 주도적인 역할을 담당하였고, 그 결과 야마토(大和) 통일정권이 이룩되었다. 고분시대 중기 이후 한반도의 4세기는 고구려가 낙랑군을 멸망시키고 고구려, 백제, 신라, 가야가 격렬한 항쟁 속에서 패권을 다투던 긴장의 세기였다. 이렇게 경쟁관계로 세력다툼이 벌어진 것은 무기개발, 생산증가, 국력의 신장이 뒷받침 되어야만 가능한 것이다. 전쟁에서 패한 쪽이 일본으로 건너간 것이다. 이러한 정치적 영향으로 일본으로의 이주는 더욱 활발해졌다고 추정된다.

특히 4세기에서 5세기에 걸쳐 두 차례 대규모 인구이동이 있었는데, 4세기 말에는 고구려군이 신라의 지원을 받아 가야를 공격했고, 이때 낙동강 유역에 살던 가야 유민이 일본으로 대거 이주하였다.

5세기 말의 이주는 한성백제의 멸망과 관련된 것이다. 고구려 장수왕이 백제의 수도 한성을 공격하여 개로왕을 죽이자, 백제는 공주를 새 도읍으로 삼아 국가재건을 노렸지만, 왕위를 둘러싼 정쟁으로 정세가 불안했다. 이때 한성 함락으로 삶의 터전을 잃은 백제인과 권력다툼에서 밀려난 지배층이 일본으로의 이주를 택했다.

일본의 고대역사는 한반도에서 건너간 도래인 중에서 특히 백제인에 의하여 문명이 열렸다. 일본에서는 백제인을 귀화인이라고 하는데, 이 말은 옳지 않다. 백제인이 스스로 일본에 귀화한 것이 아니라 한반도의 정치 군사적 환경을 피해 일본으로 건너간 것이므로 도래인이 옳다. 백제인이 전파한 기술과 지식은 당시 일본열도가 가지고 있던 문명에 비해 월등하게 우수한 것이었으므로 아스카문화의 중심에는 백제인이 있었고 이들에 의해 일본사회는 새로운 문화발전단계로 진입할 수가 있었다.

그러나 분행하게도 백제계 세력가로 천황(天皇)이 되려다 실패했다는 소가씨(蘇我氏)가 멸망할 때(645) 「천황기」「국기」(天皇記 國記) 등이 모두 불타 없어졌고, 그나마 남은 기록도 8세기의 항무천황(恒武天皇, 781~805) 때 한반도 관계기록을 불태워 없애버렸다.

3. 견당사(遣唐使)에 의한 동아시아 문화 수업

도래인에 의한 선진 문화의 수입으로 한단계 문화수준이 올라간 일본은 이제 적극적으로 당나라에 견당사(遣唐使)를 파견하여 동아시아의 선진 문화 수입을 추진하였다. 그 계기가 된 것이 쇼도쿠(聖德) 태자의 개혁 정치와 그 후의 다이카 가이신(大化改新)에 의한 것이다.

쇼도쿠 태자는 중국의 문화를 직접 받아들이기 위해서 견수사(遣隋使)를 다섯 차례 수나라에 보내어 중국의 제도, 법률, 학문, 기술 등을 배워 오도록 하였다. 이때 수나라에 갔던 견수사 가운데 후일 다이카 가이신의 국정개혁의 주역으로 큰 역할을 담당한 인물이 많다. 그 후 나라시대의 견당사는 630년에 시작하여 894년에 폐지될 때까지 260년간 8회 파견하였다. 견당사의 구성은 대사를 비롯한 사절단과 유학생, 유학승 등 400인 정도가 4척의 배를 타고 당나라에 건너갔다. 견당사의 도항은 당시의 항해기술과 조선기술로는 매우 위험한 항로였다. 일본의 나라시대의 대외 관계의 중심은 당문화의 섭취에 중점을 두었다.

4. 일본의 국풍(國風) 문화형성

일본은 한반도에서 건너온 도래인에 의하여 낙후된 고대문명을 한 단계 끌어올린 후 직접 견당사를 당나라에 보내 당과 직접 활발한 관계를 맺고 당으로부터 수입한 높은 문화를 토대로 독자적인 일본문화를 탄생시켰다. 이 당시 대당제국(大唐帝國)은 일본 상류사회의 정신세계를 지배하였다. 그들은 당의 문화라면 무엇이든지 재빨리 수입하였고 이를 통하여 일본도 높은 당나라 문화 수준을 쫓아가서 동아시아 세계의 문명국임을 자처하게 되었다.

나라시대는 일본이 선진 당나라 문화를 적극적으로 받아들이려는 활기찬 시대였다. 그리고 헤이안쿄(平安京)로 천도한 8세기 초부터 10세기 초까지의 헤이안시대는 더한층 당나라의 높은 문화를 적극적으로 받아들이는 시대로 일본 고유의 국풍(國風)문화가 성립되기 시작하였다. 이때에 당시(唐詩)를 비롯하여 상류사회는 당나라 의복이 유행함으로써 당풍(唐風)문화가 널리 보급되었다. 그 후 894년에 견당사가 폐지되면서 중국과의 문화 교류는 중단되고, 그 대신 지금까지 받아들인 당 문화를 기초로 일본풍의 문화가 발전하기 시작하였다.

한반도의 신라와는 842년에 국교가 단절되었고 일본에 우호적인 발해와도

920년에 국교가 끊어졌다. 일본의 국풍(國風)문화 또는 후지와라(藤原)문화로 불리우는 일본풍(日本風)문화는 선진 당 문화를 적극적으로 받아들여 동아시아 문화권에 진입한 것이 중요 원인이 되었다.

Ⅲ. 동아시아 문화권의 4대 기본요소 수용

1. 처음으로 한자(漢字)를 받아들임

일본이 선진 동아시아 문화를 받아들여 동아시아 문화권에 진입하는 첫걸음이 한자를 익히는 일이다. 왜냐하면 동아시아 4대 문화요소를 받아들이기 위해서는 이를 전달해주는 수단(도구)이 있어야 하는데, 그 수단이 바로 한자이기 때문이다.

그러면 일본이 언제, 누구로부터 한자를 배우게 되었는가를 살펴보아야 하지만, 현존하는 역사 자료는 이에 대한 명확한 해답은 없다. 한자를 5세기경에 백제의 아직기(阿直岐) 왕인(王人)이 전파한 것으로 되어 있으나 사실여부는 확실하지 않다. 다만 일본의 야요이(彌生)문화가 반도로부터 건너간 도래인(渡來人)에 의한 것이고 그 후 많은 도래인이 부민(部民)으로 문필과 기술 분야에 활약한 사실로 미루어 볼 때, 일본의 한자 전파와 습득에는 한반도로부터 건너간 도래인에 의한 것이 거의 확실하다.

왜의 여러 소국들이 중국과 교섭을 가졌을 때 이미 한문을 사용한 표문(表文)을 지었고, 5세기의 왜왕 무(武)의 상표문은 훌륭한 한문구사 능력을 보여주고 있다. 일본의 사신이 수나라 황제에게 올린 국서(國書)의 내용문장이 한자로된 훌륭한 외교 문서라는 사실이다. 이루 미루어 볼 때 수나라시대, 즉 6세기 말경에는 일본사회에서 한자를 구사할 수 있는 지식계층이 존재하였음을 증명하고 있다.

2. 율령체제를 받아들임

본래 일본 고대의 야마토(大和) 정권은 지배계층인 성씨(姓氏)제도와 민중을 집단적으로 부(部)로 편성한 부민(部民)제도를 기본으로 하였다. 그러나 6세기에 들어와서 야마토정권은 심각한 동요가 일어나 개혁을 단행하지 않을 수 없었다. 이때 2차례에 걸쳐 개혁을 단행하였으니 쇼도쿠 태자(聖德太子, 574~622)의 개혁(603년)과 다이카 가이신(大化改新)의 개혁 단행(645)이다. 쇼도쿠 태자의 개혁은 백제계통의 소가(蘇我)씨가 중심이 되었다. 쇼도쿠 태자는 율령국가를 수립하고 왕권강화를 추진하면서 법제를 정비하였는데, 주로 신라와 수나라의 율령을 기준으로 하였고 중국식 천황(天皇)칭호도 사용하였다.

622년 쇼도쿠 태자가 죽자 그 일파는 몰락하고 호족세력이 중국유학생을 규합하여 개혁을 단행하였으니 다이카 가이신이다. 이 개혁을 수립한 인물들은 당나라의 정치를 직접 보고 돌아온 당나라 유학생들로, 당나라의 율령제도를 모방하여 그것을 개혁에 그대로 가져온 것이다. 그 후 일본은 다이카 가이신으로 율령국가의 틀을 마련하였다. 이때 당나라의 율령이 도입되고 처음으로 법제화된 가족도덕도 가져왔다. 다이카 가이신은 당나라의 법제를 본뜬 것으로 특히 당나라의 영휘(永徽)율령을 모델로 한 것이다. 한편 율령체제가 갖추어지면서 당나라의 장안성을 모방한 헤이조쿄(平城京: 현재의 나라시)를 조성하여 천왕의 권위를 높이고 율령국가의 수도를 건설하여 고대국가체제를 확립하였다.

3. 불교 수용

서기 552년에 백제로부터 불상과 불교경전이 일본에 전파되었다. 일본의 상류사회에서 불교 수용을 둘러싸고 두 개의 파로 갈라져 대립이 벌어졌다. 불교를 받아들이려는 측은 친백제(親百濟)계의 소가(蘇我)씨였으며 반대한 측은 모노노베(物部)씨였다. 불교를 둘러싼 두 파의 권력투쟁은 30여년간 계속되었다. 이 투쟁은 불교 수용을 주장한 소가씨의 승리로 끝나고 이 승리를 계기로 소가씨는 자기집안 출신 황녀(皇女)를 스이고(추고)여왕으로 옹립하고 사위인 쇼도쿠(성덕)태자를 섭정으로 앉혔다. 일본 불교는 쇼도쿠 태자가 섭정을 담당한 시대에 일본사회에 정착하고 특히 법륭사(法隆寺), 사천왕사(四天王寺)를 비롯한 불교사찰이 이때 건립되었다. 이후 일본은 불교를 통하여 선진 당 문화를 적극적으로 받아들였고 당의 제도를 모방한 국분사(國分寺)를 각지에 건립하고 국력을 기울여 동대사(東大寺)의 대불(大佛)도 752년에 완성하여 불교를 통한 동아시아 문화권의 진입이 이루어졌다.

Ⅳ. 동아시아 문화권을 벗어난 일본중세의 막부체제

1. 막부(幕府)통치의 시작

일본의 고대 율령국가체제는 9세기 이후 붕괴되기 시작하였다. 그것은 중앙정부의 군사력이 약함에 따라서 사무라이(侍: 무사)에 의존할 수밖에 없었고 여기에서 사무라이 계급이 국가권력을 좌우하게 되었다. 12세기 말에 사무라이 계층은 두 파로 갈라져 싸움을 벌이게 되었으니 다이라씨(平氏)와 미나모토씨(源氏)가 그것이다. 처음에는 다이라씨가 우세하여 권력을 장악하였으나 단노우라 전투에서 패하여 미나모토씨가 사무라이 세계를 통합하였다. 미나모토노 요리토모(源 賴朝)에 의하여 가마쿠라막부가 창설되었다. 일본 역사상 최초의 막부체제이다.

막부(幕府)라는 말은 전쟁을 지휘하는 장군의 막사라는 뜻으로 근위대장의 숙소를 지칭한데서 유래한다. 가마쿠라 막부는 전국의 사무라이 계급을 주종관계로 조직하여 사무라이를 대표하는 새로운 정치형태를 취한 것이다.

사무라이에 의한 막부체제는 이후 700년 동안 계속되었다. 최초의 막부는 가마쿠라(鎌倉)막부(1185~1333)의 159년간이고, 다음 가무쿠라막부가 망하고 무라마치(室町)막부(1338~1573)의 236년간이다. 그후 100년간(1467~1590) 무사 간의 치열한 전쟁이 계속된 전국시대를 거쳐서 애도(江戸)막부시대(1601~1868)의 268년간이다. 여기에 가마쿠라 막부 이전의 무사시대 30년을 합치면 700년 동안 사무라이에 의한 막부통치가 일본을 지배하였다.

동아시아 역사에서 중국과 한국의 통치체제는 율령국가 체제를 기반으로 문인이 정치를 담당한 문신관료 체제로 왕조국가가 계속되었다. 그러나 일본은 중세 막부체제가 들어서면서 문치주의는 사라지고 사무라이에 의한 쇼군(將軍)정치(무인정치)가 700년 가까이 계속되었다. 교토에 천황이 있었으나 명목상으로 존재할 뿐 국가를 통치하는 정치적 권력을 행사한 일은 별로 없었다. 19세기에 들어와 메이지유신(1868)으로 붕괴된 후 왕정복고를 이룩하였으나, 메이지(明治)천황의 천황권 행사도 오래가지 못하고 군부에 의한 군인 통치시대로 다시 접어들게 되었다.

이렇게 볼 때 일본은 사무라이가 지배하는 무치(武治)주의 시대로 일관하였고 동아시아 역사의 율령국가체제에 의한 문신관료의 통치는 사실상 존재하지 않았다. 애도막부시대의 일본 정치가의 일반적인 생각은 일본은 무(武)가 다스리는 나라, 조선과 중국은 문(文)이 통치치하는 나라로 인식하였다. 이러한 생각은 무가 문보다 우위에 있는 통치상식이란 자부심이 깔려 있고 그 결과 일본사회는 끊임없는 전쟁이 계속되었다.

중국이나 한국은 창업은 무력으로 하였으나, 수성은 문(文)으로 하는 것이 일반적이었다. 그러나 일본은 가마쿠라막부체제가 들어서면서(1185년) 창업은 사무라이가 하고 통치도 사무라이(쇼군)가 하는 무신정권이 700여년이나 계속되었다. 이러한 예는 동아시아 역사에서는 물론이고, 세계사에서도 그 유래를 찾기 어렵다.

일본의 막부체제가 700여년간 지속될 수 있던 중요한 원인은 사무라이에 의한 통치의 악순환이 반복되면서 계속된 전란을 문(文)으로는 감당하기 어려웠기 때문이다. 여기에 일본인의 호전성도 한 몫을 하였다. 일본중세시대는 막부체제로 강력한 군사통치가 실시되고 있음에도 불구하고 중세사회는 전란이 끊임없이 반복된 시대이다. 문민(文民)정치로 국가가 통치되는 아시아의 다른 나라에 비해, 무치로 나라를 다스리고 있는 일본의 중세사회가 오히려 더 한층 내란이 계속되었다. 이것은 주군의 무력이 약화되어 통치에 허점이 드러나면 서슴없이 하극상이 벌어지는 주군과 그 아래 무사 상호간의 주종관계가 제대로 결속되지 못하였기 때문이다.

막부통치시대의 전쟁의 성격도 다양하다. 무사 상호간의 세력다툼을 벌이는 전쟁, 천황과 쇼군(將軍) 간의 전쟁, 막부체제 하에서 전쟁에 익숙해진 영민(농민)의 무사에 대한 반발로 일어난 농민전쟁 등의 전란이다. 막부통치하의 이와 같은 전란은 무사 가운데 가장 실력이 뛰어난 전국대명(戰國大名)에 의하여 일단 수습되었다. 전국대명의 실력자 오다 노부나가(織田信長)가 전국 통일을 눈 앞에 두고, 신임하던 부하 장수 아케지 미스히데(明智光秀)에 의해 혼노지(本能寺)의 모반으로 쓰러지고 전국통일은 도요토미 히데요시(豊臣秀吉)에 의해 이루어졌다. 그러나 도요토미의 조선침략(임진왜란) 실패로 도요토미는 병사하고 결국 도쿠가와 이에야스(德川家康)가 다시 애도(江戶)막부를 열면서 이후 막부체제는 260여 년간 더 계속되었다.

2. 동아시아 문화권을 벗어난 막부체제

일본 중세의 막부체제 700여 년은 동아시아 문화권을 벗어난 일본특유의 정치사회이다. 그것은 막부체제는 동아시아 문화권의 4대 기본요소(율령체제, 불교, 유교, 한자)의 성격과 다른 방향으로 역사가 전개되었음을 의미한다.

먼저 막부 통치는 율령국가체제를 완전히 벗어났다. 율령체제는 황제를 정점으로 하고 문신관료에 의하여 율(형법)과 령(행정법)에 의하여 국가가 운영되는 관료의 지배체제이다. 전시황제에 의하여 황제지배체제가 성립(B.C. 221)된 이후 청(淸)나라가 망할 때(1912년)까지 하루도 중단됨이 없이 계속된 것이 동아시아 문화권의 율령국가체제이다.

특히 동아시아 역사에서 정복왕조[거란(요) 금, 몽골(원), 만주(청)]가 유목민족 특유의 무력으로 중국을 정복한 후에도 중국식 율령체제로 황제통치를 계속한 사실로 미루어 볼 때 일본의 막부체제는 동아시아 문화권을 완전히 벗어난 일본만의 군사통치체제이다.

다음으로 막부의 유교에 대한 자세이다. 유교는 충효(忠孝)사상을 근간으로 인(仁), 의(義), 예(禮), 지(智), 신(信)을 사회의 기본윤리로 삼고 있다. 그런데 막부체제하에서는 이러한 동양적 유교 윤리관과는 상치되는 점이 많다. 우선 충(忠)에 대한 기본자세를 보면 동아시아 사회에서는 국가와 황제(왕)에 대한 충성을 가리킨다. 그러나 막부체제하에서는 국가나 황제(국왕)에 대한 충성은 없고 오직 자기의 직접상관인 주군(主君)에 대한 충성으로 주종(主從)관계만을 강조하였다. 이것이 결국 막부통치 700년간의 사무라이(무사)의 도덕적 가치이고 전쟁원리이다. 그 결과 평화보다는 주군의 세력 확대를 위한 전쟁이 반복되었다.

또한 불교도 막부체제하에서는 불교의 기본원리와 상당히 다른 일본식 불교로 변질되었다. 일본의 불교의 특징은 석가모니를 모시기보다는 일본식 불교발전에 공이 큰 일본인 승려의 가르침을 앞세워 불교가 여러 종파로 갈라졌다. 이 가운데서도 천태종(天台宗)과 진언종(眞言宗)이 밀교화(密敎化)하여 세력을 갖게 되었다. 특히 막부체제하의 전란을 겪으면서 죽음을 초월하는 정토(淨土)불교가 더욱 득세하였다.

일본은 동아시아문화의 영향으로 문명국가로 성장하였으나 동아시아문화에 등을 돌리고 그들 고유의 무사(사무라이)문화를 만들었다. 여기에는 동아시아 문화권의 기본요소인 문(文)보다 일본인이 내세우는 무(武)가 강하다는 자부심을 일본인은 지금도 가지고 있다. 그것이 옳지않다는 것을 제2차 세계대전의 패망으로 직접 경험하였음에도 아직도 무력의 우세함을 내세우는 자기모순을 일본 역사는 반복하고 있다.

이러한 일본의 숭무천무(崇武賤武)의 가치관은 결국 일본의 역사를 전쟁의 역사로 만들고 나아가 동아시아와 세계의 평화를 유린하는 무서운 결과를 가져왔다.

제 3 편
동아시아의 사대부(士大夫)사회와
정복왕조의 등장

송변혁기(10세기 초) 강남의 사대부들의 화려한 저녁연회 모습
고굉중(顧宏中)의 그림 베이징 고궁박물관소장]

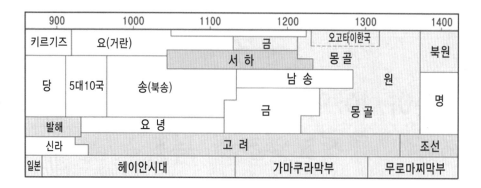

10세기 초, 당제국의 멸망(907)은 동아시아의 국제질서에 커다란 변화를 가져왔다. 당의 붕괴와 때를 같이하여 만주에서는 발해가 거란에게 망하고(926) 한반도에서는 후삼국의 분열을 고려가 건국(918)하여 통일하였다(936). 일본에서도 고대국가가 무너져 무사(武士) 시대가 시작되었다. 당제국의 붕괴로 중국 본토에는 절도사(군벌)가 세력을 갖고 50여 년 동안(907-960) 5대 10국의 분열시대가 계속되면서 절도사체제가 등장하였다. 이러한 와중에서 당의 귀족사회는 사라지고 宋의 사대부(士大夫) 서민 계층이 새로운 지배계급으로 등장하였다.

5대의 혼란은 宋에 의하여 통일되고 宋은 당말오대(唐末五代) 이래 군벌(절도사)의 횡포를 방지하기 위하여 문치주의(文治主義) 정책을 채택하였다. 그 결과 군사력의 약화를 가져와 북방유목민족(거란, 여진, 몽골)의 압박을 받게 되었다. 송대는 산업의 발달로 서민생활이 윤택해지면서 서민문화가 발달하였다.

한편 당제국의 지배 하에 있던 북방의 유목민족은 당문화의 영향과 자극을 받아 차츰 민족적인 자각을 하면서 부족의 통합을 이루고 민족국가를 세우며 마침내 정복왕조(요, 금, 원)로 발전하였다.

북방의 유목민족에 의한 정복왕조의 출현은 동아시아세계의 국제정세를 바꾸어 놓았다. 동아시아세계의 중심에 서서 정치와 경제, 문화 전반에 걸쳐 주도적 역할을 담당하던 漢민족은 북방민족이 세운 정복왕조에게 국토의 일부 혹은 전 중국을 빼앗기고 그들의 지배 하에 놓이게 되었다.

특히 몽골족의 원나라는 동아시아세계는 물론 유럽에까지 진출하여 세계 역사상 일찍이 볼 수 없었던 대제국을 건설하고 동서문물의 교류에도 많은 공헌을 이룩하였다.

제 7 장
송대 사대부 서민사회의 발전

제1절 송(宋)의 통일과 사대부 문신관료체제의 형성

Ⅰ. 5대(五代) 10국(十國)의 분열시대

1. 당말(唐末)·5대(五代)의 사회변동

8세기 중엽(755)에 일어난 안·사(安·史)의 난은 종래 흔히 있던 농민반란의 성격과는 다른 중국사회에 커다란 변혁을 가져다 준 혁명적인 전란이다.

그것은 안사의 난을 분수령으로 하여 정치적으로는 절도사에 의한 군벌체제가 등장하고 사회적으로는 귀족계층이 무너지면서 다음에 오는 송대(宋代) 사대부서민(士大夫庶民) 사회를 여는 계기를 마련하였다. 이와 아울러 대외적으로도 지금까지 당의 기미정책 속에 눌려 지내던 북방민족이 민족적 자각과 함께 민족의 발전을 이룩하여 정복왕조로 웅비하는 기틀을 여는 계기를 제공하여 주었다.

안·사의 난에서부터 당이 망하기까지 약 150년 동안은 지방분권적 절도사 (군벌)체제가 성립되는 시기이고, 당이 망하고 후량(後梁)이 일어나는 907년부터 宋이 건국되는 960년까지의 53년간은 5대 혹은 5대10국시대라 한다. 이 시대는 당말의 절도사체제가 당제국을 멸하고 지방분권적 독립국가체제로 분립된 시대이다.

그런데 군벌정권은 강력한 무력을 행사하였으나 지방에 있는 절도사 세력의 할거로 왕조가 오래 지탱하지 못하고 흥망이 반복되면서 중앙에는 후량(後梁) → 후당(後唐) → 후진(後晉) → 후한(後漢) → 후주(後周)의 5왕조가 교체되었고 지방에서도 10국이 분립하였다.

당말·5대는 중국 역사상 가장 격변의 시기로 사회의 구조적 변화가 이루어 졌다. 그리하여 이 시대의 사회변화를 가지고 고대의 종말 혹은 중세의 끝이라 고 시대구분을 하면서 당송(唐宋)변혁기로 평가하고 있다.[1]

이러한 획기적 변화는 먼저 사회의 지배계층에서 나타나기 시작하였다. 중국 사회는 후한 이래 발달한 호족(豪族)이 위·진·남북조시대의 문벌귀족으로 발 전하고 다시 당의 관료귀족으로 그 세력을 유지하여 내려왔다. 그러므로 후한 초기(25)로부터 안사의 난까지(755) 약 7백년간 중국사회를 지배한 것은 호족 내지는 문벌귀족이었다. 그러나 안사의 난 이후 사회적 불안에 편승하여 새로 출현한 실력자는 절도사(군벌)인데, 이들은 종래의 문벌귀족을 제치고 군사력을 배경으로 지방에 군림하면서 반독립적 세력을 가지고 문벌귀족세력을 제거하니 이로써 문벌귀족은 완전히 몰락하게 되었다.

그런데 이들 군벌은 정치·군사적 실권을 쥐고 있으면서도 사회의 경제적 실 권을 장악하지는 못하였다. 일반적으로 중국사회의 지배계층의 경제적 기반은 토지에 있어, 대토지(大土地)의 확보는 사회의 지배계층으로 올라서는 필수조건 이었다. 그런데 당말·5대는 정치·사회적 불안정에도 불구하고 농업·수공 업·유통구조 등 경제전반에 걸쳐 중국사회의 새로운 발전이 진행되었고, 이 틈을 이용하여 재산을 축적한 계층은 신흥 지주[地主: 형세호(形勢戶)]이다. 이들은 당대 귀족이 소유하고 있던 대토지를 사유하면서 새로운 장원체제로 개편하여 나갔다. 즉, 형세호는 몰락한 소작농민[전호(佃戶)]을 그들의 장원에 투입하여 지주·전호제에 의한 새로운 생산체제를 구축하면서 사회의 지배계층으로 확고한 지위를 다져나갔다. 이로써 형세호를 주축으로 한 지주·전호제가 성립되면서 宋代 사대부 서민사회의 새로운 생산체제가 마련된 것이다.

뿐만 아니라 이들 형세호(지주)계층은 5대의 군벌시대에는 절도사와 협력하면 서 자신의 사회경제적 기반을 발전시켜 나갔고, 다음 宋代의 문치주의 관료체 제하에서는 다시 과거제도를 이용하여 문신관료로 출세하여 정치·사회적 지배 계층으로 부상하였다. 당의 귀족체제에서 송의 문신관료체제로의 변혁은 당 말·5대를 거치는 동안에 착실하게 진행되었다.[2]

---

1) 前田直典, 「東아시아에서의 '古代'의 종말」, 박한제 옮김, 『中國史時代區分論』, 민두기 편, 창작과비평사, 1984.
　　梅原郁, 「時代區分論에서 본 宋代史의 特質論爭; 周藤說과 宮崎說」, 최희재 옮김, 『위의 책』
2) 이근명, 「五代宋初 胥吏存在形態의 變化와 그 性格; 胥吏制度의 確立過程과 관련하여」『東

2. 5대10국의 분열과 중국사회의 변화

당말의 군벌(절도사)세력은 크게 세 지역에서 할거하였다.

하나는 안사의 난 이후의 하북(河北) 삼진(三鎭)으로서 이 중에서도 魏博(위박)
의 군사력이 막강하였다.

다음은 산서(山西) 진양(晋陽), 즉 태원(太原)을 거점으로 한 사타족(沙陀族: 돌
궐족의 후손)의 이극용(李克用)세력이다. 이들은 북방의 유목민족을 주력부대로
편성하고 있어서 기동력이 월등하였다.

세번째는 황소의 반란을 수습하고 그 잔당을 그대로 인수한 주전충(朱全忠)[3]
의 변주(汴州)군단이다. 이 가운데 주전충의 변주군단은 당의 수도 장안부근에
주둔하고 있어 당의 조정을 마음대로 좌우할 수 있었다. 특히 수도 장안이 있
는 관중지방은 강남으로부터 올라오는 물자에 의존하였고 강남화물은 주로 운
하를 통하여 장안에 수송되었다. 그런데 강남화물은 주전충이 관장하고 있는
변주지방 운하를 통과해야만 장안으로 들어갈 수 있었기 때문에 주전충의 변주
군단은 말하자면 당의 목줄을 조이고 있는 형세에 있었다. 따라서 당의 조정은
정치·경제·군사상에서 주전충의 괴뢰에 불과하였다.

당은 안사의 난 이후 환관의 발호가 극심하여 황제의 폐립이 마치 아이들의
장난처럼 자행되었다. 따라서 희종의 아우 소종은 환관의 폐를 제거하기 위해
주전충 군단을 장안으로 불러들여 거의 모든 환관을 살해하였다. 이때 세력을
잡은 주전충은 오히려 소종을 시해한 후 그 아들 애제를 옹립하였으나 곧 왕위
를 찬탈하여(907) 변주[汴州: 개봉(開封)]를 도읍으로 후량(後梁)을 세우니 이가
후량의 태조이다. 지방에 있던 군벌은 산서(山西)의 이극용을 제외하고는 후량
정권을 명목상으로 승인하였으나, 실제로는 지방에서 할거하면서 자위책을 강
구하였으므로 천하는 절도사(節度使, 군벌)에 의한 분열시대로 치닫게 되었다.

이 당시 군벌의 세력판도를 보면 후량에 대항하고 있던 산서지방(태원)의 이
극용은 여러 번 후량의 태조(주전충)와 싸웠으나 승부는 쉽게 나지 않았다. 그
아들 이존욱(李存勗) 때에 후량이 쇠퇴하자 지금까지 후량을 지지하고 있던 하북

洋史學硏究』 40, 1992.
　이영철, 「五代 文臣官僚의 出身成分과 出仕方式에 대하여」『嶺南史學』 14, 1996.
3) 당을 멸망시킨 주전충(朱全忠)의 본명은 주온(朱溫)이다. 당나라의 소종(昭宗)이 국가에 충
　성을 다하라는 뜻으로 전충(全忠)이란 이름을 하사하였다. 그러나 주온은 소종을 시해하고
　당을 멸하여 후량을 세워 태조가 되었다.

[5대10국의 변천]

	왕 조	존속기간	건국자	수 도
五代(중앙)	後梁(후량)	907~23	朱全忠(주전충)	開封 → 洛陽
	後唐(후당)	923~36	李存勗(이존욱)	洛陽
	後晉(후진)	936~46	石敬塘(석경당)	開封(汴州)
	後漢(후한)	947~50	劉知遠(유지원)	개봉(변주)
	後周(후주)	951~60	郭威(곽위)	개봉(변주)
十國(지방)	吳(오)	902~37	楊行密(양행밀)	揚州(양주)
	南唐(남당)	937~75	李昇(이승)	金陵(금릉)
	吳越(오월)	907~78	錢謬(전류)	杭州(항주)
	荊南(형남)	924~63	高季興(고계흥)	江陵(강릉)
	楚(초)	907~51	馬殷(마은)	荊州(형주)
	南漢(남한)	917~71	劉隱(유은)	廣東(광동)
	北漢(북한)	951~79	劉崇(유숭)	晋陽(진양)
	前蜀(전촉)	907~25	王建(왕건)	成都(성도)
	後蜀(후촉)	934~65	孟知祥(맹지상)	成都(성도)
	閩(민)	909~946	王審知(왕심지)	福州(복주)

지방의 위박(魏博) 군벌이 이존욱 쪽에 가담하자 후량의 세력은 점차 약화되었다. 그 위에 후량에서 내분이 일어나자 이 틈을 이용하여 이존욱은 위박의 대를 앞세워 개봉에 쳐들어가 후량을 멸하고 후당(後唐)을 세웠다(923).

후량에서 후당으로의 왕권교체는 당말 이래 군벌의 세력판도에서 볼 때에 중요한 역사적 의미가 있다. 그것은 황소의 반란 이후 황하를 사이에 두고 수십 년간 접전을 거듭하던 사타부(沙陀部)의 산서(태원)군벌과 황소의 잔당을 재집합시킨 주전충의 하남(河南, 변주)군벌간의 접전이 막을 내리고 산서군벌의 승리를 가져왔다는 점이다. 그 결과 화북지방에 할거하던 삼대군벌, 즉 산서의 사타, 하북의 위박, 하남의 변주군벌이 처음으로 후당에 의해 통합되는 전기를 이루게 되었다. 그러나 3대 군벌은 외형상으로 통합이 되기는 하였으나 내면적인 융합과 단결은 용이하지 않았다. 왜냐하면 이들 군벌은 모두가 북방에서 중국 대륙으로 이주해 들어온 돌궐, 회골 등의 이민족의 후손들로 북방민족 특유의 부족장회의에 의한 왕위[한위(汗位)]추대 풍습이 강하여 군주가 사망하면 중국사회와는 달리 왕의 세습권을 인정하지 않고 부족장회의에서 군왕을 따로 옹립하는 부족유풍이 잔존하고 있었기 때문이다. 이와 함께 중국의 가족제도에서는

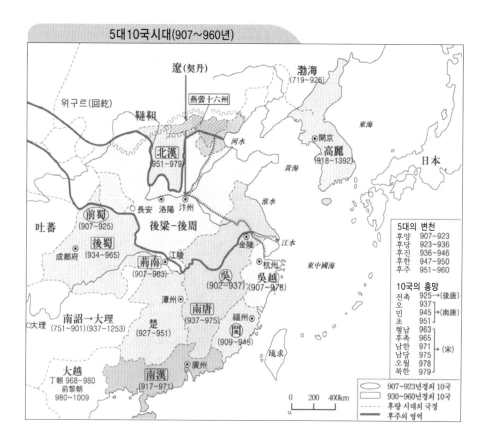

찾아볼 수 없는 일종의 양자제도[養子制度: 가자(假子)·가부(假父)]가 유행하여 적
장자(嫡長子)의 세습도 인정하려 들지 않았다.[4]

　　이에 따라 五代는 왕위계승 다툼이 계속되어 왕권은 불안정하여 혼란이 계속
되었다. 따라서 강한 군사력을 유지하면서도 태조의 사망과 함께 후당도 군대
내의 분열로 멸망하였다. 후당에 이어 후진, 후한, 후주에 이르기까지 중앙군벌
의 분열과 왕위찬탈은 계속되었다.

---

4) 김정희, 「唐末 五代의 假父子結合에 대한 考察」『鄭在覺博士古稀記念東洋學論叢』, 고려원,
1984.
　　5대의 각 왕조는 8성 13군으로 후량은 주(朱)씨, 후당은 이·왕(李·王)씨, 후진
은 석(石)씨, 후한은 유(劉)씨, 후주는 곽(郭)·사(柴)씨이다. 같은 왕조의 황제의
성이 다른 것은 양자제도에 의한 것으로 이와 같은 예는 중국 역사상 다른 왕조에
서는 찾아 볼 수 없다. 53년간 13명의 황제가 등극하였으므로 한사람의 평균 재위
기간은 4년에 불과하다.

Ⅱ. 5대의 혼란과 거란(요)의 발전

五代의 분열은 대외적으로 거란의 남침과 밀접한 관련을 가지면서 전개되었다. 거란족은 요하상류에서 야율아보기가 거란[契丹: 요(遼)]을 세우고(916) 이어 만주의 발해를 멸하여(926) 중국북쪽에 강력한 세력을 갖게 되었다.

거란(947년에 요로 고침)은 중국내부가 五代의 분열상태에 빠져 있는 것을 기화로 남침을 시작하였다. 이때 후당의 진양(晉陽)절도사 석경당(石敬塘)이 산서에서 반란을 일으키고 거란에 원조를 청하였다. 거란의 태종(太宗)은 군사를 동원하여 후당을 제압한 후 석경당을 제위(帝位)에 앉히니 이가 후진(後晉)의 고조(高祖)이다(936). 거란은 석경당에게 대가를 요구하였다. 즉, 후진을 보호국으로 삼고 세폐(歲幣)를 받았을 뿐만 아니라 화북지방의 연주(燕州), 운주(雲州) 등 연운(燕雲) 16주(州)를 할양받았다.

이러한 거란의 강압에 대하여 후진은 차츰 거란과의 약속을 파기하고 반항적 자세를 취하자 거란의 태종은 다시 군대를 동원하여 후진을 멸하고 스스로 중국의 황제가 되어 한민족(漢民族)을 지배하려 하였다. 이에 대해 한민족의 저항이 일어나고 지방군벌도 거란에 대항하였다. 그 가운데서 진양 절도사 유지원(劉知遠)이 병사에 추대되어 황제에 올라 후한(後漢)을 세우고 거란에 대항하여 싸우니 거란의 태종은 한발 물러나게 되었다. 후한은 거란과의 전쟁으로 국력을 소모하였으므로 불과 4년간 계속되다 후주(後周)에 계승되었다.

後周는 태조[太祖: 곽위(郭威)]에 이어 세종(世宗)이 나와 내정을 개혁하고 군사력을 길러 다시 거란의 남침을 저지하였으며, 남으로는 양자강 하류의 대국인 남당(南唐)에 타격을 가하면서 남북간의 균형을 깨고 중국통일을 목전에 두고 있었다. 그러나 불행히도 세종이 병사하였기 때문에 통일사업은 다음 宋代로 넘어가게 되었다.

한편 강남의 지방정권인 10국 가운데 세력이 강한 나라는 회남(淮南)에서 강서(江西)지역을 차지하고 있던 남당(南唐)이다. 그 밖에 양자강 상류의 촉(蜀)과 호북(湖北)의 형남(荊南), 호남(湖南)의 초(楚) 그리고 강소남부에서 절강지방의 오월(吳越), 복건(福建)지방의 민(閩), 영남(嶺南)에는 남한(南漢)이 분립되어 있었으며 화북지방에는 북한(北漢)이 있었다.

이들 10국은 각기 부국강병책을 취하면서 농업을 장려하여 경제력을 키워나가고 또 국내자원의 개발에 힘을 기울였다. 대외무역도 적극적으로 추진하였기 때문에 각국간 교역은 매우 활발하여지고 문물의 교류가 진행되면서 각국의 특산품이 생산되었다. 특히 화북지방의 중앙정부가 거란의 남침에 시달리면서 전란으로 폐허가 되고 있는 것과는 달리 경제적 안정에 힘입어 부강을 누리면서 지방문화가 발달하였다. 이러한 강남의 개발과 지방문화의 발달은 다음에 오는 宋의 통일에 경제적 뒷받침이 되었다.[5]

　5대 10국의 분열시대를 끝으로 중국역사에서는 다시는 분열시대가 나타나지 않았다. 그것은 서민사회의 발전과 대규모 경제 개발에 의한 생산성과 밀접한 관계가 있다.

제2절 송(宋)의 건국과 사대부(士大夫) 문신관료체제의 성립

I. 송의 중국 통일과 사대부 관료체제

1. 송의 중국 통일의 역사적 성격

　중국 역사상 분열시대를 수습하여 통일국가를 수립한 각 왕조는 다같이 역사적 성격이 있다. 진(秦)·한(漢)과 수(隋)·당(唐)의 통일제국은 뚜렷한 통일의 성격을 가지고 있다. 특히 10세기 중세에 중국을 통일한 宋의 중국 통일은 종래의 정치적인 성격을 뛰어넘는 사회발전적인 특수성을 가지고 있다. 송의 중국 통일은 정치적인 면에서는 분열시대를 통일하였다는 의미에서는 진·한·수·당시대와 큰 차이점이 없다. 그러나 사회·경제적 측면에서 볼 때 송대만이 가지고 있는 특수한 역사성이 있다.

　5) 김동성, 「五代文臣의 動態와 그 性格」『關東史學』5·6합집, 1994.
　　　　　, 「五代十國文士의 存在形態와 그 性格」『中央史論』10·11합집, 1998.
　　　김영진, 「吳越王朝(907-978)의 文治主義的 性向과 文臣·文士의 動向－宋代士大夫의 起源問題와 관련하여」『東方學志』89·90, 1995.

그것은 후한시대부터 나타나기 시작한 지방의 호족(豪族)세력이 남북조시대의 구품관인법(구품중정법)과 연계되면서 귀족세력으로 발전하여 수·당시대에 이르러 완벽한 문벌귀족으로 정착하였다. 이러한 당대의 귀족은 당말5대(唐末五代)의 절도사 체제를 거치면서 몰락하였고 宋代에 이르러 흔적도 없이 사라졌다. 말하자면 宋代는 사회구조적인 면에서 후한 이래 7백년 이상 중국사회의 지배계층으로 군림하던 귀족체제를 일소하고 이에 대신하여 사대부 서민사회를 열었다는데 송대사회의 뚜렷한 성격을 엿볼 수 있다. 이러한 서민사회는 이후 明·淸시대까지 지속되었다는데 송대의 역사적 성격을 찾을 수 있다.

다음으로 황제독재체제의 성격에서 송대의 역사성을 살필 수 있다. 진시황제의 황제체제 이래 지속된 황제독재권은 송대와 그 이전시대는 확연이 다른 면을 찾을 수 있다. 즉, 송 이전의 황제독재권력은 제도적인 면보다는 황제의 개인적 정치력에 의해 독재권력이 행사된 면이 강하다. 중국 역사상 독재적 전제 군주를 꼽을 때 진시황제나 한무제, 수양제, 당태종을 가리키는데, 이들의 독재권력은 전적으로 황제의 정치적 수완에 의한 바가 크다.

그러나 송대의 황제독재권은 제도적인 면에서 황제의 독재체제가 성립되었음을 살필 수 있다. 즉, 송대의 황제는 태조나 태종을 제외하면 한무제나 당태종처럼 절대 권력을 행사한 카리스마를 가진 황제는 없다. 송대의 황제는 어려서 등극하였거나 성격적으로 유약한 황제가 많다. 그럼에도 송대에는 그 이전시대에 비해 외척이나 후비(后妃), 환관세력이 황제권을 농단한 일은 없다. 이것은 송대 황제권이 제도적으로 권력을 유지할 수 있도록 그 장치가 갖추어져 있었기 때문이다. 이와 함께 송대의 역사성을 문치주의(文治主義)에서 찾을 수 있다.

송은 당말 5대의 절도사(군벌)체제의 폐해를 바로잡기 위해 모병제와 함께 문치주의를 채택하여 송대 문신 관료체제의 완성을 이룩할 수 있었다. 그러나 송대의 문신 관료체제는 군사력 약화를 가져와서 결국 정복왕조(요·금·원)의 출현을 가능하게 하였다. 중국 역사상 국토의 절반 그리고 전국토를 이민족(여진, 몽골)에게 내어주게 된 것도 송 이전시대에는 볼 수 없었던 사실로 송대의 문치주의 결과가 가져다준 송대의 특수한 역사성이라 하겠다.

2. 송의 건국과 송태조(조광윤)의 문치주의 정책

중국의 분열시대는 춘추전국, 위·진·남북조시대와 같이 장기간 계속되는

것이 일반적이었다. 그러나 5대 10국의 분열시대는 53년만에 宋이 건국되면서
일단락되었다. 그리고 이후 다시는 중국역사에 분열시대는 나타나지 않았다.宋
을 세운 태조[조광윤(趙匡胤)]도 후주의 절도사 출신이다. 그는 거란과 북한(北
漢)의 연합군이 남침해온다는 첩보에 의해 後周 공제(恭帝)의 명을 받아 대군을
이끌고 이를 막으러 나갔다. 그러나 진교역(陳橋驛: 하남성 봉구현)에서, 五代에
빈번하게 자행되던 부하장병의 쿠데타에 의해 황제에 추대되고 후주의 공제로
부터 선양을 받아 宋을 세웠다(960). 이것이 진교역 정변이다.[6)]

　송태조의 당면과제는 안사의 난 이후 할거하고 있던 절도사 세력을 누르고
전란으로 황폐화된 농촌사회를 안정시켜 통일의 대업을 완수하는 것이었다. 이
를 추진하기 위해서는 무엇보다도 강력한 중앙집권적 황제독재체제를 구축하는
일이었다. 그리하여 무인(武人)에 대신하여 문관(文官)이 국정을 담당하는 문신
(文臣)관료체제를 채택하게 되었다.

　이와 같은 문신관료체제에 의한 황제독재정치가 확립될 수 있었던 구체적인
배경을 보면 다음과 같다.

　먼저 당말 5대의 군벌사회를 거치는 동안에 황제권을 제한하고 있던 귀족계
층이 사라지고 사대부 서민사회가 열렸다는 사실,

　다음으로 군사 조직면에서 당의 부병체제(府兵體制)가 모병제(募兵制)로 바뀌
면서 직업군인제가 확립되었다. 황제에 직속되는 금군체제(禁軍體制)가 확립되고
군의 통수권과 작전권이 분리되면서, 황제가 직접 금군을 통수하게 됨으로써
황제권 강화에 중요한 몫을 하게 되었다는 점,

　그리고 과거제도에 있어서 전시(殿試) 제도의 시행으로 황제가 관리선발에 직
접 관여하게 되어 관리의 임용과 승진에도 황제의 인사권이 강화되었다는 점,

　또한 宋代로부터 강남(江南)지방의 개발과 산업의 비약적인 발달로 농업생산의
획기적인 발전이 이룩되고, 특히 차(茶)와 소금, 술 등 생활필수품의 전매제도
가 실시되어 그 수입이 막대한 것이어서 독재군주의 재정적인 뒷받침을 할 수
있었다는 점 등을 들 수 있다.

　태조는 문치주의 중앙집권체제로 화북지방의 안정을 달성한 후 963년부터

---

6) 신채식, 「陳橋驛 政變의 疑案」『宋遼金元史研究』 2, 1998.
　　양종국, 「北宋初 三大疑案의 내용과 성격: 太宗 趙光義의 帝位繼承問題와 관련하여」『宋遼
　　　金元史研究』 3, 1999.

976년까지 10여년에 걸쳐 강남의 10국 가운데 형남·촉·후촉·남한·남당을 차례로 점령하였다. 이리하여 태조에 의하여 기초가 다져진 통일의 대업은 그의 동생 태종에 의해 달성되었다(979).

Ⅱ. 송대 중앙집권적 문신관료체제의 내용

1. 송대 중앙 및 지방행정조직

송의 중앙집권적 문신관료체제는 당(唐)의 3성 6부체제를 형식만 따온 것이다. 그것은 唐의 3성 6부체제는 五代에서 변형되었고, 宋은 변형된 五代의 제도를 계승하였기 때문이다.

먼저 중앙관제를 보면 당대에 세력이 강했던 재상권을 약화시키고 황제권을 강화하는 장치를 마련하고 있다.

즉, 중앙관제는 당의 중서성(中書省)과 문하성(門下省)을 합쳐 중서문하성이라고 고쳐 행정만을 담당케 하고 별도로 추밀원(樞密院)을 두어 군사권을 장악하게 하였다. 또 3사(三司)가 염철(塩鐵), 탁지(度支), 호부(戶部)를 관장하여 국가의 재정권을 맡게 하였다. 그리고 당의 재상인 문하시중(門下侍中)을 동중서문하평장사(同中書門下平章事)로 격을 낮추고 부재상격인 참지정사(參知政事) 둘을 두어 재상의 행정권을 분할하였다.[7]

唐代의 황제는 재상(門下侍中)과 정무를 논하고 재상 이외의 관리와는 접촉이 별로 없었다. 따라서 궁중(宮中: 황제)과 내각을 연결하는 통로는 좁고 궁중의 일은 내각에 잘 전달되지 못하였고 내각의 정세 또한 황제에게 상달되지 않았다. 여기에 당의 환관이 발호하게 된 중요한 원인이 있었다.

그러나 宋代에는 정치상의 중요한 문제는 재상이 황제에게 상주할 뿐 결정권은 황제에게 있었다. 또 각 기관마다 감찰기구를 설치하여 이를 황제의 눈·귀와 같이 활용하였으므로 황제는 많은 관리로부터 정치·행정상의 중요사실을

---

7) 신채식, 『宋代官僚制硏究』, 삼영사, 1982.
_____, 「宋代 文臣官僚의 陞進에 대하여」『東洋史學硏究』 8·9합집, 1975.
_____, 「宋 이후의 皇帝權」『東亞史上의 王權』, 東洋史學會편, 한울아카데미, 1993.
_____, 『宋代皇帝權硏究』, 한국학술정보(주), 2010.
고석임, 「宋代의 支配階級 官僚階級과 形勢戶를 中心으로」『慶北史學』 4, 1982.
조복현, 「宋代 官員의 公使錢 硏究」『東洋史學硏究』 81, 2003.

[宋代 중앙 및 지방행정조직]

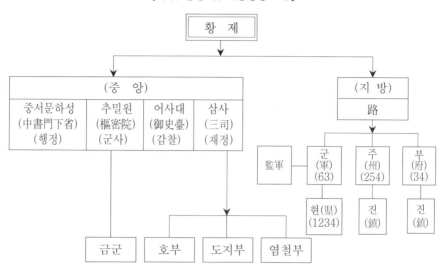

( )안의 숫자는 北宋말[휘종 때]의 지방행정 단위수이다.

직접 듣고 결정을 내릴 수 있었다. 또한 관리를 감시하고 황제권을 강화하기 위하여 관리의 비행을 탐지하는 첩보기관으로 태종 때 황성사(皇城司)를 설치함으로써 정보정치를 강화하였다. 宋代의 관리가 가장 두려워한 것이 황성사의 첩보원이었다. 이와 함께 군의 첩보기관으로 주마승수(走馬承受)를 두어 군의 동태를 감시하였다. 또 관리는 재상의 사택을 방문하는 것이 금지되어 있고, 관리는 자기의 출생지에 임관하지 못하도록 하여 인맥형성을 철저히 배제하였다.[8]

　지방의 행정기구도 중앙집권체제를 강화하기 위한 방향으로 조직되었다. 즉, 지방의 최고 행정구역으로는 15로(路)를 두었는데, 1로를 총괄하는 장관은 두지 않고 중앙과 비슷하게 재정[財政: 전운사(轉運使)], 군사[軍事: 안무사(安撫使)], 사법[司法: 제점형옥(提點刑獄)] 기구를 설치하여 업무를 분담시켰다. 로의 아래에 府·州·감(監)·군(軍)을 설치하고 문신(文臣)의 지방장관인 지주(知州), 지부(知府), 지감(知監), 지군(知軍)을 두었다. 이러한 宋代의 지방행정조직은 5대의 군벌체제와 당대의 일반 행정체제를 그대로 계승하였으므로 복잡한 면이 없지 않다.[9]

---

8) 장남식, 「北宋初期의 御史의 '分路按獄'」『忠南史學』 3, 충남대, 1988.

　9) 宋初의 지방행정조직은 州·縣 2층구조였으나 태종 때에 전국을 15로로 나누어 路·州·

지방행정조직 가운데 府·州·縣은 이미 당대에 설치된 행정구역이다. 그 대신 軍·鎭은 당말·오대에 절도사 휘하의 군사(軍使)나 장군(將軍) 혹은 진사(鎭使)·진장(鎭將) 등이 군사적 요지를 골라서 군대를 주둔시킨 군사요지로 이곳이 宋代에 지방행정구역으로 개편된 것이다. 鎭은 軍에 비하면 소도시이고 市는 鎭과 같은 곳이나 南宋 이후에 많이 나타나고 있다. 監은 전매사업감독을 위한 관청을 설치하였던 곳으로 차츰 주변지역의 행정을 관할하게 되면서 그대로 행정구역명이 되었다.

현 아래 자치구역으로 향·촌·리(鄕·村·里)가 있다. 鄕은 당대의 것을 그대로 이어 받았으나 당대처럼 500家 1鄕과 같은 규정은 없고 많은 인호(人戶)가 집단적으로 거주하던 곳이었다. 村·里는 조세징수의 단위이며, 자치적 촌락의 기준을 이루고 있었다. 南宋시대에 도보(都保)가 설치되었고 대체로 250家를 단위로 하여 도보정(都保正) 1명과 부보정(副保正) 1명을 두고 있다.

2. 송대 문신관료조직의 특색

송초의 관료는 중앙과 지방을 막론하고 대체로 5대의 관료를 그대로 채용하였다. 그러나 태종의 태평흥국(976-983) 이후에는 점차 과거시험으로 새로운 인재를 등용하여 송의 국정을 맡게 되면서 문신 관료체제가 확립되어 나갔다.

송대 문신관료의 특색을 보면 지방장관을 감시하고 그들의 비행을 직접 황제에게 보고하기 위한 기구로 중앙에서 문관인 통판(通判)을 파견하였다. 처음에 태조는 지방의 절도사를 모두 문관(文官)으로 바꾸고 이들을 다시 통판으로 하여금 감시, 감독케 하여 지방행정을 황제에 직결시켰다(977). 당대에는 지방 장관(長官)이 임지(任地)에 가면 그들의 속관을 마음대로 임용하고 후에 중앙에 보고만 하였으나, 宋代에는 지방장관의 속관도 중앙(中央)에서 황제가 직접 임명하였다. 그러므로 중앙관은 물론이고 지방관에 대한 인사권도 모두 황제가 장악하게 되었다. 宋代의 중앙집권체제는 관료의 임면권만이 아니라 과거제도에서 전시(殿試)제도를 신설하여 관리의 선발을 황제가 장악하였다.

縣의 3층구조가 되었다. 송초에는 15路, 9府, 250州, 49軍, 11監, 1162縣이 있었고, 신종대(1085)에 23路로 증가되었다.

조동원, 「宋代州縣의 經濟統計」『釜大史學』 21, 1997.

이 현, 「宋初期 發運司에 대한 一問題, 端拱年間의 置廢原因을 中心으로-」『釜大史學』 4, 1980.

또 宋代에는 관(官)과 직(職)을 분리시키는 방법으로 각급관료의 권한을 약화
시키고 황제의 관료에 대한 인사권을 강화시켰다. 이에 따라서 관료에는 관과 직
그리고 차견(差遣)이 따로 있었다. 관은 호봉을 표시하는 품계(品階)이며, 직은
중앙의 학사(學士)에게 부여하는 명예로운 직함이다. 차견이 곧 관리의 직책을
의미하는 것으로 관·직이 있어도 차견이 없으면 관료의 직책은 없는 셈이
다.[10] 이렇게 관위와 직함, 직책(차견)을 구분한 것은 황제가 유능한 인재를 발
탁하고 관료의 임기가 지나치게 길어지는 폐단도 제한하려는 과감한 인사쇄신
책이다.

3. 송대 황제권 강화를 위한 군사제도의 개혁

중국의 군사제도는 크게 두 가지로 구분할 수 있다. 당나라 중기까지 유지되
어 온 국민 개병의 부병제도와 국가의 필요에 따라 직업군인제도인 모병제도가
그것이다.

태조는 황제권 강화를 위하여 당말·5대 이래 절도사의 횡포를 막기 위한 방
안으로 직업군인제인 금군제도(禁軍制度)를 채택하였다. 宋代의 군대는 금군(禁
軍), 상군(廂軍), 향병(鄕兵), 번병(藩兵)의 네 종류가 있었다. 금군은 황제를 보
위하고 수도방비와 대외정벌을 목적으로 하였는데, 태조는 지방군 가운데
우수한 자는 모두 금군에 편입시키고 장비나 무기도 특별히 보강하였다. 특히
금군의 지휘(군사작전)권과 군대 이동권을 장군이 마음대로 행사하지 못하도록
황제가 감시 감독하였다. 또 경술법(庚戌法)을 채택하여 군대가 한군데 오래 주
둔하지 못하게 함으로써 장군이 병사를 임의로 사용하지 못하게 하였다.[11]

宋代 황제독재체제를 유지하기 위한 직업군인 제도는 군사지휘군은 문신관료가
장악하고 작전권만을 일선지휘관(무관)이 가지고 있기 때문에 전투경험이 없는
문관의 작전능력은 떨어질 수밖에 없었다.

송일대에 북방의 거란(요), 여진(금), 몽골의 끊임없는 군사적 압박에 시달리
고, 결국 국토의 절반을 금나라에 빼앗기고 중국역사상 처음으로 몽골(원)에 전

---

10) 신채식, 「宋代 文臣官僚의 陞進에 대하여」『東洋史學研究』 8·9 합집, 1975.
11) 안준광, 「北宋禁軍의 形成과 그 運用」『大丘史學』 32, 1987
   김영제, 「北宋의 强壯·義勇에 對하여」『史學志』 18, 1984.
   김성규, 「宋代 蕃兵制度成立攷-將兵制의 성립과 관련해서」『宋遼金元史研究』 2, 1998.
   ____, 「北宋後期蕃兵制의 展開」『歷史教育』 66, 1998.

국토를 내어주게 된 것도 직업군인제도의 모순이 그 원인이 되었다.

이와 함께 100만명에 가까운 직업군인을 유지하기 위한 막대한 군사비는 국가 재정을 압박함으로써 황제권 강화를 목적으로 채택한 직업군인제가 도리어 재정상 황제권을 약화시키는 결과를 가져오게 하였다.

4. 과거제도의 발달과 문신 관료제의 확립

수·당 시대에 시작된 과거(선거)제도는 송대에 와서 완성되었다.

송태조(조광윤)는 5대의 무인(절도사) 체제를 극복하고 문치주의 정책을 채택하였다. 이를 위해 과거제도로 문인을 관저로 등용하는 기본을 삼았다. 태조에 의해 시작된 과거제도는 송대는 물론 명·청시대까지 계속되었다. 송대의 과거제도는 태조의 개보 6년(973)부터 3단계로 나누어 실시되는데 지방(州)에서의 1차 시험 해시(解試), 중앙의 예부에서 2차 시험 성시(省試) 그리고 최종적으로 황제가 실시한 전시(殿試)의 3단계가 있다.

시험과목으로는 시문으로 시험하는 진사(進士)과, 유교경전으로 시험보는 명경(明經)과 그 밖의 기술과가 있다. 진사과가 가장 인기가 있으며 그 시험성적이 매우 중요하였다.

전시에 합격된 진사(進士)는 성적순에 따라 진사급제, 진사출신, 동진사 출신으로 구분된다. 수석합격자를 장원(壯元), 차석을 방안(榜眼), 3등은 탐화(探花)라 하여 최고의 영예로 생각되었다.

태조 일대 17년 동안 진사과 합격자는 170명으로 1년 평균 10명에 불과하였다. 그 후 점차 증가하여 태종 치세 20년간 8회 과거가 실시되어, 진사 합격자 1,268명, 제과(諸科) 3,133명으로 합계 4,401명의 문신 관료가 탄생하였다.

진종·인종 때는 더욱 확대되고 11세기 중엽의 인종시대는 3년 1회 과거가 실시되어 매회 400 내지 500명의 진사가 배출되었다. 이들이 송대 문신관료체제의 중심인물로 활약하였다.

宋代에는 문벌귀족이 없어졌으므로 당대와 달리 과거시험에 합격하면 곧바로 관인이 되었기 때문에 당(唐)의 관리후보자격시험과는 근본적인 차이가 있다.

또한 宋代에는 과거시험의 부정을 방지하고 아울러 황제권을 강화하기 위하여 975년 전시(殿試)제도가 실시된 것도 당과 다르다.[12] 전시에서는 불합격자는 없고 과거합격자의 석차를 황제가 친히 결정하였다. 전시의 성적은 관료의 초임(初任)과 승진에 중요한 작용을 하기 때문에 황제가 친히 성적을 정하는 전시제도는 문신관료에게는 더없는 영광이며 황제에 대한 충성심을 발휘하는 중요한 요소로 작용하였다.13) 그러므로 당대의 이부시(吏部試)는 宋代에 와서 전시로 바뀌면서 황제가 직접 통제하는 국가기관시험으로 그 위상이 강화되었다.

宋代의 과거제는 그 운영상에 엄정하고 공정하게 시행되었다. 즉, 시험부정을 방지하기 위하여 당대에 없던 호명법(糊名法: 성명, 봉인), 등록법(謄錄法: 시험답안지 글씨체를 알지 못하게 시험관이 다시 써서 채점) 등을 실시함으로써 관리선발에 공정성을 높였다.

과거제는 宋代에 와서 제도적으로 완비되었을 뿐만 아니라 문신관료제의 기반으로 확립되어 이후 淸末(1904)까지 계속되면서 중국의 정치는 물론, 사회·문화전반에 걸쳐 커다란 영향을 끼치게 되었다.

그러나 과거제도는 여러 가지 폐해도 적지 않았다. 한 사람이 과거에 급제하기 위해서 소요되는 경제적 부담이 엄청난 것이기 때문에 경제력이 없는 일반 서민의 과거참여는 사실상 불가능한 일이다. 뿐만 아니라 청소년 모두가 과거시험 준비를 위해 온갖 노력을 다하였기 때문에 학교교육은 과거에 예속되고 과거시험 과목 이외의 학문의 발전이 불가능하였다. 과거준비를 위해 많은 젊은이들이 평생 노력을 기울이고 있었다. 그러나 지망생에 비해 합격자는 극히 일부분이었기 때문에 과거실패자는 결국 사회의 낙오자가 되기도 하였다.14) 이들 낙제자들 가운데는 왕조체제에 대항하여 농민반란을 일으킨 자도 있었으니 당말의 황소(黃巢), 宋代의 장원(張元)·오호(吳昊), 명대의 우금성(牛金星), 청대의 홍수전(洪秀全)은 그 대표적인 인물들이다.

宋代 과거시험의 응시자는 독서인(讀書人)이며 사대부로서 과거에 합격하면

---

12) 전시제도는 태조의 개보 6년(973)의 성시(省試)에서 부정이 발각되어 이를 재식(再試)(복시(覆試))할 것을 지시한데서 비롯되었다. 그 후 궁중에서 황제가 친히 시험보는 전시제도(殿試制度)가 975년에 시작되었다.
　　배숙희, 「宋代 殿試策題에 관하여」『東洋史學研究』 49, 1994.
13) 배숙희, 「宋代 進士科에 관한 一考察」『誠信史學』 9, 1991.
　　＿＿, 「宋代 特奏名制의 實施와 그 性格」『東洋史學研究』 58, 1997.
　　＿＿, 「南宋代 四川 類省試와 그 出身者의 社會的 地位」『宋遼金元史研究』 창간호, 1997.
　　양종국, 「宋代 ‘特奏名’의 성립과 社會史的 意義」『歷史學報』 148, 1997.
14) 인종대(仁宗代)의 과거시험경쟁률을 보면 1차시험(지방)에서 약 15 대 1의 비율이고 2차시험(중앙의 성시)이 약 30 대 1정도되었다.

관인(官人)으로서의 신분을 갖고 여러 가지 특권을 누리게 되었다. 다만 관인신분이 세습되지 않고 고관의 경우에는 음보(蔭補: 任子)제도에 의해 자손(子孫)이 관위(官位)를 얻어 관직이 계속되었다.[15]

5. 송대 학교교육 진흥책

宋代의 학교교육은 문치주의 정책과 과거제도의 발전에 비하면 부진함을 면치 못하였다. 문신 관료제의 발달에 따라 과거에 합격하는 일이 중요하였기 때문에 학교에서 일반교육이나 학문연구를 위한 진리탐구가 이루어 지지 못하였다. 특히 관료제의 발달은 현실성이 강한 서민계층으로 하여금 출세만을 지향하게 하여 자연히 학교교육을 소홀히 하고 과거시험 준비에만 매달리게 하였다.

宋代의 중앙학교는 관학으로서 국자학(國子學), 태학(太學), 사문학(四門學)과 그 밖의 기술학교[율, 산, 서, 화, 의, 무학(律, 算, 書, 畵, 醫, 武學)]가 있었다.[16] 국자학은 고관의 자제가 입학하고 그 밖의 각 학교는 일반평민의 자제가 입학할 수 있었기 때문에[17] 당대와 비교하면 학교입학자격은 개방되어 평민화되었다.

宋初로부터 사회가 과거시험을 중히 여기고 학교는 임시로 머무는 합숙소와 같이 생각하였으므로 관학(官學)은 결코 발전할 수가 없었다. 태조 때에 국자학의 학생은 70여명에 불과하였다. 인종(仁宗) 때 범중엄(范仲淹)의 학교진흥정책으로 새로 태학을 설치하니 학생수가 증가하면서 관학이 발전되었다.[18] 신종 때에 왕안석(王安石)도 문교개혁책을 실시하여 태학을 확충시켰다. 신종 초에 태학생은 불과 3백여명이었으나 왕안석의 태학진흥책에 힘입어 2천 4백명으로 증원되었다. 왕안석은 또한 태학 삼사법(三舍法)을 제정하여 태학졸업생으로 과거를 대체시키려고 하였다.[19] 이러한 대세에 따라 휘종 시대에는 상당히 오랫동안(1104~1121) 과거를 폐지하고 태학출신자를 관리로 등용하였으므로 학생

---

15) 신채식, 「北宋의 蔭補制度硏究」『歷史學報』 42, 1969.
  ____, 「南宋의 蔭補制度에 관하여」『全海宗博士華甲紀念史學論叢』, 1979.
16) 국자학은 태조 때, 태학·사문학·무학은 인종 때, 율·의학(律·醫學)은 신종 때 그리고 서·화·산학은 휘종시대에 각각 세워졌다.
17) 정혁진, 『宋代 士大夫의 家庭敎育硏究』(성신여자대학교 대학원), 2001.
18) 신채식, 「宋·范仲淹의 文敎改革論」『歷史敎育』 3, 1970.
  강길중, 「范仲淹의 吏治法에 대한 改革論」『慶尙史學』 11, 1995.
  정혁진, 「范仲淹의 官僚制改革策」『中央大學校學位論文』, 1994.
19) 탁용국, 「宋代 太學發展에 대한 小考」『慶熙史學』 4, 1973.
  ____, 「宋代 太學補試制에 대한 略考」『東洋史學硏究』 7, 1974.

이 많을 때는 3천 8백명이나 되었다. 이 시기가 宋代 태학의 전성기이다.

지방의 주·현에는 주(州)·현학(縣學)이 있었다. 인종 때에 범중엄(范仲淹)·송기 (宋杞), 구양수(歐陽修) 등이 지방교육진흥을 제창하면서 주·현학도 발전하였다.

교육과정은 국자학, 태학, 사문학에서는 유교의 경전을 학습하였고, 무학은 병법을 배우고, 기술학은 해당 기술교육을 받았다.[20]

한편 宋代에는 서원(書院)이 지방교육의 중요한 몫을 담당하였다. 서원의 조 직은 학교와 비슷하였으나 교과목(敎科目)과 교규(校規)가 관학과 같이 엄하게 규정되지는 않았다. 또 교육의 취지도 지식만을 구하는 것이 아니고 인격도야 에 중점을 두어 교사는 학덕을 겸비해야 하였으며, 지식의 전수에만 그치지 않 았다. 서원은 당대에서는 일종의 관립도서관이었고 五代에서 비로소 학교식 서 원이 생겼으며, 송에 이르러 서원제도가 확립되어 번창하였다. 서원에는 관립 (官立)과 사립(私立)이 있었다.[21] 서원의 경영자들은 대부분 당시의 명유(名儒)들 이고 동주(洞主: 洞正)·당장(堂長)·산주(山主: 山長) 등 그 명칭도 다양하였다. 서원의 업무에는 도서의 보관과 열람을 준비하고, 선유(先儒) 가운데 공덕있는 사람의 제사를 받들며, 서원교육을 위해 이름있는 관리를 스승으로 초빙하고 경영 자 자신이 교육하거나 아니면 대유(大儒)를 초청하여 임시로 강학하기도 하였다.

Ⅲ. 동아시아 정세의 변화와 북송의 대외관계

1. 당송변혁과 동아시아 국제질서의 변화

당이 망하고(907) 송이 건국하는(960) 10세기 초·중기는 동아시아의 국제질 서에서는 종래에 볼 수 없던 새로운 현상이 나타나고 있다. 그것은 지금까지 동아시아의 중심부에 있던 당제국의 붕괴로 동아시아의 국제관계는 종래와는 전혀 다른 새로운 국면을 맞이하게 되었기 때문이다.

수·당시대의 중국은 북방민족을 완전히 제패하고 그들을 복속시켰다. 그러 나 宋의 문치주의정책(文治主義政策)은 결과적으로 군사력의 약화를 가져와 북방 민족에게 항상 수세적 입장에 서게 되었고, 이는 송 이후 계속되었다.

---

20) 안준광, 「北宋의 武擧와 武學」『歷史敎育論集』 13·14 합집, 1990.
21) 송초의 유명한 4대 서원으로는 백녹동(白麓洞), 악록(岳麓), 응천(應天), 석고(石鼓) 서원으 로서 이곳에서 송초의 훌륭한 학자와 정치가가 많이 배출되었다.

10세기 초의 국제질서를 살펴보면 먼저 5대 10국의 분립시대에 지금까지 당제국에 복속되어 있던 거란민족이 거란[契丹(遼)]을 건국하였다(916). 거란은 발해를 멸하고(926) 만주와 중국의 동북방을 지배하는 정복국가로 발전하여 분열을 계속하고 있던 5대의 각국을 압박하였다. 송의 중국통일에는 북방민족인 거란의 군사적 압력에 대한 한민족의 강한 민족의식, 즉 중화의식이 작용한 점이 적지 않다. 이리하여 宋의 건국과 중국의 통일로 宋·遼에 의한 새로운 남북대립의 국제관계가 형성되었다.[22]

한편 한반도에서는 당나라와 밀접한 관계를 지니고 있던 신라가 후삼국으로 분열된 후(901) 고려가 일어나고(918) 이어 신라가 멸망하였다(935). 또 중국의 서북지방에는 지금까지 당제국에 복속하고 있던 당구트[당항(黨項)]족의 이원호(李元昊)가 역사상 처음으로 서하(西夏)를 건국하였다(1038). 이리하여 宋·遼를 주축으로 남북이 대립하는 틈에서 서하와 고려는 때로는 요에, 때로는 宋과의 친선관계를 유지하면서 동아시아 국제관계의 균형에 영향력을 행사하였다.[23]

北宋과 遼의 관계는 정복왕조인 요가 군사력을 배경으로 宋을 압박하였기 때문에 군사력이 약한 宋은 항상 수세에 몰리는 형국이었다. 이러한 양국관계를 교묘히 이용하여 서하(西夏)는 화전(和戰)양면작전을 구사하면서 국가적 실리를 추구하여 나갔다. 고려는 요의 군사적 압력으로 여러 차례 전쟁을 치르는 동안 한때 宋과는 국교를 단절하였으나, 문종시대 이후에 다시 국교를 재개하였다.

2. 송·요의 대립과 전연(澶淵)의 맹약

처음 宋·遼의 대립관계는 五代 때 거란(요)에게 내어준 연운(燕雲) 16주(州)를 되찾기 위하여 宋의 태종이 적극적인 공세를 취하면서 시작되었다. 그러나 송의 계속된 패전으로 거란(요)에 대한 공격적 자세를 버리고 방어태세로 전환할 수밖에 없었다.

---

22) 박지훈, 「北宋代의 對外關係와 華夷觀－對遼·西夏關係를 중심으로－」『梨花史學研究』 19, 1990.
　　김성규, 「中國王朝에서 賓禮의 性格」『中國史研究』 23, 2003.
　　＿＿＿, 「北宋朝貢年表考索(續)」『全北史學』 26, 2003.
23) 김상기, 「高麗와 金宋과의 關係」『國史上의 諸問題』 5, 1959.
　　＿＿＿, 「麗宋 貿易小考」『東方文化交流史論攷』, 을유문화사, 1964.
　　김재만, 「契丹의 山北·山南經略史 燕雲十六州割讓의 盟約을 중심으로」『史學研究』 12, 1961.

송대(11세기)의 동아시아

한편 遼는 송군의 허약함을 알게 되자 성종이 친히 20만의 대군을 이끌고 남진하니 송의 수도 변경(汴京: 開封)의 안전이 위태롭게 되었다. 이로 인하여 조정에서는 강남으로의 천도론이 제기되었으나 진종은 재상 구준(寇準)의 강경론을 받아들여 친히 전선으로 나가 군사를 독려하였다. 송·요의 양군은 지구전으로 대치하다가 전연(澶淵)의 맹약[24]을 체결하게 되었다(1004).

전연의 맹약 이후 송은 요의 군사력을 두려워하여 연운16주의 회복을 포기하였고 요에서도 왕실내분과 부족간의 갈등이 격화되어 군사행동을 자제하게 되

---

24) 강길중, 「宋遼의 澶淵의 盟約에 관한 一研究」『慶尙史學』 6, 1990.
　　전연의 맹약으로 송·요의 대립관계는 평화관계로 전환되었다. 조약 내용은 형제의 맹을 맺고(송이 형, 요가 동생) 국경선은 전쟁 전 상태로 두면서 그대신 송은 매년 銀 10만량과 비단 20만필, 차 5만근을 세폐(歲幣)로 주기로 하였다(후에 은 20만량, 비단 30만필로 추가됨). 이 맹약에서 송은 명분을, 요는 실리를 취한 셈이다.
　　박지훈, 「北宋代 ‘重內輕外’論」『梨花史學研究』 20·21합집, 1993.
　　김성규, 「宋代에서 國境問題의 意義와 國境의 形態」『歷史學報』 162, 1999.

었다. 따라서 송·요의 관계는 12세기에 金이 일어날 때(1115)까지 평화적인 관계가 유지되었다.

한편 양국은 국경지방의 웅주(雄州), 패주(霸州), 안숙군(安肅軍) 등지에 각장(権場: 무역소)을 설치하여 경제교류를 활발히 하였다. 송은 차와 비단, 도자기, 철기, 칠기, 유황, 서적과 남양에서 수입한 향료, 상아 등을 수출하였다. 요는 양, 말, 낙타 등 짐승의 가죽과 소금 등을 수출하였다. 송과 요의 1세기에 걸친 평화교류는 남방의 중국과 북방지역의 경제 및 문화 교류를 촉진시켰다.

3. 서하(西夏)의 건국과 송의 대서해정책 변화

서하는 당구트족이 세운 나라이다. 당구트족은 티베트계통의 강족(羌族)에 속하며 당중기에 돌궐의 세력이 강성해지자 이에 복속되어 영하·감숙의 변경지대에 정착하여 목축과 농업에 종사하며 성장하였다. 황소의 난 때 당구트족의 추장인 탁발사공(拓跋思恭)이 당을 도운 공으로 은주절도사(銀州節度使)에 봉함을 받고 당의 이씨(李氏) 성을 사여받았다. 송초에는 당항족 내의 내부불화로 추장 이계봉(李繼棒)이 송에 항복하였으나 동생 이계천(李繼遷)은 이에 반대하여 권력을 빼았고 오히려 요와 연합해 송에 대항하는 입장을 취하였다. 그 후 진종 때 이계천은 영주(靈州)를 공략하여 그곳을 도읍으로 부족을 통일하는데 성공하였다. 영주는 위치가 오르도스 남부지역으로 이미 관개시설이 갖추어져 있었고 또 한민족이 농경에 종사하고 있었으므로 이곳을 차지한 서하의 농업생산은 큰 진전을 보게 되었다.

이계천의 손자 이원호(李元昊) 때에 황제를 칭하고, 흥경부(興慶府)에 도읍을 정하여 국호를 대하(大夏)라 하였다(1038). 이는 중국의 서쪽에 있었으므로 송에서는 서하(西夏)라 하였다. 이원호가 통치하던 시기는 서하의 전성기로 영토가 확장되었을 뿐만 아니라 실크로드의 요지를 차지하여 동서무역의 이익을 차지하였다. 이원호는 중국문화에 조예가 깊고 불교 경전에 능통하였다. 그는 송의 관제를 모방하여 중서(中書)와 추밀원(樞密院)을 두어 행정과 군사를 맡기고 삼사(三司)와 어사(御史)도 설치하였다. 특히 이원호는 서하문자를 창제하였고 과거제를 실시하였으며 유교경전과 불교경전을 다수 번역토록 하여 서하의 민족문화발전에 힘을 기울였다.

지금까지 중국의 속국이던 서하의 이원호가 황제를 칭하고 독립을 선언한 것은 더 이상 宋을 섬기지 않겠다는 것을 의미한다. 宋도 서하의 칭제건원(稱帝建元)을 용납할 수 없었으므로 여기에 宋·西夏전쟁이 촉발되었지만 번번히 참패하였다.[25] 이로 미루어 볼 때 이 당시 송의 군사력은 작은 서하를 제압할 수 없을 정도로 허약하였다. 정부에서는 명신 한기(韓琦), 범중엄(范仲淹)으로 하여금 직접 전선에 나가 대책을 강구하도록 하고 서하와의 화의를 추진하였다.[26] 화의가 성립된 후(1044) 송과 서하와의 경제교류는 활발히 추진되었고[27] 서하는 몽골에 망할 때까지 송의 문화를 적극적으로 받아들였다.

Ⅳ. 왕안석(王安石)의 개혁과 신·구법당의 당쟁

1. 왕안석의 혁신정치

왕안석은 北宋의 신종(神宗)이 즉위한 후 재상으로 발탁되어 6년간 정권을 잡고 혁신적인 신법(新法)을 실시하였다(1069). 宋이 이와 같이 신법을 단행하지 않을 수 없었던 배경은 매우 복잡하였다.[28]

먼저 문치주의(文治主義)로 인한 군사력의 약화와 사회전반에 걸친 문약(文弱)을 들 수 있다. 당의 부병체제(府兵體制)는 당말·5대에 직업군인제도인 모병제(募兵制)로 바뀌고 宋代에도 그대로 직업군인제를 실시하였다. 그러나 宋代의 모병제도는 군인의 증가에 따른 막대한 군사비의 지출을 가져오게 되었고,[29] 이는 인종(仁宗)시대를 고비로 엄청난 재정압박을 주었다. 뿐만 아니라 군인의 증가에도 불구하고 문치주의적 사회분위기로 군인의 사기는 떨어지고 군의 통수권과 작전권이 분리되어 있어 전투력이 저하되었다. 이리하여 거란, 서하, 여

---

25) 신채식, 「北宋 仁宗朝 對西夏政策의 變遷에 관하여」『歷史敎育』8, 1964.
26) 화의 내용은 서하는 황제를 칭하지 않고 송에 칭신(稱臣)하며 송은 이원호를 하국왕(夏國王)으로 인정하고 서하에게 해마다 세사(歲賜)로 은 7만2천량, 비단 15만 3천필, 차 3만근을 주고 국경에 호시(互市)장을 열어 교역한다는 것이다.
27) 신채식, 「宋西夏貿易考」『歷史敎育』10, 1967.
   김용완, 「北宋과 遼·夏間의 密貿易問題」『濟州史學』3, 1987.
28) 이범학, 「王安石 改革論의 形成과 性格」『東洋史學研究』18, 1983.
   신태광, 「北宋의 變法과 胥吏」『東國史學』25, 1991.
   오상훈, 「王安石의 自我-特히 그의 詩篇들을 통해 본 思惟의 軌迹-」『釜大史學』23, 1999.
29) 『宋史』 병지(兵志)에 의하면 개보연간(968~976)의 총병수는 37만 8천명이었으나 지도연간(995~997)에는 66만 6천으로 증가하였다. 천희연간(1017~1021)에는 91만 2천, 인종의 경력연간(1041~1048)에 125만 9천명으로 크게 증가하고 있다. 그 후 치평연간(1064~1067)에는 116만 2천으로 약간 감소되었다.

진과의 전투에 밀리면서 군사력의 약점을 드러내었다. 따라서 신종시대에 당면
한 가장 시급한 문제는 직업군인의 유지비에 충당되는 막대한 재정적자를 타개
하는 일과 관료의 증가에 따르는 불필요한 용관(冗官)문제의 해결이다. 송대의
관리수는 국초에 1만 명 정도였으나 신종대 왕안석 시대에는 2만 8천명 정도로
증가하였다.

사회경제적인 면에서도 장원제의 발달로 대토지사유화(大土地私有化)가 확대
되고 이에 따라 자작농민이 파산하였고 또 상업의 발달로 중소상공업자가 몰락
하여 심각한 사회문제가 제기되었다.

이러한 문제점 속에서 젊고 패기 있는 21세의 신종이 왕안석을 등용하여 신법
을 단행하게 되었다. 왕안석의 신법은 부국(富國)·강병책(强兵策)으로 요약된다.

부국책은 춘궁기의 농민을 구제하기 위하여 연 2~3할의 저리로 청묘전을 융
자해 주는 청묘법(靑苗法), 도시 중소상공인을 구제하기 위한 시역법(市易法), 정
부가 물자 공급을 통제하고 대상인을 억압하는 균수법(均輸法), 부역을 폐지하
고 재산에 따라 5등급의 면역전을 거두고 그 돈으로 실업자를 모집하여 역(役)
에 충당함으로써 공역(公役)에 고통받는 중소 농민과 실업자를 구제하기 위한
모역법(募役法: 免役)30), 토지의 측량을 올바르게 하여 공평한 세금을 부과하기
위한 방전균세법(方田均稅法) 등을 꼽을 수 있다.

강병책으로는 보갑법(保甲法)·보마법(保馬法)을 들 수 있는데, 보갑법은 직업
군인제도인 모병제도를 고쳐 병농일치의 민병제(民兵制)로 바꾸려고 한 것이
다.31) 또 군마(軍馬)를 원활히 키우기 위해 보마법(保馬法)을 실시하였다. 이 밖에
학교교육을 정상화하기 위해서 태학삼사법(太學三舍法)32)을 제정하여 태학에서
인재를 등용하려 하였다.

이와 같은 왕안석의 개혁은 중소농민·상공업자를 보호하고 국가재정을 바로
잡으려는 것이었다. 그러므로 지주(地主), 대상(大商), 관료집단(官僚集團)의 이익
에는 정면으로 위배되는 것이다. 따라서 보수파의 사마광(司馬光)을 중심으로
하는 구법당의 맹렬한 반대로 성공하지 못하고 중단되었으며, 이후 신·구법당의

---

30) 길현익, 「宋代 免役法의 性格」『歷史學報』24, 1964.
31) 안준광, 「王安石 保甲法의 社會的 機能」『慶北史學』4, 1982.
32) 태학에 3사[외사(外舍)·내사(內舍)·상사(上舍)]를 설치하여 외사생 300명, 내사생 200
   명, 상사생 100명으로 구성하고 과거에 나가지 않아도 태학을 나오면 직접 관리로 임명하
   도록 하였다.
   이동윤, 「王安石의 文敎政策에 대한 考察」『歷史敎育』3, 1958.

치열한 당쟁으로 전개되었다.[33)]

　종래 왕안석의 신법(新法)에 대한 평가는 南宋 이후 명·청대에 이르기까지 부정적인 면이 강하였다. 왕안석이 비난받는 기본 요인은 신법의 실시과정에서 국가사회주의적인 통제경제를 강화함으로써 다수 사대부관료(士大夫官僚)의 지지를 얻지 못하였고, 그 위에 신종 이후의 당쟁과 신법이 서로 얽히게 되면서 신법의 내용이 왜곡된 점을 들 수 있다.[34)] 또 왕안석이 정계에서 물러난 후 신법을 담당한 무능관료와 신법파를 자칭한 채경(蔡京)과 같은 부패관료가 北宋을 멸망으로 몰아넣었기 때문에 구법파의 정치적 입지를 정당화 해준 결과가 되어 왕안석의 신법은 악법으로 낙인찍히게 된 것이다.[35)]

2. 송대 당쟁의 치열함과 그 성격

　중국 역사에서는 계층간의 대립과 정쟁(政爭)은 어느 시대에서나 존재하였다.[36)]

　宋代의 당쟁은 신종시대에 비롯된 것은 결코 아니다. 이미 태종(太宗) 때에 화북(華北)출신관료와 강남(江南)출신관료의 대립이 나타나고 있었다.[37)] 그 후 인종(仁宗) 때에 범중엄(范仲淹), 한기(韓琦) 등의 혁신관료와 인종 측근의 여이간(呂夷簡) 등의 보수관료 사이에 붕당(朋黨)을 만들어 정권싸움을 전개하였다. 특히 인종의 황후인 곽후(郭后)의 폐위문제로 야기된 혁신·보수 양파의 싸움은 치열하여 이후 약 20여년간 양당의 정권교체가 17회나 반복되었으니 이른바 경력(慶曆)의 당의(黨議)가 그것이다.

---

33) 이영덕, 「司馬光의 社會觀과 그 背景」『成大史林』2, 1977.
34) 신채식, 「司馬光·王安石의 君子·小人論」『高柄翊先生回甲紀念史學論叢』, 한울, 1984.
　　이범학, 「王安石의 對外 經略策과 新法」『위의 책』
　　＿＿＿, 「司馬光의 「正名」思想과 人治主義의 展開」『東洋史學硏究』37, 1991.
35) 왕안석에 대한 악평은 南宋시대에 확정되었다. 그러나 청대 들어와서 고증학의 발달로 蔡上翔이 『王荊公年譜考略(왕형공연보고략)』을 지어 종래의 불확실한 사료 때문에 왕안석의 인간상이 잘못 서술되었음을 고증하였다. 그 후 양계초(梁啓超)가 『史傳수義(사전금의)』를 지어 이를 보완하여 王安石에 대한 악평을 시정하였다.
36) 漢代의 환관과 유생의 싸움에서 나타난 당고(黨錮)의 금(禁)이나 唐代의 진사 출신자와 비(非)진사출신자의 牛·李의 당쟁 그리고 明代의 동림파(東林派)와 비동림파(非東林派)의 싸움 등이다.
37) 양종국, 「北宋代 黨爭의 展開過程과 性格考察」『中國學論叢』4, 1988.
　　이범학, 「北宋後期의 政治와 黨爭史의 再檢討－新法黨의 立場을 中心으로－」『韓國學論叢』14, 1991.

인종이 죽고 조카인 영종(英宗)이 즉위하자 영종의 친아버지[인종의 사촌형님, 복왕(濮王)]의 칭호문제를 놓고 대신 사이에 대립이 일어났다. 즉, 영종은 인종의 양자로 입적하였기 때문에 인종의 아들이므로 그 친부를 황백(皇伯: 큰아버님)으로 불러야 한다는 보수파의 사마광(司馬光), 여회(呂誨)의 주장과 이에 대해 개혁주의 한기(韓琦)·구양수(歐陽修) 등은 복왕은 영종의 엄연한 친부이므로 황친(皇親: 아버님)으로 불러야 한다는 주장이 맞섰다. 이 싸움은 일단 무승부로 결말이 났는데, 이를 宋代 당쟁사에서는 영종의 복의(濮義)라고 한다.

宋代에 당쟁이 이렇게 치열하게 전개된 원인은 여러 면에서 찾을 수가 있다.

먼저 황제독재체제의 관료조직에서 그 요인을 찾을 수 있다. 즉, 황제는 자신의 독재지위를 강화하기 위하여 신하의 직권을 분할하여 관료로 하여금 서로 견제하도록 하여 권력의 집중화를 방지하였다. 이렇게 되자 관료는 항상 황제의 뜻을 살피면서 자신의 지위를 확보하기 위하여 뜻이 맞는 관료끼리 붕당을 결성하기에 이르렀다.

다음으로 지역적인 원인을 들 수가 있다. 중국은 땅이 넓어 각 지역간의 차별이 심하였다. 삼국(三國)의 분립(分立)이나 위·진·남북조의 대립, 唐末·五代의 분열은 지역간의 대립을 더욱 조장하였다. 이러한 지방간의 대립은 송의 통일과 함께 일단 정리되기는 하였으나 북과 남의 사회·경제·문화적 차별성은 쉽게 해소되지 않았다.

北宋이 화북에서 일어났으므로 개국공신은 화북인이 다수를 차지하고 있다. 그러나 천하가 통일되면서 과거(科擧)를 통하여 강남인의 정계 진출이 활발하여지고, 또 강남 개발로 경제의 중심이 강남으로 이동하면서 강남인이 화북인을 압도하게 되어 양자의 대립이 심화되었다. 신·구법당의 인맥을 보면 대체로 구법당은 화북인을 중심으로 뭉쳐진데 반해 신법당은 강남인이 다수를 차지하고 있는데 화북출신 사마광과 강남출신 왕안석으로 대표된다.

또한 당쟁의 원인은 과거제와도 밀접한 관계가 있다. 宋代는 과거시험에 합격하면 그때의 지공거(知貢擧: 시험관)를 평생의 은인으로 존경하며 그와의 인맥관계를 유지하였다. 뿐만 아니라 과거에 합격한 후 관료생활을 하는 과정에서 승진하거나 지방관에서 중앙관으로 올라올 때에 상관이나 고관의 신원보증을 반드시 필요로 하였다. 이 보증서를 보거(保擧)라 하며, 신원보증을 해준 보증인을 거주(擧主)라 하여 깊은 인맥관계를 유지하게 되고, 이것이 문신관료사회의

인맥형성에 중요한 작용을 했다.[38]

구양수(歐陽修)는 宋代 관료사회의 당쟁에 대하여 「朋黨論(붕당론)」에서 군자(君子)의 진붕(眞朋)과 소인(小人)의 위붕(僞朋)을 구분하고, 군자는 도(道)를 함께 하는 동지(同志)가 붕당을 만든 것으로 이는 진정한 붕당인 데 반해 소인은 눈 앞의 이해관계를 위하여 결합된 거짓붕당이라고 비판하였다.[39]

신종(神宗)이 죽은 후(1086) 10세의 철종(哲宗)이 즉위하자 北宋의 당쟁은 더욱 격화되었는데 그것은 섭정을 맡은 선인태후(宣仁太后: 영종의 왕후)가 사마광 등 구법당을 기용하였기 때문이다. 따라서 이후 8년간 계속된 원우구법당(元祐舊法黨)시대에 왕안석의 개혁은 대부분이 아무런 대안도 없이 폐기되었다. 이러한 감정적인 정책은 宋代 사회가 안고 있는 모순을 더욱 가속화시켜 北宋사회를 혼란으로 몰아가는 결과를 초래하였다.[40]

선인태후가 죽고 철종이 친정을 하게 되자(1093) 신법을 취하였다. 왕안석(王安石)은 이미 사망하였으므로 신법파의 장돈(章惇), 증포(曾布) 등을 기용하였다. 그런 데 이 시대의 신법당은 왕안석의 개혁정신을 망각한 채 구법당에게 정치적 보복을 가하는데 힘을 기울였으므로 정책은 신법을 내세우면서도 혁신성은 결여되고 정치 사회가 부패하여 채경(蔡京)의 전제정치를 가져와 북송멸망의 원인을 제공하였다.

이러한 와중에서 대토지사유의 증가, 자영농민의 몰락, 방랍의 난(1120-1121) 등 각지에서 자주 일어난 반란으로 사회내부의 심각한 모순이 노출되었다. 특히 遼·金에 대한 북방외교의 잘못으로 여진족(女眞族)이 세운 금나라의 침입을 받아[정강(靖康)의 변] 北宋은 멸망하고(1127), 강남으로 내려간 고종(高宗)이 임안(臨安: 南京)을 도읍지로 하여 남송정권(南宋政權)을 수립하였다.

V. 북송멸망의 역사적 특수성

중국 왕조의 멸망사에서 볼 때에 北宋의 멸망은 몇 가지 특수한 성격을 지니고 있다. 역대 왕조의 붕괴에는 내부적 원인(原因)과 외부적 요인(要因)을 들 수

---

38) 신채식, 「宋代官僚의 陞進에 따르는 保任制와 推薦制」『宋代官僚制研究』, 삼영사, 1981.
39) 『歐陽文忠公集』卷42. 한편 청(淸)의 옹정(雍正)황제는 구양수의 이와 같은 붕당론을 반박하였다. 즉, 구양수가 말하는 도라는 것도 실은 소인의 도에 지나지 않는다고 하였다.
40) 이개석, 「宋 徽宗代 紹述新政의 挫折과 私權的 皇權强化」『東洋史學研究』53, 1996.
　　조동원, 「水滸銀子論」『釜大史學』19, 1995.

있다.[41] 내부원인으로는 농민의 반란과 외척·환관세력에 의해서 무너지는 경우를 들 수 있고, 외부요인으로는 이민족의 침입에 의해 무너지는 경우를 꼽을 수가 있다. 그런데 北宋 이전의 한민족 왕조가 이민족에게 망한 예는 서주(西周)와 4세기 초의 진(晉)을 제외하면 北宋에서 처음있는 사실이다. 서진이 五胡에게 멸망한 것은 北宋과는 그 성격이 다르다. 北宋은 금과 동맹하여 실지(失地: 연운 16주)를 회복하기 위해 지금까지 평화관계에 있던 요를 공략한데서부터 군사외교적 실수를 범하였다. 그 위에 신흥 金나라의 군사력에 대해 아무런 대책이 없이 무모한 군사동맹을 체결한 것이 멸망을 자초하게 되었다.

한편 北宋의 국내사정으로 볼 때에 신·구법당의 당쟁이나 휘종(徽宗)의 실정(失政)이 왕조붕괴의 한 요소가 될 수는 있지만 사회·경제적 조건으로서는 멸망할 만한 필연적 요인이라고는 볼 수 없다. 특히 北宋 멸망 직전 휘종의 선화(宣和) 연간(1119~1125)의 산업생산이나 사회전반에 넘쳐 있는 태평성대적 사회상으로 볼 때 결코 붕괴할 만한 사회구조는 아니었다. 고려에 사신으로 갔다 돌아온 서긍(徐兢)이 『高麗圖經(고려도경)』을 편찬하여 황제에 올린 배경만 보아도 당시의 北宋 사회는 안정된 사회임이 분명하였다.

그리고 北宋 멸망은 중국의 왕조멸망사에서 유례가 없는 특이한 역사성을 갖는다. 휘종·흠종 두 황제를 비롯하여 3천명 가까운 황족과 고관이 금에 잡혀갔고, 황족 중 흠종의 동생인 강왕(康王: 南宋 고종)만이 화를 면하였기 때문에 군신이 그를 옹립해서 응천부(應天府: 南京)에서 황제가 되었다는 점이다(1127).

南宋정권의 수립과 초기 왕조의 불안정한 출발에서 용하게도 정권을 약 150여년간(1127~1279) 유지해 나갈 수 있었던 중요한 정신적 기반은 宋代 지식인의 대의명분과 화이사상에 있었으며 경제적 기반이 된 강남지역을 차지하였기 때문이다.

끝으로 이민족 침입에 의한 北宋 멸망의 예는 이후의 왕조멸망에서도 반복되고 있다. 즉, 南宋·金은 몽골에게 멸망하고, 원은 한민족에게, 명은 다시 이민족

---

41) 내부요인을 보면 진(秦)은 진승(陳勝)·오광(吳廣)에서 시작되는 농민반란으로 붕괴되었다. 전한은 외척 왕망이 찬탈하였다. 후한은 황건적의 난으로 시작되는 농민반란으로, 삼국중 위는 권신 사마염에게, 오와 초는 서진에 의해, 서진은 이민족(5호)에게 그리고 강남의 송·제·양은 다같이 한인의 군인에 의해, 북조의 각 왕조는 자체의 분열로, 수나라는 고구려원정의 실패에 의한 농민반란으로, 당은 군벌에 의해 각각 멸망하였다. 그런데 송 이후의 각 왕조는 내부적 원인이 아니고 모두 외부로부터 이민족 여진(금), 몽골(원), 만주(청)에 의해 멸망하였다.

청의 지배에 들어갔다. 송 이전의 중국왕조의 멸망사는 내부적 요인에 의한 것이지만 송 이후에는 이민족에 의한 외부요인으로 北宋멸망의 성격과 유사하다.

[中國의 수도변천표]

국명	도읍지	수도(옛지명)	수도(현재 지명)
주(周)	서주(西周) 동주(東周)	호경(鎬京) 낙읍(洛邑)	서안(西安) 낙양(洛陽)
진(秦)		함양(咸陽)	서안(西安)
한(漢)	전한(前漢) 후한(後漢)	장안(長安) 낙양(洛陽)	서안(西安)
삼국(三國)	위(魏) 촉(蜀) 오(吳)	낙양(洛陽) 성도(成都) 건업(建業)	남경(南京)
진(晋)	서진(西晋) 동진(東晋)	낙양(洛陽) 건강(建康)	남경(南京)
남조(南朝)	송(宋) 제(齊) 양(梁) 진(陳)	건강(建康) 건강(建康) 건강(建康) 건강(建康)	
북조(北朝)	북위(北魏) 북제(北齊) 북주(北周)	평성(平城) → 낙양(洛陽) 업(鄴) 장안(長安)	낙양(洛陽) 임장(臨漳) 서안(西安)
수(隋)		대흥(大興)	서안(西安)
당(唐)		장안(長安)	서안(西安)
5대(五代)	후량(後梁) 후당(後唐) 후진(後晋) 후한(後漢) 후주(後周)	대양(大梁) → 낙양(洛陽) 낙양(洛陽) 대양(大梁) 대양(大梁) 대양(大梁)	낙양(洛陽)
송(宋)	북송(北宋) 남송(南宋)	변경(汴京) 임안(臨安)	개봉(開封) 항주(杭州)
원(元)		대도(大都)	북경(北京)
명(明)		남경(南京) → 북경(北京)	북경(北京)
청(淸)		북경(北京)	
민국(民國)		남경(南京) → 북경(北京)	북경(北京)

Ⅵ. 南宋의 건국과 대외관계의 변화

1. 남송정권의 성격

정강(靖康) 원년(1126)에 北宋의 수도 개봉부(開封府: 汴京)가 금군(金軍)에 함락되어(정강의 변) 北宋이 멸망하였을 때 새 정권을 창출하려는 세력이 두 곳에 있었다. 하나는 개봉부에 남아 있던 장방창(張邦昌) 이하의 北宋관료집단이고, 다른 하나는 하북지방에서 원수부(元帥府)를 설치하여 근왕병을 모집하고 있던 강왕(康王: 南宋의 高宗)을 중심으로 한 세력(초국)이다.

이듬해(1127)에 金은 송의 관료인 장방창을 내세워 괴뢰정권인 楚國을 만들고 그를 황제로 임명하였다. 한편 강왕 집단은 뒤따라 피난 오는 北宋의 관료와 군단을 정리하면서 남하하여 응천부(應天府: 南京)에 들어가 南宋정권을 열고 신망이 두터운 이강(李綱)을 재상으로 기용하여 일단 숨을 돌리게 되었다. 이는 4세기 초에 五胡의 침입으로 晉(西晉)이 망하고 강남으로 내려간 동진(東晉)정권의 성격과 유사하다. 금군은 南宋을 정벌하기 위해 양자강을 건너 강동(江東)·강서(江西)·양절(兩浙)지방을 유린하고 고종을 쫓아 명주(明州)까지 추격하였으나 실패하였다. 금군이 돌아가는 길에 장준(張俊)·한세충(韓世忠)·유광세(劉光世)·악비(岳飛) 등이 조직한 게릴라군단의 전략에 휘말려 참담한 피해를 입고 南宋정벌의 한계를 느끼며 회군한 것은 南宋을 위해 참으로 다행한 일이다.[42]

고종은 강남의 임안(臨安: 杭州)으로 돌아와 이곳을 수도로 정하고 南宋정권의 정비에 들어갔다.

남송정권에 참가한 군인집단이나 관료에는 두 가지 유형이 있다. 하나는 남송초에 재상을 역임한 이강(李綱)이나 장군인 유광세(劉光世)·묘부(苗傅)·양기중(楊沂中)과 같이 北宋시대로부터 이름을 떨치던 고관출신자들이고, 다른 하나는 이와는 대조적으로 황잠선(黃潛善)·왕백언(汪伯彦)과 같은 문인(文人) 그리고 왕연(王淵)·한세충·장준·악비(岳飛)와 같은 무인으로 일개병졸에서 입신하여 실력으로 출세한 부류이다. 고종시대에는 金군에 쫓기면서 민심을 수습하기 위해

---

42) 탁용국, 「南宋 中興運動과 張俊軍」『慶熙史學』 9·10 합집, 1982.
　　강길중, 「南宋과 高麗의 政治外交와 貿易關係에 대한 考察」『慶熙史學』 16·17 합집, 1990.
　　유원준 공저, 『中國의 江南社會와 韓中交涉』, 집문당, 1997.

명망이 높은 北宋의 관료 이강을 재상으로 앉혔으나 곧바로 실력파인 황잠선·왕백언을 재상으로 기용하고 역시 실력파 무장인 왕연이 기용되었다.

그러나 건염(建炎) 4년(1130)에 여이호가 사임한 후 젊고 유능한 범종윤(范宗尹)이 재상에 올라 각지에 난무하던 군벌세력의 통제에 전력을 쏟게 되었다. 南宋은 피난정권의 성격이 짙어 각지에 임시로 관부를 설치하여 서로 감찰하도록[병치호찰(倂置互察)]한 관료체제는 각지에서 자립하고 있던 무장군단과 그 성격이 비슷하였다. 한세충, 유광세, 장준, 악비 등의 무장세력은 각기 4·5만의 병력을 유지하고 있었다. 그들은 대금(對金) 방위를 구실로 강대한 군사력을 이용하여 정치·군사를 좌우하였다. 이에 대해 여이호(呂頤浩), 주승비(朱勝非), 조정(趙鼎), 장준 등의 문관재상들은 이들의 군단을 어떻게 제압할 것인가가 초미의 중대사가 아닐 수 없었다.[43]

이리하여 南宋의 건국과 金의 남침에 대한 장군들의 무공(武功)에도 불구하고 군벌에 의한 쿠데타의 가능성이 南宋 초에는 항상 존재하여 그 위험성은 금군의 남침에 못지 않았다. 재상 여이호에 의한 유광세 군단의 제압, 정부에 의한 악비군단의 통제,[44] 다시 장준이 행한 유광세 군단에 대한 가혹한 제재는 결국 유광세로 하여금 제국(齊國)으로 도주케 하는 계기가 되었다.

南宋은 그 영역이나 재정규모면에서 北宋의 약 4분의 3으로 축소되었다. 그러나 왕조가 계속된 기간(1127~1279)은 北宋과 거의 비슷하고 강남지방의 개발을 바탕으로 한 경제력을 가지고 이민족(金·蒙古)과 끊임없는 항쟁을 계속하면서 중국문화의 보존과 발전에 큰 자취를 남겼다는 면에서 그 역사적 중요성을 인식하게 된다.

南宋이 금과 몽골의 침략에 시달리면서도 150여 년간 버티고 나갈 수 있었던 힘은 강남지방의 개발에 있었다. 강남의 경제력은 수나라 때 건설된 대운하에 의해 北宋시대에는 화북지방으로 물자가 수송되었다. 금의 화북 점령으로 북으로 운송되던 물자가 그대로 강남에 머물러 강남의 경제력은 한층 더 윤택하게

---

43) 김용완, 「南宋 高宗代의 軍事組織에 관한 硏究 南渡軍官의 位相을 중심으로」『忠南史學』 5, 1990.
　　　　, 「南宋時代의 鎭撫使 硏究」『鄭起敦敎授 停年退任紀念論集』, 1992.
44) 구희서, 「岳飛의 班師背景」『梨大史苑』 3, 1961.
박지훈, 「南宋代 慶元黨禁과 韓侂冑」『京畿大學校論文集』 38-1, 1996.
　　　　, 「南宋 孝宗代 隆興和議와 和戰論」『東洋史學硏究』 61, 1998.
　　　　, 「南宋 高宗代 主戰派의 華夷論」『東洋史學硏究』 85, 2003.

되었다. 또 北宋의 멸망으로 北에서 피난 내려 온 사대부관료에 의해 南宋의 문화는 새로운 활력을 찾게 되었다. 南宋시대에 주희(朱熹)나 육구연(陸九淵)과 같은 뛰어난 사상가가 나타나 성리학의 발전을 가져온 것은 결코 우연한 일이 아니다.

2. 금(金)의 화북진출과 남송·금의 대립

화북지방을 점령한 금군이 물러가자 장방창(張邦昌)은 황제위를 맹황후(孟皇后: 철종의 황후)에게 물려주고 퇴위한 후 南宋의 고종에게 항복하였으나 죽임을 당하였다. 이리하여 金의 괴뢰정권인 楚國은 33일만에 와해되었다. 金은 강남에 南宋 정부가 수립되자 화북지역 경영에 적극적으로 나섰다. 그리하여 이 지역을 金이 직접 통치하기보다는 한인(漢人)에게 위임통치를 시키기 위하여 다시 한인 관료인 유예(劉豫)를 황제로 임명하여 제국(齊國)을 세우도록 하였다. 유예는 변경(汴京)을 수도로 하고 宋의 옛 관리를 등용하여 국가체제를 정비하였다. 그리고 금군(金軍)과 협력하여 제2차 南宋 정벌을 단행하였으나, 한세충, 악비의 근왕의용군(勤王義勇軍)의 활약으로 큰 타격을 받고 북으로 돌아왔다(1136).

金이 장방창의 초국이나 유예의 제국을 괴뢰정부로 세운 것은 金의 무력을 가지고서는 중국전체를 평정하고 이를 지배하는 일이 곤란하다고 판단하였기 때문이다. 金으로서는 급격한 영토의 팽창으로 중국 내부 깊숙이 들어와서 南宋과 전쟁을 계속하는 일이 전략적으로 어렵다는 사실을 南宋의 정벌과 한인의 게릴라전법에서 깨닫게 되었다.

한편 유예의 제국은 北宋을 계승한 정통성에서 南宋에 밀려 화북에 남아있던 한인의 지지를 얻지 못하고 국가로서의 터전을 쉽게 다져나가지 못하였다. 전통왕조인 南宋을 멸하기 위해 정벌에 나섰으나 결과는 참패로 끝났기 때문에 존립의 의의를 상실하게 되었다. 이와 같은 南宋·齊·金의 3국 관계는 금에 의해 제나라가 멸망되고(1137) 금이 직접 화북을 지배하게 되면서 宋과 金은 국경선을 접하고 화·전(和·戰) 양면의 새로운 관계에 들어서게 되었다.

南宋과 金과의 국제관계에서는 주화파(主和派: 온건파)와 주전파(主戰派: 강경파)의 대립이 심각하여 화의교섭은 쉽게 성립되지 못하였다. 南宋의 주화파는 진회(秦檜)이고 金에서는 황족인 달뢰(撻懶)이다. 이에 대해 강경파는 악비를 비롯한 군벌이며 金에서도 전방의 장수들로 그 대표자는 올구(兀求)이다. 金과의

金과 南宋(12세기의 동아시아)

화의교섭은 소흥(紹興) 8년(1138)과 11년(1141)에 두 차례에 걸쳐 진행되었고 이후 여러 번 화전(和戰)이 반복되었다.

처음, 宋·金의 화의교섭은 金에 잡혀갔다 돌아온 진회(秦檜)[45)]에 의해 추진 되었다. 고종도 화의를 원하고 있었기 때문에 진회를 재상으로 임명하여 주전 론자를 누르고 화의가 성립되는 듯 하였다(1138). 그러나 송의 주전론자는 오랑 캐에 대한 신사(臣事)는 중화사상(中華思想)에 어긋난다고 반대하였고, 더욱이 금의 조정에서도 점령지의 반환에 강력하게 반발하고 나섰다. 그리하여 화의교 섭의 주역인 달뢰와 그 일파를 반역으로 몰아 처형하고 금군의 남침이 재개되

---

45) 북송의 어사중승(御史中丞)이던 진회는 정강의 변 때 초국건국에 반대하여 휘종과 함께 금 나라에 잡혀 가서 달뢰(撻懶)의 노예가 되었으나 송·금화의 교섭을 위하여 달뢰가 남송으 로 보냈다.

었다. 송은 한세충(韓世忠), 악비(岳飛) 등의 활약으로 금군의 남방진출을 일단 저지하였다. 그러나 금과의 전쟁을 두려워 한 고종은 진회의 화의론을 받아들여 전보다 더 불리한 조건으로 화의가 성립되었다(1142).[46] 화의에 반대한 악비를 반역자로 몰아 처형하니 주화·주전에 얽힌 진회·악비의 비극이 여기에서 비롯되었다. 또한 정강의 변으로부터 실로 17년만에 굴욕적이기는 하나 평화가 성립되었다.

宋·金의 평화는 이후 20년간 계속되었으나 금의 해릉왕(海陵王)이 왕위에 오르면서 깨어졌다. 해릉왕은 중국문화에 깊은 동경심을 지니고 중원(中原)에 군림하는 대제국을 수립하려는 이상을 가지고 있었다. 그리하여 수도를 만주의 상경(上京) 회녕부(會寧府)에서 연경(燕京: 北京)으로 옮기고 南宋을 멸하여 전중국을 통일하고자 직접 대군을 이끌고 남정(南征)에 나섰다(1161). 그러나 해릉왕의 南宋 정벌은 또 다시 한족의 거센 저항에 부딪히고 금국 내의 반란으로 해릉왕이 부하에게 암살되고 세종(世宗)이 즉위하면서 다시 宋과의 화의가 성립되었다(1165). 이때의 화의조건은 종래의 군신(君臣)관계를 숙질(叔姪)관계로 고치는 수모를 감수하면서 성립되었다.

3. 남송시대의 정치적 변천

南宋의 고종은 20세에 황제에 올라 어려운 시대를 잘 견디면서 南宋정권의 기틀을 마련한 후 효종에게 양위하고 물러났다.[47] 南宋시대의 가장 중요한 정치·군사적 문제는 대금(對金)대책이며 이 과정에서 주화파와 주전파의 갈등이 심하였다. 주전파의 대표적 인물은 남송초에 금의 남침을 합비(合肥)의 전투에서 대승을 거둔 악비(岳飛)이고 주화파는 정강의 변 때 휘종과 함께 금나라에 잡혀갔다. 풀려온 진회(秦檜)이다. 결국 주화파의 모략으로 악비 부자가 감옥에서 독살되니(1141) 39세를 일기로 생을 마친 악비의 충열을 중국인은 지금도 추모하고 있다.

---

46) 화의 내용은 국경선은 희수(淮水)에서 대산관(大散關)에 이르는 북쪽 땅은 금에게 할양하고 宋은 금에게 신하의 예를 취하고 매년 은 25만량, 비단 25만 필을 바치고 국경에서 군대를 철수한다는 것 등이다.

47) 고종은 황태자가 있었으나 요절하였기 때문에 황족인 효종을 양자로 하였다. 효종은 북송 태조(조광윤)의 7대손이다. 北宋일대는 태조의 동생인 태종(조광의)이 등극하였기 때문에 그의 자손이 황제위를 독차지하였다. 南宋시대에는 北宋 태조의 후손이 효종 때부터 황위를 계승하였다.

금과의 대결로 남송정권은 안정되지 못하였으며 북송시대와 비교할 때 황제권의 허약함이 계속되었다. 이에 따라 재상의 전횡이 심각하게 나타났다. 즉, 고종시대의 진회(秦檜), 영종시대의 한탁주(韓侂胄), 이종대(理宗代)의 사미원(史彌遠) 그리고 南宋 말 도종대의 가사도(賈似道)가 그들이며, 南宋의 정치사는 이들에 의하여 좌우되면서 재상정치가 계속되었다.

효종시대에는 금과의 화의가 성립되면서 번영이 계속되고 고종시대의 불안한 사회·경제가 안정을 찾게 되었다.

그러나 北宋시대 이래의 당쟁은 南宋에서도 계속되고 특히 대금 화전논쟁(對金 和戰論爭)으로 이어져 나갔으며, 효종 말년에는 궁정의 대관파(大官派)와 도학파(道學派)의 대립이 극심하였다. 효종(孝宗)은 고종의 선례에 따라 광종에게 양위하고 은거하였으나 광종은 부족함이 많아 신하들의 강요에 의해 아들 영종에게 양위하고 물러나니 양위에 공을 세운 이가 한탁주이다. 이때의 재상 조여우(趙汝愚)는 도학(道學)계통이고 한탁주는 신법당계통으로 서로 뜻이 맞지 않았다. 도학파는 신진학자의 환영을 받고 과거시험에 급제하는 자가 많자, 한탁주는 조여우와 주희(朱熹) 일파를 배척하기 위해 도학을 가짜학문, 즉 위학(僞學)으로 몰아 금하니 경원(慶元)의 당금(黨禁)이라 한다(1196). 그러나 한탁주는 금의 정벌에 실패하여 사미원일파에게 피살되고 그의 사체가 金에게 보내져 화의가 다시 성립되었다. 이때의 宋·金관계는 백질(伯姪)관계가 되었고, 세폐는 30만으로 증가하였다.

그런데 사미원(史彌遠)은 영종의 다음에 이종(理宗)을 옹립하고, 그 공으로 일당 정치를 행하니, 그의 전제정치를 비판한 다수의 도학자 위료옹(魏了翁), 진덕수(陳德秀), 전약수(錢若水)를 조정에서 추방하고 정치를 전횡하였다. 사미원이 죽은 후 리종(理宗)의 친정시대가 되자 정치개혁에 착수하였는데, 이를 이른바 단평(端平)의 갱화(更化)라 한다(1234). 도학자 진덕수와 위료옹을 황제의 고문으로 맞이하여 이상정치를 구현하였으나 경제정책에는 실패하였다.

한편 13세기 초에는 몽골이 일어나(1206) 서하를 멸하고(1227) 南宋과 동맹하여 금을 정벌할 것을 제의하여 왔는데, 南宋은 北宋 때와 같은 외교적 실수를 또 저지르게 되었다. 즉, 송은 몽골과 연합하여 金을 멸한 후(1234) 몽골이 화북지방을 포기한 것으로 착각하여 北宋의 옛 수도 開封으로 올라갔다. 이 틈에 몽골군이 반격을 가하자 오히려 남송은 대패하여 돌아왔다. 다행히 몽골이 남송의 정벌에 나서지 않은 것은 몽골 태종(太宗)이 방향을 바꿔 유럽정복으로 나갔기 때문이다.

그런데 남송에서는 몽골의 정예부대에 대한 인식이 부족하여 그 방비에 소홀하였다. 특히 도종시대에는 재상 가사도(賈似道)의 전횡으로 정치는 어지럽고 그의 공전(公田)정책과 화폐의 남발로 경제도 어려운 국면을 맞게 되었다. 이러한 내부적 어려움 속에 남송은 마침내 몽골에 정복되어 역사상 처음으로 전국토를 이민족의 정복왕조에게 내어 주고 멸망하였다(1279).

이 당시 몽골군에 쫓기어 광주만의 애산(厓山)으로 달아나던 남송의 재상 육수부(陸秀夫)는 어린 황제[위왕 조병(趙昺)]을 등에 업고 바다로 몸을 던져 자살하였다. 또 충신 문천상(文天祥)은 포로가 되어 몽골황제(세조)의 권유에도 지조를 굽히지 않고 끝까지 저항하다 참사당하니 후세 충신의 귀감이 되었다.

제3절   당송변혁과 宋代 사대부 서민사회의 발전

I. 귀족사회에서 사대부 서민사회로의 전환

1. 당·송(唐·宋)사회의 역사적 변혁

중국사회는 8세기 중기를 분수령으로 하여 宋이 건국되는 10세기 후반까지 정치·사회·경제 등 각 방면에 걸쳐 그 이전 시대까지 유지되어 오던 중국역사의 패도를 바꾼 혁명적이라고 할 만큼 커다란 변화를 가져왔다.[48] 이른바 당송변혁(唐宋變革)이다.

이 변혁의 원동력은 농업혁명에서 찾을 수 있고 그 결과 각 방면에 걸친 산업생산의 발전으로 폭발적인 인구 증가가 가져온 사회 변혁을 꼽을 수 있다.

---

48) 당송변혁론을 제기한 것은 일본의 경도대학파(京都大學派)이다. 경도학파는 당송의 변혁을 기초로 宋 이후를 근세라고 주장한데 반해 동경대학파(東京大學派)는 宋代 이후를 중세라는 대립되는 시대구분론을 제기하였다. 한편 중국(대륙)학계에서도 봉건사회를 전기(당까지)와 후기(송 이후)로 구분하여 唐末에서 宋初의 사회변동을 인정하고 있다.

당대까지 사회의 지배계급으로 군림하던 귀족이 몰락하면서 송대 사대부 서민 사회가 등장하고 새로운 농업경영 방식으로 나타난 지주(地主) 전호제(佃戶制)가 새로운 농업생산에 박차를 가하였다.

변혁의 가장 두드러진 현상은 남북조 이래 지배계층이었던 귀족계급이 완전히 몰락하여 귀족사회가 자취를 감추게 되었다는 사실이다. 그 대신 사대부(士大夫) 서민사회가 발달하면서 이들 서민계층은 과거(科擧)를 통하여 문신관료로 출세하면서 황제의 충실한 보필자로서 관료계층을 형성하여 이를 바탕으로 하여 황제전제정치와 사대부관료사회가 확립되어 나갔다는 사실이다.

사대부란 말은 宋代에 처음 시작된 것은 아니다. 주대(周代)에는 경(卿)·대부(大夫)·사(士)란 계층적 용어로 사용하였고, 진·한시대의 관명(官名)에도 대부가 등장하고 있다. 위·진·남북조시대에는 교양과 지식을 갖춘 귀족을 사대부라 지칭하였다. 그러나 宋代의 사대부는 그 이전 시대와는 그 성격을 달리하고 있다.

즉, 당대까지 지배계급이던 귀족체제가 붕괴되면서 이에 대신하는 새로운 계층으로서의 정치·사회적 지배계층을 총체적으로 지칭하는 계층적 성격을 지니고 있다.[49] 宋代의 사대부는 지식과 교양을 습득하고 과거제도를 통하여 관인으로 출세하면서 지배계층이 되었다. 따라서 송대의 사대부는 과거준비를 하는 독서인(讀書人)과 과거에 합격한 관료 그리고 과거준비를 경제적으로 뒷받침하고 있는 지주층(地主層)의 삼위일체(三位一體)적 성격을 띠고 있다. 그러므로 지식과 교양을 바탕으로 과거제를 통하여 지배층을 형성하게 된 宋代의 사대부는 그 이전의 귀족계층과 다른 새로운 계층적 성격이 강하며 宋代 이후 명·청시대에도 이어져 내려갔다.[50]

당대의 과거제는 단순한 관료후보자격을 시험한 것이지만 宋代 이후의 과거는 황제가 친히 시험관이 되면서 인재를 뽑는 전시제(殿試制)의 도입으로 과거는 문신관료체제와 황제독재권 구축에 중요한 작용을 하기에 이르렀다.

당송변혁의 실체는 군사제도와 조세상에도 나타나서 당의 병농일치적 부병제는 송의 모병제로 전환하였고 조세제도도 조(租)·용(庸)·조(調)가 당 후기의

---

49) 양종국, 「宋代 讀書人層의 膨脹과 「士大夫」의 槪念變化에 대하여」『東洋史學硏究』 33, 1990.
50) 양종국, 「北宋代 四川士大夫社會의 形成에 대하여」『史叢』 29, 1985.
　　____, 「北宋 士大夫社會의 發展形態」『宋甲鎬教授停年退任 東洋史學論叢』, 1993.
　　____, 『宋代士大夫社會研究』, 삼지원, 1996.

양세법(兩稅法)체제로 바뀌면서 宋代 이후의 세제로 정착하였다.

문화면에서도 당대까지 사상계의 주류를 이루고 내려오던 불교와 도교가 점차 밀려나고 그 대신 신유교(新儒敎)인 주자학(朱子學)이 宋代의 사상과 학문을 지배하게 되었다.

한편 경제면에서의 당·송변혁은 농업생산의 기초를 이루는 토지의 소유와 경작면에서 잘 나타나고 있다. 이는 당말·오대를 거치면서 나타난 새로운 토지사유자로서의 형세호[形勢戶(地主)]의 등장과 이들의 토지를 경작하는 전호(佃戶)의 출현으로 지주(地主)·전호제(佃戶制)가 宋代 이후 정착되어 나갔음을 의미한다.

2. 송대 지주·전호제의 내용과 그 특성

宋代의 사회와 경제를 이해하는데 중요한 열쇠가 되는 것이 지주(地主)·전호제(佃戶制)이다. 그런데 이 지주·전호제의 성격이나 내용에 대해서는 아직도 대립되는 견해가 있다.[51]

당의 중기, 안사의 난(755)을 계기로 균전제가 붕괴되는 가운데 지방에서 점차로 세력을 키워나간 것이 신흥지주, 즉 형세호(形勢戶) 계층이다. 이들은 8세기 후기(780)에 양세법이 시행되면서 법제상 처음으로 토지의 사유권이 인정되는 것을 계기로 대토지를 소유하여 이를 장원(莊園)으로 경영하였다. 이들은 몰락한 균전농민을 전호(佃戶)로 고용하여 자신의 토지를 경작하도록 하였다. 지주(형세호)를 호민(豪民)·유력호(有力戶)·부호(富戶)라고도 하는데, 특히 이들은 당말의 사회적 혼란을 교묘히 이용하여 막대한 재산을 모았다.

宋代의 형세호는 관인(官人)·이인(吏人)·직역호(職役戶)까지를 포함하는 광범위한 지주계층으로 이들은 지방에서 국가권력을 배경으로 사회·경제적 발전을 이룩하였다. 그들의 자제(子弟)는 과거시험을 통하여 관인신분(官人身分)으로

---

51) 고석림, 「宋代의 支配階級-官僚階級과 形勢戶를 중심으로」『慶北史學』 4, 1982.
　　　　, 「宋代 佃戶의 諸類型과 그 性格」『大丘史學』 10, 1976.
　　宋代의 전호에 대해서는 일본학계에 두 가지 다른 견해가 있다. 하나는 송대근세론(宋代近世論)을 내세운 경도대학파(京都大學派)로 전호는 거주의 자유가 있고 지주와의 계약관계 위에 성립된 근세적 소작인이고 또 지주의 토지소유 형태도 분산된 장원으로 보았다. 이에 대해 송대중세론(宋代中世論)을 주장한 동경대학파(東京大學派: 歷硏學派)에서는 전호는 서양 중세적 농노와 유사하며 거주의 자유가 없고 토지와 함께 매매된다는 반론을 내놓고 있다.

나아가기도 하였고 경제적으로는 대토지를 사유하는 지주로 성장하였다.[52]

宋 이후 발전된 대토지사유의 형태에 대해서는 서로 다른 두 가지 주장이 있다.

하나는 이 시대의 대토지사유는 장원제이고 장원의 형태는 한곳에 집중되어 있는 대규모의 토지가 중심을 이룬다는 것이다. 또 장원을 경작하는 전호는 토지에 예속되었고 토지매매 때 함께 팔려 가는데 이를 수전전객(隨田佃客)이라 하였다. 이들은 거주의 자유가 없고 신분상으로도 지주에 예속되어 있는 중세의 농노적(農奴的) 존재로 보는 관점이다.[53] 이에 대해 宋代 근세론자들은 宋代의 토지소유형태는 영세적이며 여러 곳에 분산되어 있고, 이를 장원(莊園)이라 하나 작은 경작지의 분지(分地: 소경지편)를 집적(集積)한 것에 불과하며, 이러한 경지를 소작하는 전호와 지주와의 관계도 대등한 계약관계로 성립된 근세적인 소작제와 같다. 따라서 전호는 중세적 농노가 아닌 지주로부터 해방된 자유민이라는 것이다.[54]

이러한 전호의 성격은 지역에 따라서 차이가 있다. 예컨대 사천, 호남북, 형호로(荊湖路) 등 경제적 후진지역에서는 지주가 수천家에 달하는 전호(객호)를 대대로 예속시키며 신분적으로 지배하고 있는 반면에 양자강 하류 강남델타를 중심으로 하는 선진지역에서는 영세한 분산소작이 많다. 이렇게 볼 때에 같은 대토지사유 혹은 지주·전호관계라고 해도 선진과 후진의 지역에 따라서 상당한 차이를 보이고 있다.[55]

이러한 지주의 토지(장원)는 대체로 전호에 의하여 경작되었다. 전호의 명칭도 전객(佃客)·장객(莊客)·지객(地客)·객호(客戶)·부객(浮客) 등 여러 가지가 있는데, 이러한 칭호는 전호의 실상이 다양함을 의미하는 것이다. 따라서 같은 전호라 하여도 노예에 가까운 미천한 자가 있는가 하면 이와는 반대적인 전호도

---

52) 조동원, 「宋代 戶等制와 土地所有試論」『釜山史學』 11, 1987.

53) 고석림, 「宋代의 隨田佃戶에 대한 小考—佃戶의 經濟的 轉落過程중심으로—」『大丘史學』 1, 1969.
   　　　, 「北宋代의 鄕村戶等簿와 그 性格에 대해서」『東洋史學研究』 7, 1974.
   육정림, 「宋代 分割相續과 家族」『東洋史學研究』 83, 2003.

54) 고석림, 「宋朝의 對佃戶政策과 憑由制度」『大丘史學』 2, 1970.
   　　　, 「宋代의 租佃契約法」『大丘史學』 12·13 합집, 1977.
   이석현, 「忠僕과 頑僕—宋代 隸屬民像과 關聯하여—」『中國史研究』 23, 2003.

55) 신채식, 「宋代 土地制度와 佃戶·主戶·客戶問題」『東洋史學研究』 21, 1985.
   조복현, 「宋代 官戶의 所有土地 來源 研究」『中央論』 12·13, 1999.
   유원준, 「南宋 經界法에 대하여—李椿年과 朱熹의 經界案을 中心으로(1)(2)」『慶熙史學』 20·21, 1996, 1997.

있다. 즉, 자기 땅도 어느 정도 가지고 있으면서 지주의 토지를 소작하고 독립된 가옥에서 가족을 거느리고 살면서 심지어 경우(耕牛)를 소유하고 농기구·종자(種子)·식량 등 토지 이외의 생산수단을 소유하고 자립적인 농업생산이 가능한 전호가 그들이다.[56]

전호는 법률상으로 양민으로 취급되고 독립된 경영주체이나 지주와의 사이에는 신분적 상하관계로 인식되고 있다. 따라서 지주와 전호간의 범죄에 대한 형벌규정에서 인종의 가우(嘉祐)연간인 11세기까지는 아무런 차별이 없었다. 그러나 11세기 말(1090)에 이르러 전호의 주인에 대한 범죄는 일반민보다 한 등급 가중되었고 반대로 지주의 전호에 대한 범죄는 한 등급 경감되고 있다. 南宋 초기에는 그 격차가 더욱 벌어지고 있는데 이는 北宋에 비해 南宋에서 전호의 신분이 더 낮아졌음을 의미하는 것이다. 실제로 南宋代의 강남지방에서는 전호의 자유로운 이주(移住)가 불가능하며 도망하는 경우 찾아내어 원상회복시켰다. 그리고 전호는 경지가 매각될 때에 새 지주에게 강제로 매각되었으며[수전전객(隨田佃客)] 갑두(甲頭), 간인(幹人) 등의 조직적인 관리 하에 경작에 종사하는 것이 일반적이었다.

3. 당·송변혁과 인구의 대이동

중국역사는 왕조의 교체에 따라 정치 사회적 변동이 일어난다. 그런데 왕조교체에 못지 않은 사회적 변혁이 인구의 증감과 인구이동에서 두드러지게 나타나고 있다. 그것은 인구분포에 따라 경제활동의 중심지대가 일정한 주기(週期)를 가지고 이동하고 이에 따라 사회변동이 시작되기 때문이다.

역사적으로 중국의 인구 중심지역의 변동을 보면 고대 진·한시대에는 황토고원(관중지방)이 중심이었으나 남북조 수당시대에는 황토평원(중원)이 인구 중심 지대가 되었다. 그러나 당송의 변혁을 거치면서 인구중심지대는 북방에서 강남으로 이동하여 양자강 하류지역이 인구의 중심지대로 부각되었다. 중국 역사상 처음으로 인구가 1억 명을 넘어선 것은 12세기 초(북송말 1102)이다. 송 이전에 부강을 자랑하던 한·당제국의 인구 규모는 최대 6,000여 명을 넘어선

---

56) 이석현, 「宋代 雇傭奴婢의 등장과 奴婢觀의 變化」『東洋史學研究』 63, 1998.
_____, 「宋代 不法的 隸屬民의 成立과 國家權力」『東洋史學研究』 86, 2004.
_____, 「宋代 雇傭人 身分과 法的 地位」『宋遼金元史研究』 3, 1999.

일이 없다. 인구 증가는 송을 분기점으로 하여 명대는 8천여만 명에서 2억 명에 이르렀고 청대에는 4억 명을 돌파하였다.

이렇게 볼 때 진·한 제국에서 당말까지의 인구가 6천여 만 명에 머물고 있었던 것은 황토고원(관중)지대와 황토평원(중원)지대의 농업생산성이 더 이상 중국인구의 증가를 용납하지 않았기 때문이다. 다시 말해 식량부족이 인구증가의 발목을 잡고 있었다. 이러한 인구가 당·송 변혁을 거치면서 폭발적으로 증가하여 강남지역(양자강 델타 및 그 지류)으로 이동한 것으로 볼 수 있다. 그리고 이러한 인구이동은 사회혼란에 의한 유민의 이동이라기보다는 송대를 시작으로 강남지방이 농업생산성에서 북방을 압도하였기 때문에 자연히 이 지대에 인구가 집중되었다.

Ⅱ. 송대 산업생산성의 발전과 사회구조의 개편

1. 송대 농업혁명과 농촌사회의 변화

중국의 농업작물분포는 회수(淮水)에서 진령(秦嶺)을 잇는 북위 34도선을 경계로 하여 남과 북으로 구분된다.

북쪽은 속맥(조·보리)을 주곡으로 하는 화북육전(華北陸田: 밭농사)지대이고, 남쪽은 쌀을 주곡으로 하는 강회수전(江淮水田: 논농사)지대이다. 화북은 육전농업으로 조를 주곡으로 하면서 2세기(후한)말까지는 중국농업을 대표하는 선진농업지대였다. 후진적인 강회수전농업은 4세기(동진시대)에 이르러 화북농업과 균형상태를 유지하게 되고 唐의 중기에는 화북에서 조·보리로 2년3모작(毛作)농법이 완성되었다.

그런데 宋代에 와서 농업발전에 의하여 이와 같은 남북농업현상은 새로운 형태로 변화되었다.

즉, 송대에 농업생산이 비약적으로 발전하게 된 원인은 북송 초기 이래 국가에 의한 적극적인 농업장려 정책을 들 수 있다. 당말 이래 계속된 전란으로 화북 농촌사회는 황폐되었고 농업은 침체되어 있었다. 이러한 농촌을 부흥하기 위하여 대대적인 농지개간, 유민의 정착과 농업기술의 향상을 추진하였다.[57]

---

57) 신채식, 「北宋時代 墾田에 관하여」『歷史學報』 75·76 합집, 1977.
　　이근명, 「南宋時代 社倉制의 實施와 그 性格-福建地方을 中心으로-」『歷史教育』 60,

또한 서민사회의 성립과 지주·전호제의 경영방법도 잉여농산물의 자기소유가 가능하였으므로 생산의욕이 증대되고 농산물 생산의 증가를 가져오게 되었다. 이와 함께 송대 농업생산을 혁명적으로 발전시킨 것은 서북지방에서 동남지방으로 대규모의 인구이동(식민이주)을 들 수 있다. 그리고 농업토목기술의 획기적인 발전, 각 지역 특성에 맞는 품종개량과 이모작에 의한 집약농업의 전개에 있다.[58]

송대농업혁명의 본고장은 양자강 유역의 양절지방(兩浙地方: 절강성·강소성)이 중국 최대의 미곡 생산지로 변하면서 "강절(江浙)지방[蘇湖]에 풍년이 들면 천하가 족하다"[蘇湖熟 天下足]라는 속담이 南宋시대에 생기게 되었다.[59]

宋代의 쌀 품종은 종래의 조도(早稻) 이외에 맛이 좋고 저장하기 쉬운 중도(中稻)·만도(晩稻)가 보급되었다. 특히 쌀 생산에 획기적인 계기가 된 것은 진종의 대중상부(大中祥符) 5년(1011)에 점성도(占城稻)가 도입되어 보급되면서 시작되었다. 점성도는 월남지방의 벼 품종으로 가뭄과 척박한 토양에 강하고 비료를 사용하지 않아도 잘 자라며 일찍 수확할 수 있어 윤작(輪作)이나 이모작도 가능하였다. 이러한 장점으로 北宋 말 南宋시대에 걸쳐 강남지방에서 널리 재배되면서 쌀과 보리의 이모작이 시작되었다.[60]

쌀 생산과 함께 보리·콩 등 잡곡의 생산도 증가하고 있다. 보리는 하급식품 및 관마(官馬)의 사료로, 밀은 분식(粉食)의 보급과 양조용 누룩원료로 수요가 늘어났고,[61] 특히 南宋에서는 쌀농사 후에 재배한 보리는 전호의 수입으로 인

1996.

_____, 「宋代 社會救濟制度의 運用과 國家權力-居養院制의 變遷을 中心으로-」『東洋史學研究』 57, 1997.

유원준, 「北宋 太湖流域의 水利에 관한 硏究」『慶熙史學』 16·17, 1991.

58) 송대에는 농업기술면에서 큰 발전을 가져왔다. 종래의 들에 불을 지른 후 물을 대서 경작하는 화경수누(火耕水耨) 방법에서 모를 심는 농사법이 보급되고 종래의 직파법(直播法)에서 이식법이 일반화 되었다. 또 논에 물을 대는 용골차(龍骨車) 풍차가 보급되었다.
정정애, 「宋代 農業技術에 대하여-南宋의 農器具를 중심으로-」『淑大史論』 3, 1968.

59) 范成大의 『吳郡志』 卷50 및 陸游의 『渭南文集』에서 蘇常熟 天下足이라고 있다.

60) 미곡생산은 종래 4억석(億石) 정도였으나 점성도가 보급되기 시작한 北宋 중기(11세기 중기)에 6억석으로 증가하고 12세기 초에는 거의 10억석으로 급증하고 있다.
이근명, 「南宋時代 福建經濟의 地域性과 米穀需給」『宋遼金元史研究』 창간호, 1997.

_____, 「南宋時代 福建地方의 水利開發과 地域差」『歷史學報』 156, 1997.

_____, 「南宋時代 農村市場의 發達情況과 農民生活-福建地方을 中心으로-」『外大史學』 8, 1998.

61) 김준권, 『宋代酒産業研究』(성신여자대학교 대학원), 2005.

정되기 때문에 상품작물로 보급되었다. 이 밖에 강서의 야채, 양절의 생강, 월주의 감귤, 휘주의 삼, 강남지방의 사탕보급이 확대되었고, 차(茶)의 생산도 증가하였다. 중국인의 음다(飮茶) 풍습은 한·위(漢·魏) 이래 사천지방에서 시작되어 점차 양자강유역으로 퍼져나갔으나 화중·화남지역의 작물분포 가운데 차의 재배가 중요성을 갖게 된 것은 唐代 이후이다. 주산지는 처음 사천(四川), 호북(湖北), 절강지방이었으나 송대에는 강서(江西), 강소(江蘇), 안휘(安徽), 복건(福建)지방에까지 확대되었다. 차원(茶園)은 산장이라 했으며 생산자를 원호(園戶)라 하였다. 차는 제조과정에서 엽차, 편차(片茶)의 두 종류가 있었는데, 엽차는 대중의 소비를 위한 것이며 편차는 상류층의 고급품으로 복건의 건주산(建州産)이 특히 유명하다.

차와 함께 소금도 전매를 하였다. 소금의 전매제는 한대에 이미 성립되었으나, 제도적으로 재정비된 것은 당말 5대로부터 宋代에 걸쳐서이다. 宋은 唐·五代의 염(塩)전매법을 종합하여 해염(海塩)은 정호(亭戶: 제염업자)로부터 사들이고 육지의 해염(解塩)은 국가가 염지(塩池)부근의 농민을 사역하여 소금을 만들었다.

2. 송대 상업혁명과 상인계층의 활약

宋代의 상업 발달은 농업생산력의 발전에 힘입은 바가 크다. 특히 당송변혁을 바탕으로 서민사회가 출현하면서 그들의 활약이 상업의 발달을 가져오게 되었다. 宋代의 상업은 그 이전과 비교할 때에 상업혁명(경제혁명)[62]이라고 할 정도로 획기적인 것이다. 이러한 宋代 상업의 비약적인 발전을 가능하게 한 배경으로는 강남개발에 의한 생산력의 증가, 지주·전호제에 의한 농민의 자율성신장을 꼽을 수 있다. 이에 따라 농민의 상업 활동과 소비인구의 증가 및 서민생활의 다양화에 의한 차, 소금, 야채, 견직물, 도자기, 제지, 칠기 등의 수요가 폭발적으로 증가하여 이들 제품의 상품화를 촉진한 것이 상업발전의 원동력이 되었다.[63] 특히 화북(華北)지방에서의 2년3모작, 화중(華中)·화남(華南)의 수도작(水稻作)과 쌀, 보리 2모작의 성립으로 미곡생산이 비약적으로 증가하고 그

---

62) 페어뱅크 지음, 김한규 외 옮김, 『동양문화사』(상), 을유문화사, 169, 상업혁명, 또 Elvin M.은 『The Pattern of the Chinese Past』, Stanford Uni. press, 1973에서 宋代의 경제혁명(Economic Revolution)이란 표현을 쓰고 이러한 혁명은 농업, 조운(운송), 화폐와 신용, 시장구조의 도시화, 과학과 기술 등 5가지 분야에서 일어났다고 주장하였다.

63) 이 현, 「宋太祖의 商業政策考」『釜山女子大學論文集』 6, 1978.

일부는 상품화하여 시장으로 쏟아져 들어갔다. 미곡의 상품화는 쌀의 소비와 유통을 활발하게 하여 쌀 시장의 성립, 미곡 대상(大商)의 출현을 가능케 하였다.[64] 미곡을 취급하는 대상을 탑가(搭家: 지방부농), 미선(米船), 미포(米鋪), 미아인(米牙人) 등으로 불렀다. 쌀은 상품화되어 객상에 의해 원거리로 판매되었고, 이러한 유통과정에서 전국적인 시장권이 형성되었다.

이 밖에 도자기, 제지업, 문방구류도 지역적인 분업화가 촉진되었으며, 동일 제품의 생산 공정상의 분업화도 형성되었다. 특히 차와 소금은 전매에 의한 국가재정수입에 큰 몫을 하였을 뿐만 아니라 상품으로도 중요한 의미를 지니고 있다. 차의 전매방법은 시대에 따라 약간씩 다르나 간접전매방식을 취하였다. 즉, 민간이 생산한 차를 국가가 전부 사들이고 차교인(茶交引: 어음)을 발행하여 상인에게 유통과 판매를 위임하는 형태이다.[65] 차전매의 수익은 막대하였으며 차상(茶商)도 큰 이익을 취하였다. 소금은 宋初에 국가가 독점판매하는 관매법(官賣法)을 실시하였으나 北宋 중기부터 소금의 유통과 판매에 상인을 이용하는 통상법(通商法)으로 바꿨다. 소금은 생활필수품으로 그 이익이 막대하여 사염(私塩) 밀매가 성행하자 염법(塩法)을 강화하여 철저히 단속하였다. 소금의 상품화로 염상(塩商)은 대자본을 축적하게 되었다.

이 밖에 견직물, 마직물과 도자기, 제지 등 수공업도 농촌내부에서 발달하여 중요한 상품으로 등장하였는데, 이 중 견직업은 소비의 증가로 도시와 농촌에서 다같이 발달하여 상품화되었다.[66] 송자(宋磁)로 유명한 도자기도[67] 중요 교역품으로 국내는 물론 고려, 일본을 비롯하여 해외로 수출되었다.

宋代는 대외무역 면에서도 획기적인 발달을 가져온 시대이다. 우선 무역 규

---

64) 김영진, 「北宋前期 京師米行商의 入中邊糧活動」『歷史學報』101, 1984.
   서은미, 「北宋代 福建 臘茶와 茶法」『歷史學報』173, 2002.
65) 서은미, 「茶의 보급과 茶전매의 역할-宋代茶전매의 시행기반에 대한 이해를 중심으로」『宋遼金元史研究』2, 1998.
   ＿＿＿, 「北宋前期 東南茶 전매의 운영방식과 茶의 積滯問題」『東洋史學研究』61, 1998.
   ＿＿＿, 「宋代의 飮茶生活과 茶 産業의 發展」『東洋史學研究』90. 2005.
   오원경, 「宋代 茶葉 生産에 관한 一考察」『淑大史論』19, 1997.
   ＿＿＿, 「唐宋代 ‘茶風’의 形成과 發展」『中國史硏究』7, 1999.
66) 농촌지방에서 견직업이 발달한 곳은 호주(湖州)의 의조현(義鳥縣), 강동의 요주(饒州)·신주(信州) 등이며 도시 견직업은 동견(東絹), 촉견(蜀錦), 북견(北絹), 월라(越羅), 북계(北系) 등의 특산품이 있다.
67) 宋代의 도자기 산지는 변경(汴京)의 관요(官窯), 越의 가요(哥窯), 여주의 여요(汝窯), 정주의 정요(定窯) 등이다.

모면에서 종래의 비단길을 거치던 시대와는 비교가 되지 않는다. 천명 이상을 실을 수 있는 거선(巨船)을 이용하여 고려·일본을 비롯하여 아라비아, 동남아 각국과 활발한 교역을 전개하였다.[68] 수출품으로는 동, 철, 곡물, 직물, 자기, 서적 등이 있고, 수입품으로 남해의 향료, 상아, 진주, 목면, 금 그리고 북방으로부터 주옥, 모피, 말, 양, 약재 등이 있다. 이러한 대외무역으로 자연히 무역 항이 발달하게 되어 광주(廣州), 천주(泉州), 명주(明州), 항주(杭州), 온주(溫州)가 번창하였다. 정부는 특히 광주와 항주에 시박사(市舶司)란 일종의 세관을 두어 무역사무를 전담토록 하였다.

송대 상인의 상업 활동은 크게 두 가지 형태로 분류되는데, 객상(客商)에 의한 이동적 상업 활동과 도시의 시장에서 점포를 이용한 정착상업이 그것이다. 송대 객상의 활동은 대단히 활발하고 그에 따라 교통, 숙박(여관), 창고, 운수업이 번창하였고, 상업부기와 주산 등 대규모의 상업경영 조직이 발달하였다. 이동상업과 정착상업을 서로 효과적으로 연결시킨 중개업으로[69] 아자(牙子), 아쾌(牙儈)가 있다. 이러한 중개상인은 생산자와 소비자, 객상과 점주(店主)간의 상업활동을 원활히 촉진시켰고 이에 따른 중개 겸 판매대리상이 나타난 것은 宋代부터이다.

3. 화폐경제와 상업자본의 맹아

宋代 상업의 발달과 도시의 번창은 필연적으로 화폐경제의 발전을 가져오게 하였다. 당 중기 이후 조·용·조 세제에서 양세법으로의 전환은 화폐제도의 발달을 전제로 한 조세의 금납화(金納化)를 의미하는데, 이는 宋代를 거쳐 明代[일조편법(一條鞭法)], 淸代[지정은(地丁銀)]로 계승되었다.

송은 당말·5대의 문란한 화폐제도를 정리하고,[70] 강남지방 통일에 따라 이

---

68) 김상기, 「宋代에 있어서 高麗本의 流通에 대하여」『亞細亞研究』(李相殷 博士華甲紀念 東洋學 特輯號), 1965.
    김위현, 「宋代의 高麗文物」『宋遼金元史研究』 3, 1999.
69) 전통적으로 중국의 상인은 좌고(坐賈)와 객상(客商)으로 구분되는데 송대는 특히 중개업의 상업명칭이 다양하다. 중개거간을 맡은 아행(牙行), 아쾌(牙儈)가 있고 이보다 규모가 큰 중간도매업의 점호(店戶), 거정(居停), 저점(邸店)이 있었다. 또 판매담당으로 경상(經商)·객상(客商), 외국무역상으로 선상(舶商)·선행(船行) 등이 있으며 상품수집자를 남호(攬戶)라 하였다.
70) 김영제, 「唐末·五代의 貨幣問題--銷錢을 端緖로 하여--」『中國史研究』 8, 2000.

지역에서 사용되어 오던 납돈, 철전 등을 정비하여 동본위(銅本位) 정책을 추진하였다. 태조 때 처음으로 송원통보(宋元通寶)의 동전이 발행되고, 그 후 태종 때 주조된 태평통보(太平通寶)는 宋代 동전의 모범이 되면서 이후 개원할 때마다 새로운 연호를 사용하는 동전이 주조되었다. 宋代 화폐경제의 발달은 동전의 주조량과 그 질적 수준에서 입증이 잘 되고 있다.[71] 동전의 보급은 교환수단을 편리하게 하여 상업활동을 활발히 추진하게 되고, 화폐가 농촌 깊숙이 침투되면서 농산물의 상품화를 촉진하게 되었다.

이리하여 당대까지 일반화되고 있던 장원의 자급자족경제는 붕괴되고 화폐경제체제로 전환되면서 장원적 농업경영형태도 변하게 되었다. 그런데 동전의 이와 같은 대량주조에도 불구하고 화폐수요의 증가와 대외무역 및 요·서하에 대한 세폐(歲幣) 등에 의한 동전의 해외유출로 동전의 부족현상[전황(錢荒)]이[72] 계속되었다. 이를 타개하기 위하여 금·은의 유통이 활발해지면서 동본위(銅本位)에서 은본위제(銀本位制)로 바뀌게 되었고 지폐와 어음의 발달을 가져왔다.[73]

宋代 화폐발달의 또 다른 특색은 지폐를 비롯한 차인(茶引), 염인(塩引) 등 일종의 신용화폐(어음)가 유통되었다는 점이다. 지폐는 교자(交子), 회자(會子)라 하여 동전의 불편을 덜기 위해 사용되면서 일반화되었으나,[74] 北宋 후기에는 지나친 남발로 한때 신용도가 떨어지기도 하였다. 신용화폐인 교인(交引)은 여러 종류가 있으나 대표적인 것이 차교인(茶交引)과 염초(塩鈔)이다. 차와 소금이 전매품이므로 국가는 상인들로 하여금 서북변방에 물자를 수송케 하고 물품대금(판매증서)으로 준 것이 차교인과 염초이다. 南宋에서는 교자(交子)를 회자(會子)

---

71) 宋代 동전의 주조량을 당대와 비교하면 알 수 있다. 즉, 당에서는 연평균 13~30만관(貫)이었으나 송초 지도연간(995~997)에 80만관이었고, 이후 해마다 100만관을 넘고 있으며, 원풍3년(1080)에 506만관에 이르고 있다. 송대의 동전 주조량은 연평균 300만관으로 추산되어 당대와는 비교가 안된다.

72) 김영제, 「北宋의 錢荒에 對해서」『宋遼金元史硏究』 4, 2000
        ___, 「宋代 錢荒의 배경-화폐유통과 관련하여-」『동아시아의 지역과 인간』, 지식산업사, 2005.

73) 정정애, 「宋初期의 貨幣政策-특히 鐵錢의 回收와 銅錢普及策에 대하여-」『淑大史論』 1965.

74) 정병학, 「宋代 交子小考」『東洋史學硏究』 12·13 합집, 1978.
        교자는 3대 진종 때(1000년경) 사천(四川)의 부호가 교자포(交子鋪)를 설치하여 약속어음(交子)을 발행한 것이 민간교자의 시작이고, 1023년에 익주(益州)에서 발행된 관영교자(官營交子)는 국가에서 발행한 어음이다. 교자는 사천(四川), 협서(陝西)지역에서 사용되고 신종 때는 동전부족과 군비조달을 위해 널리 통용되었다.

라 하여 널리 유통되었는데 北宋 때와 같이 지나치게 남발함으로써 재정의 혼
란과 물가앙등을 가져오기도 하였다.

4. 송대 조세제도

宋代 상업과 화폐경제의 발달상태는 세수(稅收)면에서도 잘 입증되고 있다.
송의 조세는 당대의 양세법을 이어받아 토지에 부과하는 양세(兩稅)와 상품에
부과하는 과리(課利)로 양분된다. 양세는 주로 곡식이나 견포로 징수하나 과리
는 동전으로 거두어 들였다.[75] 과리는 술·소금·차·향료·약재 등 전매품에
대한 세금과 이 밖에 상품전반에 과하는 상세(商稅) 등이다. 과리는 일종의 소
비세로 그 부담은 농민을 포함한 국민전체를 대상으로 하나 납세자는 주로 상
인이었다. 그런데 토지세인 양세와 상세인 과리가 액수상으로 볼 때에 거의 동
등한 상태에 이르고 있고,[76] 강남(江南)지방의 경제적 발전에 따른 상세의 증가
는 송의 막대한 군사력(직업군인)을 유지하는 중요재원으로 충당되었다. 뿐만
아니라 北宋이 망하고 회수(淮水) 이북을 金에게 내어 주고도 南宋정권이 150
년간이나 번창할 수 있었던 경제력도 강남의 경제적 발전과 함께 막대한 상세의
수입이 큰 힘이 되었다.

이 밖에 국가에 노동봉사의 차역(差役)이 있다. 차역은 백성을 호등(戶等)에
따라 징발하여 지방의 관아에 복역시킨 것으로 차역에서 하는 일은 관물의 수
송과 공급, 부세의 독촉과 징수, 도적의 체포, 공가(公家)의 사역 등 다양하였으
므로 일반백성은 차역으로 고통을 당하였다. 왕안석(王安石)의 모역법은 이러한
백성의 고통을 해결하고 국가재정을 충실히 하고자 한 것이다.

그런데 宋代에 경제의 주도권을 상공업자가 쥐고 있었다는 확실한 근거는 宋

---

75) 김영제, 「唐宋時代의 兩稅와 沿徵」『東洋史學研究』 34, 1990.
 ＿＿＿, 『唐宋財政史』, 신서원, 1996.
 ＿＿＿, 「宋代 兩稅의 賦課體系에 대하여—兩稅와 관련한 몇가지 補論을 겸하여—」『宋遼
  金元史研究』 창간호, 1997.
 ＿＿＿, 「宋代 兩稅의 財務會計에 關하여: 版籍類와 會計報告 體系의 分析을 中心으로—」
  『宋遼金元史研究』 3, 1999.
 ＿＿＿, 「南宋代 江西路 撫州의 兩稅額과 財政收支—天一閣藏 『弘治撫州府志』의 記錄을
  中心으로—」『歷史學報』 176, 2002.
 ＿＿＿, 「南宋 中後期 地方財政의 一側面—慶元府의 酒稅收入과 '府'財政의 擴大過程을 中
  心으로—」『東洋史學研究』 85, 2003.
 ＿＿＿, 「宋代의 物價와 兩稅負擔」『東洋史學研究』 91, 2005.
76) 『宋會要輯稿』 食貨 卷15·16 및 『文獻通考』 卷14 征商·關市.

代의 상세가 이를 잘 증명하고 있다. 전체 국세(國稅)에 대한 상인의 상세부담률이 높고 5대상인(米商·茶商·塩商·絹商·鐵商)들에 의한 상업자본 축적이 송대에는 상당히 진행되었다. 따라서 중국 상업자본의 맹아가 宋代에서 시작되었다는 견해도 제기되어 송대근세론(宋代近世論)을 주장하는 학설도 있다.

5. 송대 도시의 발달과 구조의 변화

宋代는 도시가 크게 발달하였고 그 성격도 종래의 정치·군사적 도시에서 상업도시로 전환되었다.

宋代의 도시발달에는 몇 가지 커다란 요인이 있다. 먼저 당송사회의 변혁으로 귀족세력이 사라지고 서민의 사회적 지위가 향상되면서 그들이 불편한 농촌생활보다는 도시생활을 즐기고 소비생활을 추구한데서 도시가 발달하기 시작하였다. 농업생산의 증가, 상업의 발달도 자연히 도시의 발달을 가능하게 하였는데 특히 인구의 폭발적인 증가[77]는 인구의 도시집중현상을 가져와 도시발달을 촉진하였다.[78] 이와 같은 현상은 화북지방보다는 강남지역에서 더 빠르게 추진되었으며, 이에 따라 인구비율에서 강남이 화북을 능가한 것은 唐의 원화(元和)연간(806~820)인 9세기 초이다. 이러한 경향은 宋代에 들어와서 더욱 심화되었다.[79] 인구증가는 행정구획에도 그대로 반영되고 있다. 당의 현종 때 전국이

---

77) 김용완, 「南宋 杭州의 人口增加와 外地米穀 수입」『濟州大論文集』(人文學篇) 15, 1983.
 조강, 진종의 저·尹貞粉 역, 『中國土地制度史』大光文化社, 141쪽. 중국역대의 인구변동표에 의하면 北宋 말(1109)에 1억 2천 1백 만명에 이르고 南宋 초(1193)에도 1억 2천명으로 정리하였다. 이 밖에 일본학계와 미국학계에서도 北宋의 인구가 1086년에 1억을 넘었고 北宋 말(1103)에는 이미 1억 2·3천만 정도에 달했던 것으로 추정하고 있다.
 황보윤식, 「北宋代 女口不統計 原因 考察−北宋以前 典章制度上 女性人口의 取扱과 關聯하여−」『中國史研究』18, 2002.
 _____, 「北宋代 戶口比와 實際人口數 考察」『宋遼金元史研究』6, 2001.
 상기숙, 「唐·宋文獻을 통해본 中國民俗」『東方學』9, 한서대 동양고전연구소, 2003.
 오원경, 「婚禮, 喪祭禮中의 茶禮俗」『中國史研究』22, 2003.
78) 당 玄宗의 천보연간(742~755)에 10만호 이상의 府·州·軍은 13개소에 불과하였으나, 北宋의 중기 원풍(元豊)연간(1078~85)에는 46개소에 이르고, 이들은 대부분 상업도시였다.
79) 『文獻通考(문헌통고)』 호구고(戶口考)에 의하면 신종 원풍 3년(1080)의 호수(戶數)는 화북 459만호, 강남은 994만여호로 2배가 넘고 인구는 화북 936만여, 강남 2,368만여로 2.5배에 달하고 있다. 그런데 이러한 宋代의 인구통계는 많은 문제를 안고 있다. 즉, 이 수치로 보면 1호당 가족수는 대체로 2.5명에 불과하므로 이는 종래의 1호당 5~6명에 비하면 아주 적은 가족수이다. 따라서 宋代의 인구통계에는 여자와 미성년자, 노인은 포함되지 않았다는 주장도 있다.
 황보윤식, 「北宋代 戶口比에 關한 諸說의 考察」『仁荷史學』10, 2003.

15도(道)이고 이 중에 강남이 8개도였으나, 北宋의 신종 때에는 전국을 23로(路)로 나누고 이 중에 강남에 15로를 배치한 것으로도 알 수 있다.

宋代의 상업도시는 구조상에서 볼 때 이전과 그 성격을 달리하고 있다. 즉, 당대까지 시 내에는 관(官)에서 설치한 상업구역인 시(市)가 있고 상업은 원칙적으로 시 안에서만 허가되는 시제(市制)였다. 그리고 도시내부는 가로(街路)로 구획을 하고 구획 내의 주민을 통제하는 이(里)·방제(坊制)가 일반적이었다. 방은 흡사 작은 성곽과 같고 경비의 한 단위가 되었으며, 도시는 이러한 방이 여러 개 모여 이루어진 것이다. 도시의 외곽에는 견고한 성벽이 둘러쳐져 있으며, 밤에는 방문(坊門)과 함께 성문까지도 굳게 닫아 야간통행을 금지하였는데, 이것이 宋 이전 도시의 방제이다.

宋代 도시의 발전은 초시(草市)에서 시작되고 있다. 본래 초시는 관의 허가 없이 도시의 성 밖이나 농촌의 교통요지에 형성되었던 노점시장 근처에 점포와 주택이 들어차면서 취락이 되고 초시가 형성된 것이다. 초시의 규모가 커진 것을 진(鎭)이라 하고 그곳에 현(縣)의 출장소가 생기고 다시 진이 커지게 되면 현으로 승격되기도 하였다. 그런데 宋代에 와서 도시의 성문 밖에 초시가 번성하면서 초시의 자유로운 상업활동 풍조가 성안의 도시에까지 파급되었다. 그리하여 방(坊)의 벽을 허물고 대로(大路) 양쪽으로 점포가 줄지어 들어서게 되면서 상점으로 탈바꿈하였고, 종래의 관설시장(官設市場)은 그 의미를 잃고 도시전체가 상점가로 변모하게 되었다.

특히 宋代의 대도시는 운하를 따라 나타났으니 수도 개봉(開封)은 인구 70만의 정치·상업·문화도시로 발달하였으며, 양자강과의 교차점에 양주(揚州)가 번창하게 되었다. 당 이후 일양이익(一揚二益)이란 속담이 나올 정도로 강남지방의 도시발달은 괄목할 만하였다. 또 양자강 이남의 쌀 생산지대를 중심으로 소주(蘇州) 그리고 운하의 종점에 임안(臨安: 杭州)이 번창하였다.

南宋이 수도를 임안에 정한 것도 이와 같은 교통의 요지를 국도로 활용하려고 하였기 때문이다. 임안은 인구 150만에 육박하는 거대한 소비도시로 그 중 90만이 성내에 살고 60만이 교외(郊外)에 거주하였다고 한다. 성내인구(城內人口)는 관리·군인·부호가 70만이고, 상인이 16~7만 명이며, 교외에는 다수의 상공인구(商工人口)가 거주하였다.

한편 이와 같은 宋代 상업도시의 발달은 자연히 상인의 동업조합인 행(行)의 조직에도 변화를 가져 왔다. 시제(市制)가 엄격히 준수된 唐代에 있어서 각 도시의 특종상업은 행이 독점하고 이를 통제하였으나, 시제가 무너지면서 행의 상업독점도 붕괴되었다. 宋代에도 동업조합을 여전히 행이라 하였으나 당대처럼 엄격한 제한을 받지 않는 동업자만의 조합으로 발전되어 이러한 행의 성격은 이후 淸代까지 계속되었다. 각 행은 소수의 대상인에 의해 지배되었고 이는 중세 말 유럽의 길드조직과 비슷하였다.

6. 광공업의 발달

宋代의 광업생산(鑛業生産)은 금, 은, 철을 비롯하여 연(鉛), 석(錫), 석탄(石炭), 주사(朱砂), 연석(硯石) 등 다양하며, 또 광산물의 생산량도 唐代에 비하여 10배 내지 수십배 되었다.

철광은 하동(河北), 산서(山西), 산동(山東), 섬서(陝西)지역이 주생산지이나 전국에 걸쳐 생산되었다. 宋代 철의 총생산량은 4만톤이라 하나 하트웰은 7만5천톤 내지 15만톤[80]의 다량에 이르렀다고 추정하고 있다.

견직업은 송 이전에는 농촌의 부업으로 양잠·제계(製系)·견직물(絹織物)이 주가 되어 공납(貢納)이나 자급(自給)을 위한 것이었다. 그러나 宋代의 견직업은 상당히 발달하여 중요 상품으로 거래되었고, 마포(麻布)·저마포(苧麻布)도 상품으로 생산되었다.[81]

도자기생산은 宋代에 급격히 발달하였다. 그것은 서민생활의 발전으로 수요가 증가하고, 특히 도시의 소비생활에 따르는 식생활의 향상과 상업무역의 번영이 질 좋은 송자(宋磁)의 대량생산을 가져오게 하였다. 또 도자기 제작의 기술도 발전하고 자기를 굽는데 필요한 화력(火力)으로 석탄을 이용함으로써 고열을 올릴 수 있었던 것도 송나라 도자기 발달의 원인이 되었다. 宋代의 도자기 생산지로는 처음에는 화북의 자주요(磁州窯)가 석질(石質)도 자기로 유명하여 고려자기에 큰 영향을 주었다. 또 정주요(定州窯)는 관(官)의 주문생산을 맡아서 백자와 흑자를 제작하였다. 그 후 임안요(臨安窯)에서 청자가 제조되어 그 기법

---

80) 이범학, 「宋代의 社會와 經濟」『講座中國史』Ⅲ, 167쪽 주 102에 의하면 하트웰은 송대 경제개발의 배경으로서 전문적인 경제관료의 등장 및 상업의 발달에 대응한 재정정책의 수립이 중요한 역할을 하였음을 지적하고 있다. 또 하트웰은 北宋時代를 철과 석탄산업의 혁명시대로 파악하고 있다.

81) 조점숙, 「北宋朝의 絹織業에 대한 一考察」『梨大史苑』15, 1978.

이 발달하였다. 임안(臨安)・요주요(耀州窯)에서도 일정규격과 문양을 지닌 관용
품을 생산함과 아울러 대량의 민간용 생활도자기를 구어 냈다. 北宋말 정화연
간(政和年間)에는 관요(官窯)가 수도 개봉(開封)에 설치되어 분업공정(分業工程)의
생산체제를 갖추고 정밀한 제품을 만들어 내었고 南宋에서도 관요에서 우수한
청자를 생산하였다.

　민간도자기는 五代 이래 왕실의 보호를 받으면서 발전하였고, 宋代에도 경덕
진(景德鎮), 월주(越州), 상산(象山), 건주(建州), 천주(泉州), 길주요(吉州窯)가 유
명하였으나, 관요를 능가하지는 못하였다. 자기는 당말 이래 중요 무역품이 되
었고, 청백자(靑白磁)는 남송(南宋)・원대(元代)에 걸쳐 동아시아 각국을 비롯하
여 남해(南海) 서역지방으로 수출되었다.

　宋代는 칠기도 대량으로 생산하였고 제작기술도 발달되었다. 제지업(製紙業)
은 官의 소비증대와 함께 인쇄, 출판기술의 발달과 도시생활의 향상에 따라 민
간소비가 크게 늘어나면서 획기적인 발전을 이룩하였다. 종이 원료는 화북의
상피(桑皮), 절강, 복건의 대나무, 강남의 저(楮), 사천의 마(麻)가 개발되어 지질
이 좋고 기술・전통이 뛰어났다. 산간(山間)지방에서는 농촌ㅎ의 부업 혹은 전업
으로서 제지업이 발달하였는데, 이에 종사하는 자를 지호(紙戶), 요호(窯戶)라 하
였다. 제지업은 관청의 주문에 의해 대량생산이 이루어졌고 관납(官納)하고 남
는 것은 상품으로 유통될 정도로 생산이 확대되고 분업화하였다.

제 4 절 宋代 서민문화의 발달

Ⅰ. 송대 문화의 새로운 바람

1. 송대 서민문화의 성격

　唐宋의 변혁은 사회・경제적인 면에 국한되지 않고 문화면에서도 새바람을
일으켜 서민적인 참신한 송문화(宋文化)를 창조하였다. 일반적으로 중국문화의
특색을 말할 때 보수성, 전통성, 계속성을 드는데 宋代 문화의 성격은 제한적이

기는 해도 혁신적인 면이 강하게 나타나고 있다.

육조(六朝)·수당(隋唐)의 문화는 호(胡)·한적(漢的) 이중성(二重性)과 국제적(國際的) 성향으로 해서 상당히 이국적(異國的) 색채가 짙게 내포되고 있다. 그러나 송의 문화는 국수주의 내지 민족주의적 성격이 강하다. 이런 관점에서 볼 때에 송의 문화는 육조·수당문화와는 다른 참신성을 보이고 있다. 특히 사상적인 면에서는 중국문화의 기초가 되어 온 유교를 새로운 각도에서 재해석하여 전제군주체제의 이론적 기반을 마련하고 사대부(士大夫) 서민사회를 옹호하는 새로운 사상[성리학]으로 발전시켜 갔다.

한편 宋代 문화를 사회발전적 시각에서 진단할 때 송 이전의 귀족문화성격을 청산하면서 서민 사대부문화로 정착하고 있음을 확인할 수 있다. 육조(六朝)·수당(隋唐) 시대의 귀족문화를 문벌주의, 형식주의, 전통주의적인 성격으로 규정한다면 宋代 문화는 이와는 다른 요소가 있는데, 그것은 군주독재정치와 서민생활의 발전이라는 특성과 밀접한 관계가 있다. 서민사회의 발전이란 백성의 재산권, 생산 활동, 거주 등 여러 방면에 걸친 지위향상을 의미하는 것이다. 따라서 宋 이후의 사회는 그 이전보다는 자유가 크게 확대되었다. 특히 능력주의 원칙에 입각한 과거제도가 이를 보장하였다.

宋代의 서민은 지식과 교양을 갖기를 원하였고, 이에 따라 종래 귀족계층에 국한되어 있던 문화층이 宋代에 와서 서민대중에게까지 넓혀져 갔다. 특히 산업과 생산기술의 발달이 사회의 분업화를 촉진하게 되면서 서민의 자신감은 그 이전 시대보다 상승되었고, 이는 서민문화의 창조적인 힘의 원동력이 되었다.

또한 송문화의 성격은 도시의 발달과도 깊은 관계를 가지고 있다. 宋代의 도시는 상공업의 중심지가 되면서 경찰·군사적 기능이 저하되고 개방적이 되었다. 농촌에도 수많은 시장이 생기면서 도시와 농촌간의 경제교류를 통하여 도시문화가 농촌에까지 영향을 주게 되었다. 따라서 宋代에는 문화의 창조자와 향유자가 도시는 물론 농촌에까지 확대되어 나갔으며, 이런 점에서 宋代문화는 서민성과 함께 전국적인 대중성을 띠게 되었다.

2. 학문연구의 새로운 움직임

당말(唐末)·5대(五代)의 사회적 혼란과 무인체제는 학문연구에 타격을 주었고, 특히 학교교육이 부진하였다. 이러한 과정에서 송대의 새로운 학문발달에 영향을 끼친 것은 唐代에서 발전한 불교와 도교이다. 송대의 성리학은 당말의 유(儒)·불(佛)·도(道) 삼교(三敎)가 조화를 이루려는 움직임 속에서 태동하였고, 특히 불교 가운데 선종(禪宗)의 영향을 깊게 받으면서 발전하였다. 宋代의 저명한 성리학자(性理學者)는 대부분이 불교에 일가견을 가지고 있었다는 사실이 이를 증명하고 있다.

그러나 宋代에는 唐代까지 사상계의 주류를 이루고 있던 불교로부터 사상적으로 깊은 영향을 받았으면서도 철저히 이를 비판하여 불교와 결별하였고 유학의 사상성을 회복하였다. 이는 국수주의적인 송문화의 성격을 잘 나타내고 있는 것이다.

宋代 사대부의 의식 가운데는 육조·수당시대와 같은 정치 사회에 대한 무관심 내지는 부정적 생각과는 다른 사대부의 책임의식이 깊이 작용하고 있다. 이러한 경향은 비단 현실적인 정치와 사회면에서만이 아니고 학문과 문화면에서도 깊게 강조되었다. 이리하여 도교와 불교에 의한 신비주의와 내세관이 사상과 학문을 지배하던 당대까지의 문화성격을 청산하고 정치경제적 실용주의와 사회질서의 윤리성 문제가 학문연구의 주요 과제로 부각되어 학문의 새바람을 불러일으키게 되었다.

宋초의 학문과 사상계의 발전은 진박(陳搏), 충방(种放) 등에 의한 은둔주의적 사학강학자(私學講學者)를 선구로 하여 시작되었다. 그 후 호원(胡瑗)·손복(孫復)·석개(石介) 등의 석학들이 나와 서원(書院)을 중심으로 학문발전의 기초를 마련하였다. 이와 아울러 문치주의(文治主義)가 추진되면서 유학진흥방침이 확립되고 관학이 설치되어 11세기 중반의 인종(仁宗)시대에 그 전성기를 맞이하였다. 이른바 경력시대(慶曆時代)의 정학(正學)이라고 부르는 혁신적이며 이상주의적인 경의(經義)의 실천운동과 정치운동이 시작되었다.[82] 宋代 사풍(士風)의 진작에 앞장 선 인종 때의 명신 범중엄(范仲淹)과 고문부흥운동을 제창한 구양수(歐陽修)에 의하여 자유주의적이며 비판적인 경학(經學)의 새 학풍이 역사의식에 입각한 정통론으로 확립되었다. 이와 함께 고문부흥에 의한 실용주의와 인륜질서의 재건을 부르짖은 공양학적(公羊學的) 의리주의(義理主義)는 종래의 훈고학적(訓詁學的) 형식주의와 전통주의적 학문경향을 떨쳐버리게 되었다.

인종시대 학술운동의 이러한 방향은 그 후 신종대에 들어와서 왕안석에 의한

---

82) 경력정학운동의 대표적 학자로 송초의 손복, 호원과 인종시대의 범중엄, 구양수를 꼽는다.

경세주의적(經世主義的)인 신학(新學)과 소식(蘇軾)의 촉학(蜀學), 엽적(葉適) 등에 의한 경세공리학(經世功利學)으로 전개되었고 남송의 주희(朱熹)는 이를 집대성하여 체계화된 송학(宋學), 즉 주자학(朱子學)으로 발전시켰다.

Ⅱ. 주자학[朱子學: 송학(宋學)]의 성립과 발전

1. 주자학의 학문적 성격

한·당의 유학은 오경(五經)에 대한 해석[훈고(訓詁)]으로 일관하였다. 더욱이 당태종이 공영달로 하여금 『五經正義(오경정의)』를 편찬케 하여 오경해석을 통일하자 오경에 대한 해석마저도 획일화되어 지식인의 관심 밖으로 밀려나게 되었다.

그런데 당·송의 사회적 변혁은 학문과 사상적인 면에서도 바람을 일으키기에 충분하였고 유학사상에도 새로운 변화를 가져오게 되었다. 이와 같은 경향은 당의 중기에 한유(韓愈)와 그의 제자 이고(李翶)에 의해 시작되었고, 불교 특히 선종(禪宗)의 영향을 받아 송학(宋學)으로 성립되었다.

송학은 宋代의 사대부 서민사회의 발전과 함께 정치·문화가 지니는 새로운 분위기를 배경으로 유교에 대한 자유롭고 비판적인 재해석에 의하여 주자학으로 완성되었다.[83]

주자학은 도교와 불교사상을 수용하여 유교사상에 없던 우주론(宇宙論)과 인성론(人性論)을 철학적으로 발전시켜 유교를 형이상학의 경지에까지 끌어 올리게 되었다는 사실이다. 이는 특히 남북조·수당시대를 거쳐 국가권력의 비호하에 불교와 도교는 사상계의 주도적 역할을 하였다. 그러나 도가(道家)의 반정치적(反政治的) 관념과 불교의 반사회성·비현실성은 점차로 지식층으로부터 비판의 대상으로 배척되어 갔다. 이리하여 유학은 불교적 관념으로부터 강한 영향을 받으면서도 이와 결별하고 신유학(新儒學) 송학(宋學)을 탄생시키기에 이르렀다. 따라서 한·당의 유학(훈고학)은 송학을 통하여 지금까지 결여되어 있던 우주론과 인성론·존재론 등 철학적인 기반을 마련하게 되었다. 이로써 송학(주자학)은 불교를 비롯한 많은 외래사상에 맞설 수 있는 세계관과 실천이념을 수

---

83) 일반적으로 송학은 주자학과 동일시되고 있으나 북송시대에 주자학은 송학의 일파로 출발하였다가 남송시대에 이르러 주희(朱熹: 朱子)에 의해 대성되면서 주자학이 송학 전체를 대표하게 되었다. 주자학은 송학 이외에 도학, 성리학, 신유학이라고도 한다.

립하게 되었다.

宋代의 주자학은 한대의 경학과 크게 구분되는데 그것은 유교경전에 대한 인식의 차이에서 비롯되기 때문이다. 즉, 唐代까지의 유교는 5경(經)을 중요시한데 비해 주자학에서는 4書[논어(論語), 맹자(孟子), 대학(大學), 중용(中庸)]를 5경보다 더 중요시하였다. 4서 가운데 대학과 중용은 당의 한유와 이고가 도교와 불교에 대항하여 유교의 인륜적 입장에서 『大學』을 중요시할 때까지는 유학자의 관심을 얻지 못하였다. 『논어』도 5경과 같은 위치에 넣지 않았고 『孟子』는 諸子學(제자학)에 편입시킬 정도였다. 이에 대해 宋代의 유학자는 『大學』을 『禮記(예기)』로부터 독립시켜 학문의 지표로 강조하였다. 『中庸』도 불교, 특히 선학(禪學: 禪)과 상통하는 내용이 있어서 宋초까지는 불교의 설을 가지고 해석하려 하였다.

그러나 주자학자들은 이와 같은 불교적 중용 해석에서 완전히 벗어나 유교적 심성론(心性論)의 기초를 『중용』을 통하여 마련하였다. 또한 그들은 『孟子』도 『중용』과 같이 성선설을 통하여 유가의 심성론의 기초로서 받아들였다.

宋代 주자학의 성립과 4서의 중시는 유교의 새로운 해석에 의한 신유학(新儒學) 성립이란 역사적 과업을 달성하였고, 본래 유교가 지니고 있던 가정과 국가의 질서체계를 재조화시켜 이를 형이상학화 하였다는 점에서 사상적 의의가 크다. 이러한 의미에서 주자학은 사서학(四書學)의 수립을 통해 한·당의 5경학(五經學)과 구별되는 새로운 사상의 경전적 기초를 확립할 수 있었다.[84]

2. 주자학(朱子學)의 발전

주자학의 출발은 당대 한유의 『原道(원도)』·『原性(원성)』 및 그의 제자 이고(李翱)의 『復性書(복성서)』가 출현하여 불교와 도교에 대한 비판을 가하고 유교의 인성론(人性論)을 바탕으로 유교의 우위성을 제기한데서 비롯되었다.

宋의 건국과 문치주의정책은 유교사상발전의 기틀을 마련하였고, 北宋의 인종(仁宗) 경력(慶曆) 연간(1041~48)에 이르러 정학운동(正學運動)으로 더한층 발전하게 되었다. 이 운동을 대표한 학자는 범중엄(范仲淹), 호원(胡瑗), 손복(孫復), 구양수(歐陽修) 등으로 범중엄은 인간형성의 이념을 유학에서 구하고, 특히

---

84) 이범학, 「司馬光의 「正名」 思想과 人治主義의 展開」 『東洋史學研究』 37, 1991
    조동원, 「朱熹의 易學象徵論.-4象8卦論을 중심으로-」 『釜大史學』 18, 1994.

우주의 생성을 설명하고 있는 『周易(주역)』과 인간성의 본질을 구명하고 있는 『中庸』을 통하여 이를 추구하려 하였다. 또 손복은 한·당의 문장과 의론(議論)을 비판하여 새로운 문장론(文章論)[85]을 제창하고, 불교·도교 및 제자백가에 대하여 유교의 우위성을 강조하였다. 손복의 이러한 주장은 구양수·왕안석 등에게 영향을 주었다.

구양수는 고문부흥운동을 제창하여 문학과 사상의 세속성을 탈피하려 하였고, 특히 공자의 뜻을 직접 전하지 않는 경전은 모두 위서(僞書)로 배척하였다. 이리하여 직접 유교의 경전을 연구하여 유학의 근본원리를 파악하며 우주의 원리와 인간의 본성을 밝히고 이를 토대로 인간정신을 수양하고 실천하려는 학풍이 지식인 사이에 퍼져나가게 되었다. 범중엄으로부터 학통(學統)을 이어 받아 유학에 새로운 연구를 본격적으로 시도한 학자가 北宋 중기의 주돈이(周敦頤)이다.

주돈이는 『太極圖說(태극도설)』[86]을 지어 도가의 사상과 한대 유학자의 음양오행설을 조화시켜 宋代 주자학의 개조가 되었다. 원래 『태극도설』은 노자와 장자계통의 학자에 의해 주창되어 오던 것을 주돈이가 재정리하여 그 의미를 새롭게 하였다. 『태극도설』에 의하면 태극에서 음양(陰陽)이 생기고 여기에서 다시 오행(五行)으로 진행된다고 보았는데 주자학의 우주론과 존재론의 기초는 여기에서 시작되었다. 주돈이가 그의 『태극도설』의 이론적 기초를 노장사상에서 가져왔으면서도 존재의 궁극적 근거를 무(無)에서 구하지 않고 인간이 탐구하여 찾을 수 있다고 생각한 이(理)에 두고 있다는 점이 특이하다. 무극(無極)이 곧 태극(太極)이란 우주의 절대적 경지를 理라는 진리로 해석한 것이 그것이다. 이와 같은 논리를 통해 주자학은 노장사상의 신비주의에 대항하여 유교본래의 합리주의를 발전시킬 수 있는 철학적 기초를 확립하게 되었다.

주돈이의 태극도설은 정호(程顥)·정이(程頤) 형제의 이론(理論)과 장재(張載)의 기론(氣論)에 의하여 이기론(理氣論)으로 발전되었고, 이는 다시 주희(朱熹)의

---

85) 손복은 문장은 도(道)에 사용되는 용(用)이며, 도는 교화(敎化)의 근본이어야 하고, 문장을 작성함에는 심의(心意)가 가장 중요함을 강조하였다.

86) 『朱子全集』卷1에 의하면 주자학의 철학체계는 『태극도설』에서 출발하고 있는데, 그 내용을 보면 먼저 무극(無極)을 태극(太極)과 동일시하고 있다. 이리하여 태극이 동(動)하여 양(陽)이 생기고 움직임[動]이 극에 이르면 정(靜)이 된다. 정하게 되면 다시 음(陰)이 발생하며 정이 극에 달하면 다시 동하게 된다. 동과 정이 뿌리가 되면서 음·양으로 나누어져 서로가 짝을 이룬다. 양이 변하고 음에 합하여 五行(水·火·金·木·土)을 발생하고 여기에서 사시(四時)가 일어난다고 보았다.
오병무, 「北宋時代 周濂溪의 太極圖說에 관하여」『全北史學』 7, 1983.

이기이원론(理氣二元論)으로 대성되었다. 장재(張載)는 우주의 변화는 곧 기의 변화로 기가 모이면 만물이 생성되고 기가 흩어지면 태허(太虛)가 되니 이것은 마치 얼음이 물이 되었다가 다시 어는 것과 같다고 하였다. 또 기에는 음·양(陰·陽) 이단(二端)이 있어서 변화하는 것은 모두 이러한 음양이단의 변화에 불과한 것으로 보았다. 따라서 장재는 만물의 근원을 태허(太虛)에 두고 태허상태에서 기(氣)는 음양의 상대적 관계에 의하여 동(動)과 정(靜)의 활동을 통해 사물을 형성한다고 하여 기일원론(氣一元論)을 제창하고 있다.

　이러한 장재의 기일원론에 대해 정이와 정호는 이일원론(理一元論)을 주장하고 있다. 천하의 사물은 반드시 원칙이 있고 일물(一物)에는 일리(一理)가 존재함을 강조하고 이(理)와 도(道)를 동일한 의미로 보았다. 단지 이가 개별적이며 지적(知的)인데 비해 도는 종합적이며 실천적인 것으로 해석하였다. 정이는 장재가 존재의 궁극적 경지를 기를 바탕으로 한 태허(太虛)에 두고 이것을 태극(太極)과 동일시한데 비해 차원이 다른 이와 도의 개념을 새로 설정하여 형이하(形而下)의 기를 형이상(形而上)의 이로 발전시켰다.

3. 朱子(朱熹)의 이기이원론(理氣二元論)

　주돈이의 태극도설에 의해 도가(道家)의 허무사상을 극복한 주자학의 우주론과 존재론은 장재의 기일원론(氣一元論)을 거치면서 현상적 세계에 대한 이론을 수립하고 다시 정이·정호에 의해 이일원론(理一元論)으로 발전되었다.

　南宋시대의 주희는 이를 바탕으로 하면서도 도교와 불교의 신비적이며 종교적인 세계와 완전히 결별하고 이기이원론(理氣二元論)으로 주자학[성리학]을 대성하였다.[87] 주자는 이와 기의 관계에 대해 이가 없는 기는 없고 역시 기가 없는 이도 없다. 그러나 이가 있으므로 기가 있으니 이는 근본이고 기는 부수적이다라고 하였다. 따라서 이기(理氣)는 사물 가운데 불가분의 관계로 함께 존재하고 이기는 성질상 구분되며 가치면에서 이가 근본적인 것으로 파악하였다.

　주자학이 종래의 유교와 크게 달라진 점은 사회·정치원리의 기초로서 인간

---

87) 주자는 주돈이의 태극도설에 대하여 태극(太極)은 理이며 오행과 음양의 理이다라고 하여 장재의 氣 주장에서 벗어나 우주론과 존재론의 출발점을 理에 두고 있다. 천지만물의 理가 바로 태극이라 하였고 사물에 내재하고 있는 궁극적인 원리를 태극으로 보았다
　　조동원, 「朱熹의 社會改革論」『高柄翊先生回甲紀念史學論叢, 歷史와 人間의 對應』, 한울, 1984.

의 심성(心性)을 중요시하고 이에 대한 이론을 발전시켰다는 사실이다. 이는 맹자(孟子)의 성선설(性善說)과 순자(荀子)의 성악설(性惡說)에 대해 宋代의 사대부 지식인이 이 양설을 부정하고[88] 주자는 장재가 말한 선천(先天)의 성(性: 인간의 본성)과 기질(氣質)의 성(性: 구체적인 인간성)의 구별과 정이(程頤)의 성즉리(性卽理)의 주장을 종합하여 신(身)의 주체가 심(心)이고 심의 본체가 성(性)이며, 그 용(用)이 정(情)이라 보았다. 따라서 심은 성과 정을 동일한 것으로 하여 성이 변하면 정이 생기는데 7정[희·노·애·락·오·욕(喜·怒·哀·樂·愛·惡·欲)]이 바로 그것이다. 주자는 유교의 전통적인 덕목인 효제(孝悌)를 인(仁)의 근본이 아니라 인을 이루기 위한 수단으로 보았다.

주자학은 궁극적으로 개인의 도덕과 사회질서의 수립을 목표로 하는 강한 실천성을 지니고 있다. 그러므로 이러한 도덕적 실천주의는 주자학 이후의 중국 사상은 주로 도덕적 실천의 방법을 문제 삼고 있다. 주자학에서는 도덕적 실천의 방법으로 먼저 이(理)를 인식하고 그 후에 실천을 강조한 궁리(窮理), 즉 격물치지(格物致知)[89]에 의하여 올바른 인식에 이르고 거경(居敬)에 의하여 덕성(德性)을 함양할 것을 강조하고 있다. 주자의 주지주의적(主知主義的) 궁리는 주지의 근거를 『大學』에서 구하고 있다. 이는 복고적이기는 하나 그 내용은 가족, 촌락, 국가의 모든 모순을 인식하고 그러한 모순을 주지적 비판적으로 구명하려는데 있다.[90] 또한 황제를 정점으로 한 사대부 관료의 전제지배체제의 정통성과 대의명분(大義名分)을 강조한 역사학을 통해 지배자의 정통성과 군신의 의리를 대의명분론으로 정통화하였다. 이리하여 주자학은 사대부의 학문이 되었을 뿐만 아니라 명대(明代)에는 관학으로 채용되면서 정치·교육의 기본이념이 되었고, 이것은 한국·일본 등 주변국가에 커다란 영향을 주었다.

4. 주자학에 대한 비판

宋代 주자학에 대한 비판에는 양대 계통이 있다. 하나는 주자의 이기이원론

---

88) 신채식, 「司馬光·王安石의 君子·小人論」『高柄翊先生回甲記念史學論集』, 1984.
89) 정이(程頤)에 의하면 격물치지는 모든 사물에 존재하는 이(理)를 사색과 성찰을 통하여 밝혀내는 것이고 이렇게 이가 하나하나 밝혀진 후 비로소 보편성을 지닌 이를 깨달을 수 있다 하였다.
90) 황원구, 「朱子家禮의 形成過程 王法과 家禮의 連繫性을 중심으로」『人文科學』45, 연세대, 1981.
   이영아, 「朱子의 敎育思想에 대한 小考」『淑大史論』9, 1985.

(理氣二元論)에 대한 육구연(陸九淵)의 사상적 비판이고, 다른 하나는 주자학과는 학문적으로 이질적인 성격을 지니고 있는 경세(經世)·사공파(事功派)에 의한 비판을 들 수 있다.

육구연은 주자의 성즉리(性卽理)에 반대하고 심즉리(心卽理)를 주장하였다. 이는 주자의 성에 대신하여 심을 내세운 것으로 맹자에 나오는 측은지심(惻隱之心)이나 양심(良心) 등에 근거하여 이를 체계화한 것이다. 육구연은 주자가 인심(人心)을 인욕(人欲)이라 하고 도심(道心)을 천리(天理)라 주장한 것은 잘못이라 하였다. 심과 리는 당연히 하나이어야 하며 심은 일심(一心)이고 리 또한 일리(一理)이니 심리(心理)는 둘이 될 수 없다 하여 이기(理氣) 일원론(一元論)을 내세운 것이다. 그는 또 주자의 격물치기(格物致知)의 궁리에 반대하고 양지론(良知論), 즉 마음속에 내재하고 있는 도덕적 충동(良心)을 강조하고 있다. 이는 양명학의 치양지설(致良知說)로 발전하여 주자학의 격물치지설과는 대립되는 개념이 되었다.

이와는 다른 주자학 비판자는 경세(經世)·사공주의(事功主義) 일파가 있다. 이들도 출발은 경력시대의 정학(正學)의 일원인 호원·범중엄 등으로부터 시작하여 신법을 실시한 왕안석을 거쳐 南宋시대 영가(永嘉)·영강(永康)학파에 이르는 일단의 경세사상가들이다. 이들의 특색은 심성(心性)의 수양보다는 국가경영(국방·재정)이나 민생안정 등 정치와 사회적 문제에 주된 관심을 쏟고 있다. 南宋의 경세주의자들은[91] 주자를 옹호하는 입장을 취하였으나 엽적(葉適)에 이르러서는 주자학에 대해 정면으로 비판을 가하였다.[92] 또 영가학파의 대표격인 진량(陳亮)도 주자의 이기이원론을 반대하고 도기일원(道氣一元)을 내세우면서 주자학의 도덕주의적 역사관에 반대하였다. 특히 진량은 도는 주자가 말하는 도덕적인 원리가 아니라 각 시대의 정치가에 의한 국력의 충실, 민생 안정 등 정치적 성과를 말하며, 이것을 사공(事功)이라 하였다. 설계선(薛季宣)도 진량과 같이 의·리일치(義·利一致)를 내세우고 도(道)와 器(기)는 분리된 것이 아니라 항상 형기(形氣)안에 도가 존재한다고 보았고, 이는 이후 이기일원론의 사상적

91) 南宋의 經世主義者[事功派]는 陳亮, 薛季宣 陳傅良, 葉適, 呂祖謙 등이다.
   강길중, 「陳亮의 經世思想에 대한 一考」『慶尙史學』9, 1993.
92) 조동원, 「葉適의 思想에 대하여 蘇學과의 關聯性을 中心으로」『東洋史學硏究』14, 1979.
   _____, 「葉的年譜考」『東亞文化』16, 1979.
   _____, 「南宋儒學上 葉適의 위치-僞學之禁 배경의 일면-」『釜大史學』2, 1998.

근거를 제공하였다. 특히 영가학파의 엽적은 『태극도설』을 불분명하고 비현실적 주장이라 비난하고 주돈이·정이의 사상을 불교, 도교의 영향이라고까지 혹평하였다. 그 대신 경세적 입장에서 경서를 해석하고 이재(理財)의 중요성을 강조하였다.

5. 불교와 도교의 새로운 변화

위·진·남북조와 수·당시대는 중국불교의 황금시대였다. 그것은 이 시대의 지배계층이 귀족이었기 때문이다. 귀족계층은 정치에 대한 관심이 적고 반대로 예술이나 종교에 심취하면서 국가나 민족보다는 개인의 편안과 사후에 대해 관심이 많았기 때문에 불교의 황금시대가 가능하였다.

그러나 宋代는 귀족계층이 몰락하고 서민사회가 출현하면서 사회가 복잡하여졌다. 따라서 관리들이 해결하여야 할 어려운 문제들이 많이 나타나게 되자 종교문제보다는 현실적 당면문제의 해결에 관심이 쏠리게 되었다. 이러한 문제의식이 宋代의 사대부로 하여금 종교적인 인간에서 정치적인 인간으로 되돌아오도록 한 것이다. 이리하여 宋代의 사대부들은 개인과 인간의 구원만을 바라며 국가의 현실문제에 무관심한 불교를 배척하고 치국평천하(治國平天下)를 주장하는 유교로 복귀하게 되었다. 특히 당말 무종(武宗)의 폐불(845)과 후주 세종에 의한 불교탄압(955)으로 불교는 심한 타격을 입게 되었다. 따라서 불교계는 차츰 국가의 보호에 의존하는 호국불교, 귀족불교의 성격에서 벗어나 대중 불교로 변모하여 나갔다. 그러나 불교의 호국적 성격으로 인해 오대십국의 강남지역에서는 국가의 보호 아래 불교도시가 번창하였다.[93] 특히 오월(吳越)에서는 승려를 왕사(王師)로 받들고 인도의 아쇼카 왕의 고사를 본 따서 각지에 8만4천의 탑(塔)을 세우니 강남에서 불교가 발전하였다.

宋의 태조도 불교의 보호에 나서 화북지방의 황폐한 사원(寺院)을 중수하며, 민간인이 승려가 되는 것을 적극 장려하고 아울러 인도에 구법(求法)을 하도록 하였으며, 대장경 간행의 대사업을 추진하였다. 다음 태종도 역경전법원(譯經傳法院)을 설치하여(982) 불경을 출판하도록 하고 찬영(贊寧)에게 『宋高僧傳(송고승

93) 조영록, 「唐末五代 閩越 雪峰門徒의 吳越進出과 '東國僧'靈照」『歷史學報』16, 1999.
　　＿＿＿, 「九華山 地藏信仰과 吳越首部杭州−10世紀 江浙沿海地域의 韓中 佛敎交流의 실상−」 『東國史學』33, 1999.

전)』과 『大宋僧史略(대송승사략)』을 편찬시켰다. 송초의 이러한 불교보호정책으로 진종(眞宗)시대에는 승려가 45만에 이르렀고 불교의 세속화가 가속화되었다. 이리하여 승니(僧尼) 도사(道士)는 돈을 가지고 사호(師號)를 구입하고 무위도식하는 무능한 승려가 증가하고 사원도 부호와 관리의 구복(求福)과 공덕(功德)을 기리는 공덕사찰로 타락하였다.

　이러한 불교의 세속화에 대해 송 중기 이후의 사상계에서는 송학(宋學)과 불교의 선종이 주류를 이루면서 새로운 방향으로 나아가게 되었고 사대부·지식인은 스스로 불교를 신앙하고 포교에도 힘을 쏟았다. 그 결과 좌선(坐禪)을 주로 하는 거사불교(居士佛敎)가 성하게 되었다. 진종 때의 유학자이며 정치가인 도원(道原)은 참선을 통하여 『景德傳燈錄(경덕전등록)』을 저술하였다. 宋代의 유명한 정치가나 유학자들은 불교 특히 선종의 심오한 원리에 깊은 관심을 지니고 있었고 그 결과 선종의 사상이 성리학에 큰 영향을 주게 되었다. 南宋시대에도 왕충(王衷)의 항주연사(杭州蓮社), 풍즙(馮檝)의 사천계념회(四川繫念會) 등 염불의 풍조가 성행하였다. 불교의 대중화는 대중의 정치와 사회에 대한 의식을 확대시키고, 특히 미륵불의 강림과 중생 구제사상으로 종교운동이 빈번히 일어났다. 지방에서 민간신앙과 결부된 종교폭동이 일어난 이면에는 미륵하생(彌勒下生)을 제창한 농민과 불교자비에 근거한 불교 대중화가 서로 결합된 결과로 나타난 종교운동이었다.

　도교도 宋代에는 발달하였으나 불교에 비하면 종교적 깊이는 떨어졌다. 태조(太祖)는 불교와 도교의 관계를 불선도후(佛先道後)로 정하였으나 진종시대의 재상 왕흠약과 도교연구가 장군방(張君房), 장자양(張紫陽) 등에 의하여 도교는 점차 교리에 대한 이론적 무장을 강화하였다. 특히 진종(眞宗)은 도교에 심취하여 도사(道寺) 건립에 국고를 많이 충당하였다. 北宋 말 휘종은 스스로 교주도군황제(敎主道君皇帝)라고 하면서 도사의 건의에 의하여 일시적이기는 하였으나 승려를 절에서 추방하고 사원의 재산을 도사에게 주기까지 하였다(1119). 南宋 시대에는 金이 정복한 화북지방에서 도교는 국가의 보호 아래 발전하여 전진교(全眞敎)·태일교(太一敎)·진천도교(眞天道敎) 등 삼대교파가 흥하고 南宋에서는 정일교(正一敎: 天師道)와 상청파(上淸派)가 발전하였다. 당시의 종교적 특징은 불교와 도교가 서로 사상적으로 융합하면서 유교와도 종교적 일치성을 추구하였다는 점이다. 이러한 경향은 특히 전진교에서 현저하게 나타난다. 전진교의 개조(開祖)

인 왕중양(王重陽)은 유교의 『孝經(효경)』과 도교의 『道德經(도덕경)』 그리고 불교의 『般若心經(반야심경)』을 융합하여 대중에게 설법하면서 이들 3교(三敎)의 조화를 제창하였다. 좌선(坐禪)과 수양을 중심으로 하는 전진교는 그 후계자인 마단양(馬丹陽)·구처기(邱處機) 등에 이어지면서 明·淸시대까지 종교로서 발전하였다.

Ⅲ. 학문과 예술 및 과학의 발달

1. 송대 문학의 새로운 발전

송문화의 서민적이며 혁신적인 경향은 문학에서도 잘 나타나고 있다. 먼저 당대의 귀족적인 취미를 반영하여 발달한 시문(詩文) 대신에 宋代에는 산문이 크게 발달하였다.

宋代는 고문부흥의 추세에 따라 형식에 치우친 율문(律文)이나 시문보다 강건한 문장이 발달하였다. 고문(古文)은 漢代의 산문체로서 남북조의 운문체나 당대의 시문체와 같이 구절마다 글자 수나 운을 맞추지 않고 자유로이 표현하는 문체를 말한다. 구양수(歐陽修), 증공(曾鞏), 왕안석(王安石), 소순(蘇洵), 소식(蘇軾), 소철(蘇轍) 등은 산문의 대가로 활약하여 당나라의 한유(韓愈)·유종원(柳宗元)과 함께 당송팔대가(唐宋八大家)로 알려져 있다. 특히 구양수는 한유의 문장을 사숙하여 宋代 문장(文章)의 대가가 되었고 고문 부흥운동에 앞장섰다. 宋代에 이와 같이 산문(散文)이 발달하게 된 것은 서민사회의 발전에 따라 귀족적인 시문이나 운문보다는 산문이 발달할 수 있는 사회적 분위기가 성숙되었고, 과거시험에도 산문체로 답안을 작성하도록 한 점에 있다. 특히 주자학의 발달로 산문체가 철학적인 사상표현에도 적합하였기 때문이었다.

五代에서 발달한 사(詞), 희곡, 소설 등 서민문학도 송대에 계속 이어져 후세까지 영향을 주었다. 5대에 속어(俗語)를 섞어서 엮은 아속(雅俗)을 절충한 문체(文體)는 宋 이후 전기(傳奇)소설의 원류가 되었고, 구어체(口語體)의 산문과 민간에서 유행하던 세속가요를 받아들인 운문(韻文)은 일반서민에게 애독되면서 송사(宋詞)의 근원이 되었다.

사(詞)는 시의 형식에 구애되지 않는 새로운 운문(韻文)으로 비파(琵琶)의 반주에 맞추어 노래하는 가사이다. 위로는 궁중이나 고위 관료로부터 아래로는 민간의 주루(酒樓)나 기방(妓房)에서 널리 애창되었다. 北宋 초기에는 단사(短詞)의 형식이 유행하였는데, 구양수, 한기(韓琦), 안수(晏殊) 등이 가사작가로 뛰어났다. 南宋시대에는 백화사파(白話詞派)와 격률사파(格律詞派)로 구분되는데 백화사파는 金나라에 영토를 빼앗긴 굴욕적 대외관계를 울분으로 표현한 사작(詞作)이 대부분이기 때문에 비분강개한 내용이 많고, 그 표현이 산문화 또는 백화화(白話化)하였다. 南宋 후기에는 사회의 안정과 경제의 발전을 반영하여 음률과 형식만을 따지는 가사(歌詞)가 중시되면서 격률사(格律詞) 또는 악부사(樂府詞)가 유행하였다. 대표적 작가로 육유(陸遊), 주돈유(朱敦儒)를 들 수 있다.

구어체의 소설은 사(詞)의 유행과 불교의 대중화, 인쇄술의 발달에 힘입어 일반 서민층으로 널리 펴져 나갔다. 특히 태종 때에는 한대로부터 五代까지의 소설을 모은 『太平廣記(태평광기)』를 정부가 출판하였다.

희곡은 잡극이라고도 하며, 한대로부터의 산락(散樂)과 당 이래의 속악(俗樂)에 시(詞)와 소설이 혼합되면서 연극으로 발전한 것이다. 北宋시대에는 여흥을 돋구기 위한 활계희(滑稽戱)가 널리 유행하였는데, 이는 南宋에 가서 창곡(唱曲)이 첨가된 연극으로 발전하였다. 특히 도시에는 와자(瓦子: 극장)가 마련되어 연극이 상연되었는데, 희곡은 元代에 가서 크게 발달하였다.

한편 당대에 유행하던 시(詩)는 산문과 가사에 밀려 문학의 상좌를 내어 놓기는 하였으나 사대부 문인은 여전히 시를 애호하였다. 北宋 초기에는 晩唐시대의 시풍(詩風)이 그대로 계속되면서 아름답고 화려한 서곤체(西崑體)가 유행하였다. 북송(北宋) 중기에는 담백하고 평탄한 시풍이 강조되었는데, 이는 소식(蘇軾), 매요신(梅堯臣), 소순흠(蘇舜欽) 등의 시에 잘 나타나 있다. 北宋 후기부터 南宋 초까지가 강서시파(江西詩派)의 전성기로 소식의 문하생인 황정견(黃庭堅)이 대표적 시인이며 주희(朱熹)도 오언시(五言詩)에 능하였다. 이들은 격률(格律)에서 벗어나 자신의 개성과 독자적인 표현을 구사하여 시의 전성기를 이룩하였다.

2. 역사학의 발달

宋代는 역사학분야에서도 괄목할 진전을 이룩하였다. 서민사회와 문신관료체제의 확립으로 역사에 대한 깊은 통찰력을 갖게 되었다. 그 위에 유학의 발전과 함께 황제 독재체제에 대한 정통성과 군신의 명분과 의리를 강조한 춘추학(春秋學)이 역사학 발전에 큰 자극을 주었다.[94]

---

94) 김상기, 「蘇轍의 「古史」에 대하여」『東洋史學硏究』 創刊號, 1966.

이에 따라 구양수(歐陽修)는 『新唐書(신당서)』와 『新五代史(신오대사)』를 고문(古文: 散文)으로 고쳐 쓰면서 인간의 도덕적 가치를 강조하고 군신의 의리관계에 역점을 두었다.[95] 특히 송문화의 국수주의적 성격은 역사학에 잘 반영되고 있는데, 중국인의 문화적 우월성을 역사 속에서 구하려고 하였다. 그리하여 과거의 중국 역사를 하나의 체계로 정리하고 포괄적으로 이해하는 노력이 필요함에 따라 역사적 기록의 분량도 엄청나게 확대되었다.

사마광(司馬光)의 『資治通鑑(자치통감)』은 사마천의 『史記(사기)』의 기전체 이후 역사의 기술방법에서 편년체를 도입하여 통시대적(通時代的)으로 역사를 기술하였다.[96] 『자치통감』은 전국시대로부터 송이 건국하기 직전까지의 역사를 객관적으로 짜임새 있게 서술하였다. 제왕이 정치를 하는데 거울처럼 들여다본다는 책이름 그대로 저자의 철학과 역사의식이 잘 담겨져 있다. 『자치통감』의 출현은 다른 역사서가 필요 없다고 할 정도의 명저로서 널리 읽히게 되었을 뿐만 아니라 통감에 자극을 받아 주희(朱熹)는 『通鑑綱目(통감강목)』을 편찬하였다. 이 책은 『자치통감』의 방대한 내용 중에서 도덕적 가치가 높은 것을 선별하여 요약한 것이다. 역사적 사실의 가치기준을 잘 선별하여 사실판단의 기준을 도덕성에 두었다. 원추(袁樞)는 『通鑑記事本末(통감기사본말)』을 편찬하였는데, 이는 기전체나 편년체와는 달리 사건중심으로 서술한 새로운 사체(史體)로 주목된다. 南宋의 이도(李燾)는 『續資治通鑑長編(속자치통감장편)』을 편찬하였는데, 이책은 『자치통감』이 五代까지 기술하고 있는 것을 계속하여 北宋일대의 역사를 객관적이며 사실적으로 서술하였기 때문에 사료의 가치가 매우 높다.

제도사로서는 당나라 두우(杜佑)의 『通典(통전)』에 이어 정초(鄭樵)의 『通志(통지)』, 마단림(馬端臨)의 『文獻通考(문헌통고)』가 편찬되어 3통(通)이라 하였다.[97] 왕응린(王應隣)의 『玉海(옥해)』는 백과사전과 같은 성격을 띤 명저이다.[98] 역사

---

95) 박지훈, 「歐陽修의 華夷觀 北宋代華夷觀의 一試論-」『梨大史苑』 22・23합집, 1988(咸洪根博 士華甲紀念論叢)
　　김학길, 「歐陽修의 史觀에 관한 一硏究 五代史의 馮道傳을 中心으로-」『慶熙史學』 16・17합집, 1990.
96) 권중달, 「資治通鑑著述考」『中大論文集(人文社會篇)』 26, 1982.
　　이범학, 「司馬光의 "正名" 思想과 人治主義의 展開」『東洋史學硏究』 37, 1971.
97) 최경옥, 「鄭樵 通志의 性格과 會通史觀」『釜山史學』 16, 1989.
　　＿＿, 「通志 二十略의 硏究」『雪岡林采源博士華甲紀念史學論叢』 1991.
98) 신채식, 「王應麟」『黃元九先生停年紀念論叢 東아시아의 人間像』, 1995.

지리서로서는 『太平寰宇記(태평환우기)』, 『元豊九域志(원풍구역지)』 등이 편찬되었으며 황제의 정치에 참고하기 위하여 『太平御覽(태평어람)』, 『太平廣記(태평광기)』, 『文苑英華(문원영화)』, 『册府元龜(책부원귀)』 등의 백과사전서와 같은 방대한 도서가 편찬되었다.

3. 미술과 공예

그림은 五代로부터 발달하여 宋에 계승되었는데 오대의 후촉에서 관체(貫體)가 이름을 떨쳤고 오대의 남당(南唐)에서는 궁정에 화원(畫院)을 세워 그림을 보호하였으므로 서희(徐熙), 동원(董源)과 같은 대가가 활약하였다.

宋代에는 서민생활과 문치주의의 영향으로 서화는 더욱 발달하였다. 그 위에 조정에서는 화원을 세워 장려하였으므로 치밀하고도 화려한 원체화[院體畫: 북종화(北宗畫)]가 유행하였다. 北宋의 휘종을 비롯하여 이당(李唐)·마원(馬遠)·하규(夏珪) 등이 유명하다. 특히 휘종은 정치적 능력은 부족하였으나 예술적 재능이 뛰어나 화원의 원생(院生)에게 불화(佛畫)를 비롯하여 인물·산수·화조화(花鳥畫) 등의 화법을 연구시켰고 자신도 그림을 잘 그려 도구도(桃鳩圖)를 남겼다.[99] 또 옛그림을 수집 정리하여 『宣和畫譜(선화화보)』를 편찬하였다. 그러나 원체화는 지나치게 기교에 치우쳐 기력이 약하였다. 이에 대해 자유로운 필치로 담백한 수묵(水墨)을 사용하여 산수를 그린 문인화[文人畫: 남종화(南宗畫)]가 발달하였다.

문인화는 오대·송초의 화가 동원(董源)을 시조로 하여 北宋시대 이공린(李公麟)·미불(米芾) 등의 대가에 의해 발전하였으며, 南宋시대의 양해(梁楷), 목계(牧谿) 등도 이 방면에 뛰어났다. 이 밖에 지식인과 승려들도 이러한 화풍을 즐겨 사용하였으며, 특히 불교의 선종(禪宗)이 다도(茶道)와 결합되면서 독특한 화풍을 만들어 나갔다. 한편 南宋시대에는 수도 임안(臨安)에 화원(畫院)이 개설되었으나 北宋시대 화원의 화풍과는 달라졌다. 마원(馬遠)과 하규(夏珪) 등은 담백하고 대담한 필치로 북종화풍을 바꿔 놓았다. 北宋 말기 장택단(張擇端)은 수도 변경(汴京) 시가지의 청명절(淸明節, 음력 3월) 모습을 정밀극명한 필치로 묘사한 청명상하도(淸明上下圖)가 유명하다. 도시규모, 풍속도로써 뛰어날 뿐 아니라 당시의 도시생활과 경제활동의 귀중한 자료가 되고 있다. 한편 불교와 도교, 주자

---

99) 허영환, 「北宋末의 讀書人과 畫院과의 關係」『史叢』 23, 1979.

학의 발전에 따라 불화(佛畵)와 인물화가 발달하고 종교적 내용을 그림으로 표현하는 새로운 화풍이 성행하였다.

서도(書道)는 그림과 함께 사대부 문인들이 애호하였다. 채양(蔡襄), 소식(蘇軾), 황정견(黃庭堅), 미불(米芾)은 송의 4대서예가로 꼽힌다. 宋代에도 왕희지의 서법이 모범이 되었으며, 예서(隸書), 초서(草書), 행서(行書)체가 유행하였다.

4. 과학기술의 진보와 발명

宋代 과학기술은 인쇄술의 발달과 밀접한 관계가 있다. 중국의 출판문화는 宋代를 시작으로 하여 발전하였는데, 도서 출판의 질과 양에서 宋代는 획기적인 전환점이 되는 시대이다. 그런데 도서 출판을 위한 인쇄술은 제지기술, 문방구류, 목판과 활판인쇄의 기술이 뒷받침되어야 한다.

宋代 활판인쇄술의 발명은 인종의 경력(慶曆) 연간(1041~1048)에 필승(畢昇)이 처음으로 교니(膠泥)활자를 발명한데서 비롯된다.[100] 교니활자는 다량의 서적출판에 편리하게 이용되었고, 다시 나무활자로 개량되어 활판인쇄기술의 발전에 큰 역할을 하게 되었다. 그 결과 11세기(北宋 중기)에 종래와는 비교가 안되는 대량의 도서가 출판되었는데, 정부는 유교의 경전을 비롯하여 역사서, 철학서, 법전과 자연과학에 관한 서적(농업, 의학, 수학, 병법)을 다수 출판하여 중앙과 지방의 관청에 보급하였다. 『農桑輯要(농상집요)』는 1500부를 간행하였다고 하는데(1237년), 이는 활판 인쇄기술이 아니고서는 도저히 불가능한 일이다. 이 밖에 宋代는 사대부관료사회의 발전으로 개인의 문집이 많이 출판되었다.

이와 같은 도서 출판을 가능하게 한 것은 제지기술(製紙技術)의 발전과 밀접한 관계가 있다. 송의 제지업의 중심지를 보면 성도(成都)의 촉전(蜀箋), 소주(蘇州)의 채전(彩箋), 선성(宣城)의 선지(宣紙)가 이름이 높았다. 건주(建州) 건양(建陽)에서 만든 초지(草紙)는 인쇄할 때 좀벌레를 방지할 수 있었고 사천(四川)의 광도지(廣都紙), 호북(湖北)의 포기지(蒲圻紙), 강서(江西) 무주(撫州)의 초초지(草抄紙), 건양의 초지 등 대량의 인쇄용지가 생산되었다. 한편 관청과 각지의 서원, 州·郡 등에서 대량으로 책을 출판하는 외에 개인이 책을 찍어 파는 것이

---

100) 교니활자는 일종의 점토활자로 진흙과 아교를 섞어서 활자를 만들었다는 기록이 심괄(沈括)의 수필집 『夢溪筆談(몽계필담)』에 자세히 기록되어 있다. 이는 구텐베르크의 금속활자보다 400년 가까이 앞서 있고 우리나라 고려시대 최윤의의 금속활자 발명(1234)보다 200년 가까이 앞서 있으나 금속활자는 아니다.

많아 종이의 수요가 급증하였고, 또 각지에 서점이 들어섰다. 특히 소주, 성도, 건양 등은 모두 제지의 명산지이며 인쇄업의 중심지였다. 항주(杭州)에는 유명한 인쇄소가 20여 곳이나 있었는데 진씨(陳氏)의 인쇄소에는 인쇄공[각공(刻工)]을 수십명 두고 당대 이래 뛰어난 인물의 문집과 소설을 100여종이나 인쇄하였다. 특히 사천지방의 촉본(蜀本)과 강남의 복건본(福建本)은 우수한 판본으로 국내는 물론이고 해외에까지 널리 알려지고 있다.

　화약을 처음 발명한 사람은 누구인지 분명하지 않다. 당대에 방사(方士)가 연금(煉金)·연단(煉丹)술을 실험하는 과정에서 유황·초석(硝石)·목탄을 혼합하여 화약을 제조하였다는 기록이 있으나 폭발력은 미미하고 또 화약을 만들 목적으로 제작된 것은 아니다. 唐末에 원시적인 화기[火器(飛火)]가 출현한 사실이 송인(宋人) 노진(路振)이 편찬한 『九國志(구국지)』에 보인다. 화약은 宋代에 들어와서 본격적으로 개발되었다. 인종(仁宗)의 강정원년(康定元年, 1040)에 증공량(曾公亮)이 편찬한 병서(兵書) 『武經總要(무경총요)』에 화약제조법이 자세히 기록되어 있다. 宋代의 화약은 기술적으로 대단히 뛰어났는데 그 예로 金과의 전쟁에서 화약이 사용되었다. 중국에서 발명된 화약은 13세기경에 이슬람을 경유하여 십자군 병사에 의하여 유럽에 전파되었다.[101]

　나침반도 宋代에 발명되었는데, 이를 이용하여 항해를 한 사실이 南宋末의 주혹(朱彧)이 편찬한 『萍州可談(평주가담)』이란 책에 자세히 나온다. 이때의 나침반은 자석의 침을 물 위에 띄워서 방향을 표시한 유치한 단계이나 나침반으로서의 구실은 충분히 감당하였다. 활자와 화약, 나침반은 한대 채륜의 제지법과 더불어 중국의 4대 발명품으로 꼽는다.

　한편 宋代 과학기술에서 획기적인 발전을 이룩한 것이 제철기술이다. 北宋시대는 서북방에 遼, 서하와 대치하였고 모병에 의한 다수의 금군(禁軍)을 이 지역에 배치하였으므로 국가가 막대한 수량의 무기를 직접 공급하였다. 이 밖에도 서민생활의 향상과 산업생산의 발달에 필요한 농기구, 화폐주조, 토목공사 등에도 많은 양의 철이 필요하였다. 철 생산 방법에서도 코크스를 이용하여 철광석에서 철을 추출하였다. 또, 선철(銑鐵)과 단철(鍛鐵)을 함께 용해하는 방법

---

101) 유럽의 화약제조법은 영국의 로저 베이컨(Roger Bacon)의 저서에 처음으로 나온다 (1206). 그 후 독일의 베르톨드 슈발츠(Bertolde Schwarz)가 유럽최초의 화약을 제조하였다(1330). 유럽의 화약은 다시 明代에 중국에 전래되어 불랑기총(佛郎器銃)이라 하였고 임진왜란 때 일본이 사용한 조총은 서양소총을 수입한 것이다.

과 냉각 산화된 송풍에 의해 탄소를 직접 제거하는 방법으로 강철을 제조하였는데 이러한 제철기술은 유럽을 훨씬 능가하는 선진기술이었다.

의학분야에서는 이미 신체의 해부가 실시되어 해부학이 체계화되었고 질병의 원인과 치료에 대한 연구방법이 개발되었다. 한편 약학도 큰 발전을 이루어 체계적인 약전(藥典)[102]의 출판으로 제약기술의 과학적인 정리가 이루어졌다.

---

102) 당신휘(唐愼徽)는 중국최초의 약전(藥典)인 『大觀經史證類備急本草(대관경사증류비급본초)』를 간행하였는데, 여기에는 宋代까지 발견된 1,700여종의 기본약제를 수록하고 있다. 또 왕회은(王懷隱)은 『太平聖惠方(태평성혜방)』을 편찬하여 질병에 대한 병상실험과 처방법을 제시하고 있다.

제 8 장

북아시아의 유목국가와 정복왕조

제 1 절 유목국가와 정복왕조

Ⅰ. 유목사회의 발전과 유목국가의 성립

1. 유목사회의 발전유형

만리장성을 경계로 하여 그 남과 북쪽은 서로 다른 자연환경에 따라 역사의 전개도 달리하고 있다. 남방(南方)에는 농경민인 한민족이 세운 왕조가 일찍부터 발전하여 왔고, 북방(北方)에는 유목민족에 의한 유목국가가 성립되어 남북으로 대립하면서 동아시아세계의 역사를 펼쳐나갔다.

북아시아에서 흥망한 북방국가를 다시 유형별로 구분하면 유목국가(遊牧國家)와 정복국가(征服國家)로 나눌 수 있다. 유목국가는 고대로부터 흉노(匈奴), 선비(鮮卑), 유연(柔然), 돌궐(突厥), 회흘(回紇: 위구르)이 세운 국가이고, 정복왕조는 요(遼)·금(金)·원(元)·청(淸) 등을 말한다. 그런데 유목민족이 부족사회로부터 부족국가나 민족국가를 건설하고 다시 정복왕조로 발전하기까지에는 여러 가지 발전형태가 있다.[1]

먼저 유목민이 힘을 발휘할 수 있는 원동력은

첫째, 집단성과 기동성에 있다. 이것은 농경민이나 도시민과는 비교할 수 없

---

[1] A. M. Khazanov 지음, 김호동 옮김, 『遊牧社會의 構造: 역사인류학적 접근』, 지식산업사, 1990.
  김호동, 「北아시아 遊牧國家의 君主權(북아시아 유목국가의 군주권)」『東亞史上의 王權』, 東洋史學會편, 한울, 1993, 118~120쪽 참조.

는 강한 힘을 발휘한다. 특히 그들의 기동성을 가능하게 한 것은 말(馬)에 의한 이동을 꼽을 수 있다. 유목민의 집단과 기동성은 잘 통제된 군사력으로 언제나 변신 가능한 힘이다.

둘째, 기사(騎射)능력이다. 말을 타고 달리면서 활을 쏘는 기술이야 말로 유목민의 기동군단이라 하겠다. 기사는 단시간에 익힐 수 없고 어려서부터 고도로 단련된 유목민만의 생활습관이다. 이러한 기사능력은 농경사회와의 전투에서 승리의 원동력이 되고 있다.

셋째, 유목사회는 철저한 가부장(家父長) 사회로 남편과 가장(家長)의 권위는 거의 절대적이다. 가장의 말 한마디가 가족을 지배하고 씨족장의 명령이 곧바로 전투명령화할 수 있기 때문에 가부장 사회는 그 자체가 하나의 적은 군사조직과 같은 성격을 갖게 된다.

넷째, 유목사회의 구조는 씨족(氏族)사회로 족장을 중심으로 씨족 내부 결속은 강하고 그들의 재산은 씨족공유로 혈연적으로 씨족은 운명공동체이다.

이와 같은 유목사회의 원동력을 바탕으로 유목사회의 발전은 기본생업(基本生業: 목축업)[2]에 제2생업(타 지역과의 교섭·전쟁)이 절대적 조건이 되었다.

유목민의 기본생업은 경제생활을 가축에 전적으로 의존하였다. 즉, 가축에서 나오는 고기와 젖은 식용으로, 털과 가죽은 의류와 기타 일용품으로, 심지어 가축의 분뇨까지도 연료로 충당하였으니 가축이 생활필수품을 거의 제공하여 주는 형편이었다.

유목사회가 그 내부의 결속을 다지고 부족으로 발전하고 다시 부족들이 연합된 부족연합체(部族聯合體, tribal confederacy)를 형성하면서 유목국가로 발전하는 데는 몇 가지 요인이 있다.[3]

유목민이 부족적 단결을 이루어 유목부족을 탄생하게 만든 요인은 다름 아닌

---

2) 목축에는 가축사육이 절대적이다. 유목사회에 가장 중요한 목축은 양(羊)으로 기원전 8000년 경에 사육을 하였고 다음으로 중요한 것이 소(牛)로 기원전 6000년경에 가축화되었다. 유목사회에 가장 중요한 것은 말로 말(馬)의 가축화는 기원전 3000-2000년 경으로 꼽고 있다. 유목민은 승마를 하면서 이동범위를 넓히고 가축의 대량사육이 가능하게 되었다. 유목민의 승마 시기는 기원전 15세기 경으로 보고 있다.

3) 유목민족의 발전에 대해서는 ① 지리·풍토적 결정론에 근거를 둔 반복적 순환론, ② 유목사회도 씨족→부족→봉건→제국으로 곧바로 발전했다는 수직발전론, ③ 발전이 나선형으로 이루어진다는 나선(螺旋)발전론이 있다.
하자노프 지음, 김호동 옮김, 『遊牧社會의 構造』, 지식산업사, 1990, 314~317쪽 참조.
손현숙, 「遊牧社會 封建制論」『釜山女大論文集』 15, 1986.

내부적 분쟁의 조정과 외부세계에 대한 대응이었고, 이를 위해 유목국가의 출현은 불가피한 것이었다. 특히 자연재해에 의한 가축의 떼죽음이 가져다주는 식량의 위기를 극복하기 위하여 식량약탈에 나서기 위한 부족적 단결과 타부족으로부터 그들 자신이 약탈을 당하는 경우 이에 맞서 싸우기 위한 공동방어의 필요에서 단결이 이루어졌다. 이러한 유목사회의 단결은 초기에는 씨족을 중심으로 시작되었으며 유목사회의 내외적 위기가 장기화되면서 유목민의 단결력도 강화되고 이어 부족사회로 발전하였다. 이 과정에서 군사·정치적 능력이 있는 부족장이 나타나 여러 부족을 통합하게 되고 유목국가의 출현을 가져오게 된다.

2. 유목국가의 역사적 발전형태

서남아시아의 초원을 석권하면서 활약한 스키타이 민족이다. 이들은 스키토 시베리아 문명을 만들고 흉노족에게 철기를 전파해 주었다.

북아시아에 역사시대가 성립되는 것은 기원 전 3세기말에 동호족(東胡族)을 타도하고 흉노(匈奴)유목국가를 건설한 흉노왕국에서 시작된다. 흉노왕국은 그 이전의 분산적인 유목부족의 상태에서 비약적 발전을 이룩하여 선우(單于)를 권력의 정점으로 부족을 통일하면서 정치적 통일체를 조직하고 기원 전 3세기말 묵돈(冒頓)선우 때 전성시대를 맞이하였다.[4] 이리하여 남방의 한제국(漢帝國)과 팽팽하게 맞설 수 있을 정도로 성장하였다.

그러나 기원전 1세기 중엽에 흉노왕국은 전한 무제의 대토벌에 의하여 동서로 분열되었고 서흉노(西匈奴)는 질지(郅支)선우(單于)의 지도하에 서방의 이리지방으로 이동한 후 다시 중앙아시아의 탈라스(Talas) 지역으로 갔으나, 漢의 서역도호(西域都護)인 감연수(甘延壽) 장군의 공격을 받아 붕괴되었다(B.C. 36). 한편 동흉노(東匈奴)는 호한야선우(呼韓耶單于)의 지도하에 漢과 긴밀한 교섭을 유지하였는데 왕소군(王昭君)의 일화는 이때의 일이다. 후한시대에 들어와 반초(班超)의 서역정벌로 흉노는 다시 남북으로 분열되었다. 흉노의 남북분열은 이후의 역사에 많은 영향을 주었다. 즉, 동아시아 세계에 있어서는 4세기 초에 남흉노(南匈奴)를 비롯한 5호(胡)의 남침에 의해 5호 16국의 분열시대를 가져오게 되

---

4) 묵둔(冒頓)이란 투르크어의 용자(勇者), 몽골어의 성자(聖者)란 뜻이다. 그는 한나라 초에 부친 두만(頭曼)선우를 살해하고 2대 선우가 되어 동호(東胡)를 격파하고 대월지(大月氏)를 서쪽으로 몰아내었으며 한나라 고조를 평성에서 대파하였다(B.C. 200). 그 후 고조의 황후인 여후(呂后)에게 결혼을 청하면서 한왕조를 능멸하였다.

었고, 서방세계에는 북흉노의 흑해·카스피해 연안 진출로 인하여 4세기 후기부터 시작된 게르만민족 대이동의 계기를 열어준 훈족(Huns)의 활약이 그것이다.

흉노왕국의 쇠망 후 이에 대신하여 북아시아지역을 제패한 것은 동방에서 일어난 선비족(鮮卑族)이다. 선비족은 2세기 중엽에 부족장 단석괴(檀石槐)가 여러 부족을 통일하여 선비왕국을 건설하고 다시 화북의 5호 16국을 통일하여 북위(北魏)로 발전하였다. 5호의 중원 진출은 마치 유럽에서 게르만족의 대이동과 비교되는 동아시아 역사의 큰 사건이다. 이후 선비족에 이어 유연족(柔然族)이 발흥하여 5세기 초에 유목국가를 건설하였다.

6세기 중기에는 새로 돌궐족이 세력을 확장하면서 돌궐유목국가를 건설하였다. 돌궐족이 처음으로 일어난 지역은 옛날 흉노의 북쪽에 있었던 정영(丁零)부족의 근거지이다. 5세기의 유연시대에는 정령을 칙륵(勅勒)이라 하였는데, 이들은 유연의 지배 하에서 주로 무기제작에 종사하였다. 특히 고륜거(高輪車)를 잘 만들었으므로 중국에서는 이들을 고차(高車)라 하였다. 이들 일부가 중앙아시아로 이주하여 독립하자 중국에서는 이를 고차국(高車國)이라 하였다. 고차국은 유연가한(柔然可汗)의 침공으로 멸망하였으나(541), 중국인이 철륵(鐵勒)이라고 부르던 또 다른 돌궐족은 북몽골에서 발전의 기틀을 마련하였다.

돌궐유목국가의 출현은 동아시아 세계는 물론 서아시아와 유럽의 역사에 획기적인 변화를 가져오게 되었다. 돌궐은 투르크에서 나온 말로 오늘날의 터키민족의 기원이 여기에서 유래한다.

6세기 중기에 돌궐의 군주 이리가한(伊利可汗)과 그 아들 목간가한(木杆可汗)은 2대에 걸쳐 북아시아세계를 제패하던 유연을 멸하고(522), 고대의 흉노왕국에 비할 정도의 대제국으로 발전하였다. 이때는 남북조의 말기로 북주(北周)와 북제(北齊)는 돌궐의 진출에 위압을 느꼈고, 수양제의 고구려 원정은 고구려·돌궐의 연합을 견제하기 위한 군사행동이다. 돌궐제국은 건국 후 불과 30년만에 동서로 분열되었고(583),[5] 7세기 중기 이후 수·당제국의 출현과 수양제·당태

---

5) 돌궐제국은 이리가한(伊利可汗)이 제국의 근거지를 외몽골 오르콘강가의 도근산(都斤山)근처에 두었고 그 동생 질점밀(室点密)은 천산산중(天山山中)에 왕도(王都)를 설치하여 천산남로(天山南路)로부터 그 서쪽으로 페르시아 국경에까지 미쳤다. 이 광대한 영토는 그 후 이들 형제의 자손대에 이르러 동·서 돌궐로 분열되었다.

　정재훈, 「突厥第二帝國時期(682~745) 톤유쿠크의 役割과 그 位相-『톤유우크 碑文』의 분석을 중심으로-」『東洋史學研究』 47, 1994.

　_____, 「唐朝의 突厥 降戶 羈縻와 安祿山의 亂-突厥 第二帝國(682~745)崩壞 以後 遊

종의 적극적인 경략으로 점차 그 세력이 약화되면서 당의 지배를 받게 되었다. 돌궐은 북아시아 유목민족 가운데는 처음으로 돌궐문자를 만들어 썼으며 당나라 현종(玄宗) 때(732) 만든 돌궐비문이 에니세이강가에서 발견되었다. 돌궐문자는 서아시아의 시리아문자를 변형한 것으로 한자와는 전혀 관계없는 표음문자이다. 이는 중국문화와 밀접한 관계를 가지고 있던 돌궐이 서아시아 문화를 받아들이고 중국문화를 배격한 것으로서 북방민족의 강한 민족의식에서 나온 것이다.

돌궐의 약화와 당제국의 내분을 틈타 8세기 중기에는 몽골지역에 회흘(回紇: 위구르)부족이 출현하여 나라를 세웠다. 위구르왕국(744~840)은 약 1세기동안 계속되었으며 안사의 난(755) 때는 군대를 파견하여 당 왕조를 도와 난을 진압하는데 공을 세우고 그 세력을 중국으로 확대하였다.[6] 위구르족은 상업 활동에 뛰어나 동서교통로를 이용하여 중계무역을 활발히 추진하였다. 문화적으로도 북아시아 역사상 처음으로 유목민족의 샤머니즘이 아닌 마니교를 국교로 정하고, 마니교의 승려와 소그트인 그리고 중국인을 그들의 정치 문화의 고문으로 받아들였다. 그들은 수도(首都)와 군사적 요충지, 무역로의 요지에 도성을 세우고 이곳을 중심으로 유목도시문화(遊牧都市文化)라고 할 수 있는 새로운 형태의 문화를 탄생시켰다. 이러한 도시문화는 농경민족과 농경민의 기술자집단을 유목지대로 강제 이주시켜 만든 취락의 발전형태로 볼 수 있다.[7]

9세기 중기에 이르러 위구르가 멸망한 후 북아시아세계에는 유목국가가 더 이상 나타나지 않고 있다. 그러므로 북아시아 유목민족의 역사는 위구르왕국시대(744~840)를 끝으로 유목국가는 자취를 감추고 이후 10세기 초에 거란족에 의한 遼(916~1125)의 출현과 여진족의 金(1115~1234), 몽골족에 의한 元(1206~1368), 만주족의 淸(1616~1912) 등 정복왕조가 등장하였다.

牧世界의 再編과 關聯하여-」『分裂과 統合-中國中世의 諸相-』, 지식산업사, 1998.
6) 정재훈, 「위구르의 北庭地域 進出과 에디즈 위구르(795~840)의 成立」『東洋史學研究』64, 1998.
_____, 「야글라카르 위구르(744~795) 初期 葛勒可汗(747~759)의 世界觀-突厥第二帝國 빌케 카간(716~734)과의 比較를 中心으로-」『中央아시아研究』3, 1998.
7) 정재훈, 「위구르의 初期(744-755) ‘九姓回紇’의 部族 構成- ‘토쿠즈 오구즈(Toquz Oquz)’ 問題의 再檢討-」『東洋史學研究』68, 1999.

3. 유목국가의 정치·군사적 특성

1) 유목국가의 군사조직 유형

유목국가는 국가권력의 형성과 국가의 발전과정에서 나타나고 있는 군사조직 상에서 몇 가지 공통점을 발견할 수가 있다.

먼저 이들 유목국가는 부족제적 국가 혹은 부족연합체적 국가의 성격을 띠고 있는데, 그 대표적인 예를 흉노왕국(匈奴王國)에서 쉽게 찾을 수 있다. 흉노왕국 의 정치조직은 선우(單于)를 권력의 정점으로 하고 그 아래 특정한 씨족이 독점 하는 24대관직(大官職)이 있다. 선우는 군장(君長)으로서 국내의 전부족을 통치 함과 동시에 국가의 제사를 주재하였다. 흉노사회에서는 정월(正月)과 봄(5월), 가을(9월)에 걸쳐 연중 세번의 국가적 큰 제사가 집행되었다. 이때 부족장과 귀 족이 모여 선우의 주도하에 천지귀신(天地鬼神)에 대해 제를 올리고 부족민의 안전과 가축의 번식을 기원하며 국가의 중대한 문제도 아울러 협의하였다.

이와 같은 큰 제사를 통하여 부족의 단합을 꾀함과 동시에 선우의 주재 하에 부족장 회의를 개최하고 국가의 정치를 원활히 집행해 갔다. 따라서 흉노의 선 우는 제사를 관장함으로써 유목국가의 정치적 지도자(군장)의 위치와 아울러 제 사장의 지위도 함께 갖게 되었고, 이를 통하여 절대권을 행사하였다.

흉노의 선우가 漢의 황제에게 보낸 글 가운데, '하늘[天]이 세워준 흉노대선 우(匈奴大單于)', 『史記(사기)』 흉노전(匈奴傳), '천지(天地)가 낳은 일월(日月)이 미치는 흉노대선우'(『漢書(한서)』 흉노전(匈奴傳)라고 한 것은 유목민이 신봉하는 천(天)·지(地)·일(日)·월신(月神)의 도움 속에 선우가 군림하고 있다는 사실을 과시하려 한 것이다. 선우는 부족민에게도 이러한 사실을 믿게 함으로써 그의 통치권력을 정신적으로 전부족에게 확산시켜 선우의 권위를 유지하였다. 선우 는 부족장과 귀족의 협의에 의해 선출되고 왕권이 강화되면 세습되기도 하였 다. 이러한 한(汗)의 권력은 유목국가에서는 물론 정복왕조의 출현 이후에도 계 속되었다.[8]

---

8) 요왕조(遼王朝)의 왕위는 태조[太祖: 아보기(阿保機)]가 나온 야율씨(耶律氏)가, 金은 태조 [太祖: 아골타(阿骨打)]를 배출한 완안씨(完顔氏) 그리고 元은 태조[太祖: 철목진(鐵木鎭)] 가 속해있던 부족이 한위(汗位)를 세습하였다.

2) 유목국가의 사회조직 형태

북아시아의 유목민족 내부에서도 씨족공동체적 사회로부터 계급사회로 발전되어 갔다. 이들 24대관은 1만명의 기병(騎兵)을 징집할 수 있는 부민(部民)과 목지(牧地)를 소유하고 있으며, 부민은 다시 군사적으로 천장(千長), 백장(百長), 십장(十長)의 우두머리에 의해 각기 통제되었다. 이러한 군사체제는 평화시에는 유목민의 사회집단으로 유지되었다. 또 군사편제에 들어가지 않은 일반 부민은 부락단위로 조직되고, 1락(落)은 보통 3∼5장막(帳幕: 1장은 약 5∼7명)으로 이루어지며, 이 락이 수개 내지 십수개모여 읍락(邑落)을 이루고 생활하였다. 읍락에는 소읍장(小邑長)이 있고, 읍락이 모여 부(部)를 이루고 있었다. 거란의 북면(北面)·남면관제(南面官制)나 여진의 맹안·모극제(猛安·謀克制) 그리고 몽골의 천호(千戶)·백호제(百戶制), 청의 팔기병제(八旗兵制)는 모두 이러한 북방민족사회의 군사·사회제도이다.

흉노 이후의 유목국가(선비, 유연, 돌궐, 회골 또는 위구르)의 사회구조를 볼 때 이와 같은 흉노의 사회와 그다지 큰 차가 없다. 선비(鮮卑)는 흉노의 잔류부족을 흡수하여 유목국가로 발전하였는데, 단석괴(檀石槐) 때(2세기) 영토를 동·서·중부의 3대부로 나누어 각각 부족대인(部族大人: 部長)으로 하여금 통치하게 하였다.[9] 단석괴 자신은 이들 위에 군림하여 제대인(諸大人)을 통치하고 그 수도는 고유[高柳: 하북성 양고현(河北省 陽高縣)]에 두고 있다. 따라서 선비왕국도 부족연합체의 성격을 띠고 있다.

유연왕국의 한위(汗位)도 건국자[사윤(社崘)]의 부족에 의해 세습되었다. 이들도 흉노와 같이 제사를 국가의 중대행사로 받들고 매년 정기적으로 거행하였으며, 이때 부민(部民)을 모아 정치·군사적 국가대사를 협의하였다. 특히 유연의 군사제도는 백명을 1당(幢)으로 편성하여 당에는 당수(幢帥)를 두고 10당으로 구성된 천명을 1군(軍)으로 편성하고 軍에는 장(將)을 두었다. 이는 흉노의 십장(十長), 백장(百長), 천장(千長), 만기(萬騎)의 군사조직과 매우 유사하다. 이와 같은 십진법적(十進法的) 군사편제는 이후의 돌궐·회골·몽골제국에 그대로 계승되고 있다.

---

9) 동부(東部)는 우북평(右北平)에서 요동까지의 20여읍(邑)을 3대인(大人)이 통솔하였고, 중부는 우북평에서 상곡(上谷)까지 10여읍을 3대인이 통솔하였다. 서부는 상곡에서 돈황(敦煌)과 그 서쪽 요손(烏孫)접경까지 20여읍을 5대인에 의해 통솔시켰다.

돌궐왕국(突厥王國)의 국가조직도 흉노·선비와 같이 건국초부터 동·서돌궐로 나누어 각기 가한(可汗)이 통치하고 있다. 이 중에 동돌궐이 종가적 성격을 갖고 있었기 때문에 동돌궐 가한의 형제와 자손에게도 가한의 칭호를 주었다. 가한의 세습은 선가한(先可汗)의 유언과 부족장들의 찬성에 의해 결정되는데, 이는 돌궐의 한위(汗位)분쟁의 불씨가 되었다. 가한 아래에는 7대관과 다시 그 밑에 28등관(等官)이 직할영토를 가지고 있었고, 관직은 세습되었다. 그리고 서돌궐의 가한은 수도를 처음에 천산산중(天山山中: 후에는 탈라스강가의 千泉)에 두고 가한 아래 다시 소가한(小可汗)을 두어 10部(姓)를 통치하였다.

회흘(回紇: 위구르)왕국은 구성철륵부(九姓鐵勒部) 가운데 회골부가 중심이 되어 건국한 유목국가이다. 이들도 월(月)·천신(天神)으로부터 힘을 얻은 용맹한 현군(賢君)이 구성회흘(九姓回紇)이라 생각하였으며 부족연합체 국가의 성격을 지니고 있다. 그러나 위구르 유목국가는 그 이전의 유목국가와는 다른 성격을 띠고 있다. 즉, 그들은 도성을 건설하고 이곳에 중국인, 소그트인을 이주시켰기 때문에 중국과 서아시아 문화가 흘러들어 왔다. 또 안사(安史)의 난 때 당을 도와준 것을 계기로 경제적 도움을 요구하고 조공무역을 통해 경제력을 키워나갔으나 정치·사회적으로 변화를 가져오게 되었다. 특히 제3대 모우가한(牟羽可汗, 759~779) 때에는 중국의 재상(宰相), 평장사(平章事), 상서(尙書), 자사(刺史), 사마(司馬) 등의 관명을 사용하기 시작하였고, 또한 군신(君臣)의 차별을 엄격하게 하여 국가체제를 점차로 중국풍의 군주독재적인 관료체제로 전환하였다. 이것은 유목민족의 사회구조로서는 그들의 발전이 한계점에 도달하였음을 의미하며, 결국 위구르 유목왕국을 마지막으로 이후 정복왕조가 출현하게 된 역사적 사실과 깊은 관계가 있다.

Ⅱ. 동아시아세계에 정복왕조 출현의 의미

1. 빗트포겔의 정복왕조론

정복왕조(征服王朝)란 용어는 독일의 역사학자 빗트포겔에 의해 사용되면서 일반화되었다.[10] 빗트포겔에 의하면 진(秦)의 중국통일에서부터 淸의 멸망까지

---

10) 고병익, 「遼代의 社會(빗트포켈: 「中國社會史 遼代」)」『東亞史의 傳統』, 일조각, 1976, 283~288쪽 참조.

의 중국제국의 역사는 크게 전형적 중국왕조(秦·漢·南朝·隋·唐·宋·明)와 정복왕조(北朝·遼·金·元·淸)로 구분된다고 보았다. 이 가운데 위·진·남북조시대의 北魏를 비롯한 北朝의 여러 왕조는 침투왕조(浸透王朝)라 하여 정복왕조와 구분하고 있다.[11] 그는 종래 중국을 정복한 정복민족은 결국 여러 세대가 지나면 중국문명에 흡수되어 동화해 버린다는 흡수이론에 반대하면서 문화인류학자가 제창하고 있는 문화변용론(文化變容論)을 가지고 정복왕조를 설명하고 있다.

문화변용이란 서로 다른 문화를 지니고 있는 여러 민족집단이 계속해서 그리고 직접적으로 접촉할 때에 나타나는 여러 가지 현상을 포괄하여 표현하는 것이며, 그 결과 어느 한쪽 또는 양자에게서 문화적 유형에 변화가 생긴다는 것이다. 그리하여 빗트포겔은 흡수이론 대신 문화변용론을 근거로 하여 遼왕조의 사회·경제·정치·문화 전반에 걸친 이원성(二元性)을 밝히고, 遼에 이어 일어난 金·元·淸에서도 이와 유사한 여러 경향이 나타났다고 보았다. 그는 중국왕조의 역사를 통하여 문화의 전면적인 융합은 정치·사회적 분열이 끝난 후에 진행되는 것으로 파악하였다. 다시 말하면 정복시대의 종지부를 찍은 후에 비로소 문화의 변용이 시작된다는 것이다. 요 왕조 이후의 정복왕조(金·元·淸)의 문화변용은 이러한 관점에서 검토되어야 한다는 것이 그의 주장이다.

그러나 빗트포겔의 정복왕조론은 중국사를 이해하는 데 있어 새로운 문제 제기를 하였으나, 이에 대한 비판도 다각적으로 제기되고 있다. 그것은 요조(遼朝)의 성격에서 정복왕조의 특성을 지나치게 강조하고 있고, 또 전형적 중국왕조로 요와 같은 시대의 송왕조와 기본적 정복왕조인 元의 역할을 제외시킨 점, 또한 遼朝 이전의 유목국가(匈奴, 突厥, 回紇)를 요 왕조와 동일시하면서도 이들 유목국가의 역사적 발전을 인정하지 않고 있다는 비판을 받고 있다.

征服王朝(Conquest Dynasty)는 빗트포겔이 1949년 중국인 학자 풍가승(馮家昇)과 함께 지은 『中國社會史-遼(907~1125) [History of Chinese-Society Liao (907~ 1125)』, New York, 1949의 서론에서 사용한 역사용어이다.

11) 정복왕조가 갑자기 출현한데 비해 침투왕조(Infiltration Dynasty)는 5호처럼 장기간에 걸쳐 서서히 이주한 북방민족의 왕조이다. 이주형태도 중국 농경지에 강제로 이주한 경우, 유치(招致)한 객민(客民) 혹은 부분적인 침략자가 정착한 경우로 구분되며 반평화적으로 침투하여 정권을 획득한 왕조이다.

2. 당·송의 중국사회의 변혁과 정복왕조의 출현

흉노왕국에서 시작된 북아시아의 유목국가가 9세기 중기의 위구르왕국을 마지막으로 막을 내리고 遼가 건국(916)되는 10세기 초부터 새로이 정복국가가 동아시아의 역사무대에 등장하였다는 사실은 매우 중요한 의미를 갖는다.

그것은 위·진·남북조시대에 5호의 남침에 의한 침투왕조적 성격을 갖는 북방민족의 출현이 없지는 않았으나 북방민족이 중국의 일부 또는 전부를 정복하여 정복왕조를 건국한 것은 확실히 10세기 이후에 비롯되기 때문이다.

특히 이들 정복왕조가 당나라가 멸망(907)하는 10세기 초에 출현하고 있다는 사실도 중요한 역사적 의미를 가지고 있다. 그것은 10세기 초에 이르러 동아시아세계의 중심축을 이루고 있던 당제국이 붕괴되고, 이에 따라 동아시아세계의 국제판도가 새로 형성되면서 정복왕조가 출현할 수 있는 정치·군사적 요건이 마련되었다고 보여지기 때문이다.

10세기 초는 중국뿐만이 아니라 동아시아세계[만주·한반도·일본·월남] 전체에 커다란 변화가 일어나고 있고 정복왕조의 출현도 이와 같은 변화와 밀접한 관계가 있다. 또한 정복왕조의 등장으로 종래의 중국역사에서는 볼 수 없던 여러 가지 특이한 현상이 나타나고 있다. 즉, 5代의 後晉은 중국왕조로서는 처음으로 遼에게 신사(臣事)를 하였고 南宋은 金에 대해 군신[君臣 후에 숙질(叔姪)]의 예(禮)를 올렸다. 북방민족이 처음으로 황제칭호를 사용한 것도 10세기 이후의 일이다.

10세기 중기(960)에 출현한 송조는 문치주의에 치우쳐 군사력의 약화를 가져왔고, 그것은 결과적으로 북방민족으로 하여금 군사력을 확충함으로써 정복왕조의 건국을 가능케 하였다. 실제로 북방민족의 정복왕조는 淸을 제외하고는 요·금·원 모두 宋(北宋·南宋)을 그들의 정복대상으로 하면서 중국정복을 완성하였다. 이렇게 볼 때에 당말 5대의 당·송사회 변혁과 군벌체제를 종식시키기 위한 송의 문치주의정책은 결과적으로 정복왕조 출현의 계기를 마련해 준 셈이다.

정복왕조의 또 다른 특성으로는 몽골 고원에서 일어난 원제국을 제외하면 거란(요), 여진(금), 마주(청)는 종래 북방유목국가의 중심무대인 몽골 고원을 벗어나 동북쪽의 만주를 근거지로 발전하였다는 점도 이전의 역사에서는 볼 수 없는 특별한 현상이다.

[중국역사상의 정복왕조]

국호·연대	요(遼, 916~1125)	금(金, 1115~1234)	몽고(蒙古, 1206~1271)→ 원(元, 1271~1368)	후금(後金, 1616~1636)→ 청(淸, 1636~1912)
민족	거란(契丹)	여진(女眞)	蒙古(몽골系)	여진(퉁구스계)
건국자	야율아보기(耶律阿保機)	완안아구타(完顔阿骨打)	칭기즈칸·쿠빌라이칸	누르하치
수도	상경임횡부(上京臨潢府)(內몽골)	회령부(會寧府)→연경(燕京)북경(北京)	和林(몽골계 高原)→大都(北京)	심양(瀋陽)→北京

3. 정복왕조의 황제와 그 국가적 성격

정복왕조의 원동력은 군사력에 있고 이를 통해 주변의 농경사회를 정복하여 나갔다. 그런데 정복왕조의 군사력은 유목국가의 그것과는 많은 차이를 보이고 있다. 따라서 가한(可汗)의 성격을 이해하는데 있어서도 그들의 힘의 배경이 되고 있는 군사력의 구조적 내용과 특성을 살펴볼 필요가 있다.

먼저 정복왕조(요·금·원·청)는 유목국가에 비하면 중국 북변의 몽골지역과 한반도와 가까운 만주(요하유역·만주)에서 국가를 일으켰다는 사실이 주목된다. 이것은 이들이 아직 정복국가로 웅비하기 전의 초기 부족국가 상태에서 중국과 한반도 변경을 끊임없이 침입하여 식량을 약탈하거나 농민을 집단적으로 강제 이주시키는데 편리한 위치에 놓여 있었기 때문이다. 또 반복되는 약탈전쟁을 통하여 그들의 유목사회를 농목적 이중사회(農牧的 二重社會)로 전환시키면서 유목적 부족체제를 해체하고 정복국가의 사회·경제적 기반을 마련해 나갔다. 따라서 중국의 북변이나 한반도에 대한 약탈적 침략전쟁은 유목국가의 경제력을 농목사회(農牧社會)로 발전시켜나가는 원동력이 되었고, 이 과정에서 유목적 씨족공동체의 부족체제는 해체되고, 가한의 지위는 전제군주화하였다. 이리하여 지금까지 가한과 봉건적 관계에 있던 유목국가적 봉건제는 개편되어 갔는데, 여기에 정복왕조의 가한과 유목국가의 단간(單于)와의 성격적 차이를 엿볼 수 있다.

정복왕조의 가한은 중국적 전제군주의 성격을 띠면서 그의 권력을 강화하였고, 부족장(部族長)과의 관계도 점차로 중국적 군신관계로 변화시켜갔다. 이러한 가한의 성격변화를 遼·金·元·淸의 정복왕조에서 구체적으로 살펴볼 수 있다.

최초의 정복왕조인 요왕조(遼王朝)의 국가체제를 보면 태조(太祖: 耶律阿保機) 때 옛 부족을 개편한 18부(태조 18부)와 성종(聖宗)이 피정복부족을 재편성하여 정비한 34부(성종34부)의 구성을 살필 수 있다. 이는 다같이 요 왕조의 중앙집권체제를 강화하기 위하여 종래의 씨족공동체적 성격을 띠고 있던 여러 부족을 해체하여 가한(황제)과의 군신관계로 재편성한 것이다.

이러한 현상은 金에서도 비슷하였다. 금조(金朝)의 여진(女眞)부족사회는 맹안(猛安)·모극제(謀克制)에 의해 조직되었다. 이 제도는 金이 건국하기 이전에 이미 여진족사회에 존재하고 있던 부족조직이다. 그러나 金의 태조(太祖) 아주타(阿骨打)는 자신의 권력을 강화하기 위해 맹안·모극제도를 개편하여 황제지배하에 행정과 군사기능을 발휘할 수 있도록 재편성하였고(1114), 이를 기반으로 金朝 건국을 달성하였다(1115).

몽골제국도 천호제(千戶制)를 기반으로 발전하고 있다. 성길사한(成吉思汗: 칭기즈칸)은 돌궐족의 군사제인 천호제를 모방하여 부족을 재편성하였다. 즉, 그는 천호(千戶)를 기본단위로 부족을 조직하고 그 상위는 만호(万戶), 그 하위는 백호(百戶)·십호(十戶)로 편성하였다. 칭기즈칸이 즉위한(1206) 후 부하들을 그 공로에 따라 각기 천호장·백호장으로 임명하고, 봉지(封地)와 함께 부민(部民)의 영유(領有)를 허락하였다. 이들은 영민(領民) 중에서 병사(兵士)를 징집하여 한(汗)에 봉사할 의무를 부과하였는데 몽골제국은 이 천호제를 중심으로 한 유목적 봉건제를 기반으로 발전한 정복왕조이다.

끝으로 청조(淸朝)의 경우를 보면 淸朝의 군사기반은 팔기제(八旗制)에 있다. 이 팔기제도도 여진족의 부족제를 태조(누르하치)가 재조직한 군사·행정제도이다. 태조는 후금(後金)을 세우기 이전(1582)에 만주부족을 황(黃)·남(藍)·홍(紅)·백(白)의 4기(旗)로 조직하고 다시 4기를 증설하여 팔기제를 확립하였다(1614). 만주 8기는 이후 淸의 군사기반인 동시에 행정체제로 발전하였고, 이후 몽골 8기, 한인 8기가 추가되면서 청조권력의 중핵을 이루게 되었다.

이상과 같은 정복왕조의 부족제개편에 의한 군사력의 강화로 가한의 정치군사력은 유목국가에 비교가 안 될 정도로 강화되었다. 이리하여 정복왕조의 대외침략전도 종래의 약탈적 성격에서 벗어나 정복전으로 전환되었다. 또 그들의 정복전쟁도 종래의 유목국가에서 진행되던 일시적, 보복적인 것이 아니고 일정한 방향을 따라서 반복적이고도 조직적으로 추진되어 갔다.

제 2 절   요(遼)의 건국과 발전

Ⅰ. 최초의 정복왕조: 遼

1. 건국 이전의 거란부족(契丹部族)

거란족은 요하상류(遼河上流)의 시라무렌강 유역에서 유목생활을 하던 몽골계통의 종족으로, 이들이 역사에 등장하는 것은 4세기 중엽부터이다. 이 당시의 거란족은 시라무렌강의 남쪽유역에 흩어져 생활하던 조그마한 부족에 불과하였다. 5세기 후반에는 고구려의 압력을 피하여 요서(遼西)지방으로 남하해 오면서 중국과의 마찰이 일어나자 북조의 여러 왕조에게 조공을 바치고 순종하였다. 당나라는 요주(遼州)총관부, 송막(松漠)도독부를 이 지역에 설치하여 거란족(契丹族)을 기미주(羈縻州)로 편성하고 당의 지배 하에 두었다.

이에 따라 거란족의 부족사회는 당제국의 정치와 문화의 영향을 받으면서 변화하였으며, 이 과정에서 당의 가혹한 지배로 7세기 후기에 거란족의 대반란이 발생하기도 하였다(696). 이는 부족사회로 결집된 거란족 내부의 민족적인 자각이 싹트면서 이민족 왕조[당]의 가혹한 통치에 저항하여 궐기한 반란이다. 반란에 대한 당의 가혹한 군사적 압박으로 거란족은 부족 궤멸의 위기에 빠졌으나, 대릉하(大凌河)의 목지(牧地)를 버리고 동북방으로 이주하여 황수(潢水)와 토하(土河)의 합류점에 정착하여 간신히 부족의 명맥을 보존하게 되었다. 이러한 시련은 오히려 거란족의 강한 민족적 단결력을 길러주었고 부족사회를 유지하면서 9세기 중엽에 이르러 거란족의 자립을 성취할 수 있게 하였다. 또한 8세기 후기 당제국 내에서 일어난 안사의 난(755)과 황소의 난(875~884) 그리고 9세기 중엽에 몽골지방을 지배하고 있던 위구르왕조의 붕괴가 거란족 발전에 커다른 원인으로 작용하였다.[12]

2. 요(遼)의 건국자 야율아보기(耶律阿保機)

중국사회의 혼란과 위구르세력이 쇠퇴하는 틈을 이용하여 야율아보기가 거란

---

12) 이용범, 「遼朝와 回鶻鳥人」『歷史學報』 11, 1959.

부족을 통합하고 한인(漢人)을 거란내부로 강제이주시켜 거란(요, 916~1125)[13]
을 건국하였다(916). 그는 내외몽골의 유목민을 평정하는 한편 만주의 발해를
멸하고(926) 그곳에 동단국(東丹國)을 세웠다. 거란이 건국에서 불과 10여년 만
에 이렇게 비약적으로 발전하게 된데는 몇 가지 원인이 있다.

먼저 야율아보기가 거란부족을 통일한 후 한족을 비롯한 여러 민족을 통합하
여 거란(契丹)을 건국하는 과정에서 취하고 있는 사회 경제적 정책은 그 이전의
유목국가의 군주와는 본질적으로 달랐다. 그것은 유목사회의 경제적 기반을 비
유목적(非遊牧的) 경제력(농공경제력)으로 전환시켜 이를 건국의 기반으로 다져
나갔다는 점이다.[14]

거란족이 이와 같은 비유목적 경제력을 마련할 수 있었던 것은 그들의 근거
지가 송막지방(松漠地方)이었고, 이 곳은 부분적으로 농경도 가능하여 농경문화를
수용할 수 있는 농목(農牧)복합지대였기 때문이다. 이와 아울러 거란족은 오랜
기간에 걸쳐 당의 기미정책의 영향을 받아 중국문화와도 긴밀한 접촉을 통해
유교적인 통치이념에 익숙해 있었으며, 특히 야율아보기의 참모에는 한연휘(韓
延徽)·강묵기(康黙記)·노문진(盧文進)·한지고(韓知古) 등과 같은 漢人 지식
층[15]이 다수 참여하고 있어서 중국적인 전제왕조의 싹이 일찍부터 나타날 수가
있었다. 거란족이 중국식 연호(神册)와 국호(遼)를 선포하고 최초의 정복국가로
나아갈 수 있었던 배경이 이러한 거란국 건국과정의 사회·경제적 특성에 있다
고 하겠다.

건국 후의 거란(요나라)은 부족제를 개편하여 부족을 해산하고 분토정거(分土
定居)를 단행함으로써 유목국가 체제의 기반인 부족세력을 철저히 약화시켜 전
제체제를 강화하는 방향으로 개혁을 단행하였다. 이리하여 야율아보기는 정복

---

13) 거란의 국명은 태조(야율아보기) 때는 민족명을 그대로 사용하여 거란이라 하였다가 태종 때
　　국호를 중국식으로 遼로 고쳤고 다시 6대 성종 때에 거란으로 환원하였다(『契丹國志』 卷2).
　　이재성, 「庫莫奚·契丹의 種族系統과 初期 居住地」『東國史學』 30, 1996.
　　＿＿＿. 『古代 東夷蒙古史 研究』, 법인문화사, 1996.
　　김재만. 「契丹始祖 開國說話의 배경과 部族의 動態에 대하여」『大同文化研究』 11, 1976.
14) 최익주, 「遼의 支配勢力의 構造와 帝位繼承에 대하여 支配勢力으로서의 皇族帳과 皇后族
　　帳을 중심으로-」『東洋史學研究』 5, 1971.
　　＿＿＿, 「遼代의 耶律姓과 蕭姓에 관한 考察」『震檀學報』 49, 1980.
　　윤경자, 「契丹 太祖淳欽皇后 述律氏小考」『淑大史論』 1, 1963.
15) 최익주, 「遼의 建國과 漢人」『史學論志』 4·5 합집, 1977.
　　＿＿＿, 「遼의 太祖·文宗代의 漢人官僚」『大丘史學』 15·16 합집, 1978.

왕조의 황제로서 비유목적인 방법으로 축적된 경제력과 탈부족적(脫部族的)인 군대가 제공하는 군사력을 가지고, 유목국가의 군주권을 견제하는 부족체제를 과감하게 해체시켜 나갔다.[16)

3. 요(遼) 제국의 발전과 서요(西遼)

遼의 국가적 발전은 다음 태종대(926~947)에 이르러 더욱 확대되면서 정복국가의 위용을 발휘하였다. 태종은 발해를 멸하고(926) 국호를 遼라 고친 후(936) 중국 정복에 적극적으로 나섰다. 이 당시의 중국은 5代의 분열시대로 거란은 후진(後晉)의 건국을 도와준 댓가로 군신관계를 맺고 연운(燕雲)16주(州)를 할양받아 화북의 일부를 점령하였다. 그러나 후진이 돌연 반요정책(反遼政策)을 취하자 태종은 이를 멸망시키고 나아가 중국을 지배하려 하였으나 실패하였다.[17)

요는 6대 성종대(聖宗代, 982~1031)에 더욱 발전하였고 중국을 정복하기 위하여 먼저 宋과 친밀한 관계를 유지하고 있던 고려를 침략하여 배후를 누르고 대거 남침(南侵)하였다(1004). 당시 중국은 宋이 건국하여(960) 문치주의정책을 취하고 있었으나, 건국 초이기 때문에 군사력은 약하지 않았다. 이리하여 遼·宋 사이에는 요의 남침으로 전쟁이 일어났으나 전연(澶淵)의 맹약(1004)으로 양국간의 화의가 성립되었다.[18) 이 맹약은 이후 두 나라 관계의 기본이 되었으며, 이로써 요는 몽골지방으로부터 만주, 화북일부를 지배하는 정복국가로 발전하였다. 서방세계에 키타이(Kitai 또는 Cathay)라는 말이 중국의 호칭으로 알려진 것은 거란에서 비롯된 것이다.

요는 송과의 경제적 교섭과 특히 전연의 맹약으로 얻어지는 막대한 세폐로 송의 물품이 대량으로 유입되면서, 사회는 사치에 물들어 북방민족 고유의 검소하고 강인한 기풍을 상실하였다. 이리하여 요는 성종대를 고비로 차츰 쇠퇴하여 만주에서 새로 일어난 金과 宋의 협공을 받아 멸망하였다(1125).

요가 망하자 그 일족(一族)인 야율대석(耶律大石)이 중앙아시아로 들어가 위구르계통의 카라한 왕조를 멸하고 西遼(1132~1211)를 건국하였다. 야율대석은 거란 태조(야율아보기)의 8대손으로 그는 거란문자와 한문학에도 능통하고 무예에도 뛰

16) 김위현, 「契丹狩獵習俗의 변화에 대한 一考察」『中國學報』34, 1994.
17) 김귀달, 「遼聖宗帝의 對宋外交政策에 관한 硏究」『全北大論文集』49, 1976.
18) 김재만, 「契丹의 山北·山南經略史-燕雲十六州割讓의 盟約을 중심으로-」『震檀學報』22, 1961.

어났다. 1115년에 진사과에 합격하고 요흥군 절도사를 역임하였다. 거란이 금의
침입을 받자 자립하여 천우(天祐) 황제라 칭하였다. 서요건국 후 서방으로 진출하
여 중앙아시아의 강국이 되었다.

서요의 지배자인 거란인은 한문 및 거란어를 쓰고 피지배인인 위구르인은 터
키어를 사용하였다. 서요의 건국은 동아시아문화를 중앙아시아 방면으로 전파
하는데 중요한 역할을 하였을 뿐 아니라 동서문물의 교류에도 많은 공헌을 하
게 되었다.

Ⅱ. 요대(遼代)의 사회와 경제

1. 요(遼)의 이중통치체제

요는 중국 역사상 최초의 정복왕조로서 요가 만든 제도는 이후의 정복왕조
(金·元·淸)에게 많은 영향을 주었다. 그런데 요가 같은 정복왕조이면서도 이
후의 국가들과 다른 점은 그들의 본거지를 중국본토로 옮기지 않고 수도를 그
대로 북방에 놓아 둔채[19] 정복지인 화북지방(華北地方)을 통치하였다는 점이다.

또한 요는 그들의 부족체제를 그대로 행정체제에 반영하여 이중통치체제로써
정복민을 통치하였다. 거란이 정복한 영토 내에는 농경민과 유목민이 혼거하면
서 생활하였다. 요는 이러한 다양한 정복민을 통치하기 위해 거란족을 비롯한
유목민에게는 거란 고유의 국제(國制: 관습법)로 다스리고 한인·발해인 등 농경
민은 중국의 주현제(州縣制)로 통치하는 이중체제를 취하였다. 요의 이중체제는
중앙관제상에서 유목민통치를 위한 북면관제(北面官制)와 농경민을 지배하기 위
한 남면관제(南面官制)를 말한다.

북면관의 최고 집행기구는 북남재상부(北南宰相府)이고 그 아래 6부를 두었다.
6부는 남추밀원(南樞密院: 吏部), 북남이왕원(北南二王院: 戶部), 적열마도사(敵烈
麻都司: 禮部), 북추밀원(北樞密院: 兵部), 이리필원(夷離畢院: 刑部), 선휘원(宣徽
院: 工部)으로 이루어졌는데, 이는 중국의 6부제를 도입한 것이기는 하나 거란
부족사회의 독자성이 강하게 남아 있다.

---

19) 요의 수도는 상경[上京: 임한부(臨潢府)]과 중경[中京: 열하성대정(熱河省大定)]이었고, 이
밖에 동경[東京: 요녕성 요양(遼寧省 遼陽)], 서경[西京: 산서성 대동(山西省 大同)], 남경
[南京: 북경(北京)] 등 5경을 설치하여 다원적 국도체제를 취하였다.

[요의 이중통치체제]

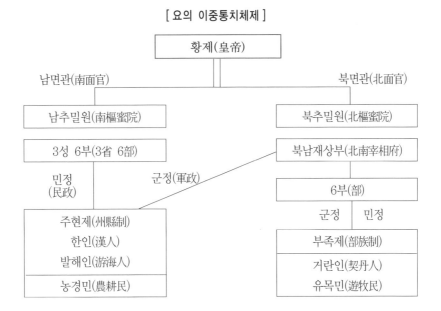

남면관제는 중국의 제도를 그대로 본 딴 것이다. 다만 당의 3省 6部, 9寺, 5監, 1臺를 도입하기는 하였으나 唐의 율령관제(律令官制)를 그대로 답습하지 않고 내용상에서 많이 변형시켰다.[20] 그러므로 요의 남면관제는 당제(唐制)보다는 당말(唐末)·5대(五代)의 변형된 관제에 가깝다. 그것은 5대에 발달한 추밀원이 군정을 총괄할 뿐 아니라 때로는 국정을 총괄하는 직무를 겸하는 것을 보아서도 쉽게 알 수 있다. 또 동경(東京), 중경(中京), 남경(南京)의 3경제(京制)를 취하여 이곳에 별도의 재상부(宰相府)를 설치하고 있는 점도 중국의 지방관제와는 차이가 있다. 따라서 遼의 제도는 중국의 제도를 그대로 모방한 것은 아니고 거란사회의 독자성을 살리면서 중국체제를 받아들이고 있었음을 알 수 있다.

이와 같은 북면관·남면관제도의 권력구조는 대등한 관계는 아니다. 국가의 중요한 문제는 주로 북면관의 최고관청인 북남재상부(北南宰相府)가 이를 장악하고 있는데 반해 남면관은 국가의 중요업무에 관여하지 못하고 있는 점에서 알 수 있다.

지방관제도 이중적인데, 한인을 통치하기 위하여 중국식 주현제(州縣制)를 채

---

20) 추밀원이 군정을 총괄하였고 9사(寺) 가운데 태부사(太府寺)는 설치하지 않아 8사로 구성되었다. 5감에도 군기감이 없고 그대신 7감[국자·소부·장작·도수·비서·사천·태부]을 설치한 점도 중국제도와 다르다.
최익주, 「遼代 樞密院에 대한 檢討」『嶺南大人文研究』 20-2, 1991.

택하였고 유목민을 지배하기 위해서는 별도의 지방제도를 취하고 있다. 즉, 거란 부족은 본래 여러 개의 석열(石烈)로 이루어져 있는데, 이는 중국사회의 향(鄕)에 해당하고, 석열은 다시 몇 개의 미리(彌里: 중국의 현(縣)에 해당)로 구성되어 있다. 석열이란 말은 점유지라는 뜻으로 일정한 유목집단이 방목(放牧)하면서 거주하는 범위를 말한다. 본래 목지(牧地)의 사용권은 개인에 소속된 것은 아니고 공동체의 소유로 씨족이 특정한 방목지(放牧地)를 공유하고 있었다. 말하자면 석열은 유목씨족사회의 확대된 거주범위를 의미하는 것이다.

이렇게 볼 때에 미리(彌里) → 석열(石烈) → 부족(部族)이라고 하는 유목사회의 행정구획이 지족(支族) → 씨족(氏族) → 부족(部族)으로 전환되어 그것이 중국적인 향(鄕) → 현(縣) → 주(州)로 전환되었음을 알 수 있다. 요조(遼朝)의 이중체제는 지방행정조직에서도 뚜렷이 나타나고 있다. 요의 지방행정구획 중에는 두하(군)주(頭下(軍)州)라는 특별한 州가 있다. 두하주(頭下州)는 황실의 친척, 외척 그리고 대신이나 군공이 있는 부족수령들이 스스로 획득하거나 분배받은 전쟁포로를 이곳에 이주시켜 지배하는 州이다. 주마다 성곽을 쌓고 포로를 이곳에 집단으로 이주시켰다. 포로가 된 한인과 발해인은 대부분 농경에 종사하였으며, 기술자는 수공업을 맡게 하였다. 농경에 종사하는 한인·발해인은 頭下(軍)主인 거란족 귀족에게 현물 지조(現物 地租)를 바쳤을 뿐 아니라 중앙정부에도 세금을 납부하였다. 두하(군)주는 10세기 후기에 요의 중앙집권화가 촉진되면서 점차로 중앙에 귀속되었다.[21]

2. 遼代 산업구조의 변화

요의 경제구조는 초기에는 유목경제체제였으나 정복왕조로 발전하는 과정에서 유목생산경제와 농경사회경제를 혼합시킨 이중적 구조로 변모하여 갔다.[22] 그런데 유목경제체제는 정복왕조로서의 요나라가 성립된 후에도 원시적 단계를 벗어나지 못하였기 때문에 국가재정은 자연히 농경사회경제에 의존할 수밖에 없었다. 따라서 요의 사회가 발전하면서 거란족의 유목지는 요제국의 중심부에서

---

21) 최익주, 「遼代의 宮戶」『歷史學報』 57, 1973.
　　　　, 「遼 道宗時代 新興支配層의 成長」『人文研究』 18, 영남대, 1990.
22) 요의 영토내에는 많은 민족이 혼합되어 있었는데 농업에 종사하며 성곽에서 생활하는 한인과 발해인, 어로와 수렵생활을 하고 수레와 말 잔등에서 사는 거란인과 그 밖의 유목민으로 크게 양분된다. 요의 이중체제는 바로 이러한 요조의 민족구성을 배경으로 한 것이다.

멀리 북변으로 밀려나게 되고 그곳의 공한지에는 포로로 잡아오거나 강제로 이
주시킨 한인과 발해인으로 하여금 농경에 종사하도록 하였다.

요의 수도 임황부(臨潢府: 내몽골 자치구)주변 지역은 토지가 비옥하여 농경에
적합하고 목축에도 알맞았다. 이러한 경제조건을 고려하여 야율아보기가 이곳
을 수도로 정한 것이다. 야율아보기가 중국의 화북지방과 만주의 발해를 정복
한 후 다수의 한인과 발해인을 임황부에 이주시킨 것도 농업생산과 농경기술을
후대에까지 계승시킬 목적에서였다. 동경(東京)요양부(遼陽府)에 소속된 주현(州
縣)은 대부분이 발해의 옛 땅으로 이곳도 땅이 넓고 비옥하여 농경에 적합하고
철, 소금, 고기가 많이 생산되었다. 요가 발해를 멸망시킨 후 곧 상경부근의 발
해인을 대거 동경으로 이주시킨 것도 발해인의 분산통치와 함께 그들을 농업생
산에 투입하려는 목적에서였다. 10세기 중엽 동경의 요양(遼陽)지역은 편호수십
만(編戶數十萬), 경작지천여리(耕作地千餘里)로 일컬어질 정도로 부강함을 자랑하
였다.[23]

요대의 농업을 비롯한 수공업의 발달에는 강제 이주된 한인과 발해인의 역할
이 컸고, 농업의 발전으로 유목지가 농경지로 바뀌면서 성곽도시가 번영하게
되었다. 또 정복지의 위구르(回紇)인을 이용하여 서방 및 고려와 활발한 문물교
류[24]가 추진되었다.

그러나 이러한 현상은 거란족의 유목사회가 점차로 중국적인 농경사회로 변
천되었음을 의미한다. 따라서 유목지의 축소로 목마제(牧馬制)가 붕괴되면서 군
마 부족을 가져와 국방력이 약화되고 유목민의 빈곤이 가속화되어 도리어 거란
사회의 기초를 위태롭게 만드는 결과를 초래하였다. 11세기 중엽 이후 나타나
기 시작한 거란 종실(宗室)의 내분과 거란귀족사회의 붕괴는 이러한 산업구조의
변화가 몰고 온 결과이다.

---

23) 김재만, 「遼의 强制徙民政策을 中心으로 한 그 周邊의 二, 三問題」『史學研究』 14, 1962.
　　　, 「契丹의 奬農政策」『大同文化研究』 3, 1966.
　　김위현, 『遼金史研究』, 유풍출판사, 1985.
24) 이용범, 「麗丹 貿易考」『東國史學』 6, 1958
　　김재만, 「契丹絲考-東西 間接交易과 直接交易의 形態 上·下」『歴史教育』 7·8호, 196
　　　　3·1964.

Ⅲ. 요(遼) 문화에 나타난 정복국가의 특성

1. 거란(契丹)문자와 요(遼)문화

최초의 정복왕조인 거란민족의 이중체제는 비단 통치체제에서 뿐만 아니고 문화면에도 나타나고 있다. 그 대표적인 예가 거란문자의 제작을 통해 그들의 제도와 풍습을 보전하려는 것이었다. 거란족은 중국문화와의 빈번한 접촉과 영향을 받으면서도 강한 민족적 자각을 가지고 있었으며 그것이 문화 전반에 깊이 반영되어 있다. 특히 민족문화의 보존이란 면에서 그 민족의 언어와 문자가 갖는 국수주의적 성격은 특별한 것이다.[25]

『遼史(요사)』에 의하면 거란문자는 대자(大字)와 소자(小字)의 두 가지가 있다. 대자는 거란의 건국 직후 야율로불고(耶律魯不古) 등이 만들고 소자는 태조의 동생[야율질자(耶律迭刺)]이 위구르 소자(小字)를 본 따서 5년에 걸쳐 만든(924) 표음문자이다. 요대에 사용된 것은 이 소자이다. 거란문자는 거란어를 표기하기 위하여 한자의 상형을 채용하였으나 한자와는 구조가 다른 독특한 자형(字形)을 지니고 있다. 이 거란소문자에서 정복왕조의 국수주의적 성격을 뚜렷이 엿볼수가 있다. 즉, 거란민족은 그들의 독자적인 문자를 통하여 스스로의 사상을 표현하려 노력하였을 뿐만 아니라 중국문화에 대한 거란족의 강한 대항의식이 그속에 잠재되어 있다. 이와 함께 거란문자는 요 왕조 이후의 정복왕조[金·元·淸]들이 그들의 고유문자를 제작하는 데에도 커다란 영향을 주고 있다.

빗트포겔은 거란문자를 비롯한 요대의 이러한 이중적 정치조직, 군사제도 그리고 관리의 선임제(選任制) 등은 모두 거란족 고유의 문화도 아니고 그렇다고 중국문화라고 할 수도 없는, 말하자면 거란민족이 중국과의 문화적 접촉에서 만들어낸 변형된 새로운 문화라고 규정하고 이를 일컬어 제3의 문화라고 그 성격을 규정하고 있다.

---

25) 정복왕조의 민족주의 성격은 요의 문자를 비롯하여 금의 여진문자, 元의 파스파문자, 청의 만주문자를 들 수 있다. 이보다 먼저 유목국가로는 처음으로 문자를 만든 것이 돌궐왕국의 돌궐문자이다. 그 후 위구르왕국의 위구르문자가 있고, 서하도 서하문자를 만들어 사용하였다.

[북방민족 · 월남의 문자]

돌궐문자	위구르문자	몽골문자	거란문자
서하문자	여진문자	파스파문자	월남문자

2. 요대(遼代)의 불교문화

요의 문화에서 불교가 차지하는 위치는 매우 중요하고 그 영향 또한 크다. 이는 요 제국이 외래종교인 불교를 통하여 중국문화에 대항하면서 거란족의 민족적 우위성을 과시하고 아울러 그들의 민족문화를 보존하려는 의도에서 불교를 장려한 것이다.

거란사회에 불교가 전파되자 지금까지 샤머니즘의 원시종교[26]밖에 모르던 거란인에게 불교는 정신적 자각을 주면서 발전하였다. 태종(太宗) 때 한인을 거란의 본고장으로 강제 이주시킬 당시에 많은 승려가 포함되어 있었고, 이들에 의하여 불교가 전파되었다. 대체로 태조와 태종대에 일반민중은 물론이고 상류귀족사회에까지 불교가 널리 퍼져 있었다. 6대 성종은 철저한 거란민족주의 황제로 遼라는 국호를 다시 거란이라 환원하였으며, 거란의 고유풍속을 보존하는데 큰 힘을 기울였다. 또 민족의식을 고취하기 위해 거란족의 발전을 담고 있는 『契丹國史(거란국사)』를 편찬하였다.[27] 이러한 성종의 거란민족지상주의(契丹民族至上主義)는 단순히 종교적 의미에서만 아니고 불교를 통하여 거란사회에 전해내려 오는 민족 고유의 토속종교의 발전에 자극을 주어 불교와 같이 토속종교도 발전시키려는 종교적 이중성을 엿볼 수 있다. 그러나 다음의 흥종(興宗)과

---

26) 이용범, 「契丹佛敎와 千人邑會의 活動」『白性郁博士頌壽論叢』, 1959.
27) 김재만, 「契丹 歲時風俗考」『人文科學』 9, 성균관대학교, 1980.
　　김위현, 「契丹의 衣料需給과 服制에 대한 小考」『明知大史論』 창간호, 1983.
　　김양섭, 「宋遼金 三史編纂에 대하여」『中央史論』 6, 1989.

도종시대(道宗時代)에는 성종대의 토속성과 불교의 이중성은 사라지고 불교만을 이용하여 요제국의 문화적 발전을 꾀하였다. 그리하여 국가의 보호 아래 불교가 발전하고 승려의 관계진출이 이루어져 정교일치(政敎一致)의 색채가 두드러지게 나타났다. 사찰은 서민층의 교육기관으로 변모하면서 관리가 되는 등용문으로서 번창하게 되었다.

특히 도종(道宗)은 열렬한 불교신봉자로 그의 재위 46년간(1055~1101)에는 숭불정책(崇佛政策)을 기초로 하여 문화사업이 행하여졌다. 즉, 도종은 스스로 『화엄경』을 찬하고 황태자로 하여금 이를 사경(寫經)케 하였으며 부처님의 사리를 봉영하고 수렵을 삼가하는 등 살생을 금하였다. 또 승려 36만명에게 시식(施食)을 베풀고 궁중에 불단을 설치하여 도를 닦고 고려(高麗)로부터 들여온 불경을 교정하여 반포하기도 하였다. 이리하여 불교는 상류사회뿐만 아니라 일반민간인 사이에서도 부모와 친족의 명복을 기원하는 종교로 발전하였고 이를 위해 많은 불탑이 조성되었다. 도종이 승려 36만 명에게 공양을 베풀었다는 기록은 요대의 불교가 널리 민간사회에 유포되고 있음을 입증하는 것이고 또한 비석에 불교경전을 새기고 대장경 579질을 인쇄한 것은 불교가 전국적으로 유행하였음을 보여주는 것이다. 그러나 요제국내의 불교발전은 자연히 거란민족의 상무적(尙武的) 정신을 약하게 만들었을 뿐 아니라 거란사회에 없던 내세(來世)에 대한 새로운 인식을 갖게 함으로써 유목민 특유의 현세관을 약화시키는 결과를 초래하였다. 그 위에 불사(佛寺)의 건축은 국가의 재정부담을 증가시켜 요제국 쇠망의 원인이 되었다.

3. 遼代 중국문화의 수용

요의 흥종과 도종시대는 불교뿐만이 아니고 여러 방면에 걸쳐 중국문화의 영향을 받았다. 도종(道宗)과 그의 황후가 지은 시문(詩文)은 이 당시의 宋나라 문인들이 극찬할 정도로 뛰어난 문장으로 이루어져 있다. 이는 궁중(宮中)과 상류사회 깊숙히 중국 문학(文學)이 침투하였음을 보여주는 것이다.[28] 또 흥종(興宗)의 시우(詩友)로 유명한 거란인 소한가노(蕭韓家奴)는 요·한문자에 능통하였고 사시유락부(四時遊樂賦)를 지었으며 황제의 책문(策問)에 응답하여 시사(時事)를

---

28) 宋의 육유(陸游)가 편찬한 『老學庵筆記(노학암필기)』에 도종이 지은 황국부(黃菊賦)를 전하고 있고 『焚椒錄(초숙록)』에는 의덕황후가 지은 동심원시(同心院詩) 십여수가 실려 있다.

논한 문장을 전하고 있다. 뿐만 아니라 그는 거란문자로『五代史(오대사)』와『貞觀政要(정관정요)』를 번역하기도 하였다. 이 밖에도 거란인으로 한문학(漢文學)에 능통한 자가 많고 한문으로 쓰인 서적이 편찬된 것으로 보아 중국문화의 영향이 컸음을 알 수 있다.

요대의 예술품 가운데 특히 주목되는 것은 당삼채(唐三彩)의 영향을 받은 요삼채(遼三彩)가 제작되었다는 사실이다. 당삼채는 성당(盛唐)시대의 대표적인 도자기이나 그 후에는 홀연히 자취를 감추어버렸다. 그 후 8세기 말을 고비로 중국의 도자기 기술은 당삼채에 나타나고 있는 연도(軟陶)에서 경도자기(硬陶磁器)로 전환되어 이후 다시는 당삼채가 나타나지 않고 있다. 그런데 중국에서 사라진 당삼채가 2세기가 지난 10세기 이후의 요제국에서 질은 당삼채보다 못하지만 원형 그대로 계승되었다. 일설에 의하면 발해삼채(渤海三彩)에서 요삼채(遼三彩)로 전파되었다는 주장도 있다.

요삼채와 함께 거란귀족들은 宋의 자주요(磁州窯)의 영향을 받은 도자기도 많이 사용하였다. 이러한 중국 도자기의 수용과정에서 보이듯 일단 중국문화를 수용할 때는 수준이 낮은 쪽을 택하고 있다. 이것은 정복왕조가 자기보다 높은 중국문화를 받아들일 때 여기에 자신들의 고유문화를 접목시켜 이를 변형시키고 외래문물에 거란적 요소를 주입한 것으로 해석된다. 이와 같은 현상은 요의 이중체제를 비롯하여 거란문자와 불교에 대한 주술적 수용자세 그리고 중국문예의 선택 등에서도 일관되게 나타나고 있다.

제 3 절   금(金)의 건국과 발전

Ⅰ. 여진(女眞)부족사회의 구조와 金의 건국

1. 건국 이전의 여진사회

여진족(女眞族)의 본명은 흑수말갈(黑水靺鞨)이다.[29] 이들은 5세기 이후부터

---

29) 이동복,『東北亞細亞史硏究 金代 女眞社會의 構成』, 일조각, 1986, 44쪽에 의하면 흑수는

만주 동부지방의 송화강(松花江)유역에서 유목생활을 하던 퉁구스 계통의 민족
이다. 여진족은 일찍이 고구려의 유민이 말갈족을 지배하여 발해를 세우자 그
지배를 받았고, 뒤에 발해가 요(遼)에게 망하자(926) 다시 요의 지배를 받았다.[30]
요는 발해를 멸하고 그곳에 그들의 괴뢰정부인 동단국(東丹國)을 세웠으나 태조
의 사망 후에는 요양으로 옮기면서 만주의 직접 지배는 사실상 포기하였다.

여진족은 숙여진(熟女眞)과 생여진(生女眞)으로 구분된다.[31]

송화강을 경계로 그 서남쪽에 살면서 비교적 한화(漢化)되고 수렵과 농사를
지을 줄 아는 부족을 숙여진이라 하였다. 생여진은 송화강의 동부에 흩어져 살
고 있었는데, 지방이 천여리(千餘里)나 되며 호구(戶口)도 십여만(十餘萬)이란 사
실로 보아 그 세력이 강대하였음을 알 수 있다. 생여진은 약 72개의 부락으로 이
루어져 있었는데 큰 것은 수천호(數千戶), 작은 것은 수백호로 구성되고 각 부
락은 용감하고 호기있는 남자를 추대하여 추장으로 받들었다. 이들은 강변과
산중에서 수렵생활을 하고 들에 나가 농사도 짓는 반렵·반농생활을 하였다.

11세기 초에 생여진의 완안부(完顔部)에서는 수가(綏可)를 추장으로 추대하였
다. 이 당시 그들은 아십하(阿什河)유역에서 생활하고 있었는데, 이 지역은 땅이
비옥하고 삼림이 울창하여 완안부는 이곳을 발판으로 발전의 기반을 마련하였
다. 특히 배와 수레를 만들고 석탄을 채취함으로써 철을 제련하여 농기구와 무
기를 만들었기 때문에 농업생산이 발달하였고 군사력 또한 신장되었다. 11세기
중엽에 완안부의 추장 석로(石魯)와 그 아들 오아속(烏雅束)시대에는 부락민에게
법규와 교육을 가르쳐 원시적 씨족사회에서 탈피하여 부족적인 발전을 거듭하
였다. 이리하여 주변 여러 부족을 복속시키고 그들로부터 재물과 인마(人馬)를
약탈하여 경제력을 키워 나갔다.

요의 지배층은 동북해변의 오국부(五國部)에서 북주(北珠)와 매 등을 착취하니
오국부가 요에 대항하여 반란을 일으키자 오아속은 요의 힘을 빌어 오국부를

흑룡강이 아니라 송화강을 의미하며 따라서 송화강 하류에 살고 있던 여진인을 말
한다. 흑룡강이란 명칭은 명대 이후에서 시작된 것이다.
　권오중, 「靺鞨의 種族系統에 관한 試論」『震檀學報』 49, 1980.
30) 이용범, 「金初의 渤海遺民」『丁仲煥博士還曆紀念論集』, 1974.
31) 이동복, 「黑水와 黑水靺鞨」『東北亞細亞史硏究』, 23쪽에 만주족의 명칭은 시대에 따라 숙
신(肅愼) 읍루(邑樓) 물길(勿吉) 말갈(靺鞨)로 변천하였다. 여진이란 명칭이 사상
(史上) 처음 나타난 것은 10세기 초로 보았다. 遼의 치하에 있던 여진인을 숙여진이
라 하고, 요의 지배를 받지 않고 독자적인 부족집단을 이루고 있던 여진인을 생여
진이라 하였다.

공격하고 이를 계기로 완안부는 밖으로 발전하기 시작하였다. 그리하여 오아속 이후의 추장들은 송화강 일대의 길림성 영고탑(寧古塔) 및 돈화(敦化) 주변까지 정복하면서 부족의 힘을 키워갔다.

2. 金의 건국과 급속한 발전

11세기말에 하얼빈 부근의 완안부(完顔部)는 그 세력이 더욱 신장되었다. 이때 추장으로 추대된 아구타(阿骨打)는 생여진절도사(生女眞節度使)의 직위에 올라 여러 부족을 통일하고 영강주(寧江州: 吉林扶餘縣)에서 요와 싸워 대승을 거두었으며 이듬해 金을 건국하니(1115) 이가 금의 태조(太祖)이다.[32] 그는 황제를 칭하고 수국(收國)이라 건원하였다.

金은 중국의 宋과 연합하여 요를 멸하였으나(1125) 동맹국 宋의 문약과 기강의 문란함을 알고 군사를 남으로 돌려 宋의 수도 변경을 함락하고 휘종과 흠종을 비롯하여 종실과 관료들을 만주로 잡아갔다(1127, 정강의 변). 宋은 회수(淮水) 이북의 땅을 金에게 내어주고 할 수 없이 강남으로 달아나 임안을 도읍터로 하여 南宋을 열었다. 金은 처음부터 宋으로 쳐들어 갈 의도가 있었던 것은 아니었다. 요와 싸울 당시 금의 장수들이 宋의 군사력이 약한 것을 보고 宋을 칠 것을 주장하였으나, 태조(아구타)는 송과의 동맹에 위배된다고 하여 이들의 주장을 물리쳤다. 그러나 태조가 죽고(1123) 그 동생 태종[太宗: 오걸매(吳乞買)]이 즉위하면서 사태는 돌변하여 태종은 요를 멸하고(1125) 이어 宋에 쳐들어간 것이다.

금은 건국한지 불과 10여년만에 요를 멸하고 중국영토의 거의 반을 차지하는 대국으로 발전하였는데, 이는 동아시아 역사상 그 예가 없는 급속한 발전이다. 金의 이와 같은 발전은 요의 오랜 지배 하에서 요에 대한 적개심이 오히려 여진족의 민족적 단결을 공고히 만들었고 요를 멸한 후에는 다시 한족에 대한 북방민족의 강한 대립의식이 요를 대신하여 중국 정복에 나아가게 만들었다. 그 위에 문치주의를 채택한 송조의 군사력 약화는 금으로 하여금 단기간의 대약진을 가능케 하였다.

금은 영토의 확대와 더불어 여진의 부족국가에서 중국적인 중앙집권체제로

32) 김상기, 「金의 始祖에 대하여」『國史上의 諸問題』 5, 1959.
이동복, 「金의 始祖傳說에 대한 一考察」『東國史學』 15・16 합집, 1981.
김구진, 「明代 女眞社會와 姓氏變化」『金俊燁敎授華甲紀念中國學論叢』, 1983.

통치체제를 바꾸어 나갔다. 또 정복지에는 발해와 요의 통치방식을 본받아 오
경(五京)을 설치하고 수도를 상경(上京) 회령촌(會寧村: 길림부근)에 두었는데 4대
해릉왕(海陵王) 때에 연경(燕京: 북경)으로 수도를 옮기고[33] 중국식 전제국가를
수립하였다. 그러나 金의 이와 같은 급속한 발전은 금제국 자체에 여러 가지
사회적 모순을 가져오게 하였다.

먼저 금은 화북지방 진출을 서두른 나머지 만주와 몽골지방에 대한 충분한
방어체제를 구축하지 못하였고, 특히 몽골지방에 대한 허술한 경비로 몽골부족
의 발전을 가져오게 하여 금의 멸망의 원인을 자초하였다. 이와 아울러 금은
정복왕조로서는 처음으로 중국의 본토 깊숙이 내려가서 정복하였으나 한족을
통치하는데는 여러 가지 미숙함을 드러내고 말았다. 즉, 금의 제국통치의 기본
은 金의 독자적인 부족체제와 중국의 관제를 채용하였으나 중국의 본거지를 정
복하면서 여진의 고유한 문화를 잃게 되었다. 그 위에 한인을 비롯하여 거란인
발해인을 지배하였으나 그들의 정치는 필연적으로 정복자이면서도 한인사회를
중심으로 하여 통치가 운영되었고 이에 따라 쉽게 중국문화에 동화되는 결과를
초래하였다.

Ⅱ. 금나라 통치체제의 변화

1. 여진주의와 한화주의의 갈등

金 태조의 재위 8년간(1115~1123)은 금제국의 내부단결과 대외발전의 기초
를 마련한 시기이다. 그러나 여진부족사회 내의 부족장을 완전히 장악하지는
못하였다. 태조의 동생 오걸매(吳乞買)가 즉위하여 태종이 되었는데[34] 태종시대
에도 여전히 여진사회의 부족세력은 강하였고 태종 또한 이들의 눈치를 살펴야
했다. 따라서 부족연합적인 정부체제로 군신(君臣)의 합의에 의해 정책을 결정
하는 경우가 많았다. 그러므로 태종도 태조와 같이 여진족의 부족적 지배체제

---

33) 金은 정복왕조로서는 처음으로 그들의 옛땅을 떠나 중국본토 북경에 수도를 옮겼으며, 이
는 다음에 오는 몽골[元]과 淸에도 계승되었다. 이 북경의 위치는 여진 몽골족으로 볼 때에
자신들의 본 고장과 가깝다는 이점을 지니고 있으며 중국을 통치하는데도 편리하다는 지정
학적 요지로 수도로서의 적지이다.
34) 오골매(吳乞買)는 태조시대에는 암반 발극렬(諳班 勃極烈)이었다. 암반 발극렬은 여진사회
에서는 황태자의 지위에 해당하고 발극렬 가운데 유력자란 뜻이다.

를 국가통치에 이용하고 한편으로는 중국적 황제지배체제를 구축해 나아가는 이중적 통치체제를 가지고 국가를 지배해 나갔다.

그러나 北宋을 멸한 후(1127) 金의 정복전쟁이 가속화되면서 중국본토로 정복지가 확대되고 한인 사회와 직접 접촉하게 되면서 중국적 전제군주체제로 서서히 전환되어 갔다. 즉, 태종은 여진사회의 발극렬(勃極烈)제도를 유지하면서 새로 金에 귀순한 한인관료 한기선(韓企先), 장통우(張通右), 우문허중(宇文虛中), 한방(韓昉) 등의 의견에 따라, 중국식 제도를 도입하여 정복한 중국본토에는 중국식 3성제도(三省制度)를 채용하였다. 이와 함께 한인이 한인을 통치하는 주현제(州縣制)를 채택하고 한인 관료의 선발을 위하여 과거제도를 실시하였다.[35] 태종의 이와 같은 중국적 통치방법은 종한(宗翰)을 중심으로 한 보수적인 여진주의자(女眞主義者)의 반대에 부딪쳐 변경될 수밖에 없었다.[36]

즉, 종한은 北宋을 멸하고 세운 괴뢰정부인 제국(齊國)에서 중국풍속을 금지하였을 뿐만 아니라 여진족의 변발을 한인에게 강요하고 정복지를 통치하면서 한인출신 관료를 제거하기도 하였다. 이리하여 태종시대 초기에는 태종을 비롯한 진보적 한화주의자(漢化主義者)와, 종한을 중심으로 하는 보수적 여진주의자 두 파가 대립하는 형세에 있었다. 北宋 멸망 당시 정강(靖康)의 변을 주도한 세력이 종한을 비롯한 여진 국수주의자들이고 그들이 취한 강경한 반한적(反漢的) 자세가 北宋 멸망의 원인이 되었다. 또 北宋을 멸한 후에 화북지방에 수립된 유예(劉豫)의 齊도 종한이 한인을 앞세워 건설한 괴뢰정권이라는 점에서 제나라가 괴뢰정부임을 알 수 있다.[37]

그러나 태종시대의 후반에 접어들면 점차로 여진국수주의 경향은 수그러들면서 황제권이 강화되는 방향으로 나아갔다. 그것은 金의 정복지가 확대되고 제국의 지배구조가 복잡해짐에 따라 더이상 여진의 부족적 통치구조로는 금제국의 통치가 어렵게 되어 중앙집권적 전제군주체제의 필요성이 제기되었기 때문이다. 이리하여 여진부족의 유력한 귀족이 장악하고 있던 정복지의 원수부내(元帥府內)의 관료임명권을 중앙으로 회수하였다(1133년). 이와 함께 한화주의자(漢化主

35) 서병국, 「遼末 金初 漢官의 去就」『白山學報』33, 1986.
36) 종한(宗翰)은 태조 때의 실력자인 살개(撒改)의 아들로 1123년에 아구타에 의해 서북·서남 양 로도통(路都統)으로 임명되고 여진인 호족과 거란인을 거느리고 대동(大同)에 주둔하면서 북송멸망에 주도적 역할을 담당한 인물이다.
37) 황종동, 「金朝의 華北占領과 民衆叛亂에 대하여」『大丘史學』5, 1972.
       _____, 「蒲鮮萬奴國號에 대하여」『啓明史學』1, 1967.

義者)로 유명한 희종이 태종을 이어 즉위하면서(1135) 여진부족주의는 자취를
감추고 중앙집권적 한화주의가 본궤도에 올랐다.

2. 금대 한화주의정책의 한계

金은 3대 희종대(熙宗代, 1135~49)와 4대 해릉왕(海陵王)시대 26년간(1149~
1161)에 걸쳐 통치조직을 철저하게 중국식으로 전환하는 한화주의(漢化主義)를
취하였고 이 과정에서 여진 보수주의자의 반발로 해릉왕이 살해되는 정변을 가져
왔다.

먼저 희종시대의 한화정책을 보면 경의(經義)와 사부(詞賦) 양과를 설치하여
(1138) 한인관료를 선발하는 과거제도가 실시되었다. 또 중국식 신관제(新官制)
가 반포되고[38] 여진문자를 만들었으며, 이듬해에는 중국식 백관(百官)의 의제
(儀制)와 조복(朝服)이 채택되었다. 이와 같은 신관제의 추진세력은 종간[宗幹:
해릉왕의 부(父)], 사야(斜也) 등의 황족들이지만 이를 구체적으로 입안한 사람들
은 한인관료들이었다.

그런데 여기에서 주목되는 것은 중국적 신관제가 중국제도를 그대로 받아들
인 것이 아니고 여진사회의 전통적인 유풍이 그 속에 포함되어 있다는 사실이
다. 즉, 金은 중국의 3성[상서(尙書) 중서(中書) 문하(門下)]제도를 채택하면서도
중국의 3성과는 상당히 다른[39] 3성의 상층기구로 영삼성사(領三省事)를 설치하
고 있다. 또 3성 가운데 상서성(尙書省)의 권한이 컸는데 이는 영삼성사의 권한
을 강화하고 황제권을 제한하는 문하성이나 중서성의 권한을 축소하였기 때문
이다. 영삼성사는 金의 독자적 관직으로 여진귀족을 관제상으로 예우하면서 3
성을 통제하기 위한 최고의 정책결정기관이다.[40] 이리하여 희종시대의 한화주
의정책도 보수적 여진주의정책을 의식하면서 추진되었고, 금왕조가 전제적 국
가로 성장하는 과도기적 성격이 관제상에 그대로 반영되고 있다.

---

38) 이 현, 「金代 提刑司에 대하여」『慶大史論』 3, 경남대, 1987.
39) 3성 가운데 문하성의 장관인 시중을 상서성의 좌승상이 겸임하였고, 중서성 역시 장관을
  상서성의 우승상이 겸임하였다. 따라서 3성이라 하여도 문하 중서는 유명무실하고 상서성
  만이 확실한 권한을 지니고 있었다.
40) 1135년에 영삼성사에 임명된 것은 국론우발극렬(國論右勃極烈)이었던 종한(宗翰)이다. 이
  듬해에는 국론홀로발극렬(國論忽魯勃極烈)에 있던 종반(宗盤)과 국론좌발극렬(國論左勃極
  烈)에 있던 종간(宗幹) 등의 황족이 임명되고 있다. 이들 3인 가운데 종한은 1137년에 파
  면되고 종반은 1139년에 주살되었다. 종간도 1141년에 사망하여 1147년에 종필(宗弼)이
  등용되기까지 공석이 되었다.

3. 해릉왕의 한화주의 독제체제

희종은 말년에 정신 이상을 일으켜 측근을 함부로 죽이는 광포한 행동을 하여 민심을 잃었다. 이 틈을 이용하여 해릉왕(海陵王)은 종실(宗室)과 공모하여 희종을 죽이고 제위에 올랐다(1149). 그러나 해릉왕은 황제에 오른 직후 반대세력을 제거하고 황제권을 강화하기 위해 황족을 비롯한 수 많은 종친과 고관을 살해하니, 금초(金初) 이래 수많은 공신과 종친세력이 무참히 제거되었다.[41] 이와 함께 황제 독재체제를 강화하기 위하여 화북통치기관이던 행대상서성(行臺尙書省)을 폐지하고(1150) 도원수부(都元帥府)를 추밀원(樞密院)이라고 고쳤다. 또 3省 가운데 중서문하성(中書門下省)은 폐지하고 상서성(尙書省)만으로 중앙정책기구를 일원화하여 황제의 종속기구로 만들었다. 그리고 여진귀족의 권위를 철저히 말살하기 위해 조상의 분묘를 파괴하였다.

이와 같이 중앙정부의 황제독재체제를 확립한 해릉왕은 지방행정기구도 개편하였다.

즉, 지방 로(路)의 장관인 세습 만호(萬戶)를 폐지하고 중앙에서 파견한 절도사(節度使)를 로의 장관으로 임명하였다. 특히 수도를 상경(上京: 會寧)에서 연경(燕京: 北京)으로 옮기고(1152) 이곳을 중도(中都)라 개칭하여 중국적 전제국가로 탈바꿈하려고 하였다. 金의 연경천도는 정복국가로는 상당히 중요한 의미를 갖는 것으로서 이후의 정복왕조[元·淸]와 明이 이곳을 수도로 하고 있다. 해릉왕은 천도와 함께 강남에 있는 南宋을 완전히 정복하여 명실상부한 중국적 전제국가의 완성을 이룩하려 하였다.[42] 이리하여 1161년에 전국적인 강제징집으로 南宋정벌에 나섰다.

그러나 해릉왕의 종친살해와 지나친 한화정책(漢化政策)은 여진귀족의 반발을 불러일으켜 종보(宗輔)의 아들 조록(烏祿: 세종)이 해릉왕의 南宋 정벌을 틈타 황제에 올랐다. 중국에 머물고 있던 해릉왕은 급히 南宋과 화친하고 군사를 돌려 본국으로 되돌아가려 하였으나 부하에게 살해되었다(1161). 해릉왕의 금국(金

---

41) 살해된 종친은 태종의 자손 70여명, 종한(宗翰)의 자손 30여명 기타 종친 50여명과 고위직으로 영삼성사(宗本), 상서좌승상(唐括辯), 영행대상서(秉德), 동경유수(宗懿), 어사대부(宗安) 등이 처형되었다.
42) 해릉왕은 철저한 한문화숭배자이다. 일찍이 그는 자기의 포부를, 첫째 국가의 대사(大事)는 모두 자기 뜻대로 할 수 있는 전제군주가 되는 일, 둘째 남송을 멸하여 절대황제로 군림하는 일, 셋째 중국의 미인을 거느리는 일이라 장담하였다.

國) 종실(宗室) 처형과 자신의 비극적 종말은 금제국의 발전과정에서 나타난 여진 부족사회의 한화주의 정책에서 비롯된 갈등을 단적으로 나타내준 것이다.

사실 金제국의 급격한 발전은 초기에 여진부족 전체의 협력에 의한 것이었다. 그러나 연경 천도와 화북지방의 정복으로 금제국 내에는 한인관료가 진출하게 되고 이에 대해 보수파 여진귀족이 해릉왕의 한화정책에 불안을 느끼면서 반발하게 된 것은 어쩌면 당연한 결과이다.

4. 금대 후기의 정치적 변화

세종(世宗)의 등극은 만주지방의 여진귀족과 요양(遼陽)지방에 있던 종친(宗親)세력의 강력한 지원을 받아 성공한 것이다. 그러므로 종래 통치의 중심을 이루고 있던 한화주의정책은 수정되지 않으면 안 되었다. 우선 상경(上京: 會寧府)으로 수도를 다시 옮기자는 논의가 강하게 대두되었으나 세종은 南宋과의 교섭과 제국통치를 위해 연경이 편리함을 인식시키고 재천도는 하지 않았다. 또 지금까지 미해결문제로 내려오던 南宋과의 화의를 성립시켜 종래의 군신관계에서 숙질(叔姪)관계로 고치고 은견(銀絹) 20만 양필의 세폐(歲幣)를 宋으로부터 받기로 하였다(1165). 이리하여 세종시대 30년간(1161~1189)은 남송과의 평화가 유지되면서 안정기를 맞이하게 되었다.

세종은 여진주의를 장려하기 위해 학자를 동원하여 여진문자로써 한적(漢籍)을 번역시키고(1164), 여진인(女眞人)을 위한 진사과(進士科)를 설치하여(1171) 여진어로 시험을 치루고 이들을 등용하였다. 이와 함께 수도에 여진국자학(女眞國子學)을, 제로(諸路)에는 여진부학(女眞府學)을 설치하여 여진인진사(女眞人進士)를 교수에 임명하고 여진어의 보급과 여진문화 보존에 힘을 기울였다. 그러나 宋과의 휴전과 화평으로 평화가 계속되면서 중국의 문화가 물밀듯이 밀려들어와 사치와 퇴폐풍조가 사회 내부에 침투되었다. 특히 화북지방에 이주한 맹안(猛安)·모극호(謀克戸)를 비롯한 여진사회의 지배층은 한인에게 농사를 맡기고 중국문화에 탐닉하게 되면서 정복민족의 건실한 기풍이 퇴색되어 몰락의 길을 걷게 되었다.

5. 몽골의 침입과 金의 멸망

세종은 재정난 타개를 위해 물력전(物力錢)의 징수를 추진하였으나(1164), 이는

도리어 한인에 대한 가렴주구로 변하여 중국인의 반감을 불러일으키게 되었다.[43]

그 위에 여진인의 중국 이주에 의해 토지를 상실한 화북지방의 한인과 국가권력을 배경으로 새로 토지소유자가 된 여진인 사이에는 심각한 분쟁이 일어나 각지에서 반란이 빈발하였다. 특히 해릉왕 때에는 거란인의 반란이 심하여 이를 진압하는데 1년 가까이 걸리면서 군사력의 약화를 노출시켰다. 세종시대 후반에는 법통(法通)이 동경(東京)에서 난을 일으켰고(1163), 기주(冀州)에서 장화(張和)의 반란(1169)이 일어났으며, 이어 모반사건도 계속하여 발생하였다.

이와 같은 반란은 金代사회의 한인과 거란인의 반발을 비롯하여 몰락한 맹안·모극호 등에 의한 심각한 사회적 모순이 주된 원인이었다. 세종의 사후 곧 서북방에서 일어난 몽골족의 침략이 시작되자 그 방어를 위해 막대한 국사비를 투입하고 참호를 구축하였다. 그 위에 국내에서는 황하의 대범람으로 내우외환을 맞게 되자 金은 1234년에 몽골의 대거 남침을 받아 멸망하였다.

Ⅲ. 金代의 정치·사회와 경제구조

1. 금대 지배체제의 이중성

금은 건국초기에는 여진족 고유의 정치조직을 가지고 통치하였다. 그러나 요를 멸하고 중국을 지배한 후에는 거란(요)의 이중체제를 본받아 이중적 지배체제로 전환하였다. 즉, 여진족에 대해서는 그들 고유의 정치조직인 발극렬(勃極烈)과[44] 맹안(猛安)·모극(謀克)제도로서 통치하고 중국인에 대해서는 중국식의 주현제를 채용하였다. 발극렬이란 여진말로 관인(官人)을 의미한다. 아구타(太祖)가 건국초에 여진부족세력을 중앙행정의 요직인 발극렬에 임명한 것은 각 부족세력의 협조를 얻어 통일제국을 수립할 필요에서였다. 이 발극렬제도는 1121년

---

43) 이동복, 「猛安謀克戶의 上·下構造」『東北亞細亞史硏究 金代女眞社會의 構成-』, 일조각, 1986, 190쪽에 金代에 편호(編戶)된 호구(戶口)는 크게 과역호(課役戶: 物力所有戶)와 불과역호(不課役戶)로 나누어진다. 물력전(物力錢)은 재산을 소유하고 제역(諸役)을 담당하던 민호(民戶)에게 부과된 세금이다.
이동복, 「金初 女眞社會의 構成 猛安謀克戶의 編成」『歷史學報』106, 1985.
44) 아구타(阿骨打)는 1115년에 金을 건국하자 직계 동생 4명을 발극렬에 임명하였다. 즉, 동생 오골매(吳乞買)는 암반(諳班) 발극렬에, 살개(撒改)는 국론홀로(國論忽魯, 총리) 발극렬에, 사부실(辭不失)을 國論阿買(제일) 발극렬에, 사야(斜也)는 國論昃(즉) 발극렬로 임명하였다. 金제국은 이러한 발극렬 위에서 아구타가 도발극렬(都勃極烈, 황제)에 올라 전부족을 지배하였다.

[金의 2중 통치체제]

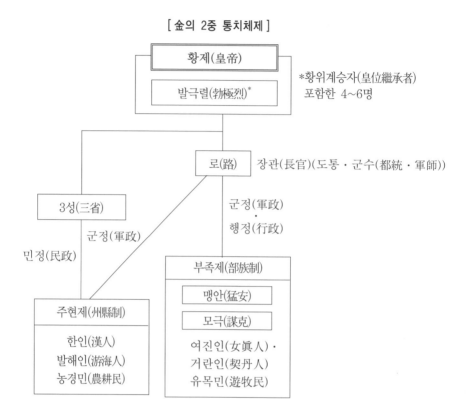

(천보 5년) 이후 희종시대에 폐지될 때까지 金의 중앙행정조직의 중추가 되었다.[45] 발극렬에는 황족을 비롯하여 여진 부족의 부족장이 주로 임명되었다. 그러나 중국적 황제독재체제로 나아가는데는 상당한 장애가 되었기 때문에, 희종이 즉위한 후 발극렬제도를 폐지하고 그 대신 중국의 3성 6부제로 통합하였다.

그런데 金은 중앙의 발극렬제(勃極烈制)와 함께 지방행정조직으로는 여진부족사회의 군사조직인 맹안·모극제를 채택하였다. 金은 요를 복속시킨 후 宋의 노제(路制)를 도입하여 지방을 10로로[46] 나누고 그 아래 맹안·모극을 편입시켰다. 맹안·모극제는 본래 여진족의 군사조직으로 맹안이란 천(千)이란 뜻이고 모극은 부족장을 의미한다. 여진족의 성년 남자는 모두 병사가 되는 것이 원칙이

---

45) 이동복, 「金初의 中央管制 勃極烈 體制를 中心으로」『湖西史學』11, 1983 참조.
46) 1116년에 함주(요녕성 동부 길림성 서남부), 보주(압록강 중하류), 합라(두만강 유역)의 3로를 두었고 이어 포흥(흑룡강성지방), 호리개(목단강 유역), 야라(수분강 유역)의 3로가 추가되고 1121년에는 다시 남로(南路: 요양지방), 황룡부로(黃龍府路: 길림성북부), 갈소관로(曷蘇館路: 요동반도), 태주로(泰州路: 길림성서북부)가 증설되어 10路가 되었다.

고 맹안·모극은 한부락 혹은 몇개의 부락을 지배하는 우두머리이다. 모극은 백호 내지 3백호로 편성되었고 그 우두머리로 백부장(百夫長)을 두었다. 그리고 10개의 모극을 가지고 맹안을 편성하고 그 우두머리로 천부장(千夫長)이 있다. 맹안과 모극호(戶)에 소속된 장정들은 평시에는 수렵에 종사하나 전쟁이 일어나면 징발되어 병사로 전쟁에 나가게 되었다.

태조 2년(1116)에 요(遼)와의 대전(大戰: 영강주의 전쟁)에서 승리한 후 많은 생여진인이 아구타(태조)에게 귀속하였고, 태조는 이들을 맹안·모극제(猛安·謀克制)로 재편성하고 그 중에서 많은 사람을 영강주(寧江州), 태주(泰州), 황룡부(黃龍府) 등지에 토지나 경우(耕牛)를 급여하여 이주시켰다.[47] 이러한 정책은 신 점령지를 효과적으로 통치하기 위해서는 생여진(生女眞)을 집단 이주시키는 것이 바람직하였기 때문이고 그 위에 생여진인에게 토지를 나누어줌으로써 공로에 대한 포상의 의미도 포함되어 있었다.

1123(천보 7)년에는 생여진뿐만 아니라 요(遼)의 상경도(上京道), 중경도(中京道)의 주민들도 맹안·모극에 편입시켰으며, 이때 주민의 우두머리는 그들이 지배하고 있던 부민(部民)의 수에 따라 맹안이나 모극으로 임명하고 그들이 점유하고 있던 토지는 그대로 소유하게 하여 기득권을 인정하였다. 그리고 이들 맹안·모극의 상층행정기관으로 10로를 설치하였다.

로(路)의 장관은 도통(都統) 혹은 만호(萬戶)라 하는데 도통은 황제가 임명하였으나 만호는 여진족의 귀족가문에서 세습만호가 나왔다. 세습만호를 임명하는 로는 황용부로(黃龍府路)를 비롯하여 포흥(蒲與) 호리개(胡里改) 야라(耶懶) 등 4로였는데 토착호족을 임명하여 로의 통치를 그들에게 맡기고 있다. 이처럼 태조는 지방행정에서 세력을 가진 여진호족을 로의 장관인 만호에 임명하여 기득권을 존중하였다. 기타 호족도 그들의 가문에 따라 대호족은 도통 또는 군수(軍帥)에 임명하여 로의 군사와 민정을 맡겼다. 중소호족은 맹안·모극으로 하여 도통·군수의 휘하에 편입시킴으로써 여진족의 전통적 부족사회구조를 국가행정조직으로 재편성하여 발극렬(勃極烈)체제로 정비하였다.

한편 이러한 체제와는 달리 金은 한인과 발해·거란인을 통치하기 위해서 중

---

47) 신태현, 「金代 土地制度의 硏究」『史學硏究』 1, 1958.
　　이동복, 「金代의 牛具稅에 대하여」『淸大論文集』 10, 1977.
　　_____, 「金代土地制度의 一硏究」『延世大大學院論文集』, 1962.

국의 3성 6부제와 주현제(州縣制)를 도입하였다. 즉, 태종은 금의 영토가 중국의 화북지방으로 확대 고정되면서 이들 지역의 정복민을 통치하기 위해서 여진족 고유의 제도보다는 한인의 전통적 제도로 통치하였다. 먼저 과거제를 실시하여 한인 사대부를 관리로 임명하였고 관제도 희종대에는 중국의 3성 6부제를 실시하였다. 다만 중국의 3성 위에 영삼성사(領三省事)를 설치하고 그 장관은 여진족의 발극렬을 임명하여 3성을 총괄하였으므로 중국적인 삼성육부제도 여진족의 고유한 제도인 발극렬의 통제하에 운영되어 나갔다.

2. 여진족의 근간인 맹안·모극의 몰락과 여진사회의 변화

金이 중국을 정복한 이후의 화북지방의 인구는 약 4천 8백만으로 추정되고 있다.[48] 이 가운데 한인이 차지하는 비율은 정확한 통계숫자는 없으나 약 3분의 2정도라고 보는 학자가 많다. 이렇게 볼 때 금대의 농업생산에 종사하는 농민층은 대체로 한인이 많고 이들 중 상당수는 노비로서 금나라의 지배를 받고 있었음을 알 수 있다.[49]

화북에 진출한 맹안·모극은 평시에는 농사에 종사하고 전시에는 병사로 활약하도록 하였다. 해릉왕의 연경(북경)천도 이후에는 상경(회령부) 부근의 맹안·모극을 연경근방으로 이주시키고 이곳에 둔전(屯田)하던 맹안·모극을 그 남쪽의 개봉부(開封府) 근방으로 옮겨 살게 하여[50] 이들 맹안·모극이 金의 중국지배를 위한 중심세력이 되었다. 그런데 맹안·모극호는 주현(州縣)의 성내(城內)에 거주하는 것이 아니고 촌락 중간지대에 성책을 쌓고 한인과 섞여서 생활하였고 천부장·백부장(千夫長·百夫長)의 관청도 이곳에 설치하였다.

중국으로 이주한 이들 맹안·모극에게는 각기 토지가 지급되었다. 맹안·모극호는 지급된 토지를 4·5호가 공동으로 경작하는 것이 일반적이었다.[51] 따라서

---

48) 『金史』 식화지(食貨志)에 의하면 金의 장종 명창(章宗 明昌) 6년(1196)의 북방 인구는 4,850만명으로 기록하고 있다.
49) 이 현, 「金代 戶口問題(Ⅰ) 奴婢發生過程에 대한 分析-」『丁仲煥博士還曆紀念論文集』, 1974.
　　____, 「金代 戶口問題(Ⅱ) 奴婢贖良形態에 대한 分析-」『釜山女大論文集』 4, 1974.
　　____, 「金代 戶口問題(Ⅲ) 奴婢妻所生의 身分歸屬에 대하여-」『釜山女大論文集』 5, 1977.
50) 이 현, 「金代 納粟官制에 對하여」『東亞大論集』 8, 1971.
　　____, 「金代의 戶口移動形態에 대한 硏究(Ⅱ); 金代內地徙民에 대하여」『釜山史學』 9, 1985.
51) 토지의 지급내용은 일정하지 않으나 세종의 대정 23년(1183)의 급전액(給田額)을 보면 25명에게 전토(田土) 4경4무(4頃4畝)와 소 3마리가 주어졌다. 금초에도 이 정도가 아닌가 추정하고 있다. 이에 대해 세액은 1127년에는 우두세(牛頭稅) 5斗였으나, 1183년에는 1석으

맹안・모극호에 대해서는 토지나 세제상 상당한 우대를 하였다. 그러나 금대 후기로 접어들면서 맹안・모극호의 빈궁이 가속화되었고,[52] 이에 따라 金의 화북통치는 어려움에 봉착하게 되면서 여진사회가 급격히 몰락하게 되었다.

맹안・모극호의 몰락에는 여러 가지 원인이 있으나 우선 생각할 수 있는 것은, 이들이 중국으로 이주할 당시에 토지분배 과정에서 유력자에게는 좋은 땅을, 그렇지 못한 여진인에게는 척박한 땅을 지급하였기 때문에 빈부의 격차가 처음부터 발생하고 있었던 점이다. 맹안・모극호에게는 과세상의 특전이 있었으나 이들은 병역 이외에 황제의 행행(行幸)이나 수렵시에 호위병으로 나가야 하며, 행궁의 수호・양마(養馬) 등 잡다한 의무가 부과되었기 때문에 농사에 전념할 수가 없어 지급된 토지는 대부분 한인에게 소작으로 내어주었다.

이처럼 무인(武人)집단인 맹안・모극호가 생산을 떠나 소작료에 의존하게 되면서 그들의 빈곤은 가속화되었다. 특히 중국농민에게 소작시킨 전토(田土)에서의 수익은 1가구의 식량을 채우는데 급급할 정도였다. 그러나 이들이 중국인의 생활 속에 젖어 들어 부자는 모두 비단옷을 입고 술과 오락을 즐겼으며 가난한 자도 이를 본받게 되면서 생활수준이 높아져 전토를 팔지 않으면 안 되었다. 물론 상류층은 봉록이 많고 대토지를 소유하여 부유하였으나 이는 극소수에 불과하고 대다수의 맹안・모극호는 빈곤하였으며, 심지어 전호(佃戶)로 전락한 자도 발생하였으니 이러한 맹안・모극호의 빈곤화는 중대한 사회문제가 되면서 그들의 몰락으로 번져나갔다.

3. 金이 직면한 경제정책의 어려움

세종은 맹안・모극호의 빈곤화에 대한 대책으로 1180(대정 20)년에 토지조사를 행하여 권세있는 호족이 부당하게 점유하고 있던 토지를 몰수하여 땅이 없는 여진호(女眞戶)에게 재분배하였다. 이와 함께 맹안・모극호의 빈곤을 방지하기 위하여 사치와 음주를 엄금하고 스스로 농사를 짓도록 하였다.[53] 그러나 이러한 국가정책에도 불구하고 농사에 익숙하지 못한 여진인은 받은 땅을 한인에게 소작을 주거나 아니면 한인을 강제로 동원하여 무상으로 경작하도록 하였고,

---

로서 이는 일반 民의 20분의 1에 불과한 적은 액수이다.

52) 황종동, 「金代 救貧策에 대하여」『啓明大論文集』 3, 1966.
53) 황종동, 「金代 初期의 財政權에 대하여」『釜山史學』 3, 1979.
_____, 「金 大定年間의 財政權」『釜山史學』 4, 1980.

소작을 주는 경우에도 2·3년의 소작료[과조(課租)]를 미리 바치도록 하였기 때문에 경작을 원하는 한인은 드물어 결국 농경지의 황폐화와 함께 맹안·모극호의 빈곤화는 더욱 촉진되었다.

한편 여진족의 본고장인 만주와 요의 옛 지역에서는 농업생산은 대부분 피정복민(한인·발해인·거란인)의 노비에 의해 경영되었다. 이 지역의 조세는 이들 노비의 다과에 따라 물력전(物力錢)이 징수되었기 때문에 여진족의 지배층은 물력전을 내지 않으려고 노비를 판매하였으므로, 자연적으로 경작인구가 감소되면서 여진족 상층부의 빈곤화를 촉진하게 되었다. 여진족이 농업생산에 사용한 노예 가운데 일부분은 본래 요조치하(遼朝治下)의 이세호(二稅戶)이다. 이세호는 거란 귀족에게 잡혀온 한인농민으로 요대(遼代)에는 사원(寺院)에 예속된 양민(良民)으로서 관부(官府)와 사원(寺院) 두 곳에 조세를 납부하였기 때문에 이세호라 하였다.[54]

金이 遼를 정복하자 여진의 지배자는 이세호를 요로부터 빼앗아 천민(賤民)으로 지배하였다. 金은 세종 이후 천민인 이세호를 양민으로 복귀하는 조처를 취하였다. 이는 한인 농업사회의 강한 영향으로 여진족의 노예점유 제도가 금대 초기와 같이 유지될 수 없음을 반영한 것이다.

金代의 경제에서 주목되는 것은 통화정책(通貨政策)이다.

金代의 화폐는 동전(銅錢)과 교초(交鈔)의 두 종류가 있었다. 동전은 금이 건국한 후 요(遼)와 송(宋) 그리고 금의 괴뢰국이던 제(齊)의 동전을 그대로 사용하다가 해릉왕의 정원(貞元) 3년(1158)에 정융통보(正隆通寶)를 발행하여 구동전과 함께 통용하였다. 한편 교초는 수도를 연경(燕京)으로 옮기고(1154)나서 호부상서 채송연(蔡松年)의 건의에 따라 발행하였다.[55] 그런데 동전주조에는 막대한 동(銅)이 소요되었기 때문에 동전공급이 수요에 따라 가지 못하여 화폐의 기능을 제대로 수행하지 못하였다. 교초(交鈔)도 장종(章宗)의 태화(泰和: 1201~1208) 이후 남발되어 화폐로서의 신용을 상실하였다.

---

54) 이 현, 「金代 和糴制에 대하여」『釜山史學』 2, 1978.
55) 이용범, 「金代의 鑄錢과 交鈔」『大韓民國 學術院誌』, 1975.『中世 滿洲·蒙古史의 硏究』, 동화출판공사, 1988 수록.

Ⅳ. 金代 여진 문화의 특수성

1. 金대 중국문화 수용의 어려움

일반적으로 정복왕조의 중국문화 수용자세는 각 왕조에 따라 서로 다른 성격을 지니고 있다.

즉, 요(遼)는 거란족의 고유한 민족문화의 보존위에서 중국문화를 받아들이는 국수주의적인 자세를 취했고 몽골에 의한 원제국의 경우에는 중국문화보다는 서역문화를 중시하여 한문화를 격하시키면서 철저하게 민족 차별적 문화정책을 취하였다. 뿐만 아니라 거란족의 요 왕조는 중국본토에 진출하지 않았고 그들의 수도도 거란족의 본거지에 놓아둔채 거리를 두고 한문화에 접근하였다. 원제국(元帝國)의 경우에는 건국(1206) 후 30년 정도의 시간이 지난 뒤에 화북에 있던 같은 정복왕조 금을 병합하고(1234) 그로부터 45년 후 南宋을 멸하여 (1279) 전 중국을 정복하기까지 70여년이란 유예기간을 가지면서 서서히 중국문화에 접근하였다.

이러한 遼·元에 비해 金의 중국문화수용은 다른 성격을 지니고 있다. 먼저 금제국은 중국문화에 적응하는데 필요한 시간을 전혀 갖지 못하였다. 다시 말하면 金의 건국(1115)에서 요의 병합(1125)과 北宋의 정복(1127)까지는 불과 10여년 남짓한 기간이 소요되었다. 이러한 급속한 발전은 중국역사상 그 유례가 없는 일로 이는 금제국(金帝國)에게 정치적인 면만이 아니고 사회와 문화적으로도 상당한 문제를 던져 주었다.

중국 본토 깊숙히 발을 들여 놓은 여진족은 정복국가이면서도 도리어 고도로 발달된 중국문화 앞에 여진족의 문화풍속을 지키지 못하고 여진족의 거의 대부분이 중국문화에 동화되어 비참한 운명에 빠지게 되었는데, 이는 중국문화의 수용에 대한 사전의 방비가 없었기 때문이다.

金은 태조와 태종대에는 여진중심주의(女眞中心主義)를 채택하였으나 정복지가 확대되고 제국 내에 한족을 지배하게 되면서 중국적 황제체제로 강력한 황제권의 구축을 위해 태종의 후반기부터 여진중심주의를 포기할 수밖에 없었다. 특히 중국영토 깊숙이 진출하여 한인을 통치하게 되자 한문화의 수용에 있어 문화적 분별력을 완전히 상실한채 한문화의 편식에 함몰되는 결과를 가져오게 되었다.

청대의 고증학자 조익(趙翼)은 金代의 문물이 遼·元에 비하면 빈빈가관(彬彬可觀: 참으로 우수하다)이라고 칭찬하고 여진 상류사회의 시문(詩文)·경학(經學)이 탁월하다고 칭찬하고 있다.[56] 그러나 이는 중국적 유교주의 문화관에 의하여 중국문화의 모방성의 우수함을 칭찬한 것이지 요·금·원 삼국의 독자적 문화를 비교한 것은 아니므로, 북방민족의 민족문화를 올바르게 평가한 것으로 볼 수는 없다.

2. 금대 중국문학의 유행

금은 건국 후 백년 가까이 북중국을 지배하고 있었기 때문에 중국문화의 영향을 깊이 받으면서 여진족 고유의 풍속이 변화하였다. 이러한 경향은 문학방면에서 두드러지게 나타나고 있다.

金은 여진문자가 없었기 때문에 여진족의 문학도 변변치 못하였다. 그러나 태조는 완안희윤(完顔希尹)에게 명하여 여진대자(女眞大字)를 제작하도록 하였고, 다시 희종 때에는 여진소자(女眞小字)를 만들었다. 소자는 거란문자와 한자를 참고하여 만든 것으로 음과 뜻을 함께 하는 표음문자이다. 여진문자는 현재 개봉(開封)에 있는 연대비(宴臺碑)와 섬서성의 낭군비문(郎君碑文)에 전해올 뿐이다. 金이 자기나라 문자를 제작한 것은 독립국가의 체면을 지키고 여진문화를 보존하려는 국수주의정책에서 나온 것이지만 결국 높은 중국문화와 접촉하면서 압도당하고 말았다.

중국적인 문학은 궁정을 비롯한 상류사회에서 유행하였다. 희종은 특히 중국문화를 좋아하고 『書經(서경)』, 『論語(논어)』, 『五代史(오대사)』를 탐독하였다. 그는 이미 황태자시대부터 '漢家(한가)의 少年(소년)'이란 별명이 붙을 정도로 중국문학에 끌려들었다. 해릉왕도 중국문화에 심취하여 스스로 중국의 황제가 되려고 南宋정벌에 나갔으며, 여진문화를 천시하고 중국문학을 찬양하여 시문(詩文)에 일가견을 나타내었으니 그의 임안산수도시(臨安山水圖詩)는 인구에 회자하는 명시로 알려져 있다. 세종(世宗)이 연경(燕京)에서 모란(牡丹)을 감상하는 연회를 개최하였을 때 즉흥 한시를 지은 자가 황족 이하 15명이 넘었다는 사실로 중국문학이 金의 궁정내에 큰 영향을 주고 있음을 알 수 있다. 다음 장종(章宗) 때는 중국문학이 가장 유행한 시대로 唐의 시문과 함께 당송팔대가(唐宋八大家)의

---

56) 조 익, 『二十二史箚記』 卷28 金代文物遠勝遼元條.

문집(文集)이 궁정내에서 애독되었다. 또 학교에서도 오경박사(五經博士)를 두고 유교경전과 문학을 교수하였고, 여진인을 위한 진사시험(進士試驗)에도 중국문학으로 시험을 보았다. 이리하여 중국문학에 뛰어난 여진인이 다수 배출되기도 하였다.

3. 金나라의 민족문화 보존책

金代 여진사회 내의 중국문화의 유행으로 여진족 고유문화는 변화하면서 한화(漢化)하였다. 더욱이 정복왕조의 원동력인 군사력이 점차 쇠퇴하면서 여진사회는 문약한 선비형으로 기울게 되었다. 이러한 여진사회의 한화에 대해 金의 세종(世宗)은 적극적으로 여진문화의 보존책을 취하였다. 그는 신하에게 이르기를 '金의 회녕(會寧)은 국가가 일어난 성지(聖地)로 수도를 남방의 연경[北京]으로 옮김에 따라 여진족 고유의 풍습이 점차 소멸되었으며 황태자와 제왕(諸王)은 모두 한인의 풍습에 따르고 여진의 풍속을 알지 못하여 여진어와 문자를 잊어버렸다. 이는 국가 장래를 위해 참으로 불행한 일이라고 개탄하면서 짐의 자손(子孫)은 반드시 한번은 회녕에 가서 여진족의 옛 풍습을 익히도록 하라고 하였다.[57]

이리하여 세종은 여진인이 중국식 성명을 갖는 것을 금하고 여진인의 법률소송에는 여진어를 사용하도록 명하였다. 이와 함께 여진문자를 보급하기 위해 유교의 경전과 『貞觀政要(정관정요)』, 『史記(사기)』, 『漢書(한서)』, 『唐史(당사)』 등을 번역 출판하였다. 또 여진문자를 알지 못하는 자는 맹안과 모극의 상속을 하지 못하도록 하였고 여진족과 여진문자를 주로 교육하는 여진대학(女眞大學)을 설립하기도 하였다.

이러한 세종의 정책은 한화되어 가는 金代 여진사회의 여진문화 보존책으로 중국문화의 영향을 축소시키려는 노력의 일환이었다. 이와 같은 여진풍속 보존책은 다음 장종시대에도 계속되어 사치를 금하고 여진인이 한성(漢姓)을 취하거나 중국풍속을 따르지 못하도록 다시 명령을 내렸다. 그러나 도도히 흐르는 한화의 물결은 걷잡을 수 없었고 이에 따라 여진인의 강인한 정신은 사라지고 여진사회는 변질되어 마침내 금제국의 멸망을 가져오게 되었다(1234).

---

57) 『金史』卷4, 世宗本紀.

제 4 절 몽골족의 발전과 원(元)의 세계제국

Ⅰ. 몽골부족의 발전과 몽골제국의 성립

1. 건국 이전의 몽골부족사회

당대(唐代)까지만 해도 몽골족은 보잘 것 없는 작은 부락사회에 지나지 않았다. 당에서는 몽골족을 몽올실위(蒙兀室韋)라고 불렀으며[58] 현재의 내몽골 자치구 동북방의 흥안령지대의 오르콘강 상류에 흩어져 생활하였다. 이들의 초기 거주지는 기후와 토지조건이 극히 열악하였으므로 들쥐를 잡아먹는 비참한 생활을 하면서 어렵게 유목생활을 하였다. 그런데 몽골족 부족사회에 커다란 변화가 일어난 것은 9세기 중반 위구르제국의 붕괴와 함께 시작된 몽골고원의 정치적 격변 때문이다.

서기 840년에 키르기즈족에 의해 위구르왕국이 붕괴되자 대규모의 민족이동이 시작되었고, 이때 동북방면에서 몽골초원으로 내려온 것이 9족달단(族達靼)이며 그 대열에 몽골 부족도 함께 섞여 이동하였다.[59]

몽골족은 9세기 후반에서 10세기 전반에 걸쳐 흥안령산맥 남쪽에서 부르한・할둔산이 있는 오논・케를렌・톨라 등 3江의 상류초원지역으로 이주하였다.[60] 몽골족은 풍부한 목장지대가 있는 이곳의 새로운 자연환경 속에서 커다란 발전을 이룩하기 시작하였다. 남북조(南北朝)에서 수당시대(隋唐時代)에 걸쳐 발흥한 몽골계의 유목국가(유연, 돌궐, 위구르)들은 모두 이 지역을 점령한 후 비로소 웅

---

58) 『舊唐書(구당서)』 북적전(北狄傳)에는 몽올실위라 하였고 『新唐書(신당서)』 북적전에는 몽와실위(蒙瓦室韋)라 하였다. 몽골족을 실위족의 일부로 기록하기 시작한 이래 맹고(萌古), 맹골자(盲骨子) 등 여러 가지로 표기되고 그 후 몽고(蒙古)로 되었는데 모두 몽골(Mongghol)에 가까운 음을 옮긴 것이다. 종래 몽고라 한 것은 한인들이 몽골을 낮춘말로 몽골족의 노비란 뜻이다. 몽골은 몽족의 골[국가]을 의미한다. 따라서 몽골로 표기하는 것이 옳다. 실위(室韋)는 바이칼호(湖) 동쪽의 삼림지대로부터 대흥안령에 걸쳐 생활하는 몽골계 유목민 집단에 대한 명칭이다.

59) 김호동, 「蒙古帝國의 形成과 展開」 『講座中國史』 Ⅲ, 249쪽 참조.
　　　　보리스 블라디미르초프 지음, 주채혁 옮김, 「고대(11~13세기) 몽골인의 사회조직 봉건제도의 발달」 『몽골사회제도사』, 대한교과서, 1990.

60) 이 당시의 몽골부족은 몽골고원의 동북을 흐르는 오논강과 케룰렌・톨라강의 수원지에 해당되는 부르칸(Burkhan)山을 신산(神山)이라 하여 부족발상의 성지(聖地)로 받들었다.

비하였다.

이 당시 몽골족의 가장 기본적인 친족집단은 아일(ayil)이라는 개별 유목가호(遊牧家戶)이고 몇 개의 아일이 모여 오복(obog)이라는 씨족을 구성하였다. 몽골족의 유목이동은 마차의 바퀴를 의미하는 퀴리엔(Küriyen)이라는 대규모의 집단이 그 단위가 되었다. 퀴리엔은 수백 내지 수천개의 유목가구(遊牧家口)가 한 개의 단위가 되었고 야영을 할 때에는 바퀴모양의 커다란 원형으로 진을 쳤기 때문에 바퀴[퀴리엔]란 용어가 나오게 되었다. 이는 약탈과 전쟁이 일상화되었던 당시의 불안한 유목민의 사회상을 그대로 반영한 것이다. 사회구성의 가장 큰 단위는 울루스(ulus) 혹은 이르겐(irgen)이라고 하는 부족의 연합체이다.[61]

몽골사회의 각 부족은 부족간의 패권을 둘러싸고 서로 항쟁을 되풀이하면서 전투력을 키워나갔다. 그런데 12세기 초에 遼가 멸망하자(1125) 몽골지방에 대한 거란족의 압력이 소멸되었다. 또 새로 일어난 金은 중국정벌에 힘을 쏟고 있었기 때문에 미처 몽골지방을 돌볼 겨를이 없었다. 이리하여 외부로부터의 압력이 사라진 대신 몽골 부족간 패권다툼이 더욱 치열해지면서 케레이드(Kereyid), 메르키드(Merkid), 타이지와트(Taigiwat), 나이만(Nayiman) 등 여러 부족이 각축전을 벌이고 있었다. 이러한 과정에서 사회적인 계층분화도 진행되어 빈부의 차가 나타나게 되고 또 정치군사적 지배계층 노얀(noyan)과 일반 유목민인 하라추(qarachu)간의 계층적인 차등이 나타나게 되었다. 각 부족(울루스)은 때로는 부족국가를 형성하여 한(汗) 혹은 가한(可汗)이라는 군장(君長)의 출현이 있었으나 강력한 통일제국을 건설하지는 못하였다.

한편 중국진출에 성공한 金제국도 몽골지방에서 강력한 통일세력이 출현하는 것을 극히 두려워하였기 때문에 강한 부족이 나타날 듯 하면 타부족에게 원조를 주어 부족간의 내분을 부추겨 갔다. 그러나 12세기 후기에 이르면 여진사회의 급격한 한화에 따라 금나라의 군사력은 현저히 약화되기 시작하였고, 이 틈을 이용하여 몽골의 발전이 가속화되었다.

---

61) 케룰렌·오논·톨라 3하(河)의 상류지방에 몽골(Mongghol)부가 있었고 그 동방에 타타르(Tatar)부, 남방에 온구우트(Ongghud)부, 서방에 나이만(Nayiman)부, 북방에 메르키드(Merkid)부 등 여러 부족이 흩어져 유목생활을 하였다. 이 당시의 몽골은 단지 한 부락의 명칭에 불과하였다.
조성우, 「13世紀初 옹구_部 繼承紛爭과 그 背景」『서울대 東洋史學科論集』3, 1999.

2. 칭기즈칸(成吉思汗)의 몽골제국 건설

테무진(鐵木鎭: 후의 칭기즈칸)은 1162년경 몽골족의 보르지기도(Borjigid)씨에 속한 예쉬게이(Yesügei)의 장남으로 태어났다. 부친 예쉬게이는 전몽고(全蒙古)의 가한이었던 하불의 손자였으나 몽골부족국가가 金과 타타르의 공격으로 붕괴된 후 일개 부족장으로 전락하였고[62] 테무진이 9살 되던 때 부친이 타타르족에 의해 살해되었다. 이때(1170)부터 몽골 전역을 통일하여(1206) 칭기즈칸으로 즉위하기까지의 36년간 테무진은 참으로 어려운 고난의 시기를 보냈다.

테무진은 처음 케레이트부(部)와 동맹(의형제)관계를 맺고 그 원조를 받아 몽골부의 지도권을 장악한 후 케레이트부를 병합하고, 이어 여러 부족을 차례로 제압해 나갔다. 그 후 서쪽에 가장 강한 세력을 갖고 있던 나이만부를 격파하여 몽골고원을 통일하고 1206년에 마침내 오난강 상류에서 쿠릴타이[부족장회의]를 열어 한(汗)으로 즉위하니 대몽골 제국의 출현을 이룩하였다. 가난한 소년 테무진이 몽골부족사회를 통일하는 영웅으로 성장하는데는 그의 현명한 어머니와 케레이트 부족의 도움에 의한 바가 크다.

3. 칭기즈칸의 놀라운 군사력

1) 천인대(千人隊) 조직

1206년 제위에 오른 칭기즈칸의 당면 과제는 부족국가체제에서 유목국가 체제로 바꾸는 일이다. 그 제일보로 휘하의 전 유목민을 95개의 천인대집단[63]으로 편성하고 창업공신과 그의 일족과 친지를 천인대의 우두머리(천인대장)로 책봉하여 그들로 하여금 전 유목민을 분할 통치하도록 하였다.

각 천인대의 대장은 종래부터 내려오던 부족의 장을 그대로 임명하는 경우도 있고 부족을 데리고 칭기즈칸 정복전쟁에 공을 세운 공신을 임명하는 경우 그리고 새로 정복한 정복지의 유목민을 천인대로 편성하여 공신(공로가 있는 자)을 그 우두머리로 임용하는 경우 등 다양하다.

---

62) 예쉬게이는 선조의 복수를 하기 위해 타타르를 습격하여 그 수령인 테무진위게(Temujin Üge)를 생포하여 돌아왔을 때 아들이 출생하였기 때문에 칭기즈칸의 이름을 테무진(鐵木鎭)이라 하였다. 그의 생년은 1155년, 1167년 설이 있으나 몽골인민공화국에서 정식으로 인정하는 것은 1162년이다.
라츠네프스키 지음, 강호동 옮김, 『칭기즈칸 그 생애와 업적』, 지식산업사, 1992 참조.
63) 남상환, 「元朝의 千戶制와 宿衛鎭戍軍制度」『史學志』11, 1977.

새로 편성된 천인대 집단의 일부는 칭기즈칸의 아들과 동생들에게 천인대장을 맡겼다. 그의 세 아들에게는 서쪽의 알타이산 방면을 맡겼고, 세 동생들에게는 동쪽의 흥안령지역을 맡겨 동서에 걸친 몽골제국의 중심 천인대를 배치한 것이다. 이들 천인대의 우두머리는 이후 몽골제국의 중심 간부로 활약하게 되면서 제국의 발전을 주도하게 된다.

각 천인대는 다시 100인대, 10인대 등 십진법으로 나누어지고 100인대장, 10인대장을 임명하여 천인대장, 만인대장과 함께 몽골제국의 귀족(노얀)이 되었다.

칭기즈칸의 천인대는 몽골제국의 정치, 행정, 군사, 사회 등 모든 기반을 형성하는 조직이며 천인대장은 행정관임과 동시에 군사 지휘관이다.

본래 10진법에 의한 군사조직과 좌우 양 날개 체제는 흉노국가 이래의 몽골 고원의 유목국가의 전통이다. 이러한 좌우 양날개 체제를 가지고 칭기즈칸은 이들 천인대 체제를 자기중심으로 조직 개편하면서 철저한 명령계통으로 정비하였다. 이리하여 휘하의 전 유목민을 잘 통제된 군사집단으로 정비한 것이다. 칭기즈칸 시대에 이렇게 성립된 집단과 조직이 칭기즈칸 군사력의 원동력이 되었다.

2) 칭기즈칸의 친위대 케시크(Kesig)

칭기즈칸은 유목국가의 중심기구로서 케시크제를 정비하였다. 케시크란 본래 당번(當番), 당직(堂直)이란 뜻으로 유목사회의 군장을 윤번으로 호위하는 근위 무사를 뜻한다.[64]

칭기즈칸은 몽골부족의 우두머리로 추대되었을 때 이미 소규모의 케시크를 조직하였고 다시 이것을 전면 확대하였다. 케시크는 최강의 친위대 기마병으로 대원들은 크릴타이의 정식구성원이 되었다. 칭기즈칸이 케시크를 구성함으로써 막강한 군사력을 갖게 되었다.

처음에 80명이었던 숙위(宿衛)를 1,000명으로 늘리고 70명이던 호위무사를 1,000명으로 확대하고 여기에 위사(衛士) 8,000명을 합하여 1만 명 군단을 만들었다. 케시크는 천인대장, 백인대장, 십인대장과 귀족층(노얀)의 자제들 가운

---

64) 김호동, 「蒙古帝國의 形成과 展開」 『講座中國史』 Ⅲ, 253~258쪽 참조.
　　친위대는 1189년에 칭기즈칸이 자신의 막우 가운데 호르친(箭筒士), 바우르친(料理士), 월뒤친(執刀者), 아그타친(牧馬者), 아드구친(牧驅者) 등의 직책을 주어 근시(近侍)토록 한데서 비롯된다.

데서 선발하였으나 평민출신자라도 유능하면 선발되었다. 이들 1만 명 군단은 다시 1인당 10명의 병사를 거느릴 수 있기 때문에 실제로는 10만 명 이상의 정예 케시크군단이 성립되었다. 칭기즈칸 군단의 무서운 군사력의 기본집단이다.

케시크는 4반으로 나누어서 3일마다 교체되면서 칭기즈칸의 경호를 맡았다. 각 반의 반장은 4걸(傑)이라 불리는 제국의 건국 공로자로 임명되고 이후 4걸의 자손이 세습적으로 그 직을 이어받았다.

케시크의 직무는 유목궁전인 오르도의 유지와 관련를 비롯하여 음식, 의복, 이동, 야영, 군사, 의료 등 전반에 걸친 일을 맡았다. 또 케시크의 장관은 칭기즈칸의 국무처리, 정책결정을 보좌하고 중요기구를 관장하였다. 케시크에 들어온 젊은 병사는 칭기즈칸과 함께 생활하면서 칭기즈칸과 깊은 인간관계를 맺게 된다. 케시크 상호간에도 강한 유대감과 동료의식을 갖고 칭기즈칸을 중심으로 강력한 연대 의식을 갖는 특권집단을 형성하였다. 케시크는 몽골제국 전체를 칭기즈칸에 연결하는 인적유대이고 한편으로는 근위무사이며 중앙정부로 다음 세대 몽골제국의 간부 양성기관이기도 하였다.

당초 몽골부족이 몽골고원에서 통합할 때는 케시크가 되는 자는 95개의 천인대에 속하는 병사들이었으나 대외 정복과정에서 다양한 유목세력과 정주세력이 몽골제국 판도에 들어오면서 이 지역의 유력자의 자제도 케시크에 참가하는 것이 허락되었다. 이것은 한편으로는 인질의 뜻도 있었고, 다른 한편으로는 케시크의 자제들을 참가시키는 것은 몽골국가의 정식이론으로서 인정되었다는 것을 의미한다. 몽골풍의 교육을 받고 케시크의 직무를 완수하여 본국에 돌아가면 다음 세대의 지도자로서 그들은 이미 몽골사람으로 변모하게 된다.

몽골국가의 최대 특징은 차별이 거의 보이지 않는다는 점이다. 기존 세력은 해체되고 유능한 자는 누구나 인종을 묻지 않았기 때문에, 각 지방의 정권, 군벌, 유력단체와 유능한 인물은 거의 다 케시크에 참가하는 경우가 많다. 따라서 이 케시크 제도는 몽골국가의 인간조직의 요체이기도 하다. 칭기즈칸 이후에 역대 칸(汗)은 같은 구조의 케시크를 유지하고 후에는 몽골 치하에 각 왕후까지도 각기 소형의 케시크를 주변에 두었다.

4. 몽골제국 초기의 정복전쟁

칭기즈칸 생전의 대외원정은 기본적으로 약탈전으로 일관하고 있다. 약탈전은 영토와 인민을 정복하는데 그 목적이 있는 것이 아니고 무력으로 필요한 물자를 획득하고 상대방을 군사적으로 굴복시키려는 것이 목적이기 때문에 인명살상과 도시파괴의 규모는 엄청나게 클 수밖에 없다.

몽골고원을 통일한 칭기즈칸의 약탈전쟁은 우선 공격하기 쉬운 취약지대로부터 시작하여 서하(西夏)가 약탈의 대상이 되었다(1209). 서하에 대한 공략은 金을 정복하기 위한 전초전의 성격을 띠고 있었다. 칭기즈칸은 먼저 서하를 공략한 후 본격적으로 金의 정복에 나서 수도 중경(中京: 燕京)을 함락하여(1215) 금의 세력을 황하 이남으로 내몰았다.

金은 황하 이북의 땅을 유린당하고 본국 만주와의 연락이 끊기면서 새로 도읍한 개봉(開封) 부근과 산동(山東)지방만을 겨우 차지하게 되었다. 그 위에 화북으로 이주한 맹안(猛安)·모극(謀克)의 여진인은 옛날의 용맹성을 완전히 상실하고 한인과 같은 관료지주가 되거나 경제적 낙오자로 전락하여 전투에는 전혀 쓸모없게 되었다.[65] 뿐만 아니라 金에게 토지를 빼앗기고 그 지배를 받고 있던 한인들도 이 기회를 이용하여 金을 몰아내려고 폭동을 일으키니 내외로 궁지에 몰리게 되었다.

한편 칭기즈칸의 주된 목적은 약탈에 있었으며 한지(漢地)에 나라를 세울 생각은 없었으므로 점령한 중국 땅을 목장으로 만들어 우마(牛馬)의 사육장으로 쓰려고 하였다. 따라서 중국 땅에 거주하는 한인이나 여진인을 모두 도륙하려는 생각을 한 때 가졌다고 한다. 그러나 거란인으로 몽골건국에 큰 공을 세운 야율초재(耶律楚材)가 칭기즈칸에게 한지(漢地)를 목장으로 만들기보다는 한인들로 하여금 농사를 짓게 하고 그들로부터 조세를 징수하는 것이 훨씬 유익하다는 것을 건의하여 이것이 채택되었다.

야율초재는 거란족이 발해를 멸하고 세운 동단국왕(東丹國王) 돌욕(突欲)의 8세손으로 모친으로부터 학문을 배우고 천문, 지리, 월역, 불교·도교와 의술에도 능통하였다. 금나라 장종 때 과거시험에 합격하여 관리가 되었다. 1215년 금이 몽골에서 망할 때 칭기즈칸에게 발탁되고 1219년 칭기즈칸의 서역원정에 수행하고 보필을 잘 하였다. 칭기즈칸은 아들(태종)에게 "이 사람은 하늘이 우리 집안에

---

65) 이용범, 「回鶻商賈와 金代의 女眞」『東洋史學硏究』2, 1967.

내린 인물이니 앞으로 국정에 잘 등용하라"고 하였다. 특히 야율초재는 한인의 생명재산 보호에 큰 공을 세웠다. 칭기즈칸은 야율초재에게 중국의 경영을 맡기고 서아시아 방면의 정복으로 일관하였다.[66)]

칭기즈칸은 동서교통의 요충지인 서하(西夏)를 다시 침공하여(1226) 서방원정에 필요한 물자와 병력을 서하로부터 조달하려 하였다. 그러나 서하원정 중에 병사하고(1227) 그의 부하들이 서하의 수도(興京府)를 함락함으로써 200년 가까이 계속된 서하왕조(1038~1227)를 멸망시켰다.

칭기즈칸이 죽은 후 셋째 아들 오고타이가 쿠릴타이의 추대를 받아 즉위하니 이가 몽골의 태종(1229~1241)이다. 그런데 태종 이후의 전쟁은 지금까지의 약탈전의 성격에서 벗어나 정복지에 대한 직접적인 지배와 적극적인 관리를 목적으로 하는 정복전으로 전환되었다. 뿐만 아니라 몽골제국의 황제로서 한(汗)대신에 대가한(大可汗, Khahan)의 칭호를 사용하였으며 칭기즈칸의 유지를 받들

---

66) 칭기즈칸은 1218년 서요(西遼)를 평정한 후 호라즘왕국의 부유함을 듣고 낙타 500마리에 귀중품을 실은 사신단(캬라반) 450명을 파견하여 교역을 요구하였다. 그러나 호라즘王은 이들을 스파이로 간주하여 전원 몰살시켰으므로 칭기즈칸은 이를 보복하기 위해 1219년에서 1223년의 서방원정을 시작하게 되었다.

어 南宋과 동맹하여 金을 멸하였다(1234).[67]

태종은 야율초재(耶律楚材)를 중서령으로 중용하고 함께 정사를 논의하였고 지폐인 교초(交鈔)를 발행하였으며 정복지의 호구조사를 실시하여 세법을 정비하고 정복국가체제를 갖추어 나갔다.[68] 특히 태종은 유목사회의 풍습에 따라 계절마다 수도를 옮기던 것을 중단하고 오르콘강가의 카라코룸(Khara Khorum)에 도성(都城)을 건축하여 비로소 유목민의 천막 이동생활을 청산하고 정착하여 도시생활을 시작하였다. 수도와 지방간의 교통상 요지에 말의 하루거리마다 역참(驛站)을 설치하여 교통체계를 확립하였다.

태종은 다시 몽골제국의 팽창을 꾀하여 동으로 수차에 걸쳐 고려를 침략하였고 서방(西方)으로 조카인 바투(Battu)로 하여금 유럽대원정에 나가게 하였다(1236). 바투의 원정군은 남러시아의 각지를 공격한 후 제일군단은 폴란드에 침입하여 독일·폴란드의 제후군을 왈스탓드(Wahlstadt)에서 물리쳐 전 유럽을 놀라게 하였다. 바투가 직접 이끄는 군단은 헝가리를 공략하여 수도 부다페스트를 약탈하고 도나우강을 건너 오스트리아에 쳐들어가 비엔나를 위협하면서 이탈리아 침략의 기회를 노리고 있었다.

그러나 본국에서 태종(太宗)이 사망하였다는 소식을 접하여 유럽원정을 중단하고 회군하였다. 이때 바투는 볼가강 하류의 사라이에 머물면서 킵차크 한국(汗國)을 세웠다(1243).

오고타이(태종)가 사망하자 아들 퀴육(貴由)이 즉위하여 3대 정종(定宗)이 되었으나 3년만에 죽고 툴루이의 아들 뭉케가 오고타이의 후예를 추대하려는 일파의 반대를 물리치고 즉위하여 4대 헌종(憲宗)이 되었다. 헌종은 동생 훌라그(Hulagu)를 서방원정에 보내어 페르시아를 공략하였다. 그는 바그다드에 수도를 정하고 있던 압바스왕조를 멸하고(1258) 시리아 동쪽의 영토를 통일하여 일한국(汗國)을 건설하였다(1259).

이리하여 칭기즈칸시대부터 터키족이 장악하고 있던 서아시아를 공략하여 드디어 터키족으로부터 주권을 빼앗아 서아시아 세계의 패권을 확립하게 되었다.

몽골제국은 동으로는 고려를 복속시키고 쿠빌라이로 하여금 티베트의 토번

---

67) 몽골은 金을 멸하기 직전에 고려를 침입하고(1차, 고려 고종 18년 1231) 이어 고종 19년에 제2차 침입 이후 계속 쳐들어왔다. 몽골의 고려침입은 중국대륙을 정복하기에 앞선 군사행동의 성격을 띠고 있다.

68) 한영근, 「오고데이汗 時期 戶口調査의 意義에 대하여」『釜山史學』9, 1995.

(吐蕃)과 운남(雲南)의 대리국(大理國)을 멸하였다. 그후 안남(安南)의 진왕조(陳王朝)를 공격하면서 南宋을 포위하도록 하였다. 그러나 헌종의 사망과 왕위다툼으로 南宋의 정복은 세조시대로 넘어가게 되었다.

Ⅱ. 몽골제국의 정복지 통치정책

1. 몽골의 분봉제도와 정복전쟁

몽골제국은 역사상 그 유례가 없는 동서세계에 걸친 대제국이었다. 뿐만 아니라 몽골의 정복전쟁은 칭기즈칸시대에만 국한된 것이 아니고 대를 이어 지속적으로 계속되었다. 이와 같은 몽골제국의 지속적인 정복전쟁의 원인은 유목사회에 뿌리깊게 내려오던 약탈물의 분배라는 전통이 몽골제국에서도 계속되면서 정복지를 나누어 갖는 분봉(分封)이 약탈물의 분배 형식으로 이어졌기 때문이었다. 다시 말하면 칭기즈칸은 정복전쟁에서 얻은 영토를 자기의 가산(家産)으로 생각하였고 이는 유목사회의 전통적인 관념에 바탕을 두고 있는 약탈물 분배와 그 성격을 같이 하고 있다. 따라서 정복지가 확대되면 될수록 분배되는 영토와 영민도 증가되는 것이고, 이와 같은 정복지의 분봉이 칭기즈칸 이후 몽골제국의 지속적인 정복전쟁을 가능하게 하였고 제국의 판도를 극대화시키는 결정적인 작용을 하였다.

처음 칭기즈칸의 약탈정복은 몽골제국을 건설하여 그의 자제들에게 분봉을 계속할 수 있었다. 이때 토지와 영민(領民)을 동시에 나누어 주었는데, 몽골어에서 부족과 나라를 의미하는 울루스(Ulus)는 사람과 목지(牧地)의 두 개념을 모두 포함하고 있다. 이는 유목사회에서 초목지(草牧地)와 유목민(遊牧民)은 불가분의 관계에 있기 때문이다.[69] 그런데 유목사회의 분봉에는 토지보다는 인민이 훨씬 중요성을 갖는데 그것은 유목집단은 상황에 따라 항시 타지역으로 이동하기 때문이다.

그러나 이러한 분봉은 배타적인 소유권을 전제로 하고 있었기 때문에 분봉은 곧 지방분권화를 촉진하면서 중앙집권화에 역행하는 결과를 가져와 중앙과 지

---

69) 『元朝秘史』에 의하면 칭기즈칸은 모친·동생·異母弟·次子·三男·末子 등에게 도합
   44,500명을 나누어 주었다고 기록되어 있다. 한편 『元朝史』에서는 모두 28,000명의 병사
   를 주었다고 기록하고 있다.
   남상긍, 『몽골비사 역주 Ⅰ』, 두솔출판사, 1997.

방의 끊임없는 대립과 마찰을 야기하였다. 이리하여 크게는 왕위계승분쟁에서
부터 작게는 중앙의 지배권을 관철시키기 위해 한국내(汗國內)의 여러 가지 이
권에 개입하기도 하였다. 이것은 결국 몽골제국의 끊임없는 왕권분쟁으로 이어
지면서 제국의 와해를 가속시키고 나아가 4한국(汗國)의 분립을 가져오게 만들
었다.

2. 몽골제국의 왕(汗)위 계승분쟁

중국 역대의 왕조에서는 다 같이 크고 작은 왕위계승 분쟁이 없지 않았고,
특히 창업군주(태조나 고조)와 그 계승자의 왕위계승전은 秦의 시황제 이래 청
대까지 계속되었다. 그러나 몽골제국시대처럼 황족이 집단적으로 패를 갈라 왕
위계승전을 확대시키면서 치열하게 싸운 예는 드물다.[70]

이러한 왕권다툼은 유목사회의 능력주의를 바탕으로 군주의 자리는 각 부족
이 공동소유한다는 공유관념이 그 원인으로 작용하고 있다. 유목사회의 공유관
념은 몽골이 세계제국을 건설한 후에도 극복하지 못하였고, 오히려 군사력의
상징인 황제자리를 차지하려는 욕망은 더욱 커지면서 빈번히 왕위쟁탈전이 일
어났다.[71] 왕위쟁탈전은 4한국(汗國)이 분립되고 몽골제국에서 원제국체제(元帝
國體制)로 바뀐 이후에 가서야 수그러들었다.

처음 왕위계승분쟁은 칭기즈칸 시대에 이어 오고타이(태종)의 사망(1241)과
함께 다시 시작되었다. 태종은 생전에 자신의 아들을 후계자로 정하였으나 아
들이 일찍 사망하였기 때문에 손자(시레뮌)를 후계로 다시 정하였다. 그 후 태
종의 사망으로 섭정을 맡은 그의 처(퇴뢰게네)는 자신의 아들인 퀴육(후의 정종)
을 즉위시키기 위해 온갖 노력을 기울였다. 칭기즈칸의 장자인 바투는 일족 가

70) 손현숙, 「蒙古의 相續慣行에 대하여─특히 蒙古帝國期를 중심으로─」『東洋史學研究』 16,
　　1981.
71) 칭기즈칸은 서방원정을 떠나기 전에 장남에게 왕권을 물려주려 하자 차가타이가 맏형(조
　　치)을 메르키드족의 사생아란 이유로 반대하였다. 결국 3남(오고타이)을 지명한 것도 형제
　　간의 이러한 반목을 의식했기 때문이다. 칭기즈칸 사후 막내아들(툴루이)이 몽골 본토의
　　왕위계승자로 위임되었으나 주위의 압력에 못이겨 오고타이(太宗)에게 왕위를 넘겨주었다.
　　이때 툴루이를 설득한 것이 야율 초재(耶律 楚材)였다고 한다.
　　김호동, 「北아시아 유목국가의 군주권」『東亞史上의 王權』(東洋史學會 編, 도서출판 한울),
　　　　1993.
　　이개석, 「郝和尙拔都(1024-1252)傳記資料 속의 1240年代 大蒙古國 中央權力의 殘影」
　　　　『東洋史學研究』 78, 2002.

운데 대형(大兄)이란 존칭과 함께 러시아 원정군의 총사령관으로 막강한 군사력을 장악하고 있었다. 그런데 바투는 퀴육(정종)의 왕위계승에 정면으로 반대하였기 때문에 태종이 사망한지 5년이 지난 후 바투가 불참한 가운데 쿠릴타이가 열려 퀴육을 선출하였다(1246). 퀴육은 바투를 응징하려고 군사를 이끌고 서방으로 가는 도중에 중앙아시아에서 사망(1248)하여 재위는 불과 3년으로 끝나고 다시 왕위계승전쟁이 일어났다.

[칭기즈칸의 분봉과 왕위계승]

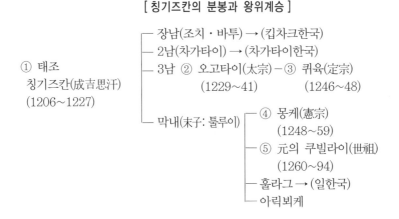

퀴육의 사망 후 왕위계승 후보자로 오고타이의 가문에서 그의 손자(시레뮌)와 퀴육의 아들(나후)이 나왔고 툴루이가에서는 몽케(헌종)를 밀었다. 싸움은 이들 양가에 국한되지 않고 차가타이가와 오고타이가가 단합하고 조치가와 툴루이가가 연합함으로써 크게 확대되었다. 결국 몽케 생모의 노력과 러시아에 주둔하고 있던 바투의 군사적 지원으로 몽케가 4대 헌종(1248~59)으로 즉위하고 이어 오고타이가와 차가타이가에 대한 대대적인 보복 숙청이 단행되었다. 그러나 몽케의 사망으로 왕위계승분쟁은 쿠빌라이와 아릭뵈케 사이에서 다시 시작되어 몽골제국 전체로 확대되었다. 이 당시 서아시아로 파견된 쿠빌라이의 동생(훌라그)은 형을 지지하는 댓가로 서아시아 지역의 독립권을 인정받았다.

쿠빌라이의 승리는 결국 4한국의 분립이라는 엄청난 댓가를 치르지 않으면 안되었다. 즉, 훌라그의 독립을 인정해 주었고 지리적으로 가까운 차가타이 부족에 대해서는 바락크를 한(汗)으로 지명하여 쿠빌라이의 종주권을 유지하려 하였으나 바락크의 도전으로 실패하였다. 더욱이 툴루이가의 집권에 불만을 품은 오고타이가의 하이두가 탈라스 하반(河畔)에서 쿠릴타이를 열어 킵차크초원의 조치가와 차가타이가의 지지를 받고 汗에 추대되면서(1269) 툴루이가 타도를 목적으로 하는 3대 부족 연합을 결성하였다. 이러한 하이두의 세력을 꺾기 위한 쿠빌라이(世祖 1260~94)의 군사작전은 성공적으로 진행되지 못하였고 1303년에 가서야 겨우 휴전이 성립될 정도로 왕위계승을 둘러싼 부족간의 분쟁은 골이 깊었고 그 결과 몽골제국은 몽골지방과 중국만을 차지하게 됨으로써 제국의 분쟁은 끝이 나게 되었다.

3. 4한국 성립과 몽골제국의 와해

칭기즈칸 다음의 오고타이(太宗)汗 때에 이르러 바투가 남러시아에 킵차크한국(1243~1502)을 세웠고 차카타이는 중앙아시아에 차가타이 한국(1227~1369)을 건설하고, 오고타이는 스스로 외몽골·내몽골 그리고 북중국을 점령하였으므로 말자(末子)인 툴루이는 봉토(封土)를 갖지 못하였다. 태종은 자손에게 나누어줄 새로운 봉지를 찾기 위해 홀라그를 페르시아에 파견하여 일汗國(1258~1411)을 세우게 한 것은 이러한 세습봉지 개척의 일환이라 하겠다. 그리고 헌종 자신은 동생 쿠빌라이와 함께 南宋 정복에 나서게 된 것이다.

南宋 정복전쟁 중에 헌종이 사망하자 동생 쿠빌라이가 군을 통솔하고 있었으나 당시 외몽골에는 친동생 아릭뵈케가 오고타이汗의 후원을 받아 황제자리를 넘보고 있었다. 이에 쿠빌라이는 북경으로 급거 귀환하여 임시로 쿠릴타이를 개최하여 대한(大汗)으로 즉위하니(1260) 그의 즉위에 반대하던 4한국이 각기 독립을 선언하게 되었다.

[몽골의 4한국]

국명(존속기간)	건국자	영역 및 도읍
오고타이 한국 (1224~1301)	오코타이 (칭기즈칸의 3남)	서북몽골 (수도: 에미르)
차가타이 한국 (1227~1369)	차가타이 (칭기즈칸의 2남)	중앙아시아 (수도: 알말리크)
킵차크 한국 (1234~1502)	바투 (칭기즈칸의 손)	남러시아 (수도: 사라이)
일 한국 (1258~1411)	우라구 (칭기즈칸의 손)	이란지방 (수도: 타브리즈)

　4한국에서는 소수의 몽골족이 그들보다 문화가 높은 다수의 이민족을 지배하게 되면서 정복지 고유의 문화를 존중하였다. 그리하여 4한국은 차츰 그 땅의 풍습에 동화되고 또 정복지의 이익을 위하여 타지역과 서로 싸웠다. 4한국 가운데서 가장 몽골적 색채가 강한 나라는 오고타이한국이었다. 그러나 오고타이한국의 지배자 하이두(Haidu)가 전몽고(全蒙古)의 지배권을 빼앗으려고 중앙의 세조에게 대항하여 전후 30여년에 걸쳐 항쟁하였으나 실패한 후 차가타이한국에 합병되었다.

　중앙아시아를 지배한 차가타이한국에서도 한위(汗位)의 계승권을 에워싼 싸움 끝에 쇠퇴하여, 14세기 중엽에는 동투루키스탄의 동차가타이한국과 서터어키스탄의 서차가타이한국으로 분열되었다. 뒤에 티무르(Timur)제국이 일어나자 서차가타이는 그 영토의 일부가 되고 동차가타이는 그 속국이 되었다.

　이슬람영토 내에 세운 일한국은 처음에는 네스토리우스파(派)의 그리스도교도를 보호하고 이슬람교도를 압박하였으나, 뒤에는 도리어 이슬람 문화의 옹호자가 되어 압바스왕조 멸망 이후 쇠퇴한 이슬람문화의 부흥에 노력하여 이곳에서 몽골・페르시아문화를 꽃피웠다. 특히 수학・지리학・역사학 방면에 많은 학자가 나와, 라시드웃딘(Rashid ud-Din)이 몽고역사인 『年代記總纂集史(연대기총찬집사)』를 출판하고, 야쿠트(Yakut)가 『諸國地理學辭典(제국지리학사전)』을 펴냈으며, 과학자 나시르웃딘(Nasir ud-Din)이 훌라그에게 권하여 수도에 천문대(天文臺)를 건설하도록 하였다.

　킵차크한국은 14세기초의 우즈벡(Uzbeg)과 자니벡(Zanibag) 두 한(汗) 시대에 전성기를 맞이하였다. 안으로 모스크바대공(大公)을 통하여 러시아제후를 지배하고 밖으로 동로마제국 황제와 친교를 맺고 이집트와 통혼하여 국가의 기틀을 튼튼히 하였다. 또 흑해무역의 이윤을 독점하여 경제적으로 번영하였으며 이슬람문화가 킵차크한국에 뿌리를 내려 학문과 미술이 발달하였다. 그러나 자니벡이 죽은 뒤 내란이 일어나고 3회에 걸쳐 티무르제국의 침입을 받아 쇠퇴하여, 16세기초 모스크바대공 이반 3세에게 망하였다.

Ⅲ. 원(元)제국의 성립과 통치체제의 변화

1. 몽골제국에서 원제국으로의 발전

몽골민족에 의한 정복지 지배는 세조[쿠빌라이]가 즉위하는 중통원년(中統元年:

1260)을 분기점으로 하여 그 이전의 몽골제국시대(1206~1260)와 이후의 원제
국시대(元帝國時代, 1260~1368)로 구분된다.

몽골제국시대의 지배체제는 칭기즈칸에 의하여 골격이 마련되었고 2대 오고
타이(太宗)에 의해 그 내용이 보완 계승되었다. 그러나 원제국의 성립으로 몽골
제국의 유목적 성격은 중국적 정복국가체제로 변화되었다.

종래 몽골·투르크계(系)의 왕자를 한(汗)이라고 불렀으나 몽골제국 체제내에
서의 왕[王(汗)]은 이들 모두를 통령(統領)하는 대한[大汗(可汗)]이란 칭호로 격상
되었다. 대한의 칭호를 처음 사용한 것은 태종 때이다. 이와 함께 황제위를 계
승할 수 있는 자격은 칭기즈칸 직계자손에 한하였고 쿠릴타이에 의해 선거되었다.

다음으로 몽골제국을 통치하기 위해서 마련된 것이 칭기즈칸 대법령(大法令)
이다. 이는 종래 몽골의 관습법을 집대성한 것이라고 이해하였으나 사실은 몽
골제국을 지탱한 기본법으로[72] 몽골제국은 물론이고 중앙아시아와 이란·인도
등 각지의 법제에도 큰 영향을 주었다. 이러한 몽골제국체제는 쿠빌라이(세조)의
즉위(1260)로 변질되기 시작하였다.

元제국은 몽골제국을 계승하였으면서도 영토적으로 4汗國이 분립하여 떨어져
나갔고 황제위도 몽골의 대한을 계승하였다기보다는 중국역대의 황제위를 이어
받은 것으로 자처하였다. 세조(世祖)가 갖는 황제의 성격은 몽골대한과 중국적
황제의 양면성을 지니고 있으면서도 중국역대 왕조의 후계자적 색채가 강하게
부각되고 있다.

즉, 북경천도(北京遷都)를 비롯하여 국명을 중국식 외자 이름 元이라 고친 점,
중국식 연호인 중통(中統)의 사용 그리고 중국관료제의 채용 등은 모두 몽골제
국에서 중국적 황제지배체제로의 변화를 의미하는 것이다. 특히 세조 쿠빌라이
가 몽골대한과 중국적 황제의 양면성을 띠게 되면서 원제국의 제반 제도가 급
속히 중국화되기 시작하였고, 이러한 과정에서 파생되는 여러 가지 사회적 모
순에 직면하지 않을 수 없었으니 이는 정복왕조가 겪는 공통적 현상이다.

---

72) 고병익, 「元代의 法制−蒙古慣習法과 中國法과의 相關性−」『歷史學報』 3, 1952.
　　칭기즈칸『大法令(대법령)』은 서문에서 역대의 제왕이 준수해야 할 통치원칙을 서
　　술하고 총칙, 국제법, 군대, 국가통치법의 순으로 편찬되어 있다. 몽골제국이 성립
　　된 1206년에 반포되고 이어 1210년, 1218년에 쿠릴타이에 의해 보완된 후 1226
　　년의 쿠릴타이에서 완성되었다. 현재 완전한 내용은 전해지지 않고 있다.

2. 元의 민족차별정책과 문벌주의

元의 세조(世祖)는 南宋을 멸하고(1279) 중국역사상 처음으로 북방민족이 전 중국을 지배하는 정복왕조를 수립하였다.[73]

元은 정복민의 통치에 임하여서는 철저한 민족의 차별정책과 함께 몽골지상 주의를 국가경영의 기본으로 하였다. 일반적으로 유목민족에 대한 한인(농경민 족)의 자세는 북방의 오랑캐로 천시하지만 몽골인의 한인, 특히 한인 지식층에 대해서도 아주 경멸하는 태도를 가지고 있다. 한인지식층은 생산에 종사하지 않고 유교적 교양을 자랑하면서 허송하는 사대부(독서인)에 대한 경멸은 원제국 통치 100년 동안 계속되었다.

몽골은 정복민에 대한 대우의 기준을 그들의 대외정복전쟁 때 피정복민이 어 떻게 협조하였는가에 따라 결정하였다. 따라서 원조치하(元朝治下) 정복민의 신 분구분도 대체로 몽골에 항복한 순서에 따라 결정되고 있다.

즉, 제1계층은 몽골인으로 이들은 국족(國族)이라 하여 가장 우대되었고, 문 무(文武)의 요직을 독점하였으며, 사회경제적으로도 특권을 누렸다.

다음 제2계층은 서역인(西域人)이다. 서역인을 색목인(色目人)[74]이라 하여 우 대한 것은 몽골제국의 독특한 민족정책이라 하겠다. 사실 몽골인에게는 군사적 정복수단 이외에 정복지에 대한 행정기술능력이 없었기 때문에 색목인의 역할 은 조세의 징수와 국가재정관리, 통상(通商)·외교(外交)·정복지의 통치 등에서 눈부신 공적을 남겼다. 실로 몽골의 광활한 정복지 지배가 가능하였던 것은 이 들 색목인의 뛰어난 경영능력이 있었기 때문이다.

다음 제3계층은 금조(金朝) 치하에 거주하고 있던 화북민은 한인(漢人)이라고 하여 제3계층으로 약간 우대하였다. 몽골에 대항하여 투쟁하다 元에 복속한 고 려도 이에 준하였다.[75]

---

73) 김귀달, 「元 世祖의 對外征伐策」『全北史學』 10, 1986.

74) 제색목인(諸色目人)은 서방계의 각종 잡다한 종족이란 뜻으로 탕구트(西夏)·위구르·나이 만·티벳트·이란·인도·아라비아인이 포함되고 때로는 유럽인을 후란키(弗林)라 하여 여기에 포함시키고 있다.
   손현숙, 「元代色目人小考」『釜山女大史學』 창간호, 1983.

75) 고병익, 高麗忠宣王의 元武宗擁立『歷史學報』 17·18, 1962.
   _____, 「蒙古高麗의 兄弟盟約의 성격」『白山學報』 6, 1969.
   이용범, 「奇皇后의 册立과 元代의 資政院」『歷史學報』 17·18 합집, 1962.
   이개석, 「『高麗史』元宗·忠烈王·忠宣王世家 중 元朝關係記事의 註釋研究」『東洋史學研究』 88, 2004.

제4계층은 남송(南宋)지배 하의 강남인(江南人)으로 남인(南人) 또는 만자(蠻子: 제4계층)라고 천대하였다. 제국 내의 몽골족은 전체적으로 15만호(약 100만명)에 불과하였는데 이에 대해 제3계층은 약 2백만호(약 1천만명)이며 제4계층은 약 1천만호(약 6천만명)를 넘고 있다.[76]

이러한 민족의 차별정책은 특히 관직임용 때에 엄격한 신분규정으로 나타나고 있다.

3. 원대 관리선발제도의 특수성

元代의 관리선발은 중국식 과거제도를 실시하고 있었으나 한인, 특히 강남인 사대부에게는 아주 불리한 차별시험이었다. 원나라 초기에는 과거시험을 중단하였으나 1315년(인종, 원우 2년)에 부활되어 원나라가 망할 때까지 중간에 잠깐 폐지(1335~40)된 시기를 제외하면 50년간 16회 실시하였고 1,139명의 진사합격자를 배출하였다.

과거시험은 몽골인·색목인을 대상으로 한 우방(右榜)과 한인과 강남인을 대상으로 한 좌방(左榜)으로 갈라져 있다. 한인과 강남인을 같은 수로 뽑았기 때문에 인구가 압도적으로 많고 문화수준이 높은 강남지방의 사대부에게는 아주 불리하였다. 과거시험에도 몽골의 민족차별정책이 확연하게 나타나고 있다.[77]

원대는 과거시험보다는 관리선발에 있어서 원조(元朝) 특유의 문벌주의를 택하고 있다. 元은 고급관료(正官)는 은음제(恩蔭制)·세습제·추천제 등을 택하였고, 하급관료[수령관(首領官)]는 서리출신제(胥吏出身制) 혹은 이원세공제(吏員歲貢制)를 취하고 있다. 고급관료를 임용하는 은음이나 세습제는 모두 가문(家門, 문벌)을 중요시한 인물선발방법이며, 추천제의 경우도 추천하는 사람의 친척이나 제자, 고리(故吏) 등 가까운 문족(門族)의 은혜를 입고 관계에 진출하고 있

76) 주채혁, 「元帝國下의 漢人과 南人(上)(下)」『東方學志』 45·49, 1984, 1985.
　　이개석, 「郭畀의 〈雲山日記〉에 대한 一考察 14세기 浙西士人層의 生活素描-」『慶北史學』 14, 1991.
　　＿＿＿, 「元朝中期 支配體制의 再編과 그 構造-지배세력의 재편을 중심으로-」『慶北史學』 20, 1997.
　　원나라 지배하의 한인, 특히 지식인에 대한 차별대우를 말할 때 구유십개(九儒十丐)란 말이 있다. 원대 사회계층을 말할 때 1官, 2吏, 3僧, 4道, 5醫, 6工, 7獵, 8民, 9儒, 10丐로 구분하였다.
　　유자(지식인)가 거지 바로 위 등급인 9등급으로 나누었다.(정사초의 『철함심사』)
77) 주채혁, 『元朝官人層 研究』, 정음사, 1986.

다. 그러므로 元代의 고급관료임용은 귀족제의 성격이 강하게 나타나고 있다.
다만 원대의 문벌귀족제는 중국의 전통사회와는 달리 몽골조정과의 친인척관계
가 중요하게 작용하였는데, 이를 몽골어로 근각(根脚)이라 하였다. 그러므로 이
근각의 유무에 따라 고급관료로의 진출통로가 결정되었다.[78] 원조가 관리임용
의 기준을 이와 같은 근각에 둔 것은 몽골유목사회의 주종관계의 풍습을 계속
하였기 때문이다.

4. 원대관료의 구조적 특성

[원대의 계층구조]

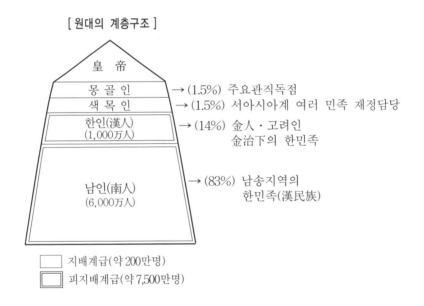

元朝 치하의 고급관료인 정관[正官: 조관(朝官)·경관(京官)·지방관(地方官)]과
하급관료인 수령관(首領官)의 수가 어느 정도의 비율로 구성되어 있는지 정확하
지 않다. 단지 성종(成宗) 대덕(大德: 1297~1307) 말년의 통계에 의하면 정관의
총수가 22,200명이고, 이 가운데 몽골·서역인이 6,782명이고, 나머지 15,718
명은 중국인 정관으로 짜여져 있다.[79] 이러한 수치는 원조가 南宋을 멸하고

---

78) 태조의 4대 공신의 자손이 대대로 숙위(宿衛)의 장(長)에 기용되고 재상으로 전보되고 있
   다. 또 몽골의 금나라 정복에 협력한 문관(은음), 무관(세습) 한인세후(漢人世侯)의 자손도
   임용하여 고급관료의 지위를 주고 있는 것은 그 좋은 예이다.
79) 『元典章』卷7, 「內外諸官員數」에 의하면 관리수는 다음과 같다.

(1279) 30년이 지난 시대의 통계로서 인구의 비례로 보면 몽골인과 색목인의 수가 다수를 차지하고 있음을 알 수 있다.

광대한 중국을 통치함에 있어서 중국식 주현제(州縣制)를 채택하고 중국적인 중앙집권 국가체제를 가지고 통치하기 위해서는 방대한 관료군이 필요하였고, 특히 정복왕조로서 한인을 지배하기 위해 세금징수와 부역동원의 필요에서 말단의 하급관리가 다수 필요하였다. 따라서 하급관리는 정관의 수십배에 달하였을 것이다. 元朝가 후기에 중국의 과거제도를 부활시켰던 것은 다수의 관료를 필요로 하였던 사회변화에서 그 배경을 찾을 수 있다.

이렇게 관리선발과 관료의 2층 구조는 정복왕조로서 중국을 지배하기 위한 탁월한 인사제도가 아닐 수 없다. 왜냐하면 고급관료인 정관을 문벌주의로 임용하고 하급관리는 수령관이라고 하는 낮은 직급으로 조직하여 제4계층인 남인(南人)에게 개방함으로써 민족적인 차별정책을 교묘하게 이용하여 자존심 강한 한인층을 분열시켰기 때문이다. 이러한 관료사회의 이원적 구조는 민족차별주의와 밀접하게 연계되어 있다.

5. 원대의 국가통치기구

元代의 국가통치기구는 몽골제국의 정복국가체제로부터 중국적인 관료체제로 전환된 점이 그 특색이다. 국명을 元이라 하였을 뿐 아니라 수도를 내몽골에서 화북의 대도(大都: 北京)로 옮기고 왕의 선출도 몽골식 쿠릴타이에 의한 추천제에서 세습제로 바꾸고 중국식 관료조직을 채택한 점 등 여러 면에서 크게 달라졌음을 알 수 있다.

먼저 중앙행정기구를 보면 세조(世祖)가 즉위하는 중통원년(中統元年: 1260)에 중서성(中書省)을 설치하고 이어서 최고 군사기구로 추밀원(樞密院: 1263)을, 그리고 감찰기구로 어사대(御史臺)를 설치하여(1268) 중앙집권적 황제지배체제의 기본틀을 마련하였다.

이와 같은 행정·군사·감찰기구의 3권체제(三權體制)는 이미 진·한제국 이

관리등급	총 수	몽골·색목인	漢人·南人
조관(朝官)	2089명	938명	1,151명
경관(京官)	506명	155명	351명
외관(外官)	19,905명	5,689명	14,216명
합계	22,500명	6,782명	15,718명

래의 중국적 관료조직으로 元이 이를 채택하였다는 점에서 원제국의 중국식 행
정기구의 성격을 엿볼 수가 있다. 다만 원대의 중앙행정기구의 특성은 중서성이
유일한 최고정무기구이며, 문하성(門下省)은 설치하지 않았고, 상서성(尙書省)은
잠시 두었으나 곧 폐지한 점에 있다. 따라서 중서성이 상서성의 업무를 담당하
였으며 그 때문에 6부가 중서성에 소속되었다.

지방의 행정제도는 宋代와 같이 로(路)를 두고 그 아래 부(府)·주(州)·현(縣)
제도를 채택하고 있다. 그러나 원대의 지방행정제도의 가장 독창적인 것은 행
중서성(行中書省: 약칭 행성)[80])을 설치하여 지방의 최고행정단위로 하였다는 사실
이다. 행성(行省)은 南宋을 멸망시킨 이후에 전국적으로 설치하였다. 즉, 南宋의

[元의 통치기구]

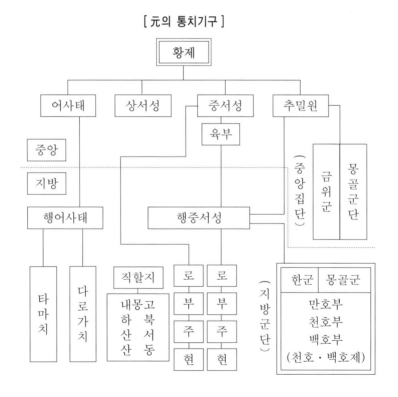

---

80) 고병익, 「麗代 征東行省의 硏究 上·下」『歷史學報』 14·19, 1961·1962.
행성(行省)은 이미 헌종시대에 아무강행성, 비슈바루크행성, 연경행성 등의 3성이 설치되
었으며 세조의 중통원년(1260)에 설치한 중서성도 실은 행중서성의 성격이 강하다. 왜냐
하면 당시는 아직도 수도를 내몽골 지방의 개평부에 두었고 대도(大都)로 국도를 옮긴 것
은 1271년이기 때문이다.
남상선, 「漢化過程에 있어서 蒙古兵制 및 樞密院」『金俊燁敎授華甲紀念中國學論叢』, 1983.

멸망에서 1321년까지 11개의 행성[81]을 설치하였고, 수도근방은 중서성이 직접 관할하는 로(路)·주(州)를 두었는데, 이를 복이(腹裏)라 하였다. 행성에는 승상 (丞相)을 두어 최고 장관으로 하였다. 행성 아래 路를 두었고 다시 부(府, 33개소), 주(州, 359개소), 현(縣, 1127개소)을 설치하여 행정장관은 몽골·한인을 함께 두 었으나 전권은 몽골인이 차지하였다. 각 路에는 다루가치(達魯花赤, Darugachi) 와 총관(總官)을 각 1명씩 두었는데 다루가치는 몽골인으로 임명하고 총관은 한 인으로 하였다. 부·주·현도 다루가치가 정관이 되고 尹이 부장(副長)이 되었다.

다루가치는 몽골어로 진압관이란 뜻으로 칭기즈칸시대부터 중국과 서역(西域) 지방에 설치하여 汗의 대관(代官)으로 주로 정복지의 공부(貢賦)와 징병(徵兵)· 역참(驛站) 등을 주관하도록 위임한데서 비롯된다. 몽골제국이 초기에 서역이나 중앙아시아의 광활한 정복지를 지배하기 위해 채용한 다루가치제도는 주로 고 립된 중앙아시아의 성곽도시를 그 대상으로 하고 있다. 그러나 도시와 농촌이 이어져 있는 중국의 농경지대에는 다루가치제는 맞지 아니하였으므로 여기서 중국적인 주현제(州縣制)로 바꾸게 되었다.

한편 군사제도도 등급에 따라 편성되었는데, 몽골군(蒙古軍)·탐마치(探馬赤) 군·한군·신부군(新附軍: 南宋의 군대)으로 구분하였다. 몽골군은 주로 황제가 있는 수도근방과 산동에 주둔하고 탐마치군과 한군은 강남지방에 배치하여 치 안을 맡겼고 신부군은 그 중간지대에 배치하였다. 이 밖에 정복민으로 향병(鄕 兵)을 편성하였으며 지방에 주둔하고 있는 군대는 둔전(屯田)을 설치하여 병농 을 일치시켰다.

한편 몽골시대에 설치한 역참은 元代에 더욱 발달하였다. 역참은 육참(陸站) 과 수참(水站)으로 나누어지고 전국에 1383개소의 참치(站赤)가 있어 중앙과 지 방의 교통과 통신을 신속하게 전달하였다.

---

81) 영북행성[외몽고·시베리아남부지방을 관할], 협서행성(陝西行省)을 비롯하여 요양·감숙· 하남강북·강절 강서·호북·사천·운남·요동행성 등 11개소를 설치하였고 원말에는 15 개 행성으로 증가하였다.
    조영헌, 「元 大都와 '南北漕運體制의 成立-'北京型'首都論을 위한 一考察-」『서울대 東洋 史學科論集』 23, 1999.

Ⅳ. 元代의 특수한 경제정책

1. 몽골제국시대의 무자비한 수탈경제정책

몽골제국의 정복지 통치 가운데 가장 특징적인 것은 경제정책에서 두드러진다. 그것은 유목사회의 약탈경제적 성격이 몽골제국에서 잘 나타나고 있기 때문이다. 따라서 몽골제국의 점령지 통치가 갖는 특징은 유목민의 욕구가 그대로 분출된 약탈적 성격과 함께 그러한 욕구를 채우면서 정복지 漢人의 전통적인 관행을 존중하는 두 가지 통치방법이 서로 대립과 균형을 반복하면서 진행되었다는 점이다.

몽골의 북중국에 대한 경제정책은 태종대(太宗代)에 이르러 제도적 장치가 마련되었다.

태종(太宗)은 즉위 직후 칭기즈칸이 내린 모든 법령(法令)을 그대로 계승토록 하였으나, 특히 조세의 징수에서 차이점을 발견할 수 있다. 즉, 태종은 화북지방의 한인에게는 호(戶)를 단위로 부조(賦調)를 납부하도록 하고(1229), 이를 야율초재(耶律楚材)로 하여금 주관토록 하였고, 서역인(西域人)은 丁(人口)을 단위로 하였다. 이를 위해 연경(燕京) 등지에 십로징수과세소(十路徵收課稅所)를 설치하고(1230) 각로(各路)에 부세징수를 담당하는 관리를 파견하여 지방에 주둔시키고 지방에 있는 몽골왕공의 통제를 받지 않도록 하였다. 이는 지금까지 함부로 인력과 물자를 착취하던 방식을 버리고 정비된 수탈체제를 통한 조세의 극대화를 꾀하는 동시에 정복지에 주둔하고 있던 유목민의 독자적인 약탈체제를 약화시켜 경제적인 중앙집권화를 도모하려 한 것이다.

이와 함께 효율적인 부조의 징수를 위해 호구조사를 실시하였다.[82]

이러한 호구조사에 의한 세제정비와 병행하여 태종시대의 북중국 통치상의 또 하나의 변화는 한인세후(漢人世侯)의 세력을 약화시킨 것이다. 한인세후란 몽골의 금나라 정복(1234)으로 정치·사회적 질서가 무너지자 향촌의 자위를 위해 한인유력자들이 무장집단을 만들어 횡적인 연락을 갖고 있던 한인유력호이다. 이들은 몽골의 화북정복에 적극적으로 협력하였고 몽골도 처음에는 화북지

---

82) 1233년에 중원지역의 호구조사결과 72만여호를 확인하고(癸巳年籍), 1234년 金을 정복한 후 재 조사결과 신호(新戶) 111만호를 파악하였다[乙未年籍]. 여기에서 신호라는 것은 1233년의 72만호를 포함하는 것인지 아니면 그와는 별도로 새로이 파악된 호인지는 논란이 있다(김호동, 「蒙古帝國의 形成과 展開」 『講座中國史』 Ⅲ, 271쪽 참조).

방의 안정을 위해 한인세후와 손을 잡고 그들에게 군정·민정·재정에 관한 권한을 위임함으로써 간접적인 통치를 맡기게 되었다.[83]

그러나 태종대의 호구조사와 세제개혁으로 한인세후가 갖고 있던 민정과 재정권이 몽골인 군주와 투하영주(投下領主)에게로 넘어가도록 하였고, 민정도 군주가 파견한 다루가치가 감독하게 되었다. 그리고 한인세후의 지휘 하에 있던 군대를 기초로 한군만호(漢軍万戶)를 만들어 세후들을 만호로 임명하여 몽골제국의 지배 하에 들게 하였다. 이와 함께 몽골의 5부족으로 구성된 오부탐마적군(五部探馬赤軍)을 화북에 주둔시켜 한인세후의 군정권을 통제하게 하였다.[84]

이와 같은 몽골제국의 북중국에 대한 통치정책은 그들이 정복한 서아시아나 중앙아시아 지역에서도 대체로 그대로 적용되었다.

2. 元 제국시대 조세제도의 변화

南宋을 정복한 이후(1279)의 元의 세법은 몽골제국시대와는 달라지고 있다. 그것은 화북지방(金의 정복지역)에는 몽골제국시대의 세량(稅糧)·과차(科差)의 세법을 그대로 적용한데 대해 새로 정복한 강남지방에는 중국의 세법인 양세법을 실시하였다는 점이다. 이와 같이 통일국가 내에 두 가지 세법이 지역에 따라 실시되었다는 점에서 원대 세법의 특성을 찾을 수 있고, 이는 또한 원조의 이중적 통치성격이 세법에도 그대로 드러나고 있는 것이다.

세량이나 과차는 몽골제국이 정복지를 착취하기 위해 만들어낸 몽골식 세법이다. 이러한 몽골제국시대의 세량·과차는 원제국에 와서 변화되었다. 세량은 정세(丁稅: 인구세)와 지세(地稅: 토지세)이다. 정세는 매정(每丁)마다 속(粟, 찧지 아니한 곡식) 一石을 최고세액으로 하여 戶에 정수(丁數)가 증가함에 따라 점차로 세액을 줄이는 것이고, 지세는 밭 1畝에는 3升, 논 1畝에는 5升의 토지세를 징수한 것이다. 이들 두 가지의 세는 매호를 단위로 정하여 부과하였기 때문에 丁이나 토지 중에서 많은 쪽을 조세부과의 기준으로 하였다. 따라서 장정(壯丁)이 없어도 토지를 가진 戶나 토지를 소유하지 않아도 丁이 있는 戶는 세량의 부담호가 된다.

---

83) 대표적인 한인세후는 진정(眞定)의 사천택(史天澤), 동평(東平)의 엄실(嚴實), 순천(順天)의 장유(張柔), 제남(濟南)의 장영(張榮), 서경(西京)의 유흑마(劉黑馬), 익도(益都)의 이단(李壇) 등이다.

84) 탐마적(探馬赤, Tammachi)군의 실체에 관해서는 학자들간에 논란이 있다(金浩東, 「蒙古帝國의 形成과 展開」『講座中國史』 Ⅲ, 274쪽의 주 70 참조).

과차는 사료(絲料)와 포은(包銀)으로 이는 몽골제국시대의 태종 8년(1236)에 실시되었다. 다만 元朝의 중통원년에는 사료액수를 종래보다 두배 증가한 22냥 4전을 징수하고 있다. 포은도 태종대에는 6냥의 세액으로 실시되었으나 헌종 5년(1255)에 4냥으로 감액되었다가 중통원년에 중통초(中統鈔)의 발행과 함께 은 납(銀納)에서 초납(鈔納)으로 바뀌었으나 포은의 명칭은 유지되었다.

한편 元이 南宋지역의 강남에 적용한 양세법은 특수한 사정이 세제 시행상에 나타나고 있다. 즉, 元은 처음부터 강남지방에 양세법을 실시한 것은 아니다. 元의 초기에는 추세(秋稅)와 문탄세(門攤稅)를 부과하였다. 즉, 지원(至元) 13년 (1276)부터 하세(夏稅) 대신에 각호에 문탄세, 동전(銅錢: 1貫 2千文)을 부과하였 다. 이 문탄세는 호세(戶稅)에 해당하며 하세(夏稅)와는 그 성격이 다르다. 원이 강남지방에 추세와 문탄세를 과한 것은 추세를 화북의 세량(인구ㆍ토지세)으로 그리고 문탄세를 과차에 비유하여 시행한 것이다. 따라서 문탄세(科差)를 강남 에서 시행한 것은 원조특유의 세제를 강남지방에도 그대로 적용하였다는 의미 를 찾을 수가 있다.[85]

그러나 이 문탄세는 성종의 대덕 3년(1299)에 중단되고 하세로 바뀌었다. 그 것은 戶를 지니고 있는 주호(主戶)에게 재산의 차등을 두지 않고 일률적으로 과 세하였기 때문에 중등(中等) 이하의 하호(下戶)에게는 견디기 힘든 엄청난 부담 이기 때문이다. 호광(湖廣)지방에서 계속 일어난 농민반란은 이 문탄세와도 밀 접한 관련이 있었다. 이리하여 문탄세를 폐지하고 중국의 양세로 바꾼 것이다.

3. 제색호계(諸色戶計)와 부역제도

몽골제국은 정복민에 대한 민족적 차별정책과 함께 일반 민호(民戶)도 그들의 직업에 따라 분류하여 국가의 요역에 동원하고 있는데 이를 제색호계(諸色戶計) 라 한다. 제색호계는 민호를 다시 군호(軍戶)ㆍ참호(站戶)ㆍ장호(匠戶)ㆍ타포호 (打捕戶)ㆍ응방호(鷹坊戶)ㆍ유호(儒戶)ㆍ의호(醫戶)ㆍ음양호(陰陽戶) 등 직업별로 분류하고 이들은 세습에 의해 그 신분을 고정시킨 신분체제이다.

군호는 주로 요역을 담당하고, 참호는 역참(驛站)을, 타포호와 응방호는 사냥 터를 지키고 매를 사육하였다. 좁은 뜻의 민호는 일반농민을 말하는데 그들은 향역(鄕役)과 직역(職役)을 전담하였다.

---

85) 한영근, 「元代 鹽法의 成立과 運用에 관한 考察」『釜大史學』3, 1999.

이러한 제색호계 중에서 특히 중요한 것은 군호와 참호이다. 군호는 일찍이 화북지방의 한인세후(漢人世侯)의 부곡(部曲)과 이 밖에 원제국의 지배가 확대되면서 정부에 편입된 한인의 병사와 그 가족이다. 그러나 남송을 정복한 후의 南宋의 정규군은 신부군(新附軍)으로 元제국에 편입되었으므로 군호에 들어가지 않는다. 따라서 군호는 주로 화북지방의 한인으로 구성되고 있다. 군호의 부담은 장비일체를 자담하는 병정(兵丁) 한 사람을 국가에 제공하는 것이므로 대단히 과중한 것이다. 국가는 그 보상으로 군호를 내보낸 집안에 대해 조세를 면제하고 있다.

이와 같은 제색호계와 함께 원대의 특이한 제도가 알탈호(斡脫戶)이다. 이는 돌궐어로 상인조합을 뜻하는 오르탁크(Ortaq)에서 유래한 알탈상인(斡脫商人)으로 그들은 개별적으로 몽골황제나 황후를 위하여 영리사업을 위탁받은 특수상인이다. 이들의 고리대금, 상업활동, 독점적 해외무역 등 영리활동은 이미 칭기즈칸 시대에 시작되고 있다.[86] 이들은 몽골의 황제나 귀족을 위해 활약하지만 그들 자신의 이익 추구도 결코 등한시하지 않았다. 특히 알탈호의 상업 활동은 국제적으로 銀을 둘러싸고 가열되었다. 즉, 10세기 말부터 이슬람세계에서는 은이 부족하였기 때문에 몽골의 포은(包銀)에서 거두워 들인 막대한 은이 알탈상인에 의해 아랍세계에 유출되었고,[87] 이 과정에서 알탈전(斡脫錢)을 자본으로 하여 양고아식(羊羔兒息)이라고 하는 엄청난 고리(高利)를 취하였다. 한편 좁은 의미의 민호[농민]에게 과해진 이정(里正), 주수(主首), 사장(社長) 등 일반적인 향역(鄕役)이나 직역(職役)은 원대 요역의 주축이었는데, 이는 중국역대의 요역 제도를 그대로 답습한 것이었다.

4. 원대의 특수한 화폐정책

元은 중국을 통치하는 동안에 지폐[紙幣: 교초(交鈔)]로 일관하는 통화정책을 취하고 있는데 이는 중국역사상 전례가 없는 화폐정책이다.

중국의 지폐는 北宋代(10세기) 사천(四川)지방에서 민간이 발행한 교자(交子)에

86) 이개석, 「元代 儒戶에 對하여-戶籍을 中心으로-」『東洋史學硏究』17, 1982.
　　　　, 「14世紀 初 漠北 遊牧經濟의 不安定과 部民生活」『東洋史學硏究』46, 1994.
87) 헌종 5년(1255)에 1호마다 내던 6양의 포은(包銀)을 4양으로 줄이고 중통원년(1260)에는 다시 은대신 지폐(交鈔)로 납부하도록 세제를 고쳤는데 이는 元朝 치하에서 은의 절대량이 부족한데 기인하며 이것은 중국은의 서아시아 유출과 관계가 있다.

그 기원을 찾고 있으며, 北宋정부는 이를 본받아 정부발행 지폐로 정착시켰다.[88] 元의 지폐는 宋·金의 제도를 가져온 것이다. 몽골제국에서 교초(交鈔)가 발행된 것은 금이 망한 직후인 태종 8년(1236)의 일이다. 이때의 교초는 금나라가 지배하던 화북지방에만 유통을 한정하였고 또 민간에서도 한인세후(漢人世侯)도 교초를 발행하였으므로 제도적으로 아직 완비되지 못하였다.

元의 교초가 전국적으로 유통되면서 국가제도로 정착된 것은 세조(世祖)가 즉위하는 중통원년(中統元年, 1260) 7월에 발행된 천하통행교초(天下通行交鈔)의 발행에서 비롯되고 이것이 은본위(銀本位)의 중통원보교초(中統元寶交鈔)로 바뀌면서 교초에 의한 교환의 매개체계가 확립되었다.[89]

중통원보교초를 발행한 것은 元제국의 초기에 동전의 주전이 불가능하였기 때문에 발행이 수월한 지폐로 대치한 것이다. 다행히 元의 초기에는 동전을 주전하지 않아 화폐의 절대량이 부족하였기 때문에 중통교초의 신용도가 높았고 발행가보다 더 높은 가치를 유지할 정도로 성공적이었다. 그 위에 교초로 납부하는 포은(包銀)의 세액(稅額)이 연간 약 300만관(貫)을 웃돌았기 때문에 매년 300만관 정도의 교초가 국가에 회수된 데에도 교초의 신용이 높아진 원인이 있었다. 元은 교초의 순조로운 유통으로 자신을 갖게 되면서 지폐본위의 통화정책으로 일관하게 되었다.[90]

그러나 화폐의 수요와 국가재정을 메우기 위해 해마다 교초를 남발하면서 화폐로서의 신용도가 점차 떨어져 지원(至元) 24년(1287)의 중통초(中統鈔)는 그 가치가 5분의 1로 폭락하였다. 元은 이에 대한 대책으로 중통초의 발행을 중단하고 새로 지원교초(至元交鈔)를 발행하였다. 그리하여 지원초 1관에 중통초 5관으로 평가절하하였다.

지원초의 발행으로 지폐에 대한 위기를 조금은 극복하였으나 교초에 대한 신용은 회복되지 못한 채 원말까지 지원초가 유지되었다. 그런데 元의 교초액수

---

88) 북송말에서 남송에 걸쳐 지폐의 명칭은 교자(交子)·전인(錢引)·회자(會子) 등 여러 가지가 있고 금나라에서는 교초(交鈔: 지폐)라 하였다.
89) 지폐의 단위에는 최고 2관문(貫文)이 있고, 이는 은 1냥에 해당한다. 그 밑에 1관문, 5百文, 3百文, 2百文, 百文, 50文, 30文, 20文, 10文의 10종류가 있다. 또 화폐단위로는 七文을 리(釐), 10文을 分, 100文을 錢, 1000文을 貫이라고 하는 10진법을 쓰고 있다.
90) 교초(交鈔)의 발행규모는 중통원년(1260)의 350만관이었는데 이것은 이후 15년간 평균 발행액수가 되었다. 이는 북송시대의 교자발행액 125만관~250만관을 능가하는 것이다. 그러나 남송을 정복한 이후인 지원 13년(1276)에는 돌연 7,000만관으로 20배로 증가하고 이후 10년간에 연평균 6,000만관이 발행되면서 교초의 남발이 계속되었다(『元史』, 食貨志).

가 南宋정벌 이후 폭발적으로 증가되고 그에 따라 교초의 신용이 떨어졌음에도 백여년간 화폐로서의 가치를 유지할 수 있었던 것은 元代의 소금에 과한 세, 즉 염과(鹽課)와 밀접한 관계가 있다.[91] 元은 南宋정복 이전에는 초납(鈔納)에 의한 포은(包銀)으로, 이후에는 염과에 의하여 교초의 폭락을 어느 정도 지탱하였기 때문에 元이 1세기를 통해 불환지폐(不換紙幣)인 교초만으로 통화정책을 밀고 나갈 수 있었다.

그러나 원나라 멸망의 경제적인 요인은 지폐(교초)의 남발에서 찾을 수 있고 135년대에 이르면 지폐의 유통은 거의 정지상태가 되었다.

V. 元代의 동서문화교류

1. 몽골의 세계제국과 활발한 동서문물의 교류

동서세계에 걸친 몽골제국의 출현으로 동서문물의 교류가 활발하게 촉진되었다. 그것은 광대한 제국의 성립으로 동서교통을 방해하던 장애요소가 제거되었을 뿐만 아니라 제국통치를 위한 교역로의 개척과 역참(驛站)제의 정비 등이 동서문화의 교류를 촉진하는 중요한 요소가 되었기 때문이다.[92] 역참은 공무를 띠고 왕래하는 사자(使者)의 여행편의를 위해 공도(公道)에 역사(驛舍)를 세우고 역부에 참호(站戶)를 두어 역마(驛馬)와 함께 숙식을 제공한 제도이다. 역참을 사용하는 자에게는 교통허가증인 패(牌)를 지급하였고 역참제를 정비하여 동서교통로의 확대에 따르는 여행자의 편의를 제공하였다.

몽골제국의 동서를 연결하는 교통로는 크게 세 방향이 있다.

제1로는 외몽골의 카라코룸[和林]에서 서쪽으로 나아가 오고타이한국의 수도 에밀을 거쳐 카스피해의 북쪽을 통과하여 직접 킵차크한국(汗國)의 수도 사라이에 이르는 북로(北路)이다.

제2로는 카라코룸에서 서쪽으로 차가타이한국의 수도 알말리크를 거쳐 서투르키스탄에 이르거나 혹은 아랄海와 카스피海의 북쪽을 돌아 사라이에 이르는 중앙로(中央路)가 그것이다.

---

91) 남송정복 후 교초는 연평균 7,000만관을 발행하였다. 이 가운데 염과(鹽課)로 회수된 액수는 약 2250만관에 달한다. 그 후 지원교초 발행 때에는 염과는 다시 1억2750만관에 이르고 있다(『元史』, 食貨志). 이는 원대교초제 유지를 위해 큰 몫을 한 셈이 된다.

92) 고병익, 『東西交涉史의 硏究』, 서울대출판부, 1970.

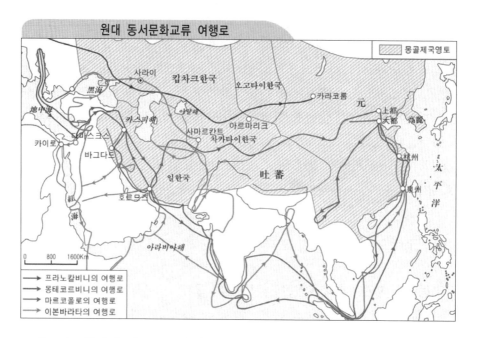

제3로는 몽골의 대도(大都)에서 동서투르키스탄의 오아시스지대를 거쳐 일한(汗)
國의 수도 타브리즈와 바그다드에 이르는 남방로(南方路)이다. 제2의 중앙로는
당나라 이후 개척된 천산북로(天山北路)이며, 제3의 남방로는 한대의 장건이 개
척한 이래 사용되어온 이른바 실크 로드(Silk Road)이고, 제1의 북방로는 초원
로이다.

이와 병행하여 국내의 교통로는 카라코룸에서 상도(上都)를 거쳐 대도[大都(北
京)]에 이르는 길이 원조의 성립과 더불어 완비되었고, 다시 대도에서 운하를
거쳐 강남(江南)의 항주(杭州)와 그 외항이며 무역항인 천주(泉州)에 이르며, 그
곳에서 해상교통로에 연결되었다. 중국의 해상교통로는 唐・宋 이래 발달하였으
며 천주를 기점으로 하여 인도지나반도를 거쳐 인도양을 끼고 페르시아만의 호
르무즈(Hormuz)에 이르는 해로가 이용되었다.

元代에 이와 같은 육로와 해로가 개척되면서 유라시아대륙을 하나로 묶게 되
는 교통로가 완성되었다. 교통이 편리해짐에 따라 서방에서 동방으로 오는 사
람과 문물의 교류가 날로 증가하였다. 천주를 비롯한 광주(廣州) 등의 항구에는
시박사(市舶司: 세관)가 설치되고 외국인의 번방(藩坊: 거류지)이 생겼으며 부상
대가(富商大賈)도 적지 않았다.

이란계의 중국인 포수경(蒲壽庚)은 南宋말 천주의 세관장이 되어 그 세력이 컸고 南宋이 망하자 元에 항복하여 元의 동남지방 평정에 공이 컸기 때문에 고관이 되었으며 남해 여러 나라를 회유하는데 크게 활약하였다.

2. 외국인 우대책과 서방문물의 전래

수(隋)·당대(唐代)의 동서교역은 이란계의 소그트인이 주로 담당하여 활약하였으나 이슬람 세계가 확대되고 유럽·아시아에 걸친 몽골제국이 등장함에 따라 아라비아와 터키계의 이슬람상인의 진출이 현저해졌다. 이들은 대상(隊商)을 조직하여 동서교역에서 활약하였는데 특히 몽골제국이 색목인(色目人: 서역인)을 우대하였으므로 그들의 활약은 대단하였다.

몽골제국 내에는 많은 유럽인이 찾아와서 유럽의 학술과 종교를 전파하였는데, 특히 가톨릭교의 신부가 다수 포함되어 있다. 프라노 칼피니(Plano Carpini), 윌리암 드 루브르크(William de Rubruch) 그리고 세조 때 로마교황의 명을 받고 연경(燕京)에 교회를 세우고 30여년이나 그리스도교의 포교에 종사한 몬테코르비노(Monte Corvino)가 유명하다. 또 여행가로는 세조 때 몽골에 와서 17년 동안이나 살다가 귀국하여 『東方見聞錄(동방견문록)』을 지은 이탈리아 출신 마르코 폴로(Marco Polo)[93]와 모로코의 여행가 이븐 바투타(Ibn Battuta) 등도 유명하다. 몽골어나 중국어를 모르는 이들 외국인이 조금도 불편함이 없이 장기간 중국에서 생활할 수 있었던 것은 그들에 대한 우대정책 때문이라 하겠다.

몽골족의 유럽원정으로 유럽인의 동양에 대한 관심이 커졌고, 특히 로마교황은 몽골의 잔인한 유럽정복전쟁에 충격을 받아 몽골인과 중국인을 개종시키기 위하여 신부를 파견하게 되었다. 가톨릭교회의 신부들은 대도(大都, 북경)에 와서 성당을 세워 포교활동을 하고 성서를 몽골어로 번역하였으며, 몽골시대의 가톨릭교회를 십자사(十字寺)라 하였다. 이와는 별도로 唐代에 유행하던 네스토리우스교(景敎)는 몽골제국의 성립과 더불어 발전하면서 몽골왕족 사이에 신자가 늘어났다. 세조 쿠빌라이의 모친도 경교신자라 한다.

---

93) 목은균, 「中西文化交流上에 있어서 Matteo Ricci의 공헌에 對한 考察(上)(下)」『中國學硏究』(淑明女大) 5·6, 1987~1989.

3. 원대 이슬람문화의 수용

이슬람교도는 宋代에 천주(泉州)·광주(廣州)를 비롯하여 항주(杭州)와 양주(揚州) 등의 항구도시에 와서 거주하였고 주로 무역에 종사하였다. 元代에는 서역인의 중국내왕과 이슬람교의 신봉으로 이슬람교가 중국 각지에 보급되었고 이슬람교를 회회교(回回敎: 淸眞敎)라 부르며 사원을 회회사(回回寺)라 하였다. 그 교도를 다시만(答失蠻)이라 하였는데, 이는 페르시아어의 학자(學者)를 의미한다.

한편 원대에는 서역계통의 이슬람교도 이외에 해방된 노예나 이교도의 자손 혹은 몽골인이나 중국인 가운데서도 이슬람교로 개종한 사람이 적지 않았다. 세조(쿠빌라이)의 손자인 안서왕(安西王: 아난다)과 그의 부하 15만여명이 이슬람교로 개종한 예도 있다.

元代의 이슬람상인은 다양한 상품을 가지고 상업에 종사하였으며 몽골 귀족의 영지에서 세금청부를 맡거나 귀족으로부터 자금을 빌려 고리대를 경영하는 자도 나타났다. 특히 이슬람상인의 고리대금업을 알탈(斡脫: Ortag)이라 하고 알탈전(斡脫錢)은 고리대금을 의미하였다. 이자율이 아주 높아서 1년 후에는 원금의 2배가 되고, 2년 후에는 3배 그리고 3년 후에는 9배가 되어 기하급수적으로 늘어나기 때문에, 민간에서는 양 한 마리가 여러 마리의 새끼를 치는 것과 같이 이자가 늘어난다 하여 양고리(羊羔利) 혹은 양고아식(羊羔兒息)이라 하여 두려워 하였다.

이슬람교도는 색목인 가운데서도 문화적으로 가장 우수하였기 때문에 元제국 내에서 그들의 문화활동은 천문(天文)·역법(曆法)·자연과학방면에 큰 업적을 남겼다.[94] 몽골인에 의해 최초로 만들어진 역(曆)은 元初의 공신 야율초재(耶律楚材)가 제작하였다는 '서정경오원력(西征庚午元曆)'이다. 이 달력은 그 이름이 나타내는 것처럼, 서정(西征)에 수행한 자들이 서역력(西域曆)을 본따서 만든 것이다. 이어 세조 때(1267) 이란인 자말·웃딘(Jamal ud-Din)은 천문관측기를 만들고, 만년력(萬年曆)이라는 새 달력을 제작하였으며 회회사천대(回回司天臺: 이슬람 관상대)의 장관으로 임명되었다. 그 후 사천소감(司天少監)의 쿠와말·웃

---

94) 고병익, 「이슬람 敎徒와 元代社會」『歷史學硏究』1, 1949.
　　김호동, 「중앙아시아 무슬림 聖者崇拜─투르판의 '알프 아타 숭배'를 中心으로─」『震檀學報』
　　　　74, 1992.
　　＿＿＿, 「이슬람勢力의 東進과 하미王國의 沒落」『震檀學報』76, 1993.

딘은 보하라왕 아난다의 명을 받아 회회력일(回回曆日)을 만들어 사용하였고 (1279), 카니마·웃딘은 『万年曆(만년력)』을 조정에 바쳤다(1313). 이러한 천문 역산(曆算)의 도서와 함께 아라비아의 도서, 기계, 지도 등도 많이 전파되었다.

그런데 元代의 중국인은 단순히 서방의 과학을 수입하여 이것을 사용하는 것만으로 만족하지 않았다. 중국의 전통적인 지식을 이슬람문화에 가미하여 새로운 문물을 창조하였으니 곽수경(郭守敬)은 그 대표적인 인물이다. 그는 여러 가지 새로운 기계를 제작하였고 대도(북경)에 천문대를 세웠으며 황제의 명을 받아 아라비아의 달력을 참고로 수시력(授時曆)이라는 새 달력을 제정하였다(1280). 지리학에서도 주사본(朱思本)은 아라비아의 지도제작법을 배워 새로운 지도를 만들었는데 이는 明代에 수정되어 황여도(皇輿圖)가 되었다. 유태인으로 알려진 애설(愛薛)은 천문학과 의학에 뛰어났고, 아랍인 알라·웃딘과 이스마일은 투석병기를 개량하여 큰돌을 적진에 날라가게 하여 南宋을 정복하는 데 공을 세웠다.

이 밖에도 의학·약학방면에 뛰어난 기술이 유입되어 생활에 널리 이용되기도 하였다. 생활풍습에서도 서아시아의 수직물(手織物)이 유행하고 이란식의 신발을 신고 너울로 얼굴을 가리는 쇼올이 유행되기도 하였다. 음식물에도 유목민 특유의 쿠미즈(馬乳酒), 우주(牛酒)가 보급되고 서역산 포도주와 설탕이 애용되었다. 예술방면에서는 정열적인 이슬람음악과 함께 여러 가지 악기가 전래되었다. 전정생(殿廷笙)이라는 일종의 오르간과 코즈스라고 하는 삼현악기(三弦樂器)는 모두 이슬람악기로 중국에 유행된 것이다.

그런데 원대의 이와 같은 이슬람 문화에 대한 몽골인의 수용자세는 대단히 주목되는 바가 있다. 즉, 원대에 전파된 외래문화는 상류사회뿐만 아니라 각계각층에 깊이 침투되어 있었고, 중국의 전통문화와 융화되면서 새로운 문화로 발전하기도 하였다. 이 점이 당나라시대의 외래문화 수용자세와 큰 차이가 있다. 따라서 원제국의 통치기간이 좀더 오래 지속되었다면 서아시아문화뿐만이 아니고 유럽문화도 明末·淸初를 기다리지 않고 보다 일찍이 중국에 전파되었을 것이다. 원나라는 중국을 통일한 후 불과 90년 만에 멸망하였고 그 위에 원을 계승한 명나라는 철저한 국수주의 정책을 취하여 외래문화를 배척하였기 때문에 원대에 조성된 국제적인 문화는 17세기에 이르기까지 약 3백년간 단절되었다.

4. 원대 문화의 부진과 서민문화의 발달

元代에는 민족의 차별정책으로 한인의 문화활동은 제한되었다. 몽골민족은 군사력에 의한 세계제국의 건설에 따라 무력에 대한 절대적 자신감을 가지고 있었기 때문에 자만심이 강하여 몽골지상주의가 문화면에도 반영되고 있다. 뿐만 아니라 몽골인은 중국을 정복하기 이전에 서방세계의 이슬람인, 위구르인과의 접촉을 통하여 서방의 문화수준이 결코 중국에 떨어지지 않음을 알기 때문에 중국문화보다는 서방문화를 좋아하게 되었다. 이리하여 몽골인은 중국의 전통문화에 별로 흥미를 갖지 않게 되었다.[95]

특히 오랜 기간에 걸친 과거제도의 폐지에 따라 한인지식계층의 관계(官界)진출이 막히면서 유교적 교양을 지니고 있던 지식계층이 몰락하게 되었고,[96] 유학(儒學)과 시문(詩文)이 보잘 것 없게 되었다. 元代에 활약한 문인으로 조맹부(趙孟頫) 등이 있으나, 宋代 문학의 연장에 지나지 않고 통속문학으로서 소설과 연극(희곡)이 발달하였다. 그것은 중국의 전통적인 시문보다 재미있는 문학적 오락작품이 몽골족에게는 훨씬 흥미있고 이해하기가 쉬웠기 때문이다.

먼저 원대에 유행한 연극을 보면 그 뿌리는 宋代부터 시작된다. 宋代에 서민이 좋아하던 잡극은 金에 전해져 원본(院本)이라 하였는데, 이것이 다시 원대에 본격적으로 발달하여 원의 가극(歌劇)이 되었다. 몽골인의 활동적인 민족성은 단순한 연극보다는 가무(歌舞)와 음곡(音曲)이 같이 어울려 상연되는 연극을 좋아하였으므로 수도 대도(大都)를 중심으로 화북지방에서 가극이 발달하였는데 이를 북곡이라 한다. 북곡(北曲)은 한 사람의 가수가 주역으로 등장하여 노래와 가사(歌辭)의 내용을 읊어가면서 연극을 이끌어 나가는 것으로서 연극의 내용은 고사(故事)와 전설이 주가 되었다. 그런데 元의 초기에는 이러한 북곡이 성행하였으나 중기 이후에는 강남(江南)의 항주(杭州)를 중심으로 남곡(南曲)이 발달하였다. 남곡은 북곡과는 달리 주로 남방의 가곡을 연극에 사용하였고 노래하는 가수도 여러 사람으로 구성되었다. 유명한 작품에는 북곡으로 왕실포(王實甫)의

---

95) 김종원, 「元代 蒙古國子學과 太學에 대하여」『東洋史學研究』3, 1969.
　　정인재, 「元代의 朱子學」『東洋文化』19, 1979.
　　권중달, 「元朝의 儒學政策과 元末의 儒學」『中央大人文學研究』18, 1991.
96) 元제국의 지배하에서는 一官・二吏・三僧(라마승), 四道(도교), 五의(醫), 六工, 七匠(장),
　　八창(娼), 九유(儒), 十丐(개・걸인)이란 속담이 있다. 유학자는 창녀 다음의 9등급에 놓을 정도로 그 사회적 지위가 낮았다.

『西廂記(서상기)』, 마치원(馬致遠)의 『漢宮秋(한궁초)』 그리고 남곡에는 고칙성 (高則誠)의 『琵琶記(비파기)』와 시혜(施惠)의 『幽閨記(유규기)』 등이 널리 알려졌고, 남곡은 明代에 이어져 발달하였다. 연극과 함께 구어소설(口語小說)도 宋代를 계승하여 발달하였으니 『水滸傳(수호전)』, 『三國志演義(삼국지연의)』 등이 개작 되어 유행하였는데 『수호전』, 『삼국지연의』는 『서상기』, 『비파기』와 더불어 원 대의 4대기서(四大奇書)로 꼽고 있다.

그림은 宋代의 원본화풍(院本畵風)이 쇠하고 그 대신 문인화와 산수화가 발달 하였다. 元末의 황공망(黃公望), 오진(吳鎭), 예찬(倪瓚), 왕몽(王蒙)을 원의 4대 가(4大家)로 꼽고 있다.

건축은 송·요·금의 양식을 계승하고 또 라마교와 회교의 양식을 받아 들여 종래와는 다른 새로운 건축물이 세워졌다. 송·금의 건축계통으로는 원의 수도 인 북경(大都)의 궁전과 숭산(嵩山)에 세워진 소림사의 고루(鼓樓), 곡부(曲阜)의 문묘비각(文廟碑閣)이 유명하다. 이슬람교계통의 건축물로는 광동(廣東) 양성사 (壞聖寺)의 광탑(光塔), 번탑(蕃塔)이 알려져 있고 라마교 건축물로는 대도의 묘 응사(妙應寺)의 백탑(白塔)이 뛰어나다. 이 밖에 조각에도 라마교의 수법이 전해 지고 있으며 아라베스크 문양도 미술에 큰 영향을 주고 있다.

한편 서역문화의 전파와 색목인의 활약은 원대의 불교를 새로운 방향으로 발 전시켜 놓았다. 몽골제국 초기에는 불교의 선종(禪宗)과 그 밖의 종파[천태·화 엄·정토]가 강남지방에서 유행하고 元의 보호를 받으면서 교세가 확장되어 갔 다. 그러나 티베트의 고승 파스파(八思巴)를 국사(國師)로 초빙하면서 티베트의 불교인 라마교가 크게 발전하여 원대의 종교계를 지배하였다. 라마교는 6·7세기 경에 티베트의 토속종교와 대승불교가 혼합되면서 이루어진 불교의 일종이다. 그러나 몽골인은 불교의 교리에는 관심이 없고 다만 라마교의 신비스러운 주문 (呪文)과 기도방법에 현혹되어 왕실에서 이를 믿는 사람이 늘어나게 되었다.

특히 라마교는 몽골귀족 사이에 널리 유행하였다. 세조는 라마교의 대사원을 건축하였고 그 후의 황제들도 라마교를 보호하였으므로 큰 발전을 이룩하였다. 그러나 지나친 국가의 보호와 장려로 원의 국가재정이 어렵게 되고 그 위에 라 마승의 횡포가 극심하여 몽골사회의 혼란을 가중시키게 되었다. 라마교의 지나 친 보호는 원제국의 멸망과 밀접한 관계가 있다.

제 4 편
동아시아세계의 새로운 전개와
明·淸시대의 발전

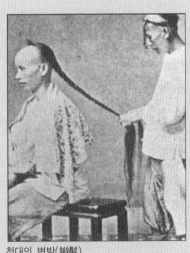

청대의 변발(辮髮)
淸의 변발령은 1644년에 반포되었다.
변발은 만주족의 풍습으로 남자의 앞머리는
삭발하고 뒷머리는 뒤로 따아 내렸다
한족의 장발(長髮)을 변발시켜 외관상
만주화시키는데 성공하였다.

1400	1500	1600	1700	1800	1900	1945

북원: 카슈가르한 / 순가르 / 오이라트 / 타타르 / 기르키스 / 몽골인민공화국

중국: 명 / 후금 / 청 / 중화민국 / 만주 / 중화인민공화국

고려: 조 선 / 대한제국 / 일제침략 / 대한민국

일본: 무로마찌시대 / 전국시대 / 아즈치모모야마 / 에도막부시대 / 메이지 / 다이쇼 / 쇼와 / 헤이세이

제 4 편 개 관

　14세기 후반에 원(元)나라의 세계제국은 쇠퇴하고 江南지방의 경제력을 배경으로 하여 한(漢)족에 의해 명(明)이 건국되었다(1368). 明의 중국통일은 중국 역사상 통일제국이 강남에서 일어난 처음 있는 일이다. 명의 건국으로 지금까지 북방민족에 의해 주도되었던 동(東)아시아의 국제질서는 일단 漢족으로 되돌아 왔다.

　명나라 통치의 기본방향은 몽골제국에 의해 파괴된 한문화의 부흥과 산업생산의 복구에 힘을 기울이는 일이었다. 明代는 서민문화가 발달하고 서민생활이 안정되었다.

　그러나 17세기 초에 만주에서 일어난 청(淸)나라(1616~1912)에 의하여 東아시아의 국제질서는 漢족에서 다시 이민족인 만주족으로 넘어 갔다. 소수의 만주족이 자신들보다 문화수준이 월등이 높은 다수의 한인을 지배한 것은 놀라운 일이다. 청의 중국통치는 자존심이 강한 한족을 굴복시키는데 초점을 두어 강압책과 회유책을 병행하였다. 강압책으로는 변발호복을 강요하고, 사상을 탄압하여 화이론(華夷論)을 철저히 억압하였다. 그러나 만주인이 한인을 무력으로 억압하고, 한족(漢族)을 제압하는데 국력을 쏟았으므로 한족은 자발적인 창의력을 발휘하지 못한 채 제국주의 열강의 침략을 받게 된 것이다.

　19세기에 접어들면서 청나라는 안팎으로 어려움을 겪게 되었다. 밖으로는 아편 문제를 계기로 영국과 아편전쟁(1840)을 치루면서 영국에 굴복하였고 안으로는 태평천국운동(1850)으로 전란에 휩싸였다. 청은 내외의 어려운 문제를 극복하기 위해 근대화운동(양무운동, 변법자강운동)을 추진하였으나 청일전쟁의 패배로 좌초되고 마침내 청제국은 멸망하였다(1912).

　청제국의 멸망으로 300년 가까이 한족을 지배하던 만주족도 함께 사라졌다. 무력으로 중국을 지배한 만주족이 도리어 문화적으로 한인에게 정복당한 것이다.

제 9 장
명대(明代) 동아시아의 새로운 전개

제 1 절 明의 건국과 황제독재체제

Ⅰ. 명(明)의 건국과 통치체제

1. 元 · 明교체의 역사적 의미

중국의 역사에서는 수많은 왕조의 교체가 있었으나, 元 · 明의 교체만큼 그 역사적 성격이 뚜렷하게 부각되는 예도 드물다.

그것은 먼저 이민족왕조(元朝)를 타도하고 한족왕조(明朝)를 회복시켰다는 점에서 종래 무수히 반복되어 온 왕조교체와는 성격이 다르다.[1] 더욱이 이러한 원 · 명 교체의 정치적 의미가 중요성을 가질 수 있는 것은 원제국 지배 하에서 파괴된 중국문화가 명의 건국으로 제자리를 되찾아 부흥할 수 있게 되었다는 점이다. 그것은 원조치하(元朝治下)에서 중국역사상 처음으로 전 국토가 북방민족에 의해 완전히 지배되었고, 중국문화의 전통으로 볼 때 원조치하의 漢문화는 상당히 변질되어 가면서 위기를 만났기 때문이다.

한편 몽골족으로서는 동서세계에 걸친 대제국을 건설하고 전 중국을 완전하게 정복하였으면서도, 한족을 지배할 수 있는 고유의 행정기술을 갖지 못하고 그 위에 중국문화에 대처할 수 있는 문화적 적응력을 지니지 못한체 오직 군사

---

1) 전해종, 「中國에 있어서의 王朝交替의 諸要因과 方法」『東亞史의 比較史的研究』, 일조각, 1976.
　　오금성, 「王朝交替期의 地域社會 支配層의 存在形態-明末淸初의 福建社會를 中心으로-」『近世 東아시아의 國家와 社會』(서울대학교 東洋史學研究室 編, 지식산업사), 1998.
　　송정수, 「明淸王朝의 成立과 正統性 確保」『明淸史研究』8, 1998.

력에 의한 무력통치만을 강행하였다. 그 결과 원조는 군사력의 약화와 함께 90년(1279~1368)의 중국지배를 끝으로 북으로 쫓겨 가서 유목민 집단으로 전락하였는데, 이는 동아시아는 물론 세계사에서 볼 때 중요한 역사적 의미를 갖는 것이다.

또한 종래 역대왕조에서 반복적으로 일어났던 민중(농민)반란이 한번도 국가 창업의 목표를 이루지 못하였다. 그러나 중국 역사상 한나라 고조(유방)와 명태조(주원장)는 유일하게 가난한 농민출신이란 공통점과 함께 왕조건국에 성공하였다는 것도 명조건국의 특징이라 하였다.

元·明이 교체되는 14세기 후기는 중국에서 뿐만 아니라 동아시아 세계의 커다란 전환기였다. 즉, 한반도에서는 14세기 후기에 고려·조선의 왕조교체가 이루어졌고(1392) 또 일본에서는 무로마찌막부(室町幕府)가 들어섰다(1338). 이러한 동아시아의 정치적 혼란을 틈타 왜구(倭寇)의 노략질이 자행되어 동아시아 세계를 혼란으로 몰아넣기도 하였는데, 이는 원·명교체기에 국제질서의 변화가 중요한 원인으로 작용한 것이다.[2]

2. 明의 건국과 주원장(朱元璋)집단의 성격

1) 홍건군(紅巾軍)의 봉기

홍건군이란 원말에 원제국의 폭정과 수탈정책에 시달려 오던 한민족이 원제국 타도의 깃발을 들고 일어난 농민운동이다. 머리에 붉은 수건을 썼기 때문에 홍건군이라 한다.

元朝지배하에서 가장 혹독한 민족적 차별과 가렴주구의 대상이 되었던 것은 옛날 남송의 통치하에 있었던 강남지방의 남인(南人)이었다. 유목민인 몽골인은 농업의 중요성을 이해하지 못하고 마음대로 토지를 빼앗기도 하고 가혹한 세역(稅役)을 부과하기도 하였다. 그러므로 농민은 정복자인 몽골인과 그 밖에 지주·상인·고리대자본가의 이중적 수탈을 받으면서 비참한 생활을 하였다. 홍건군이 민족적 차별에 저항하는 반원적(反元的) 성격과 함께 계급적 모순도 함께 타파하려는 반지주(反地主)운동으로 전개된 배경이 여기에 있다. 농민반란이

---

2) 최소자, 「元末 倭寇와 元·日關係」『梨大史苑』 26, 1992.
　　노기식, 「원명교체기의 遼東과 女眞」『아시아문화』 19, 2003.

주로 강남지방을 중심으로 진행된 것도 원조의 강압정책과 직접적인 관계가 있다.[3]

그런데 홍건군을 농민반란을 정신적으로 이끌어 간 것이 백련교(白蓮敎)이다. 백련교의 교주 한산동(韓山童)은 사회의 혼란을 틈타 자신이 미륵불의 환생이라 하여 농민의 지지를 받게 되었다.[4] 그의 신도 유복통(劉福通)은 한산동을 송 휘종의 8세손이라 선전하면서 반란을 일으키려 하였다. 그러나 사전에 발각되어 한산동이 처형되자 다시 그의 아들 한림아(韓林兒)를 황제로 옹립하고 국명을 송(宋)이라 하니 그 세력이 막강하였다. 백련교도는 미륵불(彌勒佛)이 하생(下生)하고 명왕(明王)이 출세(出世)한다는 것을 믿고, 특히 홍건(紅巾)을 머리에 둘렀으므로 홍건적이라 하였다.

2) 주원장(朱元璋)의 명왕조 건국

명(明) 태조 주원장(朱元璋)은 안휘성 호주(濠州)의 가난한 농민출신[5]으로 원말의 농민반란 때에 25세에 곽자흥(郭子興) 군단에 가담하여 두각을 나타내기 시작하였다. 주원장은 처음 홍건군의 곽자흥 군단에 소속되어 있었기 때문에 원제국과 지주계층을 상대로 전투를 하게 되었고, 따라서 반원·반지주적 성격을 갖게 되었다. 그러나 일단 곽자흥 군단과 결별한 후(1353) 독자적 세력으로 발전하면서 지금까지의 반지주적 입장을 포기하였다. 그리하여 백련교도와 결별하고 드디어 지주세력을 옹호하는 방향전환을 하게 되어 강남 지주세력의 지지를 얻을 수 있었다. 이것이 주원장 군단이 명을 건국할 수 있었던 사회 경제적 배경이 되었다.[6]

---

3) 元末의 농민운동을 처음 일으킨 것은 절강의 방국진(方國珍, 1348)이고 그의 반원세력은 태주·온주·경원(寧波)으로 확대되었다. 이어 시주(潁州: 安徽)의 유복통(劉福通), 기주(蘄州: 湖北)의 서수휘(徐壽輝)가 반란을 일으켰고(1351), 호주(安徽)의 곽자흥(郭子興, 1352), 평강(平江: 蘇州)의 장사성(張士誠)도 반원(反元)농민운동을 전개하였다.

4) 백련교는 불교의 일파로 東晋의 승려인 혜원(334~417)이 노산의 동림사(東林寺)에서 제자를 모아 조직한 백련사에서 기원한다. 염불삼매를 수행하며 아미타불을 믿었으나 당대에 미륵불을 신봉하면서 미륵불의 내세를 믿고 현세를 부정하게 되었다.
원말에는 페르시아에서 전파된 마니교(明敎)의 영향을 받았고 여기에 미륵불신앙이 합세하여 현재의 곤궁한 백성을 미륵불이 와서 구제하여 준다는 메시아사상으로 발전하였다.
최갑순,「明淸時代 宗敎 結社의 ‘三陽 說」『歷史學報』94·95 합집, 1982.

5) 주원장은 1328년 9월생이다. 부친 주세진(朱世珍)은 가난한 전농(佃農)이고 어머니는 무녀(巫女) 진(陳)씨의 딸이다. 그는 4남 2녀 중 막내아들로 일찍 부모를 잃고 17살 때 황각사의 탁발승이 되어 각지를 전전하면서 25세 때 반란에 가담하였다.
전영진,「朱元璋集團과 明初專制主義 問題」『慶北史學－金燁博士停年紀念史學論叢』21, 1998.

명조를 건국한 주원장의 공신집단에는 두 부류가 있다. 하나는 유기(劉基), 송렴(宋濂)을 대표로 하는 강남지주집단[7]이고, 다른 하나는 처음부터 주원장과 생사를 같이 하던 서달(徐達), 이선장(李善長) 등 24인의 동향출신 무인집단이다. 이 양대 세력은 다같이 지주적 성격을 지니고 있었기 때문에 주원장의 공신집단은 지주층이 다수를 차지하고 있었다.

주원장은 국내의 여러 세력, 즉 서쪽의 진우량(陳友諒)집단, 화북지방의 홍건농민군의 한림아·유복통집단 그리고 절동의 방국진·장사성 세력 등을 정복한 후 마침내 1368년 금릉(金陵, 南京)에 도읍하여 명(明)을 창건하였다.[8]

중국 역사상 평민출신으로 창업군주로 나라를 세운 인물은 한나라 고조(유방)와 명태조(주원장) 두 사람뿐이다.

3. 태조(朱元璋)의 황제 독제체제 강화 정책

명의 태조가 직면한 가장 시급한 문제는 오랜 몽골지배가 남긴 유목민족의 문화유풍을 일소하고 한족문화를 부흥하는 일, 원말 이래 계속된 농민반란으로 황폐화된 농촌사회를 재건하는 문제, 이를 추진하기 위한 황제독제체제의 구축이다.[9]

먼저 元의 세력을 일소하기 위하여 元의 순제(順帝)를 대도(大都)에서 몰아내고, 이어 남·서방에 남아있던 군사집단을 공격하여 운남(雲南)을 제외한 전중국을 평정하였다(1371). 특히 북방정벌을 계속하여 만주를 확보하고(1389), 그곳에 위소(衛所)를 설치했다. 또 막북(漠北)으로 도망하여 카라코룸에 도읍을 정하고 있던 북원(北元)이 고려와 내통하자 이를 평정하여 멸망시켰다(1388). 그 후 운남이 귀순하여 오자 이를 병합하여 마침내 전중국의 통일을 완성하였다(1391).

---

6) 주원장은 곽자흥군단과 결별 후 자기 고향(안휘성 호주)에서 700명의 청년을 모집하여 독립부대를 편성하였는데, 이는 명 건국의 핵심세력이다. 이 가운데 서달, 탕화, 이선장 등 이른바 명조개국공신 24명이 포함되어 있다. 이들 대부분은 지주 혹은 지방의 유력자이다.
7) 권중달, 「朱元璋 政權參與 儒學者의 思想的 背景」『人文學硏究』(중앙대) 14, 1987.
   전영진, 「朱元璋集團의 性格에 관한 一考察」『大丘史學』 35, 1988.
8) 김귀달, 「明 太祖의 金陵遷都」『史叢』 제17·18 합집, 1973.
   전순동, 「明太祖 中都 建設 포기의 배경에 대하여」『湖西史學』 36, 2003.
9) 김한식, 「明初의 絕對帝制에 關한 硏究」『大邱敎大論文集』 6, 1970.
   조영록, 「明太祖의 君主權 강화와 言路 개방책」『高柄翊先生回甲紀念史學論叢, 歷史와 人間의 對應』, 한울, 1984.
   전영진, 「『大誥』를 통해 본 明性 太祖의 官吏對策」『慶北史學』 14, 1991.

다음 태조가 추진한 정책은 농촌부흥책이다. 태조는 원대 이래 황폐화된 농촌을 재건하기 위하여 명을 건국하기 이전에 이미 영전사(營田司)를 설치하여 (1356) 수리사업과 제방공사에 착수하였고, 황하와 양자강의 치수사업을 대규모로 진행하면서 적극적으로 황무지 개간에 나섰다. 또 토지를 버리고 고향을 떠나 유민(流民)이 된 농민을 화북지방으로 이주시키고 그들의 생활대책으로 둔전(屯田)을 실시하였다.[10]

이러한 농촌부흥 정책으로 농업생산력의 회복과 함께 토지의 측량과 호구조사를 실시하였는데, 그 결과로 작성된 것이 『魚鱗圖册(어린도책)』과 『賦役黃册(부역황책)』이다. 부역황책은 1381년에 전국적으로 일제히 작성된 이후 10년마다 개편되었는데, 각 호(戶)의 소유지와 노동인구가 자세히 기록되어 있어서 부역과 요역을 과하는 기준으로 활용되었다.

---

10) 오금성, 「明初의 農村社會의 安定」『中國近世社會經濟史研究』, 일조각, 1986, 89면에 의하면 홍무(洪武) 14년까지의 모전면적(貌田面積)은 1,803,989경에 달하고, 이는 총면적의 거의 반에 해당한다.

전순동, 「明太祖의 自耕農 育成에 대하여」『忠北史學』 5, 1992.

김용기, 「明初의 田制整備에 對하여」『釜山大論文集』 11, 1961.

태조는 농업생산력의 회복과 함께 새로운 세제를 시행하기 위하여 향촌사회에 이갑제(里甲制)를 실시하였다(1381, 홍무 14년).[11]

태조의 또다른 당면과제는 원조 통치하에서 파괴된 한문화의 부흥책이다. 즉, 태조는 즉위 이듬해에 근 백년 가까이 사용되어 오던 몽골의 언어·풍속·습관을 금지시켜 몽골풍을 없애고 한문화로 환원시켰다. 또 당률(唐律)을 기반으로 한 대명률(大明律)을 재정하여 중국식으로 형법을 정비하는 한편 주자학(朱子學)을 관학으로 정하고 과거제도를 부흥하였으며, 전국에 유학(儒學)을 건립할 것을 명하였다.[12]

또 백성의 풍습을 유교주의로 교화시킬 목적으로 육유(六諭)[13]를 반포하여 유교주의에 입각한 민중의 교화에 힘을 기울였다.

이와 같은 내외문제를 적극적으로 추진하고 통일제국의 황제위상을 높이기 위하여 제도적인 황제권강화를 추진하였다. 태조는 홍무 9년에 중앙의 중서성에 설치된 평장정사(平章政事)와 참지정사(參知政事)를 폐하고 이듬해 통정사사(通政使司)를 따로 설치하여 내외의 장주(章奏)를 중서성을 거치지 않고 직접 황제에게 전달케 함으로써 중서성의 기능을 약화시키고 황제권을 강화하였다.

그 후 태조의 황제독제권 강화 조처에 있어서 가장 두드러진 것은 정무를 총괄하던 중서성(中書省)을 폐지하고 6부를 황제에 직속시킨 일이다(홍무 13년 1380) 원대(元代) 이래 지방행정의 중심부로 민정과 군정을 총괄하던 행중서성(行中書省)을 폐지하고 그 대신 포정사사(布政使司)를 두어 민정만을 담당하게 하여 황제에 직속시켰다.[14] 또 황제독제권을 위한 군사제도의 개편을 단행하였다. 즉, 元의 추밀원제를 계승한 대도독부(大都督府)를 폐지하고 5군도독부(5軍都督

11) 김한식, 「明代里老人制의 硏究」『大丘史學』Ⅰ, 1969.
　　송정수, 「明建國初國家權力과 鄕村支配體制의 形成」『全北史學』 14, 1991.
12) 오금성, 「明代 提學官制의 硏究」『東洋史學硏究』 6, 1973.
　　전영진, 「大誥를 통해본 明太祖의 官吏對策」『慶北史學』 14, 1991.
　　　　명대의 관학인 부·주·현학(府·州·縣學)은 주원장이 아직 명을 건국하기 전부터 점령지마다 건립되기 시작하였다. 개국 후 홍무 2년(1369)에 전국에 유학건립을 명하고 이듬해 개강하였다.
13) 6유의 내용은 부모에게 효순하고, 윗사람(長上)을 존경하며, 마을(鄕里)에서 화목하고, 자손을 교육하며, 맡은 일[生業]을 열심히 하며, 잘못(非違)을 저지르지 말라는 것이다.
14) 조영록, 「明太祖의 君主權강화와 言路개방책」『高柄翊先生回甲紀念史學論叢, 歷史와 人間의 對應』, 한울, 1984.
　　＿＿＿＿, 「太祖의 科·道官설치와 言路대책」『中國近世政治史硏究』, 지식산업사, 1988, 20쪽 참조.

府: 장관은 都督)로 분할하여 황제에 직속시켰다. 또한 어사대를 폐지하면서 찰원(察院: 감찰어사)을 남겨 두었다가 도찰원(都察院: 장관은 都御使)으로 개편하여 관료의 감찰을 전담하게 하였다.

태조는 특히 정보정치를 강화할 목적으로 금의위(錦衣衛)를 설치하여 특무기관으로 활용하였다. 홍무 14년에는 지방행정을 분리시켜 민정은 승선포정사사(承宣布政使司: 장관은 布政使), 사법기관으로 제형안찰사사(提刑按察使司: 장관은 按察使), 군사기관으로 도지휘사사(都指揮使司: 장관은 都指揮使)를 각각 독립시켜 황제에 직속시켰다.

태조의 이상과 같은 황제독제권을 위한 관제개혁은 이후 명일대에 그대로 계속되어 나갔다. 제도적인 황제전제체제와 아울러 개국공신·지주·학자에 대한 혹독한 감시와 탄압을 시작하였다. 먼저 홍무 7년(1374)에 일어난 문자(文字)의 옥(獄)으로[15] 명대 최고의 시인으로 알려진 고계(高啓)와 함께 오중(吳中) 4걸이라 일컬어지고 있던 양기(楊基), 장우(張羽), 서분(徐賁) 등이 숙청되었다.

태조의 신하에 대한 탄압은 명의 건국에 공이 큰 동향출신의 개국공신과 강남지주에 대해서도 가차없이 가해졌는데, 이는 홍무 13년(1380)에 시작된 호유용(胡惟庸)의 옥(獄)에서 나타나고 있다. 호유용은 태조와 같은 고향[濠州] 출신의 개국공신으로 중서성 좌승상으로 임용되었고, 학문과 인격을 겸비하고 있던 인물이었으나, 이것이 도리어 태조로 하여금 그를 의심하고 처형하게 만든 원인이되었다. 이에 연루되어 처형된 자만 1만 5천여명에 이른 대옥사 사건이었다.

이 사건에서는 관료뿐만 아니라 강남지방의 대지주·토호세력도 연좌되어 처형되었다. 이는 호유용을 중심으로 하는 명 초기의 관료세력과 강남지주집단을 숙청하여 황제독재권을 강화하려는 태조의 정치적 목적에서 단행된 무서운 숙청작업이었다.[16]

태조의 이와 같은 공신 숙청은 그의 성격에 있는 시의심(시기와 의심)에서 시작된 것으로 다시 제2차 호유용옥사를 일으켜(1390) 그 후 개국공신 이선장(李善長)일족이 10년 전 호유용사건에 연루되었다고 주살하면서 이에 관련된 공신과

---

15) 박원호, 「明初 文字獄과 朝鮮表箋問題」『史學硏究』25, 1975.
16) 황종희(黃宗羲)는 명대에 환관의 발호와 권신의 전횡이 계속되면서 황제의 좋은 정치가 없었던 것은 태조가 재상(宰相, 丞相)제도를 폐지한데 원인이 있다고 하였다(『明夷待訪錄』卷4, 置相條 참조).
고병익, 「元末明初 胡翰의 十二運論」『亞細亞學報』1, 1965.

[明代의 행정조직]

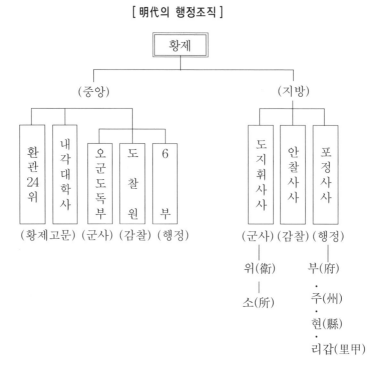

지주층 1만여 명을 또 다시 처형하였다. 그리고 3년 후에는 다시 건국공신 남옥(藍玉)이 모반을 계획하였다고 조작하여 공신과 관료 및 지주계층이 처형되니 여기에 연루되어 적몰된 자가 10여만 명에 달하였다.[17]

중국 역사상 창업군주가 자신을 도와 나라를 세우는데 공로가 큰 공신을 이렇게 많이 무참하게 대량 처형한 예는 없다. 이것은 주원장의 신하에 대한 시의심과 황제권 강화가 중요한 원인이라 하겠다.

태조의 황제권 강화를 위한 중앙집권화 정책은 明 일대(一代)를 통하여 강력한 황제권 구축의 제도적인 기반이 되었고, 신하의 권한을 억제하는데 성공을 거두었다. 태조는 북방의 몽골족에 대비하고 황제권을 강화하기 위한 수단으로 자신의 아들을 각 지방에 분봉하는 봉건제를 실시하였다. 그런데 이들 봉건제

---

17) 태조의 이와 같은 잔인한 옥사는 모두 그의 시기심(猜忌好殺)에 원인이 있다고 하였다. 이밖에 몽골시대의 순사(殉死) 풍습에 의한 인명경시풍조가 명초에 그대로 내려 온 때문이라고 주장하는 학자도 있다. 조익(趙翼)은 『二十二史箚記』卷32, 호람의옥조(胡藍之獄條).
엽자기(葉子奇)의『草木子(초목자)』에 의하면 당시의 고관은 집을 나서면서 처자와 이별을 고하고 유언을 남겼다고 한다. 그것은 태조의 의심을 받게 되면 곧바로 처벌을 받았기 때문이다. 저녁에 귀가하면 무사하였구나라고 안도하였다.

왕은 막강한 군사력을 갖게 되면서 강력한 세력으로 중앙에 대항하게 되었다.

4. 영락제(永樂帝)의 등극과 대외발전

1) 정난(靖難)의 변과 영락제의 통치

태조가 죽고(1398) 손자 혜제가 즉위하여 봉건제왕의 세력을 누르고 혁신정책을 추진하자 지방의 제왕은 중앙정부에 대항하였다. 이 가운데 북경(北京)의 연왕이 황제 측근의 난신을 제거한다는 명분으로 정난(靖難)의 변을 일으켜 4년간의 싸움 끝에 남경(南京)을 정복하고 황제자리에 오르니 이가 3대 영락제(永樂帝: 1403~1424)이다.[18]

영락제가 남경을 함락시킬 수 있었던 것은 그의 휘하에 귀화한 몽골기병부대의 활약과 남경 내부에서 태조 때 냉대를 받고 있던 환관의 호응이 있었기 때문이다. 영락제는 환관의 공로를 인정하여 특무기관인 동창(東廠)을 설치하고(1420) 이를 환관에 맡기면서 명일대 환관이 발호하게 된 원인은 여기에서 비롯된다.

영락제는 즉위 후 황제권에 대항할 만한 봉건제왕의 세력을 억압하고 북경천도를 계획하였다. 영락 원년에 북평(北平)을 북경이라 고치고 행재소(行在所)를 설치하여 이곳에 거주하면서 신궁전을 완성한 후 영락 19년(1421)에 정식으로 천도하였다.[19] 이와 아울러 경제중심지인 강남으로부터 물자수송을 위해 회통하(會通河)·청강포(淸江浦)를 축조하여 조운체계를 완성하였다. 그리고 『性理大全(성리대전)』, 『永樂大全(영락대전)』의 편찬을 통해 반대세력을 흡수하는 문화사업도 병행하였다.

영락제는 중국황제로서는 유례없이 전후 5차에 걸쳐 50만의 대군을 이끌고 친히 몽골지방을 원정하여 동방의 타타르부와 서방의 오이라트부를 정복하는데 성공을 거두었다(1409). 그는 중국과 몽골을 통일지배한 원제국을 재현하려 하였고, 이 점에서 원 세조(世祖)의 계승자로 볼 수 있다.[20] 또한 만주 방면의 경

---

18) 박원호, 「明 靖難의 役 時期의 朝鮮에 대한 政策」『釜山史學』 4, 1980.
   전순동, 「永樂政變의 形成과 그 性格 權力基盤을 中心으로-」『湖西史學』 13, 1985.
19) 북경성에는 1407년부터 준비를 시작하여 1417년에 정식으로 착공하고 1420년에 준공 후 1421년 1월 북경천도를 단행하였다. 원나라의 대도(大都)에 비해 훨씬 광대한 규모이다. 명말 이자성의 난 때 불타고 청대에 복원되었다.
20) 남의현, 「永樂帝의 "漠北親征"의 政治史的 意義」『江原史學』 10, 강원대, 1994.

영에도 힘을 기울여 흑룡강주변 여진족을 정복하여 이곳에 누르칸도사(都司)를 두고 여진족의 추장에게는 각기 관작(官爵)과 무역의 특전을 허가하였다.[21] 성조(영락제)의 이러한 적극적인 대외원정은 정난의 변에 대한 국내의 비난을 대외발전으로 돌리면서 북경정권의 정통성을 수립하여 군주독재체제를 구축하려는 데 있었다.

한편 영락 4년(1406)에는 남으로 안남(安南)을 정벌하고 이듬해 교지포정사(交趾布政司)를 설치하여 명의 직할지로 하였다. 그러나 안남인의 끊임없는 저항으로 결국 안남의 독립을 인정하였다(1427).

2) 정화(鄭和)의 남해원정

명나라의 남방진출정책을 보면 태조 때는 조공무역(朝貢貿易)을 강화하고 개인의 사무역활동을 규제하였다. 특히 국내의 반명세력(反明勢力)과 외부세력과의 결합을 경계하여 해금령(海禁令)을[22] 내리니 이 영향으로 종래 중국이 중심이 되어 진행되던 동아시아의 국제무역은 침체되고 중국을 제외한 주변국가들만으로 무역활동을 전개하는 결과를 가져왔다.

그러나 영락제 시대에 들어와 정화(鄭和, 1371~1434)는 대대로 이슬람교도로 아랍인인 합지(哈只)의 둘째 아들이다. 운남성 곤양출신으로 운남이 명에 함락되어 그 지배하에 들게되자 연왕(영락제)을 섬기게 되었다. 그는 정난의 변에 큰 공을 세우자 정씨 성을 하사받고 환관의 장관인 삼보태감에 임명되었다.

이리하여 영락제의 명을 받들어 남해원정에 나서게 되었다. 적극적인 대외진출을 꾀하여 주변국가와의 무역을 능동적으로 재개하고 조공국가를 중국에 유치하기 위해서 환과 정화로 하여금 남해원정을 단행하도록 하였다.

영락제에 의한 정화의 남해원정은 국위선양, 교역, 건문제 수색이라는 세 가지 목적이 있었다. 1405년 최초의 원정 때에는 62척의 대함대에 2만 7천여 명의 선원을 승선시킬 정도였다. 정화의 남해원정은 전후 26년간(1405~1430) 7회에 걸쳐 진행되었고, 남양(南洋)에서 인도양으로 나아가서 아프리카의 동안(東岸)까지 도착한 세계적인 해상활동이었다.[23] 그 결과 중국은 30여개국으로부터 조공을 받

---

21) 김구진, 「明代女眞의 中國에 대한 公貿易과 私貿易」『東洋史學硏究』48, 1994.
22) 김재선, 「崔溥『漂海錄』與明代海防」『圓光史學』4, 1986.
   조영록, 「近世 東亞 三國의 傳統社會에 관한 比較史的 고찰－崔溥의 『漂海錄』과 日譯『唐土行程記』를 中心으로－」『東洋史學硏究』64, 1998.

았으며, 동남아시아에 화교(華僑)진출의 기반을 만들었다.

정화의 원정은 지리상의 발견 이전에 있었던 가장 큰 규모의 해상활동으로 여기에는 대함대를 건조할 수 있는 조선기술과 나침반, 항해지도, 항해술 등이 종합적으로 뒷받침되어야만 가능하였기 때문이다. 당시 중국은 이 방면의 기술이 세계최고의 수준이었음을 알 수 있다.

Ⅱ. 명대 내각제(內閣制)의 발전과 권신·환관의 발호

1. 명대의 특수한 내각제도와 권신의 등장

명말·청초의 황종희는 『明夷待訪錄(명이대방록)』에서 명대의 정치가 타락하고 부패한 것은 황제독제체제를 강화하기 위해 3성(三省)을 폐지하고 6부(6府)를 황제에 직속시킨데 그 원인이 있다고 하였다.

明 태조는 황제독재권을 강화할 목적으로 중서성(中書省)을 폐지하고 6부를 황제에 직속시켰다. 이와 아울러 황제를 보좌하는 보관(輔官)을 설치한 후 이를 전각대학사(殿閣大學士)로 개편하였다. 이들은 국무에 참여하지 않고 다만 황제의 비서기관으로 자문에 응하였다. 이들의 지위도 정5품(正5品)을 넘지 않도록 하여 권신(權臣)의 출현을 억제하려 하였다. 그러나 태조의 이와 같은 신권(臣權)의 억제와 황제권 강화 노력에도 불구하고 명대에는 내각대신과 환관세력이 정치를 좌우하였다.

혜제 때에는 방효유(方孝孺), 제태(齊泰), 황자징(黃子澄) 등이 한림학사출신으로 대학사의 명칭은 없으나 국무(國務)에 참여하여 후대의 내각과 같은 역할을 하였다.

영락제는 즉위 초에 강력한 보필기관의 필요에서 해진(解縉)·양영(楊榮)·양사기(楊士奇)·호광(胡廣) 등을 문연각에 입각시켜 국무에 참여하도록 하고, 영락

---

23) 62척에 2만7천8백여명이 원정에 참가하였으므로 1척에 450명이 승선한 셈이다. 배의 길이가 137m 폭 56m나 되었으니 당시로서는 세계에서 가장 큰 배라 하겠다. 콜럼버스의 신대륙발견에 이용된 배는 길이가 39m에 불과하였다.
제1차 원정은 영락 3년(1405)에 출항하여 2년 후 1407년에 귀국하였다. 제2차는 영락 5년(1407)에 출항하여 7년에 귀국, 3차원정은 영락 7년(1409)에 출발하여 9년에 귀국하니 원정기간은 2년간이다. 4차원정은 영락 11년(1413)에 출발하여 13년에 귀국, 제5차 원정은 영락 15년(1417)에 출발하여 17년에 귀국하였는데 이때 아프리카의 동아프리카까지 도달하였다. 제6차는 영락 19년, 제7차는 영락제 사망 후 선덕 6년(1431)에 출발하여 선덕 8년(1433)에 귀국하였다. 이때 정화의 나이는 61세로 2년 후 63세로 사망하였다.

14년부터 이들에게 전각대학사를 제수하면서 명실상부한 내각제도가 출현하였다. 이들 각신(閣臣)은 모두 한림관(翰林官)을 제수받고 입각하였는데, 이때까지도 내각은 국무를 결정하는 권한은 없고 단지 황제의 개인적인 고문관의 성격을 띄고 있었다. 그러나 이후 계속해서 용렬한 황제가 즉위하여 전제권 행사가 불가능해지자 자연히 내각과 환관이 황제권력을 배경으로 서로 대립과 당쟁을 벌이면서 전권을 행사하여 환관과 내각대학사 정치가 출현하게 되었다.

영락제가 죽고 인종(仁宗)이 즉위하자 양사기(楊士奇)는 예부시랑, 양영(楊榮)은 태상경으로 내각대학사를 겸하고, 그 외의 내각대신(閣臣)도 고관을 겸직하면서부터 그 지위가 급상승하고 권위가 강대하게 되었다. 내각대학사 자체의 품계는 5품으로 낮았으나 이부상서(吏部尙書) 등 고관을 겸직하는 관례가 정착되고 내각의 정치적 비중이 높아지면서 내각대신은 6부 장관인 상서(尙書)와 대등하거나 이를 압도하는 위치에 서게 되었다.

인종(仁宗: 홍희제)이 8개월만에 병사하고 선종(宣宗: 선덕제)이 즉위하자 양사기·양영·양부(楊溥) 등 이른바 3양(楊)이 상서직을 겸하면서 내각대학사의 실권이 한층 강화되었다. 이때 선종의 숙부 한왕(漢王)이 왕위찬탈을 목적으로 반란을 일으켰는데 3양이 이를 진압하니 내각의 권위는 더욱 높아졌다. 그 후 영종(英宗)이 9세로 즉위하고 3양이 다시 이를 보필하면서 내각대학사의 지위는 육부를 압도하게 되었다. 영락제시대 이후 정통(正統)시대까지의 내각제는 이들 3양에 의해 확립되었다.

그 후 영종이 토목보(土木堡)의 변(1449)으로 몽골왕 에센의 포로가 되었다가 이듬해 풀려난 후 동생 경태제(재위 1449~1456)를 몰아내고 다시 황제[천순제(天順帝)]로 복위할 때 이현(李賢)의 공이 컸다. 그러므로 영종은 그를 대학사로 등용하고 전권을 위임하자 권신의 세력이 커지고, 이때 내각대신 중에서 제일 우두머리격인 수보(首輔) 제도가 제정되니 수보는 재상과 같은 실권을 갖게 되었다. 또한 내각대신 간의 순위는 겸하는 관직에 따라 정해지니 대체로 이부상서를 겸하는 자가 수보가 되었다. 그러나 수보는 제도적인 최고행정관은 아니므로 내각 내에서 수보직을 놓고 각신 사이에 치열한 쟁탈전을 벌이면서 관료 상호간에 당쟁을 일으키는 원인이 되었다.[24]

세종(世宗) 가정(嘉靖: 1522~1566)대 대례논의(大禮論議)가 발생하면서 내각이

---

24) 조영록, 「明代前期에 있어서의 科道官體系의 形成過程」 『東方學志』 51, 1986.

공론(公論)을 내세워 황제권과 정면으로 대립하게 되었다. 대례논의는 세종의 친부[흥헌왕(興獻王)]에 대한 예우문제에서 시작되었다. 11대 무종(武宗)이 후사 없이 죽자 10대 효종(孝宗)의 동생인 흥헌왕의 아들을 맞이하여 세종으로 옹립 하였다. 여기에서 세종의 부친은 친부인 흥헌왕이 아니라 효종의 대통을 계승 하였기 때문에 효종이 부친이라는 주장이 제기되었다. 당시 내각수보 양정화(楊 廷和)는 조법에 따라 효종을 황고(皇考: 아버지), 흥헌왕을 황숙부(皇叔父: 작은 아버지)로 해야 한다고 주장하니 이에 대해 세종은 친부(親父) 흥헌왕을 황고, 효종을 황백고(皇伯考: 큰아버지)로 할 것을 원하였다. 이러한 대례논의는 3년간 의 대립끝에 세종이 대권을 발동하여 양정화 등 반대파를 실각시키고 대례파(大 禮派) 관료만을 기용하여 자신의 주장을 관철시켰다.[25]

[明代의 황제와 권신(權臣)]

皇帝	年號	생존 연령	생존기간	재위기간	등극할 때나이	권신 및 환관*
태조	홍무	71	1328~1398	31년(1368~1398)	40	
혜제	건문		1377~?	4년(1399~1402)	22	방효유(方孝孺)
성조	영락	65	1360~1424	22년(1403~1424)	43	
인종	홍희	48	1378~1425	1년(1424~1425)	47	양사기(楊士奇), 양영(楊榮),
선종	선덕	38	1398~1435	10년(1426~1435)	28	양부(楊溥)
영종	정통	38	1427~1464	14년(1436~1449)	9	이현(李賢), 왕진(王振)*
경종	경태	30	1428~1457	7년(1450~1456)	22	흥안(興安)*
영종	천순		복위(復位)	8년(1457~1464)		조길상(曹吉祥)*, 이현(李賢)
헌종	성화	41	1447~1487	23년(1465~1487)	18	왕직(汪直)*
효종	홍치	36	1470~1505	18년(1488~1505)	18	왕직(汪直)*
무종	정덕	30	1492~1521	16년(1506~1521)	14	유근(劉瑾)*, 마영성(馬永成)* 장영(張永)*
세종	가정	60	1507~1566	45년(1522~1566)	15	서계(徐階), 엄고(嚴嵩)
목종	융경	36	1537~1572	6년(1567~1572)	30	
신종	만력	58	1563~1620	47년(1573~1620)	10	장거정(張居正)
광종	태창	39	1528~1620	1개월(1620)	38	
희종	천계	23	1605~1627	7년(1621~1627)	16	위충현(魏忠賢)*
의종	숭정	35	1610~1644	16년(1628~1644)	18	

*표는 환관

---

25) 조영록, 「嘉靖初期의 大禮議를 둘러싼 政治對立과 科道官」『中國近世政治史硏究』, 지식산 업사, 1988.

그런데 대례논의 문제는 단순한 정치적 사건이 아니고 황제권과 신하권이 대의명분을 표방하면서 강력하게 대립한 정치권력의 구조적 성격을 내포하고 있었다. 다시 말하면 내각이 예론을 수단으로 과도관(科道官)을 동원하고 공론에 의해 황제권을 견제하려 한 것이다. 그러나 내각의 권한이 강해지면 사당(私党)이 생겨 황제권이 침해된다는 군주일원적전제론(君主一元的專制論)을 내세운 대례파에 의해 이들의 집단행동은 붕당결성으로 비난받아 내각의 분권공치(分權公治) 주장은 좌절된 것이다.[26]

명대 내각의 수보권(首輔權)은 신종(神宗)의 만력초에 장거정(張居正)에 이르러 절정에 이르렀고 명대 신사층(紳士層)의 확대와 공론에 의한 분권공치(分權公治)의 주장은 장거정이 죽은 후에 당쟁과 연계되면서 더욱 거세게 진행되었다.

2. 명대 환관의 정치농단

중국 정치사에서 황제권을 등에 업고 환관이 전력을 농단하는 정치사회적 폐해는 이미 진·한시대를 거쳐 당대에 그 절정을 이루었다. 환관의 전횡은 황제의 무능과 밀접한 관계가 있다. 명의 태조는 환관의 정치 개입을 막기 위하여 그 수를 제한하고 문맹자를 임용하였고, 글을 배우지 못하게 하였을 뿐 아니라 관위도 4품 이상 오르지 못하도록 제한을 두었다. 그러나 태조의 냉대정책에 불만을 품고 있던 환관들은 정난의 변 때 성조[成祖: 영락제(永樂帝)]와 내통하여 수도(금릉)함락에 공을 세워 중용되면서 그 세력이 점차 커져 갔다.

성조는 특무기관인 동창(東廠)을 설치하여(1420) 환관으로 하여금 이를 장악하도록 하였는데, 이것이 환관세력 확대에 결정적 계기가 되었다. 즉, 환관이 전국에 파견되어 군대를 감독하고 세역징수에 관여하며 관민을 감찰하게 되었다. 이리하여 동창은 일반관료를 지배할 수 있는 환관세력의 거점이 되었고 그 장관인 사례태감(司禮太監)의 권한은 막강하였다.[27] 특히 황제가 구두로 말하면 환관이 이를 기록하여 내각에 전달하였으므로 이를 통괄하는 사례태감은 황제의 전지(傳旨)에 자기 뜻을 첨가하기도 하고 심하면 황제의 조칙을 위조하기까지 하였다. 명대 환관의 수는 영락시대에 1만여명이었으나, 신종시대(神宗代)에 새로 6천명

---

26) 조영록, 「嘉靖 이래 首輔權 강화와 科道官의 대응」『위의 책』.
27) 고창석, 「明代의 東廠에 對한 考察」『慶北史學』4, 1982.
_____, 「明代의 宦官二十四衙門에 대하여」『濟州大論文集(人間學)』16, 1983.

을 모집하였으며, 명말에는 약 10여만명으로 증가하여 그 피해는 참으로 극심하
였다.

　　환관 전횡의 시작은 영종대의 왕진(王振)과 헌종시대의 왕직(汪直) 등에서 비
롯된다. 왕진은 산서성 출신으로 스스로 자해하여 환관이 된 후 9세에 즉위한
영종을 보필하면서 전권을 장악하니 정치의 부패는 극에 달하였다. 정통 14년
(1449)에 몽골족의 에센이 남침하자 왕진은 영종으로 하여금 50만 대군으로 친
정을 강권하여 결국 토목보(土木堡)에서 참패하고 영종이 포로가 되었다. 왕진은
부장 번충(樊忠)에게 살해당하였다. 이듬해 몽골로부터 석방되어 돌아온 영종은
상황으로 북경성 남궁에 은거하였고 동생이 즉위하니 경종(재위 1450~1456)이
다. 이때 경종을 도와 우겸(于謙)이 정치개혁을 단행하고 선정을 하였다. 그러나
1457년 환관 조길상(曹吉祥)과 대학사 이현(李賢)이 쿠데타를 일으켜 영종을 복
위시켰고, 두 사람은 대립하며 전권을 행사하였으나 조길상이 군사정변을 계획
하다가 주살되었다. 1464년 영종이 죽고 18세의 헌종이 즉위하였다. 헌종은 환관
왕직(汪直)에게 대권을 주니 환관전횡이 더욱 심해졌다.

　　그 후 효종[孝宗, 홍치제(弘治帝)]은 환관의 정치간섭을 척결하고 정치를 쇄신
하니 이를 홍치중흥(弘治中興)이라 한다. 무종(武宗)의 정덕연간(1506~1521)에는
그의 황태자 시절의 근시환관인 유근(劉瑾), 마영성(馬永成), 장영(張永)을 비롯
한 8명의 환관이 전권을 휘둘렀다. 이에 대해 언관(言官)의 집단적 저항이 있었
으나 환관의 기세를 꺾지는 못하였다.[28]

　　오히려 유근은 첩보기구로서 서창(西廠)과 내창(內廠)을 새로 만들어 환관에
의한 정보정치를 더욱 강화하고 자신의 집에서 황제의 조칙을 마음대로 행하니
내각과 육부가 모두 환관(閹黨: 엄당)에 장악되어 환관의 폐해는 극에 달하였다.
당시의 유행어에, "영락시대에는 환관이 관청에 들어오면 그 공손함이 이를 데
없는데 지금은 환관을 옹부(翁父: 어버이)라 존칭하고 환관들이 관리를 호출함이
사노(私奴)를 부리듯 하고 고관(高官)들도 환관 앞에서는 무릎을 꿇고 머리를 조
아려 인사하는 상태가 되었다"고 하였다.[29] 유근의 전횡으로 각지에서 농민반
란이 일어나 정덕 5년에 유근은 주살되었다.

---

28) 조영록, 「明 正德期의 亂政과 言官의 集團的 對應」『東國史學』 19·20 합집, 1988.
29) 유근이 죽은 후 그의 집에서 황금 24만정(錠), 5만 7800냥, 원보(元宝) 500만정(錠), 158
　　만 3600냥, 보석 2두(斗), 금구(金鉤) 3000, 옥대 4천여개가 나왔다.

명대 환관의 발호는 명말 희종 때 위충현(魏忠賢)[30]에 이르러 환관파와 동림파(東林派)의 대립으로 그 정쟁이 절정에 이르렀고 결국 동림파의 실각으로 환관에 의한 정치·사회적 부패가 극심하여 마침내 명의 멸망을 가져오게 되었다.

그런데 이러한 명대의 환관정치는 漢·唐의 그것과 그 성격을 달리하고 있다. 즉, 명대의 환관이 아무리 전횡을 하여도 그들의 악정(惡政)은 황제의 신임을 얻고 있을 동안에 한하며, 일단 황제의 총애를 상실하면 곧바로 실각되었다. 뿐만 아니라 한·당처럼 황제를 폐립한 예는 전혀 없었으니, 그것은 황제의 독재적 지위가 제도적으로 확립되어 있었고 중앙집권적 관료기구가 정비되어 있었기 때문이다. 명대 환관의 또 다른 특징은 그들의 활동무대가 중앙만이 아니고 전국 각지에서 군사적 감독활동을 전개하면서 가렴주구를 자행한 점이다.

3. 북로(北虜)·남왜(南倭)의 화(禍)

1) 북로(몽골)의 끊임없는 침입

明은 元을 멸하고 건국하였기 때문에 명초부터 북변방위에 많은 관심이 집중되었고 군사배치도 북방이 중심이 되었다.

태조는 몽골에 군대를 보내 이를 공략하였고, 영락제는 전후 5차례에 걸쳐 친히 원정을 단행하였다. 그러나 영종 때 토목보의 변(1449) 이후 이러한 적극적인 대몽골 공세는 후퇴하고 15세기 중엽부터 만리장성을 수축하여 경계로 몽골의 침입을 수비하는 소극책을 취하게 되었다.

한편 15세기 후반에 몽골지방에는 다얀칸[달연한(達延汗)]이 나타나 내몽골지방을 평정하여 새로운 세력을 구축하였다. 그의 사후 손자인 군비리크(袞必里克), 알탄(俺答)이 다시 몽골부족을 규합하여 오르도스지방을 거점으로 세력을 편 후 세종의 가정초(嘉靖初, 1521)로부터 북변에 대한 침공을 격화시켰다. 당시 북변에 주둔하고 있던 명의 군졸이 몽골군의 길잡이 노릇을 하는 경우가 많았으므로 알탄의 침공은 하북지방과 산서지방 깊숙이 그 피해가 미치게 되었다. 특히 1542년에 산서성(山西省)에 침입한 몽골군은 1개월간에 20여만명의 한

---

30) 위충현의 본명은 이진충(李進忠)이다. 일자무식의 시중 무뢰배로 도박으로 가산을 탕진하고 환관이 되면 권력을 잡고 돈을 벌 수 있다고 생각하여, 스스로 거세한 후 위충현으로 개명하였다. 궁중에 들어가 환관이 되고 희종황제의 유모 객씨(客氏)와 결탁하여 황제에 접근하여 동림파와 비동림파의 당쟁을 교묘히 이용하여 권력을 잡고 전횡을 하였다.

인을 살해하고, 8만호의 가옥을 불태웠으며, 200만두의 가축을 약탈하고, 10만 경의 토지를 황폐화시켰다. 그 후 1550년(가정 29년)에는 명의 수도 북경을 수일간 포위하는 긴박감을 주어 명조를 공포속으로 몰아넣었다(경술의 변란).[31]

몽골족의 유목생활은 중국의 물자를 절대적으로 필요로 하였기 때문에 그들은 명과의 국경무역개설을 요구하며 침입을 계속하였다. 조정에는 양계성(楊繼盛)을[32] 비롯한 강경론자가 적극책을 폈으나 몽골의 국경무역요구에 응하여 일시 화의를 성립시켰다. 즉, 대동(大同)을 비롯한 국경요지에 마시(馬市)를 개설하고 알탄을 순의왕(順義王)으로 봉하였으며 그 자손에게도 관작을 부여하였다(1570).

명·몽골간의 무역품은 명나라에서는 견포(絹布), 쌀, 보리, 철(鐵), 소금(鹽) 등 생활필수품을 가져갔고, 몽골로부터는 금·은·말·소·양 등을 수입하였다. 몽골의 침입으로 명이 입은 사회경제적 타격은 막대하였다. 특히 북변을 방비하기 위한 군사비로 호부(戶部)에서 지출하는 경운연례은(京運年例銀)은 해마다 증가되어[33] 결국 이는 농민의 조세부담으로 넘어갔고 이러한 북로(몽골)의 피해는 변방의 농민만이 아니라 전 국민에게 큰 피해를 가져와 농민반란의 원인으로 작용하였다.

2) 남왜(왜구)의 노략질

북로의 화가 진행되고 있을 때 동남 해안지방에는 왜구에 의한 노략질이 계속되었다. 왜구의 원인은 일본 국내의 사정, 즉 무로마찌(室町)막부의 약화로 지방세력을 통제하지 못한 점과 대명무역권을 둘러싸고 상인간에 일어난 패권다툼이 도화선이 되었다.

한편 세종이 즉위하자 왜의 조공사절이 명에 왔으나(1523) 정통성 문제를 둘러싸고 일본의 조공사신 간에 싸움이 있었고 이 싸움에서 패배한 오오우치파(大內派)의 사자가 영파부근 연해에 불을 지르고 약탈하는 사건이 일어났다. 이를 계기로 조정에서는 조공무역의 통제를 강화하고 사무역(私貿易)의 취체를 엄중하게 하자 정상적인 무역이 막히게 된 왜의 상인들은 약탈무역을 자행하게 되

---

31) 남상긍, 「明代의 對蒙防禦體制에 關하여」『한·몽국제학술회의논문집』(한국몽골학회), 1996.
32) 고병익, 「楊繼盛의 上疏와 遺疎 明代士大夫의 政治觀과 敎育觀『學術院論文集(人文·社會)』 14, 1975.
33) 가정 초(1521)에는 59만냥, 가정 18년에는 100만냥, 가정 29년(경술의 변) 직후에는 220만냥으로 증가하고, 이후 해마다 200만냥 이상이 지출되었다.

었으니 이것이 명말 왜구의 발단이었다.[34]

왜구는 수십명이 떼를 지어 소부대로 해안을 약탈한 후 민첩하게 달아나고 경우에 따라 내륙 깊숙히 침입하기도 하였다. 이로 인해 강소·절강·복건·광동 등 동남연해주 지역이 피해를 입었다.

남왜(南倭)의 피해는 북로에 비하면 큰 것은 아니었으나 사회 경제적 불안과 민심에 끼친 영향은 매우 컸다. 정부는 장군 주환(朱紈)을 파견하여 밀무역의 거점인 장주항(漳州港)을 소탕하였다(1547). 그러나 밀무역으로 이익을 챙긴 명의 상인들은 부패한 지방관과 결탁하여 주환을 실각시켰다. 왜구의 잔당은 왕직(王直)을 앞세워 다시 격렬한 약탈무역을 자행하였으나 조정에서는 호종헌(胡宗憲)을 총독으로 대토벌을 단행하여 왕직을 체포하였다. 또 척계광(戚繼光) 등의 활약으로 왜구의 주력을 복건(福建)의 평해위(平海衛)에서 격파하여 40여 년간 계속되던 왜구의 화를 겨우 꺾게 되었다.

Ⅲ. 장거정(張居正)의 혁신정치

1. 장거정의 혁신정치

세종(가정제)의 장기간(1521~1566)에 걸친 부패정치가 막을 내리고 목종(융경제)이 24세로 즉위하였다. 그러나 현명한 목종은 재위 6년만에 급서하고 10세의 신종이 등극하였다. 이 당시 명나라는 정치·사회 전반에 걸쳐 커다란 환란이 계속된 시기이다.

즉, 밖으로는 북로남왜의 화가 계속되었고, 안으로는 명대사회를 지탱하여 오던 이갑제(里甲制)가 붕괴되면서 사회 전반에 큰 변화가 일어났다. 이러한 급박한 상황에서 대학사인 장거정이 전권을 장악하여 10년간 과감한 혁신정치를 추진하면서 이 위기를 극복하였다.

장거정은 먼저 대외정책으로 북로(北虜)의 화를 근절시키기 위하여 몽골과 화의를 맺고 마시(馬市)를 열어 몽골의 생활품을 교역하였다(1551). 몽골과의 강화는 군사비 절감을 가져와 국가재정에 큰 도움을 주었다. 이어 사천서남지역

---

34) 대명무역관리권이 호소가와(細川)·오오우치(大內) 등 유력한 수호대명(守護大名: 제후)에 넘어가니 호소가와씨와 결합된 사카이(堺) 상인과 오오우치씨와 결합한 하카타(博多) 상인의 패권 다툼에서 왜구의 활동이 비롯되었다.
오일환, 「明代 海洋政策의 展開와 東南亞華僑社會」『慶熙史學』 16·17합집, 1990.

과 남방의 광동지방을 평정하고 요동지방에도 이성량(李成梁)을 총병으로 임명하여 방비를 강화함으로써 대외적인 화를 진정시켰다.

장거정의 혁신정책은 대내정책에서 더욱 확실한 효과를 거두었다. 그는 관리의 기강을 바로잡고 행정개혁을 위해 고성법(考成法)을 실시하였다(1573). 이 법은 과도관(科道官)과 환관을 통제함으로써 황제권을 강화하고 관료의 책임행정을 효율적으로 수행하기 위한 조처이다. 이에 따라 관료가 황제의 재가를 받은 사안은 반드시 기간 내에 해결하고 그 결과를 보고하도록 하여 관료의 근무평가에 반영하였다.[35] 따라서 관료의 행정능력을 내각이 직접 관리함으로써 지금까지 법제상 종속관계가 없던 관료체제 안에서 내각의 서열이 가장 위에 서게 되고, 수보(首輔)의 권한이 법제적으로 보장받으면서 관료통제가 가능하게 되었다.[36]

장거정의 개혁 중에 가장 볼만한 것은 재정개혁이다. 이 개혁으로 재무행정의 정비와 관청에서의 재정절감을 철저히 시행하여 국고의 충실을 가져왔다. 또한 대토지사유에 따른 은전(隱田) 300만 경(頃)을 찾아냈다. 또 균형있는 세역징수를 위한 기초 작업으로 전국의 토지를 측량하였고, 과세대상을 공평하게 바로 잡고 이에 근거하여 일조편법(一條鞭法)을 실시하였다.[37] 일조편법은 唐의 양세법 이래의 조세제도의 대개혁이다. 그리하여 장거정의 만년에는 '대창(大倉)의 곡식은 10년을 먹을 수 있고 국고에 남는 금은 4백여 만량에 달한다'고 할 정도로 국가재정이 충실하게 되었다. 이와 같은 행정·재정개혁과 함께 明 중기 이후 날로 쇠퇴해가는 사풍(士風)을 진작시켰다. 또 교육계에서 그 비중이 높아지는 서원을 억압하고 쇠퇴일로에 있는 관학을 진흥시켜 올바른 인재를 양성하려 하였다.[38]

2. 장거정 혁신정치의 한계

장거정의 혁신정치는 만력 10년(1582)에 그가 병사하고 신종의 친정시대를

---

35) 조영록, 「考成法의 시행과 科道官의 대응」『中國近世政治史研究』, 지식산업사, 1988, 217
  쪽 참조.
36) 이민호, 「張居正(1525~1582) 財政政策의 性格－財政의 中央執權化와 江南地主層 牽制－」
  『東洋史學研究』 50, 1995.
37) 김종박, 「明代 一條鞭法의 成立過程」『史學志』 15, 단국대, 1981.
  _____, 「明代 嘉靖期의 土地丈量과 一條鞭法의 出現」『金俊燁教授華甲紀念中國學論叢』,
  1983.
38) 오금성, 「張居正의 教育政策－地方教育振興策을 중심으로－」『歷史教育』 14, 1971.

맞이하면서 일변하였다. 엄격한 통제 하에 있던 정계는 장거정의 사망과 방자한 신종의 집권을 계기로 이부(吏部)와 과도관(科道官), 한림(翰林)이 중심이 되어 장거정을 탄핵하고 그의 혁신정치를 폐지하였다. 뿐만 아니라 그의 무덤을 파헤쳐 시체를 욕보이는 부관육시(剖棺戮尸)와 가산적몰을 단행하는 엄청난 악행을 저지르게 되었다.[39]

장거정 사후의 이와 같은 상황은 명 중기 이후의 사회 경제적 변화, 특히 이갑제 해체 이후의 향촌사회의 질서를 지방의 신사층(紳士層)이 장악하기 시작한 데서 비롯된다. 다시 말하면 지방에서 세력을 갖고 있던 신사층과 지방관료는 이미 중앙의 통제를 벗어나 향촌의 이익을 대변하는 세력으로 변신하고 있었다. 그들은 장거정의 전제정치에 대해 맹렬히 반대하였으며, 그가 죽자 곧바로 장거정을 신사층의 이익을 파괴한 독재자로 몰아 그의 처단을 서슴치 않았다. 그 결과 명의 전제지배체제는 장거정의 죽음과 함께 붕괴되었고, 명의 멸망도 이미 신종시대에 시작되었다.

명의 재정을 파탄으로 몰고간 만력의 3대 외정, 즉 영하지방(寧夏地方)에 쳐들어온 몽골의 무관 보바이(哱拜)의 반란진압(1592), 조선의 임진왜란 출병(1592)[40] 그리고 반주(播州)의 토사(土司) 양응룡(楊應龍)의 반란진압(1596) 등에 과도한 군사비를 지출하면서 국력을 많이 소모하였다. 명의 재정파탄을 구하기 위하여 황제의 명을 받은 환관이 각지에 파견되어 은 광산개발과 물품통과세[商稅] 징수명목으로 대량의 은을 강제로 징발하는 수탈을 자행하였으니 이른바 광세(鑛稅)의 화(禍)이다. 이에 대해 각지에서 반란이 일어나고 농민과 도시의 상인뿐만 아니라 향신계층까지 적극적으로 가담하여 반환관운동은 전국적으로 전개되었다.

---

39) 조영록, 「張內閣 후의 內閣派와 東林派科道의 대립」『中國近世政治史硏究』, 지식산업사, 1988, 224쪽 참조.

40) 황원구, 「明史紀事本末「援朝鮮」辨證, 明史稿 明史關係記事의 底本問題」『東邦學志』46·47·48 합집, 1985.

최소자, 「明末 中國的 世界秩序의 變化-壬辰·丁酉倭禍를 中心으로-」『明末淸初社會의 照明』, 한울아카데미, 1990.

박종배, 「明 嘉靖 9년의 文廟 祀典 改革과 朝鮮의 對應-廟號 改定 문제를 중심으로-」『東洋學』34, 2003.

Ⅳ. 명대 후기 당쟁의 격화

1. 명대 당쟁의 특색

명대 당쟁의 특징은 송대처럼 국가의 중요 정책에 대해 찬반을 논의하는 것이 아니라 지극히 사소한 문제를 가지고 시비를 벌이는 것이었다. 이러한 와중에 정쟁이 치열하게 전개된 것은 어리석은 황제(임군)가 자신의 잘못된 뜻을 관철하려는 부당한 생각을 요구하면서 이를 둘러싸고 신하들은 두 파로 갈라져 싸우게 된다. 황제 측근의 궁정파(내각파)와 정의를 내세운 반내각파(동림파)가 그것이다.

특히 명대의 당쟁이 격화된 것은 어린 황제와 암군의 등극을 뽑을 수 있다. 암군을 둘러싼 환관세력의 정치농단과 이에 맞선 반환관 세력간의 치열한 정쟁이 결국 당쟁으로 격화되었다. 어리석은 황제 뒤에는 항상 간신과 환관이 도사리고 있고 결국 당쟁은 간신과 환관세력이 득세하면서 불의 세력이 정권을 농단하게 된 것이 명대 당쟁의 특색이라 하겠다.

2. 3안(三案)과 당쟁

명대 후기의 당쟁은 삼안과 밀접하게 연계되면서 치열하게 전개되었다. 안(案)이란 사건이란 뜻이며 3안이란 세 가지 사건을 말한다. 즉, 정격(挺擊), 홍환(紅丸), 이궁(移宮) 안이 그것이다.

신종(神宗)대의 조정의 분열은 황태자책봉에서 시작되었다. 본래 신종에게는 장남[상락(常洛)]이 있었으나, 만력 14년에 총애하는 정귀비가 아들[상순(常洵)]을 낳자 그를 편애하여 오래도록 태자를 책봉치 않았다. 이를 둘러싸고 장남[상락]을 빨리 태자로 책봉할 것을 주장하는 고헌성(顧憲成) 등 정의파관료(반내각파)와 태자책봉을 서두를 것이 없다는 내각파의 대립이 격화하였다.[41]

신종은 만력 29년에 할 수 없이 동림파(東林派: 반내각파)의 주장을 받아들여 장남을 황태자로 책봉하였다. 그런데 만력 43년(1615)에 괴한이 몽둥이를 들고 황태자궁(자경궁)에 침입하는 사건이 일어났다. 이를 정격안(挺擊案)이라 한다. 이 사건을 둘러싸고 동림파는 철저한 조사 후 주동자를 엄벌에 처할 것을 주장

---

41) 조영록, 「萬曆·天啓間의 党爭의 격화와 科道의 政局주도」『위의 책』, 246쪽 참조.

하였다. 그러나 황제는 비동림파의 주장대로 단순사건으로 처리하고 오히려 동림파를 제거하였다.

1620년에 신종은 58세로 죽고[42] 태자(상락)가 즉위하니 이가 광종(光宗: 태창제)이다. 광종은 본래 병약하고 이질을 앓고 있었는데, 홍로시승 이가작(李可灼)이 지어 바친 붉은 환약을 마신 후 곧 사망하였다. 등극한지 1개월만의 일로 이를 홍환안(紅丸案)이라 한다.

광종의 장자 희종(熹宗, 1621~1627)은 16세의 소년으로 황제에 즉위하니 그는 명일대의 암군이다. 희종은 유모인 이선시(李選侍)란 여관(女官)이 환관 위충현과 공모하여 권력을 독점하려고 황제와 함께 건청궁에서 동거하였다. 동림파 관료는 이들의 동거를 반대하였으나 황제는 이선시와 함께 생활할 것을 강력히 원하였다. 동림파 관료는 할 수 없이 이씨를 별궁으로 옮겨 정치에 개입하지 못하게 하였는데, 이 사건을 이궁안(移宮案)이라 한다. 이 당시 황태자(光宗)의 책봉을 주장했던 동림당(東林黨)이 득세하였는데 비동림세력과 정치 전반에 걸쳐 예리하게 대립하고 논쟁을 벌렸다.

이와 같은 삼안(三案)은 모두 사소한 돌발적인 사건이었다. 그러나 만력시대 이래 조정대신 간에 대립과 분쟁이 계속되어 왔으므로 사건 처리에 황제를 등에 업고 대의명분을 앞세우고 파당을 갈라 치열한 당쟁으로 몰고 가서 결국 명의 멸망을 자초하였다. 이런 와중에 희종은 환관 위충현(魏忠賢)에게 정사를 모두 맡기니 정치는 극도로 문란하게 되었다.

3. 동림(東林)당의 사회개혁운동

장거정이 죽고 신종의 친정이 시작되는 만력시대 중기 이후 신종은 정치를 무시하고 사치에 빠져 정치체제는 극도의 혼란에 빠져들었다. 그 위에 전란이 계속되면서 재정은 악화되니 이를 만회하기 위해 조세를 크게 올리는 반동정치가 계속되었다. 이러한 사회 혼란 속에서 정치상황을 비판하는 격렬한 정치 투쟁이 동림당을 중심으로 전개되었다.

동림당(東林黨)의 지도자 고헌성(顧憲成)은 강소성 무석현(無錫縣) 출신으로 황

---

42) 신종의 정능(定陵)은 북경의 북방 천수산 근방 明 13릉과 같이 있다. 정릉은 신종의 생존시에 6년간 800만량의 막대한 비용을 들여 조영한 것으로 지하 20m 깊이에 전·중·후 3실이 있고, 전장 88m, 높이 7m가 되는 능묘궁전으로 규모도 거대하고 부장품도 호사스럽다.

태자 책봉문제로 신종의 노여움을 받아 만력 30년에 관직을 버리고 고향으로 돌아갔다. 그는 宋의 명유(名儒)인 양시(楊時)가 세웠던 동림서원(東林書院)을 재건하고 동지 조남성(趙南星), 추원표(鄒元標), 고반룡(高攀龍) 등과 함께 학문연구에 몰두하고 강학활동(講學活動)을 하니 이를 동림운동이라 한다.[43]

동림당은 정치적 혼란과 불안한 사회를 바로 잡으려고 개혁운동을 끊임없이 전개하는 한편 신종대의 태자책봉, 삼안의 처리 등 현실적으로 황제의 뜻에 거역하는 민감한 정치문제에 깊이 관여하였다.

동림운동은 좁은 의미에서는 환관(宦官)의 전횡, 내각집권파(內閣執權派)의 파벌적 정치에 반대하는 운동을 벌였고, 넓게는 이갑제(里甲制)의 붕괴과정에서 초래된 사회경제 체제의 위기를 둘러싼 정치투쟁으로서 일원적인 황제 전제지배체제를 반대하고 분권공치적(分權公治的) 군주주의(君主主義)를 표방하였다.

그러나 동림당의 비타협적 도덕주의는 당쟁을 격화시켜 결과적으로 명나라의 멸망을 초래하였다는 비난을 면하기 어렵다. 특히 장거정의 개혁정치에 대해 동림파는 아무런 대안 없이 이를 반대함으로써 현실적인 난제를 외면한 이상주의적 개혁주장이 갖는 모순을 드러내고 말았다. 동림파가 대체로 유교적 도덕을 바탕으로 하고 있는데 반해 비동림파(非東林派)는 사적인 정실을 주로 하여 이에 대항하였다. 결국 희종의 암우(暗愚)와 환관 위충현의 공포정치로[44] 동림파는 축출되어 핵심인물이 주살되고 조정은 환관파 일색이 되었다.

4. 독서인의 복사(復社)운동

중앙에서 동림당의 활동이 탄압을 받을 즈음 강남을 중심으로 새로운 재야세력의 정치활동이 시작되었으니 이를 복사운동(復社運動)이라 한다. 복사는 유교적 도덕의 실천을 내세운 서원과는 달리 고학부흥운동(古學復興運動)을 일으키고

---

43) 조영록, 「明代 東林派의 硏究-高攀龍의 生涯와 思想을 中心으로-」『歷史學報』 29, 1969.
　　권오중, 「東林派의 形成에 대한 一考察」『全海宗博士 華甲紀念史學論叢』, 일조각, 1979.
　　김종박, 「明代東林黨爭과 그 社會背景」『東洋史學硏究』 16, 1981.
　　원정식, 「巡撫 許孚遠과 明末의 福建社會-萬曆22년 福州의 食糧暴動을 중심으로-」『明淸史硏究』 5, 1996.
44) 위충현은 명대에 가장 악명높은 환관이다. 희종의 유모[李選侍]에게 아부하여 황제의 신임을 얻고 동림·반동림 당쟁을 기화로 정권을 잡고 동림당을 탄압하였다. 위충현에 아부한 자들은 그를 공자와 함께 국학에 모셔야 된다고 주장하며 사당을 조영하였다. 그가 거리를 지날 때 백성은 꿇어 앉아 만세 대신 구천(九千)세를 외치도록 강요당하였다.

각지에서 조직되었다. 복사는 강남지방을 중심으로 독서인들이 모여서 문장을 발표하고 과거시험답안을 출판하면서 문인들이 연합하여 결사를 이루고 정치색을 띠게 되었다. 동림당은 관료조직이기 때문에 환관 및 환관파 관료들의 집중적인 공격과 탄압을 받았으나, 복사(復社)는 하급신사(下級紳士)·생원(生員)·독서인이 절대다수로서 문장연구(文章研究)의 명분을 내걸고 공공연히 사(社)를 결성하여 통일된 집단행동을 취하면서, 강남지방을 중심으로 동림의 정치운동을 계승하였다.[45]

명나라 멸망 이후 복사운동 멤버들은 청의 중국지배에 대해 끊임없이 저항을 계속하였다. 그러나 저항운동이 성공을 거두지 못하자 향리에 들어가 학문연구와 제자교육에 전념하면서 절의를 지키었다.

5. 명 후기의 농민반란

중국역사상 농민의 반란이 명대처럼 치열하게 전개된 시대도 드물다. 반란의 원인은 무엇보다도 명 후기에 계속해서 나이 어린 황제와 암군(暗君)[46]이 등극하여 황제를 둘러싼 간신과 환관의 발호로 중앙정치는 물론 지방행정이 극도로 부패한데서 찾을 수 있다.

명나라는 태조(주원장)의 농민운동으로 건국하고 이자성의 농민반란에 의해 멸망한 왕조가 되었다. 명 중기 이후 크고 작은 반란이 계속 일어났다. 그 가운데 규모가 큰 농민반란은 주로 영종과 무종시대에 집중되고 있다. 이는 영종·무종의 음란한 사생활과 환관의 전횡으로 나타난 사회적 모순에서 비롯되었다.

1435년 선종(선덕제)이 사망하자 겨우 9세의 정통제(영조)가 즉위하였다. 선종은 환관 왕진(王振)을 총애하니 그의 전횡은 중앙은 물론 지방에 이르기까지 극도의 부패정치가 만연하였다.

정통제(영종)시대의 농민반란은 1448년에 복건성사현(沙縣)에서 일어난 등무

---

45) 조영록, 「明末淸初의 復社運動」『明末·淸初의 照明』, 한울아카데미(서울), 1990.
46) 중국 역대 왕조 가운데 명나라처럼 암군이 많은 시대도 드물다 명일대 16명의 황제 가운데 명군은 태조, 성조, 인종, 선종, 효종 다섯뿐이다(「명사」효종본기)라고 할 정도로 암군이 많았다.
　암군의 조건은 ① 사치와 환락에 빠져 정치를 돌보지 않고, ② 정치는 간신이나 환관에게 맡기고 충신의 말을 듣지 않고, ③ 불필요한 외정이나 토목공사로 국가재정을 파탄시키고, ④ 어리석은 후계자에게 왕위를 물려주는 등을 꼽는다. 불행하게도 명대는 이러한 암군이 계속 등장하여 농민반란의 원인이 되었다.

칠(鄧茂七)의 반란이 전국을 휩쓴 대란이었다.

1464년 영종이 죽자 18세의 헌종(성화제)이 즉위하였다. 황제는 35세의 만귀비(萬貴妃)를 편애하고 그에게 인사권과 궁정일을 맡겼다. 또 환관 왕직(汪直)도 총애하여 그에게 정치를 맡기니 부패는 극에 달하여 사회가 어지러워졌다. 이때 형양산구(荊襄山區)에서 유통(劉通)이 대란을 일으키니 이 란에 참여한 유민이 100만에 이르렀으므로 명 후기의 농민반란의 규모를 헤아릴 수 있다.

1505년 효종(홍치제)이 죽자 14세의 소년이 즉위하니 무종(정덕제)이다. 무종의 호색(好色)과 음행으로 정치는 혼란에 빠지고 더욱이 환관 유근(劉謹) 등 8명의 환관을 총애하면서 정치를 맡기니 이들 8명의 환관을 세간에서는 정덕시대의 8호(狐)라 하였다. 1511년에 유육(劉六)과 유칠(劉七)형제도 대규모 반란을 일으키니 환관에 의한 정치적 문란과 사회혼란은 극에 달하였다.

6. 이자성(李自成)의 반란과 명의 멸망

1) 이자성군단의 등장 배경

1627년에 희종은 23세로 죽고 이복동생 의종(毅宗: 숭정제)이 18세로 제위에 오르니 明의 마지막 황제이다.

의종은 영명하여 개혁의 뜻을 품고 환관 위충현을 비롯한 간신을 주살하고 동림당을 등용하여 국정쇄신을 과감히 추진하려 하였다. 그러나 각지에서 일어난 농민의 반란은 걷잡을 수 없는 방향으로 진행되었다. 즉, 만력 15년을 전후하여 파산농민들이 무리를 규합하여 반란을 일으켰으며 하남지방에서는 정부의 곡식을 탈취하고 강소·안휘·복건일대의 전호(佃戶)들은 항조운동(抗租運動)을 전개하였다.

명말 숭정시대의 농민반란은 섬서 북부에서 시작되었는데, 이 지역은 이미 만력시대에 과중한 노역에 시달리던 농민의 도망자가 속출하였다. 천계 7년(1627)에 섬서지방에 극심한 재해가 몰아 닥쳤는데도 지현(知縣) 장두요(張斗耀)는 재해와 상관없이 종전대로 징세를 강요하니 농민은 왕이(王二)의 선동으로 장두요를 살해하고 농민반란의 서막을 올리게 되었다. 이듬 해, 숭정 원년(1628)에 왕가륜(王嘉胤), 고영상(高迎祥)과 장헌충(張獻忠)이 가담하여 그 세력은 급속히 커져 갔다. 이를 막으려고 명의 조정에서는 홍승주(洪承疇)를 총사령관으로 하여 국경수비를 맡고 있던 병력만을 제외한 전군을 동원하여 반격에 나서게 되었다. 이때 반란농민군은 형양에 집결하여(1635) 대책을 강구하게 되었으나[47] 장수들의 의견이 일치하지 않았다. 이때 이자성이 나서서 적극적인 공세를 주장하였다. 그 후 고영상과 이자성의 부대는 명조의 발상지인 봉양(鳳陽)을 공격하여 왕릉을 파괴하니 명조의 위신은 큰 손상을 입게 되었다. 특히 숭정 9년에 틈왕(고영상)이 정부군에 체포되어 살해되자 이자성이[48] 군을 통솔하였다.

2) 이자성군단의 북경입성

이자성 군단은 한때 위기에 몰렸으나, 지식인 이암(李巖)과 우금성(牛金星) 등을 맞이하여 새로운 개혁안을 제시하면서 농민반란군의 수령에서 일약 황제자리를 넘보는 정치지도자가 되었다. 그는 이암의 권유로(1640) 신분에 관계없이 토지를 균등히 분배하고 3년간의 조세감면[貴賤均田, 三年免賦]의 정책을 내세워 농민의 절대적인 지지를 받게 되었다. 그 후 낙양을 함락하고(1641) 이곳에 복왕(福王)으로 있던 신종황제의 아들(상순)을 사형에 처하였다. 이어 호북의 요충지인 양양을 양경(襄京)이라 하여 국도로 삼고 스스로 신순왕(新順王)이 되어 새 정권을 수립하였다(1643).

이자성은 다시 서안(西安)을 서경으로 고치고 국호를 대순(大順)으로 하여 마침내 북경으로 진격하였다. 당시 명의 정예부대는 만주방면의 後金(淸)을 막기 위해 산해관에 집결해 있었고 북경주둔 병력은 후방의 예비군에 불과하였으므로, 북경은 쉽게 함락되고 이자성은 자금성에 입성하였다. 明의 숭정황제는 자금성 북쪽 경산(景山)에 올라가 스스로 목매어 자살하니[49] 그의 나이 35세였다. 명은 건국한지 276년 만에 농민 반란군에 의해 멸망하였다(1644).

---

47) 형양에 집결한 농민군 수령은 틈왕(闖王) 고영상, 팔대왕(八大王) 장헌충, 마수응, 라여재 등이다. 이자성은 틈왕 휘하에 있던 틈장(闖將)이었다. 이자성을 틈왕이라 하는 것은 여기에 유래한다.

48) 이자성(1606~1645)은 섬서성 미지현(米脂縣) 출신이다. 그의 가정은 리갑제(里甲制)하의 리장호(里長戶)를 역임할 정도로 지방의 지주였으나 리내(里內)의 도망간 호구(戶口)의 부역을 연대책임지면서 몰락하였다. 이후 이자성은 역졸(마부)이 되었다가 후에 군대에 들어가 모반을 일으켜 고영상의 반군에 가담하였다.

49) 정병철, 「明末의 華北社會와 朝鮮의 倭亂」『明淸史硏究』 10, 1999.
김택중, 「談遷의 崇禎帝 評價」『明淸史硏究』 11, 1999.

그러나 이자성의 북경점령은 불과 40여일 만에 명나라 장수 오삼계(吳三桂)가 안내하는 청나라 군대에 의해 막을 내렸다. 이자성의 반란군이 이처럼 쉽게 무너진 것은 명의 산해관 총병인 오삼계에 대한 대책을 소홀히 한데 중요한 원인이 있다. 즉, 당시 오삼계는 이자성의 북경입성에 대하여 정세를 관망하고 있었으나 북경에 있던 그의 부친이 연금되고 가산이 약탈당한 것을 알고 반(反)이자성으로 돌아섰다. 더구나 청나라는 그에게 영토 할양을 제의하였으므로 결국 청에 투항하게 되었다.

이자성 세력의 내부에도 북경입성과 함께 여러 가지 문제가 표면화되었다. 특히 지식인 사이의 파벌투쟁이 일어나 우금성이 이암을 살해하고, 반란군도 북경성에 들어온 후에는 규율이 무너지고 약탈자로 변하면서 시민과의 충돌이 빈번하였다. 이에 대해 각지의 지주들은 자위군을 조직하여 이자성 반대의 연합전선을 형성하였다. 이자성은 할 수없이 북경을 버리고 호북으로 달아나다가 통성현(通成縣)의 산중에서 지주의 무장자위군[50]에 의하여 살해되었다. 도르곤(多爾袞: 순치제의 숙부)이 이끄는 淸의 군대는 이자성에 의하여 멸망한 명을 구원한다는 명분을 앞세우고 해방군으로 북경에 입성하였다(1644).

명이 망한 후 그 유족과 관료들은 남경에서 남명정권(南明政權)을 수립하고 복왕을 옹립하여 홍광제(弘光帝)로 추대하였다. 그리하여 강남과 복건 광동지방에서 명의 부흥운동을 전개하였으나 명말 이래의 동림파와 비동림파의 대립 및 붕당정치가 계속되어 차례로 무너졌다.

마지막 남명정권인 영력정권(永曆政權)도 1661년 영력제(永曆帝)가 버마까지 쫓겨 갔다가 체포되어 죽은 후 와해되었다. 또 정성공(鄭成功)도 대만에서 반청복명운동(反淸復明運動)을 전개하였으나 강희제 때 평정되었다(1683).

7. 명나라 멸망과 한인 유학자의 대응

1) 명나라 멸망의 역사적 성격

명의 멸망은 중국 역대 왕조의 멸망과 비교할 때 몇 가지 독특한 성격을 가지고 있다.

---

50) 정병철, 「明末·淸初 華北에서의 自衛活動과 紳士 山東·北直隷을 중심으로—」『東洋史學
    研究』43, 1993.

먼저 명(明)은 중국의 한민족 왕조로는 마지막에 해당한다는 점을 들 수 있다. 이민족이 지배하던 몽골의 원나라를 무너트리고 한민족 왕조를 부활하였으나 다시 이민족인 만주(여진)족의 청나라에 나라를 빼앗긴 왕조가 되었다.

다음으로 생각할 수 있는 것은 명은 한민족의 농민반란군인 이자성(李自省)에게 먼저 나라가 망하고 이 틈을 타고 중국에 해방군으로 들어온 청나라에 한민족이 정복당한 특수성이 있다. 한민족에게 망하고 다시 이민족의 지배를 받았다는 이중적 멸망사가 중국의 다른 왕조에서는 찾을 수 없는 일이다.

또한 명나라는 건국 초기부터 황제 독제체제를 강화하기 위하여 무수한 관료와 학자를 처형하였다. 뿐만 아니라 제도적으로 3성(三省)을 없애고 6부를 황제 직속으로 하여 황권을 강화하였으나 명 일대에 무능하고 용렬한 황제의 등장으로 내각과 환관이 국정을 농단하였다. 그 결과 유능한 관료와 우수한 학자들이 정치일선에서 배제되었다.

명의 마지막 황제 숭정제가 자금성 뒷산 경산(만수산)에서 스스로 목매 자살한 것은 중국 역대 어느 왕조에서도 볼 수 없는 비극적 역사이다.

2) 명의 멸망과 한인 유학자의 대응

明末 淸初의 한인 유학자를 대표하는 인물로 황종희(黃宗羲), 고염무(顧炎武), 왕부지(王夫之)가 있다. 이들 세 사람은 명말 청초의 유학 삼대사(三大師)로 존경받았다. 명의 멸망 당시 이들은 장년으로 황종희는 35세 고염무는 32세이고, 왕부지는 28세 청년이었다.

청나라 군대가 강남에 침입하였을 때 이들은 분연히 이에 저항하였다. 특히 청조가 반포한 변발령(辮髮令)은 한인 유학자의 자존심에 큰 상처를 주었다. 변발은 오랑캐의 풍습으로 변발하는 자체가 지식인에게는 굴욕이었다. 변발에 대한 심리적 반응은 일반서민과 지식인 사이에는 커다란 차이가 있다. 지식인 가운데는 변발하는 것을 수치스럽게 생각하여 머리를 깎고 중이 되는 사람도 있었다.

1644년 청초의 강남침입 당시 황종희는 난을 피하여 고향인 절강성 여요(余姚)에 돌아가 젊은이 수백 명을 모아 세충영(世忠營)을 조직하고 청군에 저항하였으나 실패하였다. 그는 무력으로 명나라를 부흥시키는 일은 현실적으로 어렵다고 판단하여 학문에 전념하는 것이 청에 대항하는 일이라고 판단하여 평생 학문에 종사하였다. 그런데 황종희의 학문은 결코 관념적인 것이 아니고 격렬한 체제비판을 포함한 실천적인 학문이었다. 이러한 그의 학문과 사상을 단적으로 표현한 것이 유명한 『明夷待訪錄(명이대방록)』이다.

고염무는 황종희보다 세 살 아래로 남직예성 곤산현(崑山縣)에서 태어났다. 어려서 학문을 즐기고 특히 역사를 좋아하여 독자적인 역사관을 세우면서 복사(復社)운동에 참가하여 문명을 떨쳤다. 32세 때 청군이 강남으로 쳐들어오자 과감한 저항운동을 전개하였다. 그러나 그의 반청운동도 실패하고 고향에 들어가 숨어살면서 굴욕적인 변발을 거부하였다. 그는 원한을 품고 있던 밀고자에 의해 체포당할 몸이 되어 강남 각지를 전전하며 도망생활을 계속하였다. 그가 고향에 돌아와 저술생활에 전념하기까지는 20여 년이 걸렸고 마침내 필생의 대작 『日知錄(일지록)』을 저술하였다.

왕부지는 호남성 형양(衡陽)출신으로 1642년 향시에 합격하고 이듬해 회시에 나가려 하였으나 전란 때문에 포기하였다. 명말에 관리가 되었으나 관료의 부패·타락과 극심한 당쟁에 절망하여 고향에 돌아와 연구 저술에 전념하였다. 그의 화이(華夷)사상은 매우 강하여 이를 정리한 것이 『黃書(황서)』이다.

명말 청초에 많은 독서인들은 처음 청군과 싸웠으나 실패한 후 청군에 대항하여 싸우는 일이 성공할 수 없다고 판단하였다. 명말 청초는 유학자와 지식인에게는 수난의 시대였다. 종래 중국의 지식인은 학문을 하고 도덕을 가르치면 되었으나 명말 청초의 난세에는 학문과 도덕으로는 국가의 위기를 구제할 수 없다고 판단하면서 절망적인 저항운동을 학문을 통하여 피력할 수밖에 없었다.

제 2 절   明代의 사회와 경제

Ⅰ. 향촌사회의 조직과 신사(紳士)계층의 변화

1. 이갑제(里甲制)에 의한 향촌질서의 정비

明의 국가체제는 중앙은 전제군주체제의 확립과 지방의 향촌사회에서는 이갑제를 실시하여 15세기 중기까지 국가권력의 향촌지배는 착실하게 유지되었다.

중국의 향촌은 보통 현(縣) 아래 향(鄕)이 있고 그 아래 里나 村이 있다. 明의 태조는 홍무 14년(1381)에 원대의 사제(社制: 50戶 1社)를 폐지하고 현 아래의 향촌을 재조직하기 위하여 이갑제를 실시하였다. 이갑제는 중앙의 행정명령을 농촌사회 깊숙이 침투시키고 세역의 효율적인 징수 및 촌락공동체의 향촌질서를 유지할 목적으로 실시한 것이다. 즉, 자급자족이 가능한 110호를 1里로 편성하고, 인정(人丁) 수와 자산의 등급에 따라 호등(戶等)을 구분하였다. 110호 가운데 상등호(上等戶) 10호를 이장호(里長戶)로 하고 나머지 100호를 갑수호(甲首戶)로 하여 1갑에 10호씩 배속시켰다. 소작농과 토지를 소유하지 못한 호는 기령호(畸零戶)로서 110호 아래에 덧붙여졌다.

매년 이장(里長) 1명과 갑수(甲首) 10명이 里의 부역징수, 치안유지, 재판, 교화, 부역황책(賦役黃冊)의 작성 등 향촌행정의 모든 기능을 수행하였다. 태조는 이갑제의 실시와 함께 호적 및 조세대장인 부역황책을 전국에 걸쳐 작성하여 각호의 소유 토지, 인구의 이동과 증감을 파악할 수 있도록 하고 이를 바탕으로 부세와 요역을 정하였다. 이와 함께 토지의 정확한 측량을 통하여 토지대장인 어린도책(魚鱗圖冊)을 작성하여 명실공히 향촌사회를 지배하는 기초를 확립하였다.[51]

이장과 갑수의 임무는 10년마다 한번씩 돌아가면서 맡도록 하였다. 이 밖에 각 리에는 덕망이 있고 나이가 지긋한 이노인(里老人)을 두어 이민(里民)의 재판과 교화, 여론의 대변 그리고 향리의 질서유지와 상호부조를 지도하도록 하였다.[52] 이 밖에 화남의 일부지역에는 양장(糧長)과 당장(塘長)을 두었다. 양장은 몇 개 혹은 수십 개의 里를 통솔하도록 하였고, 당장은 주로 수리시설의 책임을 맡겼다. 이들 이장, 이노인, 양장, 당장은 대부분 대토지를 소유한 지주계층으로서 전통적 향촌의 관습적 지배자이기도 하다.[53] 명조는 이들에게 국가권력을

---

51) 《부역황책》의 이름은 노란종이로 이를 봉하였기 때문이고 《어린도책》은 토지를 측량한 그림 모양이 물고기의 비늘같은 데서 유래한다.

52) 김한식, 「明代 里老人制의 硏究」『大丘史學』 1, 1969.
　　김선혜, 「明中期 地方의 訴訟處理와 里老－徽州府 祁門縣 '謝氏訴訟'을 중심으로－」『東洋史學硏究』 86, 2004.

53) 송정수, 「明 中期鄕村社會의 動搖와 明朝의 對應」『全北史學』 15, 1992.
　　＿＿＿, 『中國近世鄕村社會史硏究－明淸時代 鄕約·保甲制의 형성과 전개－』, 도서출판 혜안, 1997.
　　이승국, 「明代 糧長의 設置와 그 性格」『慶北史學』 7, 1984.
　　김종박, 「中國 鄕村組織의 變遷過程과 行政區劃化－唐代에서 淸代까지－」『中國史硏究』 7,

위임하여 향촌을 지배하도록 하였고, 그 대가로 여러 가지 역할을 맡기게 되면서 실질적인 향리의 지배자로 삼았다.

2. 이갑제의 붕괴와 향촌질서의 해체

이갑제를 기반으로 하여 明初에는 사회가 비교적 안정되었다. 그러나 명의 건국후 100여년이 지난 명대 중기인 15세기 중엽 후기부터 16세기에 걸쳐 점차로 이갑제가 변질·해체되었다. 특히 16세기에 접어들면서 명대사회는 경제적 발전에 따라 농촌사회의 급격한 변혁이 일어났다.

이갑제 해체의 몇 가지 원인을 보면, 먼저 이갑제 하에서 지배층은 이장·이노인·양장층이었으나 이들에게 맡겨진 이갑정역(里甲正役)은 10년 1회의 윤번제였으므로 부(賦)·역(役) 징수업무가 고정되지 못하여 이에 따라 부·역 징수에 차질을 가져왔다. 그 위에 이들의 재산등급도 10년 사이에 재해나 질병, 전란 등으로 변질되면서 그 임무를 수행하기 곤란하게 되었다. 이와 함께 명의 재정규모는 계속 확대되어 국가재정과 관리들의 은(銀)에 대한 수요도 증가하여 명초에는 비교적 가볍던 부역이 점차 늘어나 농촌사회를 압박하여 이갑제를 붕괴시키는 결과를 가져 오게 되었다.[54]

다음으로 향신(鄕紳)계층문제이다. 명의 향신계층은 15세기에 갑자기 등장한 것은 아니다. 명초부터 향리에는 현직·퇴직·휴직 등의 관직 경력자와 과거제와 학교제도를 매개로 나타난 거인(擧人), 감생(監生), 생원(生員) 등의 학위 소지자가 특권층으로 향신층을 형성하고,[55] 요역 등을 면제받고 있었다. 그런데 이들 특권층은 15세기 중기에 이르면 35만명 정도로 증가하면서 여전히 국가로부터 받은 우면(優免) 등의 특권을 누리고 사회적 영향력을 행사하면서 부·역을 기피하였다. 이 밖에 유력한 신사층과 상인은 도시에 거주하면서 부재지주(不在地主)로서 부·역을 탈면(脫免)하였다. 이 때문에 이장·이노인 등 향촌

　　　　　1999.
54) 김종박, 「明末 均田均役法과 그 실시 배경」『東洋史學硏究』 43, 1993.
　　　　　「明代賦役制度의 변천과정과 國家構造」『人文科學硏究』(상명대) 5, 1996.
　　권인용, 「明末 徽州의 土地丈量과 里甲制- 祁門縣 '謝氏紛爭'을 中心으로-」『東洋史學硏究』
　　　　　63, 1998.
55) 명초에 관직경력자는 2만5천명 내외, 학위소지자는 7만여명으로 도합 10여만명에 달하는
　　특권층이 존재하였다.
　　전순동, 「明 監生의 履修制에 대하여」『忠北大論文集』 31, 1986.

의 비특권지주(非特權地主)나 소농민(갑수호)은 자기부담 이외에 이들의 우면·탈면 몫까지 부담을 짊어지게 되고, 이장호(里長戶)는 갑수호(甲首戶) 중에서 세역부담을 피하여 도망간 자가 생기면 그 몫까지 부담하게 되어 이들의 몰락이 특히 심하였다. 그 결과 호등에 따라 요역이 할당되었던 당초의 이갑체제가 그 모순을 드러내고 붕괴되어 갔다.

이와 함께 15세기 중기 이후 중앙과 지방의 통치력 약화로 관리의 부정부패가 만연되고, 정부에서는 토지와 호구에 대한 정확한 파악이 어렵게 되었다. 따라서 비특권지주들은 돈으로 관직이나 학위를 매수하거나 종족(宗族)의 결합으로 신사가 되려 하였고, 그 길이 여의치 않으면 뇌물로 부역황책을 변조하기도 하였다. 이렇게 해서 탈면된 부·역은 힘없는 농민에게 전가되었다. 그리하여 명의 중기 이후에는 자작농(갑수호)뿐만이 아니고 이장·양장호마저 몰락하면서 농촌이 황폐하고 계층분화 현상이 촉진되어 이갑제도는 붕괴될 수밖에 없었다.

3. 명 중기(16세기 중엽) 이후 향촌사회의 변모

태조가 고심하여 만들어 놓은 제국의 농촌지배조직인 이갑제가 15세기 중엽부터 붕괴되면서 향촌사회는 크게 변화하기 시작하였다.

먼저 정부는 이갑제 붕괴에 따른 새로운 조처로 원적발환(原籍發還)주의를 완화하는 대신 필요에 따라 부적(附籍)주의를 채택하였다.[56] 즉, 명초에는 이갑제를 유지하기 위하여 외래의 유민이나 객민(客民)은 원적지로 돌려보내는 것을 원칙으로 하는 원적발환주의를 취하였다. 그 때문에 유민이 다른 지역으로 이주하여 정착하고 자급자족이 가능할 정도가 되어도 원적지로 돌아가야 하는 정책 때문에 그 지역의 관부에서는 그들을 부역황책에 편입시켜 부(賦)·역(役)을 부과하지 못하였다. 한편 원적지에서도 본인이 없으므로 요역을 부과할 수 없었다. 따라서 유이민(流移民)은 모두 부·역을 탈면하였고 그 대신 원적지에 남아있는 이갑호가 그들 몫까지 짊어질 수밖에 없으니 이로 인해 고향에 남아있던 이갑호는 몰락·파산하게 되었다.

명조는 영락연간(1403~1424)까지 원적주의를 강력하게 지켰으나 선덕 5년(1430)에는 객민의 기적(寄籍)을 허락하였고, 정통초(1435)에는 다시 원적주의

---

56) 김홍길, 「明代 北京의 買辦과 "短價"」『明淸史硏究』 5, 1998.
　　송정수, 「明淸時代 鄕約의 成立과 그 推移」『慶尙史學』 창간호, 1985.

를 채택하였다. 그러나 명 중기 이후 무수한 유민이 발생하게 되자 원적주의를
완화하면서 객민부적[客民附籍, 현재지부적(現在地附籍)], 즉 현재 거주하고 있는
곳의 호적에 편입하는 것을 허락하였다. 그러나 이러한 정책은 원적발환주의를
완전히 포기한 것은 아니었다.

다음으로 이갑제 붕괴로 흐트러진 향촌사회를 향약·보갑제(保甲制)를 통하
여[57] 교화하면서 상호부조, 치안유지 등을 지켜나가려 하였다. 명대의 향약은
왕수인(王守仁: 王陽明)이 지방관으로 재직하던 정덕연간(1506~1521)에 강서남
부에서 일어난 반란을 평정한 후 종족조직을 배경으로 실시한 것이 최초인데
이후 중국 각지에서도 이를 모범으로 향약이 실시되었다.[58] 보갑제는 왕수인에
의한 십가패법(十家牌法)이 그 효시가 되었다. 이는 10家로 1甲을 조직하여 연
대책임으로 도적방비와 향촌의 질서유지에 임하도록 한 것이다. 그 후 촌마다
보장(保長) 1명을 두어 촌락의 자위를 맡는 보갑제로 발전하였다.

그러나 이러한 향약, 보갑제는 전국에 일률적으로 실시된 것도 아니고 부·
역제도와도 직접 관련이 없으며 또 이를 추진하는 주체가 지방관이나 신사층이
기 때문에 이를 통해 이갑제 하의 사회안정을 기대하기는 어려웠다.[59]

4. 명대의 사회계층과 신사층(紳士層)의 향촌지배

명대의 사회계층은 지배계층과 피지배계층으로 구분된다. 지배계층으로는 황
족과 관료, 신사계층(紳士階層)이 있고, 피지배계층으로는 농·공·상업에 종사
하는 양민(良民)과 그 아래 노비(奴婢)가 있다.

황족은 황제의 측근과 외척으로 구성되어 있는데, 이들은 국가로부터 작위
(公·侯·伯)를 받고 녹전(祿田) 등의 토지와 녹미(祿米)를 지급받아 넉넉한 생활을

---

57) 향약은 북송 여대균(呂大鈞)의 여씨향약(呂氏鄕約)을 바탕으로 한 주희(朱熹) 및 주희 증손
   의 향약이 있다. 보갑제는 왕안석(王安石)이 신법의 일환으로 보갑법을 실시한 것이 그 시
   작이다.
   서인범, 「명 중기의 賣牒制 연구」『東洋史學研究』 85, 2003.
58) 박원호, 『明淸 徽州宗族史研究』, 지식산업사, 2002.
   _____, 「明代 徽州 宗族組織 擴大의 한 契機-歙縣의 柳山方氏를 中心으로-」『東洋史學
   研究』 55, 1996.
   원정식, 「明末~淸 中期 閩南의 市場과 宗族」『歷史學報』 155, 1997.
59) 송정수, 「明末·淸初의 鄕村統治制度의 變遷」『學林』 5, 1983.
   _____, 「明末 動亂期의 鄕村狀況과 鄕村防禦活動의 전개-鄕約·保甲制의 기능면을 중심
   으로-」『全北史學』 19·20 합집, 1997.

하였다. 관료는 과거에 합격하여 관인(官人)이 된 계층이다. 이 밖에 고위관료 자제들이 음보(蔭補) 및 기타의 방법으로 관직을 얻기도 하였으나 과거출신 관료가 국가의 요직을 맡아 중앙과 지방의 행정을 수행하여 나갔다.

신사계층은 명대의 지방에서 큰 힘을 발휘한 계층이다. 진신(縉紳), 향신(鄕紳) 혹은 향관(鄕官)이라고도 하며, 대부분 지주층으로 구성되어 있는 교양과 학식을 갖춘 지식인층인 점에서 송대의 사대부와 같은 성격을 가지고 있다.[60] 송대에는 당 이후 균전농민이 해체되는 과정에서 성장해 온 신흥지주층으로 지식인이고 지주인 이들 사대부(士大夫)를 지배계급으로 하는 사회가 확립되었고 청말까지 이어졌다.

명대의 신사는 관직경력자(官職經歷者: 휴직·퇴직관료 진사 포함)와 관직에 나가지 못한 관위지망(官位志望)·학위소지자(學位所持者: 舉人, 貢生, 監生, 生員) 등을 포함하는, 정치·사회적인 지배계층을 총칭하는 것이다.[61] 관직경력자와 학위층이 신사[紳士, 신긍(紳矜)]란 용어로 역사에 나타난 것은 15세기 중엽부터

---

60) 김선혜, 「明代 徽州의 宗族制 發達과 訴訟」『中國史研究』 27, 2003.
_____, 「明 前期 里甲制 하의 訴訟 處理-徽州文書를 중심으로-」『明淸史研究』 18, 2003.
민두기, 「淸代 '生監層'의 性格 특히 그 階層的 個別性을 中心으로」『中國近代史研究』, 일조각, 1973, 85~94쪽에 의하면 신사(紳士)는 고래(古來)의 사대부라는 개념과 통하나 명대부터는 국가권력으로부터 학위를 통하여 제도적으로 신분을 보장받게 된 점이 다르고, 신(紳)은 재관자(在官者)를 말하며 그것이 확대되어 퇴임 관료까지도 포함하여 관(官)과 직결된다. 신을 향거성(鄕居性)에다 중점을 두고 말할 때 향신(鄕紳)이라고 하였다. 서양에서 gentry, local elite라고 하는 것은 이들의 향거성과 사회적 신분에 중점을 둔 것이라고 하였다.
오금성, 「明代 紳士層의 形成과 社會經濟的 役割」『中國近世社會經濟史研究』, 일조각 1986, 1쪽, 서론 및 2쪽, 주4에 의하면 일본 학계에서는 신사 대신 향신이란 용어를 사용하는 학자가 대다수이다. 그러나 향신은 지배층의 계급적 성격은 쉽게 설명되나 지배층의 분화 내지 지배층의 개별적 성격과 다양한 존재형태를 설명하는데는 불리하다. 따라서 상층향신(上層鄕紳)·하층향신(下層鄕紳)으로 구분해 사용하기도 한다.
張仲禮 지음, 김한식·정성일·김종건 옮김, 『中國의 紳士』, 신서원, 1993.
정병철, 「明末·淸初 華北에서의 自衛活動과 紳士-山東·北直隸를 중심으로-」『東洋史學研究』 43, 1993.
61) 명초에는 관직경력자(전직·휴직·현직) 2만5천명 내외, 학위소지자(거인, 감생, 생원)는 7만여명 도합 10여만명이었다. 그러나 15세기 중엽에는 35만 정도로 급증하고 명말·청초에는 55만 정도로 늘어나고 있다
오김성, 「明末·淸初의 社會變化」『講座中國史』 Ⅳ, 94쪽 참조.
원정식, 「明代 福建의 學位取得者 變化와 閩南社會」『江原史學』 1, 1996.
이윤석, 「明末의 江南'士人'과 文社活動-그 社會文化的 背景을 中心으로-」『東洋史學研究』 57, 1997.

의 일이다.

　신사층은 명의 중기까지는 형식상 이갑제 질서 속에 포함되어 있었으나 실제로는 토지를 겸병하여 지주층이 되었고, 세제상의 특권과 사회적 영향력을 이용하여 부역을 기피하면서 특권층화하였다. 더구나 요역의 증가와 일부 은납화가 진전되는 과정에서 이갑정역(里甲正役)의 일부까지 세제우대 대상이 되었으므로 신사층의 사회·경제적 특권은 더욱 확대되었고 이에 따라 신사층의 세력은 막강하였다.

　예비관료 집단으로서의 거인·생원은 향리에 거주하는 관직 경력자나 현직관료와 함께 향촌사회(鄕村社會)에서 영향력을 행사하였고 중앙에서 임명된 지방관도 이들을 무시하고서는 지방행정을 원활하게 수행하기 어려울 정도였다. 신사 가운데서도 거인은 진사(進士)에 합격하지 않아도 별도로 임관(任官)되는 길이 있었기 때문에 거의 관료에 준하였으므로 생원과 거인간에도 명백한 구분이 있었다. 그리하여 과거제도는 명 중기 이후에는 단순한 관료등용시험으로 그치는 것이 아니라 사회 지배계층의 서열을 정하는 기능을 가지게 되었다.

　피지배계층인 일반백성은 양민이라 하여 호적상 민호(民戶)와 병호[兵(軍)戶], 장호(匠戶)로 분리되었다. 민호는 호부(戶部)에 호적이 있고 주현에 소속되었으며, 병(군)호는 병부(兵部)에 호적이 실려 있고 위소(衛所)에 소속되어[62] 세습적으로 병역을 담당하였고, 장호는 공부(工部)에 속해 있었다. 이 가운데 국가의 근간을 이루고 있는 것은 민호이며 대부분이 농업에 종사하는 농민이다. 이 밖에 상인과 장호에 편입되지 않은 도시의 수공업자가 있다.

　그런데 이러한 명초의 사회구조는 명의 중기(16세기 중기)를 고비로 급격한 변화를 가져오게 되었다. 그것은 이갑제의 붕괴에 따른 국가의 향촌지배가 어렵게 되는 구조면에서 변화가 일어났고, 토지의 소유형태에서도 변화를 맞이하게 되었기 때문이다. 이러한 소용돌이 속에서 농촌사회의 지배층이던 이장, 이노인, 양장에 대신하여 새로 향촌의 지배세력으로 등장한 것이 바로 신사(향신)층이다.

---

62) 김태곤, 「明代軍屯制硏究」『東方學志』 41, 1984.
　　윤정분, 「明代 軍屯制 硏究」『東方學志』 39, 1983.
　　＿＿＿, 「明代軍戶制와 衛所制에 對하여」『東方學志』 45, 1984.

Ⅱ. 明末의 사회변동과 경제구조의 재편성

1. 明末 자본주의 맹아론(萌芽論)

중국사에 있어서 16세기 후기에서 17세기 중기(명말·청초)는 여러 면에서 사회변화가 현저하게 이루어진 시대이다. 이는 비단 명(明)에서 청(淸)에로의 왕조교체라고 하는 정치적 변천만이 아니고 사회와 경제 전반에 걸친 구조적 변혁이 진행되었음을 의미한다. 즉, 상품경제의 발달에 따르는 농촌사회의 변화, 이에 따른 지주·전호제의 개편, 이갑제(里甲制)의 해체와 부역제도의 개혁, 전국적인 민중운동 등이 그것이다. 이러한 사회경제적 변화와 함께 사상의 다양화 및 경세실용학(經世實用學)의 발달 등도 사회변화에 빼놓을 수 없다.

이와 같은 총체적 사회변화를 염두에 두고 역사학계에서는 자본주의의 맹아가 이 시대에 나타났다고 주장하여 역사연구의 중요한 과제가 되고 있다.[63] 물론 이러한 배경에는 식민지사관에 의한 중국사회 정체론(停滯論)을 극복하고 중국의 역사 속에도 세계사의 보편적 법칙성[역사발전성]이 존재함을 밝히려는 데 그 목적이 있다. 여기에는 근대 아편전쟁 이전의 중국역사에 있어서도 주체적이고 자생적인 자본주의의 싹이 내재한다는 인식을 배경으로 하고 있다. 다시 말하면 명말 청초시기는 宋에서 淸에 이르는 장기간(10세기 중엽~19세기 중엽)의 역사발전과정 중에서 하나의 중요한 단락이 마련되는 시기로 인식하게 되었고, 그에 대한 구체적인 연구가 곧 자본주의의 맹아론을 설정한 것이다.

자본주의 맹아의 대표적인 지표는 明 중기 이후의 생산력의 증가와 은(銀)경제의 보급, 상품경제의 발달에서 나타나고 있다. 그 구체적인 예로 소주(蘇州)의 비단직물업(絲織業), 송강(松江)의 면포업(綿布業), 절강성 석문진(石門鎭)의 착유업(搾油業), 경덕진의 민영도자기업, 불산진의 야철업과 휘주(徽州)의 광산·야철업 등을 들고 있다. 이 중에서도 소주의 경우는 이미 기호(機戶)가 자본을 투자하고 기공(機工)은 노동력을 제공하여 매뉴팩처(manufacture)단계에 이르렀다는 것이다. 이로 인하여 중국의 여러 지역과 다양한 산업에서 상인자본의 전대생산(前貸生産), 매뉴팩처의 존재가능성이 지적되었고 또 생산관계의 변동 속에서 시민계층의 출현과 사회의식의 변화 등도 지적되고 있다.

---

63) 오금성, 「明末·淸初 商品經濟의 발전과 資本主義萌芽論」 『明末·淸初社會의 照明』, 한울 아카데미, 1992.

특히 종래 이갑제 하에서 자급자족적인 영역에서 벗어나지 못한 것으로 이해되어 오던 자작농에 대하여 농촌수공업을 통한 상품생산자로서의 측면을 밝히게 되면서 봉건사회의 자생적인 해체가 이루어지고 있다는 사실을 지적하고 있다.[64] 그 후 면직업·견직업뿐만 아니라 염업(塩業)·차업(茶業)·요업(窯業)·광업분야에서도 상인의 전대제(前貸制: 선금지불제)적인 생산지배 내지 매뉴팩쳐의 존재 가능성까지 검증하면서 16·17세기(명말·청초)의 상품생산이 상당한 수준으로 진전되고 있음을 밝혀나가고 있다.

2. 인구이동과 농촌사회의 변화

명대 후기의 농촌사회는 이갑제의 해체, 부역제도(賦役制度)의 모순, 지주층에 의한 토지의 편중 등 사회경제적인 문제점으로 크게 흔들리기 시작하였다. 이 가운데서도 이농자의 속출로 급격한 인구이동이 진행되었다.[65]

명 중기부터 명 말까지 계속된 인구이동은 종래의 북에서 남으로의 이동과는 그 성격을 달리하고 있다. 이 기간 중 인구가 가장 대규모로 집중된 지역은 섬서(陝西) 남부, 사천(四川) 동북부, 하남(河南) 서남부, 호광(湖廣) 서남부로 이어지는 4성의 접경지역이며, 성단위로는 호광, 사천지방에 가장 많이 유입되고 있다.

유입인구 중에는 고향에서 몰락한 후 이농하는 몰락농민이 대부분이지만 상인이나 기능인, 몰락직전의 이갑호도 끼여 있다. 이들은 유입 초기에는 용공(傭工), 노복의 지위로 정착하기도 하고 토착지의 신사(紳士)나 지주로부터 토지나 가옥을 빌려 자신의 기능에 따라 각종 직업에 종사하기도 하였으니 이를 객민(客民)이라 한다. 객민은 이주지역에서 생활하는 과정에서 다시 다양한 계층이동이 내부적으로 진행되었다.

---

64) 김한식, 「明代史硏究에 있어서 商品生産의 問題」『歷史敎育論集』(경북대) 6, 1984.

65) 오금성, 「明中期의 人口移動과 그 影響 湖廣地方의 人口流入을 中心으로-」『歷史學報』137, 1993.

　　정병철, 「明 前·中期 山東의 人口移動과 社會變化」『東洋史學硏究』55, 1996.

　　원정식, 「明末淸初 福建의 人口變動-永春縣 桃源劉氏를 中心으로-」『江原史學』13·14합집, 1998.

　　인구이동은 세 가지 유형으로 구분된다. 즉, ① 선진농업경제지역(인구과밀·협향)에서 개발가능지역(경제적 낙후지역·관향지역)으로, ② 농촌(협향)에서 금산(禁山)구역(정치적 통제력이 약한 지역)으로, ③ 농촌에서 도시 수공업지역으로의 이동이 그것이다.

이러한 인구이동으로 양자강 유역의 농지가 급속히 개간되면서 중국의 경제적 중심지가 다시 분산되어 갔다. 즉, 송대부터 명초까지는 양자강 하류의 강소(江蘇) 남부, 절강(浙江)지방이 경제와 문화의 중심지로 각광을 받았다. 그런데 명의 후기에 이르면 강남은 점차 경제적 중심지로서의 지위가 흔들리기 시작하였다. 그것은 송대 이래로 '소호(蘇湖)에 풍년이 들면 천하가 풍족'이라고 하던 곡창지대로서의 지위를 명의 중기 이후가 되면 '호광(호남·호북)에 풍년이 들면 천하가 풍족(湖廣熟 天下足)하다'는 유행어가 생기게 되었으니 이는 호광이 소호에 대신하여 곡창지대로 부각되었음을 말해주는 것이다.[66]

한편 객민(客民)의 유동은 사회적으로 심각한 문제를 일으키고 있다. 인구가 가장 많이 유입된 호광지방에는 신사나 형세호에 의한 토지겸병, 과중한 부·역 등의 사회 문제가 있었고 이러한 지역에 외부로부터 다수의 객민이 유입되어 토착민과 생존경쟁하게 되면서 사회적 모순을 더 한층 심화시키게 되었다. 토착민은 과중한 부·역과 고리대의 착취로 몰락의 위기에 직면하고 있는데, 여기에 객민이 유입하여 무세(無稅)의 호전(湖田)이나 신개간지를 확보하기도 하고 혹은 자기의 기능을 살려 성장해 가기도 하여 토착민과 객민의 경쟁에서 토착민이 몰락하는 경우가 빈번하게 일어났다.[67] 또 격심한 객민의 유입으로 사회질서가 파괴되면서 명 후기 이후 끊임없는 반란발생의 원인이 되기도 하였다.

3. 명대 농산물과 상품생산의 다양화

전국적인 인구이동은 명대의 농업생산에도 영향을 주고 있다. 즉, 선진농업기술의 후진지대로의 전파, 전국적인 농경지의 개간 그리고 새로운 지주·전호제에 의한 농업경영의 적극성으로 농업생산은 크게 향상되었다. 특히 명 중기 이래 수리의 개발과 개간사업 이외에도 농업생산기술과 농기구 등의 개선으로 농업생산이 높아졌다. 호광지방에 풍년이 들면 천하의 식량이 풍족하게 된다라

66) 오금성, 「明末 洞庭湖 周邊의 水利開發과 農村社會」『歷史學報』77, 1978.
　　＿＿＿, 「明代 鄱陽湖 周邊의 水利開發과 紳士」『邊太燮博士華甲紀念史學論叢』, 삼영사, 1985.
　　송정수, 「淸官 海瑞와 그의 治積」『黃元九先生停年紀念論叢 東아시아의 人間像』, 1995.
　　이윤석, 「明 後期 蕭州의 治安問題」『近世 東아시아의 國家와 社會』(서울대학교 東洋史學硏究室 編, 지식산업사), 1998.
　　김성한, 「明 中期 大運河 路程－『圖相南北兩京路程』을 중심으로－」『明淸史硏究』19, 2003.
67) 민경준, 「明代 江南水田農業의 展開」『釜山史學』15·16 합집, 1992.
　　김문기, 「明代 江南의 水利環境과 農業의 변화」『明淸史硏究』11, 1999.

는 말은 바로 식량생산의 증대를 단적으로 표현한 것이다.[68]

   이 외에도 면화생산 지역이 소주(蘇州)와 송강(松江)일대에서 점차 북쪽으로 확대되어 황하의 중·하류에서도 재배되었고, 산동지방의 면화생산이 전국에서 최고의 산출고를 보이게 되었다. 그 밖에 해외에서 들여온 옥수수, 고구마, 땅콩, 담배 등도 재배되기 시작하였다. 식량작물과 상품작물의 재배 면적이 확대됨에 따라 농업생산의 상품화도 촉진되었다. 예컨대 복건 남부지방에서는 논이 사탕수수 재배지로 변모된 결과 쌀생산이 부족하여 절강 등지로부터 공급받게 되었고, 양자강 하류 가정(嘉定) 지방에서도 면화를 대량으로 경작하게 됨에 따라 식량은 다른 지역에 의존하게 되었다.

   농업생산력의 향상은 식량공급뿐 아니라 수공업발전을 위한 원료를 공급해주는 역할도 하였다. 국가에 예속된 수공업자들의 세금인 장반은(匠班銀)의 폐지는 그들의 자유로운 활동을 가능케 하는 조건이 되었다. 이리하여 고종(古宗)의 가정·목종의 융경 연간 이래 강남지방에서는 민영 수공업이 번성하게 되었다. 그 중에서 소주는 비단의 주요 생산지가 되어 각종의 직공(織工)과 염색 노동자가 수천명이나 있었다. 송강(松江)은 면직물의 중심도시로 성내에는 전문적인 직공이 많고 농촌에서도 농가부업으로 번성하였다.

4. 면직(綿織)·견직(絹織)업의 발달과 농촌사회의 변화

   15, 16세기경에 면포가 대중적인 의류로 급속히 보급됨에 따라 전국적인 규모의 시장을 형성하게 되었다. 그런 까닭에 상품시장의 경쟁을 통해 생산력이 높은 선진 경제지대인 강남(양자강 하류 델타평야)에 면업이 집중되었으며, 이 지방에서 생산된 면포가 거의 전국 시장에서 유통되었다. 그리고 이와 관련해서 전국 각지에 산재한 직포업(織布業)의 대부분은 면포작물로 재편성되었다.[69]

   강남지방에서 면업이 발달한 원인으로는 델타평야 동북부의 소주·송강부(松

---

68) 16·17세기 호광지방의 수전(水田)경작기술은 최고의 수준에 달하여 무(畝)당 수확량은 1~3석으로 나타나고 있다(寺田隆信 등 지음·송정수 옮김, 『中華帝國의 完成』, 문덕사, 1992, 134쪽 참조).
   정병철, 「明·淸時代 山東 小淸河의 水利問題」『歷史敎育』54, 1993.
69) 장충식, 「明代의 綿業考」『史學志』1, 단국대, 1967.
   이영선, 「明代 棉紡職業에 관한 硏究 16·17世紀 江南地方을 中心으로」『湖西史學』16, 1988.
   민경준, 「明淸代 江南 棉布業市場의 客商과 商路」『釜大史學』3, 1999.

江府)지방이 토양과 기후가 면화재배에 적합하고, 면화의 주요 산지인 화북방면에서 대운하를 통해 면화의 운반이 쉬웠으며, 방직기술도 전통적인 견직물 기술을 응용함으로써 다른 지방보다 탁월하고 우수한 기술을 가질 수 있었기 때문이다. 이런 조건이 이 지방의 면업을 전국 제일로 만들었다. 특히 면업이 농촌에 정착된 것은 1433년(선덕 8년) 이후 면포가 세량(稅糧)의 대납물로 허가되었기 때문이다.

이렇게 면포생산이 보급되자 면화의 수요도 증가하였다. 이 때문에 화북지방의 면화재배는 한층 대규모화하였고, 쌀생산을 포기하고 면화로 바꾼 곳도 나타났다. 이러한 현상은 도시수공업의 발달, 비농업인구의 증가와 아울러 강남지방에서는 식량을 대부분 다른 곳에서 반입된 미곡에 의지하게 되었다. 송대 이래 수백년간 중국 최대의 곡창지대로 알려진 소호지방(蘇湖地方)이 그 지위를 호광지방(湖廣地方)에 양도한 것은 16세기 초기의 일이었다.

한편 명대는 견직산업(絹織物業·비단산업)에서도 커다란 변화를 보이고 있다. 견직물업은 강남 델타평야의 서쪽, 태호주변에서부터 남경, 소주, 항주, 호주, 가흥 등 대도시에 걸쳐 발달하였다. 명의 초기에는 북경과 남경에 궁정직속의 관영공장인 내직염국(內織染局)과 24개 중요도시에 공부(工部) 직속의 외직염국(外織染局)을 설치하여 관영생산체제(官營生産體制) 하에 두었다.

그러나 16세기 중엽부터 관영체제는 관리의 노동착취, 불안정한 급여, 중간 착복 등으로 결국 관영을 폐지하고(1562) 장호(匠戶)의 사경영(私經營)을 인정하였으며, 그 대신 세를 은으로 납부토록 하였다. 이로 인하여 장호의 합법적 수공업생산이 열리고 기술이 개발되어 농촌의 견직물업이 급속도로 발전할 수 있게 되었다. 자유로운 개인경영이 가능해진 민간 기호(機戶)가 관용이나 상류층을 상대로 하는 고급견직물뿐만 아니라 일반 평민을 위한 값싼 비단을 대량으로 생산하여 국내시장은 물론 동남아시아 유럽 등지에 무역품으로 수출하였고 그 대가로 다량의 은이 중국에 유입되었다.

농가의 가계보충을 위한 수입원으로 사천·호광·강서·절강·복건 각지에서는 차 재배가 확대되었다. 또 복건·강서에서는 염료(藍), 사천·강서·복건·광동·광서에서는 사탕수수 등의 상품작물이 재배되었으나 경제적 여건은 강남지방과 비슷하였다.

이와 같은 상품생산의 발달로 생산품의 전국적인 유통이 촉진되고 원격지 판매망을 장악한 객상(客商)의 상업자본을 대두시켰다. 명 이전에는 국가권력이 상품유통을 지배하였기 때문에 객상자본의 성립은 미미한 상태였으나 明代 후기에 이르면 전국적인 원격지 무역을 중개하는 거대한 객상자본(客商資本)이 성립되었다. 그 대표적인 것이 산서(山西)와 섬서(陝西)출신의 산·섬상인과 남직예(특히, 청대의 안휘성)의 신안(新安)상인이다.[70] 이들은 면화, 면포, 생사, 비단과 그 밖의 수공품 및 농산물의 집산에 이르기까지 광범한 상업활동을 전개하였고, 여기에서 얻어진 막대한 자본을 동원하여 금융업을 경영하고 고리대자본가로 끊임없는 이익을 추구하였다.[71]

5. 은화의 유통과 경제구조의 변화

1) 명대 은화의 보급과 농촌사회의 변화

명대의 사회·경제적 변화 가운데 주목되는 것은 은(銀)본위 화폐경제의 발달이다. 宋代에는 동전이 주로 사용되었고 지폐[交鈔]도 보급되었으며, 원대에는 지폐가 유통되었다. 그러나 원말의 농민반란으로 현물경제로 돌아갔으며 명의 초기에는 세량(稅糧)이나 부역(賦役)을 현물이나 노동력으로 징수하는 원칙을 세웠다.

명초의 통화정책은 동전과 지폐 두 가지를 중심화폐로 사용하였다. 지폐는 대명보초(大明寶鈔)라 하였고, 이를 유통시키기 위해 금은을 화폐로 사용하는 것을 법령으로 엄중히 금지하였으나 보초의 가격은 점차 하락하였다. 즉, 동전 1천문에 초(鈔) 1관(貫)하던 것이 선덕(宣德)연간에는 초 1관이 동전 2·3백문으로 가격이 폭락하였다. 따라서 정부의 금령을 어기고 은의 사용이 확대되었다. 이리하여 1436년(正統元年)에 관료에게 봉급을 은으로 지급하였던 것을 계기로 정부는 은의 유통을 확대하게 되었고, 결국 정부가 세량징수에 은으로 대납(代納)하는 것을 인정하여 은화유통을 국가가 공인하였다.

그런데 조세의 은납화는 농민의 입장에서 보면 중대한 경제적 변화이며 동시에

70) 조영헌, 「明代 鹽運法의 變化와 揚州 鹽商－徽商과 山陝商의 力學關係의 變化를 中心으로－」『東洋史學研究』70, 2000.
71) 천성임, 「明淸時代 新安商人의 活動과 그 資本의 性格」『梨大大學院研究論集』18, 1990. 박혁순, 「19세기 후반 재해구조활동과 강남 紳商－모금의 네트워크를 중심으로－」『동아시아역사연구』2, 1997.

커다란 사회문제가 아닐 수 없었다. 상품생산이 발달한 강남지역에서는 일찍부터 은이 유통되고 있었으므로 은의 확보가 비교적 쉬웠으나 그렇지 못한 지방에서는 농민이 직접 은화의 확보에 나서지 않으면 안되었다. 따라서 농민은 은을 획득하기 위해서 부업경영과 상품작물의 재배 등 새로운 생산활동을 하게 되었다. 통화수단으로서 은의 지위가 확립되고 그 사용이 보급되었으나 중국의 은 생산량은 많지 않았기 때문에 그 대부분을 외국에서 조달하였는데, 16세기 중엽부터 시작된 유럽 여러 나라와의 교역으로 막대한 양의 은이 유입되었다.[72]

이러한 은화의 전국적인 보급은 부역제도에도 큰 영향을 미쳤다. 즉, 당말 이래 실시되어 오던 양세법에 의하여 하세(夏稅)와 추량(秋糧)으로 징수하던 쌀·보리·생사 등 현물세가 선덕연간(1426~1435)부터 전부 은납으로 바뀌기 시작하였다.

명의 부역제도는 전부(田賦)와 함께 요역을 부과하는 것이었는데, 이 요역에는 이장과 갑수호가 부담하던 이갑정역 이외에 여러 잡역이 있어서 농민에게는 커다란 부담이 되었고 시대가 지날수록 가중되었다. 요역을 할당하는 기준으로서는 각 호의 인정수(人丁數), 세량의 다과, 재산의 유무에 근거하여 3등급 9가지(三等九則: 上上에서 下下까지)로 차등을 두었고 무거운 역은 상등호, 가벼운 역은 하등호가 담당하도록 하였다. 그리고 요역도 전부(田賦)와 같이 처음에는 노동력을 제공하는 것이 원칙이었지만 은의 보급에 따라 은납화가 시작되었다. 요역은 전부보다 늦게 15세기 중엽에 강남지방에서 은납으로 시작되었고, 사회적으로 정착된 것은 16세기 초이다. 은납화된 역을 은차(銀差)라 하였다.

2) 일조 편법실시와 조세의 은납화

이러한 은경제의 보급 및 침투는 국가의 은에 대한 욕구와 결합되어 장거정 (張居正)에 의해 은으로 조세를 납부하는 일조편법(一條鞭法)이 시행되었으니, 이는 사회경제의 변화를 세제상에 반영한 것이다.[73] 일조편법은 당말 이래의 양세법과 더불어 중국 세제(稅制)사상 획기적인 개혁으로 꼽힌다.

---

72) 김종박, 「明代 田賦의 銀納化過程에 관한 一考察」 『史叢』 19, 1975.
   16세기 말부터 17세기 초에 걸쳐 전세계의 은생산량은 연평균 60만kg으로 추정되고, 멕시코가 25만kg, 구라파가 15만kg, 일본이 20만kg의 비율이었는데, 그 대부분이 중국으로 들어왔다고 한다.
73) 김종박, 「明代 一條鞭法의 成立過程」 『史學志』 15, 1981.
   _____, 「明代 嘉靖期의 土地丈量과 一條鞭法의 出現」 『金俊燁敎授華甲紀念論叢』, 1983.
   권인용, 「明末淸初 徽州의 役法變化와 里甲制」 『歷史學報』 169, 2001.
   서인범, 「明 中期의 捐納制와 軍餉 調達」 『歷史學報』 164, 1999.

일조편법은 명대 은화의 보급과정과 밀접한 관계가 있다. 즉, 이 법의 원형은 가정연간(1522~1566)에 시작되고, 융경, 만력연간을 거쳐 각 지방의 조건을 고려하면서 전국적으로 보급되었다. 일조편법은 복잡한 부·역(賦·役)징수체계를 정비하여 징세의 효율화와 민(民)의 과중한 부담을 줄이려는 조세 개혁이다. 전부(田賦)는 토지소유를 기준으로 하고, 요역은 인정수(人丁數)를 기준으로 하여 각 항목을 통합하고 일조화하여 모두 은으로 납부하도록 한 것이다. 특히 일조편법은 대토지소유의 발전, 상품생산의 발달과 더불어 새로운 지주 전호관계를 반영한 세제로서, 청대에 가서 지정은제도(地丁銀制度)로 발전하였다.

6. 明末의 사회적 모순과 민중(농민)운동의 성격

16세기 중기에서 17세기 초기에 걸쳐 양자강하류 삼각주지대의 향신·사대부들의 『救荒論(구황론)』에는 당시의 사회모순 심각성이 잘 표현되어 있다. 여기에는 특히 빈궁한 영세농민[빈호(貧戶), 난호(亂戶), 기민(饑民), 횡민(橫民), 간민(奸民)]과 부가(富家)·향신(鄕紳)간에는 엄청난 사회적 갈등이 존재하는 것으로 나타났다. 이는 양자의 갈등이 단순히 빈민과 부호의 일반적인 대립형태가 아니고 조호(租戶)와 부실(富室), 전호(佃戶)와 지주(地主) 사이의 구조적인 모순관계에 있었음을 지적하고 있다.

고염무(顧炎武)는 양자강하류 델타지대에 거주하는 다수의 농민에 대해 '오늘 조(租)를 바치고 내일은 지주로부터 대여를 애걸하는' 고율의 사조(私租)착취현상을 비판하고 있다. 또 '오중(吳中)의 민(民)이 전(田)을 소유한 자는 10분의 1, 남의 땅을 소작하는 자가 10분의 9'라 하여 지주·전호관계의 심각한 사회문제점을 지적하고 있다.[74]

이와 같은 사회적 모순은 이미 명의 중기 이래 상품생산과 화폐경제의 전개로 더욱 농민층의 몰락을 촉진하였고, 몰락한 농민의 토지는 지주에 의해 겸병되면서 심각한 토지집중현상이 재현되었다. 토지를 상실한 농민은 전호(佃戶)가 되어 지주의 토지를 소작하기도 하고 노복(奴僕)으로 전락하거나 향촌을 떠나 국가의 통치력이 미치지 못하는 산간으로 들어가 유민(流民)이 될 수밖에 없었다.

이러한 배경 아래 정통연간(正統年間, 1436~1449)부터 이미 농민의 저항이 시작되었으며, 16세기에 들어서면서 지주·전호의 관계는 더 한층 심각한 사회

---

74) 고염무, 『日知錄』 卷10, 蘇松二府 田賦之重條.

적 모순으로 폭발되었다. 지주의 전조(田租)착취에 반대하는 전호의 반지주투쟁 [항조(抗租)]은 노복(奴僕)이 주가(主家)인 지주에 대항하여 신분해방(身分解放) 투쟁[노변(奴變)]과 맞물려 화중(華中)·화남(華南)의 전역과 화북지방의 일부지대를 포함하여 광범하게 전개되어 나갔다. 이러한 사회적 모순은 신종(神宗, 萬曆: 만력)의 친정(親政) 38년간(1582~1620)의 실정(失政)과 밀접하게 연계되면서 전국적으로 확산되어 갔다.[75]

특히 항조운동은 등무칠(鄧茂七)의 난(1448~1449)에서 비롯되었다. 이 난은 전호가 주도권을 가지고 뚜렷한 요구와 목표하에 끝까지 농민운동으로 전개한 항조운동이다.

16세기 중엽부터 청초(17세기)까지에 걸쳐 전개되고 있는 항조운동에는 다음과 같은 특징이 있다. 즉, 종래의 항조운동은 주로 수확의 풍·흉에 의하여 좌우되었으나 명말에는 이와 같은 자연발생적 또는 우발적 항조가 아니고 계속적이면서 또한 조직적 항조가 진행된 점이다. 이는 이 시기의 상품생산의 발전과 함께 스스로 상품생산자로 변신한 농민이 사회의식을 강화해가면서 지주에 대항한 전호의 집단운동이란 점에서 그 의미가 깊다.

제3절 명대(明代) 서민문화의 발달

I. 明代 문화의 새로운 바람

1. 명 문화의 특색

明의 건국은 한족(漢族)의 주권회복과 동시에 한문화의 부흥을 의미한다. 원말의 반원적(反元的) 농민반란에서 이미 원조타도와 함께 한문화의 부흥이 제기되었다. 명의 태조는 법령으로 호어(胡語: 몽골어)와 몽골풍습을 금지하고 아울러 한문화의 부흥을 위해 唐·宋의 제도를 모범으로 전통문화의 복원을 꾀하였

---

75) 박원호, 「明末淸初의 민중반란」『明末淸初社會期의 照明』, 한울아카데미, 1990.

다. 특히 유교이념의 확립을 위하여 국민교육의 보급과 육유(六諭)를 제정하여
적극적으로 민중을 교화하였다. 그 결과 명대문화의 성격에는 강한 민족주의
성향과 함께 복고주의 경향이 지배하게 되면서 독창성이 결여된 것이 특징적이다.

더욱이 성조(成祖)는 왕명으로 『五經大全(오경대전)』, 『四書大全(사서대전)』,
『性理大全(성리대전)』을 간행하여 과거시험에 이를 주로 참고할 것을 규정하니,
이에 따라 송대 이래 발달한 신유학(新儒學)인 성리학(性理學)은 국가공인의 관
학으로 어용화되었다. 이러한 획일주의적인 유교사상의 강화는 다른 학설을 용
납하지 않게 되면서 사상과 학문의 침체를 가져오는 결과를 낳았다.

또한 명대에는 산업의 발달로 상업도시가 번창하고 지주계층(地主階層)이 도
시에서 생활하면서 도시문화가 발달하고 이와 함께 서민생활의 향상으로 서민
문화도 크게 발전하였다. 특히 강남지방의 경제적 발전으로 문화활동이 다양해
졌다. 특히 소주(蘇州)는 강남제일의 경제중심지로 이 지방에서 과거합격자가
많이 배출되기도 하였다. 그러나 황제독재체제의 발전으로 궁정을 비롯한 상류
사회에서 퇴폐적인 풍조가 유행하여 통속적인 학문이 만연하였다. 송대에는 정
치인으로서 고명한 문인학자가 많이 배출되었으나 명대는 그렇지 못하다. 다만
명대의 문화는 관계진출에 실패하였거나 아니면 처음부터 정치에 관심이 없던
은둔자(野人)에 의하여 활기를 보이며 발전하였다.

또 명대문화의 성격에서 주목되는 것은 명의 건국이 강남에서 시작된 것을
배경으로 양자강 하류지역인 강남지방이 경제의 중심지대로 발전하면서 문화의
중심도 강남으로 옮겨졌으며, 그 중에서도 특히 소주가 문화중심도시로 발전하
였다. 중국의 고대와 중세의 도시는 대부분 정치·군사도시의 성격이 강하다.
따라서 그 지역이 수도가 되면 화려하게 문화중심지로 발전하지만 일단 수도의
지위에서 밀려나면 보잘 것 없는 지방도시로 전락하는 것이 일반적이었다. 그
러나 명대 강남에 발달한 도시는 그 배후에 강력한 생산지를 가지고 있는 생산
도시이기 때문에 도시문화도 영속성을 지니고 발전할 수가 있었다.

또한 명대문화에는 서양문화의 영향이 상당히 깊이 깔려 있다. 따라서 서양
문화의 수용과정에서 나타나고 있는 새로운 문화요소에서 명대문화의 성격을
엿볼 수 있다.[76]

---

76) 최소자, 『東西文化交流史硏究 明·淸時代西學受容』, 삼영사, 1987.

2. 문화환경과 명대문화의 재평가

일반적으로 明代는 문화면에서 순수하고 창의적인 면이 부족한 시대로 평가되어 왔다. 그러나 이러한 명대문화에 대한 평가는 대부분이 명대를 당·송대의 문화와 비교하는 입장에서 나온 것이며, 당·송의 문화척도를 가지고 명대문화를 가름하려고 한 때문이다. 이와 같은 명대문화에 대한 평가방법은 결코 옳다고 볼 수 없다. 왜냐하면 명의 문화유산으로 세계인의 관심의 대상이 되고 있는 북경의 자금성(紫禁城)이나 명십삼릉(明十三陵), 그리고 명대의 만리장성을 비롯한 거대한 건축물, 그리고 다양한 색상을 유감없이 담아서 구워낸 도자기와 비단기술 등에서는 당·송시대의 그것에서 찾아볼 수 없는 새롭고도 참신하며 또 거대함을 발견할 수가 있기 때문이다. 이러한 명대문화의 특징은 명대의 사회와 경제적 발전을 배경으로 창출된 독자적인 것이다.

실제로, 명대 초기의 문화에는 창의성이 없고 세련미가 부족한 것이 사실이다. 그래서 명대의 문화는 복고적이고 모방적이라는 평을 한다. 이는 명이 계승한 앞의 왕조[元]가 중국문화를 배척하던 몽골제국이었고, 따라서 元에 의해 파괴된 한문화를 복구하려는 사업만으로도 건국 직후인 명대초기로서는 벅찬 일이었다. 그러나 이보다 더 한층 명초의 문화계를 삭막하게 만든 문화환경은 태조와 영락제의 학자에 대한 냉대, 특히 태조의 광적이라고 할 정도의 냉혹한 학자·관료에 대한 대숙청으로 수많은 인재를 상실한 점을 들 수 있다. 더욱이 문자(文字)의 옥(獄)으로 사회전반에 차갑게 드리운 학문적 공포분위기로 말미암아 새 왕조 창업으로 마련될 수 있는 사회기풍의 쇄신성과 정치적 활력을 살리지 못한 결과를 초래한데서 비롯된다.

이와 함께 정난의 변으로 인한 왕실내분과 북경천도는 역대 왕조 가운데 유일하게 강남에서 창업한 명의 경제·사회·문화적인 좋은 환경을 활용하지 못한 결과를 가져왔다. 이러한 잘못이 고쳐져서 문화와 사회경제가 강남을 중심으로 다시 발전하는 16세기까지에는 약 백여년의 시간이 소요되었다. 이렇게 볼 때에 명대문화의 모방성이나 창의력의 부족함에 대한 평가는 주로 명대 초기의 복고성을 비판한 것이다.

16세기 이후의 도시문화는 이들 도시민에 의해 활성화되었고, 이로 인하여 명대의 문화담당층은 중국역사상 그 예를 찾을 수 없을 정도로 확대되어 갔다.

3. 과거제와 학교교육의 발달

1) 명대 과거제도의 특수성

중국의 문화는 과거제도와 학교교육이 서로 밀접한 관계를 유지하면서 전개되어 내려왔다.[77] 그런데 명대처럼 과거제도가 문화에 절대적 영향을 준 시대도 드물고 또한 학교교육이 과거에 얽매여 마치 과거준비를 위한 준비소로 전락하였을 뿐만 아니라 학교교육의 결과에서 주어진 학위가 신분계층화한 시대도 없다.

명대는 송대의 과거제와 학교교육을 외관상 그대로 계승하여 이를 강화시켰다. 그러나 과거와 학교교육은 그 운영과 내용면에서 명대 특유의 성격을 지니고 있는데, 이것이 명대의 사회와 문화를 지배하는 중요한 요소로 작용하게 되었다.[78] 명의 과거제도는 송대와 같이 지방에서 실시된 향시(鄕試)와 경사(京師)에서 거행되는 회시(會試) 그리고 황제가 친히 시험을 보는 전시(殿試)의 3단계가 있다.[79]

지방의 향시에 응시하는 수험생은 반드시 부·주·현(府·州·縣)의 학교[學校: 유학(儒學)]출신자로서 생원(生員: 속칭 秀才)의 자격을 가지고 학교의 성적이 우수해야 한다. 이것은 明代에 과거와 학교교육이 밀접하게 관련을 갖게 되는 요인이 되면서 교육과 과거가 유착하는 결과가 되었다.[80]

학교(유학)에 들어가기 이전의 학교입학 응시자를 동생(童生)이라 하며, 동생은 제학관(提學官)이 주관하는 입학시험에 합격하면 생원이 된다.[81] 뿐만 아니

77) 오금성, 「中國의 科擧制와 그 政治·社會的 機能 宋·明·淸시대의 社會階層이동을 중심으로」『科擧』, 일조각, 1981.
　　何炳棣 지음·조영록 외 옮김, 『中國科擧制度의 社會史的 硏究』, 동국대출판부, 1987.
78) 오금성, 「明代 提學官制의 一硏究」『東洋史學硏究』6, 1973.
79) 송준호, 「明淸代 中國의 進士에 관한 基本資料」『全北史學』6, 1982
　　향시는 지방의 省에서 3년 1회 가을에 시험을 보았으므로 추시(秋試)라고도 한다. 회시(會試)는 향시의 이듬 해 봄에 경사(京師)의 예부주관으로 봄에 거행되었다. 전시는 회시의 발표 후 황제가 직접 시험을 보았는데 불합격자는 없고 성적의 등급만을 정하였다. 전시의 성적은 1·2·3갑(甲)의 3구분으로 되어 있으며, 1갑에 3명(장원·방민·첨화)으로 이들을 사진사급제라 한다. 2갑은 약간명으로 사진사출신, 3갑은 사동진사출신이라 하였다.
80) 권중달, 「明代의 敎育制度-특히 明王朝의 君主獨裁的 性格과 관련하여」『大同文化硏究』17, 1983.
81) 전순동, 「明代 儒學敎官의 科擧應試資格에 對하여」『湖西史學』11, 1983.

라 宋代의 1회에 한한 것과 달리 향시의 합격자인 거인(擧人)이나 회시(會試)의 합격자인 진사(進士) 그리고 향시의 응시자격자 생원(秀才)은 모두 한번 합격하면 평생 동안 그 자격을 지니게 된다. 이는 명대의 신사계층을 대량으로 양산하면서 이들 신사가 정치·사회에 큰 영향력을 행사하게 되는 중요한 원인이 되었다.

당대 이후 과거시험의 주된 과목은 진사과(進士科)이고 진사과 시험은 주로 시부(詩賦)로 시험하였다. 그러나 명대의 복고주의적 문화경향은 과거시험에도 나타나 유교경전만으로 시험을 치루었는데, 이는 명대만의 특색이다. 그러므로 명대의 과거시험 출제범위는 4서(논어·맹자·대학·중용)와 5경[시·서·역·예기·춘추(詩·書·易·禮記·春秋)]에 국한되었고 그 답안은 반드시 팔고문(八股文)으로 작성하여야만 했다.[82] 팔고문은 태조의 홍무(洪武) 18년에 시작되어 성화(成化) 23년의 회시(會試)에 이르러 완비된 유교경전에 대한 시험답안 작성형식이다.

팔고문은 서체의 형식이 까다롭고 엄격하여 자유로운 사상과 감정의 표현을 제한하고 있다. 따라서 모든 수험생은 창의적 노력보다는 팔고문의 형식을 익히는데 온힘을 기울였다. 뿐만 아니라 과거의 답안지 작성에는 글자 수까지 엄격히 제한하였기 때문에 과거에 합격하기 위해서는 성현의 말씀이나 주자학의 명구만을 인용하여 답안을 작성하는 자가 유리하였다. 그리하여 과거의 응시자는 오로지 팔고문의 형식에만 치우쳐 합격에만 몰두하였기 때문에 사상과 학문의 발달을 저해하였다. 팔고문은 진시황제의 분서갱유에 비유할 정도로 명대의 문화에 피해를 주었다고 주장하는 학자도 있다.

2) 명대의 학교교육

과거제도와 밀접한 관계가 있는 학교교육을 보면 태조(太祖) 때 남경에 국자학(國子學)을 두었고, 성조 때는 북경에도 국자감을 설치하였다. 국자감의 입학자격은 거감(擧監: 거인이 회시에 낙방하여 국자감에 들어온 자), 공감(貢監: 府·州·縣學의 학생 중 우수한 자로서 국자감에 들어온 자)과 음감(蔭監: 고관의 자제로서 국자감에 들어온 자)이 있었다. 이 밖에 돈을 받고 입학시킨 예감(例監)이 생

---

82) 팔고문은 ① 파제(破題: 첫句), ② 승제(承題: 서문), ③ 기강(起講: 서론), ④ 기고(起股: 본론의 시작), ⑤ 허고(虛股: 본론), ⑥ 중고(中股: 본론), ⑦ 후고(後股: 본론), ⑧ 대결(大結: 결론)로 구성되는데 반드시 이 형식에 맞추어야 한다.

기면서(1450) 국자감의 질이 저하되었다. 국자감의 수업연한은 4년이고 교육과정은 유교의 경전이 주가 되었으며, 그 밖에 예(禮)·사(射)·서(書)·수(數)가 있다.

지방의 학교로는 부학(府學)·주학(州學)·현학(縣學)이 있었는데, 이곳에 들어가려는 학동(學童)은 시험을 거쳐 입학하였으며, 성적이 우수한 생원은 과거시험에 응시하거나 국자감에 진학할 수 있었다. 또 태조는 황제권을 강화하고 이를 유지하기 위하여 원대부터 내려오던 서민교육 기관인 사학(私學)을 강화시켜 지방민의 교화에 이용하였다.[83]

이상과 같은 명대의 과거제도나 학교교육은 지식인을 사상적으로 속박하여 그들로 하여금 틀에 박힌 고정관념 속에서 행동하게 하고 또 독서인으로 하여금 충실한 황제의 신하로 행동하도록 만들었다.

Ⅱ. 사상계의 새로운 바람

1. 명초(明初) 사상계의 복고주의

명의 태조 주원장은 몽골의 오랜 지배 하에서 변질된 한문화의 부흥에 온힘을 쏟으면서 당·송 문화로 환원하려는 복고주의적 정책을 취하였다. 명초의 문화정책은 중국 전통문화의 재생과 부흥이라고 할 수 있고, 이에 따라 자연히 문화계의 창의력이 결여되었다. 뿐만 아니라 태조의 황제권 강화를 위하여 군주전제체제를 합리화하는데 이론적 근거를 마련해 주고 있는 주자학을 명의 국가통치의 기본으로 수용하였으므로 주자학은 체제이데올로기로서 확고한 지반을 굳히게 되었다.[84]

태조가 선포한 육유(六諭)는 주자학의 교육지침을 그대로 따른 것이며, 태조의 주변에서 정치에 참여한 인물들[유기(劉基), 송렴(宋濂), 방효유(方孝孺)]은 모두 철저한 주자학의 신봉자들이었다. 이리하여 明初에는 수도 남경에 국자학을 설치하여 유학을 필수로 교육하고 과거시험에서도 주자학을 시험과목으로 채택하였기 때문에 주자학은 확고한 관학의 위치를 독점하게 되었다. 따라서 명초

---

83) 전순동, 「明初 社學의 設立과 그 추이─社學의 일시 停廢와 復活을 중심으로─」『忠北史學』 1, 1987.
84) 조영록, 「陽明學의 成立과 展開」『講座中國史』 Ⅳ, 53쪽 참조.

에 송유(宋儒)를 비판하거나 주자학에 반대하는 일은 성학(聖學)을 모독하는 일로 배척당하였다.

이러한 주자학 일변도의 학문경향은 성조 영락제시대에도 계승되었다. 영락제는 주자의 학설에 입각하여 『五經大全(오경대전)』, 『性理大全(성리대전)』, 『永樂大全(영락대전)』과 같은 국가적 대사업을 추진하여 주자학에 의한 사상의 통일을 추진하고 과거시험도 오로지 이들 책에 의한 해석으로 답을 쓰게 하였다. 그러므로 사상계는 송대를 답습하는 복고주의로 획일화되어 자유롭고 창의적인 사상기풍은 찾아볼 수 없게 되었다. 이리하여 군신의 의(義)가 절대화되고 사회가 변하여도 주자학의 리(理)만이 강조되었다. 더욱이 팔고문에 의한 과거시험은 사상의 통제가 심화되어 자유로운 사상을 표현하는 길을 봉쇄당하였다.

2. 양명학(陽明學)의 성립과 발전

송대에 발달한 주자학은 주자(朱子)의 이기이원론(理氣二元論)으로 성즉리(性卽理)를 표방하면서 사상적으로 완성되었다. 그러나 양명학은 이에 반대하여 이기일원론(理氣一元論)을 바탕으로 심즉리설(心卽理說)을 내세우고 심(心)이 인간의 주체요 인간이 사회와 우주의 주인이라는 사상으로 일관하고 있다. 주자학으로부터 지행합일설(知行合一說)과 치양지설(致良知說)을 도출한 양명학은 명대의 침체된 사상계에 새로운 변화를 가져오게 하였다.

양명학(陽明學)을 창시한 왕수인[王守仁: 양명(陽明)]은 명 중기에 절강성에서 출생한 후 과거에 합격하여 관료생활을 하였다. 그는 학자이고 시인이며, 무공(武功)에도 뛰어난 군략가이고, 위대한 철학자이기도 하였다. 그러나 당시 정권을 쥐고 있던 환관 유근(劉瑾)의 무도한 정치에 반대운동을 하였기 때문에 귀주성의 산악지대로 유배되었다.[85]

왕수인은 청년시절부터 열렬한 주자학의 신봉자로 성인(聖人)의 경지는 배워

---

85) 왕수인은 1499(홍치 12)년 28세로 진사가 되었고, 그 후 시문에 심취하고 도교와 불교에도 깊이 빠져들어 才士로서의 면모를 엿볼 수 있다. 1506(정덕 元年)에 귀주의 용장에서 유배중 홀연히 깨닫기를 성인의 도가 나의 性에 自足하니 따로 사물에서 理를 구하는 것은 잘못이라 하여 주자의 격물치지(格物致知)와 결별하였다. 이를 용장의 悟(깨달음)라 하며 심즉리설(心卽理說)이 이때 형성되었다고 한다.

조영록, 「陽明學의 無善無惡說과 明末의 頓·漸論議」『伽山李智冠스님華甲紀念論叢』, 논총간행위원회, 1992.

서인범, 「王陽明의 지방 鎭撫와 民兵」『慶州史學』 22, 2003.

박연수, 「문무를 겸한 실천적 군사지휘자로서 왕양명」『陽明學』 9, 2003.

서 도달할 수 있다는 이상주의에 몰두하였다. 그러나 이를 위한 방법으로 주자가 말하는 격물치지(格物致知)에 대해 깊은 의문을 갖게 되면서 육구연의 심학(心學)에 기울게 되고 이를 바탕으로 심즉리설(心卽理說)을 깨우치게 되었다.

주자학과 양명학은 진리를 깨닫는 방법에 있어서 큰 차이를 보이고 있다. 즉, 주자학이 오랜 기간의 연구와 수양으로 깨달음을 얻는 것[격물치지]이라면, 양명학은 정신을 집중하여 한순간에 깨달음을 얻는 것이다. 주자학은 태극(太極)·무극(無極)의 이론을 근본에 두고 독서에 의해 이지적(理智的)으로 성인(聖人)에의 길을 탐구하지만, 양명학은 태극이론으로부터는 인간의 윤리학은 나오지 않는다고 보았다. 따라서 인간의 주체를 이루는 것은 사람의 마음이며, 이는 본래 절대선(絶對善)이므로 이를 본래의 모습인 절대선으로 되돌리지 않으면 안 된다는 것이 왕양명의 심즉리(心卽理)의 학설이다. 이를 위해서는 심(心)의 작용으로 가장 중요한 양지(良知)를 충분히 활동시켜야[치양지(致良知)] 된다고 하였다. 또 지(知)도 단순히 아는 것만이 아니라 반드시 행동하는 지여야 하며, 여기에서 지행합일설(知行合一說)이 나오게 되었다.

왕양명이 도달한 새로운 사상은 종래 유교사상의 권위주의를 배격하고 책을 읽는 것만이 학문이 아니며 올바른 학문은 자기 안에 있는 리(理)를 실현하는데 있음을 강조하여 지금까지의 문헌주의(文獻主義)에 반대하고 기존의 권위에 비판적 자세를 취하였다. 특히 성인이 되기 위해서는 욕망을 없애는 것이 절대적 조건이며 욕망을 버리면 누구나 성인이 될 수 있다고 하였다. 따라서 그는 양지적(良知的)인 인간평등을 내세우고 적극적인 행동주의를 제창하였다.[86]

양명학파는 왕양명이 죽은 후 좌·우 양파로 갈라졌다. 좌파(左派)에서는 왕곤[王昆: 왕심제(王心齊)]과 같은 서민사상가가 출현하여 인욕(人欲)도 또한 천리(天理)라고 주장하면서 형식화한 주자학적 도덕의 허위성을 격렬히 공격하였다. 양명학좌파는 이지[李贄: 탁오(卓吾)]에 의하여 후천적인 지식이나 도덕 이전의 자아[自我: 양지(良知)]를 동심(童心)이라 강조하게 되었다. 이지는 양지만 있으면 주색(酒色)·광태(狂態)를 부려도 성인군자가 되는데 지장이 없다고 극언하여

---

86) 조영록, 「陽明思想에 있어서 '分'의 문제 社會思想的性格」『東洋史學硏究』 6, 1973.

정덕희, 「明 嘉靖年間 王陽明 「禪心學」 禁革論」『大丘史學』 38, 1989.

윤정분, 「15세기 관료층의 국가관－『大學衍義補』의 '正朝廷'편을 중심으로－」『덕성여자대 논문집』 19, 1990.

＿＿＿, 「丘濬의 經世思想과 그 구체상－『大學衍義補』의 理財論 분석을 중심으로－」『黃元九先 生停年紀念論叢 東아시아의 人間像』, 1995.

맹렬한 비판을 받아 옥에 수감되어 자살하였다(1602). 이지의 주장은 권위주의적인 사대부의식(士大夫意識)에서 본다면 도저히 용납될 수 없는 사상이므로 이는 심학(心學)의 횡류(橫流)라고 지탄받았다.[87] 이에 대하여 나홍선(羅洪先) 등의 양명학우파는 좌파(左派)의 지나친 행동주의를 반성 비판하여 양명학의 양지설(良知說)을 종(宗)으로 하되 수양의 필요를 역설하여 주자학 쪽으로 접근하였다.

이와 같이 양명학은 방대한 고전(古典: 유교경전) 해석을 통해 박학(博學)을 존중하는 전통적인 유학과는 달리 많은 지식보다는 간단·명료함과 정직함을 중시하고, 성인이 되는 길은 박학에 있는 것이 아니라 인간의 마음을 바로 내세우는데 있음을 강조하였다. 양명학은 유교적 권위에 대하여 서슴없이 비판을 가하고 평등주의, 자유주의를 주장하며 이단과 욕망을 긍정하고 있다.

3. 경세실용사상(經世實用)의 발달

양명학의 극단적인 행동주의는 사대부지식계층(士大夫知識階層)으로부터 위험한 학문으로 인식되었다. 한편 서양학문의 전래와 명말 사회경제의 발전으로 실용주의적 경세사상(經世思想)이 사상계를 주도하게 되었다.

명대사회를 유지하여 온 이갑제의 붕괴와, 과거제도와 교육제도에 의한 사상적인 속박으로부터의 탈피 그리고 호기심의 대상으로 여겨오던 서양의 자연과학지식의 수용 등으로 명말의 급변하는 시대를 사상적으로 정리한 것이 경세실용사상이다. 그 내용은 제도의 틀을 벗어나서 실(實)을 구하는 것이며, 학문의 관심도 중농(重農), 중상(重商), 부민(富民), 금융(金融) 등 실제로 국민의 생활을 윤택하게 할 수 있는 것들이다.[88]

그 대표적인 학자로 서광계(徐光啓), 고염무(顧炎武), 황종희(黃宗羲), 청대의 왕부지(王夫之)를 들 수 있다. 이들은 학문적으로는 양명학·주자학과는 그 계보를 달리하면서도 교육제도, 과거제도, 관제와 토지제도의 과감한 개혁을 주장

---

87) 오상훈, 「李卓吾의 交友觀과 死生觀」『全海宗博士華甲紀念史學論叢』, 일조각, 1979.
　　신용철, 「李贄(卓吾)의 歷史觀試論」『慶熙史學』 11, 1983.
　　＿＿＿, 「李卓吾의 역사인물비평 明代史評에 의한 공헌」『高柄翊先生 回甲紀念史學論叢』, 한울, 1984.
　　＿＿＿, 「李卓吾(1527~1602)의 經世思想」『明淸史研究』 18, 2003.
　　안명자, 「李贄의 史學에 대한 考察」『淑大史論』 13·14·15 합집, 1989.
88) 권중달, 「명말·청초의 經世思想」『明末·淸初社會의 照明』, 한울 아카데미, 1990, 165쪽 참조.
　　＿＿＿. 『중국 근세 사상사』, 중앙대출판부, 1998.

하고 있으며, 역사연구를 통하여 새로운 시대가 올 것을 예견하였다.

먼저 황종희와 고염무 등은 당시 유행하고 있던 양명심학(陽明心學)의 반문헌주의적(反文獻主義的)인 행동주의에 정면으로 반대하였다. 주자학의 격물치지(格物致知)에 도달하는 방법으로 유교의 경전을 고증적으로 읽어야 함을 강조하고, 고증학적인 역사연구방법을 통하여 역사적 사실을 구명하는 새로운 학풍을 일으켰다. 황종희의『明夷待訪錄(명이대방록)』과 고염무의『日知錄(일지록)』은 그 대표적 저서로 다음에 오는 청대 고증학의 선구가 되었다.[89]

역사학에 있어서 뚜렷한 명저는 없으나 전통적 역사방법론을 계승한 진방첨(陳邦瞻)의『宋史紀事本末(송사기사본말)』,『元史紀事本末(원사기사본말)』은 사건 중심으로 역사를 편찬하였다. 또『文獻通考(문헌통고)』의 제도사방법을 이은 왕기(王圻)의『續文獻通考(속문헌통고)』가 있으며, 명 일대의 사적을 자세하게 기록한『皇明實錄(황명실록)』은 明代 역사 연구의 기본이 되고 있다. 지리학에는 칙명을 받아 이현(李賢)이 찬술한『大明一統志(대명일통지)』는 전국 각지의 풍물을 기록하고, 이 밖에 여러 외국의 사정도 자세히 기술하여 明의 위세를 과시하고 있다. 명말에는 지방의 사정을 적은 지방지(地方志) 부·주·현지(府·州·縣志)의 편찬사업이 활발하게 진행되어 종래 중앙중심으로 편찬되던 자료가 지방에까지 확대되었다.

한편 명말의 실용주의 학문은 농학과 자연과학 방면에서 특히 큰 업적을 남겼다. 이시진(李時珍)의『本草綱目(본초강목)』은 약학과 식물학에 대한 백과사전서이다. 모원의(茅元儀)는『武備志(무비지)』로 병학에 뛰어난 업적을 남겼다. 또한 유럽 사람들이 건너옴으로써 서양의 과학지식이 전하여져, 그 영향으로 농학의 백과전서인 서광계(徐光啓)의『農政全書(농정전서)』와 서양역법을 받아들여

89) 고병익,「元末 明初 胡翰의 十二運論」『亞細亞學報』1, 1965.
_____,「黃宗羲의 新時代 待望論」『東洋史學研究』4, 1970.
조영록,「明夷待訪錄에 보이는 職分論-宋代以來 位·分觀의 變遷上에서 본-」『東洋史學研究』10, 1976.
_____,「新發見 黃宗羲著作 二種과 그 民族思想문제」『東洋史學研究』39, 1992.
배영동,『明末 淸初思想』, 민음사, 1992.
이경규,「黃宗羲의 經世思想에 관한 一考察」『研究論文集』(曉星女大) 47, 1993.
_____,「明末經世實學의 찰학적 배경에 대하여-氣哲學을 중심으로-」『中國史研究』4, 1998.
안병주,「黃宗羲『明夷待訪錄』의 公利的 民本思想」『大東文化研究』21, 성균관대, 1987.
남성훈,「黃宗羲 政治思想研究의 몇가지 問題点」『全北史學』4, 1980.
_____,「黃宗羲 顧炎武의 封建論」『全北史學』8, 1984.

중국역법을 근본적으로 개혁한 『崇禎曆書(숭정역서)』, 농공업의 이론과 실제를 그림으로 설명한 송응성(宋應星)의 『天工開物(천공개물)』이 있고, 철포(鐵砲)의 구조를 설명한 조사정(趙士禎)의 『神器譜(신기보)』 등은 새로운 과학기술 서적으로 독창적이었다.

그러나 명말 중국인의 서양문화에 대한 태도는 극히 일부분의 선각자를 제외하고는 전통적인 중화사상으로 인하여 적극적으로 이를 연구하여 받아들이려는 것이 아니고 단지 호기심에 이끌리는 정도이고 새로운 과학기술은 실생활에 이용될 만큼 널리 보급되지는 못하였다.

Ⅲ. 문학, 미술공예의 발달과 서양문물의 전래

1. 통속문학의 발달

일반적으로 중국 문학사를 논할 때 한대(漢代)의 부문(賦文), 남북조(南北朝)시대의 운문(韻文), 당(唐)의 詩(시), 宋의 사(詞) 그리고 元의 곡(曲: 희곡), 명·청의 소설을 시대적 특징으로 꼽는다. 이럴 경우 명대문학을 대표하는 것은 구어체[口語體: 백화체(白話体)]소설이라 하겠다.

명대에 통속소설이 유행하게 된 것은 먼저 서민의 사회적 의식의 성장과 강남지방을 중심으로 경제가 발전한 데서 그 배경을 찾을 수 있다. 서민생활의 향상과 의식수준의 성장은 자연히 서민의 흥미와 유희를 자극하는 환상적이며 퇴폐적인 통속소설의 발달을 가져오게 하였다.

다음으로 宋·元代에 나타나기 시작한 백화소설은 명대에는 그 형식과 예술성에서 비약적인 발전을 이룩하였다. 이는 문인(文人)과 학자들이 백화문(白話文)으로 알기 쉽게 소설을 썼기 때문이다.

또한 통속문학이 발달하게 된 것은 양명학과도 밀접한 관계가 있는데 특히 양명학 좌파의 영향이 크다. 학문에서 계급과 남녀의 구별을 철저히 무시한 이지(李贄)는 문학이야말로 속세에 물들지 않은 동심(童心)의 자연적 발로라고 하였다. 따라서 구어체문장으로 자유로이 인간의 심성과 욕망을 표현하는 소설이야말로 천하최고의 문학이라 주장하고 옛 시문의 모방을 일삼는 것은 거짓된 문학이라고 배척하였다. 따라서 통속소설의 문학적 가치는 양명학자들에 의해 높이 평가되고 소설이 학자들의 관심의 대상이 되어 발달하였다.

이러한 문학사조에 대하여 15세기 중엽의 국자감(國子監) 제주(祭酒: 학장)인 이시면(李時勉)은 당시의 유명한 통속소설인 『剪燈新話(전등신화)』를 맹렬히 비난하고 이를 판매금지할 것을 요구하였다. 특히 그는 시정(市井)의 무뢰배는 말할 것도 없고 유사(儒士)까지도 정학(正學)을 버리고 밤을 새워 소설을 벗으로 하고 있다고 세태를 비판하였다. 이러한 주장으로 미루어 볼 때 통속소설은 서민계층에서 뿐만 아니라 사대부사회에서도 널리 애독되었음을 알 수 있다.

그러나 이러한 비판은 당시 서민생활의 욕구를 막을 수 없었다. 『水滸傳(수호전)』, 『三國志演義(삼국지연의)』는 말할 것도 없고 공상문학(空想文學)의 극치라고 하는 『西遊記(서유기)』와 퇴폐문학의 최고봉이라고 하는 『金甁梅(금병매)』 등이 서민의 사랑을 받아 明代 4대기서(四大奇書)가 되었다. 이들 소설의 작자는 특정인이 아니고 오랫동안 여러 사람들을 거치면서 대중의 감정에 부합하도록 내용이 잘 다듬어져 완성된 것이다. 명말에는 『今古寄觀(금고기관)』과 같은 단편소설의 걸작품이 간행되어 권위를 내세우는 무지한 탐관오리를 야유하기도 하였다.

元代에 이어 희곡[연극]도 많은 걸작이 나왔다. 명대의 희곡은 전기(傳奇)와 잡곡(雜曲)으로 구성되었는데, 강남의 언어와 가곡으로 짜여졌으므로 일반 서민이 출연하고 감상하기에 적합하였다. 그러나 시일이 지남에 따라 북곡(北曲: 元代의 잡곡)의 영향을 받고 또 사대부관리와 문인들이 희곡에 열을 올리게 되면서 문학적 가치도 높아지게 되었다. 전기의 대표적 작품에는 명초에 나온 『殺狗記(살구기)』, 『自我記(자아기)』, 『拜月亭(배월정)』이 있는데, 이러한 작품은 민간에서 나온 것이다. 사대부 문인에 의해 만들어진 걸작품으로 『琵琶記(비파기)』, 『荊釵記(형차기)』와 탕현조(湯顯祖)의 『牧丹亭還魂記(모란정환혼기)』가 유명하다. 특히 탕현조는 진사에 합격하고 양명학에 대해서도 조예가 깊은 사대부 지식인으로서 체면을 중히 여기는 사대부사회에서 기피하는 연극을 직접 저작한 것은, 이제 지식인과 일반서민이 문화 공유에 의한 대중화시대가 도래하였음을 의미한다. 이 밖에 문인들의 작품으로 주권(朱權)의 『道穆劇(도목극)』, 『妓女劇(기녀극)』, 왕구사(王九思)의 『杜子美游春(두자미유춘)』, 당해(唐海)의 『中山狼(중산랑)』, 위량보(魏良輔)의 『崑腔(곤강)』을 들 수 있다.

이와 같이 16세기 말부터 17세기, 즉 명말에 소설과 희곡 등 통속문학이 널리 유행한 것은 사대부 서민사회의 발전으로, 종래의 고루하고 교양위주의 시문으로는 만족할 수 없었기 때문이다. 그러나 전통적인 학문이나 사대부의식으로 보면 이러한 문학은 세상의 도리와 사대부사회를 문란시키는 퇴폐적인 것으로 문체나 내용도 저속한 것으로 평가되었다.

2. 미술과 공예

명대의 미술화풍은 북종화(北宗畵)와 남종화(南宗畵)로 양립되었고, 명의 중기 이후에는 남종화가 우세하였다.

북종화는 宋·元 이래 궁정의 화원을 기반으로 역대 황제의 장려에 의하여 발달하였으며, 명대에는 직업화가가 주축을 이루었다. 북종화의 화풍은 산수화 와 인물화가 기본이었다. 산수화는 세 파로 나뉘어져 있었다. 절파(浙派)의 대 진(戴震), 원파(院派)의 주신(周臣) 그리고 남송의 마원(馬遠), 하규(夏珪)의 화풍 을 계승한 당인(唐寅) 등이 그들이다. 대진은 명대제일의 산수화가라고 일컬어 지고 있다. 그 계통을 이어받아 인물화에는 구영(仇英)이 유명하다. 그러나 이 들 북종화는 사실적인 기교와 그림의 묘사에는 능하였으나 지나친 형식주의에 흐르면서 개성과 독창성이 결여되어 점차 쇠퇴하였다.

남종화는 15세기 후반에 문인화를 주축으로 하여 발달하였다. 남종화는 교양 과 시정(詩情)을 갖춘 문인들에 의해 강남의 온화하고 수려한 풍토를 배경으로 산수화와 풍속화에서 독창적 화법을 발달시켰는데, 그 대표적인 화가로 동기창 (董其昌)을 꼽고 있다. 특히 동기창은 문인이며 정치가로서 서화에 뛰어났는데 남종화(南宗畵)의 제일인자로 꼽히고 있다. 그의 그림은 北宋시대의 화풍을 모 범으로 하고 북종화풍을 배격하였으며 명대 남종화를 완성하였다.

명말에는 예수교 선교사들이 중국에 왔으므로 서양화법이 유입되어 명암의 채색과 기교를 중요시하여 인물화에 많은 영향을 주었다. 그런데 명말의 화풍 에서 특히 주목을 끄는 것은 이색적이며 개성이 독특한 작품이 많이 나왔다. 그 가운데 오빈(吳彬)은 자연의 모습을 환상적으로 묘사하였고, 나목(羅牧)은 정 숙한 정감을 잘 표현하고 있다. 육위(陸爲)도 빛의 명암을 잘 묘사하였고 법약 진(法若眞)은 화면에 가득찬 풍물에 동적인 생명력을 구현하고 있다.

이러한 명말의 자유롭고도 이색적인 작품이 제작된 배경은 16세기 말부터 17세기에 걸쳐 상품생산의 발전과 다양한 서민문화의 발달로 전통적인 권위와 가치관이 변화하고 이에 따르는 새로운 도전이 개성미 넘치는 작품을 탄생시킨 것이다. 또한 명대는 서민의 취미에 맞추어 판화(版畵)가 발달하였다. 판화는 주로 소설과 희곡의 삽화로 널리 이용되고 그 예술성도 높았다.

건축예술은 매우 독창적인 발전을 하였는데 북경의 자금성(紫禁城)은 명대의 대표적 건축물로 세계의 궁전건축 가운데 손꼽히는 작품이다. 이 밖에도 명13왕릉묘를 비롯하여 대운하와 개축한 만리장성에서 명의 건축기술을 엿볼 수 있다.

공예는 관영공업에 의한 도자기·견직물·자수·칠기·은기 등에 특색 있는 발달이 보이는데, 이것은 대부분 수출품으로 이용되었다. 특히 明代의 중요한 도자기는 청색안료를 사용하는 청화(靑花)가 유행하고 주홍 색칠을 하는 적회기법(赤繪技法)이 발달하였으며, 경덕진(景德鎭)은 요업의 중심으로 번영하고, 그곳에서 수많은 명품을 생산하였다.

3. 서양문물의 전래

명대에 육로에 의한 서방과의 교통은 북방에서 몽골부족의 할거로 두절되었고, 해로를 통하는 교통도 정화의 남해원정으로 개척되었다가 명 중기부터는 활발하지 못하였다. 그 위에 태조 때부터 대외무역을 제한하고 바다로 나아가는 것을 금지하는 해금(海禁)정책을 취했기 때문에 외국과의 교섭은 역사상 가장 빈약한 시대가 되었다. 명대문화의 국수적 경향과 고립성은 이러한 대외관계에서도 찾아볼 수 있다. 그러나 정책적인 쇄국주의도 명 중기 이후에는 차츰 풀려 조공무역과 함께 밀무역이 성행하고 해금을 무시하고 해외 각지로 진출하여 적극적으로 무역활동을 하였다. 특히 복건, 광동지방의 해안연안민은 국가정책을 어기면서 남양 각지로 나아가 화교로 발전하는 기반을 열게 되었다.[90]

명말은 유럽 세력이 아시아로 진출하기 시작한 시대이다. 아시아진출의 선두주자는 포르투갈인으로 그들이 중국에 온 것은 1517년(정덕 12년)이다. 포루투갈인은 마카오를 거류지로 정하고(1557) 중국과 일본을 상대로 국제무역에 종사하였다. 유럽 상인들은 중국의 견직물·도자기·차 등을 가져갔고, 그 대신 대량의 은이 중국에 유입되어 명나라의 은본위 화폐경제를 발전시키는 계기가 되었다.

유럽의 무역선에는 가톨릭교의 선교사가 함께 따라왔다. 특히 제스잇교단[야소회(耶蘇會)] 선교사들이 앞장서서 동방으로 진출하였는데, 제스잇교단은 종교개혁으로 상실한 구교의 교세를 신천지인 아시아에서 만회하려고 선교사를 파

---

90) 明末(1617년경)에 장섭(張燮)이 편찬한 『東西洋考(동서양고)』에 의하면 중국 항구를 떠난 배가 대만, 필리핀을 경유하여 말라카섬에 도달하였다. 중국인들은 말라카섬을 경계로 그 동쪽을 동양, 그 서쪽을 서양이라 불렀다. 서양에는 인도양 일대를 포함하였다.

견한 것이다. 선교사들은 종교뿐 아니라 최신 학문과 기술을 익힌 일류 전문가
이기도 하였으므로, 그들이 중국에 들어오면서 기독교와 함께 최신 학문과 기
술이 전해져서 중국 학술에 신선한 자극을 주게 되었다.[91]

제수잇 선교사로 처음 동아시아에 들어 온 사람은 프란시스코 사비에르
(Francisco Savier)이다. 그는 1549년에 일본에 도착한 후 1552년에는 중국에
대한 포교를 위해 마카오로 향했는데, 같은 해 말 광동만의 상천도(上川島)에서
병으로 죽었다. 그의 유지(遺志)를 이어 다수의 선교사가 들어왔는데, 그 중에서
도 가장 유명한 사람이 마테오 릿치[Matteo Ricci, 중국이름 이마두(利瑪竇)]이다.
그는 마카오에 상륙하여 중국에 대한 포교를 시작하였는데(1582), 처음 활동한
곳은 광동 부근이었다. 그는 수학·천문학·지리학으로 사람들의 관심을 끌고,
세계지도와 지구의(地球儀), 혼천의(渾天儀) 등을 사용하여 새로운 지식을 소개
하였다. 그 때문에 관리와 학자로 교회당을 방문하는 자가 점차 늘어갔다.

그는 신종의 만력 29년(1601)에 북경에 와서 신종을 만나고 기독교의 교리와
유럽의 정치정세 등에 대하여 상주하였고 그가 바친 자명종은 신종의 마음을
끌기도 하였다. 그는 북경성 내에 천주당을 세우고 교세를 확장하였으며 북경
에서 사망할 때까지(1610) 포교를 계속하였다.

마테오 릿치의 뒤를 이어 아담 샬[탕약망(湯若望)]이 활약하였다.[92] 그의 신자
가운데는 황태자와 후비 등 황실 관계자와 사대부, 고관들도 상당히 포함되어
있었다. 『農政全書(농정전서)』의 저자이고 예부상서(禮部尙書)를 역임한 서광계
(徐光啓), 그와 함께 유럽의 역법과 수학책을 한역한 태복시소경(太僕寺少卿) 이
지조(李之藻), 명조 멸망 후 반청저항운동을 지휘했던 구식진(瞿式耜), 정괴초(丁
魁楚), 정지룡(鄭芝龍) 등이 잘 알려져 있다. 또 명조 멸망의 뒤를 이어 강남에
망명정권을 세웠던 영명왕(永明王: 永曆帝)의 일족과 그 측근에 신자가 많았으

91) 최소자, 『東西文化交流史硏究 明·淸時代西學受容』, 삼영사, 1987.
_____, 「18世紀末 東西洋 知識人의 中國認識比較 − 朴趾源의 『熱河日記』와 G.
　　　　Macartney의 『中國訪問使節日記』를 중심으로−」『東洋史學硏究』 59, 1997.
92) 장정란, 「明末·淸初 예수교 선교사 아담 샬의 中國活動」『誠信史學』 10, 1992.
　　　　아담 샬은 독일선교사로 서광계의 원조로 서양천문학서를 번역하였고 『崇禎曆書』
　　　　를 집성하였다. 명말, 칙명에 의해서 대포를 주조하고 명이 망한 후 청조의 曆을
　　　　작성하고 관리로 등용되었다. 천수당(天守堂: 성당)을 북경에 세우고 포교에 노력
　　　　하였으나 이슬람천문학자의 공격으로 실각하였다. 서양의 가톨릭계통 학자들은 마
　　　　테오릿치가 신종을 직접 만난 것으로 주장하나 마테오릿치의 『中國傳敎史』에는 신
　　　　종을 만난 내용이 전혀 기술되고 있지 않다.

며, 이들 신자는 로마 교황에게 원조를 청하는 서신을 보냈다고도 한다(1605).

마테오 릿치가 중국어로 편찬한 『天主實義(천주실의)』, 유클리드 기하학을 소개한 『幾何原本(기하원본)』, 세계지도인 『坤與萬國全圖(곤여만국전도)』[93]가 특히 유명하다. 중국인은 이를 통해 이제까지 중국에 없던 새로운 학문과 지식을 접할 수 있었다. 그 중에서도 특히 큰 의미를 갖는 것은 대포, 역법(曆法), 지도 등 실제생활과 밀착된 기술 분야였다. 서광계는 마테오 릿치로부터 유럽 화기(火器)의 우수성을 듣고 대포의 주조를 황제에 건의해 숭정연간(崇禎年間)에 아담 샬에게 명하여 대포를 주조시키고 그 조작법을 교련하도록 하였다. 선교사들에 의해 만들어진 대포는 後金(청)과의 싸움에서 위력을 발휘하고, 청의 태조 누르하치는 포탄의 파편에 의한 상처로 인해 생명을 잃었다고 한다. 이러한 대포가 여진족의 수중에 들어갔을 때 그 기쁨은 대단했던 것으로, 청 태종은 대포에 홍이대장군(紅夷大將軍)이라는 최고의 관직을 부여할 정도였다.

새로운 천문학과 함께 역학(曆學)과 산학(算學) 또한 중국 역법에 큰 영향을 끼쳤다. 원래 중국에서는 정확한 역을 만드는데 상당한 열의를 보였다. 선교사가 전한 역학이 중국에 옛날부터 내려오는 것보다 훌륭함이 실증되자 선교사들은 이 분야에서도 중용되었는데 가장 이름이 알려진 이는 아담 샬이다. 그는 천문, 수리(數理), 기계, 포술 등에 깊은 지식을 가지고, 1623년 이후 북경에 머물면서 많은 공헌을 하였다.

그런데 서양과학이 이렇게 물밀듯이 전래되는 와중에서도 중국인의 서양문명에 대한 태도는 다양하였다. 즉, 황제와 일부 위정자, 지식인들은 서양의 학문·지식·기술의 가치를 인식하여 이를 채용하는데 열의를 보였다. 그러나 그것은 지배체제의 유지에 필요한 범위 안에 드는 학문, 즉 천문학·역학·지리학·대포의 제조 등 최소한의 실용면에 한정되었다. 또한 생산과 관계를 갖는 농학과 광산학 분야에서도 그 실용적인 지식만을 받는데 그치고, 과학적 연구나 그 원리에 대한 깊은 이해는 가지려 하지 않았다. 여기에 서양학술에 대한 중국인의 이해의 한계가 있었다. 이 밖에 중화주의에 젖은 사대부 관료를 비롯한 유교주의자들은 서양기술에 대해 전혀 이해가 없었고 관심을 갖지 못하였으며, 간혹 관심이 있다 해도 호기심의 범위를 벗어나지 못하였다.

---

93) 1602년(만력 30년) 마테오 릿치가 북경에 도착한 이듬해 간행되었다. 세로 179cm, 가로 414cm의 목판으로 인쇄한 대형지도로 6폭으로 나누어 접게 되어 있다.

제 10 장

청제국과 동아시아 사회의 변화

제 1 절   청조(淸朝)의 성립과 발전

I. 淸의 건국과 그 역사적 성격

1. 중국사에서의 청조의 위치

청조는 중국 전체의 역사 속에서 그 위치를 살펴볼 때에 매우 독특한 왕조임을 알 수 있다.

우선 청조는 중국사의 마지막 왕조이고 청나라의 멸망으로 진시황제(秦始皇帝) 이래 2천여 년간 지속되어 오던 황제지배체제가 종말을 고한 왕조라는 성격을 지니고 있다. 물론 이러한 청조의 몰락은 20세기 세계사의 흐름과 때를 같이 한 것으로써 청조의 전제군주체제에서도 예외일 수는 없었다. 이와 아울러 중국의 황제지배체제의 종말이 한족 왕조가 아닌 이민족 왕조인 淸에 의하여 막을 내렸다는 사실도 의미가 깊다. 아시아의 역사에서 마지막 왕조는 중국에서 뿐만이 아니라 인도의 무굴제국, 아랍세계의 오스만제국도 다 같이 이민족의 정복왕조라는 공통점을 지니고 있다.

한편 청조의 중국 지배에 대한 한인(漢人)의 인식이다. 그들은 명말·청초의 왕조교체를 종래에 흔히 있던 왕권 교체와는 그 역사성을 전혀 달리 인식하면서 '하늘이 무너지고 땅이 갈라지는 비극적 상황'으로 판단하였다. 청조의 한인 지배를 철저하게 거부한 것이다.

또한 청조가 중국의 마지막 왕조이며 이민족으로서 중국 왕조체제를 끝냈을 뿐만 아니라 여진족(만주족) 자체도 중국문화에 동화되어 멸망하였다는 것도 청조의 특성이라 하겠다. 정치적으로 한족을 정복한 청조가 문화적으로는 오히려 한족에게 지배당하여 한문화에 흡수되어 버렸다는 사실에서 중국문화(漢文化)의 무서운 동화력을 살필 수 있다. 특히 정복왕조에 의한 정치적·군사적 지배가 사회문화적 적응이나 수용 없이는 참으로 위험한 결과를 가져온다는 역사적 사실을 청조에서 다시 한번 확인할 수 있다.

더욱이 청조는 같은 동족인 여진족의 금나라와 또다른 이민족인 몽골족의 元제국보다 훨씬 뛰어난 통치기술로 한족을 269년간(1644~1912) 통치하였다는 사실도 동아시아 역사에서는 드문 일이다. 그것도 소수(약 100여만)의 만주족이 자기보다 문화수준이 뛰어난 다수(약 1억명 이상)의 한족을 통치한 것은 그들의 뛰어난 통치능력이 아닐 수 없다.

끝으로 청조의 역사는 중국의 황제지배체제의 큰 물줄기가 清이라는 거대한 호수에 담겨 여과·분출되었으므로 과거의 모든 역사가 청조의 호수에 잠겼으므로 이 호수를 통하여 재조명해야 하는 일이 필수적이기 때문에 청조에 대한 많은 관심이 집중되고 있다.

2. 후금의 건국과 누르하치

後金(清)의 건국자 누르하치(奴爾哈赤)는 1559년 만주족[1]의 건주좌위의 도독(都督) 맹가첩목아(猛哥帖木兒)의 6대손으로 태어났다. 그의 선조는 건주좌위의 지휘사(指揮使), 도독(都督) 등 명나라 관직을 두루 거친 여진족의 지배층이다. 여진족은 역사상 처음으로 金을 세웠으나 금이 망한 후(1234) 원(元)·명(明)에 복속되어 있었다. 明朝는 만주에 위소(衛所)를 설치하여 여진(만주)족을 지배하였고 당시의 여진족은 건주(建州), 해서(海西), 야인(野人)의 3부족으로 나누어 있었다.[2] 누르하치는 건주여진 출신으로 건주 부족을 장악한 후에 나머지 부족

---

1) 만주(滿洲)는 만주어의 '만주' 발음을 한자로 표기한 것이다. 만주의 어원은 청나라 건륭황제의 명으로 편찬한『만주원류고』에 의하면 문수보살의 본명인 '만주슈리'에서 따온 것으로 되어 있다. 명대는 여직(女直) 또는 여진이라 불렀다. 청대에 와서 여진족이란 명칭 대신 만주를 민족명으로 사용하였다. 여진과 만주는 같은 민족 명칭이다.

2) 서병국,「猛哥帖木兒의 建州左衛 硏究」『白山學報』11, 1971.
황종동,「通鑑綱目의 女眞關係 記事에 대하여」『大丘史學』12·13합집, 1977.
유지원,「누르하치와 赫圖阿拉(Hetuala)城」『明淸史硏究』11, 1999.
김두현,「遼東支配期 누르하치의 對漢人政策」『東洋史學硏究』25, 1987.
노기식,「누르하치 시기의 武官制와 재물분배」『宋甲鎬敎授停年退任記念論文集』, 1993.

을 통합하고 가한(可汗)에 올라 後金을 건국하였다. 명나라 신종(神宗) 만력 44년(1616)으로 그의 나이 58세였다.

후금의 건국에는 당시 명나라의 국내정세가 큰 도움을 주었다. 그것은 明末 신종(神宗)의 방종과 환관정치의 폐단으로 사회와 경제가 혼란에 빠져 있었으며 특히 조선의 임진왜란(1592)으로 국제정세가 조선에 쏠려 있어서 만주에 대한 관심이 소홀하였고[3] 그 위에 명의 조선출병은 만주지방에 대한 군사적 공백을 가져오고 막대한 군사비를 지출하여 국가재정을 악화시켰기 때문이다.

3. 후금 군사력의 중핵 – 만주팔기(八旗)

누르하치의 후금 건국에는 그의 군사력의 핵심이라고 할 수 있는 만주팔기병(滿洲八旗兵)의 활약이 절대적인 역할을 하였다. 여진족의 속담에 '여진족 만명만 있으면 이를 대적할 자는 없다'는 말이 있듯이 무서운 군사력의 원천이 만주팔기조직이다. 본래 팔기제도는 화살이란 의미의 니루(牛彔)를 기본단위로 한 군사·사회조직이다. 니루는 만주족의 수렵생활에서 발전한 일종의 씨족조직과 관련이 있다.

초기의 1니루는 10인으로 구성된 혈연조직이었다. 그 후 1니루는 300명을 단위로 한 군사·행정조직으로 발전하였고, 다시 5니루(1500명)가 1잘란(甲喇)으로 편성되었다. 그리고 5잘란의 병력이 1구사(固山)를 구성하고, 구사는 중국 말로 기(旗)라고 한다.[4] 각 부대에는 1명의 어전(額眞)이란 부대장을 두었으며, 정홍(正紅), 정황(正黃), 정남(正藍), 정백(正白)의 4기(旗)가 먼저 성립되고(1607), 그 후 1615년에 깃발의 가장자리에 테두리를 둘러서 정(正) 4기와 구분하여 양(鑲) 4기, 즉 양홍(鑲紅), 양황(鑲黃), 양남, 양백의 4기가 첨가되어 8기로 확대

누르하치의 성은 각라(覺羅)이다. 후에 여진어로 금(金)을 뜻하는 애신(愛新)을 붙여 애신각라(愛新覺羅)라 하였다. 누르하치는 이름이다. 만주인은 보통 이름만을 사용함으로 애신각라 누르하치라고 부르지는 않는다.

3) 최소자, 「明末 中國的 世界秩序의 變化 –壬辰, 丁酉倭禍를 中心으로」『明末淸初社會의 照明』, 한울아카데미, 1990.

4) 서정흠, 「明末의 建州女眞과 八旗制의 起源」『歷史敎育論集』 2, 경북대, 1981.
    김종원, 「八旗制度의 成立過程에 관한 一考察」『東亞硏究』 6, 서강대, 1985.
    김두현, 「八旗制度의 構造分析을 위한 試論」『馬山史學』 5, 1992.
    팔기(八旗)의 기(旗)는 만주어의 구사(固山)를 중국말로 옮긴 것이다. 구사는 깃발(旗)을 의미하는 것이 아니라 군사조직의 단위이다. 이 밖에 니루는 좌령(佐領) 자란은 참령(參領)이라 하였다.

되었다. 만주 8기는 군사 및 행정조직이며 동시에 여진족의 호적이었다. 그 후 몽골 팔기 한인 팔기를 추가하여 24기가 되었다.

누르하치는 만주사회의 정치·군사적 통일과 병행하여 만주인의 민족적 자각을 높이고 문화적 통합을 이룩하기 위하여 그 당시에 만주인이 사용하는 몽골문자를 개량하여 만주문자를 제작하였다(1599). 정복왕조의 문자(文字) 창제는 특별한 의미가 있다. 그것은 북아시아의 정복왕조[요·금·원]가 통일국가로 발전하는 단계에서는 유목사회의 문화적 통합을 꾀하기 위하여 반드시 문자를 창안하였는데 누르하치의 문자창제도 여진족의 민족적 자각을 높이려는 국수주의적 의미가 담겨 있다.[5]

4. 누르하치와 사루후(薩爾滸)전투

누르하치는 1616년에 옛날의 금나라를 계승한다고 하여 국호를 후금(後金), 연호를 천명(天命)으로 국도를 흥경(興京)으로 정하고 지금까지 공순한 자세를 취하던 대명관계(對明關係)를 적극적인 공세로 전환하였다. 그는 명나라가 자신의 조(祖)와 부(父)를 무참히 살해하고 여진인을 박해했다는 등의 7가지 원한[칠대한(七大恨)]을 내세우고 침략전쟁을 시작하여 많은 전쟁포로를 획득하였다. 1619년 명나라는 대군(40만이라는 설)을 보내 혼하(渾河)와 소자하(蘇子河)의 합류부근 사루후에서 싸웠으나 거의 전멸하였다. 이때 조선에서는 명나라의 요청으로 광해군이 강홍립에게 1만3천명의 군사를 주어 이 전투에 참가시켰다. 강홍립은 두 나라 군대가 싸우는 것을 관망하다가 명의 군사가 대패하는 것을 보고 누르하치에게 항복하였다. 그리고 조선의 출병이 어쩔 수 없었음을 누누이 설명하였다(1619).

사루후전투는 명나라 군사력의 취약성을 그대로 드러냈고 누르하치로서는 명나라 정복에 자신감을 갖게된 역사적 싸움이다.[6] 사루후전투로 명나라는 멸망

---

5) 서병국, 「淸太宗의 女眞民族 保存策研究」『白山學報』16, 1974.
　　노기식, 「後金時期 만주와 몽골의 聯盟관계」『明淸史研究』11, 1999.
　　　　　만주문자는 누르하치가 죽은 후 그의 아들 달해(達海)가 문자를 정리 개량한 것이 청대에 사용한 만주 문자이다. 만주어로는 정부의 문서를 당안(檔案)이라 하는데 누르하치 시대의 문자를 무권점(無圈點) 당안이라 하고 그 이후의 문자를 유권점 당안이라 하였다.
6) 서정흠, 「明末 Sarhu(薩爾滸)戰과 그 性格」『安東史學』1, 1994.
　　　　　후세 건융제는 사루후 전승기념비를 세워 누르하치의 전공을 기리었다.

의 길로 들어섰고 청이 대제국으로 발전하게 된 분수령이 되었다. 누르하치는 이를 계기로 요동지방을 완전히 석권하고 이어 수도를 홍경(興京)에서 심양(瀋陽: 奉天)으로 옮기고(1625) 청제국으로 발전하는 기반을 구축하였다.

5. 후금에서 청 제국으로 발전

후금이 건국된 1616년부터 明이 망하는 1644년까지의 28년간은 만주뿐만 아니라 중국대륙에서도 커다란 격동기였다.

먼저 만주와 요동지방에서는 누르하치가 68세로 사망 후(1626) 그를 계승한 태종(太宗)이 만주와 요동지배를 완성하면서 만주족만의 국가(後金)에서 탈피하여 만·한·몽(滿·漢·蒙)의 3대 민족을 지배하는 대제국으로의 발전을 이룩한다는 의미에서 국호를 대청(大淸), 연호를 숭덕(崇德)으로 고쳤다(1636).[7]

후금에서 대청으로의 국호개정과 중국식 연호사용은 민족국가에서 통일제국으로의 전환을 의미하며, 이를 달성하기 위해 황제체제의 강화, 만주팔기의 완전장악, 한인 팔기(八旗)와 몽골 팔기의 신설 등 명실공히 한·만·몽 3대 민족의 정치 군사적 지배를 시작하였다(1639). 이와 병행하여 몽골을 복속시키고 1636년부터 두 차례에 걸친 조선정벌(정묘·병자호란)로 명의 국제관계를 고립시켰으며 조선을 복속한 후 일단 중국 내부의 정세를 관망하고 있었다.[8]

한편 중국본토의 明은 수년에 걸친 농민의 반란이 계속되다가 마침내 이자성(李自成)에 의해 북경(北京)이 함락되면서 멸망하였다(1644). 이때 산해관을 지키고 있던 명의 장수 오삼계(吳三桂)가 청에 항복하니 청은 만주·한인·몽골의 팔기병(八旗兵) 17만여 명과 오삼계가 이끌고 온 명군(明軍) 5만여명을 앞세워 이자성이 장악하고 있던 북경을 쉽게 정복하였다. 청조는 明을 멸망시킨 이자성군을 타도하는 한 해방군으로 의군(義軍)임을 선전하면서 중국본토에 진출하였다. 그러나 청조는 북경입성 이후 각지의 농민군 및 한인의 완강한 저항에 직면하게 되었다. 그리고 1644년은 明이 멸망한 해인 동시에 청조에서도 태종대(太宗代)에서 세조[世祖: 순치(順治)]시대(1643~1661)로 접어드는 격변의 시기였다.

---

7) 최소자, 「淸朝의 王位繼承과 多爾袞」『梨大史苑』 9, 1970.
　　서정흠, 「淸初의 國號問題」『大丘史學』 28, 1985.
8) 김종원, 「丁卯胡亂時의 後金의 出兵動機－後金의 社會經濟的 諸問題와 관련하여」『東洋史學硏究』 12·13합집, 1978.
　　최소자, 「淸廷에서의 昭顯世子」『全海宗博士華甲紀念史學論叢』, 일조각, 1979.

이와 같은 명말 청초의 시대적 격변기에 나타난 사회현상 가운데 신사층(紳士層)과 대지주를 중심으로 조직된 향촌 자위집단의 출현이다.[9] 신사와 지주층은 이들 향촌 자위집단에 대하여 정신적·물질적 지원을 강화하면서 지도자적 역할을 담당하였다. 명의 멸망은 한인의 지주와 신사층에게는 자신의 기득권에 대한 커다란 위협이었고 이민족 왕조인 청조의 중국지배는 한족에게 보다 심각한 민족적 위험을 가중시켰으니 한인의 치열한 반청운동(反淸運動)이 전개된 것은 너무나 당연한 일이었다. 그러나 청조는 한편으로는 이러한 향촌 자위집단의 반청운동을 잔인하게 무력으로 진압하였으나 또 한편으로는 향촌질서를 회복하는데 신사층과 한인관료의 협조가 절대로 필요하였다. 이에 따라 청조는 한인에게 강압책과 아울러 관대한 회유책을 취함으로써 만한이중체제(滿漢二重體制)로 전 중국을 통치하게 되었다.

6. 삼번난(三藩亂)의 평정과 청조의 중국지배

청조의 중국통일과 황제지배체제를 구축하는데 우선적으로 정리하여야 할 집단이 삼번(三藩)과 대만의 정성공(鄭成功)세력이었다.

청의 중국정복은 청에 항복한 오삼계를 비롯한 한인 무장들에 의하여 쉽게 이루어졌으나 중국본토가 말단의 향촌까지 완전히 평정된 것은 아니었기 때문에 한인을 이용하여 통치하는 이한제한정책(以漢制漢策)을 취한 것이다. 이리하여 청(淸)은 잠정적으로 중국정복에 협력한 명나라 장수를 각지에 봉하였다. 특히 청조의 중국진출에 공이 큰 오삼계(吳三桂)를 운남(雲南)에, 경계무(耿繼茂)를 광동(廣東)에, 상가희(尙可喜)를 복건(福建) 왕(王)으로 봉(封)하니 이를 3번(藩)이라 하였다. 이들의 지위는 청조의 친왕과 세자에 맞먹는 것이고 지방에서의 세력은 강하여 반독립국가의 형세를 갖추고 있었으므로 청의 입장에서는 위협적 존재가 아닐 수 없었다.

청은 강희 12년(1673)에 중국지배가 거의 일단락되자 삼번철폐를 단행하였고 삼번은 이에 맞서 난을 일으켰다. 청은 9년간(1673~1681) 계속된 반란을 평정하는데 막대한 국력을 소모하였으나 한인(漢人)은 이를 계기로 청조에 대항함이 불가능하다는 것을 인식하게 되었다.

---

9) 정병철, 「明末·淸初 華北에서의 自衛活動과 紳士-山東·北直隸를 중심으로」『東洋史學研究』 43, 1993.

그러나 명나라 멸망 후 강남각지에서 명의 부흥을 꾀하여 남명(南明)을 건국하였다(1645~1662). 명나라 후손을 옹립하여 각기 복왕(福王), 당왕(禧王), 계왕(桂王), 노왕(魯王)으로 받들고 부흥운동을 전개하였으나 모두 청에 정복되고 말았다.

한편 복건(福建)의 강왕(康王)을 도와 반청복명(反淸復明)을 꾀하던 정성공(鄭成功)이 대만으로 건너가 네덜란드인을 몰아내고 기반을 마련하였다. 정성공이 죽자 그 아들 정경(鄭經)이 대만의 사회·경제적 발전을 이룩하고 반청운동(反淸運動)을 계속하였다. 1680년에 청군은 금문·하문을 공략하고 정씨의 내분을 이용하여 대만 평정에 성공하였다(1683).[10]

청조는 3사람의 뛰어난 황제, 즉 성조(聖祖)[강희(康熙: 재위 1662~1722)], 세종(世宗)[옹정(雍正: 재위, 1722~35)] 그리고 고종(高宗)[乾隆(건륭: 재위 1735~95)]의 3대 130여 년간에 걸쳐 중국역사상 유례가 드물 정도로 정치와 경제·사회 그리고 문화면에 괄목할 발전을 이룩하였다.

순치제가 사망하자 8세의 강희(성조)황제가 왕위를 계승하였다. 순치제의 유언에 따라 네 사람의 황족이 보정대신(輔政大臣)으로 섭정을 담당하였다. 그러나 보정대신 간에 격렬한 권력투쟁이 진행되면서 한때 황제권은 위기를 맞이하였으나 이를 극복한 후 강희 황제의 친정이 시작되었다(1669).

강희황제는 재위 60년간 안팎으로 괄목할 업적을 남겼다.

먼저 삼번의 난과 정성공의 세력을 물리치고 국내통일을 완수한 후 淸의 세력을 대외로 발전시켜 나갔다. 강희[康熙: 성조(聖祖)]제는 우선 동진(東進)하는 러시아의 세력을 흑룡강(黑龍江)에서 물리치고 최초의 국제조약인 네르친스크조약을 체결하였으며(1689), 러시아의 남진을 저지하였다.[11] 이리하여 만주를 확보하였고 또 외몽골, 티베트를 정복하여 이를 복속시켰다.

강희 황제의 뒤를 이은 옹정제(雍正帝: 세종)는 중국 역사상 독재체제를 가장 완벽하게 마련하고 국가통치를 효과적으로 집행한 황제이다. 그는 부왕 강희시대에 극심한 왕위계승 분쟁을 체험하였기 때문에 이를 없애기 위해 황태자밀건법(皇太子密建法)[12]이란 청조특유의 왕위계승제를 제정하였다.

---

10) 서병국, 「三藩의 亂以後 淸의 朝鮮軍援要請」『關東大論文集』 5, 1977.
11) 강희제는 1685년(강희 24년)에 남진하는 러시아 세력을 물리치고 네르친스크 조약을 체결하여 양국의 국경을 흑룡강 상류로 확정하였다. 이어 1727년(옹정 5년)에는 다시 카흐타 조약을 맺어 외몽골 일대가 청나라 영토에 들어오게 되었다.

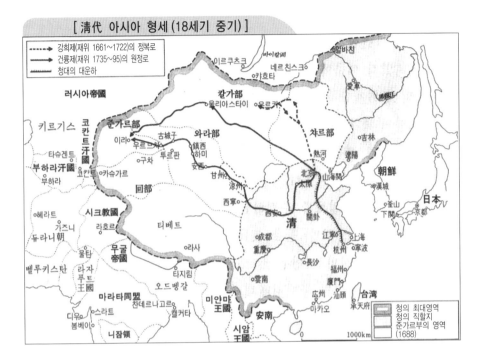

또 관료의 부패와 뇌물의 폐해를 방지하기 위하여 양렴은제(養廉銀制)를 제정하고 관료의 생활을 안정시켜주는 대신 관료의 청렴을 요구하였다. 세제(稅制)로는 정은(丁銀: 인구세)을 지부(地賦)에 통합하여 은납(銀納)에 의한 지정은(地丁銀) 단일세를 추진하였다. 그 위에 산서의 약호(樂戶), 절강의 타민(惰民), 광동의 단민(蛋民) 등을 양민으로 편입시키고 광서(廣西), 사천(四川)지방의 묘족·요족출신의 지방관(土司·土官)을 중앙에서 임명하는 체제로 바꾸었다. 이는 옹정제의 황제지배체제가 한인은 물론 변방의 이민족에게까지 침투되었음을 의미하는 것이다.

옹정제(雍正帝)는 러시아와 카흐타조약을 체결하여(1727) 러시아의 남진을 저지하였고, 청해(靑海)를 복속시켰으며, 주장대신(駐藏大臣)을 두어 티베트에 대한 보호권을 확립하였다. 이때 준가르부의 토벌을 위해 기밀을 유지할 필요에서 군수방(軍需房)을 설치하였는데, 이것이 후에 내각(內閣)을 대신하는 군기처

---

12) 황제의 생존시에 황태자를 세우지 않고 비밀상자에 장차 황태자가 될 사람의 이름을 써서 넣고 봉한 다음 건청궁(乾淸宮) 정면에 걸려있는 정대광명(正大光明) 액자 뒤에 올려놓았다. 황제가 임종 후 이 함을 개봉하여 비로소 황태자가 황제위를 계승한다. 청대에 明처럼 암우(暗愚)한 황제가 없었던 것은 황태자밀건법 때문이라는 설도 있다.

(軍機處)로 발전하였다.

다음의 건륭제(乾隆帝)는 전후 10회에 걸쳐 준가리아·투르키스탄지방으로 원정군을 파견하여 청의 영토가 파밀고원에까지 확대되었고, 남으로 동남아시아 방면을 경략하여 버마와 월남을 속국으로 하였다.

Ⅱ. 청조(淸朝)의 중국통치정책

1. 淸朝의 놀라운 한인통치기술

東아시아 역사상 전 중국을 지배한 이민족왕조는 몽골족의 元제국과 만주족의 淸나라가 있다. 몽골이 전 중국을 지배하기까지는 73년의 시간이 필요했다. 칭기즈칸이 몽골제국을 건국하고(1206), 세조 쿠빌라이 칸이 南宋을 멸망(1279)시키기까지 소요된 기간은 73년이다.

이에 비해 누르하치가 後金을 세우고(1616) 明朝를 접수(1644)한 것은 28년으로 이 기간에 전 중국을 정복하였다. 물론 여기에는 이자성의 반란군에 의해 이미 명이 망했기 때문에 몽골에 저항한 南宋과는 그 성격이 다르다. 그러나 몽골의 한인지배는 색목인을 앞세운 강압적인 무력통치였으나 청의 한인지배는 한인을 앞세워 한인을 통치한 이한제한책(以漢制漢策)의 통치기술이다. 만주에서 북경으로 들어가면서 해방군으로 자처하여 한인의 환영을 받고 北京에 입성한 것도 정치선전술이다. 이러한 정치감각은 이후 청조의 한인통치의 수준 높은 일면을 엿보게 하고 있다.

청이 건국할 당시의 만주족의 총인구는 대략 80~100만명 정도에 불과하며 여기에서 징발하여 전선에 투입된 병력(만주팔기병)은 17만명 내외로 잡고 있다. 이와 같은 소수의 만주족이 그들보다 문화수준이 높은 1억명에 가까운 한인을 300년 가까이 통치한 예는 세계 역사상 유례를 찾기 어렵다.

만주인의 한인통치가 성공적으로 진행된 구체적 요인을 보면, 먼저 만주족의 강한 민족적 단결력을 들 수 있다. 본래 만주족은 수렵과 농업을 겸하여 소박한 정착생활을 하여 왔다. 그들은 촌락을 기반으로 한 부족단위로 부족의 우두머리인 족장(族長)에 대한 주종관념이 강하였다. 이러한 부족장에 대한 주종관념은 누르하치의 민족국가 건설 후에도 그대로 계승되고 이것이 강한 민족의식으로 발전하여 그들의 단결력을 강화시켜 나갔다.

이런 만주족의 민족의식을 자극한 것은 명나라가 극단적인 황제독재체제를 가지고 만주인을 차별·학대하고 감시 감독함으로써 만주인의 민족의식을 더욱 공고하게 만들어 주었다.

다음으로 청은 명의 전제정치체제를 외관상 그대로 계승하였으나 그 내면을 보면 그들만의 독특한 통치기술을 찾을 수 있다. 우선 옹정제에 의한 황태자밀 건법(皇太子密建法)[13]을 들 수 있다. 옹정제는 선황(先皇) 강희제의 황태자 옹립 실패를 교훈으로 황제가 사망할 때까지 황태자를 정하지 않았다. 이 제도는 청 대의 유능한 황제를 옹립하는데 중요한 몫을 하였다. 이는 明代의 여러 황제가 암우한데 비해 청대에는 유능한 황제의 등극을 가능하게 하여 능동적으로 한인 을 통치할 수 있게 하였다.

또한 군기처(軍機處)의 설치로 황제독재체제를 강화한 일이다. 군기처는 청대 의 독특한 제도로 황제의 중요한 정령은 군기처를 통하여 직접 관료에게 전달 되고 관료도 상관을 통하지 않고 직접 그 의견을 천자에 상주(上奏)할 수 있었다. 따라서 명대처럼 중간에 환관이 개입할 여지가 전혀 없었다. 명대는 환관에 의 탁하여 황제독재체제가 유지되었고 그만큼 환관의 피해가 컸다. 그러나 청대는 환관과 외척이 정치에 개입할 수 있는 길을 군기처에 의해 차단하였기 때문에 중국정치의 고질병이라 할 수 있는 환관과 외척세력이 정치무대에서 사라진 것도 청조가 한인을 잘 다스릴 수 있는 정치적 장점이라 하겠다.

이와 함께 만주인과 한인을 동수로 병용한 것도 청조의 높은 통치능력이다. 청은 믿을 수 있는 만주인을 요직에 두고 그를 견제하면서 유능한 한인을 행정 에 기용함으로써 만주인과 한인을 발판으로 삼아 한인으로 한인을 다스리는 이 한제한(以漢制漢)의 통치기술을 발휘하여 300년 가까이 한인의 협조를 얻고 전 중국을 통치할 수 있었다.

2. 청조의 민족주의적 한인 통치내용

청나라가 한인을 통치하는 기본방향은 만주족의 민족주의를 앞세워 한인이 가지고 있는 뿌리깊은 중화사상을 꺾어 버리는 일이었다. 청조의 한인통치의

---

13) 강희제는 장자를 일찍 황태자로 세웠으나 방탕한 생활을 하였으므로 폐세자에 처하였다. 옹정제는 건청궁의 황제옥좌 뒤의 액자 광명정대(光大正明) 뒤에 자신의 사후(死後)의 황 태자 이름을 비밀히 적어 넣은 상자를 만들어 놓고 유언으로 황태자를 지명한 한 것이다.

기본방향은 강압책과 회유책이다.

우선 강압책으로 만주족의 풍습인 변발(辮髮), 호복(胡服)을 한인에 강요한 것이다. 남자의 두발을 뒷부분만 남기고 앞쪽은 모두 깎아 남은 머리를 땋아서 등뒤로 늘어뜨리는 만주족의 풍습을 따르게 하여 청조에 복종하는 증거로 삼았다. 그러나 신체발부(身體髮膚)는 수지부모(受之父母)라는 유교적 통념에 젖어 있는 한인에게 오랑캐의 풍습으로 경멸해오던 변발의 강요는 중화민족(中華民族)의 자존심을 짓밟는 치욕적인 일이었다. 이러한 변발은 원나라때 실시하였으나 성공하지 못하였다.

청은 북경 점령 후(1644) 변발령을 내리고 이듬 해 강남지방을 점령하자 전국적으로 시행에 옮겨 10일 이내에 모두 변발을 하도록 강요하였다. 그러나 한인은 '목을 잘릴지언정 결코 머리는 깎을 수 없다'고 완강히 저항하였다. 이에 청은 한인의 반발을 무력으로 탄압하고 특히 양주(揚州) 등지에서 감행된 청군의 잔인한 무력탄압으로[14] 한인의 반발은 고개를 숙이게 되었다. 변발이 한인의 외모를 만주인으로 바꾼 것이라면 중국인의 화이사상(華夷思想)을 바꿔놓기 위한 사상적인 탄압이 문자(文字)의 옥(獄)이다.

강희제는 한인학자를 동원하여 도서편찬 등 문화사업을 적극적으로 추진하였다. 그러나 청조를 비방하거나 화이사상을 내세워 통치에 방해될 경우에는 가혹하게 처벌하였다.

강희 2년에 절강의 부호 장정용(莊廷鑨)이 『明史輯略(명사집략)』을 편찬하였는데, 여기에 청조를 비방하는 기사가 있다고 고발되어 이 책의 편찬에 관계한 74인이 처형되었다. 또 강희 50년에 대명세(戴名世)가 명대의 고사를 연구하여 『南山集(남산집)』을 지었는데 여기에서 청나라 연호가 아니고 명이 망한 후 명을 잠시 계승한 南明(남명)의 연호[영력(永曆)]를 사용하였다고 일족 모두를 사형에 처하였다. 이를 문자의 옥이라 하는데 다음 옹정대와 건륭시대에 더욱 가혹하게 진행되었다.

옹정제는 한인관료인 연갱요(年羹堯)가 서방경영에 공로가 있음을 과시하여 전횡을 부리자 그의 상주문(上奏文)에 불경한 문자가 있음을 이유로 처형하였다.

---

14) 왕수초(王秀楚)는 『揚州十日記(양주십일기)』에서 1645년 청군의 양주 공격의 잔인함을 자세히 기술하고 있는데, 양주의 사가법(史可法)이 이끄는 한인들의 처절한 저항으로 예친왕 도도(多鐸)의 청군은 10일 동안 80만명의 한인을 도륙하였다고 기록하고 있다.

[청의 왕계]

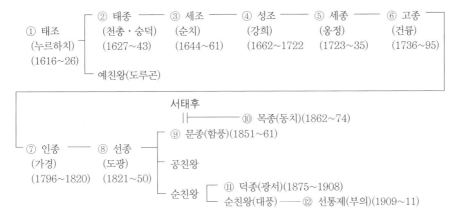

또 왕경기(汪景祺)의 『西征隨筆(서정수필)』에도 강희제를 비방한 문구(文句)가 있다하여 사형에 처하였다. 특히 내각대학사이며 예부시랑인 사사정(査嗣庭)이 강서지방에 파견되어 출제한 과거의 시험제목을 문제삼아[15) 그와 그 아들을 사형에 처하고 일족을 귀양보냈다.

옹정 7년에 광서지방에서 육생남(陸生柟)이 『資治通鑑(자치통감)』을 평론하여 『封建論(봉건론)』 17편을 썼는데, 그 가운데 불평하는 말이 많다는 이유로 사형에 처하였다. 옹정 10년에도 절강의 여유량(呂留良)의 저서를 금서(禁書)로 정하고, 그의 죽은 시체를 효수(梟首)하였다. 이는 여유량이 뛰어난 문인이면서도 마지막까지 벼슬을 하지 않고 중이 된 것을 불경하다고 본 것이다. 강서의 왕석후(王錫侯)는 『字貫(자관)』을 편찬하여 『康熙字典(강희자전)』의 잘못된 부분을 많이 정정하였다. 이에 대해 옹정제는 그 내용보다도 오히려 범례(凡例)에 강희제의 이름을 쓴 것이 대역(大逆)이라 하여 왕석후를 사형에 처했다. 그리고 강서의 순무, 포정사, 안찰사 등 지방관들이 사실을 잘 파악하지 않고 밀고만 믿고 상주한 것은 직무태만이라고 하여 이들 모두를 처벌하였다.

특히 옹정제는 한인의 의식 속에 깊게 잠재해 있는 화이사상(華夷思想)을 탄압함으로써 청조지배의 정통성을 사상적으로 확인하려 하였다. 즉, 종래 한인

---

15) 과거시험문제 가운데 『詩經(시경)』에 있는 유민소지(維民所止: 백성의 근본바탕에 있어야 할 바)란 한 구절이 들어있었는데 유(維)는 옹(雍)자의 머리부분, 지(止)는 정(正)자의 머리부분을 떼어낸 것이고, 따라서 이는 옹정(雍正)황제의 머리를 자른 불경한 내용이라고 해석하여 처형되었다.

(漢人)이 주장하는 화이사상을 이론적으로 반박하여 『大義覺迷錄(대의각미록)』을 편찬하였다.[16] 이에 의하면 중국이 중화(中華)인 것은 한족이기 때문이 아니라 높은 문화지대(文化地帶)이기 때문이다. 이 높은 문화지대의 통치자는 결코 한족만이 독점할 수는 없다는 것이다. 한족이 아니라도 덕(德)을 가지고 통치(統治)할 수 있는 민족이면 북방민족도 중화의 담당자가 될 수 있다고 하여 화이사상에 대해 새로운 해석을 내세웠다. 이리하여 종래 화이사상을 한족만의 사상으로 강조하는 사고방식에 대해서는 문자의 옥을 가지고 철저히 탄압하고 이를 이론적으로 극복하려 하였다.[17]

이에 따라 청대의 금서(禁書)는 538종, 13,800여 권에 이르고 이들 도서의 대부분은 중화사상을 바탕으로 한 내용들이다. 청조의 이와 같은 사상적 강압책은 자연히 학문전반을 위축시키고 그 대신 자구(字句)만을 주로 해석하는 고증학(考證學)의 발달을 가져오는 계기가 되었다.

한편 이러한 강압책과는 달리 한인을 회유하여 청조의 통치에 적극 활용하기 위해 회유책도 병행하였다. 중국의 전통문화를 존중하고 한인학자를 동원하여 『四庫全書(사고전서)』를 편찬케 하였고, 중앙의 요직에도 만주인과 한인을 같은 수로 임용하여 한인을 적극 등용하는 이른바 이한제한정책(以漢制漢政策)으로 청조의 지배체제를 완비하여 나갔다.

3. 청조에 대한 한인신사층의 대응

청의 한인통치에 대해 한인, 특히 중국의 지식계층인 한인신사층(漢人紳士層)은 다양하게 적응해 나갔고, 그것은 정복왕조의 중국통치와도 밀접하게 관계되고 있다. 이것은 이민족의 지배 하에서 그들의 문화를 보존하면서 살아갈 수 있었던 한인의 수준 높은 사회문화적 적응력이라 하겠다.

1644년에 북경에 해방군으로 진주한 청의 주력부대는 만주팔기(八旗)를 주축으로 한 약 17만명의 군사력과, 여기에 오삼계가 이끄는 명나라 병력 5만여명으로 이자성을 쉽게 북경에서 몰아내고 중국을 지배할 수 있었다. 그러나 광대

---

16) 민두기, 「淸朝의 皇帝統治와 思想統制의 實際 曾靜逆謀事件과 『大義覺迷錄』을 中心으로一」 『震檀學報』, 25·26 합병호, 1964. 『中國近代史硏究 紳士層의 思想과 行動』, 일조각, 1973 수록.
17) 민두기, 「熱河日記에 비친 淸朝統治의 諸樣相」 『歷史學報』 20, 1963.
　　최소자, 「18세기 후반 조선지식인 朴趾源의 對外認識: 『熱河日記』에서 본 乾隆年間의 中國」 『梨大 韓國文化硏究院論叢』 61, 1992.

한 중국본토를 통치하는데는 명대 이래 지방에서 막강한 세력을 행사하여 오던 신사층의 협력이 절대로 필요하였다.[18] 따라서 이들 한인 신사층을 중국통치에 어떻게 이용하느냐가 청조로서는 가장 중대한 문제가 아닐 수 없었다.

먼저 순치제(順治帝)는 1644년에 신사(紳士)의 기득권과 재산권을 인정해주고 청조의 관료로 과감히 등용하며, 명대의 과거제도와 학교제도의 존속 등을 내세워 한인 신사에게 유화책을 썼다.

청조의 회유책에 대해 한인 신사층의 적응은 지역에 따라 달랐다. 즉, 명의 멸망, 이자성군과 청군의 북경성 공방전 그리고 각지에서 끊임없이 일어나는 농민반란의 회오리 속에 시달리고 있던 화북(華北)·산동(山東)지방의 신사층에게는 이민족왕조라고 하는 민족감정보다는 자신의 생명과 재산을 보호받을 수 있는 현실문제가 더욱 절박한 것이었다. 따라서 변발을 감수하면서까지 청조정권에 협력하게 되었으니 청조정권과 한인신사의 상호의존 구도가 여기에서 형성되었다.

그러나 화중·화남지방은 이와는 사정이 달랐다. 강남의 소주(蘇州)·절강 지방에서 대대적인 반청항쟁(反淸抗爭)이 있었고, 강서·복건·양광·호광지방에서도 남명정권(南明政權)과 이자성·장헌충의 패잔병이 가세한 반청운동이 전개되었다.[19] 그러나 이러한 반청운동은 군사력 약세로 남명세력이 위축되면서 반

18) 이성규, 「淸初地方統治의 確立過程과 鄕紳-順治年間의 山東地方을 中心으로-」『東洋史學科論集』 1, 서울대, 1977.
　　최갑순, 「淸代 宗規를 통해서 본 族內統制」『東洋史學研究』 15, 1980.
　　원정식, 「淸初 福建社會와 遷界令 實施」『東洋史學研究』 81, 2003.
　　황미화, 「淸初 地方統治의 確立過程」『梨大史苑 咸洪根博士華甲紀念論叢』 22·23합집, 1988.
　　이준갑, 「明·淸時代 四川社會의 連續性에 관한 一考察-'屠蜀'에서 淸中期까지 土着人의 活動과 存 在形態를 中心으로-」『東洋史學研究』 6, 1998.
　　서정흠, 「淸初의 社會構成과 村落支配體制」『歷史敎育論叢』 4, 1983.
　　＿＿＿, 「淸代 旗地의 崩壞防止策과 그 性格 雍正·乾隆年間의 畿輔를 中心으로-」『安東大論文集』 6, 1984.
　　원정식, 「淸初 戰亂期 福建의 稅役徵收와 宗族」『震檀學報』 87, 1999.
　　차혜원, 「淸初 言官의 政治的 機能變化, 六科의 都察院 歸屬을 中心으로」『東洋史學研究』 30, 1989.
　　＿＿＿, 「淸初考課제도의 성격변화-巡按御史의 폐지를 전후하여-」『東洋史學研究』 66, 1999.
19) 오금성, 「淸朝權力의 地方浸透過程-明末·淸初의 江西南部地方을 中心으로-」『東洋史學研究』 35, 1991.
　　이준갑, 「順治年間 淸朝의 湖廣剿撫와 兵餉補給」『東洋史學研究』 48, 1994.
　　차혜원, 「18세기 淸朝의 지방관 현지임용과 候補制」『東洋史學研究』 90, 2005.

청운동에 참여하거나 향촌에서 복명운동(復明運動)을 지원하던 신사도 점차 청에 투항하게 되었다. 그리하여 순치연간(順治年間)에 화북은 물론 화남지방의 사회질서 회복에도 이들 신사의 역할이 컸으니 사회질서의 안정은 청조측이나 농민, 신사측에게도 필요한 것이었다.

청의 중국지배가 안정되고 청조권력의 자신감이 확립되는 순치제(順治帝)의 친정기(親政期: 1651~1661)에 이르면 명말의 사회분위기가 회복되면서 신사의 사회지배력은 더욱 공고해졌다. 이러한 현상이 가장 두드러진 지역은 明代와 같이 강남의 소주와 절강 지방이었다. 이 지역은 명 중기 이후 중국의 경제와 문화의 중심지가 되었고 명말 이래 신사공의(紳士公議)가 국가권력을 능가할 만큼 사회전반에 큰 영향력을 행사하였는데 이러한 사회분위기는 청대에 와서도 그대로 재현되었다.[20]

청조는 대만 정성공(鄭成功)의 남경공격사건(1659)에 강남과 동남연안일대의 신사들이 협조한 것을 문제삼아 강남신사를 탄압하였다. 그러나 삼번의 난 (1673)을 계기로 청의 조정과 강남신사를 필두로 한 한인신사 간에 양자간 타협이 이루어졌다. 즉, 청조의 입장에서는 중국을 통치해 나가는데 한인신사(漢人紳士)는 버릴 수 없는 필요한 존재이므로 체제 내에서 통제와 함께 협력자로 받아들이는 일이 절실하였다. 한편 신사측에서도 화이사상(華夷思想)을 완전히 떨쳐버릴 수는 없으나 그들의 사회적인 지위보장은 황제권(국가권력)으로부터 나오는 것이므로 신사의 현실적 권익을 누릴 수 있는 청조정권에 협조가 불가피한 것으로 받아들였다. 이리하여 청조정권과 한인신사는 상호간의 이익이 보장되는 한에서 서로의 협조관계를 유지하였다.[21]

그러나 18세기 후기가 되면 정치적 문란과 사회경제적 변동 그리고 인구의 폭발적 증가와 신사층의 급격한 증가는, 청조정권의 지배체제를 근본적으로 흔들면서 대규모의 반란으로 번져 나갔다. 특히 백련교(白蓮敎)의 난(1796~1805)은 이민족 지배 하인 元末의 홍건군의 난과 비슷하게 전개되었다. 다만 元代에는 철저한 민족차별정책으로 푸대접받던 한인사대부나 지주층이 반란집단에 가담

_____, 「청대의 인사행정과 現地주의-題調의 성립을 전후하여-」『中國學報』 47, 2003.

20) 오금성, 「順治親政期의 淸朝政權과 江南紳士」『歷史學報』 22, 1989.

21) 민두기, 「淸代 '生監層'의 性格-특히 그 階層的 個別性을 중심으로-」『中國近代史硏究』, 일조각, 1973.

_____, 「淸代 幕友制와 行政秩序의 特性-乾隆朝를 前後한 時期」『歷史學報』 17·18 합집, 1962.

하였기 때문에 원제국이 쉽게 멸망하기에 이르렀다.

그러나 청조의 신사계층은 자신의 특권을 인정해주는 청조에 협조함으로써 아편전쟁·태평천국운동 등 무수한 위기를 극복하는데 오히려 한인신사층의 도움이 다양하게 발휘되고 그 결과 이민족왕조의 안전과 함께 사회질서가 유지되면서 300년 가까이 정복국가를 존속시킬 수 있었다.

4. 청조의 통치제도와 황제독재체제

청조는 1644년의 입관(入關)에서부터 삼번의 난을 평정하고(1681) 이어 대만을 복속시키는 1683년까지 40년 동안에 전 중국을 지배하게 되었다.

청조의 성공적인 중국통치는 제도상 두 가지 측면에서 그 성격이 뚜렷이 부각되고 있다. 하나는 강희(康熙)[22]·옹정(雍正)·건륭제(乾隆帝)에 의한 황제지배체제의 완성과 이를 기반으로 하는 효과적인 행정집행(行政執行)을 들 수 있고, 다른 하나는 정복왕조로서의 청조가 대한인정책(對漢人政策)에 있어서 보다 다양한 통치력을 구사하였다는 점을 들 수 있겠다.

淸의 중앙관제는 입관 직후(1644)에는 明의 제도를 답습하였으나 그 내용상에서는 황제권의 강화에 뚜렷한 특성을 보이고 있다. 즉, 명대의 내각제(內閣制)는 내각수보(內閣首輔)의 권한이 강력하여 황제권이 약화되었기 때문에 청에서는 내각이 행정실권을 장악하지 못하도록 하였다. 이에 따라서 내각에는 4명의 대학사를 두었는데 만주인 2명, 한인 2명으로 민족균형을 취하면서도 수석대학사는 만주인으로 하였다. 만·한의 겸용은 만·한 두 민족에 대한 동등한 지위를 부여하여 한인의 불만을 완화시키면서 실질적으로는 양쪽의 권한을 명조에 비해서 대폭 축소시켰다.

정책결정기구는 청의 초기에는 의정왕대신회의(議政王大臣會議)가 맡았다.

그 구성원은 만주귀족이었으며, 국가의 대사를 친왕(親王: 황족)과 대신의 합의를 통하여 결정하였다. 그러나 강희제의 친정 이후 왕과 대신의 권한을 제한하면서 학자들이 모여 학문을 수련하는 남서방(南書房)을 설치하고, 이곳의 지

---

22) 프랑스인 부베가 지은 『康熙帝傳(강희제전)』에 의하면 강희황제는 순치제의 제3자(第3子)로 8세 때 이미 『大學(대학)』, 『中庸(중용)』을 암송하고 후에는 주자학에 정통하였다. 호학(好學)의 명군(名君)으로 손에서 책을 떼지 않았다 하며 "자신을 사랑하는 마음으로 백성을 사랑해야 한다."고 강조하고 선교사로부터 서양의 기하학·천문학을 배웠다. 잠자는 것을 잊고 정무에 열중하여 각혈을 할 정도였다고 한다. 강희제는 치세 61년(1661~1722)간 선정을 베풀어 중국 역사상 가장 이상적인 황제로 꼽히고 있다.

위나 직책은 낮지만 우수한 심복들을 등용하여 이들로 하여금 조칙(詔勅)을 기초하게 함으로써 의정왕대신회의의 권한을 억제하였다. 특히 강희제는 명대 환관의 폐를 실감하고 있었다. 그러므로 강희제는 환관의 권력접근을 막아버렸기 때문에 청일대에 환관의 폐는 다시 일어나지 못하였다.

청조의 황제독재체제는 옹정제(雍正帝: 世宗) 때에 이르러 확립되었다. 제도적으로 의정왕대신회의가 없어지고 군기처(軍機處)와 주접(奏摺)제도가 이에 대신하면서 황제권을 강화시켜 나갔다. 주접제도는 강희제 때 지방의 행정사정을 정확하게 파악하여 황제에게 보고서를 올리도록 하고 중앙의 경관(京官)도 상주하도록 한데서 유래했다. 그러나 강희시대의 주접제도는 비공식적인 것이었으나 옹정제가 즉위한 후, 모든 지방관으로 하여금 의무적으로 정확한 보고서를 정기적으로 황제에게 올리도록 하여, 황제가 지방행정을 올바르게 판단을 할 수 있는 눈과 귀의 역할을 하였다.

그런데 옹정제 때 주접제도가 행정상의 공식제도로 정착하고 제기능을 발휘하게 된 것은 군기처의 창설로 그 기능이 서로 밀접히 연계되면서 시작되었다.[23] 군기처는 서북방의 준가르정벌을 위해 설치한 군수방(軍需房)에서 유래하는데 (1729), 이때 지방에서 올라오는 주접을 처리하면서 중요기구로 발전하게 되었다.

군기처에는 군기대신(軍機大臣)과 그 아래에 군기장경(軍機章京)이 있다. 군기대신은 황제가 직접 만(滿)·한대학사(漢大學士) 및 각부의 장관(상서)과 차관(시랑) 중에서 선임하였으며, 이들은 황제로부터 직접 명을 받아 지방의 총독, 순무에게 그 명령을 그대로 전달하였으므로 국가의 정책결정권은 직접 황제가 처리하였다. 이로써 군기처는 중앙의 최고기관이 되었고 의정왕대신회의와 남서방은 그 기능을 상실하게 되어 황제의 전제군주권이 한층 강화되었다.[24]

군기처 아래 6부(吏·戶·禮·兵·刑·工)를 두어 행정을 분담시키고 감찰기관으로 도찰원(都察院), 황제의 비서기관으로 한림원(翰林院)을 두었다. 청조는 특히 몽골, 티베트, 청해(靑海) 등 내륙아시아 방면을 지배하기 위하여 이번원

---

23) 성백인, 「淸文寢案-康熙, 雍正朝의 奏摺 皇旨」『東方學志』 14, 1973.
　　배윤경, 「雍正帝의 統治策-用人行政을 中心으로-」『梨大史苑』 14, 1977.
　　송미령, 「乾隆初 舊勢力 排除와 軍機處整備」『明淸史硏究』 18, 2003.
　　＿＿＿, 「淸 乾隆後期 皇帝權力과 軍機處」『明淸史硏究』 84, 2003.
24) 송미령, 「淸代 軍機處의 確立過程(1726~1737)」『東洋史學硏究』 6, 1998.
　　＿＿＿, 「雍正年間(1723~1735) 軍機處의 性格-軍機大臣 分析을 中心으로-」『梨大史苑』 9, 1996.

(理藩院)을 설치하였다.[25]

현제의 중국지방행정조직은 청대의 제도를 그대로 가져온 것이 많다.

청은 지방행정조직을 18성(省)으로 나누었다(청말에는 만주에 동삼성과 신강성 등 4성이 추가되어 22성이 되었다). 성 아래 부(府)를 두고 그 아래 현(縣)을 두는 3층구조로 다스렸다.[26] 성의 장관으로 총독(總督)과 순무(巡撫)를 두었는데, 이는 明代 지방의 임시 병력동원 책임자인 총독군무(總督軍務)를 청에서는 지방장관으로 제도화한 것이다. 총독은 1성 혹은 2~3성에 한 사람을 배치하고 민정과 군정을 총괄하도록 하였다. 이 밖에 휘하 관리에 대한 고과(考課)나 형벌 등 제반행정업무를 맡겼다. 순무는 1성에 1명을 배치하여 지방을 통괄하였는데 총독과 직무는 비슷하였지만 권한은 총독보다 낮았다. 총독과 순무는 상하의 계층관계가 아니고 직접 황제의 명을 받아 이를 집행하는 황제의 대리자와 같았다.

총독과 순무 아래에는 다시 재정을 담당한 포정사(布政使), 사법을 담당하는 안찰사(按察使)가 있고 이들도 황제에 직속되었다. 이렇게 볼 때 청대의 지방행정조직도 모두 황제에 직속되면서 종속관계를 유지하고 있었다. 따라서 청대의 황제권은 중앙은 물론이고 지방제도상에서도 중국 역대의 어느 황제보다 강화되어 지방의 말단까지 침투되고 있음을 알 수 있다.

그리고 황제에 직속된 학정(學政)이 과거시험의 예비시험격인 지방 원시(院試)의 시험관으로 파견되었다. 학정은 시험 이외에도 지방장관을 감시하고 이들의 비행을 황제에게 직접 보고하였다. 그러므로 청대의 지방관은 이중 삼중의 감시를 받고 있으며, 황제도 자금성의 궁정 깊숙이 있으면서도 여러 통로를 통하여 올라오는 주접(첩보)에 따라 지방의 말단관료의 동태를 세심하게 통찰할 수 있었다.

청조 국가권력의 중심은 무력에 있고 만주팔기군(滿洲八旗軍)이 그 중심을 이루었다. 팔기병의 대부분은 금족팔기(禁族八旗)라 하여 북경에 주둔하고 나머지는 주방팔기(駐防八旗)라 하여 변방의 요지에 주둔하였다. 팔기에 소속된 자는 기인(旗人)이며 이들은 지배계층으로 병역의 의무를 맡는 대신 기지(旗地)와 전호(佃戶)를 분배받아 사회경제적으로 우대되었다. 이 밖에 한인팔기(漢人八旗)와

25) 최정연, 「理藩院考」(上)·(下), 『東亞文化』 20·21, 1982·1983.
26) 김홍길, 「淸代 縣의 廢止에 관한 一考察–乾隆年間의 河陰縣을 中心으로–」『江陵大人文學報』 15, 1993.
_____, 「淸初 直隷 三河縣의 穀物採買와 "短價"」『歷史敎育』 6, 1997.

[청대의 행정조직표]

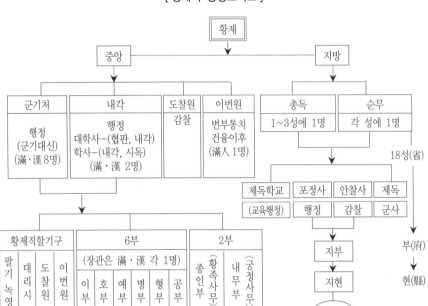

몽고팔기(蒙古八旗)가 팔기병의 군사력을 보충하고 전국 각지에 배치되어 총독
의 휘하에서 치안유지를 담당하였으며 이 밖에 漢人으로 구성된 녹영(綠營)을 두
었다.[27]

현(縣) 아래의 향촌 자치조직으로 明의 이갑제(里甲制)에 대신하여 淸에서는
보갑제(保甲制)를 실시하였다(1708).[28] 청나라가 이민족왕조인 까닭으로 보갑제
를 가지고 치안유지를 주로 담당하도록 하였으며 명대처럼 징세확보나 요역동
원 등은 부수적인 업무가 되었다.

27) 송정수, 「淸初期 綠營制의 理念과 그 機能」『全北史學』 7, 1983.
　　　, 「淸人關初 鄕村社會와 鄕村支配 硏究-鄕約·保甲制의 形成過程을 중심으로-」
　　　　『東洋史學硏究』 49, 1994.
　　정철웅, 「淸末 揚子江 中流地方의 商業活動」『東洋史學硏究』 39, 1992.
　　　, 「淸初 揚子江 三省 地域의 米穀流通과 價格構造」『歷史學報』 143, 1994.
　　　, 「淸代 揚子江 中流 地域의 商品生産과 市長構造-湖北省을 中心으로-」『明淸史硏
　　　　究』 4, 1995.
　　서정흠, 「淸初의 園地의 發展過程-順治·慶熙年間의 畿輔를 中心으로-」『安東大論文集』
　　　　5, 1983.
　　정지호, 「淸代 土地經營에 관한 合夥」『明淸史硏究』 18, 2003.
28) 10호를 1패(牌)로 조직하고, 10패(100호)를 1갑(甲)이라 하였으며, 10갑(千戶)을 1보로 하
　　였다. 패두(牌頭: 長), 갑두(甲頭), 보장(保長: 正)을 두어 각 단위를 통솔하였다.

5. 경제정책과 생산력의 증가

17세기 명말·청초의 계속된 농민반란과 청조의 중국진출을 전후로 한 전쟁으로 농촌사회는 심각한 파괴를 당하였다.[29] 따라서 청은 피폐한 농촌사회를 회복하는 일이 급선무였다.

청조는 우선 경제정책을 토지에 집중시켜 한인 지주의 토지를 수용하는 법령을 내려 16만6천여경의 땅을 빼앗아 일부는 만주지배자의 장전(莊田)으로 삼았고 나머지는 만주팔기인(八旗人)에게 분배하였다. 따라서 북경 부근의 농민은 다른 곳의 토지를 받아 이주하거나 강남으로 피난을 가기도 하고 남아있던 농민은 만주지배자나 팔기의 장객(莊客)으로 전락하였다.

또 해안지대 백성이 대만의 정성공(鄭成功) 및 기타 반청세력(反清勢力)과 연합하는 것을 차단하기 위해 바닷가에서 내륙지방으로 이주시키는 천계령(遷界令)을 내렸다. 이리하여 산동·강절·광동의 연안 백성은 그들의 생활터전을 잃고 내륙으로 강제 이주되면서 매우 빈궁해졌다.

그러나 사회가 안정되고 청의 지배체제가 확립되면서 토지몰수나 강제이민은 중단하였다(강희 8년 1669). 아울러 민간에서 개간한 토지는 국가에서 몰수할 수 없도록 하고(강희 24년) 만주팔기의 횡포에 대해서도 엄격히 통제를 가하였다. 따라서 명말·청초의 농민반란 과정에서 많은 관료나 지주계층이 몰락하고 그들의 사유지가 청조에 의해 몰수된 것을 제외하면 대부분이 전호(佃戶)에 의해 경작되었고 이들 전호는 자경농민(自耕農民)으로 발전하였다. 특히 청조에서는 농민이 개간 경작한 땅을 경명전(更名田)이라 하여 농민소유로 인정하였고 민전(民田)과 동등하게 조세를 징수하여 농촌사회를 안정시켜 나갔다. 이리하여 강희시대를 시작으로 옹정·건륭시대에는 경지면적이 확대되면서 농업생산이 현저하게 증가하였다.[30]

---

29) 직예성(直隸省) 근방은 눈에 보이는 끝까지 황량하고 유망자가 10중 6·7이며, 산동지방에는 10무(畝)의 농지 중에 1·2무만을 경작하는 상태이다(『淸世祖實錄』 12. 순치원년 12월 및 순치 2년 정월조). 비옥한 사천지방은 명의 만력연간에 13만 경의 경지가 있었으나, 청의 순치연간에는 겨우 1만 경이 넘을 뿐이었다(『續文獻通考』 卷1. 田賦).

30) 순치에서 건륭시대까지 약 100여년 간 전국의 경지면적은 계속 증가하고 있다. 즉, 순치 18년에 549만3천여경, 강희 24년에 607만여경, 옹정 2년에 683만여경, 건륭 31년에 741만여경, 가경 17년(1812)에는 790만경까지 증가하여 명의 만력시대를 능가하고 있다. 翦伯贊 편, 이진복 등 옮김, 『中國全史』 下, 민족사, 1989, 246쪽 참조.
최갑순, 「淸朝前期 對農民政策의 一面 −地主·佃戶關係에 대한 對應−」『東洋史學研究』 10, 1976.

청의 경제정책 가운데 특히 주목되는 것은 조세제도의 개혁을 들 수 있다.

청초의 세법은 명대의 일조편법(一條鞭法)을 계승하였다. 일조편법은 종래의 잡다한 세목을 지세(地稅: 田賦)와 정세(丁稅: 徭役)로 양분하여 이를 은(銀)으로 납부하도록 한 것이다. 청의 강희제는 유례가 없을 정도로 대폭적인 조세감면을 단행하였다.[31] 뿐만 아니라 태평성세에 새로 증가한 인정(人丁)은 영원히 세금을 부과하지 않는다는 특별 부역(賦役)면제제도를 실시하였다. 이것이 실시된 동기는 일조편법의 세제 하에서 정세는 토지를 소유한 인정만이 그 대상이 되었는데 강희시대에는 평화가 계속되어 인구가 급증하고 토지소유의 집중화 현상이 나타나면서 대토지 소유자는 교묘히 정세를 탈세하고 오히려 토지가 없는 농민이나 빈민이 이를 부담하는 모순이 생기게 되었기 때문이다.

청조는 이러한 폐해를 없애기 위하여 강희 50년의 정책(丁冊)에 등록된 정남(丁男)을 기준으로 이후에 태어난 인정의 정세를 면제하는 조치를 취하게 된 것이다. 그리하여 정세의 총액이 고정됨에 따라 정세를 지세에 포함시킬 수 있게 되었다. 그러나 지주나 부호(富戶)는 인정을 은닉하고 국가는 부족 정세의 차액을 이웃이나 친족에 부과시켰으므로 또 다른 사회문제가 되었다.

강희 55년 운남도어사(雲南道御史)인 동지수(董之遂)가 토지를 정확히 조사하고 여기에 정세를 합쳐 토지의 다과에 따라 조세를 부과할 것을 상소하였다. 그 후 광동성(廣東省)에서 정세를 지세에 포함시키는 조치를 취하였는데, 이를 계기로 옹정 7년(1729)에 전국적으로 지정은제(地丁銀制)를 시행하게 되었다.[32]

강판권, 「淸代江蘇省 鎭江府·常州府 농업경제」『大丘史學』55, 1998.
_____, 「淸代 安徽省 徽州府 의 穀物과 蠶桑 農業-沈練·仲學輅의 『廣蠶桑說 輯補』와 관련하여」『中國史硏究』25, 2003.
김홍길, 「淸代 前期의 罷市에 관한 一試論-乾隆29年 湖南新享縣을 중심으로-」『歷史敎育』49, 1991.
표교열, 「淸代 前期의 漕運 改革論」『東洋史學硏究』50, 1995.
원정식, 「淸 中期 閩南의 械鬪 盛行과 그 背景」『東洋史學硏究』56, 1996.
정철웅·張建民·李俊甲, 「淸代 川·湖·陝 交界地域의 經濟開發과 民間風俗(Ⅱ)」『東洋史學硏究』87, 2004.
이준갑, 「雍正年間 四川의 土地丈量과 그 意義」『東亞文化』36, 1998.
31) 강희제는 재해지역의 조세를 감면하여 주고 신사의 토지나 지주의 요역은 공평하게 부과함으로써 일반민의 부담을 경감하고, 강희 50년(1711)에는 전국의 조세를 전액 감면하였다. 이러한 조세감면정책은 다음의 옹정·건륭시대에도 계속되었다.
조동초, 「淸代 地丁銀考」『史叢』5, 1960.
송정수, 「淸 乾隆時代 社會狀況과 鄕約·保甲制의 展開」『明淸史硏究』18, 2003.
32) 지정은제의 부과방법은 강희 50년에 고정된 정은(丁銀) 335만량을 전국의 18성(省)에 일정한 비율로 분배하고, 다시 각 주·현의 토지에 일률적으로 배분해서 징세하였다.

지정은제의 실시로 일조편법에서 정세와 지세로 양분되었던 세제가 한걸음 더 발전하여 토지세만으로 단일화된 것이다.

이와 같이 청대는 지정은제의 실시로 조세의 합리화를 꾀하였을 뿐만 아니라 정세를 지세에 통합하였기 때문에 토지가 많으면 많은 지세를 부담하고 가난한 농민은 정은(丁銀)의 압박에서 벗어나게 되었다. 그 결과로 정구(丁口)를 숨기거나 납세를 기피하는 현상도 사라지게 되어 인구의 증가와 호구(戶口)의 파악이 용이하게 되었다. 통계에 의하면 건륭 말에 전국의 인구가 2억9천만명으로 증가하였는데, 이러한 폭발적 인구 증가는 정세의 개혁으로 농촌사회의 안정이 가장 큰 요인이 되었다.

제 2 절   사상과 문화의 새로운 전개

Ⅰ. 청조의 문화정책과 고증학(考證學)의 발달

1. 청조의 문화통제정책과 한인 학자의 대응

청은 그 초기에는 반청(反淸) 무장세력에 대한 군사적 진압과 병행하여 지속적인 문화통제정책을 강화하게 되었다. 그리하여 한인 신사층(紳士層)의 사맹(社盟)이나 출판, 서원활동을 엄금함으로써 명말의 동림(東林)·복사운동(復社運動)과 같은 재야신사의 반청적 강학(講學)과 결사활동(結社活動)을 철저히 봉쇄하였다. 특히 순치제(順治帝)의 변발호복 강행과 강희제(康熙帝)와 옹정제(雍正帝)에 의한 문자의 옥(獄)으로 한인 사대부의 자존심은 말할 수 없는 타격을 입었고 많은 한인 학자와 신사층이 처형되기도 하였다.

청조에 끝까지 협력하지 않고 재야에서 학문연구에만 몰두한 정치개혁 사상가인 황종희(黃宗羲)는 명말·청초의 왕조교체를 진단하여 하늘이 무너지고 땅이 갈라지는 천붕지해(天崩地解)의 비극적 상황으로 인식하였다.[33] 이리하여 한

---

33) 전해종, 「淸代 學術과 阮堂」『大東文化研究』1, 1963.

인에게는 명이 망하고 이민족왕조인 청조가 중국을 지배하는 정치적 현실을 단순한 왕조교체의 차원을 넘어 천하가 무너지는 비극적 상황으로 인식하였다. 뿐만 아니라 한인사대부(漢人士大夫)의 문화적 정통성을 뒷받침하던 유교주의 이념인『春秋(춘추)』의 대의(大義)와 그 속에 담겨져 있는 화이론(華夷論)이나 군신의 의리(義理)가 송두리째 붕괴되는 것으로 판단하였다.

그러나 황종희와 함께 청대 고증학의 창시자인 고염무(顧炎武)는 명말·청초의 대재난을 역사적 비극으로 인식하면서도 이를 한 차원 높은 방향으로 승화시켜 발전적으로 받아들이고 있다. 즉, 그는 망국(국가의 멸망)보다는 망천하(亡天下: 천하의 멸망)가 더 중대한 것이라고 주장하고 있다. 다시 말하면 나라를 보존하는 일[保國]은 군신의 책임이지만 천하를 보존하는 일[保天下]은 민중(필부)이라도 함께 책임이 있다고 하였다. 이 말은 이후 청대 한인 선비들의 경세의식(經世意識)을 대표하는 사상으로 널리 이용되고 있다. 이러한 고염무의 주장은 왕가[王家(明)]보다는 민족[天下國家]이 더 중요하다는 뜻으로 이해되고 있다.

명말·청초의 이러한 정치·사회·문화적인 분위기는 자연히 사대부 지식인으로 하여금 시주풍류(詩酒風流)를 일삼는 퇴폐주와 불교나 도교, 그림과 환락생활로 흐르게 하였다.

그러나 다행히도 반청사상에 참가한 황종희·고염무·왕부지(王夫之) 등 저항지식인의 선각자적 위치에 있던 明末의 이들 3유로(遺老)는 明이 망하고 淸의 지배 하에 놓인 것에 대하여 한인(漢人), 특히 명대 지식인의 책임이 크다는 인식을 갖고 경세사상(經世思想)으로 방향을 돌렸다. 그 결과 청대의 새로운 학풍을 대표하는 고증학을 탄생시키게 되었다.

이는 고염무의 인식처럼 만주족의 중국지배를 움직일 수 없는 역사적 기정사실로 받아들였고, 그 위에 강희·옹정·건륭제가 취한 한인학자에 대한 문화적 회유정책도 한인 지식인으로 하여금 적극적으로 현실참여에 나서게 하였기 때문이다.

청초 학문의 특징은 반관적 재야성(反官的 在野性)을 토대로 정치와의 이해관계를 떠나 현실정치를 학술연구의 대상으로 하면서 실용주의(實用主義) 방향으로 연구가 진행되기 시작하였다는 점이다. 특히 강희제 때에 재야학자를 회유하기 위하여 각종 편찬사업을 추진하면서 이들 재야학자를 등용한 효과가 컸다.

2. 淸代 고증학(考證學) 발달의 원인

명말·청초의 학자는 대부분 양명학 또는 주자학의 전통을 계승하고 있다. 청조 고증학의 시조가 된 고염무도 주자학계통에 속하고, 황종희는 양명학계통에 든다. 그럼에도 두 사람은 다같이 명말의 양명학과 주자학에 대하여 통렬한 비판을 가하고 있다. 특히 양명학을 비난하는 학자 가운데는 明이 망한 것은 이자성(李自成)의 난에 의한 것이 아니라 양명학 때문에 망하였다고 극언을 서슴치 않는 학자도 있다. 이리하여 명말·청초의 변란과 이민족 지배에 대한 반성으로 학문연구도 현실문제와 떨어질 수 없음을 깊이 인식하게 되었다. 이리하여 유학의 근본정신도 경세치용(經世致用)에 있음을 깨닫고 실사구시(實事求是)의 새로운 학풍을 탄생시켰는데, 이것이 이른바 청대의 고증학이다.[34]

청대 고증학의 발달은 또한 청조의 문화 통제정책과도 밀접한 관계가 있다. 즉, 청조의 문자의 옥이나 강압적인 사상 통제정책은 주관적인 정치론이나 화이사상을 연구할 수 없게 하고 자연히 문헌에 입각한 고증주의를 취하게 하였다. 이와 함께 강희·옹정·건륭황제의 호학(好學)과 한인학자에 대한 회유책으로 재야학자를 동원하여 대대적인 편찬사업을 추진하였고,[35] 또 주자학(朱子學)을 관학으로 채택하여 진작시켰으며 박학홍사과(博學鴻辭科)를 설치하여 한인학자를 특별채용한 것이 고증학 발달의 중요한 원인이 되었다.

이에 따라 강소출신의 서건학(徐乾學) 형제로 하여금 『明史』와 『大淸會典(대청회전)』, 『大淸一統志(대청일통지)』를 편찬케 하였는데, 여기에는 만사동(萬斯同), 고조우(顧祖禹), 염약거(閻若璩), 호위(胡渭) 등 우수한 학자가 함께 참여하였다. 건륭시대에도 한인학자를 동원하여 『四庫全書(사고전서)』를 편찬하였다. 이는 중국역사상 가장 규모가 큰 편찬사업으로 방대한 도서를 경·사·자·집(經·史·子·集)의 4부 44류로 나누어 3백여 명의 학자가 15년에 걸쳐 완성한 것이다.[36] 『四庫全書(사고전서)』는 강희시대의 『古今圖書集成(고금도서집성)』과 함

---

34) 전해종, 「釋實學」『震壇學報』20, 1959.
　　　＿＿＿, 「實學槪念의 史的考察」『學術院論集』, 1978.
35) 강희제 때는 『康熙字典(강희자전)』(42卷 42,000여자 수록)을 비롯하여 『明史(명사)』, 『佩文韻府(패문운부)』, 『古今圖書集成(고금도서집성)』(모두 1만권 6휘편 32전 6,109부) 등이 간행되었고, 건륭시대에는 모든 도서를 경·사·자·집(經·史·子·集)의 4부로 분류하고 10년간 걸려 『四庫全書』 3,462부, 79,582권을 완성하였다. 또 『大淸一統志(대청일통지)』, 『續通典(속통전)』, 『淸通典(청통전)』 등 규모가 큰 도서의 편찬이 이룩되었다.
36) 전해종, 「四庫全書 編纂과 考證學」『민족문화』2, 1976.

께 청대 문화사업의 대표적 업적이라고 하겠다. 그러나 이러한 대편찬사업을
추진하는 과정에서도 청조를 비판한 글이나 화이사상(華夷思想)을 담고 있는 내
용은 철저하게 파기하고 금서(禁書)로 지정되어 수많은 문헌이 소실되었다.[37]

청대의 고증학은 宋·明代의 주지주의적(主知主義的) 관념론과는 달리 명확한
근거를 바탕으로 사실을 파악하는 실사구시(實事求是)의 실증주의적 연구방법을
취하였다. 청대 고증학연구의 중심은 경학(經學)에 있었고 경서(經書)에 담겨져
있는 본래의 의미를 파악하기 위하여 자구(字句)의 참뜻을 문헌학적으로 추적하
였는데, 경학의 근거를 漢代의 공양학(公羊學)에서 구하고 있다. 청대의 고증학
을 한학(漢學)이라고 하는 것은 여기에 원인한다. 그러나 한대와 같은 훈고학적
자구의 해석이 아니고 어디까지나 경세치용(經世致用)을 추구하는 데 연구의 목
적을 두고 있다. 청초 경세치용의 학문은 그 실용주의적 실학 이외에 주지주의
적(主知主義的) 박학(博學)과 복고주의적 고학(古學)의 세 가지 요소를 함께 지니고
있다. 이에 따라 청초의 경세학(經世學)을 실천파, 기술파, 경사파(經史派)의 3파로
분류하기도 한다.[38]

3. 淸代 경세학(經世學)과 고증학의 개척자

청대 고증학연구의 선구자는 경세학파의 고염무(顧炎武), 황종희(黃宗羲), 왕
부지(王夫之) 등 항청삼유로(抗淸三遺老)를 꼽고 있다.[39] 고염무는 경학(經學)을
중심으로 고증학을 개척하여 추상적인 사고나 관념적인 주관을 배척하고 문헌
을 근거로 실사구시(實事求是)를 추구하였다. 그는 학문연구의 목적을 경세치용

변인석, 「四庫全書의 數量的 考察」『史叢』 30, 고려대, 1986.
_____, 「武英殿聚珍板程式의 書誌的 考察」『東洋史學研究』 24, 1986.
37) 청의 금서(禁書)는 24회에 걸쳐 단행되었고 모두 538종 13,862부의 귀중한 도서가 소실되
었는데, 이를 진시황제의 분서갱유에 비유하여 비판하는 자도 있다.
38) 조병한, 「淸代 후기 常州 考證학계에서의 經世 사조 부흥─洪亮吉, 張惠言, 雲卿, 李兆洛의
사상을 중심으로 ─」『東義史學』 7·8합집, 1993.
_____, 「乾嘉 考證學派의 體制統合 이념과 漢·宋 折衷思潮─阮元·焦循·凌廷堪의 古學
과 實學」『明淸史 研究』 3, 1994.
_____, 「淸 乾嘉期 이래의 經世사조 부흥─考證學 융성기의 桐城 古文派와 常州 公羊學」
『明淸史研究』 6, 1997.
39) 김배철, 「淸末民國初 湖南에서의 王夫之思想」『歷史學報』 114, 1987.
이학철, 「淸代 義學에 대한 一考察」『人文科學』 5, 1976.
남성훈, 「紳士의 政治的 機能에 대한 黃宗羲와 顧炎武의 見解」『龍鳳論叢』, 전남대, 13,
1983.

(經世致用)에 두었기 때문에 경학연구를 현실사회의 개혁과 구제에 두고 있다. 그의 대표적 저서로 꼽히는 『日知錄(일지록)』은 정치와 사회문화 전반에 대한 강한 비판을 담고 있는 고증학의 금자탑이다.

고염무의 실증적 학풍은 그의 제자 염약거(閻若據)와 호위(胡渭)에게 이어졌다. 염약거는 『古文尙書疏證(고문상서소증)』을 지어 고문상서 가운데 상당부분이 동진시대(東晋時代)의 위작임을 밝힘으로써 유교경전 연구에 폭탄적인 충격과 함께 새바람을 불어 넣었다. 또 염약거의 학풍을 계승한 왕명성(王鳴盛)은 한대의 정현(鄭玄)과 마융(馬融)의 『尙書(상서)』 주석을 새로 정리하였다.

한편 황종희(黃宗羲)는 『明夷待訪錄(명이대방록)』에서 정치·경제·군사 등 다방면에 걸쳐 국가와 군주 그리고 관료체제를 비판하고 정치개혁과 제도쇄신을 역설하였다. 또 학교교육의 중요성과 지식계층의 역할을 강조하였다. 그의 고증학은 주로 역사학 연구를 통해 이룩되었는데, 명대 학자의 저술을 정리한 『宋元學案(송원학안)』과 『明儒學案(명유학안)』이 유명하다. 황종희의 고증학풍은 만사동(萬斯同), 전조망(全祖望), 장학성(章學誠) 등에게 계승되어 더욱 발전하였다.[40]

청대의 고증학은 18세기 중기에 이르러 전성시대를 맞이하였다.

혜동(惠棟)은 송대의 주자학을 배격하고 한대의 훈고학을 높게 평가하였다. 그리하여 『九經古義(구경고의)』, 『周易述(주역술)』 등을 지어 경전에 새로운 의미를 부여하였다. 그의 영향을 받아 역사학에서는 왕명성, 전대흔(錢大昕), 조익(趙翼) 등의 활약이 눈부시다. 혜동과 쌍벽을 이룬 대진(戴震)은 고염무의 영향을 받아 학문연구에 주관과 편견을 배제하고 특히 경학연구의 기초가 되는 음운(音韻)연구에 몰두하여 고대어(古代語)연구의 방법론을 확립하였다.

그는 『孟子字義疏證(맹자자의소증)』을 지어 宋·明代의 학자들이 맹자를 잘못 이해한 점을 하나 하나 고증하였다. 이와 함께 주자(朱子)의 성즉리(性卽理), 왕양명(王陽明)의 심즉리(心卽理)의 리(理)를 부정하고 인간의 욕망과 인정(人情)을 긍정하는 주기적(主氣的) 인성론(人性論)을 강조하였다. 대진의 고증학적 연구방법은 다시 그의 제자인 단옥재(段玉裁)의 『說文解字注(설문해자주)』, 왕념손(王念孫)의 『廣雅疏證(광아소증)』에 의하여 발전되었다. 한편 고증학은 청대 후기에

---

40) 최희재, 「光緖初의 先儒推尊運動과 顧炎武·黃宗羲 文廟從祀論議」『中國近現代史의 재조명』 2, 지식산업사, 1990.
　　최병수, 「章實齋의 方志論에 관하여-그의 方志體例論을 중심으로」『湖西史學』 34, 2003.
　　_____, 「章學誠學術上의 '述'和'作'」『湖西史學』 36, 2003.

이르러 새로운 학풍으로 발전되면서 경학연구에 새바람을 불러 일으키게 되었다.

다음으로 고증학은 고증의 필요성 때문에 필연적으로 유교(儒敎) 이외의 제자 백가(諸子百家)의 사상을 연구대상으로 하게 되었다. 제자학(諸子學)은 한대 이후 2천년 간에 걸쳐 이단의 학설이라 하여 무시되거나 배척되어 왔다. 이러한 제자학 부흥의 움직임은 유럽 학술에 대항하기 위하여 가속화되었고, 신해혁명 직전에는 공자도 제자(諸子)의 한 사람에 불과하다는 인식이 보편화되었다. 그 결과 유교의 권위는 부정되고, 유교를 국가통치의 중심이념으로 간직하여 오던 중화제국의 질서는 사상적으로 붕괴되었다.

한편 고증학 일변도의 학술 발전은 청대사상의 빈곤을 가져오게 만들었다. 본래 고증학은 주자학이나 양명학과는 달리 학문연구의 방법[도구]이지 사상 그 자체는 아니다. 따라서 고증학은 자구의 해석이나 고증을 위한 고증방법에 얽 매이게 되면서 자연히 사상이 없는 학문으로 전락하게 되었다. 고증학이 발달 하면서 사상과 철학은 접어둔 채 오직 학문의 방법론만을 추구하여 학문을 위 한 학문을 한다는 의식이 강하게 작용하여 그 결과 사상성이 결여되었다.

끝으로 청대 고증학의 발달은 그 방법의 객관성과 실증성으로 인하여 경학 이외의 다른 학문분야에 영향을 주면서 새로운 학문이 개척되었고, 여러 학파 의 독창성을 촉발시켰다. 청대에 특히 사학(史學)을 비롯하여 지리학(地理學), 음운학(音韻學), 문자학(文字學), 금석학(金石學), 목록학(目錄學), 천문학(天文學) 등 다방면에 걸쳐 광범하게 학문이 발전될 수 있었던 것은 바로 고증학의 영향에 의한 것이다.

4. 고증사학(史學)의 발전

청대의 고증학은 역사학에서 큰 발전을 이룩하였다.[41] 이미 고염무와 황종희에 의하여 고증사학의 기초가 마련되었고, 이를 계승하여 혜동(惠棟)과 대진(戴震) 이후의 고증학자들은 고증학의 범위를 경학(經學) 이외의 여러 분야로 확대시켰 는데, 이 가운데서도 고증사학은 가장 뚜렷한 발전을 이룩하였다. 왕명성(王鳴盛)

---

41) 민두기, 「中國에 있어서의 歷史意識의 展開」『歷史敎育』 24, 1978.

　　이윤화, 「中國 近代史學의 成立에 관한 기초적 考察」『安東大論文集』 8. 1986.

　　＿＿＿, 「『讀通鑑論』卷末「敍論」의 初步的 理解」『歷史敎育論集』 22, 1997.

　　＿＿＿, 「『讀通鑑論』「秦始皇·二世」條 史論에 대하여」『慶北史學金燁博士停年紀念史學論 叢』 21, 1998.

은 『十七史商榷(십칠사상각)』, 전대흔(錢大昕)은 『二十二史考異(이십이사고이)』,
조익(趙翼)은 『二十二史箚記(이십이사차기)』, 왕부지(王夫之)는 『讀通鑑論(독통감
론)』을 지어 고증사학을 확립하였다.

『십칠사상각』은 『史記(사기)』 이하의 17정사(正史)를 분석하고, 특히 인물과
제도 등에 관하여 면밀한 고증과 잘못을 교정하여 1300여 문제를 제기하였다.
전대흔도 서양의 수학과 역학(曆學)을 연구하여 치밀한 실용주의 학풍을 익히고
그 위에 음운학, 지리학, 천문학 등을 역사학에 원용하여 『이십이사고이』를 통
해 정사의 잘못된 부분과 동일사건에 대한 서로 다른 내용의 진위에 대하여 확
실한 근거를 제시하고 있다. 특히 『이십이사차기』는 중국 역사학의 입문서로서
5백여의 중요항목을 제시하여 정사에 대한 자신의 의견과 함께 중국사의 일반
론과 각 시대의 특수한 역사적 성격을 명쾌하게 해설한 뛰어난 역사서이다.

또한 청대의 이론사학자로 『文史通義(문사통의)』를 지은 장학성(章學誠)을 들
수 있다. 그는 황종희·만사동·전조망으로 이어지는 절동사학파(浙東史學派)의
계통으로, 『문사통의』는 당나라 유지기(劉知幾)의 『史通(사통)』과 함께 역사학의
방법과 이론을 서술한 역사평론서이다.[42]

청대의 역사학계에 또 하나의 뛰어난 특징으로 절동(浙東)·절서학파(浙西學
派)의 성립을 들 수 있다. 절동학파의 역사학은 황종희·만사동 등이 중심이 되
었고 사학(史學)의 특징은 철저한 사실에 입각하여 역사를 서술하여야 함을 강
조한 실증주의를 중시한 데 있다. 이와 함께 역사서는 단순한 사실의 나열이어
서는 안 되고 사건 속에 숨어 있는 깊은 내용을 찾아내어 경세(經世)에 이용하
여야 한다고 강조하였다.[43]

이에 대해 절서학파는 고염무에서 시작되어 서건학(徐乾學)·고조우(顧祖禹)·
호위(胡渭) 등으로 이어지는데, 이들은 역사학의 임무가 철저한 고증을 통하여

---

42) 전용만, 「章學誠의 歷史觀에 대한 一考」『東洋史學硏究』 18, 1983.
　　조병한, 「章學誠 經世史學의 基本槪念과 그 政治的 意味-'專家'와 '史'의 개념 분석을 중심
　　　　으로-」『歷史學報』 103, 1984.
　　_____, 「章學誠 經世史學의 折衷的 理論基礎」『高柄翊先生 華甲紀念史學論叢』, 한울,
　　　　1984.
　　_____, 「龔自珍經世思想의 '史'와 公羊學 章學誠의 史學과 관련하여-」『東義史學』 2,
　　　　1985.
　　최병수, 「章學誠 史學上의 述而不作에 관하여」『忠北史學』 1, 1987.
43) 김택중, 「萬斯同의 歷史敍述論」『서울여대 人文社會科學論叢』 6, 1991.
　　정태섭, 「明末淸初 經世學과 淸代 漢學의 內在的理路」『明淸史硏究』 6, 1997.

사실의 진위(眞僞)를 가리는데 있다고 주장하였다. 절동학파의 실증주의 사학과
절서학파의 고증주의 역사학을 집대성한 이가 장학성(章學誠)이다.

그는 한대의 유향(劉向)·유흠(劉歆) 그리고 당대 유지기의 영향을 받고 6경개
사(六經皆史: 6경이 모두 역사이다)라는 주장을 내세워 경서(經書)에 대한 유가의
신성불가침적인 통념을 타파하였다. 그리하여 6경은 다만 3대(하·은·주)의 도
(道)를 전할 뿐이고 그 이후의 도는 역사(史)에서 구해야 한다고 주장하여 학계
에 비상한 충격을 주었다. 특히 『文史通義(문사통의)』에서 역사란 단순한 사실
기록에 그쳐서는 안 되며 역사 속에 잠겨있는 원동력과 원칙을 추구하는데 사
학의 근본이 있다고 주장하였다. 그의 이러한 사학정신은 청대 고증사학의 금
자탑을 이룩한 것으로 평가된다.

이와 같은 고증사학의 발전은 자연히 역사지리의 발달을 가져오게 되었다.
고조우의 『讀史方輿紀要(두사방여기요)』는 역사책에서 지리관계의 기사를 수집,
조사하여 지리적인 연혁을 서술한 것이다. 또 고염무가 지은 『天下郡國利病書
(천하군국이병서)』는 정치지리서로서 역대 행정제도의 변천에 따른 지리형세를
기술하였다. 한편 서양문물의 유입과 함께 해외에 대한 인식이 넓어짐에 따라
세계지리책도 나오게 되었는데, 위원(魏源)의 『海國圖志(해국도지)』가 출판되어
중국인의 지리적 시야를 넓혀주었다.

Ⅱ. 청대 문학과 예술의 새로운 경지

1. 문학의 발달

고증학의 영향은 문학방면에도 크게 미쳤다. 먼저 문장에서는 변문(騈文)과
산문(散文)의 대립이 있고, 시문(詩文)은 성정파(性情派)가 새로 나타났다. 산문
을 내세운 동성문파(桐城文派)는 안휘성의 동성인을 중심으로 18세기 방포(方苞)
에서 시작되어 유대괴(劉大魁)를 거쳐 건륭시대의 요내(姚鼐)에 이르러 확고한
일파를 형성하게 되었다.[44] 동성문파는 6조시대(六朝時代)의 변려문체를 반대한
당나라 한유(韓愈)의 고문(古文)부흥(산문부흥)운동을 계승하고 당송 8대가를 받
든 귀유광(歸有光)의 『古文辭(고문사)』를 입문으로 삼고 있다.

---

44) 조병한, 「18세기 江淮文壇의 文化觀과 政治的 立場－桐城古文派와 袁枚의 思想을 중심으로」
　　　『釜山史學』 19, 1990.

　방포의 『古文義法(고문의법)』은 문장은 道를 담아야 한다는 입장에서 주자학의 의리를 중심으로 당송 8대가의 산문과 함께 『左傳(좌전)』과 『史記(사기)』의 산문체를 높이 평가하였다. 특히 방포는 과거시험의 팔고문(八股文)을 반대하고 시문을 포함한 문체의 개혁을 시도하였다. 동성문파의 대가인 요내는 『古文辭類纂(고문사류찬)』을 편찬하였는데, 이것은 한대로부터 청대에 이르기까지 각 집의 고문을 엄선 분류한 것으로 고문연구자(古文硏究者)들이 지금도 중시하고 있다.

　이 동성문파는 19세기 중엽에 매증양(梅曾亮)·방동수(方東樹) 등을 거쳐 위원(魏源)과 태평천국운동을 진압한 대관료인 증국번(曾國藩)에 계승되었다. 증국번은 요내의 문학을 사숙하고 『고문사류찬』에 빠져 있던 경서(經書)와 사서(史書)의 명문을 추가하여 『經史百家雜鈔(경사백가잡초)』를 편찬함으로써 동성문파의 주장을 각계에 전파하여 문장계에 큰 영향력을 행사하였다.

　한편 청대에는 복고풍이 강했기 때문에 남북조시대의 변려문체도 크게 유행하여 동성문파의 산문과 대립하면서 발전하였다. 변문체의 대가로는 진유숭(陳維崧), 공광삼(孔廣森), 기균(紀昀) 등이 있다. 이들은 건륭시대로부터 고문파와 맞설 정도였으나 그 후에는 고문에 압도되었다.

　청대에는 明代에 이어 소설이 발달하였다. 단편소설은 포송령(蒲松齡)의 『聊齋志異(요재지이)』가 유명하다. 『요재지이』는 괴기한 내용과 전설적인 사실로 구성되어 있는 귀신의 이야기이나, 문장이 세련되고 내용에 무리가 없어 인기가 높았다. 그러나 청대의 소설은 장편에서 단연 황금기를 맞이하였다.

　장편소설의 종류는 애정, 의협, 사회소설로 나누어진다. 애정소설의 대표작은 조점(曹霑)[45]의 『紅樓夢(홍루몽)』이 널리 알려졌다. 『홍루몽』은 사회 각층에 무서운 기세로 보급되어 독자를 사로잡았을 뿐 아니라 이를 모방한 소설이 많이 간행되었다.[46]

　사회소설의 대표작으로는 오경재(吳敬梓)의 『儒林外史(유림외사)』가 있다. 『유림외사』는 과거시험에 대한 불만과 허위와 가식에 찬 관료사회의 부패한 생활

---

45) 조점(1719~1764)은 자(字)를 설근(雪芹)이라 한다. 그는 만주귀족가문 출신으로 부유한 소년시대를 보냈으나 중년 이후 가문이 기울어져 가난 속에서 평생을 보냈다. 『홍루몽』은 조점이 비참한 생활 속에서 그의 유년시대를 회상하며 쓴 자서전적 애정소설이다. 전체 120회본이 있으나 80회본까지 조점이 쓰고 나머지 40회 본은 고악(高顎)이 추가한 것이다.
46) 조병한, 「紅樓夢의 社會史的 分析-官紳·豪商 批判과 民本意識-」『釜山史學』11, 1986.

을 날카롭게 풍자한 시사적 성격이 강한 사실적 소설이다. 『홍루몽』과 『유림외사』는 건륭시대의 백화문소설(白話文小說)로 고증학과 객관주의적 시대조류를 바탕으로 창작된 중국문학의 금자탑이라 하겠다.[47]

한편 청초의 시문은 당시(唐詩)를 내세운 오위업(吳偉業)과, 송시(宋詩)를 본받아야 한다는 전겸익(錢謙益)의 양파로 갈라졌다. 오위업은 백거이(白居易)의 장한가(長恨歌)를 본받아 장가행(長歌行) 등의 걸작을 지어 당시(唐詩)파의 선구가 되었다. 그러나 청 중기에 이르면 시단(詩壇)에는 왕사정(王士禎)의 신운파(神韻派), 심덕잠(沈德潛)의 격조파(格調派), 원매(袁枚)의 성령설(性靈說: 性情說)이 서로 각축을 벌였다.

왕사정의 신운파는 시의 인위적 수식이나 논리를 반대하고 자연스러우며 참신한 시의 정신과 운미(韻味)를 강조하여 시가 선(禪)의 경지에 이르러 그림과 같은 경지에 진입하기를 주장하고 있다. 왕사정은 청초 제일의 시인으로 일컬어지고 있으며 칠언절구(七言絶句)의 걸작을 남겼다.

격조파의 대가인 심덕잠은 당시(唐詩)를 바탕으로 시의 표현형식인 격(格)과 언어의 음조(音調) 등 형식과 외적 요소를 중시하여 작시법(作詩法)의 기교를 강조하였다. 이 밖에도 원매(袁枚)의 성령설을 보면 시란 인위적 규범에 의해 만들어지는 것이 아니라 성정(性情)에서 우러나야 한다는 것이다. 원매의 작품으로 『小倉山房詩文集(소창산방시문집)』, 『隨園詩話(수원시화)』가 유명하며, 그의 시는 선비나 상인·노동자 등 다양한 계층에서 환영되었다.

사(詞)도 시와 같이 복고적 사풍이 유행하였는데, 절서파(浙西派)·양서파(兩西派)·상주파(尙州派)로 나누어진다. 절서파의 대가는 청초의 주이존(朱彝尊)으로 단아하며 음률이 잘 맞는 작품을 강조하였다. 그는 唐代 이래의 작품을 수집하여 『詞綜(사종)』을 편찬하였다. 양서파의 개조는 진유숭(陳維崧)으로 그는 북송의 사를 흠모하여 사작(詞作)에서 재기(才氣)를 강조하고 웅대한 기풍과 호탕한 사를 많이 지었다. 상주파는 장혜언(張惠言)을 시조로 하며 북송시대의 사풍(詞風)을 숭상하고 시경(詩經)의 정신을 사에 적용할 것을 주장하고 있다. 상주파의 영향은 청말에까지 이어져 내려갔다.

---

47) 조병한, 「淸中期 八股科擧制下의 社會心理와 在野的 士人文化의 형성 『儒林外史』의 社會思想을 중심으로」 『釜山史學』 13, 1987.

김택중, 「『儒林外史』에 나타나 憂患意識」 『서울여대 人文社會科學論叢』 8, 1993.

_____, 「『明史』 「列女傳」의 서술형태」 『明淸史硏究』 8, 1998.

연극은 원대나 명대처럼 유행하지는 못하였는데, 그 원인은 청대의 문인들이 경학·고증학·문장과 시·사 부분에만 힘을 쏟았기 때문이다. 다만 명대에 유행하던 남곡(南曲)이 주류를 이루면서 복고적인 연극이 지방에서 유행하였다. 건륭 말기에는 지방극의 장점을 받아들이고 곤곡(崑曲)의 장점을 가미하여 북경에서 유행한 통속적인 가사로 인기를 끌게 되었는데 이것이 현재까지 유행하고 있는 경극(京劇: 平劇)의 시작이다.

유명한 작품으로는 청의 중기에 당현종과 양귀비의 사랑을 그린 홍승(洪昇)의 『長生殿(장생전)』, 명말의 문인 후방역(侯方域)과 남경의 명기(名妓) 이향군(李香君)과의 파란많은 사랑을 그린 공상임(孔尙任)의 『桃花扇傳奇(도화선전기)』, 이어(李漁)의 『笠翁十種曲(입옹십종곡)』이 걸작으로 알려졌고 연극계의 새바람을 일으켰다. 특히 『도화선전기』는 명말의 부패한 사회상과 정치현실이 잘 묘사되어 있고 부귀영화를 허무한 것으로 그렸으며 젊은이의 사랑을 가치 있고 아름답게 다루어 『장생전』과 함께 청대 희곡의 쌍벽을 이루었다. 문예비평가(文藝批評家)로는 김성탄(金聖嘆)이 알려져 있다.

2. 청대 미술의 발전

청대의 미술은 명의 전통을 계승하여 자유분방한 화법을 자랑하는 남화(南畵)가 주류를 이루었다. 청초의 유명한 화가로는 청육가(淸六家)를 꼽는다.[48] 이들은 명의 대가 동기창(董其昌)의 영향을 많이 받았으며 산수화(山水畵)에 뛰어난 작품을 남겼다. 특히 오역(吳歷)은 서양화법에 능통하였고 운격(惲格)은 화조화(花鳥畵)에 천재성을 발휘하였다.

그러나 이러한 정통화법을 무시하고 명청교체기의 정치적 변화와 사회적 충격을 반영한 이색적인 화가들의 활약도 주목된다. 환상적인 자연을 묘사한 오빈(吳彬), 정숙한 감정을 표현한 나목(羅牧), 화려한 색상을 특색으로 한 사사표(査士標), 생명력을 부각시킨 법고진(法苦眞)이 있다. 이들을 오파(吳派)계열이라 하며, 개성적이고 자유로운 필치를 구사하였다.

한편 명의 유민 가운데 공현(龔賢)은 황량하고 침울한 산수화를 그렸고, 주약극(朱若極)은 자유분방하고 상징적인 그림을 많이 남겼다. 이 밖에도 양주(揚州)

---

48) 명말 청초의 유명한 왕시민(王時敏), 왕감(王鑑), 왕원기(王原祁), 왕휘(王翬) 그리고 오력(吳歷), 운격(惲格)을 말하며 사왕오운(四王吳惲)이라고도 한다.

지방을 중심으로 한 문인화가의 활약이 돋보인다. 이들은 진한 흑색과 화려한 색깔, 강한 필치와 격한 도법을 구사하였기 때문에 양주팔괴(揚州八怪)[49]라고 불렀다.

청대에는 서양화법의 영향으로 명암법(明暗法)과 원근법이 채용되었으며, 선교사인 이탈리아인 카스틸리오네, 지켈파스테는 궁정화단에 서양화풍을 소개하여 새로운 화법이 유행하였다.

서도(書道)도 明代의 영향을 받아 순화각첩(淳化閣帖)이 연구되어 부산(傅山), 왕탁(王鐸)이 뛰어나고 강희시대에는 명말의 대가 동기창(董其昌)의 서법이 유행하였다. 건륭시대에는 淸代 첩학파(帖學派)의 대가인 장조(張照), 유용(劉墉)이 나왔으며, 그 후 서도는 일변하여 북비파(北碑派)가 생겨 등석여(鄧石如)의 이름이 높다. 포세신(包世臣)은 서론(書論)으로 널리 알려졌다.

3. 서양학술의 전래와 동서양문물의 교류

명말·청초에는 유럽으로부터 선교사에 의해 크리스트교의 전래와 함께 서양의 학술이 많이 전파되었다. 본래 크리스트교는 당대(唐代)에 이미 대진경교(大秦景教)란 이름으로 중국에 전래되었고 그 후 元代에도 전파되었다. 그러나 선교사에 의한 본격적인 포교활동은 15세기 이후 인도항로의 개척과 유럽내의 종교개혁으로 구교가 그 세력을 만회하기 위해 예수교단의 선교사를 동양으로 파견하면서 시작되었다.[50]

명말·청초에 중국에 와서 포교활동을 시작한 선교사는 스페인인 프란시스 사비에르, 이탈리아인 마테오 릿치[중국 이름은 이마두(利瑪竇)],[51] 독일인 아담 샬[중국이름 탕약망(湯若望)] 그리고 벨기에인 페르비스트[중국이름 남회인(南懷仁)] 등이 있다. 중국 포교의 개척자는 마테오 릿치이다. 마테오 릿치는 20여 년간 중국에 머물면서 수학, 천문학, 역학, 지리학을 소개하고 『天主實義(천주실의)』,[52] 『坤輿萬國全圖(곤여만국전도)』, 『幾何原本(기하원본)』 등의 저술을 통

---

49) 이선(李鱓), 금농(金農), 정섭(鄭燮), 이방응(李方膺), 황신(黃愼), 왕사신(汪士愼), 고상(高翔), 나빙(羅聘)의 8명을 말한다.

50) 최소자, 『東西文化 交流史研究-明·淸時代 西學受容』, 삼영사, 1987.

51) 장보웅, 「利瑪竇의 世界地圖에 관한 研究」『東國史學』 13, 1976.

52) 이수웅, 「天主實義研究序說」『安東大論文集』 5, 1983.
   황종열, 「마테오 리치 적응주의 선교의 신학적 의의와 한계」『敎會史研究』(한국교회사연구소) 20, 2003.

해 서양학술을 중국에 소개하였다. 뿐만 아니라 중국의 학문을 서양에 전달하는데도 큰 역할을 하였다. 아담 샬은 풍부한 천문학과 역법의 지식으로 명말에 『崇禎曆書(숭정역서)』라는 정확한 양력 달력을 만들었고, 다시 청의 순치제의 신임을 받아 흠천감정(欽天監正: 관상대장)에 임명되기도 하였다.

특히 서양의 화포기술은 실전에 큰 도움이 되었기 때문에 중국 황제의 관심이 높았다. 아담 샬이 구술한 것을 정리한 『火攻挈要(화공설요)』, 조사정(趙士禎)이 지은 철포구조의 설명서인 『神器譜(신기보)』가 간행되었다.

이와 같은 서양학술의 영향으로 중국인의 과학적 지식이 향상되어 서광계(徐光啓)의 『農政全書(농정전서)』, 송응성(宋應星)의 『天工開物(천공개물)』 등의 科學書(과학서)가 저술되었다. 그리고 줄리오 알레니는 『西學凡(서학범)』에서 유럽의 철학·논리학·물리학·수학 등을 소개하였다. 淸도 明末 이후 북경에 거주하던 선교사를 등용하여 천문 관측, 신력(新曆) 편찬 등에 종사하게 하였다. 특히 강희제 때에 알레니가 『職方外紀(직방외기)』를 편찬하고 페르비스트는 『坤輿全圖(곤여전도)』를 지었다. 이들의 영향을 받은 부베는 강희제의 명을 받아 중국 전토를 측량하여 『皇輿全覽圖(황여전람도)』를 만들었는데 이는 중국 최초의 실측지도이다.

그러나 이러한 서양의 학술도 궁정과 상류사회 지식인의 호기심과 취미·오락의 범위를 벗어나지 못하였고 중국의 자연과학발전에 근본적인 영향을 주지는 못하였다.[53] 또한 예수교단에 이어 중국에 온 스페인의 프란시스코파와 도미니쿠스파 선교사들은 예수교단 선교사가 중국인이 숭배하는 천[天: 상제(上帝)]과 크리스트교에서의 하느님(天主)과를 동일시하고 있는 포교방법을 비난하고 로마교황도 이를 받아들여 예수교단의 포교를 금지하였다. 이와 함께 중국인 신도에게도 상제와 조상숭배를 금하니 여기에 전례문제(典禮問題)가 일어나게 되었다.

강희제는 로마교황의 이러한 조치에 노하여 예수회 이외의 포교를 금지하였다. 옹정제는 학술과 과학기술로써 궁정에 봉사하는 선교사만 북경에 머물게 하고, 그 밖에는 입국과 포교를 금하였다. 건륭제는 마침내 크리스트교 금지령

---

53) 최소자, 「17·18世紀의 中國의 對西洋觀-淸實錄을 中心으로-」『東洋史學研究』, 1974.

_____, 「17·18世紀 漢譯西學書에 대한 研究-中國과 韓國의 士大夫에게 미친 영향」『韓國文化研究院論叢』 39, 이대, 1981.

_____, 「乾隆帝의 西學觀論評」『東亞研究』 6, 서강대, 1985

장정란, 「예수회 선교사 아담샬의 性理學 批判」『東亞研究』 25, 서강대, 1992.

을 내리고 교회를 몰수하고 선교사를 처형하였다. 이 때문에 크리스트교는 큰 타격을 입고 아편전쟁 후 포교의 자유를 얻기까지 민간에 잠적하게 되었다.

한편 중국에 온 선교사에 의하여 중국문화가 유럽에 널리 소개되었다. 일찍이 로마인은 중국을 비단의 나라라 하였고, 마르코 폴로는 『동방견문록』에서 중국을 황금의 나라로 격찬하였다. 17세기 말에 이탈리아인 마르틴 마르티니[위광국(衛匡國)]는 중국의 역사·지리·사상을 유럽에 소개하였다. 이들 선교사의 중국관은 대체로 중국을 위대한 제국으로 찬미하고 중국의 사상과 문화를 격찬하고 있다. 강희제를 위대한 군주이며 학자로, 건륭제도 세계 제일의 군주로 소개하기도 하였다. 18세기 프랑스인 신부 듀알드의 『中國帝國全誌(중국제국전지)』는 유럽의 중국연구가에게 널리 애독되었다.

중국의 유교사상은 유럽의 철학자에게 환영을 받았다. 독일의 철학자 라이프니츠, 프랑스 계몽사상가 볼테르 등의 사상에 큰 영향을 주었다. 볼테르는 자기 방에 공자의 초상화를 걸어두고 경배하면서 중국문화를 찬양하는 시와 눈문을 많이 발표하였다. 이 밖에 경제학자인 케네, 아담 스미스도 중국문화에 깊은 관심을 갖고 연구하였는데, 케네의 중농주의(重農主義) 경제이론은 그 근거를 중국의 농본주의에서 구하고 있다. 특히 18세기 계몽주의시대의 자연법사상에는 중국의 천(天)사상의 영향이 컸다.

중국의 과거제도를 비롯한 관료제도는 매우 진보적인 것으로 인식되어 영국·프랑스의 고등문관 시험제도에 영향을 주었다. 이 밖에 중국의 도자기, 칠기, 견직물, 그림, 정원예술, 실내장식 등이 루이 14세의 베르사유 궁전을 장식하고 예술과 공예방면에도 많은 영향을 끼쳤다.

그러나 17세기까지의 중국에 대한 이러한 찬미론은 18세기 후반에 이르러 중국멸시론으로 바뀌게 되었다. 그 대표적인 사상가가 프랑스의 몽테스키외이다. 그는 중국은 2천 년 가까이 발전이라고는 전혀 없는 정체된 사회이며 236명의 황제가 전제적 통치를 계속하면서 사회발전이 정지되고 전제정치가 연속된 후진사회로 단정하였다. 이리하여 헤겔에 이르러 중국사회는, 자유인은 오직 황제 한 사람뿐이고 인민은 모두 황제의 명령에 절대적으로 순종해야 하는데, 이는 마치 서양 고대의 노예제 사회상태라고 비판하였다.

또 막스 베버는 중국의 국가형태를 황제의 세습재산으로 간주한 가산관료제사회(家産官僚制社會)라 진단하고 그 원인을 삼강오륜을 덕목으로 하는 가부장제적(家父長制的) 유교주의에서 구하고 있다. 이러한 유럽인의 상반된 중국관은 18세기 이래 제국주의가 아시아 각국을 침략해 오면서 아시아사회의 정체성을 강조하여 서양열강의 침략을 정당화하려는 제국주의 역사관을 그대로 반영한 것이다.

제 3 절   중국 사회의 변화와 청제국의 동요

Ⅰ. 18세기 후기의 사회·경제적 변화

1. 농촌사회의 구조적 변화

고종의 건륭시대(1736~1795)는 18세기 전반부터 후반에 걸친 반세기가 넘는 긴 통치기간이다. 이 기간에 국내평화와 농업생산력의 증가, 상품 화폐경제의 발달로 중국사회는 전진적인 발전과 함께 구조적인 변화를 맞이하게 되었다.

먼저 18세기 농촌사회의 커다란 변화는 지주와 전호의 신분적 예속관계가 점차 누그러지면서 종속적 관계에서 경제적 계약관계로 전환되어 갔다는 사실이다. 그것은 농민이 농업생산 이외에 여러 가지 부업에 종사하면서 상품을 생산하여 수입을 올릴 수 있게 되었고 그에 따라 지주에 대한 직접적인 예속에서 풀려나 자립성을 키워나갈 수 있었기 때문이다.[54] 이와 같은 전호의 신분적 상승은 전호의 사회의식을 높여주면서 지주의 부당한 지대(地代) 징수에 대항하는 항조운동(抗租運動)으로 전개되었고 이는 농업경제가 발달한 선진지대에서 더욱 격화되었다.

이와 같은 지주·전호의 관계변화는 19세기 중반에 일어난 아편전쟁(1840)의 결과 외국상품의 침투로 농민의 부업이 극심한 타격을 입게 되면서 더 한층 격화되었다. 이리하여 전호의 반지주투쟁은 중국의 반봉건, 반제국주의혁명의 추진력이 되었다.

---

54) 민성기, 「明淸代 商業性農業의 一考察」『震檀學報』 78, 1994.

이에 앞서 청조는 18세기 초기 건륭시대에 지주(地主)가 전호(佃戶)에게 사적인 형벌을 가하는 것을 금지하여 지주 전호간 종주적(主從的) 신분관계를 부정하였다. 다른 한편으로 토지세를 확보하기 위하여 전호의 항조운동도 탄압하여 지주의 지대(地代) 징수를 국가가 보장하는 정책을 취하였다.[55)]

결국 청조의 국가기반은 지주와 전호의 봉건적인 관계를 기반으로 하고 그 위에 관료와 신사, 평민의 신분적인 질서 위에서 유지되었는데, 이와 같은 사회구조를 그대로 지속시키기 위해서는 전제적이며 관료주의적인 지주제를 그대로 유지할 수밖에 없었다.

18세기 후기에 접어들면서 일어난 보다 심각한 사회변화는 인구의 급격한 증가와 함께 전국적인 규모의 인구이동을 들 수 있다. 옹정시대에 정세[丁稅: 인두세(人頭稅)]가 폐지되어 인구를 숨길 필요가 없어지게 되자 비교적 정확한 인구통계가 나오게 되었다. 18세기 중엽(1753)의 인구는 1억 275만명으로 나타났다[56)](단 1749년의 인구는 1억 7,749만명으로 차이가 있다). 이것이 100년이 지난 19세기 중엽 아편전쟁 직전의 1833년에는 3억 9894만명으로 격증하고 있다. 이렇게 증가된 인구는 광서(廣西), 운남(雲南), 사천(四川), 봉천(奉天), 대만지역으로 대대적인 인구이동이 촉진되었으며, 국가의 금지령에도 불구하고 동남아시아로의 이주도 18세기 후반 이후 증가하였다.

이러한 인구의 증가와 이동은 가혹한 지주제와 협소한 농경지에서는 증가하는 인구를 도저히 먹여 살릴 수 없었기 때문이다. 다른 한편에서는 농업생산력이 급격히 신장되면서 새로운 토지의 개간과 농업생산성을 향상시키고 있다. 이와 함께 막대한 부를 축적한 지주와 부호계층은 광산개발에 힘을 기울이고 수요의 폭발로 야철(冶鐵)기술이 향상되었다.[57)]

55) 김홍길, 「淸代前期의 罷市에 관한 一試論-乾隆 29年 湖南新寧縣을 중심으로-」『歷史敎育』 49, 1991.
56) 오금성, 「中國近世의 農業과 社會變化」『東洋史學硏究』 41, 1992, 121쪽.
　　〈표 3〉 중국의 인구와 전토통계(1400~1857)에 의하면 1400년도의 인구는 6,500~8,000만, 1600년경에 1억2천~2억명, 1650년에 1억~1억5천명, 1750년에 2억~2억5천명, 1850년에 4억1천명으로 잡고 있다.
　　김승일, 「華中의 歷史地理-湖北·湖南·江西지역을 중심으로-」『中國硏究』 2-2, 1994.
　　＿＿＿, 『중국 근대 농촌경제사연구』, 耕學舍, 1998.
　　정철웅, 「淸代 湖北省 西北部 地域의 經濟開發과 環境」『明淸史硏究』 10, 1999.
　　＿＿＿, 「18世紀 지방 관료들의 의식구조-방임과 간섭의 체제」『中國史硏究』 6, 1999.
　　박기수, 「淸代 佛山의 手工業·商業 발전과 市鎭의 擴大」『東洋史學硏究』 69, 2000.
　　＿＿＿, 「乾隆·嘉慶·道光年間 廣西의 客民과 客家」『明淸史硏究』 4, 1995.

2. 상업경제와 자본주의의 발달

사회의 안정과 농업생산의 증가는 자연히 상업의 발달을 가져오게 하였다. 특히 18세기 중엽에는 지역적으로 특산물 교역시장이 확대되면서 지방의 중소도시인 진·시(鎭·市)의 발달을 촉진하였다.[58]

상인집단으로는 가장 부유한 상인인 산서지방의 표상(票商)을 비롯하여 염상(鹽商), 행상[行商: 광동(廣東)의 13행]이 있다. 이들 대부분은 관(官)을 상대로 하는 관상(官商)이었고 특허상인이기도 하였다. 산서상인은 표호(票號)나 은호(銀號)를 개설하였고 관청을 대신하여 돈과 식량을 대여하고 부세(賦稅)를 거두었으며, 관상을 대신하여 어음교환, 예금대출, 기부금 헌납 등의 일을 처리하였다. 이런 가운데 막대한 상권을 독점하여 이윤을 챙겼으나 이들의 상업활동은 고리대자본과 상업자본의 범위를 벗어나지는 못하였다. 산서(山西)·신안(新安) 상인들은 공동이익을 지키기 위하여 동향인(同鄕人)과 동업자끼리 공관(公館)·공소(公所)를 설치하기도 하였다.

한편 이와 같은 상업활동과 수공업의 발달로 자본주의적 경영방식이 여러 면에 나타나고 있다.[59]

먼저 사직업(絲織業) 가운데 대상인이 개설한 장방(帳房)은 가장 진보적인 경영형태이다. 장방은 도매상으로 대량의 자본과 원료, 직기(織機)를 소유하였고, 이를 소기호(小機戶)에게 대여하면 기호는 원료를 장방에서 가져와서 염색을 하고 그것을 다시 낙공(絡工)과 교환하여 실을 감고 주단을 짠 후에 다시 장방에 넘겨서 상품으로 매매되었다. 여기에서 장방은 기호(機戶)를 고용하고 이를 감독하면서 기방(機房)의 노동자까지 임의로 고용하였다. 이리하여 큰 상인들이

57) 최덕경, 「淸代의 冶鐵技術과 江南」『慶尙史學』 3, 1987.
   원정식, 「乾·嘉年間 北京의 石炭需給問題와 그 對策」『東洋史學硏究』 3, 1990.
58) 정철웅, 「淸末 揚子江 中流地方의 商業活動」『東洋史學硏究』 39, 1992.
   양자강 연안의 무석은 포(布)의 무역도시, 한구는 선박도시, 진강은 은의 무역도시로 번창하고, 소도시에는 정기시(定期市), 작방(作坊)점포가 즐비하였다.
   구범진, 「淸末 鹽商의 構成과 規模-長蘆鹽區의 경우」『東洋史學硏究』 88, 2004.
   전형권, 「淸末民國期 湖廣(湖南·湖北)지방의 農業 生産力과 生産關係」『慶尙史學』 7, 1995.
   ____, 「淸末民國期 好男汝城縣의 商品流通과 物價變動」『明淸史硏究』 9, 1998.
   ____, 「淸末 民國期 湖北의 米穀市場과 上品流通」『東洋史學硏究』 87, 2004.
59) 자본이 있는 부상은 원료의 차용과 필요자금의 선지불, 직기의 공급 등을 통하여 영세한 생산자를 통제하였다. 즉, 당상(糖商)은 사탕수수, 직상(織商)은 모시, 비단, 면포의 원료를 공급하고 있다.

작방주나 공장주를 겸하는 사태로까지 발전한 것이다.[60]

이와 같은 자본주의적 경영방식은 사직업 이외에 면염직업(棉染職業), 제지업, 주철업(鑄鐵業), 제당업, 도자기업에서도 점차 자본주의적 경영형태가 나타나고 있다. 또한 고용인과 주인의 관계도 종래와 같은 예속관계가 해소되면서 서로 평등하게 부르며 주인과 노복의 종속적인 구분이 점차 사라지게 되었다.

그러나 이들 고용공인은 정부의 통제와 행회(行會)의 속박을 벗어나지 못하고 있었다.[61] 또 상인과 고리대금업자가 축적한 자본은 대부분 농경지를 구입하는 데 재투자되면서 자작농을 몰락시키고 관료나 향신, 지주와 상인의 자본도 생산수단으로 투자되지 못하고 변칙적인 소비자본화하면서 농촌사회의 변화를 가속화시켰다.

이리하여 18세기 후기로부터 농촌 경작지가 관료나 향신, 상인, 지주층에게 집중되었고 농토를 상실한 영세농민은 불안정한 잡역에 종사하거나 유민화하면서 인구이동을 더욱 촉진시켜 사회불안은 한층 심화되어 갔다.

Ⅱ. 지배체제의 모순과 농촌사회의 동요

1. 청조지배 체제의 모순

청의 정치적 안정과 사회적 평화시대로 알려진 강희·옹정대를 지나 건륭시대가 끝나는 18세기 후기에 이르러 청조사회는 여러 곳에 어두운 그림자를 드리우기 시작하였다. 특히 반세기에 걸친 고종의 건륭시대는 긴 통치기간으로 이 동안에 청조체제의 동요가 행정제도상에서 나타나고 있다.

---

60) 정혜중, 「淸末 大豆流通과 山西票號의 投資活動」『明淸史硏究』18, 2003.
　　민경준, 「淸代 江南의 綿紡織 生産構造－紡·織分業과 관련하여－」『中國史硏究』23, 2003.
　　＿＿＿, 「淸代 江南 蠶絲業의 專業化에 대한 一攷－嘉興·湖州지역을 중심으로－」『釜大史學』18, 1994.
　　＿＿＿, 「淸代 江南의 棉業商人」『釜山史學』31, 1996.
　　＿＿＿, 「江南 絲綢業市鎭의 客商활동과 客商路」『釜大史學』1, 1997.
61) 종이를 염색하는 죽방(作坊)의 행회과정(行會過程)에 의하면 ① 작방내에 공인을 감독하는 파두장작(把頭匠作)을 두고, ② 관부(官府)와 작방주인은 임금액수를 공동으로 협의하고 직공(紙工)은 마음대로 임금인상을 요구할 수 없으며, ③ 정부는 방갑을 두어 직공의 동태를 감시하고 위반하면 장적(匠籍)에서 제적하고, ④ 고용관계 이외에 작방안에 학도제도(學徒制度)를 두었다.

즉, 청조의 국가권력은 황제에 집중되어 있기 때문에 관료의 창의성이나 사회변화에 대처할 수 있는 순발력이 거의 없는 상태였다. 더욱이 과거시험에 합격한 관료는 대부분 나이가 많기 때문에 무사안일주의로 흐르고, 그에 따라 행정운영상의 비능률과 침체현상이 통치체제 전반에 노출되고 있었다.[62] 보다 심각한 것은 정복왕조로서의 청조의 군사력의 무기력함이라 하겠다.

청이 광대한 중국을 지배하는 가장 중심적인 힘은 만주팔기(滿洲八旗)를 근간으로 하는 군사력에 있었다. 그러나 옹정시대의 준가르부 평정 이후 오랜 평화의 계속으로 군사력의 약화를 가져왔다. 더욱이 청조의 지배층이 만주에서 중국본토에 들어온 후 그들의 생활이 사치해지고 생활수준이 급격히 높아짐에 따라 이를 충당하기 위해 만주팔기에게 나누어준 기지(旗地)의 처분이 성행하였다. 그 결과 기인(旗人)의 경제력 상실을 가져오게 되면서 만주족 지배체제의 구조적 모순을 노출하였다.

1796년은 건륭시대가 막을 내리고 인종(仁宗)의 가경(嘉慶)시대가 시작되는 전환점이다. 이를 전후로 하여 호북(湖北), 사천(四川), 섬서(陝西), 감숙(甘肅)지방을 휩쓴 민중의 반란을 진압하는 과정에서 청조가 자랑하던 만주팔기군(滿洲八旗軍)의 부패와 무력함이 여지없이 노출되면서 청조지배체제에 위기감이 나타나게 되었다.

지방의 반란을 토벌하러 나간 관군의 장군들은 군비를 착복하고 군대를 움직이지도 않았다. 따라서 병사는 급여가 없기 때문에 양민의 약탈을 일삼았으며 민중은 반란군보다 오히려 관군을 무서워하기에 이르렀으니 청조체제는 근원적으로 붕괴의 조짐이 일어나기 시작하였다. 이리하여 청조는 만주팔기의 관군대신에 지방의 유력자에 의해 조직된 향토자위단[단련(團練)]과 의용군[향용(鄕勇)]의 군사력에 의지할 수밖에 없었다.

2. 백련교의 반란과 청조의 대응

18세기 후반의 농촌사회는 대상인, 관료, 신사층이 토지를 독점하였고 토지를 잃은 농민은 고향을 떠나 유민으로 전락할 수밖에 없었다. 이리하여 농민은

---

62) 민두기, 「熱河日記에 비친 淸朝統治의 諸樣相」『中國近代史研究』, 일조각, 1973. 73쪽에 의하면 거리에는 황제에 대한 비방이 가득하고 연신(廷臣)들은 모두 목전의 미봉책을 상책으로 여길 정도라고 하였다.

지금까지 속해 있던 혈연이나 지연의 공동체로부터 떨어져 나와 민간의 비밀결사에 모여들고 이곳에서 상호부조에 의한 생존의 길을 찾게 되니 자연히 반체제적인 불법집단이 되었다. 그 대표적인 집단이 천지회(天地會)이다. 천지회는 18세기 후기에 복건지방(福建地方)에서 시작하여 점차 화남·화중·대만 등지로 퍼져 나갔다. 천지회는 가난한 농민을 비롯하여 상품운반인, 하역인부, 광부나 선원 등으로 구성되었다. 이들은 천(天)을 아버지로, 지(地)를 어머니로 받들고 지도자를 내세워 고통을 함께하는 의형제를 맺고 인간적인 의협심을 존중하면서 굳게 뭉쳐졌다.[63]

한편, 元末 이래 오랜 전통을 지니고 내려온 백련교계통의 여러 종교 결사도 18세기 중기로부터 각지로 퍼져 나갔다. 그들은 곧 말세가 도래하고 미륵(彌勒)이 나타나 중생을 구원하여 참된 고향[진공고향(眞空家鄕)]으로 돌아가 편안히 살게 될 것이라고 선전하였다. 이리하여 백련교의 본거지인 화북지방은 물론이고 가난한 유민이 많은 전국 각지의 산촌과 빈농지대로 파고들어 갔다.[64]

이러한 사회의 불안 속에서 산동을 중심으로 일어난 왕윤(王倫)의 청수교반란(淸水敎反亂, 1774)과 대만의 천지회의 반란(1776), 귀주(貴州), 사천(四川), 신강(新疆) 등지에서 지방관의 박해와 상인·고리대금업자·지주의 무자비한 착취에 저항하여 계속 묘족(苗族)의 반란이 일어났다(1795).[65]

한편 청조는 1794년(건륭 59년)부터 화북일대의 반란을 혹독하게 진압하면서 다수의 백련교도 우두머리를 처형하였다. 이 과정에서 부패한 지방관과 군사지휘관은 무고한 농민을 반란세력으로 몰아 함부로 체포한 후 석방금을 요구하며 이를 뇌물수수의 기회로 이용하였다. 이에 분개한 민중은 마침내 1796년부터 호북·사천·섬서·감숙 등지에서 대대적인 백련교의 반란을 일으키게 되었다.[66]

---

63) 유장근, 「19世紀初 中國東南部地域의 天地會動向-1802年의 惠州反亂을 中心으로」 『慶大史論』 2, 경남대, 1986.
  _____, 「天地會의 起源에 관한 研究史的 검토」 『慶大史論』 4·5합집, 1990.
  이은자, 「19世紀 後半 山東西部 民間宗敎結社와 拳會의 動向」 『歷史學報』 161, 1999.
64) 최진규, 「淸中期 五省 白蓮敎反亂의 宗敎的 계기-口號와 儀式을 중심으로-」 『東洋史學研究』 27, 1988.
  안정은, 「19세기 후반 四川省의 敎案-川東 地域을 중심으로-」 『梨花史學研究』 25·26, 1999.
  이준갑, 「淸中期 四川 嘓嚕의 活動과 地方治安-土·客共存과 관련하여-」 『東洋史學研究』 68, 1999.
65) 김호동, 「1864年 新疆 무슬림反亂의 初期經過」 『東洋史學研究』 24, 1986.
66) 백련교 반란의 우두머리로는 양양의 요지부(姚之富), 제림의 제왕씨(齊王氏), 장첨륜, 장한

이들은 반란의 중심지를 호북에서 사천과 섬서로 옮기면서 그 조직도 통일되어 활기를 띠웠다. 이를 진압하려고 청조는 향용(鄕勇)이라는 의용병을 최전선에 내보내고 그 뒤에 한인부대인 녹영병(綠營兵)을 배치하였으며, 관군인 만주팔기병은 후방에서 관망하는 상태였다. 이에 대해 백련교도도 강제동원한 농민들을 먼저 앞으로 내보내고 백련교도는 배후에 있었다. 그러므로 마주보고 싸우는 농민과 향용은 같은 농민이기 때문에 뒤에서 독려를 하지 않으면 서둘러 전투를 하려들지 않았다.

한편 신사들은 각 지역에서 성채(城砦)를 쌓아 백련교도의 진격을 저지하고 보급로를 차단하여 큰 성과를 올리게 되었다. 1795년 건륭제는 제위를 제15자(가경제)에게 양위하고 태상황제로 실권을 쥐고 있었다. 1799년에 건륭제가 사망하고 가경제(嘉慶帝)의 친정(親政)이 시작되자 가경제는 권신 화신(和伸)을 처형하고 관료의 기강을 바로잡아, 10년에 걸친 백련교의 대란이 수습되었다(1805).

그러나 백련교의 난은 청조에게 커다란 타격을 주었다. 우선 군사적으로 정복왕조의 중추가 되는 만주팔기병이 전혀 쓸모없다는 사실이 드러났고, 그 대신 한인의 민간무장 세력인 향용(鄕勇)이나 단련병(團練兵)의 역할이 돋보이게 되면서 한인관료의 입지가 점차 강화되었다. 이리하여 이후 태평천국 운동을 비롯한 무수한 민란에 한인 무장군인이 크게 활약한 것은 청조의 정규병이 이미 군인으로서의 역할을 상실하였음을 의미한다. 뿐만 아니라 청조가 이후 100여 년간 더 계속될 수 있었던 군사적인 힘도 이들 한인 무장군인에 의존한 바가 크다.

그 위에 청조는 이 반란을 진압하는데 국가예산의 3년분에 해당하는 1억 2천 만량의 군사비를 지출하였다. 더욱이 옹정·건륭시대에 비축해 두었던 약 7천 만량의 은도 모두 탕진하였기 때문에 풍족하던 국고가 고갈되면서 이후 만성적인 재정난에 허덕이고 사회 경제적으로 급속히 쇠퇴기를 맞이하게 되었다.

조, 사천 달주의 서첨덕, 왕삼괴, 냉첨록, 용소주, 염문주 등이다.
최소자, 「明·淸時代의 天主教와 白蓮敎」『梨大史苑』 22·23 합집, 1988.
최갑순, 「白蓮敎와 淸代 民衆反亂-新時代 待望論을 중심으로-」『震檀學報』 81, 1996.

제 11 장
유럽열강의 아시아 침략

제 1 절   아편전쟁과 동아시아의 변화

I. 청의 대외무역정책

1. 청과 영국의 무역관계

　지리상 발견 이후 서양세력의 아시아 진출 과정에서 유럽인은 동양의 특산물을 유럽에 중개함으로써 막대한 이익을 얻게 되었다. 그러나 산업혁명이 일어나 대량생산이 시작되자 영국을 위시한 유럽열강은 동양을 단순한 중계무역의 대상이 아니라 자국의 원료공급지이며 동시에 상품시장으로 전환시키려 하였다.

　그런데 산업혁명의 선두주자인 영국의 대 중국무역은 18세기 중엽 이후 중국의 광동(廣東) 한 곳으로 제한되었고 그것도 무역거래는 청나라의 독점상인단체인 광동의 공행(公行)을 통해서만 행해지고 있었다. 영국은 이러한 제한적인 무역상태를 타개하기 위하여 영국황제의 칙명전권대사로 마카트니(Macartney)경을 파견하고(1793) 다시 암허스트(Amherst)경을 북경에 보냈으나(1816), 청조는 이를 조공사(朝貢使)로 대접할 뿐이었다. 이에 대해 영국은 국가간의 대등한 관계를 기반으로 한 평등한 무역을 요구하였으나 이는 전통적인 중국의 화이사상과 조공무역의 관행으로 볼 때에 도저히 받아들일 수 없는 요구였다.

　淸의 해외무역품은 주로 차와 비단, 도자기, 면포 등을 수출품으로 하였고 수입품은 별로 없었다. 그러므로 대외무역에서 수출초과현상을 나타내고 막대한 은이 중국에 유입되었다. 스페인의 은화와 멕시코의 은이 淸의 통화로 사용되었고 이에 따라 조세의 은납(銀納)이 널리 일반화되었다.

2. 공행(公行)의 해외무역독점

청조는 초기에 해외무역을 금지해 왔지만 1685년에 대만을 점거하여 온 정성공 후손의 항복으로 해상의 반청세력이 소멸되자 광동, 복건, 절강, 강남 등의 4성(省)에 해관(海關)을 설치한 후 해외무역을 허가하고 관세를 징수하였다. 이듬해에는 양화행(洋貨行)을 설치하고 수출입품을 취급하는 것을 독점시켰다. 이것이 관세납입을 부담시키는 행상제도(行商制度)의 시작이다.

그 후 1720년에 관세감독 업무를 담당하는 행상 16가(家)로 하여금 공행(조합)을 결성케 하였으나 여기에 참가하지 못한 상인의 책동으로 이듬해 폐지되었다. 이어 1726년에 40~50가의 유력 행상에서 6가를 선발하여 공행을 부활시켰다. 당시에 6가를 전행[專行: 후에 보상(保商)]이라고 불렀다.

외국선박 및 일반행상은 반드시 전행의 보증을 받아야 무역품의 매매를 취급할 수 있었다. 1736년 이후는 20가의 행상이 외국무역을 매매하였고 1760년에는 9행(行)이 외양행(外洋行)으로서 독립하였는데 이때부터 10행 내외가 아편전쟁까지 존속되었다. 한편 유럽 여러 나라는 공행의 무역독점체제가 외국상인에게 불리하였기 때문에 일찍부터 이것을 반대하고 공행의 폐지를 주장해 오다가 남경조약에 의해서 폐지시켰다.

3. 영국의 중국 무역타개책

대외무역을 독점하고 있는 공행의 장벽을 무너뜨리고 수입초과에 의한 막대한 은의 중국유출로 경제적 어려움을 느끼고 있던 영국이 비상수단을 강구하게 되었다.

당시 영국의 대외무역은 동인도회사(東印度會社)가 독차지하고 있었다. 동인도회사는 영국의 모직물과 인도의 면화를 중국에 수출하고 중국의 상품을 수입하였으나 수입초과 때문에 막대한 은을 청에 지불하지 않을 수 없었다.[1] 이러한 무역역조현상을 타개하기 위하여 동인도회사는 인도에서 재배한 아편을 중국으로 수출하기 시작하였다. 아편이 중국으로 수출됨에 따라 지금까지와는 반

---

1) 趙東元·馮興盛 주편, 중국사 연구회 옮김, 「아편전쟁」『중국근대사』, 청년사, 1990, 9쪽에 의하면 1781~1790년 간 중국의 수출은 차 단일 품목대금이 96,267,833원이다. 이에 대해 영국의 대중국 수출상품은 1781~1793년 사이 모직품, 양포(洋布), 면사, 금속 등 공업제품을 통틀어도 16,871,592원에 지나지 않아 영국의 수출상품 총합계가 중국의 차수출가의 6분의 1에 불과하다.
박기수, 「淸代 廣東의 對外貿易과 廣東商人」『明淸史硏究』9, 1998.

대로 중국에서 대량의 은이 빠져나오면서 마침내 1826년을 고비로 수입초과로 돌아섰다.[2] 아편이 밀수로 대량 유입되면서 그 대금으로 중국의 은이 동인도회사로 다량 유출되니 동인도회사는 무역 초과현상을 보이게 되었다. 청의 차와 영국의 은이 교환되는 합법무역(合法貿易)과, 인도의 아편이 淸의 은과 교역되는 밀무역이 결합되면서 소위 영국, 인도, 淸 사이의 삼각무역(三角貿易)이 성립되었다.

이와 같은 아편무역으로 지금까지 영국의 수입초과 현상은 해소되었으나 중국무역은 여전히 광동 한곳에 한정되고, 淸의 독점상인(공행)과 영국의 독점상인(동인도회사)을 통해서만 이루어졌다. 그러나 영국에서 산업혁명이 본 궤도에 오르면서 영국의 신흥 산업자본가는 이러한 제한무역체제를 배제하고 대청무역(對淸貿易)을 확대할 것을 정부에 강력하게 요구하였다. 영국에서 산업자본가가 다수 의회에 진출하면서 자유무역론이 승리하고, 결국 동인도회사의 무역독점권은 폐지되었다. 동인도회사를 통한 무역독점을 배제한 영국 정부는 淸에 대해서도 제한무역체제를 타파하고 중국시장 전체를 개방하게 하려는 기회를 노리게 되었다.

한편 수출초과국이던 청은 아편의 밀무역으로 수입초과국으로 전락하여 다량의 은이 해외로 유출되기 시작하였다. 그 결과 국내에서는 은의 가격이 폭등하여 조세수입이 줄어들어 재정난에 빠지고, 아편흡연으로 사회기강이 문란하여 국민건강에도 큰 해독을 끼쳤다. 따라서 청조는 이를 해결하려고 여러번 아편의 수입·판매·흡연을 금지하는 영을 내렸으나 아무런 효과가 없었다.

---

2) 1800년대 초기 20년 간 아편의 수입량은 연평균 4천 상자가 밀수되었다. 1830년대에는 2만 상자, 1838년에는 3만 5천 상자로 급증하였고 다시 1842~1849에 연평균 39,000상자, 1850~1854에는 53,500상자, 1855~1859에는 68,500상자로 늘었다. 1850년대 중반의 경우 아편값은 연간 4~5백만 파운드에서 6~7백만 파운드의 금액에 해당된다. 이는 영국의 공산품 수출액이 1~2백만 파운드에 불과한 것과 비교할 때 정상무역의 5배에 해당되는 액수이다. 앞의 『講座中國史』 Ⅴ, 53쪽 참조.
  이학노, 「淸道光時期의 아편밀수와 沿海商人」『啓明史學』7, 1996.
  _____, 「19세기 전반기 중국의 아편흡연과 흡연계층의 확산」『啓明史學』8, 1997.

Ⅱ. 아편전쟁과 남경(南京)조약

1. 청의 아편대책

당시 淸의 조정에서는 아편대책에 두 가지 상반된 주장이 있었다. 하나는 아편에 대한 어느 정도의 공인론(公認論)이고, 다른 하나는 엄금론(嚴禁論)이다.[3]

정부는 엄금론자인 임칙서(林則徐)로 하여금 아편문제를 해결하도록 하였다. 임칙서는 이미 호광총독(湖廣總督)으로 재직할 당시에 아편의 철저한 단속을 단행하였는데, 그의 아편에 대한 단속자세는 단호하였다. 즉, 흡연을 이대로 방치하면 수십년 후의 중국사회는 적에 대항할 병사도, 국가재정에 쓸 은도 고갈될 것으로 우려하였다. 이러한 염려는 당시 사회의 개혁을 주장하고 있던 인사들이 공통적으로 가지고 있던 생각으로 이것은 공양학(公羊學), 경세치용(經世致用)의 사상에 기반을 둔 것이다.

1839년 도광제(道光帝)는 임칙서를 황제의 특명을 수행하는 전권대신(흠차대신)으로 임명하여 광주(廣州)에 파견하여 아편문제 해결을 위한 전권을 위임하였다. 임칙서는 먼저 중국인 범법자 1,600여 명을 체포하고 이 중 192명을 처벌하였으며 19,187상자(237만여 근)의 아편을 몰수하였다. 외국상인에 대해서는 아편의 제출과 함께 앞으로의 아편무역을 포기한다는 서약서를 제출하도록 하고 몰수한 아편 2만여 상자를 불태워 파기하였다.[4]

---

3) 이금론(弛禁論)을 주장한 관리는 허내제(許乃濟)이다. 엄금론의 대표자는 황작자(黃爵滋) 임칙서이다. 태상시 소경(太常寺 少卿)인 허내제는 아편의 해독은 인정하지만 현실적으로 하급관리와 무뢰한이 결탁하고 있어 밀매의 금지가 불가능하며 금령(禁令)이 엄할수록 밀수의 이익이 커서 은 유출이 더욱 많아진다고 하였다. 이에 대해 엄금론은 홍로시경(鴻臚寺卿) 황작자의 주장으로 아편의 흡연자를 가려내어 이를 사형에 처할 것을 상소하였다. 공인론자는 아편무역으로 이득을 취하고 있는 부패한 관리, 지주를 대변하였고, 엄금론은 현실정치에 불만을 품고 있는 개혁주의 지식분자들로 황작자를 비롯하여 임칙서 공자진(龔自珍), 위원(魏源) 등이 주동이 되었다.
　유장근, 「阿片戰爭時期의 「漢奸」에 대하여」『慶南史學』 창간호, 1984.
　이학로, 「淸 道光年間의 阿片嚴禁論爭」『大丘史學』 33, 1987.
　조병한, 「개국 후 중국의 내정과 외교-아편전쟁에서 양무운동 이전까지-」『東北亞』 2, 1995.
　＿＿＿, 「鴉片戰爭 시기 '저항파' 林則徐의 改革사상과 淸議」『동아시아의 역사연구』 1, 1996.
　이영옥, 「아편전쟁 시기 道光帝의 아편정책」『東洋史學硏究』 69, 2000.
　박종열, 「淸朝 阿片論爭을 통해본 漢人 識者層의 思想的 動向」『民族敎育硏究』 2 춘천교대, 1982.
4) 엄영식, 「林則徐의 對英對決」『慶熙史學』 4, 1974.
　전형권, 「林則徐의 정치관에 대한 小考」『昌原大學校論文集』 12, 1990.

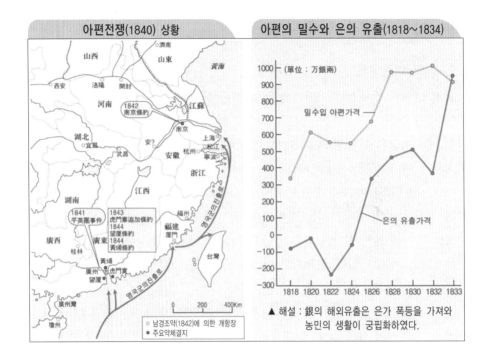

▲ 해설 : 銀의 해외유출은 은가 폭등을 가져와
농민의 생활이 궁핍화하였다.

2. 아편전쟁의 시작

영국정부는 이미 1839년에 淸과의 전쟁을 결정하였고 1840년 의회에서 가
결되어 조지 엘리어트(George Elliot)를 전권대표로, 브리머(Bremer)를 사령관
으로 하는 4,000명의 원정군을 파견하였다.[5] 1840년 6월 중국연안에 도착한
영국군은 천진(天津) 근처에 나타났다. 청조는 원정함대의 위세에 놀라 임칙서를

1839년 6월 3일부터 20여 일간 호문(虎門)의 강가에 구덩이를 파고 아편을 부수
고 소금과 생석회를 투입하여 녹인 후 방류시켜 파기하였다.

차경애, 「鴉片戰爭時期의 영국의 割讓目標地의 變更-舟山島에서 香港島로-」『明淸史硏究』
8, 1998.

정성일, 「마카트니의 中國派遣과 淸의 對應」『大丘史學』 45, 1993.

_____, 「嘉慶期 淸英關係와 定例重視의 對應」『歷史敎育論集』 20, 1995.

_____, 「阿片戰爭 前 道光帝의 對英認識과 政策」『慶北史學』 19, 1996.

5) 원정군 파견이 의회에서 승인된 것은 1840년 4월이다. 하원에서는 윌리엄·메르본을 수반
으로 하는 자유당 내각이 청국 원정을 결정하였다. 야당의 토리당이 제출한 전쟁반대안이
9표차로 부결되었다(전쟁반대 262표, 찬성 271표). 30세의 토리당원 글래드스톤
(Gladstone)은 아편을 빌미로 한 가장 추악한 전쟁이라고 정부를 비난하였다. 당시 아편으
로 막대한 이익을 취하고 있던 영국의 자본가들은 아편은 중국의 상류계층만 피우는 것이
라고 거짓선전하면서 의회에 압력을 가하였다. 자유당 내각은 영국의 중국무역을 안정된
기초 위에 두는 필요한 조건이란 명분을 내걸고 20척의 함선과 4천여명의 원정군 파견을
가결하였다.

파면하고 타협파인 기선(琦善)으로 하여금 광주에서 영국과 교섭을 하도록 하였다. 기선은 영국군의 강압에 굴하여 몰수 아편의 배상, 홍콩섬의 할양을 포함하는 가조약을 체결하였다. 그러나 도광제(道光帝)는 이 가조약에 격노하여 기선을 파면하고 영국에 대해 강경한 자세를 취하자 마침내 영국은 공격을 재개하였다. 1841년에 영국군이 광주를 점령하자 청조는 하는 수 없이 배상금 지불과 영국군의 광주주둔을 승인하는 광주화약(廣州和約)을 체결하였다. 그런데 이때 광주지방의 신사(紳士)와 지주(地主)들이 중심이 되어 광주 북쪽 삼원리(三元里) 일대의 농민을 규합하여 조직한 평영단(平英團)이 영국군을 포위하여 큰 타격을 가하고 영국군의 광주 입성에 대하여 저항을 계속하였다.[6]

그러나 영국은 하문(廈門)·영파(寧波) 등을 점령하고, 1842년에는 인도로부터 1만명의 증원군을 투입하여 상해와 진강(鎭江)을 점령하고 남경으로 육박해 들어가니 청은 이에 굴복하고 남경조약(南京條約)을 체결하게 되었다(1842).

3. 남경조약과 중국문호의 개방

남경조약의 내용을 보면 1) 5개 항구(廣州·上海·廈門·福州·寧波)의 개항, 2) 홍콩의 할양, 3) 공행(公行)제도의 폐지, 4) 배상금 2,100만 달러(약 1,500만량)의 지불, 5) 수출입품에 대한 관세부과는 영국과 협의결정한다는 등의 내용이다. 또 이듬해 추가조약(오구통상장정과 호문조약)을 맺어 협정관계를 규정함으로써 관세자주권을 상실하였고 영사재판권의 설정으로 거주외국인에 대한 재판권을 상실하였다. 뿐만 아니라 개항장에서의 토지임차권[후의 조계(租界)]과 함께 최혜국대우를 인정하는 불평등조약을 체결할 수밖에 없었다.

1844년에는 미국과 프랑스와 거의 같은 내용으로 망하조약(望廈條約), 황포조약(黃埔條約)을 체결함으로써 중국은 주권의 일부를 상실하여 제국주의 열강의 침략에 무방비상태로 노출되었다. 이리하여 불평등조약을 바탕으로 하여 구미의 공업제품이 중국시장으로 물밀듯 들어오니 중국은 열강의 반식민지로 전락하게 되었다.[7]

---

6) 신연철, 「淸末 反英運動의 起源-平英团事件을 中心으로-」『成大人文·社會論文集』 16, 1971.
7) 방용필, 「阿片戰爭 以後의 淸英關係(1842~51)-通商과 關稅問題를 中心으로」『人文論叢』 16, 한양대, 1988.
___, 「上海海關의 臨時制度(1853~54): 英美領事에 의한 關稅代徵行政」『東洋史學硏究』 39, 1992.

남경조약 후 구미 자본주의 상품의 유입으로 중국의 수공업은 큰 타격을 입고 쇠퇴하였다. 뿐만 아니라 열강에 대한 막대한 배상금은 국민의 세금에 의존하게 되어 중국사회는 더욱 피폐하게 되었다. 이를 계기로 태평천국운동이 일어났다.

Ⅲ. 아편전쟁의 역사적 의미

아편전쟁(阿片戰爭)은 중국뿐만이 아니고 동양사회 전체에 커다란 충격을 준 획기적 사건이다. 중국의 근대사를 아편전쟁이 시작된 1840년을 기점으로 하는 것도 아편전쟁이 차지하는 역사적 성격 때문이라 하겠다.[8]

우선 1840년의 아편전쟁은 불평등조약 체제의 기초과정이고, 1856년의 애로우호 사건은 그것의 확대과정으로 보아야 한다. 이와 함께 아편전쟁의 정치적 성격은 지금까지 세계의 중심이라고 자부하던 중화주의(中華主義)가 여지없이 짓밟혔고 외국의 군함이 내지(內地) 깊숙이 드나들게 되면서 중국의 주권을 유린하고 더할 수 없는 굴욕감을 주었다.

뿐만 아니라 사회·경제적으로는 중국이 서양의 상품시장, 원료의 공급지로 전락되면서 국민경제는 심각한 타격을 입게 되었다. 특히 아편무역이 합법화되면서 아편의 수입증대를 가져와 중국사회를 마비시키고 제국주의 침략의 무자비함이 그대로 드러나게 되었다.

또한 사상 문화적인 면에서 서양의 우세한 군사력[과학문명]에 대해 눈을 돌리고 이에 따라 일부 지식층을 중심으로 양무운동(洋務運動)의 사상적 기반을 마련하였다. 그러나 외국인 선교사의 자유로운 포교활동이 시작되면서 유교이념과는 상반되는 크리스트교 문명에 대해 끊임없는 저항과 갈등을 가지면서 이후의 반기독교운동(反基督敎運動)으로 치닫게 되었다.

아편전쟁은 결국 중국이 세계자본주의 시장 속으로 편입되는 이른바 반식민지화(半植民地化)로 전락하면서 이후의 중국역사는 반제국주의(反帝國主義)·반봉건주의(反封建主義) 투쟁쪽으로 번져나갔다. 아편전쟁은 청조체제의 사회적 모순을 확연히 드러내는 계기가 되었다.

---

8) 아편전쟁이 일어난 1840년을 중국 근대사의 기점으로 잡는 것은 일반적이지만 이 밖에 명 말[16세기 후반] 혹은 명·청교체기[17세기]까지 거슬러 올라가야 한다는 주장도 있다(표교열, 「제1·2차 中英戰爭」『講座 中國史』 Ⅴ, 7쪽 참조).
함홍근, 「中國 近代·現代史의 世代別時代區分試論」『梨花史學硏究』 13·14합집, 1983.

Ⅳ. 애로우호 사건(제2의 아편전쟁)과 북경(北京)조약

1. 애로우호 사건의 발발

아편전쟁의 패배로 막대한 배상금을 지불하게 된 청조는 사회·경제적으로 어려움을 당하게 되었고, 그것이 결국 태평천국운동(太平天國運動)으로 폭발하였다(1850).

한편 영국의 입장에서 보면 남경조약으로 5개항이 개항되었으나 항구와 연결되는 내륙수송의 요로인 양자강 등의 내륙하천은 아직 개방되지 않았다. 그 위에 외국인의 중국내지여행과 크리스트교의 포교활동도 자유롭지 못하였다. 또 남경조약의 적용범위도 양국 간 해석의 차이를 보였다. 그러나 무엇보다 남경조약으로 개항된 5개 항구는 대부분 강남쪽에 위치하여 청나라의 수도 북경과는 거리가 멀기 때문에 청조에 대한 정치적인 협의가 쉽지 않고, 영국의 면제품을 추운 화북지방에 판매하기도 곤란하여 대중국 무역은 별로 개선되지 못하였다.[9]

이에 영국은 어떤 구실을 잡더라도 남경조약의 개정을 꾀하려 하였다. 기회를 노리고 있던 영국은 1856년 광주에서 청의 관리가 중국인 소유의 배 애로우호에 올라가서 승무원 12명을 해적혐의로 연행하고 영국 국기를 내린 단순한 사건을 문제 삼았다.

영국은 이 사건을 구실로 청조에 전쟁을 선포하고 프랑스에 공동출병을 제의하였다. 프랑스의 나폴레옹 3세는 마침 광서지방에서 프랑스 선교사가 지방관에게 처형된 사건에 대한 보복을 이유로 이에 응하였다.[10]

---

9) 1846년 이후 약 10년 간 영국의 대중국 수출은 거의 정체되고 있었다. 1844년과 1845년에 영국의 공업제품(면제품이 70% 차지) 수출총액은 2백3십만 파운드를 넘고 있다. 그러나 1852년의 250만 파운드를 제외하면 이 수준을 넘는 해는 거의 없었다. 그대신 중국의 차·생사·도자기 등의 수출이 크게 증가하여 영국은 연간 약 4백만 내지 9백만 파운드의 수입초과를 보였고 영국의 공업제품 특히 면제품이 팔리지 않았다. 단지 아편 수입은 계속 증가하여 1842~1859년에 연평균 39,000상자, 1850~1854년 53,000상자, 1855~1859년에 68,500상자로 증가하였는데 이는 연간 5백만 파운드에서 7백만 파운드의 금액에 해당한다(『講座中國史』 V, 52~53쪽) 참조.
10) 신승하, 「淸, 道·咸時代의 對外認識」『藍史鄭在覺博士古稀紀念東洋學論叢』, 1984.
　　조영록, 「近世 東아시아의 鎭國的 傾向과 天下認識의 變化」『中國學報』 36, 1996.
　　표교열, 「1860년 英佛聯合軍에 대한 淸朝의 對應－파아크스 拘禁事件과 恭親王－」『釜山史學』 10, 1986.

2. 청조의 굴복과 북경조약

1857년에 영·불연합군은 광주를 점령한 후 양광총독 섭명침(葉名琛)을 체포하여 캘커타로 송환하고 이어 북으로 올라가 천진(天津)의 태고포대를 점령하였다(1858). 청조는 영·불 양국의 조약개정 요구에 굴복하고 천진조약(天津條約)을 체결하였다.[11] 천진조약은 아편무역의 합법화와 함께 외국공사의 북경상주와 외국사신과 황제의 대등한 면담을 공인하였다.

그러나 이러한 조약내용은 전통적인 중화주의에 입각한 조공외교(朝貢外交)에 배치될 뿐만 아니라 황제의 권위를 실추시켰다는 위기감이 사회전반에 고조되면서 조약 파기론이 대두되었다. 그리하여 천진조약을 비준하기 위하여 영·불 양국 공사를 싣고 북경(北京)에 들어오는 군함을 천진입구의 태고포대에서 포격을 가하여 이를 물리쳐 버렸다.

극도로 분개한 영·불 양국은 1860년 7월에 2만여 명의 원정군을 보내어 북경을 점령한 후 동양의 베르사유궁으로 자랑하던 원명원(圓明園) 궁전으로 쳐들어가 그 속에 보관하고 있던 세계적 보물급 문화재를 약탈하였다. 청조는 이에 굴복하고 함풍제(문종)는 열하의 별궁으로 난을 피하였으나 울분 속에서 죽고 6세의 아들 동치제(同治帝, 목종)가 즉위하니 친어머니 서태후(西太后)가 공친왕과 함께 섭정을 하게 되었다.

청조는 천진조약을 전면적으로 받아들이고 새로 천진의 개항, 배상금 증액(400만 파운드), 구룡(九龍)반도의 할양 등을 추가하고 굴복하였다. 한편 러시아는 영·불과 중국 사이의 강화를 알선한 대가로 청과 아이훈조약(1868) 및 북경조약을 맺어 흑룡강 이북의 영토와 연해주를 청으로부터 할양받아 블라디보스톡의 부동항건설에 박차를 가하고 조선과 두만강을 경계로 접하게 되었다.

애로우호사건은 아주 단순한 돌발사건에 불과하였으나 북경조약에 이르기까지의 과정을 보면 제국주의 영국의 사건확대(침략전쟁)에 휘말려 청조는 미봉책으로 급급하면서 사건수습의 기회를 상실하였다. 뿐만 아니라 근대적 외교관례의 미숙으로 조약을 비준하고서도 이를 실행하는데는 항상 주저하다가 결국 더 많은 것을 상실하는 어리석음을 저질렀다.

---

11) 천진조약 내용은 외교사절의 북경주재, 외국인의 자유로운 내륙여행과 양자강의 개방, 10개 항구의 개항, 기독교선교의 공인, 6백만 량의 배상금 지불 등이다.

제2절 태평천국운동과 중국사회의 변모

Ⅰ. 태평천국(太平天國)운동의 사상적 배경

1. 한민족의 민족적 자각

아편전쟁의 패전으로 청조의 권위는 크게 손상되었다. 한민족은 이민족왕조인 청조에 대하여 경멸과 함께 반항적 자세를 갖기 시작하였다.[12)]

또한 아편전쟁의 패전으로 막대한 배상금을 지불하였고 전쟁비용 등은 모두 백성의 세금으로 강제 징수되었기 때문에 조정에 대한 원성은 더욱 높아졌다. 그 위에 아편과 외국상품의 수입증가로 물가가 폭등하여 백성의 생활은 더욱 비참하게 되어 사회적 불안으로 발전하였다.[13)]

이러한 사회적 불안을 배경으로 아편전쟁 이후 화중·화남을 비롯한 각 성에서는 대규모의 조세저항운동이 전개되었다.[14)] 또 하늘의 뜻에 따라 도(道)를 행하고 부자로부터 빼앗아 가난한 자를 구제한다는 명분을 내세운 천지회(天地會)의 반란이 자주 일어났다. 특히 광서(廣西)와 호남(湖南)지방에는 아편전쟁 후 해고된 병사나 부두의 실업노동자가 흘러들어와 천지회를 비롯한 불법집단의 활동무대가 되면서 무정부상태가 되었다.

---

12) 허 원, 「淸末 프랑스 천주교회의 內地 土地 租買權과 중국측의 대응」『歷史學報』 139, 1993.
　　＿＿＿, 「淸末 西洋敎會의 內地 不動産利用權과 中國官民의 대응」『東洋史學硏究』 50, 1995.
13) 전해종, 「太平天國의 動機와 性格에 관한 考察」『歷史學報』 3, 1953.
　　하정식, 「近代의 民衆運動－太平天國의 경우－」『東洋史學硏究』 27, 1988.
14) 박기수, 「太平天國과 華中地方의 農民鬪爭」『成大史林』 2, 1977.
　　＿＿＿, 「太平天國 이전(1830〜1850)廣西民蜂起」『東洋史學硏究』 31, 1989.
　　이은자, 「1861－1863年 山東西部 八卦敎反亂과 地域社會」『東洋史學硏究』 63, 1998.

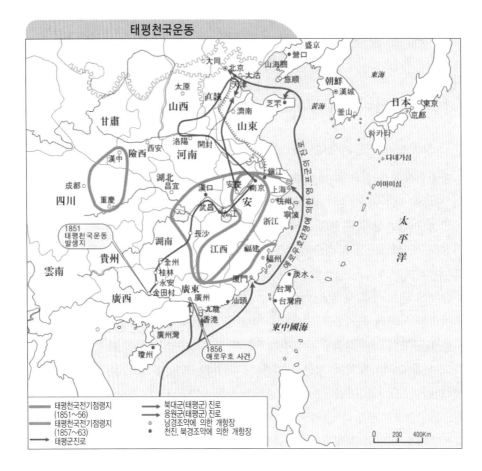

2. 홍수전(洪秀全)의 배상제교(拜上帝敎)

홍수전[15]은 1850년에 사회적 모순을 구제한다는 명목으로 멸청흥한(滅淸興漢)을 내걸고 태평천국운동(太平天國運動)을 일으켰다. 홍수전은 일찍이 관리가 되려고 과거시험에 응시하였으나 번번이 낙방하고 실의에 빠져있을 때 꿈속에 상제(上帝)가 나타나 올바른 신앙으로 구세제민(救世濟民)의 길을 열라는 계시를 받고 기독교를 믿게 되었다고 한다. 그의 기독교사상에 큰 영향을 준 책이 『勸世良言(권세양언)』이란 개신교 선전책자이다. 그는 친구 풍운산(馮雲山)과 함께 배상제교를 조직하여 기독교를 포교하기 시작하였다.

---

15) 홍수전(1814~1864)의 가문은 광동성 의현(衣縣)에 이주해 온 객가(客家)의 중농집안이다. 1827년 14살 때 과거의 1차 지방시험[현시(縣試)]에는 합격했으나 광주에서 보는 2차시험[원시(院試)]에 여러 번 낙방하여 생원(生員)의 자격을 얻지 못하면서 큰 좌절을 겪었다. 그 후 기독교입문서인 『권세양언』을 읽고 기독교 교리를 학습하게 되었다.

　홍수전은 중국의 상제와 기독교의 여호와(구세주)는 같은 인물이라 믿고 참된 신(神)은 천부상황제(天父上皇帝)라 생각하였다.[16] 이리하여 인간은 모두 평등한데 서로 차별하고 싸우는 것은 이 상황제를 버리고 거짓신 요마(妖魔)인 도교·불교 등에 사로잡혀 있기 때문이라고 주장하였다. 따라서 태평천국운동의 모체는 배상제교로 그의 초기주장에는 기독교사상을 배경으로 아편·도박·주술·음행을 금지하는 윤리성이 강하게 나타나고 있었다.

　그러나 상제교(上帝敎)는 포교활동을 하는 과정에서 그 성격이 변화되었다. 즉, 광서지방에 이주하여 온 객가(客家)출신 농민들의 비참한 생활 속으로 침투되는 과정에서 기독교와는 다른 토속적인 일신교로 변모하였다. 상제교를 믿으면 질병은 물론이고 독사나 호랑이의 해로부터 벗어날 수 있고, 생활의 풍족함도 얻을 수 있다는 현실적 이익을 강조하고 광서지방에서 유행하고 있는 강동(降僮)이라고 하는 일종의 신내림의 풍습을 가미하게 되었다. 이것은 곧 상제교가 사회적 모순을 해결할 수 있다는 종교혁명운동으로 발전하게 되는 사상적 기반을 마련하는 계기가 되었다.

　이리하여 홍수전은 객가(客家)의 숯구이출신인 양수청(楊秀淸)과 빈농출신 소조귀(蕭朝貴)의 도움을 받아 1847년에 우상파괴운동에 따른 지배계층과의 항쟁을 시작하였다. 홍수전은 자신이 예수 크리스트의 동생이고 하나님(上帝)의 둘째 아들로 지상의 참된 구세주가 되어 인민을 구원할 사명을 상제로부터 부여받았다고 주장하며 이러한 운동을 확대해 갔다. 그는 각 마을에 있는 공자상(孔子像)을 파괴하여 우상을 배척하고 구체제를 타파하는 모범을 행동으로 실천하였다.

Ⅱ. 태평천국운동의 전개와 그 역사적 의미

1. 태평천국운동의 봉기와 전국확대

　1850년 7월 광서성 각지의 상제교(上帝敎) 회원은 광서성 금전촌(金田村)으로 결집하여 봉기하였다. 참가자의 성분을 보면 객가(客家)출신의 농민, 가난한 원주민, 광산노동자, 변경의 소수민족(요족, 장족) 등으로 구성되어 있었다. 홍수

---

16) 최진규, 「太平天國과 上帝敎-建國過程에서의 理念을 中心으로」『東洋史學研究』55, 1996.
　　＿＿＿, 「太平天國 科擧制度의 歷史的 性格」『明淸史研究』7, 1997.
　　＿＿＿, 「太平天國의 天京建都와 上帝敎」『人文科學研究』(조선대) 20, 1998.

전이 나라이름을 태평천국으로 한 것은 대동사상을 바탕으로 천하는 일가(一家)이며 태평(太平)을 누리게 된다는 뜻에서 태평을 내세웠고, 천국은 기독교성서에서 말하는 하늘나라를 의미한 것이다.

그리고 태평천국운동의 목표는 멸청흥한(滅淸興漢)으로 청조를 타도하는 반란이다. 이를 실천하기 위해 변발을 장발로 고치고 남녀차별 반대, 유교배척, 토지의 균등분배를 주창하였다. 또 양수청(楊秀淸), 위창휘(韋昌輝), 석달개(石達開) 등이 중심이 되어 군율(軍律)과 관제(官制), 역법(曆法)을 제정하였다.

1852년에는 광서성에서 호남성 남부로 진출하였다. 이때에 천지회(天地會)와 백련교도(白蓮敎徒)를 비롯하여 광부와 빈민이 합세하여 그 수가 크게 증가하여 마침내 호남지방을 석권하고 양자강유역으로 나아가게 되었다. 특히 항조(抗租)·항량(抗糧)폭동의 풍조가 만연하고 있던 호남·호북의 농민들이 대대적으로 호응한 결과 당시의 세력은 50만이 넘었고, 이듬해 남경을 점령하고 이곳을 태평천국의 수도로 정하였다. 태평군의 남경점령으로 광동·광서의 천지회, 상해의 소도회(小刀會)도 반청(反淸)정부를 수립하였다. 또 안휘의 염군(捻軍), 귀주의 묘족(苗族), 운남의 회족(回族)도 반청운동에 가담하고 뒤이어 산동지방의 백련교도, 감숙·섬서의 회족, 신강지방의 이슬람교도도 반란을 일으키니 전 중국은 반청반란(反淸民亂)으로 휩싸여 들어갔다.

2. 태평천국의 제도개혁

태평군은 1852년의 호남지방 진출 이후 청조를 악마집단으로 부정하면서 멸망흥한(滅滿興漢)의 민족주의를 더욱 강조하면서 한족의 궐기를 재촉하였다. 이와 함께 3년 간의 토지세 면제, 부패관리의 숙청, 빈부의 일소 등을 내세워 대지주, 부상(富商), 고위관료를 공격 목표로 하였다. 1853년에는 다시 토지제도로 유명한 천조전무제도(天朝田畝制度)를 발표하였다.[17] 이는 토지의 사유를 금

---

17) 하정식, 「'天朝田畝制度'의 一視角」『全海宗博士華甲紀念史學論叢』, 일조각, 1979.
  _____, 「太平天國의 農民觀과 그 政策-官民意識을 중심으로-」『崇實史學』5, 1988.
  김성찬, 「太平天國政權의 確立過程과 '安民' 政策」『東洋史學研究』27, 1988.
  _____, 「太平天國 '天京'民間社會 再編의 實狀과 '百姓條例'」『東洋史學研究』65, 1999.
  조병한, 「太平天國의 宗敎共同體와 官僚體制」『釜大史學』23, 1999.
  전경선, 「태평천국기 浙江省의 釐金」『釜大史學』23, 1999.
  김배철, 「太平天國時期 湖南社會의 軍事化-湘軍세력의 興起와 관련하여-」『東洋史學研究』 54, 1996.

지하고 남녀의 구별 없이 연령별로 평등하게 토지를 분배하고 논밭이 있으면 함께 갈고 음식이 있으면 같이 먹는다는 평균주의(平均主義)를 내세운 것이다. 이와 함께 25호(戶)를 기본공동체로 하여 100호, 500호, 2,500호, 12,500호마다 향관(鄕官)을 두고 행정과 군사를 함께 관리하도록 하였다. 태평천국 정부는 또 아편·노름·음주의 금지와 함께 여성의 전족금지,[18] 새로운 달력과 새 화폐의 발행, 쉬운 구어문체(口語文體)의 제창 등 풍습과 문화면에도 혁신적인 개혁을 추진하였다.

3. 태평천국운동의 좌절

태평천국의 정책 가운데 공자와 맹자의 저서를 포함한 유교의 배척과 공자묘의 철저한 파괴, 불교배척 등은 지식층이나 신사층의 반발을 가져왔고 이에 따라 지주·신사층은 상군(湘軍)과 단련(團練)을 조직하여 태평군에 적극적으로 대항하였다.

한편 태평군의 남경점령(1853)은 영국을 비롯한 열강에게 큰 충격을 주었다. 그것은 아편전쟁 후 상해를 비롯한 양자강 하류 일대가 영국수출품의 중요한 시장이기 때문이다.[19] 처음, 영국의 외교관이나 선교사들은 태평군의 기독교적인 성격과 군사력의 압도적 우세를 보고 청조에 등을 돌리고 태평천국을 지지하자는 주장을 펴는 의견도 있었다. 다만 영국정부는 내정불간섭을 내세워 중립을 표방하였으나 남경조약을 위반하거나 기득권을 침해할 경우에는 무력으로 대응할 것임을 태평군에게 경고하였다. 한편 북경의 청정부에 대해서는 영국공사의 북경주재를 비롯한 남경조약을 개정하면 중립을 버리고 청을 도와줄 것을 제시하여 압력을 가하기도 하였다.

초기의 태평군은 그 군기가 엄정하여 민가를 약탈하는 일은 거의 없었다. 그것은 태평군 가운데 민가에 들어가는 자는 그의 발을 잘라버릴 정도로 엄격한 군법과 금욕주의를 취하였기 때문이다. 따라서 백성들은 태평군의 입성은 환영하였으나, 청군(관군)이 입성하면 도망갈 정도로 태평군의 인기는 높고, 점령지는 치안유지가 잘 되었다. 그러나 남경점령 이후 지도부 내부에는 권력투쟁을

18) 이환호, 「太平天國의 女性活動에 대한 考察」『慶熙史學』 12·13 합집, 1986.
19) 표교열, 「太平天國時期 上海官紳의 '借兵助剿'論과 恭親王-1860년을 중심으로-」『蔚山史學』 창간호, 1987.

위한 반목과 알력이 표면화되었다. 먼저 군사와 행정의 실권을 장악하고 있던 동왕[東王: 양수청(楊秀淸)]의 횡포를 타도하기 위해 천왕[天王: 홍수전(洪秀全)]의 지시를 받은 북왕[北王: 위창휘(韋昌輝)]이 동왕을 공격하여 일족과 부하 2만여명을 살해하였다. 이어 홍수전은 다시 위창휘의 전횡을 문제삼아 그를 처형하였고 사후처리에 나선 익왕[翼王, 석달개(石達開)]도 천왕의 의심과 박해로 20만의 대군을 이끌고 남경에서 이탈하니 이를 천경(天京: 南京)의 참변이라 한다(1856).[20] 이에 앞서 북경정벌을 위해 파견된 4만여명의 태평군도 천진(天津)부근까지 쳐들어갔으나 기다리고 있던 청군에게 괴멸당하여 태평군운동은 좌절되었다.

4. 태평천국운동의 성격과 역사적 의의

태평천국운동은 중국의 혁명운동에 새로운 장을 여는 역사성을 지니고 있다.

먼저 이 운동은 비록 실패로 끝났으나 중국의 18성 가운데 16성에 운동의 불길이 파급되었으며 인명피해만도 2천만(혹은 4천만으로 추정)을 헤아려 역사상 유례를 찾을 수 없는 대규모 유혈혁명운동이었다.

이와 함께 이 운동을 주도한 홍수전이 기독교의 교리를 이용하여 혁명을 전개하였다는 점도 종래의 농민운동과 그 성격이 다르다. 秦末의 진승(陳勝)·오광(吳廣)의 반란에서 비롯하여 적미(赤眉)의 난, 후한말의 황건당(黃巾黨), 수말(隋末)의 미륵교도, 당말의 황소의 난, 元末의 홍건당, 명말의 이자성(李自成)의 난 등 수많은 농민반란은 대부분 미신적인 비밀결사와 미륵불사상을 근거로 하고 있다. 그러나 태평천국운동은 중국의 사상이 아닌 서구의 기독교사상을 바탕으로 혁명을 이끌어 나갔다는 점에서 그 성격의 특징을 찾을 수 있다.

다음으로 이 운동은 이후 무수히 전개되는 민중혁명의 선구로서 평가될 수 있다. 손문(孫文)은 태평천국운동을 중국의 민족혁명으로 높이 평가하였고 그 실패의 원인을 민권(民權, 民主)주의의 부족함에 있다고 하여 이를 교훈으로 받아들였다. 또한 중국공산당은 1927년 이후 농촌에서 홍군(紅軍)을 건설하는 과정에서 태평천국운동을 농민전쟁으로 평가하고 군대의 편성과 규율을 이 운동에서 배우고자 하였다. 이 운동이 청조의 봉건사회에 준 영향은 매우 컸으며

---

20) 정환시, 「太平天國의 統治制度에 對한 考察」『圓光大論文集』 14, 1980.
　　이환호, 「太平天國 北伐軍의 軍事活動—林鳳祥과 李開芳의 軍事活動을 중심으로」『東洋史學研究』(경희대)3, 1997.

특히 증국번(曾國藩)의 상군(湘軍), 이홍장(李鴻章)의 회용(淮勇) 등 한인의용군이 반란진압에 결정적인 공을 세웠다.[21] 이를 계기로 한인관료의 입지가 강화되면서 이들이 양무운동의 주도권을 장악하게 되었다. 뿐만 아니라 태평천국운동은 조선·일본을 비롯한 아시아 각국에도 적지 않은 충격을 주었다.[22]

5. 서태후(西太后)의 섭정과 청말정치개혁의 좌절

아편전쟁과 애로우호사건으로 서구열강에 무릎을 꿇은 청조는 비로소 제국주의 무력의 막강함을 알게 되면서 서둘러 근대화 운동과 개혁을 추진하였다. 그러나 청조의 근대화 개혁운동에 가장 큰 장애가 된 것이 청의 조정에 도사리고 있던 보수 반동 세력이고, 그 대표적 인물이 서태후(1835~1908)였다.

서태후가 국정을 장악한 58년 동안(1860~1908) 청조는 보수와 개혁 세력이 서로 충돌하였고 이 과정에서 개혁정치는 서태후의 철저한 탄압으로 좌절되면서 청조는 멸망의 늪으로 가라앉게 되었다.

서태후는 하급관료인 만주기인(旗人) 혜징(惠徵)의 딸이다. 16세 때 이미 5경(五經)을 암송하고 24사(史)를 독파하였으며 만문(滿文)에 통달하고 시(詩)화(畵)에 능하였다. 뛰어난 미모로 재색(才色)을 겸비하여 18세 때 함풍제의 비(妃)로 궁중에 들어가 목종(皇子)을 낳았다. 함풍제는 내우외환에 시달린 나머지 환락에 빠져 일체의 정무를 태후에게 일임하니 궁중의 실권을 서태후가 쥐게 되었다.

1861년 함풍제가 열하(熱河)의 별궁에서 죽자 유언에 따라 서태후의 아들 동치제(목종)가 즉위하였다. 이때 함풍제를 따라서 열하에 와있던 총신 정친왕, 이친왕, 권신 숙순 일파가 정변을 꾀했으나 성공하지 못하고 처형되니 이를 신유정변이라 한다. 1865년 의정왕 대신을 파면하면서 서태후의 섭정 전제 정치가 확립되었다.

1875년 궁정안의 실력자 공친왕과 충성스러운 한인관료 중국번, 좌정당, 이홍장 등과 함께 과감한 수렴정치를 행하였다. 이때 동치제는 태후가 천거한 왕비후보자를 거절하고 동태후(東太后)가 추천한 여인을 황후로 맞이하니 서태후의 노여움을 사고 태후의 미움을 사서 돌연 19세의 나이로 사망하고, 서태후는

21) 전유권, 「湘軍의 性格에 대한 一考察」『釜大史學』 9, 1985.
22) 하정식, 「太平天國에 대한 朝鮮政府의 認識」『歷史學報』 107, 1985.
   김선경, 「洪仁玕과 太平天國」『梨大史苑』 22·23 합집, 1988.

계속 섭정을 위해 4세의 광서제를 옹립하여 정권을 유지해 나갔다. 이때 대불(對佛)외교의 잘못을 구실로 지금까지 함께 정치를 해오던 공친왕을 몰아내고 군기처와 총리아문을 장악하면서 국정의 실권을 완전히 한 손에 틀어쥐었다.

1889년에 조카딸을 광서제의 황후로 발탁한 후 한때 광서제의 친정을 허락하였으나 측근을 동원하여 광서제를 감시하였다. 광서제는 그가 총애하던 진비(珍妃)의 스승 문정식(文廷式)과 그 형 지예(志銳)를 중용하자 서태후는 곧바로 그들을 파면하였다.

1898년에 무술개혁이 일어나자 서태후는 원세개의 밀고를 받아 강유위 등 무술 개혁파를 철저하게 탄압하니 무술개혁은 100일 천하로 끝났다. 광서제를 유폐하고 다시 강력한 수렴정치를 시작한다.

1900년에 부청멸양(扶淸滅洋)을 내걸고 의화단의 난이 일어나자 서태후는 의화단을 지지하고 외국 열강에 대하여 선전 포고를 단행하였다. 이것은 청조통치의 결정적 파국을 가져온 원인이 되었다. 연합군이 북경에 침입하자 서태후는 광서제와 고위관료를 모두 데리고 서안(西安)으로 도피하였다. 1901년 연합군과 화의를 맺은 후(신축조약) 보수정책을 포기하고 때늦은 신정(新政)정치를 결행하니 신정에는 교육쇄신, 관제개혁, 전족금지, 군사정비, 만한통혼(滿漢通婚) 등 혁신정책이 내포되었다. 그러나 이것은 강유위가 이미 무술변법 개혁을 단행할 때 내세운 혁신정책을 모방한 것이다.

1908년 광서제가 죽은 다음 날 서태후도 이화원에서 사망하였고, 4년 후(1912) 청나라는 멸망하였다.

제 12 장
중국의 근대화운동

제1절 양무(洋務)운동의 추진

Ⅰ. 양무운동과 양무파 관료의 성격

중국의 근대화운동은 양무ㆍ변법ㆍ혁명의 3단계로 나눌 수 있다.[1]

청조는 아편전쟁과 애로우호 사건을 계기로 서양의 군사적 위력을 알게 되었고, 더욱이 태평천국운동으로 안팎의 위기에 직면하게 되었다. 청조는 이러한 위기 상황에서 부국(富國)과 강병(强兵)을 내세우면서 서양을 모델로 하는 강력한 군사력과 각종 근대산업을 일으켜 난국을 타개하려는 근대화운동을 추진하였으니 이것이 제1단계의 양무운동(洋務運動)이다.

양무운동은 중체서용(中體西用)을 내걸고 목종의 동치연간(同治年間, 1861~1874)에 추진되었기 때문에 동치중흥(同治中興)이라고도 한다.[2] 이 운동의 기원은 이보다 훨씬 이전으로 소급된다. 즉, 아편전쟁에 참패하였을 때 이미 위원(魏源)은 『海國圖志(해국도지)』를 저술하고 그 서문에서 서양(夷)의 장기(長技)를 배워 서양을 제압해야 한다고 주장하였다.[3]

양무운동이 청조의 고관에 의해 적극적으로 추진된 시기는 1861년의 신유정변(辛酉政變)으로 서태후(西太后)와 공친왕(恭親王)을 중심으로 새로운 정권이 수립

---

1) 윤세철, 「歷史科에서 「近代化」指導를 위한 한 試論-中國近代化의 한 例로-」『歷史教育』 24, 1978.
2) 민두기, 「中體西用論考」『東方學志』 18, 1978.
　조병한, 「19세기 중국 개혁운동에서의 '中體西用'」『동아시아역사연구』 2, 1997.
3) 최희재, 「1874~5年 海防ㆍ陸防論議의 性格」『東洋史學研究』 22, 1985.

- 655 -

되면서부터 청일전쟁(1894)으로 일본에 패할 때까지의 약 30년 동안을 말한다.[4]

청조는 구미열강과의 외교문제를 전담할 총리각국통상사무아문(總理各國通商事務衙門: 약칭 총리아문)[5]을 설치하였다(1861). 총리아문은 단순한 외교문제만을 취급하지 않고 통상(通商)을 포함하여 무기의 구입까지 서양과 관련된 업무[洋務]를 총괄하는 기관이다. 군기처와의 관계는 명문규정은 없으나 군기대신이 총리아문의 장관인 총서대신을 겸하여 군기처의 분국(分局)과 같은 성격을 띠고 있어서 신정권의 권력핵심에 해당하였다.

유럽열강은 이와 같은 타협적인 서태후·공친왕정권에 대하여 협조정책을 취하고 청조와 태평천국군에 대해 취하던 중립적 자세를 버리고 청에 대한 적극적인 원조를 제공하면서 근대적 산업기술과 자본협력을 제안하였다. 이에 따라 대외관계를 수습한 청조의 관료들은 서구의 근대적 무기를 이용하여 태평천국군을 진압할 목적으로 영국으로부터 군함의 도입과 영국식 군사훈련을 계획하였고 군기대신 문상(文祥)은 러시아로부터 제공받은 근대적 무기로 무장한 신기영(神機營)을 창설하였다.

특히 양무운동은 상군(湘軍)과 회군(淮軍)을 이끌고 태평천국을 진압한 증국번(曾國藩)과 이홍장(李鴻章), 좌종당(左宗棠) 등 지방에 있는 한인관료에 의해 적극적으로 추진되었다. 그러나 이들은 중앙권력의 핵심에 있지 않았기 때문에 운동의 추진에는 여러 가지 어려움이 있었다. 불행하게도 양무운동시기의 권력의 중심은 서태후에게 집중되어 있었다. 공친왕은 신설된 총리아문의 장관으로 구미외교를 전담하여 양무정책 추진의 중심이었다. 그는 군기처 내에서 문상 등 일부관료의 지지를 얻었으나 반대파의 견제를 받았으며 청불전쟁의 발발(1884)과 함께 탄핵을 받아 사임하게 되었다.

중앙정부 내에서 양무운동의 추진세력은 보수적 관료의 끊임없는 비판과 견

---

4) 양무(洋務)란 서양과 관련된 문물을 의미하는 용어이다. 양무운동이란 말이 사용된 것은 1840년대부터이다. 이 밖에 자강운동, 양무활동이란 용어도 쓰이고 있다(박혁순, 「洋務運動의 性格」『講座中國史』 V, 163쪽 참조).

5) 전해종, 「統理機務衙門 設置의 經緯」『歷史學報』 17·18 합집, 1962.
김종원, 「韓中商民水陸貿易章程에 대하여」『歷史學報』 32, 1966.
_____, 『朝淸交涉史硏究』, 부산대학교 출판부, 1998.
권석봉, 「領選使行에 對한 一考察-軍機學造事를 中心으로-」『歷史學報』 17·18합집, 1962.
_____, 「李鴻章의 對朝鮮列國立約勸導策에 대하여」『歷史學報』 21, 1963.
_____, 「淸 同治年代 洋務官僚의 對日觀」『日本의 侵略政策史硏究』, 일조각, 1984.

제를 받았다. 그러나 증국번, 좌종당, 이홍장 등은 태평천국운동을 진압하는 과
정에서 정치군사적 실력을 인정받아 적극적인 양무운동 추진세력으로 발탁되었
다. 증국번은 호남출신의 학자로 상군(湘軍)을 조직하여 엄격한 훈련과 서양식
무기로 무장하여 태평천국진압에 결정적인 공을 세웠다. 그는 양광총독과 흠차
대신에 임명(1860)된 후 1872년 사망할 때까지 중앙정부의 정책결정에 참여하
여 초기 양무운동의 핵심적인 역할을 담당하였다.[6]

좌종당도 호남출신으로 태평천국의 진압에 공을 세웠고 두 차례 군기대신으
로 발탁되어(1881, 1884) 군수공장을 건설하는데 주도적 역할을 하였다. 양무
운동의 대표자 이홍장은 증국번의 막우(幕友)로 발탁된 후 회군(淮軍)을 조직하
고 상해지방의 경제력을 배경으로 급성장하였다. 그는 증국번의 뒤를 이어 직
예총독에 임명되어(1870) 청일전쟁의 패배로 사임할 때까지(1895) 직예총독과
북양통상대신(北洋通商大臣)에 재직하면서 양무운동을 적극 추진하고 청말의 어
려운 외교문제를 풀어 나가는데 큰 업적을 남겼다.

Ⅱ. 양무운동의 내용

양무운동은 중체서용(中體西用)이 의미하듯 서양의 과학기술, 특히 군수시설
을 받아들여 중국의 자강(自强)을 꾀하려는 부국강병 운동으로 그 내용은 무기
와 장비, 군사시설에 집중되어 있다.

이홍장은 상해에 강남제조총국(江南製造總局)을 세워(1863) 총포, 탄약, 기선
등을 만들고, 남경에는 금릉기기국(金陵機器局)을 세워 대포·화약을 생산하였다.

좌종당은 복주(福州)에 선정국(船政局)을 세워(1866) 윤선(輪船)을 제작하였다.
그리고 만주족 귀족출신으로 북양삼국통상대신(北洋三國通商大臣)으로 있던 숭후
(崇厚)는 천진기기국(天津機器局)을 설치하여 화약과 포탄을 생산하였다. 이러한
4대공장이 설립된 이후 각 지방에 총 24개의 군수공장이 건설되었다. 그런데
이들 공장에서 생산된 무기는 총포·탄약류가 대부분이었고 품질도 우수하지
못하였다. 그 위에 이들 공장은 원자재를 외국에서 수입하고 서양인 기사에 의

---

6) 조병한, 「曾國藩의 經世體學과 그 歷史的 機能－太平天國과 洋務運動에 관련하여－」『東亞文
化』 15, 서울대, 1978.
_____, 「海防 體制와 1870년대 李鴻章의 洋務運動」『東洋史學硏究』 88, 2004.

하여 공장이 운영되었으며 중국인 관료에 대한 막대한 인건비 지출로 경영상의 어려움이 많았다.[7)]

한편, 공장이 필요로 하는 석탄과 철 등을 공급하기 위하여 각지에 광산이 개발되어 근대적 채광시설을 갖춘 광업이 발전하기 시작하였다. 또 공장의 부속기관으로 설치된 번역관과 교육기관을 통해 서양의 과학기술 서적이 번역 보급되면서, 기술 인력이 양성되는 효과를 가져왔다.

1874년 일본의 대만출병을 계기로 이홍장 등은 해군의 필요성을 강조하여 북양(北洋), 남양(南洋), 복건(福建)의 3함대가 건조되었다(1884).[8)] 함대는 중국에서 건조한 배도 있었으나 주력함은 영국·독일에서 구입하였다. 이들 해군은 회군파(淮軍派)와 상군파(湘軍派)로 나누어져 통일적인 지휘계통이 이루어지지 못하였으므로 청·불 전쟁(1884)에서 복건함대가 궤멸되는 원인이 되었다.[9)]

이 밖에 유능한 지휘관 양성을 위해 천진에 수사학당(水師學堂, 1880)과 무비(武備)학당(1885)을 세우고 영국과 프랑스로부터 군사고문을 초빙하여 서양식 군사학을 교육하였다. 또 외교관 양성을 위해 장지동(張之洞)은 총리아문(總理衙門)에 동문관(同文館)을 설치하여(1867) 영(英), 불(佛), 독(獨), 노어(露語) 등의 외국어 교육을 실시하였다.[10)] 증국번은 우수한 학생들을 미국으로 유학시켰고, 이홍장(李鴻章)은 독일, 영국, 미국 등지로 유학생을 보내어 군사와 무기에 관하여 연구하도록 하였으며, 동문관(同文館)에서도 유학생을 파견하였다. 마건충(馬建忠)을 비롯하여 각 분야에서 활동했던 인재들이 이를 통해 배출되었다.

---

7) 엄영식, 『洋務思想과 近代兵工業의 興起』, 慶熙大出版部, 1975.
   장국휘, 『洋務運動與中國近代企業』, 北京, 1979 및 『講座中國史』 V, 175쪽, 표 2 참조.
   유춘근, 「淸末의 輪船購買計劃과 總稅務司代理赫德」『關東史學』 1, 1982.
   김종윤, 「嚴復의 傳統認識 및 西學受容의 태도」『中國學報』 37, 1997.
   신태갑, 「洋務運動 時期의 電信 事業 經營」『釜山史學』 23, 1992.
   _____, 「中國 電信 事業의 創建과 그 自主的 發展」『釜山史學』 25·26합집, 1994.
8) 최희재, 「洋務派의 臺灣事件對策論과 '淸議'」『歷史敎育』 39, 1986.
   _____, 「1874~5년 海防·陸防論議의 性格」『東洋史學硏究』 22, 1985.
9) 강판권, 「洋務官僚의 淸佛戰爭對策論-李鴻章과 曾紀澤의 主和·主戰論-」『大丘史學』 38, 1989.
10) 최소자, 「張之洞의 敎育運動-學堂設立 問題를 중심으로-」『梨大史苑』 6, 1966.
   임계순, 「曾國藩과 그의 思想」『梨大史苑』 8, 1969.
   박지훈, 「譚嗣同의 政治思想에 대한 고찰」『梨大史苑』 18·19 합집, 1982.
   송하경, 「中國의 傳統觀念과 張之洞의 中體西用論」『全北大論文集』 3, 1976.
   김익호, 「洋務時期의 變法論, 淸季變法論의 形成過程」『大丘史學』 10, 1975.
   전인영, 「自强運動時期 政治理念的 結構」『慶南史學』 창간호, 1984.
   최희재, 「周漢敎案과 張之洞의 對應」『歷史敎育』 43, 1988.

외국자본주의의 중국진출에 대항하여 양무파는 민족자본과 민간기업의 양성에 힘을 쏟아 반관반민(半官半民)의 관독상판(官督商辦)의 새로운 기업을 육성해 나갔다. 또한 이홍장은 중국의 해운업을 독점하고 있던 외국기선회사와 경쟁할 목적으로 상해에 기선회사인 윤선초상국(輪船招商局)을 창립하였다(1872). 또 1890년대 초까지 대만에 기융(基隆)탄광, 직예성에 개평(開平)탄광, 흑룡강성에 막하(漠河)금광, 호북성에 대야(大冶)철광을 열었고 방직공장[11]도 각지에 건설하였다. 1881년에는 중국 최초의 철도가 당산(唐山)과 서각장(胥各莊) 사이에 건설되었다.

이러한 기업은 대부분이 반관반민의 성격을 가진 관독상판(官督商辦: 관에서 감독하고 민간이 경영하는)으로 운영되었다. 창업 초기에는 거액의 국가자금이 투자되고 양무파의 고관이 추천한 관료가 기업을 운영하였으나 후에는 민간으로부터 자본을 모집하여 거액을 투자한 상인에게 경영을 맡기고 국가는 이들 상인을 보호 감독하였다. 여기에 투자한 상인은 상해 등지의 개항장에서 자본을 축적한 매판(買辦)자본가, 대상(大商)들이었다. 관독상판기업은 거대한 외국 자본주의의 압력에 맞서 취약한 중국의 기업을 지키기 위하여 국가로부터 세제상의 특혜와 관물(官物)·관용(官用)에 납품하는 영업독점의 특권을 누리면서 운영되었다.

Ⅲ. 양무운동의 역사적 성격

양무운동을 추진한 세력들은 서구의 군사적 위협을 인식하고 중화적 천하질서(中華的 天下秩序)를 유지하기 위한 방법으로 중체서용(中體西用)을 내세웠다. 그러나 양무운동의 추진 주체는 봉건관료 또는 매판관료세력이지만 그들은 청의 전통적 관료와는 달리 태평천국운동을 진압하는 과정에서 성장한 지방관료 세력이었다. 따라서 그들은 무너져가는 청조의 통치조직을 재건하여 봉건왕조 체제를 유지하려는 데 주된 개혁목표를 두었고 이것은 양무운동의 한계이기도 하였다. 한편 양무파 관리들은 정부 내에서 권력을 장악하지 못하였고 정부 내

---

11) 대표적인 예로 이홍장은 관독상판형식의 기기직포국(機器織布局)을 설립하였고(1880), 장지동은 관판(官辦)에 의한 일방적 공장인 호북직포국을 설립하였다.
　　박혁순, 「1883年 上海金融恐慌과 官督商辦辦企業」『東洋史學研究』20, 1984.
　　＿＿＿, 「1880~81년 招商局運營方針論爭」『東洋史學研究』23, 1986.

에서는 극히 일부의 진보적 관료를 제외하면 여전히 보수적 관료가 중심이 되었다. 특히 서태후의 교활하면서도 이기적인 섭정은 양무운동의 성패보다는 이 운동이 자신의 권력유지에 도움이 되느냐에 정책추진이 변화무쌍하게 달라졌다. 이것은 결국 양무운동을 일관성 있게 추진하지 못하는 원인이 되었다.

양무운동은 이렇게 정책적인 면에서 비효율적이며 중앙정부에 의해 체계적으로 추진되지도 못하였다. 같은 시기의 일본의 메이지유신(明治維新, 1868)은 그 주체가 권력의 핵심을 장악하고 추진하였던 중앙의 개혁세력이었다는 사실과 비교할 때 운동의 성격이 보다 분명히 드러난다.

Ⅳ. 일본의 메이지유신(明治維新)과 동아시아의 환란

1. 일본의 메이지유신

1868년 일본은 메이지유신을 단행하여 지금까지 장기간 계속되어 오던 에도(江戸) 막부를 타도하여 사무라이(무사)의 통치를 종식시키고 천황이 다스리는 왕정복고를 이루었다.

그러나 불행이도 메이지유신은 서구제국주의의 침략주의를 받아들여 이웃나라를 강점하고 아시아대륙을 침략함으로써 동아시아의 무서운 전란을 가져오는 참상을 만든 계기가 되었다.

2. 동아시아 국제질서를 파괴한 청일전쟁

아시아세계의 근대화운동으로서 청의 양무운동과 일본의 메이지유신은 시작한 시기가 비슷하고 추진한 목표도 다같이 부국강병을 표방한 것이었다. 그러나 이 운동의 결과는 너무나 대조적이었으니 청일전쟁 결과 일본의 승리로 양국의 근대화운동이 판가름나게 되었다.[12]

일본은 국력이 발전하자 열강의 제국주의 수법을 모방하여 한반도와 만주 그리고 북중국으로 침략의 마수를 뻗기 시작하여 한반도를 대륙진출의 교두보로 삼으려[13] 조선을 강제로 개항하였다(1876 강화도조약). 이후 조선에서는 동학운

---

12) 김용덕, 『明治維新의 土地稅制改革』, 일조각, 1989.
_____, 『日本近代史를 보는 눈』, 지식산업사, 1991.
김용덕 공저, 『19세기 日本의 근대화』, 서울대출판부, 1996.
13) 박영재, 「淸日戰爭과 日本外交-遼東半島割讓問題를 중심으로-」『歷史學報』53·54 합집,

동(東學運動)이 일어나자(1894) 이를 진압할 군사력이 부족하여 청에 출병을 요
청하니 일본도 군대를 파견하여 조선에 들어 온 양국군대는 한반도에서 청일전
쟁(1894)을 시작하였다.[14] 청의 이홍장은 양무운동을 통해 30여년 간 훈련시켜
온 자신의 회군(淮軍)과 북양함대를 동원하여 일본군과 대전하였다. 그러나 육
군은 평양전투에서 패하고 해군도 황해에서 괴멸되었으며, 중국본토인 여순(旅
順)과 대련(大連), 위해위(威海衛)까지 일본군에 점령당하였다(1895년 3월).[15] 청
일전쟁은 청나라의 완전한 패배로 끝나고 시모노세끼(下關)조약을 체결하였다.

3. 일본 제국주의 아시아침략의 발판이 된 강화조약

청국 정부는 이홍장을 대표로 임명하고 시모노세끼(下關)에서 강화회의를 개
최하였다. 회의는 일본의 과대한 요구조건 때문에 난항을 거듭하였으나 이때
이홍장이 괴한으로부터 저격을 받아 중상을 입는 사건이 일어나고 국제적 여론
도 일본에 불리하였기 때문에 1895년 5월 8일에 굴욕적인 시모노세끼강화조약
을 성립시켰다.

그 내용을 보면, 1) 조선의 독립승인, 2) 요동반도와 대만, 팽호열도를 할양할
것, 3) 군사배상금 2억량을 지불할 것, 4) 구미열강이 중국에 가지고 있는 통상
조약상의 특권을 일본에게도 인정하여 새로운 조약을 체결할 것 등이다.

일본은 조약에서 받은 배상금 2억량(약 3억엔)과 여기에 요동반도를 중국에
되돌려 주는 상환금을 포함하여 약 3억 5천만엔의 배상금을 런던은행에 예치하
여 이후 일본제국주의의 아시아 침략 군사자금으로 활용하였다.

또한 일본은 청나라의 무력함을 알고 중국 침탈에 더욱 박차를 가하게 되었
다. 남만주의 철도부설을 계기로 러시아의 남진정책과 일본의 대륙진출이 부딪
치면서 결국 러·일전쟁(1905)을 일으키고 다시 일본이 승리하면서 조선 강점

　　　　1972.
　　강판권, 「洋務官僚의 淸佛戰爭對策論 李鴻章과 曾紀澤의 主和·主戰論」『大丘史學』38,
　　　　1989.
14) 고병익, 「近世 中·韓·日의 鎖國. 上·下」『震壇學報』29·30 합집(斗溪 李丙燾博士古稀
　　　　紀念論文集), 1966.
　　최문형, 「국제관계를 통해 본 淸日開戰의 動因과 經緯」『歷史學報』99·100합집, 1984.
　　이홍길, 「淸·日戰爭에 있어서 中國의 主戰論」『龍鳳論叢』5, 1976.
　　조영록, 「中國的 國際秩序 의 推移와 韓·日의 對應」『中國과 東아시아世界』, 1996.
15) 요동반도의 일본할양은 러시아의 남진정책에 장애가 되므로 러시아는 3국(러시아·독일·
　　프랑스) 간섭을 가하여 이를 중국에 되돌려 주게 하였다.

을 본격화하였다.

4. 청일전쟁의 영향

청일전쟁의 패배는 중국사회에 큰 충격을 주었을 뿐만 아니라 동아시아의 국
제질서를 근본적으로 바꾸어 놓는 결과를 가져왔다.

먼저 중국 근대화의 상징이라고 하는 양무운동이 완전히 실패로 돌아가 이홍
장을 비롯한 양무파 관료가 실각되었고, 이에 대신하여 변법운동이 등장하는
계기를 만들었다. 뿐만 아니라 동아시아의 종주국으로서 중화(中華)질서의 중심
에 있던 중국이 변방의 섬나라 일본에게 동아시아세계의 주도권을 내어주었다.
이는 이후 동아시아 역사의 엄청난 시련과 비극을 가져오는 중요한 요인으로
작용하게 되었다. 이와 함께 열강은 청조의 무력함을 간파하고 중국의 침탈에
더욱 박차를 가하였다.[16] 이리하여 철도부설,[17] 광산개발, 자본진출로 중국을
반식민지화하였다.

제국주의 열강의 중국침략에 대하여 중국의 지식층은 淸의 존망이 문제가 아
니고 중화의 멸망이라는 민족적 위기를 느끼게 되면서 중국의 장래에 대해 망
국(亡國)은 물론이고 과분(瓜分: 영토분할)의 위기의식이 팽배하였다. 이러한 사
회분위기 속에서 淸의 대응은 새로운 개혁을 통한 부강을 꾀하려는 변법자강운
동(變法自强運動)과 배외운동(排外運動)으로 나타났다. 전자는 무술개혁, 후자는
의화단운동으로 진행되었다.

5. 러·일전쟁과 일본의 한국강점

일본은 청일전쟁의 승리로 대륙침략전쟁에 자신을 갖게 되었다. 더욱이 막대
한 배상금 3억 5천만량(일본돈 약 3억엔)을 런던은행에 예치하고 이 돈을 군수
물자조달에 투입하였다.

---

16) 각국의 영토분할을 보면 독일의 교주만 점령(77년간 조차), 러시아의 여순·대련 25년간
조차, 프랑스의 광주만 99년간 조차, 영국의 위해위·구룡반도 조차 등이다. 또 각국은 중
국 내의 세력범위를 설정하여 타국의 진출을 차단하였다. 즉, 프랑스는 해남도, 광동, 운
남, 영국은 양자강 연안, 일본은 복건성 일대를 세력권으로 하였다.
17) 1896년부터 1898년 사이의 철도부설을 보면 다음과 같다. 독일은 청도·제남(靑島·濟南)
간 교주철도, 러시아는 동청(東淸)철도(흑룡강 길림성횡단), 영국은 진진(津鎭)철도(천진~
진강사이)와 광구선(廣九線: 광주~구룡), 회령선(淮寧線: 상해~남경), 프랑스의 진월(眞
越)철도, 벨기에는 경한선(京漢線: 북경~한구), 미국의 광한선(廣漢線: 광주~한구) 등
이다.

이 당시 조선을 둘러싸고 러시아의 남하정책과 대립하던 일본은 1904년 2월 8일 선전포고도 없이 인천과 만주의 여순(旅順)의 러시아 함대를 급습하여 전쟁을 시작하였다. 1905년 3월 만주의 봉천(奉天)전투에서 러시아를 물리쳤고 일본으로 진입하던 러시아의 발틱함대를 대만해협에서 전멸시켰다.

미국의 주선으로 양국은 포츠머드 강화조약이 성립되었다. 조약의 내용은 일본이 조선(대한제국)을 보호·감독할 권리를 인정받았고, 여순·대련의조차권, 남만주철도부설권을 확보하였다. 이리하여 일본의 조선강점이 본격적으로 추진되는 기반을 확보하였다.

청일·러일전쟁은 모두 메이지유신 이후의 일본 군벌의 승리이다. 그러나 이 전쟁의 내막을 자세히 보면 청이나 러시아는 다같이 시들어가는 멸망 직전의 왕조였다. 청은 17년 후에 멸망하였고(1912), 러시아는 15년 후에 멸망하였다 (1920).

이에 반해 일본은 메이지유신으로 국세가 크게 떨쳐나가는 시기로 제국주의 열강과의 국제관계도 매끄럽게 처리하면서 이후 동아시아세계의 주도권을 행사해나갔다.

제2절 무술개혁과 의화단 운동

Ⅰ. 양무운동의 한계와 변법론(變法論)의 등장

서양의 군수기술도입으로 근대화를 추진하려던 양무운동은 일본에 의한 대만 점령사건(1874~1875), 청불전쟁(1884~1885), 청일전쟁(1894~1895) 등의 패배로 그 한계점을 드러내었다.

이리하여 서양의 기술만이 아니라 정치제도를 도입해야 한다는 제2단계의 근대화운동이 추진되었으니 이를 변법운동(무술개혁운동)이라 한다. 유럽의 정치제도[의원제(議院制)] 도입을 내세운 변법론은 이미 청불전쟁의 패배 후에 나타나고 있었다. 양무운동이 한창 추진되고 있던 1880년대 후반부터 변법론이 대두된 것은 먼저 대외적인 위기상황(대만사건, 이리사건, 청불전쟁)에서 굴욕적인 타협으로 인하여 양무운동의 파탄이 나타나기 시작하였고, 이와 함께 양무운동은 관(官)이 주도하는 기업운영방식인 관독상판(官督商辦)형식으로 군수공장경영이 비효율적이라는 인식이 변법론으로의 전환을 가져오게 만든 것이다.[18]

무술개혁을 주도한 강유위(康有爲)의 변법주장이 처음 나타난 것은 1888년(광서 14년)의 제1차 상서(上書)에서이다.[19] 이와 함께 당시의 청류파 고관[옹동화(翁同龢)·장지동(張之洞)·이홍조(李鴻藻)]들이 의원제와 법치(法治)의 중요성을 강조하면서 강유위를 지원하니 강유위는 더욱 정치활동의 기반을 다져나갔다. 강유위는 『新學僞經考(신학위경고)』(1881), 『孔子改制考(공자개제고)』(1897)를 저술하여 전통적인 유교와 공자에 대한 과감한 비판을 가하면서 개혁의 이론적 기초를 마련하였다.[20] 강유위가 특히 주목한 것은 일본의 메이지유신(1868)이었으며 청·일전쟁의 결과 일본이 승리한 것은 이를 증명하는 것으로 단정하였다.[21]

강유위는 정치제도를 개혁(변법)하여야만 부국강병을 달성할 수 있다고 주장하였고[22] 청일전쟁의 패전결과 굴욕적으로 체결된 시모노세끼조약(下關條約, 1895) 거부운동을 전개하였다. 이리하여 무술개혁의 전단계로서 급진적인 강유위 지지자인 양계초(梁啓超), 담사동(譚嗣同) 등에 의해 호남성(湖南省)에서 개혁운동이 시작되었다.[23]

---

18) 민두기, 「淸末 紳士의 危機意識과 改革 '戊戌變法' 前後의 湖南省의 경우ㅡ」『金載元博士回甲記念論叢』, 1969. 『中國近代史硏究 紳士層의 思想과 行動』, 일조각, 1973 수록.
_____, 「戊戌變法史料零拾」『東賓金庠基博士 古稀紀念史學論叢』, 1970.
_____, 「戊戌變法運動의 背景에 대하여ㅡ특히 淸流派와 洋務派를 중심으로」『東洋史學硏究』 5, 1971.
_____, 「戊戌改革期에 있어서의 改革과 革命」『東洋史學硏究』 8·9 합집, 1975.
김형종, 「淸末 地方自治의 成立과 地方紳士層ㅡ江蘇省에서의 自治準備過程ㅡ」『東洋史學硏究』 63, 1998.
_____, 「淸末의 釐金問題와 商人層의 動向ㅡ江蘇省에서의 '裁釐認損'과 通損의 問題를 중심으로ㅡ」『歷史學報』 158, 1998.
19) 함홍근, 「康有爲의 國家思想」『歷史學報』 17·18 합집, 1962.
20) 이현규, 「康有爲의 經濟論」『東洋史學硏究』 29, 1989.
21) 권석봉, 「淸同治年間 洋務官僚의 對日觀」『日本의 侵略政策史硏究』, 일조각, 1984.
22) 최성철, 「康有爲의 政治改革論 硏究」『韓國學論集』 18, 한양대, 1988.
조병한, 「康有爲의 초기 유토피아 관념과 中西文化 인식ㅡ근대 개혁 이데올로기의 탐색ㅡ」『東洋史學硏究』 65, 1999.
23) 민두기, 「梁啓超 初期思想의 構造的 理解ㅡ近年의 諸硏究를 중심으로ㅡ」『歷史學報』 28, 1965.

이들 급진적인 개혁론자들은 학회(學會), 학당(學堂), 신문, 잡지를 통해 강유위의 변법개혁론을 적극적으로 고취하였으며, 특히 강유위의 대동사상(大同思想)과 『공자개제고』가 중심이 되었다. 대동(大同)에 도달하기 위한 전제로 민권론(民權論)과 평등론(平等論)을 내세웠다. 그러나 이는 서양근대의 자유평등주의와는 거리가 멀고, 황종희가 주장한 군권(君權)견제론 내지 공양춘추(公羊春秋), 맹자를 매개로 한 군주정체하(君主政體下)에서의 귀민(貴民)정도의 온건한 것이었다. 한편 『공자개제고』는 성인(聖人)으로 모셔오던 공자의 위상을 바꾸어 공자야말로 춘추시대의 난세를 개혁하고자 한 한사람의 개혁자에 불과하다는 해석을 가하였다. 이와 같은 공자에 대한 새로운 해석을 통하여 변법개혁(變法改革)의 사상적 정당성을 찾고자 하였다.[24]

Ⅱ. 무술개혁의 백일천하

독일의 교주만 점령에 의하여(1897) 열강에 의한 중국분할이 임박하였다고 생각한 강유위는 광서제(光緒帝)에게 다시 상서(5·6차 상서)를 올려 다시 개혁을 주장하였다. 상서의 요점은 대외적으로 영국·일본 등과 연합하여 분할국면의 타개책(聯英日論)과 대내적으로는 제도국(制度局)을 설치하여 전면적인 개혁을 단행하자는 것으로, 개혁의 초점은 제도의 개혁이었다.

강유위는 변법개혁을 하지 않으면 황제는 물론이고 관리들도 온전할 수 없다는 위기의식을 고취하여 광서제의 마음을 움직이고 일본의 메이지유신을 모델로 개혁에 착수하였다. 먼저 개혁의 중심기구로 제도국(制度局)을 개설하여 유능한

호남성에서의 초기개혁운동은 3단계로 구분한다. 즉, 1895~1897년 10월 양계초의 초빙까지를 개시기, 1897. 11 독일의 교주만점령~1898. 3~4월 간 수구파의 개혁공격까지를 왕성한 전개시기, 그 후부터 무술정변까지를 좌절기로 나눈다 (윤혜영, 「變法運動과 立憲運動」『講座中國史』Ⅵ, 17쪽 주 22 참조.)

도상범, 「梁啓超의 政治思想에 관한 研究-革命黨과의 爭論을 중심으로-」『湖西史學』12, 1984.

전용만, 「梁啓超의 變法論에 대하여: 戊戌政變 以前을 중심으로」『西江大東亞硏究』6, 1985.

_____, 「梁啓超의 新民說에 관한 小考」『白山學報』33, 1986.

김춘남, 「梁啓超의 國家思想」『東國史學』21, 1987.

_____, 「自由主義思潮의 中國的 受容-梁啓超를 中心으로-」『東國史學』30, 1996.

24) 민두기, 「康有爲의 政治活動(1898); 政權에의 接近과 挫折」『東洋史學硏究』18, 1983.

박충석, 「淸末 公羊學派의 思想的 特質」『中國硏究』1, 단대 중국연구소, 1978.

인재를 등용하고 황제는 이곳에서 국정을 의논하여 새로운 제도를 제정하자고 주장하였다.[25] 1898년(무술년)에 광서제는 강유위의 주장을 받아들여 개혁을 단행하는 특별조칙을 내리니(4월 23일) 소위 무술백일개혁(戊戌百日改革)의 막이 올랐다.

개혁내용을 보면 제도국(制度局) 개설, 개혁파 관리의 임용, 사민(士民)의 상서(上書)허용, 상업진흥, 신식학교 설치와 자유로운 의복제도 등이었다. 개혁운동의 중심이 되는 제도국 설치는 보수적인 대신들의 반대에 부딪혀 진전이 없었으나, 과거제에서 팔고문의 폐지, 서원의 학당 전환 등 몇 가지 개혁이 추진되었다.

강유위는 개혁에 방해가 되는 수구파대신의 숙청을 요청하여 예부상서를 비롯한 고급관리를 서태후의 재가도 없이 파직시켰다(7. 19.). 이어 담사동 등 개혁파관리를 군기장경(軍機章京)으로 임명하여 제도국 설치방향으로 나아갔다. 이리하여 제2차개혁(改圖百度. 7. 27)을 단행하여 유명무실한 관료기구의 철폐, 제도국의 성격을 갖는 무근전(懋勤殿)을 개설하고 황제의 군사력을 강화할 목적으로 친위군을 창설하여 신건육군(新建陸軍)의 창설자인 원세개(袁世凱)에게 친위군을 맡기고자 하였다.

그러나 이러한 개혁의 진행은 결과적으로 서태후를 정점으로 하는 수구세력의 결속을 가져왔고, 개혁을 강행하다가는 청조의 황제체제가 위태롭다는 불안감을 일으켰다. 따라서 서태후는 수구파의 기대 속에 심복부하 영록(榮祿)을 임시직예총독에 임명하여 북양육군을 장악하게 하고 변법반대의 쿠데타를 비밀리에 구체화하였다. 이에 위기를 느낀 담사동은 일찍이 강학회(强學會)의 회원이며

---

25) 민두기, 「淸代封建論의 近代的 變貌-淸末地方自治論으로의 傾斜와 紳士層-」『亞細亞研究』 10-1, 1967.

　개혁과정은 제1단계로 광서제(光緒帝)가 개혁을 공식적으로 발표한 첫 상유[上諭: 정국시소(定國是詔), 1898. 4. 23.)와 제2단계로 전면적인 개혁을 포고한 개도백도소(改圖百度詔) 이후(1898. 7. 27.)로 나눈다. 무술개혁을 백일천하(百日天下)라 하는 것은 제1단계(4. 23.)로부터 8월 4일 역쿠데타로 광서제가 연금되는 정변까지의 100일 간을 말한다(윤혜영, 「變法運動과 立憲運動」『講座 中國史』 Ⅵ, 20쪽 참조).

최희재, 「光緒初 權力關係의 변화에 대하여」『東洋史學研究』 55, 1996.

____, 「光緒初 官僚機構의 정비와 法律行政의 정돈」『歷史學報』 154, 1997.

박종현, 「變法派와 革命派의 交流에 관하여 孫文·楊衢雲·康有爲 各派의 背景과 그 展開」『慶尙史學』 3, 1987.

____, 「章炳麟에게 있어서 改革과 革命 그 接點을 찾아서」『歷史敎育』 45, 1989.

표교열, 「西太后政權의 成立過程에 대하여-辛酉政變의 再檢討-」『東洋史學研究』 21, 1985.

목은균, 「淸末 南洋地域革命派 新聞의 活動」『中國學論叢』, 1983.

천성림, 「國學과 革命-淸末 國粹學派의 傳統學術觀-」『震檀學報』 88, 1999.

신건육군(新建陸軍)을 장악하고 있던 원세개에게 수구세력을 타도하는 군사행동을 일으키도록 요청하였다. 그러나 원세개(袁世凱)는 변법파를 배신하고[26] 오히려 이 사실을 영록에게 밀고함으로써 변법운동은 역전되었다.

8월 4일부터 수구파의 정변으로 광서제가 연금되고 이어 강유위체포령(8월 6일) 등 정변이 선포되었다. 이와 함께 이른바 무술육군자(戊戌六君子)라는 담사동(譚嗣同), 양예(楊銳), 유광제(劉光第), 임욱(林旭) 등 4명의 군기장경과 강유위의 아우[강광인(康廣仁)], 어사[양심수(楊深秀)] 등이 처형되었다. 다행히 강유위와 양계초는 영국인의 도움으로 일본으로 피신하니 무술개혁은 백일천하로 좌절되었다.

무술개혁을 둘러싼 국내외적인 이해관계는 매우 복잡하게 얽혀졌으니 개혁파와 수구파의 대립이 결국 광서제와 서태후의 권력다툼, 한족과 만주족의 대립[27]으로 이어졌고 나아가 개혁을 둘러싼 영국과 러시아 간의 다툼 등이 개혁을 실패로 몰고 갔다.

특히 무술개혁은 근대적 시민의식이나 부르주아 세력이 발달하지 못한 중국의 전통사회에서 혁신적인 지식계층에 의해 추진된 민족주의적 구국운동으로 대중기반이 취약하였기 때문에 완강한 보수세력의 반대를 극복하지 못하여 결국 실패하고 말았다.

Ⅲ. 의화단(義和團)운동의 전개

1. 의화단운동의 성격

무술개혁이 지식계층에 의한 위로부터의 제도적 개혁운동이라고 한다면 의화단운동은 아래로부터 민중이 반기독교(反基督敎)와 부청멸양(扶淸滅洋: 청조를 도와 서양 타도)을 내건 종교집단의 반제국주의 배외운동(反帝國主義 排外運動)이다.[28] 즉, 1898년 5월 산동반도를 중심으로, 백련교도의 영향과 의화권(義和拳:

---

26) 원세개는 청말의 중요한 고비마다 동지를 배신하고 중요한 정국의 변화에 반작용을 하였다. 즉, 무술개혁 때는 개혁파를 버리고 서태후에게 가담하여 개혁을 실패하도록 만들었고 신해혁명이 일어나자(1911) 청조를 배신하고 혁명군과 손을 잡고 淸朝를 붕괴시켰다. 그리고 1913년의 총선에서 국민당이 승리하자 국민당을 배반하고 송교인을 암살하고 자신이 대통령이 되고 후에 황제에 취임하였다.

27) 민두기, 「變法時期의 滿漢關係에 대하여」『東亞文化』18, 1981
  임계순, 「淸末 滿漢關係에 對한 考察」『明淸史硏究』10, 1999.

28) 민두기, 「中國近代史에 있어서의 「亂民」『大東文化硏究』8, 성균관대, 1984.

무술)을 익히면 총에 맞아도 죽지 않는다는 미신적인 신통력을 믿고 군중을 모아 교회를 불태우는 반기독교운동이 시작되었다.[29]

이에 대해 지방관이 미온적인 태도를 취하자 열강은 청조에 압력을 가하여 산동순무 육현(毓賢)을 파면시켰다. 새로 산동순무가 된 원세개(袁世凱)는 신건육군(新建陸軍)을 동원하여 의화단운동을 강경하게 진압하였다. 그러나 이것은 오히려 의화단세력을 산동성에서 직예성으로 확산시키는 역효과를 가져왔다. 20만으로 늘어난 의화단은 북경을 목표로 철도와 정거장, 통신망을 닥치는 대로 파괴하면서 북상하여 6월에는 북경근방에까지 진출하였다.

의화단의 중요 구성원은 젊은 농민층이었고 이 밖에 운송노동자, 도시빈민, 해산된 병사 그리고 승려나 도사도 있었다. 특히 농민이 대대적으로 참여하게 된 것은 1898년 이래 화북 평원을 강타한 한발과 수해로 폐농한 것이 그 원인이었다. 이와 함께 경진선(京津線), 노한선(蘆漢線) 등의 철도개통으로 실업한 다수의 운송노동자도 이에 가담하였고 일부의 중소지주, 보수적 향신(保守的 鄕紳)의 참여도 늘고 있었다.

유화실, 「義和團運動에 관한 考察」『梨大史苑』 12, 1975.
김용구, 「義和團運動에 대하여-發生動機를 중심으로-」『國史研究』 4, 조선대, 1983.
이은자, 「義和團運動時期 保守拜外派의 動向」『中國學論叢』 8, 1994.
김희교, 「義和團運動이 제2차 헤이노트(The Second Hay's Note)에 미친 영향」『歷史學報』 138, 1993.
_____, 「미국상품불매운동과 미국의 對中國政策」『東洋史學研究』 57, 1997.
차경애, 「獨逸의 義和團運動鎭壓戰爭의 참가에 대한 一考察」『東洋史學研究』 50, 1995.
_____, 「義和團運動鎭壓過程에서의 列强間의 角逐과 그 推移」『東洋學研究』 2, 1996.
29) 김종건, 「1899年 山東省 平原縣의 仇敎運動」『慶北史學』 9, 1986.
_____, 「1897年 山東 鉅野敎案에 관한 考察」『東洋史學研究』 57, 1997.
허 원, 「淸末의 基督敎와 帝國主義-19세기말 四川省의 敎案처리과정을 중심으로-」『釜山史學』, 1987.
최희재, 「1890~92年 湖南省에서의 反基督敎宣傳强化와 그 背景-周漢等의 反敎運動의 성격이해를 위한 前提-」『史學志』 21, 1987.
윤세철, 「天津敎案과 淸朝外交의 變容-三國通商大臣專役制의 폐지와 관련하여」『歷史敎育』 30·31합집, 1982.
이은자, 「1861~1863 山東西部 八卦敎反亂과 地域社會」『東洋史學研究』 63, 1998.
신용석, 「義和團運動 發生背景에 관한 一考; 民敎不和와 流民의 증가」『湖西文化研究(충북대)』 8, 1989.
김희교, 「'滅洋'에서 '反美'로-민중 설화(NARRATIVES)로 본 淸末 민중사회 Ⅰ」『東洋史學研究』 64, 1998.

2. 의화단운동과 연합군의 침탈

의화단운동은 그 초기에 반기독교운동으로 출발하였으나 세력이 확대되면서
배외(排外)·반제국주의운동(反帝國主義運動)으로 발전하였다. 이 운동의 이념은
신비주의적 요소가 짙다. 『서유기』, 『삼국지』, 『수호전』에 나오는 영웅들을 신
봉하고 신령의 보호를 받아 반드시 승리한다고 선전하였다. 이와 같은 의화단
의 이념과 함께 그들은 부청멸양(扶淸滅洋)[30]을 구호로 내세우고 있다.

이 운동의 폭발적인 확대에 따라 그 동안 열강의 침입으로 비참한 생활을 면
치 못하고 있던 일반민중은 고난의 현실세계로부터 신천지로 나아가게 된다는
환상과 열광에 사로잡히게 되었다. 1900년 6월에는 그 세력이 20만명에 육박
하고 마침내 북경으로 진출하였다. 이러한 가운데 독일공사와 일본의 공사관직
원이 북경거리에서 살해되고, 의화단이 외국공사관을 포위하자 8개국(영국·독
일·일본·프랑스·러시아·오스트리아·미국·이탈리아) 연합군 3만6천 명이 공동
출병하였고, 이 가운데 일본군이 2만2천 명으로 주력부대를 이루었다.

의화단의 확대와 연합군의 무력간섭 앞에 청조는 주·화(主·和) 양론으로 분열
되었다.[31] 즉, 의화단을 진압하고 열강에 협조해야 한다는 대외협조파와 의화단을
이용하여 그 동안에 제국주의 열강에 당한 굴욕을 씻자고 주장하는 항전파이다.
실권자인 서태후는 태도를 결정하지 못하던 차에 열강이 광서제(光緖帝)의 친정부
활을 요구한다는 정보에 격노하여 연합군과의 항전파에 가담하게 되었다. 청조는
경친왕(慶親王)에게 의화단의 통솔을 명하고 열강에 선전포고하였다(1901).[32]

연합군은 의화단과 치열한 전투 끝에 천진(天津)을 점령하고 영국·일본·

---

30) 좁은 의미의 부청은 청조의 지지, 멸양은 무조건적인 외국세력의 배척을 의미하나 좀더 확
 대 해석하면 부청은 청조를 넘어서 중국[中華]을 보위한다는 의미로 해석되기도 한다.
 유장근, 「淸末 民初 廣東社會의 金蘭會」『東洋史學研究』52, 1995.
 _____, 「淸末 廣東地方의 사회복지기관」『歷史學報』151, 1996.
 _____, 『近代中國의 秘密結社』, 고려원, 1996.
 김종건, 「淸 中·後期 山東地域 民間秘密宗敎-離卦敎의 成立과 活動을 中心으로-」『中國
 史研究』23, 2003.
31) 차경애, 「義和團운동의 성격에 대한 考察-淸朝의 對應과 관련하여-」『梨大史苑』20,
 1983
 _____, 「日本의 義和団運動 鎭壓戰爭 參加에 對한 一考察」『梨花史學研究』19, 1990.
 김용구, 「義和團運動에 對하여 發生動機를 중심으로」『國史研究』, 조선대, 1983.
32) 대외협조파는 군기대신 왕문소(王文韶), 호부상서 입산(立山), 병부상서 서용의(徐用儀) 등이
 다. 대학사 영록(榮祿), 경친왕(慶親王)도 이에 동조하였다. 또 지방장관 (양강총독 유곤일,
 양광총독 이홍장, 호광총독 장지동, 산동순무 원세개) 등도 대외협조파이다. 이에 대해 대외
 항전파는 단군왕(재의), 장친왕(재훈), 보국공(재란), 군기대신(강의), 대학사(서동) 등이다.

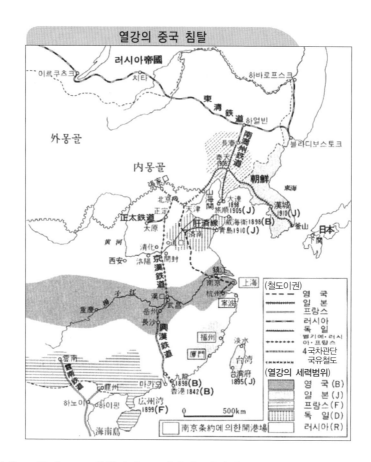

러시아의 고급장교로 위원회를 구성하여 천진임시정부[천진도통아문(天津都統衙門)]를 발족시키고 이어 북경으로 진격하였다. 연합군은 북경으로 진입하면서 방화와 약탈을 자행하여 천진에서 북경에 이르는 도로연변을 폐허로 만들었고, 북경을 점령한 후에는 공개적인 약탈을 장병에게 허락하였다. 이로 인해 궁성(자금성)을 비롯하여 서태후의 별장인 이화원(頤和園) 등 중요한 곳이 약탈되고 귀중한 보물과 문화재가 각국으로 반출되었다. 연합군은 각국의 점령지구를 설정하여 분할 통치하였고 화북 각지의 의화단세력을 진압하기 위해 사방으로 진군하였다.

3. 신축조약(북경의정서)체결

서태후는 광서제를 이끌고 황실 및 조정관리와 함께 서안(西安)으로 탈출하였다. 의화단이 필사적으로 연합군과 저항하고 있을 때 서태후는 피난 중에 이홍장을 전권대신에 임명하여 연합군과 화의를 교섭하게 하고 의화단을 철저히 진압하도록 하여 자신의 안전을 도모하였다. 열강은 중국의 영토를 분활하여 직접 통치할 것인가 아니면 청조를 그대로 놓아 두고 강화조약을 체결할 것인가에 대해 고심하게 되었다. 열강은 의화단운동을 통하여 중국인의 격렬한 저항을 경험하였고 이에 연합국측은 중국의 직접통치에 어려움을 인식하게 되었다. 열강의 이해관계가 첨예하게 대립되는 와중에서 프랑스가 제시한 강화내용을 토대로 의화대강(議和大綱) 12조를 결정하여 이른바 신축조약(辛丑條約: 北京議定書)이 1901년 9월 7일에 체결되었다.[33]

4. 의화단운동의 의미

반기독교운동으로부터 시작된 구국적인 의화단운동은 도리어 중국의 반식민지적 위치를 결정적으로 확정지었다. 그럼에도 불구하고 의화단사건은 다음과 같은 중요한 역사적 의미를 갖는다.

먼저 안으로는 청조의 통치에 커다란 타격을 입히고 결과적으로 이후의 혁명운동의 입지를 강화시켰다. 즉, 신축조약과 러시아 동북주둔군의 잔류로 망국(國亡)의 위기의식이 일본유학생을 비롯한 중국의 지식층에게 고조되면서 신해혁명의 기반을 마련하게 되었다.

이와 함께 중국인의 격렬한 배외운동을 경험한 열강도 중국영토를 직접 지배하는 과분(瓜分)책동을 단념하게 되었다. 중국이 외국의 직접 식민지로 전락하지 않은 이유를 여기에서 찾을 수 있다.

서태후는 의화단운동을 계기로 서양열강의 막강한 군사력을 실감하고 청조개혁을 추진하였다. 청조 내의 보수파는 의화단운동을 계기로 실각하고 그 대신 양무파 관료가 다시 세력을 만회하면서 통치력회복을 위해 제도개혁을 추진하고 주도권을 장악하였다. 청조가 추진한 때늦은 개혁의 중요한 내용들은 이미 강유위가 변법운동에서 제시한 것이며 변법파의 개혁프로그램이 거의 그대로 수용되면서 추진되었다.

---

33) 조약내용은 ① 배상금으로 백은(白銀) 4억5천만 냥을 연4리로 39년간 분할지급한다(원리합계 총9억8천2백만 냥). 이를 위해 해관세, 통상구안상관세(通商口岸常關稅), 염세(鹽稅)를 저당한다. ② 대고 포대를 해체하고 북경에 공사관구역을 설정하고 북경으로부터 산해관까지의 철도연변에 연합군이 주둔한다. ③ 총리아문 대신 외교부를 설치한다. ④ 중국인의 배외단체조직을 엄금한다.
    차경애, 「辛丑條約案을 둘러싼 列强間의 角逐」『梨花史學研究』 20·21합집, 1993.
    _____, 「1900년 前後 列强의 對中國政策」『東洋史學研究』 62, 1998.

제 5 편
20세기 동아시아 세계의 격변

인류역사상 처음으로 1945. 8. 6. 일본 히로시마에 투하된 원자폭탄의 버섯구름사진 원폭투하로 8월 15일 일본은 무조건 항복하고 20세기의 동아시아 역사는 새로운 시대를 맞이하였다.

연대	1912	1919	1921	1926	1931	1937	1945	1949	1950	1966	1971	1976	1988	1992
중요사건	신해혁명 청조멸망	五·四운동	중국공산당창당	북벌완성	일본만주지배	중일전쟁	한국광복 일본무조건항복 히로시마원폭투하	중화인민공화국수립	한국동란	중국문화대혁명	중국의유엔가입	개혁개방정책 등소평복권	서울올림픽	한중국교수립

제 5 편 개 관

20세기의 동아시아 세계는 지금까지 경험하지 못한 격변의 역사가 전개되었다.

1912년 신해혁명으로 청조는 멸망하였다. 이로써 2천년동안 지속되어 오던 황제 지배체제가 사라지고 중화민국의 공화정이 시작되었다. 한편 일본에서는 메이지유신(1840)을 계기로 군국주의가 시작되면서 서구 제국주의 열강의 침략수법을 가지고 청일전쟁과 러일전쟁의 승리로 중국을 제치고 동아시아 역사의 주도권을 잡게 되었다. 일본은 한국을 강점하고(1910) 만주를 점령(1931)한 후 중일전쟁(1937)과 제2차 세계대전(1942)을 일으켜 동아시아 세계는 물론 전세계를 전쟁의 함정에 몰아 넣었다. 한편 중국 본토에서는 모택동(毛澤東)이 공산당을 결성하여 장개석(蔣介石)의 국민당 정부와 치열한 내전을 계속하다가 일본의 중국 본토 침략을 계기로 한때 국공(國共) 합작이 이루어졌다.

그러나 1945년 8월에 인류역사상 처음으로 일본 본토에 원자탄이 투하되어 일본은 무조건 항복(1945.8.15)하였고 제2차 세계대전이 종결되면서 한국은 광복을 맞이하였다.

중국 본토에서는 국민당 정부와 공산당 정부 사이에 치열한 내전이 전개되었고 마침내 모택동이 이끄는 공산당 정부의 승리로 장개석은 대만으로 밀려나갔다. 한반도에서는 38도 선을 경계로 이북에는 공산정권이, 이남에는 자유민주주의 정권이 들어섰으나 1950년 이북의 침략으로 6.25 동란을 겪었으며 1953년 휴전이 성립되어 남북이 대치하고 있다. 중국 본토에는 등소평의 개방화 정책으로 자본주의 시장 경제로 중국은 급속히 발전을 하고 있다.

한편 1983년 소련에서 공산주의 정권이 무너지면서 공산화된 월남과 미얀마가 자유주의 국가로 전환하였다. 그러나 한반도에서는 북한의 핵개발로 한국뿐만 아니라 세계 평화에 큰 위협이 되고 있다.

제 13 장
중화민국의 발전과 중국공산당의 등장

제 1 절 신해혁명(辛亥革命)과 청조의 멸망

Ⅰ. 신해혁명(공화혁명)의 배경

1. 청조의 때늦은 개혁

청조가 의화단운동으로 열강에게 무참하게 짓밟히자 서태후를 비롯한 보수세력은 서양의 군사력을 실감하고 이에 외국의 장점을 취하고 중국의 단점을 고쳐서 부강을 꾀하려는 때늦은 개혁과 함께 신정(新政)을 선포하였다. 신정의 추진자는 원세개(袁世凱: 직예총독), 유곤일(劉坤一: 양광총독), 장지동(張之洞: 호광총독) 등 지방장관이 주축을 이루었다.[1]

신정의 내용을 보면 36개 사단의 신군창설(新軍創設)과 군사학당의 설치, 상부(商部)의 창설과 실업진흥, 과거제의 폐지(1904), 지방학교의 설립과 유학생의 해외파견 등 30개 항목에 달하는 혁신적인 것이었다. 이러한 개혁은 이미 변법파에 의해 추진되었던 것이나 백일천하(百日天下)로 끝났으므로 그때의 개혁들을

---

1) 장의식, 「淸末의 科擧制廢止過程研究 新學校制와 科擧의 統合化를 중심으로」『歷史學報』
   103, 1984.
   _____, 「淸末 學堂 出身者에 대한 장려제도와 학생사회」『東洋史學研究』 45, 1993.
   _____, 「淸末 張之洞의 中體西用論과 교육사상」『歷史學報』 147, 1995.
   김형종, 「淸末 江蘇省의 敎育改革과 紳士層-敎育會의 設立과 活動을 중심으로-」『東洋史
   研究』 60, 1997.
   손준식, 「淸末의 新式學堂에 대한 一考察-北京 同文館의 變遷過程과 그 運營을 中心으로-」
   『中央史論』 6, 1989.
   이재령, 「20세기 초반 中國 鄕村敎育共同體의 사상적 모색-儒敎理念의 持續과 變容-」『東
   洋史學研究』 91, 2005.

많이 본 따고 있다. 그리고 1905년 7월에 청조는 헌정시찰단을 구미와 일본에 파견하고 이듬해에는 앞으로 9년 후에 입헌군주제를 실시할 것을 선포하였다. 1908년 장건(張謇) 등이 조속히 입헌제실시를 청원하자 청조는 각 성에 민의를 대변하는 자의국(諮議局)을, 중앙에는 자정원(資政院)을 발족시켰다.[2]

그런데 1908년 10월에 50여 년간 실권을 장악하고 청조 후기의 정치를 혼란으로 몰아넣은 서태후(74세)가 광서제(38세)와 거의 같은 시기에 사망하였다. 두살된 부의(溥儀, 1906~1967)가 즉위하니 이가 중국역사상 마지막 황제인 선통제(宣統帝)이다. 선통제의 부친 순친왕 대풍(戴灃)은 섭정왕으로 실권을 잡고 자신의 정치에 방해가 되는 직예총독겸 북양대신인 원세개를 면직시키고 장건 등의 국회개설 청원을 거부하였다. 이에 신정(新政)의 개혁을 보수적인 방향으로 되돌리자 입헌파의 실망은 크고 대립은 더욱 증폭되었다.

그러나 이러한 때늦은 신정개혁추진은 의외의 충격을 중국사회에 주게 되었으니 낡은 사회 구조의 변화를 가속화하여 신해혁명과 청조멸망이라는 역사전개의 계기가 되었다.

즉, 정치·군사적으로 북양육개사단(北洋六個師團)의 창설로 북양군을 이끄는 원세개의 정치적 지위를 강화시켜 북양군을 배경으로 막강한 원세개군벌의 등장을 가져왔고 이것은 결국 청조멸망의 원인이 되었다.

또한 개혁을 추진하기 위한 재원은 대부분 신설한 세금이나 종래의 세금을 올리는 중세(重稅)로 충당하였다. 이렇게 부과된 세금을 가연잡세(苛捐雜稅)라 하여 전부(田賦)는 물론이고 각종 상품유통과정에서 임의로 징수하였는데, 그렇지 않아도 외국상품의 유입으로 파산에 직면한 농민과 상인, 수공업자, 노동자가 수탈의 대상이 되었다.[3] 그러므로 이들은 청조에 대해 등을 돌리고 적극적인

---

2) 민두기, 「淸末 諮議局開設과 그 性格」『歷史學報』 45, 1970. 『中國近代史研究 紳士層의 思想과 行動』, 일조각, 1973. 所收.
　　민두기 편저, 『中國近代史上의 湖南省-鄕村社會構造로부터의 接近』, 지식산업사, 1996.
　　구범진, 「젱크스(Jenks)의 幣制改革案(1904)과 淸末의 幣制 問題」『東洋史學研究』 64, 1998.
　　＿＿＿, 「天津의 行鹽制度와 淸末 新政期의 改革」『中國近現代史研究』 20, 2003.
　　손승회, 「淸末民初 河南 治安組織의 成立과 그 性格」『中國史研究』 26, 2003.
3) 민두기, 「'民國革命'試論-現代史의 起點으로서 '辛亥革命' 性格의 理解를 겸하여-」, 민두기 외 공저, 『中國國民 革命의 分析的研究』, 지식산업사, 1985.
　　＿＿＿, 『中國初期革命運動의 研究』, 서울대학교출판부, 1997.
　　도상범, 「中國 立憲運動 小考-政聞社活動을 中心으로-」『忠南史學』 7, 1995.

반세(反稅)투쟁을 전개하면서 청조타도에 나서게 되었다. 더욱이 과거제도의 폐지와 신식학교의 설립[4] 그리고 다수의 해외유학생 파견으로 전통적인 독서인 사대부층과는 의식구조가 전혀 다른 새로운 지식계층을 탄생시켰는데 이들이야말로 근대적 시민계층으로 봉건청조를 타도하는 선봉으로서 혁명운동의 기수가 되었다.

2. 신해혁명의 성숙

1898년의 개혁실패 후 변법파의 지도자 강유위(康有爲), 양계초(梁啓超)는 일본과 미국으로 망명하였다. 이들은 신문·잡지를 이용한 저술활동과 교육을 통해 근대사조나 해외사정을 중국에 소개하였다. 특히 양계초의 계몽적인 역할은 중국인의 의식변화에 큰 기여를 하였다. 그러면서 강유위·양계초를 중심으로 하는 변법론자는 여전히 청조를 그대로 두고 입헌군주제로 전환할 것을 주장하고 청조를 타도하는 혁명에는 반대하였다. 그 이유는 혁명이 혼란과 국론분열을 초래하고 이 틈을 이용하여 열강이 중국을 분할하여 종국에는 열강의 식민지가 될 것이라고 판단하였기 때문이다.

그러나 손문(孫文)을 비롯한 혁명파는 혁명단체인 흥중회(興中會)를 조직하여 (1894) 청조타도와 공화국건설을 목표로 혁명운동을 시작하였다. 손문도 처음에는 입헌군주제를 지지한 개량주의였으나,[5] 청·일전쟁 패배 이후 중국의 비참한 상태와 청조의 무능과 부패에 실망하여 청조를 그대로 두고서는 중국의 근대화는 불가능한 것으로 판단하여 청조를 타도하고 공화국을 수립하는 혁명

---

4) 1908년에는 전국에 47,900여의 각급 신식학교가 세워져 학생수 130만명, 교원수 약 63,500여명에 달하였다(小雁晋治·丸山松幸 지음, 박원호 옮김, 『中國近代史』, 60쪽 「新政의 여러 결과」참조).

5) 손문(孫文, 1866~1925) 호는 중산(中山). 광동성 향산현(廣東省 香山縣)에서 농민의 아들로 태어나 청년기에는 하와이에서 미국식교육을 받고 귀국 후 홍콩에서 의학을 공부하였다. 그의 초기사상은 개혁주의적 성격이 강한데, 이는 1894년 6월에 이홍장에게 제시한 개혁안(上李鴻章書)에서도 잘 나타나 있다.

　김　한, 「孫文研究(上)·(下)」『史學志』 2·3, 1968·1969.

　송갑호, 「孫文의 國民革命思想」『史叢』 15·16 합집, 1971.

　라선길, 「孫文의 生涯와 救國主義; 그 理論과 實踐」『東亞論叢(人文·社會·自然科學)』 27, 1990.

　신연철, 「五·四運動 以前의 孫文의 革命思想과 行動; 中華革命時代를 중심으로」『成均館大人文科學』 11, 1982.

　강명희, 「民國시대 '非經濟主義的 經濟建設의 모색-孫文의 '節制資本'을 중심으로-」『中國近現代史의 재조명』 2, 지식산업사, 1999.

운동으로 방향을 바꾸었다.

손문이 이끄는 흥중회(興中會)는 그 장정(章程: 규약)에서 중국본토를 차지하고 있는 당당한 한민족 중화(中華)가 이민족(만주족)의 지배를 받고 있는 것은 모순이라고 규정하였다. 이를 극복하기 위하여 흥중회는 오랑캐(청조)를 타도하고 중화를 회복하여 백성의 나라(民國)를 수립하자는 혁명구호를 내걸고 중국최초의 혁명단체가 되었다.

흥중회가 광주(廣州)에서 최초의 혁명운동을 감행하려 하였으나(1894) 밀고자에 의해 계획이 누설되어[6] 손문은 해외(영국·캐나다·일본)로 망명하게 되었다. 그 후 다시 귀국한 손문은 의화단운동으로 청조가 어려운 처지에 있음을 이용하여 회당(會党: 민간의 비밀당원)을 동원하여[7] 혜주(惠州)에서 거병하였으나 실패하고 2차 망명길에 올랐다. 그러나 혜주거병은 중국내에 혁명운동의 새로운 바람을 일으키는 계기가 되었다.[8]

이 무렵 국내에는 손문과 사상을 같이 하는 운동가가 많아 각처에서 혁명단체가 형성되었다. 그리고 화중(華中)지방에도 1903년 러시아의 연해주 점령에 반대하는 운동을 계기로 혁명단체가 생기고 장병인(章炳麟), 황흥(黃興) 등이 이들을 이끌면서 혁명운동을 본격화하여 갔다.[9] 일본에는 혁명파 이외에 입헌군주정을 고집하는 강유위, 양계초 등의 보황파(保皇派)와 수만명의 유학생들이 혁명사조에 열을 올리고 있어서 동경(東京)은 마치 중국혁명의 중심지와 같은 감을 주고 있었다.

한편 한반도를 둘러싼 러시아·일본의 각축전이 마침내 러·일전쟁(1905)으로 터지고 이 전쟁에서 일본이 승리하게 되자 중국의 혁명세력에게 커다란 충격을

---

6) 이때에 처형된 육호동(陸皓東)이 기병할 군대의 깃발로 만든 청천백일기(靑天白日旗)가 1928년에 중화민국의 국기가 되었다.
7) 정세현, 「湖南의 反淸運動과 會黨」『南溪論叢』, 1977.
8) 김정화, 「辛亥革命時期 劉師培의 無政府主義 認識」『忠北大忠北史學』4, 1991.
9) 박종현, 「章炳麟에게 있어서 改革과 革命 그 接點을 찾아서」『歷史敎育』45, 1989.
　　____, 「宋敎仁의 間島革命基地論」『慶向史學』11, 1995.
　　천성임, 「章炳麟(1869~1936)의 資本主義批判;「民報」시기를 중심으로」『東洋史學硏究』 38, 1992.
　　____, 「民族主義와 社會主義, 無政府主義-淸末國粹學派의 社會主義 認識-」『梨花史學硏究』20·21합집, 1993.
　　____, 「20세기초 중국에서의 ‘國粹’와 反‘國粹’논쟁」『梨花史苑』30, 1997.
　　김정화, 「蔡元培의 理想主義실천-留法勤工儉운동의 교육구국적 측면-」『忠北史學』10, 1998.

주었다.[10) 혁명파는 이를 전제군주제에 대한 입헌군주제의 승리임과 동시에 유
럽에 대한 동양의 승리로 간주하여 혁명운동에 더욱 박차를 가하였다.

1905년 미국과 유럽을 거쳐 일본에 온 손문은 송교인(宋敎仁), 황흥(黃興), 진
천화(陳天華) 등과 중국(혁명)동맹회를 결성하여 손문을 당수(총리)로 선출하였다.
이에 삼민주의(三民主義), 즉 오랑캐를 몰아내고 중화를 회복한다(民族主義), 백
성의 나라를 세운다(民權主義), 토지소유권을 균등히 한다(民生主義)는 3대 강령
(綱領)이 채택되었다.

3. 신해혁명과 청조의 멸망

청조는 1911년에 안팎에서 가해오는 개혁의 압력을 극복하고 왕조의 안정을
꾀할 목적으로 새로운 내각을 발족하였다. 그러나 내각의 구성원을 보면 13명의
장관 가운데 만주황족이 8명, 몽골귀족이 1명으로 짜여져서, 관료의 대부분을
황족과 귀족이 독점하였으므로 이를 신귀족내각(新貴族內閣)이라 하였다. 이러한
내각의 성립은 개혁을 원하는 지식인에게 절망감을 주었다. 더욱이 새 내각은
열강으로부터 차관을 얻기 위해 철도권을 담보로 제공하려고 철도국유령을 공포
하였다.

그 동안 중국의 철도부설권은 외국자본이 독점경영하던 것을 이권회수운동으
로 겨우 되찾아서 민간자본으로 새로운 철도가 건설 중에 있었다. 따라서 철도
의 국유화는 청조의 봉건성과 반민족성을 드러내는 참으로 어리석은 조치로서
사천성(四川省)을 비롯하여 각지에서 철도국유반대운동이 일어났다. 이와 함께
전국적으로 반조세(反租稅)와 기아폭동의 농민투쟁이 확산되었다.[11)

10) 함동주, 「러일전쟁 후 일본의 한국식민론과 식민주의적 문명론」『동양사학연구』63, 1998.
11) 김형종, 「上海에서의 辛亥革命의 開發過程」『東洋史學硏究』20, 1984.
　　민두기, 『辛亥革命史: 中國의 共和革命(1903~1913)』, 민음사, 1994.
　　손승회, 「中國 土匪・秘密結社와 革命-淸末民初 河南을 중심으로-」『大東文化研究』43, 2003.
　　김희교, 「淸末 민중사회의 近代像 -러시아배척운동(拒俄運動)과 반미상품운동(抵制美貨運動)을 중심으로-」『中國近現代史研究』19, 2003.
　　유용태, 「국민혁명기 지식청년의 鄕村運動과 湖南農民協會의 조직」『東洋史學硏究』45, 1993.
　　＿＿＿, 「中國 民國革命期 地域 靑年團體와 農民組織 活動-湖北省 少年 黃梅學會를 중심으로-」『歷史學報』146, 1995.
　　＿＿＿, 「民國革命期 公産・公堂문제와 兩湖지역 農民協會運動」『中國現代史研究』3, 1997.

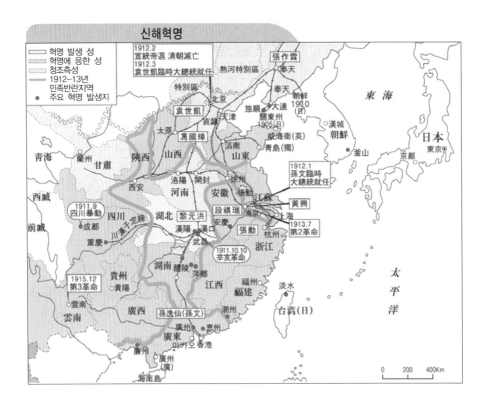

신해혁명(辛亥革命)의 직접 도화선이 된 것은 1911년 10월 10일의 무창봉기이다. 무창봉기는 신군(新軍)의 하사관과 군사학교의 학생들이 일으킨 것으로 그들은 무한삼진(武漢 三鎭, 武昌·漢口·漢陽)을 제압하여 호북군정부(湖北軍政府)를 수립하였다.

무창봉기는 전국에 확산되어 11월 하순에는 지방 24성 가운데 14성이 청조의 지배로부터 이탈하였다. 이렇게 혁명세력이 확대되자 학생·노동자·농민이 적극 가담하여 마침내 남경을 점령하고 독립한 17성의 대표는 남경에서 미국으로부터 귀국한 손문을 임시 대총통으로 선출하고, 1912년 1월 1일에 정식으로 중화민국 임시정부를 수립하였다. 이에 대해 청조는 재야에 있던 원세개를 흠차대신으로 다시 기용하여 육해군의 지휘권을 주고 신귀족내각을 해산한 후 그를 총리대신에 임명하여 혁명을 진압하도록 전권을 맡기었다. 그러나 원세개는 청조를 배신하고 혁명군과 비밀교섭을 개시하였다.

중국의 이러한 혁명전개에 대하여 열강의 이해관계는 서로 엇갈리고 있었다. 특히 화중·화남지방에 큰 이권을 가지고 있던 영국은 청조의 통치력에 실망하고 원세개의 실권장악과 그에 의한 조속한 내란의 수습을 지지하자 미국·일본도 이에 동조하였다. 원세개는 열강의 지지와 북경정부의 실권을 손에 쥐고 혁명정부내의 재정적 어려움과 내부분열을 교묘히 이용하여 혁명정부를 곤궁으로 몰아 넣었다.

이때 손문은 난국을 타개하기 위해서는 원세개와 타협하는 길이 혁명추진에 도움이 된다고 판단하여 청나라 황제의 퇴위와 공화제의 실시, 수도의 남경 이전 등을 조건으로 원세개에게 임시대총통의 자리를 양보하였다.

1912년 2월 12일 청나라 마지막 황제 선통제가 퇴위하니 진시황제 이후 2천여년간 계속되어 오던 황제지배체제는 막을 내리고 청조는 멸망하였다.

4. 신해혁명(공화혁명)의 역사적 의미

먼저 신해혁명은 진의 시황제(始皇帝) 이래 2천여년간 계속되어 오던 황제지배체제(皇帝支配體制)가 동아시아 역사상 자취를 감추고 공화제(共和制)로 전환하는 혁명적 의미를 갖는 것이다.

다음으로 신해혁명은 미완성혁명의 성격이 강하다. 1912년 2월에 실시된 총선거에서 혁명파에 의해 결성된 국민당은 원세개가 조직한 어용정당을 물리치고 상·하원(上·下院) 모두 절대다수를 차지하였다. 이에 대해 불안을 느낀 원세개는 국민당의 영수 송교인(宋敎仁)을 암살함과 동시에 국민당의원을 매수·협박하는 비열한 방법을 동원하여 국민당의 와해를 꾀하는 한편 국민당을 지지하는 지방장관을 축출·파면하여 국민당의 세력기반을 무너뜨리는데 전력을 쏟았다.

이에 격분한 강서성(江西省)의 도독 이열균(李烈鈞)이 안휘성·광동성과 호응하여 황흥(黃興) 등과 함께 원세개 타도의 제2혁명을 일으켰다. 그러나 혁명세력의 규합이 불충분하고 각계의 지지도 충분하지 못하여 원세개 군대의 공격을 받아 궤멸되었다.

특히 이 당시는 인민대중들의 의식 속에는 아직 혁명에 대한 인식이 불충분하고 혁명운동가들도 대중 속에 혁명의 뿌리를 내리지 못하고 홀로 독주하는 경향이 강하였다. 이에 따라 충분한 혁명자금이나 군사력도 없는 상태여서 자연히 북경정부의 원세개에게 굴복할 수밖에 없었다.

그리하여 원세개를 초대 대총통으로 지명하였다. 그러나 정식 헌법의 제정문제를 놓고 국회와 원세개는 정면으로 충돌하게 되니 원세개는 최후수단으로 국민당 의원을 반란분자로 몰아세워 의원자격을 박탈하고 국회에서 추방하였다. 국회는 정원부족으로 자동적으로 무기휴회가 되면서 그 기능을 상실하게 되니 원세개의 독재체제가 성립되었다.

신해혁명의 성격에 대해서는 아직까지도 논란이 많다. 그것은 신해혁명의 혁명적 성격에 대한 핵심적인 문제로서 신해혁명에 의한 청조의 타도와 공화제정부의 수립이 과연 중국 사회구조 변화를 근본적으로 바꾼 혁명성을 부여할 수 있는가에 초점이 놓여지고 있기 때문이다. 이리하여 신해혁명은 혁명이라고 볼 수가 없다는 부정적 시각이 있다.

이와는 달리 신해혁명의 혁명성을 강하게 긍정하는 주장도 있다. 이들에 의하면 신해혁명은 농민을 주력군(主力軍)으로 한 인민과 반동집단(제국주의ㆍ봉건주의)과의 투쟁에서 찾고 있다. 신해혁명 전개과정의 기본축은 농민투쟁이며 이것이 혁명의 기본적 동력으로 발전하였다고 평가하고 있다.[12]

신해혁명의 역사적 성격은 신해혁명이 이루어 놓은 현상보다는 반제(反帝)ㆍ반봉건(反封建)이라고 하는 세계사 전개의 출발점이 되었다는데 그 의미를 높게 평가할 수 있겠다. 이러한 평가는 신해년(辛亥年, 1911)의 변혁 그 자체보다는 신해년 이후의 역사적 지향성(指向性)을 중시하는데 의미가 있고, 이는 다음에 오는 5ㆍ4운동의 전단계로 평가할 때 그 역사적 성격이 더욱 뚜렷해지는 것이다.

이렇게 볼 때에 신해혁명은 이후에 전개되는 공화국(민국)을 건설하고 중화민국의 앞날에 새로운 방향을 제시했다는 뜻에서 민국혁명으로 보아야 할 것이다.[13]

---

12) 민두기, 「辛亥革命에서 北伐까지 中國現代史의 발자취」『中國近代史論』, 지식산업사, 1976.
  이승휘, 「中國의 '民國會議運動'과 上海商工階層」『歷史學報』 144, 1994.
  백영서, 「國民革命理論의 思想的 模索 54期 朱執信의 大衆革命論」『中國國民革命의 分析的 研究』(閔斗基), 지식산업사, 1985.
  _____, 「中國國民革命期 西山會議派의 性格 再檢討-鄒魯와 廣東大學紛糾를 中心으로-」『歷史學報』 121, 1989.
  김형종, 「辛亥革命에서의 反帝問題의 認識과 實踐 '革命의 分論'과 革命派의 對應」『東洋史學研究』 30, 1989.
  _____, 「淸末 地方自治의 成立과 地方紳士層-江蘇省에서의 自治準備過程-」『東洋史學研究』 6, 1998.
  배경한, 「上海ㆍ南京지역의 初期(1911-1913) 韓人亡命者들과 辛亥革命」『東洋史學研究』 67, 1999.
13) 정병학, 「中國革命運動의 展開過程 革命組織團體의 性格과 그 기능의 變遷을 중심으로」『淑大史論』, 1974.
  박제균, 「辛亥革命 前 '新世紀派'의 無政府主義思想」『慶北史學』 11, 1996.

Ⅱ. 원세개(袁世凱)와 중국 근대사의 굴절

1. 중국근대사의 전개와 원세개의 위치

중국근대사의 전개는 보수와 개혁이 서로 맞부딪치면서 끊임없는 시행착오를 반복하였다. 이러한 와중에 원세개(1859~1916)의 정치적 역할은 항상 중대한 국면을 굴절시키는 방향으로 일관하고 있다.

원세개는 교활하고 모략에 뛰어난 독선적 인물로서 이러한 성격은 그의 정치 행각에 그대로 드러나고 있다.

먼저 무술개혁 때 원세개는 강유위의 변법파를 배신하고 서태후의 보수파에 가담하여 무술개혁을 탄압함으로써 개혁을 백일천하로 끝나게 만들었다.

다음으로 신해혁명이 발발하자(1912년) 대세가 이미 청조를 떠난 것으로 간파하여 청조를 배반하고 혁명군과 손을 잡고 청조를 붕괴시켰다. 그는 자신의 독재권을 확립하기 위해 수단·방법을 가리지 않았다. 그리하여 1913년 2월에 실시된 총선거에서 국민당이 승리하자 국민당 영수 송교인(宋敎仁)을 암살하고 국민당을 탄압하여 자신이 대통령에 오르고 그 후 황제에 취임하여 반혁명적인 보수주의로 전락하였다.[14]

본래 원세개의 정치적 기반은 군벌이었고 그의 휘하 장병은 자질이 열악한 용병집단이어서 각 부장(部長)의 인솔 하에 타율적으로 복종만을 강요당하였으므로 자연히 민주적인 세력과는 거리가 멀다. 따라서 그들은 국내에 있어서는 국민을 탄압하는데 무력을 행사하기에 급급하였으며, 외세에 대해서는 비굴한 자세로 일관하는 군벌의 속성인 반민족·반혁명적인 성격이 강하였다. 특히 원세개에 의해 성립된 북양(北洋)군벌은 원세개 이후의 군벌시대에 들어와서 중국 사회의 혼란과 갈등을 불러오는 핵심세력이 되었다.

신해혁명이 일어나자 열강은 엄정중립, 내정 불간섭태도를 취하였으나 청조가 망하고 정국이 안정을 보이자 원세개의 재정궁핍을 이용하여 차관공여를 실시하였다. 1913년에 영·미·독·불 4국의 은행단이 대중국차관을 공급하였다. 이는 국제차관의 시초로서 중국의 염세수입을 담보로 제공하였는데, 이는 오히

_____, 「民國初期 '파리그룹'의 現實對應과 劉師復의 無政府主義」『中國史硏究』 1, 1996.
14) 윤세철, 「宋敎仁(1882~1913)과 社會主義」『高柄翊先生回甲紀念史學論叢 歷史와 人間의 對應』, 한울, 1984.

려 원세개 정권의 독재체제 유지를 위한 군자금으로 악용되었다.[15]

2. 원세개의 황제 취임

일본은 제1차 세계대전에 참전하고 연합국측에 가담하여 전승국이 되었다. 이리하여 교주만과 남양제도를 점령하고 열강이 아시아를 돌볼 겨를이 없는 틈을 이용하여 1915년에 돌연히 원세개정부에 굴욕적인 21개조의 요구를 강요하였다.[16] 21개조의 내용이 신문에 보도되자 국민의 반대운동이 일어나고 일본상품 불매운동과 애국저축운동이 전국적으로 전개되었으나 원세개정부는 일본의 강요에 굴복하니 국민의 격분은 극에 달하였다. 중·일 양국은 결정적인 적대관계가 되면서 이를 계기로 일본의 대륙침략이 시작되었다.

원세개는 스스로 황제가 될 야심으로 외국세력을 이용하여 공화제도는 민도가 낮은 중국의 실정에 맞지 않는다는 의견을 강조하고 이어 어용학자들이 조직한 주안회(籌安會)로 하여금 입헌군주제를 주창하도록 하였다. 원세개는 황제제도(皇帝制度)추진 책동을 대대적으로 벌이면서 이에 반대하는 자는 가차 없이 체포·구금·살해하였다. 이리하여 국민대표를 위협하면서 국체결정(國體決定)을 공포분위기 속에서 투표로 결정하니, 1993명의 국민대표 가운데 한사람의 반대자도 나타나지 않았다.[17] 원세개는 중화민국 5년(1916)을 홍헌원년(洪憲元年)으로 개원(改元)하여 공화정을 폐지하고 스스로 중화제국의 황제가 되었다 (1915.12.)

그러나 시대를 역행하는 원세개의 책동은 내외의 반발을 불러일으켜 그의 심복 장군과 고관들이 잇달아 사직하였다. 그 위에 원세개를 지원하던 영·일·러 등 열강도 이에 반대하였다. 일본에 망명하여 중화혁명단을 이끌고 있던 손문

---

15) 이양자, 「淸의 對朝鮮經濟政策과 袁世凱―海關·借款·電線·輪船 문제를 中心으로」『東義史學』3, 1987.
16) 21개조의 내용은 다섯 부분으로 나누어져 있다. ① 옛 독일이 차지하고 있던 산동지방의 이권을 일본이 갖는다. ② 남만주·내몽골에서의 일본의 우월권 인정과 여순, 대련 및 남만주철도의 조차기간연장, 일본인의 거주·영업·재산권 인정, ③ 한야평공사(漢冶萍公司)의 중·일 합작경영, ④ 중국연안의 항만·도서를 타국에 양도·대여하지 않는다, ⑤ 중국정부 내에 일본인 정치·재정·군사 고문을 두고 일본무기를 공급받으며 화중·화남에도 일본의 철도부설권을 인정한다 등으로 되어 있다.
17) 윤혜영, 「袁世凱 帝制運動의 歷史的 性格」『東洋史學研究』15, 1980.
_____, 「袁世凱(1859~1916)와 辛亥革命」『高柄翊先生回甲紀念史學論叢 歷史와 人間의 對應』, 한울, 1984.

도 국내의 혁명당원에게 반원투쟁(反袁鬪爭)을 전개하도록 지시하였으며 운남의 군벌인 당계요(唐繼堯)도 원세개 타도의 호국전쟁(護國戰爭)을 선언하였다.

원세개는 사태의 불리함을 인식하여 제제(帝制)취소를 선언하고 남방의 혁명파와 타협을 시도하였으나 거절당하자 절망 속에서 병사하였다(1916). 원세개의 사망으로 중국의 정국은 또 다른 혼란을 가져오게 되고 이 와중에서 군벌의 할거시대가 시작되었다.[18]

제2절 5·4운동과 중국사회의 변화

I. 군벌의 등장과 정치사회적 혼란

1. 중국 군벌의 계파

원세개의 돌연한 죽음으로 북경정부를 장악하고 있던 북양군벌은 그 중심을 잃고 두 파로 갈라져 싸우게 되었다. 한 파는 일본의 지원을 받는 내각총리 단기서(段祺瑞)를 지도자로 한 안휘파(安徽派)이고, 다른 하나는 영국과 미국의 후원을 받는 부총통 풍국장(馮國璋)이 우두머리로 있는 직예파이다. 그러나 두 파는 어느 편도 정국을 주도할 힘을 갖지 못하고 있었다. 따라서 이들 두 파는 서로 타협하여 부총통인 여원홍(黎元洪)을 대총통으로 풍국장을 부총통으로 단기서를 국무총리로 하여 실권을 나누어가졌다.

지방에서도 군벌의 할거가 시작되었다. 중국의 군벌은 원세개가 집권하고 있을 때 그가 창립한 신육군(新陸軍)의 북양군(北洋軍)이 각지에 분포되면서 지방군벌로 세력을 확대하여 나간데서 비롯된다. 이리하여 만주에는 일본세력을 등에 업은 장작림(張作霖), 산서에는 염석산(閻錫山), 운남에는 당계요(唐繼堯), 광서에는 육영정(陸榮廷), 호남에는 담연개(譚延闓), 광동에는 진형명(陳炯明)이 할거하고 있었다. 이들 군벌은 중앙정부와 대립하면서 무력양성과 세력확장을 위해

---

18) 목은균, 「華僑의 反袁運動에 관한 一研究」『淑大論文集』 31, 1990.
     _____, 「淸末의 梁士詒와 袁世凱」『宋甲鎬敎授停年退任記念論文集』, 1993.

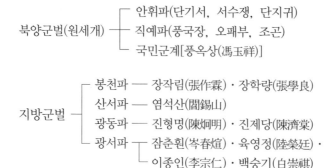

[군벌(軍閥)의 계보]

안으로는 각종 세금을 백성에게 강요하면서 가혹한 착취를 자행하였고, 밖으로는 제국주의 세력과 야합하면서 매판자본가와 결탁하여 중국을 상품시장과 원료공급지로 전락시켰다. 그리하여 외국의 차관과 무기도입에만 열을 올리고 국민과 국가의 안위에 대해서는 전혀 관심이 없었다.[19]

따라서 군벌은 청조의 황제지배체제를 대신하여 새로운 봉건 지배세력으로 등장하였고 혁명과 근대화를 가로막는 새로운 반동세력이 되어 1928년 국민당 정부가 수립될 때까지 정치는 물론 사회 전체를 혼란으로 몰고 간 반민족적 집단이 되었다.

2. 군벌의 파벌싸움과 정국의 혼란

이때 북경(北京)정국은 제1차 세계대전의 참전문제로 혼란에 빠져들었다. 즉,

---

19) 신승하, 「1920年代 中國의 政治와 軍閥 10年代末과 20年代初를 중심으로」『中國硏究』 2, 단국대, 1980.

이원규, 「1920年代(1920~1927) 湖南의 食糧問題와 農民運動」『東洋史學硏究』 50, 1995.

방용필, 「軍閥 陳炯明(1878~1938)의 對農民運動政策」『亞細亞硏究』 28-1, 1985.

김세호, 「1920年代 前半 趙恒惕 軍閥政權의 政治的 性格」『歷史學報』 113, 1987.

_____, 「湖南 軍閥政權의 再編-北伐時期(1926-27) 唐生智 政權의 정치적 성격-」『東洋史學硏究』 86, 2004.

최태호, 「買辦制度와 近代中國經濟」『中國硏究』 1, 1978.

임지환, 「民國初 四川地域軍閥과 四川鹽政」『全北史學』 13, 1990.

김승욱, 「20세기초 上海 金融業의 어음 결산관행」『中國史硏究』 25, 2003.

하세봉, 「近代中國의 民族企業과 列强의 金融業-榮家기업을 중심으로-」『釜山史學』 20, 1991.

_____, 「1920~30年代 中國 大企業集團에서의 노동청부제의 개혁과 노동운동-榮家기업 申新紗廠의 경우를 중심으로-」『東洋史學硏究』 52, 1995.

연합국측으로부터 중국의 참전을 권고받자 국무총리 단기서는 국회의 반대에도 불구하고 독일에 선전포고를 하면서 참전군 편성의 전비조달을 위해 일본으로부터 차관을 도입하고 이를 이용하여 자신의 군사세력을 확대하고자 하였다.[20]

이에 대하여 여원홍은 의회를 자기편으로 끌어들여 참전에 반대하고 단기서를 파면시켰다(1917). 단기서는 각 성(省)의 독군(督軍)을 동원하여 무력으로 여원홍을 협박하는 한편 안휘성의 군벌인 장훈(張勳)으로 하여금 북경에 들어오도록 하였다. 장훈은 군대를 이끌고 북경에 들어와 여원홍을 압박하여 대총통에서 물러나게 하고 국회를 해산시킨 후 군사반란을 일으켰다. 이 반란으로 퇴위하여 있던 청조의 선통제(宣統帝: 溥儀)를 옹립하고, 공화제 폐지와 청조부활을 선언하였다(복벽사건). 그러나 장훈의 군사변란은 곧 실패하고, 단기서가 국무총리에 복귀하여 독일에 선전 포고하고 참전군을 확충하였다.

단기서의 이러한 독주는 직예파를 필두로 한 다른 군벌과의 대립을 격화시켜 육영정(陸榮廷)·당계요(唐繼堯) 등의 서남군벌이 북경정부에 대하여 자주노선을 선언하였다. 그리하여 일본에 망명중인 손문을 초청하여 대원수(大元帥)로 추대하고 제1차 광동정부(廣東政府)를 수립하였다(1917). 손문은 광동정부와 반목이 끊이지 않았고 뜻이 맞지 않자 상해로 피신하니 광동정부는 곧 와해되었다. 그 후 군벌 진형명(陳炯明)이 육영정을 광동에서 축출하고 다시 손문을 옹립하여 제2차 광동정부를 수립하였다(1920).[21] 그러나 북벌문제(北伐問題)로 손문과 진형명 사이에 의견대립을 일으켜 양자는 또 갈라섰으나 얼마후 다시 합하여 제3차 광동정부를 수립하기에 이르렀다(1923).

이리하여 중국은 북양군벌이 정권을 잡고 있는 북경정부와 서남군벌의 광동정부와 서로 대치하고 있었다. 그런데 북경에서는 다시 북양군벌간에 파벌싸움이 계속되면서 정치가 혼미해지고 남방의 서남군벌도 대립과 불신이 끊이지 않고 반복되면서 사회전체는 극도의 혼란에 빠져들고 농촌은 파탄상태가 되었다.[22]

---

20) 일본은 1916년 오오쿠마(大隈) 내각에서 데라우찌(寺內) 내각으로 바뀌면서 대중국강경정책으로부터 일중친선(日中親善)정책으로 방향을 전환하여 단기서 정권에게 3억여원의 이른바 서원(西原)차관을 제공하고 그 대신 많은 이권을 독점하였다.

21) 윤세철, 「中國에 있어서의 聯省自治論 1920년대를 중심으로-」『歷史敎育』 23, 1978.

22) 이병주, 「中國農村狀況과 農民問題(1913~1937) 江蘇省을 中心으로」『東洋史學硏究』 8·9 합집, 1975.

Ⅱ. 5·4운동의 전개와 새로운 사상분출

1. 새로운 사상운동으로서의 신문화운동

2천여년 동안 계속되어 오던 황제지배체제가 붕괴된 것은 지금까지 인민을 속박해 오던 무서운 쇠사슬이 끊어져 나간 것을 의미한다. 이러한 정치적 대변혁은 동시에 사회 문화적으로 인민대중에게 큰 충격과 함께 많은 파문을 불러오게 되었다. 이 가운데는 급격한 사회변혁에 미쳐 대응하지 못하는 보수파가 있는가 하면 중국의 전통과 문화를 철저히 개혁해야한다는 혁신적인 신문화운동주의자도 있다. 보수파의 대표적인 인물로 무술개혁을 주도하였던 강유위(康有爲)를 꼽을 수 있다. 그는 일찍이 청조를 유지한 채 개혁을 내세웠으나 실패하자 이번에는 공자교(孔子敎: 유교)를 보존하고 이를 중국의 국교로 하고자 하는 유교국교주의를 제창하였다. 그가 제창하는 공자교는 종래의 유교가 아니고 근대적 사상을 가미한 유교로써 여기에는 공산주의, 무정부주의, 사회주의 그 밖의 모든 새로운 사상을 유교 속에 포함시킨 새로운 종교운동이다.

이에 대해 유교야말로 봉건주의 구시대적 도덕이라고 배척하고 강유위가 내세우는 공자국교운동을 철저하게 배격한 이가 진독수이다. 진독수의 주장에 의하면 중국은 정치혁명에 의하여 황제독재체제가 무너져 봉건주의를 타도하였다. 그러나 사회 각 방면에는 봉건적인 사상이 그대로 남아 있는데 그 뿌리가 유교라는 것이다.

진독수(陳獨秀)는 상해에서 『靑年雜誌(청년잡지)』(후의 『新靑年(신청년)』)를 창간하였다(1915). 이 잡지는 군벌의 전제지배와 대외종속의 강화로 좌절감에 빠져 있던 청년 지식인들에게 새로운 방향제시를 하는 사상적 등불이 되었다. 『신청년』은 유교에 속박되어 있던 고루한 전통사상의 철저한 파괴와 서양을 모델로 한 신문화 창조를 고취하는 나침반이 되어 신문화운동과 혁신사상운동의 모체로 발전하여 나갔다.[23]

---

23) 함홍근, 「中國新文化運動期의 儒敎批判−吳虎의 論說을 中心으로−」『梨大史苑』 22·23 합집, 1988.
  임상범, 「5·4 運動時期까지 陳獨秀의 삶과 思想」『東洋史學研究』 64, 1998.
  이병주, 「5·4 運動의 再認識」『東洋史學研究』 12·13 합집, 1978.
  신성욱, 「中國 5·4期(1915~1919) 個人主義 思想研究 胡適과 陳獨秀를 중심으로−」『東方學志』 29, 1981.

1915년대 중국 청년의 대부분은 과거제도 폐지 후 근대적 학교교육을 받으면서 성장한 세대들이다. 그들이 배운 유럽의 근대사회와 중국의 현실과는 거리가 멀고 또 신해혁명 이후 군벌에 의한 암울한 정치상황은 그들로 하여금 신문화운동에 적극 참여함으로써 새로운 지표를 찾게 되었다.

2. 5·4운동의 전단계 문학혁명운동

『新靑年(신청년)』의 중심 논제는 유교비판과 함께 호적(胡適) 등이 제창한 문학혁명, 즉 백화운동(白話運動)이었다.[24] 이때 미국에 유학중이던 호적은 진독수에게 편지를 보내 구어체(口語體, 白話文)운동을 건의하니 문학혁명운동이 여기에서 시작되었다. 백화운동은 지금까지 사용하던 문어체(文語體) 대신 구어체문학(口語體文學)을 확립하자는 운동이다.

이 운동은 단순히 문장의 표현형식에 대한 혁신만이 아니라 문어체를 받치고 있던 전통적인 정신구조 그 자체를 변혁시키고자 하는 문학혁명운동이었다.[25] 이때 노신(魯迅)은 『狂人日記(광인일기)』, 『阿Q正傳(아큐정전)』 등의 백화소설을 발표하여 구사회의 암흑과 모순을 묘사함으로써 문학혁명을 실천에 옮겼다.

백화운동은 문학혁명에만 그치지 않고 신문·잡지 등을 통하여 민중교육을 촉발하였다. 이와 함께 청대의 고증학풍에서 탈피하여 서양의 실증주의적 학풍을 받아들여 나진옥(羅振玉), 왕국유(王國維) 등의 갑골학(甲骨學) 연구와 고힐강(顧頡剛)의 『古史辨(고사변)』, 호적의 『中國哲學史大綱(중국철학사대강)』 등 근대적 학술저서가 발표되면서 삼황오제(三皇五帝)를 비판하는 의고파(疑古派)가 나

오재환, 「5·4 運動期前後 中國知識人의 反基督敎論爭」『歷史學報』 111, 1986.

신일섭, 「陳獨秀의 康有爲論 康有爲의 孔敎論과 立憲君主論에 대한 비판」『湖南大論文集』 11~1, 1990.

김종운, 「5·4 新文化運動期 陳獨秀思想의 一考察」『圓光大大學院論文集』 9, 1992.

24) 안병균, 「胡適과 그의 新文化運動考」『경기대論文集』 22, 1988.

강명희, 「5·4운동 전후의 경제 변화: 산업과 금융업의 자본주의적 발전」『中國現代史硏究』 7, 1999.

김태승, 「5·4 전후의 상해 사회와 사회운동」『中國現代史硏究』 7, 1999.

김수영, 「5·4시기의 사상과 근대역사이론」『中國現代史硏究』 7, 1999.

박제균, 「『工學』雜誌와 五四時期 無政府主義思潮」『中國現代史硏究』 1, 1995.

민두기, 『中國에서의 自由主義의 實驗-胡適(1891~1962)의 思想과 活動-』, 지식산업사, 1996

25) 함홍근, 「中國新文化運動期의 儒敎批判」『梨大史苑』 22·23 합집, 1988.

이양자, 「宋慶齡과 魯迅-1930年代 民權保障同盟과 反帝·反파시즘운동을 중심으로-」『東義史學』 9·10합집, 1996.

타나 신성시되어 오던 중국고대사의 실체를 밝히고 유교의 허구성을 폭로하였다. 또 많은 학생들이 미국·일본·유럽 등지에서 유학을 마치고 귀국하면서 서구의 민주주의 사상과 과학학술이 도입되었다. 특히 미국 존 듀이의 실용주의 사상은 중국에 큰 영향을 주었으며, 미국의 학제가 도입되는 계기가 되었다.

3. 5·4운동의 진원지 북경대학

『新青年(신청년)』의 주장을 사회전체의 문화혁신운동으로까지 그 폭을 넓힌 것은 채원배(蔡元培)에 의한 북경대학의 개혁이었다.[26] 북경대학은 청말에 관리 양성을 목적으로 출발하였기 때문에 이 대학의 학생은 관리로 출세하는 자격만 얻으면 된다는 기풍이 지배적이었다. 따라서 학생이나 교수는 학문연구에는 무관심하였다. 그러나 채원배가 북경대학의 총장으로 취임하면서(1917) 이러한 기풍을 쇄신하기 위하여 새로운 인재를 교수로 초빙하였다. 진독수(陳獨秀), 호적(胡適) 외에 이대조(李大釗), 노신(魯迅: 周作人) 등과 본래부터 재직하고 있던 전현동(錢玄同), 유반농(劉半農) 등 『신청년』의 중심인물들이 북경대학에 모이게 되었다. 이리하여 학생의 학구열이 높아지면서 전국에서 새로운 학문과 혁신사상을 탐구하려는 청년들이 몰려들어 북경대학은 신문화운동의 요람이 되었고, 이를 밑거름으로 5·4운동의 진원지가 되었다.[27]

처음 신문화운동은 군벌통치에 대한 불만에서 비정치적 색채를 가지고 출발하였지만 중국의 전통문화에 대한 비판이 가열되면서 반식민, 반봉건운동으로 발전하여 정치, 사회체제의 근본적 개혁을 목표로 추진되었다.

4. 5·4운동과 러시아 혁명

1917년의 러시아 혁명은 세계 최초의 공산주의 정권을 탄생시켜 전 세계에 커다란 충격과 영향을 주었다. 중국의 지식계층은 러시아혁명을 민감하게 받아들였고, 러시아혁명과 사회주의 노선을 수용하게 되었다.

1918년에 이대조(李大釗)는 북경대학을 중심으로 마르크스학설 연구회를 조

---

26) 민두기, 「蔡元培(1868~1940)思想의 構造的 理解」『高柄翊先生回甲紀念史學論叢歷史와 人間의 對應』, 한울, 1984.
　　이병주, 「黃炎培(1878~1965): 職業敎育과 農村改革運動 先驅者」『앞의 책』
27) 백영서, 『中國現代大學文化硏究-1920年代 대학생의 正體性위기와 사회개혁-』, 일조각, 1994.

직하고 이듬해 『신청년』을 마르크스주의 특집호로 꾸며 중국에서 공산주의 운동의 첫걸음을 열었는데 이는 1921년 7월의 중국공산당 창립에 영향을 주었다. 한편 지방에서는 모택동(毛澤東)이 『신청년』의 영향을 받아 장사(長沙)에서 신민학회(新民學會), 주은래(周恩來)는 천진(天津)에서 각오사(覺悟社)를 결성하여 계몽활동과 함께 사회주의 민중운동을 전개하였다.

　이와 같이 중국내부에서는 사회 각층의 의식개조와 혁신사상이 풍미하였고 외부적으로 제1차 세계대전의 영향으로 열강의 식민지화 정책에 반대하는 민족주의 운동이 아시아 전지역에 확대되어 갔다. 특히 1918년 1월 미국대통령 월슨이 발표한 전후 처리를 위한 14개조원칙은 제국주의 지배 하에 고통받던 약소국가에 새로운 희망을 주었다. 제1차 세계대전 후의 강화회의가 월슨의 민족자결 조류에 휩싸여 베르사유에서 개최되었다. 중국은 연합국에 가담하여 전승국이 되었으므로, 일본이 점령하고 있는 산동성의 옛 독일 소유의 이권을 중국으로 반환할 것을 요구하였다.[28] 그러나 영국, 프랑스는 중국에서의 독일의 이권을 모두 일본에게 돌려줄 것을 밀약하고 있었고, 중국의 군벌정부도 일본의 요구에 동의하였다. 민족자결을 제창한 미국도 일본을 지지하였으므로 베르사유에서는 중국의 요구가 전혀 받아들여지지 않았다.

5. 5·4운동의 폭발

　베르사유 강화조약에서 중국의 외교적 패배가 북경에 알려지자 국민각계에서 맹렬한 반발이 일어났다. 가장 먼저 궐기한 것이 북경대학을 비롯한 각 대학과 고등전문학교의 학생이었다. 이들은 러시아혁명과 조선에서의 항일독립운동(3·1운동)에 자극을 받아, 국치일(5월 7일)에 전국적인 시위를 예정하고 있었으나 이를 앞당겨 5월 4일 천안문광장에 모여 대규모 시위를 벌이게 되었다.

　이들의 요구는 일본에 대하여 21개 요구의 파기, 산동반도의 권익반환, 친일관료의 파면 등 일본에 대한 저항이 중심을 이루고 있었다. 시위대는 친일관료인 교통부장관 조여림(曹汝霖)의 저택을 습격하여 여기에 방화하니 경찰은 주동학생 32명을 체포하였다. 그러나 여론은 학생의 행동을 애국적 거사로 보도하고 체포자 석방을 요구하였다. 군벌정권은 일단 체포한 학생들을 석방하였으나 학생들은 베르사유조약 반대, 일본상품 불매운동 등을 외치며 직접 거리로 나

---

28) 정병철, 「山東에서의 五·四運動의 展開」『서울대東洋史學科論集』 13, 1989.

와 대중에게 호소하였다. 정부는 6월 3일 대탄압을 개시하자 이 날을 고비로 학생운동은 커다란 전환기를 맞이하면서 전국적인 규모의 대중운동으로 확산되었다.[29]

6월 5일, 상해의 노동자, 학생이 동맹파업에 돌입하고 상점도 일체 휴업하고 3파[학생·노동·상인의 동맹파업] 투쟁을 전개하게 되었다. 여기에 교통·통신 노동자가 파업에 가담하여 3파 투쟁은 절정에 달하였다. 북경의 군벌정부는 마침내 민중의 요구에 굴복하여 조여림을 비롯하여 매국노로 지목된 3인의 고관을 파면하고, 13일에는 수상 사직으로 확대되자 중국 정부는 베르사유 조약의 조인을 거부하였다.[30]

6. 5·4운동의 역사적 의의

5·4운동은 중국근대사에 획기적 의미를 지니고 있다.

먼저 이 운동은 학생운동에서 시작하여 노동자·시민계층의 민중운동으로 발전하여 민중에 의한 정치적 의사표시가 성공을 거두었다는 점을 들 수 있다. 종래의 정치운동이 주로 소수 혁명가들의 무장봉기나 정객·군벌의 세력다툼이었던 성격과는 달리, 중국의 노동자계급이 정치적 동맹파업을 장기간에 걸쳐 감행하고 그들이 제창하고 있던 운동목표를 달성하였다는 사실은 노동자계층의 정치적 성장을 의미하는 것이다.[31]

다음으로 중요한 역사적 의미는 노동자계층에 의한 프롤레타리아 혁명의 단

---

29) 민두기, 「中國國民革命運動의 構造的 理解를 위하여」『中國國民革命運動의 構造的 分析』 (민두기 편), 지식산업사, 1990.
30) 백영서, 「「建設」誌와 朱執信의 役割 5·4期 中國國民黨 指導層의 思想的 模索」『東洋史學 研究』 19, 1984.
　　　　, 「1920년대 中國大學生의 日常生活에서의 正體性 危機—傳統的 家族制와의 충돌—」 『東洋史學研究』 39, 1992.
　　　　, 『中國現代文學文化研究; 1920年代 大學生의 正體性 危機와 社會變革』, 일조각, 1994.
　　김경창, 「中國에 있어서의 國權回復運動 背景에 관한 研究」『社會科學研究』 12, 경희대, 1986.
31) 민두기, 「5·4 運動의 性格」『中國近代史論』, 지식산업사, 1976.
　　조 훈, 「5·4 運動의 性格에 대하여」『成大史林』 3, 1978.
　　윤혜영, 「국민혁명기 北京女子師範大學의 교장배척운동—'新舊葛藤'에서 혁명으로—」『中國 近現代 史의 재조명』 1, 지식산업사, 1999.
　　　　, 「5·4 運動과 '신여성'」『中國現代史研究』 7, 1999.
　　김세호, 「五四運動時期 北京政府의 역사적 성격」『中國現代史研究』 7, 1999.

서를 열었다는 점이다. 중국의 지식인계층은 이미 마르크스주의에 접근하기 시작하였고 5·4운동을 거쳐 더욱 진전되었다. 이리하여 5·4운동의 지도적 인사 가운데서 중국 공산당을 창립하는 인물이 나타나게 되었다. 따라서 5·4운동은 자본가계급에 의한 부르주아 민주주의혁명으로부터 무산계급에 의한 프롤레타리아 민주주의혁명으로 전환하는 획기적인 계기가 되었다.[32] 중국의 노동자는 제국주의, 매판자본가 그리고 봉건세력의 3중 압박을 받고 있었으나 이를 타도하는 3파(罷)투쟁의 목표설정을 분명하게 하고 있다.

또한 5·4운동을 계기로 반제국주의·반봉건주의라고 하는 중국혁명의 목표가 명확해졌다. 5·4운동의 초기에는 21개조의 파기, 친일관료의 파면이라고 하는 극히 부분적인 요구로 시작되었다. 그러나 투쟁을 거치는 과정에서 중국민중을 억압하는 근본이 일본의 침략을 허용하는 제국주의적 외국세력[33] 그리고 이와 밀착되어 있는 군벌정권의 봉건적 지배구조에 있음을 차츰 깨닫게 된것이다. 이리하여 전국 각계의 연합회의에서 내세운 국권옹호·민치(民治)촉진은 민족의 독립과 민주주의의 확립을 갈망하는 민중운동의 기반이 되었고, 이것은 곧바로 5·4운동에서 쟁취한 민중의 일치된 승리라고 평가할 수 있다.

중국근대사에 있어서 5·4운동 이후를 신민주주의 혁명시대로 설정하고 그이전의 신해혁명을 구민주주의 혁명시대로 구분하고 있는 이유는 혁명주체세력의 변화에 역사적 중요성을 놓고 있기 때문이다.

---

32) 백영서, 「1920年代 中國大學生과 마르크스주의; 마르크스주의 수용에 관한 社會史的 接近」 『아시아文化研究』, 한림대, 1991.
김정현, 「1930年代 中國知識人의 정치활동과 이념 救國會를 중심으로」 『東洋史學研究』 27, 1985.
김종원, 「5·4 期의 「孔教」 運動과 儒教批判」 『釜山大人文論叢』 35, 1989.
33) 라현수, 「5·4 運動에 對한 日本政府의 對應」 『歷史教育』 36, 1984.

제 14 장
중국공산당과 국민당정부

제1절 중국공산당의 등장

I. 중국공산당의 성립과 발전

1. 사회주의사상의 유행

중국 인민은 5·4 운동을 통하여 중국의 독립과 발전을 저해하는 것은 국내의 군벌과 제국주의 열강이라는 사실을 보다 명확하게 인식하였다. 이리하여 일본은 물론이고 민주주의국가인 영국·미국·프랑스도 제국주의 침략자로서 타도의 대상으로 간주하였다.

한편 사상적으로도 5·4 운동 이후의 지식인·청년·학생의 관심은 새로운 중국을 어떤 모델로 건설하고 그 방법을 어디서 구할 것인가에 집중되어 있었다. 이에 대해서는 각계 지식인의 의견이 일치되지 못하였다. 다만 일치되는 요소는 민족주의를 바탕으로 반제·반봉건적 운동을 전개하기 위해서 사회주의사상을 보다 진보적이며 이상적인 것으로 받아들였다. 따라서 자유민주주의와 자본주의체제에 대한 무조건적인 열망은 점차 수그러졌고 제1차 세계대전의 참화로 서구의 과학문명에 대해서도 회의가 생기게 되었다. 이러한 사상적 조류 속에 급속히 전파되어 나간 것이 마르크스주의 사상과 러시아혁명에 영향을 받은 공산주의에 대한 동경이라 하겠다.

이와 같은 사상적 전환기에 마르크스주의 사상을 체계적으로 정립한 이가 이대조(李大釗)이다. 그는 「서민의 승리」, 「볼셰비즘의 승리」를 발표하여 세계혁명의 새로운 방향을 인민의 주체적 역할에서 찾았고, 『新靑年(신청년)』특집호로 마르크스주의를 부각시켜 그 이론을 소개하였다(1919.11).[1] 또한 『新潮(신조)』
창간호(1919.1.)에서도 러시아 10월혁명이야말로 20세기 역사의 새로운 조류라
고 평하여 인민·근로자가 군벌·자본가를 물리치고 사회혁명을 일으킨다고 주장
하였다. 특히 5·4 운동을 전후하여 각종 사회주의 사조가 풍미하면서 북경대
학에서는 사회주의 연구회가 성립되었고(1919.12.) 유사한 연구모임이 각 곳에
나타나게 되었다. 즉, 모택동은 장사(長沙)에서 『신청년』의 영향을 받아 신민학
회(新民學會) 그리고 주은래(周恩來)는 천진에서 각오사(覺悟社)를 결성하고 민중
운동을 전개하였다.

이와 함께 사회민주주의, 무정부주의, 공상적 사회주의 그리고 마르크스주의
와 공산주의 등 각종 사회주의 이론이 널리 유행하였다.

2. 중국공산당의 성립

중국내부에 사회주의사상이 퍼져 나갈 때 외부로부터 사회주의 사조 확산에
결정적인 자극을 가한 것이 혁명 러시아의 중국에 대한 정책변화이다. 즉,
1919년 7월 소련 외상 카라한(Karakhan)은 과거 제정 러시아가 중국으로부터
빼앗은 이권을 무조건 반환하고 불평등 비밀조약을 파기할 것을 선언하였다.
카라한선언이 중국에 전해지자 베르사유 회의에서 윌슨의 민족자결주의에 환멸
을 느끼고 있던 민중은 열광적인 환영을 보내고 중·소 국교수립을 요구하기에
이르렀다.

코민테른은 보이틴스키(G. Voitinsky)를 중국에 파견하여 1920년 9월에 상해
(上海)의 프랑스 조계에서 중국공산당 발기인대회를 열었다. 앞서 5·4운동으로
북경대학에서 추방된 진독수는 상해에 들어와 1921년 7월에 호남의 모택동과
함께 중국공산당을 결성하기 위해 프랑스 조계(租界)에서 중국의 마르크스주의

---

1) 임상범, 「中國共産黨 北京支部의 創立과 初期活動」『東洋史學硏究』34, 1990.
_____, 「民國革命期 中國共産黨의 組織工作-北京支部의 事例를 통한 分析-」『歷史學報』
160, 1998.
김세은, 「중국공산당창립시기의 사상투쟁에 대하여」『成大史林』5, 1988.
김춘남, 「마르크시즘의 中國傳來; 中共創黨以前의 流入 및 傳播過程을 中心으로」『大韓體
育科學大 論文集』8, 1992.
박명희, 「中國의 社會主義思潮 受容과 그 作用-Marxism을 中心으로-」『東洋學』33, 2003.
김지훈, 「1930年代 中央소비에트區의 財政收入」『東洋史學硏究』86, 2004.
이승휘, 『1920年代 中國共産黨 硏究序說』, 도서출판 한울, 1994.

자를 규합하였다. 그리고 코민테른의 원조를 얻어 북경, 상해, 광주, 무한, 장사 지역과 일본유학생을 대표하는 이대조(李大釗), 장국도(張國燾), 모택동(毛澤東), 주덕(朱德), 동필무(董必武) 등 13명과 함께 상해에 모여 코민테른 극동담당 대표인 마링(H. Maring)이 참석한 가운데 역사적인 중국공산당 창립대회를 개최하였다.[2] 창립대회 도중에 경찰의 탐정에게 누설되어 최종회의는 절강성 가흥에 있는 남호(南湖)의 배 위에서 개최하였다. 여기에서 진독수(陳獨秀)는 중국공산당의 서기장으로 선출되었다.

이후 중국공산당은 프롤레타리아 독재의 실현을 공산당의 기본노선으로 정하고 노동자의 조직화, 노동운동의 전국화를 통하여 중국사회주의 혁명노선을 개척하여 나갔다. 모택동, 주덕 등은 도시의 공업노동자를 공산화하기 이전에 농촌에 소비에트구를 건설하고 차츰 그 범위를 확대하여 도시를 포위하는 작전을 취하였다. 1931년 11월 강서성의 남부를 세력기반으로 구축한 중국공산당은 강서성의 서금(瑞金)에서 "중화소비에트 제1차 전국대표자회의"를 개최하였다. 600명 이상이 참석한 가운데 정부주석에 모택동(毛澤東)이 부주석에는 장국도(张国焘)가 선출되었다. 이리하여 전국에 흩어져 있던 농촌혁명 근거지 중화소비에트공화국 중앙정권으로 통합되었다. 그러나 국민당정부의 끊임없는 포위와 공격이 시작되었다.

제 2 절 국민당의 발전

I. 국민당의 개조와 국공합작

1. 중국 국민당의 탄생과 발전

북경정부는 1916년 이래 일본의 지원을 받고 있던 단기서(段祺瑞)가 이끄는 안휘파 군벌에 의해 장악되고 있었다. 그러나 단기서 정권은 일본에 대한 추종 외교와 광동정부에 대한 무력정벌 정책으로 여론의 지탄을 받아 고립상태가 되

---

2) 김수영, 「中國共産主義운동에서 국제주의의 성립과 消滅(1920–1922)」『東洋史學硏究』 59, 1997.

었다. 이에 대해 미국·영국을 배경으로 하고 있던 조곤(曺錕) 등의 직예파 군벌은 1920년 초에 봉천파의 장작림과 연합하여 반안휘파(反安徽派)동맹을 맺어 남북화평과 대일타협반대를 내걸고 대항하였다. 쌍방의 대립은 무력충돌로 진전되어 결국 직예·봉천연합파의 승리로 돌아가 안휘파는 북경정부로부터 제거되었다. 그 결과 직예파의 근운붕(靳雲鵬) 내각이 성립되었으나, 다시 직예·봉천 양파로 분열되었다.

1921년에 장작림이 북경에 들어와 근운붕 내각에 대신하여 양사이(梁士詒) 내각을 세웠다. 양사이는 일본의 차관을 얻고자 친일쪽으로 기우니 직예파는 이에 반대하고 여론을 이용하여 양사이를 사직시키고 봉천파와의 결전에 대비하였다. 이리하여 1922년 4월 양파는 전투를 개시하여 오패부(吳佩孚)가 이끄는 직예파가 압승하였다(1차 직·봉전쟁). 이에 따라 북경정부는 직예파 군벌이 독점하고 봉천파의 장작림은 만주로 철수하였다.[3]

1921년 손문(孫文)은 제2차 광동정부를 수립하여 북경의 군벌정부에 대항하였다. 그는 러시아혁명에 큰 감명을 받고 5·4운동을 통하여 민중의 거대한 힘을 인식하게 되었다. 1919년 손문은 동경에서 결성한 중화혁명당을 중국국민당(中國國民党)으로 명칭을 바꾸고 민중을 기반으로 하는 대중적 정당으로 발전시켜 나갔다. 그러나 1922년 광동군벌 진형명의 반란으로 손문은 상해로 피신하였으나 공산당원인 이대조, 진독수 등의 협력을 얻어 국민당 개혁을 본격적으로 추진하였다. 1923년에 손문은 세번째 광동으로 돌아와서 대원수부(大元帥府)를 설치하고 국민혁명을 추진하기 위한 거점을 확보하였다. 이때 러시아 정부는 정치고문 보로딘, 군사고문 갈렌 등을 파견하여 이를 원조하였다. 그리하여 1923년 소비에트정부 대표 요페와 함께 연소용공(聯蘇容共)의 공동선언을 발표하게 되었다.

---

3) 윤혜영, 「第1次 直奉戰爭後 自由主義 知識人의 北京政府觀 「好人政府論」과 羅文幹事件을 중심으로」『東洋史學硏究』 26, 1987.
_____, 「曹錕의 부패선거(1923)와 法統問題의 종식」『東洋史學硏究』 28, 1988.
_____, 「北京政府의 國民會議運動에 대한 대응과 善後會議」『中國 國民革命運動의 構造分析』, 민두기 편, 지식산업사, 1990.
전동현, 「국민혁명기 國民政府 혁명외교의 이론적 성격」『歷史學報』 162, 1999.
정문상, 「國共合作 이전 上海 中國社會主義靑年團의 청년운동 모색과 그 실상」『東洋史學硏究』 67, 1999.

2. 1924년 국민당 전국대표자대회

공산당은 1924년에 국민당을 비롯한 사회주의 단체와의 연합전선을 펴고 모든 공산당원이 개인자격으로 국민당에 가입하는 형태로 국공합작이 추진되었다. 이리하여 중국 국민당 제1회 전국대회가 광주(廣州)에서 개최되어 국공합작이 정식으로 성립되었다(1924.1.).[4] 이때 참석한 대표 165명 가운에 공산당원은 21명이 참석하였다.

국민당 제1차 전국대표대회는 국민당의 정강을 밝히는 대회선언과 새로운 당의 구성을 규정한 중국국민당총장(中國國民黨總章)을 통과시켜 당의 구조를 소련의 볼셰비키당을 모방한 민주집중제(民主集中制)로 바꿨다. 이와 함께 불평등조약의 파기, 부조농공(扶助農工) 등을 표방한 반제국주의 대중정당으로의 정책방향을 제시하였다. 이어 당의 집행부로서 중앙집행위원회를 구성하였고, 여기에 공산 당원을 참여시켜 국민당과 공산당의 합작이 이루어졌다. 이 대회에서 채택된 강령을 이른바 신삼민주의(新三民主義)라 한다.

그 내용을 보면, 제국주의 침략에 반대하여 민족해방과 민족의 평등을 완성 하고(민족주의), 봉건군벌의 타도와 민중의 자유와 권리쟁취(민권주의), 대토지사 유와 독점자본주의 반대에 의한 민중복리(민생주의)를 채택하였다. 이는 연소(聯 蘇), 용공(容共), 노농원조(勞農援助)의 3대 정책과 함께 통일전선의 기본강령이 되었다. 이와 같은 국민당의 조직상의 정비를 개조(改組)라고 하는데, 여기에서 반제·반군벌의 국민혁명은 내실을 거두게 되었다.[5]

국민당은 당의 조직을 위원제로 고쳐 중앙의 집행위원회로 하여금 일체의 당

---

4) 민두기, 「中國國民黨의 改進과 改組 제1차 國共合作에 있어서의 改進단계의 성격에 관한 試論-」『東方學志』 33, 1982.
　　라현수, 「제1차 國共合作과 蚯仲愷의 勞動政策」『中國 國民黨革命指導者의 思想과 行動』, 민두기 편, 지식산업사, 1988.
　　이병주, 「제1차國共合作期의 甘乃光의 활동과 혁명인식 당내 역할과 당내 기본문제에 관 한 인식을 중심으로」『위의 책』, 1988.
　　＿＿, 「中國 國民黨 左·右派의 革命觀 比較」『위의 책』.
　　정문상, 「國民革命期(1923~1927) 惲代英의 革命觀과 學生運動論」『歷史學報』 134·135 합집, 1992.
5) 김임자, 「中國國民黨 婦女政策에 관한 研究」『梨大史苑』 22·23 합집, 1988.
　　이양자, 「宋慶齡과 何香凝-孫文遺志의 계승과 女性運動을 중심으로-」『中國史研究』 3, 1998.
　　김인숙, 「中國女性史研究 100年」『中國史研究』 7, 1999.
　　이선니, 「近代中國의 婦女解放論」『中國史研究』 7, 1999.
　　조수성, 「中華民國 初期 監察院에 대한 연구」『中國學志』 3, 계명대, 1987.

무를 처리하게 하였다.[6] 또 국민당정부 조직안을 결의하고 황보(黃補)군관학교, 농민운동강습소를 설립하였다. 이 결과 소시민·지식인을 중심으로 한 대중의 정당으로 발전하는 계기를 마련하게 되었다.

손문(孫文)의 삼민(三民)주의도 그 내용이 확대되어 민족주의는 한·만·몽·장·회(漢·滿·蒙·藏·回)의 5민족을 통합한 민족국가를 실현하고 전민족이 일치하여 제국주의 타도와 민족의 독립·해방운동으로 나아가는 내용을 담고 있다. 민권주의도 인민주권에 입각하여 선거권·파면권·창제권(법률 제정권), 부결권(법률 개폐권)을 두고 이 4권의 통제 아래 사법·입법·행정·고시·감찰 등 5권의 정치기구를 설치하였다. 민생주의는 지주제도의 폐해를 억누르려는 평균지권론(平均地權論)에서 발전하여 경작자에게 토지를 분배하는 것을 주안으로 하고 독점 대기업체의 국영화를 목표로 하는 통제자본주의가 채택되었다.[7]

3. 5·30운동과 국민당의 발전

광동(廣東)을 중심으로 하는 국민혁명의 움직임은 북경정부를 장악하고 있던 북양군벌내 각 파간의 각축전에도 영향을 주었다. 즉, 1924년 9월에 일어난 제2차 직·봉전쟁(直·奉戰爭)은 직예파의 독주에 대해 봉천·안휘파 및 손문의 광동정부가 합세하여 직예파(直隸派)를 타도하기 위한 전쟁이었다. 양군은 산해관 부근에서 격전을 벌이던 중 직예파의 풍옥상(馮玉祥)이 돌연 쿠데타를 일으켜 북경을 점령하고 대총통 조곤을 감금하니 직예군은 붕괴되고 오패부도 강남으로 달아나 북경정부 내에서 직예군벌은 완전히 자취를 감추게 되었다.[8]

풍옥상·장작림·단기서는 북경정부의 공백을 메우기 위하여 단기서를 임시 집정으로 추대하는 한편 손문의 북상을 요청하였다.[9] 손문은 모든 계층과 단체로

---

6) 중앙위원 24명 중 이대조(李大釗), 담평산(譚平山), 천수덕(千樹德)이 있고 후보위원에, 임조함(林祖涵), 모택동(毛澤東), 장국도(張國燾) 등 공산당원이 들어가 있다.
7) 박경석, 「南京國民政府의 稅收政策과 財政基礎의 確立」『東洋史學硏究』 61, 1998.
8) 배경한, 「北伐과 勞動運動 北伐初期(1925년 6월~12월) 廣東國民政府의 노동운동통제 정책을 중심으로」, 민두기 외 공저, 『中國國民革命運動의 構造分析』, 지식산업사, 1990.
　　　, 「黃補軍官學校에 있어서 國共間의 合作과 對立」, 閔斗基 외 공저, 『中國國民革命의 分析的硏究』, 지식산업사, 1985.
　김임자, 「國民革命期의 婦女運動」『위의 책』.
9) 배경한, 「反直三角聯盟과 孫文의 北上」『釜山史學』 8, 1984.
　강명희, 「民國時期 山東省의 理想的 體制摸索-進山會議(1921.6-1923.100를 중심으로-」 『震檀學報』 78, 1994.

구성된 국민회의를 제창하고, 단기서의 요청을 받아들여 국민회의소집 문제를 논의하기 위해 북경에 갔으나 혁명은 아직 성공하지 못하였다는 유언을 남기고 59세를 일기로 간암으로 사망하였다(1925).[10]

손문이 사망한 이후 3년간은 중국민중의 반제·반군벌투쟁이 거대한 물결을 이루며 진행되었고, 이 과정에서 광동정부(廣東政府)는 하나의 지방정권으로부터 전국적 혁명운동의 중심세력으로 발전하게 되었다.

이와 같은 국민당의 발전에는 1925년 5월 30일에 일어난 이른바 5·30운동이 중요한 작용을 하였다. 5·30운동은 상해에서 일본자본으로 운영되는 면방직공장의 노사분쟁 중에 노동조합 지도자를 일본인 감독이 살해한 사건이 발단이 되었다. 이 사실이 알려지자 다수의 학생과 민중이 조계회수(租界回收)와 체포학생의 석방을 요구하며 가두시위를 벌였는데, 영국경찰이 발포하여 많은 학생이 죽고 부상자가 발생하였다. 이에 상해의 전체 노동자가 총파업을 단행하니 학생은 동맹휴학을 하고 중소상인은 철시로 맞서자 상해시가 마비되었다. 이에 열강은 육군을 상륙시켜 무차별 발포하여 다수의 사망자가 발생하자 반제국주의 운동은 순식간에 전국으로 확대되었다. 특히 홍콩에서는 16개월에 걸친 노동자의 총파업으로 도시기능이 마비되었고, 영국의 화남지배(華南支配)에도 큰 타격을 주었다.

5·30운동이 장기간에 걸쳐 성공적으로 진행될 수 있었던 것은 국민당의 후원과 지도가 있었기 때문이다.[11] 이와 함께 국민당도 노동자의 힘을 더욱 중요하게 생각하여 민중 속으로 그 세력을 확대하면서 민중에 기반을 둔 대중정당으

　강명희, 「閻錫山政權前期의 權力集中과 政治改革」『東洋史學研究』53, 1996.
　윤혜영, 「民國時代의 段祺瑞와 段祺瑞像」『黃元九先生停年紀念論叢 東아시아의 人間像』, 1995.
　박준수, 「臨時約法體制下의 段祺瑞軍閥政權」『東洋史學研究』53, 1996.
　____, 「段祺瑞軍閥政權의 對內外的 基盤과 그 性格」『江原史學』13·14합집, 1998.
10) 윤혜영, 「5·30 事件과 北京政府의 對外交涉」『中國現代史研究』, 일조각, 1991.
11) 전인갑, 「5·30運動과 上海總工會; 上海 5·30運動의 性格과 關聯하여」『東洋史學研究』 38, 1992.
　____, 「1920年代 前半期 上海 勞動者 社會의 地緣網과 勞動運動」『歷史學報』161, 1999.
　____, 「1920年代 上海 勞動者 社會와 地緣網의 機能－都市社會 適應 機制로서의 同鄕幇口－」『東洋史學研究』62, 1998.
　김정화, 「1930年代 中國知識人의 정치활동과 理念－救國會를 중심으로－」『東洋史學研究』 27, 1988.

로 발전하였다. 국민당은 광주의 지방정당에서 탈피하여 혁명운동세력을 규합할
수 있는 대중의 지지 속에서 크게 발전하여 북벌을 단행하고 통일을 완수하게
되었다.

제3절 장개석의 남경정부와 모택동의 대장정

Ⅰ. 장개석(蔣介石)과 모택동(毛澤東)

장개석(1887~1975)과 모택동(1893~1976)은 같은 시대를 살면서 중국 현대
사에 커다란 발자취를 남긴 인물이다.

장개석은 손문을 이어 남경에 국민당 정부를 수립하여 중국통일을 완수하였
고, 모택동은 중국 공산당을 이끌고 중화인민공화국을 수립하여 장개석을 대만
으로 몰아내고 중국대륙에 사회주의 공화국을 수립하였다.

장개석은 절강성 봉화현(奉化縣)에서 태어나 보정군관학교(保定軍官學校)를 다
니다가 1907년 일본의 육군사관학교에 유학하고 거기에서 절강재벌(浙江財閥)의
진기미(陳其美)의 소개로 중국혁명동맹회에 들어가 신해혁명에 참여하였다. 그
후 광동의 국민정부에 입당하여 손문의 인정을 받아 군대의 참모장이 되었다.
국공합작으로 군사시찰을 위해 소련을 방문하였고, 귀국 후에는 신설된 황포군
관학교의 초대 교장에 취임하였다.[12]

한편 모택동은 호남성 상택현(湘澤縣)에서 태어났다. 어려서 『수호전』과 『삼
국지연의』를 읽으며 자랐다. 15세에 동산(東山)소학교에 입학하였고 장사(長沙)
에서 신해혁명이 일어난 것을 알고 무창으로 가서 혁명에 참가하였다. 그 후
호남 제일사범학교에 입학하여 양회중(楊懷中)이라는 철학, 윤리학 교사로부터
깊은 가르침을 받았고, 노동하며 유학하는 단체를 조직하였으나 모택동은 외국
유학을 좋게 여기지는 않았다.[13] 그는 1919년 북경에서 공산주의 이론가 이대

---

12) 배경한, 『蔣介石研究-國民革命時期 軍事 政治的 擡頭과정-』, 일조각, 1995.
13) 마이클 옥센버그 지음, 민두기 옮김, 「政治的指導者로서의 毛澤東」『現代中國과 中國近代史』,

조(李大釗)로부터 공산주의 이론을 학습받았으며 5·4운동에 적극 참여하고 중
국공산당의 창립멤버가 되었다. 1924년 제1차 국공합작 후 국민당 농민부의
농업강습소에서 활동가를 양성하는데 몰두하며 일찍부터 농민운동에 강한 관심
을 보였다. 장개석과 모택동이 만난 것은 이 국공합작시대이다.

장개석은 1926년 단기서정부가 국공합작에 반대하고 남벌(南伐)을 개시하자
이에 대항하여 국민혁명군 총사령관으로 북벌에 성공하였다. 이 시기에 모택동은
호남에서 농민운동을 지도하면서 공산주의 이론을 연구하고 상해의 노동자를
이끌고 무장봉기하여(1927. 3) 성공시켰으나 장개석의 4·12반공(反共)쿠데타로
두 사람은 갈라서게 되었다.

장개석과 모택동은 같은 시대에 태어나 전혀 다른 노선을 지향하면서 경쟁과
대립관계를 반복하였다. 장개석은 1927년 송미령(宋美齡)과 결혼하여 그녀의 인
척관계를 통해 장(蔣), 송(宋), 공(孔), 진(陳)의 4대가문(4大家門) 연합으로 정치,
경제, 군사의 독점체제를 구축했다.[14] 모택동은 1927년 가을 호남과 강서의 경
계지역에 있는 정강산(井崗山)으로 퇴각하여 이곳에 혁명근거지를 구축하고, 주
덕(朱德)의 도움을 받아 국민당군의 포위를 뚫고 대장정(大長征)을 감행하였다.

Ⅱ. 장개석의 북벌과 반공정책

1. 장개석의 북벌

손문의 사망 후 국민당은 중도파인 장개석과 좌파인 왕조명(汪兆銘)에 의해
통일사업이 계승되었다.[15] 1926년 7월 국민혁명군 총사령관인 장개석은 전군
에 동원령을 내려 제국주의와 매국군벌을 타도하고 통일정부를 수립하기 위해
북벌을 단행하였다.[16]

지식산업사, 1981.

　　김충열, 「毛澤東의 人物形成」『中國硏究』 1, 1978.

14) 이양자, 「宋慶齡의 女性解放運動과 社會福祉活動」『東義史學』 7·8합집, 1993.

　　＿＿＿, 『宋慶齡硏究』, 일조각, 1988.

15) 백영서, 「中國國民革命期 西山會議派의 성격 재검토, 鄒魯와 廣東大學紛糾를 중심으로」『歷
史學報』 121, 1989.

　　김승욱, 「北伐時期上海自治運動에 관한 一考察」『東洋史學硏究』 46, 1994.

16) 라현수, 「北伐初期 國民政府의 對外關係의 展開 2.5% 暫定附加聯稅微收를 중심으로—」『歷
史學報』 99·100 합집, 1983.

　　윤혜영, 『中國現代史硏究—北伐前夜 北京政權의 內部的 崩壞過程—』, 일조각, 1991.

오랜 동안 군벌의 학정에 시달리고 있던 민중은 북벌군을 열렬히 환영하였고, 국민혁명군은 마치 무인지경과 같이 각지의 군벌을 격파하였다. 2개월 후에는 무한(武漢) 3진(鎭)을 점령하고 오패부군을 일소한 후 다시 양자강을 건너 1927년 3월에 손전방(孫傳芳)의 본거지인 남경을 함락하였다.

남경과 상해를 점령한 장개석은 새로운 문제에 봉착하게 되었다. 즉, 지금까지 그의 노선은 국·공합작(國·共合作)에 의해 군벌과 제국주의를 상대로 싸워왔으나 앞으로의 진로는 공산당과의 합작으로는 중국통일이 불가능함을 인식하게 되었다. 그것은 상해의 민족자본가(절강재벌)와 중국에 진출하고 있는 많은

이병인, 「1920年代 上海의 同鄕關係와 社會團體」『歷史學報』 64, 1999.

_____, 「1920年代 初半 上海 各路商界總聯合會의 政治的 成長과 上海社會」『東洋史學研究』 4, 1996.

외국 자본가들이 국민당과 공산당의 연합을 가장 두려워했기 때문이다. 더구나 국민당 혁명군의 중심적 장교들은 대부분 지주(地主)·향신출신(鄕紳出身)으로 공산당이 주장하는 토지개혁이나 사유재산철폐에 반대하는 세력들이었다.[17]

2. 국민당 정부의 반공(反共)정책

장개석은 농촌의 지주층, 도시의 자본가, 군벌, 외국 자본가의 지지를 얻기 위해 공산당과의 결별이 불가피함을 인식하게 되었다. 장개석에 의한 이른바 상해반공(上海反共)쿠데타(1927.4.12.)의 사회경제적 배경은 여기에 있다. 상해 쿠데타로 수많은 노동자와 공산당원을 처형한 후 1927년 4월 18일에 남경에 국민당정부를 수립하였다. 무한정부도 국공분리를 결심하여 공산당을 탄압하고 이 해 9월에 남경정부와 합류하였다.[18]

1928년에는 다시 북벌을 계속하여 4월에는 산동의 중심지인 제남(濟南)을 함락하고 산동방면의 이권보호와 당시 장작림을 원조하기 위해 파견된 일본군과 충돌하였다. 6월에는 북경에 있던 장작림을 몰아내고 북경을 함락하여 중국은 국민당정부에 의해 통일이 달성되었다. 장개석이 군벌을 누르고 북벌에 성공할 수 있었던 것은 군벌의 학정에 시달려온 인민의 지지와 함께 황포군관학교의 교장직을 맡으면서 길러온 강력한 군사력과 절강재벌로 대표되는 자본가의 후원을 받고 있었기 때문이다.

---

17) 전인갑, 「1920年代 上海 勞動界 '統合'의 前奏와 '2月罷業'−商民協會를 중심으로−」『中國 近現代史의 재조명』 2, 지식산업사, 1999.
　　　박준수, 「民國初期 全國商會聯合會의 성립과 商會의 정치적 대두」『中國近現代史의 재조명』, 지식산업사, 1999.
　　　유용태, 「1919~1924년 中國 各界의 職業代表制 모색−國民會議召集論의 형성과정」中國 近現代史의 재조명』 1, 지식산업사, 1999.
　　　_____, 「南京政府時期 國民會議와 農會: 職業代表制의 실험」『中國現代史研究』 8, 1999.
18) 이병주, 「江寧自治實驗縣에 대하여 南京政府 內政改革實驗의 一例」『東亞文化』 6, 1979.
　　　배경한, 「蔣介石과 4·12政變」『東洋史學硏究』 38, 1992.
　　　_____, 「北伐完成 이후 蔣介石의 中央軍體制 確立 努力과 編遣會議」『東洋史學硏究』 48, 1994.
　　　_____, 「孫文과 上海韓國臨時政府− 申圭植의 廣州訪問(1921년 9~10월)과 廣東護法政 府의 韓國 臨時政府 承認問題를 중심으로−」『東洋史學硏究』 56, 1996.
　　　이재령, 「南京國民政府(1927−19370의 言論管理實態와 言論界의 對應」『東洋史學硏究』 68, 1999.
　　　윤세철, 「國民黨 "一大"를 前後한 國共葛藤 國民黨 監察委의 共産黨 彈劾案 發議背景에 관 한 序說 的 一考」『東洋史學硏究』 40, 1992.

절강재벌은 상해를 본거지로 하는 금융·산업가를 말하며 그들의 중심세력은
재계와 정계에서 활약한 사람들로 그 중에는 강소(江蘇)·절강출신(浙江出身)이
대부분이다. 이들은 양무운동 이래 관료자본과 외국자본에 종속된 매판자본을
기반으로 성장한 민족자본가이기는 하지만 제국주의와 유착한 매판자본가로 고
리대자본과도 밀접한 관계를 가지고 있었다. 이와 함께 장개석정부의 사상적
기반은 국민혁명 이래 독립과 통일을 추구해 온 민족주의 사상이며 이는 남경
정부의 성격이기도 했다.[19] 신해혁명 이후 나타난 군벌의 대부분이 민중을 착취
한 반민족주의(反民族主義)와 제국주의의 앞잡이 노릇을 한데 반해 장개석은 민중
의 혁명운동을 이용하고 그들의 지지 속에서 근대국가 건설에 성공할 수 있었다.

Ⅲ. 모택동의 2만 5천리 대장정

1927년 7월 무한에서 축출된 공산당은 광동에 소비에트 자치정부를 수립할
목적으로 폭동을 일으켰으나 실패하여 다시 강서성을 근거지로 게릴라전을 전
개하였다.[20] 그 후 1931년 11월에 강서성의 서금(瑞金)에다 적색정부를 수립하
고 모택동을 주석, 주덕(朱德)을 홍군(紅軍) 총사령관으로 추대하였다. 남경의
국민당정부는 소비에트 지구의 공산당의 발전을 중시하고 여러 차례 소탕작전을
감행하였으나 홍군은 게릴라전법으로 맞서 세력을 키워 나갔다.[21] 국내의 정적을
물리친 장개석은 만주사변이 일어나자(1931) 안내양외(安內攘外: 국내를 편안케
한 후 외적을 물리친다)정책으로 일본과의 충돌을 피하면서 공산당 소탕에 전력
을 기울였다. 1933년 말부터 시작된 제5차 공산당 소탕작전은 100만의 대군을

19) 강명선, 「南京政府(1927~1937)下의 合作社 運動展開와 그 限界 江蘇省信用合作社를 중심
　　으로」『東洋史學硏究』 31, 1989.
　　김지환, 「棉麥借款과 在華紡」『東洋史學硏究』 58, 1997.
　　이재령, 「南京國民政府期 敎育界 紛糾의 背景과 樣相」『東洋學』 28, 1998.
20) 한영춘, 「1930년대의 제2차 國共合作에 관한 考察」『中國硏究』 3, 단국대, 1981.
　　김동성, 「中國共産黨 初期 領導者들과 리더쉽」『東亞硏究』 9, 서강대, 1986.
　　김충열, 「毛澤東의 鬪爭過程(1920-1937) 農民運動에서 二萬里長征까지-」『中國硏究』 3,
　　단국대, 1981.
　　김지훈, 「江西時期 中央소비에트區의 査田運動」『成大史林』 11, 1995.
21) 김준엽, 「中共革命路線의 變遷」『亞世亞硏究』 1권 1호, 1958.
　　박주황, 「中國의 Soviet化 過程과 蘇聯의 影響에 關한 硏究 1920年代를 中心으로」『極東論
　　叢』 3, 전북대, 1975.
　　김임자, 「中共女性의 社會的 機能」『全海宗博士華甲紀念史學論叢』, 일조각, 1979.

동원한 대대적인 군사작전이었다. 홍군은 약 1년간 버티었으나 결국 서금(瑞金)을 버리고(1934.10.) 역사적인 2만 5천리 대장정에 나서 섬서성 연안(延安)으로 이동하였다. 이 과정에서 홍군의 주력부대 30만명이 3만명으로 감소되는 어려움을 겪게 되었다.

1935년말 섬서성에 도착한 공산당은 연안을 근거지로 하여 농림공작(農林工作)에 중점을 두고 세력만회를 위한 기회를 얻기 위하여 민족주의 노선을 택하면서 국민당에 휴전과 항일공동전선을 제안하였다. 그 후 국민당 정부와 공산당은 화(和)·전(戰)을 거듭하면서 밖으로 대일항전에 나서게 되었다.[22]

제 4 절   일본의 대륙침략과 중·일 전쟁

Ⅰ. 일본의 대륙침략

1. 대륙침략을 위한 만주사변

1928년 6월, 북경을 떠나 봉천(奉天)으로 가던 열차가 폭파되고 여기에 타고 있던 만주군벌 장작림(張作霖)이 폭사하였다. 이 사건은 일본 관동군(關東軍)에 의해 치밀하게 계획된 사건으로 전세계가 놀라고 일본 국내에서도 군국주의 암흑통치의 서막이라는 불길한 예감이 지식층 사이에 퍼져 나갔다. 당시 장작림은 장개석의 제3차 북벌로 연패하여 북경에서 만주로 철수중이었으며, 일본은 남만주철도주식회사[약칭 만철(滿鐵)]를 중심으로 만주에서 그들의 이권을 확대하여 나가던 중이었다. 그런데 장작림의 만주귀환은 일본의 만주지배에 여러 가지 방해가 되므로 이를 제거한 것이다.

장작림의 사후 그 아들 장학량(張學良)이 뒤를 이어 10만명의 군사력으로 민

---

22) 이병주, 「中共 民兵制度의 硏究 革命戰爭期를 중심으로—」『中國問題』 8, 1979.
　　최 영, 「1930년대의 中共의 軍事戰略」『中國硏究』 3, 단국대, 1981.
　　김창순, 「1930년대의 共黨戰略과 民族主義 및 韓族問題」『中國硏究』 3, 단국대, 1981.
　　김태승, 「紀律과 更生—1930年代 上海游民習勤所의 游民管理」『東洋史學硏究』 85, 2003.
　　이재령, 「1930年代 中國共産黨의 知識人政策」『史學志』 28, 1995.

족주의 노선을 추구하면서 일본에 대항하였다.

이 당시 만주는 일본 대외투자의 6할을 차지하는 생명선이었다. 그러나 만철의 경영실적은 악화일로를 치닫고 있었고, 그 위에 1930년대의 세계경제공황으로 일본의 군부세력이 대두하기 시작하였다.

일본 군부는 국내외에서 정치적 위치를 강화하면서 1931년 7월 만주에서 만보산사건을 계기로 한국인 양민을 대량 학살하고, 이어 봉천교외의 남만주철도를 일본군인이 폭발하고 이를 중국인 소행으로 전가시켜 대륙침략의 구실로 이용하였다. 일본의 관동군은 즉시 봉천주변의 장학량군을 공격하여 남만주철도 연변으로부터 장학량의 군대를 몰아내니 이것이 이른바 만주사변(9·18사변)의 발단이다. 관동군은 곧 전쟁을 확대하여 길림, 차하르와 하얼빈, 금주(錦州)를 점령하였다.

일본군은 만주사변에 이어 1932년 1월 상해사변을 일으켰다. 일본은 중국공산당의 제19로군과 전투 중이었으나 장개석은 오히려 일본과 정전협정을 체결하고 휴전상태에 들어갔다. 이는 중국 내부의 적인 중국공산당을 타도하고 그 후에 일본의 침략에 대처한다는 장개석의 안내양외(安內攘外) 전략에서 비롯된 것이다.[23]

2. 일본의 괴뢰정부 만주국

일본의 대륙침략 야욕은 만주사변을 계기로 더욱 확대되어 나갔다. 1931년 9월에 만주에 주둔하고 있던 일본관동군은 일본이 차지하고 있던 남만주 철도가 만주군벌 장학량(張學良) 군대에 의하여 폭발되고 만주에 있는 일본 세력을 몰아내려는 음모가 진행되고 있다는 엉뚱한 구실을 내세워 봉천(奉天)을 비롯하여 만주전역의 중국군의 무장해제를 강행하였다. 장학량은 일본군의 이러한 움직임을 미리 탐지하고 있었으므로 봉천을 탈출하였다.

만주의 동삼성(東三省) 대부분을 평정한 일본군은 1932년 3월에 천진에 은둔하고 있던 마지막 황제 선통제(宣統帝) 부의(溥儀)를 데려와서 만주국 황제로 옹

립하고 괴뢰정부 만주국을 탄생시켰다.

동삼성은 본래 만주민족 청조의 본거지로 이 땅을 만주인에게 되돌려 준다는 미명으로 일본군의 보호 아래 괴뢰정부 만주국을 세운 것이다. 그러나 이때 만주 인은 대부분 한족에게 동화되어 만주에 살고 있던 인구의 대부분은 漢人이었다.[24]

3. 서안(西安)사건과 국·공의 항일통일전선

1936년에 장개석은 섬서성 북부의 공산당(홍군)에 대하여 제6차 포위전을 시작하였다. 동북군과 서북군이 제일선에 투입되었는데, 동북군은 이미 만주사변으로 철수한 장학량의 군대이고, 서북군은 기독교적 색채가 짙고 항일을 주창한 풍옥상(馮玉祥)의 영향을 받고 있던 양호성(楊虎城)이 사령관이었다.

공산당의 홍군은 이에 대해 중국인은 서로 싸우지 말고 일본군에 대항하자는 선전과 설득을 하였고, 장개석 군대도 공산당과 싸우는데 회의적이었기 때문에 전의를 상실하였다. 그 대신 항일구국전에 대한 열성은 대단하였다. 장개석은 국면을 타개하고 장병을 위로하고자 1936년 12월 4일 열차로 낙양으로부터 서안에 들어갔다. 장개석을 맞이하여 학생들은 국내단결을 호소하며 시위를 하고 군인은 냉전중지와 대일 공동전선구축을 호소하였다.

그러나 장개석은 이를 받아들이지 않았을 뿐만 아니라 도리어 장학량을 공박하였다. 이에 격분한 장학량은 장개석을 감금하는 대담한 군사행동으로 나왔다. 이것이 유명한 서안(西安)사건이다. 장학량은 장개석에 대해 내전종식과 항일공동전선구축을 강력히 요구하였다. 서안사건은 전세계를 경악시켰다. 그것은 중국에서의 장개석의 위치가 중요하였을 뿐 아니라 그의 정치적 위상은 중국에 이해관계가 직결된 외국에 큰 충격이 아닐 수 없고, 동아시아 및 세계정세에도 결정적인 영향을 주기 때문이었다.

서안사건에 대해 국민당 내부의 친일파는 강경한 무력해결을 주장하였으나 친영·친미파는 내전확대는 도리어 중국에 불리하고 일본에 이롭다는 판단에서 화평해결을 주장했다. 장개석 부인 및 그의 고문인 도날드가 서안에 오고, 장학량의 요청으로 중공의 주은래(周恩來)도 서안에 와서 장개석과의 두 차례 회담을 한 결과 장개석은 석방되고 이듬해 국공합작에 의한 통일전선이 성립되었다.[25]

---

24) 신규섭, 「滿洲國」의 治外法權撤廢와 在滿 朝鮮人에 대한 認識」『大東文化研究』 43, 2003.
   박 강, 「滿洲國 阿片禁斷政策의 再檢討」『釜大史學』 23, 1999.

Ⅱ. 중ㆍ일 전쟁과 중국 공산당의 발전

1. 중ㆍ일 전쟁의 시작

서안사건이 해결된 후 중국에서는 항일공동전선이 성립되었는데 이는 민중의 항일운동을 국민당과 공산당이 받아들여 성립시킨 것이다. 이에 초조해진 일본은 중국의 항일세력이 더 커지기 전에 중ㆍ일전쟁의 완승을 이루어야 한다는 압박감으로 노구교(蘆溝橋)사건을 일으켰다. 이는 북경 교외의 노구교에서 훈련 중인 일본군이 중국군으로부터 공격을 당했다는 거짓구실로 1937년 7월 7일 전쟁을 일으킨 사건으로 일본군부의 전쟁확대를 위한 또 한번의 조작극이었다. 이로써 만주사변으로 시작한 중일전쟁은 중국전토에 확대되면서 전면전쟁으로 발전하였다.[26]

일본은 이 전쟁이 2개월 정도면 해결된다고 판단하여 이를 북지사변(北支事變)으로 그 성격을 단순화시켰으나, 중국인의 저항이 의외로 완강하자 곧 상해 방면으로 전쟁범위를 확대하면서 지나사변(支那事變)이라 하였다. 일본 육군은 전 중국으로 전쟁을 확대해가면서, 무고한 양민을 무참히 죽이는 남경 대학살을 자행했다.[27] 이때부터 태우고, 빼앗고, 죽이는 이른바 삼광작전(三光作戰)이 벌어지면서 살육전이 일반화되었다.

이에 대해 국민당정부와 중국공산당은 대일민족통일전선(對日民族統一戰線)을 구축하여 제2차 국공합작(國共合作)이 성립되었다(1937. 8.). 이에 따라 섬서성 북부의 홍군은 국민혁명군 제팔로군(第八路軍)으로, 화중의 홍군유격대는 신홍군(新紅軍)으로 개편되었다. 붉은 군대는 수적으로는 국민군에 훨씬 미치지 못하였으나 그들의 군기는 엄정하여 농민으로부터 환영을 받았고 게릴라전술로

---

25) 신승하, 「西安事變 그 배경과 평화적 해결을 중심으로-」『中國研究』 3, 단국대, 1981.
26) 이홍길, 「全面抗戰 이전의 中國의 對日態度」『歷史學研究』, 전남대, 1982.
   이규하, 「中國에서의 獨逸ㆍ日本帝國主義의 衝突에 관한 一研究」『全北史學』 11ㆍ12 합집, 1989.
   김지환, 「抗戰勝利後 中國 紡織工業의 原綿問題」『東洋史學研究』 93, 2005.
   배경한, 「중일전쟁 시기의 汪精衛政權과 新民會」『東洋史學研究』 93, 2005.
27) 1937년 12월 13일부터 시작하여 이후 약 2개월동안 일본군에 의해 살해된 중국인의 숫자는 자료에 따라 큰 차이가 있다. 중국측 자료에는 39만명 이상, 극동군 국제군사재판의 기록에는 20만명 이상, 일본육군장교의 친목단체에서 발행하는 『偕行(해행)』에는 3천 내지 1만 3천명(여기에는 중국인 투항 병사는 포함하지 않음)으로 나타나 있다. 小雁晋治ㆍ丸山松幸 지음, 박원호 옮김, 『中國近現代史』, 지식산업사, 1988, 256쪽 주 42) 참조.

최전선에서 일본군과 싸우면서 용맹을 떨쳤다.

2. 중국공산당의 발전

중·일전쟁은 1938년에 접어들면서 교착상태에 빠져 들었다. 그런데 이때부터 제2차 세계대전이 끝나는 1945년까지 중국 국내에는 세 지역이 서로 다른 통치구역이 형성되고 있었다. 이른바 윤함구(淪陷區: 일본군 점령지구)와 해방구(解放區: 공산당 지배지구), 대후방(大後方: 국민당 지배지구)이 그것이다.

모택동은 일본군에게 서주(徐州)를 빼앗긴 후(1938) 연안(延安)으로 철수하여 대일항전을 지구전(持久戰)으로 이끌어 승리할 것임을 동지들에게 강조하였다. 그 근거로 모택동은 항일전쟁이 반봉건, 반식민전쟁이기 때문에 소련을 비롯한 국제적인 지원을 받을 수가 있고 또 중국은 장기전에 버텨나갈 수 있는 광대한 국토와 인민이 있음을 상기시키고 있다.

한편 중국 내에서의 일본군의 점령구역(윤함구)은 도시가 중심을 이루고 그 세력범위는 이들 도시를 서로 연결하는 철도와 도로의 연변에 국한되어 점과 선으로 이어진 상태이다. 그러므로 일본군은 도시를 벗어난 농촌과 산간지역에는 전혀 손을 쓰지 못하는 상태가 되었다. 이것은 장개석의 국민당정권에는 불리하고 반대로 모택동의 공산당에게는 대단히 유리하였다. 그것은 국민당 군대는 한 곳에 모여 집단으로 군사행동을 하였으므로 항상 일본군의 공격의 표적이 되었으나 모택동의 공산군은 게릴라군대로 조직되어 지방에 분산되어 쉽게 찾아낼 수 없기 때문이었다.

이리하여 공산당의 해방구는 점차 확대되어 갔으며 일본군도 이러한 공산군의 세력신장을 의식하면서 소탕작전에 나서게 되었으나 게릴라 전법에 휘말려 더욱 어려운 처지에 놓이게 되었다. 그대신 공산군의 완강한 항일전은 민중의 절대적 지지를 받게 되었다. 이리하여 1940년경에는 공산당의 8로군(路軍, 제18집단군)은 항일전 시작 당시의 3만명에서 40만명으로 세력을 확대할 수 있게 되었다.[28]

한편 공산군의 이와 같은 급속한 성장에 대해 국민당은 커다란 위협을 느끼게 되었고 1939년 초에 양군은 곳곳에서 충돌하면서 국공합작은 와해되기 시작하

---

28) 박선령, 「만주성위 해체를 통해 본 중공과 코민테른」『東洋史學硏究』 66, 1999.
　　김지훈, 「中央소비에트區의 勞動政策과 勞動者」『中國近現代史硏究』 20, 2003.
　　손승회, 「萬寶山事件과 中國共産黨」『東洋史學硏究』 83, 2003.

였다. 이러한 가운데 1940년 8월부터 3개월 동안에 공산당 8로군 병력 115개 연대와 40만명 병력으로 전개된 백단대전(白團大戰)은 화북 전역의 교통망을 마비시키고 일본군에 커다란 타격을 가하면서 공산당의 위력을 내외에 과시하였다.

그러나 백단대전에서 대타격을 받은 일본군도 공산당에 대해 종래의 소극적인 소탕작전에서 공산당 박멸작전으로 전환하면서 삼광작전(三光作戰: 모두 불태우고, 죽이고, 약탈하는)으로 나서게 되었다. 이에 공산당의 해방구는 커다란 위기를 맞게 되고 그 위에 화북지방에 밀어닥친 한재(旱災)로 초근목피(草根木皮)로 연명하는 어려운 처지가 되면서 위기에 봉착하였다. 이 위기를 넘긴 것이 유명한 자력갱생(自力更生)의 깃발 아래 병사와 군의 간부, 학생 등 모든 사람이 생활필수품은 자기 손으로 만드는 일과 공산당원은 인민에게 봉사한다는 정신운동(정풍운동)의 전개이다.[29]

모택동이 선두에 나서서 추진한 생산운동과 정풍운동으로 공산당은 1942년의 최대 위기를 극복하고 그 세력은 신장되어갔다. 그 위에 모택동의 권위는 당내뿐만 아니라 해방구의 민중 사이에도 확대되어 항일전쟁의 지도자로 장개석에 뒤떨어지지 않는 확고한 위치를 굳히기 시작하였다.

3. 일본의 제2차 세계대전 참여와 국·공(國·共)의 분열

1941년 12월 8일에 일본의 진주만 공격으로 시작된 태평양 전쟁은 중국 국내의 항일전선에는 다행스러운 일이었다. 당시 유럽에서는 영국과 프랑스의 연합군에 대해 독일과 이탈리아가 동맹하여 전쟁이 가열되고 있었다. 이때 일본은 독일·이탈리와 동맹조약을 체결하고 마침내 미국과 영국에 대해 선전포고를 하여 제2차 세계대전의 동맹국편에 서게 되었다. 이에 대해 중국의 국민당정부는 연합국측에 가담하여 일본·독일·이탈리아에 선전포고를 하였다.

이 당시 중국 국내의 항일전투는 소강상태에 있었다. 그것은 일본군의 대전참여로 그 주력 군대가 중국 남방의 새로운 전선으로 이동했기 때문이다. 중국 내의 일본군 점령상태는 도시와 도시를 연결하는 교통망을 확보하는 점선(點線)에 불과하였다. 대도시 사이를 연결하는 도로망을 겨우 확보한 상태로 그 중간에

---

29) 1942년 2월 모택동은 3풍정돈(3風整頓)운동을 전개하였다. 즉, 학풍(學風) 안에 있는 현실유리의 주관주의, 당풍(黨風) 속에 있는 관료주의와 분파주의, 셋째 문풍(文風) 속에 있는 구시대적 과거제(科擧制)의 팔고문(八股文)과 같은 형식주의를 타파하자는 운동이다.

펼쳐져 있는 광활한 농촌지대는 일본군의 통제력이 거의 미치지 못하였다. 이 광활한 농촌지역에 대해 활발한 선전공작을 하고 게릴라 부대의 조직과 작전을 지도한 것이 바로 공산당이었으며 공산당은 농촌에서 그 세력을 차츰 넓혀 나갔다.

이와 같이 제2차 세계대전이 시작되고 일본군의 압력이 경감되자 국민당과 공산당의 국공합작에는 도리어 균열이 생기기 시작하였다. 그것은 국·공이 다 같이 자기세력의 안전을 꾀하여 상대방 부대가 일본군과 맞붙어 일본군의 총알받이가 되어 전력이 소모되는 것을 원하였고 그렇게 함으로써 전후에 유리한 군사력을 유지하려는 계산이 깔려 있었기 때문이다. 이런 결과 지금까지 일본군에 맞서 싸우던 국·공의 양군은 서로를 향하여 빈번한 충돌이 일어남으로써 국공합작은 깨지기 시작하였다.

Ⅲ. 일본의 패전과 동아시아의 변화

19세기 말부터 20세기 중반까지 동아시아의 국제질서는 섬나라 일본의 제국주의 침략정책에 의하여 송두리째 파괴되었다. 이에 따라 동아시아 각국의 역사는 일본 군국주의(軍國主義)의 무력에 유린되면서 어두운 암흑시대의 고난을 겪을 수밖에 없었다.

조선의 동학운동을 빌미로 하여 일어난 淸·日전쟁(1894)은 일본의 승리로 끝났으며 이는 이후 반세기에 걸친 동아시아의 비극적인 역사의 서막을 여는 계기가 되었다. 10년 후 만주와 한반도를 둘러싼 러시아, 일본의 이해대립으로 시작된 러·일 전쟁(1904)에서 승리한 일본은 완전한 자신감을 갖게 되었고 제국주의적 대륙침략을 본격화하기 시작하였다.

조선의 병합(1910)으로 일본은 대륙침략의 발판을 구축하고 만주사변(1931)으로 만주와 북중국을 장악하였다. 일본의 침략 야욕은 여기에 만족하지 못하고 다시 노구교사건을 일으켜(1937) 화북진출을 시작하면서 중·일전쟁(1937)으로 동아시아 전체를 전쟁의 소용돌이로 몰아넣었다. 일본의 대륙침략전쟁 과정에 나타나고 있는 특징은 전쟁발발의 원인이 되는 사변들이 모두 일본군부에 의해 치밀하게 계획되어 진행되고 있으면서도, 항상 그 책임을 상대국에 전가시키면서 전쟁을 시작하는 기만적인 수법을 사용하고 있다는 사실이다.[30]

30) 만주사변의 원인이 된 장작림(張作霖)의 암살사건, 중일전쟁의 원인이 된 노구교사건, 상해

일본의 침략전쟁이 확대되는 과정에서 아시아 각국은 민족적인 자각과 국가의 독립을 쟁취하기 위한 항일투쟁을 전개하였으니, 한국에서는 3·1독립운동(1919)이 일어났고 중국대륙에서도 그 영향을 받아 5·4운동(1919)이 일어났다. 그러나 제국주의 일본은 이를 완전히 무시하였고, 제1차 세계대전에서 일본은 연합국측에 가담하여 전승국이 된 것을 기화로 대륙침략의 호기로 이를 악용하였다.

한편 중국대륙에서 중국의 저항이 의외로 완강하여 중·일전쟁이 장기화됨에 따라 일본은 중국에 이권을 가지고 있던 미국, 영국 등 열강과의 갈등이 표면화되기 시작하였다. 미국은 일본에 의하여 중국에서의 미국의 통상권 이익이 방해받고 있다고 판단하여 미·일통상조약을 파기하였다(1939). 당시 일본의 전략물자는 대부분 미국에 의존하고 있었으므로 미국의 통상조약 파기로 큰 위기를 맞게 되었다. 여기에서 일본은 이른바 대동아공영권(大東亞共榮圈)이란 미명 아래 자원을 찾아 동남아시아로 침략을 확대하면서 이 지역에 이권을 가지고 있던 프랑스·네덜란드와의 마찰을 일으키고, 한발 더 나아가 일본 군부는 1941년 12월 8일 진주만 기습을 시작으로 제2차 세계대전에 돌입하였다.

아시아세계의 비극은 메이지유신(明治維新, 1868)으로 근대국가 수립에 성공한 일본이 열강의 침략수법을 익히고 제국주의 열강보다도 더 가혹한 방법으로 동아시아세계를 유린한 것은 20세기 초두의 동아시아세계의 비극적인 역사전개가 아닐 수 없다. 淸·日전쟁으로 시작된 군국주의 일본의 대륙침략전쟁은 드디어 세계를 상대로 하는 태평양전쟁으로까지 확대되었으나, 역사상 처음으로 히로시마, 나가사키에 원자탄 투하로 1945년 8월 15일 무조건 항복으로 길고도 어두운 동아시아의 암흑시대에 종지부를 찍게 되었다.

사변과 남경대학살 등 모두 일본군부에 의해 사전에 치밀하게 계획된 것인데, 일본정부는 이들 사건을 모두 중국측에 의한 것으로 조작하고 있다.

제 15 장

중화인민공화국의 성립과 발전

제1절 중화인민공화국의 수립과 국민당 정부의 몰락

Ⅰ. 중국공산당의 대륙지배

1. 중국공산당의 승리

손문을 이은 장개석이 이끄는 국민당(國民党)과 모택동이 지도한 중국공산당의 오랜 내전은 제2차 세계대전의 종식과 함께 중국본토의 지배를 놓고 운명의 결전을 서둘러야 할 때가 다가오고 있었다.

제2차 세계대전에서 연합국측에 가담한 중국은 전승국으로서 일본의 항복을 받아들였다. 그러나 8년간(1937~1945) 지속된 대일항전으로 중국군 전사자는 100여만명, 민간인 희생자는 거의 1천만명이 넘고 경제적 손실도 엄청난 것이었다. 당시 국민당 정부군의 병력은 약 430만명이었고 공산당의 홍군(紅軍)은 8로군(8路軍)과 신4군(新4軍)을 합해 128만명이었다. 정규군을 놓고 비교하면 국민당 정부군이 압도적으로 우세하였다.

국·공(國·共)의 싸움은 먼저 일본군의 무장해제를 위한 일본군 점령지역을 선점하려는 각축전에서 시작되었다. 즉, 8로군의 총사령관 주덕(朱德)은 홍군에게 즉각 일본군 점령지로 진격하여 그들의 무장해제를 단행할 것을 명하였다. 이에 대해 장개석은 홍군의 군사이동을 억제하고 국민당 정부군에 대해서는 일본의 원수를 원수로 갚아서는 안된다[1]는 유명한 연설과 함께 오까무라(岡村) 일

---

1) 장개석(蔣介石) 주석은 1945년 8월 15일에 전국군민 및 세계인사에게 고하는 승리의 담화문에서 유명한 이덕보원 불념구악(以德報怨과 不念舊惡), 즉 '덕으로 원한을 갚고 옛날악을

본군총사령관에게 국민당정부에 투항할 것을 명하였다. 그러나 8월 말까지 각지에 주둔하고 있던 공산군은 화북지방의 7할 이상을 신속히 장악한 데 반해 국민당정부군은 중경(重慶)을 중심으로 후방에 몰려 있었으므로 신속한 군사작전을 수행할 수가 없었다. 그 위에 대일전선포고(8월 9일)와 함께 만주에 진격한 러시아군은 일본군으로부터 노획한 무기를 홍군에게 넘겨주었으므로 만주에서의 紅軍의 세력은 막강하였으며 군사장비면에서도 점차 우세하였다.

미극동군(美極東軍) 총사령관 맥아더 장군은 중국에 주둔하고 있는 일본군은 장개석의 국민당정부에 항복할 것을 일본정부에 명령하였다. 그리고 중국의 중요도시가 공산군에 넘어가지 않도록 국민당군을 중요도시에 공수하면서 미해병대로 하여금 북경, 천진, 청도 등의 전략지와, 교통·통신을 장악하도록 하였다. 이와 함께 장개석은 중경(重慶)에서 남경으로 수도를 옮기고(1946.4.) 정식으로 국민당 정부가 업무를 개시하였다.

장개석은 국민당군의 우세와 미국의 원조로 중국 공산당의 병합은 힘들지 않을 것으로 낙관하였다. 그러나 국·공의 대립은 처음부터 심각하였고 전후처리를 둘러싼 국·공의 분쟁은 확대되면서 전 중국은 다시 내전의 소용돌이 속으로 휘말려 들어갔다.

한편 항일 8년전쟁에 시달린 민중은 모처럼 찾아온 종전과 승전의 기쁨을 다시 내전으로 몰고가는데 강력하게 반대하였다. 이리하여 모택동과 장개석은 중경에서 회담을 열어 국·공간의 쌍십협정(雙十協定)을 체결하였다(1945.10.10.).[2] 그러나 회담이 진행되고 있는 동안에도 국·공 양군은 동북지방의 전략요지를 장악하는데 힘을 쏟고 있었다. 미국은 마샬장군을 트루만대통령의 특사로 중국에 파견하여(1945.12.) 국·공이 내전을 종식하고 통일정부를 수립하도록 중재를 하였고, 이에 따라 정전협정이 성립되었다(1946.1.).

그러나 1946년 봄에 만주지방에서 임표(林彪)가 지휘하는 30만명의 공산군이 국민정부군을 공격하자 사태가 급박해진 국민당정부는 제6기 중전대회(中全大會)에서 공산당과의 정치협상을 파기하고 반공(反共)을 가결하였다(1946.3.). 이

생각지 말자'라는 도량큰 담화로 일본의 군벌은 적이지만 일본인민은 적이 아니라 하였다. 신승하 편역, 「蔣介石主席의 以德報怨」『中國現代史』, 범학도서, 1976, 216쪽 참조.

2) 1945년 8월 28일에 모택동은 소련의 압력에 의해 주중미국대사 허얼리와 함께 중경에서 18년만에 장개석과 만나 41일간에 걸쳐 10회의 회담을 하였다. 여기에서는 건국방안과 국민대회를 소집한다는 추상적인 원칙에 합의하였으나 회담은 성과없이 끝나고 말았다(신승하 편역, 「重慶會談(蔣毛談判)」『中國現代史』, 범학도서, 1976, 234쪽 참조).

에 대해 연안(延安)의 공산당은 청산(淸算)투쟁을 추진하여 친일파·악질 지주를 처형하고 그 재산을 몰수하여 토지개혁을 단행하였다. 공산당의 기반은 농민을 주축으로 하였고 국민당은 봉건지주세력을 기반으로 하고 있었으므로 공산당이 농촌을 장악하는데 결정적으로 유리하였다.

2. 국민당 정부의 패배요인

국·공의 내전은 그 초반(1947.3.)까지는 국민당 정부군이 압도적으로 우세하였으나 만주지방만은 소련의 지원을 받고 있던 공산군이 단연 우세하였다. 장개석의 총공격령이 내려지자 상해·남경을 비롯한 중요도시와 특히 공산당이 장악하고 있던 내부의 연안 등 중요 도시가 국민당 수중으로 떨어졌다. 이에 대해 공산당군은 도시로부터의 후퇴작전을 펴면서 이른바 모택동의 도시를 내어주고 농촌을 장악하는 게릴라전법으로 맞섰다. 국민당군은 마치 中·日 전쟁 당시의 일본군이 도시와 철도연변의 점과 선을 장악한 형상이 되고 병참선이 길어지면서 병력이 서로 고립 분산되었다.

장개석 국민당 정부는 일본군이 항복한 좋은 기회를 놓치고 말았다. 먼저 중국공산당이 만주를 접수하게 방치한 것이 가장 큰 실수라 하겠다. 중국공산당은 러시아군의 만주 점령으로 일본군의 무장해제로 접수한 무기를 고스란히 공산군에게 인도함으로써 공산군의 전열이 재정비되어 막강한 군사력을 갖게 되었다.

그리고 항복한 일본군 장병을 보호하여 일본에 돌아갈 수 있도록 한 장개석 정부의 조처는 훌륭한 아량이었다. 그러나 종래 일본에 협력한 중국인 정치가는 가혹하게 처벌하였다. 왕조명(汪兆銘)은 이미 죽었지만 그를 이은 정부요인은 모두 사형에 처하였다. 이에 겁을 먹은 친일적인 하급관리는 대부분 도망하여 이름을 바꾸어 공산당에 입대하여 공산군의 진두에 서서 농촌지리에 어두운 국민당군의 진지공격을 안내하여 나갔다.

이와 함께 국민정부군의 관료와 군대가 고령화하였고 그 위에 기강이 문란한 것도 국민정부군의 패망요인으로 작용하였다. 산간벽지에서 오랫동안 궁핍한 생활을 하여 오던 국민당정부의 고위관료와 군지휘관들은 지금까지 일본군이 점령하고 있던 대도시에 입성하여 도시의 번화와 부(富)를 만나게 되었다. 여기에 관료와 군인들은 승전(勝戰)에 도취되어 사리사욕을 추구하는데 몰두하였다. 물론 이런 면에서는 공산당도 예외는 아니었지만 다만 공산당은 연안시대부터 이미 정풍(整風)운동을 시작하였고, 승전 이후에도 당과 군의 기강확립에 힘을 기울였기 때문에 부패에 빠져들지 않았다. 국민당 정부군과 관료의 부패에 실망한 대다수 국민들은 공산군의 진주를 환영하게 되었고 반대로 국민당정부군에 등을 돌렸다.

국·공양군의 전세는 1947년 7월을 기하여 공산군측의 우세로 반전되었다. 즉, 임표(林彪)가 지휘하는 동북야전군은 만주지역을 석권하면서 이듬해(1948) 4월에 길림(吉林)·목단(牧丹)에 주둔하고 있던 47만명의 국민당군을 요동심양작전(遼東瀋陽作戰)에서 괴멸시키고 전만주를 완전하게 점령하였다. 여기에는 만주에 들어온 소련군의 원조가 큰 역할을 하였다. 이에 앞서 등소평(鄧小平)이 지휘하는 화북지역 야전군은 대별산맥(大別山脈)을 장악하여 무한(武漢)과 남경(南京)에 진격하였다.(1947.6.) 팽덕회(彭德懷)가 이끄는 8로군이 연안을 탈환하고(1948.4.) 다시 등소평, 진의(陳毅) 등의 야전군은 서주(徐州)를 중심으로 한 회해작전(淮海作戰)에서 중원지방(中原地方)을 점령한 후 마침내 1949년 1월의 평진(平津)전투에서 북경과 천진을 공산군이 점령함으로써 화북전역을 장악하게 되었다.[3]

국민당정부의 장개석총통은 미국과 영국을 포함한 연합국에 원조를 호소하였으나 제2차 세계대전 직후의 연합국은 국민당을 도와줄 형편이 못되었다. 이에 장개석은 공산당에게 화의를 제의하였으나 거절당하였다.

3. 국민당 정부의 대만 철수

본래 대만은[4] 정성공(鄭成功)이 복건(福建)지방에서 반청(反淸)운동을 시작하였으나 세가 불리하자 대만으로 들어가(1661), 이 당시 대만에 세력을 가지고 있던 네덜란드 세력을 쫓아내고 반청운동의 근거지로 삼았다. 그러나 강희 때 (1662) 정성공이 죽자 그 아들 정경(鄭經)이 실권을 잡았으나 그 세력은 점차

---

3) 이병주, 「國民政府大陸喪失原因論考: 南京時代 政治的 特性을 중심으로」『西江大東亞研究』 6, 1985.

4) 대만은 수나라 때에는 유구(流求: 瑠求 혹은 琉球)로 양제가 607년에 정벌, 원의 세조 때 (1292) 사신 양상(楊祥)을 보내서 초유하려 했으나 성공하지 못하자, 1287년에 장호(張浩)를 파견하여 공격하였다. 明 태조 때(1372)에 중국에 조공하니 그 왕 찰탁(察度)을 중산왕 (中山王)으로 봉하고 오키나와(沖繩島)로 불렀다. 15세기 후기에 포르투갈 선박이 대만을 경유하면서 이름을 과마사(科摩沙, Formosa)라 불러 미려(美麗)라고 번역하여 서양에 널리 알려졌다.

약화되었다. 중국에 삼번의 난이 일어나자(1674) 한때 경정충(耿精忠)과 연합하였다. 그러나 두 사이에 틈이 벌어지고 정경이 강희 20년(1681)에 사망하자 淸朝는 대만의 내분을 틈타 이를 정복하였다.(1683) 청은 대만을 평정한 후 그곳에 대만부(臺灣府)를 설치하고 군대를 주둔시켜 통치하였다.

청일전쟁의 패배로 청은 대만을 내어주니 일본에 제2차 세계대전이 종결될 때까지 50여년 동안 일본의 통치를 받았다. 일제치하에서 대만에서 여러 번 항일운동이 일어났으나 일제의 혹독한 탄압으로 좌절되었다.

1945년 일본의 항복으로 대만은 해방되었고 국민당 정부는 진의(陳儀)를 파견하여 대만을 접수하게 되니 대만인들은 국민당 정부군을 환영하였다. 그러나 국민당 정부군은 정복자로 행세하면서 대만을 약탈하자 마침내 대만인들의 분노가 2·28사건으로 폭발하였다.(1947) 정부군은 이 운동의 지도자를 처형하고 대만전역에 계엄령을 선포하였다.(1949)

국민당 정부는 중국본토를 공산당에게 빼앗기고 패잔병 50만명과 공산주의에 반대하는 200만의 피난민을 데리고 대만으로 철수하였다.(1949.8.1) 4년간 계속된 국·공의 내전은 끝나고 중국 본토에는 중화인민공화국이 수립되고 대만에는 국민당정부가 들어서게 되었다.

현재 유엔을 비롯한 각국은 대만을 국가로 인정하지 않고 있다. 다만 대륙의 중화인민공화국과 대립하고 있는 미국의 지원과 보호를 받아 외부의 침공을 받지 않고 경제적으로 부흥을 이룩하고 있다.

대만으로 철수한 장개석은 정치적으로는 독재권을 행사하면서도 대륙에서의 실패를 교훈삼아 국민당 정부의 부패를 철저히 불식시켜 대만인의 환심을 사게 되었다. 특히 근대적인 교육을 발전시키고 미국의 재정지원으로 농촌의 부흥에 성공을 거두었다. 국민당 정부는 국제적으로 미국의 대륙봉쇄정책으로 안전을 보장받자 사회와 경제적인 부흥을 달성하면서 국제사회에서 그 위상이 높아졌고 경제력을 바탕으로 대만의 완전독립을 주장하는 세력도 커가고 있으나 본토에서는 이를 용납하지 않고 하나의 중국 정책으로 갈등이 계속되고 있다.

제2절 중화인민공화국의 국가조직

Ⅰ. 중화인민공화국의 통치 강령

1. 중국공산주의와 모택동의 민족주의 사상

1949년 10월 1일에 중화인민공화국이 성립되었다. 그런데 중국의 정식헌법은 5년 후인 1954년 9월에 전국인민대표대회(全國人民代表大會)에서 통과되었으므로 그 동안의 5년간은 임시헌법(綱領)에 의해 국가를 운영하였다. 즉, 중국공산당은 1949년 9월 21일에 북경에서 중국인민 정치협상회의를 개최하여 여기에서 임시헌법과 같은 중국인민정치협상회의공동강령(中國人民政治協商會議共同綱領)을 제정하였다.[5]

공동강령에 의한 중화인민공화국의 국가조직을 보면,

- 국가성격은 인민민주주의국가로 규정하고 노동자계급을 지도자로 한다.
- 노동동맹을 기초로 하여 인민민주주의 독재를 실행한다.
- 제국주의와 봉건주의 그리고 관료자본주의에 반대한다.

이와 함께 모택동을 주석(主席), 주덕(朱德), 유소기(劉少機), 고강(高崗)과 국민당혁명위원회의 송경령(宋慶齡), 이제심(李濟深), 민주동맹의 장연(張瀾) 등 6명을 부주석으로 하는 중앙정무위원회를 구성하였다.

이 위원회는 주은래(周恩來)를 국무원총리 겸 외교부장으로 임명하였다.

2. 중화인민공화국의 헌법기구

1954년에 채택된 신헌법에 의하면,[6] 국가는 노동자계급이 지도하며 노농동

---

5) 이 회의에는 해방구·해방군·인민단체와 각 정당대표 등 4개 단위의 정식대표 510명, 후보대표 77명, 특별초청대표 75명 등 모두 662명이 참가하였다. 이 가운데 공산당 간부는 408명으로 회의주도권은 이들 공산당원이 장악하였다.
 신승하 편역, 「中共政府의 수립」『中國現代史』, 범학도서, 1976, 252쪽 참조.
 이병주, 「國民政府 大陸喪失原因論考 南京時代 政治的特性을 중심으로-」『東亞研究』6, 서강대, 1985.
 이양자, 「宋慶齡의 初期思想과 政治活動」『東義史學』4, 1988.
6) 신헌법은 모두 4장 106조로 구성되었으며 이후 1957년과 1978년 두 차례에 걸쳐 개헌(改憲)이 되었으나 1954년 헌법의 기본원칙은 그대로 유지되었다.

맹(勞農同盟)을 기반으로 하는 인민민주주의국가(人民民主主義國家)로 규정하여 프롤레타리아 국가임을 분명히 하였다.

국가의 최고기관은 전국인민대표대회(全人代)이며 임기 4년으로 매년 1회 소집된다. 전인대는 입법기관이며 동시에 국가주석 및 부주석을 선출하고 중국공산당 중앙위원회의 추천에 의하여 국무원(國務院)의 총리와 각료를 임면할 수 있다. 전인대의 폐회 중에는 80명으로 구성된 전인대 상무위원회가 그 직무의 일부를 대행할 수 있다.

중국공산당[7]은 당(党)과 정부, 군(軍) 등 3대 권력기구를 장악하고 중앙집권적 전제지배체제를 구축하고 있다. 당의 실권은 94명의 중앙위원이 장악하였으며 그 가운데 19명의 정위원(正委員)과 6명의 후보위원(토론에 참가할 수 있으나 투표권이 없다)으로 구성된 정치국에 의해 운영되며 특히 7명의 정치국상무위원회에 의해 국가정책이 결정된다. 국가의 모든 활동은 당이 정책을 결정하고 정부기관이 이를 집행하는 것으로 짜여져 있다.

행정의 최고책임자는 국가주석(國家主席)이다. 전인대에서 선출된 주석은 중화인민공화국을 대표하며 군의 통수권을 장악하고 최고국무회의를 소집할 수 있으며, 국무원총리를 지명하여 전인대에서 인준을 받는다.

정부기관에는 행정기관으로 국무원(國務院), 국무위원회(國防委員會: 군사), 최고인민법원(사법), 최고인민검찰원(검찰)이 있고 그 아래 여러 부서가 있다.

지방행정조직을 보면 전국을 22성(省), 3직할시(直轄市), 5자치구(自治區)로 나누었다.[8]

Ⅱ. 공산당의 대중지배와 인민단체

중국공산당은 위로는 중앙위원회, 아래로는 농촌에 이르기까지 여러 층으로 나누어 구성된 조직적 기구를 설치하고 있다.

이를 보면 가장 큰 공산당의 단위는 6개의 대구역(大區域)으로 편성하였다. 즉, 동북구(東北區: 심양), 화북구(華北區: 북경), 화동구(華東區: 상해), 중남구(中

---

7) 중국공산당의 당원은 주로 농민출신자가 중심을 이루었다. 1947년에 270만명, 1953년에 610만명, 1959년에 1,400만명, 1961년 1,700만명으로 1973년에는 2,800만명으로 증가되었다(1987년에는 총 4,700만명 정도).

8) 직할시는 북경, 상해, 천진이고 자치구는 내몽골, 신강, 광서, 영하(寧夏), 티벳이다.

南區: 무한), 서남구(西南區: 중경), 서북구(西北區: 서안)가 그것이다.

다음으로 이 대구역 아래 22개의 省이 설치되었고 이곳에는 258개의 특별구위원회와 그 아래 다시 2,200개의 縣이 있으며, 이곳에도 각종 위원회가 구성되어 있다.

1958년에 전국적으로 약 2만 6천여의 인민공사위원회와 그 아래 村, 공장, 학교 등에 100만 이상의 지부위원회를 두고 있다. 이들 위원회는 철저하게 당의 지도 감독하에 놓여져 있었고 공산당의 정책을 말단조직까지 침투시키는 역할을 담당하였다. 그러므로 중국공산당의 통치는 중국역사상 가장 철저하게 중앙정부의 명령을 향촌에까지 침투시켜 나갈 수가 있었다.

한편 중국공산당은 전국을 당의 독재하에 두고 효과적인 인민의 지배를 위해 다시 각종 인민단체를 조직하여 공산당의 외곽단체로 활용하고 있다.[9]

인민단체는 최고지도부에 공산당 당원이 요직을 차지하고 일반 당원은 이들 상급당원에 의해 통솔되었다. 인민단체는 대중을 동원할 뿐만 아니라 그들을 세뇌하고 당의 목표를 선전하는 데 적극적으로 활용되었다. 따라서 모든 운동은 우발적 또는 자연발생적으로 일어난 것처럼 보이나 그것은 공산당의 치밀한 계획 하에 당의 지령에 의하여 동원된 것이다.

특히 중화인민공화국 초창기에 보수적 관료와 지주계급, 국민당관계자 및 친일세력을 색출하고 이들을 숙청하며 인민으로부터 격리시켜 공산혁명을 성공적으로 추진하기 위해, 이들 인민단체를 효과적으로 이용하였다.

Ⅲ. 한국전쟁의 참가와 중국사회의 변화

1950년 6월 25일에 제2차 세계대전 후 냉전의 최전방인 한반도에서 전쟁이

---

9) 대표적인 인민단체를 보면 민주청년연합회(1957년 결성. 회원 3,400만명), 민주부녀연합회(1953. 회원 7,600만명), 합작사연합총회[농민협동조합, 1956, 성 아래에는 다시 현·시·향·진(縣·市·鄕·鎭)의 구조로 짜여져 있다. 각 지역의 지방제도도 인민대표대회, 인민정부, 민족자치기구로 구성되어 있다.
1억 6,200만명, 중화전국학생연합회(1955, 400만명), 소년선봉대(1957, 3000만명), 중국문학예술연합회 등이다.
김임자, 「中共 婦女의 社會參與」『亞細亞研究』 22-2, 1979.
_____, 「中共 婦女運動에 관한 硏究」『亞細亞研究』 25-2, 1982.
이경숙, 「中共女性의 地位 女性政策과 女性의 政策決定參與를 中心으로」『亞細亞女性硏究』 18, 1979.

발발하였다. 이보다 앞서 한반도는 북위 38도선을 경계로 남북으로 분단되어 남에는 미군이, 북에는 소련군이 진주하면서 일본군의 무장해제를 위한 임시적인 군사분계선을 설치하였다. 결국 남북을 가르는 국경선이 되어 버렸다.

북의 공산정권은 조직이 잘 된 인민군을 앞세워 소련과 중화인민공화국의 양해 아래 남한을 점령하려고 남침을 개시하였다. 앞서 1948년에 유엔총회에서 한국정부를 한반도의 유일합법정부로 결의한 유엔은 1950년 6월 27일에 북한의 침략을 규탄하고 유엔군의 무력개입을 결정하였다.

한국전쟁은 처음에는 북한인민군의 압도적 우세로 한반도의 동남 일부만을 남기고 거의 전역이 그들의 지배 하에 놓였다. 그러나 9월 15일, 맥아더사령관에 의한 성공적인 인천상륙 작전을 계기로 전세는 역전되면서 10월 1일에는 유엔군과 한국군이 38선을 넘어 북한으로 진격하여 10월 중순에는 압록강 국경에 이르러 통일을 눈앞에 보게 되었다.

이에 앞서 중국은 유엔의 한국·대만정책을 미제국주의의 중국침략과 아시아 강점기도라고 격렬하게 비난하면서 소련의 강력한 개입 권고를 받아[10] 1951년 1월에 중공군을 인해전술로 한국전쟁에 개입시켰다. 중공군의 한국전쟁 참가의 명분은 항미원조(抗美援朝: 미국에 대항하고 북조선을 돕는다)로 아시아를 강점하려는 미제국주의를 물리친다는 반식민지운동의 일환으로 본 것이다.

중공군의 참전으로 전세는 다시 역전되어 유엔군은 38도선 이남으로 밀려나게 되었다. 당시 맥아더 유엔군사령관은 대만의 국부군 50만명을 중국본토의 화남에 진격시킴과 동시에 만주에 원자탄을 투하할 것을 제안하였으나 3차 세계대전으로 확전될 것을 염려한 영국·프랑스의 반대와 국제여론의 비판으로 트루먼 대통령은 맥아더를 해임하고, 마침내 1953년 7월에 휴전협정이 조인되었다.

중화인민공화국이 수립된지 불과 1년밖에 안되는 기간에 일어난 한국전쟁에 중국이 개입한 것은 만주의 군사시설보호와 함께 한국전쟁이 만주로 비화되고 대만의 국민당정권의 본토수복을 염려한 때문이다. 한국전쟁에서 공산정부가 입은 물질적·인적 손실은 엄청났지만, 반면에 한국전쟁을 이용하여 중국내부를 긴장시켜 사회주의 체제를 강화하는 데 효과적으로 이용하였다. 즉, 중국은 한국전에 참전함으로써 대외적 위기의식을 조장하여 이를 대내적인 국민단결로

---

10) 모택동은 1949년 초 소련을 방문하여 스탈린과 9주일에 걸친 회담 끝에 중·소동맹을 체결하였다(1950.2.). 이때 중국의 한반도 개입이 묵인되었을 것으로 보는 학자도 있다.

연결하고 국내개혁을 과감히 추진하여 나갔다. 특히 한국전을 계기로 중국 내의 구세력은 대만 국민당군의 본토진격을 기대하면서 개혁에 반대하는 움직임을 나타내었으나 공산정권은 이를 억제하고 과감한 개혁운동을 전개하였고, 이를 계기로 공산당의 위치는 확고하게 되었다.

Ⅳ. 중 · 소 분쟁과 중화인민공화국의 유엔가입

소련 공산당 제20차 대회(1956)에서 스탈린에 대한 비판이 있었고 이를 계기로 중국과 소련 사이에 틈이 벌어지기 시작하였다. 이때 폴란드와 헝가리에서 반공운동이 일어나 다음 해 모택동이 소련을 방문하여 모스크바 선언에 서명함으로써 중 · 소 관계의 틈은 해소되었다. 그러나 소련은 자본주의에서 사회주의로 넘어가는 과도기에는 평화적 방법만 있다고 하였으나, 중국 공산당은 이에 동의하지 않아 이념분쟁으로 비화되었다.

여기에 소련은 중국에 대해 국가 간의 영토, 주권과 독립을 존중한다고 대국주의를 폈다. 또 1958년에 장거리 무선통신국을 중국에 공동으로 설치하여 사용하자고 하였지만 중국은 독자노선을 선언하고 잠수함대의 창설도 거절하였다. 특히 핵무기 제조기술을 중국에 제공하지 않아 중국의 불만을 사기도 하였다.

특히 1960년대에 양국의 관계가 더욱 악화되었고 그 결과 중국에 파견되었던 소련의 기술인력이 철수함으로써 소련에 의존하여 경제건설을 꾀하던 중국에게 큰 차질을 주었다. 소련은 신강성 주민폭동을 일으키도록 부추겨 중국의 변방을 위험스럽게 하였다. 그뿐만 아니라 중국과 인도의 국경 분쟁에서도 소련은 인도에 경제와 군사원조를 제공하였다.

이와 같은 중 · 소 사이의 이념분쟁으로 야기된 양국의 관계악화는 국경분쟁으로까지 확대되었다. 1964년 이래 5년 동안 양국의 국경에서 수천건에 달하는 충돌이 있었으니 양국의 관계는 더욱 악화되었다.

중국은 1971년 10월에 국제연합에 가입하여 국제적으로 합법적인 지위를 얻어 U.N.상임이사국이 되었다. 이에 미국도 중국과 외교 관계를 수립할 목적으로 핑퐁외교를 시작하여 중국과 미국의 관계는 1972년에 미국의 닉슨대통령이 중국을 방문하고, 이를 계기로 1973년에 쌍방은 각기 수도에 연락사무소를 두기로 하여 양국관계가 급진전되었다.

일본도 중국과 미국의 관계가 호전되어 가는 모습을 보고 일본 수상이 중국을 방문하여 중·일 공동성명서에 서명하여 양국의 관계가 정상화되었다. 이와 같이 중국은 미국, 일본과의 관계 개선으로 개혁, 개방할 수 있는 외적인 요인을 갖추게 되었다.

제3절 중화인민공화국의 사회주의 개혁운동

Ⅰ. 중국공산당의 개혁운동

한국전쟁(1950)과 때를 같이하여 시작된 중국공산당의 개혁운동은 끊임없이 반복되고 있다. 사회주의 개혁은 물질주의(경제)적인 면과 정신주의(사상)면으로 진행되었는데, 시기적으로 중화인민공화국의 초창기 8년(1949~1957)동안은 공산주의 사회로 나아가는 혁신의 시대이며 확실한 성공의 시대였다. 대표적인 개혁은 먼저 토지개혁과 사회개조운동(社會改造運動)으로 나타나고 있다.

중화인민공화국 수립 이전까지의 중국공산당의 당면과제는 국민당정부를 타도하고 일본의 침략에 효과적으로 대처하는 혁명정부의 성격이 강하였다. 그러나 이 두 가지 투쟁목표가 없어지고 전 중국을 지배하게 되면서 그들의 목표는 피폐된 농촌을 재건하고 파괴된 공업시설을 일으켜 생산성을 회복하는 일이었다.[11] 특히 중국의 해방과 더불어 공산정권의 수립에 대해 인민대중은 많은 기대를 가지고 있었고 이에 대해 정부는 도시노동자에게는 일자리를, 농민에게는 토지분배로 보답해야 함을 잘 알고 있었다. 1950년 6월 토지개혁법을 공포하여 지주계층을 12급으로 나누고 농민은 6등으로 분류하여,[12] 지주의 토지는 몰수

---

11) 1949년 당시의 생산고는 혁명 전의 최고생산고와 비교하여 농업은 25%, 경공업은 30%, 중공업은 70%나 감소되어 국고는 텅비어 있었다.
　　小雁晋治·丸山松幸 지음, 박원호 옮김, 『中國現代史』, 175쪽 참조.
12) 지주 12급은 ① 지주, ② 반지주, ③ 대지주, ④ 중지주, ⑤ 소지주, ⑥ 관료지주, ⑦ 당권지주, ⑧ 악패지주, ⑨ 공상지주, ⑩ 경제지주, ⑪ 육두지주, ⑫ 몰락지주로 ①에서 ⑥까지는 죽이고 ⑦에서 ⑫까지는 체포되었다. 농민 6등은 ① 부농, ② 부유중농, ③ 중농, ④

하여 토지가 없는 농민에게 분배하였다.

Ⅱ. 사회개조운동

토지분배와 병행하여 대대적인 사회개조운동이 추진되었으니 삼반(三反)·오반(五反)운동이 그것이다. 이 운동은 중공군의 한국전 참전과 때를 맞추어 1951년부터 1952년에 걸쳐 진행되었다.[13] 주로 관리를 겨냥한 삼반운동은 정부와 국영공장, 공산당의 지도층에 대한 3대 숙청작업으로 그들의 독직, 낭비, 관료주의에 반대한 3가지 숙청운동이다. 이는 중국공산당과 행정기구 내에 도사리고 있는 관료주의를 청산하고 방대한 관료기구를 중앙의 통제하에 두면서 새바람을 불어 넣으려는 혁신운동이었다.

삼반운동을 추진하기 위하여 국가의 행정직원을 유능한 젊은층으로 대치하였다. 한편 오반운동은 주로 상인과 제조업자(부르주아계급) 그리고 자본가를 대상으로 취해진 숙청운동이다. 5반은 다섯 가지 불법행위를 반대한 것으로 뇌물, 탈세, (국가재산의) 횡령, 사기, 국가경제기밀탐지 등을 반대한 운동이다. 이러한 운동의 효과적인 추진을 위하여 하급관료의 상급자에 대한 고발, 주인에 대한 고용인의 고발이 장려되었고, 대중이 동원되고, 위원회가 구성되어 여기에서 죄가 고발되고, 자기비판[고자(告自)]을 통하여 대중 앞에서 자기 죄를 인정하면 곧바로 단죄[처형, 강제노동, 자기반성]되었다. 특히 오반운동을 통하여 상인과 제조업자, 자본가의 재산은 몰수되었고 이를 계기로 자본가계층이나 사유재산제는 완전히 소멸되었다.

이러한 삼반·오반운동에 의해 숙청된 반혁명분자는 수십만(혹은 수백만)에 달하였다. 특히 사회개조운동을 추진한 때가 한국전에 참전하고 있던 시기(1951~52)와 일치하고 있다. 이는 대외적 긴장감을 이용하여 국내의 민심을 긴장시켜 공포분위기를 조성하면서 과감한 인민의 협력을 끌어내어 개혁운동을 성공적으로 추진할 수 있게 하였다. 그 결과 중국공산당의 지배권은 한층 강화

전농, ⑤ 고농, 빈농이다. 신승하 편역, 「土地改革」『中國現代史』, 256쪽 참조.
서영진, 「中共의 農業政策」『亞細亞硏究』 25-2, 1982.
[13] 사상개조는 3단계로 추진되었다. 제1단계는 집단동일화운동으로서 마르크스·레닌·모택동주의의 주요개념을 학습하는 단계이다. 제2단계는 자아비판과 함께 자기 혁신의 단계이고, 제3단계는 공산주의에 대한 완전한 굴복과 재생의 단계이다.

되었고 민주적인 지식인의 발언권은 봉쇄되었다.

Ⅲ. 집단농장과 인민공사의 추진

1954년에 시작된 농업의 집단화는 초기에는 농민의 자발적인 의사로 추진되었다. 그러나 1955년 여름부터 그 이듬해에 걸쳐 가속화되면서 강제성을 띠기 시작하였다.

집단농장은 2단계로 추진되었다.

1단계는 초급합작사에 의한 추진방법으로 10호 내지 40호로 초급합작사(初級 合作社)를 조직하고[14] 농민이 집단적으로 경작은 하지만 토지와 그 밖의 생산수단은 각 호의 사유로 하고 출자액과 노동에 따라 수입을 분배하였다.

제2단계는 고급합작사(高級合作社)에 의한 경영방법이다. 고급합작사는 평균 160~170호로 구성되었고 생산수단은 집단소유였고 노동에 따라 분배되었다.

전통적인 중국사회는 동족촌락(同族村落)이 많고 농촌에는 이웃끼리 상부상조하는 전통이 남아 있기 때문에 자연촌락을 기초로 한 초급합작사는 농민에게 별 부담을 주지 않고 받아들여졌으며 자발적으로 조직되었다. 그러나 1955년부터는 고급합작사를 강제적으로 추진하면서 약 8할 이상의 농민이 여기에 가입되고 초급을 합하면 거의 전 농촌에서 집단농장화가 추진된 셈이다.[15] 이러한 집단농장제는 토지개혁을 실시한 모택동과 공산당에 대한 농민의 신뢰와 그 지도력에 이끌려 농민이 따라가기는 하였으나 무리하게 추진되었기 때문에 많은 부작용을 가져오게 되었다.

농업의 집단화와 함께 1956년에는 수공업자도 수공업생산합작사(手工業生產 合作社)를 조직하여 사기업(私企業)을 공사합영기업(公私合營企業)으로 전환시켜

---

14) 길현익, 「中共에 있어서의 急進派·隱建派의 투쟁과 그 思想的 背景」『東洋史學研究』12· 13합집, 1978.
   초급합작사는 1954년에 228만 5천호[전농가의 2%], 1955년에 1688만 1천호 [14%]로 나타나고 있다.
   김진경, 「建國 初期 中共의 土地改革(1950-52)」『中國史硏究』25, 2003.

15) 1955년 7월 모택동은 「농업협동화문제에 관하여」라는 연설에서 농촌사회의 부농과 빈농의 계급분화가 진행되고 있는데 빈농 가운데 사회주의 대중운동이 높아가고 있는데도 공산당원 가운데는 이를 두려워하고 있다고 질타한 것이 원인이 되었다. 『中國現代史』, 182쪽 참조.

갔다. 그런데 공사합영이라고는 하지만 관리권은 국가가 장악하였기 때문에 실질적으로는 국유경영이었다. 이 결과 일부의 자본가는 홍콩 등지로 탈출하였으나 1956년 상반기까지 대부분의 사기업이 공사합영이 되었으며 상인도 상업합사로 탈바꿈하였다.

한편 농촌의 노동개조와 농업생산의 증가를 목표로 보다 과감한 집단농장제도를 추진한 것이 바로 인민공사제(人民公社制)이다. 1958년 하남(河南)의 수평현(遂平縣) 신향(新郷)에서 처음으로 인민공사가 설립되었다. 여기에서는 토지·농기구는 공사의 공유로서 공동경작하며 사원(社員)은 공사 전체의 수확에서 제공하는 공공식당(公共食堂)에서 무료로 식사하게 되었다. 모택동은 이를 격찬하고 북대하(北大河)에서 열린 중국 정치국확대회의에서 농촌의 인민공사설립을 추진하는 결의를 하여 마침내 전국에 확대 실시하였다.

그러나 인민공사는 근본적인 모순과 문제점을 안고 있었다.

먼저 노동생산성과 분배에서 모순이 드러나고 있다. 대부분의 남자들은 대약진운동으로 공업과 수리공사에 동원되었기 때문에, 농촌에 남아있는 여성을 농업생산에 동원할 수밖에 없었으므로 농업생산력이 크게 저하되었다.

그 위에 자기소유의 경지가 아닌 국유지의 경작이라는 점에서 양심적인 농촌노동자는 열심히 일을 하지만 약삭빠른 대부분의 노동자는 힘들여 일하려 하지 않았다.

따라서 근면한 농민들은 피땀으로 수확된 농산물을 전혀 알지 못하는 다른 마을의 나태한 노동자에게 분배하는 것을 거부하였고 이를 부르주아적인 개인주의라고 비판하는 당간부에 저항하면서 생산의욕이 감퇴되고 태업으로 대응하기 시작하였다.

인민공사의 전국적인 추진과 함께 대약진운동으로 중국사회는 다시 개혁의 소용돌이 속에 휘말리게 되었다.

Ⅳ. 대약진운동과 공산주의 개혁의 한계

1957년 11월에 모스크바 세계공산당대회에 참가한 모택동은 자본주의로부터 사회주의로의 평화적인 전환문제와 미국제국주의에 대한 평가 그리고 평화공존과 민족해방투쟁 문제를 놓고 소련공산당과 의견이 대립되었으며, 이후 양국관계는 급속도로 냉각되었다.

모택동은 1958년 1월부터 각지에서 공산당집회를 소집하여 대약진운동을 추진하고 이에 대한 신중론[반약진론(反躍進論)]을 혁명의 열기에 재를 뿌리는 보수주의자라고 비판하며 대중적인 기술혁신, 지방공업의 건설, 대규모적인 수리시설 등에 의한 농·공업의 대약진운동을 주창하였다. 이것이 1958년 5월에 개최된 제8차 전국인민대표대회에서 채택되어 사회주의 건설의 총노선으로서 대약진운동이 시작되었다.

공업에서 대약진의 중심이 된 것은 철강의 증산운동이었다.[16] 이를 달성하기 위해 도시와 농촌에서 토법로(土法爐: 재래식 제철로)에 의한 제철생산운동이 시작되었다. 그러나 이렇게 생산된 철강은 공산품을 만드는 재료로는 부적합한 것으로 쓸모가 없게 되면서 대약진운동의 한계가 드러나게 되었다.

농촌에서의 인민공사추진과 공업의 대약진운동이 실패로 끝난 증거는 1959년에 나타난 극심한 식량난과 일용소비품의 부족현상이 일어나 1961년까지 계속되었다.[17] 이 기간동안에 인구는 1951년보다 약 1억명이 증가하고 있었다.[18] 그 위에 대약진운동에 의한 과로와 영양부족으로 질병에 걸린 병자가 증가하고 식량부족으로 굶어죽는 사태가 빈번하였다.[19]

이러한 가혹한 타격은 생산력의 기반이 약한 중국의 현실을 무시한채 대약진운동과 인민공사의 추진으로 농촌의 생산의욕 감퇴라는 인재(人災)를 가져오고 도시에서의 중공업 우선정책으로 산업구조의 취약성을 그대로 드러내게 되었다. 그 위에 1959년부터 1961년까지 계속된 자연재해와 소련의 원조중단도 한 몫을 하였다.

중국은 1962년 1월에 전국의 당 간부 7천여명을 소집하여 확대공작회의[칠천

---

16) 1958년의 생산목표인 620만톤을 1070만톤으로 올리고 1959년도의 생산목표를 2,700만 내지 3,000만톤으로 설정하였다. 앞의 책, 『中國現代史』, 193쪽 참조.

17) 1959년의 식량생산은 1억 7천만톤으로 이는 1954년의 수준으로 떨어진 수치이고 더욱이 1960년과 1961년은 더 떨어져 1억 4천만톤으로 하락하였다. 인구는 1951년보다 약 1억명이 증가하였다. 『中國近現代史』, 198쪽 참조.

18) 1960년대까지 중국의 인구정책은 모택동의 '입은 하나이고 손은 둘이기 때문에 두 손을 가지고 한입을 먹일 수 있다'라는 주장을 쫓아서 산아제한을 전혀 취하지 않아 급격하게 증가하였다.

19) 식량부족이 가장 심각하였던 1960년의 사망률은 4%로 이는 대약진운동직전(1957)의 2배이며 1982년의 0.8%에 비하면 거의 5배에 달한다. 1958부터 1961년까지의 사망자수는 약 1,600만명에서 2,700만명으로 추정하고 있다. 『中國現代史』, 198쪽 참조.

인대회(七千人大會)]를 개최하고 유소기는 공산당 중앙을 대표하여 대약진운동과 인민공사가 실패하였음을 시인하였다. 실패의 원인분석에서 자연재해의 원인과 함께 당 정책의 잘못이 컸음을 솔직히 인정하였고 모택동도 당 중앙의 잘못은 전적으로 자신에게 그 책임이 있다고 시인하였다.

그러나 모택동의 이러한 책임론에 대해 인민해방군 총사령관 임표는 모주석 (毛主席)의 사상과 판단은 정확하였으나 그것을 집행하는 과정에서 모주석의 지시 대로 처리되지 못한 데 실패의 원인이 있다고 강조하였다. 그러나 유소기·등 소평·진운 등은 임표의 주장에 정면으로 비판을 가하니 양자 사이에는 현실인 식과 대처방법을 둘러싸고 상당히 다른 견해차이를 보이게 되었다.

제 4 절 문화대혁명과 중국사회의 변혁

Ⅰ. 문화대혁명(文化大革命)의 배경

1. 대약진운동의 실패와 중국공산당의 위기의식

문화대혁명(약칭, 文革)은 중국의 전통문화를 철저히 파괴하고 새로운 공산주의 사회를 건설하려는 데 그 목표를 두고 있다.

문혁은 1965년 11월 10일에 상해의 일간지 『文匯報(문회보)』에 요문원(姚文元)이 "해서파관(海瑞罷官)을 새로 평가한다"는 시사적인 글을 게재한데서 시작되었다.[20] 이 글은 1959년 6월에 북경의 부시장이며 명대사(明代史) 연구가인 오함(吳唅)이 인민일보(人民日報)에 명나라 세종 때의 해서(海瑞)가 황제[世宗]를

---

20) 해서(海瑞, 1531~1587)는 명나라 세종[가정]대의 명신(名臣)으로 호부(戶部)주사로 재직 할 때 황제(세종)가 정치를 돌보지 않자 황제를 간하다가 파면되고 하옥되었다. 이후 해서는 연극에 자주 등장하면서 부패한 정치를 바로잡으려는 명관(名官)으로 중국 인민의 인기를 얻고 있던 인물이다.

　오금성, 「海瑞(1531~1587)新論 明末의 江西南部의 社會와 그의 治績」『高柄翊先生回甲紀念史學 論叢』, 한울, 1984.

　박장배, 「근현대 중국의 역사교육과 中華民族 정체성1-민국시대의 민족통합문제를 중심으로-」『中國近現代史研究』 19, 2003.

꾸짖었다는 글을 발표한 적이 있다. 明의 해서가 황제의 잘못을 꾸짖은[諫言] 단순한 사건을 가지고 대약진운동과 인민공사의 추진과정에서 벌어진 공산당의 잘못을 팽덕회가 비판하였는데 팽덕회를 해서로, 비판을 받아들이지 않은 모택동을 세종으로 비유하였다는 요문원(姚文元)의 새로운 문제제기로 인해 정치문제로 비화된 것이다.

특히 1962년 이래 대약진운동의 평가와 공산주의의 여러 가지 문제점을 둘러싸고 모택동·임표·강청 등의 약진파와 이를 비판한 팽덕회·유소기·등소평·진운 등의 대립이 해서파관 문제로 불이 붙은 것이다. 그리하여 강청(江靑)은 상해에서 장춘교(張春橋)와 밀의하고 요문원으로 하여금 『해서파관』에 대한 새로운 비평의 글을 『문회보』에 발표하게 한 것이다.

2. 주자파(走資派)의 숙청

요문원의 글이 발표되자 그 반응은 폭발적으로 강하게 나타났다. 즉, 해서파관 속에 나오는 오함의 글 가운데 토지의 반환문제, 억울한 죄의 명예회복 문제 등이 모두 사회주의 혁명에 반대하는 부르주아 투쟁의 초점이라고 오함의 해서파관을 신랄하게 비판하였다. 모택동은 이러한 두 파의 대립에 대해 요문원의 글을 지지하는 태도를 취하자 마침내 『해서파관』 문제는 커다란 정치문제로 비화되어 갔다.

이렇게 되자 비판은 오함의 『해서파관』에 국한하지 않고 1960년대 초반부터 북경시당(北京市黨)의 기관지 『前線(전선)』에 게재한 대약진운동의 풍자수필 『三家村札記(3가촌찰기)』를 공동집필한 3家[21]를 대약진운동을 방해한 독초(毒草: 毒針)라 몰아부치면서, 중국국민당에 충성하였다고 비판하였다. 뿐만 아니라 이들이 과거에 발표한 공자이념(孔子理念)에 관한 글이나 봉건사회도덕론이 모두 자본주의 계급의 학술노선을 옹호하는 내용이라고 몰아부쳤다.

문화대혁명의 배경에는 1962년 이래 공산당의 지도부 내부에 잠재하고 있던 대외정책[개방정책]을 둘러싼 대립·항쟁이 『해서파관』을 계기로 폭발하면서 모택동의 주도 하에 문혁이 추진되었다.

---

21) 3家는 등탁(鄧拓, 공산당 북경시위원회서기), 지주사(蛭朱沙, 북경시 정협부주석) 그리고 오면(吳晩)을 말하고 이들을 반당(反党)·반사회주의집단으로 비판을 가하였다. 신승하 편역, 「三家村事件」 『中國現代史』, 261쪽, 참조.

특히 모택동은 중국의 현실은 사회주의의 진정한 참모습에서 벗어나고 있는 것으로 인식하였다. 그러한 원인은 바로 유소기를 정점으로 하는 공산당 내의 자본주의 노선을 추구하는 이른바 주자파(走資派)에 있다고 판단하였다. 이들 주자파가 당과 국가의 중추기관을 지배하고 참된 사회주의를 원하는 혁명대중을 억압하고 있기 때문에 이들의 숙청없이는 혁명과업의 달성은 불가능한 것으로 생각하였다. 이리하여 유소기・등소평・팽덕회 등 중・일 전쟁 당시의 동지와 중화인민공화국 창립을 위해 필사의 노력을 아끼지 않았던 동료들을 결국 사회주의 혁명노선의 방해자로 숙청하게 되었다.

그런데 문화대혁명(文化大革命)에서 모택동이 지향한 목표는 단순히 주자파(走資派)의 숙청만은 아니었다. 중앙에서 지방에 이르기까지 깊이 뿌리내리고 있던 유소기・등소평파를 완전히 제거하고 당과 행정기관을 비롯하여 농촌조직, 학교와 기업에 이르기까지 파리콤뮨 형태의 새로운 권력기관을 수립하고 이에 의하여 과거의 지배계급이 남겨놓은 낡은 사상과 문화 풍습을 철저하게 파괴하려는데 그 목표가 있었다.[22] 이리하여 모택동은 사상적으로 물들지 않은 순수한 홍위병을 동원하여 이를 실천하려 하였다.

II. 홍위병(紅衛兵)과 문화대혁명의 전개

1. 홍위병의 등장과 전통문화 파괴

1966년 4월 18일에 중국인민군기관지 『解放軍報(해방군보)』는 모택동사상의 위대한 깃발을 높이 받들어 적극적으로 사회주의 문화대혁명에 참가하자는 사설을 게재하였다. 또 5월 4일에는 사회주의 문화대혁명을 무산계급문화대혁명 (無産階級文化大革命)으로 그 명칭을 바꿨다. 이와 함께 모택동은 정치국상임위원회에 문화혁명소조(文化革命小組)를 설치하고 진백달(陳伯達), 강청(江青), 장춘교(張春橋) 등을 책임자로 임명하면서 문화대혁명은 정치운동으로 불이 붙게 만들었다. 그리하여 전통적인 문화・사상・풍속・습관 등 네 가지 구악을 타파[파사구(破四舊)]로 배격하고 새로운 네 가지를 수립한다(立四新)는 기치 하에 일체

---

22) 공산당 내의 최대 실권자인 유소기는 홍위병에게 체포되어 배신자・스파이의 낙인이 찍힌 채 개봉(開封)의 옥중에서 비참하게 병사하였다(1968. 11.). 등소평은 과거에 팔로군과 인민해방군을 이끌면서 인간적 유대관계를 맺어왔기 때문에 처형은 모면한 채 농촌으로 쫓겨나가 처절한 노동봉사를 강요당하였다.

의 문화유산과 현대문화사조를 부정하였다. 이것은 종래 공산당이 조직한 청년
단(靑年團)이나 민간단체를 유소기·등소평이 현재 장악하고 있기 때문에 대중
의 지지기반이 약한 모택동과 임표는 지식과 경험이 부족한 청소년들로 조직된
홍위병(紅衛兵)을 이용하여 문화대혁명의 주동자로 이용하였다.

초기 홍위병의 조직은 북경의 각 대학과 중·고등학교에 홍기소조(紅旗小組),
전투소조를 조직적으로 동원하고 여기에 참가한 홍위병은 주로 공산당간부와
농민과 상공인, 인민군·제대군인의 자제로 구성하였다. 이들은 철저하게 모택
동과 모택동사상 그리고 모택동의 혁명노선을 지켜나가는 운동을 전개하였
다.[23] 그리고 이른바 대자보(大字報)란 벽신문을 만들어 비판(批判)과 투쟁의 대
상을 대자보에 게재하면서 홍위병은 학교의 상아탑에서 사회로 뛰쳐 나와 전통
문화와 사회의 윤리도덕을 파괴하고 사회질서를 개혁한다는 명분으로 일대혼란
을 야기시켰다.

특히 홍위병은 사회계층을 홍오류(紅五類)와 흑오류(黑五類)로 분류하였다. 홍
오류는 노동자·빈농과 하층중농·혁명군인·혁명운동의 희생자를 지칭하고 있
다. 이와는 반대로 흑오류는 구지주·부농·반동분자·우파분자·기회주의자로
나누고 이들을 일차적인 타도의 대상으로 하였다. 문화대혁명에서는 인텔리계
층인 교사와 학자, 교수, 예술가들이 숙청의 대상이 되었고 이 밖에도 유교·기
독교·회교도와 홍콩·대만출신자들도 공격목표가 되었다.

1967년 1월의 중앙군사위원회 확대회의와 2월의 중남해(中南海)에서 개최된
정치국의 의견조정회합에서는 공산당의 노간부(老幹部)와 인민해방군의 원로를
대표하여 섭검영(葉劍英), 이선념(李先念) 등이 임표(林彪)·장춘교(張春橋)·강청
(江靑)·강생(康生)·진백달(陳伯達) 등을 비판하고 당의 지도부를 부정한다고 신
랄하게 공격하였다.

2. 문화대혁명의 전개

모택동은 반격을 노리는 기회주의자로 비판하면서 노간부들을 혁명대중과 공
산당간부, 인민해방군의 3대 결합에 의한 혁명위원회를 새로운 권력기관으로

---

23) 1966년 8월 1일부터 14일까지 개최된 제8기 제11차 중앙위원 전체회의에서 홍위병을 혁
   명군중조직으로 개편하는 것을 결정함으로써 홍위병은 합법단체가 되었고 임표가 홍위병
   총사령관, 하룡(賀龍)이 참모장, 주은래가 고문이 되었다. 신승하,『中國現代史』, 262쪽
   참조.

삼도록 지시하였다. 이에 임표·강청·장춘교 등은 모택동의 교시에 따르는 한편 모택동의 노간부 비판에 힘입어 노간부의 주장을 2월역류(1967년 2월에 반대하였으므로)라고 비판하는 운동을 전개하였다.

1967년 후반부터 1968년 전반에 걸쳐 각지의 인민해방군에게 좌파를 지원하여 군사통제와 군사훈련을 실시하는 강력한 권한이 부여되었다. 인민해방군의 장병이 학교와 공장에 주둔하였고 각 성의 혁명위원회 주임(主任)에는 해방군 사령관이 선출되어 사실상 군사독재체제로 들어갔다. 이러한 조치는 문혁기간에 자기 부하와 고급장교를 다수 지방군구사령관으로 내보낸 임표의 권력과 지위를 현저하게 높여 주었다.

1969년 4월에 중국공산당은 북경에서 제9회 전국대표대회를 개최하였다. 여기에서 임표는 당중앙을 대표하여 정치보고를 행하였다. 그는 문화대혁명은 모택동의 프롤레타리아 독재체제하의 지속적 혁명이론에 기초한 참된 프롤레타리아 혁명이라고 규정하였다. 이 대회에서 임표를 모택동의 후계자로 정한다는 이례적인 규정을 넣은 새로운 당 규약이 채택되었다.

이와 함께 임표는 공산당 부주석, 진백달·강생이 정치국 상무위원으로 승진하면서 임표·강청의 지지자가 다수를 차지하는 신중앙위원회가 구성되었다.

그러나 임표는 1970년 9월의 제9기 중앙위원회 제2회 총회에서 국가 주석으로 취임할 것을 요구하자 모택동이 이를 거부하니 마침내 두 사람 사이의 불화가 생기면서 대립이 깊어졌다. 결국 공산당과 군부 그리고 정부의 고위관료가 합세하여 임표를 비판하니 궁지에 몰린 임표는 1971년 9월에 모택동을 타도하려는 쿠데타를 기도하였으나 실패하고, 소련으로 도망 중에 탑승기가 몽골인민공화국 영내에 추락하여 사망하였다.

3. 사인방(四人邦)과 개방파의 대립

1973년 8월에 개최된 전국대표대회에서 등소평(鄧小平)이 다시 중앙위원으로 복귀하였다. 이때 문혁을 통하여 세력을 잡은 왕홍문(王洪文)이 공산당 중앙위원회 부주석, 장춘교(張春橋)가 정치국 상무위원, 강청(江靑), 요문원(姚文元)이 정치국원으로 선출되면서 이른바 4인방을 결성하였다.

그런데 당시의 국가정책문제에 있어서 중국의 발전을 위한 경제정책을 둘러싸고 프롤레타리아 혁명노선을 추진해야 한다는 사인방과 개방정책에 의한 외국기술을 도입하여 현대화를 추진해야 한다는 실무파(개방파)의 대립이 격화되었다. 특히 사인방은 임표를 공자에 연결시켜 비판하는 비림비공운동(批林批孔運動)을 전개하였는데(1974.2.) 이는 죽은 임표보다 주은래를 공자에 견주어 비판하려는데 근본목적이 있었다. 한편 1975년에 전국인민대표대회 제1회 회의에서 주은래는 중국의 현대화를 추진하고 사회주의 강국을 이룩하기 위해서는 농업·공업·군사·과학 등의 사대부문의 현대화노선을 추진해야 하며 적극적으로 선진공업국으로부터의 기술도입 필요성을 강력히 주장하였다.

모택동은 등소평의 능력을 높이 평가하여 1974년 말에 그를 군사위원회 부수석 겸 총참모장에 임명하고, 이듬해에는 공산당 부주석·정치국 상무위원의 요직을 맡겼다. 등소평도 국민경제의 발전을 위한 광공업과 과학, 농업, 해방군의 정돈정책을 추진하여 상당한 효과를 거두었다. 이에 대해 사인방은 등소평노선을 부르주아적 개혁이라고 비판하였다.

이즈음 공산당 고급간부가 참가한 전국회의에서 농업은 대채(大寨)를 배워야 된다는 주장이 강력히 대두하였다(1975.9.). 대체는 산서성 석양현(山西省 昔陽縣)에 있는 작은 농촌으로 농민출신 공산당원인 진영귀(陳永貴)의 지도하에 집단농장 경영방식으로 생산력증가의 성과를 올렸기 때문에 이곳을 모범으로 배워야 한다는 주장이 나오게 된 것이다.

그러나 대채의 농업방법을 둘러싸고 4인방과 등소평은 격렬하게 대립하였다. 고급간부회의에서 농촌공작을 추진하던 정치국원 화국봉(華國鋒)은 생산관계의 혁명화와 생산력의 발전은 불가분의 것으로 간주하고 전국의 농촌을 대채형농촌(大寨型農村)으로 개조할 것을 강조하여 모택동의 신임을 얻게 되었다. 이와 함께 모택동은 등소평에 대한 경계심을 갖게 되었다.

1976년 1월 주은래 수상이 죽고 전국이 불안과 슬픔에 쌓여있는 가운데 4인방을 중심으로 등소평 비판운동이 전개되었으나 문화대혁명시대와 같은 격렬한 반응은 나타나지 않고 도리어 천안문(天安門)사건으로 전개되었다(1976.4.5). 즉, 4월 4일부터 주은래를 추모하는 꽃다발이 천안문광장의 인민영웅기념비 앞에 쌓이면서 수십만 군중이 집결하여 공공연히 4인방을 비판하는 시를 낭독하고 연설도 하였다. 심지어 인민은 어리석은 무리가 아니며 진시황의 봉건사회는 한번 사라지면 다시 돌아오지 않는다고 하면서 모택동을 진시황에 비교하여 비판하기도 하였다.

이러한 사태 속에 개최된 공산당정치국회의에서 강청은 천안문사태를 조직적 반혁명책동이라 주장하고 꽃다발 철거와 연설자의 체포를 요구하였다. 북경시 혁명위원회 주임 오덕(吳德)은 4월 5일에 광장을 봉쇄하고 군중을 체포하였다. 그러나 주은래의 추도와 반4인방운동은 남경·항주·정주·태원 등 지방에서도 끊임없이 계속 일어났다.

Ⅲ. 모택동의 사망과 문혁(文革)의 종말 그리고 등소평 등장

천안문사건(1976.4.5.) 이후 4인방은 언론기관을 총동원하여 등소평을 중심으로 하는 실무파(개방파)의 비판과 문화대혁명이념을 강조하는데 열을 올렸다. 그러나 모택동에 의해 새로 국무원총리 겸 당 제1부주석이 된 화국봉(華國鋒)은 문혁을 긍정하면서도 4인방의 과격한 투쟁노선에는 적극적인 태도를 취하지 않았다.

1976년 7월 28일 발해만 연안에 대지진이 일어나 당산시(唐山市)를 중심으로 한 주변지역에 사망자 65만명이라는 대재난이 일어났고, 이러한 와중에 모택동이 사망하였다(1976.9.9.). 모택동의 비호 하에 세력을 떨치던 4인방은 그의 죽음과 함께 화국봉의 지시로 모택동의 경호대장 왕동흥(王東興)이 지휘하는 중앙경호부대에 의해 체포되어 비극적인 종말을 맞게 되었다.

한편 화국봉은 모택동의 정통후계자로 자처하고 모택동의 혁명이론을 긍정하면서도 4인방의 개혁을 생산력발전의 측면을 무시한 극우노선이라 비난하였으며, 등소평에 대해서도 혁명정신을 경시한 회색분자로 몰아부쳤다. 그러나 4인방 비판운동이 확산되는 가운데 문화대혁명에 대해서도 비판이 재연되자 화국봉은 이에 저항하였으나 공산당 10기 3중전회(中全會)(1977.7.)에서 등소평은 당부주석 겸 해방군총참모장으로 복귀하여 대전환의 계기를 갖게 되었다. 한편 화국봉은 제11회 전국대표대회(1977.8.)에서 문화대혁명의 종결을 선언하였다.

1978년에 들어와서 등소평을 중심으로 하는 개방파(실용파)는 모택동의 혁명노선에 대해 근본적인 비판을 가하기 시작하여 모택동의 정책이나 지시도 결과가 나쁘면 과오로서 비판받아야 한다고 주장하였다. 특히 제11기 중앙위원회의 제3회 총회(1978.12.)에서 대전환의 획기적인 조처가 가해지기 시작하였다.

먼저 문혁에 대한 역사적 평가에서, 중국의 구체제를 파괴한 혁명적 방법은 인정되지만 경제건설의 이론 및 방법으로서는 실격이었음을 확인하였다.

이는 바로 모택동의 혁명노선을 부정한 것으로 모택동 시대의 종말을 의미하는 것이다. 이와 함께 유소기를 비롯한 290만명 이상의 실권자의 명예회복이 이루어졌고 그 대신 문혁추진세력이 거세되었다. 또한 주은래 이후 등소평을 중심으로 하는 개방파가 추진하였던 4대 노선의 현대화를 최종과제로 추진할 것을 결정하였다.

Ⅳ. 중국사회의 개방과 동아시아의 변화

중화인민공화국의 수립(1949. 10. 1.) 이래 끊임없이 반복되어 온 개혁과 대약진운동, 문화대혁명운동은 모택동의 사망(1976. 9. 9.)과 함께 물거품처럼 사라졌다. 그리하여 1978년 말에 등소평(鄧小平)이 지도력을 획득하면서 개혁개방정책이 적극 추진되기 시작하였다.

공산주의의 계급투쟁표어가 4대노선(4大路線), 즉 농업 · 공업 · 과학기술 · 군사 등의 근대화 추진에 의해 밀려났다. 이러한 변화는 모택동에 의해 추진된 개혁이 지나치게 파괴적이었고 그에 따라 중국의 전통적인 문화와 사회윤리가 송두리째 유린되고 결국 얻은 것은 경제적 빈곤과 사회적 갈등뿐이라는 현실을 중국인민이 깨닫기 시작한데 원인이 있었다. 중국의 위대한 공산주의 지도자로 추앙되던 모택동도 공개적으로 비판을 받게 되었다.

등소평의 개혁개방정책은 그가 추진한 개방정책의 상징인 남방의 심천(深圳) 등지의 자유무역 지대를 시찰하면서 말한 유명한 백묘흑묘론(白描黑苗論)이다. 즉, 흰고양이든 검은고양이든 색깔(이데올로기)에 관계없이 쥐(국가경제)만 잘 잡으면 된다는 주장이다. 사회주의 자본주의를 논할 필요없이 모든 문제는 생산력발전, 인민생활 향상, 국가경제발전에 초점을 맞추어야 한다는 실리주의 경제이론이다.

제11기 중앙위원회(3中全會: 1978.12.) 이후 공산당과 정부가 가장 대담하게 개혁을 추진한 것이 경제분야였다. 대외적으로는 개방화가 진행되면서 외국의 기술과 자본도입이 추진되었고 대내적으로는 사회주의 경제체제는 유지하되 자본주의 시장원리를 대폭적으로 도입함으로써 기업간의 경쟁과 생산성의 향상을 꾀하였다. 특히 문혁기에 낙후된 과학기술을 선진국수준으로 끌어 올리고 외국 기술을 받아들이기 위하여 1980년 8월부터 경제특별구(深圳 · 珠海 · 汕頭 · 廈門)

를 설치하고 1984년에는 경제기술개발구(大連·天津·靑雁·上海·廣州 등 14개 연해도시)를 설치하여 서방 여러 나라 및 화교의 자본과 기술을 적극적으로 도입하기 시작하였다.

이에 따라 대외관계도 크게 변화하였다. 특히 모택동시대에서 등소평시대로의 전환과 함께 국제적 환경 면에서도 많이 달라졌다. 즉, 1950년대의 냉전체제에서 1980년대의 국제적 화해시대로, 그리고 1990년대에는 소련 공산체제가 붕괴되면서 사회주의 체제의 엄청난 변화가 국제환경을 근본적으로 바꾸어 놓았다.

대립과 갈등의 시대에서 이데올로기보다는 국가의 이익을 우선하는 민족주의 색채가 강한 시대로 바뀌기 시작한 것이다. 따라서 계급투쟁이나 사회주의 혁명의 시대가 막을 내리고 민족의 이익을 우선하는 개혁과 경제적 현실주의가 빛을 보게 되었다.

역사적으로 한국과 밀접한 관계를 지니고 내려온 중국사회의 이와 같은 갈등과 변화는 곧바로 한반도에도 그 영향이 큰 것을 감안할 때, 앞으로 중국사회의 전개과정은 중국 자체는 물론이고 동아시아 나아가서는 세계사에 중요한 영향을 미칠 것임이 분명하다.

東洋의 장래: 20세기의 동양과 21세기의 동아시아

필자는 이 책을 쓰면서 본서에서는 쓰지 못한 여러 생각을 가지고 있었다. 그 가운데서도 가장 많이 생각한 것이 앞으로 동아시아의 장래가 어떻게 전개될 것인가라는 의문이다. 발전적으로 나아가 세계사를 주도할 것인가 아니면 지난날 서구인의 말처럼 아시아적 정체의 늪에 빠져 자율적 발전 없이 외세의 지배 속에 어두운 역사를 되풀이 할 것인가라는 생각이 머리에서 떠나지 않았다. 이에 대한 답은 결국 동아시아세계의 과거 역사에서 그 해답을 얻을 수 있다는 결론에 이르게 되었다.

역사는 미래를 예단하는 거울이라고 한다. 과거를 돌아보고 미래를 진단하는 것은 역사가 문명인을 현명하게 생활하도록 일깨워준 좋은 교훈이기 때문이다. 이에 대한 몇 가지 근거를 동아시아의 역사에서 찾아보겠다.

I. 동아시아사회의 발전적 요소

1. 동아시아인의 현실주의 성향

동아시아세계의 장래에 대하여 이를 발전적인 것으로 볼 수 있는 여러 가지 근거를 동아시아국가의 국민성과 전통문화에서 찾을 수 있다.

먼저 중국인을 비롯하여 한국인, 일본인, 몽골인, 월남인 등은 모두 현실적이며 긍정적인 국민성을 지니고 있다는 사실이다. 서아시아의 아랍인이나 남아시아의 인도인들은 내세지향성(來世志向性)이 강하여 종교가 현실생활을 지배하였다. 그들은 종교에 몰두한 나머지 현실생활은 다만 내세(來世)를 위한 준비단계로 생각하고 있다. 인도에서는 고대로부터 브라만교, 불교, 지나교, 힌두교, 이슬람교 등 무수한 종교가 발달하였고, 아랍권에서는 이슬람교가 아랍세계의 사회생활뿐 아니라 정치까지도 지배하고 있다. 이리하여 남아시아나 서아시아세계에서는 종교가 인간의 현실생활을 완전히 구속하고 있기 때문에 정치는 물론

경제와 사회문화가 발전하지 못하고 있는 실정이다.

이에 비하여 동아시아인의 긍정적인 현실주의 사고는 건실한 동아시아사회를 발전시켜 왔다. 이런 현상은 장래에도 계속되어 나갈 것이다. 그 대표적인 예로 동아시아에서는 유럽이나 서아시아처럼 종교전쟁을 찾아볼 수 없다는 점이다. 우리들이 잘 아는 바와 같이 유럽세계는 종교전쟁으로 얼룩진 역사이다. 십자 군전쟁을 비롯하여 종교개혁에서 시작된 신구교도의 전쟁 그리고 기독교세계와 이슬람세계의 끊이지 않는 싸움이 지금도 계속되고 있다. 그러나 동아시아인의 현실주의적 종교관은 동아시아 지역의 과거 역사에서 종교대란을 찾아볼 수 없고 이것은 미래에도 계속될 것이다.

2. 동아시아인의 현실주의적 도덕윤리

동아시아의 미래를 발전적으로 볼 수 있는 것은, 동아시아인의 긍정적인 현 실주의 성격을 그대로 반영한 동아시아 문화가 장차 동아시아세계의 발전의 원 동력으로 작용가능하다는 사실이다. 율령체제를 근간으로 하는 황제지배체제하 에서 유교(儒敎)윤리는 황제의 전제(專制)체제를 유지하는 정치이념으로 이용되 어 왔다. 그러나 노인이 젊은이를 지배하고 남성이 여성을 속박하며 관료가 인 민을 노예시하는 봉건적 사회풍조는 황제지배체제의 붕괴와 함께 막을 내리게 되었다. 다가오는 미래사회에서는 현실주의적인 유교의 도덕가치는 차원을 달 리하면서 그 힘을 발휘할 것이다.

제2차 세계대전의 종결로 식민지 지배 하에 있던 아시아 각국이 독립하고 동 아시아세계의 괄목할만한 발전으로 과거 사회경제적으로 정체되어 오던 한국, 일본, 대만, 홍콩은 동양의 4마리 용이라는 찬사를 듣게 되었다. 현실을 긍정적 으로 생각하는 현실주의 사상은 현세(現世)가 전세(前世)에서 내세(來世)로 넘어 가는 과도기적인 위치가 아니라 현세 그 자체가 중요한 삶의 의미를 갖는 것이 다. 지옥의 개념이 없고 현세가 인간의 노력이나 마음가짐에 따라서는 이상향 (理想鄕)이 될 수 있다는 것이다.

동양인이 지향하는 또 하나의 덕목은 가정(家庭)을 중요시하는 가족주의라는 사실이다. 인류의 역사가 시작된 이래 가족처럼 중요한 공동체는 없고 가족생 활은 인류문명 발전의 원동력이 되어 왔고 앞으로도 지속될 것이다. 가정이 파 괴되면 인류의 미래는 붕괴되고 또한 가족생활에 대처할 다른 공동체는 찾기 어려울 것이다.

동양사회에서는 민족이나 국가에 앞서 가정을 중시하고 가족의 도덕률을 강조하고 있다. 동양사회의 가치있는 가장 큰 덕목은 효(孝)이고 이것은 가족과 가정을 안정적으로 유지하려는데 있었다. 공자의 언행(言行)을 많이 담고 있는 『論語(논어)』에서는 효도의 중요함을 가장 많이 이야기 하고 있다. 이는 초기 유교시대에 공자가 충보다는 효를 훨씬 가치 있는 덕목(德目)으로 본 것으로써 가족주의가 인간생활의 기본임을 강조한 것이다.

유교사상의 근본을 전제군주제에다 접목시키지 않고 가족제도와 사회발전의 기본원리로 활용하게 되면 미래사회의 발전에 이보다 더 훌륭한 사회윤리덕목은 없다고 본다.

Ⅱ. 동아시아 세계의 미래와 중국의 역할

19세기의 중국은 아편전쟁(1840)으로 구미제국주의 열강의 침략을 받아 반식민지로 전락하면서 수난을 겪었고, 동아시아 세계의 주도적 역할에서 밀려나야 했다. 그리고 20세기에 들어와 이번에는 같은 동아시아 세계의 일원인 일본제국주의의 침략으로 다시한번 무서운 고난을 겪었다. 그러나 제2차 세계대전이 끝나고 1949년 중화인민공화국의 수립과 함께 어려운 역정을 극복하고 개혁개방 정책으로 중국은 눈부신 발전을 거듭하였다. 이리하여 전 세계가 놀랄 정도로 중화민족의 저력을 유감없이 발휘하며 경제적으로 세계 우등국으로 도약하였다. 이것은 중화(中華) 인민의 노력이며 중국공산당 지도부의 올바른 판단과 선택의 결과라 하겠다.

그러나 동아시아인은 물론 세계인의 시선은 중국이 이러한 경제적 발전을 가지고 앞으로 어떠한 길로 나갈 것인가를 예의 주시하고 있다. 20세기 역사에서 국가의 부강이 이웃나라를 침략하는 군국주의로 전락하여 자국의 패망을 가져오고 이웃나라를 무서운 고통속으로 몰아넣은 역사적 교훈을 중국자신이 몸소 경험하였음을 중국사회는 잘 알고 있다. 21세기 세계 최강의 경제대국이 된 중국이 선택할 길은 두 가지로 요약할 수 있다. 하나는 세계를 위한 평화의 길이고 다른 하나는 경제대국의 힘을 가지고 세계평화를 위협하는 19세기 역사를 되풀이 할 것인가의 두 가지 길이다.

Ⅲ. 일본의 대륙지향성과 동아시아의 장래

일본은 지형적으로 섬으로 갇혀있기 때문에 섬나라의 특성상 밖으로 나아가려는 욕구를 가지고 있다. 어느 방향으로 나갈 것인가를 볼 때 과거에 늘 대륙쪽으로 향하는 대륙지향성(大陸指向性)을 가지고 살아왔다. 그리하여 대륙으로 나가는 교두보로 한반도를 생각한다.

그런데 일본의 대륙지향성에는 두 가지 성격이 있다. 하나는 평화적 지향성이고 다른 하나는 침략적 지향성이다. 평화적 지향성은 대륙의 선진 문물을 적극적으로 받아들여 일본의 뒤떨어진 문화를 선진국 수준으로 끌어올리려는 문화향상 노력이다. 여기에는 일본자체가 대륙으로 사신과 유학생, 유학승 그리고 대륙으로부터 높은 문화의 소유자를 적극적으로 유치하는 길이 있다. 그리고 문화향상 노력으로 또 다른 방법은 한반도를 통하여 선진문화를 받아들이는 방법이다. 한반도를 통한 방법은 일본고대에 주로 사용하여 왔다. 침략적 대륙지향성의 특징은 한반도가 늘 침략의 대상이 되어 왔다. 고려 말 조선 초의 왜구의 노략질, 16세기 말의 임진왜란과 정유재란 그리고 20세기의 조선강점과 이를 발판으로 한 만주점령, 중일전쟁을 꼽을 수 있다.

이러한 침략적 대륙지향성에는 하나의 등식이 있어 왔다. 그것은 '강한 일본은 역사적으로 대륙을 침략한다.'는 것이다. 일본이 어느 쪽을 선택하느냐에 따라 동아시아의 장래가 결정될 수 있다. 왜냐하면 일본은 현재 강대국이 되어 있고 그 일본의 선택을 동아시아 사람들은 불안한 마음으로 바라보고 있기 때문이다. 그런데 여기에 한 가지 뚜렷한 역사적 결론이 있다. 그것은 일본의 침략적 대륙지향성의 결과가 비참한 결과를 가져왔다는 사실이다. 이것은 동아시아 역사의 엄숙한 경고이기도 하다. 동아시아 세계의 장래가 불확실하면서도 확실하다는 역사적 사실에서 일본이 선택할 수 있는 길을 확실하게 제시하고 있는 것이다.

Ⅳ. 동아시아사회의 미래와 한국

한국은 동아시아의 역사전개와 밀접한 관계를 가지고 내려왔으며 장래에도 그러할 것이다. 특히 한국은 동아시아세계의 형성과 발전에 중요한 몫을 하면서

이 지역의 문화발전에 기여한 공로가 적지 않다. 그러나 한반도의 역사는 그 문화적 공헌에도 불구하고 동아시아역사의 전개과정에서 끊임없는 도전과 함께 시련을 겪어 왔다.

동아시아의 역사전개에서 나타나고 있는 한민족(韓民族)의 시련은 단순히 한국만의 시련으로 그치지 않고 그 파장이 동아시아 세계 전체에 깊은 영향을 주고 있음을 살펴 볼 수 있다.

먼저 동아시아 문화권의 형성은 한(漢)제국의 성립에서 시작된다. 한 무제(武帝)에 의한 유교주의 채택과 한자(漢字)의 완성 그리고 황제지배체제에 의한 율령(律令)국가형성으로 동아시아 문화권의 기초가 마련되었다. 그러나 이 와중에 한무제(漢武帝)의 동방원정으로 위만조선은 멸망하고 한사군이 설치됨으로써 우리민족의 역사적 수난은 시작되었다.

다음으로 수·당제국의 출현은 동아시아 문화권의 완성을 가져왔다. 그러나 수의 고구려원정, 당제국에 의한 백제, 고구려의 멸망으로 한반도는 또 한번의 큰 시련을 겪게 되었다.

10세기 초 당제국의 멸망과 정복왕조의 출현은 동아시아의 역사전개를 구조적으로 바꾸어 놓았다. 한족(漢族)이 주도하던 동아시아세계는 거란족, 여진족, 몽골족과 만주족이 이 지역에 군림하면서 한(漢)족을 그들의 지배 하에 종속시켰다. 뿐만 아니라 한반도는 거란의 3차에 걸친 침입, 금나라의 압박과 원제국에 의한 6차의 침입으로 말할 수 없는 고난을 겪었다. 명나라에 이은 청(淸)제국의 등장은 한반도에 또다시 병자호란의 수난을 가져왔다. 또한 그 이전에는 일본의 침입을 받아(임진왜란) 민족적인 수난은 더욱 심화되었다.

근세에 들어와서도 한국 민족의 고통은 계속되었다. 특히 청일전쟁의 결과 일본의 승리는 동아시아세계의 질서를 바꾸어 놓았다. 중국에 대신하여 일본이 이 지역의 주도권을 행사하면서 조선을 강점하고 만주와 중국일대를 침략하면서 동아시아세계에 환난의 역사를 가져왔다.

일본이 중국을 제치고 동아시아세계의 국제질서를 장악한 것은 일본인으로서는 그것이 동아시아세계뿐만 아니라 일본 스스로에게도 얼마나 무서운 불행을 가져오게 될 것인지는 미처 알지 못하였다. 결국 일본의 한국 강점은 인류역사상 처음으로 원자폭탄 피폭과 제2차 세계대전의 패전이라는 무서운 대가를 치르게 된 것이다.

한반도의 역사는 동아시아세계의 형성과정에서부터 현재에 이르기까지 이 지역과 끊임없이 밀접한 관계를 갖고 내려왔다. 여기에서 주목되는 사실은 한반도의 시련은 곧 바로 동아시아세계의 시련에 접목된다는 것이다. 한반도가 외세의 침략을 받거나 타국에 의해 강점당하는 것은 그대로 동아시아세계의 불행과 직결되어 왔다는 사실이다. 따라서 미래에 있어서도 한반도의 평화와 안정은 동아시아의 평화와 안정을 위한 초석이 된다는 사실을 동아시아역사를 통하여 확인할 수 있다.

찾아보기

신채식(申採湜)

[저자경력]
서울대학교 사범대학(역사과) 졸업
서울대학교 대학원(동양사학과) 석사
일본 東京大學 대학원(연구)
동국대학교 대학원(사학과) 문학박사
공주대학교 교수
성신여자대학교 교수, 대학원장
단국대학교 초빙교수
한국동양사학회 회장

[저 서]
송대 관료제 연구(삼영사)
문화사개론(법문사)
중국과 동아시아세계(공저, 국학자료원)
동아사상의 왕권(공저, 한울아카데미)
송대 정치경제사연구(한국학술정보)
송대 대외관계사연구(한국학술정보)
동아시아문화와 한자문화(두뇌개발)
송대 황제권 연구(한국학술정보)
일본은 한국에 어떤 이웃인가(무공문화)
100가지 주제 중심 중국통사(삼영사)

저자와의
협의하에
인지생략

동양사개론 [제4판]

1993년 8월 30일 1판 1쇄 발행
2006년 2월 25일 1판 17쇄 발행
2006년 9월 10일 2판 1쇄 발행
2008년 4월 30일 3판 1쇄 발행
2017년 10월 10일 3판 12쇄 발행
2018년 7월 16일 4판 1쇄 발행
2024년 2월 20일 4판 7쇄 발행

저 자 신 채   식
발행인 고   성   익
조 판 해 인 문 화 사

05027
발행처 서울특별시 광진구 아차산로 335 삼영빌딩

도서출판 三 英 社
등 록 1972년 4월 27일 제2013-21호
전 화 737-1052, 734-8979
FAX 739-2386

동아시아의 역사 변천 연표

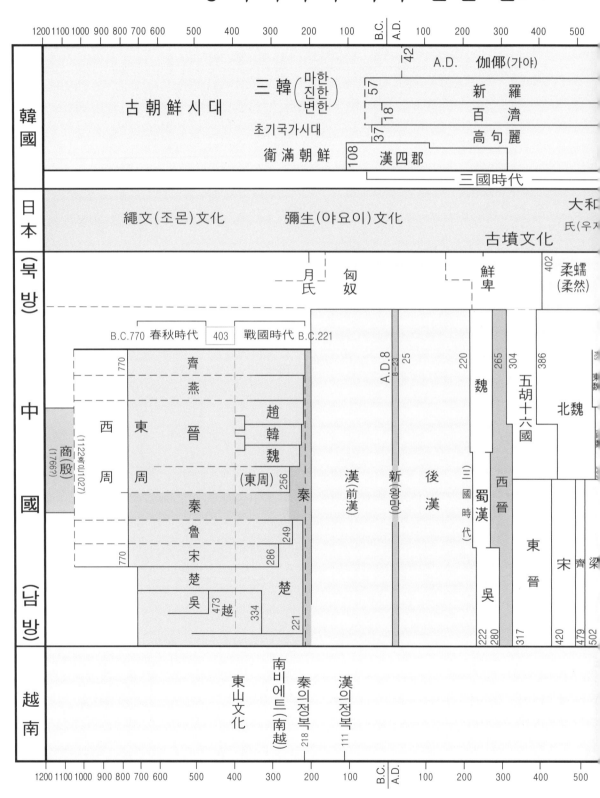

800　900　1000　1100　1200　1300　1400　1500　1600　1700　1800　1900　1950　1960　1970　2000

韓國

통일新羅　918　936　高麗　1392　朝鮮　1910　日本침략　1945　大韓民國
698　渤海　926　후삼국

日本

710　784　794　857　奈良　平安　藤原(後期平安)　1160　平　1185　鎌倉　1333　1336　吉野　1392　足利(室町)　戰國時代　德川幕府　1867　1868　明治　1912　大正　1926　昭和　平成
1336

中國

위구르　744　키르키즈　840　키르키즈　920　黨項族　990　西夏　1038　1227　西遼　夢古　契丹(遼)　907　947　1127　1125　金　1222　1234　1271　蒙古族　1368　後金　1616　1620　1636　(滿洲族)　1616　外蒙古　滿洲國　1932　1945　1949
唐　五代　907　907　960　宋(北宋)　南宋　1127　1279　元　明　清　중화인민공화국　1949
十國　907　979　國民黨정부　1912　1928　國民黨정부　臺灣　1945

越南(베트남)

越南獨立　939　丁部領　968　981　前黎　後李　1010　陳　1225　1400　明의지배　1406　1428　後黎　1527　1539　1558　莫　1592　鄭氏　1677　(통킹, 東京)　1777　1788　1802　1820　1841　明命　院　1867　프랑스統治　코친차이나　프랑스지배　1945　북부월남　남부월남　1954　월남통일
1527

800　900　1000　1100　1200　1300　1400　1500　1600　1700　1800　1900　1950　1960　1970　2000